미시경제학

미시경제학 : 가격이 자원을 어떻게 효율적으로 배분하게 되는가에 대한 연구, 즉 가격이론.

- 서론 : 미시경제학의 분석 방법 및 분석 도구 소개
- 제1편 소비자이론 : 효용극대화 → 수요함수 → 수요곡선
- 제2편 생산자이론 : 이윤극대화 → 공급함수 → 공급곡선
- 제3편 시장이론 : 생산물의 가격과 자원배분 결정
- 제4편 생산요소시장 : 이윤극대화 → 생산요소 수요함수 → 생산요소 수요곡선
  생산요소의 가격과 소득분배 결정
- 제5편 일반균형이론 및 후생경제학 : 파레토효율, 경쟁균형 / 후생경제학의 제1정리,
  후생경제학의 제2정리, 사회후생극대화
- 제6편 공공재 및 외부효과 : 사뮤엘슨조건 / 사회적 한계편익, 사회적 한계비용, 시장실패, 정부개입
- 제7편 불확실성 및 정보경제학 : 상황조건부상품, 기대효용 / 역선택, 도덕적 해이, 시장실패, 정부개입

제 1 편 소비자이론 : 수요곡선을 얻음

개별 소비자의 수요곡선은 대체효과와 소득효과 때문에 우하향

1. 효용극대화 → 보통수요함수 → 간접효용함수
   - 효용극대화조건 : $MRS_{xy} = \dfrac{p_x}{p_y}$ ('한계편익 = 한계비용'의 의미)
2. 지출극소화 → 보상수요함수 → 지출함수 : CV, EV 산출
   - 지출극소화조건 : $\dfrac{p_x}{p_y} = MRS_{xy}$
3. 쌍대성
   (1) 효용극대화와 지출극소화
   (2) 보통수요함수와 보상수요함수
   (3) 간접효용함수와 지출함수

$$
\begin{aligned}
&x = d_x(p_x, p_y, M), \ \ y = d_y(p_x, p_y, M) &&: \text{보통수요함수} \\
&U_0 = V(p_x, p_y, M) &&: \text{간접효용함수} \\
&x_c = h_c(p_x, p_y, U_0), \ y_c = h_c(p_x, p_y, U_0) &&: \text{보상수요함수} \\
&E_0 = E(p_x, p_y, U_0) &&: \text{지출함수}
\end{aligned}
$$

4. 현시선호의 약공리 : 선택 가능한 상품묶음들을 대상으로 논의함
5. 대체효과와 소득효과 : 대체효과는 비효율 유발

6. 보상변화(CV)와 등가변화(EV)
   - 후생변화를 정확하게 측정, 지출극소화를 통해 구할 수 있음
7. 부존소득모형의 특성
   - 가격이 변하더라도 예산선이 항상 부존점 통과
   - 노동공급, 저축과 차입, 일반균형, 불확실성, 국제무역 분석에 적용

제 2 편 생산자이론 : 공급곡선을 얻음

개별 기업의 단기공급곡선은 한계비용체증, 근원적으로는 한계생산물체감 때문에 우상향

이윤 = 총수입 - 총비용 ; 총수입은 시장수요곡선을 통해 알 수 있음, 총비용함수에 대해 알기 위해
  그와 쌍대성이 있는 생산함수를 먼저 공부함

1. 생산함수와 비용함수의 쌍대성 : 생산함수는 비용함수의 모든 정보를 담고 있음. 역도 성립
2. 단기비용극소화 → 조건부 단기생산요소수요함수 $L = L(\overline{K}, Q)$ → 단기총비용함수 $C = C_S(w, r, \overline{K}, Q)$
   장기비용극소화 → 조건부 장기생산요소수요함수 $L = L_L(w, r, Q)$, $K = K_L(w, r, Q)$ →
      장기총비용함수 $C = C_L(w, r, Q)$: 단기총비용함수에서 K를 최적으로 선택한 결과와 같음
      - 소비자이론의 지출극소화에 대응
3. 경쟁기업의 이윤극대화조건 : $p = MC$
4. 경쟁기업의 단기이윤극대화 → 단기공급함수 $q = s(p, w, \overline{K})$ → 단기공급곡선
   경쟁기업의 장기이윤극대화 → 장기공급함수 $q = S(p, w, r)$ → 장기공급곡선
5. 공급함수를 이윤극대화의 목적함수에 대입하면 이윤함수를 얻음

제 3 편 시장이론 : 생산물의 가격과 자원배분 결정

1. 완전경쟁 : 경쟁기업의 이윤극대화조건 $p = MC$
   - $CRTS$일 경우 개별기업의 장기균형 : 이윤=0, 가격은 LMC로 정해짐, 시장에서 기업의 수 미정
   - $IRTS$일 경우 자연독점이 됨
   - 장기시장공급곡선은 새로운 기업들의 진입에 따른 생산요소의 가격 변화에 따라 달라짐
   - 가격기능에 의해 효율조건 $MB = MC$가 달성됨

┌───┐
│ $p = MC$ 의 2가지 의미   │
│   1. 경쟁기업의 이윤극대화조건   │
│   2. 자원배분의 효율조건   │
└───┘

2. 독점 : 독점기업의 이윤극대화조건 $MR = MC$
   - 비효율 존재 : 하버거의 삼각형
   - 독점기업의 공급곡선은 존재하지 않음
   - 이급가격차별(수량조정, 품질조정 등)은 비대칭정보와 관련
   - 선별 : 분리균형, 자기선택 유도를 위해 정보지대 보장
3. 과점이론 : 꾸르노균형, 베르뜨랑균형, 스타켈버그균형, 가격선도모형, 담합
   - 게임이론 측면에서 분류 가능

Micro economics

제4판

with examples

임봉욱

예제와 함께하는

미시경제학

박영사

머리말

독자들의 성원에 힘힙어 4판을 발간하게 되었다. 깊이 감사드린다.

책의 변화를 큰 틀에서 말하면

(1) 새로운 주제를 추가하고 기존 설명을 보완했다.

(2) 본문을 보완할 내용이나 심화된 내용을 다루는 '권내 부록'을 많이 늘렸다.

(3) 본문 내용을 이해하는 데 도움이 되는 예제들을 추가했다. 이 과정에서 책의 두께를 고려하여 기존의 예제들을 일부 삭제했다.

(4) 보다 심화된 연습문제들은 이전 판들처럼 본인의 졸저 『미시경제학연습 5판』(율곡출판사)에 담았다.

(5) 본문이나 부록에 이전보다 수학적 표현을 많이 사용했다.

(6) 추가 설명이 필요한 수학적 내용들은 권내 부록 또는 권말 부록 [경제수학요약]에 실었다.

(7) 12장이 소비자이론과 생산자이론의 결합임을 강조하기 위해 12장을 독립된 장으로 배치했다.

(8) 각 편과 장에 핵심적인 주제를 부제로 달았다.

이 과정에서 가능한 한 엄밀성을 높이려고 노력했다. 예를 들어

(1) 포락선정리로부터 엄밀하게 도출될 수 있는 내용은 가능한 한 언급해 놓았다. 예를 들면 (i) 라그랑지 승수가 소득의 한계효용의 의미를 지닌다든지 (ii) 다공장 기업의 한계비용은 각 공장의 한계비용과 같다는 것, (iii) 노동의 장기한계비용과 자본의 장기한계비용이 장기한계비용과 같다는 것, (iv) 각종 곡선들의 수평합을 구한 결과와 개별곡선들의 관계 등에 언급해 놓았다.

(2) 많은 분석이 최적화 후 비교정학이라는 점을 강조하고 필요할 경우 해당되는 곳곳에서 상기시켰다.

(3) 가능한 한 각종 최적화의 일차필요조건과 이차충분조건 및 그 의미를 밝혀두었다.

추가한 분석들이 수없이 많다. 그것들 중 일부 예를 들면 다음과 같다.

(01) 3장: 동차함수와 동조함수의 성질을 명확하게 보여주었다.

(02) 4장: 역수요곡선이 한계편익곡선이라는 사실을 수식과 그래프를 통해 자세히 보여주었다.

(03) 6장: (i) 효용극대화와 지출극소화 사이의 쌍대성을 강조하면서 설명했다. (ii) 슬러츠키방정식에 대해 더욱 깊이 있게 설명했다. (iii) 준선형효용함수일 경우 수요함수의 특성과 모퉁이해일 조건의 함축성을 엄밀하게 보여주었다. (iv) 역수요함수, 한계편익함수, 총편익함수의 관계를 수학적 표현으로 보여주었다. (v) '라그랑지승수 = 소득의 한계효용'의 증명을 보여주었다. (vi) 역수요곡선과 역보상수요곡선을 각각 한계편익곡선으로 해석할 경우 그 차이점을 명확하게 설명했다.

(04) 7장: (i) 부존소득모형은 가격에 대해 0차동차임을 강조했다. (ii) 부존소득모형의 경우 판매자와 구매자에 따라 대체효과와 (총)소득효과가 어떻게 다르게 나타나는가를 체계적으로 분석했다. (iii) 할인계수, 이자율, 시간선호율에 대해 자세히 설명했다.

(05) 8장: (i) 탄력성을 로그를 이용하여 간편하게 구하는 방법을 보여주었다. (ii) 각종 탄력성과 PCC, ICC 모양의 관계, 각종 탄력성들의 관계 등을 엥겔집계, 꾸르노집계, 오일러정리 등을 활용하여 엄밀하게 보여주었다.

(06) 9장: 규모의 탄력성, 규모에 대한 보수, 산출물의 생산요소탄력성의 관계를 엄밀하게 보여 주었다.

(07) 10장: (i) 조건부 장기생산요소수요에 대한 비교정학에 대해 설명했다. (ii) 규모에 대한 보수와 규모의 경제 사이의 관계에 대해 자세히 설명했다. (iii) 다공장 기업의 비용함수를 구하는 방법을 포락선정리를 적용하여 엄밀하게 보여주었다.

(08) 11장: (i) 이윤극대화를 제약하는 것들이 무엇인지 명확히 했다. (ii) 함수들의 수평합, 수직합을 구하는 방법과 포락선정리의 적용을 보여주었다. (iii) 생산장잉여의 특성과 조업중단조건을 연계하여 설명했다.

(09) 12장: 시장에서 효율이 달성되는 이유를 수식을 통해 보여주었다.

(10) 14장: (i) 선별의 경우 자기선택제약과 참가제약 중에서 등식으로 성립하는 것과 부등식으로 성립하는 것, 그리고 그 이유를 엄밀하게 보여주었다. (ii) 2급가격차별은 본질적으로 볼 때 비대칭정보하의 선별임을 강조하고 정보지대추출과 효율의 상충관계로 인해 비효율이 발생한다는 점에 초점을 맞추어 분석했다.

(11) 15장: (i) 꾸르노균형에 도달하는 과정을 보여주었다. (ii) 두 상품이 보완재일 경우와 대체재일 경우 베르뜨랑균형이 각각 어떻게 달라지는지 엄밀하게 보여주었다.

(12) 16장: 전략적 행동에 대해 자세하게 설명했다.

(13) 17장: (i) 조건부 생산요소수요함수와 생산요소수요함수의 차이점을 부각시켜 가며 분석했다. (ii) 비교정학시 생산요소시장과 생산물시장의 관계를 보여주었다. (iii) 준지대는 생산자잉여를 생산요소 측면에서 바라본 것이라는 점을 강조했다. (iv) 자본서비스와 투자에 대해 설명했다. 이때 신고전파 투자이론을 소개했다.

(14) 19장: 일반균형모형이 부존소득모형이라는 점을 강조하고 각종 수요함수가 가격에 대해 0차동차라는 점을 부각시켜 가며 설명했다.

(15) 20장: (i) 일반화된 공리주의사회후생함수를 소개함으로써 기존의 사회후생함수들이 이것의 특수한 경우임을 보여주었다. (ii) 사회후생함수가 주어질 경우 사무엘슨이 말한 '3가지 경제문제'가 어떻게 해결되고 있는가를 자세히 설명했다.

(16) 22장: 오염저감시장과 배출권시장의 쌍대성에 대해 체계적으로 분석했다.

(17) 23장: (i) 불확실성하의 선택이 부존소득모형에 해당한다는 사실을 체계적으로 설명했다. (ii) 상황선호접근법에서 예산선의 특성에 대해 더욱 명확히 설명했다. (iii) 기대효용극대화문제를 상황선호접근법문제로 바꾸는 방법을 보여주었다. (iv) 내기와 보험에 대해 대체효과, 소득효과를 통해 상세하게 분석하고 그 특성을 비교했다.

(18) 24장: (i) 역선택의 경우 선별을 14장의 2급가격차별과 연계시키고 정보지대추출과 효율 사이의 상충관계를 강조하여 분석했다. (ii) 완전정보일 경우 최적위험분담은 어

떠한가를 불확실성하의 일반균형 차원에서 분석했다. 이 과정에서 보크법칙을 소개했다. (iii) 도덕적 해이의 경우 유인제공과 위험분담 사이의 상충관계가 문제될 경우 시장이 실패한다는 사실에 초점을 맞추어 유인계약고안문제를 계약이론의 틀에서 분석했다. (iv) 수식과 그래프를 통해 최적유인계약을 엄밀하게 도출한 다음 그 성격과 함께 비효율이 발생하는 이유에 대해 심도있게 분석했다.

그간 독자들의 질문이 생각을 정리하고 설명 방법을 개선하는 데 큰 도움이 되었다. 이 기회에 다시 한 번 감사드린다.

여러 단계의 수많은 첨삭으로 번거로움을 끼쳤음에도 모두 품어 주시고 편집을 훌륭하게 해 주신 전채린 차장님, 이번 개정 작업을 안내하시고 항상 친절 정확한 업무 처리로 많은 도움을 주신 정연환 과장님, 표지를 멋지게 디자인해 주신 이영경 대리님, 책이 나오기까지 애써 주신 모든 관계자 여러분들께 감사드린다.

2022. 8.

임봉욱(limbu@dju.kr)

독자 여러분들의 성원에 힘입어 3판을 내게 되었다. 감사하는 마음과 함께 더 나은 책이 되도록 나름대로 최선을 다했다. 그 과정에서 수많은 곳에 중요한 첨삭을 했다. 특히 14장과 24장을 집중적으로 보완했다. 이를 포함하여 비교적 많은 분량으로 보완한 내용은 다음과 같다.

앞표지 안쪽과 뒤표지 안쪽의 내용을 대폭 보강했다.

[02장]

(1) 가격의 단위에 대해 명확하게 알아보는 [부록 2.1]을 추가했다.

(2) $\frac{y}{x}$, $\frac{\Delta y}{\Delta x}$, $\frac{dy}{dx}$ 등의 의미를 상세히 설명하는 [부록 2.2]를 추가했다.

(3) 상대가격의 단위에 대해 엄밀하게 알아보는 [부록 2.3]을 추가했다.

(4) 어떤 상품에 일정 지출 이상을 지출할 때 할인을 적용해 줄 경우의 예산제약식을 구하는 [예제 2.2]를 추가했다.

(5) 소득이 상품으로 주어진 경우의 예산선과 시간이 제약으로 작용하는 경우의 예산선 각각에 대해 설명하는 2.4를 추가했다.

[04장] 역수요함수와 역수요곡선에 대해 알아보는 4.6.3 (3)을 추가했다.

[07장] 대출자가 될 조건을 구하고 그 의미를 알아보는 [예제 7.5]를 추가했다.

[10장] 단기비용과 장기비용의 관계를 알아보는 [예제 10.7]을 추가했다.

[11장] 한계비용곡선이 역공급곡선이라는 사실을 강조하는 내용을 추가했다.

[14장]

(1) 독점일 경우 가격과 한계수입의 관계를 보여주는 [부록 14.2]를 엄밀하게 보완했다.

(2) 러너지수를 소개하는 14.2.5를 추가했다.

(3) 2급가격차별은 비대칭정보하의 '선별'에 해당한다는 측면에서 2급가격차별을 정보지대를 부각시켜 가면서 상세히 분석했다.

(4) 2급가격차별에 관한 계산문제인 [예제 14.5]를 추가했다.

[15장]

(1) 차별화된 상품일 경우의 꾸르노균형을 구하는 [예제 15.3]을 추가했다.

(2) 차별화된 상품일 경우의 베르뜨랑모형을 소개하는 15.3.3을 추가했다.

[17장]

(1) 한계생산물가치곡선이 생산요소의 역수요곡선이라는 사실을 강조하는 내용을 추가했다.

(2) 생산물시장의 이윤극대화와 생산요소시장의 이윤극대화를 비교하는 [부록 17−1]을 추가했다.

(3) 노동수요자입장에서 본 기업의 소비자잉여는 상품공급자 입장에서 본 기업의 생산자잉여와 같다는 점을 보여주는 [부록 17.2]를 추가했다.

(4) 경제적 지대와 지대추구에 대해 보다 심층적으로 분석하는 17.4를 추가했다.

[23장] 폰 노이만−모겐스턴 효용함수의 특성을 다루는 [부록 23.1]을 추가했다.

[24장]

(1) 역선택에 대한 대응과 관련하여 선별기구에 대해 보다 심층적으로 분석했다.

(2) 선별기구를 고안하는 [예제 24.5]를 추가하였다.

(3) 본인대리인문제에 직면하여 유인기구고안(mechanism design)의 개념을 더욱 부각시켰다.

(4) 유인제공과 위험분담 사이의 상충관계에 대해 보다 심층적으로 분석했다. 이와 관련하여 본인과 대리인의 위험에 대한 태도에 따라 파레토효율 달성 여부가 어떻게 달라지는가를 분석했다.

(5) 유인문제가 없을 경우 최적보수를 구하는 [예제 24.9]을 추가했다.

(6) 본인과 대리인이 모두 위험중립적일 경우 최적유인보수를 구하는 [예제 24.10]을 추가했다.

(7) [예제 24.8] − [예제 24.11]의 풀이에는 수치를 활용하여 본문을 보완하는 내용들이 많이 포함되어 있다. 본문과 함께 반드시 읽어 보기를 권한다.

이 책의 모태가 된 「미시경제학」을 쓸 때 참고했던 Varian 교수님과 Nicholson 교수님의 미시경제학/미시경제이론 교재들이 이번에도 많은 도움이 되었다. 이분들께 깊은 감사의 말씀을 드린다.

끝으로 이 책이 더 나은 모습이 되도록 도와 주신 임재무 이사님, 항상 친절한 안내와 함께 멋진 편집과 빈틈없는 교정을 해 주신 김효선 대리님, 여러모로 애써 주신 관계자 여러분들께 깊이 감사드린다.

2019. 1.

임 봉 욱

초판이 출간된 지 6년이 흘렀다. 그 동안 강의하면서 또한 독자들의 질문을 받으면서 보완하고 싶은 내용들이 많았다. 독자들에게 감사한 마음을 가지며 이번 기회에 그런 내용들을 보완했다. 문구를 다듬은 곳 외에도 내용을 보완한 곳이 수없이 많다. 그 중에서 비교적 길게 서술하여 보완한 내용은 다음과 같다.

- 표지 안쪽 미시경제학의 개요와 배울 내용을 실었다.
- 04장 특정 효용함수로부터 수요곡선을 도출한 다음, 이 결과를 이용하여 수요곡선은 한계편익곡선으로 볼 수 있다는 사실을 수치와 그림을 통해 상세하게 설명했다.
- 06장 보상수요곡선과 *MRS*의 관계를 수치와 그림을 통해 상세하게 설명했다. 또한 보상수요곡선은 한계편익곡선으로 볼 수 있다는 사실도 수치를 사용하여 상세하게 설명했다. compensating variation과 equivalent variation 각각에 대해서도 보다 상세하게 설명했다.
- 10장 전반적으로 서술을 보다 엄밀하게 하였다. 특히 비용함수와 (11장에 등장하는) 공급함수의 관계, 비용함수와 (17장에 등장하는) 생산요소수요함수의 관계를 보다 확실하게 이해할 수 있도록 서술했다.
- 11장 10장의 서술을 엄밀하게 한 것을 바탕으로 공급곡선에 대해 더욱 엄밀하게 서술했다.
- 12장 시장균형의 효율성을 설명하는 과정에서 자원배분의 효율조건과 경쟁기업의 이윤극대화조건의 관계를 명확하게 설명했다.
- 14장 독점적 경쟁을 추가했다.
- 20장 부분균형조건과 일반균형조건을 서로 대응시켜 해석한 내용을 추가했다.
- 24장 유인제공과 위험분담 사이에 상충관계가 존재한다는 사실에 대해 상세하게 설명했다.

이상의 보완 내용들이 미시경제학을 공부하는 데 도움이 되기를 바란다.

끝으로 제 2 판을 내도록 지원해 주신 박영사의 임재무 이사님, 편집을 멋지게 해 주시고 빈틈없는 교정 솜씨를 보여 주신 김효선님, 책이 나오기까지 수고해 주신 관계자 여러분들께 깊이 감사드린다.

2015. 1
임 봉 욱

머리말

이 책은 이전에 저자가 집필한 「미시경제학」을 모태로 쓰여졌다. 그러나 책의 내용과 형식이 크게 바뀌었다.

가장 큰 내용·형식적인 변화는 책의 부제에서 보듯이 예제를 포함하고 있다는 것이다. 예제는 미시경제학을 조금 더 세밀하게 공부하려는 독자들을 배려하기 위한 것이다. 이에 대해서는 약간의 소개가 필요할 것 같다.

(1) 예제는 개념을 완벽히 이해하는 데 도움을 주는 내용, 심화학습에 도움을 주는 내용, 예제의 형식을 빌어 본문에서 다루지 않은 주제를 소개하는 내용 등을 다루고 있다.

(2) 예제는 저자의 「미시경제학연습」(개정판), 「미시경제학연습 Ⅱ」에서 본문의 흐름에 맞는 것들을 발췌하여 조정·보완한 것들이 많다. 그 이외에 추가로 필요한 예제들은 새로이 추가하였다.

(3) 일부 예제의 풀이 설명은 본문과 중복되는 느낌을 줄 것이다. 이것은 예제 풀이 자체의 자기완결성을 위해 치르는 기회비용이라고 생각했다.

내용에 대해 말하고자 한다.

첫째, 여러 가지 주제들을 상호 유기적으로 설명하려고 노력하였다.

둘째, 분석 결과에 대해 그 직관적인 의미를 강조하였다.

특히 언급할 점들은 다음과 같다.

(1) 일일이 언급할 수 없을 만큼 곳곳에 많은 내용을 첨삭하였다.

(2) 특히 23장(불확실성)과 24장(비대칭정보)에 새로운 내용을 많이 보완하였다.

(3) 생산함수와 비용함수에 대해 쌍대성에 입각하여 그 상관관계가 부각되도록 서술하였다.

(4) 생산물시장의 이윤극대화와 생산요소시장의 이윤극대화는 사실상 같은 행위를 서로 다른 각도에서 보는 것이다. 이 점에 입각하여 상호 유기적으로 서술하였다.

(5) 게임이론에 등장하는 여러 가지 유형의 게임을 과점이론과 1：1로 대응시켜 설명하였다.

(6) 불확실성이 자원배분에 대해 지니는 함축성을 강조하고자, 후생경제학을 다룬 다음에 불확실성에 대해 분석하였다.

(7) 공공재, 외부효과, 불확실성, 비대칭정보 등을 책의 마지막에 함께 배치하였다. 이것은
이들이 시장실패에 대해 지니는 함축성을 강조하기 위한 것이다.

[일러두기]
(1) 예제 차례와 부록 차례를 본문의 차례 뒤에 독립적으로 배치하였다.
(2) 본문에서는 수학을 사용하지 않았다. 반면에 예제 풀이에서는 대학의 경제수학에 등장
하는 정도의 수학적 분석을 사용하고 있다. 그러나 예제를 건너뛰더라도 기본적인 내용
을 이해하는 데에는 지장이 없도록 배려하였다.
(3) 부록을 각 장의 뒤에 배치하지 않고, 본문 중 해당되는 곳에 배치하였다. 부록은 주로
수학적 도출 과정 또는 다소 깊은 내용을 담고 있다.
(4) 연관되는 내용들을 첫째, 둘째..., 또는 (1), (2)... 등의 표현(이 두 표현은 그때그때 시각적인
효과를 고려했을 뿐, 둘 사이에 실질적인 차이는 없다)으로 연결함으로써, 연관되는 내용들이 어
떤 것들인지 쉽게 알아볼 수 있게 하였다.

나름대로 최선을 다했지만, 판단은 독자들의 몫임을 잘 알고 있다. 이 책이 미시경제학
을 공부하는 학생들에게 도움이 되기를 바란다.
끝으로 이 책의 출판을 수락해 주신 박영사의 안종만 회장님, 출판을 안내해 주신 이원
일 부장님과 마찬옥 부장님, 한결같은 친절과 함께 편집에서부터 교정까지 완벽을 기해 주
신 김양형 편집위원님께 깊이 감사드린다.

2009. 1
임 봉 욱

차 례

제3장 **선호와 효용: 무차별곡선과 효용함수 _ 44**

제4장　소비자의 최적선택: 효용극대화와 수요 _ 79

제7장   **부존소득모형: 노동공급과 저축·차입 _ 220**

제8장   시장수요: 가격탄력성과 총수입 _ 259

제1편과 제2편 결합   시장균형

제12장   시장균형: 자원배분의 효율 달성 _ 417

제15장 과점시장: 다양한 모형 _ 527

제16장 **게임이론: 전략** _ 567

제4편　생산요소시장: 생산요소의 가격과 소득분배

제17장　완전경쟁과 생산요소시장: 이윤극대화와 생산요소 수요·공급 _ 599

제5편 일반균형이론 및 후생경제학: 가격기능, 효율과 공평

제19장 일반균형이론: 시장균형의 효율성 _ 665

제20장　후생경제학: 효율과 공평 _ 697

제6편　공공재 및 외부효과: 시장실패

제21장　**공공재와 공공선택: 무임승차** _ 749

미시경제학과 분석 방법

1.1 경제학이란 | 1.2 미시경제학이란
1.3 미시경제학의 분석 방법 | 1.4 미시경제학의 분석 도구

MICROECONOMICS

　미시경제학이란 무엇인가? 미시경제학도 크게는 경제학의 한 분야이다. 그러므로 이 질문에 답하려면 먼저 경제학의 성격을 알아보는 것이 도움이 될 것이다. 이 같은 맥락에서 먼저 경제학의 성격에 대해 간략히 살펴본다. 뒤이어 미시경제학이 분석하고 있는 대상에 대해 알아본다. 여기서 독자들은 특히 미시경제학에서 가장 핵심적이라고 할 수 있는 가격의 기능에 주목하기 바란다. 이어서 미시경제학이 사용하고 있는 분석 방법을 소개하고 있다. 이와 함께 미시경제학을 공부할 때 종종 등장하는 분석 도구에 대해서 개략적으로 검토해 보았다.

무엇을 공부할 것인가

1. 경제학이란 무엇인가?

2. 미시경제학이란 무엇인가?

3. '다른 상황이 일정하다면'이라는 가정이 의미하는 것은 무엇인가?

4. 일정하다고 가정했던 다른 상황 중의 일부가 변할 경우 그것은 그림표상에서 어떻게 나타나는가?

5. 한계원리란 무엇인가? 이때 한계라는 말의 의미는 무엇인가?

6. 균형의 성격은 어떠한가?

7. 비교정학이란 무엇인가? 이 경우 균형에 이르는 시간과 경로도 분석하는가?

8. 부분균형분석과 일반균형분석의 차이점은 무엇인가?

9. 변수가 3개 있을 경우 이것을 평면에 그리려면 어떠한 기교를 사용하는가?

책을 읽기 전에 책 마지막에 있는 권말 부록 '경제수학요약'의 목차를 훑어보면 좋겠다. 본문을 읽다가 수학적 관련 내용이 등장하면 참고하기 바란다. 본문의 내용을 이해하는 데 필수적이지는 않지만 함께 읽으면 큰 도움이 될 것이다. 특히 본문 안의 부록들 일부나 예제 해설을 이해하려면 알아야 한다.

1.1 경제학이란

경제학이란 무엇인가? 멀리는 고등학교 시절부터 가까이는 대학의 경제원론 시간에 많이 들어 온 질문이다. 먼저 이 질문에 답하기로 하자.

모두 아는 바와 같이 사람의 욕망은 끝이 없다. 그러나 그에 비하면 불행하게도 토지, 노동, 천연자원 등의 자원은 희소하다. 이 때문에 수많은 사람들의 이러한 욕망이 모두 채워질 수는 없다. 이처럼 욕망은 무한한데 자원은 희소하기 때문에 우리 모두가 주어진 자원을 어떻게 사용해야 할 것인가에 관심을 기울이게 된다.

(1) 극히 개인적인 측면에서 보더라도 개인은 하루에 24시간밖에 없다. 따라서 이 시간을 어떻게 쪼개어 돈을 벌고, 잠도 자며, 여가를 보낼 것인가가 문제되는 것이다. 아마도 개인에게 주어진 시간이 무한하다면 구태여 몇 시간을 일해서 돈을 벌고, 몇 시간을 여가로 보낼 것인가에 대해서 고민할 필요가 없을 것이다.

상품을 사는 경우를 보자. 이 경우에도 우리는 많은 상품들의 가격을 비교해 가며 요모조모 따져 보고 마음에 드는 것을 산다. 좋다고 무조건 사지도 않으며 상품 자체가 마음에 들더라도 값이 너무 비싸면 사지 않는다. 그런데 이것도 따지고 보면 자신이 가지고 있는 돈으로 가장 큰 만족을 얻기 위한 행위 중의 하나이다.

(2) 그런데 이처럼 여러 가지 선택할 수 있는 것들 중에서 어느 하나를 선택해야 하는 문제는 비단 개인뿐만 아니라 기업에게도 마찬가지이다. 우선 기업의 입장에서는 돈을 많이 벌려면 어떠한 상품이 돈벌이가 되는지를 판단해야 한다. 나아가서 이 상품을 얼마나 생산할 것인가를 결정해야 한다. 한편 같은 상품이라도 사람의 품이 많이 드는 노동집약적인 방법으로 생산할 수도 있다. 또는 공정을 자동화하여 기계를 많이 사용하는 방법으로 생산할 수도 있다. 물론 이때 선택기준은 어느 방법으로 생산하는 것이 비용이 덜 드느냐이다.

다시 한 번 말하지만 이러한 문제에 직면하는 근본적인 이유가 있다. 그것은 바로 생산에 사용되는 생산요소나 자원이 한정되어 있기 때문이다. 만일 자원이 무한히 많다면 굳이 어떤 상품만 선택해서 생산할 필요 없이 모든 상품을 다 생산해도 된다. 또한 어떠한 생산요소를 사용하여 생산할 것인가를 고민할 필요도 없다.

(3) 선택 문제에 직면하는 것은 정부도 마찬가지이다. 정부도 예컨대 미사일이나 탱크를 얼마나 생산할 것인가를 결정해야 한다. 이를 위해 자원을 얼마나 투입할 것인가도 결정해야 한다. 나아가서 사회간접자본을 확충하기 위해 자원을 얼마나 투입할 것인가도 결정해야 한다. 이렇게 볼 때 경제학의 의미는 다음과 같이 요약할 수 있다.

> 🌱 **경제학**(economics) 근본적으로는 자원이 희소하기 때문에 개인, 기업, 정부 등 각 경제주체들은 모두 선택 문제에 직면하게 되는데 바로 이러한 선택이 어떻게 이루어지며 또한 어떻게 이루어져야 하는가를 분석하는 학문

한편 어떠한 선택을 할 때나 마찬가지로 경제적 선택을 할 때에도 일단 어떤 것을 선택하면 그 대신 다른 것들은 포기해야 한다. 즉 어떠한 선택을 할 때에도 거기에는 다른 것들을 포기해야 하는 '비용'이 따른다. 이제 어떠한 선택을 할 때 그 때문에 포기해야 하는 여러 가지 선택들 중에서 가장 좋은 것이 지니는 가치를 생각해 보자. 경제학에서는 어떠한 선택을 할 때 드는 비용을 바로 이 가치로 평가하고 있다. 이러한 개념의 비용을 **기회비용**(opportunity cost)이라고 부른다.

예를 들어 독자가 현재 공부하고 있는 시간의 기회비용을 생각해 보자. 그것은 바로 가장 하고 싶었지만 공부를 하느라고 포기해야 했던 일이 지니고 있는 가치이다. 물론 그 일은 개인에 따라 여행일 수도 있고, 스포츠일 수도 있다. 또는 단순한 휴식이나 돈벌이일 수도 있다. 경제학에서 말하는 비용이란 다름 아닌 이러한 기회비용을 말한다. 그런 만큼 대단히 중요한 개념이므로 비용이론을 배울 때 다시 자세하게 다룰 것이다.

🔵 1.2 미시경제학이란

1.2.1 경제주체의 역할

경제주체에는 일반적으로 개인, 기업, 정부가 있다. 설명의 편의상 이 중에서 정부를 생략하고 개인과 기업의 행위를 [그림 1-1]에 나타내 보았다. 그림에서 화살표는 생산물이나 생산요소가 흘러가는 방향을 나타내고 있다.

옷의 경우를 예로 들어보자. 우선 개인들은 옷을 구입하는 데 필요한 돈을 벌기 위해 일을 하거나(즉, 노동을 공급하거나) 또는 자신이 가지고 있는 토지나 건물, 기계 등을 다른 사람들에게 빌려주고 그 대신 임대료를 받는다. 다른 각도에서 살펴보면 이러한 행위는 결국

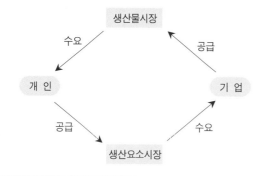

그림 1-1 **경제주체의 역할**

개인은 생산물의 수요자이면서 생산요소의 공급자이다. 반면에 기업은 생산물의 공급자이면서 생산요소의 수요자이다.

옷을 생산하는 데 필요한 노동이나 토지, 자본과 같은 생산요소를 공급하는 셈이 된다. 결과적으로 볼 때 개인들은 옷이 거래되는 생산물시장에서는 옷을 사는 수요자로서 역할을 한다. 그러나 그들은 생산요소가 거래되는 생산요소시장에서는 생산요소를 공급하는 공급자로서 역할을 하고 있다.

반면에 기업은 돈을 벌기 위해 소비자들의 구미에 맞는 옷을 생산하여 공급한다. 다른 한편으로는 이 옷을 팔아서 번 돈으로 옷을 생산하는 데 필요한 옷감, 노동, 토지, 자본과 같은 각종 생산요소를 구입하거나 또는 빌려쓴다. 결과적으로 볼 때 기업은 생산물시장에서는 옷을 파는 공급자로서 역할을 한다. 그러나 생산요소시장에서는 생산요소를 구입하는 수요자로서 역할을 한다.

앞으로 자세히 배우겠지만 개인이나 기업의 이러한 행위로부터 수요곡선과 공급곡선을 얻는다. 나아가서 상품의 가격이나 수량이 어떻게 결정되는지를 알게 된다.

1.2.2 미시경제학과 거시경제학

그렇다면 문제는 소비자와 기업들이 무엇을 기준으로 이러한 선택을 하는가이다. 이와 관련하여 소비자는 주어진 돈으로 어떤 상품을 구입해야 가장 큰 만족감을 얻을 수 있는가를 고려한다. 이때 여러 상품의 가격을 서로 비교해 보고 판단한다. 마찬가지로 기업도 어느 상품을 얼마나 생산해야 이윤을 가장 많이 얻을 수 있는가를 고려한다. 이때 상품의 가격과 그 상품을 생산하는 데 드는 생산요소의 가격을 기준으로 판단한다.

미시경제학(microeconomics)은 개인, 기업, 정부와 같은 각 개별 경제주체들이 내리는 이러한 선택 행위를 분석한다. 나아가서 이에 따라 상품의 가격과 생산요소의 가격이 어떻게 결정되는가를 연구한다. 또한 가격의 기능이 자원배분 문제나 기능별 소득분배 문제 등을

어떻게 해결하는가를 연구한다.[1]

   미시경제학에서는 이처럼 가격의 기능이 핵심을 이루고 있다. 그런데 이러한 가격이 성 공적으로 그 기능을 수행할 경우에는, 개인이나 기업들의 자유로운 선택은 그들의 의도와 는 관계없이 자원을 효율적으로 배분해 주며 나아가서 기능별 소득분배 문제를 해결해 준 다.[2] 바로 이러한 의미에서 아담 스미스(Adam Smith)는 가격을 '보이지 않는 손'(invisible hand) 이라고 하였다.

   이 시점에서 우리는 거시경제학에 대해 언급할 필요가 있다. 말 자체에서 풍기는 뉘앙 스에서 알 수 있듯이, 미시경제학은 개별 소비자들이나 기업들의 선택 행위를 분석 대상으 로 삼는다. 반면에 **거시경제학**(macroeconomics)은 국민 경제 전체의 소비나 생산 등을 그 분 석 대상으로 한다. 그 결과 미시경제학에서는 개별 상품들의 가격이나 산출량과 같은 변수 들이 얼마나 크며 또한 어떻게 변화하는가가 관심의 대상이다. 그러나 거시경제학에서는 모 든 상품의 가격이나 산출량 등을 하나의 수치로 표현해 준 값에 관심을 갖는다. 즉 물가나 국 내총생산, 나아가서 환율이나 국제수지와 같은 변수들의 크기나 변화에 관심을 갖는다.

   이미 짐작했겠지만 미시경제학과 거시경제학은 서로 별개가 아니다. 다만 분석하고 있 는 시야가 다를 뿐이다. 실제로 경제학에서 두 분야는 서로 보완적으로 발전해 가고 있다. 한편 한 국가의 경제가 해결해야 할 근본 과제에는 자원배분과 소득분배, 경제안정과 성장 등이 있다. 이것들 중에서 처음 두 과제는 주로 미시경제학에서 다루고, 나머지 두 과제는 주로 거시경제학에서 다루고 있다.

1.3 미시경제학의 분석 방법

   경제학 분석에서는 극대화 또는 극소화하고자 하는 목적함수를 상정한 다음 선택변수를 통해 그 목적함수를 극대화하거나 극소화하는 경우가 많다. 그 다음 외부적 상황(외생변 수)이 바뀌었을 때 그 선택변수(내생변수)의 값이 어떻게 바뀌는지 알아보게 된다. 이것을 경제용어를 빌려 표현하면 최적화 후 비교정학을 한다고 말한다.

---

1 자원배분은 어떤 상품을 어떤 생산요소를 사용하여 얼마나 생산하는가에 관한 것이다. 기능별 소득분배는 생산요 소에 대한 보수 결정에 관한 것이다(17장 참조).
2 시장에서 상품들이 생산된다는 것은 그에 상응하여 토지, 노동, 자본, 원자재 등이 각 상품 생산에 투입(배분)된다는 것 을 의미한다. 즉 가격은 자원배분기능을 지닌다. 또한 각 생산요소의 가격에 자신이 공급한 각 생산요소의 수량을 곱한 다음 더하면 자신의 소득이 된다. 즉 가격은 소득분배기능을 지닌다. 그런데 때로는 가격이 자원을 효율적으로 배분하지 못하는 경우도 있다. 이 경우에는 정부의 역할이 요구된다. 이에 관해서는 6편과 7편에서 다룰 것이다.

이 책도 상당 부분 그런 내용을 다루고 있다(물론 외부적 상황 변화에 따라 '비목적균형(1.3.2 참조)'들이 어떻게 바뀌는지 알아보는 유형의 비교정학도 등장한다). 그러므로 책을 읽다가 극대화문제가 나오면 굳이 다시 언급하지 않거나 다루지 않더라도 그 이후 비교정학이 어떻게 이루어지고 있는지 또는 이루어질 수 있는지 주의 깊게 살펴보기 바란다.

1.3.1 모   형

(1) 단 순 화

실제의 경제 현상은 너무나 복잡하여 그대로는 의미 있는 분석을 하기가 거의 불가능하다. 따라서 앞으로 우리는 가격의 기능이나 경제주체들의 행위를 분석할 때 현실을 단순화시킨 모형(model)을 사용하게 될 것이다. 이처럼 모형을 사용하여 분석하게 되는 이유는 어찌보면 너무나 당연하다. 현실에서는 심지어 부모와 자식간에도 좋아하는 물건이 다르고 소비행태가 다를 수 있다. 그런데 그 많은 사람들이 모여 사는 사회에서 각 개인들의 행위를 모두 반영하여 분석한다는 것은 불가능하기 때문이다. 그뿐만 아니라 설사 가능하더라도 그 분석에 드는 비용에 상응하는 만큼 유용한 결과를 얻지 못할 것이기 때문이다.

이러한 측면에서 볼 때 가능한 한 핵심을 유지하면서 현실을 단순화시킨 다음 변수들 상호간의 관계를 파악하는 것이 보다 유용성이 있다. 예를 들어 아무리 정확하더라도 세세한 건물, 모든 주택, 아주 작은 골목길까지 모두 표시되어 있는 지도라면 사실상 아무 쓸모가 없는 것과 같은 이치이다. 그런데 이렇게 단순화할 때 유의해야 할 점이 있다. 그것은 지도를 작성할 때 중요한 지형지물을 빠뜨려서는 안 되듯이 핵심적인 변수를 제거시켜 버려서는 안 된다는 것이다. 그러면 모형에 어떠한 변수를 포함하고 어떠한 변수를 제거시킬 것인가? 이에 대한 해답을 제공하는 것이 바로 경제이론이다.

(2) 가   정

모형 설정과 관련하여 대부분의 경제분석 전반에 걸친 사항을 하나 지적하고자 한다. 다름 아니라 어떠한 모형에도 항상 그 이면에 '다른 상황이 일정하다면(ceteris paribus: other things being equal)'이라는 가정이 전제되고 있다는 것이다. 예를 들어 옷에 대한 개인의 수요를 생각해 보자. 개인의 옷에 대한 수요에 영향을 미치는 요소는 이루 나열할 수 없을 만큼 많다. 이를테면 옷의 가격, 소득이나 기호, 기후, 당시의 유행, 사회적인 체면 등 무수히 많다. 이러한 상황에서 우리는 일반적으로 이들 중에서 특히 중요하면서도 수량화할 수 있는 요소들에 초점을 맞추어 모형을 구성하게 된다. 이때 우리가 명시적으로 분석하고 있지 않은 다른 요소들은 모두 일정하다고 가정한다. 그렇다고 해서 그 요소들이 중요하지 않다는 것은 아니다. 이러한 방법을 취하는 이유는 다만 분석의 편의를 도모하거나 또는 수량화할 수 있는 변수를 선택하기 위한 것일 뿐이다.

이러한 측면에서 q를 옷의 수요량, p를 옷의 가격이라 하고, 옷의 수요함수를

$q = f(p;$ 기타 요소$)$

라고 나타냈다고 하자. 이미 말했듯이 옷의 수요량에 영향을 미치는 요소는 무수히 많다. 그런데 이 식은 그 중에서 수량화할 수 있는 중요한 요소로서 가격을 선택하고 나머지 요소들은 모두 일정하다고 가정한 것을 의미한다. 물론 여기서 우리가 일정하다고 가정했던 다른 요소들이 변화하면 특정한 가격에서 측정한 수요량도 변화한다. 예를 들어 옷의 가격이 특정 수준으로 고정되어 있을 때 소득이 증가했다고 하자. 그러면 소득이 증가하기 이전보다 옷의 수요량이 많아진다는 것이다.

이러한 측면에서 수요함수를 단순히 $q = f(p)$로 표현한 경우에도 많은 다른 요소들을 일정하다고 가정하고 있다는 사실을 염두에 두어야 한다. 이와 함께 다른 중요한 요소들이 무엇인가도 잊지 말아야 한다.

한편 이러한 수요함수를 가격과 수량의 평면에 나타낸 것을 **수요곡선**이라고 한다. 그런데 이처럼 그림을 이용하여 분석할 때에는 유의할 점이 있다. 즉 일정하다고 가정했던 요소들이 변화할 경우 그 변화가 그림에 어떻게 반영되는가를 잘 알아야 한다는 것이다.[3]

예를 들어 소득이 증가하는 경우를 살펴보자. 먼저 [그림 1-2]에서 안쪽의 수요곡선은 사람들의 월 평균소득이 150만원일 경우 옷에 대한 수요곡선을 나타내고 있다. 이 수요곡선은 옷의 가격이 1만 5천원이라면 사람들이 옷을 한 달에 4만벌 살 의향이 있다는 것을 보여주고 있다. 또한 가격이 1만원으로 내리면 5만벌을 살 의향이 있다는 것을 보여준다.

이제 사람들의 월 평균소득이 200만원으로 증가했다고 하자. 이때 옷의 가격이 1만 5천원이라면 이전의 4만벌보다 더 많은 6만벌을 구입하려 한다고 하자. 또한 가격이 1만원으로 내린다면 이전의 5만벌보다 많은 7만벌을 구입하려 한다고 하자. 여기서는 옷의 가격이 1만 5천원일 때와 1만원일 때의 두 경우에 대해 살펴보고 있다. 그러나 소득이 증가할 경우 사람들은 비단 이 두 가격에서 뿐만 아니라 어느 가격에서도 옷을 이전보다 더 사려고 한다.

---

3 [그림 1-2]가 보여주듯이 일반적으로 가격이 상승하면 수요량이 감소하고, 가격이 하락하면 수요량이 증가한다. 이에 대해서는 앞으로 자세히 배울 것이다. 한편 수요함수는 수량을 가격의 함수로 나타내고 있다. 그러므로 이것을 수학적 관행에 따라 나타내려면 가로축에 독립변수인 가격을 표시하고 세로축에 종속변수인 수량을 표시해야 한다. 그런데 경제학에서는 이와는 반대로 [그림 1-2]에서 보는 바와 같이 수량을 가로축에 표시하고 가격을 세로축에 표시하는 것이 관례로 되어 있다.

그림 1-2 수요곡선의 이동

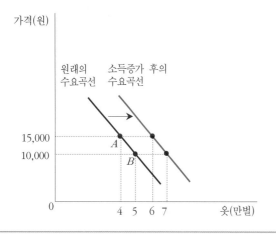

가격(원)

원래의   소득증가 후의
수요곡선   수요곡선

수요곡선을 그릴 때 일정하다고 가정했던
소득이 증가하면, 수요곡선 자체가 오른쪽으
로 이동한다.

15,000
10,000

    A
    B

0   4 5 6 7   옷(만벌)

이러한 상황은 수요곡선 자체가 오른쪽으로 이동하는 것으로 나타난다. 이처럼 일정하다고 가정했던 요소가 변할 경우 수요곡선 자체가 이동하게 된다. 그런데 이러한 원리는 비단 수요곡선의 경우에만 적용되는 것이 아니라 어떠한 모형의 경우에도 적용된다.[4]

물론 이처럼 '수요곡선 자체가 이동(shift of the demand curve)'하는 것은 수요곡선을 그릴 때 명시적으로 등장하는 변수가 변할 때와 대조된다. 예를 들어 가격이 변화할 때와 대조된다. 이 말의 의미를 알기 위해 소득은 150만원으로 일정한데 옷의 가격이 1만 5천원에서 1만원으로 내렸다고 하자. 이 경우 위에서 보았듯이 사람들이 사려는 옷의 수량이 4만벌에서 5만벌로 늘어난다. 그런데 이러한 변화는 원래의 수요곡선상에 있는 A 점에서 B점으로 움직인 것으로 나타난다. 즉 수요곡선 자체가 이동하는 것이 아니라 '주어진 수요곡선상에서의 움직임(movement along the fixed demand curve)'으로 나타난다.

(3) 전후관계와 인과관계

경제이론을 구축할 때 또 하나 명심해야 할 사항이 있다. 그것은 단순한 전후관계를 인과관계로 해석해서는 안 된다는 점이다. 이를테면 비가 온 다음 주식 가격이 하락한 경우를 생각해 보자. 이때 비가 왔기 때문에 주식 가격이 하락했다고 해석해서는 안 된다는 것이다. 물론 이 예와 같이 간단한 경우에는 오류를 범하지 않을 것이다. 그러나 서로 복잡하게 얽혀 있는 문제를 분석할 때에는 특히 유의해야 한다.

---

4 이러한 내용은 1차함수인 $y = ax + b$의 그래프가 이동하는 것과 원리적으로 같다. 예를 들어 일정하게 주어진 것으로 간주한 b의 값이 변화하면 직선이 이동하는 것이다. 한편 소득이 변화하는 대신, 기후나 유행 등 옷의 수요에 영향을 주는 다른 요소들이 변화하더라도 옷의 수요곡선은 이동한다.

(4) 검 증

실제로 어떠한 경제이론을 바탕으로 모형을 구축한 후에는 이를 통계적인 자료를 이용하여 검증하게 된다. 이때 실제 자료를 이용하여 분석한 결과가 모형과 다를 경우 그것은 모형이 잘못 설정되었거나 또는 실증 분석 방법에 오류가 있었기 때문이다. 실증 분석 방법에 오류가 없다고 판단될 경우에는 모형을 수정하게 된다. 이러한 측면에서 볼 때 경제이론을 확립하는 것과 실증 분석을 하는 것은 상호배타적이 아니라 서로 보완적인 성격을 지니고 있다.

1.3.2 최 적 화

개인이나 기업의 행위를 분석하기 위해서는 어떤 틀이 있어야 한다. 이와 관련된 두 가지 기본적인 개념이 바로 최적화와 균형이다. 그런데 이 두 가지 개념은 서로 분명히 구분된다. 먼저 최적화란 개별 경제주체들이 어떤 목표를 의식적으로 달성하고자 노력하여 얻은 결과를 말한다. 예를 들어 효용을 극대화하거나 이윤을 극대화하는 것이 이에 해당한다. 반면에 균형은 개별 경제주체들의 의식이나 노력과는 관계없이 서로 상반되는 두 힘이 평형을 이룰 때 얻어지는 결과일 뿐이다. 수요와 공급이라는 두 힘의 상호작용으로 이루어진 균형을 그 예로 들 수 있다. 이러한 의미에서 최적화는 '목적균형'이고, 일반적으로 말하는 균형은 '비목적균형'이라고 할 수 있다. 그러면 최적화에 관해 먼저 논의하기로 하자.

최적화(optimization)란 개인이나 기업을 불문하고 자신이 선택할 수 있는 것 중에서 최선의 것을 선택한다는 것을 말한다. 예를 들어 이윤처럼 많을수록 좋은 것은 가급적 많게 하려고 애쓴다. 그리고 주어진 산출량을 생산하는 데 드는 비용처럼 적을수록 좋은 것은 가급적 적게 하려고 애쓴다. 이 같은 관점에서 볼 때 최적화는 극대화(maximization)나 극소화(minimization)를 함께 포괄하는 개념이다. 나아가서 소비자나 기업이 모두 이기적으로 행동한다는 의미를 내포하고 있다.

(1) 한계의 의미

경제학을 공부할 때 한계효용, 한계수입, 한계비용 등과 같이 '한계'(marginal)라는 말이 붙은 용어가 자주 등장한다.

'한계'라는 말은 '추가로 1단위 더'라는 의미를 지니고 있다(부록 2.2 참조). 예를 들어 10단위를 생산할 때 총비용이 1,000원인데 11단위를 생산할 때 총비용이 1,045원이라면 '한계'비용은 10단위에서 추가로 1단위 더 생산할 때 추가로 늘어난 비용인 45원이다. 그런데 이 값은 10단위에서 측정한 총비용함수의 도함수(derivative)의 값과 같다. 그래프상으로는 산출량 10단위에서 총비용곡선에 그은 접선의 기울기와 같다.

(2) 한계원리는 최적화의 일차필요조건에 해당

경제분석에서 중요하게 활용되는 한계원리에 대해 알아보자.

한계원리(marginal principle) 순편익(net benefit)을 극대화하려면 한계편익(marginal benefit)이 한계비용(marginal cost)과 같아지도록 해야 한다는 원리

순편익은 편익에서 비용을 뺀 값이다. 한편 경제학에 등장하는 편익은 화폐단위로 측정되는 개념이다. 반면에 앞으로 배우겠지만 **효용**은 선호를 나타내는 개념으로서 화폐단위로 측정될 수 없다.

수학적으로 볼 때 한계원리는 바로 **최적화의 일차필요조건**에 해당된다. 이윤극대화의 경우(11장 참조)를 예로 알아보자. 이윤의 정의에 따르면

$$\text{이윤} = \text{총수입} - \text{총비용} \tag{1.1}$$

이다. 미적분학에 따르면 **이윤극대화의 일차필요조건**은 이윤(함수)의 도함수, 즉 한계이윤(함수)의 값이 0이 되는 것이다([권말 부록] I.1 참조). 즉

$$\text{한계이윤} = \text{한계수입} - \text{한계비용} = 0 \tag{1.2}$$

이다. 식 (1.2)는 식 (1.1)을 산출량으로 미분한 다음 0으로 놓은 것이다.[5,6] 이때 한계이윤은 이윤함수를 미분하여 얻은 이윤함수의 도함수이고, 한계수입은 총수입함수를 미분하여

---

5 미분은 2가지 뜻으로 쓰인다. (1) 그 중 하나는 미분하다(differentiate)의 명사형으로서의 미분(differentiation)이다. 도함수를 구하는 것을 미분한다고 말한다. (2) 다른 하나는 무한히 작은 변화량을 의미하는 미분(differential)이다. 예를 들면 dx 또는 dy 등을 말한다. 이 개념은 대학 과정의 수학에 등장한다.

6 식 (1.1)과 식 (1.2)의 각 항은 모두 산출량의 함수이다. 식 (1.2)를 만족시키는 산출량의 값을 이윤함수에 대입하면 극대화된 이윤을 얻는다.

얻은 총수입함수의 도함수이고, 한계비용은 총비용함수를 미분하여 얻은 총비용함수의 도함수이다. '한계'는 그 개념상 도함수에 해당한다. 이에 대해서는 [부록 2.2]를 참조하기 바란다.

경제학적으로 볼 때 **한계이윤**은 추가로 1단위 더 생산하여 판매할 때 추가로 더 얻는 이윤, **한계수입**은 추가로 1단위 더 판매할 때 추가로 더 들어오는 수입, 그리고 **한계비용**은 추가로 1단위 더 생산할 때 추가로 더 드는 비용을 말한다. 이때 한계라는 접두어가 붙은 용어에 대해 설명하면서 '추가로 1단위 더'라고 말하는 이유는 [부록 2.2]에 설명되어 있다.

앞에서 말했듯이 이윤극대화의 일차필요조건은 한계이윤이 0이 되는 것이다. 그런데 식 (1.2)에서 알 수 있듯이 한계이윤이 0이 되는 곳, 즉 이윤이 극대화되는 곳에서는 한계수입과 한계비용이 같아진다. 이것은 직관적으로도 당연한 결과이다. 예를 들어 이윤극대화가 목표일 경우, 추가로 1단위 더 팔 때 총수입이 총비용보다 더 많이 늘어난다면 산출량을 늘려야 하며, 반대로 총비용이 총수입보다 더 많이 늘어난다면 산출량을 줄여야 한다. 결과적으로 추가로 늘어나는 총수입이 추가로 드는 총비용과 같아지는 곳이 최적이다. 즉 한계수입이 한계비용과 같아지는 곳이 최적이다. 이러한 사실은 '한계'라는 용어가 수학적으로 최적화와 관계되는 용어임을 말해 준다. 정작 중요한 것은 총수입이나 총비용이 아니라 한계수입이나 한계비용인 것이다.

이상의 논의로 비추어 볼 때 한계원리는 바로 최적화의 일차필요조건에 해당된다는 것을 알 수 있다. 이윤극대화의 예에도 한계원리가 그대로 적용되고 있다. 다만 순편익이 이윤으로, 한계편익이 한계수입으로 대체되었을 뿐이다.

1.3.3 균　형

균형의 개념에 대해 설명하기 위해 옷을 예로 들자. 옷이 거래되는 시장에는 옷을 사려는 수요자들과 옷을 팔려는 공급자들이 무수히 많다.

첫째, 수요측면을 살펴보자. 옷의 가격이 높을 때에는 사람들이 사려는 옷의 수량은 적을 것이다. 반대로 옷의 가격이 낮을 때에는 사람들이 사려는 옷의 수량이 많을 것이다. 이때 옷의 가격과 사람들이 사려는 옷의 수량 사이의 관계를 보여주는 것이 바로 옷에 대한 시장수요곡선이다. 이러한 시장수요곡선이 [그림 1-3]에 그려져 있다.

둘째, 공급측면을 살펴보자. 공급자들은 옷의 가격이 높을 때에는 옷을 많이 공급하려 하고 옷의 가격이 낮을 때에는 옷을 적게 공급하려 할 것이다. 이때 옷의 가격과 공급자들이 공급하고자 하는 옷의 수량 사이의 관계를 보여주는 것이 바로 옷의 시장공급곡선이다.

그렇다면 이렇게 많은 소비자와 생산자들이 모여 있는 시장에서 옷의 가격은 얼마로 결정되며 그 거래량은 얼마만큼으로 결정될 것인가?

(1) 예를 들어 [그림 1-3]에서 옷의 현행 가격이 $\bar{p}$라 하자. 이때 그 가격에서는 시장공급량은 시장수요량보다 많다. 즉 **초과공급**(excess supply) 상태이다. 그러므로 일부 공급자들의 의도는 충족되지 못한다. 다시 말해서 일부 공급자들은 자신이 생산한 옷을 모두 판매하지는 못한다는 것이다. 이 경우 공급자들은 가격을 조금 낮추어서라도 팔려고 할 것이다. 이러한 경향으로 인해 가격이 낮아지며 그에 호응하여 수요량은 늘어나고 공급량은 줄어들 것이다. 이러한 상황은 가격이 p^*로 떨어질 때까지 계속된다.

(2) 반대로 $\underline{p}$에서는 시장수요량이 시장공급량보다 많다. 즉 **초과수요**(excess demand)상태이다. 이 경우 앞서와는 반대로 일부 수요자들의 의도가 충족되지 못한다. 이때에는 공급자들이 가격을 올리면서 공급량을 증가시키더라도 그 수량을 판매할 수 있으므로 가격을 올리려고 할 것이다. 이러한 경향으로 인해 가격이 높아지며 그에 호응하여 공급량은 증가하고 수요량은 감소할 것이다. 이러한 상황은 가격이 p^*로 오를 때까지 계속된다.

(3) 이러한 과정을 살펴볼 때 결국 수요량과 공급량이 같아지는 p^*에서 가격의 움직임은 멈출 것이다. 그리고 그때 비로소 소비자가 구매하려는 수량과 공급자들이 공급하려는 수량이 Q^*로 같아진다. 결국 수요량과 공급량이 같아지는 Q^*에서는 가격이 변화하려는 유인이 없다. 또한 수요자와 공급자의 의도가 모두 충족되고 있다. 이러한 상태를 **시장균형**(market equilibrium)이라고 한다. 그리고 이때 얻는 p^*를 균형가격이라고 하고, Q^*를 균형수량이라고 한다.

그림 1-3 　균   형

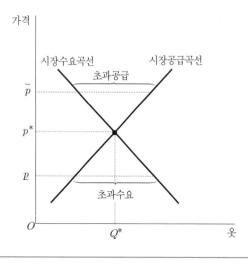

시장수요곡선과 시장공급곡선이 만나는 곳에서 균형이 달성된다. 균형에서는 수요자와 공급자의 의도가 모두 충족되고 있다.

지금까지는 시장균형에 대해 살펴보았다. 그런데 보다 일반적으로 말해서 **균형**은 다음과 같이 정의할 수 있다.

> 🌱 **균형**(equilibrium) 외부적인 상황이 변화하지 않는 한 그대로 유지되려고 하는 상태, 즉 그 자체로는 변화하려는 유인이 없는 상태

균형이 이러한 의미를 지니고 있다는 사실이 바로 우리가 균형에 관심을 가지는 이유이기도 하나. 나시 말해서 주위에 아무런 변화가 없음에노 불구하고 어떠한 상태가 그대로 유지되려고 하지 않고 곧 다른 상태로 이행해 간다면 그러한 상태에 굳이 관심을 기울일 이유가 없기 때문이다.

1.3.4 비교정학

우리가 앞서 '외부적 상황이 변화하지 않는 한' 그대로 유지되려는 상태를 균형이라고 하였다. 그렇다면 외부적 상황이 변화한다면 어떻게 될 것인가? 예를 들어 경제가 호황에 접어들어 사람들의 소득이 증가했다고 하자. 이것은 바로 우리가 앞서 모형 설정을 논의할 때 일정하다고 가정했던 상황 중의 하나가 변화한 것이다. 이 경우 기본적으로 잘 먹고 잘 입고 싶어하는 사람들의 욕망을 인정한다면 사람들의 옷에 대한 구매 의욕도 늘어날 것으로 생각된다. 이처럼 옷의 가격은 변화하지 않았는데 소득이 증가하여 옷을 더 많이 사려고 할 경우 시장수요곡선 자체가 이동한다. 이것이 [그림 1-4]에 나타나 있다. 그런데 이러한 내용은 이미 앞에서 다룬 바 있다.

이처럼 수요가 증가하면 공급자들은 그에 상응하여 옷의 가격을 올리는 동시에 공급량을 증가시키려고 할 것이다. 그 결과 원래의 균형 E_0는 더 이상 유지되려는 힘을 잃는다. 그 대신 가격이 상승하고 거래량도 증가한 E_1에서 새로운 균형이 달성된다. 이때 우리는 새로운 균형에서 얻는 가격 p_1과 수량 Q_1을 원래 균형에서 얻은 가격 p_0 및 수량 Q_0와 비교하게 된다.

> 🌱 **비교정학**(comparative statics) 주어진 것으로 가정했던 주위의 상황이 변화할 경우. 이때 달성되는 새로운 균형과 원래의 균형을 서로 비교하여 분석하는 것

한편 현재 우리가 살펴보고 있는 모형에서의 소득처럼 외부적으로 주어진 것으로 간주되는 변수를 **외생변수**(exogenous variable)라고 한다. 그리고 가격이나 수량과 같이 모형 내에

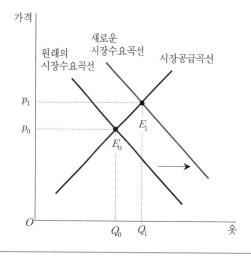

그림 1-4   **비교정학: 시장수요곡선의 이동**

시장수요곡선을 그릴 때 일정하다고 가정했던 외부적 상황이 변화하면 시장수요곡선 자체가 이동한다. 예컨대 소득이 증가하면 시장수요곡선 자체가 오른쪽으로 이동한다.

서 결정되는 변수를 **내생변수**(endogenous variable)라고 한다. 외생변수는 우리가 모형을 구축할 때 주어졌다고 가정한 상황에 해당하는 변수이다. 이렇게 볼 때 비교정학이란 외생변수가 변화할 때 내생변수가 어떻게 변화하는가를 살펴보는 것이라고 할 수 있다.

한편 어떤 변수가 내생변수인지 외생변수인지는 사전에 정해져 있는 것이 아니고 모형에 따라 달라진다. 예를 들어 [그림 1-4]와 같은 모형에서는 가격과 수량이 내생변수이지만 다른 모형에서는 가격이나 수량이 외생변수로 주어질 수도 있다. 그러므로 어떤 모형을 접할 경우 그 모형에서 내생변수가 무엇이고 외생변수가 무엇인지를 구분해 내는 일이 무엇보다도 중요하다.

여기서 또 하나 우리의 눈길을 끄는 것은 **정학**(statics)이라는 말이다. 이것은 다만 결과로서 얻어지는 두 균형에만 관심을 갖는다는 깃을 의미한다. 즉 원래의 균형에서 새로운 균형에 이르기까지 시간이 얼마나 걸렸으며 어떠한 과정을 거쳤는가에는 관심을 갖지 않는다. 이 책에서는 거의 모두 이러한 정학 분석에 관심을 기울이고 있다.

한편 이와는 대조적으로, 균형에 이르는 데 걸린 시간과 경로에 대해 분석하는 것을 **동학**(dynamics)이라고 한다. 물론 동학 분석을 하려면 정학 분석을 할 때에 비해 고도의 기법이 필요하다.

1.3.5 부분균형과 일반균형

우리는 지금까지 옷 시장에서 이루어지는 균형가격과 거래량에만 관심을 가져왔다. 이처럼 어떤 하나의 시장에 국한해서 살펴본 균형을 **부분균형**(partial equilibrium)이라고 한다. 그런데 실제로는 어떤 시장의 균형은 그 시장만의 상황에 따라 달성되지는 않는다.

예를 들어 소득이 증가하는 경우를 생각해 보자. 소득이 증가하면 1차적으로 옷의 수요가 증가한다. 옷의 수요가 증가하면 그로 인해 옷의 가격이 올라간다. 다른 한편에서 옷의 수요가 증가하면 옷을 생산하는 기업은 옷을 만드는 데 필요한 옷감을 더 구입한다. 또한 이처럼 옷감의 구입이 늘어나면 그로 인해 옷감의 가격이 오른다. 나아가서 옷감을 만드는 데 들어가는 원료가 거래되는 원료시장도 영향을 받는다. 한편 옷의 가격이 오르면 옷을 생산하는 기업에서 일하는 노동자들의 보수가 증가한다. 이처럼 노동자들의 보수가 증가하면 그들은 옷뿐만 아니라 다른 상품들을 이전보다 더 많이 구입한다. 이때 다른 상품 시장에서 일어나는 변화는 다시 그 곳에서 일하는 노동자들의 보수 증가로 이어진다. 그리고 이것은 다시 옷의 수요를 증가시킨다. 옷감 시장에서 일어나는 가격변화도 유사한 변화를 유발한다. 이처럼 일반적으로 어느 한 시장의 균형이나 변화는 그 시장 자체만으로 결정되는 것이 아니고 다른 모든 시장들과 상호연관적으로 결정된다. 이같이 여러 시장에서 함께 이루어지는 균형을 **일반균형**(general equilibrium)이라고 한다.

일반균형분석이 성공적으로 수행될 수만 있다면 모든 시장에서 주고 받는 상호 영향을 종합적으로 고려할 수 있다. 그러므로 그 결과는 부분균형의 결과보다 정밀할 것이다. 그러나 이처럼 모든 시장에서 일어나는 변화를 모두 반영한다는 것은 거의 불가능하다고 볼 수 있다. 이러한 측면에서 이 책에서 다루고 있는 대부분의 내용도 부분균형분석을 위주로 하고 있다. 다만 일반균형과 관련해서는 핵심적인 내용에 대해서만 책의 후반부에서 서술하고 있다.

한 가지 덧붙일 것이 있다. 어떠한 외생적인 변화 때문에 나타나는 1차적이고도 가장 뚜렷한 변화를 살펴보려면 부분균형분석만으로 충분한 경우가 많다는 것이다. 예를 들어 지도에는 내가 찾아가고자 하는 목적지에 이르는 길만 분명하게 표시되어 있으면 된다. 말하자면 그 곳에 이르는 과정에 있는 소소한 건물들이나 미세한 도로들까지 일일이 표시할 필요는 없다는 것이다.

1.4 미시경제학의 분석 도구

먼저 앞으로 분석할 때 종종 등장하는 분석 도구에 대해 검토한다. 이어서 우리가 분석하려는 문제를 어떻게 간결하게 표현하고 있는가에 대해서 알아보자.

1.4.1 두 변수의 함수를 그리기

(1) 3차원 도형을 2차원 평면에

경제학에 등장하는 변수들은 흔히 두 개 이상의 변수의 함수로 나타나는 경우가 많다. 간단한 예로서 옷을 보더라도 옷을 생산하려면 먼저 노동이 필요하며, 재봉틀이나 가위, 기타 공장 건물 등이 필요하다. 나아가서 공장 건물을 허공에 지을 수는 없는 노릇이므로 당연히 토지가 필요하다. 그런데 이처럼 생산요소가 두 개 이상 있는 경우를 두 개만 있는 경우로 가정하고 분석한다고 하자.[7] 그렇더라도 여러 변수를 상정하고 분석할 때 얻을 수 있는 핵심적인 결과들을 거의 모두 얻을 수 있다. 이에 관해서는 앞으로 배울 것이다.

그렇다면 이제 그림을 이용하여 분석할 경우 두 변수의 함수를 어떻게 나타낼 것인가? 이 문제에 대해 생각해 보기로 하자. 예를 들어 옷의 산출량을 q, 노동의 투입량을 L, 기타 생산요소의 투입량을 K라고 하자. 이 경우 이 변수들 사이의 관계는

$$q = f(L, K)$$

와 같은 함수로 표시할 수 있다. 이때 이러한 관계를 나타내려면 L의 값을 나타내는 축과 K의 값을 나타내는 축, 그리고 q의 값을 나타내는 축이 필요하다. 즉 3차원 공간이 필요하게 된다. 그런데 우리는 어떠한 함수관계를 3차원 공간에 나타낸다는 것이 얼마나 번거로운지 익히 알고 있다. 나아가서 L이나 K의 값이 변화할 경우를 생각해 보자. 이 경우 그에 따라 q의 값이 어떻게 변화하는가를 나타내는 것은 더더욱 어렵다는 사실도 알고 있다.

이러한 문제에 직면하여 그 관계를 2차원 평면에 나타내는 방법을 생각해 보자. 이때 우리가 활용할 수 있는 방법은 바로 지도를 그릴 때 사용하는 **등고선**의 개념을 이용하는 것이다. 등고선은 말 그대로 같은 높이를 나타내는 지점들을 연결한 선이다. 그런데 이것을 이용하면 3차원의 지형을 2차원 평면에 표시할 수 있다. 예를 들어 100m로 표시된 등고선은 바다로부터 수직으로 측정하여 100m가 되는 지점들을 모두 연결한 선이다. 이때 두 등고선 사이의 거리와 숫자들을 이용하여 산의 높이나 경사 등을 나타낼 수 있다. 그리고 이러한 방법을 통해 2차원 지도에 3차원의 지형을 표시할 수 있는 것이다. 경제학에서는 등고선에 대응하는 개념으로 **등위선**(level curve)이라는 용어를 사용한다. 등위선은 말 그대로 같은 수준에 있는 점들을 연결한 선을 말한다.

---

7 이 경우 우리가 특히 관심을 갖는 생산요소 이외의 다른 생산요소들을 하나로 취급한다.

(2) 예

이제 이러한 원리를 이용하여 두 변수의 함수를 평면에 나타내는 방법을 생각해 보자. 이를 위해 예를 들어 q를 100단위 생산하고자 할 때 L과 K를 각각 얼마나 투입해야 할 것인가에 대답해 보자. 그것은 바로

$$f(L, K) = 100$$

을 만족시키는 L과 K의 값들을 찾는 것이다. 이때 찾은 값들을 L을 한 축으로 하고 K를 다른 한 축으로 하는 평면에 나타낸다고 하자. 이 결과가 바로 두 변수의 함수를 평면에 나타낸 것이다. 물론 그 구체적인 모양은 함수 f의 유형에 따라 달라진다.

예를 들어 $f(L, K) = L + K$일 때 100단위에 대한 등위선을 그려 보자. 이 경우 $f(L, K) = L + K = 100$으로 놓고 이 식을 만족시키는 L과 K의 값들을 찾으면 된다. 그런데 이러한 값들은 [그림 1-5]와 같이 K 축의 절편이 100이고 기울기가 -1인 직선으로 나타난다. 같은 방법으로 $q = 200$일 때의 등위선도 그릴 수 있다. 이때의 등위선은 $q = 100$일 때의 등위선에 평행하게 나타난다. 다만 K축의 절편이 200으로 바뀐다. 같은 방법을 사용하면 우리가 원하는 임의의 어떤 수량에 대해서도 등위선을 그릴 수 있다.

경제원론에서 배운 내용을 되새겨 보자. 그러면 지금 논의하고 있는 것은 바로 등량곡선(isoquant)에 해당한다는 사실을 알 수 있다. 그런데 이처럼 두 변수의 함수를 등고선의 개념을 이용하여 나타내는 방법은 등량곡선에만 적용되는 것이 아니다. 이 방법은 어떠한 두 변수의 함수의 경우에도 적용할 수 있다. 앞으로 이 책에 접두어로 '등-'(iso-)이라는 말이 붙

그림 1-5   **등고선의 원리: 등량곡선**

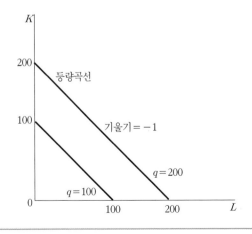

3차원 도형을 2차원 평면에 그릴 때에는 등고선의 원리를 이용한다.

은 용어들이 자주 나오는데, 이것들은 모두 이러한 원리에 근거한 것이다. 예를 들어 등량 곡선은 물론이고 등비용선, 등이윤선 등이 모두 이에 해당한다. 사실상 무차별곡선도 이에 해당한다.

1.4.2 최적화 문제 나타내기

최적화 문제를 구성하는 요소를 생각해 보자. 그 요소로는 (1) 극대화하거나 또는 극소화하려는 대상인 **목적함수**(objective function)를 들 수 있다. (2) 그 목적함수를 극대화 또는 극소화시키기 위해 경제주체가 선택할 수 있는 **선택변수**(choice variable)를 들 수 있다. 예를 들어 이윤극대화 문제에서는 이윤을 나타내는 함수가 목적함수이다. 그리고 산출량이 바로 선택변수이다. 이러한 측면에서 볼 때 최적화란 목적함수를 극대화시키거나 극소화시키는 선택변수의 값과 그때의 목적함수의 값을 찾는 것이다.

한 가지 덧붙일 것이 있다. 즉 최적화는 그 성격에 따라 **제약조건**(constraint)이 없는 경우도 있지만, 제약조건이 있는 경우도 있다. 제약조건이 있는 경우 그 대표적인 예를 들어보자. 상품을 소비함으로써 효용을 극대화하되 그때 상품을 구입하는 데 드는 돈은 주어진 소득을 넘지 않아야 한다는 것이다. 제약조건이 있을 경우 선택변수가 취할 수 있는 값은 이처럼 제약조건을 만족시키는 범위로 한정된다.

이 책에서는 이러한 최적화 문제를 다음과 같이 표기할 것이다. 그런데 이것은 극히 일반적인 표현법이다.

첫째, 제약조건이 없는 극대화 문제는

$$\underset{\text{선택변수}}{\text{Max}} \quad \text{목적함수}$$

와 같이 표현할 것이다. 여기서 Max는 극대화라는 의미인 Maximize에서 따온 것이다. Max의 옆에 극대화의 대상인 목적함수를 써 주고 Max의 바로 아래에 선택변수를 명시할 것이다. 극소화 문제의 경우에도 같은 형식을 취한다. 다만 Max의 위치에 Min을 써 줄 것이다. Min은 극소화라는 의미인 Minimize에서 따온 것이다.

둘째, 제약조건이 있는 경우에는

$$\underset{\text{선택변수}}{\text{Max}} \quad \text{목적함수}$$
$$s.t. \quad \text{제약조건}$$

의 형식을 따를 것이다. 즉 Max의 바로 아래에 선택변수를 먼저 명시한다. 그리고 그 아래에 '…을 조건으로 하여'라는 의미를 나타내기 위해 'subject to'를 줄여서 *s.t.*라고 쓴다. 그리고 그 옆에 제약조건을 명시해 준다. 극소화 문제의 경우에도 같은 형식을 취한다. 다만 Max의 위치에 Min을 써 줄 것이다.

　여기서 반드시 밝혀 두고 싶은 것이 있다. 다름 아니라 이 책에서는 개별 경제주체들의 경제행위를 가능한 한 이처럼 최적화 문제의 형태로 표현해 두고 있다. 문제의 핵심을 보다 분명히 나타내기 위해서이다.

1.4.3 표 기 법

　x가 조금 변화했을 때 그 변화량을 Δx로 나타낸다. x의 변화량이 무한히 0에 가까워질 정도로 작다고 하자. 즉 $\lim_{\Delta x \to 0}$라고 하자. 이 경우에는 $\lim_{\Delta x \to 0} \dfrac{\Delta y}{\Delta x} = \dfrac{dy}{dx}$라고 쓴다. 다시 말하면 y를 x에 대해서서 미분한다는 의미이다.

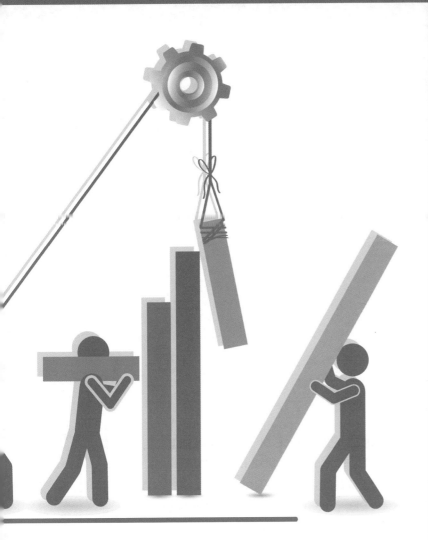

제1편

소비자이론: 수요곡선

경제생활은 선택의 연속이라 해도 과언이 아니다. 이 점에 비추어 어떠한 경제현상을 분석하려면, 경제생활에서 가장 핵심적이라고 할 소비자들의 선택에 대해 알아야 한다. 이것을 알면 여러 가지 경제현상을 이해하는 데 큰 도움이 된다. 그 무엇보다도 시장수요곡선에 대해 알게 된다. 상품의 가격은 이러한 시장수요곡선과 시장공급곡선이 만나는 점에 대응되어 결정되는데, 이번 편에서 배우는 소비자이론은 이 중요한 두 축 중의 하나인 시장수요곡선이 어떻게 도출되는가를 알려준다는 것이다. 또 다른 축인 시장공급곡선이 어떻게 결정되는가는 다음 편에서 배우게 될 생산자이론으로부터 알게 된다.

한편 위에서 말한 시장수요곡선은 각 개인들의 수요곡선을 시장 전체에 대해 모두 합해서 구해진다. 그런데 이러한 각 개인들의 수요곡선은 각 개인들이 자신에게 최적이 되는 선택, 즉 효용을 극대화하는 선택을 할 것이라는 전제로부터 얻어진다. 다시 말해서 각 개인들의 수요곡선은 각 개인들의 효용극대화 행위로부터 얻게 된다.

먼저 예산과 선호라는 두 바탕 위에 각 개인의 최적선택을 어떻게 나타낼 수 있으며 또한 그 성격은 어떠한가에 대해서 살펴볼 것이다. 이 과정에서 개인의 수요곡선을 얻는다. 그 외에 각종 다양하고 흥미로운 분석을 소개한다. 아울러 경제분석에서 유용하게 사용되는 탄력성의 개념도 소개한다.

소비자이론은 상당히 정교하며 또한 그 응용 범위가 매우 넓다. 따라서 이 부분의 이론들은 실생활의 여러 현상들에 폭 넓게 적용될 수 있다.

예산제약: 선택가능한 상품묶음

MICROECONOMICS

소비자의 행위를 분석할 때, 소비자는 자신이 선택할 수 있는 상품묶음들 중에서 최선의 것을 선택한다고 가정한다. 소비자의 이러한 선택 결과를 분석하기 위해서는 두 가지 중요한 개념을 정립해야 한다. 그 중의 하나는 소비자가 선택할 수 있는 상품묶음들, 즉 소비자가 예산상 구입할 수 있는 상품묶음들이 어떠한 것인가이다. 그리고 또 다른 하나는 최선의 것이 무엇을 의미하는가이다.

이번 장에서는 먼저 구입 가능한 상품묶음들과 관련하여 소비자의 선택을 제약하는 것들은 무엇인가를 검토한다. 또한 이들을 어떻게 간결하게 표현할 수 있는가에 대해서도 검토한다. 최선이 무엇을 의미하는가는 소비자의 선호와 관계되는데, 이에 관해서는 다음 장에서 살펴본다.

무엇을 공부할 것인가

1. 소비자의 예산제약을 수식이나 그래프로 어떻게 나타낼 수 있는가?

2. 예산선의 기울기가 경제적으로 의미하는 바는 무엇인가?

3. 상품의 수량을 그 상품을 구입하는 데 지출한 금액으로 측정할 경우 예산선은 어떻게 그려지는가?

4. 예산선을 변화시키는 요인들은 무엇인가? 각각의 요인들이 변할 경우 예산선은 어떻게 이동하는가?

5. 예산선이 변할 경우 후생이 증가하는지 감소하는지 말할 수 있는가? 항상 그러한가?

6. 두 상품이 있을 경우 어떤 한 상품의 가격을 기준으로 하여 예산제약식을 표현한다면 어떻게 표현할 수 있는가?

2.1 예산제약과 예산선

개인이 어떤 상품을 얼마나 구입하는지 그 행위를 어떻게 설명할 수 있을까? 독자 여러분들에게 이 질문이 던져진다면 어떻게 답하겠는가? 우리는 지금부터 4장까지 경제학자들이 이 질문에 어떻게 답하고 있는가를 차근차근 살펴볼 것이다. 이번 절은 그 첫 단계이다.

개인이 구입할 수 있는 상품의 종류나 수량은 상품의 가격뿐만 아니라 자신이 지니고 있는 소득에 의해 영향을 받는다. 이처럼 말로 표현되는 상황을 앞으로 분석에 활용할 수 있도록 수식이나 그림으로 간결하게 표현하는 방법을 알아보자.

2.1.1 예산제약

상품에는 컴퓨터나 자동차 등과 같이 일정한 형태를 지니는 재화와 금융, 보험, 이발 등과 같은 무형의 서비스가 있다. 그리고 이러한 상품의 종류는 무수히 많다. 그러나 여기서는 분석의 편의상 두 상품의 경우로 단순화시키기로 한다. 이러한 단순화는 특히 소비자이론을 그래프를 통해 분석하는 것을 가능하게 해 준다. 그러면서도 원리적으로는 여러 상품의 경우를 분석하는 것과 근본적으로 같은 결과를 얻게 해 준다.

부록 2.1 **가격의 단위**

가격은 소비자가 상품을 구입할 때 '한 단위당' 지불해야 하는 금액이다. 그러므로 p_x의 경우 단위와 함께 명확하게 표현하면 $\dfrac{p_x 원}{1단위}$ 이다('한 단위당'이라는 점을 강조하기 위해 관례와 달리 분모에 '1'을 명시적으로 써 놓았다. 부록 2.2 (2) 참조). 따라서 $p_x x$의 경우 단위에 주목할 때

$$\frac{p_x 원}{1단위} \times x단위 = p_x x원$$

처럼 상품의 단위는 서로 약분되어 없어지고 금액의 단위인 원만 남는다. 즉 $p_x x$의 단위는 원이 되며, $p_x x$는 X재 구입에 지출한 금액을 나타낸다.

예를 들어 소비자가 kg단위로 판매되는 고기를 x단위 구입할 경우 위 식은

$$\frac{p_x 원}{1킬로그램} \times x킬로그램 = p_x x원$$

이 되며, $p_x x$는 고기 구입에 지출한 금액을 나타낸다.

우선 개별 소비자는 시장에 있는 수많은 소비자들 중 한 명에 불과하다. 이 때문에 그의 소비가 시장가격에 영향을 주지는 못한다고 가정한다. 따라서 그는 단지 주어진 시장가격에서 자신의 소비량만을 결정할 수 있을 뿐이다. 이처럼 시장가격에 영향을 주지는 못하고 단지 주어진 시장가격을 받아들이고 행동하는 경제주체를 **가격수용자**(price taker)라고 한다.

이러한 가정하에 이 소비자가 자신의 소득(income) M으로 두 종류의 상품 X와 Y를 각각 x, y만큼씩 구입하는 경우를 생각해 보자.[1] 이때 가격(price)을 각각 p_x 및 p_y로 나타내자. 이 경우 X재를 구입하는 데 지출한 금액은 $p_x x$이고, Y재를 구입하는 데 지출한 금액은 $p_y y$이다.

한편 여기서는 분석의 편리를 위해 상품이 무한히 작게 나누어질 수 있다고 가정하고 있다. 따라서 x와 y는 반드시 정수일 필요는 없다. 사실상 음이 아닌 실수이기만 하면 된다.

그런데 이 소비자가 두 상품을 구입하는 데 지출하는 총금액은 자신이 가지고 있는 소득을 초과할 수는 없다. 그러므로

$$p_x x + p_y y \leq M \tag{2.1}$$

의 관계가 성립한다. 이를 **예산제약**(budget constraint)이라 한다.

> (1) **상품묶음**(commodity bundle): 각 상품 수량의 순서쌍
> (2) **상품평면**(commodity plane): 상품묶음들로 구성된 평면

예를 들어 X재를 사과라고 하고 Y재를 복숭아라고 하자. 그러면 사과 3단위와 복숭아 10단위는 상품묶음 (3, 10)으로 나타낼 수 있으며, 사과 7단위와 복숭아 5단위는 상품묶음 (7, 5)로 나타낼 수 있다.[2] 이같은 요령으로 나타낸 각각의 상품묶음은 상품평면에 한 점으로 표시된다. 이러한 내용이 [그림 2-1]에 나타나 있다. 한편 상품평면은 좌표 평면의 제 1 상한에 해당한다.

이러한 상품묶음들 중에서 식 (2.1)을 만족시키는 상품묶음들의 집합을 **예산집합**(budget set)이라고 한다. 즉 예산집합은 소비자가 주어진 시장가격에서 자신의 소득으로 '구입할 수 있는' 상품묶음들의 집합을 말한다. 예를 들어 1,000원짜리 사과(X)와 500원짜리 복숭아(Y)

---

[1] 상품의 이름은 대문자로, 그 수량은 소문자로 표시하고 있음에 주목하자. 이 책에서는 특별한 이유가 없는 한, 앞으로 이 표기법을 사용할 것이다.

[2] 상품묶음은 상품이 들어있는 바구니로 생각해도 좋다. 예를 들어 사과와 복숭아에 대한 상품묶음 (3, 10)은 사과가 3단위, 복숭아가 10단위 들어 있는 바구니로 생각해도 좋다는 것이다. 물론 바구니로 생각할 때에도 사과와 복숭아의 순서를 무시해서는 안 된다.

그림 2-1 상품평면과 상품묶음

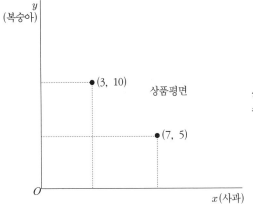

상품묶음은 상품평면에 한 점으로 나타낼 수 있다.

를 사는 데 한 달 동안 3만원밖에 쓸 수 없는 소비자를 생각해 보자. 이 소비자의 두 상품에 대한 예산집합은 $1,000x + 500y \le 30,000$을 만족시키는 상품묶음 (x, y)의 집합이다.[3] 식 (2.1)에 대한 예산집합이 [그림 2-2]의 상품평면에 나타나 있다.

여기서 예산집합을 정의할 때 사용한 '구입할 수 있는'이라는 말에 주목할 필요가 있다.

그림 2-2 예산집합과 예산선

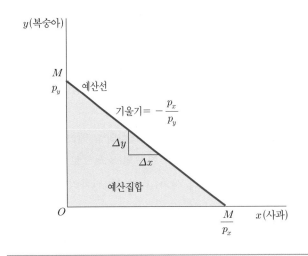

예산제약이 주어지면 예산선을 그릴 수 있다. 예산선의 기울기는 상품가격들의 비율로 나타나며 기회비용의 의미를 지닌다. 예산선을 포함한 그 내부의 상품묶음들의 집합을 예산집합이라고 한다.

---

3 여기서 한 달 동안이라는 기간은 현재 논의되고 있는 수량이 유량임을 나타내기 위해 의도적으로 명시한 것이다. 유량의 개념에 대해서는 8장에서 다룰 것이다.

즉 예산집합은 소비자의 선택가능성을 나타낼 뿐이다. 다시 말하면 예산집합은 개인의 선호와는 무관하게 결정된다. 지극히 당연한 말이다. 그러나 이것을 때때로 혼동하기 때문에 다시 한 번 강조하는 것이다. 물론 예산집합에 속하지 않는 상품묶음은 주어진 소득으로는 구입할 수 없다.

2.1.2 예 산 선

예산선의 개념은 다음과 같이 정의할 수 있다.

> 🌱 **예산선**(budget line)   예산집합 중에서 자신의 소득을 남김없이 모두 써야 살 수 있는 상품묶음들의 집합

그러므로 예산선의 식은

$$p_x x + p_y y = M \ : \ \text{예산선의 식} \tag{2.2}$$

으로 표현된다. 여기서 p_x, p_y, M은 소비자에게 이미 주어져 있는 값이다. 따라서 그는 다만 x, y의 값들을 선택할 수 있을 뿐이다. 물론 그 값들은 위 식을 만족시켜야 한다. 앞의 예로 보면 이때 예산선의 식은 $1,000x + 500y = 30,000$이 된다.

예산선을 그리기 위해 식 (2.2)를 y에 대해 풀어 보자. 그러면

$$y = -\frac{p_x}{p_y}x + \frac{M}{p_y}$$

을 얻는다. 이 식은 [그림 2-2]에서 보는 바와 같이 상품평면에 기울기가 $-\dfrac{p_x}{p_y}$이며 y절편이 $\dfrac{M}{p_y}$인 직선으로 그려진다. 앞의 예로부터 실제로 이 값들을 구해 보기 바란다.

예산선의 절편은 주어진 소득으로 그 상품만을 산다면 모두 몇 단위를 살 수 있는가를 보여준다. 예를 들어 y절편은 주어진 소득을 모두 Y재를 사는 데 쓸 경우 최대로 살 수 있는 Y재의 수량을 나타낸다. 앞의 예에서 보면 y절편은 60이다. 이 수치는 소득 30,000원을 모두 복숭아를 사는 데 사용한다면 복숭아를 모두 60단위 살 수 있다는 것을 의미한다. x절편도 같은 의미로 해석할 수 있다.

2.1.3 예산선의 기울기

예산선의 기울기에 대해 살펴보자.

(1) 예산선의 기울기의 절대값인 $\dfrac{p_x}{p_y}$ 는 시장에서 적용되는 **객관적 교환비율**(objective rate of exchange)이다. 앞의 예에서 예산선의 기울기의 절대값은 2이다. 이 값은 시장에서 가격 수용자 누구에게든지 똑같이 적용된다는 측면에서 객관적이다. 또한 사과(X) 1단위는 1,000원 이고 복숭아(Y) 1단위는 500원이므로 사과 1단위를 더 구입하려면 복숭아 2단위를 덜 구입 해야 하며 사과 1단위를 덜 구입하면 복숭아 2단위를 더 구입할 수 있다는 측면, 즉 1,000원 짜리 사과 1단위는 500원짜리 복숭아 2단위와 교환될 수 있다는 측면에서 교환비율인 것이 다. 여기서 '객관'이라는 말을 강조하는 이유는 3장에 주관적 교환비율 개념이 등장하기 때 문이다. 나아가서 4장에서 보게 되듯이 개인의 효용이 극대화되는 곳에서는 객관적 교환비 율과 주관적 교환비율이 같아지기 때문이다.

(2) 예산선의 기울기의 절대값은 **기회비용**(opportunity cost)을 의미한다. 예산선의 기울기 는 음의 값을 갖는데, 이것은 한 상품을 더 구입하려면 그 대신 다른 상품을 덜 구입해야 한다는 것을 의미한다. 이러한 의미에서 예산선의 기울기의 절대값이 기회비용을 의미하는 것이다. 앞의 예에서 사과 1단위를 더 구입하려면 복숭아 2단위를 포기해야 한다. 즉 사과(X) 1단위의 기회비용은 복숭아(Y) 2단위이며, 예산선 기울기의 절대값 2로 나타난다. 곧 이어 보듯이 기회비용은 두 상품의 시장가격의 비율인 $\dfrac{p_x}{p_y}$ 로부터도 구해진다.

(3) 예산선의 기울기는 다른 방법으로 구할 수도 있다. 예를 들어 [그림 2–2]와 같이 X 재를 Δx 만큼 더 구입하고 그 대신 Y 재를 Δy 만큼 덜 구입한다고 하자.[4] 이 경우 X 재를 더 구입하는 데 지출액이 $p_x \Delta x$ 만큼 늘어난다. 그런데 주어진 예산선에서는 총지출이 M 으로 일정해야 한다. 그러므로 X 재를 더 구입했기 때문에 늘어난 지출액은 Y 재를 덜 구입했기 때문에 절약되는 금액인 $p_y \Delta y$ 로 상쇄되어야 한다. 그러므로

$$p_x \Delta x + p_y \Delta y = 0 \tag{2.3}$$

이 성립한다. 이로부터 수학적으로 볼 때 예산선의 기울기는 작은 삼각형의 높이를 밑 변으로 나누어 준 것으로 구해진다. 즉

---

4 여기서 Δx 는 x 의 변화량을 말한다.

$$\frac{\Delta y}{\Delta x} = - \frac{p_x}{p_y} \tag{2.4}$$

로 구해진다. 식 (2.4)의 좌변은 X재를 Δx만큼 더 구입하면서 예산선을 만족시키려면 Y재를 Δy만큼 덜 구입해야 한다는 것을 의미한다. 그런데 이것은 바로 X재의 기회비용을 Y재로 나타낸다는 것을 의미한다. 즉 X재를 더 소비하려면 그에 상응하는 만큼 Y재를 소비할 기회를 포기해야 하는데, 그때 포기해야 하는 Y재가 바로 X재의 기회비용인 것이다.

이러한 기회비용은 식 (2.4)의 우변에서 보듯이 두 상품의 가격 비율로 나타난다.

부록 2.2 $\frac{y}{x}$, $\frac{\Delta y}{\Delta x}$, $\frac{dy}{dx}$의 경제학적 해석

(1) 예를 들어 $\frac{10}{2} = \frac{5}{1} = 5$가 성립하듯이 어떤 수로 나누어준다는 것은 분모를 1로 볼 때의 분자의 값을 보는 것과 같다. 즉 분모 1단위당 분자의 값을 알아본다는 것이다.

(2) 같은 의미에서 $\frac{y}{x}$처럼 x로 나누어준다는 것은 분모를 1로 볼 때, 즉 x를 1로 볼 때 분자의 값을 보는 것과 같다. 즉 x 1단위당 y의 값을 보는 것과 같다. 수학적으로 **평균**에 해당한다. 그래프상으로는 **원점**과 곡선 $y = f(x)$상의 임의의 한 점 (x, y)를 잇는 직선의 **기울기**에 해당한다.

(3) 같은 의미에서 $\frac{\Delta y}{\Delta x}$처럼 Δx로 나누어준다는 것도 분모를 1로 볼 때, 즉 Δx를 1로 볼 때, 즉 x의 '변화량을 1로 볼 때' 분자의 값을 보는 것과 같다. 즉 x의 '변화량을 1로 볼 때' y의 변화량을 보는 것과 같다. 이러한 측면에서 $\frac{\Delta y}{\Delta x}$는 x가 '추가로 1단위 더' 변화할 때 생기는 y의 변화량을 말한다. 이러한 측면에서 본문 식 (2.4)의 $\frac{\Delta y}{\Delta x}$는 X재를 '추가로 1단위 더' 소비하려고 할 경우 그 대신 포기해야 하는 Y재의 수량을 말한다. 또한 $\frac{\Delta y}{\Delta x}$는 그래프상으로는 곡선 $y = f(x)$상의 임의의 두 점 (x_1, y_1)과 (x_2, y_2)를 잇는 직선의 **기울기**에 해당한다.

(4) 한편 위 개념은 **도함수** $\frac{dy}{dx}$에도 적용된다. 다시 말하면 도함수 $\frac{dy}{dx}$는 Δx가 무한히 0에 가까워질 정도로 아주 작은(infinitesimal) 경우이지만 이 경우에도 dx로 나누어준다는 것은 분모를 1로 볼 때, 즉 dx를 1로 볼 때, 즉 x의 무한히 0에 가까워질 정도로 작은 변화량을 1로 볼 때 분자의 값을 보는 것과 같다. 즉 x의 무한히 0에 가까워질 정도로 작은 변화량을 1로 볼 때 y의 변화량을 보는 것과 같다. 이러한 측면에서 $\frac{dy}{dx}$는 x가 '추가로 무한히 0에 가까워질 정도로 작은 1단위 더' 변화할 때 생기는 y의 변화량을 말한다. (i) 1장에서도 말했지만 이때 $\frac{dy}{dx}$는 경제학에 등장하는 **한계**의 개념에 해당한다. (ii) $\frac{dy}{dx}$는 그래프상으로는 곡선 $y = f(x)$상의 임의의 한 점 (x, y)에서 그 곡선에 그은 **접선의 기울기**에 해당한다.

(5) 참고로 예를 들어 $y = f(x) = x^2$일 때 곡선상의 점$(1, 1)$에서 점$(2, 4)$로 이동할 경우 x가 1단위만큼 변화한 상태이다. 이때 두 점을 잇는 직선의 기울기는 3[즉, $\frac{\Delta y}{\Delta x} = \frac{\Delta f(x)}{\Delta x}$ $= \frac{f(2) - f(1)}{2-1} = \frac{2^2 - 1}{2-1} = 3$이다]이다. 그런데 점$(1, 1)$에서 접선의 기울기는 2[즉, $\frac{dy}{dx} =$ $\frac{df(x)}{dx} = 2x$이므로 $\frac{dy}{dx} \mid_{x=1} = \frac{df(x)}{dx} \mid_{x=1} = 2 \times 1 = 2$이다]이다. 앞의 (3)과 (4)에 따르면 두 경우 모두 x가 1단위 변화한 경우인데 이런 차이가 발생하는 이유는 $\frac{\Delta y}{\Delta x}$에서도 x가 1단위 만큼 변화했지만 그 1단위는 $\frac{dy}{dx}$에서 의미하는 무한히 0에 가까워질 정도로 작은 1단위가 아니기 때문이다. 이와 관련하여 경제학원론에서는 한계수입이나 한계비용을 설명할 때 편의상 정수를 사용하기 때문에 그 값들은 도함수를 통해서 구한 엄밀한 의미의 한계수입이나 한계비용과는 차이가 있다.

(6) 앞에서도 그리고 1장에서도 말했지만 경제학에 등장하는 한계의 개념은 수학적으로 $\frac{dy}{dx}$(또는 $\frac{\Delta y}{\Delta x}$)에 해당한다. 예를 들어 y가 총수입이고 x가 산출량일 경우 $\frac{dy}{dx}$(또는 $\frac{\Delta y}{\Delta x}$)를 한계수입이라고 한다. 이때 한계수입은 기업이 산출물을 '추가로 1단위 더' 판매할 때 추가로 들어오는 수입을 말한다. 본문 식 (2.4)의 $\frac{\Delta y}{\Delta x}$의 경우 Δx와 Δy의 부호가 반대이고 또한 기회비용의 의미를 살리면서 설명했기에 '한계'의 의미가 덜 부각된 느낌이 있지만 본질적으로는 한계와 같은 개념이다. 따라서 $\frac{dy}{dx}$로 써도 된다.

(7) 이상의 개념들은 이 책 전체에 걸쳐 아주 중요하게 사용된다.

(4) 예산선의 기울기인 가격 비율 $\frac{p_x}{p_y}$는 상대가격을 나타낸다. 예산선의 기울기의 절대값은 2이다. 사과와 복숭아의 수량을 같은 단위(예를 들어 100그램 단위)로 나타낸 것이라면 이때 2라는 값은 사과(X)와 복숭아(Y)의 가격 비율인 2($=$1,000원/500원)로 구해지는 것이다. 이 경우 분모 분자에서 '원'이라는 단위가 서로 약분되어 없어진다는 점에 주목하자. 이 값을 복숭아(Y)로 표시한 사과(X)의 **상대가격**(relative price)이라고 한다.

부록 2.3 상대가격의 단위

상대가격의 단위에 대해 좀 더 엄밀하게 알아보자. 이를 위해 X재는 고기를 나타내며 1킬로그램에 10,000원이고, Y재는 우유를 나타내며 1리터에 1,000원이라고 하자. 가격은 1단위당 값이므로 p_x는 '10,000원/1킬로그램'이고 p_y는 '1,000원/1리터'이다. 그러므로 상대가격 $\frac{p_x}{p_y}$는

$$\frac{p_x}{p_y} = \frac{10,000원/1킬로그램}{1,000원/1리터} = 10리터/1킬로그램$$

로서 그 단위는 '리터/1킬로그램'이 된다. 즉 $\frac{p_x}{p_y}$는 우유(Y재)로 표시한 고기(X재) 1킬로그램의 상대가격으로서 우유 10리터이다.

(1) 이처럼 단위가 드러날 경우 상대가격이 기회비용을 함축한다는 사실이 더 잘 드러나는 측면이 있다.

(2) 한편 우유와 고기를 예를 들어 같은 단위인 kg으로 측정했다면 상대가격의 단위는 없어진다. 즉 이때 상대가격은 단위가 없는 무명수가 된다.

(3) 상대가격은 시장에서 적용되고 있는 두 상품의 객관적 교환비율로서 고기 1단위와 교환되는 우유의 양을 나타낸다. 이 개념은 4장에서 활용될 것이다.

2.1.4 예산선의 또 다른 표현 방법

두 상품 중에서 한 상품을 나머지 모든 상품을 나타내는 것으로 해석하는 것이 편리할 때가 있다. 예를 들어 X재가 사과를 나타낸다면, Y재는 사과 이외에 소비자가 소비하려고 하는 나머지 모든 상품을 나타낸다고 보는 것이다. 한 걸음 더 나아가 Y재를 다른 상품을 구입하는 데 지출한 금액으로 측정하는 것이 편리할 때가 많다.

이때 예산선은 어떻게 표시할 수 있을까?

(1) 예산선은 각 상품의 가격에 그 소비량을 곱한 금액들을 합한 값이 소득과 같아야 한다는 것을 함축하고 있다. 그런데 Y재를 그것을 구입하는 데 지출한 금액으로 측정할 경우 그 가격은 자연스레 1원으로 볼 수 있다. 직관적으로 볼 때 금액은 화폐로 측정되는데 화폐의 단위는 1원이기 때문이다. 그러므로 이때 예산선의 식은

$$p_x x + y = M \tag{2.5}$$

으로 쓸 수 있다. 이것은 바로 X재를 구입하는 데 지출한 금액인 $p_x x$와 다른 모든 상품을 구입하는 데 지출한 금액인 y를 합한 값이 소득과 같아야 한다는 것을 말한다.

한편 여기에 나오는 Y재처럼 해당 상품 이외의 다른 모든 상품을 나타내는 상품을 **복합재** (composite goods)라고 한다. 앞서와 같이 복합재는 일반적으로 해당 상품 이외의 상품을 구입하는 데 지출한 금액으로 측정된다. 또한 위의 예산제약식은 수학적으로 볼 때에는 단지 $p_y = 1$인 경우에 불과하다. 그러므로 일반적인 예산선의 경우와 실질적인 차이는 존재하지 않는다.

(2) 아울러 이러한 표현은 무수히 많은 상품들이 존재하는 현실의 상황을 지금까지처럼 두 상품만 있는 경우로 단순화하는 것을 정당화시켜 준다. 특히 이 표현 방법은 우리가 주목하고 있는 X재 이외의 다른 상품의 가격들이 우리가 분석을 하고 있는 기간 동안에 변하

지 않을 경우 더욱 유용하게 사용할 수 있다. 예를 들어 6.7처럼 후생변화를 측정하거나 7.2.1처럼 노동공급에 대해서 분석할 때 편리하다.

(3) 지금까지는 y를 해당 상품 이외의 다른 모든 상품을 구입하는 데 지출한 금액으로 해석하였으나, 분석의 목적에 따라서는 x나 y를 모두 각 상품을 구입하는 데 지출한 금액으로 해석하는 것이 편리할 때가 있다. 이 경우에는 예산선이

$$x + y = M \tag{2.6}$$

의 형태로 나타난다. 그리고 [그림 2-3]에서 보듯이 가 절편이 크기는 자신이 소득과 같아진다.[5] 이때 예산선의 기울기는 −1이 된다는 점에 주목하자. 예산선을 이렇게 표현할 경우에는 앞으로 다룰 개인의 선택문제를 어느 상품에 얼마만큼의 소득을 지출할 것인가를 결정하는 문제로 파악할 수 있게 된다. 나아가서 각종 정부의 정책들에 대해서 분석할 때 편리할 경우가 많다.

그림 2-3 **예산선의 또 다른 표현 방법**

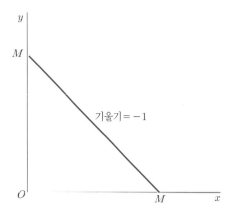

각 상품을 그 상품을 구입하는 데 지출한 금액으로 측정할 경우 예산선의 기울기는 -1이 된다.

---

5 이를 달리 표현하면 소비자가 X재만 구입할 경우에는 X재를 자신의 소득인 M원어치만큼 구입할 수 있으며, Y재만 구입할 경우에도 Y재를 자신의 소득인 M원어치만큼 구입할 수 있다는 것이다.

예제 2.1   예산선

어느 개인이 50만원으로 식품 X와 기타 상품 Y를 구입한다고 한다. X, Y를 각각 해당 상품을 사는 데 지출한 금액으로 측정할 때, 다음 각 경우의 예산선을 그려보시오.

a. 원래의 예산선

b. 20만원어치까지는 식품을 반값에 살 수 있는 식품구입권을 받았을 때

c. 식품을 사는 데 40만원 이상을 쓸 경우 40만원을 초과하는 부분은 반값에 구입할 수 있게 해 주는 경우

d. 개인이 식품을 40만원어치 이상 구입할 수 없도록 법으로 정하였을 때

KEY   아래의 각 문항에 답하기 위해서는, 예컨대 식품을 1원어치 더 구입하기 위해서는 다른 상품에 대한 지출을 얼마나 감소시켜야 하는가에 답해 보는 것이 도움이 된다.

풀이

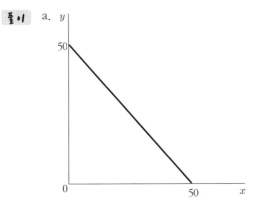

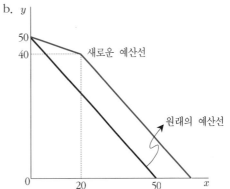

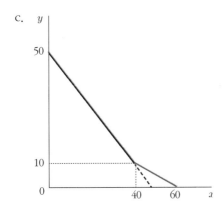

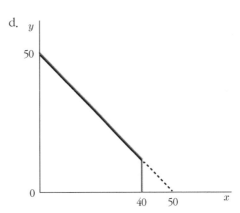

2.2 예산선의 변화

2.2.1 소득의 변화와 예산선

먼저 상품의 가격은 변화하지 않았으나 소득이 증가한 경우를 살펴보기로 하자. 예산선의 기울기는 가격의 비율로 나타나므로 소득과는 무관하다. 따라서 소득이 변하더라도 예산신의 기울기는 변하지 않는다.

반면에 소득을 모두 지출할 경우 이전보다 더 많은 상품을 구입할 수 있다. 그런데 이것은 그 절편들이 바깥으로 움직이는 것으로 나타난다. 결국 소득이 증가할 경우 [그림 2-4]에서 보듯이 예산선은 밖으로 평행이동(parallel shift)한다. 물론 반대로 소득이 감소할 경우에는 예산선이 안쪽으로 평행이동한다.

그림 2-4 **소득의 증가와 예산선의 이동**

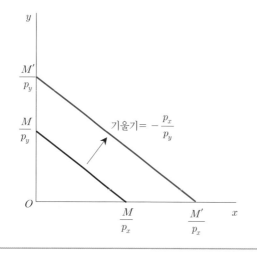

소득이 증가하면 예산선은 밖으로 평행이동한다.
물론 예산선의 기울기는 변하지 않는다.

2.2.2 가격의 변화와 예산선

첫째, 다른 것은 변화하지 않고 한 상품의 가격이 변화하는 경우 예산선이 절편을 중심으로 회전(pivot)한다.

예를 들어 [그림 2-5]처럼 X재의 시장가격이 오르는 경우를 생각해 보자. Y재의 가격은 변화하지 않았다. 그러므로 소득을 모두 Y재를 사는 데 지출할 경우 살 수 있는 Y재의

그림 2-5	가격의 상승과 예산선의 회전

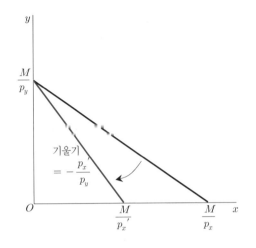

X재의 가격이 상승하면 예산선은 세로축 적편을 중심으로 시계방향으로 회전한다. 이 때 기울기가 급해진다.

양은 이전과 같다. 그 결과 세로축의 절편은 변화하지 않는다. 반면에 X재의 가격은 올랐으므로 소득을 모두 X재를 사는 데 쓰더라도 살 수 있는 X재의 양은 이전보다 줄어든다. 그 결과 가로축의 절편의 값은 작아진다. 이것들을 종합하면 예산선이 세로축의 절편을 중심으로 시계방향으로 회전하는 것을 알 수 있다. 이때 두 상품의 가격 비율인 $\frac{p_x}{p_y}$의 값이 커지므로 예산선의 기울기는 이전보다 급해진다.

둘째, 소득은 변화하지 않았는데, 두 상품의 가격이 같은 비율로 오르거나 내린다면 예산선은 평행이동한다. 이 경우 예산선의 기울기를 나타내는 상대가격은 변화하지 않고 다만 가로축과 세로축의 절편만 움직인다. 그러므로 상품의 가격은 변화하지 않고 소득만 줄어들거나 늘어날 때와 같이 예산선이 평행이동하는 것이다. (1) 두 상품의 가격이 같은 비율로 오르면 소득이 줄어든 경우와 같이 예산선은 안쪽으로 평행이동한다. 예를 들어 두 상품의 가격이 모두 2배가 된다는 것은 가격이 변화하지 않은 상태에서 소득이 절반으로 줄어든 것과 같은 효과를 지니는 것이다. (2) 반대로 두 상품의 가격이 같은 비율로 떨어지면 소득이 증가한 경우와 같이 예산선은 밖으로 평행이동한다.

🗔 예제 2.2 할인시의 예산선

어떤 개인이 가람마트에서 X재와 Y재를 구입하는 데 한 달에 20만원을 예산으로 배정하고 있다고 한다. X재의 가격은 2만원, Y재의 가격은 1만원이라고 한다. 다음 각 경우 예산제약식을 구하시오.

a. 한 달에 5만원의 회비를 내고 회원이 될 경우 X재의 가격을 반액으로 할인해 주지만 회원이 되지 않을 경우에는 매번 정상적인 가격을 받는 상황에서 이 개인이 회원이 될 경우

b. 회원제를 폐지하고 그 대신 X재 소비에 12만원을 지출할 때까지는 정상 가격을 받고 그 이후 금액에 대해서는 반액으로 할인해 줄 경우

KEY 예산선이 꺾이는 지점이 있을 경우 예산제약식에 유의해야 한다.

풀이 a. 원래의 예산선은 $2x + y = 20$ (1)이다. 회원제로 할 경우 5만원의 회비를 내면 X재를 반값으로 할인해 주므로 예산선은

$$(1-0.5) \times 2x + y = 20 - 5 \tag{2}$$

가 된다. 좌변에 $(1-0.5)$가 있는 것은 반값으로 할인해 주기 때문이며, 우변의 $(20-5)$는 회비를 낸 상태에서만 반값으로 할인해 주므로 소득이 회비에 해당하는 만큼 줄어든 상태를 나타낸다. 이것을 정리하면 $x + y = 15$ (3)이 된다.

(2)를 볼 때 직관적으로는 회비 5만원만큼 소득이 줄어서 원래의 예산선이 [그림 A]의 점선처럼 5만원만큼 안쪽으로 평행 이동한 다음, 다시 할인으로 인한 X재의 가격 하락 효과 때문에 상대가격이 1이 될 만큼 그 예산선이 시계 반대 방향으로 회전한 것으로 볼 수 있다.

b. 12만원까지는 정상가격을 받으므로 X재에 12만원을 지출할 때까지는 원래의 예산선이 적용된다. 12만원을 초과하는 금액에 대해서는 반액으로 할인해 주므로 그때부터 예산선이 바뀐다. 그런데 12만원은 X재 6단위에 해당하므로 ⊥의 예산선은

$$2x + y = 20, \ x \leq 6\text{일 경우} \tag{4}$$

$$\frac{1}{2} \times 2(x-6) + y = 20 - 12, \ x > 6\text{일 경우} \tag{5}$$

로 쓸 수 있다. (5)의 좌변에 $(x-6)$이 등장한 이유는 12만원에 해당하는 X재 6단위 이후부터는 반값 할인이 적용되기 때문이며 우변에 $(20-12)$가 등장하는 이유는 할인이 적용되는 것은 X재에 12만원을 지출한 이후부터이기 때문이다. (5)를 정리하면 $x + y = 14$, $x \geq 6$ (6)이 된다. [그림 B]에 (4)와 (6)이 점 (6, 8)에서 꺾어지는 예산선으로 나타나 있다.

직관적으로는 X재 6단위까지는 원래의 예산선이 적용되다가 6단위 이후부터는 할인으로 인해 X재의 상대가격이 1이 되는 것으로 볼 수 있다.

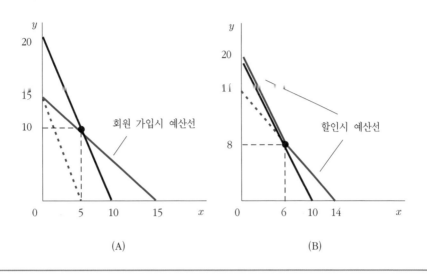

(A)   (B)

2.2.3 소득과 가격의 동시적 변화와 예산선

앞서의 논의로부터 두 상품의 가격이 같은 비율로 오르고 이와 똑같은 비율로 소득이 늘어난 경우에는 예산선이 변화하지 않는다고 추론할 수 있다. 예를 들어 소득은 그대로인 채 두 상품의 가격만 λ배가 되는 것은 소득이 $1/\lambda$배로 되는 것과 같다. 따라서 가격뿐만 아니라 소득도 같은 비율인 λ배가 될 경우 예산선은 변화하지 않는다는 것이다.

이것은 수학적으로는 지극히 당연한 결과이다. 가격과 소득이 모두 λ배가 된다는 것은 예산선을 나타내는 식의 양변에 λ를 곱한 것과 같다. 그런데 이 경우 양변을 λ로 나누어주면 다시 원래의 예산선을 얻을 수 있기 때문이다. 한편 이 결과는 이처럼 지극히 당연하지만, 앞으로 수요함수의 성질을 논의할 때 매우 중요하게 사용된다.

📋 **예제 2.3**   조세부과 후 정액보조금 지급 때의 예산선

휘발유에 조세가 부과되어 자가운전자의 후생 수준이 낮아지자, 한국물산 주식회사에서는 사원들에게 운행거리에 관계없이 한 달에 10만원의 운전보조금을 지급하기로 했다고 한다. 이 회사에 다니는 은주씨의 예산선을 그려보시오.

풀이   먼저 휘발유에 조세가 부과되어 휘발유의 가격이 올랐으므로 예산선이 세로축 절편을 중심으로 안쪽으로 회전한다. 그런데 이러한 상태에서 10만원의 보조금을 받으므로 회전한 예산선이 다시 밖으로 평행이동한다. 이때 10만원에 해당하는 거리는 세로축에서 측정하는 것이 낫다. 휘발유의 가격이 올랐기 때문에 가로축에서 측정하려면 10만원어치에 해당하는 휘발유의 양으로 표시해야 하기 때문이다.

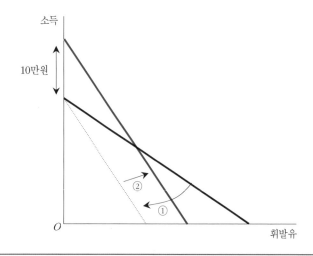

이제 우리는 두 상품의 가격이 모두 올랐는데 소득은 줄어드는 경우 예산선이 안쪽으로 이동한다는 것도 추론할 수 있다. 이때 예산선의 기울기는 두 상품의 가격 중에서 어느 것이 더 올랐는가에 따라 달라진다.

2.2.4 예산선 변화의 함축성

앞으로 우리는 자신의 예산집합이 주어진 상태에서 소비자가 어떻게 최선의 선택을 하는가를 배우게 될 것이다. 그러나 지금까지의 분석만으로도 최선의 선택이 지니는 성질에 대해 중요한 사실을 유추해 낼 수 있다.

(1) 모든 가격과 소득에 동일한 양수를 곱하여도 예산집합은 변화하지 않는다. 이것을

예산집합은 가격과 소득에 대해 0차동차라고 표현한다. 이때 동차라는 용어는 동차함수에서 유래되는데 동차함수의 특성에 대해서는 [부록 3.8]에서 다루고 있다. 한편 이처럼 예산집합이 변화하지 않을 경우 소비자의 최적선택도 변화하지 않는다. 그런데 이것은 4장에서 살펴보게 되겠지만 수요함수가 가격과 소득에 대해 0차동차(homogeneous of degree 0)라는 결과를 낳는다.

(2) 우리는 가격과 소득이 변화할 때 경우에 따라서 소비자의 후생이 증가할 것인지 감소일 깃인시에 대해시로 밀힐 수 있다. 에를 듭이 가끽은 그대고이고 디민 그득이 중기친 경우를 생각해 보자. 이 경우 예산집합이 커지므로 이전에 선택할 수 있었던 어떤 상품묶음도 여전히 선택할 수 있다. 따라서 소비자의 후생은 적어도 줄어들지는 않는다. 마찬가지로 다른 것은 그대로인 채 한 상품의 가격이 떨어질 경우에도 예산집합이 커진다. 그러므로 이 경우에도 후생은 적어도 줄어들지는 않는다.

2.3 기준가격

예산선을 살펴보면 두 개의 가격과 소득 등 총 3개의 파라미터가 등장하고 있다. 한편 소득과 모든 상품의 가격이 똑같은 비율로 변화하면 예산선이 변화하지 않는다고 하였다. 이러한 사실을 이용하면 3개의 파라미터 중에서 하나는 불필요하다는 것을 보여줄 수 있다. 특히 두 개의 가격 파라미터 중 한 개가 불필요하다는 사실에 주목하자. 예를 들어 $\lambda = \frac{1}{p_y}$이라 하고 λ를 예산제약식의 양변에 곱해 주자. 그러면

$$\frac{p_x}{p_y}x + y = \frac{M}{p_y} \tag{2.7}$$

을 얻는다. 이것도 원래의 예산선과 실질적으로 같다는 것을 우리는 알고 있다. 그런데 이 식은 사실상 X재의 가격을 Y재의 가격을 기준으로 하여 상대가격으로 평가하고, 소득도 Y재의 가격을 기준으로 하여 상대적으로 평가해 준 것에 불과하다. 한편 예산선을 이와 같이 표현해 주는 것을 **정규화**(normalization)한다고 한다. 그리고 이때의 Y재의 가격을 기준가격이라고 한다.

기준가격(numeraire price) 다른 상품의 가격이나 소득을 측정할 때 기준으로 삼는 가격

특히 $\dfrac{p_x}{p_y} = p$, $\dfrac{M}{p_y} = M'$ 로 놓고 위 예산제약식을

$$px + y = M' \tag{2.8}$$

와 같이 써 보자. 그러면 예산제약식에서는 두 상품의 가격 모두가 아니라 단지 상대가격만이 중요한 의미를 지닌다는 것을 알 수 있다.[6] 이러한 사실을 특히 두 상품의 가격과 소득을 동시에 λ배해 주어도 예산선은 변화하지 않는다는 점과 연관시켜 보자. 그러면 상대가격만 같다면, 무수히 많은 가격들이 같은 예산선을 나타낼 수 있다는 사실을 알 수 있다.

2.4 또 다른 유형의 예산선

지금까지는 소비를 할 때 가격 이외에는 주로 화폐소득이 제약으로 작용하는 경우를 생각하였다. 그런데 경우에 따라서는 정부의 여러 가지 정책들이 제약으로 작용하기도 한다. 여기서는 이것들과는 또 다른 경우들에 대해 검토한다.

2.4.1 소득이 상품으로 주어지는 경우

소득이 화폐로 주어지는 대신 상품인 쌀과 고기로 주어진 경우를 생각해 보자. 이 경우 소비자는 쌀을 일부 팔아서 고기를 살 수도 있고, 반대로 고기를 일부 팔아서 쌀을 살 수도 있다. 이러한 상황에서 예를 들어 어떤 개인이 쌀(X) 50단위와 옷감(Y) 60단위를 가지고 있으며, 쌀의 가격은 p_x, 옷감의 가격은 p_y라고 하자. 이 경우 예산선의 특성은 어떠할까? 이에 대해 검토해 보자.

이 개인이 가지고 있는 상품의 가치를 화폐로 환산하면 $50p_x + 60p_y$가 된다. 즉 상품의 가치는 화폐소득으로 볼 때

$$M = 50p_x + 60p_y$$

에 해당한다. 이것을 보통의 예산제약식인 $p_x x + p_y y = M$에 대입하면

---

6 이러한 내용에 관해서는 일반균형을 다루는 19장에서 다시 논의하게 될 것이다.

$$p_x x + p_y y = 50 p_x + 60 p_y$$

가 된다. 이것이 바로 소득이 상품으로 주어졌을 때의 예산제약식이다. 이때 예산선의 특성은 다음과 같다.

(1) 가격이 어떠하든 이 개인에게는 자신이 처음 가지고 있던 부존점 (50, 60)이 항상 선택 가능하다. 이것은 위 식의 (x, y)에 (50, 60)을 대입하더라도 등식이 성립한다는 것으로부터 확인된다. 이러한 사실로부터 예산선은 가격에 관계없이 항상 (50, 60)을 지난다는 것을 알 수 있다. 결과적으로 볼 때 예산선은 [그림 2-6(A)]에서 보듯이 부존점인 (50, 60)을 지나면서 기울기가 $-\dfrac{p_x}{p_y}$인 직선으로 그려진다.

(2) 이제 가격이 변할 경우에 대해 검토해 보자. 앞의 예산제약식에서 알 수 있듯이 가격이 변하면 상대가격뿐만 아니라 화폐소득도 변한다.[7] 그렇더라도 앞서 논의에서 알 수 있듯이 가격 변화에 관계없이 부존점은 항상 선택 가능하다. 그 결과 예를 들어 X재의 가격이 하락할 경우 예산선이 [그림 2-6(B)]처럼 부존점인 (50, 60)을 중심으로 회전하되, 그 기울기인 $-\dfrac{p_x}{p_y}$의 절대값이 작아지므로 시계반대방향으로 회전한다.

(3) 가격이 변하지 않은 상태에서 상품의 수량이 변하면 예산선은 기울기가 변하지 않은 상태에서 평행이동한다. [그림 2-6(C)]는 예산선이 밖으로 평행이동한 경우를 보여주고 있다.

(4) 보다 상세한 내용들은 7장에서 다루기로 한다. 여기서는 다만 이러한 모형이 경제분석에서 광범위하게 사용되고 있다는 점을 지적하고자 한다. 예를 들면 이 책의 7장에서 다루고 있는 노동공급, 저축 및 차입에 대한 분석, 19장 일반균형이론, 23장 불확실성, 그리고 상급학년에서 배우는 국제무역이론 등에서 활용되고 있다.

---

7 가격이 변할 때 화폐소득이 변하는 것은 소득이 화폐로 주어진 경우와 다른 점이다. 소득이 화폐로 주어진 경우에는 가격이 변하더라도 화폐소득이 변하지 않는다.

그림 2-6 | 소득이 상품으로 주어질 경우 예산선과 그 변화

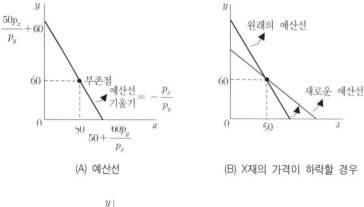

(A) 예산선   (B) X재의 가격이 하락할 경우

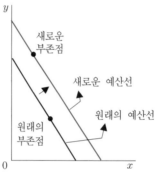

(C) 부존상품의 수량이 달라지는 경우

소득이 상품으로 주어질 경우 예산선은 반드시 부존점을 통과한다. X재의 가격이 하락할 경우 예산선이 부존점을 중심으로 시계반대 방향으로 회전하고, 부존상품의 수량이 달라지는 경우 예산선이 평행이동한다.

2.4.2 시간이 제약으로 작용하는 경우

소득뿐만 아니라 시간도 제약으로 작용할 수 있다. 예를 들어 여행을 한다든지, 영화를 본다든지, 스키를 탄다든지, 심지어는 식사를 하는 경우 소득만 지출되는 것이 아니고 시간도 함께 소요된다. 그렇다면 이처럼 시간까지 고려할 경우 예산선이 어떻게 변할 것인가? 이를 살펴보기 위해 예컨대 연극(X재)을 1단위 소비하는 데에는 t_x의 시간이 소요되며, 영화(Y재)를 1단위 소비하는 데에는 t_y의 시간이 소요된다고 하자. 이때 소비에 총 T시간을 사용할 수 있다고 하자. 그러면 통상적인 소득 예산제약식 외에

$$t_x x + t_y y = T$$

와 같은 시간 예산제약식이 추가된다고 볼 수 있다.

(1) 그리하여 [그림 2-7(A)]가 보여주듯이 두 예산집합의 공통부분이 최종적인 예산집합이 된다.

(2) 여기서 주목해야 할 사실이 있다. 소득이란 일반적으로 노동시간에 대한 대가로 볼 수 있다. 이 점을 감안할 때 소비에 사용할 수 있는 시간을 줄이면, 즉 노동시간을 늘리면 소득이 증가하고, 반대로 소비에 사용할 수 있는 시간을 늘리면, 즉 노동시간을 줄이면 소득이 감소한다.

이 점에 비추어 볼 때 상품 소비에 사용하는 시간을 줄일 경우 [그림 2-7(B)]와 같이 시간 예산선이 아래로 평행이동한다. 그 대신 그에 상응해서 소득 예산선은 위로 평행이동한다. 그 결과 예산집합이 달라진다. 물론 상품 소비에 사용하는 시간을 늘릴 경우에는 이와 반대의 상황이 발생한다.

그림 2-7 **시간제약이 있을 경우의 예산선**

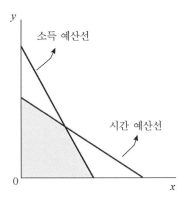

(A) 시간제약이 추가될 경우의 예산집합

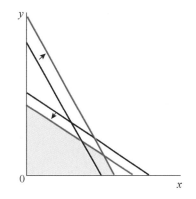

(B) 상품 소비에 사용하는 시간을 줄일 경우 예산집합의 변화

시간제약이 추가되면 두 예산집합의 공통부분이 최종적인 예산집합이 된다. 이때 상품 소비에 사용하는 시간을 줄일 경우 시간 예산선은 아래로 평행이동하고 소득 예산선은 위로 평행이동하여 예산집합이 달라진다.

선호와 효용: 무차별곡선과 효용함수

MICROECONOMICS

앞 장에서는 예산이 주어졌을 때 소비자가 선택할 수 있는 상품묶음들이 어떠한가를 살펴보았다. 그렇다면 이 중에서 소비자에게 최선이 되는 상품묶음은 어떤 것일까? 이 질문에 답하기 위해서는 소비자가 어떤 상품묶음을 더 좋아하는지를 알아야 한다. 이와 관련된 개념이 바로 선호이다.

개인의 선호순서를 표현하는 방법 중의 하나가 바로 무차별곡선을 이용하는 것이다. 이 무차별곡선은 경제학 전반에 걸쳐 수없이 많이 등장한다. 바로 다음 장에서도 개인이 최적선택을 어떻게 하는가를 알아보는 데 이 무차별곡선이 이용된다. 이러한 측면에서 이번 장의 초점은 무차별곡선과 그 성질에 맞추어져 있다.

무엇을 공부할 것인가

1. 선호순서에 대한 각각의 공리가 의미하는 바는 무엇인가?

2. 무차별곡선이란 무엇인가?

3. 선호순서는 무차별곡선으로 나타낼 수 있다. 그렇다면 합리적인 선호순서는 효용함수로 나타낼 수 있는가?

4. 효용함수가 주어졌을 때 그로부터 무차별곡선은 어떻게 그리는가?

5. 무차별곡선이 주어졌을 때 그로부터 효용함수를 구할 수 있는가?

6. 단조적 선호가 의미하는 바는 무엇인가? 선호가 단조적일 경우 무차별곡선은 어떠한 모양을 띠는가?

7. 볼록한 선호가 의미하는 바는 무엇인가? 선호가 볼록할 경우 무차별곡선은 어떠한 모양을 띠는가?

8. 한계대체율은 무엇인가? 그 경제적 의미는 무엇인가?

9. 선호의 유형에 따라 한계대체율은 어떻게 달라지는가?

10. 한계대체율이 체감하는 이유는 무엇인가?

3.1 선 호

3.1.1 선호의 개념

이제 소비자가 자신은 두 개의 상품묶음 A와 B 중 어느 것을 좋아하는지 분간할 수 있다고 하자. 이때 가능한 경우는 둘 중의 어느 하나를 더 좋아하든지 아니면 둘을 똑같이 좋아하는 두 가지 경우뿐이다.

> 🌱 **선호**(preference) 두 상품묶음 중 어느 하나를 다른 것보다 분명히 더 좋아한다는 것을 선호한다고 말하고 그것을 기호 $>$로 나타내는데 이를 테면 $A > B$는 상품묶음 A를 B보다 선호한다는 것을 의미함

한편 이러한 선호는 소비자의 선택 행위와 밀접한 관련이 있다. 예를 들어 소비자가 예산상 A 또는 B 어느 것도 선택할 수 있다고 하자. 그런데 이 소비자가 항상 A를 선택한다면 그는 A를 B보다 분명히 선호한다고 말할 수 있다. 그리고 이러한 관계를 $A > B$라고 표현한다. 여기서 중요한 것은 '어느 것도 선택할 수 있다'라는 표현이다. 소비자는 A를 B보다 선호하지만 예산 때문에 B를 선택할 수밖에 없는 경우도 있다. 당연한 말이지만, 이 때에는 B를 선택했더라도 B를 A보다 선호한다고 말할 수 없다.

아울러 **선호**(preference)는 가격을 고려하지 않은 개념이다. 그러므로 'A를 B보다 선호하지만 A가 B보다 비싸기 때문에 A보다 B를 선호한다'라고 말하는 것은 틀린 표현이다. 이 표현 대신, 'A를 B보다 선호하지만 예산상 A를 구입할 수 없기 때문에 B를 선택한다'라고 말하는 것이 옳다.

한편 소비자가 두 상품묶음을 무차별하게 생각할 때에는 '$\sim$'라는 기호를 써서 표현한다. 예컨대 $A \sim B$는 소비자가 A를 소비할 때나 B를 소비할 때나 똑같은 만족을 느낀다는 것을 의미한다.

이상의 두 표현을 결합하여 쓴 $A \gtrsim B$는 A를 적어도 B만큼 좋아한다는 것을 뜻한다. 즉 **약선호**(weak preference)의 관계를 나타낸다. 물론 약선호는 A를 B보다 더 좋아하거나 또는 A와 B를 무차별하게 생각하는 것을 모두 포함하는 개념이다. 이러한 측면에서 $A \gtrsim B$이고 동시에 $A \lesssim B$이면 $A \sim B$가 된다. 참고로 예컨대 $7 \geq 5$에서 약부등호는 옳다.

소비자들은 이러한 **선호관계**(preference relation)를 이용하여 수많은 상품묶음에 자신의 선호에 따라 나름대로 순서를 매길 수 있다.

🌱 **선호순서**(preference ordering) 상품묶음에 대해 자신의 선호에 따라 나름대로 순서를 매긴 것. **선호관계**(preference relation)라고도 함

3.1.2 선호순서에 대한 공리

선호순서의 유형은 개인에 따라 천차만별이다. 그러나 우리는 합리적인 소비자의 선호순서에 대해서는 다음과 같은 몇 가지 가정을 한다. 이것들은 가장 기본적인 가정이기 때문에 공리라고 한다.

(1) 완비성(completeness)

이것은 두 개의 상품묶음을 서로 비교할 수 있다는 것을 의미한다. 즉 둘 중의 어느 한 묶음을 다른 묶음보다 더 좋아한다거나 아니면 두 묶음이 무차별하다고 말할 수 있어야 한다는 것이다. 예를 들어 소비자가 어느 묶음을 더 좋아하는지 자신도 잘 모르겠다고 한다면 이 공리를 만족시키지 못한다. 이때 두 묶음이 무차별하다는 것과 어느 묶음을 더 좋아하는지 자신도 모르겠다는 것은 분명히 구분되어야 한다.

(2) 반사성(reflexivity)

이 공리는 $A \succsim A$로 나타낼 수 있다. 이 공리는 어느 묶음도 적어도 그 자체만큼은 선호된다는 것을 의미한다.

(3) 이행성(transitivity)

이 공리는 이를테면 $A \succsim B$이고 $B \succsim C$이면 $A \succsim C$임을 의미한다. 즉 A를 B보다 약선호하고 동시에 B를 C보다 약선호한다면, A를 C보다 약선호한다는 것을 의미한다. 만일 A를 B보다 약선호하고 동시에 B를 C보다 약선호한다고 하면서도 C를 A보다 약선호한다고 하자. 그러면 이 소비자의 선호순서는 이행성의 공리를 만족시키지 못한다. 그렇다면 이행성의 공리가 중요한 의미를 지니는 이유는 무엇일까? 그 이유를 알기 위해 어떤 소비자의 선호순서가 이행성을 만족시키지 못한다고 가정해 보자. 이 경우 이 개인이 어떤 상품묶음을 선택하더라도 자신에게는 그것보다 더 나은 상품묶음이 항상 존재한다. 그러므로 이 개인에게는 최선의 선택이라는 말이 무의미해진다.

(4) 연속성(continuity)

어떤 개인이 상품묶음 A를 B보다 강선호한다고 하자. 이때 연속성은 상품묶음 C가 A에 아주 근접해 있다면, C를 B보다 선호한다는 것을 의미한다.[1] 이 가정은 소위 **사전편집식 선호순서**(lexicographic preference ordering)를 배제시키는 역할을 한다. 사전편집식 선호순서란 마치 사전에 단어가 배열된 것과 같은 선호순서를 말한다. 말하자면 사전에는 ba로 시작되는 단어보다 az로 시작되는 단어가 먼저 나온다는 것이다. 예를 들어 고기의 양이 같을 경우에는 야채가 더 많은 상품묶음을 선호한다고 하자. 그러나 고기의 양이 다를 경우에는 야채가 어느 만큼인가와는 무관하게 항상 고기가 더 많은 상품묶음을 선호한다고 하자. 이것이 바로 사전편집식 선호순서의 예이다.[2]

3.2 무차별곡선

3.2.1 무차별곡선의 개념

이제 분석의 편의상 선호순서를 그림으로 나타내기 위하여 무차별곡선의 개념을 도입하기로 하자. 먼저 [그림 3-1]에서 보는 바와 같이 상품평면에 임의의 상품묶음 A를 잡는다. 이때 이 상품묶음 A보다 약선호되는 상품묶음들의 집합을 **약선호집합**(weakly preferred set)이라고 한다. 이와 관련하여 무차별곡선은 다음과 같이 정의된다.

> **무차별곡선**(indifference curve) 어떤 소비자에게 똑같은 만족감을 가져다 주는 상품묶음들을 상품평면에 나타낸 것. 즉 약선호집합의 가장자리로 나타나는 곡선.

---

1 $A \gtrsim B$이지만 $A \sim B$는 아닌 경우, A가 B보다 강선호(strong preference)된다고 말한다.
2 사전편집식 선호순서는 연속성의 공리를 위반한다. 이에 대해서 살펴보자. 예를 들어 상품묶음 A와 B에는 같은 양의 고기가 들어 있지만 상품묶음 A에는 야채가 훨씬 더 많이 들어 있다고 하자. 이 경우 상품묶음 A가 선호된다. 이제 상품묶음 A와 야채의 양은 같지만 고기의 양이 아주 조금 적은 상품묶음 C를 생각해 보자. 연속성의 공리에 따르면 상품묶음 C는 상품묶음 A에 아주 근접해 있으므로 상품묶음 B보다 선호되어야 한다. 그러나 사전편집식 선호순서의 경우에는 상품묶음 C보다 상품묶음 B가 선호된다. 그 이유는 상품묶음 B에는 상품묶음 C보다 고기가 조금이나마 더 많이 들어 있기 때문이다. 따라서 사전편집식 선호순서는 연속성의 공리를 위반한다. 상품묶음 A, B, C를 그림에 표시해 보면 연속성의 공리를 위반한다는 의미가 더욱 분명해진다. 한편 사전편집식 선호순서의 경우에는 어떤 임의의 상품묶음에 대해 그와 무차별하게 느껴지는 상품묶음을 찾을 수 없다.

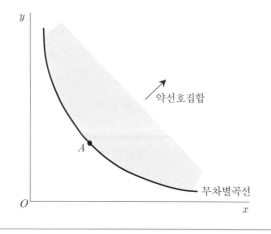

그림 3-1 　무차별곡선

무차별곡선은 소비자에게 동일한 만족감을 주는 상품묶음들의 집합을 상품평면에 그린 것이다.

즉 무차별곡선상에 있는 상품묶음들은 이 소비자에게는 상품묶음 *A*와 무차별하게 느껴진다. 그런데 사실상 무차별곡선이 그림과 같은 모양을 취하려면 앞서 소개한 4가지 공리 외에 추가적인 가정이 필요하다. 추가적인 가정에 대해서는 이번 장의 3.4에서 소개할 것이다.

한편 더 선호하는 상품묶음들이 놓여 있는 곳의 방향을 보다 분명히 나타내려고 할 경우에는 그림처럼 그 방향을 가리키는 화살표를 무차별곡선과 함께 나타낸다. 그런데 개인의 선호에 따라 상품묶음 *A*와 무차별하게 느껴지는 상품묶음들은 서로 다를 것이다. 그러므로 각 개인들의 무차별곡선은 그들의 선호에 따라 서로 다르게 나타난다.

3.2.2 무차별곡선의 성질과 무차별지도

(1) 임의의 어떤 상품묶음에 대해서도 그것을 지나는 무차별곡선이 반드시 존재한다. 이것은 앞서 말한 완비성의 공리와 관계된다. 즉 임의의 두 상품묶음에 대해 어느 것을 더 좋아한다든지 아니면 무차별하다고 말할 수 있다는 것은 바로 임의의 어떤 상품묶음에 대해서도 그것을 지나는 무차별곡선이 반드시 존재한다는 것을 말한다.

(2) 임의의 어떤 상품묶음에 대해서도 그것을 지나는 무차별곡선은 단 하나만 존재한다. 따라서 두 무차별곡선은 교차할 수 없다. 두 무차별곡선이 교차한다면 이행성의 공리를 위반한다는 것을 보여줌으로써, 앞서 소개한 공리만으로도, 서로 다른 무차별곡선은 교차할 수 없다는 것을 보여줄 수 있다.

한편 이같은 무차별곡선들을 상품평면에 함께 그린 것을 **무차별지도**(indifference map)라

고 한다. 여러 가지 유형의 무차별지도들이 [그림 3-2]와 [그림 3-3]에 그려져 있다. 실제로
는 각 상품평면에 무차별곡선들을 무수히 많이 그릴 수 있는데, 이 그림들에서는 각각의 무
차별지도에 편의상 무차별곡선을 3개씩만 그려 놓은 것이다.

3.2.3 무차별곡선의 여러 모양

무차별곡선이 [그림 3-1]과 같은 모양을 지니려면 완비성, 반사성, 이행성, 연속성 외에
몇 가지 가정이 더 필요하다고 하였다. 그러나 선호순서에 대해 가정을 추가로 더 하지 않
을 경우 무차별곡선은 다음과 같은 여러 가지 모양을 지닐 수 있다.

(1) 완전대체재

어떤 소비자가 적포도주를 마시든 백포도주를 마시든 똑같은 만족을 느끼며 다만 얼마
나 마셨는가에 따라 만족도가 달라진다고 하자. 이 경우는 소비자가 1 : 1로 한 상품을 다른
상품으로 대체하려는 경우이다. 그러나 반드시 1 : 1이 아니더라도 일정한 비율로 대체가
가능한 경우 두 상품을 서로 **완전대체재**(perfect substitute)라고 한다.

완전대체재의 경우 무차별곡선은 [그림 3-2(A)]와 같이 직선으로 나타난다. 그리고 그
기울기는 음수로서 일정한 값을 갖는다. 특히 1 : 1의 대체관계에 있을 경우에는 그 기울기
가 −1이 된다. 앞의 예에서 적포도주를 한 잔 더 마신 후에도 같은 무차별곡선상에 놓이려
면 백포도주를 몇 잔 덜 마셔야 하는가에 대답해 보자. 그러면 그 의미가 명백해진다.

(2) 완전보완재

항상 일정한 비율로 함께 소비되는 상품을 **완전보완재**(perfect complement)라고 한다. 오
른쪽 신발과 왼쪽 신발의 관계를 예로 들 수 있다. 이때 오른쪽이나 왼쪽 신발 중 어느 한
짝만 증가하는 것은 소비자에게 아무런 도움이 되지 않는다. 그러므로 이것은 원래의 상태
와 무차별하며 따라서 같은 무차별곡선상에 놓이게 된다. 이것이 바로 무차별곡선이 [그림
3-2(B)]와 같이 L자 모양을 하고 있는 이유이다. 물론 양쪽 신발을 모두 더 갖는 경우에는
소비자가 더 나은 상태에 이르게 된다. 이것이 바로 그림에서 화살표가 가리키는 방향이다.

완전대체재와 같이 완전보완재의 경우에도 중요한 것은 비율이 일정해야 한다는 것이
다. 그러나 반드시 1 : 1의 비율일 필요는 없다. 예를 들어 어떤 소비자가 라면 한 개를 끓일
때 달걀을 반드시 두 개 넣는다고 하자. 이때 그 비율은 1 : 2이지만 그에게 라면과 달걀은
완전보완재이다.

(3) 비 재 화

소비자가 싫어하는 것을 **비재화**(bads)라고 한다. 공해나 쓰레기 같은 것들이 그 예이다. 무차별곡선을 그리기 위해 쓰레기와 식품을 어떻게 선택하는가를 생각해 보자. 이를 위해 상품평면 위에 임의의 점을 잡자. 이 점에서 쓰레기가 한 단위 증가할 경우 소비자는 이전보다 나빠진다. 그러므로 이전과 같은 상태가 되려면 그 보상으로 식품을 더 소비해야 한다. 이것은 [그림 3-2(C)]에서 보듯이 무차별곡선의 기울기가 양의 값을 가지는 것을 의미한다.[3] 한편 선호하는 방향은 쓰레기는 줄어들고 식품은 늘어나는 남동 방향이다.

(4) 중 립 재

어떤 소비자에게 아무 쓸모는 없지만 그렇다고 그 소비자가 특별히 싫어하지도 않는 상품을 **중립재**(neutral goods)라고 한다. 이 경우 [그림 3-2(D)]에서 보듯이 그는 오로지 식품의 수량에만 관심을 가지며 중립재의 수량에는 관심을 갖지 않는다. 그러므로 식품이 많이 들어있는 상품묶음일수록 선호하며 중립재가 많은가 적은가는 소비자에게 전혀 영향을 주지 않는다. 따라서 무차별곡선은 그림에서 보듯이 가로축에 수직인 직선으로 그려진다. 선호하는 방향은 화살표가 가리키듯이 오른쪽 방향이다.

(5) 포   만

소비자가 가장 좋아하는 상품묶음이 존재하는 경우를 생각할 수 있다. 이 소비자는 이것을 넘어서는 것을 오히려 싫어한다. 이러한 상품묶음을 **포만점**(satiation point) 또는 **지복점**(bliss point)이라고 한다. 이때 무차별곡선은 [그림 3-2(E)]에서 보듯이 포만점을 정점으로 등고선 모양으로 그려진다. 효용이 증가하는 방향은 주어진 상태에서 포만점으로 이동하는 방향이다.

한편 어느 재화이든 포만점을 넘어서서는 비재화가 된다. 따라서 소비자가 소득을 지출해 가면서 포만점을 넘어서는 선택을 하지는 않을 것이다. 우리는 이 점에 착안하여 분석대상을 포만점 이하의 부분에 국한시키고 있다.

---

3 한편 무차별곡선의 기울기의 변화는, 동일한 무차별곡선상에 놓이기 위해서는 쓰레기의 양이 증가할수록 쓰레기 한 단위 증가에 대해 그 보상으로 점점 더 많은 양의 식품이 요구됨을 보여주고 있다. 이때 비재화는 그 양이 많아질수록 추가로 증가하는 한 단위가 점점 더 싫어지는 반면, 상품은 그 양이 많아질수록 추가로 증가하는 한 단위가 점점 덜 좋아진다는 사실이 반영되어 있다.

그림 3-2 **무차별곡선의 여러 모양**

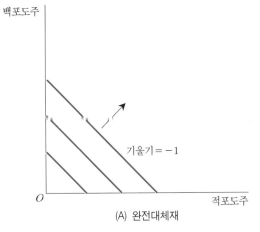

(A) 완전대체재

무차별곡선은 선호순서의 유형에 따라 여러 가지 모양을 지닌다.

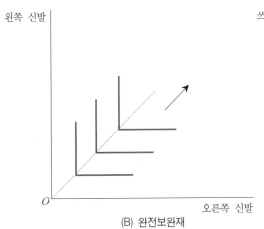

(B) 완전보완재

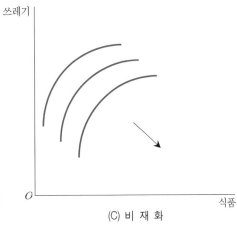

(C) 비 재 화

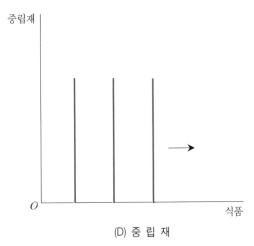

(D) 중 립 재

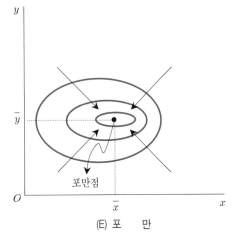

(E) 포 만

3.3 효용함수와 무차별곡선

스마트폰과 컴퓨터 중에서 어느 것을 선호하는가? 이 질문은 각 상품의 가격과는 무관하게 단지 어느 것을 더 좋아하는지를 묻는 것이다. 예전 경제학자들은 이런 질문에 접했을 때 각 상품이 주는 **효용**을 수치로 측정할 수 있다고 생각하였다.

> 🌱 **효용**(utility) 소비자가 상품을 소비함으로써 얻는 주관적인 만족감

그래서 예를 들어 스마트폰은 110의 효용을 주고 컴퓨터는 100의 효용을 준다고 생각하는 것이다. 이처럼 숫자의 크기가 의미를 지니는 효용을 **기수적 효용**(cardinal utility)이라고 한다. 이때 기수라는 것은 1, 2, 3…과 같은 기본적인 숫자를 말한다. 이와는 달리 앞으로 등장하겠지만 첫째, 둘째, 셋째…처럼 순서만 나타내는 숫자를 서수라고 한다. 그런데 기수적 효용에는 다음과 같은 문제가 있다.

(1) 어떤 개인이 상품 소비로부터 누리는 후생을 수치로 측정할 수 있는가의 문제이다. 예를 들어 스마트폰과 컴퓨터에 위와 같이 수치를 부여할 수 있어서 스마트폰을 컴퓨터보다 1.1배 좋아한다고 말할 수 있겠는가의 문제이다.

(2) 서로 다른 개인들 사이에 효용을 비교할 수 있는가의 문제이다. 예를 들어 각 개인이 스마트폰과 컴퓨터에 부여한 효용의 수치를 비교하여 어떤 사람이 다른 사람에 비해 스마트폰을 컴퓨터보다 2배 더 좋아한다고 말할 수 있겠는가의 문제이다.

이러한 문제들 때문에 소비자이론에서는 앞으로 논의할 서수적 효용의 개념을 적용하고 있다.[4]

3.3.1 효용함수와 선호순서[5]

> 🌱 **효용함수**(utility function) 모든 상품묶음들에 숫자를 부여하되, 선호하는 상품묶음에 더 큰 숫자를 부여하는 함수

---

4 사회후생함수는 기수적 효용의 개념을 적용하는 문제점을 지니고 있다(20장 참조).
5 효용함수의 도입은 소비자이론에서 미적분학의 사용을 가능하게 해 준다. 그리하여 무차별곡선만으로는 불가능한 보다 정교한 분석을 가능하게 해 준다.

(1) 이때 효용함수값은 숫자로 나타난다는 점에 주목하자. 즉 효용함수값은 효용인데 그 효용이 숫자로 나타난다는 것이다. 이때 숫자는 실수(real number)이기만 하면 된다. 즉 음수, 소수, 나아가서 무리수 등도 될 수 있다.

부록 3.1 함수의 의미

(1) 함수(函數)는 영어의 function을 일컫는 한자어인데 그 중에서 '함'은 **상자**를 의미한다.

(2) 예를 들어 y가 x의 함수일 경우 $y = f(x)$로 쓰는데 이때 함수 f는 상자로 볼 수 있으며 그 상자 f에 x를 넣으면 그에 대응해서 y가 튀어나오는 것으로 볼 수 있다. 예를 들어 어떤 상자에 1을 넣으면 3이, 2를 넣으면 6이, 3을 넣으면 9가…튀어 나올 경우 그 상자는 넣은 수를 3배 해서 내보내 주므로 그 관계를 함수 $y = 3x$로 쓴다.

(3) 시각을 달리 하면 함수는 x를 y로 바꿔주는 장치로도 볼 수 있다.

(4) 같은 맥락에서 효용함수는 상품묶음을 효용으로 바꿔주는 장치로 볼 수 있으며 이 경우 효용함수라는 상자에 상품묶음을 넣으면 효용으로서의 숫자가 튀어 나오게 된다.

(2) 효용함수의 정의에 따를 경우 상품묶음 A를 B보다 약선호한다는 것은 상품묶음 A의 효용이 상품묶음 B의 효용보다 크거나 같다는 것과 동치이다. 즉 U가 효용함수일 경우

$$A \succsim B \text{이면 } U(A) \geq U(B) \text{이고, } U(A) \geq U(B) \text{이면 } A \succsim B$$

라는 것이다. 이때 효용함수 U는 선호순서 $\succsim$를 **표현한다**(represent)고 말한다.

(3) 한편 효용함수는 어느 상품묶음이 더 선호되는가에만 의미를 부여한다. 즉 선호순서에만 의미를 부여한다. 따라서 효용함수에서는 효용이 얼마나 더 큰가는 아무런 의미를 지니지 않는다. 이러한 의미의 효용을 **서수적 효용**(ordinal utility)이라고 부른다. 앞서 말했듯이 서수는 순서만 말하는 숫자이다.

예를 들어 A, B, C 등 3개의 상품묶음에 대해 어떤 개인의 선호순서가 $A < B < C$라고 하자. 이때 A, B, C에 대해

효용함수	효용(함수값)		
$S(\cdot)$	$S(A) = 3$,	$S(B) = 4$,	$S(C) = 5$
$U(\cdot)$	$U(A) = 4$,	$U(B) = 5$,	$U(C) = 6$
$V(\cdot)$	$V(A) = -6$,	$V(B) = -4$,	$V(C) = 0$

과 같은 값들을 갖는 효용함수 $S(\cdot)$, $U(\cdot)$, $V(\cdot)$가 있다고 하자. 이 3개의 효용함수는 모두 선호하는 상품묶음에 더 큰 수치를 부여하고 있다. 즉 선호하는 순서에 따라 각 상품 묶음을 순서화하고 있다. 그러므로 이 경우 3개의 효용함수는 모두 유효한 효용함수가 된다.

이처럼 효용함수는 순서에만 관심을 가진다. 그러므로 순서를 변화시키지 않는 한 효용 함수를 어떻게 변환시키더라도 원래의 효용함수와 똑같은 선호를 나타내는 효용함수가 된 다.[6] 그러므로 앞의 예에서도 보듯이 어떤 선호순서를 나타내는 효용함수는 유일하지 않으 며, 실제로 무한히 많이 존재한다.

(4) 한편 소비자이론에서는 개인의 선택에 대해서 배우는데, 이때 어느 상품묶음이 선 택되는가를 알려면 어느 상품묶음이 더 큰 효용을 지니는가만 알면 된다. 얼마나 더 큰가는 문제가 되지 않는다. 즉 기수적 효용이 문제가 되지 않는다. 이러한 측면에서 소비자이론을 분석할 때에는 서수적 효용을 적용하고 있다.

한편 선호순서가 완비성, 반사성, 이행성, 연속성의 공리를 만족시키면 그 선호순서 는 연속적인 효용함수로 **표현**(representation)될 수 있으며 또한 그러한 연속적인 효용함수 가 **존재**(existence)한다는 것이 증명되어 있다. 이때 공리들은 존재를 위한 충분조건이다.

3.3.2 효용함수 ⇄ 무차별곡선

효용함수는 서로 다른 무차별곡선에 숫자를 부여하되 더 위에 있는 무차별곡선에 더 큰 숫자를 부여하는 방법이라고 할 수 있다. 이러한 관점에서 보면 단조증가변환은 무차별 곡선에 부여된 숫자의 크기의 순서는 그대로 유지하면서 또 다른 숫자를 부여하는 방법이 라고 할 수 있다.[7]

> 지금까지의 논의로부터 (1) 선호순서는 무차별곡선으로 나타낼 수 있고, (2) 어떠한 합리 적인 선호순서도 효용함수로 나타낼 수 있다는 사실을 알았다. (3) 그러므로 효용함수와 무차별곡선 중 어느 하나가 주어졌을 때 다른 하나를 구할 수 있다.

이제 효용함수와 무차별곡선 중에서 어느 하나가 주어졌을 때 다른 하나를 어떻게 구 해 낼 것인가에 대해서 살펴보자.

---

6 이처럼 숫자의 순서를 변화시키지 않으면서 숫자들의 어떤 집합을 숫자들의 또 다른 집합으로 변환시키는 방법을 **단조증가변환**(monotonic increasing transformation)이라고 한다.

7 $h(x, y) = g(f(x, y))$, $g'(f) > 0$일 때, 함수 f를 단조증가변환시켰다고 한다. 어떠한 효용함수를 단조증가변환시 키더라도 원래의 효용함수와 동일한 선호순서를 나타낸다.

(1) 효용함수로부터 무차별곡선으로

선호순서를 효용함수로 나타낼 수 있다고 하였다. 그런데 효용함수가 주어지면 이로부터 비교적 쉽게 무차별곡선을 구해 낼 수 있다. 그 방법은 주어진 효용함수가 일정한 상수값을 가질 수 있게 해 주는 상품묶음들을 찾는 것이다. 따라서 무차별곡선을 집합기호를 써서 나타내면

$$I = \{(x, \ y) | U(x, \ y) = k, \ k는 \ 상수\}$$

가 된다. 그 다음 그 상수값을 변화시키면 또 다른 효용을 나타내는 무차별곡선을 얻을 수 있다. 그런데 이 방법은 이미 1장 1.4.1에서 다룬 바 있다.

> 즉 효용함수 $U = U(x,y)$에 변수가 U, x, y 등 3개이므로 그래프로 그리면 3차원 도형인데 이것을 2차원 평면에 나타내는 방법으로서 1.4.1(1)에서 말한 것처럼 등고선(contour)의 개념을 이용하는 것이다. 즉 등위선(level curve)을 이용하는 것이다.

'등고'선은 같은 높이를 나타내는 지점들을 연결한 선인 반면 무차별곡선은 같은 효용을 나타내는 상품묶음들을 연결한 선이다. 그러므로 대칭적인 용어를 사용하자면 무차별곡선은 '등효용'곡선이라고 할 수 있다. 다만 경제학에서 무차별곡선이라는 용어로 굳어져 있을 뿐이다.

예를 들어 효용함수가

$$U(x, \ y) = x^{\frac{1}{2}} y^{\frac{1}{2}}$$

로 주어졌다고 하자. 이로부터 무차별곡선을 얻으려면 우선 효용함수를 일정한 상수 k와 같게 놓는다. 그 다음 그 식을 만족시키는 x와 y의 집합을 찾으면 된다. 즉

$$U(x, \ y) = x^{\frac{1}{2}} y^{\frac{1}{2}} = k$$

로부터 이 식을 만족시키는 $(x, \ y)$의 집합을 찾으면 된다. 이것이 바로 무차별곡선이다. 예를 들어 $k = 4$일 경우 위 식을 만족시키는 $(1, 16)$, $(2, 8)$, $(4, 4)$, $(8, 2)$, $(16, 1)\cdots$등과 같은 점들을 지나는 곡선이 바로 효용 4를 나타내는 무차별곡선이다. 물론 이 예에서 짐작할 수 있듯이 k의 값이 5, 6, 7$\cdots$등으로 커짐에 따라 무차별곡선은 원점으로부터 점점 더 멀어진다.

그렇다면 효용함수가

$$V(x,\ y) = \left(x^{\frac{1}{2}} y^{\frac{1}{2}} \right)^2$$

일 때 무차별곡선의 모양은 어떠할까? 무엇보다도 이 효용함수는

$$V(x,\ y) = [U(x,\ y)]^2$$

의 관계를 지니고 있다. 그러므로 $V(x,\ y)$는 원래의 효용함수인 $U(x,\ y)$를 단조증가변환시킨 것이다. 이 경우 $V(x,\ y)$로부터 얻는 무차별곡선은 $U(x,\ y)$로부터 얻는 무차별곡선과 그 모양이 정확히 일치한다. 그리고 두 무차별곡선이 상품묶음들에 매기는 서열이 서로 같다. 다만 무차별곡선이 나타내는 효용의 크기만 다를 뿐이다. 그러므로 V는 U와 같은 선호순서를 나타낸다.

(2) 무차별곡선으로부터 효용함수로

효용함수로부터 무차별곡선을 얻는 방법에 대해 살펴보았다. 그렇다면 그 역은 어떨까? 결론적으로 말해서 무차별곡선으로부터 효용함수를 얻는 일은 효용함수로부터 무차별곡선을 얻는 일에 비해 어렵다. 여기서는 가장 쉬운 예를 들어보자.

예를 들어 완전대체재를 나타내는 무차별곡선이 주어졌다고 하자. 이로부터 효용함수를 구해 보자. 이 경우 소비자는 어떤 상품인가에는 관심이 없으며 다만 소비하는 상품의 총량에만 관심이 있다. 그러므로 완전대체의 효용함수는 $U(x,\ y) = x + y$로 쓸 수 있다.

이와는 달리 어떤 개인의 선호순서를 나타내는 무차별곡선들을 함수의 형태로 표현하기가 쉽지 않은 경우도 많다.

3.3.3 대표적인 효용함수와 무차별곡선

(1) 콥-더글라스 선호: $U(x,\ y) = Ax^\alpha y^\beta$ ($\alpha > 0$, $\beta > 0$)

경제 분석에서 많이 사용되고 있는 선호 중의 하나가 콥-더글라스(Cobb-Douglas) 선호이다. 이러한 선호는 **콥-더글라스 효용함수**인 $U(x,\ y) = Ax^\alpha y^\beta$로 표시된다. 이때 무차별곡선은 $U(x,\ y) = Ax^\alpha y^\beta = k$를 만족시키는 순서쌍 $(x,\ y)$의 집합이다. 이러한 무차별곡선은 [그림 3-3]과 같이 부드럽고 **원점에 대해 볼록**(convex to the origin)하게 그려진다.[8]

α의 값이 β의 값보다 클 경우를 생각해 보자. 이 경우에는 함수의 형태에서 보듯이 같

---

8 원점에 대해 볼록하다는 것은 원점에서 처다볼 때 볼록한 모양을 한다는 의미이다.

은 수량이라면 소비자가 X재를 Y재보다 더 가치 있게 생각한다. 이 경우 무차별곡선이 [그림 3-3(B)]와 같은 모양을 띠게 된다. 그리하여 같은 상품묶음에서 측정한 무차별곡선의 접선의 기울기는 [그림 A]에서보다 [그림 B]에서 더 커진다. 또한 이것이 바로 [그림 B]와 같은 소비자는 [그림 A]와 같은 소비자보다 같은 수량이라면 (Y재보다) X재에 더 많은 가치를 부여한다는 것을 말해 주는 것이다.

그림 3-3 콥-더글라스 효용함수의 무차별곡선

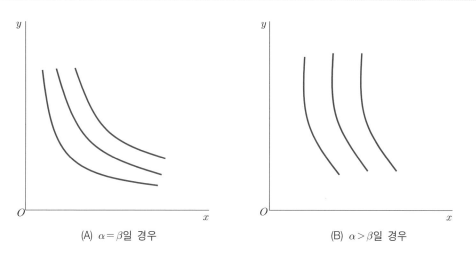

(A) $\alpha = \beta$일 경우   (B) $\alpha > \beta$일 경우

콥-더글라스 효용함수의 무차별곡선은 원점에 대해 볼록한 부드러운 곡선의 모양을 지닌다. $\alpha = \beta$일 경우보다 $\alpha > \beta$일 경우 무차별곡선의 기울기가 더 급하다.

---

(2) 완전대체재: $U(x, y) = ax + by \ (a > 0, \ b > 0)$

이 경우 무차별곡선은 $U(x, y) = ax + by = k$를 만족시키는 순서쌍 (x, y)의 집합이다. 그러므로 무차별곡선의 식은 $y = -\dfrac{a}{b}x + \dfrac{k}{b}$로 나타난다. [그림 3-2(A)]는 $a = b = 1$인 특별한 경우이다.

(3) 완전보완재: $U(x, y) = \min[ax, by] \ (a > 0, \ b > 0)$

이 경우 무차별곡선은 [그림 3-2(B)]와 같은 형태로 그려진다. 다만 이 경우 꼭지점들은 $ax = by$를 만족시킨다. 그리하여 꼭지점들을 잇는 점선의 기울기가 $\dfrac{a}{b}$가 된다. 이때 꼭지점들은 어떤 상품도 낭비되지 않는 상태를 나타낸다. 한편 [그림 3-2(B)]는

$a = b = 1$인 특별한 경우이다.

전형적인 무차별곡선의 성질

우리는 지금까지 여러 유형의 선호에 대해 무차별곡선을 그려보았다. 그런데 실제로는 [그림 3-1]이 무차별곡선의 '전형적인' 형태이다. 이제 이러한 전형적인 무차별곡선은 앞서 제시한 선호순서의 완비성, 반사성, 이행성, 연속성 등의 네 가지 공리 외에 어떠한 가정을 전제로 하고 있는가를 살펴보자.

3.4.1 선호순서의 단조성

일반적으로 많으면 많을수록 좋다는 가정, 즉 **단조성**(monotonicity)을 가정하고 있다. 그런데 이 가정은 비재화는 고려하지 않거나 또는 포만점에 이르기 이전에 선택하는 경우를 다룬다는 것을 의미한다.

(1) 단조성의 가정에 따르면 원점에서 멀리 떨어져 있는 무차별곡선일수록 더 높은 효용수준을 나타낸다. 이것은 [그림 3-4]를 통해 확인할 수 있다. 그림의 상품묶음 B에는 상품묶음 A보다 두 상품이 모두 더 많이 들어 있다. 이때 단조성에 따르면 상품묶음 B가 상품묶음 A보다 선호되는데, B가 놓인 무차별곡선 I_1이 A가 놓인 I_0보다 원점에서 더 멀리 떨어져 있다. 이로부터 원점에서 멀리 떨어져 있는 무차별곡선일수록 더 높은 효용을 나타낸다는 사실을 추론할 수 있다.

(2) 한편 이러한 단조성은 무차별곡선의 접선의 기울기가 음이어야 함을 함축하고 있다. 단조성에 따르면 예를 들어 사과가 5단위 복숭아가 7단위가 들어있는 상품묶음 (5, 7)에 사과 1단위를 추가할 경우 효용이 증가한다. 즉 (6, 7) > (5, 7)이다. 그러므로 사과 1단위를 추가한 상태에서도 (5, 7)과 무차별하려면 복숭아를 일부 덜어내야 한다. 물론 얼마나 덜어내야 하는가는 개인의 선호순서에 따라 달라진다. 예를 들어 어떤 개인에게 그 수량이 2라고 하면 그 개인에게는 (5, 7)과 (6, 5)가 무차별하다. 이와 같은 원리로 (5, 7)과 무차별한 상품묶음들을 무수히 많이 찾을 수 있다. 이러한 무차별한 상품묶음들을 상품평면에 표시한 다음 곡선으로 연결해 봄으로써 단조성에 따르면 무차별곡선의 기울기가 음이 된다는 사실을 확인할 수 있다.

[그림 3-4]의 상품묶음 A를 예로 들어 이를 일반화해 보자. 그림에서처럼 A를 기준으로 가상의 점선좌표축을 그렸을 때 A로부터 1사분면(좌표축 포함) 영역으로 이동하면

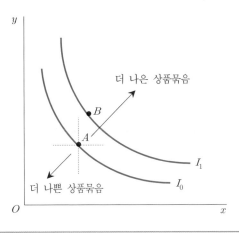

그림 3-4   선호의 단조성

많으면 많을수록 좋다는 단조성을 가정하면 무차별곡선의 접선의 기울기는 음이 된다.

A보다 더 좋은 곳으로 이동한 상태가 된다[한편 가로(세로)좌표축을 따라 A로부터 멀어지면 Y재(X재)의 수량은 변함이 없지만 X재(Y재)의 수량은 증가하므로 더 좋아진다]. 반대로 3사분면(좌표축 포함) 영역으로 이동하면 더 나쁜 곳으로 이동한 상태가 된다. 그러므로 A와 무차별한 상품묶음들은 2사분면(좌표축 제외) 영역이나 4사분면(좌표축 제외) 영역에 놓인다. 이로부터 단조성은 무차별곡선의 접선의 기울기가 음이 된다는 사실을 함축한다는 것을 알 수 있다. 또한 이러한 측면에서 볼 때 앞 절에서 논의한 완전보완재에 대한 선호는 단조성을 만족시키지 못한다.

여기서 주목해야 할 것이 있다. 즉 무차별곡선이 원점에 대해 오목하더라도 단조성은 만족될 수 있다는 것이다.[9] 무차별곡선이 원점에 대해 오목할 가능성을 배제시키려면 볼록성의 가정이 도입되어야 한다.

3.4.2 선호순서의 볼록성

볼록성(convexity)은 한 종류만 많이 들어 있는 상품묶음보다는 (가중)평균적으로 들어있는 상품묶음을 더 좋아하거나 적어도 무차별하게 생각한다는 것을 의미한다.

더 좋아하는 경우에 대해서 생각해 본다면, 그 의미는 예를 들어 식사 때 밥은 조금 주고 반찬만 많이 주는 경우나 이와는 대조적으로 반찬은 조금 주고 밥만 많이 주는 경우가

---

9 원점에 대해 오목하다는 것은 원점에서 쳐다볼 때 오목한 모양을 한다는 의미이다. 예컨대 [그림 3-5(C)]의 모양을 일컫는다.

싫기는 매한가지이며, 이보다는 적당한 양의 밥과 적당한 양의 반찬을 함께 주는 것을 더 좋아한다는 것이다. [그림 3-5(A)]에서 X재를 밥, Y재를 반찬이라고 하면 $Q(4, 10)$는 반찬을 많이 주는 경우이고 $R(10, 4)$은 밥을 많이 주는 경우에 해당되는데, Q와 R이 동일한 무차별곡선 I상에 있으므로 Q와 R은 무차별하다. 이 경우 적당한 양을 함께 주는 것, 예를 들어 평균을 더 좋아한다는 의미는 Q에 있는 X재의 수량 4와 R에 있는 X재의 수량 10의 평균인 $\dfrac{4+10}{2}=7$과 Q에 있는 Y재의 수량 10과 R에 있는 Y재의 수량 4의 평균인 $\dfrac{10+4}{2}=7$로 구성된 상품묶음 $S(7, 7)$를 Q나 R보다 선호한다는 것이다. 이것은 S를 지나는 무차별곡선 II가 Q와 R을 지나는 무차별 곡선 I보다 원점에서 더 멀리 떨어져 있는 것으로 나타나 있다. 이것은 '중용의 도'가 선호순서에 적용된 것으로 해석할 수 있다.

한편 선호순서와 관련하여 볼 때 볼록성은 어떤 상품묶음의 약선호집합이 볼록집합이라는 것을 의미한다.[10] 이에 대해 검토해 보자.

> 🌱 **볼록집합**(convex set) 어떤 집합 내에 임의의 두 점을 잡고 이 두 점을 연결하였을 때, 그 두 점을 연결한 선분이 전적으로 그 집합 내에 포함되는 집합

그림 3-5 **선호의 유형**

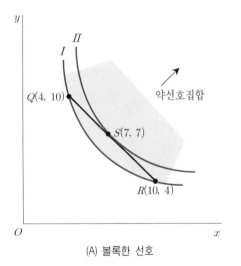

(A) 볼록한 선호

단조성을 만족시킨 상태에서 무차별한 어떤 두 상품묶음 각각보다 그것들의 가중평균을 더 좋아한다는 볼록성을 만족시킬 경우 무차별곡선은 원점에 대해 볼록해진다.

---

10 약선호집합은 어떤 상품묶음과 무차별하거나 또는 선호되는 상품묶음들의 집합을 의미한다는 사실을 상기하자.

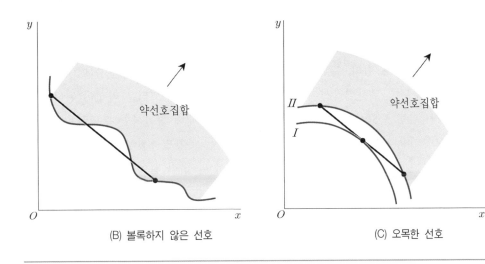

(B) 볼록하지 않은 선호   (C) 오목한 선호

[그림 3-5(A)]에서 약선호집합(음영 부분) 내의 임의의 두 점 Q와 R을 잇는 선분은 약선호집합(음영 부분)에 포함된다. 그러므로 이때 약선호집합은 볼록집합이다. 이로부터 **볼록한 선호**(convex preference)의 경우 약선호집합은 볼록집합이 된다는 것을 알 수 있다.[11]

이상의 논의에 비추어 볼 때 [그림 3-5(A)]는 볼록한 선호를 나타내지만, 다른 두 경우는 그렇지 않다. 즉 [그림 3-5(B)]와 [그림 3-5(C)]의 경우에는 약선호집합 내의 두 점을 이은 선분이 약선호집합에 전적으로는 포함되지 않으므로 약선호집합이 볼록집합이 되지 못하며, 따라서 볼록한 선호가 되지 못한다. (1) 볼록한 선호의 경우 [그림 3-5(A)]처럼 Q나 R보다는 평균인 S를 선호한다. (2) 반면에 [그림 3-5(C)]는 **오목한 선호**(concave preference)를 나타내는데 이 경우 무차별곡선 I, II의 비교에서 보듯이 평균보다는 치우친 것을 선호한다. 4장에서 알게 되지만 이 경우 상품을 함께 소비하지 않고 어느 한 상품만 소비한다.

볼록성이 충족되면 무차별곡선은 (원점에 대해) 오목한 부분을 가지지 않는다. [그림 3-5(A)]를 통해 확인해 보라. 특히 **강볼록성**(strict convexity)을 가정하면, 무차별곡선에 직선인 부분이 존재하지 않는다.[12] 이렇게 볼 때 앞 절에서 논의한 완전대체재에 대한 선호는 볼록하지만 강볼록하지는 않다는 것을 알 수 있다.

---

11 이것은, 두 상품묶음 Q에 있는 4와 R에 있는 10을 임의의 가중치를 적용하여 가중평균한 것과 그와 똑같은 가중치로 Q에 있는 10과 R에 있는 4를 가중평균한 것으로 구성된 상품묶음을, Q나 R보다 (약)선호한다는 것을 의미한다. 즉 각 점의 좌표를 $Q(x_1,\ y_1)$, $R(x_2,\ y_2)$로 나타낼 경우 Q나 R의 **볼록결합**(convex combination)인 상품묶음 $(\lambda x_1 + (1-\lambda)x_2,\ \lambda y_1 + (1-\lambda)y_2)(0 \le \lambda \le 1)$을 Q나 R보다 (약)선호한다는 것을 의미한다.

12 강볼록성은 각각의 상품묶음보다 각 상품묶음에 포함되어 있는 각 상품들의 가중평균들로 구성된 상품묶음을 강선호하는 것을 말한다.

> 단조성과 강볼록성이 만족되면 무차별곡선은 원점에 대해 강볼록한 부드러운 곡선이 된다.

이것은 달리 말할 수도 있다. 즉 많으면 많을수록 좋으며 또한 가중평균을 더 선호하면 [그림 3-5(A)]에서 보듯이 무차별곡선이 원점에 대해 강볼록한 부드러운 곡선이 된다는 것이다. 바꿔 말해서 [그림 3-5(A)]처럼 무차별곡선이 원점에 대해 강볼록한 부드러운 곡선일 경우 그림에서 보듯이 무차별곡선 II처럼 $S(7,7)$를 지나는 무차별곡선이 무차별곡선 I처럼 $Q(4,10)$와 $R(10,4)$을 지나는 무차별곡선보다 원점에서 더 멀리 떨어져 있게 된다는 것이다. 이와는 달리 [그림 3-5(C)]처럼 무차별곡선이 원점에 대해 강오목한 부드러운 곡선이라면 $S(7,7)$를 지나는 무차별곡선이 $Q(4,10)$와 $R(10,4)$을 지나는 무차별곡선보다 원점에 더 가까이 놓이게 된다. 무차별곡선을 그려 확인해 보기 바란다.

3.5 한계대체율과 한계효용

3.5.1 한계대체율의 개념

전형적인 무차별곡선은 원점에 대하여 강볼록하다고 하였다. 그렇다면 그것이 경제학적으로 뜻하는 바는 무엇일까? 이를 알기 위해서는 한계대체율의 개념을 먼저 알아 둘 필요가 있다.

> 🌱 **한계대체율**(marginal rate of substitution: MRS) 소비자가 동일한 만족을 유지하면서 어떤 상품을 추가로 한 단위 더 얻고자 할 때 그 대신 줄일 의향이 있는 다른 상품의 수량

예컨대 주어진 상품묶음에 사과를 1단위 보태고 복숭아를 2단위 덜어내도 같은 무차별곡선에 머물러 소비자의 효용이 변하지 않는다면, 한계대체율은 보탠 사과 수량과 덜어 낸 복숭아 수량의 비율인 2가 된다.

이러한 한계대체율은 효용함수를 이용하여 구할 수 있다. 주어진 무차별곡선상에서는 효용이 일정하게 유지된다. 그러므로 무차별곡선상에서는 X재가 늘어날 경우 그로 인해 늘어나는 효용을 그에 상응하는 만큼 Y재가 줄어들어 상쇄시켜 주어야 한다. 즉 효용의 변화는 0이 되어야 한다. 이러한 내용은 (사실상 전미분[권말 부록 I.5]으로서)

$$MU_x \Delta x + MU_y \Delta y = \Delta U = 0 \tag{3.1}$$

으로 나타낼 수 있다. 이 식의 의미는 다음 소절의 문단 (3)에서 설명할 것인데 그보다 상세

한 설명은 [부록 3.4](2)를 참조하자. 여기서 MU_x는 X재의 한계효용을 나타낸다. MU는 한계효용의 영문 약자이며 하첨자 x는 X재의 한계효용이라는 점을 나타내기 위한 표기이다.

3.5.2 한계효용

> 🌱 **한계효용**(marginal utility: MU) 다른 상품의 수량은 변하지 않는 상태(ceteris paribus)에서, 어떤 상품을 추가로 한 단위 더 소비할 때 추가로 증가하는 효용

(1) X재의 한계효용은 수학적으로 볼 때 효용함수 $U(x,y)$의 x에 대한 편도함수로 나타난다. Y재에 대한 한계효용은 $U(x,y)$의 y에 대한 편도함수로 나타난다.

부록 3.2 **편미분과 편도함수**

편도함수(partial derivative)란 다른 변수들은 변하지 않는 상태에서 해당 변수가 변화할 때 그 해당 변수에 대한 도함수를 말한다. 편도함수를 구하는 것을 편미분한다(partial differentiate)고 한다. x에 대한 편도함수는 편미분기호인 $\frac{\partial}{\partial x}$를 사용하여 $\frac{\partial U(x,y)}{\partial x}$로 나타내거나 하첨자를 사용하여 $U_x(x,y)$로 나타낸다. 같은 방법으로 y에 대한 편도함수는 $\frac{\partial U(x,y)}{\partial y}$ 또는 $U_y(x,y)$로 나타낸다.

(1) 예를 들어 함수 $f(x,y)=2x^2+3xy+4y^2$의 x에 대한 편도함수는 y를 상수로 취급하여 $\frac{\partial f(x,y)}{\partial x}$ $=4x+3y$로 구해진다. 자세한 내용은 [권말 부록] I.2를 참고하기 바란다. 경제학에서 다른 상황이 일정하다면(ceteris paribus)이라는 가정 아래 분석하는 것도 수학적으로는 바로 편도함수의 개념에 해당한다.

(2) 그래프상으로는 효용함수의 경우 다른 상품의 수요량을 고정시킨 상태에서 그린 곡선상의 한 점에서 그 곡선에 그은 접선의 기울기, 즉 효용의 변화율로 나타난다. 이것이 바로 한계효용이다. 예를 들어 $U(x,y)=x^{\frac{1}{2}}y^{\frac{1}{2}}$일 경우 $y=1$일 때의 X재의 한계효용 $\frac{\partial U(x,1)}{\partial x}$은 가로축에 x, 세로축에 효용을 나타낸 상태에서 $U(x,1)=x^{\frac{1}{2}}=u(x)$를 나타낸 곡선상($y$의 값을 고정시켰기 때문에 함수 기호를 U에서 u로 바꿔 주었다)의 임의의 한 점(x,u)에서 이 곡선에 그은 접선의 기울기이다(이때 2차원 곡선상의 점 (x,u)는 3차원 곡면상의 점 $(x,1,u)$에 대응되는 점이다). 수식으로는 $u'(x)=\frac{1}{2}x^{-\frac{1}{2}}$이다. $y=2$일 때의 X재의 한계효용은 $U(x,2)=\sqrt{2}x^{\frac{1}{2}}$을 나타낸 곡선상의 임의의 한 점에서 이 곡선에 그은 접선의 기울기이다. 수식으로는 $u'(x)=\frac{1}{2}\sqrt{2}x^{-\frac{1}{2}}$이다. 그래프를 그려서 x가 증가할 때 두 경우 모두 접선의 기울기가 작아지는 것을 확인해 보기 바

란다. 즉 한계효용이 체감한다($u''<0$)는 것이다. 한편 X재의 한계효용은 X재 수요량뿐만 아니라 Y재 수요량의 함수이기도 하다. 이상의 내용들은 Y재의 한계효용에도 대칭적으로 적용된다.

(2) $MU_x (= \frac{\partial U(x,y)}{\partial x})$를 X재의 한계효용이라고 하면서, 한계효용을 정의할 때 "어떤 상품을 추가로 '한 단위' 더 소비할 때…"처럼 '한 단위'라고 말하는 이유는 [부록 2.2]에서 설명하였다. 한편 [부록 3.2]에서 보듯이 해당 상품의 수요량뿐만 아니라 다른 상품의 수요량도 해당 상품의 한계효용에 영향을 준다. 따라서 X재의 한계효용은 엄밀하게는 $MU_x(x,y)$로 표현한다. 이때 물론 한계효용은 다른 상품의 수요량이 변하지 않는 상황에서 정의된다. 이것은 사실상 편도함수의 개념이 적용된다는 의미이기도 하다.

(3) 이러한 측면에서, 한계효용 MU_x는, Y재의 수량은 일정한 상태에서, X재를 한 단위 더 소비할 때 증가한 효용을 나타낸다. 이때 $MU_x \Delta x$는 X재가 Δx만큼 증가했을 때 그로 인해 효용이 얼마나 늘었는가를 보여준다. 마찬가지로 $MU_y \Delta y$는 Y재가 Δy만큼 감소했을 때 그로 인해 효용이 얼마나 줄었는가를 나타낸다. 식 (3.1)은 무차별곡선상에서는 이 두 값이 상쇄되어야 한다는 것을 말한다. 보다 상세한 설명은 [부록 3.4]의 (2)를 참조하자.

3.5.3 한계대체율과 한계효용: 한계대체율은 한계효용의 비율로 구해진다

(1) 식 (3.1)로부터 한계대체율은

$$MRS_{xy} = -\frac{\Delta y}{\Delta x} = \frac{MU_x(x,\ y)}{MU_y(x,\ y)} \tag{3.2}$$

와 같이 한계효용의 비율로 구해진다. 이때 MRS의 하첨자 xy는, y재의 단위로 측정한, 상품묶음 (x,y)에서의 x재의 한계대체율임을 나타내기 위한 표기이다. $-\frac{\Delta y}{\Delta x}$를 한계대체율이라고 하면서, 앞에서 '한계'대체율을 정의할 때 "어떤 상품을 추가로 '한 단위' 더 얻고자 할 때…"처럼 '한 단위'라고 말하는 이유는 [부록 2.2]에서 설명하였다. 한편 다른 상품의 수량도 한계효용에 영향을 준다는 점을 강조하기 위해, 위 식에서 한계효용이 x, y의 함수라는 것을 명시적으로 나타내고 있다.

(2) 주어진 무차별곡선상에서 움직일 때에는 한 상품의 수량이 늘어나면 다른 상품의

수량은 줄어든다. 그러므로 $\frac{\Delta y}{\Delta x}$는 음의 값을 갖는다. 그런데 한계대체율은 보통 양수 값으로 표현하는 것이 관례이기 때문에, $\frac{\Delta y}{\Delta x}$의 값을 양수로 만들어 주기 위해 그 앞에 '−' 부호를 붙여 준 것이다.

부록 3.3 **한계대체율의 단위**

한계대체율의 단위는 식 (3.2)의 둘째 변인 $-\frac{\Delta y}{\Delta x}$에서 짐작할 수 있듯이 $\frac{Y재의\ 단위}{X재의\ 단위}$이다. 셋째 변의 단위에 주목하더라도 $\frac{\frac{무명수(효용의\ 단위)}{X재의\ 단위}}{\frac{무명수(효용의\ 단위)}{Y재의\ 단위}} = \frac{Y재의\ 단위}{X재의\ 단위}$ 임을 알 수 있다. 한편 식 (3.2)에서 한계대체율은 x와 y의 함수이지만 셋째 변에서 한계효용들은 다른 상품의 수량은 변하지 않는 상 태에서 정의된다는 점에 주목하자.

---

(3) 식 (3.2)에서 볼 때, 한계대체율은 효용을 일정하게 유지한다고 할 때, 소비자가 적용하는 **주관적 교환비율**(subjective rate of exchange)이다. 이를테면 주어진 상품묶음에 X재를 조금 보태면서도 소비자의 효용을 변화시키지 않으려면 Y재를 조금 덜어내야 한다. 그런데 이때 보탠 X재 수량에 대한 덜어 낸 Y재 수량의 비율이 바로 한계대체율이다. 예컨대 [그림 3-6(A)]에서 상품묶음 A에 사과를 1단위 보태고 복숭아를 2단위 덜어내면 상품묶음 B가 되는데, 상품묶음 B도 상품묶음 A와 같은 무차별곡선에 놓이므로 이 소비자의 효용은 변하지 않는다. 이때 한계대체율은 보탠 사과 수량과 덜어낸 복숭아 수량의 비율인 2이다.

(i) 이 경우 식 (3.2)에 비추어 보면 사과의 한계효용은 복숭아의 한계효용의 2배라는 것을 알 수 있다. 예를 들어 사과의 한계효용이 6이라면 복숭아의 한계효용은 3이라는 것이다. 또한 그래서 사과 1단위를 복숭아 2단위와 대체할 의향이 있다는 것이다(이때 한계효용은 다른 상품의 소비량을 변화시키지 않은 상태에서 해당 상품을 추가로 1단위 더 소비할 때 증가하는 효용이라는 점을 상기하자).

(ii) 식 (3.2)의 표현에 맞추어 설명해 보자. 앞의 예처럼 $MU_x = 6$, $MU_y = 3$이라고 하자. 이때 $MU_x = 6$이므로 Y재 수량이 변하지 않는 상태에서 X재를 1단위 더 얻으면 효용이 6 증가한다. 그런데 $MU_y = 3$이므로 X재 수량이 변하지 않는 상태에서 Y재 수요를 1단위 줄이면 효용이 3만큼 줄어든다. 그러므로 효용의 변화가 없도록 효용이 6만큼 줄어들려면 Y재 수요가 2단위 줄어들어야 한다. 바꾸어 말하면 X재 1단위를 더 얻기 위해 Y재를 최대 2단위 포기할 의향이 있다는 것이다. 그러므로 $MRS_{xy} = -\frac{\Delta y}{\Delta x} = -\frac{-2}{+1} = 2$이다.

그런데 이 값은 바로 한계효용들의 비율인 $\dfrac{MU_x}{MU_y} = \dfrac{6}{3} = 2$와 같다.

(4) 위의 내용은 일반적인 경우로 확장할 수 있다. 즉 한계대체율은 주어진 무차별곡선 상의 임의의 한 점에서 측정한 $\left|\dfrac{\Delta y}{\Delta x}\right|$ 의 값이다. 여기서 Δx가 0에 아주 가까울 경우 한계대체율은 바로 그 상품묶음에서 측정한 무차별곡선의 접선의 기울기에 절대값을 취한 것과 같다.[13] 이것이 [그림 3-6(A)]에 나타나 있다.

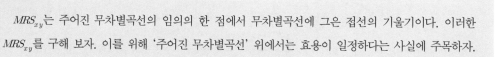 **부록 3.4** MRS_{xy} **구하기와 전미분 결과 해석**

MRS_{xy}는 주어진 무차별곡선의 임의의 한 점에서 무차별곡선에 그은 접선의 기울기이다. 이러한 MRS_{xy}를 구해 보자. 이를 위해 '주어진 무차별곡선' 위에서는 효용이 일정하다는 사실에 주목하자. 그리고 그 일정한 효용의 크기를 상수 C라고 놓자. 즉

$$U(x,\,y) = C \quad (1)$$

라고 하자. 그러면 이 조건을 만족시키는 순서쌍 $(x,\,y)$의 집합이 바로 무차별곡선을 나타낸다.

MRS_{xy}를 구하기 위해 위의 식을 전미분해 보자. 그러면

$$\frac{\partial U(x,\,y)}{\partial x}dx + \frac{\partial U(x,\,y)}{\partial y}dy = 0 \quad (2)$$

이 된다. 이로부터 $MRS_{xy} = -\dfrac{dy}{dx} = \dfrac{\dfrac{\partial U(x,\,y)}{\partial x}}{\dfrac{\partial U(x,\,y)}{\partial y}} = \dfrac{U_x}{U_y}\left(=\dfrac{MU_x}{MU_y}\right)$ (3)으로 구해진다. 이때 U_x, U_y 는 각각 함수 U를 x, y에 대해 편미분한 것을 나타낸다.

(1) 원리를 알았으므로 앞으로는 $MRS_{xy} = \dfrac{MU_x}{MU_y}$를 이용하여 MRS_{xy}를 간편하게 구하자.

(2) [그림 3-6]을 이용하여 식 (2)를 해석해 보자. 먼저 A점에서 B점으로 이동할 때 효용의 변화를 살펴보자. 이때 A점에서 M점을 거쳐 B점으로 이동하는 것으로 생각하자. (i) A점에서

---

[13] Δx가 무한히 0에 가까워질 경우 dx라고 쓴다. 이러한 의미에 따르면 $\lim\limits_{\Delta x \to 0} \dfrac{\Delta y}{\Delta x} = \dfrac{dy}{dx}$로서 도함수가 구해진다. 사실상 경제학에서 접두어로 '한계'라는 말이 붙은 용어는 이러한 의미를 지닌다. 그럼에도 불구하고 때때로 $\dfrac{\Delta y}{\Delta x}$의 형태를 이용하여 설명하는 것은 이해를 돕기 위한 것이다. 엄밀하게 말하면, $\dfrac{dy}{dx}$는 도함수(도형상 접선의 기울기)라는 의미를 강조할 때 적합한 표현이며, $\dfrac{\Delta y}{\Delta x}$는 '$x$가 한 단위 증가할 때의, y의 증가분'이라는 의미를 쉽게 전달하기에 적합한 표현이다([부록 2.2] 참조).

M점으로 이동하는 것은 옆으로 이동하는 것이므로 y는 고정시킨 상태에서 x를 1만큼 증가시키는 것이다. y를 고정시킨 상태이므로 변화율은 $\frac{\partial U(x,y)}{\partial x}$로 나타난다. 그런데 x가 1만큼 증가했으므로 효용은 $\frac{\partial U(x,y)}{\partial x} \times 1$만큼 증가한다. (ii) M점에서 B점으로 이동하는 것은 아래로 이동하는 것이므로 X재 수량을 $x+1$로 고정시킨 상태에서 y를 2만큼 감소시키는 것이다. $x+1$로 고정시킨 상태이므로 변화율은 $\frac{\partial U(x+1,y)}{\partial y}$로 나타난다. 그런데 y가 2만큼 감소했으므로 효용은 $\frac{\partial U(x+1,y)}{\partial y} \times (-2)$만큼 증가한다. (iii) 그런데 A점과 B점은 같은 무차별곡선상에 있으므로 A점에서 B점으로 이동할 경우 효용의 증감이 상쇄되어 효용의 변화는 없다. 즉

$$\frac{\partial U(x,y)}{\partial x} \times 1 + \frac{\partial U(x+1,y)}{\partial y} \times (-2) = 0 \quad (4)$$

이다. (iv) x의 변화량이 무한히 0에 가까워질 정도로 작을 경우에는 $x+1$이 x에 가까워지고 식 (4)의 1과 (-2)도 dx와 dy로 쓸 수 있으므로 식 (2)를 얻게 된다. 참고로 dx와 dy는 증가뿐만 아니라 감소를 나타낼 때에도 $(+)$ 또는 $(-)$ 부호 없이 그대로 사용한다.

부록 3.5 한계대체율은 아주 작은 1단위 변화에 적용된다

효용함수가 $U(x,y)=xy$일 때 $MRS_{xy} = \frac{MU_x}{MU_y} = \frac{y}{x}$이다. 따라서 상품묶음 $A(2,10)$에서 MRS_{xy} $= \frac{10}{2} = 5$이다. 한계대체율이 5이므로 이 소비자의 경우 X재를 추가로 1단위 더 얻는 대신 Y재를 5단위 줄인 새로운 상품묶음 $B(3,5)$의 효용은 원래의 상품묶음 $A(2,10)$의 효용과 같을 것으로 생각할 수 있다. 그런데 실제로는 $U(2,10)=2\times 10=20 > U(3,5)=3\times 5=15$이다. 즉 상품묶음 $A(2,10)$의 효용이 더 크다. 왜 이런 현상이 나타났을까? 핵심은 '한계'(marginal)라는 용어와 관련이 있다. 경제학에 등장하는 한계는 무한히 0에 가까워질 정도로 작은 변화와 관계된다. 그런데 원래의 상품묶음 $A(2,10)$에서 X재의 수량이 '1'만큼 변한 것은 한계라는 개념에 비해서는 대단히 큰 변화이기 때문에 이런 현상이 나타난 것이다.

(1) 이제 1단위를 0.01로 작게 잡은 다음 한계대체율이 5인 것을 반영한 또 다른 상품묶음 $C(2.01, 9.95)$의 효용을 구해보자. 그러면 $U(2.01, 9.95)=19.99(\approx 20)$을 얻는다. 차가 0.01밖에 나지 않는 이러한 결과는 원래의 상품묶음 $A(2,10)$의 한계대체율인 5가 의미하는 것, 즉 X재 1단위를 추가로 더 얻기 위해 Y재를 5단위 줄이더라도 효용에 변화가 없다는 사실에 부합한다. 이때 $C(2.01, 9.95)$의 효용이 19.99로서 20에 가까운 이유는 1단위를 작게 잡았을 뿐만 아

니라 한계대체율이 5라는 사실을 반영해 주었기 때문이다. 물론 1단위를 작게 잡을수록 새로
운 상품묶음의 효용은 원래의 상품묶음 *A*의 효용에 더욱 가까운 값을 지닌다.

(2) 한편 1단위를 똑같이 0.01로 잡더라도 한계대체율이 5라는 사실을 무시하고 새로운 상품묶음을
잡으면 효용의 차가 벌어진다. 예를 들어 한계대체율이 1인 것으로 간주하는 또 다른 상품묶음
D(2.01, 9.99)의 효용은 20.07이 되어 원래의 상품묶음 A와 효용의 차가 0.07로 커진다.

예제 3.1 한계효용과 한계대체율

효용함수가 $U(x,\ y) = x^{\frac{1}{2}} y^{\frac{1}{2}}$ 로 주어졌다.

a. *X*재의 한계효용과 *Y*재의 한계효용을 각각 구하시오.

b. 한계대체율을 구하시오.

풀이 a. 편미분을 통해, MU_x(또는 U_x)$= \dfrac{\partial U}{\partial x} = \dfrac{1}{2} x^{-\frac{1}{2}} y^{\frac{1}{2}}$, MU_y(또는 U_y)$= \dfrac{\partial U}{\partial y} = \dfrac{1}{2} x^{\frac{1}{2}} y^{-\frac{1}{2}}$과
같은 편도함수가 구해진다. 편도함수는 다른 변수들이 변하지 않는 상태에서 해당 변수가
변화할 때 적용되는 개념이다. 그런데 한계효용도 다른 상품의 수요량이 변화하지 않는
상태에서 해당 상품의 수요량이 변화할 때 적용되는 개념이다. 그러므로 한계효용은 수학
적으로 편도함수의 개념에 대응된다.

b. 한계대체율은 한계효용의 비율로 나타난다. 그러므로 위에서 구한 한계효용들로부터 그
비율을 구함으로써 직접 한계대체율을 얻을 수도 있다. 즉 $MRS_{xy} = \dfrac{MU_x}{MU_y} = \dfrac{y}{x}$이다.
한계대체율이 무차별곡선의 접선의 기울기의 절대값이라는 점을 이용하여 원리적으로 구하
려면, $x^{\frac{1}{2}} y^{\frac{1}{2}} = c$로 놓는다. 이 식을 전미분하면 $\dfrac{1}{2} x^{-\frac{1}{2}} y^{\frac{1}{2}} dx + \dfrac{1}{2} x^{\frac{1}{2}} y^{-\frac{1}{2}} dy = 0$이 된다.

이로부터 한계대체율은 $MRS_{xy} = -\dfrac{dy}{dx} = \dfrac{\dfrac{1}{2} x^{-\frac{1}{2}} y^{\frac{1}{2}}}{\dfrac{1}{2} x^{\frac{1}{2}} y^{-\frac{1}{2}}} = \dfrac{y}{x}$로 구해진다.

3.6 한계대체율의 특성

3.6.1 한계대체율의 성격

(1) 한계대체율을 말할 때에는 효용이 일정하게 유지되어야 한다는 조건이 필수적이다. 그런데 이것은 바로 한계대체율이란 주어진 무차별곡선상에서 논의되는 것임을 의미한다. 서로 다른 무차별곡선에서는 효용이 서로 다를 것이므로, 한계대체율을 말한다는 것이 무의미하다.

(2) 한계대체율은 어떤 소비자가 해당 상품의 추가 1단위에 부여하는 주관적인 가치를 다른 상품의 단위로 표현한 것으로 볼 수 있다. 예를 들어 [그림 3-6(A)]의 상품묶음 A에서 볼 때 추가로 사과 1단위를 얻고 복숭아를 2단위 포기하더라도 효용은 변하지 않는다. 그러므로 이때 이 소비자가 사과 추가 1단위에 부여하는 주관적인 가치는 복숭아 2단위에 해당한다. 달리 말하면 사과 1단위를 추가로 소비함으로써 얻는 편익, 즉 사과의 한계편익을 복숭아 단위로 표현하면 복숭아 2단위가 된다. 이러한 측면에서 한계대체율은 다른 상품의 단

그림 3-6 한계대체율과 한계대체율체감

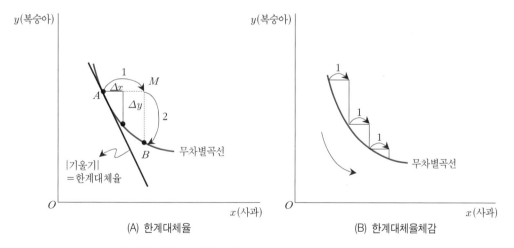

(A) 한계대체율　　　(B) 한계대체율체감

한계대체율은 무차별곡선의 접선의 기울기의 절대값으로 나타난다. X재의 수량이 증가할수록 한계대체율은 점점 작아진다.

위로 표현한 해당 상품의 **한계편익**(marginal benefit)으로 해석할 수 있다. 한편 상품묶음 A에서 사과의 한계편익이 복숭아 2단위이므로 복숭아의 가격이 1,000원일 경우 상품묶음 A에

서 사과의 한계편익을 화폐단위로 표현하면 2,000원이 된다.

> 다시 한 번 강조하지만 경제학에 등장하는 '편익'은 화폐단위로 측정되는 개념이다.
> 반면에 효용은 화폐단위로 측정될 수 없는 개념이다.

(3) 일반적으로 한계대체율은 X재를 한 단위 더 얻기 위해 기꺼이 포기할 의향이 있는 Y재의 양으로 보아도 된다. 이러한 관점에서 볼 때에는 한계대체율은 **한계지불의향**(marginal willingness to pay)으로 해석할 수 있다. 특히 Y재를 다른 모든 상품을 지칭하는 복합재로 간주하고 또한 그것을 사는 데 지출하는 금액으로 측정해 보면 그 의미가 더욱 분명해진다. Y재를 이렇게 간주할 때에는 한계대체율은 X재를 한 단위 더 구입하기 위해 지불할 의향이 있는 금액으로 해석할 수 있기 때문이다. 또한 이렇게 볼 때 한계대체율은, 앞서 말한 것처럼, X재를 한 단위 더 소비할 때 증가하는 편익, 즉 한계편익으로 해석할 수 있다.

결국 한계지불의향과 한계편익은 한계대체율을 서로 다른 측면에서 해석한 것이다. 한계지불의향은 X재를 추가로 한 단위 더 얻기 위해 돈을 '지불하는' 측면에 초점을 맞춘 것이고 한계편익은 X재 추가 한 단위 소비로부터 편익을 '얻는' 측면에 초점을 맞춘 것이다. 얻는 편익만큼 돈을 지불할 의향이 있을 것이므로 두 값은 당연히 같다.

(4) 한계지불의향은 선호와 관련된 것으로서 어디까지나 '의향'일 뿐이지 실제 지불해야 하는 금액은 아니다. 실제 지불해야 하는 금액은 시장가격으로 나타난다. 그렇더라도 의향은 상당히 중요한 의미를 지닌다. 왜냐하면 자유로운 거래라면 어떠한 거래도 거래조건이 자신의 의향과 맞아야만 이루어질 수 있기 때문이다. 다음 장에서 배우겠지만 소비자는 자신이 내려는 금액이 시장가격과 같아지는 곳에서 상품묶음을 구입하는 것이 자신에게 최선이 된다.

(5) 우리는 현재 서수적 효용 개념을 계속 사용하고 있다. 이 경우 효용함수를 단조증가 변환시키더라도 원래의 효용함수와 동일한 선호순서를 나타낸다. 이러한 측면에서 어떠한 선호순서를 나타내는 효용함수는 유일하게 결정되지는 않는다. 우리는 이러한 사실을 이미 알고 있다. 그 결과 이로부터 얻는 한계효용함수도 유일하게 결정되지는 않는다. 이처럼 한계효용은 효용함수의 형태에 따라서도 달라지기 때문에 그 크기에 의미를 부여할 수 없다.

(6) 그러나 이와는 달리 한계대체율은 중요한 의미를 지닌다. (i) 무엇보다도 한계대체율은 효용함수로 표현되는 각 개인의 선호순서의 특성을 반영하고 있다. (ii) [부록 3.4]에서 보듯이 한계대체율은 한계효용의 비율로 구해진다. 그런데 그 비율을 구하는 과정에서 단조증가변환의 영향이 사라지기 때문에([부록 3.8 참조]) 한계대체율은 한계효용과는 달리 나름대로 의미를 지닌다. 그 의미란 다름 아니라 앞에서 언급한 각 개인의 주관적 교환비율이

다. 물론 그 의미를 한계편익으로 해석할 수도 있다. (iii) 이 때문에 한계대체율의 크기는 같은 무차별곡선상에 있는 서로 다른 상품묶음들에서 측정한 것들을 비교할 때뿐만 아니라 서로 다른 무차별곡선상에 있는 상품묶음들에서 측정한 것들을 비교할 때에도 의미를 지닌다. (iv) 나아가서 동일한 상품묶음에서 서로 다른 개인들의 한계대체율을 비교해 보는 것도 의미 있다. 해당 상품에서 각 개인의 주관적 교환비율을 말해주기 때문이다. 물론 그 곳에서 단순히 각 개인의 효용의 크기를 비교하는 것은 의미 없다.

3.6.2 한계대체율체감의 법칙

단조성의 가정을 만족시킬 경우 무차별곡선의 접선의 기울기는 항상 음이 된다. 이때 한계대체율은 효용을 그대로 유지하려면 한 상품을 보탤 경우 반드시 다른 상품을 덜어내야 한다는 사실을 함축하고 있다. 나아가서 강볼록성의 가정을 만족시키는 전형적인 무차별곡선은 원점에 대해 강볼록하다. 이 경우 다음과 같은 한계대체율체감의 법칙이 성립한다.

> 🌱 **한계대체율체감의 법칙**(law of diminishing marginal rate of substitution) 무차별곡선을 따라 한 상품의 수량이 증가하면 그에 따라 한계대체율이 체감하는 현상

다음 사항들에 주목하자.

(1) 이 법칙이 시사하는 바는 직관적으로도 명백하다. 예를 들어 사과의 수량이 증가할수록 사과에 부여하는 주관적인 가치는 점점 줄어든다. 따라서 [그림 3-6(B)]에서처럼 동일한 무차별곡선상에 놓이려면 사과를 같은 양만큼씩 계속 보태나갈 경우 복숭아를 점점 더 적게 덜어내야 한다는 것이다. 물론 이 법칙은 사과의 수량이 증가할 때 무차별곡선의 접선의 기울기가 점점 더 완만해지는 것으로 나타난다.

(2) 소비자가 상품을 대체하여 소비하는 것을 어렵게 느낄수록, 한계대체율은 크게 변화하며 이에 따라 무차별곡선은 원점에 대해 더 볼록해진다.

3.6.3 한계대체율체감과 한계효용체감은 아무 관계가 없다

(1) 한계효용체감과 한계대체율체감은 아무 관계가 없다. 즉 한계효용이 체감하더라도 한계대체율이 체감하지 않는 경우도 있고(부록 3.6 예2 참조) 거꾸로 한계대체율이 체감하더라도 한계효용이 체감하지 않는 경우도 있다(부록 3.6 예1 참조).

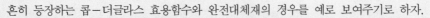

부록 3.6 한계효용체감과 한계대체율체감은 아무 관계가 없다

흔히 등장하는 콥-더글라스 효용함수와 완전대체재의 경우를 예로 보여주기로 하자.

[예 1] 효용함수 $U(x,y)=x^{\frac{1}{2}}y^{\frac{1}{2}}$, $V(x,y)=[U(x,y)]^2=xy$, $W(x,y)=[V(x,y)]^2=x^2y^2$들을 생각해 보자. 결과를 먼저 말하면 한계대체율은 모두 체감하지만 한계효용은 차례대로 체감, 불변 체증한다. 먼저 한계대체율체감에 대해 살펴보고 이어서 한계효용의 변화에 대해서 살펴보자.

(1) 편의상 V에서 한계대체율을 구해보면 $\dfrac{V_x}{V_y}=\dfrac{y}{x}$이다. 하첨자는 편도함수임을 나타낸다. 콥-더글라스 효용함수인 U와 W는 V의 단조증가변환이므로 3개 효용함수의 한계대체율은 모두 같다. 단조증가변환은 숫자들의 순서를 변화시키지 않고 변환시키는 방법인데 한계대체율을 구하는 과정에서 단조증가변환의 영향이 사라지기 때문이다(U와 W 각각의 한계대체율을 구하는 과정은 [부록 3.8] 참조). 한편 주어진 무차별곡선상에서 볼 때 x가 증가할 때 y는 감소한다. 따라서 $\dfrac{y}{x}$에서 분모가 커질 때 분자는 작아지므로 공통의 한계대체율 $\dfrac{y}{x}$는 체감한다.

(2) X재의 한계효용은 각각 $U_x=\dfrac{1}{2}x^{-\frac{1}{2}}y^{\frac{1}{2}}$, $V_x=y$, $W_x=2xy^2$이다. 한계효용의 변화를 알려면 한계효용을 편미분한 다음 그 부호를 확인하면 된다. 그런데 $\dfrac{\partial U_x}{\partial x}=U_{xx}=-\dfrac{1}{4}x^{-\frac{3}{2}}y^{\frac{1}{2}}$ <0, $V_{xx}=0$, $W_{xx}=2y^2>0$이다. 이중하첨자 xx는 x에 대해 2번 편미분한 2차편도함수를 나타낸다. 이로부터 한계효용은 각각 체감, 불변, 체증한다는 것을 알 수 있다. 이러한 사항들은 Y재에 대해서도 대칭적으로 성립한다.

(3) 결국 앞서 말한 것처럼 한계대체율은 모두 체감하지만 한계효용은 체감, 불변, 체증 등 어떤 경우도 가능하다.

[예 2] 효용함수 $U(x,y)=\sqrt{x+y}$, $V(x,y)=[U(x,y)]^2=x+y$, $W(x,y)=[V(x,y)]^2=(x+y)^2$들을 생각해 보자. 결과를 먼저 말하면 한계대체율은 모두 일정하지만 한계효용은 차례대로 체감, 불변 체증한다. 먼저 한계대체율 일정에 대해 살펴보고 이어서 한계효용의 변화에 대해서 살펴보자.

(1) 편의상 V에서 한계대체율을 구해보면 $\dfrac{V_x}{V_y}=\dfrac{1}{1}=1$로서 일정하다. U와 W는 각각 완전대체 재의 경우인 V의 단조증가변환이므로 3개 효용함수의 한계대체율은 모두 같다(U와 W 각각의 한계대체율을 구하는 과정은 [부록 3.8] 참조).

(2) X재의 한계효용은 각각 $U_x=\dfrac{1}{2}(x+y)^{-\frac{1}{2}}$, $V_x=1$, $W_x=2(x+y)$이다. 이로부터 $U_{xx}=$ $-\dfrac{1}{4}(x+y)^{-\frac{3}{2}}<0$, $V_{xx}=0$, $W_{xx}=2>0$이다. 그러므로 한계효용은 각각 체감, 불변, 체증한다.

(3) 결국 한계대체율은 모두 1로서 일정하지만 한계효용은 체감, 불변, 체증 등 어떤 경우도 가능하다.

(2) 한계효용이 체감하면 한계대체율이 반드시 체감하는 경우도 있다. 그것은 바로 한 상품의 수요량이 변하더라도 그것이 다른 상품의 한계효용에 영향을 주지 않을 경우이다. 예컨대 [그림 3-6(A)]의 점 A에서 점 B로 이동할 때 사과의 수량은 증가하고 복숭아의 수량은 감소한다. 그런데 이때 사과와 복숭아가 서로의 한계효용에 영향을 주지 않는다면 식 (3.2)에서 분자의 값은 작아지고 분모의 값은 커질 것이기 때문이다.

가산형효용함수인 $U(x,y) = v(x) + w(y)$가 그 예이다. 이 경우 $MRS_{xy} = \dfrac{MU_x}{MU_y} = \dfrac{v'(x)}{w'(y)}$이다. 한 상품의 수요량이 다른 상품의 한계효용에 영향을 주지 않는 점에 주목하자. 주어진 무차별곡선상에서는 x가 증가할 때 y는 감소하는데 두 상품의 한계효용이 모두 체감한다면 x가 증가함에 따라 X재의 한계효용체감에 의해 분자인 $v'(x)$는 작아지고 (x가 증가할 때) y가 감소함에 따라 Y재의 한계효용체감에 의해 분모인 $w'(y)$는 커지므로(감소함수임에 주목!) MRS_{xy}는 체감한다.

3.6.4 선호의 유형과 한계대체율

알다시피 선호의 유형에 따라 무차별곡선의 모양이 달라진다. 몇 가지 무차별곡선에 대해 그 한계대체율의 값을 살펴보자.

첫째, 동조적 선호의 경우 원점에서 출발하는 임의의 직선에서는 어디에서 측정하든지 무차별곡선들의 접선의 기울기는 같다(생소한 독자는 부록 3.8을 읽어 보자). 따라서 각 점에서 한계대체율도 같아진다. 그런데 원점에서 출발하는 임의의 직선에서는 어디에서나 두 상품의 수량의 비율이 같다. 위의 결과는 동조적 선호의 경우 소비하는 두 상품량의 비율인 $\dfrac{y}{x}$가 같기만 하면 수량의 크기에는 관계없이 한계대체율이 같아진다는 것을 의미한다.

둘째, 이러한 사실은 동차적 선호의 경우에도 물론 성립한다.

대표적인 동차함수들에 대해 MRS를 구해 보면 다음과 같다. 구하는 방법은 [예제 3.1]을 참조하기 바란다. 동차함수의 정의는 [부록 3.8]을 참조하자.

(1) 콥-더글라스 효용함수($\alpha + \beta$차동차)의 경우: $U(x,\ y) = x^\alpha y^\beta,\ (\alpha > 0,\ \beta > 0)$

$$MRS_{xy} = \frac{MU_x}{MU_y} = \frac{\alpha}{\beta}\frac{y}{x}$$

(2) 완전대체재(1차동차)의 경우: $U(x,\ y) = ax + by,\ (a > 0,\ b > 0)$

$$MRS_{xy} = \frac{MU_x}{MU_y} = \frac{a}{b}$$

(3) 완전보완재(1차동차)의 경우: $U(x,\ y) = \min[ax,\ by],\ (a > 0,\ b > 0)$

$$MRS_{xy} = 0 \ \text{ 또는 } \ \infty \ ^{14}$$

부록 3.7 콥-더글라스 효용함수

효용함수는 서수적 효용을 전제로 하므로 주어진 효용함수를 단조증가변환시키더라도 동일한 효용함수가 된다. 이 점에 주목하여 $U(x, y) = x^\alpha y^\beta$일 경우 이 함수를 $\frac{1}{\alpha+\beta}$ 제곱하여

$$V(x,y) = [U(x, y)]^{\frac{1}{\alpha+\beta}} = x^{\frac{\alpha}{\alpha+\beta}} y^{\frac{\beta}{\alpha+\beta}} = x^a y^{1-a}$$

와 같이 바꾸어 써도 된다. 이때 셋째 변 지수들의 합이 1이 되는 점에 주목하여 $\frac{\alpha}{\alpha+\beta} = a$로 치환했다.

(1) 결국 $V(x,y)$와 $U(x,y)$는 같은 선호순서를 나타내는 효용함수이다. 콥-더글라스 효용함수는 이처럼 처음에 주어진 지수들의 크기와 관계없이 항상 지수의 합이 1이 되는 효용함수로 바꾸어 쓸 수 있다. 즉 $(\alpha+\beta)$차 동차함수를 1차동차함수(부록 3.8 참조)로 바꾸어 쓸 수 있다.

(2) 따라서 애초부터 콥-더글라스 효용함수를 $U(x,y) = x^\alpha y^{1-\alpha}$로 쓰거나 $U(x,y) = x^\alpha y^\beta (\alpha+\beta=1)$로 쓰기도 한다.

(3) 그러나 단조증가변환을 하더라도 동일한 선호순서를 나타내므로 어떻게 표현하더라도 한계대체율은 동일하다. 그리고 콥-더글라스 효용함수의 경우 한계대체율은 체감한다. 예를 들어 $U(x, y) = x^\alpha y^\beta$일 경우 $MRS_{xy} = \dfrac{MU_x}{MU_y} = \dfrac{\alpha x^{\alpha-1} y^\beta}{\beta x^\alpha y^{\beta-1}} = \dfrac{\alpha y}{\beta x}$인데 분모 분자를 $(\alpha+\beta)$로 나누어주면

$$MRS_{xy} = \frac{\dfrac{\alpha}{\alpha+\beta} y}{\dfrac{\beta}{\alpha+\beta} x} = \frac{ay}{(1-a)x}$$

로서 효용함수 $V(x,y)$로부터 얻는 MRS_{xy}와 같아진다. 앞 식에서 한계대체율 체감을 살펴보자. x가 커지면 분모가 커진다. 한편 MRS_{xy}는 주어진 무차별곡선상에서 측정하므로 이처럼 x가 커질 경우 그에 따라 무차별곡선을 따라 y는 작아져서 분자는 작아진다. 결국 분모가 커질 경우 그와 동시에 분자가 작아지므로 MRS_{xy}는 작아진다. 즉 x가 증가함에 따라 MRS_{xy}는 점점 작아진다. 즉 MRS_{xy}는 체감한다.

(4) 한편 한계대체율체감을 굳이 계산을 통해 보여주려면 MRS_{xy}에서 x와 y가 함께 변하기 때문에 편미분이 아닌 전미분을 통해 $\dfrac{dMRS_{xy}}{dx} < 0$ 또는 $\dfrac{d^2y}{dx^2} > 0$임을 보여 주어야 한다. 그런데 $\dfrac{dy}{dx} = -MRS_{xy} = -\dfrac{MU_x}{MU_y} = -\dfrac{\alpha y}{\beta x}$이다. 그러므로

$$\frac{d^2y}{dx^2} = -\frac{dMRS_{xy}}{dx}\left[= -\frac{d}{dx}\left(\frac{MU_x}{MU_y}\right)\right] = -\left(\frac{\alpha}{\beta}\right)\frac{d}{dx}\left(\frac{y}{x}\right) = -\left(\frac{\alpha}{\beta}\right)\frac{1}{x^2}\left(\frac{dy}{dx}x - y\right) > 0$$

---

14 이 경우 무차별곡선들의 꼭지점에서는 *MRS*가 정의되지 않는다.

이다. 그러므로 MRS_{xy}는 체감한다. 이때 $\dfrac{dy}{dx}<0$이 적용되고 있다.

(5) 한편 4장에서 알게 되겠지만 콥−더글라스 효용함수의 경우 효용이 극대화된 상태에서 볼 때 각 지수의 비(ratio)는 소비자가 각 상품 구입에 지출한 금액의 비를 나타낸다. 말하자면 효용이 극대화된 상태에서 보면 X재 구입에 지출한 금액과 Y재 구입에 지출한 금액의 비가 $\alpha:\beta$이다.

(6) 끝으로 로그함수는 증가함수이기 때문에 로그를 취하여 효용함수를 변형시키더라도 동일한 효용함수를 나타낸다. 즉 $W(x,y)=\ln U(x,y)=\ln(x^{\alpha}y^{\beta})=\alpha\ln x+\beta\ln y$도 동일한 효용함수를 나타낸다. 이때 $\ln$은 자연로그를 나타내는 기호이다. 자연로그는 무리수 e를 밑으로 하는 로그이다.

부록 3.8 **동차적 선호와 동조적 선호의 무차별곡선**

콥−더글라스 선호는 동차적 선호에 해당한다. 동차적 선호는 그 독특한 성질 때문에 경제 분석에서 자주 등장한다. 이러한 측면에서 **동차적 선호**(homogeneous preference)와 **동조적 선호**(homothetic preference)의 무차별곡선에 대해서 살펴보자. 여기서 동차적, 동조적이라는 용어는 그 말 자체에서도 짐작할 수 있듯이 각각 동차함수, 동조함수와 관련된 용어이다.*

그런데 동차함수는 동조함수이지만 동조함수가 반드시 동차함수가 되지는 않는다. 그러나 효용함수에서는 둘 사이의 구분이 의미 없다. 동조함수는 동차함수의 단조증가변환인데 효용함수를 단조증가변환하더라도 원래의 효용함수와 동일한 선호를 나타내기 때문이다. 같은 측면에서 동조적 선호라고 가정하는 것은 1차동차적 선호라고 가정하는 것과 같다. 한편 선호가 동조적일 경우 두 상품 수량의 비율, 즉 $\dfrac{y}{x}$가 중요한 역할을 한다. 그 결과 다음과 같은 성질을 갖는다.

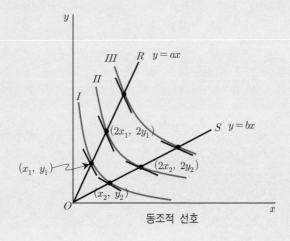

동조적 선호

(1) 그림의 (x_1, y_1)과 (x_2, y_2)가 동일한 무차별곡선 I상에 놓이면, 이들 각 상품의 수량을 t배 함으로써 이들과 수량 비율이 각각 $\dfrac{y_1}{x_1} = a$와 $\dfrac{y_2}{x_2} = b$로서 같아진 (tx_1, ty_1)과 (tx_2, ty_2)도 또 다른 동일한 무차별곡선상에 놓이게 된다. 즉 동일한 효용을 제공한다. 그림의 무차별곡선 II는 $t = 2$인 경우를 보여주고 있다.

(2) 그 결과 무차별곡선들은 원점에서 방사상으로 퍼져나가는 형태를 취하게 된다.

(3) 동조적 선호일 경우 중요한 성질이 있다. MRS_{xy}는 x와 y 각각의 크기가 아니라 그 비율인 $\dfrac{y}{x}$만의 함수라는 것이다. 즉 $MRS_{xy}(\dfrac{y}{x})$이다. 그런데 $\dfrac{y}{x}$는 원점을 지나는 직선의 기울기로 나타나므로 그 기울기가 같으면 그 직선상에 놓이는 모든 상품묶음에서 MRS_{xy}들이 같아지고, 기울기가 달라지면 MRS_{xy}들도 달라진다. 예를 들어 그림의 원점에서 출발하는 직선 R, 즉 $y = ax$상의 각 점에서 측정한 MRS_{xy}들은 같다. 직선 S, 즉 $y = bx$상의 각 점에서 측정한 MRS_{xy}들도 같다. 물론 한계대체율체감의 법칙에 의해 직선 S상의 MRS_{xy}들은 직선 R상의 MRS_{xy}들보다는 작아진다.

(4) 효용함수에서는 동차함수와 동조함수의 구분이 의미 없지만 MRS_{xy}를 구하는 계산 과정을 확인할 겸 3개의 예를 검토해 보자.

[예 1] 각주에서 보듯이 $U(x,y) = Ax^\alpha y^\beta$는 동차함수이다. U를 제곱하여 $V(x,y) = [U(x,y)]^2$ $= (Ax^\alpha y^\beta)^2$라고 하자. $(U^2)' = 2U > 0$이므로 V는 동차함수 U의 단조증가변환이다. 그러므로 V는 동조함수이다. 연쇄법칙을 적용하여 V를 편미분하면

$$MRS_{xy} = \frac{V_x}{V_y} = \frac{(2U)U_x}{(2U)U_y} = \frac{U_x}{U_y} = \frac{A\alpha x^{\alpha-1}y^\beta}{A\beta x^\alpha y^{\beta-1}} = \frac{\alpha y}{\beta x}$$

가 된다. 이때 단일하첨자는 편미분을 나타낸다. 한계대체율을 구하는 과정에서 단조증가변환의 영향이 사라지는 점에 주목하자. 이때 α와 β가 상수이므로 동조함수인 V의 MRS_{xy}는 예상대로 $\dfrac{y}{x}$만의 함수이다. 물론 동차함수인 U의 MRS_{xy}도 $\dfrac{y}{x}$만의 함수이다.

[예 2] $V(x,y) = [U(x,y)]^2 = (ax + by)^2$도 (1차)동차함수의 단조증가변환이므로 동조함수이다. 이 경우 $MRS_{xy} = \dfrac{V_x}{V_y} = \dfrac{(2U)U_x}{(2U)U_y} = \dfrac{U_x}{U_y} = \dfrac{a}{b}$는 상수이지만 V는 동조함수이다. $\dfrac{y}{x}$의 값이 정해지면 그에 대응하여 MRS_{xy}의 값이 $\dfrac{a}{b}$ 하나로 정해지는 함수로 볼 수 있는 것이다.

[예 3] $V(x,y) = [U(x,y)]^2 = [\min(ax, by)]^2$도 (1차)동차함수의 단조증가변환이므로 동조함수이다. 한편

(i) $ax > by$일 경우 $V(x,y) = [U(x,y)]^2 = (by)^2$이므로 $MRS_{xy} = \dfrac{V_x}{V_y} = \dfrac{(2U)U_x}{(2U)U_y} = \dfrac{0}{2b^2 y} = 0$

(ii) $ax < by$일 경우 $V(x,y) = [U(x,y)]^2 = (ax)^2$이므로 $MRS_{xy} = \dfrac{V_x}{V_y} = \dfrac{(2U)U_x}{(2U)U_y} = \dfrac{2a^2x}{0} = \infty$

이다. 이처럼 $MRS_{xy} = 0$ 또는 ∞이지만(단, 무차별곡선들의 꼭지점에서는 MRS가 정의되지 않음) V는 동조함수이다. $\dfrac{y}{x}$의 값이 정해지면 그에 대응하여 MRS_{xy}의 값이 0 또는 ∞ 중에서 하나로 정해지는 함수로 볼 수 있는 것이다.

* 모든 λ에 대해 $f(\lambda x, \lambda y) = \lambda^k f(x, y)$가 성립할 경우, 함수 f를 k차 동차함수라고 한다. 그리고 이때 $h(x, y) = g(f(x,y)), g'(f) \neq 0$일 경우, 함수 h를 동조함수라고 한다. 즉 동차함수를 단조변환 시킨 함수를 동조함수라고 한다. 경제학적 측면에서는 $g'(f) > 0$, 즉 단조증가변환이 요구된다. 한편 콥-더글라스 효용함수인 $U(x, y) = Ax^\alpha y^\beta$는 $\alpha + \beta$차 동차함수이다.

(증명) $U(\lambda x, \lambda y) = A(\lambda x)^\alpha (\lambda y)^\beta = \lambda^{(\alpha+\beta)} Ax^\alpha y^\beta = \lambda^{(\alpha+\beta)} U(x, y)$

예제 3.2 준선형효용함수의 한계대체율과 무차별곡선

효용함수는 $U = x^{\frac{1}{2}} + y$라고 한다. 한계대체율을 구하고 무차별곡선을 그리시오.

풀이 문제의 경우 효용함수가 x에 대해서는 비선형이지만 y에 대해서는 선형이다. 이처럼 다른 변수들에 대해서는 비선형이지만 어떤 변수에 대해서는 선형인 효용함수를 **준선형효용함수** (quasilinear utility function)라고 한다(본문 6.5.3 참조). 이 경우

$$MRS_{xy} = \frac{MU_x}{MU_y} = \frac{\dfrac{\partial U(x, y)}{\partial x}}{\dfrac{\partial U(x, y)}{\partial y}} = \frac{\dfrac{1}{2}x^{-\frac{1}{2}}}{1} = \frac{1}{2}x^{-\frac{1}{2}}$$

이다. 이때 MRS_{xy}는 Y재 수요량과는 관계없이 오로지 X재 수요량에 따라 달라진다는 것을 알 수 있다. 이것은 그림에서 보듯이 다른 무차별곡선들은 어느 하나의 무차별곡선을 그대로 위로 이동시킨 것으로 나타난다.

한편 그림에 표시한 숫자 4와 2는 상품묶음 (4, 0)에서의 효용과 (0, 2)에서의 효용은 서로 같다는 사실을 보여주기 위한 것이다. 이때 효용은 2이다. 이 두 순서쌍을 효용함수에 각각 대입하여 확인해 보라.

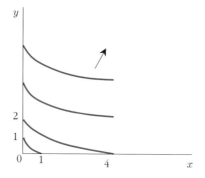

소비자의 최적선택: 효용극대화와 수요

MICROECONOMICS

소비자가 선택할 수 있는 상품묶음들은 예산의 제약을 받는다. 이러한 맥락에서 이번 장에서는 2장의 예산집합과 3장의 선호에 대한 논의를 결합하여 소비자가 어떻게 자신에게 최선이 되는 선택을 하는가를 보여준다.
나아가서 가격이나 소득 등 주어진 제약조건이 변화할 때 그 선택이 어떻게 바뀌는가를 검토한다. 이 과정에서 소비자이론의 중요한 산물인 수요곡선을 얻게 된다.
여기서 다루지는 않았지만 실제 경제학에서는 상품소비행위에 국한하지 않고, 탈세행위, 범죄행위, 기부행위, 결혼을 할 것인가 말 것인가, 또는 이혼을 할 것인가 말 것인가, 심지어는 자녀를 몇 명이나 낳을 것인가 등 온갖 선택문제에 이번 장에서 배우는 원리를 적용하고 있다.

무엇을 공부할 것인가

1. 최적선택의 조건, 즉 효용극대화 조건은 무엇인가? 이 조건이 경제적으로 뜻하는 것은 무엇인가? 최적선택에서는 이 조건이 항상 성립하는가?
2. 수요함수는 어떻게 구해지는가? 수요량에 영향을 주는 요소들에는 어떠한 것들이 있는가?
3. 소득이 변할 경우 수요량은 어떻게 변화하는가? 소득이 늘어날 경우 수요량도 반드시 늘어나는가?
4. 소득소비곡선과 엥겔곡선은 각각 어떻게 구하는가? 그 모양은 상품의 특성에 따라 어떻게 달라지는가?
5. 엥겔곡선을 이동시키는 요인에는 어떠한 것들이 있는가?
6. 가격이 변할 경우 수요량은 어떻게 변화하는가? 가격이 오를 경우 수요량은 항상 줄어드는가?
7. 가격소비곡선과 수요곡선은 각각 어떻게 구하는가? 그 모양은 상품의 특성에 따라 어떻게 달라지는가?
8. 수요곡선을 이동시키는 요인에는 어떠한 것들이 있는가?

4.1 최적선택의 성격과 조건

4.1.1 최적선택의 성격

당연한 말이지만 소비자는 자신의 예산이 허락하는 범위 안에서 자신이 가장 '선호'하는 상품묶음을 선택할 것이다. 그런데 이것은 사실상 예산집합에 속하는 상품묶음들 중에서 가능한 한 원점으로부터 멀리 떨어져 있는 무차별곡선상에 놓이는 상품묶음을 찾는 것과 같다.

이러한 측면에서 [그림 4-1]에는 예산선과 몇 개의 무차별곡선이 그려져 있다. 여기서 우선 상품묶음 D는 예산집합 밖에 있으므로 주어진 소득으로는 선택할 수 없다. 나머지 A, B, C, E의 상품묶음들은 모두 선택할 수 있다. 그러나 그 중에서 C가 가장 높은 무차별곡선상에 놓이므로 소비자는 C를 선택한다. 즉 C가 **최적선택**(optimal choice)이 된다.

한편 상품묶음 B는 주어진 소득을 모두 사용하지는 않는 경우이다. 이 경우 소득 중 일부가 수중에 남는다. 그런데 현재의 분석에서는 효용함수가 $U(x, y)$인 것으로 가정하고 있다. 즉 소득 자체는 효용을 제공하지 않으며 상품만이 효용을 제공한다고 가정한다.[1] 이와 함께 상품은 많으면 많을수록 좋다는 선호순서의 단조성을 고려할 때 자체로는 효용을 제공하지도 않는 소득을 상품을 구입하지 않은 채 불필요하게 남길 이유가 없다. 따라서 소비자는 소득을 모두 사용하여 상품을 소비하게 된다. 즉 소비자는 B와 같이 예산선 안쪽에 놓이는 상품묶음이 아닌, 예산선상의 상품묶음을 선택하게 된다.

그 결과 그림에서 보듯이 최적선택에서는 무차별곡선과 예산선이 서로 접한다. 한편 이때 소비자는 사과를 x^*만큼 소비하고 복숭아를 y^*만큼 소비한다.

소비자의 이러한 선택문제는 예산제약식을 만족시키면서 효용을 극대화하는 문제로 나타낼 수 있다. 즉 예산제약식을 $p_x x + p_y y = M$으로 나타내고 무차별곡선에 대응하는 효용함수를 $U(x, y)$로 나타내면, 소비자의 선택문제, 즉 효용극대화 문제는

$$\begin{aligned} &\underset{x,\, y}{\text{Max}} \ \ U(x, y) \\ &s.t. \ \ p_x x + p_y y = M \end{aligned} \tag{4.1}$$

---

1 소득 자체도 효용을 제공할 경우에는 효용함수가 $U(x, y, m)$의 형태가 된다. 이때 m은 소비하고 남은 소득을 나타낸다. 이 경우 예산선은 $p_x x + p_y y + m = M$의 형태가 된다. 이때에도 분석 원리는 같지만 무차별곡선과 예산선을 평면에 그릴 수는 없다.

이 된다.[2] 이때 다음과 같다.

> (1) 내생변수: x, y
>
> (2) 외생변수: p_x, p_y, M
>
> (3) 최적선택(x^*, y^*): 효용함수가 구체적으로 주어진 상태에서 이 문제를 수학적으로 풀었을 때 얻어지는 해
>
> (4) 해: 내생변수가 외생변수의 함수인 형태(4.4 참조)

4.1.2 효용극대화의 일차필요조건

첫째, 앞에서 살펴본 바와 같이 전형적인 무차별곡선으로 묘사되는 선호순서의 경우 최적선택은 예산선과 무차별곡선이 접하는 곳에서 이루어진다. 이로부터 최적선택에서는 무차별곡선의 기울기와 예산선의 기울기가 같아진다는 사실을 알 수 있다. 그런데 무차별곡선의 접선의 기울기의 절대값이 MRS_{xy}이고 예산선의 기울기의 절대값이 가격 비율이다. 그러므로 효용극대화를 위한 최적선택에서는 MRS_{xy}와 가격 비율이 같아야 한다.

> **효용극대화조건**
>
> (1) 예산선상에 놓여야 한다.
>
> $p_x x^* + p_y y^* = M$ 주어진 소득을 모두 지출한다.
>
> (2) 효용극대화의 일차필요조건(first order necessary condition: F.O.C.)
>
> $$x^* > 0, \; y^* > 0 일 \; 경우 \; \left(\frac{MU_x}{MU_y} = \right) MRS_{xy}(x^*, y^*) = \frac{p_x}{p_y} \qquad (4.2)$$
>
> (3) 효용극대화의 이차충분조건: 4.1.4 참조

효용극대화의 이차충분조건에 대해서는 4.1.4에서 다룰 것이다.

둘째, 조건 (1)은 최적선택이 되려면 주어진 소득을 모두 지출한 상태이어야 한다는 것을 말한다. 조건 (2)에서 $x^* > 0$, $y^* > 0$일 경우라고 말한 이유는 4.2에서 다룬다.

셋째, 조건 (2)가 지니는 경제적 의미를 알아보자. MRS_{xy}는 소비자가 두 상품을 교환할 때 적용하는 **주관적 교환비율**을 의미한다. 가격 비율은 소비자가 두 상품을 교환할 때 기준으로 삼는 것이다. 그런데 이것은 시장에서 적용되는 **객관적 교환비율**이다. 그러므로 조건

---

2 이 문제의 표기와 관련된 보다 상세한 내용에 대해서는 1장을 참조하자.

(2)는 효용이 극대화되려면 바로 이러한 주관적 교환비율과 객관적 교환비율이 같아야 한다는 것을 의미한다. 그런데 객관적 교환비율인 가격 비율은 이미 시장에서 정해져 있는 것이므로, 효용을 극대화하려면 자신이 구입하는 상품의 수량을 적절히 조절하여 주관적 교환비율인 한계대체율이 가격 비율과 같아지도록 해야 한다.

만일 어떤 상품묶음에서 이 두 비율이 같지 않다고 하자. 이때에는 소비자에게 항상 더 나은 상품묶음이 존재한다. 예를 들어 [그림 4-1]의 A점에서처럼 가격 비율은 2인데 MRS_{xy}는 1이라고 하자. 이것은 시장에서는 사과 1단위와 복숭아 2단위가 같은 값에 거래되고 있는데, 소비자는 사과 1단위와 복숭아 1단위에 똑같은 가치를 부여하고 있음을 의미한다. 이러한 상황에서는 소비를 적절히 조절함으로써 A점에서보다 소비자가 더 나아질 수 있다. 그 의미를 설명해 보자. MRS_{xy}를 볼 때 소비자는 사과 1단위를 덜 소비하는 대신 복숭아 1단위를 더 소비하더라도 만족도에 변화가 없다고 생각하고 있다. 그런데 가격 비율을 볼 때 그가 사과를 1단위 덜 구입하면 거기서 절약된 돈으로 복숭아를 2단위 더 구입할 수 있다. 그러므로 이 경우 그가 사과 1단위를 덜 구입하고 그 돈으로 복숭아를 2단위 더 구입하면 복숭아 1단위만큼 나아진다. 따라서 이 소비자는 C점에 이를 때까지 주어진 예산으로 더 큰 효용을 얻기 위해 사과 소비를 줄이고 복숭아 소비를 늘릴 것이다. 이 과정에서 같은 예산선상이지만 점점 더 높은 무차별곡선상으로 이동하게 된다. 즉 같은 예산이 들면서 효용은 점점 더 높아진다. 마침내 C점에 이르러서는 MRS_{xy}와 가격 비율이 같아져 더 이

그림 4-1 **최적선택**

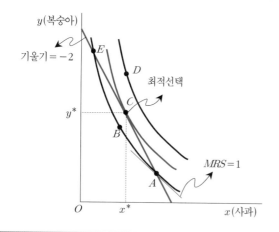

무차별곡선이 원점에 대해 강볼록할 경우, 예산선과 무차별곡선이 접하는 곳에서 최적선택이 이루어진다. 최적선택에서는 MRS_{xy}와 상품의 가격 비율이 같아진다.

상 나아질 수 있는 여지가 없어진다.[3] 그렇다면 이제 방향을 바꿔 E점에서 C점에 이르는 과정은 어떻게 설명할 수 있을까? 이에 대해서는 독자 스스로 생각해 보기 바란다.

부록 4.1 경제이론의 의미

예를 들어 만유인력의 법칙은 세상의 물체들이 이 법칙을 '생각'해 가며 움직인다고 주장하는 것은 아니다. 이 법칙이 주장하는 것은 자연현상을 그런 방법으로 설명할 수 있다는 것이다. 한편 이 법칙을 적용하여 이론을 전개시켜 나가면 자연현상을 잘 설명할 수 있다. 또한 그 원리를 바탕으로 인공위성도 쏘아 올린다. 그래서 우리는 그것을 훌륭한 이론으로 받아들여 유용하게 사용하고 있는 것이다. 물론 세월이 흐름에 따라 물리학 이론도 보완 발전되어 간다.

이러한 자연과학이론에는 수긍하는 사람도 사회과학인 경제학의 이론에는 고개를 갸우뚱거리는 경우가 있다. 자연과학이론은 자신에 대한 설명이 아니므로 어차피 부정하기가 간단하지 않은 반면 경제학이론은 자신의 경우에 비추어 쉽게 반박할 수 있기 때문일 수 있다.

예를 들어 사람들은 일상생활에서 자신의 무차별곡선이 어떻게 생겼는가를 고민해가며 상품을 구입하지는 않는다. 또한 자신의 예산선과 무차별곡선을 생각해 본 다음 그 예산선과 무차별곡선이 접하는 점에 해당하는 상품묶음을 구입해야겠다고 생각하는 사람도 없다. 그런데 본문에서는 예산선과 무차별곡선을 이용해서 소비자의 선택행위를 설명하고 있다. 이 때문에 본문의 설명방법이 무의미하다고 생각하는 사람이 있다고 생각된다.

그러나 주목할 것은 본문은 사람들이 무차별곡선을 생각해가며 소비한다고 주장하는 것은 아니다. 다만 소비자가 선택할 때 그 심리가 눈에 보이지는 않지만 그 선택행위를 이러한 방법으로 설명해 낼 수 있다는 것이다. 한편 이러한 내용을 바탕으로 소비자이론을 구축해 나가면 경제현상을 모순 없이 잘 설명해 낼 수 있다. 그렇다면 자연과학이론에 대해 그런 것처럼 우리는 이것을 훌륭한 이론으로 받아들여 유용하게 사용하는 것이 옳다. 물론 자연과학이론처럼 경제학이론도 계속 발전해 나간다. 그래서 앞으로 더 나은 설명 방법이 개발될 수 있다.

---

3 나아질 수 있는 여지가 사라지는 이유는 사과 소비를 줄여 갈수록 사과 한계단위에 부여하는 주관적 가치가 점점 증가하기 때문이다. 즉 사과의 한계편익이 증가하기 때문이다.

4.1.3 효용극대화 일차필요조건의 경제학적 의미

(1) 이 조건을 다음과 같이 해석할 수도 있다. MRS_{xy}는 X재 추가 1단위에 대한 편익, 즉 한계편익의 의미를 지닌다고 했다. 또한 $\frac{p_x}{p_y}$는 X재를 추가로 1단위 더 얻는 데 드는 비용, 즉 한계비용이라고 했다.[4] 그러므로 식 (4.2)는 효용을 극대화하려 면 '한계편익=한계비용'이 성립하도록 선택해야 한다는 것을 의미한다. 물론 이것은 화폐단 위가 아니라 Y재 단위로 표현된 것임에 주목하자.

이때 1장에서 말한 한계원리가 적용되고 있다.

이렇게 볼 때 [그림 4-1]의 A점에서처럼 $MRS_{xy}=1<\frac{p_x}{p_y}=2$이면 현재 상태에서 X 재로부터 얻는 한계편익이 한계비용보다 작으므로 X재 소비를 줄여야 한다. 한계편익이 한계비용보다 작으므로, 즉 한계비용이 한계편익보다 크므로 X재 구입을 줄일 경우 비용이 편익보다 더 많이 줄어들어 순편익이 증가한다. 그 결과 효용이 증가하면서 점점 더 높은 무차 별곡선상으로 이동한다. 한편 X재 구입을 줄여나감에 따라 이처럼 더 높은 무차별곡선상 으로 이동하는 동시에 MRS_{xy}도 함께 커진다. 즉 X재의 한계편익이 점점 커진다. 반면에 $\frac{p_x}{p_y}$는 일정하다. 그리하여 마침내 MRS_{xy}가 $\frac{p_x}{p_y}$와 같아지는 상태에서 효용이 극대화된다.

(2) 식 (4.2)는

$$\frac{MU_x}{p_x}=\frac{MU_y}{p_y} \tag{4.3}$$

로 바꾸어 쓸 수 있다. 이 식은 효용을 극대화하려면 1원당 X재의 한계효용이 1원당 Y재의 한계효용과 같아지도록 상품묶음을 선택해야 한다는 것을 의미한다. 그런데 예를 들어 [그림 4-1]의 A점에서는 $\frac{MU_x}{p_x}<\frac{MU_y}{p_y}$이다. 이것은 똑같은 1원을 Y재 소비에 지출할 때 얻는 효용이 X재 소비에 지출할 때 얻는 효용보다 크다는 것을 의미한다. 예컨대 $\frac{MU_x}{p_x}=\frac{1}{2}$이고 $\frac{MU_y}{p_y}=1$이라 하자. 이 경우 X재 소비를 1원어치 줄이는 대신 Y재 소비를 1원어치 늘리면 지출은 변하지 않지만, 즉 주어진 예산선상에 놓이지만, 총효용이 증가한다. X재의 효용이 1/2만큼 감소하는 대신 Y재의 효용이 1 만큼 증가하기 때문이다. 이것은 주어진 예산선을 따라 더 높은 무차별곡선상으로 이

---

4 경제학에서 말하는 비용은 기회비용을 뜻한다. 그러므로 한계비용은 한계기회비용을 말한다.

동하는 것으로 나타난다. 주어진 예산으로 효용을 극대화하려면 등호가 성립할 때까지 X재 소비량을 줄이고 그 대신 Y재 소비량을 늘려야 한다. 마침내 X재와 Y재의 1원 당 한계효용이 같아져 등호가 성립할 때 효용이 극대화된다. 이때 p_x와 p_y가 변하지 않는 상태라는 점에 주목하자.

부록 4.2 $\dfrac{MU_x}{p_x} = \dfrac{MU_y}{p_y}$에 대한 심층 분석

$\dfrac{MU_x}{p_x} = \dfrac{MU_y}{p_y}$에 대한 의미를 명확히 알기 위해 먼저 $\dfrac{MU_x}{p_x}$의 의미에 대해 좀 더 세밀하게 검토해 보자.

(1) (i) 분자인 MU_x는 X재를 추가로 1단위 더 소비할 때 추가로 증가하는 효용이며 그 단위는 $\dfrac{숫자(효용의 \ 단위)}{X재의 \ 단위}$이다. (ii) 한편 p_x는 X재 1단위를 구입하려할 때 지불해야 하는 금액이며 그 단위는 $\dfrac{원}{X재의 \ 단위}$이다. 그러므로 p_x의 역수인 $\dfrac{1}{p_x}$는 1원으로 구입할 수 있는 X재 수량으로서 그 단위는 $\dfrac{X재의 \ 단위}{원}$이다. 예를 들어 가격이 1,000원인 상품의 경우 1원으로 구입할 수 있는 수량은 $\dfrac{\frac{1}{1,000}단위}{원}$이다. (iii) 그러므로 $\dfrac{MU_x}{p_x}$의 단위는 $\dfrac{숫자(효용의 \ 단위)}{원}$이다.

(2) 이렇게 볼 때 $\dfrac{MU_x}{p_x} = MU_x \times \dfrac{1}{p_x} =$ (X재를 추가로 1단위 더 소비할 때 추가로 증가하는 효용)×(1원으로 구입할 수 있는 X재의 수량)=(1원으로 구입할 수 있는 X재 수량으로 인해 추가로 증가하는 효용)이며 그 단위는 $\dfrac{숫자(효용의 \ 단위)}{원}$이다.

(3) 그러므로 $\dfrac{MU_x}{p_x} = \dfrac{MU_y}{p_y}$ (1)은 1원으로 구입할 수 있는 X재 수량으로 인해 추가로 증가하는 효용이 1원으로 구입할 수 있는 Y재 수량으로 인해 추가로 증가하는 효용이 같아지는 상태이다. 즉 1원의 효용이 각 상품 소비지출에서 같아지는 상태이다. 그 결과 소득이 아주 조금(1원) 증가할 경우 X재 구입에 지출하든 Y재 구입에 지출하든 효용의 증가는 같다. 아주 작은 1단위 변화에 대해서는 [부록 2.2]를 참조하자.

(4) 한편 [부록 4.3]의 (6)식에서 보듯이 $\dfrac{MU_x}{p_x} = \dfrac{MU_y}{p_y} = \lambda^*$ (2)이다. 즉 효용이 극대화된 상태에서는 이 조건이 성립한다. 여기서 *는 최적값임을 나타내고 있다. λ는 라그랑지승수이다. 그런데 **포락선정리**를 적용하면 λ^*는 효용이 극대화된 상태에서 소득이 1단위 증가할 때 추가로 증가하는 효용, 즉 소득의 **한계효용**(marginal utility of income)이라는 것을 알 수 있다([권말 부록]의 I.4.2와 [부록 6.1]의 소절 1 참조). 그러므로 효용이 극대화된 상태에서 예산이 추가로 1단위(예컨대 1원) 증가할 경우 군이 새로 계산하지 않더라도 효용이 추가로 λ^*만큼 증가한다는 것을 알 수 있다.

[예] 편의상 $U(x,y) = xy$, $p_x = 2$, $p_y = 4$, $M = 32$일 경우 [예제 4.2]의 방법으로 구해보면 $x^* = 8$, $y^* = 4$, $\lambda^* = 2$, $U^* = 32$이다. $MU_x = 4$, $MU_y = 8$이며 (2)식이 성립한다. 이때 소득이 $M = 35$로 증가하면 효용은 38.28로 증가한다. 이 경우 효용증가분 6.28은 소득 증가분 3의 λ^* $(=2)$배인 6을 약간 초과한다. 오차가 발생한 이유는 소득 3 증가는 미분 개념에 비추어 볼 때에는 큰 수치이기 때문이다.

(5) 이렇게 볼 때 효용극대화를 위해서는 '1원당 각 상품의 한계효용(본문의 해석)=각 상품 소비지출에서 1원으로 인한 한계효용[(3)의 해석] = 소득의 한계효용'이 성립해야 한다.

(3) 식 (4.2)는

$$\frac{p_x}{MU_x} = \frac{p_y}{MU_y} \tag{4.3}'$$

로 바꾸어 쓸 수도 있다. 이 식의 의미를 생각해 보자. MU_x은 X재를 추가로 1단위 더 소비할 경우 추가로 증가하는 효용이므로 그 역수인 $\frac{1}{MU_x}$은 효용을 추가로 1단위 더 얻기 위해 추가로 필요한 X재의 수량이다. 따라서 $\frac{1}{MU_x}$에 X재의 가격인 p_x를 곱한 $\frac{p_x}{MU_x}$는 효용을 추가로 1단위 더 얻기 위해 추가로 필요한 X재를 구입하는 데 드는 금액이다. 같은 논리로 $\frac{p_y}{MU_y}$는 효용을 추가로 1단위 더 얻기 위해 추가로 필요한 Y재를 구입하는 데 드는 금액이다. $\frac{p_x}{MU_x} = \frac{p_y}{MU_y}$는 효용이 극대화된 상태에서는 이 두 값이 같아야 한다는 것을 의미한다. 즉 효용 추가 1단위를 위해 드는 지출이 각 상품에서 같아야 한다.

예를 들어 [그림 4-1]의 A점에서처럼 $\frac{p_x}{MU_x} > \frac{p_y}{MU_y}$이면 효용을 추가로 1단위 더 얻기 위해 추가로 필요한 X재를 구입하는 데 드는 금액이 효용을 추가로 1단위 더 얻기 위해 추가로 필요한 Y재를 구입하는 데 드는 금액보다 크다. 그러므로 이 경우 주어진 예산에서 X재 구입을 줄이고 그때 절약된 돈을 Y재 구입에 지출하면 효용을 증가시킬 수 있다.

예를 들어 $\frac{p_x}{MU_x} = 6$(원)이고 $\frac{p_y}{MU_y} = 3$(원)이라고 하자. 앞서의 설명처럼 단위가 금액이라는 점에 주목하자. 이 경우 X재로부터 효용을 1단위 덜 얻으면 6원이 절약되는데 Y재로부터 효용을 1단위 더 얻으려면 3원이 든다. 따라서 이 경우 X재 소비를 줄여 그로부터 효용을 1단위 덜 얻고 그때 절약된 금액 6원을 Y재 구입에 지출할 경우 Y재 소비로부터 효용이 1단위 이상 증가한다. 이때 지출은 변화 없지만 총효용이 증가한다. 그 결과 주어진 예산선을 따라 더 높은 무차별곡선상으로 이동한다. '주어진 예산으로 효용을 극대화'하려면 등호가 성립할 때까지 X재 소비량을 감소시키고 그 대신 Y재 소비량을 증가시켜야 한다. 마침내 등호가 성립할 때 효용이 극대화된다. 한편 효용은 서수적이므로 순서에만 의미가 있다. 그러나 현재는 같은 효용함수를 대상으로 하고 있으므로 이러한 해석에 문제가 없다.

(4) 식 (4.3)은 각 상품으로부터 얻는 1원당 한계효용을 비교한 것이고 식 (4.3)′는 각 상품으로부터 효용을 추가로 1단위 더 얻으려 할 때 각 상품 구입에 드는 금액, 즉 지출을 비교한 것이다. 바라보는 시각이 다를 뿐 결과는 당연히 같다.

부족 4.3 효용극대화

효용극대화 문제는

$$\underset{x,\,y}{\text{Max}}\ U(x,\,y)$$
$$s.t.\ \ p_x x + p_y y = M$$

과 같이 표현된다. 이 문제는

$$\underset{x,\,y,\,\lambda}{\text{Max}}\ Z = U(x,\,y) + \lambda(M - p_x x - p_y y): \text{목적함수}$$

와 같이 라그랑지함수를 사용하여 나타낼 수 있다. $x > 0$, $y > 0$일 경우 극대화의 일차필요조건은

$$\frac{\partial Z}{\partial x} = \frac{\partial U(x,\,y)}{\partial x} - \lambda p_x = 0 \tag{1}$$

$$\frac{\partial Z}{\partial y} = \frac{\partial U(x,\,y)}{\partial y} - \lambda p_y = 0 \tag{2}$$

$$\frac{\partial Z}{\partial \lambda} = M - p_x x - p_y y = 0 \tag{3}$$

이다. 위 연립방정식 체계를 보면 미지수 3개$(x,\,y,\,\lambda)$와 방정식 3개이다. 그러므로 해가 유일하다.

첫째, (1)식과 (2)식을 각각 정리한 다음 대응되는 변끼리 나누어주면

$$\frac{\dfrac{\partial U(x,\,y)}{\partial x}}{\dfrac{\partial U(x,\,y)}{\partial y}} = \frac{p_x}{p_y}$$

를 얻는다. 그런데 이것은 바로

$$\frac{MU_x}{MU_y} = \frac{p_x}{p_y} \tag{4}$$

를 말한다. 즉 효용이 극대화되려면 각 상품의 한계효용의 비율이 가격 비율과 같아야 한다는 것을 말한다. 한편 본문의 식 (3.2)에 따르면 (4)식의 좌변이 바로 MRS_{xy}이므로 (4)식은 또한

$$MRS_{xy} = \frac{p_x}{p_y} \tag{5}$$

이어야 한다는 것을 의미한다.

둘째, (1)식과 (2)식을 각각 λ에 대해서 풀면

$$\frac{MU_x}{p_x} = \frac{MU_y}{p_y} = \lambda \tag{6}$$

를 얻는다. 이로부터 본문의 식 (4.3)을 얻는다. 한편 경제학적으로 볼 때 λ는 소득의 한계효용이다(([권말 부록]의 I.4.2와 [부록 6.1]의 소절 1 포락선정리 참조).

셋째, 참고로 (1)식, (2)식, (3)식을 연립으로 풀면 4.4에서 배울 수요함수를 얻는다.

4.1.4 효용극대화의 이차충분조건

이 시점에서 효용극대화의 **이차충분조건**을 말해 두고자 한다. 1장에서도 그 중요성을 언급했지만 경제학 분석에서 최적화는 필수적이다. 이때 최적화는 극대화나 극소화를 포괄하고 있다. 그런데 일차필요조건을 만족시키는 것만으로는 분석 결과가 극대화인지 극소화인지 판단할 수 없다. 극대화인지 극소화인지 판단해 주는 조건이 이차충분조건이다. 이때 충분조건이라고 부르는 이유는 이차충분조건이 만족되면 일차필요조건을 만족시키는 선택은 반드시 최적선택이 되기 때문이다.

효용극대화의 경우 이차충분조건과 관련하여 다음과 같은 내용들이 증명되어 있다.

> 효용극대화의 이차충분조건(second order sufficient condition: S.O.C.)
> 무차별곡선이 원점에 대해 강볼록하다는 것, 즉 한계대체율이 체감한다는 것이다.[5]

조금 더 구체적으로 말하면 무차별곡선이 원점에 대해 강볼록하면 2차충분조건이 만족된다. 그런데 효용함수가 **강준오목함수**(strictly quasi−concave function)이면 무차별곡선이 원점

---

5 이차충분조건을 수식으로 표현하면 $2p_x p_y U_{xy} - p_y^2 U_{xx} - p_x^2 U_{yy} > 0$이다.

그림 4-2	강오목한 선호의 최적선택

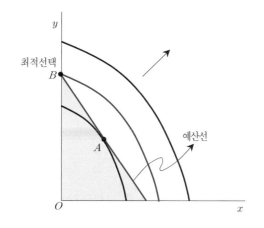

강오목한 선호의 경우 식 (4.2)가 성립하더라도
그 점이 최적선택이 되지는 않는다.

에 대해 강볼록해진다. 강준오목함수는 (둥근 부분이 바닥에 닿도록 놓은) 종 모양을 지닌다. 즉
표면을 볼 경우 볼록인 부분도 허용된다(강오목함수는 볼록인 부분이 허용되지 않는다). 이러한 모
양의 입체를 둥근 부분이 바닥에 닿도록 상품평면에 놓고 등위선들을 구한 후 각각의 등위
선들에 대해 접선의 기울기가 음인 부분들만 취하면 원점에 대해 강볼록한 부드러운 곡선
들을 얻는다. 이때 높은 곳에서 얻은 등위선일수록 원점에서 멀어지는 점에 주목하자.

　[그림 4-1]의 경우는 무차별곡선이 원점에 대해 강볼록하기 때문에 효용극대화의 이
차충분조건을 만족시킨다.

　그러나 [그림 4-2]의 A점의 경우는 일차필요조건인 식 (4.2)를 만족시키지만 효용극
대화점이 아니다. 무차별곡선이 원점에 대해 강오목하기 때문이다. 즉 이차충분조건을 만족
시키지 못하기 때문이다. 사실상 A점은 효용극소화점이다. 즉 A점은 예산선상에 놓인 점
들 중에서 원점에 가장 가까운 무차별곡선상에 놓이는 점이다. 이 경우 최적선택은 B점에
서 이루어지는데 B점은 후술하는 모퉁이해에 해당한다.

4.2 모퉁이해와 그 밖의 경우

　[그림 4-1]에서 무차별곡선은 부드럽고 원점에 대해 강볼록하며 예산선은 직선이다.
그리고 그 해는 내부해이다.

내부해(interior solution): $x^* > 0$, $y^* > 0$, 즉 두 상품의 수요량이 모두 양인 경우

모퉁이해(corner solution): $x^* = 0$ 또는 $y^* = 0$, 즉 어느 한 상품의 수요량이 0인 경우

모퉁이해의 경우와 그 외의 특이한 경우들에 대해서 알아보자. 한편 앞에서 말한 효용 극대화의 일차필요조건은 내부해이면서 미분가능할 경우 적용되므로 모퉁이해의 경우와 완전보완재의 경우에는 적용되지 않는다.

4.2.1 모퉁이해의 경우

최적선택이 모퉁이에서 이루어지는 모퉁이해의 경우 식 (4.2)가 성립하지 않는다.

첫째, [그림 4-3(A)]의 경우 무차별곡선이 원점에 대해 강볼록하지만 모퉁이해를 갖는다. 이 경우 최적선택에서 $MRS_{xy} < \dfrac{p_x}{p_y}$이다. 즉 식 (4.2)가 성립하지 않는다.

둘째, 무차별곡선이 직선으로 나타나는 완전대체재의 경우를 살펴보자. 이때 최적선택을 얻는 데에는 기본적으로 같은 원리가 적용된다. 먼저 예산선을 그린다. 그 다음 [그림 4-3(B)]에서 보듯이 예산집합에 속하는 점들 중에서 가능한 한 원점으로부터 멀리 떨어져 있는 무차별곡선상에 놓이는 점을 찾는다. 이때 최적선택은 모퉁이해가 된다. 이 경우 최적선택에서 $MRS_{xy} > \dfrac{p_x}{p_y}$이다. 즉 식 (4.2)가 성립하지 않는다

그림 4-3   **모퉁이해의 경우**

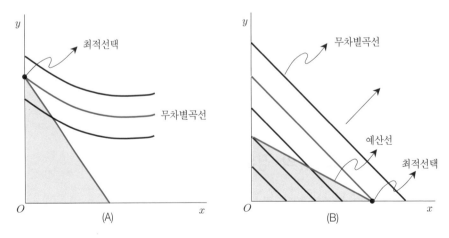

모퉁이해의 경우 최적선택에서 식 (4.2)가 성립하지 않는다.

이 경우 예산선상의 어느 점에서 측정하더라도 무차별곡선의 기울기가 예산선의 기울기보다 급하다. 즉 $MRS_{xy} > \frac{p_x}{p_y}$이다. 다시 말하면 예산선상의 어느 점에서 보더라도 X재의 한계편익이 X재 구입의 한계비용보다 크다. 그러므로 X재만 구입하게 된다.

셋째, 무차별곡선이 원점에 대해 오목한 [그림 4-2]의 경우에도 최적선택은 모퉁이인 B에서 얻어진다. 이 경우 최적선택에서 $MRS_{xy} < \frac{p_x}{p_y}$이다. 즉 식 (4.2)가 성립하지 않는다.

4.2.2 완전보완재의 경우

완전보완재의 경우 내부해를 갖지만 최적선택인 첨점에서는 미분이 불가능하기 때문에 식 (4.2)가 성립하지 않는다([그림 4-6(B)] 참조).

4.2.3 최적선택이 유일하지 않은 경우

[그림 4-4]에서는 A, B, C 세 점에서 식 (4.2)가 만족되고 있다. 그러나 그 중에서 B는 최적선택이 아니다. A와 C만 최적선택이 된다. 한편 한계대체율이 계속 체감하지 않으면 이처럼 최적선택이 유일하지 않을 수도 있다.

그림 4-4	최적선택이 유일하지 않은 경우

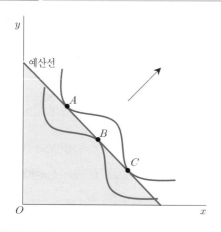

한계대체율이 계속 체감하지 않으면, 식 (4.2)를 만족시키는 점들 중에서도 최적선택이 되지 않는 점이 있을 수 있다.

4.3 선호와 최적선택

선호에 차이가 있을 때 선택이 어떻게 달라지며 나아가서 선호의 유형에 따라 선택이 어떻게 달라지는가에 대해 검토해 보자.

4.3.1 선호의 차이와 최적선택

이제 이러한 최적선택 모형을 이용하면 동일한 소득을 가진 사람들이 서로 다른 소비 행태를 보이는 현상을 설명할 수 있다. 예를 들어 철수와 영희의 소득은 같다고 하자. 그런 데 철수는 사과보다 포도를 더 좋아하며 영희는 사과를 더 좋아한다고 하자. 이 경우 철수 는 포도를 얻기 위해 영희보다 더 많은 양의 사과를 포기할 것으로 생각된다. 즉 철수의 포도와 사과 사이의 한계대체율은 전반적으로 볼 때 영희의 그것보다 크다는 것이다. 따라서 철수의 무차별곡선은 [그림 4-5(A)]와 같은 모양을 한다. 이와 대조적으로 영희의 무차별곡선은 [그림 4-5(B)]와 같이 완만하게 그려진다.[6]

| 그림 4-5 | 선호의 차이와 최적선택 |

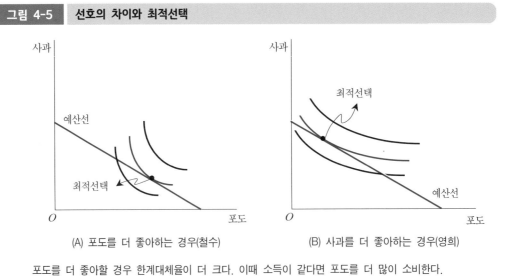

(A) 포도를 더 좋아하는 경우(철수)　　　　(B) 사과를 더 좋아하는 경우(영희)

포도를 더 좋아할 경우 한계대체율이 더 크다. 이때 소득이 같다면 포도를 더 많이 소비한다.

---

6 그러나 상품의 가격 비율은 누구에게나 동일하다. 또한 최적선택에서는 철수는 물론 영희의 MRS도 가격 비율과 일치한 다. 따라서 최적선택에서는 결국 두 사람의 MRS가 같아진다. 이 결과는 두 사람의 소득이 다르더라도 성립하며 20장 에서 다시 등장하여 중요하게 사용된다.

그 결과 소득이 같더라도 포도를 더 좋아하는 철수는 포도를 더 많이 소비하게 되며, 사과를 더 좋아하는 영희는 사과를 더 많이 소비하게 된다.[7]

4.3.2 선호의 유형과 최적선택

이제 3장에서 소개한 여러 가지 유형의 선호에 대해 각각의 경우 최적선택이 어떻게 달라지는가를 살펴보기로 하자.

첫째, 두 상품을 **완전대체재**로 여기는 소비자를 생각해 보자. 이 경우 이 소비자는 둘 중에 값이 싼 상품만을 구입한다는 것이 핵심이다. 예컨대 국산 포도주가 외국산 포도주에 비해 상대적으로 싸다고 하자. 이러한 사실은 [그림 4-6(A)]에 그려진 예산선에 나타나 있다. 즉 같은 소득으로 외국산 포도주보다 국산 포도주를 더 많이 구입할 수 있게 그려져 있다. 이때 외국산 포도주와 국산 포도주를 완전대체재로 여기는 소비자는 전적으로 국산 포도주만을 소비한다. 물론 좀더 포괄적으로 해석할 경우, 같은 상품이라면 할인점에서 구입하는 소비자의 행위도 이 경우에 해당한다.

둘째, [그림 4-6(B)]는 오른쪽 신발과 왼쪽 신발과 같은 **완전보완재**의 경우를 보여주고 있다. 이 경우 소비자는 오른쪽 신발과 왼쪽 신발을 켤레 단위로 구입할 것이다. 즉 굳이 돈을 들여가며 불필요하게 어느 한 쪽이 남도록 구입하지는 않는다는 것이다. 이러한 선택 행위는 양말, 장갑, 양복 등 의류를 구입할 때 흔히 볼 수 있다. 나아가서 자동차나 TV 등을 살 때에도 부품을 따로 따로 사지 않고 완제품을 구입하므로 이 경우에 해당한다고 볼 수 있다.

셋째, [그림 4-6(C)]는 어느 한 상품이 **중립재**인 경우를 보여주고 있다. 이 경우 소비자는 돈을 들여가며 불필요한 상품을 구입하지는 않는다. 그의 예산은 한정되어 있으므로 중립재를 구입하는 데 지출하면 그만큼 식품을 구입하지 못할 것이기 때문이다. 여기에도 불필요하게 한 쪽 신발이 남지 않도록 구입하는 것과 같은 원리가 적용된다고 볼 수 있다.

---

7 동일한 소득을 가지고 있다는 사실은 그림에서 두 개인의 예산선이 서로 같게 그려진 것으로 나타나 있다.

그림 4-6 **선호의 유형과 최적선택**

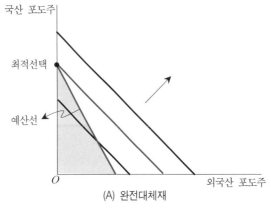

(A) 완전대체재

선호의 유형에 따라 최적선택이 달라진다. 한 가지 공통점은 최적선택은 예산집합의 점들 중에서 가장 먼 무차별곡선상에 놓이는 점이라는 것이다.

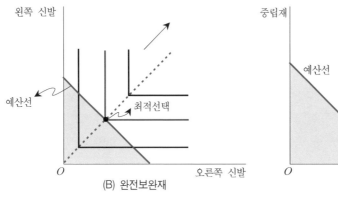

(B) 완전보완재

(C) 중립재

예제 4.1 **준선형효용함수의 수요량과 그 특성**

홍길동의 효용함수는 $U = x^{\frac{1}{2}} + y$라고 한다. 한편 X재의 가격은 2만원, Y재의 가격은 1만원이다. 홍길동의 소득이 20만원일 경우

a. 효용을 극대화시키는 x와 y의 수량을 구하시오.

b. 수요량은 어떠한 특성을 보이는가?

풀이 a. 효용극대화 문제는

$$\underset{x,\ y}{\text{Max}}\ U(x,\ y) = x^{\frac{1}{2}} + y$$
$$s.t.\ 2x + y = 20$$

으로 쓸 수 있다. 이에 대한 라그랑지함수는

$$\underset{x,\,y,\,\lambda}{\text{Max}}\ Z = x^{\frac{1}{2}} + y + \lambda(20 - 2x - y)$$

이다. 효용극대화의 일차필요조건은

$$\frac{\partial Z}{\partial x} = \frac{1}{2}x^{-\frac{1}{2}} - 2\lambda = 0\ (1),\quad \frac{\partial Z}{\partial y} = 1 - \lambda = 0\ (2),\quad \frac{\partial Z}{\partial \lambda} = 20 - 2x - y = 0\ (3)$$

이나. (1)식과 (2)식을 정리한 다음 대응되는 변끼리 나누어주면 $\frac{1}{2}x^{-\frac{1}{2}} = 2$ (4)를 얻는다. (4)식으로부터 $x = \frac{1}{16}$을 얻는다. 이것을 (3)식에 대입하면 $y = 19\frac{7}{8}$을 얻는다.

b. (4)식을 자세히 관찰해 보면 x의 수량은 소득과 관계없이 정해진다는 것을 알 수 있다. 즉 소득이 늘어나도 X재의 수요량은 변하지 않는다는 것이다. 그러므로 X재에 대한 소득효과(6장 참조)는 0이 된다. 또한 (4)식은 X재의 경우 그로부터 얻는 한 계효용이 X재의 가격과 같아질 때까지 소비한다는 것을 의미한다.

한편 (4)식은 $\dfrac{\dfrac{\partial U(x,\,y)}{\partial x}}{\dfrac{\partial U(x,\,y)}{\partial y}} = \dfrac{p_x}{p_y}$, 즉 $\dfrac{MU_x}{MU_y} = \dfrac{p_x}{p_y}$, $MRS_{xy} = \dfrac{p_x}{p_y}$라는 효용극대화 조건

에 해당한다. 다만 $\dfrac{\partial U(x,\,y)}{\partial y} = 1$, $p_y = 1$이 적용되고 있을 뿐이다. 특히 (4)식의 좌변이 MRS인데 준선형효용함수(본문 6.5.3 참조)일 경우 MRS는 이처럼 오로지 X재 수요량에 따라 달라진다. 무차별곡선과 관련하여 볼 때 이것은 다른 무차별곡선들은 어느 하나의 무차별곡선을 그대로 위로 이동시킨 것들이라는 사실을 말한다.

🗨️4.4 수요함수

상품의 가격과 소비자의 소득이 주어지면 예산집합이 결정된다는 것을 알고 있다. 그 다음 소비자가 자신이 가장 선호하는 상품묶음을 선택할 때에는 어떤 원리가 작용되는지도 알았다. 이러한 논의 과정에서 상품의 가격이나 소득이 달라지면 예산집합이 달라지고 그에 따라 소비자의 최적선택도 달라질 것이라는 점을 짐작할 수 있다. 이와 관련하여 수요량과 수요함수는 다음과 같이 정의된다.

> 🌱 **수요량**(quantity demanded): 주어진 소득하에 효용을 극대화시켜 주는 상품의 수량, 즉 최적선택에서 얻어진 상품의 수량

> 🌱 **수요함수**(demand function): 해당 상품의 가격이나 다른 상품의 가격 또는 소득이 변화할 때 수요량
> 이 어떻게 변화하는지 그 관계를 나타낸 것

(1) 이때 수요함수는 수식적으로는 문제 (4.1)을 풀어서 구한다. 그 결과 수요함수는

$$x = d_x\,(p_x,\ p_y,\ M) \tag{4.4}$$

$$y = d_y\,(p_x,\ p_y,\ M) \tag{4.5}$$

으로 나타난다. 여기서 각 식의 좌변은 각 상품의 수요량을 나타낸다. 우변은 그 수요량이 그 상품의 가격은 물론 다른 상품의 가격이나 소득이 달라지면 그에 따라 달라진다는 함수관계를 나타낸다.

(2) 이때 수요함수가 문제 (4.1)을 풀어서 구한 것이므로 이러한 함수관계는 당연하다. 즉 **내생변수**인 x와 y가 **외생변수**인 p_x, p_y, 그리고 M의 함수로 나타나는 것은 당연하다. 이러한 수요함수에서 다른 상품의 가격과 소득 등 다른 상황이 일정하다고 가정하고(ceteris paribus) 수요함수를 간단히 $x = d_x(p_x)$와 $y = d_y(p_y)$로 나타내기도 한다.

(3) 한편 (4.1)에 있는 효용함수 $U(x,y)$의 형태(선호를 반영)에 따라 수요함수의 형태가 달라진다. 즉 효용함수의 형태는 수요함수의 형태에 반영된다.

(1) 최적화문제가 앞으로 이 책에 많이 등장하는데 최적화문제를 문제 (4.1)처럼 나타낼 경우(1.4.2 참조) 별도의 언급이 없더라도 **선택변수가 모형의 내생변수**가 된다. 그리고 문제의 해는 내생변수가 외생변수의 함수인 형태로 나타난다. 이때 내생변수가 종속변수이며 외생변수가 독립변수이다. 물론 여기서는 x, y가 내생변수이고 p_x, p_y, M이 외생변수이다.

(2) 수학에서는 독립변수가 변화할 경우 종속변수의 값이 어떻게 변화하는가에 관심을 갖는다. 같은 맥락에서 이 책에서의 많은 분석도 독립변수인 외생변수가 변할 경우 종속변수인 내생변수의 값이 어떻게 변화하는가를 다룬다.

🏛 **예제 4.2** **수요함수: 콥−더글라스 효용함수일 경우**

효용함수가 $U(x,\ y) = x^a y^b$로 주어졌다고 하자. 이때 각 상품에 대한 수요함수를 구하시오.

풀이 각 상품의 가격이 p_x, p_y이고 소득이 M이라고 하자. 이 경우 효용극대화 문제는

$$\underset{x,\ y}{\text{Max}}\ x^a y^b$$
$$s.t.\quad p_x x + p_y y = M$$

와 같이 표현된다. 이 문제는

$$\underset{x,\ y,\ \lambda}{\text{Max}}\ Z = x^a y^b + \lambda (M - p_x x - p_y y) : \text{목적함수}$$

와 같이 라그랑지함수를 사용하여 나타낼 수 있다. 극대화의 일차필요조건은

$$\frac{\partial Z}{\partial x} = ax^{a-1}y^b - \lambda p_x = 0 \tag{1}$$

$$\frac{\partial Z}{\partial y} = bx^a y^{b-1} - \lambda p_y = 0 \tag{2}$$

$$\frac{\partial Z}{\partial \lambda} = M - p_x x - p_y y = 0 \tag{3}$$

이다. (1)식으로부터 $ax^{a-1}y^b = \lambda p_x$ (4), (2)식으로부터 $bx^a y^{b-1} = \lambda p_y$ (5)를 얻는다. (4)와 (5)의 양변을 대응되는 변끼리 나누어 주면 $\dfrac{ay}{bx} = \dfrac{p_x}{p_y}$ (6)을 얻는다. 그런데 이것은 바로 효용극대화 조건인 $MRS_{xy}\left(=\dfrac{MU_x}{MU_y}\right) = \dfrac{p_x}{p_y}$를 계산한 것이다.

(3)식과 (6)식을 연립으로 풀면 각 상품에 대한 수요함수는 각각 $x = \dfrac{aM}{(a+b)p_x}$, $y = \dfrac{bM}{(a+b)p_y}$으로 구해진다. 이 결과는 콥−더글라스 효용함수일 경우 공식으로 사용해도 된다. 이때 $p_x x$와 $p_y y$의 값이 일정하다. 즉 콥−더글라스 효용함수의 경우 가격변화에 관계없이 X재 구입에 배분하는 금액과 Y재 구입에 배분하는 금액은 변하지 않는다.

여기서 주목할 것이 있다.

(1) 소비자의 선호가 변화하면 수요함수의 형태 자체가 달라진다. 그러나 우리가 분석하고 있는 기간 동안에는 개인의 선호가 변하지 않는다고 가정하는 것이 보통이다.

(2) 두 상품의 가격과 소득이 모두 같은 비율로 변화하는 경우 수요량은 변하지 않는다는 사실이다. 예를 들어 X재의 경우

$$d_x(\lambda p_x,\ \lambda p_y,\ \lambda M) = d_x(p_x,\ p_y,\ M) \tag{4.6}$$

이 성립한다. Y재의 경우도 같다. 그런데 이것은 바로 수요함수는 가격과 소득에 대해 0차동차의 성질을 갖는다는 것을 말해 준다.[8] 직관적으로 살펴보자. 두 상품의 가격과 소득이 같은 비율로 변화할 경우 예산선이 변화하지 않는다. 그러므로 개인의 선호가 변하지 않는 한 최적선택이 달라지지 않는다는 것이다. 사실상 이 결과는 예산집합이 가격과 소득에 대해 0차동차라는 사실(2.2.4 참조)로부터 얻어지는 당연한 결과이다.

(3) 앞으로 수요함수로부터 엥겔곡선과 수요곡선을 그릴 것이다. 이때 각 곡선을 그릴 때, 일정하다고 가정했던 변수들이나 선호가 변하면 곡선 자체가 이동(shift of the curve)한다.

이제 수요함수를 염두에 두고 소득이나 가격이 변화할 때 구체적으로 수요량이 어떻게 변화하는가를 알아보자. 먼저 소득이 변화하는 경우에 대해서 살펴보기로 하자.

1. 식 (4.4)와 식 (4.5)에서 수요량은 개인의 소득이나 상품의 가격들이 일정하게 주어졌다고 가정한 상태에서 구한 것이다. 그런데 이제 이처럼 일정하다고 가정했던 외생변수가 변화할 때 그에 따라 내생변수인 수요량이 어떻게 변화하는가를 알아보자는 것이다. 그러므로 이제부터의 분석은 바로 1장에서 말한 비교정학에 해당한다.
2. 경제학에서는 이처럼 최적화 후, 즉 목적균형을 얻은 후 비교정학분석을 하거나 일반적으로 말하는 균형인 비목적균형을 얻은 후 비교정학분석을 하는 경우가 많다.

4.5 소득의 변화와 수요량의 변화: 비교정학

다른 조건은 변화하지 않았는데 개인의 소득이 변화할 경우 상품의 수요량이 어떻게 달라지는가를 알아보기로 하자. 특히 개인의 선호나 상품의 특성에 따라 그 결과가 어떻게 달라지는가에 주목하자.

4.5.1 소득의 변화

상품의 가격들은 그대로인 채 소득만 변화하는 경우에는, 이미 2장에서 살펴보았듯이 예산선이 평행이동한다. 이때 예산선이 밖으로 평행이동하면 일반적으로 [그림 4-7(A)]에서 보듯이 수요량이 증가한다. 이러한 상품을 **정상재**라고 한다.

---

[8] 모든 λ에 대해 $f(\lambda x, \lambda y) = \lambda^k f(x, y)$가 성립할 경우, 함수 f를 k차동차함수라고 하였다. 0차동차함수는 $k=0$일 경우를 말한다. 이때에는 $f(\lambda x, \lambda y) = f(x, y)$가 성립한다. 즉 0차동차함수의 경우에는 모든 독립변수를 λ배 하더라도 함수의 값은 변화하지 않는다. 이것이 바로 수요함수의 성질과 관련되는 것이다.

> 🌱 **정상재** (normal goods) 소득이 증가할 때 그에 따라 수요량이 증가하는 상품

물론 이 경우에는 X재는 x_0에서 x_1으로 증가하고, Y재는 y_0에서 y_1으로 증가하였으므로 두 상품이 모두 정상재이다.

그러나 소득이 증가할 때 이처럼 수요량이 항상 증가하는 것은 아니다. 경우에 따라서는 소득이 증가할 때 수요량이 감소하는 상품도 있다. [그림 4-7(B)]의 X재가 바로 그러한 상품이다. 이러한 상품을 **열등재**라고 한다.

> 🌱 **열등재** (inferior goods) 소득이 증가할 때 그에 따라 수요량이 감소하는 상품

그림 4-7 소득의 변화와 수요량의 변화

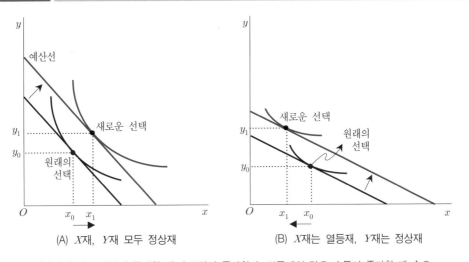

(A) X재, Y재 모두 정상재 (B) X재는 열등재, Y재는 정상재

정상재의 경우 소득이 증가할 때 수요량이 증가한다. 열등재의 경우 소득이 증가할 때 수요량이 감소한다.

[그림 4-7(B)]에서 Y재의 수요량은 y_0에서 y_1으로 증가하였으므로 Y재는 정상재이다. 이처럼 두 상품 모두가 열등재일 수는 없다. 소득이 증가할 때 그 증가분을 모두 소비하려면, 적어도 한 상품의 소비는 증가해야 한다. 이것은 적어도 한 상품은 정상재이어야 한다는 것을 말한다.

열등재는 해당 상품에 대체재가 존재하면서 그 상품 자체는 질이 낮은 상품일 경우가 많다. 예를 들어 어떤 사람이 소득이 낮을 때에도 고기를 먹기는 먹어야 되겠으므로 할 수

없이 돼지고기를 사먹는다고 하자. 그러다가 소득이 증가함에 따라 돼지고기 소비를 줄이고 그 대신 쇠고기를 사서 먹는다고 하자. 이 경우 돼지고기는 그에게 열등재이다. 물론 소득이 어느 수준에 이르기까지는 소득이 증가함에 따라 돼지고기 소비가 증가할 것이다. 그러나 소득이 어느 수준을 넘어서면 그때부터는 소득이 증가할 때 돼지고기 소비가 감소할 것이다. 이러한 논의에서도 짐작할 수 있듯이, 어떤 상품이 열등재인가는 개인에 따라, 그리고 같은 개인에 대해서도 소득수준에 따라 달라진다.

4.5.2 소득소비곡선과 엥겔곡선

[그림 4-8(A)]는 소득이 증가할 때 소비가 어떻게 변화하는가를 보여주고 있다.

🌱 **소득소비곡선**(income consumption curve: *ICC*) 가격과 선호 등 다른 상황이 일정하다고 가정한 (ceteris paribus) 상태에서 소득이 계속 증가하면 그에 상응하여 예산선은 밖으로 평행이동하는데 이때 얻어지는 최적 상품묶음들을 계속 연결하여 얻은 곡선

소득소비곡선은 가격이 일정한 상태에서 소득이 변화할 때 그에 따라 수요량들이 어떻게 변화하는가를 상품평면에 나타내고 있다. 그런데 이 중에서 하나의 상품에 초점을 맞추어 소득이 변화할 때 그 상품의 수요량이 어떻게 변하는가를 살펴볼 수도 있다.

🌱 **엥겔곡선**(Engel curve: *EC*) 수요함수에서 다른 상품의 가격, 선호 등 다른 상황이 일정하다고 가정한 (ceteris paribus) 상태에서 소득이 변화하는 경우 그에 따라 해당 상품의 수요량이 어떻게 변화하는가를 그래프로 나타낸 것

구체적으로 볼 때, X재의 엥겔곡선 EC_x는 X재의 수요함수인 $x = d_x(p_x, p_y, M)$에서 p_x, p_y, 그리고 함수형태(선호)가 변화하지 않는 상태에서, M이 증가할 때 그에 따라 x가 어떻게 변화하는가를 나타낸다. 특히 [그림 4-8(B)]와 같이 X재-소득의 평면에 나타내고 있다. 수학적으로 볼 때, M이 독립변수이고 X재 수요량인 x가 종속변수이므로 x를 세로축에 그려야 한다. 그러나 관례상 x를 가로축에 그린다.

첫째, 두 상품이 모두 정상재일 경우에는 [그림 4-8(A)] 및 [그림 4-8(B)]와 같이 소득소비곡선의 기울기와 X재의 엥겔곡선의 기울기가 모두 양의 값을 갖는다. 그림을 그리지 않았지만 Y재의 엥겔곡선의 기울기도 양의 값을 갖는다.

둘째, X재가 열등재일 경우에는 소득소비곡선의 기울기와 X재의 엥겔곡선의 기울기가 모두 음의 값을 갖는다. 한편 두 상품이 모두 열등재일 수는 없으므로 이 경우 Y재는 정상재이며 따라서 Y재의 엥겔곡선의 기울기는 양의 값을 갖는다.

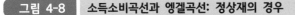

그림 4-8 소득소비곡선과 엥겔곡선: 정상재의 경우

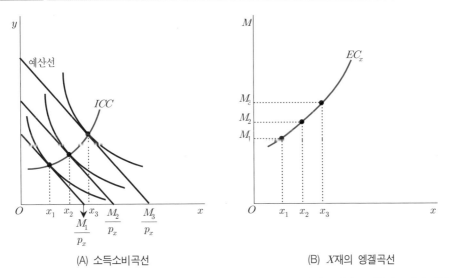

(A) 소득소비곡선 　　　　　　　(B) X재의 엥겔곡선

소득이 증가할 경우 최적선택점들을 연결하면 소득소비곡선을 얻는다. 이때 어떤 하나의 상품 수요량의 변화에 주목하면 엥겔곡선을 얻는다. 두 상품이 모두 정상재일 경우 이 곡선들의 기울기는 모두 양의 값을 갖는다.

이 곡선들의 모양에 대한 보다 상세한 분석은 [부록 8.3]을 참조하기 바란다.

(1) 엥겔곡선상의 움직임과 엥겔곡선 자체의 이동

첫째, [그림 4-8(B)]에서 보듯이, 소득이 변화할 때 X재의 수요량이 어떻게 변화하는가는 주어진 X재의 엥겔곡선상의 움직임(movement along the fixed Engel curve)으로 나타난다.

둘째, 소득 이외의 다른 상황(즉 상품들의 가격, 또는 선호)이 변화하면 엥겔곡선 자체가 이동(shift of the Engel curve)한다. 예를 들어 X재의 가격이 하락하면, 각 소득수준에서 더 많은 상품을 소비하려고 할 것이므로 주어진 X재의 엥겔곡선이 오른쪽으로 이동한다.[9] 이것은 엥겔곡선을 그릴 때 일정하다고 가정했던 '다른 상황'이 변화하는 경우에 해당한다(1장 참조).

---

9 이러한 사실은 다음과 같은 방법으로 확인할 수 있다. (1) X재의 가격이 하락할 경우 [그림 4-8(A)]에 그려져 있는 3개의 예산선들이 각각 어떻게 변화하는가를 그린다(이때 새로운 예산선들은 원래의 예산선들이 모두 각각 세로축 절편을 중심으로 시계반대방향으로 회전한 상태로서 그 기울기들은 모두 같게 된다). (2) 이 새로운 3개의 예산선들이 새로운 무차별곡선들과 접하는 점들 3개를 찾는다. (3) 이 3개의 점들에 대응하는 값들을 [그림 4-8(B)]에 나타낸다. 이때 원래의 엥겔곡선이 반드시 평행이동하는 것은 아니라는 점에 주목하자.

(2) 동조적 선호의 경우

(1) 소비자의 선호가 동조적이면 ICC가 [그림 4−9(A)]처럼 직선으로 나타난다. 이에 대해 알아보자. 선호가 동조적일 경우 [부록 3.8]에서 말했듯이 MRS_{xy}가 $\frac{y}{x}$만의 함수이므로 $MRS_{xy}(\frac{y}{x})$로 쓸 수 있으며 따라서 최적선택조건을

$$MRS_{xy}(\frac{y}{x}) = \frac{p_x}{p_y} \tag{4.7}$$

로 쓸 수 있다. 그런데 소비자는 가격수용자여서 소득이 변하더라도 $\frac{p_x}{p_y}$가 소비자에게 변함없이 같게 주어지므로 식 (4.7)에서 볼 때 '각각의' 최적선택에서는 MRS_{xy}도 같아진다. 그런데 동조적 선호일 경우 MRS_{xy}가 같으려면 각 상품의 수량의 비율이 같아야 한다. 즉 $\frac{y}{x} = k(k$는 일정)이어야 한다. 이때 k는 식 (4.7)을 만족시키는 값으로 정해진다. 이것은 ICC가 원점에서 출발하는 직선임을 의미한다.

(2) (i) 예를 들어 [그림 4−9(A)]에서 최적선택은 M_1일 때 $\frac{y_1}{x_1}$, M_2일 때 $\frac{y_2}{x_2}$, M_3일 때 $\frac{y_3}{x_3}$, … 인데 이때 MRS_{xy}가 같으므로 $\frac{y_1}{x_1} = \frac{y_2}{x_2} = \frac{y_3}{x_3} = \cdots = k(k$는 일정)이어야 한다. 즉 이 점들은 직선 $y = kx$상에 놓인다. 이때 x와 y의 관계를 그래프로 나타낸 것이 바로 ICC이다(관련 내용은 [부록 8.3]의 I.3 참조). (ii) 이 경우 소득이 t배 증가하면 두 상품의 수요량도 t배 증가한다. 이 사실은 동조적 선호(선호의 경우 동차적 선호와 동조적 선호의 구분은 의미 없다. [부록 3.8 참조])로부터 도출된 4.6.2의 수요함수에서 소득을 t배 시킬 때 두 상품의 수요량이 모두 t배 증가하는 것으로부터도 확인할 수 있다. 그 직관적 이유는 두 상품의 수요량이 소득증가율보다 큰 비율로 증가하는 것은 소득을 초과하는 상태가 되어 불가능하고 작은 비율로 증가하는 것은 소득을 모두 지출하지 못하는 상태가 되어 효용을 극대화하지 못하기 때문이다.

(3) 한편 동조적 선호여서 ICC가 직선일 경우 각 상품의 엥겔곡선이 모두 직선이 된다. X재의 엥겔곡선이 [그림 4−9(B)]에 그려져 있다.

콥−더글라스 효용함수, 완전대체재의 효용함수, 완전보완재의 효용함수는 모두 동조적 선호이다([부록 3.8] 참조). 소득탄력성을 η라 할 경우 동조적 선호의 경우 $\eta_x = \eta_y = 1$이 되며([부록 8.3]의 I(3) 참조) ICC, X재의 엥겔곡선, Y재의 엥겔곡선이 모두 원점에서 출발하는 직선이 된다. 단, 완전대체재 효용함수의 경우 ICC는 $MRS_{xy} > \frac{p_x}{p_y}$이면 가로축, $MRS_{xy} < \frac{p_x}{p_y}$이면 세로축이다.

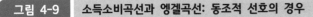

그림 4-9	소득소비곡선과 엥겔곡선: 동조적 선호의 경우

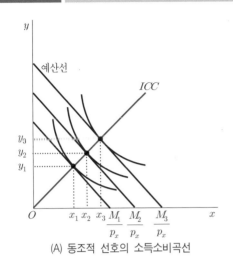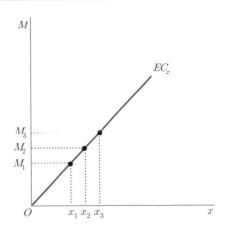

(A) 동조적 선호의 소득소비곡선   (B) 동조적 선호의 엥겔곡선

동조적 선호일 경우 소득소비곡선과 엥겔곡선이 모두 직선으로 나타난다.

(3) 사치재 및 필수재의 경우

이제 정상재 중에서 소득이 증가하는 비율과 소비가 증가하는 비율이 서로 다른 상품을 생각해 보기로 하자.

> (1) 사치재(luxury goods): 소득이 증가하는 비율보다 소비가 더 큰 비율로 증가하는 상품
> (2) 필수재(necessary goods): 소득이 증가하는 비율보다 소비가 더 작은 비율로 증가하는 상품

물론 이 경우에도 어떤 상품이 사치재인가 또는 필수재인가는 미리 정해져 있는 것이 아니고 개인의 선호나 소득수준에 따라 달라진다. 예를 들어 어떤 사람이 자신의 소득이 증가함에 따라 골프를 더 많이 친다고 하자. 그리고 그 증가율이 소득증가율보다 크다고 하자. 그러면 이 사람에게는 골프가 사치재이다. 그러나 그 증가율이 소득 증가율에 미치지 못하는 사람(예컨대, 상당한 부자)에게는 골프는 필수재라고 볼 수 있다.

첫째, X재가 사치재라면 [그림 4-10]에서 보듯이 소득소비곡선이나 X재의 엥겔곡선이 모두 동조적 선호일 때보다 아래에 놓인다.

둘째, X재가 필수재인 경우에는 소득소비곡선이나 X재의 엥겔곡선이 모두 동조적 선호일 때보다 위에 놓인다.

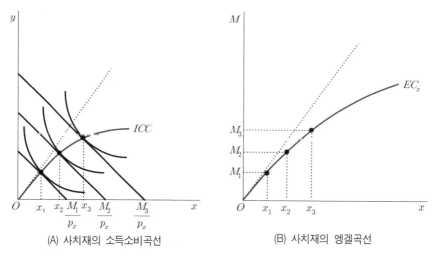

그림 4-10 소득소비곡선과 엥겔곡선: 사치재의 경우

(A) 사치재의 소득소비곡선
(B) 사치재의 엥겔곡선

사치재의 경우 소득소비곡선과 엥겔곡선이 모두 동조적 선호의 경우보다 아래에 놓인다.

> 셋째, 소득탄력성의 크기에 주목해 볼 때 사치재와 필수재 사이에는 어떠한 관계가 있는가 그리고 소득탄력성의 크기에 따라 EC와 ICC의 모양이 어떻게 달라지는가에 대한 상세한 내용은 [부록 8.3]을 참조하기 바란다.

(4) 완전대체재: $U(x, y) = x + y$의 경우

이미 말했듯이 두 상품을 완전대체재로 생각하는 소비자는 둘 중에서 값이 더 싼 상품만을 구입한다. 예를 들어 백포도주 X와 적포도주 Y를 완전대체재로 생각하는 소비자를 상정해 보자.

(1) $p_x < p_y$일 경우에는 이 소비자는 백포도주 X만을 마신다. 물론 소득이 증가함에 따라 백포도주 X의 수요량은 증가하므로 x축 자체가 소득소비곡선이 된다. 기울기의 절대값이 1보다 작은 서로 평행한 예산선들을 그린 다음, 이들이 기울기의 절대값이 1인 무차별곡선들과 만나는 점들의 궤적을 그려보라. 이것이 바로 그 소득소비곡선이다.

(2) $p_x < p_y$일 경우, 엥겔곡선에 대해 생각해 보기로 하자. 이때에는 소비자가 백포도주 X만을 마신다. 그러므로 백포도주의 수요함수는 예산제약식의 y에 0을 대입함으로써

$$x = \frac{M}{P_x}$$

이 된다. 이 수요함수에서 가격이 일정하다고 가정하고 x와 M의 관계를 그리면 X재의 엥겔곡선을 얻는데 그것은 원점에서 출발하는 직선이 되며 그 기울기는 p_x이다.[10]

(5) 완전보완재: $U(x, y) = \min[x, y]$의 경우

(1) 완전보완재의 경우에는 소득에 관계없이 두 상품을 항상 같은 수량으로 소비한다. 그러므로 소득소비곡선은 원점에서 출발하는 직선이 된다. 수식을 통해 보여보자. ICC는 p_x와 p_y가 일정한 상태에서 소득 M이 변할 때 그에 상응하여 x와 y가 어떻게 변하는가 그 관계를 보여주는 곡선이다. 그러므로 ICC를 구하려면 두 수요함수에서 M이 **매개변수** (parameter) 역할을 한다는 점에 주목해야 한다.[11] 두 수요함수를 연립으로 하여 M을 소거 하면 ICC를 얻는다. 이러한 측면에서 수요함수를 먼저 구해보자.

소비자는 두 상품의 가격과 소득에 관계없이 항상 두 상품을 같은 수량만큼씩 소비한 다. 그러므로 이 수량을 k라 하면 예산제약식으로부터

$$p_x k + p_y k = M$$

이 성립함을 알 수 있다. 따라서 X재와 Y재의 **수요함수**는 각각

$$x = y = k = \frac{M}{p_x + p_y}, \ \ \text{즉} \ \ x = \frac{M}{p_x + p_y}, \ y = \frac{M}{p_x + p_y}$$

으로 구해진다. 참고로 소비자는 두 상품을 항상 같은 양만큼 소비한다고 하였으므로 이 결 과는 가격이 $p_x + p_y$인 한 종류의 상품을 소비하는 경우에 얻는 결과와 동일하다. 이제 두 수요함수를 연립으로 하여 M을 소거하면 $y = x$를 얻는다. 이것이 우리가 구하는 ICC 이다.

(2) 수요함수에서 두 상품의 가격이 일정하다고 가정하고 x와 M의 관계를 그림으로 나타내면 X재의 엥겔곡선을 얻는다. 이 경우 이 엥겔곡선은 원점에서 출발하는 직선이 되

---

10 엥겔곡선은 수요량을 가로축에 표시한다. $p_x = p_y$, $p_x > p_y$일 경우는 『미시경제학연습 5판』(임봉욱) [문제 1.17]을 참조하자.

11 parameter에는 또 다른 의미가 있다. 예를 들어 $y = ax + b$에서 a와 b를 파라미터라고 하는데 이때에는 순수한 변수인 x와 y와 달리 a와 b는 변수적 상수의 의미를 지닌다. 이 경우도 a와 b는 x와 y를 매개하는 역할을 한 다고 볼 수 있다.

며 그 기울기는 $p_x + p_y$이다. 즉 X재의 엥겔곡선의 식은 $M = (p_x + p_y)x$가 된다.

예제 4.3 콥-더글라스 효용함수의 소득소비곡선과 엥겔곡선

콥-더글라스 효용함수 $U(x,\ y) = x^\alpha y^\beta$를 생각해 보자. 이때 $\alpha + \beta = 1$이라고 하자. 상품의 가격이 각각 p_x, p_y이고 소득이 M이라고 하자.

a. 수요함수를 구하시오.

b. 수요함수의 특성을 말하시오.

c. 소득소비곡선과 엥겔곡선을 그리시오.

KEY 콥-더글라스 선호의 경우 소득 중에서 각 상품에 지출하는 금액은 가격의 변화와 관계없이 일정하다.

풀이 a. [예제 4.2]의 결과를 이용하면 X재와 Y재에 대한 수요함수는 각각 $x = \dfrac{\alpha M}{p_x}$, $y = \dfrac{\beta M}{p_y}$으로 구해진다.

b. 콥-더글라스 효용함수의 경우 상품의 가격에 관계없이 소득 중에서 일정하게 $\dfrac{\alpha}{\alpha+\beta}$만큼을 X재 구입에 지출하고 $\dfrac{\beta}{\alpha+\beta}$만큼을 Y재 구입에 지출한다. 이러한 사실은 다음으로부터 알 수 있다. 즉 수요함수에서 $p_x x = \alpha M(\alpha+\beta=1)$, $p_y y = \beta M$이 성립한다. 그런데 여기서 $p_x x$는 X재 구입에 지출한 금액이고 $p_y y$는 Y재 구입에 지출한 금액인 것이다.

c. (i) p_x와 p_y가 일정한 상태에서 소득 M이 변할 때 그에 상응하여 x, y가 어떻게 변하는가 그 관계를 보여주는 것이 ICC이다. 그러므로 ICC를 구하려면 두 수요함수에서 M이 매개변수라는 점에 주목해야 한다. 두 수요함수를 연립으로 하여 M을 소거하면 ICC는 $y = \dfrac{\beta}{\alpha}\dfrac{p_x}{p_y}x$인 직선으로 구해진다. 이 식으로부터 알 수 있듯이 α, β가 주어져 있을 경우 ICC의 기울기는 상대가격의 크기에 따라 달라진다.

(ii) X재의 엥겔곡선에 대해서 생각해 보자. X재의 엥겔곡선은 X재의 수요함수에서 p_x와 p_y가 일정하다고 가정할 때 소득이 변하는 경우 X재의 수요량이 어떻게 변하는가를 보여주는 곡선이다. 이 경우 X재의 엥겔곡선은 $M = \dfrac{p_x}{\alpha}x$로서 $(x,\ M)$의 평면에서 원점을 통과하는 직선으로 나타난다.

같은 논리로 Y재의 엥겔곡선은 $M = \dfrac{p_y}{\beta}y$로서 $(y,\ M)$의 평면에서 원점을 통과하는 직선으로 나타난다.

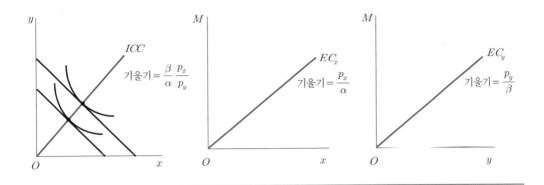

📋 **예제 4.4** 준선형효용함수의 소득소비곡선과 엥겔곡선

홍길동의 효용함수는 $U = x^{\frac{1}{2}} + y$라고 한다. 한편 X재의 가격은 2만원, Y재의 가격은 1만원이다.

a. 홍길동의 소득이 $\frac{1}{20}$만원이라고 하자. 이 경우 효용을 극대화시키는 x와 y의 수량을 구하시오. 결과를 해석해 보시오.

b. 위 문항 (a)의 결과에 해당하는 상품의 예를 들고 설명하시오.

c. 소득소비곡선을 그리시오. 이 결과를 1원당 한계효용에 주목하여 설명하시오.

d. 엥겔곡선을 그리시오.

KEY 문제에서 주어진 효용함수는 Y재에 대한 준선형효용함수(본문 6.5.3 참조)이다. 이 경우 수요량은 특이한 행태를 보인다.

풀이 a. 소득이 $\frac{1}{20}$이라고 하였다. 예제 4.1을 참고하면 이 경우 효용극대화의 일차필요조건들은

$$\frac{\partial Z}{\partial x} = \frac{1}{2}x^{-\frac{1}{2}} - 2\lambda = 0 \ (1), \quad \frac{\partial Z}{\partial y} = 1 - \lambda = 0 \ (2), \quad \frac{\partial Z}{\partial \lambda} = \frac{1}{20} - 2x - y = 0 \ (3)$$

이 된다. 그런데 여기서 주의할 것이 있다. (1)식과 (2)식으로부터 $x = \frac{1}{16}$을 얻는다. 그런데 이 값을 (3)식에 대입해 보면 $y < 0$이 된다. 이러한 결과가 나오는 이유는 (1)식과 (2)식이 함께 성립할 수 없음에도 불구하고 마치 함께 성립하는 것으로 보고 문제를 풀었기 때문이다. 그런데 쿤-터커조건(kuhn-Tucker conditions: 여기서는 다루지 않기로 하자)에 따르면 이처럼 (1)식과 (2)식이 함께 성립할 수 없다는 것은 x 또는 y 중에서 어느 하나가 0이라는 것을 함축한다.

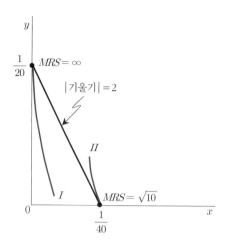

이제 둘 중에서 어느 것이 0이 되었을 경우 효용이 더 커지는가를 검토해 보자. 만일 x가 0이라면 (3)식으로부터 $y = \dfrac{1}{20}$이 된다. 이것을 효용함수에 대입하면 $U = \dfrac{1}{20} = 0.05$를 얻는다. 그 다음 y가 0일 경우에 대해 생각해 보자. 이 경우 (3)식에서 $x = \dfrac{1}{40}$로 구해진다. 이것을 효용함수에 대입하면 $U = \left(\dfrac{1}{40}\right)^{\frac{1}{2}} = 0.158$이 된다. 그런데 이 값은 x가 0일 경우 얻은 값보다 크다. 그러므로 소득이 $\dfrac{1}{20}$만원일 경우 이 소득을 모두 X재 구입에 지출한다는 것을 알 수 있다. 그리고 그때 $x = \dfrac{1}{40}$이 된다.

소득이 $\dfrac{1}{20}$만원일 경우 이 소득을 모두 X재 구입에 지출한다는 것에 대해 검토해 보자. 이를 위해 효용극대화 조건을 살펴보자. 효용극대화조건은 $\dfrac{MU_x}{MU_y} = \dfrac{p_x}{p_y}$ (4)이다. 이 점을 고려할 때 효용극대화를 위해서 X재 수요량을 늘려야 할 조건은 $\dfrac{MU_x}{p_x} > \dfrac{MU_y}{p_y}$ (5)가 성립하는 것이다. 한편 $MU_x = \dfrac{1}{2}x^{-\frac{1}{2}}$, $MU_y = 1$, $p_x = 2$, $p_y = 1$ (6)이다. (6)을 (5)에 대입한 다음 x에 대해 풀면 $x < \dfrac{1}{16}$을 얻는다. 즉 X재의 수요량이 $\dfrac{1}{16}$보다 적을 경우에는 X재의 수요량을 늘리는 것이 효용을 증가시킨다는 것이다. 그러므로 X재의 가격이 2만원임을 고려할 때 소득이 $\dfrac{1}{8}$ 이하일 경우 그 소득을 모두 X재 소비에 지출한다. 그러므로 문제에서처럼 소득이 $\dfrac{1}{20}$만원으로 주어질 경우 이 소득을 모두 X재 구입에 지출하게 된다.

b. 소금과 같이 그 상품에 대한 지출액이 소득에서 차지하는 비중이 크지는 않지만 꼭 필요한 상품의 경우가 이러한 예에 해당한다. 소득이 0인 상태에서 출발하여 어느 정도에 이르기까지는 그 소득을 모두 해당 상품을 구입하는 데 사용한다. 그리고 소득이 어느 수준을 넘는 경우 남는 소득은 모두 다른 상품인 Y재 구입에 지출한다. 구체적으로 말하면(이 문제의 경우 Y재의 가격이 1이고 한계효용도 1로 일정하기 때문에) X재의 한계효용이 X재의 가격과 같아지는 수준까지 X재를 구입하고 나머지 소득은 모두 Y재 구입에 지출한

다. 이 문제의 경우 소득이 $\frac{1}{8}$이 될 때까지는 소득을 모두 X재 구입에 지출한다.

c. 소득이 $\frac{1}{8}$을 넘어서면서부터는 (1)식과 (2)식이 함께 성립한다. 이상의 분석을 통해 볼 때 소득이 많을 경우에는 X재의 수요량이 소득과 관계없이 일정하게 정해지지만 소득이 아주 적을 경우에는 X재의 수요량은 소득이 증가함에 따라 함께 증가한다는 것을 알 수 있다.

　　이에 대해 구체적으로 검토해 보자. 이를 위해 (5)식을 $\frac{MU_x}{p_x} > \frac{MU_y}{p_y}$ (7)로 다시 써 보자. 여기서 $\frac{MU_y}{p_y} = 1$이다. 그러므로 (7)은 1원당 X재의 한계효용이 1보다 클 때에는 추가로 얻는 소득을 모두 X재 구입에 지출하는 것이 효용을 증가시킨다는 것을 말한다. 이처럼 X재만 구입하는 상황은 등호가 성립할 때까지, 즉 1원당 X재의 한계효용이 1과 같아질 때까지 지속된다. 마침내 1원당 X재의 한계효용이 1이 되고 난 후부터는 나머지 소득을 모두 Y재 구입에 지출하는 것이 효용을 극대화하는 방법이다.

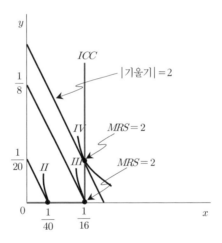

　　이것은 직관적으로도 당연하다. 효용을 극대화하려면 $\frac{MU_x}{p_x} = \frac{MU_y}{p_y}$가 성립하도록 지출해야 한다. 즉 각 상품으로부터 얻는 1원당 한계효용이 같아지도록 소비해야 한다. 그런데 X재 수요량이 증가함에 따라 거기에 지출한 소득으로부터 얻는 한계효용은 체감하는 반면 Y재의 한계효용은 1로서 일정하다. 그러므로 효용을 극대화하려면 1원당 X재의 한계효용이 1과 같아질 때까지는 X재만 소비하고 그 다음부터는 소득을 모두 Y재 구입에 지출해야 한다. 이것은 결국 Y재에 대한 준선형효용함수의 경우 소득이 어느 수준을 넘어선 다음부터는 X재에 대한 소득효과(6장 참조)가 0으로 나타난다는 것을 의미한다.

d. 엥겔곡선은 그림과 같이 나타난다.

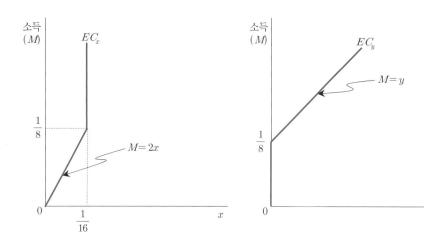

4.6 가격의 변화와 수요량의 변화: 비교정학

이번에는 시각을 바꾸어 가격이 변화할 때 소비자의 수요량이 어떻게 변화하는가를 살펴본다. 이러한 분석 결과로부터 수요곡선을 얻게 된다.

4.6.1 가격의 변화

이제 소득은 그대로인 채 가격이 변화하는 경우를 살펴보자. 예를 들어 소득과 Y재의 가격은 변함이 없는데, X재의 가격이 하락하는 경우를 보자. 이 경우 [그림 4-11]에서 보듯이 예산선은 세로축 절편을 중심으로 시계 반대방향으로 회전한다. 이때 최적선택은 새로운 예산선과 무차별곡선이 접하는 점에서 이루어진다. [그림 4-11(A)]는 X재의 수요량이 x_0에서 x_1으로 증가하는 경우를 보여주고 있다. 이 경우 X재는 보통재이다.

> 🌱 **보통재**(ordinary goods) 해당 상품의 가격이 하락할 때 그 수요량이 증가하는 상품

독자들이 이미 간파했겠지만, 무차별곡선이 이처럼 반드시 X재의 수요량이 증가한 지점에서 새로운 예산선과 접하라는 보장은 없다. X재의 가격이 하락함에도 불구하고 그 수요량이 오히려 감소할 수도 있다. [그림 4-11(B)]의 x_0에서 x_1으로 감소한 것이 그러한 경우이다. 그런데 이것은 바로 기펜재의 한 예이다.

> 🌱 **기펜재**(Giffen goods) 어떤 상품의 가격이 하락(상승)함에도 불구하고 그 수요량이 감소(증가)하는
> 상품

　　기펜재는 일상 생활에서 그 예가 상당히 드물다. 그러나 열등재이면서 동시에 가격이
변화하기 이전에 그 소비량이 대단히 많았던 상품이 그 대상이 될 가능성이 있다.[12] 예컨대
어떤 가난한 사람이 지긋지긋하지만 매끼니 식사를 값이 싼 라면으로 때우고 반찬을 곁들
인 밥을 가끔에 쿵 나두이 믹는나기 하사 이때, 라면 생산에 신기술이 도입되이 라면 가격
이 크게 하락한다면, 이 소비자의 라면 수요량은 어떻게 되겠는가? 우선 라면의 가격이 크
게 떨어지면 라면을 사는 데 드는 비용이 상당히 절약된다. 그 결과 이전보다는 반찬을 곁
들인 밥으로 식사를 해결할 기회가 증가할 것이다. 이에 따라 라면의 수요량은 오히려 감소
할 수도 있다.

그림 4-11　**보통재와 기펜재**

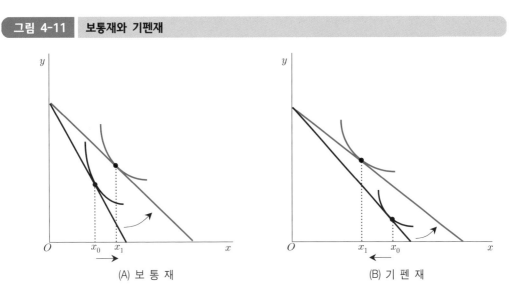

(A) 보 통 재　　　　　　　　(B) 기 펜 재

　　보통재의 경우 가격과 수요량이 서로 반대 방향으로 움직인다. 그러나 기펜재의 경우 가격
　　과 수요량이 서로 같은 방향으로 움직인다.

---

12 [그림 4-11(B)]에 있는 x_0의 크기가 [그림 4-11(A)]의 경우와 차이가 있음에 주목하자.

이 내용을 정리해 보자. 어떤 상품의 소비량이 대단히 클 경우 그 상품의 가격이 하락하면 그로 인해 구매력이 크게 늘어날 것이다. 이처럼 가격 하락으로 인해 구매력이 증가하는 데도 상품의 열등 정도가 심하여 소비가 감소하는 경우 그 상품은 기펜재가 된다(6장 참조).

4.6.2 가격소비곡선과 수요곡선

> 🌱 **가격소비곡선**(price consumption curve: *PCC*) 소득과 다른 상품의 가격, 선호 등 다른 상황이 일정하다고 가정(ceteris paribus)한 상태에서 해당 상품의 가격이 계속 변화하는 경우 그에 상응하여 예산선이 회전하는데 이때 최적 상품묶음들을 계속 연결하여 얻은 곡선

예를 들어 소득과 Y재의 가격이 일정한 상태에서 X재의 가격이 계속 하락하는 경우를 생각해 보자. 이때 얻어지는 최적선택점들을 연결하면 [그림 4-12(A)]와 같은 p_x의 가격소비곡선 PCC_x를 얻는다. 가격소비곡선은 가격이 변화할 때 그에 반응하여 소비자가 선택하는 상품묶음들을 상품평면에 나타낸 것이다. 이 곡선의 모양에 대한 보다 상세한 분석은 [부록 8.2]와 [부록 8.4]를 참조하기 바란다. 결과를 요약하면 [부록 4.4]와 같다.

그림 4-12 **가격소비곡선과 수요곡선**

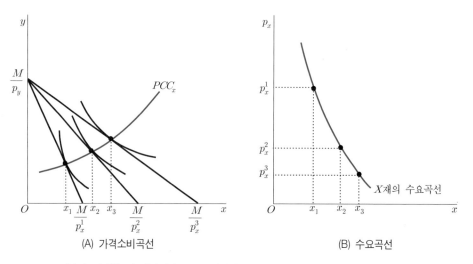

(A) 가격소비곡선

(B) 수요곡선

가격이 변화할 때 최적선택들을 연결하면 가격소비곡선을 얻는다. 이때 어느 한 상품의 수요량에 주목하면 수요곡선을 얻는다.

부록 4.4 PCC_x 의 모양

(자기)가격탄력성을 ϵ_{xx} 라고 할 때

(1) $|\epsilon_{xx}| = 1$ 이면 PCC_x 는 가로축에 평행한 직선

   (예 1) 콥-더글라스 효용함수

   (예 2) 완전대체재 효용함수의 경우 $MRS_{xy} > \dfrac{p_x}{p_y}$ 가 되는 때부터 PCC_x 는 가로축

(2) $|\epsilon_{xx}| < 1$ 이면 PCC_x 는 우상향

   (예) 완전보완재 효용함수의 경우 PCC_x 와 PCC_y 는 일치하며 원점을 출발하는 직선

(3) $|\epsilon_{xx}| > 1$ 이면 PCC_x 는 우하향

이제 X 재에만 주목하여 그 가격이 변화할 때 소비자가 원하는 수량이 어떻게 변하는가를 살펴보자. 이 경우 [그림 4-12(B)]와 같은 X 재의 수요곡선을 얻는다.

> **수요곡선**(demand curve) 수요함수에서 소득과 다른 상품의 가격, 선호 등 다른 상황이 일정하다고 가정한(ceteris paribus) 상태에서 해당 상품의 가격이 변화하는 경우 그에 따라 수요량이 어떻게 변화하는가를 그래프로 나타낸 것

효용함수는 선호를 반영하고 있으며 그러한 효용함수의 형태에 따라 수요함수의 형태가 달라진다. 즉 효용함수의 형태는 수요함수의 형태에 반영된다(4.4 참조). X 재의 수요곡선은 이런 특성을 지닌 X 재의 수요함수 $x = d_x(p_x, p_y, M)$ 에서 다른 상황(p_y, M, 그리고 함수형태, 즉 수요함수 이면의 선호)이 일정하다고 가정하고(ceteris paribus) p_x 와 x 의 관계를 그린 것이다. 그런데 사실상 수요곡선뿐만 아니라 앞으로 이 책에 등장하게 될 공급곡선, 생산요소수요곡선 등의 경우에도 모두 이러한 '다른 상황이 일정하다면'(ceteris paribus)의 가정이 전제되어 있다.

한편 수요함수에서는 가격이 독립변수이고 수요량이 종속변수이다. 그런데 수요곡선을 그릴 때에는 일반적인 수학의 관행과는 달리 독립변수인 가격을 세로축에 표시하고 종속변수인 수요량을 가로축에 표시한다. 따라서 [그림 4-13(A)]가 보여 주듯이 주어진 수요곡선에서 볼 때 세로축의 임의의 가격에서 옆으로 읽으면 그 가격에 대응하는 수요량을 얻는다. 반면에 [그림 4-13(B)]에서 보듯이 가로축의 임의의 수요량에서 위로 읽으면 그 수요량에 대응하는 한계편익을 얻는다. 그 수요량에서 본다면 소비자가 그 수량을 구입하는 이유는 그로부터 추가로 편익을 얻기 때문이다. 즉 한계편익을 얻기 때문이다. 그런데 그 한계편익의 크기가 그 수요량에서 위로 읽을 때 얻는 가격과 같다는 것이다. 그 한계편익이 가격보

그림 4-13 **수요곡선의 해석**

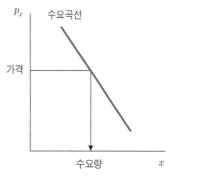 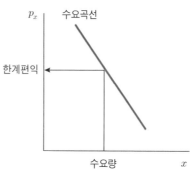

(A) 가격과 수요량   (B) 수요량과 한계편익

주어진 수요곡선에서 볼 때 세로축의 임의의 가격에서 옆으로 읽으면 그 가격에
대응하는 수요량을 얻는다. 반면에 가로축의 임의의 수요량에서 위로 읽으면 그
수요량에 대응하는 한계편익을 얻는다.

다 크다면 그 수량보다 더 많이 구입했을 것이고 가격보다 작다면 그 수량을 구입하지 않았
을 것이기 때문이다(이에 대해서는 4.6.3에서 자세히 검토한다).

> X재 수요곡선상의 각 점은 [그림 4-12(A)]의 PCC_x상의 각 점에 대응한다. 그런데 PCC_x
> 상의 각 점은 $MRS_{xy} = \dfrac{p_x}{p_y}$라는 효용극대화 조건을 만족시키므로 X재 수요곡선상의 각
> 점에서는 효용이 극대화되고 있다.

보통재의 경우는 물론이고 열등재의 경우에도 열등의 정도가 심하지 않을 경우에는 가
격이 하락함에 따라 수요량이 증가한다. 그 결과 수요곡선이 우하향한다. 그러나 열등의 정
도가 대단히 심한 기펜재의 경우에는 가격이 하락(상승)할 때 수요량이 오히려 감소(증가)한
다. 그 결과 기펜재의 수요곡선은 우상향한다. 이들에 대한 상세한 내용은 6.2에서 다룬다.

한편 이상과 같은 방법으로 얻은 개인의 수요곡선들을 모든 개인들에 대해 수평으로
합하면 **시장수요곡선**(market demand curve)을 얻을 수 있다(8장 참조).

(1) 수요곡선상의 움직임과 수요곡선 자체의 이동

수요량(quantity demanded)의 변화와 **수요**(demand)의 변화를 혼동해서는 안 된다. 한편 수
요량이나 수요는 모두 의향이나 계획을 나타내는 것이지, 실제 구매가 이루어진 것을 의미
하는 것은 아니다.

첫째, [그림 4-12(B)]에서 보았듯이, 해당 상품의 가격변화는 주어진 수요곡선상의 움직

제 4 장 소비자의 최적선택: 효용극대화와 수요 **115**

임(movement along the fixed demand curve)으로 나타난다. 이 경우 **수요량이 변화**(change in quantity demanded)했다고 말한다. 예를 들어 X재의 가격이 하락하면 주어진 X재의 수요곡선상에서 수요곡선을 따라 아래로 움직이며 수요량이 증가한다. 이때 수요곡선상의 각 점은 [그림 4-12(A)]의 점점 더 높은 무차별곡선상의 각 점에 대응하게 되며 그에 따라 소비자의 효용이 점점 증가한다.

둘째, 수요곡선을 그릴 때 일정하다고 가정했던 다른 상품의 가격, 소득, 또는 선호가 변화하면 **수요곡선 자체가 이동**(shift of the demand curve)한다. 이 경우 **수요가 변화**(change in demand)했다고 말한다. 예를 들어 정상재일 경우 소비자의 소득이 증가하면, 어떤 주어진 가격에 대해서도 그는 이전보다 더 많은 수량을 소비하기를 원한다. 따라서 수요곡선이 오른쪽으로 이동하여 수요가 증가한다.[13]

(2) 완전대체재: $U(x, y) = x + y$의 경우

첫째, 누차 말했듯이 두 상품을 완전대체재로 생각하는 소비자는 둘 중에서 값이 싼 상품만을 구입한다. 예를 들어 백포도주 X와 적포도주 Y를 완전대체재로 생각하는 소비자를 생각해 보자. (1) $p_x < p_y$일 경우 이 소비자는 백포도주 X만을 마신다. 그러므로 백포도주 X의 **수요함수**는 예산제약식의 y에 0을 대입함으로써

$$x = \frac{M}{p_x}$$

으로 구해진다. (2) $p_x = p_y$일 경우에는 예산선상에 있는 어떤 점을 선택하더라도 효용이 같다. (3) $p_x > p_y$일 경우에는 백포도주 X의 수요량은 0이 된다.

둘째, 정리하면 X재의 **수요함수**는

(1) $p_x < p_y$(즉 $\dfrac{p_x}{p_y} < MRS_{xy} = \dfrac{MU_x}{MU_y} = 1$, 즉 '$X$재 구입의 한계비용 < X재의 한계편익')일 때,

$$x = \frac{M}{p_x}$$

(2) $p_x = p_y$(즉 $\dfrac{p_x}{p_y} = MRS_{xy} = \dfrac{MU_x}{MU_y} = 1$, 즉 '$X$재 구입의 한계비용 = X재의 한계편익')일 때, x는 예산선상의 어떤 X재 수량도 가능

---

13 이러한 사실은 다음과 같은 방법으로 확인할 수 있다. (1) 소득이 증가할 경우 [그림 4-12(A)]에 그려져 있는 3개의 예산선들이 각각 어떻게 변화하는가를 그린다(이때 새로운 예산선들은 원래의 예산선들이 모두 각각 오른쪽으로 평행이동한 상태로서 새로운 세로축 절편을 공통으로 가지게 된다). (2) 이 새로운 3개의 예산선들이 새로운 무차별곡선들과 접하는 점들 3개를 찾는다. (3) 이 3개의 점들에 대응하는 값들을 [그림 4-12(B)]에 나타낸다. 이때 원래의 수요곡선이 반드시 평행이동하는 것은 아니라는 점에 주목하자.

(3) $p_x > p_y$(즉 $\dfrac{p_x}{p_y} > MRS_{xy} = \dfrac{MU_x}{MU_y} = 1$, 즉 'X재 구입의 한계비용 > X재의 한계편익')일 때, $x = 0$
이 된다.

[그림 4-14]에 있는 p_x의 가격소비곡선은 이러한 결과에 바탕을 두고 그린 것이다. 특히 $p_x < p_y$일 경우 $x = \dfrac{M}{p_x}$인 상태에서 p_x가 계속 하락할 경우 $y = 0$이면서 x가 계속 커지므로 그림에서 보듯이 PCC_x는 가로축을 따라 커진다.

그림 4-14   **완전대체재의 P_x의 가격소비곡선**

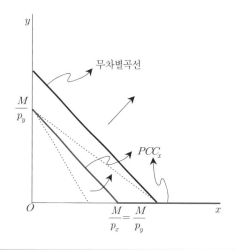

완전대체재의 p_x의 가격소비곡선은
예산선과 X절편 이후의 X축으로 나타난다.

셋째, 소득이 일정하고 적포도주의 가격도 $\bar{p}_y$에서 일정하다고 하자. 이때 백포도주의 가격 p_x가 변화할 때 그 수량이 어떻게 변화하는가를 그리면 백포도주의 수요곡선을 얻는다. 다음 예제는 이러한 내용을 보여주고 있다.

예제 4.5   **완전대체재의 수요곡선**

어떤 개인이 야채 2단위와 과일 3단위를 서로 대체하여 소비한다고 한다. 이 사람이 야채와 과일에 소비할 수 있는 돈이 12,000원이고, 야채와 과일 1단위의 값이 각각 1,000원이라고 한다.

a. 이 사람의 선호순서를 효용함수로 나타내시오.
b. 예산선과 무차별곡선을 그리고 최적선택을 나타내시오. 최적선택의 결과를 직관적으로 설명하시오.
c. 야채의 가격이 2,000원으로 올랐을 때 최적선택을 그림에 나타내시오.
d. 위의 결과들을 이용하여 야채에 대한 수요곡선의 개형을 그리시오.

KEY 대체재의 효용함수와 수요곡선에 대해 명확하게 이해하자.

풀이 야채 수요량을 x, 과일 수요량을 y라 놓자.

a. 야채 2단위와 과일 3단위가 동일한 효용을 준다는 점에 주목하자. 그러면 효용함수는
$U = 3x + 2y$라는 것을 알 수 있다.

b. $1,000x + 1,000y = 12,000$. 무차별곡선은 [그림 1]처럼 기울기가 -1.5인 직선이다. 그러므
로 최적선택은 $(12, 0)$이다. 야채 2,000원어치와 과일 3,000원어치기 동일한 효용을 세공함
에 주목하자.

c. 야채의 가격이 2,000원으로 올랐기 때문에 이제 야채 4,000원어치와 과일 3,000원어치
가 동일한 효용을 제공한다. 그러므로 [그림 2]처럼 과일만 12단위를 소비한다.

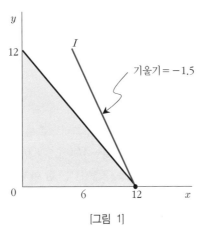

[그림 1]

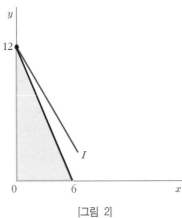

[그림 2]

d. (참고: 야채의 가격이 1,500원일 때의 선택)

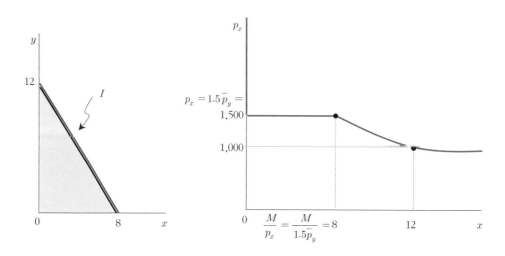

〈그림 그리는 요령〉

1. p_y를 고정시키고 생각하자.
2. 야채가 주는 효용은 과일이 주는 효용의 1.5배이다. 그러므로 야채의 가격이 과일 가격의 1.5배보다 작으면 야채만 소비한다. 그 결과 $p_x x + p_y y = M$에서 y가 0이면 $x = \dfrac{M}{p_x}$이다.
3. 야채의 가격이 과일 가격의 1.5배이면 예산을 충족시키는 한 야채나 과일을 어떻게 조합하여 소비하더라도 효용은 같다.
4. 야채의 가격이 과일 가격의 1.5배보다 크면 야채의 수요량은 0이 된다.

---

(3) 완전보완재: $U(x, y) = \min[x, y]$의 경우

(1) 완전보완재의 경우 p_x의 가격소비곡선(PCC_x)과 p_y의 가격소비곡선(PCC_y)은 모두 원점에서 출발하는 직선이 된다. 완전보완재의 경우에는 가격에 관계없이 두 상품을 항상 같은 수량만큼씩 소비하기 때문이다. 수식을 통해 보여주는 방법은 ICC의 경우와 같다. PCC_x는 M과 p_y가 일정한 상태에서 p_x가 변화할 때 그에 상응하여 x와 y가 어떻게 변화하는가 그 관계를 보여주는 곡선이다. 그러므로 PCC_x를 구하려면 두 수요함수에서 p_x가 매개변수 역할을 한다는 점에 주목해야 한다. 이때 PCC_x를 얻으려면 두 수요함수를 연립으로 하여 p_x를 소거해 주면 된다. 그런데 4.5.2(5)에서 수요함수가 각각

$$x = \frac{M}{p_x + p_y}, \ y = \frac{M}{p_x + p_y}$$

으로 구해졌다. 그러므로 두 수요함수를 연립으로 하여 p_x를 소거해 주면 PCC_x는 $y = x$로 구해진다. 같은 방법으로 PCC_y도 $y = x$로 구해진다.

(2) 완전보완재의 경우 우하향하는 보통 모양의 수요곡선을 지닌다. 완전보완재의 경우 X재의 수요함수에서 M과 p_y를 일정하게 놓은 후 p_x가 변할 때 x가 어떻게 변하는가를 그려보면 X재의 수요곡선의 모양을 알 수 있다. 이때 X재의 수요곡선은 사실상 직각쌍곡선인 $x = \dfrac{M}{p_x}$을 아래로 p_y만큼 이동시킨 것이다.

📋 예제 4.6 완전보완재의 수요곡선

어떤 채식주의자가 매식사 때마다 야채(X) 2단위와 과일(Y) 3단위를 항상 함께 먹는다고 한다. 이 사람이 야채와 과일에 소비할 수 있는 돈이 30,000원이고, 야채와 과일 1단위의 값이 각각 1,000원이라고 한다.

a. 이 사람의 선호순서를 효용함수로 나타내시오.
b. 야채와 과일의 구입량은 각각 몇 단위인가?
c. 예산선과 무차별곡선을 그리고 최적선택을 나타내시오.
d. 야채의 가격이 1,500원으로 올랐을 때 최적선택을 나타내시오.
e. 위의 결과들을 이용하여 야채에 대한 수요곡선의 개형을 그리시오.
f. 이 사람의 한 끼 식사를 하나의 상품으로 간주할 수 있는 이유를 말하시오. 한 끼 식사에 대한 수요곡선의 모양은 어떠한가?

KEY 보완재의 효용함수와 수요곡선에 대해 명확하게 이해하자.

풀이 a. 야채 수요량을 x, 과일 수요량을 y라 하면 $U = \min[x/2, \ y/3]$이 된다.

b. $\min[\ ]$이라는 기호의 의미를 다시 한 번 되새겨 보자. 예를 들어 $\min[3, 5] = 3$이다. 즉 $\min[\ ]$은 [ ] 안에 있는 숫자 중에서 작은 수를 택하라는 의미이다. 그러므로 효용을 극대화하려면 [ ]에 있는 두 값이 같아지도록 소비해야 한다. 예를 들어 [3, 5]일 경우에는 어차피 효용은 작은 값 3으로 정해지는데 돈을 들여 가며 불필요하게 과일을 많이 소비하는 셈이 된다. 그러므로 주어진 소득으로 효용을 극대화하려면 $\dfrac{x}{2} = \dfrac{y}{3}$가 되도록 소비해야 한다. 즉 $y = 1.5x$가 되도록 소비해야 한다. 그러므로 야채 구입량을 k라 하면, 과일 구입량은 $1.5k$가 된다.

이 경우 $1,000k + (1,000)(1.5k) = 30,000$으로부터 $k = 12$이다. 그러므로 야채의 구입량은 12단위, 과일의 구입량은 18단위이다.

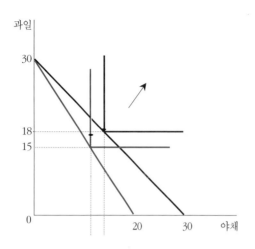
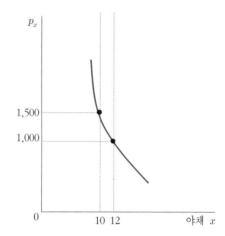

c. 예산선의 절편은 각각 30이다. L자형의 무차별곡선의 꼭지점이 예산선과 (12, 18)에서 만나게 그리면 된다.

d. 예산선의 가로축 절편은 20, 세로축 절편은 30이다. $1,500k + (1,000)(1.5k) = 30,000$ 으로부터 $k = 10$이다. 그러므로 야채의 구입량은 10단위, 과일의 구입량은 15단위이다. L자형의 무차별곡선의 꼭지점이 예산선과 (10, 15)에서 만나도록 그리면 된다.

e. 일반적으로 볼 때 $p_x x + p_y y = M$에서 $p_x k + p_y (1.5k) = M$이다. 이로부터 $k = \dfrac{M}{p_x + 1.5p_y}$ 이다. 즉 $x = \dfrac{M}{p_x + 1.5p_y}$이다. 여기에 해당되는 값들을 대입하면 $x = \dfrac{30,000}{p_x + 1.5(1,000)}$ 을 얻는다.

f. 식사 한 끼를 가격 $2p_x + 3p_y$인 상품으로 간주할 수 있다. 이 값을 p, 이때의 식사구입량을 q라 하면 $pq = 30,000$이 된다. 그러므로 수요곡선은 직각쌍곡선이 된다.

---

(4) 콥-더글라스 효용함수: $U(x, y) = x^\alpha y^\beta$의 경우

첫째, p_x의 가격소비곡선은 X축에 수평인 직선으로 나타나고, p_y의 가격소비곡선은 Y축에 수평인 직선으로 나타난다(예제 4.7 참조).

둘째, 수요함수는 각각 $x = \dfrac{\alpha M}{p_x}$, $y = \dfrac{\beta M}{p_y}$이며 수요곡선은 모두 직각쌍곡선이다(예제 4.7 참조).

![예제 아이콘] **예제 4.7 콥–더글라스 효용함수의 가격소비곡선과 수요곡선**

콥–더글라스 효용함수 $U(x,\ y) = x^\alpha y^\beta$를 생각해 보자. 이때 $\alpha + \beta = 1$이라고 하자. 상품의 가격이 각각 p_x, p_y이고 소득이 M일 경우 X재와 Y재에 대한 수요함수는 각각 $x = \dfrac{\alpha M}{p_x}$, $y = \dfrac{\beta M}{p_y}$으로 구해진다.

   a. p_x의 가격소비곡선을 그리시오.
   b. 수요곡선을 그리시오.

풀이   a. p_x의 가격소비곡선 PCC_x는 p_y와 M이 주어진 상태에서 p_x가 변할 때 그에 상응하여 변하는 x와 y의 관계를 나타낸 것이다. 이때 p_x가 x와 y의 관계를 맺어주는 매개변수 역할을 한다. 그런데 콥–더글라스 효용함수의 경우 수요함수를 관찰해 보면 p_x가 사실상 매개변수의 역할을 하지 못한다. 그래서 다른 방법으로 PCC_x를 찾아야 한다.

       X재의 가격이 떨어질 경우를 생각해 보자. X재의 수요함수에서 볼 때 X재의 가격이 떨어짐에 따라 X재 수요량은 계속 증가한다. 그러나 Y재의 수요량은 일정하다. 이처럼 X재 수요량은 계속 증가하는데 Y재 수요량은 일정하다는 것은 가격소비곡선이 X축에 수평한 직선으로 나타난다는 것을 말한다.

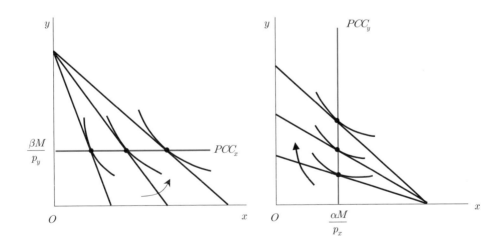

       같은 논리로 Y재의 가격이 떨어질 경우에는 p_y의 가격소비곡선은 Y축에 수평인 직선으로 나타난다.

   b. X재의 수요곡선은 X재의 수요함수에서 p_y와 M이 일정하다고 하고 p_x와 x의 관계를 나타낸 것이다. 그런데 주어진 X재의 수요함수에는 p_y가 들어있지 않다. 또한 p_x가 하락할 경우 x가 증가한다. 특히 $p_x x = \alpha M$이다. 다시 말하면 수량과 가격을 곱한 값이 일

정하다. 그러므로 X재의 수요곡선은 직각쌍곡선으로 그려진다. 같은 논리로 Y재의 수요곡선도 직각쌍곡선으로 그려진다.

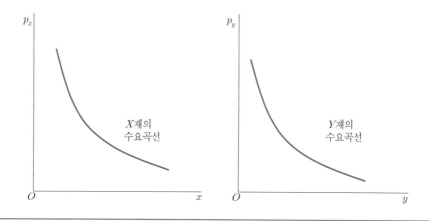

4.6.3 한계편익곡선으로서의 수요곡선

수요곡선은 한계편익곡선으로 볼 수 있다. 구체적인 예를 통해 검토해 보자.

(1) 수요곡선 도출

효용함수가 $U(x,\ y) = xy$, 각 상품의 가격이 p_x, p_y, 소득이 M일 경우 X재에 대한 수요곡선을 구해보자. 이 경우 [예제 4.2]에서 보듯이 효용극대화조건은

$$\frac{y}{x} = \frac{p_x}{p_y}, \ \ 즉 \ \ MRS_{xy} = \frac{p_x}{p_y}$$

이고 수요함수는

$$x = \frac{M}{2p_x}, \ \ y = \frac{M}{2p_y}$$

으로 구해진다. 그러므로 X재에 대한 수요곡선의 식은

$$x = \frac{\overline{M}}{2p_x}$$

가 된다. 이때 M이 일정하다고 가정하고 있음에 주목하자.

설명의 편의상 구체적인 수요곡선을 그려보자. 이를 위해 X재의 가격이 500원, Y재의

가격이 500원, 소득이 30,000원일 경우 X재의 수요량을 구해보자. 라그랑지함수를 이용해
풀어도 되지만 이 값들을 위 식에 직접 대입하면 $x = 30$으로 구해진다. X재의 가격이
1,000원으로 오를 경우에는 $x = 15$, X재의 가격이 250원으로 떨어질 경우에는 $x = 60$이
된다. 이 결과를 이용하여 X재의 수요곡선을 그리면 [그림 4-15]와 같다. 한편 Y재의 수요
량은 30으로서 일정하다.

그림 4-15 **한계편익곡선으로서의 수요곡선**

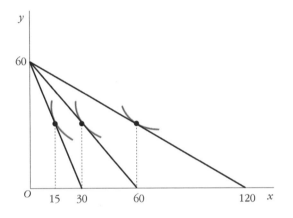

(A) 가격의 변화와 수요량의 변화

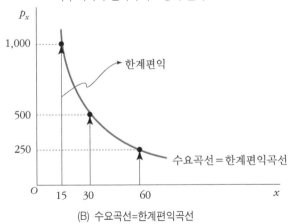

(B) 수요곡선=한계편익곡선

수요곡선은 한계편익곡선으로 볼 수 있다.
이때 가로축의 임의의 수요량에서 수요곡
선에 이르는 거리가 그 수요량에서의 한계
편익이다.

(2) 수요곡선=한계편익곡선

수요곡선은 한계편익곡선으로 볼 수 있다(엄밀하게는 한계편익곡선은 소절 (3)에 등장하는 '역' 수요곡선이다). 이에 대해 검토해 보자.

(1) X재 수요곡선상의 각 점은 최적선택에 대응한다. 그리고 최적선택에서는 $MRS_{xy} = \dfrac{p_x}{p_y}$ 의 관계가 성립한다. 그러므로 앞 소절 (1)의 예처럼 $p_x = 1,000$원이고 $p_y = 500$원 일 때에는 $\dfrac{p_x}{p_y} = \dfrac{1,000원}{500원} = 2$이고 그때 수요량은 $x = 15$, $y = 30$이 되므로 $MRS_{xy} = \dfrac{y}{x} = \dfrac{30}{15} = 2$가 된다.[14]

(2) 한편 3장에서 배웠듯이 MRS는 한계편익으로 해석할 수 있다. 따라서 $MRS_{xy} = 2$ 라는 것은 수요량 $x = 15$에서 X재의 한계편익(marginal benefit of good X: MB_x)을 Y재로 표현하면 Y재 2단위에 해당한다는 것을 의미한다. 그런데 Y재의 가격이 500원이므로 MB_x 를 화폐단위로 표현하면 2×500(원)이 된다. 즉 MB_x를 화폐단위로 표현하면 $MRS_{xy} \times p_y$가 된다.

그런데 최적선택에서는 $MRS_{xy} = \dfrac{p_x}{p_y}$ 가 성립하므로 이 식의 양변에 p_y를 곱하면

$$MRS_{xy} \times p_y = p_x$$

가 된다. 그러므로 최적선택에서는 화폐단위로 표현한 MB_x인 $MRS_{xy} \times p_y$가 p_x와 같아진다. 현재의 예에서 볼 때 $p_x = 1,000$원일 경우 최적선택인 $x = 15$에서 MB_x를 화폐단위로 표현한 2×500(원)이 X재의 가격인 1,000원과 같아진다는 것이다.

> X재 수요곡선상의 어느 점에서든지 MB_x를 화폐단위로 평가하면 $MRS_{xy} \times p_y$이다. 즉 $MB_x = MRS_{xy} \times p_y$이다. 그런데 효용극대화조건인 $MRS_{xy} = \dfrac{p_x}{p_y}$는 양변에 p_y를 곱하여 화폐단위로 표현하면 $MRS_{xy} \times p_y = p_x$가 되므로 여기에 앞의 결과를 적용하면 결국 '$MB_x = p_x$'가 된다. 즉 소비자는 $p_x = MB_x$인 곳에서 효용을 극대화한다. 한편 4.1.2에서 '한계편익=한계비용'이라고 한 것은 Y재 단위로 표현한 것임을 상기하자.

(3) 결국 $p_x = 1,000$원일 때 수요량은 $x = 15$이고 이때 가격 1,000원은 X재 15번째 단위가 주는 편익, 즉 한계편익과 같다. 그 한계편익이 가격 1,000원보다 크다면 더 구입했을 것이고 그 한계편익이 가격 1,000원보다 작다면 15번째 단위를 구입하지 않았을 것이다. 바

---

14 $MRS_{xy} = \dfrac{y}{x}$는 앞 소절 (1)에서 말했듯이 [예제 4.2]에서 구한 것이다. $y = 30$은 수요함수 $y = \dfrac{M}{2p_y}$에 주어진 정보인 $M = 30,000$과 $p_y = 500$을 대입해서 얻은 값이다.

꾸어 말하면 14번째 단위는 그 한계편익이 가격 1,000원보다 크기 때문에 구입하고 16번째 단위는 그 한계편익이 가격 1,000원보다 작기 때문에 구입하지 않는다. 결국 가격이 1,000원일 경우 그 수요량인 15단위에서의 한계편익은 가격 1,000원과 같다. 그리고 그 크기는 [그림 4-15(B)]를 가로축에서 위로 읽을 때 가로축의 15번째 단위에서 수요곡선까지의 수직거리로 나타난다.

(3) 수요곡선, 한계편익곡선, 효용극대화, 순편익극대화

이러한 내용은 [그림 4-16]을 이용하면 보다 깊이 있게 설명할 수 있다.

(i) 수량이 15단위보다 작을 경우에는 한계편익이 가격보다 크다. 예컨대 x_1에서는 한계편익 a가 가격 1,000보다 크다. 이 경우 x_1번째 단위를 구입하면 그 둘의 차이인 $(a-1,000)$만큼 순편익(총편익에서 지불한 금액을 차감한 금액)이 증가한다. 이러한 논리는 사실상 1번째 단위로부터 시작하여 15번째 단위에 이를 때까지 지속된다. 그리하여 15번째 단위에서 이러한 순편익이 가장 커진다.

(ii) 반대로 수량이 15단위보다 클 경우에는 한계편익이 가격보다 작다. 예컨대 x_2에서는 한계편익 b가 가격 1,000보다 작다. 이 경우 x_2번째 단위를 구입하지 않을 경우 오히려 그 둘의 차이인 $(1,000-b)$만큼 순편익이 증가한다. 구입하지 않음으로써 절약되는 금액(가격 1,000)이 편익 상실(b)보다 그만큼 크기 때문이다. 이러한 논리는 15번째 단위를 넘어서부터는 항상 적용된다. 그러므로 15번째 단위까지만 구입한다.

그림 4-16 **순편익극대화와 한계편익**

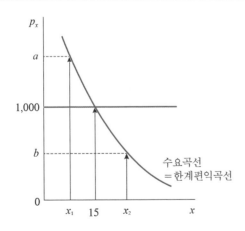

가격이 1,000원일 경우 순편익이 극대화되는 수량은 15단위이다. 이때 순편익이 극대화되는 15번째 단위에서의 한계편익은 가격인 1,000원과 같다. 그리고 그 크기는 수요곡선을 가로축에서 위로 읽을 때 가로축의 15번째 단위에서 수요곡선까지의 수직거리(중간 화살표)로 나타난다.

(iii) 이상의 내용을 종합할 경우

가격이 1,000원일 때에는 15번째 단위에서 순편익이 극대화된다는 것을 알 수 있다. 이것은 가격이 1,000원일 경우 효용을 극대화하는 수요량이 15단위라는 것과 그 의미가 같다.

이때 순편익이 극대화되는 15번째 단위에서의 한계편익은 가격인 1,000원과 같다. 그리고 그 크기는 수요곡선을 가로축에서 위로 읽을 때 가로축의 15번째 단위에서 수요곡선까지의 수직거리(중간 화살표)로 나타난다.

(1) 다른 수요량들에도 같은 해석이 적용된다. 예를 들어 $p_x = 500$원일 때 수요량은 $x = 30$인데, 이때 X재 30번째 단위가 주는 한계편익은 가격 500원과 같다. 그리고 그 크기는 [그림 4-15(B)]를 가로축에서 위로 읽을 때 가로축의 30번째 단위에서 수요곡선까지의 수직거리로 나타난다.

(2) 일반적으로 말해서 주어진 수요곡선에서 볼 때 임의의 가격 p_x에 대응하는 수요량 x에서 한계편익은 가격 p_x와 같다. 그리고 그 한계편익의 크기는 가로축의 해당 수요량 x에서 수요곡선에 이르는 수직거리인 p_x로 나타난다. 그러므로 수요곡선은 한계편익곡선으로 볼 수 있다. [그림 4-15(B)]는 이러한 내용을 보여주고 있다.

(3) 즉 수요곡선은 p_x가 변화할 때 그에 대응하는 X재에 대한 수요량과 (X재의 한계편익을 화폐단위로 평가한) $MRS_{xy} \times p_y$의 관계를 p_y가 일정하다고 가정(ceteris paribus를 상기하자)하고 그래프로 나타낸 것으로 볼 수 있다.[15]

이러한 측면에서 수요곡선을 한계편익곡선으로 생각할 수 있다는 것이다(관련 내용 6.7.2(4) 참조). 결국 같은 곡선이라도 수요곡선으로 해석할 때에는 세로축에서 옆으로 읽게 되며, 한계편익곡선으로 해석할 때에는 가로축에서 위로 읽게 된다.

(4) 역수요함수와 역수요곡선

한편 수요함수의 경우 다른 상품의 가격과 소득은 일정하다고 가정하고(ceteris paribus) 해당 상품의 수량을 그 상품 가격의 함수로 나타내는 경우가 많다. 예를 들어 X재의 수요함수를 $x = x(p_x)$로 나타내는 것이다.

---

15 그런데 이때 [그림 4-15(A)]에서 보듯이 p_x가 변화할 경우 MRS_{xy}는 서로 다른 무차별곡선상에서 측정되고 있다. 이 내용은 특히 6.7에서 중요한 의미를 지니게 된다.

함수기호는 f가 아닌 다른 기호를 사용할 수도 있다. 사실상 3장에서도 효용함수의 기호를 f가 아닌 U를 사용했었다. 경제학에서는 $x = x(p_x)$처럼 종속변수를 나타내는 기호를 함수기호로 사용하는 경우가 많다.

사실상 $x = x(p_x)$를 그림으로 나타낸 것이 X재의 수요곡선이다. 이러한 상황에서 수요곡선을 한계편익곡선으로 본다는 것은 수량을 가격의 함수로 보던 것을 역으로 가격을 수량의 함수로 본다는 것을 의미한다. 즉 $x = x(p_x)$의 형태인 수요함수를 $p_x = p(x)$의 형태로 바꾸어 본다는 것이다. 이것을 **역수요함수**라고 한다.

> **역수요함수**(inverse demand function) 수식으로 표현할 때 수요함수는 수량을 가격의 함수인 $x = x(p_x)$의 형태로 표현하는데 이것을 가격을 수량의 함수인 $p_x = p(x)$의 형태로 바꾸어 표현한 것

역수요함수를 그래프로 나타낸 것을 **역수요곡선**(inverse demand curve)이라고 한다. 한편 수요곡선과 역수요곡선의 그래프는 같다. 세로축에 p를 나타내고 가로축에 x를 나타내는 것으로 정해진 상황에서는 예를 들어 $x + p - 10 = 0$을 어떻게 정리해서 그리든 같은 그래프를 얻는 이치이다. 다만 바라보는 방향이 다를 뿐이다.

이 시점에서 [그림 4-13]으로 돌아가 보자. 가격이 세로축, 수량이 가로축에 놓여 있다. 이러한 상황에서 [그림 4-13(A)]처럼 세로축의 임의의 가격에서 옆으로 읽을 경우 수요량을 얻는다는 것은 수요량을 가격의 함수로 본다는 것을 의미한다. 즉 이 곡선을 수요곡선으로 본다는 것이다. 반면에 [그림 4-13(B)]처럼 가로축의 임의의 수요량에서 위로 읽을 경우 한계편익을 얻는다는 것은 한계편익을 수량의 함수로 본다는 것을 의미한다. 즉 이 곡선을 사실상 역수요곡선으로 본다는 것이다.

현시선호이론: 수요로부터 선호순서 도출

MICROECONOMICS

지금까지 우리는 소비자의 선호와 예산에 대한 정보로부터 소비자의 수요를 알아냈다.

(1) 현시선호이론에 따르면 이와 역으로 소비자의 수요에 대한 정보로부터 소비자의 선호가 어떠한가를 알 수 있다. 이에 대해 검토하는 것이 이번 장의 핵심이다.

(2) 현시선호이론이 적용되는 예들 중의 하나로서 지수에 대해 살펴볼 것이다. 지수는 서로 다른 시점 의 상품묶음이나 가격을 비교함으로써 후생의 변화를 평가하는 데 사용된다. 아울러 지수가 지니고 있는 일반적인 문제점들에 대해서도 살펴본다.

무엇을 공부할 것인가

1. 선택할 수 있는 여러 가지 상품묶음들 중에서 어느 한 상품묶음을 선택했다고 하자. 이러한 결 과가 선호순서에 대해 함축하고 있는 것은 무엇인가?

2. 현시선호의 약공리란 무엇인가? 이 공리를 위반하는 예를 들어보자. 이 공리를 만족시키는 예 를 들어보자.

3. 현시선호의 강공리를 만족시키는 선택 행위는 최적선택 행위와 어떠한 관계가 있는가?

4. 라스파이레스 수량지수란 무엇인가? 후생이 감소한 경우 이 값의 크기는 어떠한가? 그 이유는 무엇인가?

5. 파셰수량지수란 무엇인가? 후생이 증가한 경우 이 값의 크기는 어떠한가? 그 이유는 무엇인가?

6. 라스파이레스 가격지수란 무엇인가? 후생이 증가한 경우 이 값의 크기는 어떠한가? 그 이유는 무엇인가?

7. 파셰가격지수란 무엇인가? 후생이 감소한 경우 이 값의 크기는 어떠한가? 그 이유는 무엇인가?

8. 지수문제란 무엇인가? 그 예들은 어떠한가?

5.1 현시선호

5.1.1 현시선호의 개념

현시선호의 개념을 파악하기 위해 먼저 다음과 같은 간단한 질문에 답하는 것으로부터 시작해 보자. 어떤 사람이 현재 지니고 있는 돈으로 사과를 살 수도 있고 포도를 살 수도 있다고 하자. 그런데 그 중에서 사과를 샀다면 이로부터 그는 사과와 포도 중 어느 것을 더 좋아한다고 말할 수 있을까? 사과와 포도 중 어느 것도 살 수 있었는데 사과를 샀으므로, 두 말 할 필요도 없이 사과를 더 좋아한다고 말할 수 있다. 그러나 그가 지니고 있는 돈이 포도를 사기에는 모자라는 경우였다면 사과와 포도 사이의 선호순서를 비교할 수 없다. 사과를 좋아해서 사과를 샀는지 포도를 더 좋아하지만 돈이 모자라서 사과를 샀는지 알 수 없기 때문이다.

언뜻 보기에는 생소한 현시선호의 개념도 사실은 이러한 간단한 원리에 기초하고 있다. 그런데 여기서 무엇보다도 중요한 것이 있다. 즉 그가 '최적선택'을 하고 있다는 것을 전제로 한다는 점이다.

이러한 내용을 염두에 두고 이제 개인의 선택 행위로부터 개인의 선호에 대한 정보를 얻는 방법에 대해 구체적으로 살펴보기로 하자. 이를 위해 [그림 5-1]과 같은 예산집합에서 최적선택이 (x_0, y_0)로 주어졌다고 하자. 이때 예산집합에는 속하지만 최적선택은 아닌 임

그림 5-1 **현시선호**

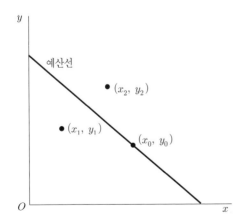

예산집합 내에 있는 다른 상품묶음을 선택할 수 있었음에도 불구하고 (x_0, y_0)를 선택했다면, (x_0, y_0)는 다른 상품묶음들에 대해 현시선호된 것이다.

의의 상품묶음 (x_1, y_1)을 하나 잡자. 그리고 소비자가 최적선택을 한다는 가정하에 두 상품묶음 사이의 선호순서에 대해 생각해 보기로 하자.

(x_1, y_1)은 예산선 아래에 있으므로 소비자가 구입하려고 마음만 먹으면 구입할 수 있다. 이 말을 음미해 보면, 소비자가 충분히 자신의 소득으로 (x_1, y_1)을 구입할 수 있었음에도 불구하고 구입하지 않고 그 대신 (x_0, y_0)를 구입하였다는 것이다. 그런데 이것은 (x_0, y_0)를 (x_1, y_1)보다 선호한다는 것으로 해석할 수 있다. 이러한 경우 (x_0, y_0)가 (x_1, y_1)에 대해 현시선호되었다고 한다.

한편 이러한 논리는 비단 (x_1, y_1)에 대해서만 적용되는 것이 아니고, 예산집합 안에 있는 모든 상품묶음들에 대해서 적용된다.

물론 예산집합 밖에 있는 (x_2, y_2)는 주어진 소득으로는 구입할 수 없다. 그러므로 (x_0, y_0)가 선택되었더라도 (x_0, y_0)가 (x_2, y_2)에 대해 현시선호되었다고 말할 수는 없다.

🌱 **현시선호**(revealed preference) 예산집합에 속하는 다른 어떤 상품묶음들도 선택 가능하지만 그것들을 선택하지 않고 (x_0, y_0)를 선택한 경우, 다른 모든 상품묶음들에 대해 (x_0, y_0)가 현시선호되었다라고 함.

5.1.2 직접현시선호

이제 두 상품의 가격이 (p_{x_0}, p_{y_0})로 주어진 상태에서 (x_1, y_1)이 선택 가능하지만 (x_0, y_0)를 선택했다는 말의 의미를 되새겨 보자. 이 말은 (x_0, y_0)를 샀지만 그것을 사지 않고 (x_1, y_1)을 사려고 했으면 살 수도 있었다는 것을 의미한다. 다시 말하면 이 말은 (x_1, y_1)을 살 때에는 (x_0, y_0)를 살 때보다 돈이 더 들지는 않는다는 것을 의미한다. 그러므로

$$p_{x_0} x_0 + p_{y_0} y_0 \geq p_{x_0} x_1 + p_{y_0} y_1$$

이 성립한다. 이제 상품묶음을 Q_0, Q_1으로 표기하고, 가격벡터를 P_0, P_1으로 표기하자. 그러면 위 식은

$$P_0 \cdot Q_0 \geq P_0 \cdot Q_1$$

으로 나타낼 수 있다. 앞으로는 편의상 이처럼 벡터를 사용해서 표기하기로 하자.

이와 같이 Q_1이 Q_0와 다른 상품묶음인데, 위 식이 성립할 경우 Q_0가 Q_1에 대해 **직접 현시선호**되었다고 한다.[1]

> 🌱 **직접현시선호**(direct revealed preference) 두 상품묶음 사이에 현시선호관계가 드러나는 경우

그리고 소비자가 자신이 선택할 수 있는 최선의 상품묶음을 선택한다면, 현시선호는 선호를 함축한다고 볼 수 있다. 즉 Q_0를 Q_1보다 선호한다고 말할 수 있다.

5.1.3 간접현시선호

위에서 직접현시선호되었다는 표현을 사용했다. 그렇다면 간접현시선호되는 경우도 있다는 의미이다. 이제 간접현시선호에 대해서 알아보자. 간접현시선호는 용어 자체로부터 짐작할 수 있듯이 직접 비교되지 않는 상품묶음들에 대해 간접적으로 비교하는 것이다.

예를 들어 [그림 5-2]에서 Q_2는 Q_0를 구입할 수 있는 예산으로는 구입할 수 없다. 그런데 직접현시선호는 어느 묶음도 구입할 수 있을 때에 적용되는 것이다. 그러므로 Q_0와

그림 5-2 간접현시선호

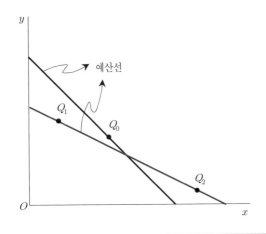

Q_0가 Q_2에 대해 직접현시선호되지는 않는다. 그러나 이때 Q_0가 Q_1에 대해 직접현시선호되고 Q_1이 Q_2에 대해 직접현시선호된다면 Q_0가 Q_2에 대해 간접현시선호된다.

---

1 본문의 부등식은 비단 Q_0뿐만이 아니고 예산선상에 놓이는 어떤 상품묶음에 대해서도 성립한다. 그렇다고 해서 예산선상의 어떤 상품묶음도 Q_1에 대해 직접현시선호되었다고 말하는 것은 옳지 않다. 그 이유는 Q_0가 선택된 상품묶음을 지칭하는 것이므로 선택되지 않은 상품묶음은 여기서 지칭하는 Q_0로 간주될 수 없기 때문이다.

Q_2 사이의 선호순서는 직접적으로 비교할 수 없다는 문제에 봉착한다.

이때 Q_0보다는 열등하지만 Q_2보다는 현시선호되는 Q_1이 관찰되었다고 하자. 그러면 논리적으로 보아 Q_0가 Q_2보다 낫다고 말할 수 있다. 이 경우 Q_0가 Q_2에 대해 간접현시선 호되었다고 한다.

> 🌱 **간접현시선호**(indirect revealed preference) 두 상품묶음을 직접적으로 비교할 수는 없지만 제3의 상품묶음을 통해 간접적으로 현시선호관계가 드러나는 경우

4개 이상의 상품묶음에 대해서도 이들을 간접적으로 비교함으로써 현시선호순서를 말할 수 있음은 물론이다.

지금까지 논의한 현시선호의 개념만으로도 소비자의 선택 행위로부터 소비자의 선호순 서에 대한 정보를 얻어낼 수 있다. 그러나 현시선호에 관한 다음의 두 가지 공리를 추가하면 좀더 자세한 정보를 얻을 수 있게 된다.

5.2 현시선호의 약공리

지금까지의 현시선호에 관한 논의는 소비자가 자신이 할 수 있는 최선의 선택 즉, 최적 선택을 한다는 가정을 전제로 하고 있다. 그러므로 만일 소비자가 최적선택을 하지 않는다 면 현시선호에 관한 논의는 무의미하게 된다. 그렇다면 소비자가 최적선택을 한다는 것을 어떻게 알 수 있을까? 이 질문과 관련하여 사실상 소비자가 최적선택을 하고 있는지에 관해 서 알기는 대단히 어려운 일이다. 그러나 적어도 소비자가 최적선택을 한다면 발생할 수 없 는 일에 대해서는 말할 수 있다.[2]

예를 들어 [그림 5-3(A)]는 가격 P_0에서 상품묶음 Q_0가 선택되고, 가격 P_1에서는 상 품묶음 Q_1이 선택된 상황을 나타내고 있다. 문제는 이러한 선택을 한 소비자가 최적선택을 하고 있는가이다. 이에 대해서 살펴보기로 하자.

가격 P_0에서 두 상품묶음이 모두 예산집합 내에 있으므로 예산상 어느 묶음도 선택할

---

2 만일 최적선택을 할 경우에는 발생할 수 없는 일이 실제로 관찰된다고 하자. 그러면 소비자가 최적선택을 하고 있 지 않다고 말할 수 있다. 이와 관련하여 일반적으로 어떤 명제가 참이라는 것을 입증하기는 쉽지 않다. 그러나 어 떤 명제가 참이라면 발생할 수 없는 현상을 찾음으로써 해당 명제가 참이 아니라는 것을 증명하는 것은 상대적으 로 쉽다고 알려져 있다.

그림 5-3	현시선호의 약공리 위반

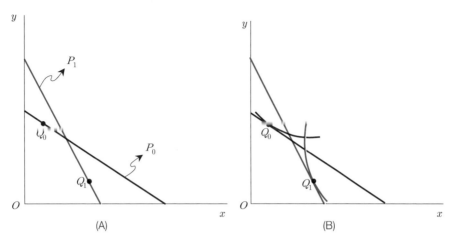

Q_0는 Q_1에 대해 직접선호된다. 그런데 Q_1도 Q_0에 대해 직접현시선호된다.
따라서 이 경우 현시선호의 약공리를 위반한다.

수 있다. 그런데 Q_0를 선택했으므로 Q_0가 Q_1보다 선호된다고 말할 수 있다. 한편 가격 P_1
에서도 어느 묶음이나 선택할 수 있었는데 Q_1을 선택했다. 그러므로 이번에는 Q_1이 Q_0보
다 선호된다고 말할 수 있다. 이러한 현상은 분명히 모순되는 것이다. 이 같은 현상은 소비
자가 최적선택을 하지 않거나 아니면 소비자의 선호나 기타 환경이 바뀌었을 경우에만 나
타날 수 있다. 그러나 일반적으로 가정하고 있듯이 분석하는 기간 동안 소비자의 선호나 기
타 환경이 변하지 않는다고 하자. 그렇다면 소비자가 최적선택을 하는 한 이러한 현상은 나
타날 수 없다.

　　이를 좀더 공식적으로 말해 보자.

> 🌱 **현시선호의 약공리**(weak axiom of revealed preference) Q_0가 Q_1보다 직접현시선호되고 Q_0와
> Q_1이 서로 다를 경우, Q_1은 Q_0보다 직접현시선호될 수 없다는 것

　　여기서 약공리라는 표현이 사용되고 있는데, 이것은 뒤에 강공리가 소개될 것임을 암시
하고 있다.

5.2.1 약공리의 선호순서에 대한 함축성

(1) 현재 분석하고 있는 기간 중에는 개인의 선호가 바뀌지 않아야 한다. 약공리의 내용은 이렇게 지극히 당연한 명제를 내포하고 있다. 이러한 측면에서 이 내용은 '공리'라는 이름을 지닐 자격이 충분하다.

어떤 사람이 사과를 포도보다 더 좋아하여 사과를 구입하다가 사과 가격이 오른 다음에는 사과 대신 포도를 구입했다고 하자. 선호가 바뀌지 않아야 한다는 점과 관련하여 볼 때 이것은 예산상의 문제 때문이지 갑자기 사과보다 포도를 더 좋아하게 되었기 때문은 아니다. 즉 선호순서는 가격과는 무관하다는 것이다. 물론 어느 것을 선택하는가는 가격의 영향을 받는다.

이와 같은 논의는 3장에서도 이미 다루었다. 그러나 보다 확실히 짚고 넘어가는 의미에서 또 다른 예를 들어 보기로 하자. 즉 어떤 사람이 중고차와 새차 중에서 중고차를 구입했다면, 이것이 그가 새차보다 중고차를 좋아하기 때문이라고 말할 수 있겠는가? 천만의 말씀이다. 세상에 새차보다 중고차를 더 좋아하는 사람은 없다. 그는 다만 돈이 없기 때문에 경제적인 사정을 고려하여 중고차를 산 것뿐이지, 결코 중고차를 더 좋아해서 구입한 것은 아니다. 다시 한 번 강조하지만 가격과 개인의 선호순서는 무관하다.

(2) 약공리는 3장에서 배운 **완비성공리**의 성격을 지닌다. 약공리가 성립하지 않는다면 Q_0가 Q_1보다 직접현시선호되면서 Q_1은 Q_0보다 직접현시선호되는 상황이 발생하는데 이것은 완비성공리를 위반하기 때문이다. 완비성공리에 따르면 둘 중의 어느 한 상품묶음을 다른 상품묶음보다 선호한다거나 아니면 두 상품묶음이 무차별하다고 말할 수 있어야 한다.

5.2.2 약공리의 선택에 대한 함축성

수식을 이용하면 현시선호의 약공리는 다음과 같이 표현된다. 즉 가격 P_0에서 Q_0를 구입하고, 가격 P_1에서 Q_1을 구입한 상태에서

$$P_0 \cdot Q_0 \geq P_0 \cdot Q_1 \tag{5.1}$$

이 성립하면, 반드시

$$P_1 \cdot Q_0 > P_1 \cdot Q_1 \tag{5.2}$$

이 성립해야 한다는 것이다.[3] 이 식의 의미를 되새겨 보자. 식 (5.1)에서 좌변이 우변보다 크거나 같은 것은 (Q_0를 선택했을 때) Q_1을 선택할 수 있었음에도 불구하고 Q_0를 선택했다는 것을 의미한다.[4] 이것은 Q_0를 Q_1보다 선호한다는 것을 의미한다. 한편 가격이 변할 경우 선택은 변할 수 있지만 선호 자체가 변하는 것은 아니다. 이 점을 고려할 때 Q_0를 더 좋아하면서도 식 (5.2)처럼 가격이 P_0에서 P_1으로 바뀌었을 때 Q_1을 선택한 이유는 예산제약 때문에 Q_0를 선택할 수 없었기 때문이다. 여기서 예산제약 때문이라는 것은 P_1에서는 Q_0를 구입할 때 드는 금액을 말하는 부등호 좌변이 Q_1을 구입할 때 드는 금액을 말하는 부등호 우변보다 크다는 것을 말한다.

　　모순되는 경우를 보여주는 [그림 5-3(A)]에서 Q_0와 Q_1은 식 (5.1)은 만족시키면서도 식 (5.2)를 만족시키지는 못한다. 특히 식 (5.2)를 만족시키지 못하는 것은, 그림에서 볼 때, P_1일 때에는 Q_0를 지나는 예산선을 그려보면 Q_1을 지나는 예산선보다 안쪽에 놓이는 것으로부터 알 수 있다. 이처럼 약공리를 만족시키지 못할 경우 이들이 모두 최적선택이 되도록 하는 무차별곡선들을 그리는 것은 불가능하다.[5] 즉 [그림 5-3(B)]에서 보듯이 Q_0가 최적이 되도록 하는 무차별곡선은 Q_1이 최적이 되도록 하는 무차별곡선과 교차할 수밖에 없다

그림 5-4　　**현시선호의 약공리를 만족시키는 예**

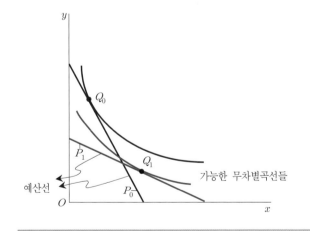

P_0에서는 Q_1을 선택할 수 없고 P_1에서는 Q_0를 선택할 수 없다. 이때 P_0에서는 Q_0를 선택하고 P_1에서는 Q_1을 선택한 것은 현시선호의 약공리를 위반하지 않는다.

---

3 식 (5.1)은 $p_{x_0}x_0 + p_{y_0}y_0 \geq p_{x_0}x_1 + p_{y_0}y_1$을, 식 (5.2)는 $p_{x_1}x_0 + p_{y_1}y_0 > p_{x_1}x_1 + p_{y_1}y_1$을 간결하게 표현한 것이다. 이 점을 상기하자.

4 표기상으로 볼 때 하첨자가 일치할 경우 그 상품묶음을 구입한 상태라는 것으로 생각하면 편리하다. 예를 들어 $P_0 \cdot Q_0$에서 하첨자가 서로 0으로 일치하므로 Q_0를 구입한 상태라는 것이다.

5 이것은 검증을 위한 것일 뿐이다. 현시선호이론을 전개하는 데 무차별곡선의 개념이 요구되지는 않는다.

는 것이다.[6]

반면에 [그림 5-4]는 두 상품묶음들이 현시선호의 약공리를 만족시키고 있다는 것을 보여준다. 즉 예산제약 때문에 P_0에서는 Q_1을 선택할 수 없고 P_1에서는 Q_0를 선택할 수 없으므로, Q_0와 Q_1 중에서 어느 것을 선호하는가를 말할 수 없다는 것이다.

> 선호순서는 예산상 두 상품묶음 중 어느 것도 선택할 수 있는데, 그 중에서 어느 하나를 선택했을 때 비로소 말할 수 있기 때문이다.

이러한 측면에서 'P_0에서는 Q_0를 선택했는데 가격이 변화한 다음인 P_1에서는 예산이 모자라 Q_0를 선택할 수 없었기 때문에 할 수 없이 Q_1을 선택했다는 사실'은 약공리를 위반하지 않는다는 것이다. P_1에서는 Q_1을 선택했는데 P_0에서는 예산상 Q_1을 선택할 수 없었기 때문에 할 수 없이 Q_0를 선택한 경우에도 마찬가지이다.

약공리를 위반하지 않는다는 이러한 사실은 그림에서 보듯이 각 상품묶음이 최적이 되도록 하는 무차별곡선들을 서로 교차하지 않게 그릴 수 있다는 사실로도 뒷받침된다.

예제 5.1 현시선호의 약공리

사과의 가격이 10, 배의 가격이 5일 때 사과 5개와 배 10개를 구입하였고, 사과의 가격이 5, 배의 가격이 10으로 변화하였을 때 사과 10개와 배 5개를 구입했다고 한다.

a. 이 행위가 효용극대화에 부합하는가?
b. 가격이 변화하였을 때 사과 10개와 배 5개 대신 사과 4개와 배 15개를 구입했다고 하자. 이 행위가 효용극대화에 부합하는가?
c. 사과의 가격이 10, 배의 가격이 5일 경우에는 사과 10개와 배 5개를 구입하였고, 사과의 가격이 5, 배의 가격이 10으로 변화하였을 때 사과 5개와 배 10개를 구입했다고 한다. 이 행위가 효용극대화에 부합하는가?

풀이 a. $P_0(10, 5)$, $Q_0(5, 10)$, $P_1(5, 10)$, $Q_1(10, 5)$

$$P_0 Q_0 = (10)(5) + (5)(10) = 100 < P_0 Q_1 = (10)(10) + (5)(5) = 125.$$
$$P_1 Q_1 = (5)(10) + (10)(5) = 100 < P_1 Q_0 = (5)(5) + (10)(10) = 125.$$

표기상으로 볼 때 하첨자가 서로 일치할 때 그에 해당하는 상품묶음을 구입한 것을 나타낸다는 점에 주목하자. 예를 들어 첫 번째 식에서는 가격이 P_0일 경우 하첨자인 '0'이

---

6 물론 [그림 5-3(B)]는 무차별곡선을 그려넣은 사실 외에는 [그림 5-3(A)]와 같다. 한편 무차별곡선은 서로 교차할 수 없다는 사실을 상기하자.

일치하는 상품묶음 Q_0를 선택하였다는 것이다. Q_1은 다만 비교를 위한 것이다. 이 점을 염두에 두고 생각하자. 첫 번째 식은 Q_0을 구입했을 때에는 예산상 Q_1을 구입할 수 없었다는 것을 말해 준다. 그러므로 이 식으로는 Q_0와 Q_1 중에서 어느 것을 선호하는지 알 수 없다. 현시선호의 약공리는 둘 다 구입 가능한 상황에서 어느 하나를 선택했을 경우에 적용할 수 있다. 이 점이 아주 중요하다.

한편 두 번째 식은 Q_1을 구입했을 때에는 예산상 Q_0를 구입할 수 없었다는 것을 말해 준다. 그러므로 이 식으로도 둘 중에 어느 것을 선호하는지 알 수 없다. 그러므로 P_0일 때 Q_0를 구입하더라도 P_1인 때 Q_1을 구입하는 행위는 현시선호의 약공리를 위반하지 않는다. 따라서 이 소비자의 행위는 효용극대화에 부합한다.

b. $P_0(10, 5)$, $Q_0(5, 10)$, $P_1(5, 10)$, $Q_1(4, 15)$

$P_0 Q_0 = (10)(5) + (5)(10) = 100 < P_0 Q_1 = (10)(4) + (5)(15) = 115$.

$P_1 Q_1 = (5)(4) + (10)(15) = 170 > P_1 Q_0 = (5)(5) + (10)(10) = 125$.

Q_0를 선택했을 때에는 예산상 Q_1을 구입할 수 없었다. 따라서 둘 중에 어느 것을 선호하는지 알 수 없다. 그러므로 소득이 100에서 170으로 증가하여 Q_1을 구입할 수 있게 되었을 때 이것을 구입하는 것은 현시선호의 약공리를 위반하지 않는다. 따라서 효용극대화에 부합한다. 한편 P_1에서는 Q_0도 구입할 수 있었는데 Q_1을 구입하였다. 현시선호의 약공리에 따르면 이것은 이 소비자가 Q_0보다 Q_1을 선호한다는 것을 말한다.

c. $P_0(10, 5)$, $Q_0(10, 5)$, $P_1(5, 10)$, $Q_1(5, 10)$

$P_0 Q_0 = (10)(10) + (5)(5) = 125 > P_0 Q_1 = (10)(5) + (5)(10) = 100$.

$P_1 Q_1 = (5)(5) + (10)(10) = 125 > P_1 Q_0 = (5)(10) + (10)(5) = 100$.

첫 번째 식은 P_0하에서는 둘 중에서 어느 것이라도 구입할 수 있었는데 Q_0를 구입한 것을 나타낸다. 즉 Q_0를 구입했을 당시 이것 대신 예산상으로 볼 때 Q_1을 구입하려면 구입할 수도 있었는데 Q_0를 구입한 것이다. 이것은 Q_0를 Q_1보다 선호한다는 것을 말한다. 즉 $Q_0 > Q_1$이라는 것을 말해 준다. 같은 논리로 두 번째 식은 P_1하에서는 둘 중에 어느 것이라도 구입할 수 있었는데 Q_1을 구입한 것을 나타낸다. 이것은 Q_1을 Q_0보다 선호한다는 것을 말해 준다. 즉 $Q_1 > Q_0$라는 것을 말해 준다. 이 결과를 종합해 보면 $Q_0 > Q_1$인 동시에 $Q_1 > Q_0$이다. 그러므로 현시선호의 약공리를 위반한다(현시선호의 약공리는 두 상품묶음이 서로 다를 경우 Q_0가 Q_1보다 직접현시선호되었으면 Q_1은 Q_0보다 현시선호될 수 없다는 것이다). 따라서 이 소비자의 행위는 효용극대화에 부합하지 않는다.

5.3 현시선호의 강공리

현시선호의 약공리는 상품묶음 Q_0가 상품묶음 Q_1보다 직접현시선호되었으면 어떤 경우에도 Q_1은 Q_0보다 직접현시선호될 수 없다는 것이었다. 한편 이와 같은 논리가 간접현시선호의 경우에 성립되는 것을 **현시선호의 강공리**라고 한다.

현시선호의 강공리(strong axiom of revealed preference) 상품묶음 Q_0가 상품묶음 Q_1보다 직접 또는 간접현시선호되었으면 어떤 경우에도 상품묶음 Q_1은 상품묶음 Q_0보다 직접 또는 간접현시선호될 수 없다는 것

(1) 이처럼 현시선호의 강공리는 그 용어 자체가 함축하고 있듯이 현시선호의 약공리를 내포하고 있다. 이같은 현시선호의 강공리는 관찰된 행위가 최적행위이기 위한 필요충분조건이 된다. 따라서 다음과 같이 말할 수 있다.

현시선호의 강공리를 만족시키는 행위로부터 찾아 낸 선호순서는 최적선택을 하는 소비자의 선호순서이다.

(2) 강공리는 3장에서 배운 **이행성공리**의 성격을 지닌다. 예를 들어 강공리가 성립할 경우 3개의 상품묶음 사이에서 Q_0가 Q_1보다 직접 또는 간접현시선호되고 Q_1이 Q_2보다 직접 또는 간접현시선호될 경우 Q_0가 Q_2보다 직접 또는 간접현시선호되는데[7] 이때 강공리가 성립하지 않는다면 이러한 상황에서 Q_2가 Q_0보다 직접 또는 간접현시선호되는 상황이 발생할 수 있으며 이것이 이행성공리를 위반하기 때문이다. 이행성공리에 따르면 $Q_0 \succeq Q_1$이고 $Q_1 \succeq Q_2$이면 $Q_0 \succeq Q_2$이어야 한다.

(3) 현시선호이론은 실제 관찰된 행위로부터 소비자의 선호에 대한 정보를 얻는다. 이러한 측면에서 그것이 성공하기만 한다면 소비자의 선호로부터 수요에 대한 정보를 얻는 방법보다 실용적일 것이다. 이러한 실용적인 측면은 다음과 같은 점에서 더욱 부각된다. 즉 식 (5.1)과 식 (5.2)를 이용하여 어떤 관찰치들이 현시선호의 강공리를 만족시키는가를 살펴봄으로써 소비자가 최적선택을 하고 있는가를 검증해 볼 수 있다는 것이다.[8] 어떤 소비자가

---

7 이때 강공리가 성립되어야 비로소 Q_0가 Q_2보다 직접 또는 간접현시선호된다고 말할 수 있다는 점에 주목하자. Q_0가 Q_2보다 직접 또는 간접현시선호될 경우 강공리가 성립해야 어떤 경우에도 Q_2가 Q_0보다 직접 또는 간접현시선호될 수 없기 때문이다.

8 한편 이 식들은 두 개의 선택과 관련된 약공리에 대한 식이다. 그러나 세 개 이상의 선택에 대해서 이러한 논리를

이러한 검증에서 현시선호의 강공리를 위반하는 것으로 나타난다면, 이 결과는 이 소비자가 최적선택을 하고 있지 않다는 증거가 될 수 있다.

5.4 현시선호로부터 선호순서의 도출

우리는 현시선호의 개념을 알았다. 또한 현시선호의 강공리를 만족시키는 것이 어떤 선택 행위가 최적행위가 되기 위한 필요충분조건이라는 사실도 알았다. 그러므로 이제 우리는 관찰된 소비 행위로부터 소비자의 선호순서에 대한 정보를 얻어낼 수 있는 이론적 무장을 다 갖춘 셈이다. 이제 [그림 5-5]를 이용하여 실제로 관찰된 행위로부터 소비자의 선호순서에 대한 정보를 끌어내 보기로 하자.

각 예산선에서 상품묶음 A, B, C가 선택되었다고 하자. 이것은 C는 B보다 현시선호되고 B는 A보다 현시선호되었음을 함축한다. 그 이유를 검토해 보자.

예산집합을 관찰해 보면 C가 포함되어 있는 예산집합에는 A와 B도 포함되어 있다. 그러므로 C가 선택 가능한 상황에서는 A와 B도 선택 가능하다. 그럼에도 불구하고 C가 선택되었다. 즉 A, B, C 중에서 어느 것도 선택 가능한 상황에서 C가 선택되었으므로 C는 A와 B보다 직접현시선호된 것이다. 같은 논리로 B가 선택되었을 때 A도 선택 가능했던 상황이므로 B가 A보다 직접현시선호된 것이다. 결과적으로 C는 B보다 현시선호되고 B는 A보다 현시선호되었다.

이때 B를 중심으로 이와 무차별한 상품묶음들이 어디에 놓일 수 있는가를 살펴보자. B가 A보다 현시선호되었으므로, B는 짙은 음영 부분에 속해 있는 상품묶음들보다 간접현시선호된다. 따라서 강공리에 의해 이들보다 선호된다고 볼 수 있다.[9] 물론 약공리에 의해 B는 옅은 음영 부분보다 선호된다. 그러므로 이러한 관찰치들로부터 B를 통과하는 무차별곡선은 적어도 옅은 음영 부분과 짙은 음영 부분을 통과할 수 없다는 사실을 알 수 있다.

여기서 상품들이 많으면 많을수록 좋다고 하자. 즉 선호순서의 단조성을 가정하자. 그러면 B를 통과하는 무차별곡선은 B보다 선호되는 가로로 빗금 친 영역도 통과할 수 없게

반복 적용하면 강공리의 성립 여부를 말할 수 있게 된다.

9 '강공리에 의해'라고 했는데, 그렇다면 강공리를 적용해야 하는 이유는 무엇일까? 그 이유는 다음과 같다. 즉 상품묶음 B가 짙은 음영 부분에 속해 있는 상품묶음들보다 간접현시선호된 상태에서, 강공리에 의해 비로소 이 상품묶음들은 상품묶음 B보다 직접 또는 간접현시선호될 수 없다고 말할 수 있기 때문이다. 만약 이들 역시 상품묶음 B보다 직접 또는 간접으로 현시선호되었다거나 더 나아가서 현시선호되는지의 여부조차 말할 수 없었다면 이것들 사이의 선호순서에 대해서도 말할 수 없었을 것이다.

된다.[10] 이러한 경우에 가능한 무차별곡선이 그림에 그려져 있다. 한편 우리가 더 많은 관찰치를 확보하거나 또는 선호순서에 대해 추가적인 가정을 한다면 무차별곡선이 통과하는 영역을 더욱 좁힐 수 있다.

그림 5-5 **무차별곡선 추적**

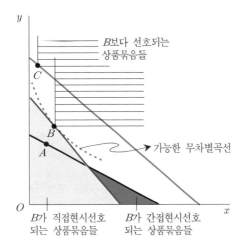

B보다 선호되는 상품묶음들

가능한 무차별곡선

B가 직접현시선호 되는 상품묶음들

B가 간접현시선호 되는 상품묶음들

현시선호이론을 이용하면 소비자의 선택으로부터 소비자의 선호순서를 알아낼 수 있다.

5.5 수량지수

현시선호이론을 적용할 수 있는 예를 생각해 보자. 그 중의 하나로 여러 상품들의 수량이나 가격을 가중평균하여 구한 지수를 이용하여 후생의 증감을 판단하는 문제에 대해서 살펴보자. 그런데 지수를 구하는 과정에서는 항상 그 가중치를 어느 것으로 사용해야 하는가라는 어려운 문제에 봉착한다.

> 지수의 종류
> (1) 수량지수(quantity index): 가격을 가중치로 하여 수량의 평균을 구하는 지수
> (2) 가격지수(price index): 수량을 가중치로 하여 가격의 평균을 구하는 지수

---

10 상품묶음 C가 상품묶음 B보다 현시선호된다고 가정했다. 그런데 상품묶음 C를 중심으로 가로로 빗금 친 영역은 상품묶음 C보다 선호된다. 그러므로 이 영역은 강공리에 의해 상품묶음 B보다 선호된다고 할 수 있다.

(1) 라스파이레스지수: 기준연도의 값을 가중치로 사용하는 지수
(2) 파셰지수: 비교연도의 값을 가중치로 사용하는 지수

먼저 수량지수에 대해서 살펴보자. 즉 어떤 소비자가 서로 다른 시점에 구입한 상품묶음들을 비교함으로써 후생수준의 변화를 알아보는 문제에 대해 살펴보자. 앞으로 밝혀지겠지만 이때 우리가 지금까지 논의한 현시선호의 원리를 적용하게 된다.

예를 들어 1990년을 기준으로 볼 때 2000년의 후생수준이 높아졌는지 낮아졌는지를 판단한다고 하자. 이때 비교연도인 2000년에는 기준연도인 1990년에 비해 모든 상품의 소비가 증가했다면 2000년에는 1990년에 비해 후생이 증가한 것으로 평가할 수 있다. 그러나 어떤 상품의 소비는 감소하고 다른 상품의 소비는 증가한 경우에는 문제가 간단하지 않다. 이 경우 기준연도에 비해 소비가 증가했는가를 판단하려 할 때 직면하는 첫 번째 문제는 서로 다른 상품들을 어떻게 하나의 수치로 표현해 주는가이다.

이때 서로 다른 상품들의 수량을 단순히 합하는 것은 의미가 없다. 예컨대 쌀 10말, 쇠고기 2근, 우유 10병 등의 수치를 단순히 더해 22라고 말하는 것은 아무 의미가 없다. 이 문제에 직면해서 우선 생각할 수 있는 것은 각 상품의 수량에 가격을 가중치로 곱하는 것이다. 가격은 그 상품의 상대적 가치를 반영하고 있기 때문이다. 이렇게 구한 값들을 모두 더하여 상품묶음의 가치를 하나의 값으로 표시한다. 이러한 방법을 사용하여 1990년의 값과 2000년의 값을 구한 후 서로 비교함으로써 후생의 평균적인 변화를 알 수 있는 것이다.

그런데 이때 가중치로 사용할 수 있는 가격으로는 여러 가지를 생각할 수 있다. 그 중 가장 의미 있게 사용할 수 있는 것이 기준연도의 가격이거나 아니면 비교연도의 가격이다. 이때 중요한 것은 물가 변화의 영향을 제거하기 위해 두 가격 중 하나를 선택해서 적용해야 한다는 것이다. 만일 1990년에 생산된 상품들에는 1990년의 가격을 적용하고 2000년에 생산된 상품들에는 2000년의 가격을 적용한다고 해 보자. 그러면 설사 두 해에 같은 상품묶음을 구입했더라도 물가상승의 영향으로 인해 상품묶음의 가치가 서로 달라지는 문제가 발생한다.

이러한 점을 고려하여 수량지수를 구할 때에는 어느 한 해의 가격을 가중치로 사용하게 된다. 이때 기준연도의 가격을 가중치로 사용하는 지수를 **라스파이레스 수량지수**라고 하고, 비교연도의 가격을 가중치로 사용하는 지수를 **파셰 수량지수**라고 한다. 그러면 이제 각각의 지수를 사용하여 후생수준이 어떻게 변화했는가를 살펴보는 방법에 대해 알아보자.

5.5.1 라스파이레스 수량지수와 파셰 수량지수

우리나라에서 GDP를 추계할 때 사용하고 있는 라스파이레스 수량지수(Laspeyres quan-tity index)는 기준연도의 가격을 가중치로 사용한다. 그러므로

$$L_q = \frac{p_{x_0}x_1 + p_{y_0}y_1}{p_{x_0}x_0 + p_{y_0}y_0} = \frac{P_0 \cdot Q_1}{P_0 \cdot Q_0} \tag{5.3}$$

으로 구해진다. 여기서 하첨자 0은 기준연도를 나타내고, 하첨자 1은 비교연도를 나타낸다.

파셰 수량지수(Paasche quantity index)는 비교연도의 가격을 가중치로 사용한다. 그러므로

$$P_q = \frac{p_{x_1}x_1 + p_{y_1}y_1}{p_{x_1}x_0 + p_{y_1}y_0} = \frac{P_1 \cdot Q_1}{P_1 \cdot Q_0} \tag{5.4}$$

로 구해진다.

5.5.2 후생증감 판단

모든 경우에 수량지수로 후생의 변화를 판단할 수 있는 것은 아니다. 그러나 경우에 따라서는 수량지수로 후생 변화를 판단할 수 있다. 이때 현시선호이론이 적용된다.

(1) $L_q \leq 1$이면서 $P_q < 1$인 경우: 후생감소

$L_q \leq 1$을 식 (5.3)에 적용하면

$$P_0 \cdot Q_0 \geq P_0 \cdot Q_1 \tag{5.5}$$

가 성립한다. 최적선택이라면, 현시선호의 약공리가 만족되어야 하므로

$$P_1 \cdot Q_0 > P_1 \cdot Q_1 \tag{5.6}$$

이 성립해야 한다. 식 (5.4)에 의하면 이것은 $P_q < 1$이라는 것을 말한다.

(1) 식 (5.5)는 소비자가 Q_1을 구입할 수 있었음에도 불구하고 Q_0를 구입한 것을 의미한다. 그러므로 현시선호이론에 의하면 Q_0를 Q_1보다 선호한다고 볼 수 있다. 따라서 기준연도의 후생수준이 비교연도의 후생수준보다 높았다. 즉 후생이 감소했다.

 이러한 경우가 [그림 5-6]에 나타나 있다. [그림 5-6(A)]에서 점선으로 그려진 예산선이 P_0로 표시된 예산선에 평행하면서 Q_1을 통과한다는 것은 Q_1을 가격 P_0를 기준으로 평가하고 있다는 것을 의미한다. 따라서 점선으로 그려진 예산선의 위치를 P_0로 표시된 예산선의 위치와 비교한다는 것은 라스파이레스 수량지수를 구하는 것과 같다. 그런데 점선으로 그려진 예산선은 P_0로 표시된 예산선의 안쪽에 그려져 있다. 이것은 바로 식 (5.5)가 부등호로 성립하는 경우를 나타내고 있다. 이때 핵심은 Q_0와 Q_1을 비교하는 것인데 다만 가중치를 P_0로 하고 있다는 점이다. 이런 측면에서 이 결과를 직관적으로 말하면 P_0를 가중치로 할 경우 기준년도에 비해 평균소비가 감소했다는 것이다. 한편 [그림 5-6(B)]는 식 (5.5)가 등호로 성립하는 경우를 보여주고 있다.

 (2) 이제 $P_q < 1$의 조건에 대해 생각해 보자. 이를 위해 [그림 5-6]의 두 그림 각각에 Q_0를 지나면서 P_1으로 표시된 예산선에 평행한 예산선을(그림에 실제로 그리지는 않았지만) 그려보자. 이때 예산선을 P_1으로 표시된 예산선에 평행하면서 Q_0를 통과하도록 그린다는 것은 Q_0를 가격 P_1을 기준으로 평가한다는 것을 의미한다. 따라서 새로 그려지는 예산선의 위치를 P_1으로 표시된 예산선의 위치와 비교한다는 것은 파셰 수량지수를 구하는 것과 같다. 그런데 P_1으로 표시된 예산선이 새로 그려지는 예산선의 안쪽에 놓이게 된다. 이것은 식 (5.6)이 성립한다는 것이다. 이때 핵심은 Q_0와 Q_1을 비교하는 것인데 다만 가중치

그림 5-6	후생이 감소한 경우($L_q \leq 1$이면서 $P_q < 1$)

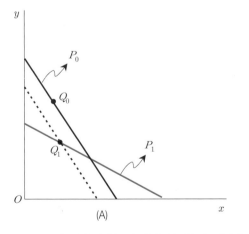 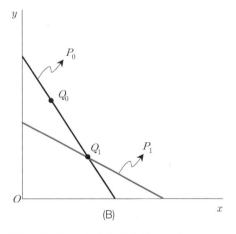

Q_0를 구입했을 때 Q_1을 구입할 수 있었다. 그러므로 Q_0가 Q_1에 대해 현시선호되었다. 그러므로 후생이 감소한 경우이다.

를 P_1으로 하고 있다는 점이다. 이런 측면에서 이 결과를 직관적으로 말하면 P_1을 가중치로 할 경우 기준연도에 비해 평균소비가 감소했다는 것이다. 이때 물론 앞서 말했듯이 식 (5.6)이 성립한다는 것은 $P_q < 1$이 성립한다는 것을 의미한다.

(2) $P_q \geq 1$이면서 $L_q > 1$인 경우: 후생증가

이 경우에 대한 설명에 적용되는 논리는 앞의 경우와 같다. 그렇지만 복습 삼아 검토해 보기로 한다.

$P_q \geq 1$을 식 (5.4)에 적용하면

$$P_1 \cdot Q_1 \geq P_1 \cdot Q_0 \tag{5.7}$$

가 성립한다. 최적선택이라면, 현시선호의 약공리가 만족되어야 하므로

$$P_0 \cdot Q_1 > P_0 \cdot Q_0 \tag{5.8}$$

이 성립해야 한다. 식 (5.3)에 의하면 이것은 $L_q > 1$이라는 것을 말한다.

(1) 식 (5.7)은 소비자가 Q_0를 구입할 수 있었음에도 불구하고 Q_1을 구입한 것을 의미한다. 그러므로 현시선호이론에 의하면 Q_1을 Q_0보다 선호한다고 볼 수 있다. 따라서 비교연도의 후생수준이 기준연도의 후생수준보다 높았다. 즉 후생이 증가했다.

이러한 경우가 [그림 5-7]에 나타나 있다. [그림 5-7(A)]에서 점선으로 그려진 예산선이 P_1으로 표시된 예산선에 평행하면서 Q_0를 통과한다는 것은 Q_0를 가격 P_1을 기준으로 평가하고 있다는 것을 의미한다. 따라서 점선으로 그려진 예산선의 위치를 P_1으로 표시된 예산선의 위치와 비교한다는 것은 파셰 수량지수를 구하는 것과 같다. 그런데 P_1으로 표시된 예산선은 점선으로 그려진 예산선의 바깥쪽에 그려져 있다. 이것은 바로 식 (5.7)이 부등호로 성립하는 경우를 나타내고 있다. 이때 핵심은 Q_0와 Q_1을 비교하는 것인데 다만 가중치를 P_1으로 하고 있다는 점이다. 이런 측면에서 이 결과를 직관적으로 말하면 P_1을 가중치로 할 경우 기준년도에 비해 평균소비가 증가했다는 것이다. 한편 [그림 5-7(B)]는 식 (5.7)이 등호로 성립하는 경우를 보여주고 있다.

(2) 이제 $L_q > 1$의 조건에 대해 생각해 보자. 이를 위해 [그림 5-7]의 두 그림의 각각에 Q_1을 지나면서 P_0로 표시된 예산선에 평행한 예산선을(그림에 실제로 그리지는 않았지만) 그려보자. 이때 예산선을 P_0로 표시된 예산선에 평행하면서 Q_1을 통과하도록 그린다는 것은 Q_1을 가격 P_0를 기준으로 평가한다는 것을 의미한다. 따라서 새로 그려지는 예산선의 위

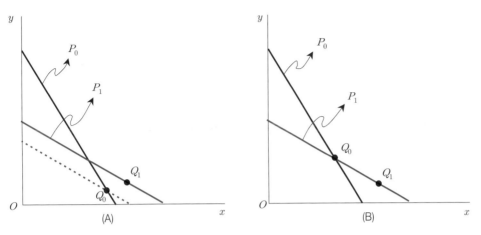

그림 5-7   후생이 증가하는 경우($P_q \geq 1$이면서 $L_q > 1$)

Q_0를 구입할 수 있었음에도 불구하고 Q_1을 구입하였다. 그러므로 현시선호이론에 의해 Q_1이 Q_0보다 선호된다고 볼 수 있다. 그러므로 후생이 증가하였다.

치를 P_0로 표시된 예산선의 위치와 비교한다는 것은 라스파이레스 수량지수를 구하는 것과 같다. 그런데 새로 그려지는 예산선이 P_0로 표시된 예산선보다 바깥쪽에 놓이게 된다. 이것은 식 (5.8)이 성립한다는 것이다. 이때 핵심은 Q_0와 Q_1을 비교하는 것인데 다만 가중치를 P_0로 하고 있다는 점이다. 이런 측면에서 이 결과를 직관적으로 말하면 P_0를 가중치로 할 경우 기준년도에 비해 평균소비가 증가했다는 것이다. 이때 물론 앞서 말했듯이 식 (5.8)이 성립한다는 것은 $L_q > 1$이 성립한다는 것을 의미한다.

(3) $L_q > 1$이면서 $P_q < 1$인 경우: 후생증감 판단 불가

식 (5.5)와 식 (5.7)의 부등호가 각각 반대로 되는 경우이다. 이러한 경우가 [그림 5-8]에 나타나 있다(이 그림은 [그림 5-4]의 경우에 해당된다). 이것은 P_0하에서는 Q_1을 구입할 수 없었고, P_1하에서는 Q_0를 구입할 수 없었다는 것을 말한다. 그러므로 후생의 증감을 판단할 수 없다. 이 경우 후생이 증가할 수도 있고 감소할 수도 있다. 이것은 후생이 감소했다고 해서 반드시 $L_q \leq 1$이면서 $P_q < 1$이라는 조건이 성립하는 것은 아님을 의미한다. 즉 $L_q \leq 1$이면서 $P_q < 1$이라는 조건은 후생감소의 필요조건은 아니라는 것이다. 같은 논리로 $P_q \geq 1$이면서 $L_q > 1$이라는 조건은 후생증가의 필요조건은 되지 못한다. 모두 충분조건일뿐이다.

그림 5-8 **후생의 증감을 판단할 수 없는 경우($L_q > 1$이면서 $P_q < 1$)**

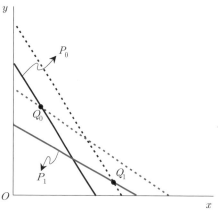

Q_0를 구입했을 때에는 Q_1을 구입할 수 없었고 Q_1을 구입했을 때에는 Q_0를 구입할 수 없었다. 그러므로 후생의 증감을 판단할 수 없다.

---

(4) $L_q < 1$이면서 $P_q > 1$인 경우: 모순

[그림 5-3]의 경우에 해당한다. 이것은 모순되는 경우로서 후생판단의 의미가 없다.

이러한 분석들로부터, 두 수량지수가 함께 1보다 작으면 후생이 감소한 상태이고, 두 수량지수가 함께 1보다 크면 후생이 증가한 상태로 판단할 수 있다. 수량지수가 1보다 작(크)다는 것은 기준연도보다 비교연도의 소비가 적(많)다는 것을 의미하므로 후생이 감소(증가)한 상태인 것은 직관적으로 당연하다.

예제 5.2 수량지수와 후생증감 판단

사과의 가격이 10, 배의 가격이 5일 때 사과 5개와 배 10개를 구입하였고, 사과의 가격이 5, 배의 가격이 10으로 변화하였을 때 사과 10개와 배 5개를 구입했다고 한다.

a. 라스파이레스 수량지수와 파셰 수량지수를 각각 구하고 후생수준의 변화를 말하시오.

b. 가격이 변화하였을 때 사과 10개와 배 5개 대신 사과 4개와 배 15개를 구입했다고 가정하고 위 문항 (a)의 질문에 답하시오.

풀이 a. $P_0(10, 5)$, $Q_0(5, 10)$, $P_1(5, 10)$, $Q_1(10, 5)$

$P_0Q_0 = (10)(5) + (5)(10) = 100$, $P_0Q_1 = (10)(10) + (5)(5) = 125$.

$P_1Q_1 = (5)(10) + (10)(5) = 100$, $P_1Q_0 = (5)(5) + (10)(10) = 125$.

첫째, 이 자료를 이용하여 라스파이레스 수량지수를 구하면 $L_q = \dfrac{P_0 \cdot Q_1}{P_0 \cdot Q_0} = 125/100 = 1.25$ >1이 된다. 부등식의 양변에 $P_0 \cdot Q_0$를 곱하면 $P_0 \cdot Q_1 > P_0 \cdot Q_0$가 된다. 이것은 P_0일 때 Q_1을 구입할 수 없었다는 것을 말한다. 그림에서 본다면, Q_1을 지나는 점선은 Q_1을 P_0의 가격을 기준으로 평가하고 있음을 보여주는데, 이 점선이 원래의 예산선 밖에 있다는 것은 Q_1을 P_0의 가격하에서는 구입할 수 없다는 것을 말해 준다. 따라서 Q_0와 Q_1 중에서 어느 것을 더 선호하는지 알 수 없다. 그러므로 라스파이레스 수량지수 하나만으로는 후생의 증감을 판단할 수 없다.

둘째, 파쉐 수량지수는 $P_q = \dfrac{P_1 \cdot Q_1}{P_1 \cdot Q_0} = 100/125 = 0.8 < 1$이 된다. 이로부터 $P_1 \cdot Q_1 < P_1 \cdot Q_0$가 성립한다. 이것은 P_1가격 아래에서는 Q_0를 구입할 수 없다는 것을 보여준다. 그러므로 파쉐 수량지수 하나만으로는 후생의 증감을 판단할 수 없다.

셋째, 최종 판단을 위해 두 지수를 함께 고려해 보더라도, $P_0 \cdot Q_1 > P_0 \cdot Q_0$이면서 $P_1 \cdot Q_1 < P_1 \cdot Q_0$이므로 후생변화를 판단할 수 없다. 또한 이 분석결과는 그림으로도 뒷받침된다.

〈그림 그리는 요령〉

예를 들어 원래의 예산선의 세로 절편은 $\dfrac{P_0 Q_0}{p_{y_0}} = (10 \times 5 + 5 \times 10) \div 5 = 20$으로 구해진다. 다른 절편들도 같은 방법으로 구한다.

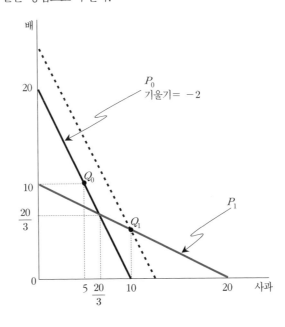

b. $P_0(10, 5)$, $Q_0(5, 10)$, $P_1(5, 10)$, $Q_1(4, 15)$

$P_0 Q_0 = (10)(5) + (5)(10) = 100$, $P_0 Q_1 = (10)(4) + (5)(15) = 115$.

$P_1 Q_1 = (5)(4) + (10)(15) = 170$, $P_1 Q_0 = (5)(5) + (10)(10) = 125$.

첫째, 이때 라스파이레스 수량지수를 구하면 $L_q = \dfrac{P_0 \cdot Q_1}{P_0 \cdot Q_0} = 115/100 = 1.15 > 1$이 된다. 즉 $P_0 \cdot Q_1 > P_0 \cdot Q_0$이 성립한다. 이것은 P_0하에서는 Q_1을 구입할 수 없다는 것을 말한다. 그러므로 현시선호이론으로는 소비자가 둘 중에서 어느 것을 더 좋아하는지를 알 수 없다. 즉 효용수준을 비교할 수 없다. 그러므로 라스파이레스 수량지수 하나만으로는 후생의 증감을 판단할 수 없다.

둘째, 파셰 수량지수는 $P_q = \dfrac{P_1 \cdot Q_1}{P_1 \cdot Q_0} = 170/125 = 1.36 > 1$이 된다. 즉 $P_1 \cdot Q_1 > P_1 \cdot Q_0$가 성립한다. 이것은 P_1하에서는 둘 중에서 어느 것이라도 구입할 수 있었는데 Q_1을 구입했다는 것을 의미한다. 현시선호의 약공리에 따르면 이것은 소비자가 Q_0보다 Q_1을 더 선호한다는 것을 말한다. 다시 말하면 기준연도의 상품묶음보다 비교연도의 상품 묶음을 더 선호한다는 것을 말한다. 그러므로 파셰수량지수 하나만으로 판단할 경우 후생이 증가했다고 볼 수 있다.

셋째, 최종 판단을 위해 두 지수를 함께 고려해 보자. $P_1 \cdot Q_1 > P_1 \cdot Q_0$이면서 $P_0 \cdot Q_1 > P_0 \cdot Q_0$이다. 그러므로 현시선호의 약공리를 만족시키며, 또한 이 소비자는 Q_1을 Q_0보다 선호하는 것으로 판단할 수 있다. 그러므로 후생이 증가한 것으로 판단할 수 있다. 그림을 그려 확인해 보라.

5.6 가격지수

이제 각도를 달리해서 소비자의 후생이 증가했는가를 상품의 가격이 변화한 것을 보고 판단하는 문제에 대해서 생각해 보자. 어떤 소비자가 소비하는 상품들의 가격이 평균적으로 상승했는가를 알아보는 것이다. 한편 수량지수의 경우 소비하는 상품의 수량이 평균적으로 감소하였으면 소비자의 후생수준이 낮아졌다고 볼 수 있다. 반면에 가격지수의 경우에는 문제가 다르다. 상품의 가격이 평균적으로 볼 때 올랐더라도 소득이 그보다 더 크게 증가한 경우에는 소비자의 후생은 높아졌을 수도 있다. 따라서 수량지수의 경우와는 달리 가격지수를 사용하여 후생이 증가했는가를 판단할 때에는 유의해야 한다. 가격지수 자체의 변화뿐만 아니라 소득의 변화가 어떠한가도 함께 살펴보아야 한다는 것이다.

이러한 점을 염두에 두고 가격지수에 대해 알아보자. 이때에도 역시 수량지수의 경우와 같이 어떠한 가중치를 사용할 것인가가 문제된다. 예를 들어 소비량이 많은 상품의 가격과 소비량이 적은 상품의 가격을 단순히 더해서 평균을 구하는 것은 문제가 있기 때문이다. 이러한 측면에서 우리가 생각할 수 있는 방법들 중의 하나는 소비하는 상품의 수량을 가중치로 사용하는 것이다. 이렇게 하여 소비량이 많을수록 더 큰 가중치가 부여되도록 하는 것이다. 이때에도 가장 유력한 방법은 기준연도의 상품량을 사용하거나 또는 비교연도의 상품량을 사용하는 것이다.

결국 수량지수는 가격을 가중치로 하여 수량의 평균을 구하는 반면, 가격지수는 수량을 가중치로 하여 가격의 평균을 구하고 있다. 이러한 측면에서 수량지수를 구하는 것과 가격지수를 구하는 것은 서로 반대의 과정을 거친다고 볼 수 있다.

기준연도의 상품량을 가중치로 사용하는 가격지수를 **라스파이레스 가격지수**라고 하고, 비교연도의 상품량을 가중치로 사용하는 가격지수를 **파셰 가격지수**라고 한다. 현재 우리나라에서 소비자 물가지수는 라스파이레스 가격지수를 이용하여 산출하고 있다.

5.6.1 라스파이레스 가격지수와 파셰 가격지수

라스파이레스 가격지수(Laspeyres price index)는 기준연도의 수량을 가중치로 사용한다. 그러므로

$$L_p = \frac{p_{x_1}x_0 + p_{y_1}y_0}{p_{x_0}x_0 + p_{y_0}y_0} = \frac{P_1 \cdot Q_0}{P_0 \cdot Q_0} \tag{5.9}$$

로 구해진다.

파셰 가격지수(Paasche price index)는 비교연도의 수량을 가중치로 사용한다. 그러므로

$$P_p = \frac{p_{x_1}x_1 + p_{y_1}y_1}{p_{x_0}x_1 + p_{y_0}y_1} = \frac{P_1 \cdot Q_1}{P_0 \cdot Q_1} \tag{5.10}$$

로 구해진다.

이제 이 값들의 크기를 이용하여 소비자의 후생이 어떻게 변화했는가를 살펴보자. 앞에서도 지적했듯이 가격지수를 이용하여 후생의 변화를 알아보려면 그 값뿐만 아니라 소득이 얼마나 증가했는가도 알아야 한다. 이러한 사실은 다음에서도 드러난다. 즉 위의 각 식에서 분모와 분자에 서로 다른 가격이 사용되었기 때문에 이 자체로는 현시선호이론을 이용하여 후생의 변화를 판단할 수 없다는 것이다.

이를 위해 각 상품묶음에 상대적으로 얼마나 더 많이 지출했는가를 살펴보자. 이를 위해 비교연도의 지출을 기준연도의 지출로 나누어 준 **지출지수**(expenditure index)를

$$M = \frac{p_{x_1}x_1 + p_{y_1}y_1}{p_{x_0}x_0 + p_{y_0}y_0} = \frac{P_1 \cdot Q_1}{P_0 \cdot Q_0} \tag{5.11}$$

으로 정의하자.

5.6.2 후생증감 판단

(1) $L_p \leq M$이면서 $P_p < M(\Leftrightarrow P_q \geq 1$이면서 $L_q > 1$)일 경우: 후생증가

$L_p \leq M$일 경우 정의식인 식 (5.9)와 식 (5.11)로부터

$$L_p = \frac{P_1 \cdot Q_0}{P_0 \cdot Q_0} \leq M = \frac{P_1 \cdot Q_1}{P_0 \cdot Q_0}$$

이 성립한다. 이것을 정리하면

$$P_1 \cdot Q_1 \geq P_1 \cdot Q_0 \tag{5.12}$$

가 된다. 최적선택이라면, 현시선호의 약공리가 만족되어야 하므로

$$P_0 \cdot Q_1 > P_0 \cdot Q_0 \tag{5.13}$$

이 성립해야 한다. 그런데 이 식은 식 (5.10)과 식 (5.11)로부터 $P_p < M$인 상태를 의미한다는 것을 알 수 있다.

한편 식 (5.12)와 식 (5.13)은 각각 식 (5.7) 및 식 (5.8)과 같다. 즉, 후생이 증가한 상태를 나타낸다. 이렇게 볼 때 두 가격지수가 모두 지출지수보다 작으면 후생이 증가한 상태이다. 직관적으로 볼 때 가격상승률보다 소득증가율이 클 경우 후생이 증가한다는 것이다.

(2) $P_p \geq M$이면서 $L_p > M(\Leftrightarrow L_q \leq 1$이면서 $P_q < 1$)일 경우: 후생감소

앞서와 똑같은 분석방법을 사용하면, $P_p \geq M$이면서 $L_p > M$인 것은 사실상 $L_q \leq 1$이면서 $P_q < 1$인 것과 같다는 사실을 알 수 있다. 이렇게 볼 때 두 가격지수가 지출지수보다 클 경우 후생은 감소한 상태이다.

(3) $L_p > M$이면서 $P_p < M(\Leftrightarrow P_q < 1$이면서 $L_q > 1$): 후생증감 판단 불가

(4) $L_p < M$이면서 $P_p > M (\Leftrightarrow \ P_q > 1$이면서 $L_q < 1)$: 모순

지수와 관련하여 다음 사항에 주목하자.

(1) 수량지수는 가격을 가중치로 하여 수량의 평균을 구하는 반면, 가격지수는 수량을 가중치로 하여 가격의 평균을 구한다. 즉 각 지수를 구하는 과정이 서로 반대이다. 그 결과 라스파이레스 가격(수량)지수는 파세 수량(가격)지수와 관계된다.

(2) 가격지수가 지출지수보다 작(크)다는 것은 수량지수가 1보다 크(작)다는 것이다. 물가상승률이 소득증가율보다 작(크)다는 것은 기준연도에 비해 비교연도에 소비가 많았다(적었다)는 것을 의미하므로, 이 결과는 직관적으로 당연하다.

(3) 그 결과 다음과 같은 관계가 성립한다.

$$L_p \leq M$$이면서 $$P_p < M \ \Leftrightarrow \ P_q \geq 1$$이면서 $$L_q > 1$$: 후생증가의 충분조건

$$P_p \geq M$$이면서 $$L_p > M \ \Leftrightarrow \ L_q \leq 1$$이면서 $$P_q < 1$$: 후생감소의 충분조건

$$L_p > M$$이면서 $$P_p < M \Leftrightarrow P_q < 1$$이면서 $$L_q > 1$$: 후생증감 판단 불가

$$L_p < M$$이면서 $$P_p > M \ \Leftrightarrow \ P_q > 1$$이면서 $$L_q < 1$$: 모순

(4) 처음 두 경우도 충분조건은 되지만, 필요조건은 되지 않는다.

5.1 지수문제

지금까지 수량지수와 가격지수에 대해 살펴보았다. 이제 이 밖에 여러 가지 서로 다른 값들이 변화하는 추세를 파악하기 위해 이들을 평균하여 하나의 수치로 나타낸다고 하자. 이 경우에는 수량지수나 가격지수의 경우에서 본 것처럼 항상 적어도 두 가지 문제에 부딪힌다. 즉 가중치를 어떤 것으로 사용해야 하며 또한 그 가중치는 어느 때의 것으로 사용해야 하는가의 문제이다. 사실상 여러 가지 가능한 가중치들 중에서 어느 것을 선택하는가는 정도의 차이일 뿐 모두 어느 정도의 자의성을 내포하고 있다.

> 🌱 **지수문제**(index problem) 지수를 작성할 때 실제로 어느 가중치를 기준으로 평가하느냐에 따라 결과가 달라지기도 하고 그 해석상 어려운 문제에 부딪히기도 하는 것

이러한 지수문제의 예 중에서 수량지수와 관련된 것과 가격지수와 관련된 것을 각각 하나씩 알아보기로 하자.

5.7.1 수량지수의 문제

먼저 수량지수와 관련하여 여러 나라의 실질 GDP를 비교하는 문제에 대해서 생각해 보자. 각국은 여러 가지 다양한 상품을 생산하고 있다. 이 경우 우리가 직면하는 문제 중의 하나는 상품의 가격으로서 어느 것을 사용할 것인가이다. 이와 관련하여 2가지를 생각할 수 있다.

(1) 각국이 자기 나라의 가격을 사용하여 평가한 다음 그 결과를 환율을 적용하여 어느 한 나라의 화폐가치로 바꾸어 주는 방법이다. 그런데 이 방법의 문제점은 그 결과가 환율이 변동에 크게 영향을 받는다는 점이다. 이러한 사실을 웅변으로 말해 주는 예가 있다. 즉 IMF 체제 이전 1인당 10,000 달러 정도로 평가되던 우리나라의 국민소득이 IMF 체제로 돌입한 직후 환율이 치솟자 1인당 6,000달러 정도로 평가되었었다.

(2) 어느 한 국가의 가격을 적용하여 여러 나라의 GDP를 구하는 것이다. 그런데 이 방법은 환율 문제는 피할 수 있지만 또 다른 문제에 직면하게 된다. 이를테면 같은 종류의 상품이라도 나라마다 그 가격이 다르다는 것이다. 예를 들어 자동차의 가격이 비싼 나라와 그렇지 않은 나라를 비교한다고 하자. 이 경우 자동차의 가격이 비싼 나라의 자동차 가격을 두 나라에 적용하여 GDP를 비교할 때와 자동차의 가격이 싼 나라의 자동차 가격을 적용하여 두 나라의 GDP를 비교할 때에는 상당히 다른 결과를 얻는다.

5.7.2 가격지수의 문제

이제 가격지수가 갖는 문제를 살펴보자. 가격지수가 갖는 문제점은 무엇보다도 기준연도와 비교연도를 불문하고 소비자들이 똑같은 상품묶음을 소비하는 것처럼 가정하고 있다는 점이다. 이러한 사실은 가격지수를 구하는 식에도 잘 나타나 있다. 그런데 이러한 가정은 소비자들이 상품을 구입할 때 상대적으로 가격이 싸진 상품을 더 구입하는 효과를 반영하지 못한다. 즉 대체효과(6장 참조)를 반영하지 못한다는 문제점을 지니고 있다.

이와 관련하여 전반적인 소비자물가지수는 대체효과를 고려해 주는 생계비지수를 추정한 값보다 높다는 실증 분석 결과가 있다. 나아가서 세부적으로 볼 때 식품과 같이 그 소비를 다른 상품과 대체하기가 어려운 부문에서는 두 수치의 차가 작게 나타났다. 반면에 오락, 여가소비 등 서로 대체하기가 쉬운 부문에서는 두 수치의 차가 크게 나타났다. 이러한 결과들은 모두 우리의 직관을 뒷받침해 주고 있다.

이러한 측면에서 볼 때 인플레이션이 있을 경우 실제 구매력의 감소를 정확하게 측정하려면 개인의 소비 행위뿐만 아니라 개인의 선호에 대한 정보가 필요하다. 그런데 이러한 정보를 얻는다는 것은 쉬운 일이 아니다. 그러므로 인플레이션의 영향을 정확하게 측정한다는 것 또한 쉬운 일이 아니다.

예제 5.3 가격지수와 생계비 평가

인플레이션 상황에서 생계비를 측정하려고 한다.

a. 라스파이레스 가격지수로 생계비를 측정할 경우 생계비가 과대 평가되는가 아니면 과소 평가되는가? 그 이유는 무엇인가?

b. 파셰 가격지수로 생계비를 측정할 경우 생계비가 과대 평가되는가 아니면 과소 평가되는가? 그 이유는 무엇인가?

c. 라스파이레스 가격지수 또는 파셰 가격지수로 생계비를 평가하더라도 정확한 생계비 지수와 크게 차이가 나지 않는 경우는 어떤 경우인가?

KEY 가격지수는 대체효과를 반영하지 못하기 때문에 생계비의 변화를 정확하게 측정하지 못한다.

풀이 a. 기준연도의 가격벡터와 수량벡터를 각각 P_0, Q_0라고 하자. 그리고 비교연도의 가격벡터와 수량벡터를 각각 P_1, Q_1이라고 하자. 그러면 라스파이레스 가격지수는

$$L_p = \frac{P_1 \cdot Q_0}{P_0 \cdot Q_0}$$

로 구해진다. 이때 분자는 기준연도의 수량을 비교연도의 가격에 구입하는 데 드는 금액을 나타낸다. 분모는 기준연도의 수량을 기준연도의 가격에 구입하는 데 드는 금액을 나타낸다.

그림에서 볼 때 P_0로 표시된 예산선은 기준연도의 예산선이다(앞으로 예산선의 이름은 그에 대응하는 가격벡터로 표기하기로 한다). 기준연도의 수량 Q_0를 기준연도의 가격으로 구입하는 데 드는 금액이 이 예산선에 반영되어 있다. 또한 그 금액은 위 식의 분모에 나타나 있다. 이때 얻는 효용은 무차별곡선 I_0로 나타나 있다.

한편 비교연도의 가격으로 I_0에 도달하는 데 드는 금액은 무차별곡선 I_0에 접하면서 P_1으로 표시된 예산선에 반영되어 있다. 한편 예산선이 이렇게 주어지면 소비자는 Q'를 택하며 기준연도와 똑같은 효용을 누린다. 바꾸어 말하면 기준연도와 똑같은 효용을 누리려면 Q'를 구입하는 데 드는 금액만 있으면 된다. 그런데 라스파이레스 가격지수에서는 Q_0를 비교연도의 가격으로 구입하는 데 드는 금액을 사용하여 구하게 된다. 이때 드는 금액은 Q_0를 지나면서 P_1에 평행하게 그려진 점선의 예산선에 반영되어 있다. 그런데 이 예산선은 P_1으로 표시된 예산선보다 원점에서 더 멀리 떨어져 있다. 이것은 비교연도의 가격으로 Q_0를 구입하려면 Q'를 구입할 때보다 더 많은 금액이 든다는 것을 말한다. 그리고 이때 드는 금액은 바로 위 식에서 분자로 나타나 있다.

이러한 내용에 주목하면 라스파이레스 가격지수는 생계비를 과대 평가하고 있다는 것을 말할 수 있다. 즉 기준연도와 동일한 효용을 얻는 데 드는 금액은 P_1으로 나타난 예산선에 반영되어 있다. 그런데 라스파이레스 가격지수는 그보다 더 많은 금액을 나타내는 점선의 예산선을 사용하여 구해진다. 또한 이 금액은 위 식에서 분자에 나타난다. 분자에 더 큰 값이 들어가므로 그 결과로 나타나는 라스파이레스 가격지수의 값은 정확한 생계비를 반영하는 값보다 커진다. 이것이 바로 라스파이레스 가격지수는 생계비를 과대 평가한다는 것을 말해 준다.

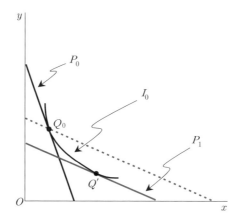

그렇다면 라스파이레스 가격지수가 생계비를 과대 평가하게 되는 이유는 무엇일까? 그 이유는 바로 라스파이레스 가격지수는 대체효과를 반영하지 못하기 때문이다. 이에 대해 구체적으로 살펴보자. 그림에서 보듯이 인플레이션으로 인해 상대가격이 변하면 Q_0 대신 상대적으로 값이 떨어진 X재를 더 많이 구입하는 Q'를 선택함으로써 이전과 같은 효용을 누릴 수 있다. 즉 소비에서 대체를 통해, 원래 구입했던 상품묶음을 그대로 구입할 경우에 드는 비용보다는 적은 비용으로 이전과 같은 효용을 누릴 수 있다는 것이다. 그런데 라스파이레스 가격지수는 이러한 점을 무시하고 있다. 그리하여 여전히 기준연도에 구입했던 Q_0를 기준으로 가격지수를 구하고 있다. 이 점이 바로 생계비를 과대 평가하게 되는 이유이다.

b. 파셰 가격지수는 $P_p = \dfrac{P_1 \cdot Q_1}{P_0 \cdot Q_1}$로 정의된다. 파셰 가격지수를 사용하여 생계비를 평가하면 생계비가 과소 평가된다. 그 논리적 배경은 위 문항과 같다. 다만 한 가지 다른 점은 똑같은 효용을 누리는 데 드는 금액보다 더 많은 금액이 분자가 아니라 분모에 들어간다는 것이다. 그리하여 파셰지수의 값을 실제 생계비지수의 값보다 작게 만든다는 것이다.

그림을 이용하여 구체적으로 알아보자. 비교연도에 Q_1을 선택하고 있다. 이때 드는 금액은 P_1으로 표시된 예산선에 반영되어 있다. 이 경우 누리는 효용은 무차별곡선 I_1으로 나타나 있다. 기준연도의 가격으로 이와 똑같은 효용을 누리려면, 즉 I_1에 도달하려면 P_0

로 나타난 예산선에 해당하는 금액이 필요하다. 그런데 파셰 가격지수를 구할 때에는 기준연도의 가격으로 Q_1을 구입하는 데 드는 금액을 사용하고 있다. 즉 점선으로 그려진 예산선이 나타내는 금액을 사용하고 있다. 그런데 이 예산선은 P_0로 표시된 예산선보다 원점에서 더 멀리 떨어져 있다. 그러므로 이때의 금액은 P_0의 예산선에 해당하는 금액보다 더 많다. 그런데 이 더 많은 금액이 위 식의 분모에 들어간다. 그 결과 파셰 지수의 값을 실제 생계비 지수의 값보다 작게 만드는 작용을 한다.

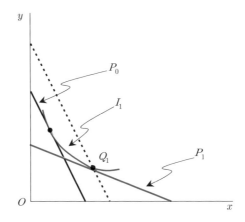

c. 물가가 오르더라도 상대가격이 크게 변화하지 않는 경우와 상대가격이 변하더라도 소비자들이 상품을 대체하여 소비하지 않는 경우에는 라스파이레스 가격지수와 파셰 가격지수가 실제 생계비지수와 크게 차이가 나지 않는다. 극단적으로 모든 상품의 가격이 같은 비율만큼 오르거나 또는 모든 상품이 완전보완재일 경우에는 라스파이레스 가격지수와 파셰 가격지수는 실제 생계비지수와 같아진다.

제6장

대체효과·소득효과·소비자잉여: 수요의 법칙·후생변화

MICROECONOMICS

수요함수에서 소득과 다른 상품들의 가격이 그대로인 채 해당 상품의 가격이 변화할 때 그 수요량이 어떻게 변화하는가를 나타낸 것이 수요곡선이다. 이번 장에서는 가격변화에 따른 수요량의 변화를 세부적으로 분석한다. 특히 수요곡선이 우하향하는 이유에 대해 분석한다.

어떤 상품의 가격이 떨어지면 그 상품을 더 싼 가격에 살 수 있다. 그 결과 소비자의 후생이 증가한다. 이와 관련하여 이러한 후생의 변화를 측정하는 개념을 소개할 것이다. 이러한 개념은 특히 정책을 평가하는 데 사용된다. 즉 어떤 정책을 시행할 경우 그에 따라 후생이 얼마나 변화하는가를 측정하는 데 사용된다. 이러한 측면에서 이 개념이 적용되는 범위는 상당히 넓다.

무엇을 공부할 것인가

1. 어떤 상품의 가격이 변화할 경우 대체효과와 소득효과가 발생한다. 이 두 개념은 각각 무엇이며 그림에 어떻게 표시되는가?

2. 소득효과만 볼 경우 수요량과 가격은 서로 같은 방향으로 움직이는가? 대체효과의 경우는 어떠한가?

3. 수요의 법칙이란 무엇인가? 이 법칙이 성립하지 않는 경우는 어떠한 경우인가?

4. 수요곡선이 우하향하는 이유는 무엇인가?

5. 힉스대체효과와 슬러츠키대체효과는 서로 어떻게 다른가?

6. 준선형효용함수일 경우 수요함수의 특성은 어떠한가?

7. 역수요함수, 한계편익함수, 총편익함수의 관계는 어떠한가?

8. 정률로 보조하는 것이 비효율적인 이유는 무엇인가?

9. 상품의 가격이 떨어지면 소비자의 편익이 증가한다. 이때 편익이 얼마나 증가했는가를 측정하는 개념에는 어떠한 것들이 있는가? 이들의 특징은 각각 무엇인가?

6.1 가격변화의 효과: 비교정학

상품의 가격이 떨어지면 여러분은 그 상품을 더 사겠는가 아니면 덜 사겠는가? 필자의 강의실 학생들 대부분은 그 상품을 더 살 것이라고 답한다. '그 이유는 무엇인가?'라고 물으면 머뭇거리거나 답변이 제각각이다. 이번 장에서는 같은 질문에 대해 경제학자들은 어떻게 답하고 있는가를 차근차근 살펴볼 것이다. 이번 절은 그 첫 단계이다.

가격이 변화하면 대체효과와 소득효과가 발생한다. 다음 절에서 보다 구체적으로 검토하겠지만, 이 내용을 적용하면 수요곡선이 우하향하는 이유를 밝힐 수 있다.

6.1.1 대체효과와 소득효과의 개념

가격이 변화할 때 소비자의 선택에 어떠한 변화가 생기는가를 살펴보자. 이를 위해 간단한 예를 들어 보자. 사과와 배의 가격이 각각 1,000원이라고 하자. 이때 사과와 배를 대체재로 생각하는 어떤 소비자가 한 달 동안 4만원으로 사과를 20개, 배를 20개 소비한다고 한다. 이러한 상황에서 사과의 가격이 500원으로 떨어진다면 이 소비자의 선택에는 어떤 변화가 일어날까? 여기서 우리는 적어도 두 가지 효과를 생각할 수 있다. (1) 사과의 가격이 상대적으로 싸졌다는 것이다. (2) 이전과 똑같이 사과와 배를 각각 20개씩 소비하더라도 수중에 여분으로 1만원이 남는다는 것이다. 이 여분의 1만원으로 사과와 배를 더 구입할 수 있다. 즉 똑같은 4만원이지만 그 구매력이 증가한 것이다. 즉 이전보다 그만큼 부유해진 것이다. (3) 이 예에서 짐작할 수 있는 것처럼 예컨대 X재의 가격이 떨어지면 두 가지 효과가 발생한다. 즉 두 상품의 가격 비율이 달라질 뿐만 아니라, 주어진 화폐소득의 구매력이 증가한다. 수식을 통해 살펴보기 위해 예산제약식 $p_x x + p_y y = M$의 양변을 p_x로 나누어 보자. 그러면 $x + \dfrac{p_y}{p_x} y = \dfrac{M}{p_x}$이 된다. 이때 p_x가 하락하면 Y재의 상대가격 $\dfrac{p_y}{p_x}$가 상승하고, 즉 X재의 상대가격 $\dfrac{p_x}{p_y}$가 하락하고 X재 단위로 평가한 구매력(실질소득) $\dfrac{M}{p_x}$이 증가한다.

이 두 가지 효과가 수요량에 미치는 영향을 각각 대체효과와 소득효과라고 한다.

> 🌱 **대체효과**(substitution effect) 상품의 가격이 변화할 경우 주어진 화폐소득의 구매력(실질소득)이 변화하는데, 이때 화폐소득을 조정하여 이 효과를 제거해 준 상태에서 상대적으로 더 비싸진 상품을 더 싸진 상품으로 대체하여 소비하려는 데 따른 수요량의 변화

앞으로 살펴보겠지만 완전보완재를 제외하고는 대체효과는 항상 값이 싸진 상품을 지

금보다 더 구입하고 비싸진 상품을 덜 구입하려는 방향으로 작용한다.

한편 구매력(실질소득)이 변화하는 것도 수요량에 영향을 준다.

> **소득효과**(income effect) 상품의 가격이 변화하여 주어진 화폐소득의 구매력(실질소득)이 변화할 때
> 그로 인한 수요량의 변화

소득효과와 관련하여 유의할 사항이 하나 있다. 즉 소득효과는 상품이 열등재일 경우와 정상재일 경우가 서로 반대로 나타난다.[1] 예컨대 실질소득이 증가할 경우를 생각해 보자. 이 경우 어떤 상품이 정상재라면 그 수요량이 증가하지만 열등재라면 수요량이 감소한다. 앞으로 보게 되겠지만 이러한 현상이 때로는 경제분석을 복잡하게 만드는 요인이 되고 있다. 그 이유는 상품의 가격이 변할 때 그 수요량이 증가하는지 감소하는지는 그 상품이 열등재인지 아닌지에 따라 달라질 수 있기 때문이다.

6.1.2 대체효과와 소득효과의 도시

두 상품의 가격이 모두 변할 수도 있고 하나만 변할 수도 있다. 상승할 수도 있고 하락할 수도 있다. 어느 경우든지 분석원리는 같으므로 X재의 가격이 하락하는 경우에 대해 살펴보자. 이때 물론 Y재의 수요량도 변화하지만 X재의 변화에 초점을 맞추자. [그림 6-1]은 이러한 상황을 나타내고 있다. 가격이 하락하기 전 원래의 가격에서는 점 A에서 최적선택이 이루어지고 있다. X재의 가격이 p_x^0에서 p_x^1으로 하락하면 예산선이 세로축 절편을 중심으로 시계반대방향으로 회전하여 최적선택은 C점에서 이루어진다. 그 결과 X재의 수요량이 x_0에서 x_2로 증가한다. 이처럼 가격변화가 수요량에 미치는 효과를 **가격효과**(price effect)라고 한다.

일반적으로 가격효과에는 대체효과와 소득효과가 함께 나타난다. 그런데 우리는 현재 각각의 효과를 분리해서 알아보고자 한다. 각각의 효과를 분리해서 알아보려면 가격 변화에 따른 실질소득 변화 효과를 제거해 주어야 한다. 이를 위해서는 화폐소득을 조정해 주어야 하는데 그 방법에는 **슬러츠키보상**(Slutsky compensation)과 **힉스보상**(Hicksian compensation)이 있다. 그런데 여기서 보상이라는 단어를 사용하고는 있지만 가격이 상승했을 경우에는 보상, 가격이 하락했을 경우에는 (−)의 보상을 하게 된다. 슬러츠키보상의 경우를 먼저 다루고 힉스보상의 경우는 뒤에서 다룬다.

---

1 이것이 바로 소득효과를 정의할 때 수요량의 '증감'을 말하는 대신 '변화'로 말한 이유이기도 하다.

| 그림 6-1 | 슬러츠키 대체효과와 소득효과 |

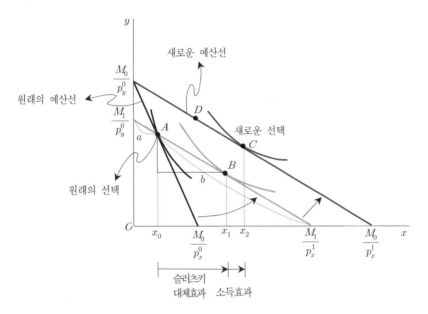

가격변화가 수요량에 미치는 영향은 대체효과와 소득효과로 구분할 수 있다.

(1) 슬러츠키보상에 따른 대체효과를 살펴보자

> X재의 가격이 하락하면 실질소득이 증가하는데 X재 가격 하락에 따른 대체효과를 살펴보려면 이러한 실질소득 증가의 효과를 제거해 주어야 한다.

그 방법으로서 가격이 떨어지기 이전에 선택했던 상품묶음을 구입하는 데 드는 소득만 남기고 나머지는 덜어내 주자. 이같은 방법으로 화폐소득을 조정해 주는 방법이 바로 슬러츠키보상이다. 예컨대 앞의 예처럼 사과와 배의 가격이 각각 1,000원일 때 4만원으로 사과와 배를 각각 20개씩 구입했는데, 사과의 가격이 500원으로 떨어졌다고 하자. 이때 떨어진 가격에서 원래와 같이 사과와 배를 각각 20개씩 구입하는 데에는 오직 3만원만 든다. 이 경우 남는 소득 1만원을 덜어내 준다는 것이다(예제 6.1 참조).

[그림 6-1]을 볼 때 원래의 선택인 점 A를 통과하면서 새로운 예산선에 평행하도록 그려져 있는 옅은 색의 조정된 예산선이 바로 X재 가격 하락시 화폐소득을 이같은 방법으로 조정해 준 상태를 나타낸다. 이때 조정된 금액은 세로축의 두 절편 사이의 거리 $(\dfrac{M_0}{p_y^0} - \dfrac{M_1}{p_y^0})$에 p_y^0를 곱한 값으로 구해진다. 화폐소득을 이렇게 조정해 주면 새로운 무차별

곡선은 조정된 예산선과 B점에서 접한다. 이럴 경우 실질소득이 증가한 효과가 제거되어 오로지 X재의 상대가격이 하락한 효과만을 볼 수 있다. 이 경우 X재 수요량의 변화는 $x_1 - x_0$로 나타난다. 그런데 이것은 상대적으로 가격이 더 싸진 상품을 더 사려는 효과만을 반영하고 있다. 즉 Y재의 일부를 가격이 더 싸진 X재로 대체한 결과로서 대체효과를 나타낸다. 이때 그림에서 $\overline{AB}$를 빗변으로 하는 삼각형의 밑변에 해당하는 $(x_1 - x_0)$만큼의 X재 소비 증가가 높이에 해당하는 만큼의 Y재 소비 감소를 대체하고 있음에 주목하자.

> 🏭 **슬러츠키대체효과**(Slutsky substitution effect) 가격이 변화하기 이전에 구입했던 원래의 상품묶음을 구입할 수 있도록 화폐소득을 조정해 주었을 때의 대체효과

물론 개인의 무차별곡선이 관찰되지는 않는다. 그러므로 이것은 어디까지나 개념상의 논의일 뿐 실제로 관찰되는 것은 아니다. 가격이 변화할 경우 실제 우리에게 관찰되는 것은 원래 선택했던 상품묶음(x_0)과 새로이 선택한 상품묶음(x_2)뿐이다.

(2) 소득효과를 알아보자

> 이때 실질소득이 증가한 효과를 반영해 주기 위해 덜어낸 만큼의 소득을 다시 보태 주기로 하자.

이러한 조정은 조정된 예산선을 다시 새로운 예산선의 위치로 이동시킨다.[2] 그런데 이러한 조정은 상대가격을 변화시키지 않은 채 다만 소득을 증가시키는 효과를 지닌다. 따라서 이때 X재의 수요량이 x_1에서 x_2로 증가한 것은 오로지 실질소득이 증가할 때 그로 인한 효과만을 반영하고 있다. 즉 $x_2 - x_1$은 바로 소득효과를 나타낸다.

6.1.3 슬러츠키대체효과의 부호: 가격과 수요량이 반대 방향으로 움직인다

다음 소절에서 검토하겠지만 소득효과만 볼 경우 상품이 정상재인가 아닌가에 따라 수요량이 가격과 같은 방향으로 움직이기도 하고 반대 방향으로 움직이기도 한다. 그렇다면 슬러츠키 대체효과는 어떠하겠는가?

---

2 상품의 가격 비율이 일정할 때 소득의 증가는 예산선을 평행이동시킨다는 사실을 상기하자.

결과부터 말하자면 슬러츠키대체효과는 항상 가격과 수요량이 서로 반대 방향으로 움직이 도록 작용한다.

이에 대해서 살펴보기로 하자. 현재 우리는 가격이 하락한 경우를 분석하고 있다. 그러 므로 이전보다 X재를 더 많이 구매하는 것을 나타내는 그림의 b부분에서 소비자가 선택한 다는 것을 보여주면 된다. 재빠른 독자는 이때 앞 장에서 배운 현시선호이론을 적용하면 된 다는 것을 알아차렸을 것이다.

소득을 덜어내 준 이후의 조정된 예산선상에 있는 상품묶음들 중에서 원래의 예산집합 의 내부에 속하는 a부분에 있는 상품묶음들은 가격이 떨어지기 이전에도 구입할 수 있었 다. 그러나 소비자는 이 상품묶음들 중에서 어느 하나를 구입하지 않고 그 대신 상품묶음 A를 구입하였다. 현시선호이론에 의하면 이것은 상품묶음 A가 a상에 있는 상품묶음들보 다 선호된다는 것을 의미한다.

그런데 현시선호의 약공리에 의하면 a상에 있는 상품묶음들은 다시는 A보다 현시선호 될 수 없다. 그러므로 가격이 떨어진 후에는 A를 구입하든지 원래의 예산집합에는 속하지 않는 b부분상에 있는 상품묶음을 구입한다. 이것은 가격이 떨어진 후에는 이전보다 X재를 더 많이 구입한다는 것을 의미한다.[3] 그러므로 결국 슬러츠키대체효과는 항상 가격과 수요 량이 서로 반대 방향으로 움직이도록 작용한다는 것이다.[4]

6.1.4 소득효과의 방향과 그에 따른 가격효과의 방향

대체효과와는 달리 소득효과는 정상재와 열등재가 서로 반대 방향으로 나타난다. 이때 적용되는 원리는 6.3에 등장하는 힉스대체효과의 경우에도 그대로 적용되므로 여기서는 두 대체효과에 대해 용어 구분 없이 사용하기로 하자.

(1) 정상재의 경우: 소득효과가 가격과 반대 방향

[그림 6–1]은 X재가 정상재인 경우를 보여주고 있다. 4장에서 배웠듯이 정상재의 경 우 소득이 증가하면 수요량도 증가하고 소득이 감소하면 수요량도 감소한다. 그런데 가격 이 하락하면 실질소득이 증가한다. 그러므로 정상재의 경우 가격이 하락할 때 그로 인한 소 득효과는 그림의 x_1에서 x_2로 증가한 것처럼 수요량을 증가시키는 방향으로 작용한다. 즉

---

3 예외적으로 완전보완재의 경우에는 이전과 같은 수량을 구입한다.
4 완전보완재의 경우, 예외적으로 수요량의 변화가 모두 소득효과에 의한 것이며 슬러츠키대체효과는 0이 된다.

정상재의 경우 가격과 수요량이 반대 방향으로 움직인다. 한편 대체효과는 정상재 여부와 관계없이 항상 가격과 수요량이 반대 방향으로 움직이도록 작용한다. 그러므로 정상재일 경우 가격이 하락할 때 그림에서처럼 대체효과와 소득효과가 모두 수요량을 증가시키는 방향으로 작용한다. 따라서 가격이 하락할 때 가격효과는 수요량을 증가시키는 방향으로 작용하여 수요곡선이 우하향한다.

(2) 열등재의 경우: 소득효과가 가격과 같은 방향

만일 X재가 열등재였다면 소득이 증가할 경우 수요량이 감소하므로 가격 하락 후 실질소득 증가로 인해 무차별곡선이 [그림 6−1]에서 새로운 예산선과 B점보다 왼쪽에 있는 D점 같은 곳에서 접했을 것이다. 따라서 소득효과가 가로축의 x_1에서 왼쪽 방향으로 측정된다. 즉 소득효과는 X재의 수요량을 감소시키는 방향으로 작용한다. 그 결과 소득효과가 대체효과와 반대 방향으로 나타난다. 그러나 보통 열등재의 경우 대체효과가 소득효과보다 크기 때문에 가격 하락 후 그림의 A점과 D점의 비교에서도 알 수 있듯이 여전히 X재 수요량은 증가한다. 그 결과 가격이 하락할 때 가격효과는 여전히 수요량을 증가시키는 방향으로 작용하여 수요곡선은 우하향한다.

(3) 기펜재의 경우: 가격효과가 가격과 같은 방향

X재가 기펜재일 경우 [그림 6−1]과는 달리 [그림 6−3(B)]처럼 최초에 X재에 대한 수요량이 크다. 그런 상태에서 가격이 하락할 경우 무차별곡선이 새로운 예산선과 '원래의 선택'보다 왼쪽에서 접한다. 기펜재는 열등의 정도가 심한 열등재이기 때문에 이처럼 반대 방향의 소득효과가 대체효과를 압도하게 된다. 결과적으로 가격이 하락할 때 총효과인 가격효과는 수요량이 오히려 감소하는 것으로 나타난다. 따라서 수요곡선이 양의 기울기를 갖는다. 즉 수요곡선이 우상향한다.

6.2 슬러츠키방정식과 수요곡선이 우하향하는 이유

소득효과와 대체효과에 대한 이상의 논의로부터 가격이 변화할 경우 그에 따라 수요량이 전체적으로 어떻게 변화하는가를 알 수 있었다. 이제 이에 대해 보다 체계적으로 분석하기 위해 슬러츠키방정식을 살펴보자. 이러한 분석을 통해 어떤 상품의 가격이 떨어지면 왜 그 상품을 더 많이 구입하려 하는지, 즉 수요곡선이 왜 우하향하는지에 대해 보다 체계적으로 답할 수 있게 된다.

6.2.1 도 출

[그림 6-1]은 가격이 떨어질 때 그에 따라 X재의 총수요량이 $(x_2 - x_0)$만큼 증가하는 것을 보여주고 있다. 그런데 이러한 가격효과는

$$x_2 - x_0 = (x_1 - x_0) + (x_2 - x_1)$$

으로 바꾸어 쓸 수 있다. 즉 대체효과를 나타내는 $(x_1 - x_0)$와 소득효과를 나타내는 $(x_2 - x_1)$의 두 부분으로 나눌 수 있다. 이제 이 식을 Δ를 써서 다시 표현하면

$$\Delta x = \Delta x^s + \Delta x^M \ , \ \text{즉 가격효과 = 대체효과 + 소득효과}$$

로 쓸 수 있다. 그런데 이 식은 결국 화폐소득이 일정한 상태에서 가격이 변화할 경우 그에 따라 수요량이 전체적으로 어떻게 변화하는가를 보여주고 있다.[5]

(1) 한편 위 식은 변화량으로 표시되어 있다. 그런데 그 변화를 보다 구체적으로 살펴보기 위해 위 식의 양변을 Δp_x로 나누어 주자. 그러면

$$\frac{\Delta x}{\Delta p_x} = \frac{\Delta x^s}{\Delta p_x} + \frac{\Delta x^M}{\Delta p_x} \tag{6.1}$$

과 같이 변화율로 표시된 식을 얻는다. 이때 좌변은 가격효과, 우변의 첫 항은 대체효과, 우변의 둘째 항은 소득효과를 나타낸다.[6] 그런데 소득효과는 가격이 변화하여 그로 인해 실질소득이 변화$\left(\frac{\Delta M}{\Delta p_x}\right)$한 후 이러한 실질소득의 변화로 인해 다시 수요량이 변화한 것$\left(\frac{\Delta x^M}{\Delta M}\right)$을 의미한다. 따라서 원리적으로 볼 때 위 식의 마지막 항인 $\frac{\Delta x^M}{\Delta p_x}$은 이러한 두 변화를 반영하여

$$\frac{\Delta x^M}{\Delta p_x} = \frac{\Delta x^M}{\Delta M}\frac{\Delta M}{\Delta p_x} \tag{6.2}$$

으로 쓸 수 있다. 이때 우변은 '실질소득 1원 증가(분모)로 인한 수요량 증가분(분자)×가격 1원 하락(분모)으로 인한 실질소득 증가분(분자)'의 의미를 지닌다. 이때 곱하는 수(승수)부터 읽는 것이 의미 이해에 더 낫다.

---

5 위 식에 들어 있는 첨자는 각각 대체효과와 소득효과를 나타내기 위한 것이다.

6 엄밀하게 말하면 양변의 각 항에 모두 Δp_x를 곱해 주어야 각각 가격효과, 대체효과, 그리고 소득효과라고 할 수 있다.

(2) 한편 소득효과는 소득이 변화할 때 그에 따라 수요량이 얼마나 변화하는가로 나타내는 것이 더 바람직스럽다. 이 점에 비추어 소득효과를 소득변화에 대한 수요량변화의 비율로 나타내자. 이를 위해 가격이 변화할 때 실질소득이 얼마나 변화하는가를 보여주는

$$\Delta M = -\Delta p_x x, \ \text{즉} \ \frac{\Delta M}{\Delta p_x} = -x \tag{6.3}$$

의 관계를 이용하자.[7]

그런데 식 (6.3)의 의미는 [그림 6 1]에서 세로축의 두 절편에 반영되어 있다. 그 의미를 알기 위해 상품묶음 A를 통과하는 두 직선이 y축과 만나는 두 절편을 살펴보자. 특히 이 절편을 나타내는 표현에 각각 M_0와 M_1이 들어있다는 사실에 주목하자. 이것은 원래의 가격 (p_x^0, p_y^0)에서 상품묶음 A를 구입하려면 소득이 M_0만큼 들며, Y재의 가격은 그대로인 채 X재의 가격이 떨어진 새로운 가격 (p_x^1, p_y^0)에서 상품묶음 A를 구입하려면 M_1만큼의 소득이 든다는 것을 보여준다. 물론 두 절편 사이의 거리는 Y재의 단위로 측정된 것이다. 그러므로 그 거리 $\left(\frac{M_0}{p_y^0} - \frac{M_1}{p_y^0} \right)$에 Y재의 가격인 p_y^0를 곱해 주면 그 값이 바로 소득의 차인 $\Delta M (= M_0 - M_1)$이 된다.[8]

(3) 이제 식 (6.3)의 $\frac{\Delta M}{\Delta p_x} = -x$를 식 (6.2)의 $\frac{\Delta M}{\Delta p_x}$에 대입한 후 그 결과를 다시 식 (6.1)에 대입하자. 그러면 다음과 같은 슬러츠키방정식(Slutsky equation)을 얻는다.

$$\text{슬러츠키방정식:} \ \frac{\Delta x}{\Delta p_x} = \frac{\Delta x^s}{\Delta p_x} - x\frac{\Delta x^M}{\Delta M} \tag{6.4}$$

---

7 식 (6.3)에서 '−'부호가 붙은 이유는 Δp_x와 ΔM은 반대 방향으로 움직이기 때문이다. 즉 가격이 하락하면 실질소득은 증가하고 가격이 상승하면 실질소득은 감소하기 때문이다. 식 (6.3)의 관계는 예를 들어 X재의 가격이 1원 하락할 때 현재 10단위의 X재를 소비하고 있는 소비자는 10원을 절약할 수 있다는 것, 즉 실질적으로 소득이 10원 증가함을 보여주는 것이다. 이때 슬러츠키방정식에서 p_y는 일정하다고 가정하고 있다는 점도 고려되고 있다 (6.3.5 참조).

8 이 결과를 수식을 통해 살펴보자. 원래 선택한 상품묶음 A를 (x_0, y_0)라 하면 $p_x^0 x_0 + p_y^0 y_0 = M_0$와 $p_x^1 x_0 + p_y^0 y_0 = M_1$이 성립한다. 둘째 식과 첫째 식에서 좌변끼리 빼주고 우변끼리 빼준 후 정리하면 $(p_x^1 - p_x^0)x_0 = M_1 - M_0$를 얻는다. 식 (6.3)은 바로 이 마지막 식에 해당한다. 다만 원래 선택한 상품묶음을 (x_0, y_0)가 아닌 (x, y)로 표기했을 뿐이다. 나아가서 가격과 소득의 변화를 Δ를 사용하여 표시하고 그 대신 부호를 조정해 주었을 뿐이다. 즉 예를 들어 [그림 6−1]처럼 p_x가 '하락'할 경우 상품묶음 A를 구입하는 데 드는 소득이 '감소'하므로 앞 식에서 $(p_x^1 - p_x^0)$와 $(M_1 - M_0)$가 모두 음으로서 부호가 상쇄된다. 그런데 식 (6.3)에서는 이때의 소득'감소'를 그만큼의 실질소득'증가'로 해석하므로, 즉 가격과 실질소득의 변화 방향을 고려하므로 음의 부호를 추가한 것이다.

📑 **예제 6.1** 슬러츠키방정식

사과와 배의 가격이 각각 1,000원이라고 하자. 어떤 소비자가 한 달 동안 40,000원을 사과와 배의 소비에 지출한다고 한다. 이러한 상태에서 처음 사과와 배를 20개씩 소비하고 있다고 하자.

a. 예산선을 그리고 최초의 선택점을 나타내시오.

b. 이제 사과의 가격이 500원으로 떨어진다고 하자. 이 경우 사과를 36개 구입한다고 하자. 이 상태를 그림에 나타내시오.

c. 원래 구입했던 상품묶음 (20, 20)을 구입하려면 얼마가 들겠는가? 처음에 비해 얼마가 줄어들었는가?

d. 위 문항에서처럼 줄어든 금액만큼을 이 소비자로부터 빼앗는다고 하자. 즉 원래의 상품묶음을 소비할 수 있도록 소득을 조정해 준다는 의미이다. 이 경우 이 소비자가 사과를 30개 소비한다고 하자. 이것을 그림에 나타내시오.

e. 사과를 기준으로 하여 대체효과와 소득효과를 말하시오.

f. 슬러츠키방정식은 $\dfrac{\uparrow \Delta x}{\downarrow \Delta p_x} = \dfrac{\uparrow \Delta x^s}{\downarrow \Delta p_x} - x\dfrac{\Delta x^M \uparrow}{\Delta M \uparrow}$ 이다. 여기에 해당되는 값들을 각각 대 입하여 이 방정식이 성립하는가를 검토해 보시오.

g. 이때 위 방정식에서 X재 수요량과 X재의 가격변화 그리고 그때 지출액의 변화의 관계를 말하시오.

h. X재의 가격이 아주 조금 변할 때에는 힉스대체효과와 슬러츠키대체효과가 같다. 이 점과 관련하여 위 그림에서 10,000원의 의미를 해석해 보시오.

풀이 a. b. 그림을 참고하시오.

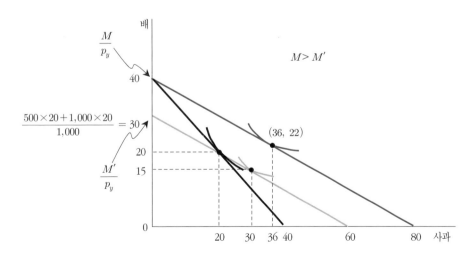

c. $500 \times 20 + 1,000 \times 20 = 30,000$(원), 그러므로 10,000원이 줄어든다.

d. 이때 새로운 예산선이 (20, 20)을 지나도록 안쪽으로 평행이동한다. 그림 참조.

e. 대체효과 = 30 − 20 = 10(개), 소득효과 = 36 − 20 − 10 = 6(개)

f. $\Delta p_x = -500$, $\Delta M = 10{,}000$, $\Delta x = 16$, $\Delta x^s = 10$, $\Delta x^M = 6$

$$\frac{36-20}{500-1{,}000} = \frac{30-20}{500-1{,}000} - 20\frac{36-30}{40{,}000-30{,}000}$$

위 슬러츠키방정식에서 소득효과 앞에 −20이 곱해진 이유를 살펴보자. 그 이유는 가격이 500원 떨어지면 10,000원의 실질소득이 증가하므로 $\frac{10{,}000}{-500} = -20$이 성립하기 때문이다. 즉 가격이 떨어지면 실질소득이 $-\Delta p_x x$만큼 증가하여 $\Delta M = -\Delta p_x x$가 성립하는데 이로부터 $\frac{\Delta M}{\Delta p_x} = -x$가 성립하기 때문이다. 현재 주어진 수치를 이 식에 대입해 보면 $\frac{40{,}000-30{,}000}{500-1{,}000} = -20$이라는 것이다. 여기서 20은 가격이 하락하기 이전 원래의 구입량이다.

g. 편의상 부호를 무시하면,

$$X\text{재의 원래 수요량}(=20) = \frac{\text{지출액의 변화}}{X\text{재의 가격변화}} = \frac{40{,}000-30{,}000}{1{,}000-500}$$

이 성립한다. 이로부터 X재의 원래 수요량이 많을수록 가격이 변화할 때 실질소득이 크게 변화하며 그로 인해 소득효과가 크게 나타날 것임을 알 수 있다.

h. X재의 가격이 떨어질 경우 원래 누리던 효용을 누리려고 할 때 드는 금액은 줄어든다. 그림에 나타나 있지는 않지만 이때 줄어든 금액이 11,000원이라고 하자. X재의 가격이 조금 떨어졌다면 이 금액은 10,000원에 아주 가까운 금액이 되었을 것이다. 이때 11,000원이 바로 (앞으로 배울) 보상변화에 해당한다. 즉 가격이 변화하였을 때 원래 누리던 효용을 누리려면 얼마를 보상해 주어야 하는가라는 질문에 대한 답이 되는 금액인 것이다. 한편 이 문제는 가격이 떨어진 경우이기 때문에 보상은 소득을 보태주는 것이 아니라 덜어내 주는 형태로 이루어진다.

이제 수식을 통해 살펴보자. 원래의 가격에서 (20, 20)을 구입하는 데 드는 금액은 1,000×20 + 1,000×20 = 40,000(원)이다. 사과의 가격이 떨어진 이후 (20, 20)을 구입하는 데에는 500×20 + 1,000×20 = 30,000(원)이 든다. 같은 변끼리 빼 준 다음 정리하면 (1,000 − 500)× 20 = 40,000 − 30,000(원)이 된다. 일반형으로 표시하면 $(p_x - p_x')x = (M - M')$이 된다. 이 결과에 비추어 가격이 떨어질 경우 구매력이 늘어난다는 사실을 나타내면 $-\Delta p_x x = \Delta M$이 된다.

6.2.2 정상재의 경우

슬러츠키방정식 (6.4)에서 소득효과를 나타내는 부분인 우변의 둘째 항 $-x\frac{\Delta x^M}{\Delta M}$에 대해 말해 보자. (1) 정상재의 경우 소득이 증가할 때 수요량이 증가한다. 즉 소득과 수요량이 같은 방향으로 움직인다. 그러므로 $\frac{\Delta x^M}{\Delta M}$은 양의 값을 갖는다. (2) 정상재의 경우, 가격이 하락할 때 실질소득은 증가하여 소득효과는 상품의 수요량을 증가시키는 방향으로 작용한다. 그런데 이것은 정상재의 경우 소득효과만 본다면 가격과 수요량을 서로 반대 방향으로 움직이게 한다는 것을 의미한다. 한편 식 (6.4)의 좌변은 가격이 변화할 때 수요량이 어떻게 움직이는가를 말하는데 우변에 있는 각 항의 효과가 합쳐져 좌변에 나타난다. 그런데 우변에서 소득효과를 나타내는 부분 $(-x\frac{\Delta x^M}{\Delta M})$에서 정상재의 경우 $\frac{\Delta x^M}{\Delta M}$이 양이어서 항 전체 $(-x\frac{\Delta x^M}{\Delta M})$로는 음이 된다. 그리고 이 결과가 좌변에 반영된다. 그러므로 정상재의 경우 소득효과가 가격과 수요량을 서로 반대 방향으로 움직이게 한다는 사실이 이 항$(-x\frac{\Delta x^M}{\Delta M})$을 통해 반영되고 있다. 이때 소득효과 부분 앞에 붙어있는 '−'부호에 다시 한 번 주목하자. (3) 가격이 변화할 때 X재의 구매량이 많을수록 실질소득이 크게 변화한다. 이러한 사실은 소득효과 부분인 $-x\frac{\Delta x^M}{\Delta M}$에서 앞에 x가 곱해져 있는 사실에 반영되어 있다.

이러한 내용을 배경으로 이제 우리는 가격이 변화할 때 그에 따라 수요량이 어떻게 변화하는가를 보다 체계적으로 말할 수 있게 되었다. (1) 정상재의 경우 $\frac{\Delta x^M}{\Delta M}$은 양의 값을 갖는다. 따라서 소득효과를 나타내는 $-x\frac{\Delta x^M}{\Delta M}$은 음이 된다. (2) 그런데 대체효과를 나타내는 $\frac{\Delta x^s}{\Delta p_x}$는 항상 음이 되므로 정상재의 경우 소득효과와 대체효과는 서로 강화하는 방향으로 작용한다. (3) 그 결과 이들을 함께 고려한 가격효과는 음이 된다. 이것은 좌변이 음이 되는 것으로 나타난다. 좌변이 음이 된다는 것은 좌변의 분모와 분자가 서로 반대 방향으로 움직인다는 것을 의미한다. 즉 가격과 수요량이 서로 반대 방향으로 움직인다는 것을 의미한다.

이로부터 정상재의 경우 가격이 하락(상승)하면 수요량은 증가(감소)한다는 사실을 알 수 있다. 이로써 비로소 수요곡선이 우하향하는 이유를 알게 되었다.

6.2.3 열등재의 경우

이제 열등재의 경우에 대해서 생각해 보자. 열등재의 경우에는 소득과 수요량이 서로 반대 방향으로 움직인다. 그러므로 $\frac{\Delta x^M}{\Delta M}$은 음의 값을 갖는다. 따라서 열등재의 경우 소득효과를 나타내는 $-x\dfrac{\Delta x^{M}}{\Delta M}$ 은 양이 된다. 그러므로 대체효과가 항상 음인 점을 감안하면 소득효과는 대체효과를 상쇄시키는 방향으로 작용한다. 그런데 보통의 경우 열등재이더라도 이러한 소득효과보다는 대체효과가 크기 때문에 이 둘을 합한 가격효과는 음이 되어 여전히 가격과 수요량은 서로 반대 방향으로 움직인다.

6.2.4 수요의 법칙

이처럼 가격과 수요량은 보통 서로 반대 방향으로 움직인다. 특히 정상재의 경우 가격과 수요량은 반드시 반대 방향으로 움직인다.

수요의 법칙(law of demand) 가격과 수요량이 서로 반대 방향으로 움직이는 것

첫째 드물기는 하지만 이 같은 수요의 법칙이 성립하지 않는 경우도 있다. 예컨대 열등의 정도가 대단히 심하여 $\dfrac{\Delta x^{M}}{\Delta M}$ 의 절대값이 상당히 크고, 또한 가격이 변하기 이전의 X재 수요량을 말하는 x의 값이 클 경우를 생각해 보자. 이 경우에는 소득효과가 대체효과를 압도하여 총효과인 가격효과 $\left(\dfrac{\Delta x}{\Delta p_{x}}\right)$ 가 양의 값을 가질 수도 있다(슬러츠키방정식 참조). 이때 가격과 수요량은 같은 방향으로 움직인다. 그 결과 수요곡선은 우상향하게 된다. 이러한 상품이 바로 4장에서 배운 기펜재이다.

기펜재가 되기 위해서는 (1) 해당 상품에 대한 지출이 소득 중에서 차지하는 비중이 커야 한다. 그리하여 그 상품의 가격이 변화할 때 구매력이 크게 변화해야 한다. (2) 구매력이 증가하면 수요량이 감소하고, 반대로 구매력이 감소하면 수요량이 증가하는 열등재이어야 한다. (3) 열등의 정도가 심하여 소득효과가 대체효과를 압도해야 한다.

둘째, 수요의 법칙 증명과 관련하여 주의할 것이 있다. 이때 4.1.3(2)는 p_{x}와 p_{y}가 일정하게 주어진 상태에서의 논의인 반면 다음 내용은 p_{x}가 변화할 때의 논의라는 점에 주목하자. (1) $MRS_{xy}(x,y)=\dfrac{p_{x}}{p_{y}}$ [식 (4.2)]를 이용하여 수요의 법칙을 말할 수는 없다. 예를 들어 우변에서 분자인 p_{x}가 하락할 경우 우변이 작아지니까 등식이 다시 성립하려면 좌변인 MRS_{xy}도 작아져야 한다. 그런데 MRS_{xy}가 체감하므로 MRS_{xy}가 작아지려면 X재 수요량이 증가해야 한다고 하면서 결국 p_{x}가 하락할 때 X재 수요량이 증가하므로 수요의 법칙이 성립한다고 주장한다면 그 주장은 오류이다. MRS_{xy}체감을 적용하려면 같은 무차별곡선상이어야 하는데 p_{x}가 하락할 경우 예산선이 변화하며 새로운 최적선택

에서는 이 새로운 예산선이 새로운 무차별곡선과 접할 것이기 때문이다.

(2) $\dfrac{MU_x(x,y)}{p_x} = \dfrac{MU_y(x,y)}{p_y}$[식 (4.3)]를 이용하여 수요의 법칙을 말할 수는 없다. 예를 들어 좌변에서 분모인 p_x가 하락할 경우 좌변이 커지니까 등식이 다시 성립하려면 분자인 MU_x가 작아져야 한다. 그런데 한계효용이 체감하므로 MU_x가 작아지려면 X재 수요량이 증가해야 한다고 하면서 결국 p_x가 하락할 때 X재 수요량이 증가하므로 수요의 법칙이 성립한다고 주장한다면 그 주장은 오류이다. 한계효용 체감을 적용하려면 Y재의 수요량이 일정하게 고정된 상태여야 하는데 p_x가 하락할 경우 예산선이 변화하며 새로운 죄적선택에서는 X재 수요량뿐만 아니라 Y재 수요량도 변화할 것이기 때문이다. 이뿐만 아니라 이때 X재와 Y재의 이러한 수요량 변화로 인해 좌변뿐만 아니라 우변도 변화할 것이기 때문이다.

셋째, 가격 변화가 상품의 특성에 따라 수요량을 어느 방향으로 변화시키는지 지금까지 논의한 내용들이 [표 6−1]에 정리되어 있다.

표 6-1 가격 변화 방향과 수요량 변화 방향의 관계

		대체효과	소득효과	가격효과	수요의 법칙	수요곡선
정상재		반대 방향	반대 방향	반대 방향	성립	우하향
열등재	보통	반대 방향	같은 방향	반대 방향	성립	우하향
	기펜재	반대 방향	같은 방향	같은 방향	불성립	우상향

6.3 힉스대체효과

지금까지 논의한 대체효과는 가격이 변화할 때 소비자가 원래 선택했던 상품묶음을 구입할 수 있도록 화폐소득을 조정해 주었을 때 그 수요량의 변화를 말했다. 소득을 조정해 주는 또 다른 방법으로서 가격이 변화한 이후에도 원래 누렸던 효용과 같은 효용을 누리도록 화폐소득을 조정해 주는 방법을 생각해 볼 수 있다. 이 방법이 힉스보상이다.

이와 관련하여 힉스대체효과에 대해 알아보자. [그림 6−2]에서 가격이 하락하기 전 원래의 가격에서는 점 A에서 최적선택이 이루어지고 있다. X재의 가격이 p_x^0에서 p_x^1으로 하락하면 예산선이 세로축 절편을 중심으로 시계반대방향으로 회전하여 최적선택은 C점에서 이루어진다.

> 🌱 **힉스대체효과**(Hicksian substitution effect) 원래 누렸던 효용과 같은 효용을 누리도록 화폐소득을 조정해 주었을 때의 대체효과

(1) 힉스대체효과는 원래 누렸던 효용과 같은 효용을 누리도록 화폐소득을 조정해 주는 경우이기 때문에

> 조정된 소득을 반영해 주는 조정된 예산선은 [그림 6−2]의 점선처럼 새로운 예산선에 평 행하면서 원래의 무차별곡선에 접하도록 그려진다.

이 경우 힉스대체효과는 점 A에서 점 B'로 움직이는 것으로 나타난다. 이때 점 A에서 점 B'로의 움직임이 '동일한 무차별곡선상'에서의 움직임이라는 점에 주목하자. 이러한 내용들은 슬러츠키대체효과의 경우 [그림 6−1]처럼 조정된 예산선이 '원래 선택했던 상품 묶음'을 통과하도록 그려지며 또한 대체효과가 '조정된 동일한 예산선상'에서의 움직임으로 나타난다는 사실과 대조된다.

(2) 한편 이때 조정된 금액은 세로축의 두 절편 사이의 거리(Y재 단위로 측정됨)에 p_y^0를 곱한 값으로 구해진다. 가격이 하락할 경우 실질소득이 이만큼 증가하는 효과를 지닌다. 그 결과 소득효과는 점 B'에서 점 C로 움직이는 것으로 나타난다. 소득효과를 볼 때 두 상품의 소비가 모두 증가했으므로 두 상품은 모두 정상재이다.

그림 6-2 **힉스대체효과**

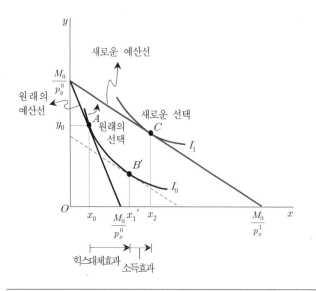

원래의 효용과 같은 효용을 누리도록 화폐소득을 조정해 주었을 때의 대체효과를 힉스대체효과라고 한다.

(3) 지금까지의 논의에서 알 수 있듯이 힉스대체효과에서는 관찰이 불가능한 효용을 기준으로 소득을 조정해 준다. 따라서 소득을 얼마만큼 조정해 주어야 하는가라는 문제가 대두된다. 반면에 슬러츠키대체효과의 경우 관찰이 가능한 상품묶음을 기준으로 소득을 조정해 주므로 이 같은 문제가 발생하지 않는다. 예컨대 슬러츠키대체효과를 논의할 때 사용했던 사과와 배의 예에서 보자. 이 예에서 보듯이 개인의 선호를 모르더라도 대체효과를 구하려면 소득을 1만원만 조정해 주면 된다. 그런데 가격이 아주 조금 변할 때에는 슬러츠키대체효과의 크기와 힉스대체효과의 크기가 서로 같아진다.

6.3.1 힉스대체효과의 부호: 가격과 수요량이 반대 방향으로 움직인다

두 가지 대체효과와 관련하여 또 하나 기억해야 할 것이 있다. 비록 정의는 다르지만 힉스대체효과도 슬러츠키대체효과처럼 가격과 반대 방향으로 움직인다는 사실이다. 이러한 사실은 [그림 6-2]를 이용하여 간단히 밝힐 수 있다. 점 A에서 점 B'로 움직인 것이 대체효과를 반영하고 있다. 가격이 하락한 경우이기 때문에 대체효과를 나타내기 위해 점선으로 그려진 조정된 예산선은 원래의 예산선보다 그 기울기가 완만하게 그려져 있다. 한계대체율이 체감한다는 점을 고려할 때, 이처럼 X재의 가격이 하락한 경우에도 점 B'에서처럼 하락한 가격 비율과 한계대체율이 다시 같아지려면 X재의 수요량은 반드시 증가해야 한다. X재의 가격이 하락하는 경우에는 X재 구입의 한계(기회)비용이 감소하므로 X재로부터 얻는 한계편익도 그 감소한 한계(기회)비용과 같아지도록 감소해야 하기 때문에 X재 수요량이 증가해야 한다는 것이다. 이때 X재 수요량이 증가함에 따라 한계대체율이 체감하며 또한 한계대체율은 한계편익으로 해석된다는 사실이 고려되고 있다.

물론 X재의 가격이 상승할 경우에는 이와 반대로 수요량이 감소해야 한다. 결과적으로 대체효과는 항상 가격과 반대 방향으로 움직이게 된다.

한편 X재와 Y재 두 상품의 경우 다음과 같이 정의한다.

(1) $\dfrac{\partial x}{\partial p_y} > 0$이면 서로 **조대체재**(gross substitutes)

(2) $\dfrac{\partial x}{\partial p_y} < 0$이면 서로 **조보완재**(gross complements)

(3) $\dfrac{\partial x_c}{\partial p_y} > 0$이면 서로 **순대체재**(net substitutes)

(4) $\dfrac{\partial x_c}{\partial p_y} < 0$이면 서로 **순보완재**(net complements).

여기서 x_c는 보상수요량이다. 그 의미에 대해서는 곧 배울 것이다. 순대체재이거나 순보완재일 경우에는 X재의 가격과 Y재의 가격 중에서 어느 가격을 기준으로 계산하더라도 같은 결과를 얻는다(Young의 정리 참조).

6.3.2 보통수요량과 보상수요량

힉스대체효과를 배운 이 시점에 보통수요량과 보상수요량의 차이를 살펴보자. 어느 경우이든 소비자는 가격수용자이므로 각 상품의 가격은 주어진 상태라는 점을 상기하자. 두 수요량 개념에서 차이는 소득을 주어진 것으로 취급하는가 아니면 효용을 주어진 것으로 취급하는가이다.

(1) 보통수요량

보통수요량은 4장에서 수요곡선을 그릴 때 사용한 수요량으로서 우리에게 이미 친숙한 것이다. 즉 **보통수요량**은 '주어진 소득'하에 효용을 극대화하는 수요량을 지칭한다.

> 🏭 **보통수요량**(ordinary quantity demanded) '주어진 소득'하에 효용을 극대화시켜 주는 수요량

(1) 이미 배웠듯이 소득이 일정하더라도 X재의 가격 또는 Y재의 가격이 변하면 효용 극대화 수요량이 변한다. 즉 보통수요량이 달라진다. 예를 들면 [그림 6-2]에서 볼 때에는 소득이 M으로 주어진 상태에서 X재의 가격이 변했으므로 X재의 보통수요량이 x_0와 x_2 등으로 2개 나타난다. (2) 물론 두 상품의 가격이 모두 일정한 상태에서 주어진 소득이 변하더라도 보통수요량이 달라진다. (3) 다시 말하면 보통수요량은 각 상품의 가격과 소득의 함수이다. 이 때문에 4장에서도 수요함수를

$$x = d_x(p_x, p_y, M), \ y = d_y(p_x, p_y, M)$$

으로 썼는데 그것은 바로 **보통수요함수**(ordinary demand function)였던 것이다.

(2) 보상수요량

보상수요량은 대체효과와 소득효과를 분리해서 알아보기 위해 화폐소득을 조정해 줄 경우, 즉 보상을 할 경우 보상 후의 수요량을 말한다. 즉 대체효과만을 반영한 수요량이다. 그런데 보상 방법에 슬러츠키보상과 힉스보상의 2가지가 있으므로 보상수요량도 슬러츠키 보상수요량과 힉스보상수요량의 2종류가 있다. 이 책에서 특별한 언급없이 보상수요량이라고 말할 경우는 힉스보상수요량을 지칭하기로 한다.

힉스보상수요량은 사실상 주어진 목표효용을 최소지출로 달성시켜주는 수요량을 말한다. 즉

$$\underset{x,\ y}{\text{Min}}\ e(x,\ y) = p_x x + p_y y$$

$$s.t.\ \ U(x,\ y) = U_0$$

와 같은 **지출극소화**로부터 얻어진다. e는 지출, U_0은 주어진 목표효용을 나타낸다. 이와 관련된 설명은 곧 이어지며 수식 분석은 [부록 6.1]과 [부록 6.3]을 참조하기 바란다.

> 🌱 **힉스보상수요량**(Hicksian compensated quantity demanded) '주어진 효용'을 최소지출로 달성
> 시켜주는 수요량

(1) 그 의미를 알기 위해 '[그림 6-2]의 상황 아래 달성하려는 목표효용이 무차별곡선 I_0에 해당하는 효용 U_0일 경우 원래의 가격 p_x^0에서 최소지출로 이 목표효용을 달성시켜주는 점은 어느 것인가?'라는 질문에 답해 보자. 그 답을 찾으려면 원래의 예산선과 같은 기울기를 가진 '예산선'을 원점 근처에서 무차별곡선 I_0 방향으로 계속 평행이동시켜 보면 된다.[9] 예산선을 이동시키다가 마침내 무차별곡선 I_0와 접할 때 그 접점을 찾으면 그 접점이 A인데 이 점이 바로 지출극소화점이다. 이것을 찾는 문제를 수식으로 표현해 준 것이 앞의 지출극소화문제이다. 이때 X재의 보상수요량은 그 접점 A에 대응하는 x_0이다.

> 이처럼 각 상품의 가격이 변하지 않은 원래의 상태에서는 보통수요량과 보상수요량이 일치한다. 물론 효용극대화조건과 지출극소화조건도 일치한다. 이러한 점들 때문에 주어진 소득하의 효용극대화와 주어진 효용하의 지출극소화는 **쌍대성**(duality)의 관계에 있다고 말한다.

한편 예산선을 앞서보다 덜 이동시키면 무차별곡선 I_0에 도달하지 못하므로 U_0의 효용을 달성하지 못한다. 예산선을 앞서보다 더 이동시키면 무차별곡선과 교차하게 된다. 이 경우 교점은 무차별곡선 I_0상에 있으므로 여전히 U_0의 효용을 누릴 수 있지만 예산선이 원점에서 더 멀어져 있으므로 무차별곡선과 접할 때보다 더 많은 지출이 발생한다. 즉 주어진 목표효용을 최소지출로 달성하는 상태가 아니다. 그러므로 이 경우 교차점에서의 수량은

---

9 세부 명칭은 다르지만 평행이동 상황을 그래프로 묘사한다면 [그림 10-4(B)]와 같은 형태가 된다. 한편 효용극대화를 할 때 예산선에서는 '소득이 주어져' 있지만 현재 우리는 주어진 소득하에 효용을 극대화하는 것이 아니고 '지출(소득) 제약이 없는' 상태에서 주어진 효용을 최소지출로 달성하는 방법을 찾고 있다.

보상수요량에 해당되지 않는다.

(2) X재의 가격이 하락할 경우에도 같은 방법으로 U_0의 효용을 달성시켜주는 보상수요량을 찾을 수 있다. 예를 들어 p_y와 U_0가 일정한 상태(ceteris paribus)에서 X재의 가격이 p_x^0에서 p_x^1으로 하락할 경우 그림에서 볼 때 새로운 예산선과 같은 기울기를 가진 예산선을 원점 근처에서부터 무차별곡선 I_0 방향으로 계속 평행이동시켜 마침내 무차별곡선 I_0와 접하는 점을 찾으면 된다. 그 접점은 지출극소화점으로서 바로 점선의 예산선이 무차별곡선 I_0와 접하는 점 B'이며 이때 X재의 보상수요량은 점 B'에 대응하는 x_1'이다. 가격이 하락할 경우 보상수요량은 이처럼 반드시 증가한다. 힉스대체효과가 항상 가격과 반대 방향으로 움직인다는 것과 같은 의미이다. 결국 X재의 가격이 변하면 보상수요량이 달라진다.

(3) 여기서 보여주지는 않았지만 짐작할 수 있듯이 p_x와 U_0가 일정한 상태(ceteris paribus)에서 Y재의 가격이 변하더라도 보상수요량이 달라진다. 확인해 보기 바란다.

(4) p_x와 p_y가 일정한 상태(ceteris paribus)에서 달성하려는 목표효용이 달라질 경우에도 보상수요량이 달라진다. 확인해 보기 바란다.

(5) 지금까지의 논의로부터 보상수요량은 예산선이 주어진 목표효용에 해당하는 무차별곡선과 접하는 점에서 결정된다는 사실을 알 수 있다.

6.3.3 보상수요함수와 지출함수

이상에서 보듯이 p_x, p_y, 또는 주어진 목표효용 U가 달라질 경우 보상수요량이 달라진다. 다시 말하면 보상수요량은 각 상품의 가격 p_x, p_y와 U의 함수이다.

> 주어진 목표효용은 달성목표로 주어진 특정한 값이라는 점을 강조하기 위해 U_0처럼 표기할 수도 있다. 그러나 그 값 자체가 외생적으로 변할 수도 있다는 측면에서 이처럼 U로 표기하고 외생변수로 취급하는 것이 비교정학분석에 편리하다. 4장에서, 주어진 가격이나 소득을 모두 $\bar{p}_x$, $\bar{p}_y$, $\overline{M}$가 아닌 p_x, p_y, M으로 표기한 것과 같은 논리이다.

따라서 **보상수요함수**(compensated demand function)는

$$x_c = h_x(p_x, p_y, U), \ y_c = h_y(p_x, p_y, U)$$

로 쓸 수 있다. 보상수요는 이처럼 관례상 힉스교수의 영문 성함 첫 글자를 따서 h로 표현하는 경우가 많다. 짐작할 수 있듯이 주어진 목표효용을 달성하는 데 드는 최소지출은 p_x, p_y, U의 함수로 나타나는데 그 함수를 **지출함수**(expenditure function)라고 하며

$$E = E(p_x, p_y, U)$$

로 나타낸다(부록 6.1 참조).

6.3.4 보상수요곡선

> 🌱 **보상수요곡선**(compensated demand curve) 보상수요함수에서 목표효용, 다른 상품의 가격, 선호 등 다른 상황이 일정하다고 가정한(ceteris paribus) 상태에서 해당 상품의 가격이 변화하는 경우 그에 따라 수요량이 어떻게 변화하는가를 그래프로 나타낸 것

보상수요곡선에 대해서는 6.7.2(2)−(3)에서 자세히 배울 것이다. 다만 여기서는 힉스대체효과가 항상 가격과 반대 방향으로 움직인다는 사실은 보상수요곡선이 항상 우하향한다는 것을 의미한다는 점을 강조하고자 한다. 보상수요곡선은 주어진 목표효용, 즉 동일한 무차별곡선을 기준으로 얻어진다는 사실을 참고하여 생각해 보기 바란다(부록 6.3 그림들 참조).

6.3.5 슬러츠키방정식 재음미

이제 X재 수요량을 기준으로 힉스대체효과를 이용하여 앞서 배운 슬러츠키방정식을 재음미해 보자.

첫째, 가격이 변할 경우 수요량의 변화는

가격효과 = 슬러츠키대체효과 + 소득효과　　　　　　　　　　　　　　　　　　(6.5)

로 나타낼 수 있다. 그런데 가격이 아주 조금 변할 때에는 슬러츠키대체효과의 크기와 힉스대체효과의 크기가 같아지므로 슬러츠키대체효과 대신 힉스대체효과를 사용할 경우 식 (6.5)는

가격효과 = 힉스대체효과 + 소득효과　　　　　　　　　　　　　　　　　　　(6.6)

로 쓸 수 있다. 그런데 보통수요량과 보상수요량의 개념에 비추어 이 식은

보통수요량변화 = 보상수요량변화 + 소득효과　　　　　　　　　　　　　　　(6.7)

로 쓸 수 있다.

둘째, 슬러츠키방정식인 식 (6.4)가 변화율로 표시된다는 점을 고려하여 식 (6.7)에 가

격변화를 명시적으로 표현해 주자. 그 다음 거기에 6.2.1에서 배운

가격변화로 인한 소득효과 = 가격변화로 인한 실질소득변화

×실질소득변화로 인한 수요량변화

라는 사실을 대입해 주자. 그러면 슬러츠키방정식은

가격변화로 인한 보통수요량변화 = 가격변화로 인한 보상수요량변화

+가격변화로 인한 실질소득변화×실질소득변화로 인한 수요량변화 (6.8)

를 의미한다는 것을 알 수 있다. 다음 사항에 주목하자.

(1) 식 (6.8)에서 보통수요량변화([그림 6-2]에서 $x_2 - x_0$)를 말할 경우에는 '화폐소득이 일정'한 상태이다.

(2) 보상수요량변화는 힉스대체효과로 표현할 경우에는 원래 누렸던 효용과 같은 효용을 누리도록 화폐소득을 조정해 준 경우여서 [그림 6-2]에서의 $(x_1{}' - x_0)$처럼 '동일한 무차별곡선'상에서의 움직임으로 나타난다. 반면에 슬러츠키대체효과로 표현할 경우에는 이미 배웠듯이 원래 구입했던 상품묶음을 구입할 수 있도록 화폐소득을 조정해 준 경우여서 [그림 6-1]에서의 $(x_1 - x_0)$처럼 '조정된 동일한 예산선'상에서의 움직임으로 나타난다.

(3) 설명의 편의를 위해 힉스대체효과를 적용한 후 변수들을 모두 나타내어 식 (6.4)를

$$\underbrace{\frac{\Delta x(p_x, p_y, M)}{\Delta p_x}\bigg|_{p_y, M일정}}_{\text{가격효과}} = \underbrace{\frac{\Delta x^h(p_x, p_y, U)}{\Delta p_x}\bigg|_{p_y, U일정}}_{\text{힉스대체효과}} - \underbrace{x\frac{\Delta x^M(p_x, p_y, M)}{\Delta M}\bigg|_{p_x, p_y일정}}_{\text{소득효과}}$$

$$(6.4)'$$

으로 다시 써 보자. 이때 상첨자 h는 힉스대체효과임을 의미한다.

(i) 어느 대체효과를 적용하든 슬러츠키방정식의 양변에서 p_y는 모두 일정하다고 가정하고 있다.

(ii) 어느 대체효과를 적용하든 가격효과를 나타내는 좌변에서는 M이 일정하다고 가정하고 있다.

(iii) 힉스대체효과를 나타내는 우변 첫 항에서는 효용 U가 원래의 효용수준으로 일정하다고 가정하고 있다.[10] 즉 원래의 동일한 무차별곡선상에서의 움직임을 반영한다.

---

10 수식으로는 [그림 6-2]의 경우 $\frac{\Delta x^h(p_x, p_y, U)}{\Delta p_x}\bigg|_{p_y, U일정} = \frac{x(p_x^1, p_y^0, U_0) - x(p_x^0, p_y^0, U_0)}{p_x^1 - p_x^0}$ 로 표현된다. 한편 슬러

(iv) 어느 대체효과를 적용하든 소득효과를 나타내는 우변 둘째 항에서는 p_x가 일정하다고 가정하고 있다.[11]

이렇게 볼 때 식 (6.4)′에서 변화율로 표시된 항들이 모두 편도함수를 나타낸다는 것을 알 수 있다.

(4) 식 (6.8)의 우변 둘째 항에서 가격변화와 실질소득변화는 서로 반대방향으로 나타난다. 그리고 실질소득변화와 수요량변화는 정상재일 경우에는 같은 방향, 열등재일 경우에는 반대방향으로 나타난다.

부록 6.1　마샬의 보통수요곡선과 힉스의 보상수요곡선

1. 마샬의 보통수요함수와 간접효용함수

$$\text{Max}_{x,\ y}\ U(x,\ y) \tag{1}$$
$$s.t.\quad p_x x + p_y y = M$$

과 같은 효용극대화 문제를 생각해 보자. 라그랑지함수를 이용하여 이 문제를 풀면 X재와 Y재의 수요함수를 구할 수 있다. 이때 X재와 Y재의 수요량은 상품들의 가격과 소득의 함수가 된다. 이것을

$$x = d_x(p_x,\ p_y,\ M) \tag{2}$$
$$y = d_y(p_x,\ p_y,\ M) \tag{3}$$

으로 표현하자. 이것이 바로 **마샬의 보통수요함수**(Marshallian ordinary demand function)이다.

이때 p_y와 M은 일정하다고 가정하고 p_x와 x 사이의 관계를 보여주는 것이 바로 X재에 대한 마샬의 **보통수요곡선**이다. 그러므로 마샬의 보통수요곡선은 다른 상황이 일정하다고 가정했을 때 주어진 소득으로 최대의 효용을 달성시켜 주는 **보통수요량**을 보여준다.

츠키대체효과는 원래 선택했던 상품묶음 (x_0, y_0)를 구입할 수 있도록 화폐소득을 조정해 준다. 그러므로 대체효과를 논의할 때 (x, y)가 (x_0, y_0)로 고정된다. 수식으로는 U 대신 (x, y)가 사용되어 [그림 6-1]의 경우 $\dfrac{\Delta x^s(p_x, p_y, (x, y))}{\Delta p_x}\ \Big|\ _{p_y, (x,y)\ 일정} = \dfrac{x(p_x^1, p_y^0, (x_0, y_0)) - x(p_x^0, p_y^0, (x_0, y_0))}{p_x^1 - p_x^0}$ 로 표현된다. 상첨자 s는 슬러츠키대체효과임을 의미한다.

[11] 소득효과는 새로운 예산선의 평행이동에 반영되듯이 소득효과를 측정할 때에는 p_x가 새로운 가격인 p_x^1으로 고정되며 그에 따른 동일한 상대가격이 적용되고 있다. 이것이 바로 소득효과를 나타내는 우변 둘째 항에서는 p_x가 일정하다고 가정하고 있다고 말한 이유이다.

한편 이때 극대화된 효용은 위에서 얻은 보통수요량을 효용함수에 대입하여 구한다. 그런데 보통수요량이 상품들의 가격과 소득의 함수이므로 극대화된 효용도 상품들의 가격과 소득의 함수가 된다. 즉

$$U(x,y) = U(d_x(p_x, p_y, M), d_y(p_x, p_y, M)) = V(p_x, \ p_y, \ M) \tag{4}$$

이 된다. 효용이 원래 x와 y의 함수로 표현되었었는데 p_x, p_y, M의 함수로 바뀌어 표현되었기 때문에 함수기호를 U에서 V로 바꿔 주었다. 이처럼 극대화된 효용을 나타내는 함수 $V(p_x, \ p_y, \ M)$을 간접효용함수라고 한다. 간접효용함수(indirect utility function)는 상품들의 가격과 소득의 함수라는 점에 주목하자. 이러한 측면에서 간접효용함수는 상품의 가격과 소득이 주어졌을 때 그 소득으로 달성할 수 있는 최대의 효용을 말해 준다.

참고 포락선정리와 소득의 한계효용 λ

[부록 4.2]와 [부록 4.3]에서 $\frac{\partial V}{\partial M} = \lambda^*$라고 하였다. 포락선정리(권말 부록 I.4.2)를 적용하면 간단하게 $\frac{\partial V}{\partial M} = \frac{\partial Z}{\partial M} = \lambda^*$를 얻는다. 이때 $*$는 최적값, Z는 라그랑지함수, λ는 라그랑지승수이다. $\frac{\partial V}{\partial M} = \lambda^*$는 다음과 같이 보여줄 수도 있다. (4)식의 가운데 변과 우변을 바꾼 다음 M에 대해 편미분하면 $\frac{\partial V}{\partial M} = \frac{\partial U}{\partial x}\frac{\partial x}{\partial M} + \frac{\partial U}{\partial y}\frac{\partial y}{\partial M}$이다. $\frac{\partial U}{\partial x} = MU_x$, $\frac{\partial U}{\partial y} = MU_y$라는 점을 상기하여 여기에 $\frac{MU_x}{p_x} = \frac{MU_y}{p_y} = \lambda^*$를 적용하면 $\frac{\partial V}{\partial M} = \lambda^*\left(p_x\frac{\partial x}{\partial M} + p_y\frac{\partial y}{\partial M}\right)$가 된다. 한편 예산제약식 $p_x x + p_y y = M$에 (2)와 (3)을 대입하면 $p_x d_x(p_x, p_y, M) + p_y d_y(p_x, p_y, M) = M$이 된다. 이 식은 항등적으로 성립하므로 양변을 M에 대해 편미분하면 $p_x\frac{\partial x}{\partial M} + p_y\frac{\partial y}{\partial M} = 1$이 된다. 이것을 앞 식에 대입하면 $\frac{\partial V}{\partial M} = \lambda^*$를 얻는다. 물론 이 결과는 효용극대화문제에 대해 포락선정리를 다시 도출한 것이다.

---

2. 힉스의 보상수요함수와 지출함수

한편 위에서 극대화된 효용을 U_0라고 하자. 상품의 가격이 주어졌을 때 이러한 효용 U_0를 달성하는 데 드는 가장 적은 지출액은

$$\operatorname*{Min}_{x, \ y} e(x, \ y) = p_x x + p_y y \tag{5}$$
$$s.t. \ \ U(x, \ y) = U_0$$

라는 지출극소화문제를 풀어서 구할 수 있다. 이때 위 문제를 잘 관찰해 보면 x와 y의 값은 가격들과 주어진 효용의 함수로 구해진다는 것을 알 수 있다. 즉 주어진 효용 U_0를 가장 적은 지출로 달성하려 할 때 선택해야 하는 각 상품의 수요량은 상품들의 가격과 달성하고자 하는 목표효용수준(U_0)의 함수라는 것이다.

[부록 6.3]에서 보듯이 실제로 라그랑지함수를 이용하여 앞 문제를 풀면 지출극소화조건은

$$\frac{p_x}{p_y} = MRS_{xy} \tag{6}$$

로 구해지며 이 조건과 제약식인 $U(x, y) = U_0$를 함께 풀면 각 상품의 수요량은 U_0, p_x, p_y의 함수가 되는 것을 보여줄 수 있다(이때 지출극소화조건은 효용극대화조건과 같다는 점에 주목하자).

지금까지는 효용극대화와 지출극소화의 관계를 강조하고 또한 주어진 효용이 달성목표로 주어진 특정한 값이라는 점을 강조하기 위해 주어진 효용을 U_0로 표기했다. 그러나 그 값 자체가 외생적으로 변할 수 있다는 측면에서 이제부터는 분석에 편리하도록 U로 표기하고 외생변수로 취급하기로 하자. 그러면 수요함수는

$$x_c = h_x (p_x, p_y, U) \tag{7}$$

$$y_c = h_y (p_x, p_y, U) \tag{8}$$

와 같이 표현된다. 이것을 **힉스의 보상수요함수**(Hicksian compensated demand function)라고 한다. 이 경우 다른 상품의 가격 p_y와 달성하고자 하는 효용수준 U가 주어졌을 때 해당 상품의 가격 p_x와 보상수요량 x_c 사이의 관계를 그림으로 나타낸 것이 바로 X재에 대한 **힉스의 보상수요곡선**이다. 그러므로 힉스의 보상수요곡선은 다른 상황이 일정하다고 가정했을 때 주어진 효용을 최소지출로 달성시켜 주는 **보상수요량**을 보여준다. 이러한 보상수요량이 그림에 (x_c^*, y_c^*)로 나타나 있다.

한편 이때 얻는 각 상품의 보상수요량을 목적함수에 대입하면 극소화된 지출을 얻는다. 그런데 보상수요량은 상품들의 가격과 달성하고자 하는 효용(U)의 함수이므로 극소화된 지출도 상품들의 가격과 달성하고자 하는 효용 U의 함수로 구해진다. 그리하여 그 지출을 E라고 하면

$$e(x,y) = p_x x + p_y y = p_x x_c + p_y y_c = p_x h_x (p_x, p_y, U) + p_y h_y (p_x, p_y, U) = E(p_x, p_y, U) \tag{9}$$

로 표현된다. 지출이 원래 x와 y의 함수로 표현되었었는데 p_x, p_y, U의 함수로 바뀌어 표현되었기 때문에 함수기호를 e에서 E로 바꿔 주었다. 이처럼 극소화된 지출을 나타내는 함수 $E(p_x, p_y, U)$를 **지출함수**(expenditure function)라고 한다. 그러므로 지출함수는 가격과 효용수준이 주어졌을 때 그 효용수준을 달성하는 데 드는 가장 적은 지출액을 말해 준다.

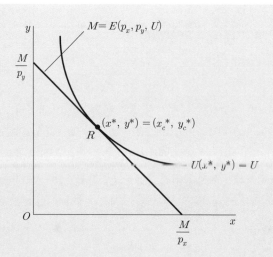

3. 쌍대성

이러한 내용들이 그림에 나타나 있다. 가격이 주어진 상태에서 소비자는 소득이 M일 경우 효용극대화를 통해 (x^*, y^*)를 선택하여 극대화된 효용 U를 누린다. 극대화된 효용을 간접효용함수를 사용하여 $U = V(p_x, p_y, M)$으로 나타내자. 이러한 극대화된 효용 U를 최소지출로 누리려면 지출극소화를 통해 (x_c^*, y_c^*)를 선택하게 된다. 그림의 R점이 지출극소화점이다. 이에 대한 설명은 본문 6.3.2(2)(1)을 참고하기 바란다. 이때

$$x_c^*(p_x, p_y, U) = x_c^*(p_x, p_y, V(p_x, p_y, M)) = x^*(p_x, p_y, M)$$

이 된다. Y재의 경우도 같다. 즉 보통수요량과 보상수요량은 같다. 한편 그때 드는 최소지출 E는 바로 처음 효용극대화 때 주어졌던 M과 같아진다. 즉

$$E(p_x, p_y, U) = E(p_x, p_y, V(p_x, p_y, M)) = p_x x_c^*(p_x, p_y, V(p_x, p_y, M)) + p_y y_c^*(p_x, p_y, V(p_x, p_y, M))$$

$$= p_x x^*(p_x, p_y, M) + p_y y^*(p_x, p_y, M) = M$$

이다. 이러한 관계를 **쌍대성**(dualty)이라고 한다. 이때 셋째 변에서 넷째 변으로 이행하는 과정에서 보상수요량이 보통수요량과 같다는 사실이 적용되었다.

4. 소비자이론에서의 쌍대성(duality): 그림 참조

(1) 주어진 소득하의 효용극대화 ⟺ 주어진 목표효용하의 지출극소화

(2) 보통수요함수 ⟺ 보상수요함수

(3) 간접효용함수 ⇔ 지출함수

간접효용함수가 주어지면 지출함수를 구할 수 있다. 역으로 지출함수가 주어지면 간접효용함수를 구할 수 있다.

5. 지출함수의 성격 및 (마샬의) 보통수요량과 (힉스의) 보상수요량의 관계

이제 지출함수와 관련된 내용을 정리해 보기로 하자.

(1) 지출함수는 p_x, p_y, U와 최소지출액 사이의 관계를 말한다.

(2) 보상수요량은 주어진 효용을 최소의 지출로 달성하는 수요량을 말한다.

(3) $\dfrac{\partial E(p_x,\ p_y,\ U)}{\partial p_x} = h_x(p_x,\ p_y,\ U)$가 성립한다.[12] 즉 X재의 가격이 조금 상승할 경우 지출이 증가하는 비율은 힉스의 보상수요량으로 나타난다. 바꾸어 말하면 최적상태에서 가격이 변할 경우 주어진 효용을 달성하는 데 드는 지출의 변화는 가격의 변화에 힉스의 보상수요량을 곱한 결과와 같다는 것이다.

(4) p_x가 하락하면 주어진 효용을 달성하는 데 드는 최소지출액이 감소한다. p_y의 경우도 마찬가지이다. 물론 p_x가 상승하면 주어진 효용을 달성하는 데 드는 최소지출액이 증가한다. 한편 이러한 사실은

$$\frac{\partial E(p_x,\ p_y,\ U)}{\partial p_x} = h_x(p_x,\ p_y,\ U) \tag{10}$$

가 양의 값을 가진다는 사실로부터도 알 수 있다.

(5) 가격이 변화하기 이전의 원래 상태에서는 보통수요량과 보상수요량이 같다(그림의 R점 참조). 즉 $d_x(p_x,\ p_y,\ M) = h_x(p_x,\ p_y,\ U)$이다. 그러나 가격이 변화하면 보통수요량과 보상수요량이 달라진다.

---

12 이것을 셰퍼드의 **보조정리**(Shephard's lemma)라고 한다. 그런데 이것은 사실상 **포락선정리**(envelope theorem)의 한 예이다. 포락선정리는 파라미터의 값이 변할 때 목적함수의 최적값의 변화율은 선택변수를 선택변수의 최적값에서 상수로 고정시킨 상태에서 목적함수를 파라미터로 직접 편미분한 결과와 같다는 것을 말한다. 여기서는 지출함수가 바로 최적화된 목적함수이다.

📑 **예제 6.2** 콥–더글라스 효용함수의 경우 대체효과와 소득효과: 조대체재, 조보완재, 순대체재, 순보완재

콥–더글라스 효용함수 $U(x, y) = x^\alpha y^\beta$를 생각해 보자. 이때 $\alpha + \beta = 1$이라고 하자. 상품의 가격이 각각 p_x, p_y이고 소득이 M일 경우 X재와 Y재에 대한 수요함수는 각각 $x = \dfrac{\alpha M}{p_x}$, $y = \dfrac{\beta M}{p_y}$으로 구해진다. 이 경우 Y재의 가격이 변할 경우 X재에 대한 대체효과와 소득효과의 크기를 비교하시오.

KEY 콥–더글라스 효용함수에서 Y재의 가격이 변할 경우 X재에 대한 대체효과와 소득효과는 그 크기가 같고 서로 반대 방향으로 작용하기 때문에 정확하게 상쇄된다.

풀이 X재의 수요함수는 $x = \dfrac{\alpha M}{p_x}$이다. 이 식에 Y재의 가격이 포함되어 있지 않다는 점에 주목하자. 그러면 Y재의 가격이 변하더라도 X재의 (마샬)수요량은 변하지 않는다는 것을 알 수 있다. 즉 $\dfrac{\Delta x}{\Delta p_y} = 0$이다. 그런데 소득이 증가하면 X재의 수요량은 증가한다. 즉 $\dfrac{\Delta x}{\Delta M}$은 양이다. 따라서 소득효과는 존재하며 X재는 정상재이다.

이제 Y재의 가격변화가 X재 수요량에 미치는 영향의 성격에 대해서 알아보자. 예를 들어 Y재의 가격이 떨어질 경우를 생각해 보자. 이때 주어진 소득의 구매력이 증가한다. 이러한 구매력의 증가는 X재의 수요량을 (b에서 c까지의 가로축 거리만큼) 증가시키는 것으로 나타난다(이때 b와 c가 놓여 있는 ICC는 직선임에 주목하자). 다시 말해서 Y재 가격변화에 따른 X재에 대한 소득효과($=b$에서 c까지의 가로축 거리)는 Y재 가격의 변화와 반대 방향으로 나타난다는 것이다. 그런데 가격효과가 0이므로, 즉 $\dfrac{\Delta x}{\Delta p_y} = 0$이므로, 이러한 소득효과는 Y재 가격변화에 따른 대체효과($=a$에서 b까지의 가로축 거리)에 의해 정확하게 상쇄된다고 추론할 수 있다. 이 경우 Y재의 가격소비곡선(PCC_y)은 그림처럼 수직선으로 나타난다.

이러한 내용을 슬러츠키방정식을 통해서 알아보자. Y재 가격변화에 따른 X재 수요량 변화에 대한 슬러츠키방정식은

$$\frac{\Delta x}{\Delta p_y} = \frac{\Delta x^s}{\Delta p_y} - y\frac{\Delta x^M}{\Delta M}$$

이다. 그런데 위에서 $\dfrac{\Delta x}{\Delta p_y} = 0$이라고 하였다. 즉 좌변이 0인 것이다. 그러므로 등식이 성립하려면 우변도 0이어야 한다. 즉 $\dfrac{\Delta x^s}{\Delta p_y} - y\dfrac{\Delta x^M}{\Delta M} = 0$이어야 한다. 그러므로 $\dfrac{\Delta x^s}{\Delta p_y} = y\dfrac{\Delta x^M}{\Delta M}$이 성립한다. 즉 대체효과와 소득효과가 정확하게 일치한다. 한편 이러한 사실은 X재의 수요함수에 Y재의 가격이 포함되어 있지 않은 것으로 나타난다.

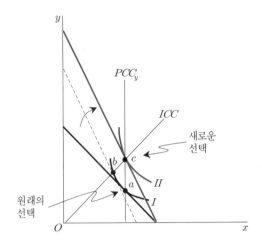

한편 이때 소득효과까지 포함된 경우에 주목하면 Y재의 가격이 변하더라도 X재의 수요량이 변하지 않으므로 서로 **독립재**(independent goods)라고 볼 수 있다. 이처럼 소득효과까지 포함하여 평가하는 것이 조대체재, 조보완재의 개념이다. 이 문제의 경우에는 이러한 개념에 비추어 독립재로 나타난 것이다. 반면에 소득효과를 제거하고 생각하면 Y재의 가격이 떨어질 경우 (a에서 b까지의 가로축 거리만큼) X재의 수요량이 줄어들었으므로 대체재라고 볼 수 있다. 이처럼 소득효과를 제거하고 평가하는 것이 순대체재, 순보완재의 개념이다. 이러한 개념에 비추어 보면, 이 문제의 경우에는, 두 상품은 순대체재의 성격을 지닌다.

6.4 열등재와 기펜재: 힉스대체효과를 적용한 그림

가격이 변할 경우 열등재나 기펜재가 수요량에 미치는 영향에 대해서는 6.2.3−6.2.4에서 설명하였다. [그림 6−3]은 힉스대체효과를 적용하여 두 경우 그 내용들이 그림에 어떻게 나타나는가를 보여주고 있다. 이미 배웠듯이 힉스대체효과는 슬러츠키대체효과와 보상방법만 다를 뿐 그 배경 원리는 같다.

(1) 공통점

두 그림 모두 X재의 가격이 p_x^0에서 p_x^1으로 하락하여 예산선이 세로축 절편을 중심으로 시계반대방향으로 회전한 상태를 보여준다. X재의 가격 하락으로 인해 이처럼 실질소득이 증가하였는데 두 그림에서 모두 점 B'에서 점 C로 이동함으로써 소득효과가 모두 X재의 수요량을 감소시키는 방향으로 작용하고 있다. 그러므로 두 그림 모두 X재가 열등재인 경우이다. X재가 정상재여서 소득효과가 X재의 수요량을 증가시키는 것으로 나타나는 [그림 6-2]와 비교해 보기 바란다. 열등재의 특성은 이처럼 소득효과에 나타난다. 기펜재는 열등의 정도가 심한 열등재이다.

그림 6-3 **열등재와 기펜재**

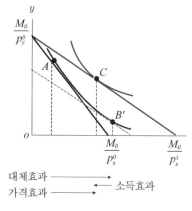

(A) 열등재: 수요곡선 우하향

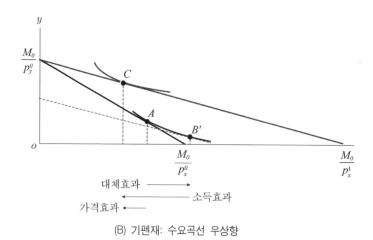

(B) 기펜재: 수요곡선 우상향

X재의 가격 하락으로 인해 실질소득이 증가하였는데 두 경우 모두 소득효과가 X재의 수요량을 감소시키는 방향으로 작용하고 있다. 그러므로 두 경우 모두 X재가 열등재이다. 기펜재는 열등의 정도가 심한 열등재이다.

(2) 차이점

이미 배웠듯이 보통의 경우 열등재라도 [그림 6-3(A)]처럼 대체효과가 소득효과보다 커서 가격이 하락할 경우 수요량이 증가한다. 그 결과 수요곡선이 우하향한다. 그러나 기펜 재의 경우에는 열등의 정도가 심해 [그림 6-3(B)]처럼 소득효과가 대체효과를 압도하여 가격이 하락할 경우 수요량이 오히려 감소한다. 그 결과 수요곡선이 우상향한다.

(3) 기펜재의 희귀성

6.2.4에서 말한 것처럼 기펜재가 되려면 열등의 정도가 심한 열등재이면서 [그림 6-3(B)]의 X재처럼 원래의 수요량이 상대적으로 커야 한다. 그래야 소득효과가 커지기 때문이다. 그러나 현실에서 기펜재가 발견되는 경우는 극히 드물다. 무엇보다도 소비자는 여러 가지 상품을 소비하는데 이때 어느 한 가지 상품의 수요량이 소비자의 예산에서 차지하는 비중이 그렇게 크지는 않을 것이기 때문이다. 이와 함께 보통의 경우 소득효과가 대체효과를 압도할 만큼 크지는 않기 때문이다.

6.5 특이한 경우

특이한 선호의 경우 소득효과와 대체효과가 어떻게 나타나는가 살펴보자.

6.5.1 완전보완재

두 상품이 완전보완재일 경우에는 서로 대체가 일어나지 않는다. 그러므로 가격의 변화와 관계없이 대체효과는 0이 된다. 따라서 이 경우 수요량이 변화하는 것은 모두 소득효과 때문이다. 이것은 다시 말해서 소득을 조정해 줄 경우 선택되는 상품묶음은 원래의 상품묶음과 같다는 것을 의미한다.

6.5.2 완전대체재

두 상품이 완전대체재일 경우 소비자는 두 상품 중 상대적으로 값이 싼 상품만을 구입한다. 예컨대 현재 소비자가 상대적으로 값이 싼 Y재만을 구입한다고 하자. 이때 X재의 가격이 떨어져 Y재보다 더 싸질 경우에는 상대적으로 싼 X재만을 구입한다는 것이다. 이때 특히 슬러츠키보상의 개념으로 판단할 경우 X재의 수요량 변화는 모두 대체효과 때문이며 소득효과는 0이 된다(임봉욱, 미시경제학연습 5판 문제 4.7 참조).

6.5.3 준선형선호

$U(x,\ y) = V(x) + y$와 같은 효용함수는 x에 대해서는 비선형이지만 y에 대해서는 선형이다. 이러한 효용함수를 Y재에 대한 **준선형효용함수**(quasilinear utility function)라고 한다.

(1) 이때 $MRS_{xy} = \dfrac{MU_x}{MU_y} = \dfrac{V'(x)}{1} = V'(x)$ (1)이므로 MRS_{xy}가 오로지 X재 수요량에 따라 달라진다. 이것은 무차별곡선과 관련하여 볼 때 서로 다른 무차별곡선들은 어느 하나의 무차별곡선을 그대로 위로 이동시킨 것으로 나타난다.

(2) 내부해일 경우 1차조건인 $MRS_{xy} = \dfrac{p_x}{p_y}$ (2)에 식 (1)의 결과를 대입하면 $V'(x) = \dfrac{p_x}{p_y}$ (3)으로서 x가 소득의 크기와 무관하게 정해진다. 그러므로 이때 x가 정해지는 데는 소득이 얼마인지 알 필요조차 없다. 달리 말하면 보통의 경우 효용극대화의 일차필요조건과 예산제약식을 연립으로 하여 수요함수를 얻는 데 반해 준선형효용함수에서 내부해일 경우 예산제약식 적용 없이 효용극대화의 일차필요조건만으로 X재의 수요함수를 얻는다. 이것은 내부해일 경우 X재에 대한 소득효과가 0이 된다는 것을 말한다 (예제 4.4.c 참조). 이 경우 가격 변화에 따른 수요량의 변화는 모두 대체효과에 의한 것이다.

(3) 내부해일 경우의 수요곡선이 주목을 끈다. 즉 식 (3)에서 $p_x = V'(x)p_y$ (4)이다. 즉 X재의 역수요함수는 X재의 한계효용함수에 일정한 값 p_y를 곱한 것이다. 특히 Y재를 X재 이외의 다른 상품 구입에 사용한 금액이라고 할 경우 Y재의 가격은 1이 되므로(2.1.4(1) 참조) $p_x = V'(x)$ (5)가 된다.

> 즉 X재의 한계효용곡선이 X재의 역(보통)수요곡선이 된다. 한편 이때 식 (1)에서 보듯이 한계효용곡선이 MRS곡선과 같다.

그런데 [부록 6.3]에서 보듯이 MRS를 그린 것이 보상수요곡선이다. 그러므로 한계효용곡선이 (역)보상수요곡선이 된다. 그런데 한계효용곡선이 (역)보통수요곡선이므로 결국 (역)보통수요곡선은 (역)보상수요곡선과 같아진다. 일반적으로도 소득효과가 없을 경우 보통수요곡선과 보상수요곡선이 같아진다.

> (4) 한편 준선형효용함수의 경우 모퉁이해를 가진다.

이에 대해 검토해 보자. 1원당 X재의 한계효용이 1원당 Y재의 한계효용보다 클 경우에는 X재만 구입한다. 즉 $\dfrac{MU_x}{p_x} > \dfrac{MU_y}{p_y}$ (6)일 경우에는 X재만 구입한다. 그런데 MU_y는

1이므로 우변은 $\frac{1}{p_y}$ 로서 일정하다. X재의 수요량이 적을 때에는 X재의 한계효용인 $V'(x)$가 커서 $\frac{V'(x)}{p_x} > \frac{1}{p_y}$ (7)이 되어 X재만 소비한다. 이러한 상황은 $V'(x)$가 체감하여 좌변의 분자가 작아짐으로써 마침내 $\frac{V'(x)}{p_x} = \frac{1}{p_y}$ (8)이 될 때까지 지속된다. 이때까지는 $y = 0$으로서 모퉁이해가 된다. 소득이 증가하여 X재를 그보다 더 구입할 경우에는 $V'(x)$가 더 작아져서 $\frac{V'(x)}{p_x} < \frac{1}{p_y}$ (9)가 될 것이므로 X재는 그만큼만 구입하고 나머지 소득은 모두 Y재 구입에 지출한다. 이때부터 $x > 0$, $y > 0$으로서 내부해를 가지며 소득효과가 0이 되므로 가격 변화에 따른 X재 수요량의 변화는 모두 대체효과에 의한 것이다.

📋 예제 6.3 조대체재, 조보완재, 순대체재, 순보완재: 준선형효용함수의 경우

어떤 개인의 효용함수가 $U(x, y) = \ln x + y$라고 하자.

a. Y재의 가격이 오를 경우 X재의 수요량은 증가하는가 아니면 감소하는가? 이러한 결과가 나타나는 이유를 경제학적으로 설명하시오.

b. X재의 가격이 오를 경우 Y재의 수요량은 증가하는가 아니면 감소하는가? 이러한 결과가 나타나는 이유를 경제학적으로 설명하시오.

c. X재와 Y재는 대체재인가 보완재인가? 구체적으로 설명하시오.

KEY 조대체재(gross substitutes), 조보완재(gross complements)의 개념과 순대체재(net substitutes), 순보완재(net complements)의 개념을 알고 있는가를 묻는 문제이다.

풀이 a. 내부해(interior solution)를 가정하고 라그랑지함수를 이용하여 효용극대화문제를 풀면 $x = \frac{p_y}{p_x}$ (1)과 $y = \frac{M - p_y}{p_y}$ (2)를 얻는다.

(1)에서 $\frac{\partial x}{\partial p_y} = \frac{1}{p_x} > 0$이다. 즉 Y재의 가격이 오를 경우 X재의 수요량이 증가한다. 그 직관적인 이유를 알아보자. 일반적인 경우 Y재의 가격이 변할 경우 X재의 수요량과 관련하여 대체효과와 소득효과가 발생한다. 그런데 이 문제의 경우 (1)식에서 보듯이 소득이변하더라도 X재의 수요량은 변하지 않는다. 즉 Y재에 대한 준선형효용함수의 경우 X재에 대해서는 소득효과가 0이다. 그러므로 이 경우 대체효과만 나타난다. 그런데 Y재의 가격이 올라 X재가 상대적으로 싸졌기 때문에 대체효과에 의해 X재의 수요량이 증가하는 것이다.

b. (2)로부터 $\frac{\partial y}{\partial p_x} = 0$이라는 것을 알 수 있다. 즉 X재의 가격이 변하더라도 Y재의 수요량은 변하지 않는다. 그 이유를 알아보자. X재의 가격이 오를 경우 Y재의 수요량과 관련

하여 대체효과와 소득효과가 발생한다. 그런데 이 경우 Y재가 상대적으로 싸졌기 때문에 대체효과는 Y재의 수요량이 증가하는 것으로 나타난다.

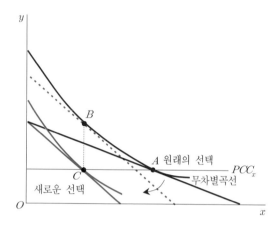

이때 대체효과는 Y재의 수요량을 증가시키는 방향으로 나타난다는 사실은 더 세부적인 수식 분석을 통해서도 알 수 있지만 그림을 통해서도 알 수 있다. 즉 그림에서 대체효과는 A에서 B로 이동하는 것에 반영되어 있다.

한편 X재 가격상승으로 인해 구매력이 줄어들었으므로 소득효과는 Y재의 수요량이 감소하는 것으로 나타난다. 이것은 B에서 C로 이동하는 것에 반영되어 있다. 그런데 이 경우 X의 가격이 변하더라도 Y재의 수요량이 변하지 않는 것(즉, A점과 C점에서 Y재의 수량은 같다는 것)은 대체효과가 이러한 소득효과에 의해 정확하게 상쇄되었기 때문이다. 한편 이때 X재의 가격소비곡선(PCC_x)은 그림에서처럼 수평선으로 그려진다.

c. 문항 a의 결과는 두 상품이 서로 대체재인 것을 보여준다. 그러나 문항 b의 결과는 두 상품이 서로 독립재라는 것을 보여준다. 이처럼 서로 모순되는 것같은 결과가 나타나는 이유는 대체재인가 아니면 보완재인가를 말하면서 (문항 b)에서는 소득효과를 포함하여 말하고 있기 때문이다. 이렇게 소득효과를 포함한 것을 기준으로 평가하는 것이 조대체재, 조보완재의 개념이다. 한편 (문항 b)에서 소득효과를 제거하고 대체효과만 말한다면, 위 두 문항의 결과는 모두 두 상품이 대체재라는 것을 말해 준다. 이렇게 볼 때 모순없이 두 상품이 서로 대체재인가 보완재인가를 말하려면 소득효과를 제외하고 대체효과만을 대상으로 평가해야 한다. 이러한 기준으로 평가하는 것이 바로 순대체재, 순보완재의 개념이다. 그런데 이 기준은 사실상 힉스대체효과만을 고려하는 것이다.

6.6 응용 : 정률보조

6.6.1 정률보조의 비효율성

저소득자가 특정 상품을 소비하는 데 정부가 일정한 비율로 현금을 보조하는 정률보조 제도에 대해 생각해 보자. 이 제도가 시행되면 저소득자가 직면하는 그 상품의 상대가격이 떨어진다. 이 때문에 같은 금액을 정액으로 보조할 때와 비교하여 그 상품의 소비가 증가한다. 또한 정률보조의 경우 가격이 교란되어 같은 금액을 정액으로 보조해 주는 경우에 비해 저소득자의 효용이 낮아진다. 즉 비효율이 유발된다.

이러한 비효율이 발생하게 되는 원인을 [그림 6-4]를 이용하여 살펴보기로 하자. 예를 들어 저소득자가 식품 X와 그 밖의 상품 Y를 소비한다고 하자. 그리고 각 상품을 그 상품을 구입하는 데 지출한 금액으로 측정한다고 하자. 이 경우 각 상품의 가격은 모두 1이 되며 따라서 예산선의 기울기도 -1이 된다(2.1.4 참조).

이제 식품 X를 구입하는 데 정률로 보조금을 주는 경우 예산선의 기울기는 완만해진다.[13] 그 결과 보조금을 받기 이전에는 점 E를 선택한 반면, 보조금을 받은 이후에는 점 E'

그림 6-4	정률보조의 비효율성

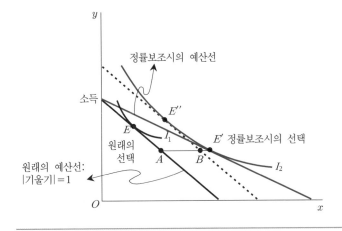

정률로 보조할 경우에는 상대가격 변화에 따른 대체효과로 인해 BE'만큼의 비효율이 발생한다.

---

[13] 개인이 식품 소비에 대해 s의 정률로 현금을 지급받는다면, 예산제약식은 $x+y=M+sx$, 즉 $(1-s)x+y=M$ 이 된다. 여기서 x는 식품 구입에 지출한 금액, y는 다른 상품 구입에 지출한 금액, M은 개인의 소득을 각각 나타낸다.

를 선택하고 있다. 여기서 각 상품은 그 상품을 구입하는 데 지출한 금액으로 측정하고 있다고 하였다. 따라서 보조금의 총액은 E'에서 원래의 예산선에 이르는 수평거리인 AE'가 된다. 그 이유를 살펴보자. A와 E'에서 Y재를 사는 데 지출하는 금액은 같다. 그런데 보조금을 받기 때문에 E'에서는 X재를 사는 데 AE'만큼을 더 지출할 수 있다. 이로부터 AE'가 보조금 총액이라는 사실을 알 수 있다.

그런데 정액으로 보조해 줄 경우에는 AE'보다 적은 AB만 보조해 주더라도 정률로 보조해 줄 경우와 같은 무차별곡선 I_2에 도달할 수 있다. 이러한 현상들이 발생하는 이유는 무엇일까? 그 이유는 정률로 보조해 줄 경우 가격이 교란되기 때문이다. 그 결과 E''에서 E'로 움직인 것으로 표시되는 대체효과가 생기고 그로 인해 비효율이 발생하기 때문이다.[14] 이때 비효율의 크기는 AB를 초과하는 BE'이다. 한편 정액으로 보조할 경우에는 가격이 교란되지 않으므로 이러한 비효율이 발생하지 않는다.

6.6.2 정률보조가 비효율을 유발하는 이유

가격 교란이 이처럼 비효율을 유발하는 이유는 무엇일까? 우선 보조가 없을 경우에는 개인이 예컨대 식품을 1원어치만큼 더 구입하려면 1원을 더 지불해야 한다. 그러므로 이 개인은 1원어치 식품의 가치를 식품을 구입하려 할 때 포기해야 하는 다른 상품 1원어치의 가치와 동일하게 평가한다. 그런데 식품을 구입할 때 일정한 비율로 보조금을 받는 경우에는 1원어치의 식품을 구입하기 위해서 자신은 다른 상품을 1원어치보다 적게 포기해도 된다. 이것은 결국 식품을 사는 데 드는 기회비용을 실제보다 낮게 평가한다는 것을 의미한다. 그 결과 식품을 효율적인 양보다 더 많이 소비하게 된다. 이것이 바로 비효율의 원인이다. 결국 소비자가 기준으로 삼는 가격과 생산자가 기준으로 삼는 가격이 달라져서 가격의 보이지 않는 손의 기능이 작동하지 못하게 된 것이다(20장 참조).

이처럼 정률로 보조해 주는 정책은 상대가격을 교란시켜 비효율을 유발한다. 그럼에도 불구하고, 정부가 이러한 정책을 시행하는 이유는 무엇일까? 그 이유는 정률로 보조해 줄 경우 대체효과 때문에 정액으로 보조해 주는 경우에 비해 식품을 더 많이 소비하는 것과 관련된다. 즉 저소득자가 식품을 소비하는 행위가 납세자의 효용을 증가시킨다고 여겨지기 때문이다.[15] 이러한 측면에서 정률로 보조하는 정책은 식품 소비를 증가시켜 경제 전체적인

---

14 이때 대체효과가 새로운 무차별곡선상에서 측정되고 있다는 점에 주목하자. 이것은 [그림 6-2]에서의 대체효과가 원래의 무차별곡선상에서 측정되고 있는 점과 대조된다. 이와 관련된 내용은 6.7.4(2)에서 다룬다.

15 이 경우 저소득자의 식품 소비가 이른바 **외부효과**를 유발한다고 볼 수 있다. 외부효과에 대해서는 22장에서 논의할 것이다.

차원에서 본 자원배분의 효율성을 꾀하는 것으로 볼 수 있다.

📑 **예제 6.4** 정률보조금과 정액보조금

홍길동의 효용함수는 $U(x, y) = xy$이고 소득은 18이라고 한다. 홍길동은 효용을 극대화하도록 행동한다고 한다.

a. 홍길동은 각 상품에 각각 얼마씩 지출하는가? 예산제약식을 구한 다음 풀이하되, 예산제약식에 대해서도 설명하시오.

b. 홍길동이 X상품 구입에 지출하는 금액에 대해 50%의 보조금을 지급한다고 하자. 예산제약식을 구한 다음, 효용을 극대화하는 값들을 구하고 그때의 효용을 구하시오. 이때 보조금 지급액은 얼마인가?

c. 이제 어느 상품을 구입하는가와 관계없이 일정한 금액을 보조금으로 지급하려고 한다. 이 경우 위 문항과 똑같은 효용을 누리게 하려면 보조금을 얼마나 지급해야 하는가?

d. 위 두 문항의 결과를 비교하고 해석하시오.

KEY 정률보조금은 상대가격을 하락시켜 대체효과에 따른 비효율을 유발한다.

풀이 상품의 가격을 각각 p_x, p_y라고 하자.

a. 예산제약식은 $x + y = 18$ (1)이다. x는 X재 구입에 지출한 금액, y는 Y재 구입에 지출한 금액이다. 이때 홍길동의 극대화문제는

$$\begin{array}{ll} \underset{x,\,y}{\text{Max}} & U(x, y) = xy \\ s.t. & x + y = 18 \end{array}$$

이다(물론 예산제약식을 $p_x x + p_y y = 18$로 놓고 풀이해도 된다). 콥더글라스 효용함수이므로 공식을 이용하면 $x = \dfrac{1}{2}\dfrac{18}{p_x}$에서 $p_x = 1$이므로 $x_0 = 9$이다. 같은 방법으로 $y_0 = 9$이다.

b. 예산제약식은 $x + y = 18 + 0.5x$ (2)이다. 이것을 정리하면 $0.5x + y = 18$ (3)이다. 공식을 이용하면 최적선택은 $x_1 = \dfrac{1}{2}\dfrac{18}{p_x} = \dfrac{1}{2}\dfrac{18}{0.5} = 18$, $y_1 = \dfrac{1}{2}\dfrac{18}{p_y} = \dfrac{1}{2}\dfrac{18}{1} = 9$로 구해진다. 이때 효용은 $U(x_1, y_1) = x_1 y_1 = 18 \times 9$이다.

　보조금을 S_1이라고 하면 $S_1 = 0.5x_1 = 9$이다. 보조금은 다음과 같이 생각할 수도 있다. $y_1 = 9$일 때 원래의 예산제약식 (1)을 만족시키려면 $x = 9$가 되어야 한다. 그런데 보조금을 받은 이후에는 $x_1 = 18$이다. 따라서 $S_1 = 18 - 9 = 9$이다.

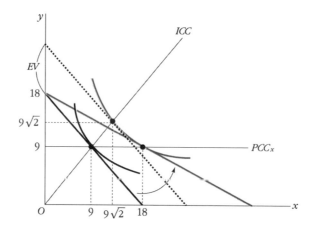

c. 원래의 가격체계에서 정률보조금 수령 이후의 효용을 누리려면 얼마의 정액보조금이 필요한가를 구하면 된다. 이때 필요한 정액보조금은

$$\underset{x,\,y}{\text{Min}} \quad e(x,\,y) = x + y$$
$$s.t. \quad xy = \overline{U}(= 18 \times 9)$$

와 같은 지출극소화문제를 풀어서 구할 수 있다.

　　라그랑지함수를 이용하여 이 문제를 풀면 $x_2 = 9\sqrt{2}$, $y_2 = 9\sqrt{2}$ 를 얻는다. 그러므로 $e = x_2 + y_2 = 18\sqrt{2}$ 이다. 그러므로 필요한 정액보조금은 $S_2 = 18\sqrt{2} - 18$ 이다. 이 값은 사실상 **등가변화**(equivalent variation: EV, 곧 배울 것임)이다.

d. 문항 b.에서는 비효율이 발생한다. 비효율을 EB라고 하면

$$EB = S_1 - S_2 = S_1 - EV = 9 - (18\sqrt{2} - 18) = 27 - 18\sqrt{2}$$

이다. 이처럼 비효율이 발생하는 이유는 정률보조금은 X재 구입의 기회비용을 감소시켜 X재 구입을 증가시키려는 유인을 제공하기 때문이다. 즉 대체효과를 유발하기 때문이다. 즉 정률보조금일 경우 홍길동은 더 많은 보조금을 받기 위해 X재 소비를 증가시키기 때문이다. 넓게 보면 이것은 정률보조금이 가격을 왜곡시켜 보이지 않는 손의 기능을 마비시킨 것이다. 한편 정액보조금의 경우에는 X재 구입량에 관계없이 일정한 금액을 받기 때문에 X재 구입을 증가시키려는 유인이 작용하지 않는다. 따라서 비효율도 발생하지 않는다.

후생변화의 측정: 화폐단위로 측정

　사람들이 돈을 내가면서 구태여 상품을 사려는 이유는 무엇일까? 다양한 답변들이 있을 수 있겠지만 경제학을 배우고 있는 우리는 효용을 얻기 위해서라고 답할 수 있을 것이다. 그런데 문제는 우리가 다루고 있는 서수적 효용의 경우 순서만 의미가 있고 수치의 크기 자체에는 의미를 부여할 수 없다는 점이다. 이 때문에 효용의 크기나 그 변화를 효용의 단위로 측정하는 것은 무의미하다. 그 결과 측정문제가 대두된다.

　그런데 4장에서 수요곡선을 한계편익곡선으로 해석할 수 있다는 사실을 배웠으므로 이러한 측정문제와 관련하여 볼 때, 소비자가 상품을 사려는 이유는 상품 소비로부터 **편익**을 얻기 때문이라고 보는 것이 편리하다. 1장과 3장에서 말했듯이 편익은 화폐단위로 측정되는 개념이기 때문이다. 이렇게 볼 때 기왕이면 물건을 싸게 살수록 더 좋아한다는 것은 싸게 살수록 더 큰 **순편익**을 얻는다는 것을 의미한다. 이때 순편익은 총편익에서 지불 금액을 차감한 금액이다. 이와 관련하여 소비자가 상품을 살 때 얻는 순편익을 측정하는 문제에 대해 알아보자. 나아가서 가격이 떨어지면 그 순편익이 얼마나 증가하는가를 알아보자.

> 앞으로의 문제는 이러한 순편익이나 그 변화가 화폐가치로 정확하게 얼마에 해당하는가를 알아내는 일이다. 이때 편익은 **화폐단위로 측정**되는 개념이라는 것을 다시 한 번 상기하자. 이러한 측면에 비추어 순편익을 의미하는 소비자잉여나 그 변화를 말하는 소비자잉여의 변화, 보상변화, 그리고 등가변화 등은 모두 화폐단위로 측정하고 있다.

　한편 이 개념들은 완전경쟁, 독점 등 시장구조나 정부정책에 따른 자원배분 결과를 후생의 변화 측면에서 평가하는 데 사용된다. 따라서 정부의 정책을 평가하거나 정부사업시행여부를 판단하는 데에도 사용된다. 특히 정부사업의 **비용편익분석**에 사용된다.

　앞으로 논의할 때 Y재를 X재 이외의 다른 모든 상품을 나타내는 **복합재**로 보자.[16] 그리고 그것을 구입하는 데 지출한 금액으로 측정하기로 하자. 이 경우 복합재의 가격은 1이 된다. 따라서 이때 예산선의 식은 식 (2.5)와 같이 $p_x x + y = M$이 된다. 이 경우 예산선의 세로 절편은 소득과 같아진다. 또한 X재의 상대가격은 X재의 절대가격과 같아진다. 그 결과 분석하기가 편해진다.

---

16 복합재에 대해 복습이 필요한 독자는 2.1.4를 참고하자.

6.7.1 보통소비자잉여

소비자가 상품을 구입할 때 그로부터 얻는 편익을 측정하는 것에서 시작하자. 이와 관련하여 [그림 6-5(A)]는 가격이 떨어지기 이전의 예산선과 이후의 예산선, 그리고 그때 소비자가 선택한 점을 보여주고 있다. [그림 6-5(B)]는 그에 상응하는 보통수요곡선 (ordinary demand curve)이다.[17]

그림 6-5 **최적선택과 보통소비자잉여의 변화**

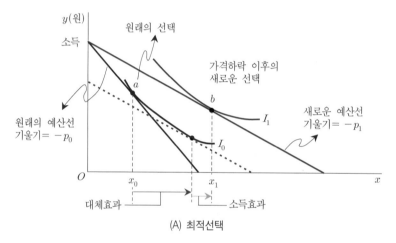

(A) 최적선택

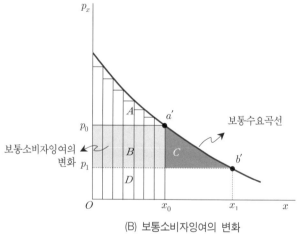

(B) 보통소비자잉여의 변화

원래의 가격에서 보통소비자잉여는 A이다. 가격이 하락하면 보통소비자잉여는 $(B+C)$만큼 증가한다. 그런데 보통소비자잉여의 변화는 후생변화를 정확하게 측정하지 못한다.

---

17 보통수요곡선이라고 이름을 붙인 이유는 앞으로 보상수요곡선이 등장하기 때문이다.

이 경우 소비자가 X재 첫 1단위를 구입하기 위해 지불하려는 금액은 얼마일까? 그것은 바로 그가 첫 1단위를 소비할 때 얻는 편익과 같을 것이다. 그런데 그 편익은 4장 4.6.3에서 보았듯이 바로 첫 1단위에서 수요곡선에 이르는 높이로 나타난다. [그림 6-5(B)]에서는 화살표 대신 긴 직사각형 막대로 표시하였다. 마찬가지로 2번째 단위에 대해 지불하려는 금액은 2번째 긴 직사각형으로 나타난다. 이렇게 볼 때 소비자가 x_0까지 구입하기 위해 지불하려는 총금액은 각 직사각형들의 면적을 x_0까지 합해서 구해진다. 이 면적이 (A+B+D)로 나타나 있다. 이 면적은 소비자가 상품을 x_0단위만큼 소비함으로써 얻는 총편익을 화폐가치로 나타낸 것이다.

부록 6.2   역수요함수와 총편익함수의 관계

[그림 6-5]에서 직사각형의 밑변을 아주 작게 잡으면 각 직사각형 위에 나타나는 조그만 삼각형들의 면적은 무시할 수 있다. 이처럼 직사각형의 밑변을 아주 작게 잡을 경우 보통수요곡선 아래 부분의 면적을 구하는 것은 바로 그 정적분을 구하는 것과 같다. 즉 역수요함수를 $p(x)$라 하고 총편익(total benefit)함수를 $TB(x)$라고 하면 x_0에서의 총편익은

$$\int_0^{x_0} p(t)dt = TB(x_0) - TB(0) = TB(x_0) - 0 = TB(x_0)$$

이다. 편익의 단위는 원이다. 정적분 결과는 면적인데 본문에서 후술하듯 그 단위도 원이다. 단위가 당연히 일치한다. 한편 위끝을 x로 하고 양끝변을 x로 미분하면

$$\frac{d}{dx}\int_0^x p(t)dt = \frac{d}{dx} TB(x) = p(x)$$

이다.

(1) 즉 역수요함수를 정적분하면 총편익함수가 되고 총편익함수를 미분하면 역수요함수가 된다.

(2) 4장에서 배운 역수요함수가 한계편익함수라는 사실과 일맥상통한다. 한계편익함수를 정적분하면 총편익함수가 되고 총편익함수를 미분하면 한계편익함수가 된다는 의미이기 때문이다.

중요한 사항이므로 잘 기억해 두기 바란다. 이때 미적분학의 기본정리들이 적용되고 있다. 수학적인 내용은 [권말 부록] II를 참고하기 바란다.

그런데 소비자가 실제 x_0단위를 구입하려면 가격이 p_0이므로 $(B+D)$만을 지불하면 된다. 이렇게 볼 때 소비자가 상품을 구입할 경우 두 면적의 차인 A만큼의 이득을 본다고

할 수 있다. 마샬(A. Marshall)은 이것을 **소비자잉여**라고 불렀다. 이 만큼의 금액이 바로 소비자가 상품을 소비할 때 얻는 순편익인 것이다.

🌱 **소비자잉여**(consumer's surplus: CS) 소비자가 지불하려는 총금액에서 그가 실제로 지불하는 금액을 뺀 차액, 즉 상품을 소비할 때 얻는 후생을 화폐로 평가한 가치에서 실제로 지불하는 금액을 뺀 값

이처럼 보통수요곡선을 이용하여 측정한 소비자잉여를 마샬의 소비자잉여 또는 **보통소비자잉여**(ordinary consumer's surplus)라고 한다. 그런데 이것은 앞으로 배우게 될 보상소비자잉여와 구분된다.

이제 X재의 가격이 p_0에서 p_1으로 하락했다고 하자. 그러면 보통소비자잉여는 A에서 $(A + B + C)$로 증가한다. 그러므로 순수하게 증가한 크기는 $(B + C)$로 나타난다. 여기서 B는 이전에 구입하던 x_0만큼을 더 낮은 가격에 구입할 수 있게 되어서 생긴 것이다. 한편 C는 가격이 낮아졌기 때문에 새로이 구입하게 되어서 생긴 것이다.

소비자잉여의 단위가 화폐인 이유

소비자잉여는 수요곡선 아래 면적의 일부로 나타난다. 그런데 그 면적은 '가격×수량'으로서 단위에 주목하면 '$\dfrac{\text{화폐단위(원)}}{\text{상품단위}} \times \text{상품단위} = \text{화폐단위(원)}$'가 된다. 즉 소비자잉여의 단위는 화폐이다. 앞에서 소비자잉여는 화폐단위로 측정하고 있다고 말한 이유가 바로 이것이다.

---

(1) 보통소비자잉여의 문제점

보통소비자잉여는 후생의 변화를 정확하게 측정하지 못하는 문제점을 지니고 있다. 그 핵심은 [그림 6-5(A)]의 점 a와 점 b에서는 효용이 서로 다르다는 데 있다. 효용이 서로 다른 이유는 소득효과가 포함되어 있기 때문이다. 그런데 보통수요곡선은 이런 점들을 기반으로 도출되기 때문에 보통수요곡선을 이용하여 측정한 보통소비자잉여에는 이같은 소득효과의 영향이 포함되어 있다. 이 때문에 보통소비자잉여는 후생의 변화를 정확하게 측정하지 못하는 것이다. 이와 관련된 내용은 보상변화를 논의할 때 자세히 설명할 것이다. 이러한 측면에서 가격이 변화할 때 후생이 얼마나 변화하는가를 정확하게 측정하려면 이러한 소득효과의 영향을 제거해 주어야 한다. 소득효과의 영향을 제거해 준 개념으로는 보상변화와 등가변화의 두 가지가 있다. 먼저 보상변화에 대해서 논의하기로 하자.

6.1.2 보상변화

(1) 무차별곡선과 예산선 이용: 수식 표현은 [부록 6.4] 참조

먼저 후생의 변화를 '정확'하게 측정한다는 말이 무엇을 뜻하는가를 알아보자. 이를 위해 다음과 같은 질문에 대답해 보자. 예를 들어 내가 맥주 소비자인데 맥주의 가격이 떨어졌다고 하자. 이처럼 맥주의 가격이 떨어지면 효용이 증가할 것이다. 이때 나에게서 얼마를 빼앗아 간다면 나의 효용이 맥주 가격이 떨어지기 이전과 같아질 것인가? 예컨대 그 금액이

그림 6-6 **보상변화**

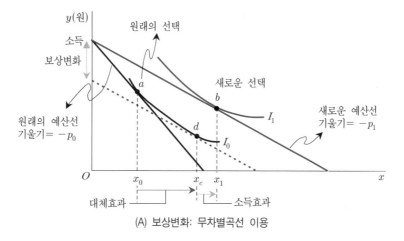

(A) 보상변화: 무차별곡선 이용

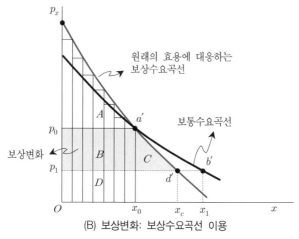

(B) 보상변화: 보상수요곡선 이용

보상변화는 새로운 가격을 기준으로 측정된다. 보상변화는 예산선을 이용하여 측정할 수도 있고 보상수요곡선을 이용하여 측정할 수도 있다.

한 달에 2만원이라면 맥주 가격이 떨어졌기 때문에 나의 효용은 정확하게 한 달에 2만원어치 증가했다고 볼 수 있다. 이 금액이 바로 보상변화에 해당한다.[18]

> 🌱 **보상변화**(compensating variation: CV) 소비자에게 가격이 변화하기 이전의 '원래의 효용'과 동일한 효용을 보장하려 할 때, '새로운 가격'을 기준으로 하여 조정해 주어야 할 금액

(1) [그림 6-6(A)]에서 새로운 예산선은 가격이 떨어졌을 때를 나타낸다. 보상변화를 구하려면 이 새로운 예산선을 원래의 무차별곡선 I_0에 접할 때까지 이동시켜야 한다.[19] 즉 점선의 위치까지 이동시켜야 한다. 이때 새로운 예산선에서 점선으로 표시된 조정된 예산선에 이르는 수직거리에 주목하자. 이 거리는 I_0에 해당하는 '원래의 효용'을 보장하려 할 때 '새로운 가격'을 기준으로 공제해 주어야 하는 금액을 나타낸다. 그러므로 이 거리가 바로 보상변화에 해당한다. 이로부터 가격이 변화할 때 후생의 변화는 보상변화로 정확하게 측정된다는 것을 알 수 있다. 한편 여기서 새로운 가격은 새로운 예산선의 기울기에 반영되어 있다.

(2) 이 거리는 원래의 가격으로 상품묶음 a를 구입할 때 드는 금액과 떨어진 가격으로 상품묶음 d를 구입하는 데 드는 금액의 차이를 나타낸다. 이때 a와 d가 원래의 무차별곡선 I_0상에 있음에 주목할 때 이 거리는 각 가격으로 '원래의 효용'을 달성하는 데 드는 지출액의 차를 나타낸다. 이러한 금액의 차이는 원래 예산선의 세로축 절편에서 점선으로 표시된 조정된 예산선의 세로축 절편에 이르는 수직거리로서 그림에 '보상변화'로 명시되어 있다.

📑 예제 6.5 보상변화

어떤 사람의 효용함수가 $U(x, y) = xy$라고 하자. 상품 X의 가격은 2만원이고 상품 Y의 가격은 4만원이라고 하자. 소득은 32만원이라고 하자.

  a. 효용을 극대화시키는 상품 수량은 각각 몇 단위인가? 이때 극대화된 효용의 크기를 말하시오.
  b. 상품 X의 가격이 8만원으로 올랐다고 하자. 이 경우 상품 X의 가격이 2만원이었을 때 누리던 효용을 누리려면 소득이 얼마나 증가해야 하는가?

---

18 우리는 현재 가격이 하락한 경우에 대해 분석하고 있다. 그러므로 이 경우 실제로는 보상이 아니라 오히려 ($-$) 보상에 해당하는 공제를 하게 된다. 이 때문에 용어 정의에 보상이라는 표현 대신 '조정'이라는 표현을 사용하였다. 한편 보상변화의 정의에 '원래의 효용'이라는 표현이 등장하는데 앞으로 다룰 등가변화에는 '새로운 효용'이라는 표현이 등장한다.

19 [그림 6-6(A)]는 [그림 6-5(A)]와 같은 것이다. 다만 보상변화를 표기해 둔 점만이 다를 뿐이다. 앞으로 나올 [그림 6-7(A)]도 점선으로 표시된 조정된 예산선을 제외하고는 이들과 같은 그림이다. [그림 6-5(B)], [그림 6-6(B)], [그림 6-7(B)]도 서로 비교해 가며 이해해 두자.

풀이

a. 콥-더글라스 효용함수이므로 공식을 사용하기로 하자. $x^* = \dfrac{\frac{\alpha}{\alpha+\beta}I}{p_x} = \dfrac{\frac{1}{2}\cdot 32}{2} = 8$ (1),

$y^* = \dfrac{\frac{\beta}{\alpha+\beta}I}{p_y} = \dfrac{\frac{1}{2}\cdot 32}{4} = 4$ (2)이다. 그러므로 극대화된 효용은 $U(x^*,\ y^*) = U(8,\ 4)$
$= 32$ (3)이다.

공식: 콥-더글라스 효용함수에서 각 상품에 적용된 지수가 각각 α, β일 경우 개인은 자신의 소득 중에서 $\dfrac{\alpha}{\alpha+\beta}$ 만큼을 X상품 구입에 지출하고 $\dfrac{\beta}{\alpha+\beta}$ 만큼을 Y상품 구입에 지출한다.

b. 이 문제의 답을 구하려면 상품 X의 가격이 8만원으로 올랐을 경우에도 원래 누리던 효용 32를 누리려면 소득이 얼마나 필요한가를 구하면 된다. 즉

$$\underset{x,\ y}{\text{Min}}\ e(x,\ y) = p_x x + p_y y$$
$$s.t.\ U(x,\ y) = xy = \overline{U} \tag{4}$$

를 풀면 된다. 이 문제에 해당되는 값을 대입하여 다시 쓰면

$$\underset{x,\ y}{\text{Min}}\ e(x,\ y) = 8x + 4y$$
$$s.t.\ xy = 32 \tag{5}$$

이다. 라그랑지함수를 이용하여 이 문제를 풀면 $x^* = 4$, $y^* = 8$이다. 이것이 보상수요량이다. 이 값들을 (5)의 목적함수에 대입하면 $e^* = 64$를 얻는다. 이것은 상품 X의 가격이 8만원으로 오를 경우 원래 누리던 효용 32를 누리려면 소득이 64만원이 되어야 한다는 것이다. 그런데 원래 소득이 32만원이었으므로 소득이 32만원 증가해야 한다. 이 금액이 바로 보상변화의 절대값이다.

이 문제는 **지출함수**(부록 6.1 참조)를 구하여 풀 수도 있다. 지출함수는 (4)를 풀어서 구할 수도 있다. 그러나 문항 a에서 이미 효용을 극대화시키는 수량을 구했으므로 간접 효용함수를 구한 다음 쌍대성을 적용하여 구해 보자. (1)과 (2)를 효용함수에 대입하면

$$V(p_x,\ p_y,\ I) = U(x^*,\ y^*) = x^* y^* = \left(\dfrac{\frac{1}{\alpha+\beta}I}{p_x}\right)\left(\dfrac{\frac{1}{\alpha+\beta}I}{p_y}\right) = \dfrac{1}{4}\dfrac{I^2}{p_x\, p_y} \tag{6}$$

으로 구해진다. 여기에 쌍대성을 적용하면 $E^2(p_x,\ p_y,\ U_0) = 4p_x\, p_y U_0$ (7)을 얻는다. 그러므로 지출함수는 $E(p_x,\ p_y,\ U_0) = \sqrt{4p_x\, p_y U_0}$ (8)이 된다. (8)에 $p_x = 8$, $p_y = 4$, $U = 32$를 대입하면 $E^* = 64$가 된다. 이로부터 보상변화를 구하면 $CV = E(p_x^0,\ p_y,\ U_0) - E(p_x^1,\ p_y,\ U_0) = \sqrt{4\cdot 2\cdot 4\cdot 32} - \sqrt{4\cdot 8\cdot 4\cdot 32} = -32$가 된다.

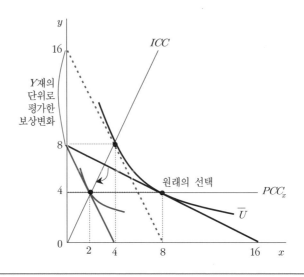

(2) 보상수요곡선

이제 보상수요곡선을 이용하여 보상변화를 구하기 위해 먼저 보상수요곡선을 찾아보자.

> 🌱 **보상수요곡선**(compensated demand curve) 가격이 변화한 후에도 그 이전과 같은 효용을 누리도록 소득효과를 제거해 주었을 때 얻는 수요곡선. 6.3.4 참조.

[그림 6-6(A)]의 점 d에서의 효용과 가격이 떨어지기 이전에 선택했던 점 a에서의 효용은 같다. 그런데 [그림 6-6(B)]의 점 a'는 점 a에서의 가격과 수요량을 나타내고 있다. 마찬가지로 점 d'는 점 d에서의 가격과 수요량을 나타내고 있다. 이때의 수요량이 바로 보상후의 수요량, 즉 **보상수요량**이다. 이같은 방법으로, 무차별곡선상의 각 점에서 접선을 그을 때 그에 대응하는 보상수요량과 가격들을 그래프로 나타낸 것이 바로 보상수요곡선이다.

부록 6.3 보상수요곡선과 *MRS*의 관계

보상수요곡선은 보상수요량과 그에 대응하는 *MRS*의 관계를 그린 것으로도 볼 수 있다. 이에 대해 설명하기 위해 효용함수가 $U(x, y) = xy$, 상품의 가격이 각각 p_x, p_y일 경우 U_0의 효용을 달성하는 보상수요곡선을 구해보자. [그림 6-6]에서 보상수요곡선을 구하는 과정을 관찰해 보면 보상수요곡선은 무차별곡선 I_0로 주어진 효용을 최소지출로 달성하는 수요량과 가격의 조합을 그린 것임을 알 수 있다. 수식으로는

$$\text{Min}_{x,\,y} \quad e(x,\ y) = p_x x + p_y y$$
$$s.t. \quad xy = U_0$$

와 같은 **지출극소화문제**를 풀어서 구하는 것이다. 이에 대한 라그랑지함수는

$$\text{Min}_{x,\,y,\,\lambda} \quad L = p_x x + p_y y + \lambda(U_0 - xy)$$

이다. 지출극소화의 일차필요조건은

$$\frac{\partial L}{\partial x} = p_x - \lambda y = 0 \tag{1}$$

$$\frac{\partial L}{\partial y} = p_y - \lambda x = 0 \tag{2}$$

$$\frac{\partial L}{\partial \lambda} = U_0 - xy = 0 \tag{3}$$

이다. (1)식과 (2)식을 정리한 다음 대응되는 변끼리 나누어주면

$$\frac{p_x}{p_y} = \frac{y}{x} \tag{4}$$

를 얻는다. 이것은 바로

$$\frac{p_x}{p_y} = MRS_{xy} \tag{5}$$

임을 의미한다. (3)과 (4)를 연립으로 풀어 그 해를 각각 x_c, y_c라 하면

$$x_c = \sqrt{\left(\frac{p_y}{p_x}\right) U_0} \tag{6}$$

$$y_c = \sqrt{\left(\frac{p_x}{p_y}\right) U_0} \tag{7}$$

가 된다. 이것이 바로 **보상수요함수**이다. 이때 (6)식에서 p_y와 U_0가 일정하다고 가정하고 p_x와 X재의 보상수요량인 x_c 사이의 관계를 그린 것이 X재의 보상수요곡선이다. 또한 (7)식에서 p_x와 U_0가 일정하다고 가정하고 p_y와 Y재의 보상수요량인 y_c 사이의 관계를 그린 것이 Y재의 보상수요곡선이다.

　이제 효용함수가 $U(x,y) = xy$이고 $p_y = 500$원이라고 하자. 이러한 상태에서 $U_0 = 900$을 얻는 X재

의 보상수요곡선을 그려보자. 이때 X재의 보상수요량은 라그랑지함수를 이용해서 구해도 되지만 이미 구한 (6)식을 이용하여 구하기로 하자. 이 과정에서 알 수 있듯이 **보상수요량**은 주어진 효용을 최소지출로 달성시켜 주는 수요량을 말한다.

(i) $p_y = 500$, $U_0 = 900$으로 주어진 상황에서 예를 들어 $p_x = 500$원일 경우 X재의 보상수요량은 이 값들을 (6)식에 직접 대입하면 $x_c = 30$으로 구해진다. $p_x = 1,000$원일 경우에는 $x_c = 15\sqrt{2}$, $p_x = 250$원일 경우에는 $x_c = 30\sqrt{2}$가 된다. 이때 한계대체율은 각각 $MRS_{xy} = \dfrac{y_c}{x_c} = \dfrac{30}{30} = 1$, $MRS_{xy} = \dfrac{y_c}{x_c} = \dfrac{30\sqrt{2}}{15\sqrt{2}} = 2$, $MRS_{xy} = \dfrac{y_c}{x_c} = \dfrac{15\sqrt{2}}{30\sqrt{2}} = \dfrac{1}{2}$이 된다(이때 y_c의 값들은 주어진 수치들을 (7)식에 대입하여 구한 것이다).

(ii) 이 결과들을 이용하여 X재의 보상수요곡선을 그리면 그림과 같다. 그림 (B)와 그림 (C)는 단지 세로축의 단위만 다를 뿐이다. 그림 (B)의 세로축은 화폐단위로 표시되어 있고 그림 (C)의 세로축은 MRS_{xy} 단위로 표시되어 있다. 결국 가격과 그에 대응하는 보상수요량의 관계를 그린 것이 보상수요곡선인데, 다른 측면에서 보면 이러한 보상수요곡선은 보상수요량과 그에 대응하는 MRS의 관계를 그린 것으로도 볼 수 있다.

(iii) 한편 보상수요곡선은 소득효과는 제거하고 대체효과만을 반영한다. 그런데 정상재의 경우 소득효과가 대체효과와 같은 방향으로 작용한다. 이 때문에 대체효과만을 반영하는 [그림(B)]의 보상수요곡선이 두 효과를 모두 반영하는 [그림 4-15(B)]의 보통수요곡선보다 비탄력적이 된다. 두 그림을 함께 덧그려서 확인해 보기 바란다. 반면에 열등재라면 이와는 반대로 보상수요곡선이 보통수요곡선보다 더 탄력적이 된다. 열등재의 경우 소득효과가 대체효과와 반대방향으로 작용하여 대체효과를 일부 상쇄시키는 방향으로 작용하는데 보상수요곡선은 이러한 소득효과를 제거한 것이기 때문이다.

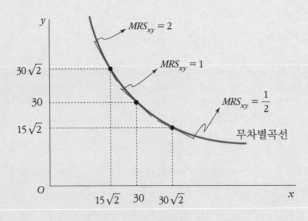

(A) 무차별곡선

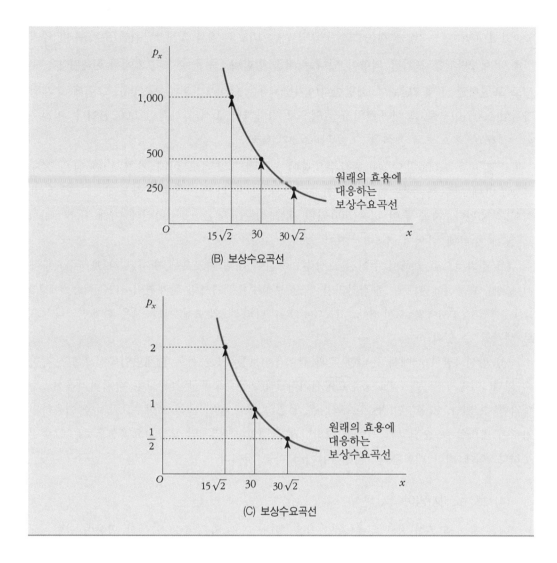

(B) 보상수요곡선

(C) 보상수요곡선

(3) (역)보상수요곡선 = 한계편익곡선

(역)보상수요곡선은 한계편익곡선으로 볼 수 있다. 이에 대해 검토해 보자.

(1) **보상수요량과 가격들** 사이에는 $\dfrac{p_x}{p_y} = MRS_{xy}$의 관계가 성립한다. 예를 들어 효용함수가 $U(x,\ y) = xy$이고 달성하고자 하는 효용이 $U_0 = 900$일 경우에 대해 생각해 보자. 이 경우 $p_x = 1,000$원, $p_y = 500$원일 때 $\dfrac{p_x}{p_y} = \dfrac{1,000원}{500원} = 2$이고, 그때 보상수요량 $x_c = 15\sqrt{2}$ (도출 과정은 부록 6.3 참조)에서 $MRS_{xy} = 2$가 된다. 앞서 배웠듯이 이때 보상수요량은 주어진 효용을 최소지출로 달성시켜주는 수요량이다.

한편 $MRS_{xy} = 2$라는 것은 보상수요량 $x_c = 15\sqrt{2}$ 에서 X재 1단위를 추가로 더 얻기 위해 Y재 2단위를 포기할 의향이 있다는 것을 말한다. 즉 $x_c = 15\sqrt{2}$ 에서 **한계편익을** Y 재로 표현하면 Y재 2단위에 해당한다(이러한 내용은 3.6.1.에서 이미 다루었다). 그런데 Y재의 가격이 500원이므로 그 한계편익을 금액으로 평가하면 X재의 가격인 1,000원이다. 이것은 $p_x = MRS_{xy} \times p_y$로도 해석할 수 있다[4.6.3(2) 참조].

결국 $p_x = 1,000$원일 때 보상수요량이 $x_c = 15\sqrt{2}$ 이고 이때 가격 1,000원은 X재 $15\sqrt{2}$ 번째 단위가 주는 편익, 즉 한계편익과 같다. 다른 보상수요량에서도 같은 해석이 적용된다. 예를 들어 $p_x = 500$원일 때 보상수요량은 $x_c = 30$인데 이때 가격 500원은 X재 30번째 단위가 주는 편익과 같다.

(2) 일반적으로 말해서 주어진 보상수요곡선에 대해 가로축에 표시된 각 보상수요량에서 보상수요곡선에 이르는 수직거리가 해당 보상수요량에서의 한계편익이다(이러한 한계편익들이 부록 6.3의 그림에 화살표의 길이로 표시되어 있다). 따라서 (역)보상수요곡선은 한계편익곡선으로 생각할 수 있다.

(3) 한편 4장 4.6.3에서 논의한 것과 같이 (역)보통수요곡선도 한계편익곡선으로 생각할 수 있다. 이렇게 볼 때 (역)보통수요곡선이나 (역)보상수요곡선이나 모두 한계편익곡선으로 생각할 수 있다. 그렇지만 두 수요곡선은 엄연히 구분된다. 특히 보상수요곡선을 이용하면 가격이 변화할 때 순편익의 변화를 정확하게 측정할 수 있지만 보통수요곡선으로는 그렇지 못하다. 이에 대한 내용은 곧 이어 (4)에서 다룰 것이다.

(4) 보상소비자잉여

예를 들어 두통이 심해 두통약 몇 알을 최대 10,000원을 주고라도 살 의향이 있었는데 7,000원에 샀다고 하자. 이 경우 그 차액 3,000원이 보상소비자잉여에 해당한다. 이것은 보통수요곡선을 이용하여 측정한 보통소비자잉여와는 다르다.

소비자가 상품을 구입할 때 얻는 순편익은 보상수요곡선을 이용하여 측정한 보상소비자잉여로 '정확'하게 측정된다. 이에 대해 검토해 보자.

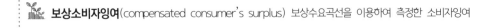

보상소비자잉여(compensated consumer's surplus) 보상수요곡선을 이용하여 측정한 소비자잉여

이를 위해 [그림 6-6(B)]에 주목하자. 소비자가 어떤 상품을 사기 위해 지불할 의향이 있는 '최대' 금액보다 더 적은 금액을 지불하고 그것을 샀다고 하자. 이 경우 그는 상품을 사기 이전보다 더 나아졌다. 이와는 달리 상품을 한 단위 구입하든지 나아가서 몇 단위를

구입하든지 지불할 의향이 있는 최대 금액을 지불하고 구입했다고 하자. 이때에는 단지 화폐와 상품을 바꾸어 가진 상태일 뿐이다. 따라서 그 상품을 한 단위도 구입하지 않은 상태와 비교하여 후생에는 전혀 변화가 없다.

(1) 이러한 사실을 염두에 두고 생각해 보자. 소비자가 X재 첫 1단위를 구입하기 위해 지불하려는 최대금액은 얼마일까? 그것은 바로 그가 첫 1단위를 소비할 때 얻는 편익과 같을 것이다. (i) 그런데 그 편익은 첫 1단위에서의 MRS로 정확하게 측정된다. 3장에서 이미 배웠듯이 MRS는 동일한 무차별곡선상에서, 즉 '동일한 효용'을 유지하면서 어떤 상품을 추가로 1단위 더 얻고자 할 때 지불할 의향이 있는 금액으로 해석할 수 있으므로 어떤 상품 추가 1단위로부터 얻는 편익, 즉 한계편익을 정확하게 측정하기 때문이다.

(ii) 그런데 보상수요곡선은 '동일한' 무차별곡선상에서의 MRS에 대응되므로(부록 6.3 참조) 보상수요곡선을 이용하면 한계편익이 정확하게 측정된다.

따라서 첫 1단위를 소비할 때 얻는 편익은 바로 첫 1단위에서 보상수요곡선에 이르는 높이로 정확하게 측정된다. 이것이 [그림 6-6(B)]에는 첫 번째 긴 직사각형 막대로 나타나 있다. (iii) 그러므로 이 금액만큼 내고 첫 번째 단위를 구입하더라도 그의 효용에는 변화가 없다. 2번째 단위와 그 이후 단위들에 대해서도 같은 논리가 적용된다. 따라서 x_0만큼 구입하고 $(A+B+D)$를 낸다면 그의 효용은 변하지 않는다. 즉 상품을 전혀 구입하지 않은 상태와 효용이 같다.

(iv) 그런데 소비자가 실제로 x_0만큼을 구입할 때에는, 가격이 p_0이므로, 단지 $(B+D)$만을 지불한다. 그러므로 소비자는 x_0만큼을 구입하면 X재를 전혀 구입하지 않는 경우에 비해 정확하게 A만큼의 순편익을 얻게 된다. 그런데 이러한 순편익은 바로 보상소비자잉여를 나타낸다. 이러한 측면에서 소비자가 x_0만큼을 소비할 때 얻는 순편익은 보상소비자잉여로 '정확'하게 측정된다고 말한 것이다.

(2) 이처럼 순편익은 보상소비자잉여로 정확하게 측정되기 때문에 가격이 변화할 때 그에 따른 후생의 변화를 정확하게 측정하려면 보상수요곡선을 이용해야 한다. 보통수요곡선을 이용하면 정확하게 측정되지 않는다. 이에 대해 알아보자. [그림 6-6]에서 보듯이 보상수요곡선상의 점들이나 보통수요곡선상의 점들은 모두 $\frac{p_x}{p_y} = MRS_{xy}$를 만족시키는 점들에 대응한다. 즉 $p_x = MRS_{xy} \times p_y$를 만족시키는 점들에 대응한다. 즉 둘 다 모두 p_x가 변화할 때 그에 대응하는 X재에 대한 수요량과 (X재의 한계편익을 금액으로 평가한) $MRS_{xy} \times p_y$의 관계를 p_y가 일정하다고 가정(ceteris paribus를 상기하자)하고 그래프로 나타낸 것이다. 그러므로 (역)보상수요곡선이나 (역)보통수요곡선이나 모두 한계편익곡선으로 생각할 수 있다(4장

4.6.3 참조).

그러나 두 수요곡선은 엄연히 구분된다. 즉 전자는 보상수요량, 후자는 보통수요량을 나타내기 때문이다. 즉 보상수요곡선상의 점들은 점 a'와 점 d'처럼 동일한 무차별곡선 I_0 상의 점들에 대응하는 반면 보통수요곡선상의 점들은 점 a'와 점 b'처럼 서로 다른 무차별 곡선상의 점들에 대응하기 때문이다.

> 그 결과 보상수요곡선에는 [부록 6.3]의 [그림 (A)]와 [그림 (B)]처럼 동일한 무차별곡선 에서의 MRS_{xy}(한계편익을 의미)가 적용되지만 보통수요곡신에는 [그림 4−15(A)]와 [그림 4−15(B)]처럼 서로 다른 무차별곡선에서의 MRS_{xy}(한계편익을 의미)가 적용되기 때문이다.

핵심은 보상수요곡선상의 점들은 동일한 효용이 유지되는 점들에 대응하는 반면 보통 수요곡선상의 점들은 서로 다른 효용을 나타내는 점들에 대응한다는 것이다.

(i) 앞서 (1)에서 알 수 있었듯이 이처럼 보상수요곡선상의 점들은 동일한 효용이 유지 되는 점들에 대응하기 때문에 순편익이 보상소비자잉여로 정확하게 측정되었다. (ii) 반면에 보통수요곡선상의 점들은 이처럼 서로 다른 효용을 나타내는 점들, 즉 소득효과가 포함된 점들에 대응하기 때문에 보통소비자잉여로는 순편익을 정확하게 측정하지 못한다.

> (1) 순편익이 보상소비자잉여로 정확하게 측정되므로 가격이 변화할 때 후생의 '변화'를 정확하게 측정하려면 보상수요곡선을 이용해야 한다. (2) 보통소비자잉여로는 순편익을 정확하게 측정하지 못하므로 보통수요곡선으로는 가격이 변화할 때 후생의 변화를 정확하 게 측정하지 못한다. (3) 그 크기들의 비교 및 보다 상세한 내용은 6.7.4에서 다룬다. 그때 [부록 6.5], [예제 6.7]을 참조하자.

(5) 보상수요곡선 이용: 보상변화 = 보상소비자잉여의 변화

(1) 가격이 변화할 때 후생의 '변화'를 정확하게 측정하려면 이처럼 보상수요곡선을 이 용해야 한다. 또한 앞에서 가격이 변화할 때 후생의 변화는 보상변화로 정확하게 측정된다 고 하였다. (2) 그런데 보상변화는 '원래의 효용'(원래의 무차별곡선)에 대응하는 보상수요곡선 에서 측정한 보상소비자잉여의 변화와 정확하게 일치한다. 예를 들어 [그림 6−6(B)]에서 가격이 p_0에서 p_1으로 하락하면 보상수요곡선상에서 볼 때 수요량은 x_0에서 x_1까지가 아닌 x_c까지만 증가하며 보상소비자잉여는 $(B+C)$만큼 증가한다(부록 6.5의 정적분값에 해당. 정적분 에 대해서는 [권말 부록] Ⅱ.2 참조). 보상소비자잉여는 순편익을 정확하게 측정하므로, 가격이 이처럼 p_0에서 p_1으로 하락할 경우 소비자의 순편익은 정확하게 $(B+C)$만큼 증가한다고

볼 수 있다. 그러므로 원래의 효용수준에 이르도록 하려면, 이 금액만큼을 조정(이 경우 공제)해 주어야 한다. 그런데 이때 보상수요곡선이 '원래의 효용'에 대응하여 그려져 있으므로, 이 금액은 정의상 보상변화에 해당한다. 이렇게 볼 때 '원래의 효용'에 대응하는 보상수요곡선에서 측정한 보상소비자잉여의 변화는 보상변화와 일치한다. (3) 그러므로 가격이 변화할 때 후생의 변화는 보상소비자잉여의 변화 또는 보상변화 중 어느 것으로도 정확하게 측정된다.

6.7.3 등가변화

이제 끝으로 후생이 얼마나 변했는가를 측정하는 또 다른 개념에 대해 알아보자. 즉 등가변화에 대해 검토하기로 하자.

(1) 무차별곡선과 예산선 이용: 수식표현은 [부록 6.4] 참조

등가변화에 대해 이해하기 위해 앞에서 든 예를 다른 각도에서 생각해 보자. 즉 다음과 같은 질문에 답해 보는 것이다. 맥주 가격이 떨어지는 대신 내가 얼마를 받는다면 가격이 떨어지는 것과 같게 느끼겠는가? 만일 그 금액이 21,000원이라면 이 금액이 바로 등가변화이다.[20] 맥주의 가격이 떨어지는 것과 소득이 증가하는 것을 같은 가치로 여긴다는 의미에서 '등가'라는 접두어가 붙은 것이다.

> 🌱 **등가변화**(equivalent variation: EV) 소비자에게 가격이 변화한 이후의 '새로운 효용'과 동일한 효용을 보장하려 할 때, '원래의 가격'을 기준으로 하여 조정해 주어야 할 금액. **대등변화** 또는 **동등변화**라고도 함

(1) 한편 앞서 논의한 보상변화는 가격이 변화하기 이전의 '원래의 효용'과 같은 효용을 누리도록 소득을 조정해 준다. 또한 가격은 원래의 가격이 아닌 '새로운 가격'을 기준으로 삼고 있다. 이러한 측면에서 보상변화는 등가변화와 대조되고 있다.

(2) 사실상 정의로부터 짐작할 수 있듯이 등가변화와 보상변화는 측정하는 기준이 다를 뿐 그 크기를 측정하는 원리는 같다. 이러한 사실을 고려할 때 등가변화를 구하려면 [그림 6-7(A)]에서 보는 바와 같이 원래의 예산선을 점선의 위치로 평행이동시켜야 한다. 여기서 점선으로 표시된 조정된 예산선은 새로운 무차별곡선 I_1에 접한다는 점에 주목하자. 그런데 이때 원래의 예산선에서 점선으로 표시된 조정된 예산선에 이르는 수직거리가 바로 등가변화이다. 그 수직거리는 가격변화 이후의 '새로운 효용'에 해당하는 I_1의 효용을 보장하려 할 때 '원래의

---

20 앞으로 살펴보겠지만, 보상변화와 등가변화의 예로 든 두 금액이 암시하듯이 일반적으로 두 값은 서로 같지 않다.

가격'을 기준으로 지불해 주어야 하는 금액을 나타내기 때문이다. 이로부터 가격이 변화할 때 후생의 변화는 등가변화로도 정확하게 측정된다는 것을 알 수 있다. 이 그림을 [그림 6-6(A)]와 비교하면서 이해해 두자.

(3) 한편 이 수직거리는 원래의 가격으로 상품묶음 g를 구입할 때 드는 금액과 떨어진 가격으로 상품묶음 b를 구입하는 데 드는 금액의 차이를 나타낸다. 이때 g와 b가 새로운

그림 6-7 **등가변화**

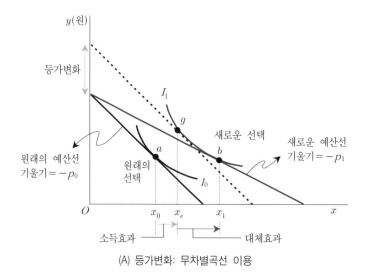

(A) 등가변화: 무차별곡선 이용

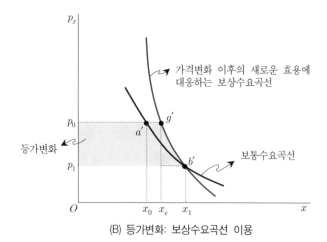

(B) 등가변화: 보상수요곡선 이용

등가변화는 원래의 가격을 기준으로 측정된다. 등가변화는 예산선을 이용하여
측정할 수도 있고 보상수요곡선을 이용하여 측정할 수도 있다.

무차별곡선 I_1상에 있음에 주목할 때 이 거리는 각 가격으로 '새로운 효용'을 달성하는 데 드는 지출액의 차를 나타낸다. 이러한 금액의 차이는 점선으로 표시된 조정된 예산선의 세로축 절편에서 새로운 예산선의 세로축 절편에 이르는 수직거리로서 그림에 '등가변화'로 명시되어 있다.

(2) 보상수요곡선 이용: 등가변화 = 보상소비자잉여의 변화

(1) 이때 보상변화를 논의할 때와 같은 방법으로 보상수요곡선을 찾을 수 있다. 다만 여기서는 원래의 무차별곡선이 아닌 새로운 무차별곡선의 효용과 관련된다는 점이 다를 뿐이다. 그러나 이해를 확고히 한다는 측면에서 다시 검토해 보기로 하자.

점 b에서의 효용과 점 g에서의 효용은 같다. 그런데 [그림 6-7(B)]의 점 b'는 점 b에 대응하는 가격과 수요량을 나타내고 있다. 마찬가지로 점 g'는 점 g에 대응하는 가격과 수요량을 나타내고 있다. 이처럼 새로운 무차별곡선상의 각 점은 보상수요곡선상의 각 점에 대응한다.[21]

(2) 이때 소비자가 상품을 구입할 때 얻는 순편익은 보상소비자잉여로 정확하게 측정된다. 이러한 사실은 6.7.2(4)에서와 같은 방법으로 보여줄 수 있다. 이때 다만 등가변화는 가격변화 이후의 '새로운 효용'(새로운 무차별곡선)에 대응하는 보상수요곡선과 관련된다.

(3) (i) 등가변화는 가격변화 이후의 '새로운 효용'(새로운 무차별곡선)에 대응하는 보상수요곡선에서 측정한 보상소비자잉여의 변화와 일치한다. 가격이 p_0에서 p_1으로 떨어질 경우, 보상소비자잉여는 음영으로 표시된 부분만큼 증가한다(부록 6.5의 정적분값에 해당). 그런데 보상소비자잉여는 순편익의 변화를 정확하게 측정하므로, 이처럼 가격이 떨어질 경우 소비자의 순편익은 정확하게 음영으로 표시된 부분만큼 증가한다고 볼 수 있다. 즉 가격이 이만큼 하락한 것은 순편익을 정확하게 음영 부분만큼 증가시킨 것과 같다. 그러므로 가격이 떨어지는 대신 새로운 효용수준에 이르게 하려면, 바로 이 금액만큼을 조정해 (이 경우 더해 줌) 주어야 한다. 그런데 이때 보상수요곡선이 가격변화 이후의 '새로운 효용'에 대응하여 그려져 있으므로, 이 면적은 정의상 등가변화에 해당한다. 이렇게 볼 때 가격변화 이후의 '새로운 효용'에 대응하는 보상수요곡선에서 측정한 보상소비자잉여의 변화는 등가변화와 일치한다. (ii) 그러므로 가격이 변화할 때 후생의 변화는 보상소비자잉여의 변화 또는 등가변화 중 어느 것으로도 정확하게 측정된다.

---

21 정상재의 경우, 이때의 보상수요곡선은 보상변화의 경우와 같은 이유로 인해 보통수요곡선보다 기울기가 급하게 된다.

부록 6.4 CV 와 EV 에 대한 2가지 해석

CV는 가격에 초점을 맞추고 보는가, 효용에 초점을 맞추고 보는가에 따라 2가지 해석이 가능하다. EV도 마찬가지다. 아래에서 $E(p_x, p_y, U)$는 지출함수(6.3.3 및 부록 6.1 참조)를 나타낸다. 또한 여기서는 [그림 6-6]과 [그림 6-7]과는 달리 Y재를 복합재로 취급하지 않고 그에 따라 그 가격을 1이 아니라 p_y로 표시하고 있다.

1. CV: 다음 2가지 해석이 가능하다.

(1) CV는 새로운 가격으로, 새로운 효용을 달성할 때 드는 지출액과 원래의 효용을 달성할 때 드는 지출액의 차다. 이것은 본문 6.7.2(1)(1)에서 해석한 방식이다. [그림 6-6(A)]에서 새로운 예산선과 점선으로 그려진 조정된 예산선 사이의 수직거리로 나타난다. 수식으로는

$$CV = E(p_x^1, \ p_y, \ U_1) - E(p_x^1, \ p_y, \ U_0)$$

으로 표현된다.

(2) CV는 원래의 효용을 원래의 가격으로 달성할 때 드는 지출액과 새로운 가격으로 달성할 때 드는 지출액의 차다. 본문 6.7.2(1)(2)와 부록 6.5에서 해석한 방식이다. [그림 6-6(A)]에서 원래 예산선의 세로 절편과 점선으로 그려진 조정된 예산선의 세로 절편 사이의 수직거리로 나타난다. 수식으로는

$$CV = E(p_x^0, \ p_y, \ U_0) - E(p_x^1, \ p_y, \ U_0)$$

로 표현된다.

2. EV: 다음 2가지 해석이 가능하다.

(1) EV는 원래의 가격으로, 새로운 효용을 달성할 때 드는 지출액과 원래의 효용을 달성할 때 드는 지출액의 차다. 이것은 본문 6.7.3(1)(2)에서 해석한 방식이다. [그림 6-7(A)]에서 점선으로 그려진 조정된 예산선과 원래 예산선 사이의 수직거리로 나타난다. 수식으로는

$$EV = E(p_x^0, \ p_y, \ U_1) - E(p_x^0, \ p_y, \ U_0)$$

로 표현된다.

(2) EV는 새로운 효용을 원래의 가격으로 달성할 때 드는 지출액과 새로운 가격으로 달성할 때 드는 지출액의 차다. 본문 6.7.3(1)(3)과 부록 6.5에서 해석한 방식이다. [그림 6-7(A)]에서 점선으로 그려진 조정된 예산선의 세로 절편과 새로운 예산선의 세로 절편 사이의 수직거리로 나타난다. 수식으로는

$$EV = E(p_x^0,\ p_y,\ U_1) - E(p_x^1,\ p_y,\ U_1)$$

으로 표현된다.

예제 6.6 소득효과, 대체효과, 보상변화, 등가변화: 준선형효용함수의 경우

홍길동의 효용함수는 $2x^{\frac{1}{2}} + y$이고 그의 소득은 100만원이라고 한다. X재의 가격은 5만원, Y재의 가격은 10만원이다. 그런데 X재의 가격이 2만원으로 하락했다고 한다.

a. 보상변화를 구하시오.

b. 등가변화를 구하시오.

c. X재의 경우 소득효과와 대체효과를 구하시오.

d. X재는 정상재인가 열등재인가?

KEY 준선형 효용함수의 경우 소득효과가 0이다. 그 결과 보상변화의 크기와 등가변화의 크기가 같아진다.

풀이 a. 보상변화(CV)는 원래의 효용을 원래의 가격으로 달성할 때 드는 지출액과 새로운 가격으로 달성할 때 드는 지출액의 차다(부록 6.4의 1(2)의 해석 방식). 그러므로 보상변화를 구하려면 원래의 효용을 알아야 한다. 그러므로 먼저 원래의 효용을 구해보자.

이미 알고 있는 효용극대화조건을 이용하여 풀어도 된다. 그렇지만 여기서는 라그랑지함수를 이용하여 풀기로 하자.

효용극대화 문제는

$$\underset{x,\,y}{Max}\ \ U(x,y) = 2x^{\frac{1}{2}} + y$$
$$s.t.\ \ 5x + 10y = 100$$

이 된다. 효용극대화문제에 대한 라그랑지함수는

$$\underset{x,\,y,\,\lambda}{Max}\ \ L = 2x^{\frac{1}{2}} + y + \lambda(100 - 5x - 10y)$$

이다. 내부해를 전제로 할 경우 효용극대화의 일차필요조건은

$$\frac{\partial L}{\partial x} = x^{-\frac{1}{2}} - 5\lambda = 0\ \ (1),\ \ \frac{\partial L}{\partial y} = 1 - 10\lambda = 0\ \ (2),\ \ \frac{\partial L}{\partial \lambda} = 100 - 5x - 10y = 0\ \ (3)$$

이다. (1)식과 (2)식을 정리한 다음 대응되는 변끼리 나누어주면 $x^{-\frac{1}{2}} = \frac{5}{10}$ (4)를 얻는다. 이로부터 $x_0 = 4$를 얻는다. 이것을 사실상 예산제약식인 (3)식에 대입하면 $y_0 = 8$을 얻는다. 실제로 내부해를 얻은 점에 주목하자. 이때 효용은 $U_0(x_0, y_0) = 2x_0^{\frac{1}{2}} + y_0 = 12$이다.

이제 이러한 효용을 새로운 가격 2로 얻고자 할 때 드는 극소지출액을 구하기 위해 지출극소화문제를 풀기로 하자. 이미 알고 있는 지출극소화조건을 이용하여 풀어도 된다. 여기서는 라그랑지함수를 이용하여 풀기로 하자.

지출극소화 문제는

$$\underset{x,\,y}{Max}\ \ e = 2x + 10y$$
$$s.t.\ \ 2x^{\frac{1}{2}} + y = 12 (= U_0)$$

가 된다. 이에 대한 라그랑지함수는

$$\underset{x,\,y,\,\lambda}{Min}\ \ L = 2x + 10y + \lambda(12 - 2x^{\frac{1}{2}} - y)$$

이다. 지출극소화의 일차필요조건은

$$\frac{\partial L}{\partial x} = 2 - x^{-\frac{1}{2}}\lambda = 0\ \ (5),\ \ \frac{\partial L}{\partial y} = 10 - \lambda = 0\ \ (6),\ \ \frac{\partial L}{\partial \lambda} = 12 - 2x^{\frac{1}{2}} - y = 0\ \ (7)$$

이다. (5)식과 (6)식을 정리한 다음 대응되는 변끼리 나누어주면 $x^{-\frac{1}{2}} = \frac{2}{10}$ (8)을 얻는다. 이로부터 $x_c^0 = 25$를 얻는다. 이것을 (7)식에 대입하면 $y_c^0 = 2$를 얻는다. 그러므로 이때 극소화된 지출은 $e = 2x_c^0 + 10y_c^0 = 70$이다. 그런데 원래의 소득이 100이었으므로 보상변화는 정의에 따라 $100 - 70 = 30$이다.

b. 등가변화(EV)는 새로운 효용을 원래의 가격으로 달성할 때 드는 지출액과 새로운 가격으로 달성할 때 드는 지출액의 차다(부록 6.4의 2(2)의 해석 방식). 그러므로 등가변화를 구하려면 새로운 효용을 알아야 한다. 그러므로 먼저 새로운 효용을 구해보자.

새로운 효용극대화 문제는

$$\underset{x,\,y}{Max}\ \ U(x,y) = 2x^{\frac{1}{2}} + y$$
$$s.t.\ \ 2x + 10y = 100$$

이 된다. 내부해를 전제로 앞에서 구한 분석 결과를 활용하자. 이 경우 (4)식이 $x^{-\frac{1}{2}} = \frac{2}{10}$로 바뀐다. 이때 $x_1 = 25$가 된다. 이것을 새로운 예산제약식에 대입하면 $y_1 = 5$로 구해진다. 실제로 내부해를 얻은 점에 주목하자. 이때 새로운 효용은

$U_1(x_1, y_1) = 2x_1^{\frac{1}{2}} + y_1 = 15$가 된다.

이제 새로운 효용을 원래의 가격으로 얻고자 할 때 드는 극소지출액을 구하기 위해 지출극소화문제를 풀기로 하자. 이미 알고 있는 지출극소화조건을 이용하여 풀어도 되지만 앞에서처럼 라그랑지함수를 이용하여 풀기로 하자.

새로운 지출극소화 문제는

$$Max_{x,\ y}\ e = 5x + 10y$$
$$s.t.\ \ 2x^{\frac{1}{2}} + y = 15 (= U_1)$$

가 된다. 앞에서 구한 원래의 지출극소화문제의 분석 결과를 활용하자. 이 경우 (8)식은 $x^{-\frac{1}{2}} = \frac{5}{10}$로 바뀐다. 이로부터 $x_c^1 = 4$를 얻는다. 이 값을 $2x^{\frac{1}{2}} + y = 15$에 대입하면 $y_c^1 = 11$을 얻는다. 따라서 새로이 극소화된 지출은 $e = 5x_c^1 + 10y_c^1 = 130$이 된다.

그런데 원래의 소득이 100이었으므로 등가변화는 정의에 따라 $130 - 100 = 30$이 된다. 한편 보상변화와 등가변화가 일치한 점에 주목하자. 그 이유는 효용함수가 준선형이어서 소득효과가 존재하지 않기 때문이다.

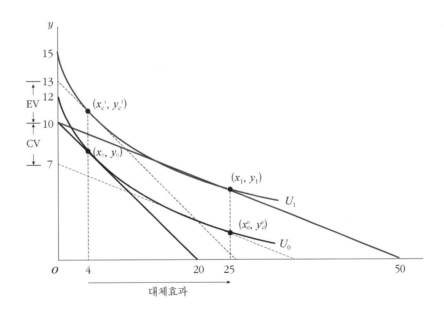

(CV와 EV를 그림의 세로축에 각각 길이로 표시하였다. 그런데 엄밀하게 말하면 그 각각의 길이에 해당하는 Y재의 수량 3에 Y재의 가격인 10을 곱한 값인 30이 각각 CV와 EV에 해당한다.)

c. X재의 경우 대체효과는

$$x_c^0 - x_0 = 25 - 4 = 21$$

이다. 소득효과는 0이다. 효용함수가 준선형이기 때문에 소득효과가 0이 된 것이다.

d. X재의 경우 소득효과가 0이므로 X재는 정상재도 아니고 열등재도 아니다.

6.7.4 비 교

지금까지 가격이 변화할 때 소비자의 후생이 얼마나 변화하는가를 측정하는 방법들에 대해 살펴보았다. 이제 이들 각각의 특성을 서로 비교해 보기로 하자.

(1) 보통소비자잉여의 변화, 보상변화, 등가변화

(1) [그림 6-8]에서 보는 것처럼 가격이 하락하는 경우 그 절대값을 비교해 보자. 그러면 등가변화($A+B+C$)가 보상변화(A)보다 크고 보통소비자잉여의 변화($A+B$)는 그 둘의 사이에 위치하는 것을 알 수 있다. 물론 가격이 상승할 때에는 보상변화가 등가변화보다 크며 보통소비자잉여의 변화는 여전히 그 둘의 사이에 위치한다.

(2) 앞서 지적한 대로 보상변화와 등가변화는 모두 후생이 얼마나 변했는가를 정확하게 측정해 준다.

(3) 등가변화와 보상변화는 원래의 가격을 기준으로 측정하는가 아니면 새로운 가격을 기준으로 측정하는가가 다를 뿐이다. 기하학적으로 말하면, 보상변화나 등가변화는 단지 두 무차별곡선 사이의 거리를 측정하는 서로 다른 방법일 뿐이다. 이러한 사실은 [그림 6-6(A)]와 [그림 6-7(A)]를 비교해 보아도 알 수 있다. 두 경우 모두 무차별곡선들에 접하면서 동시에 서로 평행한 직선들을 이용하여 두 무차별곡선 사이의 거리를 측정하고 있다. 그러므로 거리의 측정값이 접선의 기울기에 따라 달라지는 것은 당연하다. 즉 기준으로 삼는 가격에 따라 달라지는 것은 당연하다.

(4) 다음과 같은 이유들 때문에 후생의 변화를 측정할 때 실제로는 보통소비자잉여의 변화를 더 자주 사용한다. 먼저 보상변화나 등가변화를 계산하려면 보상수요곡선에 대해서 알아야 한다. 그런데 실제로 보상이 이루어지지 않는 현실세계에서 보상수요곡선은 관찰되지 않는다. 그러므로 보상변화나 등가변화를 추정하는 것은 대단히 어렵다. 반면에 보통소

그림 6-8   **소비자잉여 변화들의 비교**

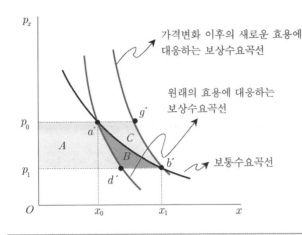

가격변화 이후의 새로운 효용에
대응하는 보상수요곡선

원래의 효용에 대응하는
보상수요곡선

보통수요곡선

보상변화와 등가변화는 모두 후생변화
를 정확하게 측정해 준다. 다만 측정기
준이 다를 뿐이다.

비자잉여의 변화는 보통수요곡선으로부터 직접 구할 수 있다. 또한 보상변화나 등가변화의
사이에 위치하는 값을 가지는 특성이 있다.

(5) 소비자 예산의 상당 부분을 차지하는 상품이나 소득탄력성이 아주 큰 상품을 제외
하면, 각 측정값들은 상당히 근사하다.

(6) 소득효과가 0인 특별한 경우에는 모든 측정값이 같아진다. 6.5.3처럼 준선형선호인
상태에서 소득이 충분히 커서 내부해를 가질 경우도 소득효과가 0이므로 이 경우에 해당한
다. 이러한 이유로 준선형효용함수가 응용후생경제학에 많이 활용된다. 예를 들어 수요가
소득에 그리 민감하게 반응하지 않는 상품수요 분석에 적용할 수 있다.

(2) 보상변화와 등가변화

그렇다면 실용적인 측면에서 보상변화와 등가변화 중에서 어느 측정방법을 사용할 것
인가? 그것은 관계되는 상황과 분석하는 목적에 따라 달라진다. 그러나 단순히 **지불의향**
(willingness to pay)에 대한 측정값을 원한다면 등가변화를 사용하는 편이 낫다. (1) 변화한
이후에 예상되는 어떤 가상적인 가격에서보다는 변화하기 이전의 현재 가격에서 보상소비
자잉여의 변화를 측정하는 것이 더 쉽다. 그런데 등가변화가 바로 변화하기 이전의 가격에
서 이를 측정하고 있기 때문이다. (2) 보상변화에서는 기준가격이 계속 변화한다. 그러나
등가변화에서는 현재 가격을 기준으로 하기 때문에 그 값이 일정하게 유지된다. 그런 측면
에서 등가변화가 여러 상황(정책결과)들을 서로 비교하는 데 더 편리하기 때문이다.

부록 6.5 보상수요함수 및 지출함수와 CV 및 EV의 관계

[그림 6-8]과 같이 가격이 떨어진 경우에 대해 생각해 보자. 그리고 Y재를 복합재로 취급하지 말고 그에 따라 그 가격을 1이 아니라 p_y로 표시하자. 이때 보상변화를 CV, 등가변화를 EV, 지출 함수를 $E(p_x,\ p_y,\ U)$, 그리고 보상수요함수를 $h(p_x,\ p_y,\ U)$라고 하면

(1) $CV = E(p_x^0,\ p_y,\ U_0) - E(p_x^1,\ p_y,\ U_0) = \displaystyle\int_{p_x^1}^{p_x^0} h(p_x,\ p_y,\ U_0) dp_x$

(2) $EV = E(p_x^0,\ p_y,\ U_1) - E(p_x^1,\ p_y,\ U_1) = \displaystyle\int_{p_x^1}^{p_x^0} h(p_x,\ p_y,\ U_1) dp_x$

   가 성립한다. 이때 CV는 원래의 효용수준과 관련된 보상수요곡선을 사용하여 측정하고 EV 는 가격변화 이후의 새로운 효용수준과 관련된 보상수요곡선을 사용하고 있다는 점에 주목 하자.

(3) 당연한 말이지만 [부록 6.2]처럼 적분의 위끝과 아래끝이 수량일 때에는 수량의 함수인 '역 수요함수'를 사용하고 여기서처럼 가격일 때에는 가격의 함수인 보상'수요함수'를 사용한다.

(4) CV의 부호와 EV의 부호는 같다. 가격이 하락할 경우(즉 효용이 증가할 경우) 두 값이 모두 양이 되고 가격이 상승할 경우(즉 효용이 감소할 경우) 두 값이 모두 음이 된다.

(5) [그림 6-8]에서 보듯이 가격이 하락할 경우 $CV = A < CS$의 변화$(= A + B) < EV = A + B + C$의 관계가 성립한다. 가격이 상승할 경우에는 부등호의 방향이 바뀐다.

(6) 정의에 비추어 볼 때, 가격이 p_x^0에서 p_x^1으로 하락했을 때의 CV는 가격이 p_x^1에서 p_x^0로 상승 했을 때의 EV와 같다. 또한 가격이 상승했을 때의 CV는 가격이 (원래의 가격으로) 하락했 을 때의 EV와 같다. (i) 첫 문장의 내용은 [그림 6-6(A)]를 이용하여 확인할 수 있다. 가 격이 p_x^0에서 p_x^1으로 하락했을 때 CV를 측정하는 과정에서 기준으로 삼는 원래의 효용은 무 차별곡선 I_0로 나타나는데 가격이 p_x^1에서 p_x^0으로 상승했을 때 EV를 측정하는 과정에서 기 준으로 삼는 새로운 효용이 바로 무차별곡선 I_0로 나타나기 때문이다. (ii) [그림 6-6(B)] 의 보상수요곡선을 이용해서 확인할 수도 있다. 이때 CV와 EV를 모두 점 a'와 점 d'를 지 나는 같은 보상수요곡선을 이용하여 측정하게 되므로 당연히 그 크기가 같아진다. 이때 가 격이 p_x^1에서 p_x^0으로 상승할 경우 새로운 효용은 새로운 가격인 p_x^0에 대응하므로 이 경우 점 a'와 점 d'를 지나는 보상수요곡선이 바로 새로운 효용에 대응하는 보상수요곡선이라는 점 에 주목하자(예제 6.7 참조).

(7) 소득효과가 0인 특별한 경우에는 CV, CS의 변화, EV 등 모든 측정값이 같아진다.

📋 **예제 6.7** 보통수요곡선, 보상수요곡선, 보상변화, 등가변화: 콥-더글라스 효용함수의 경우

효용함수가 $U(x,y) = xy$인 상황에서 소득이 12, Y재의 가격이 1이라고 하자.

a. X재의 보통수요곡선을 그리시오.

b. X재의 가격이 2에서 1로 하락할 경우 보상변화(CV)와 등가변화(EV)를 X재의 보상수요곡선을 이용하여 측정하는 방법을 말하시오.

c. X재의 가격이 2에서 3으로 상승할 경우 CV와 EV를 X재의 보상수요곡선을 이용하여 측정하는 방법을 말하시오.

d. CV와 EV를 측정할 때 각각 어느 보상수요곡선을 이용하여 측정하는지를 말하고 이 점에 주목하여 가격이 변화할 경우 CV와 EV 사이에 성립하는 동등 관계에 대해 말하시오.

KEY 보상수요량은 지출극소화 문제를 풀어서 구할 수 있다. CV는 원래의 효용에 대응하는 보상수요곡선에서 측정한 보상소비자잉여의 변화와 일치하고 EV는 가격변화 이후의 새로운 효용에 대응하는 보상수요곡선에서 측정한 보상소비자잉여의 변화와 일치한다.

풀이 소득을 M, X재의 가격을 p_x, Y재의 가격을 p_y라고 하자.

a. 보통수요량은 [예제 4.2]에서 $x = \dfrac{M}{2p_x}$, $y = \dfrac{M}{2p_y}$으로 구해졌다. 이를 적용하면

$p_x = 1$일 경우: $x_1 = \dfrac{12}{2 \times 1} = 6$, $y_1 = \dfrac{12}{2 \times 1} = 6$, $U_1 = x_1 y_1 = 6 \times 6 = 36$

$p_x = 2$일 경우: $x_2 = \dfrac{12}{2 \times 2} = 3$, $y_2 = \dfrac{12}{2 \times 1} = 6$, $U_2 = x_2 y_2 = 3 \times 6 = 18$

$p_x = 3$일 경우: $x_3 = \dfrac{12}{2 \times 3} = 2$, $y_3 = \dfrac{12}{2 \times 1} = 6$, $U_3 = x_3 y_3 = 2 \times 6 = 12$

를 얻는다. 이때 X재의 보통수요곡선이 그림에 d로 그려져 있다.

b. c. 답변에 앞서 앞으로 필요한 결과들을 먼저 구해 두자. 이를 위해 우선 표기에 대해 규정해 놓자. 예를 들어 U_2는 $p_x = 2$일 때의 효용을 나타낸다. 그리고 x_{c3}^2에서 상첨자 2는 U_2를 달성하려 할 때의 수요량임을 나타내며, 하첨자 c는 보상수요량이라는 것을 나타내고, 하첨자 c옆의 3은 주어진 효용을 $p_x = 3$의 가격에서 달성하려 할 때의 수요량임을 나타낸다. 이러한 표기에 따라 [부록 6.3]의 공식을 적용하여 각 경우의 보상수요량을 구해 보면 다음과 같다.

(i) 주어진 효용이 U_1일 경우 X재의 보상수요량: 그림의 X재의 보상수요곡선 h_1

$p_x = 1$에서: $x_{c1}^1 = \sqrt{\left(\dfrac{p_y}{p_x}\right) U_1} = \sqrt{\left(\dfrac{1}{1}\right) \times 36} = 6,$

$p_x = 2$에서: $x_{c2}^1 = \sqrt{\left(\dfrac{p_y}{p_x}\right) U_1} = \sqrt{\left(\dfrac{1}{2}\right) \times 36} = 3\sqrt{2},$

$p_x = 3$에서: $x_{c3}^1 = \sqrt{\left(\dfrac{p_y}{p_x}\right) U_1} = \sqrt{\left(\dfrac{1}{3}\right) \times 36} = 2\sqrt{3}$

(ⅱ) 주어진 효용이 U_2일 경우 X재의 보상수요량: 그림의 X재의 보상수요곡선 h_2

$p_x = 1$에서: $x_{c1}^2 = \sqrt{(\dfrac{p_y}{p_x})U_2} = \sqrt{(\dfrac{1}{1}) \times 18} = 3\sqrt{2}$,

$p_x = 2$에서: $x_{c2}^2 = \sqrt{(\dfrac{p_y}{p_x})U_2} = \sqrt{(\dfrac{1}{2}) \times 18} = 3$,

$p_x = 3$에서 : $x_{c3}^2 = \sqrt{(\dfrac{p_y}{p_x})U_2} = \sqrt{(\dfrac{1}{3}) \times 18} = \sqrt{6}$

(ⅲ) 주어진 효용이 U_3일 경우 X재의 보상수요량: 그림의 X재의 보상수요곡선 h_3

$p_x = 1$에서: $x_{c1}^3 = \sqrt{(\dfrac{p_y}{p_x})U_3} = \sqrt{(\dfrac{1}{1}) \times 12} = 2\sqrt{3}$,

$p_x = 2$에서: $x_{c2}^3 = \sqrt{(\dfrac{p_y}{p_x})U_3} = \sqrt{(\dfrac{1}{2}) \times 12} = \sqrt{6}$,

$p_x = 3$에서: $x_{c3}^3 = \sqrt{(\dfrac{p_y}{p_x})U_3} = \sqrt{(\dfrac{1}{3}) \times 12} = 2$

를 얻는다.

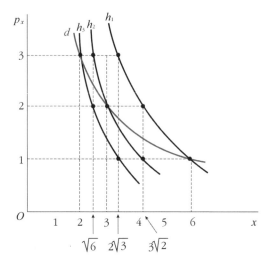

X재의 가격이 2에서 1로 하락할 경우 CV는 X재의 보상수요곡선 h_2에서의 보상
소비자잉여의 변화(보상소비자잉여의 변화를 간략히 $CCCS$로 부르자)로 나타나고 EV는
h_1에서의 $CCCS$로 나타난다. 같은 원리로 X재의 가격이 2에서 3으로 상승할 경우
CV는 h_2에서의 $CCCS$로 나타나고 EV는 h_3에서의 $CCCS$로 나타난다.

d. (ⅰ) 원래의 가격이 2가 아니라 1이나 3인 경우에도 앞서와 같은 원리로 생각할 수 있다.
즉 가격 변화 이전 원래의 효용에 대응하는 보상수요곡선을 기준으로 $CCCS$를 측
정하면 CV를 얻고 가격 변화 이후의 새로운 효용들에 대응하는 나머지 2개의 보상

수요곡선을 이용하여 $CCCS$를 측정하면 각각 그에 대응하는 EV를 얻는다.

(ii) X재의 가격이 2에서 1로 하락할 경우의 CV와 1에서 2로 상승할 경우의 EV는 모두 h_2로 측정되므로 같아진다. 특히 EV를 구할 때 새로운 효용은 변화 이후의 가격인 2에서 구하므로 h_2가 새로운 효용에 대응하는 보상수요곡선이라는 점에 주목하자. 같은 원리로 X재의 가격이 2에서 3으로 상승할 경우의 CV와 3에서 2로 하락할 경우의 EV는 모두 h_2로 측정되므로 같아진다.

제 7 장

부존소득모형: 노동공급과 저축·차입

7.1 부존소득모형 | 7.2 노동공급 | 7.3 저축과 차입

MICROECONOMICS

정상재일 경우 상품의 가격이 오르면 수요량은 반드시 줄어든다는 사실을 알았다. 이를 수요의 법칙이라고 하였다. 그런데 우리는 때때로 이 법칙에 어긋나는 것처럼 보이는 현상을 목격하곤 한다.[1]

예를 들어 과일의 가격이 오르면 보통의 소비자들은 과일을 덜 사먹는 것이 보통이지만 과수원 주인의 경우는 다르다. 과수원 주인의 경우 자신이 가지고 있는 과일의 가치가 증가한다. 그리하여 오히려 자신이 과일을 소비할 수 있는 능력이 커진다. 이 밖에도 여러 가지 예를 들 수 있다. 이번 장에서는 이러한 예들을 분석하는 데 유용하게 사용될 수 있는 방법을 소개한다. 나아가서 실제로 노동공급, 저축과 차입 등의 예를 분석해 본다. 부존소득모형은 이 예들 외에 이 책에서만도 19장 일반균형, 23장 불확실성 등의 분석에 적용되고 있다. 나아가서 이 책에서는 다루지 않았지만 국제무역을 분석하는 경우에도 적용된다.

무엇을 공부할 것인가

1. 부존점이 이동하는 경우 예산선은 어떻게 변하는가? 부존점은 변하지 않았는데 한 상품의 가격이 떨어진 경우 예산선은 어떻게 변하는가?

2. 어떤 한 상품의 가격이 변한다고 하자. 이때 소득이 화폐로 주어진 경우와 상품으로 주어진 경우 분석상 서로 어떠한 차이가 있는가?

3. 부존소득모형일 경우 수요함수의 특성은 어떠한가?

4. 판매자와 구매자에 따라 대체효과와 (총)소득효과가 어떻게 다르게 나타나는가?

5. 노동공급곡선이 후방굴절하는 이유는 무엇인가?

6. 대출공급곡선이 후방굴절하는 이유는 무엇인가? 그 원리는 노동공급곡선의 경우와 어떻게 비교되는가?

7. 차입수요곡선이 항상 우하향하는 이유는 무엇인가?

---

1 수요의 법칙에 어긋나는 예로서 기펜재를 들 수 있다. 그러나 앞으로 알게 되듯이 여기서의 논의는 그것과는 근본적으로 다르다.

부존소득모형

어떤 사람이 현재 돈을 빌려주고 있다고 하자. 이자율이 계속 떨어지면 어떠한 현상이 발생하겠는가? 거꾸로 이자율이 계속 올라가면 어떠한 현상이 발생하겠는가? 돈을 빌리는 사람의 경우에는 어떠한가? 이러한 유형의 질문에 체계적인 답변을 할 수 있도록 이론적인 뒷받침을 마련하는 것이 이번 절의 목표이다.

이번 장의 시두에서 든 과수원 주인의 예에서 주목할 점은 소득이 화폐로 주어지는 것이 아니라 상품으로 주어졌다는 것이다.

 부존소득(endowment income) 소득이 부존상품으로 주어졌을 때, 이를 시장가격으로 평가한 것

예컨대 사과 1개의 값이 1,000원일 경우 사과를 3만 개 생산한 과수원 주인의 부존소득은 3천만원($1,000 \times 30,000$)이다.

이처럼 소득이 상품으로 주어지는 경우에는 화폐로 주어지는 경우와 분석상 다소 차이가 있다. 소득이 화폐로 주어졌을 때에는 가격이 변화해도 화폐소득 자체는 변화하지 않는다. 그러나 소득이 상품으로 주어졌을 때에는 가격이 변화하면 상품의 가치가 변화하고 이에 따라 화폐소득이 변화하기 때문이다.

예를 들어 사과의 가격이 오를 경우 소득을 화폐로 가지고 있는 사람의 화폐소득 자체는 변화하지 않는다. 반면에 앞서 예로 든 과수원 주인은 화폐 대신 사과를 가지고 있기 때문에 사과의 가격이 오를 때 오히려 그의 화폐소득이 증가한다. 예컨대 사과의 가격이 1,000원에서 2,000원으로 오른다고 하자. 그러면 그가 가지고 있는 사과의 수량이 변하지 않더라도 그의 화폐소득은 2배가 된다.

7.1.1 예산선과 최적선택

이와 같은 상황에서 쌀과 고기를 가지고 있는 농민을 생각해 보자. 그는 자신이 가지고 있는 쌀을 일부 팔아 고기를 살 수도 있다. 거꾸로 고기를 팔아 쌀을 살 수도 있다. 최종 선택은 그의 선호와 최초에 가지고 있는 쌀과 고기의 양, 그리고 그 가격에 따라 달라진다. 이러한 상황에 대해 좀더 원리적으로 분석해 보자. 이 농민이 쌀을 ω_x만큼 가지고 있고 고기를 ω_y만큼 가지고 있다고 하자. 그리고 그 가격은 각각 p_x, p_y라고 하자. 그러면 그의 부존소득은 $p_x\omega_x + p_y\omega_y$가 된다. 이때 쌀의 수요량을 x, 고기의 수요량을 y, 화폐소득을 M으로

나타내자. 그러면 이 농민의 최적선택 문제는

$$\underset{x,\,y}{\text{Max}}\ U(x,\,y)$$
$$s.t.\ \ p_x x + p_y y = M$$
$$M = p_x \omega_x + p_y \omega_y \tag{7.1}$$

와 같이 쓸 수 있다. (1) 첫 번째 제약식은 지금까지 보아 온 예산제약식과 다를 바가 없다. (2) 두 번째 제약식은 부존소득이 M원임을 보여준다. 그런데 이 부존소득이 첫 번째 제약식에 들어가 있는 점에 주목하자. 이것은 두 상품을 구입하는 데 지출하는 금액은 부존소득과 같아야 한다는 것을 말한다.

일반적인 최적선택 문제의 경우와 같이 이 문제를 예산선과 무차별곡선을 이용하여 분석해 보자. 먼저 예산선에 대해서 생각해 보기로 하자. 이를 위해서 문제 (7.1)의 두 번째 제약식을 첫 번째 제약식에 대입하여

$$p_x x + p_y y = p_x \omega_x + p_y \omega_y \tag{7.2}$$

그림 7-1 **부존소득하의 예산선과 최적선택**

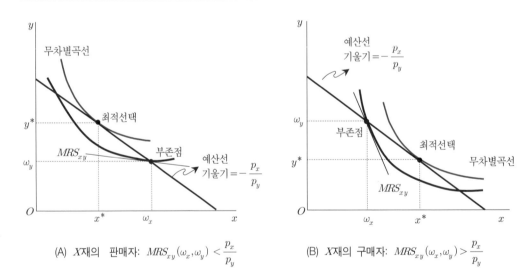

(A) X재의 판매자: $MRS_{xy}(\omega_x, \omega_y) < \dfrac{p_x}{p_y}$

(B) X재의 구매자: $MRS_{xy}(\omega_x, \omega_y) > \dfrac{p_x}{p_y}$

부존소득모형에서 예산선은 반드시 부존점을 통과한다. $MRS_{xy}(\omega_x, \omega_y) < \dfrac{p_x}{p_y}$일 경우 개인은 X재의 판매자가 되고 $MRS_{xy}(\omega_x, \omega_y) > \dfrac{p_x}{p_y}$일 경우 X재의 구매자가 된다.

와 같이 써 보자. 그러면 그 의미가 보다 분명하게 드러난다. 여기서 우선 주목할 것이 있다. (1) 즉 소득이 **부존상품**으로 주어진 경우에는 부존상품의 묶음을 나타내는 **부존점** (endowment point)은 상품의 가격에 관계없이 항상 선택할 수 있다는 것이다. 그래서 예산선은 반드시 이 부존점을 통과한다는 것이다. 즉 $x = \omega_x$, $y = \omega_y$일 때에는 상품의 가격에 관계없이 위의 예산제약식이 만족된다는 것이다. (2) 이처럼 예산선이 항상 부존점을 지나기 때문에 부존점이 주어진 상태에서는 가격 비율 $\frac{p_x}{p_y}$, 즉 **상대가격**만 주어지면 예산선이 정해진다. 이때 물론 상대가격이 주어지면 부존소득이 정해진다. 한편 부존소득모형에서는 두 상품의 가격이 모두 λ배가 되면 부존소득도 λ배가 되기 때문에 두 상품의 가격이 모두 λ배가 되더라도 사실상 예산선이 변하지 않으므로 절대가격은 의미가 없고 상대가격만 의미가 있다(7.1.4 참조). (3) 이때 최적선택은 [그림 7−1]과 같이 그러한 예산선과 무차별곡선이 접하는 곳에서 이루어진다. 이때 소비자들은 자신들의 부존점의 위치, 선호, 상대가격에 따라 X재의 판매자가 되기도 하고 구매자가 되기도 한다.

7.1.2 판매자와 구매자

$MRS_{xy}(\omega_x, \omega_y)$는 부존점 (ω_x, ω_y)에서 평가한 MRS_{xy}이다. 이때

(1) $MRS_{xy}(\omega_x, \omega_y) < \dfrac{p_x}{p_y}$일 경우 X재의 판매자: [그림 7−1(A)]에서 소비자가 선택한 x^*는 자신의 X재 부존량인 ω_x보다 적고 y^*는 Y재의 부존량인 ω_y보다 많다. 그러므로 X재를 판매하여 Y재를 구매하는 경우에 해당한다. 한편 예산제약식을 만족시키려면 X재 판매로부터 얻은 금액은 Y재 구매에 사용해야 하므로 이처럼 X재 판매자는 Y재 구매자가 된다.

X재 판매자가 되는 배경을 살펴보자. 그림처럼 $MRS_{xy}(\omega_x, \omega_y) < \dfrac{p_x}{p_y}$인 것은 (ω_x, ω_y)에서 평가할 때 'X재의 한계편익 $<$ X재의 한계비용'임을 의미한다. 그러므로 이 경우 이 소비자는 (ω_x, ω_y)에서 X재 수요량을 감소시킬 것이다. 그 결과 $x^* < \omega_x$가 성립하며 X재의 판매자가 된다. 따라서 X재의 판매자가 될 조건은 $MRS_{xy}(\omega_x, \omega_y) < \dfrac{p_x}{p_y}$이다. 이때 물론 $y^* > \omega_y$이며 이 소비자는 Y재의 구매자가 된다.

(2) $MRS_{xy}(\omega_x, \omega_y) > \dfrac{p_x}{p_y}$일 경우 X재의 구매자: [그림 7−1(B)]처럼 무차별곡선이 부존점의 오른쪽에서 예산선과 접할 경우에는 반대의 결과가 성립한다. 그림처럼 MRS_{xy}

$(\omega_x, \omega_y) > \dfrac{p_x}{p_y}$ 인 것은 (ω_x, ω_y) 에서 평가할 때 'X재의 한계편익 $>$ X재의 한계비용'임을 의미한다. 그러므로 이 경우 이 소비자는 (ω_x, ω_y) 에서 X재 수요량을 증가시킬 것이다. 그 결과 $x^* > \omega_x$ 가 성립하며 X재의 구매자가 된다. 따라서 X재의 구매자가 될 조건은 $MRS_{xy}(\omega_x, \omega_y) > \dfrac{p_x}{p_y}$ 이다. 이때 물론 $y^* < \omega_y$ 이며 이 소비자는 Y재의 판매자가 된다.

(3) $MRS_{xy}(\omega_x, \omega_y) = \dfrac{p_x}{p_y}$ 일 경우 자급자족: 그림을 그리지는 않았지만 무차별곡선이 부존점에서 예산선과 접하며 자급자족하는 경우이다.

7.1.3 총수요와 순수요

(1) 엄밀한 구분이 필요할 경우 소비자가 선택한 최종수요량을 **총수요**(gross demand)라고 하고 총수요에서 최초부존량을 빼 준 값을 **순수요**(net demand)라고 한다. [그림 7−1(A)]에서 X재의 경우 총수요는 x^* 이고 순수요는 $(x^* - \omega_x)$ 로서 음이다. (2) 한편 혼동의 우려가 없어 접두어 없이 그냥 수요라고 할 경우 그것은 총수요를 지칭한다. (3) 또한 X재의 순수요 $(x^* - \omega_x)$ 가 음일 경우 굳이 구분해서 부르려면 그 부호를 바꾸어서 $(\omega_x - x^*)$ 로 쓰고 X재의 **순공급**(net supply)이라고 부른다. (4) [그림 7−1(B)]처럼 무차별곡선이 부존점의 오른쪽에서 예산선과 접한다면 당연한 말이지만 X재의 순수요가 양이 된다.

7.1.4 예산선의 변화

(1) 상대가격이 그대로인 채 부존점이 이동하면 새로운 예산선은 새로운 부존점을 통과하면서 원래의 예산선에 평행하게 그려진다. 이것이 [그림 7−2(A)]에 나타나 있다.

(2) 부존점은 그대로인 채 X재의 가격이 떨어지는 경우를 생각해 보자. 어떤 경우이든지 예산선은 반드시 부존점을 통과해야 한다. 그러므로 이때 예산선은 부존점을 통과하되 그 점을 중심으로 시계 반대 방향으로 회전한다. 이것이 [그림 7−2(B)]에 나타나 있다.[2]

(3) 부존점은 그대로인 채 X재의 가격이 올라가는 경우에는, 예산선이 부존점을 통과하되 그 점을 중심으로 시계 방향으로 회전한다.

(4) (i) 부존소득모형에서는 두 상품의 가격이 모두 λ 배가 되면 부존소득도 λ 배가 되기

---

2 기울기가 완만해지는 이유는 X재의 가격이 떨어질 경우 X재의 상대가격이 떨어지기 때문이다. 상세한 내용은 7.1.5 참조

때문에 두 상품의 가격이 모두 λ배가 되더라도 사실상 예산선이 변하지 않으며 따라서 최적선택도 변하지 않는다. 두 상품의 가격이 모두 λ배가 되더라도 예산선이 변하지 않는다는 것은 식 (7.2)에서 두 상품의 가격을 모두 λ배 하면 $\lambda p_x x + \lambda p_y y = \lambda p_x \omega_x + \lambda p_y \omega_y$가 되는데 이 식의 양변을 λ로 나누어보면 식 (7.2)가 된다는 사실로부터 확인할 수 있다.

(ii) 한편 가격이 모두 λ배가 되더라도 최적선택이 변하지 않는다는 것은 부존소득모형에서는 수요함수가 가격에 대해 0차 **동차**라는 사실을 말한다(0차 동차에 대해서는 4.4 각주 참조). 즉

$$x(\lambda p_x, \lambda p_y, \lambda p_x \omega_x + \lambda p_y \omega_y) = x(p_x, p_y, p_x \omega_x + p_y \omega_y)$$
$$y(\lambda p_x, \lambda p_y, \lambda p_x \omega_x + \lambda p_y \omega_y) = y(p_x, p_y, p_x \omega_x + p_y \omega_y)$$

이다. 이 사실은 소득이 화폐로 주어졌을 경우에는 수요함수가 가격과 소득에 대해 0차 동차인 점과 대조된다. 즉 소득이 화폐로 주어졌을 경우에는 두 상품의 가격과 소득이 함께 같은 배수로 변해야 예산선이 변하지 않지만, 소득이 상품으로 주어진 부존소득모형에서는 두 상품의 가격이 같은 배수로 변하기만 하면 부존소득도 자동적으로 그와 같은 배수로 변하기 때문에 예산선이 변하지 않는다는 것이다.

(iii) 결과적으로 부존소득모형에서는 절대가격은 의미가 없고 상대가격만 의미가 있다.

그림 7-2 **예산선의 변화**

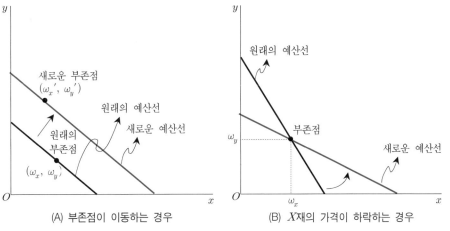

(A) 부존점이 이동하는 경우 (B) X재의 가격이 하락하는 경우

부존점이 이동할 경우 예산선은 평행이동한다. 상품의 가격이 바뀔 경우 예산선은 부존점을 중심으로 회전한다.

7.1.5 가격변화의 효과: 비교정학

이제 X재의 가격이 변화할 때 그것이 수요량에 어떠한 영향을 미치는가를 살펴보자. 이를 위해서는 가격변화가 예산선에 미치는 영향을 세분화해 볼 필요가 있다. 예를 들어 X재의 가격이 p_x에서 $p_x{}'$로 떨어졌다고 하자. 물론 이때 예산선의 변화는 종합적으로 나타나는 것이지만 편의상 2단계로 나누어서 생각해 보자.

(1) 먼저 문제 (7.1)의 첫 번째 예산제약식에만 주목하자. 가격하락은 이 예산제약식에 영향을 준다. 즉 $p_x x + p_y y = M$이 $p_x{}' x + p_y y = M$으로 바뀐다. 그리고 그것은 [그림 7-3]에서 원래의 예산선이 세로축 절편을 중심으로 시계반대방향으로 회전하는 것(①)으로 나타난다. 점선으로 나타난 예산선이 그것을 말해 주고 있다. 이 경우 가격효과는 대체효과와 소득효과로 나눌 수 있다. 이때 소득효과는 6장에서와 같이 화폐소득이 일정한 상태에서 가격이 변화하여 실질소득이 변했기 때문에 생긴 것이다. 이것을 다음에 나오는 부존소득효과와 구분하여 **보통소득효과**(ordinary income effect)라고 한다. 소득효과를 보통소득효과로 부른 것 이외에는 소득이 화폐로 주어진 경우와 다를 바가 없다. 그 결과 정상재의 경우 대체효과와 소득효과가 모두 가격과 반대 방향으로 작용한다.

그림 7-3 **부존상품 가격변화의 효과**

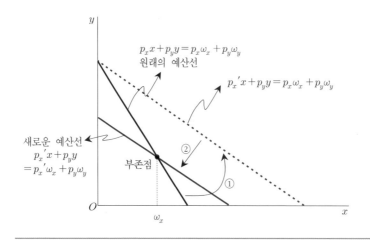

$$p_x x + p_y y = p_x \omega_x + p_y \omega_y$$
원래의 예산선

$$p_x{}' x + p_y y = p_x \omega_x + p_y \omega_y$$

새로운 예산선
$$p_x{}' x + p_y y = p_x{}' \omega_x + p_y \omega_y$$

부존점

부존소득모형에서 가격이 변할 경우 보통소득효과 외에 부존소득효과가 발생한다.

---

(2) X재의 가격이 하락하면 하락한 새로운 가격으로 평가한 X재의 가치가 감소한다. 그리고 그에 따라 부존소득이 $p_x{}' \omega_x + p_y \omega_y$로 감소한다. 이 경우 문제 (7.1)에 있는 두 번째 예산제약식에서 M이 작아진다. M이 작아지면 첫 번째 예산제약식에 비추어 볼 때 예산선

이 안쪽으로 평행이동한다. 그 결과가 [그림 7-3]에서 점선의 예산선이 안쪽으로 평행이동한 것(②)으로 나타나 있다. 이처럼 가격이 변화하면 부존상품의 가치가 변화하고 그에 따라 화폐소득이 변화한다. 이러한 변화도 역시 수요량에 영향을 미치는데 이것을 부존소득효과라고 한다.

> **부존소득효과**(endowment income effect) 가격이 변화하면 부존상품의 가치가 변화하는데 그로 인한 수요량의 변화

이러한 부존소득효과와 앞서 말한 보통소득효과를 합한 것을 **총소득효과**라고 하자. 혼동이 없는 한, 부존소득모형에서 총소득효과를 줄여서 소득효과라고 불러도 좋다.

(1) 부존상품의 가치가 변화하면 화폐소득이 변화하는데 그로 인해 예산선은 다시 부존점을 통과하는 위치로 이동한다.

(2) 부존상품의 가치가 변화하는 방향은 가격이 변화하는 방향과 같기 때문에 정상재의 경우 부존소득효과는 가격과 같은 방향으로 움직인다. 이것은 보통소득효과가 가격과 다른 방향으로 작용하는 것과 대조된다.

7.1.6 소득효과 파악

가격이 변화할 때 (총)소득효과를 파악하려면 예산집합이 커지는가 작아지는가에 주목하면 된다. 예를 들어 X재의 가격이 하락할 경우에 대해서 생각해 보자.

(1) X재 판매자의 경우 [그림 7-3]의 부존점의 왼쪽에 나타나 있듯이 예산집합이 작아진다. 결과만 본다면 4장에서처럼 소득이 화폐로 주어진 상태에서 X재의 가격이 하락할 경우 예산집합이 커졌던 것과 대조된다. 이처럼 예산집합이 작아지는 이유는 X재 판매자에게는 부존량 w_x가 수요량 x보다 항상 많기 때문에 가격 하락이 부존상품의 가치(부존소득)를 감소시키는 효과가 부존소득의 구매력을 증가시키는 효과보다 크기 때문이다. 예산집합이 작아졌기 때문에 X재가 정상재(열등재)라면 소득효과는 X재의 수요량을 감소(증가)시키는 방향으로 작용한다(이 경우 '부존소득효과>보통소득효과'이다).

(2) X재 구매자의 경우 부존점의 오른쪽에 나타나 있듯이 예산집합이 커진다. 결과만 본다면 4장에서처럼 소득이 화폐로 주어진 상태에서 가격이 하락할 경우 예산집합이 커졌던 것과 같다. 부존량 w_x가 수요량 x보다 항상 적기 때문에 (1)과 반대의 상황이 적용된 결과이다. 예산집합이 커졌기 때문에 X재가 정상재(열등재)라면 소득효과는 X재의 수요량을 증가(감소)시키는 방향으로 작용한다(이 경우 '부존소득효과<보통소득효과'이다).

7.1.7 가격효과: 요약

가격효과에 대해 정리해 보자. 부존소득모형에서도 대체효과는 정상재 여부에 관계없이 항상 가격과 수요량이 반대 방향으로 움직이도록 작용한다.

> 핵심사항은 X재가 정상재일 경우 X재 판매자에게는 가격이 변화할 때 부존소득모형에서의 소득효과는 소득이 화폐로 주어졌을 경우의 소득효과와 반대 방향으로 나타난다는 것이다.

이 점에 유의해서 정리해 보면 다음과 같다.

(1) X재가 정상재일 경우

(1) 가격이 변화할 때 일반적으로 X재 판매자에게는 X재에 대한 대체효과와 소득효과가 반대 방향으로 나타난다. 그러므로 가격효과의 방향은 대체효과와 소득효과 중 어느 것이 큰가에 따라 달라진다. (2) 반면에 X재 구매자에게는 X재에 대한 대체효과와 소득효과가 같은 방향으로 나타난다. 그러므로 가격효과는 가격과 반대방향으로 나타난다.

(2) X재가 열등재일 경우

(1) 가격이 변화할 때 일반적으로 X재 판매자에게는 X재에 대한 대체효과와 소득효과가 같은 방향으로 나타난다. 그러므로 가격효과는 가격과 반대방향으로 나타난다. (2) 반면에 X재 구매자에게는 X재에 대한 대체효과와 소득효과가 반대 방향으로 나타난다. 그러므로 가격효과의 방향은 대체효과와 소득효과 중 어느 것이 큰가에 따라 달라진다.

7.1.8 특이한 경우

판매자의 경우처럼 대체효과와 소득효과가 반대 방향으로 작용할 때 특이한 현상이 나타날 수 있다. 7.2-7.3에서 다룰 내용과의 연계를 위해 가격이 상승할 경우를 살펴보자.

판매자의 경우 X재가 정상재인 상황에서 X재의 가격이 상승(하락)할 때 소득효과가 대체효과보다 크면 X재의 수요량이 증가(감소)한다. 가격이 상승(하락)하는데 수요량이 증가(감소)하는 '특이한' 현상이 나타나는 것이다. 그 결과 가격이 상승(하락)하는데 판매량[순공급]이 감소(증가)하는 '특이한' 현상이 나타난다. X재 가격 상승시의 이러한 현상이 [그림 7-4]에 나타나 있다.

| 그림 7-4 | 가격 상승시 판매량(순공급)이 감소하는 경우: 정상재이면서 '소득효과 > 대체효과'일 경우 |

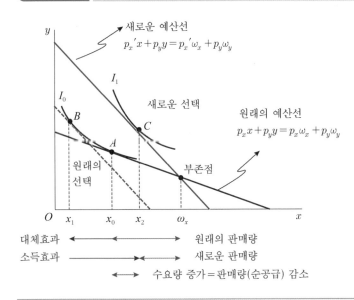

부존소득모형에서 판매자의 경우 X재가 정상재인 상황에서 p_x가 상승할 때 소득효과가 대체효과보다 크면 X재의 수요량이 증가한다. 즉 가격이 상승하는데 수요량이 증가하는 '특이한' 현상이 나타난다. 그 결과 가격이 상승하는데 X재 판매량(순공급)이 감소하는 '특이한' 현상이 나타난다.

p_x가 $p_x{}'$로 상승하여 예산선이 부존점을 중심으로 시계방향으로 회전한 상태이다. 그로 인해 점 A에서 점 C로 최적선택이 바뀌었다. (1) 대체효과를 살펴보기 위해 새로운 예산선에 평행하면서 원래의 무차별곡선에 접하도록 조정된 예산선을 점선으로 나타냈다. 이때 동일한 원래의 무차별곡선 I_0상의 점 A에서 점 B로 이동한 것이 대체효과를 반영한다. 즉 p_x의 상승으로 인해 X재 수요량을 줄이고 그것을 Y재 수요량으로 대체한 대체효과를 반영한다. 이러한 대체효과는 X재 수요량이 x_0에서 x_1으로 감소한 것으로 나타난다. 대체효과는 이처럼 항상 가격과 반대 방향으로 움직인다. (2) 한편 p_x의 상승으로 인해 판매자의 예산집합이 커졌다. 그러므로 이때 소득효과는 X재가 정상재일 경우 X재 수요량이 증가하는 것으로 나타난다. 그것이 점 B에서 점 C로의 이동에 반영되어 소득효과는 X재 수요량이 x_1에서 x_2로 증가한 것으로 나타나 있다. 소득효과가 대체효과와 반대 방향으로 나타났다. 정상재일 경우 판매자에게는 이처럼 대체효과와 소득효과가 반대 방향으로 나타난다.

그런데 [그림 7-4]처럼 소득효과가 대체효과보다 클 경우 특이한 현상이 나타난다. (1) 이 경우 가격이 상승했는데도 가격효과가 수요량이 $(x_2 - x_0)$만큼 증가한 것으로 나타난다는 것이다. (2) 이때 수요량 증가로 인해 가격이 상승했음에도 불구하고 (부존량 w_x에서 수요량을 차감한) X재 판매량(순공급)이 $(x_2 - x_0)$만큼 감소한 것으로 나타난다. 이러한 현상은 앞으로 배울 노동공급곡선과 저축공급곡선이 후방굴절하는 현상과 그 원리가 같다.

물론 정상재이더라도 소득효과가 대체효과보다 작으면 가격이 상승할 때 수요량이 감소하고 따라서 판매량이 증가한다.

X재가 열등재일 경우에는 판매자에게는 소득효과가 대체효과와 오히려 같은 방향으로 작용하므로 '특이한' 현상이 나타나지 않는다. 즉 가격이 '상승(하락)'할 때 수요량이 '감소(증가)'하고 따라서 판매량이 '증가(감소)'한다.

예제 7.1 **부존소득모형**

어떤 사람이 쌀 100단위와 옷감 50단위를 가지고 있다고 하자. 쌀의 가격은 5만원이며 옷감은 10만원이라고 하자. 이 사람이 처음에 쌀을 80단위만 소비하고 나머지는 팔아서 옷감을 구입했다고 한다.

a. 예산선, 부존점, 그리고 최초에 선택한 상품묶음을 그리시오.
b. 쌀의 가격이 25,000원으로 하락했다고 한다. 이때에도 이 사람이 계속 쌀을 판매한다면 효용은 이전과 비교하여 어떠하겠는가?
c. 쌀의 가격이 떨어진 후 쌀을 판매하는 대신 반대로 구입한다면 효용은 원래의 수준과 비교하여 어떠하겠는가?
d. 쌀의 가격이 하락했음에도 보통의 경우와는 달리 효용이 반드시 높아진다고 장담할 수 없는 이유를 말하시오.

KEY 부존소득모형에서 예산선은 항상 부존점을 지난다. 가격이 변할 경우 예산선은 부존점을 중심으로 회전하지만 여전히 부존점을 지난다. 가격이 변할 경우 효용이 어떻게 되는지 소득이 화폐로 주어진 경우와 비교하여 익혀 두자.

풀이 쌀의 수요량을 x, 옷감의 수요량을 y로 놓자.

a. 소득이 화폐가 아닌 상품으로 주어져 있다. 그러므로 부존소득모형이다. 예산제약식은 $5x + 10y = (5)(100) + (10)(50)$이고 부존점은 $(100, 50)$이다. 한편 최초에 쌀을 80단위 소비하고 나머지 20단위는 팔았다고 하였다. 쌀 20단위는 100만원에 해당한다. 그러므로 가격이 10만원인 옷감을 10단위 구입했다고 볼 수 있다. 그러므로 최초에 선택한 상품묶음은 $(80, 60)$이다.

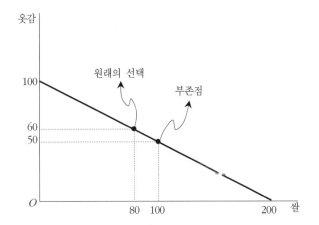

b. 예산제약식은 $2.5x + 10y = (2.5)(100) + (10)(50) = 750$이 된다. 소득이 상품으로 주어졌을 경우에는 가격이 변하더라도 예산선은 항상 최초 부존점을 통과한다. 다만 기울기가 달라질 뿐이다. 이 새로운 예산선도 부존점을 통과하고 있다는 사실에 주목하자. 이제 예산선을 관찰해 보자. 이처럼 쌀의 가격이 떨어졌는 데도 계속 쌀을 판매한다는 것은 무엇을 의미하는가? 그것은 쌀의 가격이 떨어지기 이전에 선택할 수 있었는데 선택하지 않았던 상품묶음을 쌀의 가격이 떨어진 이후에 선택한다는 것을 의미한다. 그런데 이전에 선택할 수 있었는데 선택하지 않았다는 사실은 원래 선택한 점 Q_0가 쌀의 가격이 떨어진 이후 새롭게 선택한 점 Q_1보다 나은 점이라는 것을 의미한다. 다시 말하면 원래 선택한 점 Q_0가 새롭게 선택한 점 Q_1에 대해 현시선호된 점이라는 것이다. 이제 현시선호의 약공리에 의하면 이러한 선호순서는 뒤바뀔 수 없다. 이렇게 볼 때 가격이 하락한 이후에는 덜 선호하던 점을 선택하게 된 셈이므로 효용수준이 낮아진 것이다.

수식으로 보면, $P_0 \cdot Q_0 > P_0 \cdot Q_1$이면서 $P_1 \cdot Q_0 > P_1 \cdot Q_1$인 경우이다. 즉 Q_0가 Q_1에 대해 현시선호된 경우이다. 그러므로 가격 하락 이후 효용수준이 낮아진 것이다. 한

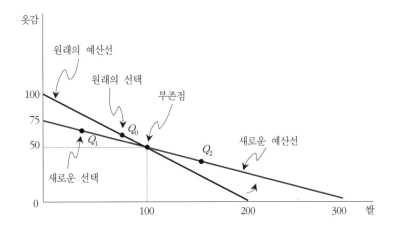

편 이 경우 수량지수를 구해보면, 라스파이레스 수량지수와 파셰 수량지수가 모두 1보다 작다는 것을 알 수 있다(5장의 [그림 5-6(A)]에 해당한다).

c. 새로운 예산선에서 쌀을 구입하는 것을 나타내는 점 Q_2는 원래의 예산선 밖에 있는 점이다. 즉 원래의 예산집합 밖에 있는 점이라는 것이다. 다시 말해서 원래 가격에서는 선택할 수 없었던 점이라는 것이다. 보다 구체적으로 말하면, $P_0 \cdot Q_2 > P_0 \cdot Q_0$이면서 $P_2 \cdot Q_0 > P_2 \cdot Q_2$이다. 즉 P_0하에서는 Q_2를 선택할 수 없었고 P_2하에서는 Q_0를 선택할 수 없었다. 그러므로 두 상태에서의 효용을 비교할 수 없다. 5장의 [그림 5-8]에 해당한다. 선택가능한 상품묶음들을 대상으로만 선호순서를 말할 수 있다는 점을 상기하자.

d. 소득이 화폐소득으로 주어진 경우에는 상품의 가격이 하락하면 주어진 화폐소득의 구매력이 증가하여 효용이 증가한다. 그러나 최초에 소득이 상품으로 주어지는 경우에는 상황이 다르다. 이 문제에서처럼 쌀의 가격이 하락하면 가지고 있는 쌀의 가치가 감소하여 부존소득이 감소한다. 반면에 쌀의 가격이 하락하면 주어진 부존소득의 구매력이 증가한다. 쌀의 가격이 하락할 때 이러한 두 효과를 합하여 최종적으로 구매력이 증가하는지 감소하는지는 소비자가 쌀의 구매자인가 아니면 판매자인가에 따라 달라진다. 이것이 바로 쌀의 가격이 하락했는 데도 효용수준이 반드시 높아진다고 장담할 수 없는 이유이다.

보다 구체적으로 살펴보자. 처음에 쌀의 판매자였던 소비자가 쌀의 가격이 하락하더라도 여전히 판매자로 남아있는 경우에는 가지고 있는 쌀의 가치가 감소하는 효과(부존소득효과와 관련)가 부존소득의 구매력을 증가시키는 효과(보통소득효과와 관련)를 압도하여 이전에 비해 효용이 감소한다.

한편 쌀의 가격이 하락하기 이전에 쌀의 구매자였던 소비자의 경우에는 쌀의 가격하락이 부존소득의 구매력을 증가시키는 효과(보통소득효과와 관련)가 부존상품의 가치를 감소시키는 효과(부존소득효과와 관련)를 압도하여 이전에 비해 효용이 증가한다. 그러나 쌀의 가격이 하락하기 이전에 쌀의 판매자였던 소비자가 구매자로 바뀌는 경우에는 쌀의 가격이 하락하기 이전에 비해 효용이 감소하는지 증가하는지 선험적으로는 알 수 없다.

7.2 노동공급

부존소득의 개념을 적용하여 노동공급에 대해 보다 심층적으로 분석하고자 한다. 임금률이 상승함에 따라 개인이 노동공급을 늘리는 것이 보통이다. 그러나 임금률이 어느 수준 이상으로 상승하면 노동공급을 오히려 줄일 수도 있다. 이러한 현상을 체계적으로 설명할 수 있다는 점이 부존소득 개념을 이용한 분석의 장점이다.

7.2.1 소비자의 선택 문제와 예산선

누구에게나 활용할 수 있는 시간이 하루 24시간으로 일정하게 주어져 있다. 따라서 이 시간을 모두 일만 하며 보낼 수는 없다. 그 때문에 몇 시간 일해서 돈을 얼마나 벌고, 몇 시간을 여가로 보낼 것인가를 선택해야 한다. 앞으로 분석의 편의상 일하는 데 쓰는 시간 이외의 시간을 여가라고 하자.

여기서 일하는 것은 비효용을 수반하지만 돈을 벌기 위해서는 어쩔 수 없이 감수해야 하는 것으로 생각한다. 이러한 상황에서는 자연히 시간당 보수, 즉 임금률은 개인이 얼마나 일할 것인가를 선택하는 데 영향을 미칠 것이다. 특히 이러한 임금률에 따라 개인이 애초에 가지고 있던 시간의 부존가치가 정해진다. 또한 임금률이 변화하면 개인이 가지고 있는 이러한 시간의 부존가치도 변화한다. 이러한 측면에서 볼 때 우리가 앞서 배운 부존소득효과를 포함하고 있는 모형은 노동공급과 관련한 개인의 선택행위를 분석하는 데 꼭 알맞은 모형이다.

이제 노동공급과 관련된 개인의 선택 문제를 분석해 보자. 이를 위해 소비자가 직면하고 있는 문제를 구체화해 보자. 그는 자신에게 주어진 시간의 가치를 부존소득으로 간주한다. 그리고 이 부존소득을 여가와 상품을 구입하는 데 적절히 배분하여 사용한다. 물론 그의 효용은 여가와 상품 소비량이 많을수록 증가한다. 여가를 R, 주어진 총시간을 $\overline{R}$, 상품을 C로 표기하자. 임금률을 w라 하고 상품의 가격 p_c를 편의상 1이라고 하자. 말하자면 상품 C를 복합재로 보자는 것이다.

이 경우 소비자는 부존소득으로 여가와 상품을 구입하는 것으로 볼 수 있다. 이러한 측면에서 소비자의 선택 문제를 문제 (7.1)의 형태로 쓰면

$$\underset{R,\,C}{\text{Max}}\ U(R,\ C)$$
$$s.t.\ \ wR + C = M$$
$$M = w\overline{R} \tag{7.3}$$

가 된다. 여가를 한 단위 소비하려면 노동공급을 한 단위 감소시켜야 한다. 그런데 이때 그에 상응하는 임금을 포기해야 하므로 여가의 가격을 w로 볼 수 있다.

위 문제의 두 번째 예산제약식은 부존소득이 자신에게 주어진 시간의 가치로 정해지고 있다는 것을 보여준다. 첫 번째 예산제약식은 이렇게 정해지는 부존소득을 여가와 상품을 구입하는 데 사용하고 있다는 것을 보여준다. 문제 (7.3)의 두 제약식은 이러한 사실을 강조하기 위한 것이고 보통의 분석에서는 두 제약식을 하나로 묶어서 $wR + C = w\overline{R}$의 형태로 사용한다.[3]

---

3 약간 관점을 달리하여 보면 노동공급량을 L이라 할 때 이로부터 얻은 소득과 상품을 구입하는 데 지출한 금액이

7.2.2 노동공급곡선의 도출

이제 예산선의 특성에 대해서 살펴보기로 하자. (1) 즐길 수 있는 최대의 여가 시간은 자신에게 주어진 총시간과 같다. 그 크기는 [그림 7-5(A)]의 가로축 절편으로 나타나 있다. (2) p_c=1로 놓고 있으므로 예산선 기울기의 절대값은 임금률과 같아진다. (3) 이때 최대로 구입할 수 있는 상품의 양은 자신에게 주어진 총시간의 가치와 같아진다. 그리고 그 크기는 세로축의 절편으로 나타나 있다. (4) p_c=1로 놓고 있으므로 개인이 구입하는 상품의 양은 그가 노동공급을 통해 벌어들인 소득과 같다(각주 3 참조).

이제 여가와 상품 사이의 선호순서를 나타내는 무차별곡선을 이용하자. 그러면 임금률이 w_0일 때 개인의 효용극대화는

$$MRS_{RC} = w_0 (= \text{예산선 기울기의 절대값})$$

가 성립하는 E_0에서 달성된다. 이때 노동공급은 자신에게 주어진 총시간에서 여가로 보낸 시간을 빼 준 값이다. 그러므로 노동공급은 L_0로 정해진다.

한편 임금률이 상승할 경우 예산선은 $\overline{R}$를 축으로 시계 방향으로 회전한다.

> 노동공급자는 (노동)시간의 판매자로서 (7.1.2)에서 다룬 X재 판매자에 대응된다.

그 결과 여가의 가격이 상승하는데 예산집합이 커지고 있다. 4장에서처럼 소득이 현금으로 주어진 상태에서 가격이 상승할 경우 예산집합이 작아졌던 사실과 대조된다.

이러한 상황에서 임금률이 w_0에서 w_1으로 상승할 경우 노동공급은 L_0에서 L_1으로 증가한다. 그러나 임금률이 w_1 이상으로 계속 상승할 경우 노동공급은 오히려 감소하게 된다. 예를 들어 임금률이 w_1에서 w_2로 상승할 경우 노동공급은 오히려 L_1에서 L_2로 감소한다. 그 결과 노동공급곡선은 [그림 7-5(B)]와 같이 **후방굴절**(backward bending)하게 된다. 이러한 결과를 보통의 경우처럼 노동을 나타내는 축의 방향을 바꾸어 그려보자. 그러면 [그림 7-5(C)]와 같이 후방굴절하는 전형적인 노동공급곡선을 얻는다. 한편 이 경우는 여가가 정상재일 경우이다. 여가가 열등재일 경우는 노동공급곡선이 우상향한다. 이에 대해서는 7.2.4에서 다룬다.

같아야 한다. 그러므로 $C=wL$이 성립해야 한다. 그런데 정의상 $L=\overline{R}-R$이므로 $C=w(\overline{R}-R)$이 성립한다. 이 결과는 두 제약식을 하나로 묶은 것과 같다.

그림 7-5 | **노동공급곡선**

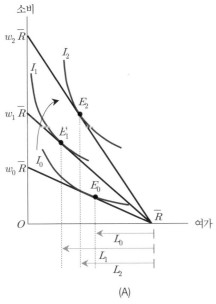

노동공급의 경우 대체효과와 소득효과는 반대 방향으로 삭봉한다. 대제효과가 소득효과보다 클 때에는 노동공급곡선이 우상향한다. 소득효과가 대체효과보다 커지면서부터는 노동공급곡선이 후방굴절한다.

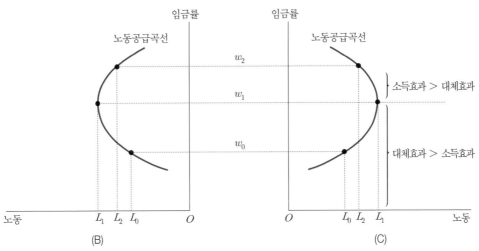

7.2.3 노동공급곡선이 후방굴절하는 이유

주어진 시간에서 여가 시간을 제외한 나머지가 노동 시간이다. 이 점에 착안하면 여가 수요량을 알 경우 노동공급을 알 수 있다. 이러한 사실에 비추어 이제부터 분석의 편의상 여가 수요량을 기준으로 살펴보기로 하자. 여가를 즐긴다는 것은 그만큼 임금소득을 벌어들일 기회를 포기하는 것을 의미한다. 이러한 측면에서 임금률이 오르는 것은 여가를 즐기는 데 드는 기회비용이 증가하는 것을 의미한다. 예를 들어 시간당 임금률이 10,000원일 경우 한 시간의 여가를 즐기기 위해서는 10,000원을 포기해야 한다. 그러나 임금률이 20,000원일 경우에는 20,000원을 포기해야 하는 것이다.

이 점을 염두에 두고 여가가 정상재일 경우 임금률이 오를 때에 대해 결과를 정리해 보면 다음과 같다.

(1) 여가의 기회비용이 커지므로 대체효과는 여가소비를 줄이는 방향으로 나타난다. 임금률이 오를 때 예산집합이 커지므로 여가가 정상재일 경우 소득효과는 여가소비를 늘리는 방향으로 나타난다.[4] 결국 여가가 정상재일 경우 대체효과와 소득효과가 반대 방향으로 나타난다. 임금률을 X재의 가격, 노동공급을 X재판매로 보면 7.1.7의 내용이 여기에 그대로 적용된다는 점에 주목하자.

(2) 임금률이 낮을 때에는 예산집합의 크기가 작다. 이때에는 대체효과가 소득효과를 압도한다.[5] 이 경우에는 임금률이 올라갈 때 여가소비가 감소한다. 즉 노동공급이 증가한다. 따라서 이 영역에서는 노동공급곡선이 우상향한다.

(3) 임금률이 계속 오를 경우 예산집합의 크기가 점점 커진다. 그리하여 어느 수준을 넘어가면 소득효과가 대체효과보다 커지기 시작한다.[6] 이때부터는 임금률이 상승할 경우 여가소비가 증가한다. 즉 노동공급이 점점 감소한다.[7] 즉 노동공급곡선이 **후방굴절**한다. 그 원리는 7.1.8의 원리와 같다.

---

4 임금률이 올라 여가를 즐기는 데 드는 기회비용이 늘어나면 똑같은 소득으로 이전만큼의 여가를 즐길 수 없게 된다. 이것이 바로 보통소득효과이다. 그런데 임금률이 오를 경우 부존시간의 가치가 증가한다. 이것은 곧 화폐소득이 증가하는 것을 의미한다. 이처럼 화폐소득이 증가하면 그로 인해 여가소비가 증가한다. 이것이 바로 부존소득효과이다. 한편 여가-소득 모형에서 임금률이 오를 경우 예산집합이 항상 커진다. 이것은 이 모형의 경우 부존소득효과가 보통소득효과보다 항상 크다는 것을 말해 준다.

5 임금률이 낮을 때에는 부존시간의 가치가 작아서 부존소득효과가 작기 때문이다.

6 임금률이 높아 여가소비가 작을 경우 보통소득효과는 작다('상품'의 수요량이 작을 경우 소득효과는 작다. 6장의 슬러츠키방정식 참조). 그러나 임금률이 높을 경우 부존소득의 가치는 커서 부존소득효과는 크다. 그 결과 이 둘을 합한 (총)소득효과는 크다(참고: 부존소득효과와 보통소득효과는 서로 다른 방향으로 작용한다).

7 노동공급시간을 줄인다는 것이 이전보다 돈을 적게 번다는 것을 의미하는 것은 아니다. [그림 7-5 (A)]의 E_2에서는 E_1보다 노동시간은 적지만 소득은 더 높다는 사실에 주목하자.

임금률이 올라갈 때 대체효과와 소득효과를 노동공급과 관련하여 느낌으로 말해보자. 대체효과는 시간당 임금이 올라서 더 일할 맛이 난다는 것이다. 소득효과는 배불러져서 일하기 싫다는 것이다.

직관적으로 볼 때 어느 수준까지는 임금률이 올라감에 따라 노동공급을 증가시킬 것이다. 그런데 임금률이 어느 이상 높아지면 노동공급을 다소 줄이더라도 임금소득이 늘어나는 상태가 된다. 이때는 소비는 많지만 여가는 적어 여가의 주관적 가치가 커져서 여가의 가격(임금률)이 높아지더라도 여가를 더 소비하려는 상태이다. 이때부터는 노동공급곡선이 후방굴절한다. 극단적으로 말해서 임금률이 아무리 높아지더라도 24시간 일만 하지는 않는다. 이것은 노동공급곡선이 후방굴절한다는 것을 함축한다.

7.2.4 임금률 변화의 영향

임금률 변화가 대체효과와 소득효과를 통해 노동공급에 미치는 영향을 정리해 보자. 임금률을 X재의 가격, 노동공급을 X재판매로 보면 7.1.7의 내용이 여기에도 그래도 적용된다.

(1) 여가가 정상재일 경우

> 여가가 정상재일 경우 임금률이 변화할 때 대체효과와 소득효과가 여가소비에 대해 서로 반대 방향으로 작용한다. 그 결과 임금률이 변화할 때 노동공급이 증가하는지 감소하는지 사전적으로 알 수 없다.

이러한 내용과 이와 관련된 내용들이 [표 7-1]에 정리되어 있다. 이때 노동공급은 주어진 총시간에서 여가소비를 차감한 것임을 상기하자.

표 7-1 임금률 변화에 따른 노동공급의 변화: 여가가 정상재일 경우

임금률	예산집합	대체효과	소득효과	대소	노동 증감	효용
상승	확대	여가소비 ↓	여가소비 ↑	대체효과 > 소득효과	증가	증가
				소득효과 > 대체효과	감소	
하락	축소	여가소비 ↑	여가소비 ↓	대체효과 > 소득효과	감소	감소
				소득효과 > 대체효과	증가	

여가가 정상재일 경우 임금률이 변화할 때 대체효과와 소득효과가 여가소비에 대해 서로 반대 방향으로 작용한다. 그 결과 노동공급곡선이 후방굴절한다.

여가가 정상재일 경우 노동공급곡선이 후방굴절한다. 표에서 말한 노동 증감 내용은 후방굴절하는 노동공급곡선을 보여주는 [그림 7−5(C)]를 이용하여 확인할 수 있다.

(2) 여가가 열등재일 경우

여가가 열등재일 경우 임금률이 변화할 때 소득효과의 방향이 앞의 표와 반대로 바뀐다. 이에 따라 대체효과와 소득효과가 여가소비에 대해 서로 같은 방향으로 작용한다. 그 결과 임금률이 상승할 경우 노동공급이 증가하고 임금률이 하락할 경우에는 노동공급이 감소한다. 결과적으로 노동공급곡선이 우상향한다.

(3) 예외

콥−더글라스 효용함수일 경우와 준선형효용함수일 경우 여가가 정상재여도 노동공급곡선이 후방굴절하지 않는다(임봉욱, 미시경제학연습 5판, 문제 5.7−5.8 참조).

예제 7.2   노동공급: 부의 소득세

소득이 전혀 없을 경우 일정한 금액의 보조금을 지급받는다고 하자. 이때 소득이 증가함에 따라 소득의 일정률만큼 보조금이 계속 감소하는 경우 예산선을 그리시오. 이때 노동공급량이 증가하는가 아니면 감소하는가?

KEY   부의 소득세에 해당한다. 부의 소득세가 부과되면 노동공급은 줄어든다.

풀이   예를 들어 생각해 보자. 개인이 노동공급을 통해 시간당 4,000원을 벌 경우를 생각해 보자. 1시간 일할 경우 보조금제도가 없다면 그의 소득은 4,000원 증가한다. 그런데 보조금이 소득의 20%씩 감소한다고 하자. 그러면 보조금이 4,000원당 800원씩 줄어든다. 시간당 임금이 3,200원이 되는 셈이다. 이처럼 소득이 증가함에 따라 보조금이 소득의 일정률만큼 계속 감소하는 것은 여가의 기회비용인 임금률이 하락하는 것을 의미한다. 이때 대체효과는 여가 소비를 증가시킨다. 보조금 수령으로 소득이 증가하므로 (총)소득효과도 여가 소비를 증가시킨다. 결국 그림에서 보는 바와 같이 여가 소비는 증가하고 노동공급량은 감소한다.

한편 조세를 부과할 경우 대체효과와 소득효과를 분석할 때에는 과세 이후의 새로운 가격이 아닌 이처럼 과세 전의 원래 가격을 기준으로 평가하는 것이 바람직하다(본문 6.7.4(2) 참고).

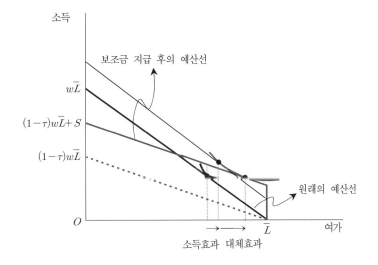

![참고 아이콘] 참고

부의 소득세(negative income tax)는 $T = -S + \tau M$ (1)의 형태로 부과된다. 여기서 T는 조세, S는 양수, τ는 세율, M은 소득이다. S 앞에 (-) 부호가 붙은 것은 S만큼 보조금을 지급한다는 의미이다. 위 식의 양변에 (-1)을 곱해 보자. 그러면 $-T = S - \tau M$ (2)가 된다. (2)식을 해석해 보자. 좌변을 보면 조세에 (-)부호가 붙어 있으므로 보조금을 나타낸다. 그러므로 우변도 보조금으로 해석할 수 있다. 우변이 뜻하는 바가 바로 문제에서 제시되고 있는 상황이다. 즉 소득이 전혀 없을 경우 일정한 금액의 보조금을 지급한 후 소득이 증가함에 따라 소득의 일정률만큼 보조금이 계속 줄어든다는 것이다. 한편 (1)식은 먼저 일정한 세율로 비례적 소득세를 부과한 다음 다시 소득수준에 관계없이 일정한 금액의 보조금을 지급하는 것으로 생각할 수도 있다. 이 경우 예산선의 식은

$$x + (1-\tau)wR = (1-\tau)w\bar{L} + S$$

로 구해진다. 여기서 x는 복합재로서 그 가격을 1로 정규화하였다. R은 여가, $\bar{L}$는 총가용 시간이다. 위 식은 과세로 인해 임금률이 $(1-\tau)w$로 하락하고 그러한 상태에서 보조금을 지급한다는 사실을 나타내고 있다. 이에 대한 예산선을 그리는 요령은 다음과 같다. 먼저 여가·소득 평면에 기울기가 w이면서 $\bar{L}$를 지나는 과세 전 예산선을 그린다. 그 다음 이로부터 τ의 비례적 소득세를 부과한 예산선을 얻는다. 이것이 그림에 점선으로 나타나 있으며 그 기울기는 $(1-\tau)w$가 된다. 끝으로 이 예산선을 위로 S만큼 평행이동시킨다.

7.3 저축과 차입

소비자가 현재와 미래에 각각 일정한 화폐소득을 가지고 있지만, 현재와 미래의 두 기간에 걸쳐 소비하는 경우를 생각해 보자. 이 경우에는 일정한 화폐소득도 마치 부존상품처럼 기능한다. 그리하여 지금까지 논의한 부존소득효과를 포함한 모형을 적용할 수 있다. 그런데 그 배경에는 다음과 같은 사실이 깔려 있다. 즉 개인이 소비를 줄여 소득의 일부를 저축할 경우 미래에 그 원금과 함께 이자를 받아 소비하는 데 쓸 수 있다는 것이다.

이 경우 예를 들어 연이자율이 10%라고 하자. 이때 현재 100만원을 소비하는 것은 1년 후 110만원을 쓸 수 있는 기회를 포기한다는 것을 의미한다. 그러나 이자율이 20%일 경우에는 1년 후 120만원을 쓸 수 있는 기회를 포기한다는 것을 의미한다. 다시 말하면 이자율이 올라갈 때 현재소비를 한다는 것은 더 많은 미래소비를 포기한다는 것을 의미한다. 이러한 측면에서 이자율이 올라간다는 것은 현재소비의 기회비용이 증가한다는 것을 함축하고 있다. 즉 현재소비의 상대가격이 오르는 것을 의미한다. 따라서 현재소비를 얼마나 할 것인가에 대한 의사결정은 당연히 이자율의 영향을 받는다. 이에 대해 분석하려면 일반적인 상품의 가격이 변화하는 경우처럼 대체효과와 보통소득효과를 고려해야 한다.

한편 다시 말하겠지만 현재소비의 상대가격이 변할 경우 자신이 가지고 있는 부존소득의 가치도 변화한다. 그리고 이처럼 부존소득의 가치가 변화하는 것도 소비를 얼마나 할 것인가를 결정하는 데 영향을 미친다. 즉 부존소득효과가 고려되어야 하는 것이다. 이러한 측면에서 두 기간에 걸친 소비에 대해 정밀하게 분석하려면 부존소득효과를 고려한 모형이 필요하다. 이제 **2기간 기간간 소비모형**(2 period intertemporal consumption model)을 이용하여 개인의 저축 행위와 차입 행위에 대해 구체적으로 살펴보자.

7.3.1 예 산 선

어떤 소비자에게 현재에 M_1, 미래에 M_2의 소득이 있다고 하자. 이 소비자가 주어진 이자율에 따라 자유롭게 차입하거나 저축(대출)할 수 있는 상황을 생각해 보자. 이 상황에서 그가 현재 C_1을 소비하고, 미래에 C_2를 소비한다고 하자.

이 소비자가 저축을 한다면 현재소비 C_1은 현재소득 M_1보다 적을 것이다. 이때 저축액은 $(M_1 - C_1)$으로 나타낼 수 있다.

저축＝현재소득－현재소비

미래에는 원금 $(M_1 - C_1)$과 그에 따른 이자로 $r(M_1 - C_1)$을 받는다. 그리하여 저축을 하는 경우에는 미래에 이러한 원리금과 미래소득을 합한 금액인

$$C_2 = M_2 + (1+r)(M_1 - C_1)$$

을 소비하게 된다.

한편 개인이 차입을 할 경우에는 현재소비가 현재 지니고 있는 소득보다 많을 것이다. 이때 차입액은 $(C_1 - M_1)$으로 나타낼 수 있다.

차입＝현재소비－현재소득

한편 미래에 그에 대한 원금과 이자를 상환해야 한다. 따라서 차입을 할 경우 미래에는 미래소득에서 이러한 상환액을 뺀 금액인

$$C_2 = M_2 - (1+r)(C_1 - M_1)$$

을 소비하게 된다. 당연한 결과이지만 위 두 식은 서로 같다. 독자 스스로 확인해 보라. 또한 $(M_1 - C_1)$이 양의 값을 가지면 저축을 의미하고 음의 값을 가지면 차입을 의미한다.

이제 위 식을 약간 바꾸어 쓰면

$$(1+r)C_1 + C_2 = (1+r)M_1 + M_2 \tag{7.4}$$

가 된다.

식 (7.4)는 식 (7.2)와 같은 형태이다. 즉 이 모형은 부존소득모형이다.

식 (7.4)에서는 미래소비의 가격을 기준가격인 1로 놓았다. 그러므로 이 식은 미래가치 (future value)로 표현한 예산제약식이다. 두 기간에 걸쳐서 본다면 소비의 미래가치는 소득의 미래가치와 같아야 한다는 것을 의미한다.

(1) 한편 현재소비 1원을 선택(포기)하는 것은 미래소비 $(1+r)$원을 포기(선택)하는 것을 의미한다. 이런 측면에서 $(1+r)$은 미래소비로 표시한 **현재소비의 기회비용** 또는 미래소비로 표시한 **현재소비의 상대가격**이다. 따라서 앞의 예산제약식은 [그림 7–6]과 같이 기울기의 절대값이 $(1+r)$인 예산선으로 나타낼 수 있다. 현재에 쓸 수 있는 최대 금액은 부존소득의 현재가치(부록 7.1 참조)와 같다. 이 값은 가로축의 절편으로 표시되어 있다. 또한 미래에 쓸 수 있는 최대 금액은 부존소득의 미래가치와 같다. 이 값은 세로축의 절편으로 표시되어 있다.

(2) 같은 의미이지만 예산선의 기울기를 저축·차입의 개념을 통해 말해 보자. 현재 1원

을 저축하면, 즉 현재소비를 1원 '줄이면' 미래에 $1+r$원을 원리금으로 받으므로 미래소비가 $1+r$원 '늘어난다'. 따라서 예산선의 기울기는 $-(1+r)$이 된다. 물론 현재 1원을 빌리면, 즉 현재소비를 1원 늘리면 미래에 $1+r$원을 원리금으로 갚아야 하므로 미래소비가 $1+r$원 줄어든다. 따라서 예산선의 기울기는 저축할 때와 마찬가지로 $-(1+r)$이 된다.

(3) 한편 부존점 (M_1, M_2)는 이자율이 어떤 값을 갖든지 항상 소비할 수 있다. 그러므로 예산선은 반드시 이 부존점을 지난다. 부존소득모형이므로 이 결과는 당연하다.

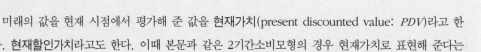

부록 7.1 현재가치

미래의 값을 현재 시점에서 평가해 준 값을 **현재가치**(present discounted value: PDV)라고 한다. 현재할인가치라고도 한다. 이때 본문과 같은 2기간소비모형의 경우 현재가치로 표현해 준다는 것은 현재소비의 가격을 기준가격인 1로 표현해 주는 것을 말한다.

현재가치의 개념을 파악하기 위해 다음 질문에 답해 보자. 이자율이 10%일 경우 1년 후에 받을 100원을 현재 시점에서 평가한다면 얼마가 될까? 그 값이 바로 1년 후에 받을 100원에 대한 현재가치이다. 그 값을 $PV(1)$이라 하면 $PV(1)(1+0.1)=100$이 성립한다. 즉 원금과 이자를 합해 1년 후 100원이 되는 값을 구해야 하는 것이다. 이로부터 1년 후에 받을 100원의 현재가치는 $PV(1)=100/(1+0.1)$으로 구해짐을 알 수 있다.

그렇다면 2년 후에 받을 100원의 현재가치는 얼마일까? 그 값을 $PV(2)$라고 하자. 그러면 현재의 $PV(2)$원은 1년 후 $PV(2)(1+0.1)$원이 되는데 이 금액은 그 다음 1년 동안 원금으로 작용한다. 그러므로 $[PV(2)(1+0.1)](1+0.1)=100$이 성립한다. 이로부터 $PV(2)=100/(1+0.1)^2$으로 구해진다. 이러한 방법을 사용하면 이자율이 i일 때 n년 후에 받을 미래가치 FV(future value)에 대한 현재가치는 $PV=FV/(1+0.1)^n$으로 구해진다.

그림 7-6	예 산 선

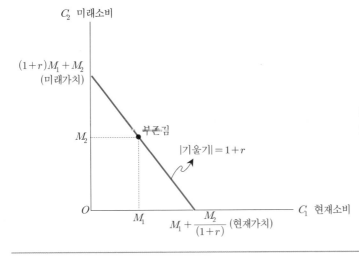

2기간 기간간 소비모형에서 예산선 기울기의 절대값은 $1+r$이다.

7.3.2 예산선의 변화

지금부터는 이번 장의 끝까지 별도의 언급이 없는 한 예산제약식을 식 (7.4)처럼 미래가치로 표현한 경우를 대상으로 논의한다. 현재가치로 표현한 경우는 [부록 7.2]에서 다루고 있다.

(1) 예를 들어 이자율이 상승할 경우 예산선은 부존점을 중심으로 시계방향으로 회전한다. 부존소득모형의 경우 가격에 관계 없이 예산선은 항상 부존점을 통과하기 때문에 부존점을 중심으로 회전하는 것은 당연하며 또한 이자율 상승은 식 (7.4)에서 현재소비의 상대가격 상승을 의미하므로 기울기가 급해지는 것도 당연하다. 이자율이 하락할 경우에는 예산선이 부존점을 중심으로 시계반대방향으로 회전한다.

(2) 이자율이 변화할 경우 식 (7.4)의 좌변의 값뿐만 아니라 우변의 값이 달라진다. 즉 부존소득의 가치가 달라진다. 이자율이 현재소비의 (상대)가격이고 이 모형이 부존소득모형이라는 측면에서 이러한 사실도 당연하다. 7.1.5에서 말했듯이 이때 부존소득의 가치가 변화하는 방향은 가격이 변화하는 방향과 같음을 상기하자. 물론 이러한 부존소득의 가치 변화는 [그림 7-3]에서 ①과 같은 변화는 제외하고 ②와 같은 평행이동 변화만을 의미한다.

그런데 이자율 상승은 현재소비의 가격 상승을 의미하므로 이자율이 상승하면 부존소득의 미래가치가 증가하고([부록 7.2]의 [그림 1]의 ② 참조) 이자율이 하락하면 부존소득의 미래가치가 감소한다. 이자율이 하락할 때 그 변화는 [그림 7-3]의 형태로 나타난다.

부록 7.2 예산제약식 표현 방식에 따른 예산선의 변화

예산제약식을 현재가치로 표현할 경우와 미래가치로 표현할 경우 각각에 대해 이자율이 상승하면 예산선이 어떻게 변화하는가에 대해 검토해 보자.

1. 예산제약식을 미래가치로 표현할 경우
본문의 식(7.4)처럼 미래소비의 가격을 기준가격인 1로 놓아

$$(1+r)C_1 + C_2 = (1+r)M_1 + M_2$$

로 표현하는 경우이다. 이때 이자율이 상승할 경우 예산선의 변화를 본문처럼 2단계로 나누어 생각해 보자.

(1) 좌변만을 생각해 보자. C_2의 가격은 변하지 않으므로 주어진 소득으로 구입할 수 있는 C_2의 수량은 변하지 않는다. r의 상승으로 인해 C_1의 가격인 $1+r$이 $1+r'$로 상승하므로 주어진 소득으로 구입할 수 있는 C_1의 수량이 감소한다. 이것은 [그림 1]에서 원래의 예산선이 세로축 절편을 중심으로 시계방향으로 회전하는 것(①)으로 나타난다. 점선의 예산선이 그것을 말해 주고 있다.

(2) 우변을 보면 r의 상승으로 인해 C_1의 가격인 $1+r$이 $1+r'$로 상승하여 그로 인해 부존소득이 증가하므로 예산선이 밖으로 평행이동한다. 그것이 점선의 예산선이 밖으로 평행이동한 것(②)으로 나타나 있다.

[이자율이 상승할 경우 예산선의 변화]

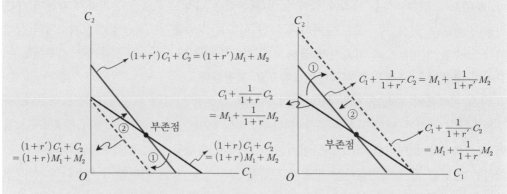

[그림 1] 미래가치 표현 예산제약식일 경우   [그림 2] 현재가치 표현 예산제약식일 경우

2. 예산제약식을 현재가치로 표현할 경우

현재소비의 가격을 가격인 1로 놓는 경우이다. 부존소득모형은 가격에 대해 0차동차이므로 (7.1.4 참조) 가격을 모두 λ배 해주어도 예산선이 변하지 않는다. 그러므로 예산제약식을 현재가 치로 표현해 주기 위해 본문의 식 (7.4)에서 가격을 모두 $\frac{1}{1+r}$배 해주면

$$C_1 + \frac{1}{1+r}C_2 = M_1 + \frac{1}{1+r}M_2$$

가 된다. 이때 이자율이 상승할 경우 예산선의 변화를 본문처럼 2단계로 나누어 생각해 보자.

(1) 좌변만을 생각해 보자. C_1의 가격은 변하지 않으므로 주어진 소득으로 구입할 수 있는 C_1의 수량은 변하지 않는다. r의 상승으로 인해 C_2의 가격인 $\frac{1}{1+r}$이 $\frac{1}{1+r'}$로 하락하므로 주어진 소득 으로 구입할 수 있는 C_2의 수량이 증가한다. 이것은 [그림 2]에서 원래의 예산선이 가로축 절편을 중심으로 시계방향으로 회전하는 것(①)으로 나타난다. 점선의 예산선이 그것을 말해 주고 있다.

(2) 우변을 보면 r의 상승으로 인해 C_2의 가격인 $\frac{1}{1+r}$이 $\frac{1}{1+r'}$로 하락하여 그로 인해 부존소 득이 감소하므로 예산선이 안쪽으로 평행이동한다. 그것이 점선의 예산선이 안쪽으로 평행이동한 것(②)으로 나타나 있다.

최종 결과만 보자면 [그림 1]과 같다는 점에 주목하자.

7.3.3 최적선택

소비자의 효용함수를 $U(C_1, C_2)$라고 하면 소비자의 선택 문제는 식 (7.4)를 예산제약 식으로 하여

$$\begin{aligned} &\underset{c_1,\, c_2}{\text{Max}} \ U(C_1,\ C_2) \\ &s.t. \ \ (1+r)C_1 + C_2 = (1+r)M_1 + M_2 \end{aligned} \tag{7.5}$$

로 쓸 수 있다.

최적선택의 특성을 알아보기 위해 개인의 선호순서를 무차별곡선을 이용하여 나타내 보자. 그러면 한계대체율은 현재소비가 증가함에 따라 체감한다. 이때 한계대체율은 현재소 비가 미래소비에 대해 주관적으로 얼마나 더 가치가 있는가를 말해 주므로, 한계대체율에 는 **시간선호율**(rate of time preference)이 반영되어 있다.[8] 이때 최적선택조건은 [그림 7-7]에서 보듯이

$$MRS_{c_1c_2} = 1 + r(=예산선 \ 기울기의 \ 절대값)$$

이다. 최적선택에서는 이처럼 개인의 주관적인 한계대체율과 그가 이용할 수 있는 객관적인 이자율이 일치한다.

그 결과 어떤 소비자는 자신의 현재 소득 중 일부만 소비하고 나머지는 저축한다. [그림 7-7(A)]가 이러한 상황을 보여주고 있다. 그리고 어떤 소비자는 빌려서라도 현재 자신이 가지고 있는 소득보다 더 많이 소비한다. [그림 7-7(B)]가 이같은 상황을 나타낸다. 이때 물론 개인이 빌리는가 저축하는가는 그 개인의 선호에 따라 결정된다.

여기서 저축자는 7.1.2에서 다룬 X재 판매자에 대응하고 차입자는 X재 구매자에 대응한다. 따라서 그때와 같은 논리로 부존점에서 $MRS_{c_1c_2} < 1 + r$일 경우 해당 소비자는 저축자가 되고 부존점에서 $MRS_{c_1c_2} > 1 + r$일 경우 해당 소비자는 차입자가 된다.

그림 7-7 **최적선택**

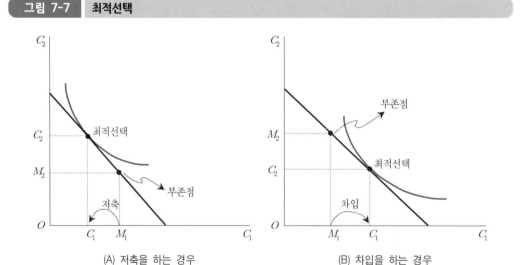

(A) 저축을 하는 경우   (B) 차입을 하는 경우

현재소득이 현재소비보다 클 경우 그 차액이 저축이다. 현재소비가 현재소득보다 클 경우 그 차액이 차입이다.

---

8 예를 들어 $U(c_1,c_2) = c_1 c_2^\rho$일 경우 $MRS_{c_1c_2} = \dfrac{MU_{c_1}}{MU_{c_2}} = \dfrac{c_2^\rho}{c_1 \rho c_2^{\rho-1}} = \dfrac{c_2}{\rho c_1} = \dfrac{(1+\delta)c_2}{c_1}$이다. 이때 $\rho = \dfrac{1}{1+\delta}$로서 ρ는 할인계수, δ는 시간선호율이다(부록 7.3 참조). 이 경우 δ가 클수록 한계대체율이 커진다. δ가 클수록 그만큼 현재소비를 더 선호하는 것이므로 δ가 클수록 현재소비 추가 1단위를 위해 포기할 의향이 있는 미래소비의 양이 증가하기 때문이다.

부록 7.3 할인계수, 이자율, 시간선호율

여기서는 편의상 2기간모형을 다루겠지만 n기간모형으로 확장할 수 있다.

1. 할인계수

미래가치(future value: FV)를 현재가치(present value: PV)로 환산하려고 할 때 미래가치에 곱해야 하는 수를 할인계수(discount factor)라고 한다. 즉 할인계수를 γ라고 할 경우 $FV \times \gamma = PV$ (1)이다.

2. 이자율

뒤에 나오는 시간선호율이 주관적인 값인데 반해 이자율(interest rate)은 객관적인 값이다. 이자율이 r일 경우 PV를 예금하면 만기 후 원금 PV와 그 이자 $r \times PV$를 받는다. 이 금액을 FV라고 하면 $FV = PV + r \times PV = PV(1+r)$ (2)이다. 이로부터 $PV = FV \times \dfrac{1}{(1+r)}$ (3)이다. (3)식의 우변은 FV를 이자율로 할인한 것이다. 이렇게 볼 때 FV의 현재할인가치(present discounted value: PDV)가 PV이다. 한편 현재할인가치를 보통 현재가치라고 부른다. (1)과 (3)으로부터 $\gamma = \dfrac{1}{(1+r)}$의 관계가 성립한다. 그 결과 이자율이 높을수록 할인계수는 작아지고 주어진 미래가치의 현재(할인)가치가 작아진다.

3. 시간선호

현재효용을 미래효용보다 선호하는 것을 시간선호(time preference)라고 하는데 주관적인 개념이다.

4. 할인함수

현재효용에 비해 미래효용에 개인이 부여하는 상대적 가중치를 나타내는 함수를 할인함수(discount function)라고 하는데 간단한 모델에서는 할인함수가 할인계수로 표현된다.

5. 시간할인계수

미래효용을 현재효용으로 바꾸어주려고 할 때 미래효용에 곱해야 하는 수를 할인계수(discount factor)라고 한다. 문헌에서는 이처럼 할인계수라는 표현을 쓰고 있으나 여기서는 앞서 등장한 할인계수와의 구분을 위해 시간할인계수라고 부르기로 하자. 미래효용을 FU, 현재효용을 PU, 시간할인계수를 ρ라고 할 경우 $FU \times \rho = PU$ (4)이다. 물론 이 내용은 효용뿐만 아니라 효용에 영향을 주는 소비, 보수 등 다른 요소들에도 적용될 수 있다.

6. 시간선호율

현재효용을 미래효용보다 얼마나 선호하는가를 반영해 주는 파라미터를 시간선호율(rate of time

preference)이라고 한다. 이 값이 클수록 그만큼 현재효용을 더 선호하는 것을 의미한다. 현재효용을 미래효용보다 선호하므로 시간선호율을 δ라 하면 미래에 $\delta \times PU$만큼은 더 받아야 현재와 같게 느끼므로 $FU - PU \times \delta = PU$이다. 즉 $FU = PU + PU \times \delta = PU(1+\delta)$ (5)이다. 이로부터 $PU = FU \times \frac{1}{(1+\delta)}$ (6)이다. (4)와 (6)으로부터 $\rho = \frac{1}{(1+\delta)}$의 관계가 성립한다. 그 결과 시간선호율이 높을수록 시간할인계수는 작아지고 주어진 미래효용의 현재(할인)효용이 작아진다.

한편 시간선호를 반영해 주려면 사실상 시간선호율을 적용하여 미래효용을 할인해 주게 되므로 시간선호율이 할인율로 작용한다.

7. 할인된 효용함수

(시간)할인계수를 적용하여 표현해 준 효용함수를 할인된 효용함수(discounted utility function)라고 한다. 예를 들어 $U(c_1, c_2) = c_1 c_2^\rho$와 같은 효용함수가 할인된 효용함수이다.

예제 7.3 **부존소득모형: 대출자가 될 조건**

홍길동은 현재에 소득을 100, 미래에 소득을 120 번다고 한다. 홍길동은 주어진 이자율 r에 따라 자유롭게 차입하거나 대출할 수 있으며 그의 효용함수는 $U(c_1, c_2) = C_1 C_2$라고 한다. 이때 c_1과 c_2는 각각 현재소비와 미래소비를 나타낸다.

a. 홍길동의 예산제약식을 구하시오.

b. 홍길동의 현재소비를 구하시오.

c. 홍길동이 대출자가 될 조건을 구하고 그 결과를 직관적으로 해석하시오.

d. MRS와 예산선 기울기 비교를 통해 홍길동이 대출자가 될 조건을 구하고 그 결과를 문항 c.의 결과와 비교하시오.

e. 효용함수가 $U(c_1, c_2) = c_1 c_2^\rho$로 바뀐 상태에서 시간할인계수 ρ가 커질 경우 저축의 변화와 그 이유를 말하시오.

f. 시간선호율이 δ일 경우 $\rho = \frac{1}{(1+\delta)}$이다. 이 경우 이자율 r과 δ 사이의 대소관계에 따라 현재소비와 미래소비의 대소관계가 어떻게 달라지는가? 결과의 의미를 해석해 보시오.

KEY MRS는 한계편익, 예산선 기울기는 한계(기회)비용으로 해석될 수 있다는 점에 주목하면 대출자가 될 조건은 부존점에서 MRS와 예산선 기울기를 비교함으로써도 구할 수 있다.

풀이 a. 예산제약식은 현재가치를 기준으로 쓸 수도 있고 미래가치를 기준으로 쓸 수도 있다. 여기서는 미래가치를 기준으로 써 보자. 현재소득을 m_1, 미래소득을 m_2라고 하면 2기간에 걸친 소비의 미래가치와 소득의 미래가치가 같아야 한다. 그러므로 $(1+r)c_1+c_2$ $=(1+r)m_1+m_2$ (1)이 되어야 한다. 이것이 홍길동이 직면하는 예산제약식이다.

b. 홍길동의 효용극대화문제는

$$\underset{c_1,\ c_2}{\text{Max}}\ U(c_1,\ c_2)=c_1c_2$$

$$s.t.\ (1+r)c_1+c_2=(1+r)m_1+m_2$$

이다. 라그랑지함수를 이용하여 풀어도 되지만 이미 알고 있는 효용극대화 조건을 이용하여 문제를 풀기로 하자(콥−더글라스 효용함수이므로 공식을 사용해서 해결할 수도 있다).

효용극대화조건은 MRS와 예산선 기울기의 절대값이 같아야 한다는 것이다. 그런데 주어진 효용함수로부터 $MRS_{c_1c_2}=\dfrac{MU_{c_1}}{MU_{c_2}}=\dfrac{c_2}{c_1}$로 구해지고 예산제약식으로부터 예산선 기울기의 절대값은 $1+r$로 구해진다. 그러므로 효용극대화조건은 $MRS_{c_1c_2}=\dfrac{c_2}{c_1}=1+r$ (2)가 된다. (1)식과 (2)식을 연립으로 풀면 $c_1^*=\dfrac{(1+r)m_1+m_2}{2(1+r)}$를 얻는다.

c. 현재소비가 현재소득을 초과하는 부분이 대출액이다. 그러므로 대출액은

$$m_1-c_1^*=m_1-\frac{(1+r)m_1+m_2}{2(1+r)}=\frac{(1+r)m_1-m_2}{2(1+r)}$$

가 된다. 이 값이 양일 경우가 홍길동이 대출자인 경우이다.

이로부터 $1+r>\dfrac{m_2}{m_1}$ (3)을 얻는다. 이 식을 바꿔 쓰면 $(1+r)m_1>m_2$가 된다. 효용함수의 형태를 볼 때 현재소비와 미래소비가 효용의 크기에 미치는 가중치는 같다. 이 점에 비추어 (3)의 결과로부터 현재소득의 미래가치가 미래소득의 가치보다 클 경우 홍길동은 대출자가 됨으로써 현재소득과 미래소득을 평탄하게 만든다는 것을 알 수 있다.

d. 그림에서 보듯이 (m_1,m_2)에서 평가한 MRS의 크기가 예산선 기울기의 절대값보다 작을 경우 홍길동은 대출자가 된다. (m_1,m_2)에서 평가한 MRS의 크기가 예산선 기울기의 절대값보다 작다는 것은 (m_1,m_2)에서 현재소비의 한계편익이 한계비용보다 작다는 것을 의미하므로 이 경우 홍길동은 (m_1,m_2)에서 현재소비를 줄일 것이기 때문이다. 따라서 대출자가 될 조건은 $MRS_{c_1c_2}=\dfrac{c_2}{c_1}=\dfrac{m_2}{m_1}<1+r$이다. 이 결과는 문항 c.의 결과와 같다.

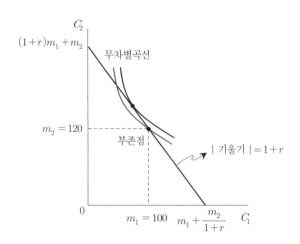

e. $MRS_{c_1 c_2} = \dfrac{MU_{c_1}}{MU_{c_2}} = \dfrac{c_2^{\rho}}{c_1 \rho c_2^{\rho-1}} = \dfrac{c_2}{\rho c_1}$ 로 바뀐다. 이 경우 한계대체율은 현재소비 추가 1단

위를 위해 포기할 의향이 있는 미래소비의 양을 말한다. 이 식에서 시간할인계수 ρ가 커질 경우 한계대체율이 작아진다. 직관적으로 볼 때 ρ가 커질 경우 미래소비의 가치가 커지므로 현재소비 추가 1단위를 위해 포기할 의향이 있는 미래소비의 양이 감소하기 때문이다. 앞서와 같은 방법으로 이 식과 예산제약식을 연립으로 풀어도 되지만 콥–더글라스 효용함수이므로 [예제 4.2]에서 얻은 공식을 사용하면 $c_1^* = \dfrac{(1+r)m_1 + m_2}{(1+\rho)(1+r)}$, $c_2^* = \dfrac{\rho[(1+r)m_1 + m_2]}{1+\rho}$ 로 구해진다. 저축은 현재소득에서 현재소비를 뺀 값으로 정의된다. 그러므로 저축을 s_1이라 고 하면 $s_1 = m_1 - c_1^* = m_1 - \dfrac{(1+r)m_1 + m_2}{(1+\rho)(1+r)}$ 가 된다. 당연한 말이지만 이때 $\rho = 1$이면 즉 시간선호율이 0이면 그 결과가 문항 b.의 결과와 같아진다. 또한 ρ가 커질수록 현재소비가 작아지고 그에 따라 저축 s_1이 커진다. 직관적으로 볼 때 시간할인계수가 커진다는 것은 미래소비의 가치가 커진다는 것을 의미한다. 그러므로 현재소비는 감소하고 따라서 저축이 증가한다. 물론 저축과 미래소득을 합한 값인 미래소비는 증가한다. 한편 일반균형 차원에서 만일 이자율이 내생변수라면 ρ가 커질 경우 현재소비가 줄어드는 대신 미래소비 재원마련을 위한 저축, 즉 대출이 증가하고 현재소비를 위한 차입은 감소할 것이다. 그 결과 자금시장에서 이자율은 하락할 것이다.

f. 문항 e에서 구한 $MRS_{c_1 c_2}$를 사용하면 효용극대화조건은 $MRS_{c_1 c_2} = \dfrac{c_2}{\rho c_1} = 1 + r$이므로 여기에 $\rho = \dfrac{1}{(1+\delta)}$을 적용한 후 정리하면 $\dfrac{c_2}{c_1} = \dfrac{1+r}{1+\delta}$이 된다. 이로부터 $\delta \geq r$이면 $c_1^* \geq c_2^*$이고 $\delta \leq r$이면 $c_1^* \leq c_2^*$라는 결과를 얻는다. 이 결과는 주관적인 시간선호율이 객

관적인 이자율보다 크면(작으면) 현재소비가 미래소비보다 커진다는(작아진다는) 것을 의미한다. $(1+\delta)$를 현재소비 1단위에 부여하는 주관인 가치를 미래소비 단위로 나타낸 것이고 $(1+r)$을 현재소비의 가격을 미래소비 단위로 나타낸 것으로 해석할 경우 이 결과는 직관적으로 타당하다. 물론 이 해석에 따를 경우 $\delta = r$이면 $c_1^* = c_2^*$인 것도 직관적으로 타당하다.

7.3.4 서축공급곡선과 우방굴절하는 이유

[그림 7-8(B)]에서 보듯이 r_1까지는 이자율이 상승함에 따라 저축이 증가한다.[9] 그러나 이자율이 r_1을 넘어서면 이자율이 상승함에 따라 저축이 감소하여, 저축공급은 후방굴절의 형태를 보인다. [그림 7-8(C)]와 같이 저축을 나타내는 축의 방향을 바꾸어 이러한 결과를 그림으로 그려보면 후방굴절하는 전형적인 저축공급곡선을 얻을 수 있다.

저축공급곡선의 모양을 알기 위해 이자율 상승의 함축성을 검토해 보자. 저축은 현재소득에서 현재소비를 빼고 남은 것이므로 저축을 알려면 현재소비를 알면 된다. 그러므로 편의상 현재소비에 주목하자. 현재소비를 줄이고 그 대신 저축을 하면 미래에 원금과 이자를 받아 그만큼 더 쓸 수 있다. 즉 미래소비를 더 할 수 있게 된다. 따라서 현재소비를 증가시킨다는 것은 그에 상응하는 만큼의 미래소비를 포기한다는 것을 의미한다. 또한 이자율이 높을 때 현재소비를 많이 하려면 이자율이 낮을 때에 비해 더 많은 미래소비를 포기해야 한다. 이러한 측면에서 이자율이 오르는 것은 현재소비를 하는 데 드는 기회비용이 오르는 것을 의미한다.

이 점을 염두에 두고 현재소비가 정상재일 경우 이자율이 오를 때에 대해 결과를 정리해 보면 다음과 같다.

(1) 현재소비의 기회비용이 커지므로 대체효과는 현재소비를 감소시키는 방향으로 작용한다. 이자율이 상승할 경우 예산집합이 커지므로 소득효과는 현재소비를 증가시키는 방향으로 작용한다. 결국 대체효과와 소득효과가 반대방향으로 작용한다. 이자율을 X재의 가격, 저축을 X재판매로 보면 7.1.7의 내용이 여기에도 그대로 적용된다는 점에 주목하자.

(2) 이자율이 낮을 때에는 예산집합의 크기가 작다. 이때에는 대체효과가 소득효과를 압도한다. 이 경우에는 이자율이 올라갈 때 현재소비가 줄어든다. 그 결과 더 많은 돈을 빌

---

9 [그림 7-8(B)]의 축의 모양과 위치에 주목하자. 이렇게 그린 이유는 저축의 크기를 알려면 현재소득에서 현재소비를 빼 주어야 하기 때문이다.

그림 7-8 저축공급곡선

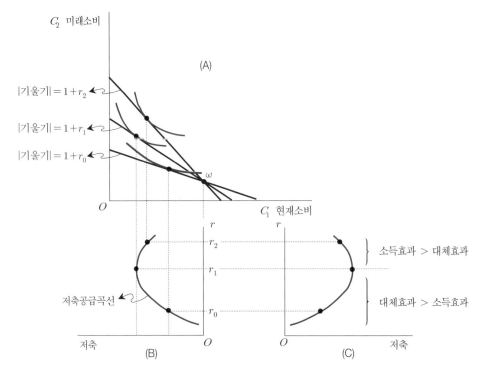

저축공급의 경우 대체효과와 소득효과는 반대방향으로 작용한다. 대체효과가 소득효과보다 클 경우에는 저축공급곡선이 우상향한다. 소득효과가 대체효과보다 커지면서부터는 저축공급곡선이 후방굴절한다.

려주게 된다. 즉 저축이 증가한다. 따라서 이 영역에서는 저축공급곡선이 우상향한다.

(3) 이자율이 계속 오를 경우 예산집합의 크기가 점점 커진다. 그리하여 이자율이 어느 수준 이상으로 오를 경우 소득효과가 대체효과보다 커지기 시작한다. 이때부터는 이자율이 상승할 경우 현재소비가 증가한다. 즉 저축이 점점 줄어든다. 따라서 저축공급곡선은 **후방 굴절**한다. 이렇게 볼 때 저축 행위를 분석하는 데 적용되는 원리나 결과는 노동공급의 경우에 그대로 대응된다.[10] 물론 그 원리는 7.1.8의 원리와 같다.

이자율이 올라갈 때 대체효과와 소득효과를 저축과 관련하여 느낌으로 말해보자. 대체 효과는 이자율이 올라서 저축할 맛이 난다는 것이다. 소득효과는 부자가 되어 돈을 쓰고 싶다는 것이다.

---

10 구체적으로는 부존점은 부존시간, 현재소비는 여가 소비, 저축은 노동공급에 각각 대응된다.

직관적으로 볼 때 어느 수준까지는 이자율이 올라감에 따라 저축을 증가시킬 것이다. 그런데 이자율이 어느 수준 이상으로 올라가면 저축을 다소 줄이더라도 미래소비가 늘어나는 상태가 된다. 이때는 미래소비는 많지만 현재소비는 적어 현재소비의 주관적 가치가 커져서 현재소비의 가격(이자율)이 높아지더라도 현재소비를 더 구입하려는 상태이다. 이때부터는 저축공급곡선이 후방굴절한다. 극단적으로 말해서 이자율이 아무리 높아지더라도 현재소득을 모두 저축하지는 않는다. 이것은 저축공급곡선이 후방굴절한다는 것을 함축한다.

(4) 돈을 빌려주다가도 이자율이 크게 떨어지면 돈을 빌려주는 것이 아니라 오히려 돈을 빌리는 것이 나을 수도 있다. 그러나 이자율이 올라가는 경우에는 후방굴절의 가능성은 있지만 저축하던 사람은 항상 저축하는 상태로 남아 있게 된다. 직관적으로 보더라도 이자율이 오른다는 것은 돈을 빌려주기에 더 나은 상황이 된다는 것을 의미한다. 그러므로 구태여 돈을 빌리는 상태로 전환할 이유가 없다. 이것은 현시선호이론을 적용하여 설명할 수도 있다. 예산선을 그린 다음 독자 스스로 확인해 보라([예제 7.4] 참조).

7.3.5 차입수요곡선

원래의 선택이 [그림 7-9]의 점 A에서 이루어진 상태에서 이자율이 내려갈 경우를 생각해 보자. 이자율이 내려가면 예산선이 부존점을 나타내는 점 ω를 중심으로 시계반대방향으로 회전한다.

(1) 이자율이 내려갈 경우 현재소비가 싸진다. 이와 관련하여 대체효과를 알아보기 위해 새로운 예산선에 평행하면서 원래의 무차별곡선에 접하도록 소득을 조정해 주자. 이렇게 조정된 예산선이 원래의 무차별곡선과 B점에서 접하고 있다. 이때 점 A에서 점 B로 움직인 것이 대체효과를 반영하고 있다. 대체효과는 이처럼 상대적으로 싸진 현재소비를 늘리는 방향으로 작용한다. 대체효과는 저축하는 사람이나 차입하는 사람에게 모두 같은 방향으로 작용하는 점에 주목하자.

(2) 소득효과를 알아보자. 이자율이 내려갈 때에는 그림에서 보듯이 차입하는 사람의 예산집합이 커진다. 결과만 본다면 4장에서 소득이 화폐로 주어진 경우 가격 하락 때 예산집합이 커지는 경우와 같다. 즉 실질소득이 증가하는 효과를 지닌다. 이때 현재소비가 정상재일 경우 소득효과는 점 B에서 예를 들면 점 C 같은 곳으로 움직이는 것으로 나타나 현재소비를 늘리는 방향으로 작용한다. 이때 소득효과는 저축하는 사람의 경우와는 반대 방향으로 작용하는 점에 주목하자.

(3) 결과적으로 이자율이 내려갈 때 현재소비가 정상재일 경우 차입자에게는 대체효과와 소득효과가 모두 현재소비를 늘리는 방향으로 작용한다. 이때 이자율을 X재의 가격, 차

입을 X재구매로 보면 7.1.7의 내용이 여기에도 그대로 적용된다는 점에 주목하자. 그 결과 소비자가 차입을 하는 경우라면 이자율이 내려갈 때 차입이 늘어난다. [그림 7-9(B)]의 경우 차입이 $(x_1 - x_0)$만큼 늘어난 것으로 나타나 있다. 그 결과 차입수요곡선은 그림처럼 우하향한다. 여기서 '차입 = 현재소비 - 현재소득'임을 상기하자.[11]

(4) 한편 차입자의 경우 돈을 빌리다가도 이자율이 크게 올라가면 돈을 빌리는 것이 아니라 오히려 빌려주는 것이 나을 수도 있다. 그러나 이자율이 떨어질 경우에는 그대로 차입자로 남는다. 이것도 [예제 7.4]처럼 현시선호이론을 적용하여 설명할 수도 있다.

그림 7-9 **차입수요곡선**

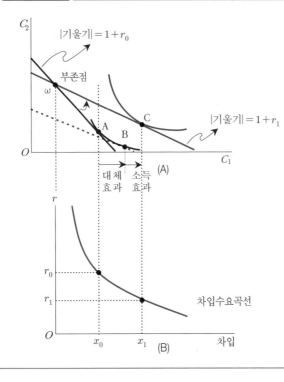

차입의 경우, 대체효과와 소득효과가 같은 방향으로 작용하기 때문에 차입수요곡선은 우하향한다.

---

11 [그림 7-9(B)]에서 축의 위치에 주목하자. 이렇게 그려진 이유는 차입은 현재소비에서 현재소득을 빼 준 값이기 때문이다.

7.3.6 이자율 변화의 영향

(1) 이자율 변화가 대체효과와 소득효과를 통해 저축과 차입에 미치는 영향을 정리해 보자. 이자율을 X재의 가격, 저축을 X재판매, 차입을 X재구매라고 보면 7.1.7의 내용이 여기에도 그대로 적용된다.

(i) 현재소비가 정상재일 경우

> 현재소비가 정상재일 경우 이자율이 변화할 때 대체효과와 소득효과가 현재소비에 대해 대출자(저축자)에게는 서로 반대 방향으로 작용하고 차입자에게는 같은 방향으로 작용한다.

이러한 내용과 이와 관련한 내용들이 [표 7-2]에 정리되어 있다. 이때 저축은 현재소득에서 현재소비를 차감한 것임을 상기하자. 한편 저축에 대한 분석 원리는 노동공급에 대한 분석 원리와 동일하다. 그러므로 [표 7-2]의 대출자 부분과 [표 7-1]의 내용은 서로 대응된다.

현재소비가 정상재일 경우 이자율이 변화할 때 저축이 증가하는지 감소하는지 사전적으로 알 수 없다. 표에서 말한 저축 증감 내용을 후방굴절하는 저축공급곡선을 보여주는 [그림 7-8(C)]를 이용하여 확인해 보기 바란다. 차입수요곡선은 우하향한다.

(ii) 현재소비가 열등재일 경우

현재소비가 열등재일 경우 이자율이 변화할 때 소득효과의 방향이 [표 7-2]와 반대로 바뀐다. 그 결과 대출자에게는 대체효과와 소득효과가 현재소비에 대해 같은 방향으로 작용하여 저축공급곡선이 우상향한다. 반면에 차입자에게는 대체효과와 소득효과가 현재소비에 대해 반대 방향으로 작용한다. 그 결과 차입이 증가하는지 감소하는지 사전적으로 알 수 없다.

표 7-2	이자율 변화에 따른 저축 및 차입의 변화: 현재소비(C_1)가 정상재일 경우									

이자율	대출자					차입자			
	예산 집합	대체 효과	소득 효과	경우	저축	예산 집합	대체 효과	소득 효과	차입
상승	확대	$C_1 \downarrow$	$C_1 \uparrow$	대체효과 > 소득효과	증가	축소	$C_1 \downarrow$	$C_1 \downarrow$	감소
				소득효과 > 대체효과	감소				
하락	축소	$C_1 \uparrow$	$C_1 \downarrow$	대체효과 > 소득효과	감소	확대	$C_1 \uparrow$	$C_1 \uparrow$	증가
				소득효과 > 대체효과	증가				

현재소비가 정상재일 경우 이자율이 변화할 때 대체효과와 소득효과가 현재소비에 대해 대출자에게는 서로 반대 방향으로 작용하고 차입자에게는 같은 방향으로 작용한다.

(2) [표 7−3]은 이자율이 변화할 때 대출자가 차입자로 전환하거나 차입자가 대출자로 전환할 가능성 여부와 함께 그에 따른 개인 효용의 증감이 어떠한가를 보여주고 있다. 이 결과들은 현재소비가 정상재이든지 열등재이든지 관계없이 성립한다. 이 결과들은 현시선호이론을 적용하거나 또는 예산선과 함께 무차별곡선을 그려봄으로써 검증할 수 있다. 현시선호이론을 적용하는 방법은 [예제 7.4]를 참조하기 바란다.

표 7-3	이자율 변화에 따른 역할 전환 여부 및 효용 증감: 현시선호이론 또는 무차별곡선 적용으로 검증			
	대출자		차입자	
이자율	차입자로 전환 여부	효용 증감	대출자로 전환 여부	효용 증감
상승	차입자로 전환할 가능성 없음		대출자로 전환할 경우	판단 불가
	대출자로 남을 경우	증가	차입자로 남을 경우	감소
하락	차입자로 전환할 경우	판단 불가	대출자로 전환할 가능성 없음	
	대출자로 남을 경우	감소	차입자로 남을 경우	증가

대출자는 이자율이 하락할 경우 차입자로 전환할 가능성이 있으며 차입자는 이자율이 상승할 경우 대출자로 전환할 가능성이 있다.

📑 **예제 7.4** 차입에서 저축으로의 전환 여부

차입자에 대해 생각해 보자.

a. 이자율이 떨어질 경우 대출자로 전환할 가능성이 있는가?
b. 이자율이 떨어질 경우 효용의 증감은 어떠한가?
c. 이자율이 상승할 경우 차입자로 남는다면 효용의 증감은 어떠한가?
d. 이자율이 상승할 경우 대출자로 전환할 가능성이 있는가?

KEY 현시선호이론을 적용해 보자.

풀이

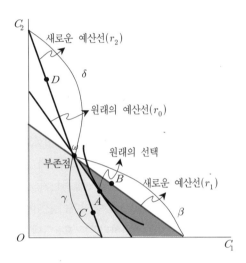

a. 이자율이 떨어질 경우에는 돈을 빌리는 사람의 이자 상환 부담이 줄어든다. 즉 돈을 빌리기에 더 유리한 상황이 된다. 따라서 이 경우 돈을 빌리던 사람이 거꾸로 돈을 빌려주는 상황으로 입장을 바꿀 이유가 없다. 이러한 사실은 현시선호의 약공리를 적용하여 설명할 수 있다.

소비자는 원래의 예산선(r_0)상에서 부존점 ω의 왼쪽에 있는 점(저축을 의미)을 선택할 수도 있었다. 그럼에도 불구하고 부존점 ω의 오른쪽에 있는 점(차입을 의미) A를 택했다. 현시선호이론에 의하면, 이것은 선택된 점 A가 다른 어떠한 점보다도 선호된다는 것을 의미한다.

그런데 이자율이 r_0에서 r_1으로 떨어진 이후에도 처음에 선택했던 점 A를 여전히 선택할 수 있다. 그러므로 이때 점 A를 제외하고는 원래의 예산집합에 속하는 점은 어떠한 점도 선택해서는 안 된다. 점 A는 새로운 예산집합에 속하면서 원래의 예산집합에도 속하는 부분(옅은 음영부분)에 있는 점들보다 직접 현시선호되었으므로 현시선호의 약공리에 따르면 옅은 음영부분에 있는 점들은 점 A보다 직접 현시선호될 수 없기 때문이다. 만일 이자율이 떨어진 이후 옅은 음영부분에 있는 다른 어떤 점을 선택한다면 현시선호의 약공리를 위반한다. 이렇게 볼 때 이자율이 떨어질 경우 새로운 예산집합에는 속하면서 원래의 예산집합에는 속하지 않는 부분(짙은 음영 부분)에 있는 점을 택해야 한다. 그런데 이것은 부존점 ω의 오른쪽에 있는 점을 선택해야 한다는 것을 의미한다.**12** 그리고 또한 계속 차입하는 상태로 남아 있어야 한다는 것을 의미한다.

b. 차입자의 경우 이자율이 r_0에서 r_1으로 하락한 후에도 원래 선택했던 A가 여전히 선택 가능하다. 이러한 상황에서 새로운 예산선(r_1)의 β 부분에 속하는 B와 같은 점이 선택 가능해진 상황이므로 효용이 증가한다고 말할 수 있다. 원래의 선택이 가능한 상황에서 새로운 선택이 가능해진 상황이기 때문이다.

c. 이자율이 r_0에서 r_2로 상승한 이후에도 차입자가 계속 차입자로 남는다는 것은 소비자가 r_0하에서도 선택가능했기만 선택하지 않았던 γ부분에 속하는 C와 같은 점을 선택한다는 것을 의미한다. 이 경우 C는 원래 선택가능했는데 선택하지 않고 그 대신 A를 선택한 것이므로 A가 C에 대해 직접현시선호되었다. 이때 현시선호의 약공리에 따르면 C가 A에 대해 직접현시선호될 수 없으므로 A가 C보다 선호된다고 말할 수 있다. 그런데 상승한 새로운 이자율 r_2하에서는 A를 선택할 수 없게 되어 그 대신 C를 선택하였으므로 효용은 감소하였다.

d. (i) 대출자로 전환한다는 것은 r_0하에서는 선택할 수 없었던 δ부분에 속하는 D와 같은 점을 선택한다는 것을 의미한다. 그런데 현시선호는 두 상품묶음 중 어느 것도 선택 가능할 때 비로소 적용할 수 있다. 그러므로 원래 선택했던 A와 원래는 선택 불가능했지만 새로 선택한 D 중에서 어느 것을 선호하는지 알 수 없다. 그러므로 상승한 이자율 r_2에서 D를 선택하는 것은 현시선호의 약공리를 위반하지 않는다. 그러므로 이자율이 상승할 경우 차입자가 대출자로 전환하더라도 효용극대화에 부합한다. (ii) 이제 대출자로 전환할 경우 효용의 증감을 살펴보자. 그에게는 원래 선택했던 A는 상승한 새로운 이자율 r_2하에서는 선택이 불가능하다. 따라서 이자율 상승 후 대출자로 전환하여 새로이 D를 선택하더라도 D와 원래 선택했던 A 중에서 어느 것을 선호하는지 알 수 없다. 현시선호는 두 상품묶음 중 어느 것도 선택 가능할 때 비로소 적용할 수 있기 때문이다. 그러므로 대출자로 전환하더라도 효용의 변화는 알 수 없다.

---

12 간단히 예산선상의 점들에만 주목해 보자. 그러면 이 말은 새로운 예산선 중 원래의 예산집합에 속하는 부분에 있는 점들이 선택되어서는 안 된다는 것이다.

제8장

시장수요: 가격탄력성과 총수입

8.1 시장수요 | 8.2 탄력성 | 8.3 가격탄력성과 총수입 및 한계수입

MICROECONOMICS

앞에서 우리는 개별 소비자의 선택 행위로부터 개인의 수요를 구했다. 그리고 이러한 개인의 수요를 합하여 시장수요를 얻을 수 있다고 하였다. 이번 장에서는 그러한 시장수요와 그 성질에 대해 살펴본다. 그 중에서 특히 탄력성의 개념을 소개한다. 그리고 가격이 변화할 때 탄력성의 크기에 따라 기업의 총수입이 어떻게 달라지는가를 밝힌다. 탄력성은 농산물의 가격 파동, 조세귀착, 그 밖의 여러 가지 경제현상을 설명하는 데 핵심적인 역할을 한다. 이에 대해서는 이 책의 12장 및 다른 부분에서 다룰 것이다.

무엇을 공부할 것인가

1. 시장수요곡선은 어떻게 구하는가?
2. 어떠한 경우에 수요량이 변하는가? 어떠한 경우에 수요가 변하는가?
3. 수요량이 가격이나 소득의 변화에 얼마나 민감하게 반응하는가를 어떻게 측정할 수 있는가?
4. 가격이 변화할 때 가격탄력성의 크기와 기업의 판매수입 사이에는 어떠한 관계가 있는가? 그 이유는 무엇인가?
5. 각종 탄력성과 PCC 모양, ICC 모양의 관계, 각종 탄력성들의 관계 등은 어떠한가?
6. 기업의 판매량이 변화할 때 가격탄력성의 크기와 기업의 판매수입 사이에는 어떠한 관계가 있는가? 그 이유는 무엇인가?

8.1 시장수요

8.1.1 시장수요곡선

편의상 두 상품의 경우에 대해서 생각해 보자. 우리는 4장의 분석으로부터 개인의 수요량은 해당 상품의 가격, 다른 상품의 가격, 그리고 소득의 함수라는 사실을 알았다. 즉 개인 i의 X재에 대한 수요함수는 $x_i = d_x^i(p_x,\ p_y,\ M_i)$로 쓸 수 있고, Y재에 대한 수요함수는 $y_i = d_y^i(p_x,\ p_y,\ M_i)$로 쓸 수 있다는 것이다. 여기서 M_i는 개인 i의 소득을 나타낸다. 이제 n명의 소비자가 있다고 하자. 그러면 X재의 시장수요량은 개별 소비자들의 수요량을 모두 합해

$$D_x(p_x,\ p_y,\ M_1,\ \cdots,\ M_n) = \sum_{i=1}^{n} d_x^i(p_x,\ p_y,\ M_i)$$

로 구해진다. 그러므로 X재의 **시장수요함수**(market demand function)는

$$X = D_x(p_x,\ p_y,\ M_1,\ \cdots,\ M_n)$$

로 쓸 수 있다. 위 두 식에서 주목할 것이 있다.

(1) 개인들은 누구나 똑같은 시장가격에 직면한다.

(2) 시장수요량은 해당 상품의 가격뿐만 아니라 다른 상품의 가격 및 소득분포의 함수이다.

(3) 개인들의 선호는 일정하다고 가정하고 있다. 개인들의 선호가 변하면 개인들의 수요함수도 변하고 따라서 시장수요함수도 변한다.

> **시장수요곡선**(market demand curve) 개인들의 소득과 다른 상품의 가격 등 '다른 상황이 일정'할 때(ceteris paribus), 해당 상품의 가격이 변화함에 따라 시장수요량이 어떻게 변화하는가를 보여주는 곡선

(1) 시장수요함수에서 다른 것들은 일정하다고 가정하고 p_x와 X재의 관계를 그래프로 나타낸 것이 X재의 시장수요곡선이다. 기하학적으로 볼 때 이러한 시장수요곡선을 구하려면 각 개인의 수요곡선을 합하게 된다. 그런데 각 개인들이 모두 가격수용자이므로 각 개인들은 동일한 가격에 직면하게 된다. 그런데 수요곡선은 가격을 세로축에 나타내고 수요량

그림 8-1 시장수요곡선

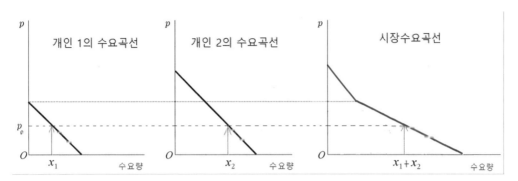

시장수요곡선은 개인들의 수요곡선을 수평으로 합하여 구한다. 시장수요곡선은 한계편익곡선으로 볼 수 있다.

을 가로축에 나타낸다. 이러한 상황에서 동일하게 주어진 각각의 모든 가격에서 각 개인들의 수요량을 합하는 것은 결국 각 개인들의 수요곡선을 수평으로 합하는 셈이 된다. 시장에 두 명의 개인이 존재하는 경우를 가정하고 이러한 원리에 따라 시장수요곡선을 구하는 예가 [그림 8−1]에 나타나 있다.

(2) 개인의 수요곡선은 개인의 효용극대화 행위로부터 도출되었으므로 개인들의 수요곡선을 합하여 구해지는 시장수요곡선도 결국 개인들의 효용극대화 행위로부터 얻어진 것이다.

(3) 개인의 수요곡선은 개인의 한계편익곡선이라는 사실을 상기하자. 즉 개인 1의 경우 가격 p_0에 대응하는 수요량 x_1에서 누리는 한계편익은 가격 p_0와 같다. 개인 2의 경우도 가격 p_0에 대응하는 수요량 x_2에서 누리는 한계편익은 p_0와 같다. 이때 개인 1의 이러한 한계편익은 가로축의 개인 1의 수요량 x_1에서 개인 1의 수요곡선에 이르는 수직거리인 p_0로 나타난다. 개인 2의 한계편익은 가로축의 개인 2의 수요량 x_2에서 개인 2의 수요곡선에 이르는 수직거리로서 역시 p_0로 나타난다. 이러한 상황에서는 각 개인들 중에서 어느 누가 추가로 (아주 작은) 1단위를 더 소비하더라도 그때 추가로 얻는 편익은 p_0와 같다(아주 작은 1단위 변화에 대해서는 [부록 2.2] 참조). 이것은 시장 전체 측면에서 볼 때 가격 p_0에 대응하는 시장수요량 $x_1 + x_2$에서 수요량이 추가로 (아주 작은) 1단위 더 증가할 때 한계편익이 가격 p_0와 같다는 것을 의미한다. 그리고 이러한 한계편익은 시장수요량인 $x_1 + x_2$에서 시장수요곡선까지의 수직거리인 p_0로 나타난다. 따라서 이때

$$MB_1(x_1) = MB_2(x_2) = MB(x_1 + x_2) = p_0$$

가 성립한다. 그런데 이상의 논리는 가격 p_0에서뿐만 아니라 각각의 모든 가격에서 성립한다.

> 그러므로 개인의 수요곡선뿐만 아니라 시장수요곡선도 한계편익곡선으로 볼 수 있다.

(4) 수요곡선 아래의 면적은 총편익을 나타낸다는 점을 고려하여 [부록 10.5]와 같은 유형의 극대화문제를 구성한 후 포락선정리(권말 부록 I.4.2 참조)를 적용하면 이 식을 엄밀하게 노출할 수 있다.

(5) 참고로 한계편익을 정확하게 측정하려면 보상시장수요곡선을 사용해야 한다. 그러나 현실에서는 보상시장수요곡선이 관찰되지 않으므로 그 대신 관찰 가능한 보통시장수요곡선을 사용하게 된다(6.7.4 참조).

📋 **예제 8.1** 시장수요곡선: 개인들의 수요곡선을 수평으로 합하는 방법

경제 내에 두 개인 A, B가 있다고 하자. 빵에 대한 각 개인의 수요곡선은 $q_A = 400 - p_A$, $q_B = 600 - p_B$라고 한다. 한편 빵의 시장공급곡선은 $Q = 100 + \frac{1}{2}p$이다. 빵의 시장균형과 각 개인의 수요량을 구하시오.

KEY 시장수요곡선은 각 개인의 수요곡선을 수평으로 합하여 구한다. 수평합이 수식적으로 의미하는 바를 알아야 한다.

풀이 $q_A = 400 - p_A$ (1), $q_B = 600 - p_B$ (2), $Q_s = 100 + \frac{1}{2}p$ (3)으로 주어져 있다.

(i) $p \geq 400$일 경우 시장수요곡선은 $Q_d = 600 - p$이다.

(ii) $p < 400$일 경우 시장수요곡선은 두 개인의 수요곡선을 수평으로 합하여 구한다. 이에 대해 알아보자. 시장에서 각 개인은 가격수용자로 행동하며 동일한 가격에 직면한다. 그러므로 각 개인이 직면하는 가격을 p라 하면 $p = p_A = p_B$ (4)가 성립한다. 이때 개인 A의 수요는 $q_A = 400 - p$ (5), 개인 B의 수요는 $q_B = 600 - p$ (6)이다. 따라서 시장수요는 각 개인의 수요를 합하여 구한다. 수식적으로 구하면

$$Q_d = q_A + q_B = 1,000 - 2p \, (Q_d > 200), \quad Q_d = 600 - p \, (Q_d \leq 200) \tag{7}$$

이 된다. 이것이 그래프상으로는 각 개인의 수요곡선을 수평으로 더한 것이 된다.

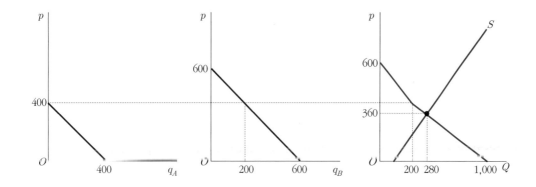

참고로 $q_A = q_B = q$로 놓고 $p = p_A + p_B = 1,000 - 2q$로 구하는 것은 동일하게 주어진 각각의 모든 수량에 대해 각 개인이 얻는 한계편익을 합하는 것이므로 수요곡선들을 수평으로 합하는 것이 아니라 수직으로 합하는 것이다(부록 11.3 참조).

시장균형을 구하려면 균형식 $Q = Q^s = Q^d$가 필요하다. 이 균형식과 공급과 수요를 나타내는 (3), (7)식으로부터 $p^* = 360$, $Q^* = 280$을 얻는다. 이때의 가격을 (5)식과 (6)식에 각각 대입하면 $q_A^* = 40$, $q_B^* = 240$을 얻는다.

8.1.2 수요량의 변화와 수요의 변화

다시 한 번 강조하는데, **수요량**(quantity demanded)의 변화와 **수요**(demand)의 변화를 혼동해서는 안 된다. 나아가서 수요량이나 수요는 모두 의향이나 계획을 나타내는 것이지, 실제 구매가 이루어진 것을 의미하는 것은 아니다(4.6.2에서 인용). 이러한 내용들은 개인수요뿐만 아니라 시장수요에도 공통적으로 적용된다. 그렇지만 중요한 내용이므로 강조한다는 측면에서 다시 한 번 논의하기로 하자.

(1) 수요량의 변화

수요량이 변한다는 것(change in quantity demanded)은 해당 상품의 가격이 변화할 때 '주어진 수요곡선상에서' 움직이는 것(movement along the fixed demand curve)을 말한다. 예를 들어 가격이 1,000원일 때 사과의 수요량이 5만 개라고 하자. 그런데 가격이 1,100원이 될 경우 그 수요량이 4만 개가 된다고 하자. 이러한 수요량의 변화는 주어진 수요곡선상에서 움직이는 것으로 나타난다.

한편 수요량은 어떤 일정 기간 동안에 측정한 값이다. 이 점에 유의하자. 예컨대 일 주일 동안의 사과에 대한 수요량 또는 한 달 동안의 사과에 대한 수요량 등으로 반드시 특정 기간을 명시해야 한다.

> (1) **유량**(flow): 일정 기간 동안 측정한 값
> (2) **저량**(stock): 일정 시점에서 측정한 값

예컨대 어떤 시점에 저수지에 고여 있는 물의 양을 측정한 것은 저량에 해당한다. 하루에 저수지로 흘러드는 물의 양을 측정한 것은 유량에 해당한다. 수요량뿐만 아니라 소득이나 소비 등은 유량에 해당하고, 통화량이나 재산 등은 저량에 해당한다.[1]

(2) 수요의 변화

수요곡선은 수요함수에서 소득이나 다른 상품들의 가격이 일정하다고 가정한 상황에서 도출된 것이라고 하였다. 수요의 변화를 논의하려면 이 점을 명심해야 한다. 이때 만일 일정하다고 가정했던 소득이나 다른 상품들의 가격 또는 선호(수요함수의 형태에 반영되어 있음)가 변하면 '수요곡선 자체'가 이동(shift of the demand curve)한다.[2] 이 경우 우리는 수요가 변화(change in demand)했다고 말한다.

소득이 증가하면 정상재의 경우 가격이 예컨대 1,000원에서든지 1,100원에서든지 또는 어떤 다른 가격에서든지 구입하고자 하는 수량, 즉 수요량이 증가한다. 그러므로 결국 수요곡선이 밖으로 이동하게 된다.[3] 이 경우 수요가 증가했다고 말한다.

또 다른 예로서 콜라와 사이다가 대체재라고 하자. 이때 사이다의 가격이 오르면 사이다를 덜 마시고 그 대신 상대적으로 값이 싸진 콜라를 더 많이 마실 것이다. 이러한 논리는 처음에 콜라와 사이다의 가격이 얼마이었든가에 관계없이 성립한다. 즉 콜라의 가격이 얼마였든지 콜라의 수요량이 증가한다. 이 경우에도 우리는 콜라의 수요가 증가했다고 말한다. 당연한 말이지만 이러한 변화는 콜라의 수요곡선 자체가 밖으로 이동하는 것으로 나타난다.

한편 콜라와 햄버거가 보완재라고 하자. 이때 햄버거의 가격이 오르면 햄버거의 수요량은 물론 이와 함께 마시는 콜라의 수요량도 줄어든다. 이때에도 콜라의 가격이 얼마였든가

---

1 따라서 지금 이 순간 당신의 소득은 얼마인가라고 묻는 것은 틀린 것이다. 그 대신 일정 기간을 지정하여 예컨대 한 달 동안의 당신의 소득은 얼마인가로 물어야 한다. 마찬가지로 한 달 동안의 당신의 재산은 얼마인가라고 묻는 것도 틀린 것이다. 그 대신 특정 시점을 지적하여 지금 이 순간 당신의 재산은 얼마인가 또는 1년 후 당신의 재산은 얼마가 될 것인가 등으로 물어야 한다.

2 수요곡선의 이동에 대해서는 12장에서 다시 다루게 된다.

3 구체적인 설명은 1장 1.3을 참고하자.

는 관계가 없다. 이러한 경우 콜라의 수요가 감소했다고 말한다. 물론 이때 콜라의 수요곡선은 안쪽으로 이동한다.

8.2 탄력성

가격이 하락할 때 수요량이 증가한다는 사실은 알고 있다. 그렇다면 과연 어느 정도나 증가할까? 물론 그 정도는 상품의 종류에 따라 다르다. 그러나 여기서는 상품의 종류나 가격의 차이에 관계없이 공통적으로 적용할 수 있는 측정 방법에 관심을 두고 있다.

8.2.1 탄력성의 개념

경제분석을 할 때 수요량이 가격이나 소득의 변화에 얼마나 민감하게 반응하는가를 아는 것은 상당히 중요하다. 농산물 가격의 폭등이나 폭락, 놀이공원에 입장할 때 어린이의 입장료를 할인해 주는 것, 그리고 이 밖에 무수한 경제현상들이 이와 관련되기 때문이다(이에 대해서는 이 책의 다른 장에서 분석할 것이다).

수요와 관련하여 이러한 민감성을 측정하는 지표에는 수요의 가격탄력성, 수요의 소득탄력성, 수요의 교차가격탄력성 등 여러 가지가 있다. 수요의 **가격탄력성**은 가격이 변화할 때 수요량이 얼마나 민감하게 반응하는가를 측정한다. 수요의 소득탄력성은 소득이 변화할 때 수요량이 얼마나 민감하게 반응하는가를 측정한다. 그리고 **수요의 교차가격탄력성**(수요의 교차탄력성이라고도 함)은 다른 상품의 가격이 변화할 때 해당 상품의 수요량이 얼마나 민감하게 반응하는가를 측정한다. 우리가 흔히 탄력성이라고 할 때에는 가격탄력성을 말한다.

좀더 포괄적으로 해석하면, **탄력성**(elasticity)이란 어떤 독립변수가 변화할 때 그에 따라 종속변수가 얼마나 민감하게 반응하는가를 측정하는 지표라고 할 수 있다. (1) 이렇게 보면 예를 들어 X재의 수요함수가 $x = d_x(p_x, p_y, M)$처럼 해당 상품의 가격, 다른 상품의 가격, 소득 등의 함수라는 점을 고려할 때 수요의 탄력성이 앞서 말한 3가지로 나뉘는 것은 당연하다. (2) 또한 포괄적으로 볼 때 탄력성은 수요에만 국한되는 개념은 아니다. 공급이나 기타 다른 경제변수들에도 적용된다. (3) 나아가서 이번 장에서는 시장 차원에서 다루지만 같은 원리가 개인 차원에서도 성립하는 것은 물론이다.

8.2.2 수요의 가격탄력성

수요의 가격탄력성에 대해 살펴보자. 당연한 말이지만, 수요량이 가격의 변화에 얼마나 민감하게 반응하는가는 가격이 변화할 때 수요량이 얼마나 변화하는가를 살펴봄으로써 알 수 있다. 수요함수가 $q = q(p)$일 경우(p는 가격, q는 수요량) 이 내용을 수학적으로 표현하면 수요함수의 기울기인 $\frac{dq}{dp}$로 나타난다.[4] 그런데 이 기울기로 수요량이 얼마나 민감하게 반응하는가를 측정하는 데에는 한가지 문제가 있다. 즉 같은 가격이나 수요량에 대해서도 어떤 단위로 측정했는가에 따라 그 값이 달라진다는 것이다.

예를 들어 가격의 변화가 같은 경우에도 수요량을 kg 대신 g으로 측정하면 수요량의 변화는 1,000배가 된다. 나아가서 100만원 이상하는 컴퓨터처럼 가격이 원래 높은 경우에는 가격이 설사 100원 내리더라도 수요량이 증가하지 않는다. 그러나 사과처럼 가격이 낮은 경우에는 가격이 100원만 떨어져도 더 많이 팔린다. 그런데 이 결과를 놓고 컴퓨터는 사과에 비해 가격의 변화에 덜 민감하게 반응한다고 판단한다면 문제가 된다. 이러한 문제점을 시정하기 위해서는, 측정하는 단위에 영향을 받지 않도록 할 필요가 있다. 이 점을 고려하여 고안한 민감성에 대한 지표가 바로 **탄력성**이다. 이 때문에 탄력성은 변화율(%)의 비율로 측정되고 있다.

이에 따르면, 수요의 가격탄력성은 다음과 같이 정의된다.

> **수요의 가격탄력성**(price elasticity of demand) 가격이 변화할 때 그에 따라 수요량이 얼마나 변화하는가 그 정도를 측정하는 지표. 가격 1% 변화에 대한 수요량의 % 변화. **수요의 자기가격탄력성**(own-price elasticity of demand)이라고도 함.

즉 수요의 가격탄력성을 ϵ_p라 하면,

$$\epsilon_p = -\frac{dq(p)/q(p)}{dp/p} = -\frac{p}{q(p)}\frac{dq(p)}{dp}$$

이다. 이는 가격의 변화율에 대해 수요량의 변화율이 어느 정도인가를 말해 준다. 여기서 '−' 부호는 수요량은 가격과 반대 방향으로 움직이는 점을 감안한 것이다. 즉 편의상 가격탄력성이 양의 값을 갖도록 붙여준 것에 불과하다. 한편 수량이나 가격의 단위는 위 식의 가운데 변에 있는 분자에서 그리고 분모에서 제각기 약분되어 없어진다. 그래서 사과

---

4 수요함수는 수량을 가격의 함수로 표시하고 있다. 그러나 수요곡선을 그릴 때에는 관례적으로 가로축에 수량을 표시한다. 따라서 수요곡선의 기울기는 수요함수의 기울기의 역수로 나타난다.

나 컴퓨터처럼 서로 다른 상품에 대해 그 가격탄력성을 비교할 수 있게 된다. 그리하여
사과이든 컴퓨터이든 가격이 2% 올랐는데 수요량이 6% 줄었다면 가격탄력성은 3이 된다.

부록 8.1 탄력성의 다른 표현

탄력성은 독립변수가 변화할 때 종속변수가 얼마나 민감하게 반응하는가를 측정하는 지표라고
하였다. 이에 따라 수요뿐만 아니라 공급이나 기타 다른 경제변수들에도 적용된다고 하였다.

(1) 이러한 측면에서 일반적으로 임의의 종함수 $y = f(x)$에서 y의 x에 대한 탄력성은

$$\epsilon_{yx} = \frac{dy/y}{dx/x} = \frac{dy/dx}{y/x} = \frac{\text{한계함수}}{\text{평균함수}} \quad (1)$$

로 정의할 수 있다. 이때 하첨자의 표기에 주목하자. 그래프상으로 볼 때 평균함수는 원점과 곡선
$y = f(x)$상의 임의의 한 점 (x, y)를 잇는 직선의 기울기로 나타난다. 한계함수는 곡선 $y = f(x)$상의
임의의 한 점 (x, y)에서 그 곡선에 그은 접선의 기울기로 나타난다. 그러므로 곡선 $f(x)$상의 임의
의 한 점에서 이 두 기울기만 알면 그 점에서의 탄력성을 알 수 있다.

(2) 한편 로그함수 미분 공식에 따라 $\frac{d\ln x}{dx} = \frac{1}{x}$이다. 이로부터 $d\ln x = \frac{1}{x} dx = \frac{dx}{x}$이다. 즉 로그의
변화, 즉 로그의 미분(differential)은 변화율(%)을 나타낸다. 직접 전미분을 하여 $d\ln x = \frac{1}{x} dx = \frac{dx}{x}$
로 써도 된다. 이 결과를 이용하면

$$\epsilon_{yx} = \frac{dy/y}{dx/x} = \frac{d\ln y}{d\ln x} \quad (2)$$

이다. 로그를 사용하면 특히 변수들의 곱, 몫, 또는 지수가 포함되어 있는 식을 전미분할 때 편리하다.
[예] X재에 대한 콥–더글라스 수요함수는 $x = \frac{\alpha M}{p_x}$ (3)이다.

(i) 한계함수와 평균함수를 이용하는 방법으로 탄력성을 구해보자. 한계함수는 $\frac{dx}{dp_x} = -\frac{\alpha M}{p_x^2}$ (4)
이고, 평균함수는 $\frac{x}{p_x} = \frac{\alpha M/p_x}{p_x}$ (5)이다. (4)와 (5)를 식 (1)의 셋째 변에 각각 대입하면 $\epsilon_p = 1$을
얻는다. 이때 수요의 가격탄력성이므로 탄력성이 양의 값을 갖도록 부호를 조정해 주었다.

(ii) 식 (2)를 이용하여 탄력성을 구해보자. 식 (3)의 양변에 로그를 취해주면 $\ln x = \ln \alpha M - \ln p_x$이
다. 양변을 전미분해 주면 $d\ln x = d\ln \alpha M - d\ln p_x$ (6)이다. $\ln \alpha M$은 상수이므로 $d\ln \alpha M = 0$ (7)이다.
(2)의 공식을 적용하면 (6)에서 $\epsilon_p = -(-\frac{d\ln x}{d\ln p_x}) = 1$이다. 탄력성이 양의 값을 갖도록 부호를 조정
해 주었다.

수요의 가격탄력성은 가격이 변화할 때 그에 따라 수요량이 얼마나 민감하게 반응하는가를 측정하므로, 수요량이 가격의 변화에 민감하게 반응할수록 그 값이 커진다. 다시 말하면 정상재의 경우 대체효과와 소득효과가 클수록 그 값이 커진다는 것이다.

> (1) 탄력적(elastic): 수요의 가격탄력성의 값이 1보다 클 경우
> (2) 단위탄력적(unit elastic): 수요의 가격탄력성의 값이 1일 경우
> (3) 비탄력적(inelastic): 수요의 가격탄력성의 값이 1보다 작을 경우

따라서 수요의 가격탄력성의 크기를 완전하게 파악하려면 소득효과의 크기도 알아야 한다. 그러나 가격탄력성의 크기에 가장 큰 영향을 주는 요인은 가까운 대체재가 있는가 없는가이다. 왜냐하면 대부분의 상품의 경우 소득효과보다는 대체효과가 더 크기 때문이다. 예를 들어 가까운 대체재가 있는 경우, 해당 상품의 가격이 오르면 그 상품 대신 대체재를 소비한다. 그 결과 수요량이 크게 줄어들며 이에 따라 가격탄력성이 크게 나타난다.

이 밖에도 어떤 상품이 개인의 지출에서 차지하는 비중이 클수록 가격의 변화에 대해 민감하게 반응한다. 또한 고려하고 있는 기간이 길수록 가격탄력성의 값은 크게 나타난다. 고려하고 있는 기간이 짧을 경우 가격이 변하더라도 그에 대한 반응이 충분히 나타나지 않을 수도 있기 때문이다. 예를 들어 TV의 가격이 내리더라도 현재 가지고 있는 TV가 못 쓰게 될 때까지는 새 것을 구입하지 않을 것이기 때문이다.

> (1) 소득탄력성(income elasticity) η
>
> 정상재: $\eta > 0$, 열등재: $\eta < 0$, 사치재: $\eta > 1$, 필수재: $0 < \eta < 1$
> (2) 교차가격탄력성(cross price elasticity) ϵ
>
> 대체재: $\epsilon > 0$, 보완재: $\epsilon < 0$, 독립재: $\epsilon = 0$
> (관련 내용은 [부록 8.2] − [부록 8.5] 참조)

📖 예제 8.2 여러 가지 탄력성: 콥−더글라스 효용함수의 경우

콥−더글라스 효용함수 $U(x, y) = x^\alpha y^\beta$를 생각해 보자. 이때 $\alpha + \beta = 1$이라고 하자. 상품의 가격이 각각 p_x, p_y이고 소득이 M일 경우 X재와 Y재에 대한 수요함수는 각각 $x = \dfrac{\alpha M}{p_x}$, $y = \dfrac{\beta M}{p_y}$으로 구해진다.

a. X재 수요의 (자기)가격탄력성을 구하시오.
b. X재의 가격이 변할 경우 p_x의 가격소비곡선(PCC_x)의 모양은 어떠한가?
c. X재 수요의 교차가격탄력성을 구하시오.
d. X재 수요의 소득탄력성을 구하시오.

e. 소득소비곡선(ICC)의 모양은 어떠한가?

f. 위와 같은 콥-더글라스 효용함수에서 힉스수요량은 각각 $x_c = \alpha p_x^{\alpha-1} p_y^{\beta} u$, $y_c = \beta p_x^{\alpha} p_y^{\beta-1} u$으로 구해진다. 이 결과를 이용하여 두 상품이 대체재인지 아니면 보완재인지를 말하시오.

KEY 콥-더글라스 선호의 경우 가격탄력성과 소득탄력성은 모두 1이 된다.

풀이 a. $\epsilon_{xx} = -\dfrac{\partial x/x}{\partial p_x/p_x} = -\dfrac{\partial x}{\partial p_x}\dfrac{p_x}{x} = \dfrac{\alpha M}{p_x^2}\dfrac{p_x}{\dfrac{\alpha M}{p_x}} = 1$. (1) 이 결과는 X재 가격의 변화율과 그 수요량의 변화율이 같다는 것을 의미한다. (2) 그리고 이것은 또한 x재의 가격이 변하더라도 X재 구입에 지출하는 금액이 변하지 않는다는 사실을 말한다. 실제로 수요함수에서 볼 때 $p_x x = \alpha M$으로서 X재 구입에 지출하는 금액은 X재의 가격과 관계없이 αM으로서 일정하다.

b. p_x의 가격소비곡선 PCC_x는 p_y와 M이 주어진 상태에서 p_x가 변할 때 그에 상응하여 변하는 x와 y의 관계를 나타낸다. 이때 p_x가 x와 y의 관계를 맺어주는 매개변수 역할을 한다. 그런데 주어진 수요함수의 경우 p_x가 사실상 매개변수의 역할을 하지 못한다. 즉 수요함수에서 볼 때 X재의 가격이 변하더라도 Y재의 수요량은 일정하다. 따라서 PCC_x는 가로축에 수평인 직선이 된다. 현재 PCC_x를 구할 때 Y재의 가격은 변하지 않는 상태이다. 이러한 상태에서 Y재의 수요량이 변하지 않으므로 Y재에 지출하는 금액도 변하지 않는다. 그런데 소득에서 Y재에 지출하고 난 나머지가 X재에 지출한 금액이므로, 이것은 X재에 지출하는 금액도 변하지 않는다는 것을 말한다. 종합해 볼 때 PCC_x가 수평이라는 것은 X재의 가격이 변하더라도 X재에 지출하는 금액이 일정하다는 것을 말하며, 따라서 X재에 대한 수요의 가격탄력성이 1이라는 것을 말한다.

c. $\epsilon_{xy} = \dfrac{\partial x/x}{\partial p_y/p_y} = \dfrac{\partial x}{\partial p_y}\dfrac{p_y}{x} = 0$. 이로부터 두 상품은 서로 독립재의 관계에 있다고 말할 수 있다. 한편 문제에서 주어진 수요함수는 콥-더글라스 효용함수에 대한 보통수요함수(Marshallian demand function)이다. 이 경우 Y재 가격변화에 따른 X재에 대한 대체효과가 X재에 대한 소득효과에 의해 정확하게 상쇄되어 나타난다.

d. $\epsilon_{xM} = \dfrac{\partial x/x}{\partial M/M} = \dfrac{\partial x}{\partial M}\dfrac{M}{x} = \dfrac{\alpha}{p_x}\dfrac{M}{\dfrac{\alpha M}{p_x}} = 1$. 이 결과는 소득의 변화율과 x재 수요량의 변화율이 같다는 것을 의미한다.

e. 소득소비곡선은 p_x와 p_y가 주어진 상태에서 M이 변할 때 그에 상응하여 변하는 x와 y의 관계를 나타낸다. 이때 M이 x와 y의 관계를 맺어주는 매개변수의 역할을 한다. 두 수요함수를 연립으로 하여 매개변수의 역할을 하는 M을 소거하면 ICC는 $y = \dfrac{\beta}{\alpha}\dfrac{p_x}{p_y}x$인 직선으로 구해진다. 원점을 지나는 직선이므로 소득의 변화율과 X재 수요량의 변화율이 같다. 물론 소득의 변화율은 Y재 수요량의 변화율과도 같다. 그리고 이것은 소득탄력성이 1이라는 것을 말한다.

f. $\dfrac{\partial x_c}{\partial p_y} = \alpha\beta p_x^{\alpha-1} p_y^{\beta-1} u > 0$, $\dfrac{\partial y_c}{\partial p_x} = \alpha\beta p_x^{\alpha-1} p_y^{\beta-1} u > 0$이다. 한편 이 결과는 다른 상품
의 가격이 오를 경우 해당 상품의 수요량이 증가한다는 것을 말한다. 따라서 두 상품은 서
로 대체재이다. 그런데 힉스수요함수(Hicksian demand function)를 기준으로 평가하고
있으므로 순대체재(net substitutes)이다. 앞 문항 c.와 다른 결과가 나타나는 이유는 여
기서는 소득효과를 제외하고 오로지 대체효과만을 대상으로 평가하고 있기 때문이다.

8.3 가격탄력성과 총수입 및 한계수입

쉬운 예로 가격을 올린다고 기업의 총수입이 반드시 늘어나는 것은 아니다. 가격이 오르
는 것에 비해 수요량이 더 크게 줄어들 수도 있기 때문이다. 이와 관련하여 가격이 변화할 때
가격탄력성의 크기에 따라 기업의 총수입이나 한계수입이 어떻게 변화하는가를 살펴보자.

8.3.1 가격탄력성과 총수입: 가격변화를 기준으로

> 🌱 **총수입**(total revenue: *TR*) 기업이 소비자들에게 상품을 판매하여 받는 금액들의 총합

총수입은 상품 생산에 드는 비용을 빼 주지 않은 상태의 금액이라는 점에 주목하자. 11장
에 등장하겠지만 총수입에서 총비용을 빼 준 값은 이윤이라고 부른다.

총수입은 가격과 수량을 곱한 값이다. 그러므로 가격이 변화하면 두 가지 요인에 의해
총수입이 변한다. 그 중 하나는 가격 그 자체가 변했기 때문이고 다른 하나는 가격이 변화
하면 수요량이 변하기 때문이다. 따라서 예를 들어 가격이 떨어질 경우 총수입은 이전보다
클 수도 있고 작을 수도 있다. 그 결과는 가격이 떨어질 때 수요량이 얼마나 늘어나느냐에
달려 있다. 가격은 떨어졌는데 수요량은 별로 증가하지 않는다고 하자. 그러면 가격이 떨어
진 효과가 수요량이 늘어난 효과를 압도하여 총수입은 줄어든다. 역으로 가격이 떨어진 폭
에 비해 수요량이 크게 늘어난다면 총수입은 오히려 늘어난다. 이처럼 가격이 변화할 때 총
수입이 증가할 것인지 감소할 것인지는 수요량이 가격의 변화에 얼마나 민감하게 반응하는
가에 따라 달라진다. 즉 가격이 변화할 때 총수입이 증가할 것인지 아닌지는 가격탄력성에
따라 달라진다.

이제 총수입과 가격탄력성의 관계를 정식화해 보자. 수요함수가 $q = q(p)$일 경우 총수

입 $TR(p)$은 가격 p와 판매량 q를 곱한 것이다. 그러므로

$$TR(p) = p \times q(p)$$

로 쓸 수 있다. 이때 가격이 변화할 경우 총수입이 어떻게 변화하는가를 알려면 가격변화 자체로 인한 총수입의 변화분뿐만 아니라 가격변화로 인해 수요량이 변화하기 때문에 나타나는 총수입의 변화분도 함께 고려해야 한다. 이러한 내용들은 사실상 미분할 때 반영된다. 그러므로 $TR(p)$을 p로 미분하면

$$\frac{dTR(p)}{dp} = q(p) + p\frac{dq(p)}{dp}$$

를 얻는다. 우변에서 $q(p)$는 가격변화 자체로 인한 총수입의 변화분을 나타내고 $p\frac{dq(p)}{dp}$는 가격변화로 인해 수요량이 변화하는데 이것이 기존가격에 적용되어 나타나는 총수입의 변화분을 나타낸다. 이 식을 약간 변형하면

$$
\begin{aligned}
\frac{dTR(p)}{dp} &= q(p) + p\frac{dq(p)}{dp} \\
&= q(p)\left(1 + \frac{p}{q(p)}\frac{dq(p)}{dp}\right) \\
&= q(p)(1 - \epsilon_p)
\end{aligned}
\tag{8.1}
$$

와 같이 가격탄력성이 포함된 식을 얻는다. 이 식을 이용하면 가격이 변화할 때 가격탄력성의 크기에 따라 총수입이 어떻게 변화하는가를 알 수 있다.

(1) 가격탄력성이 1보다 클 경우에는 총수입은 가격과 반대 방향으로 움직인다. 가격탄력성이 1보다 클 경우에는 위 식의 우변이 음이 되고, 따라서 좌변도 음이 되기 때문이다. 이 경우 가격이 오르면 총수입이 줄고 가격이 떨어지면 총수입이 늘어난다.

(2) 같은 논리로 가격탄력성이 1보다 작을 경우에는 가격과 총수입이 같은 방향으로 변화한다.

(3) 가격탄력성이 1일 경우에는 가격이 변하더라도 총수입이 변하지 않는다. 위 식의 우변이 0이 되고 따라서 좌변도 0이 되기 때문이다. 도함수의 값이 0이므로 총수입이 극대화된다.

한편 예를 들어 가격이 오를 경우 이러한 결과는 다음과 같이 직관적으로도 쉽게 이해할 수 있다.

(1) 가격탄력성이 1보다 클 경우에는 수요량이 가격변화에 민감하게 반응한다. 따라서

가격이 오를 경우 수요량이 그보다 더 큰 비율로 줄어든다. 그 결과 가격 상승에 따른 수요량 감소로 인해 총수입이 감소하는 효과((식 8.1) 첫 줄의 $p\dfrac{dq(p)}{dp}<0$)가 가격 상승 자체가 총수입을 증가시키는 효과((식 8.1) 첫 줄의 $q(p)>0$)보다 크다. 따라서 가격이 오를 경우 총수입이 오히려 줄어든다.

(2) 가격탄력성이 1보다 작을 경우에는 수요량이 가격변화에 민감하게 반응하지 않는다. 따라서 가격이 오르더라도 수요량은 가격이 오르는 비율보다는 작은 비율로 줄어든다. 그 결과 가격 상승 자체가 총수입을 증가시키는 효과가 가격 상승에 따른 수요량 감소로 인해 총수입이 감소하는 효과보다 크다. 따라서 가격이 오를 경우 총수입은 늘어난다.

(3) 가격탄력성이 1인 경우에는 가격이 오를 경우 수요량이 그와 똑같은 비율로 줄어들기 때문에 총수입은 변하지 않는다. 이때 총수입이 극대화된 상태이다.

가격이 내릴 경우에는 이와 반대의 결과가 나타난다. 즉 가격이 내릴 경우, 가격탄력성이 1보다 클 경우에는 총수입이 늘어나고 가격탄력성이 1보다 작을 경우에는 총수입이 줄어든다. 물론 가격탄력성이 1인 경우 총수입은 변하지 않는다. 그 이유들에 대해서는 독자 스스로 생각해 보기 바란다.

(1) 한편 이러한 결과들을 활용하면 가격변화 전후의 수요량을 모르더라도 총수입을 직접 비교함으로써 수요가 가격에 대해 탄력적인지 아닌지를 알 수 있다. 예를 들어 가격이 오를 경우 총수입이 증가했다면 가격탄력성이 1보다 작고, 총수입이 감소했다면 가격탄력성이 1보다 크고, 총수입이 변하지 않았다면 가격탄력성이 1이며 총수입이 극대화된 상태이다. 또한 가격이 내릴 경우 총수입이 감소했다면 가격탄력성이 1보다 작고, 총수입이 증가했다면 가격탄력성이 1보다 크고, 총수입이 변하지 않았다면 가격탄력성이 1이며 총수입이 극대화된 상태이다.

(2) 같은 의미이며 식 (8.1)의 해석 결과와도 같지만 활용도가 높으므로 정리해 두자.

가격탄력성과 총수입의 증감

(i) $\epsilon_p<1$일 경우: 수요량이 가격 변화에 둔감하여 가격 p와 총수입 TR이 같은 방향으로 움직인다.

(ii) $\epsilon_p>1$일 경우: 수요량이 가격 변화에 민감하여 가격 p와 총수입 TR이 다른 방향으로 움직인다.

(iii) $\epsilon_p=1$일 경우: 수요량이 가격 변화 비율과 똑같은 비율로 변하기 때문에 총수입 TR이 변하지 않는다. 총수입이 극대화된다.

부록 8.2 가격탄력성과 교차가격탄력성, 가격소비곡선(PCC)의 모양

가격탄력성과 총수입의 관계를 이용하면 가격탄력성과 보완재, 대체재, PCC 모양과의 관계를 체계적으로 설명할 수 있다. [부록 8.4]에서는 이러한 내용들을 수리적 분석을 통해 보여준다. 관례적으로 Y재 수요의 p_x에 대한 교차가격탄력성은 ϵ_{yx}로 나타낸다. 표기의 대응을 위해 X재의 (자기)가격탄력성을 ϵ_{xx}로 표시하자. 한편 본문에서는 기업 측면에서 보았지만 여기서는 개인 측면에서 볼 것이다. 원리는 같지만 기업의 수입은 개인의 지출이다.

(1) $|\epsilon_{xx}|=1$일 경우. [예제 4./]과 함께 생각해 보자. X재의 가격탄력성 $|\epsilon_{xx}|$이 1일 경우 p_x가 변하더라도 본문의 분석처럼 X재에 대한 지출(기업 측면에서 보면 수입) $p_x x$가 변하지 않는다. 그러므로 소득 M이 일정한 상태에서 Y재에 대한 지출 $p_y y$도 변하지 않으며 p_y는 일정하므로 Y재에 대한 수요량 y도 변하지 않는다.

(i) p_x가 변하더라도 y가 변하지 않는다. 그러므로 $\epsilon_{yx}=0$이 된다. Y재는 독립재이다.

(ii) x가 변하더라도 y가 일정하므로 PCC_x는 가로축에 평행한 직선이 된다.

(2) $|\epsilon_{xx}|<1$일 경우: [그림 4-12(A)]의 x_2에 대응하는 점을 기준으로 생각해 보자. i) p_x가 상승하면 x는 감소하지만 $p_x x$가 증가한다. 이에 따라 M이 일정한 상태에서 $p_y y$는 감소하며 p_y가 일정하므로 y는 감소한다. 결국 그림의 x_1에 대응하는 점으로의 이동처럼 x와 y가 모두 감소한다. ii) p_x가 하락하면 x는 증가하지만 $p_x x$가 감소한다. 이에 따라 $p_y y$는 증가하며 p_y가 일정하므로 y는 증가한다. 결국 그림의 x_3에 대응하는 점으로의 이동처럼 x와 y가 모두 증가한다. 종합적으로 볼 때

(i) p_x와 y가 반대 방향으로 움직인다. 그러므로 $\epsilon_{yx}<0$이 된다. 두 상품은 서로 보완재이다.

(ii) x와 y는 같은 방향으로 움직인다. 따라서 PCC_x는 [그림 4-12(A)]에서처럼 우상향한다.

(3) $|\epsilon_{xx}|>1$일 경우: 같은 논리가 적용되며 그 결과

(i) p_x와 y가 같은 방향으로 움직인다. 그러므로 $\epsilon_{yx}>0$이 된다. 두 상품은 서로 대체재이다.

(ii) x와 y는 반대 방향으로 움직인다. 따라서 PCC_x는 우하향한다.

부록 8.3 소득탄력성, 엥겔집계, ICC, EC의 모양

수요의 소득탄력성을 η로 표기하고 먼저 용어를 정리해 두자. $\eta > 0$이면 정상재, $\eta < 0$이면 열등재, $\eta > 1$이면 사치재, $0 < \eta < 1$이면 필수재이다.

I. 소득탄력성과 지출 비율의 증감, ICC의 모양, EC의 모양

(1) 가격탄력성의 경우 그 크기에 따라 가격이 변화할 때 지출(기업 측면에서 보면 수입)의 증감이 달라진다. 그런데 소득탄력성의 경우에는 소득이 변화할 때 총지출에서 해당 상품 지출이 차지하는 비율의 증감이 달라진다. 이에 대해 검토해 보자. X재 수요의 소득탄력성을 η_x라 하면 $\eta_x = \dfrac{\partial x}{\partial M} \dfrac{M}{x}$ (1)이다. 이때 $x = d_x(p_x, p_y, M)$이다. 총지출 M에서 X재에 대한 지출 $p_x x$가 차지하는 비율을 $s_x = \dfrac{p_x x}{M}$ (2)라고 하면 $\dfrac{\partial s_x}{\partial M} = p_x \left(\dfrac{\frac{\partial x}{\partial M} M - x}{M^2} \right) = \dfrac{p_x}{M} \dfrac{\partial x}{\partial M} - \dfrac{p_x x}{M^2}$ (3)이다. 그런데 (1)에서 $\dfrac{\partial x}{\partial M} = \eta_x \dfrac{x}{M}$ (4)를 얻는다. (4)를 (3)에 대입하면 $\dfrac{\partial s_x}{\partial M} = \dfrac{p_x}{M} \left(\eta_x \dfrac{x}{M} \right) - \dfrac{p_x x}{M^2}$ $= (\eta_x - 1) \dfrac{p_x x}{M^2}$ (5)이다. 그러므로

$$\frac{\partial s_x}{\partial M} \gtreqless 0 \iff \eta_x \gtreqless 1 \tag{6}$$

이다. 즉

(i) $\eta_x > 1$이면 즉 X재가 사치재이면 M과 s_x는 같은 방향으로 움직인다. 역도 성립한다. 예를 들어 $\eta_x > 1$일 경우 소득이 증가할 경우 그 증가율보다 수요량이 더 큰 비율로 증가하기 때문에 총지출에서 X재에 대한 지출이 차지하는 비율이 증가한다. 역에 대한 설명은 독자 스스로 생각해 보기 바란다.

(ii) $\eta_x < 1$이면 즉 X재가 필수재이면 M과 s_x는 다른 방향으로 움직인다. 역도 성립한다.

(2) $\dfrac{p_x x}{M} = s_x = k$(일정)일 경우 $\eta_x = 1$이다. 해당 지출이 총지출에서 차지하는 비율이 일정하려면, 즉 k의 값이 일정하게 유지되려면 소득이 증가할 때 수요량 x가 그와 같은 비율로 증가해야 하기 때문이다. 수식상으로 볼 때 $x = \dfrac{k}{p_x} M$으로 바꾸어 쓴 다음 (1)식을 적용하여 η_x를 구해 보면 $\eta_x = \dfrac{k}{p_x} \dfrac{M}{\frac{k}{p_x} M} = 1$이 된다. [예제 4.3]이 이 경우에 해당한다.

(3) $\eta_x = 1 \iff \eta_y = 1$[II(3) 참조]이므로 $\eta_x = 1$인 경우 두 상품의 수요량이 소득과 정확히 같은 비율로 증가하여 소득소비곡선 ICC는 원점에서 출발하는 직선이 된다. 선호가 [부록 3.8]에서 언급한 바 있는 동조적 선호일 경우 이러한 현상이 나타난다. 역으로 ICC가 직선이면 두 상품의 수요량이 소득과 정확히 같은 비율로 증가하므로 소득탄력성이 1이 된다. ICC가 직선

일 경우 이들이 정확히 같은 비율로 증가하는 이유는 두 상품의 수요량이 소득증가율보다 큰 비율로 증가하는 것은 소득을 초과하는 상태가 되므로 불가능하고 작은 비율로 증가하는 것은 소득을 모두 지출하지 못하는 상태가 되기 때문이다. 한편 완전대체재 효용함수일 때 $MRS_{xy} > \frac{p_x}{p_y}$일 경우 ICC는 가로축이 된다.

이때 X재의 엥겔곡선과 Y재의 엥겔곡선도 모두 원점에서 출발하는 직선이 된다.

(4) 엥겔곡선이 직선일 경우 즉 $M=kx$일 경우, 즉 $x=\frac{1}{k}M$일 경우 (1)식을 적용하여 η_x를 구해 보면 $\eta_x = 1$이 된다. 직관적으로 볼 때 소득이 증가할 경우 X재 수요량이 같은 비율로 증가하므로 $\eta_x = 1$이 되는 것이나. 이때 k에는 엥겔곡선을 그릴 때 수요함수에서 일정하다고 가정한 변수인 p_x, p_y, 기타 상수 등이 포함될 수 있다.

(5) $\eta_x > 0$일 경우 소득이 증가할 때 X재의 수요량이 증가하므로 X재는 정상재이고 X재의 엥겔곡선의 기울기는 양의 값을 갖는다. $\eta_x < 0$일 경우 소득이 증가할 때 X재의 수요량이 감소하므로 X재는 열등재이고 X재의 엥겔곡선의 기울기는 음의 값을 갖는다.

II. 엥겔집계(소득탄력성의 가중평균=1), 상품의 특성, ICC의 모양

[부록 8.2]에서 가격탄력성의 경우 그 크기에 따라 PCC의 모양이 달라진다는 것을 알았다. 소득탄력성의 경우에는 그 크기에 따라 ICC의 모양이 달라진다. 이것은 소득탄력성들 사이에 특정한 관계가 있음을 말한다. 이는 엥겔집계를 통해 체계적으로 보여줄 수 있다.

> 엥겔집계(Engel aggregation): 소득이 변화할 때 각 상품의 소득탄력성을 각 상품에 대한 지출비율로 가중평균할 경우 그 값이 1이 된다는 것

즉 Y재에 대해서도 표기를 대칭적으로 하고 수식으로 표현할 경우 $s_x \eta_x + s_y \eta_y = 1$이 된다는 것이다. 이에 대해 알아보자. 예산제약식 $p_x x + p_y y = M$에 수요함수를 대입하면 $p_x d_x (p_x, p_y, M) + p_y d_y (p_x, p_y, M) = M$ (7)이 된다. 이 식은 항등적으로 성립하므로 양변을 M에 대해 편미분하면 $p_x \frac{\partial x}{\partial M} + p_y \frac{\partial y}{\partial M} = 1$이 된다. 소득탄력성의 식을 적용하기 위해 좌변의 첫째 항에 $\frac{M}{x}\frac{x}{M}(=1)$, 둘째 항에 $\frac{M}{y}\frac{y}{M}(=1)$를 곱하면 $p_x \frac{\partial x}{\partial M}(\frac{M}{x}\frac{x}{M}) + p_y \frac{\partial y}{\partial M}(\frac{M}{y}\frac{y}{M}) = 1$이 된다. 이것을 정리하면 $\frac{p_x x}{M}(\frac{\partial x}{\partial M}\frac{M}{x}) + \frac{p_y y}{M}(\frac{\partial y}{\partial M}\frac{M}{y}) = 1$이 된다. 즉

$$s_x \eta_x + s_y \eta_y = 1 \tag{8}$$

이 된다. 이 결과를 엥겔집계라고 한다. 이때 $0 \le s_x \le 1$, $0 \le s_y \le 1$ (9)이고 $s_x + s_y = \frac{p_x x}{M} + \frac{p_y y}{M}$ $= \frac{p_x x + p_y y}{M} = \frac{M}{M} = 1$ (10)이다. 엥겔집계인 (8)식으로부터 다음을 알 수 있다.

(1) 이 결과는 선호에 대한 정보 없이 예산제약식만으로 얻은 결과이다.

(2) $\eta_x = \eta_y$이면 $\eta_x = \eta_y = 1$이다. 즉 두 상품의 소득탄력성이 같은 값을 가질 수 있는 경우는 오로

지 두 상품의 소득탄력성이 모두 1일 때뿐이다.

(3) $\eta_x = 1 \Leftrightarrow \eta_y = 1$이다. 즉 어느 한 상품의 소득탄력성이 1이면 다른 상품의 소득탄력성도 1이다. I(3)에서 말했듯이 이 경우 ICC는 원점에서 출발하는 직선이 된다. X재의 엥겔곡선과 Y재의 엥겔곡선도 모두 원점에서 출발하는 직선이 된다.

(4) $\eta_x < 0$과 $\eta_y < 0$이 함께 성립할 수 없다. 두 음수의 가중평균은 1이 될 수 없기 때문이다. 이 결과는 두 상품이 모두 열등재일 수는 없다는 것이다.

(5) $\eta_x > 1$과 $\eta_y > 1$이 함께 성립할 수 없고 $\eta_x < 1$과 $\eta_y < 1$도 함께 성립할 수 없다. (9)식과 (10) 식이 성립하는 상태에서 1보다 큰 두 수를 s_x와 s_y로 가중평균하든 1보다 작은 두 수를 s_x와 s_y로 가중평균 하든 1과 같을 수는 없기 때문이다(이때 두 수의 가중평균은 3장 각주 11에서 말한 볼록결합이다). 이 결과는 두 상품 모두 사치재이거나 모두 필수재일 수는 없다는 것이다.

(6) (i) $\eta_x > 1 \Leftrightarrow \eta_y < 1$(즉, $\eta_y < 0$ 또는 $0 < \eta_y < 1$)이다. 직관적으로 볼 때 소득이 k% 증가할 때 x가 k% 넘게 증가할 경우 y는 k%보다 적게 증가한다는 것이다. 이 결과는 어느 한 상품이 사치재이면 다른 상품은 반드시 열등재이거나 필수재라는 것이다. 역도 성립한다.

수식상으로 볼 때 (8)에서 $\eta_x = \dfrac{1 - s_y \eta_y}{s_x} > 1$이면 부등식을 η_y에 대해 풀 경우 $\eta_y < \dfrac{1 - s_x}{s_y}$ $= \dfrac{1 - s_x}{1 - s_x} = 1$이다. 역으로 $\eta_y < 1$이면 양변에 $-s_y$를 곱한 후 1을 더한 다음 s_x로 나누어 줄 경우 $\dfrac{1 - s_y \eta_y}{s_x} > \dfrac{1 - s_y}{s_x} = \dfrac{1 - s_y}{1 - s_y} = 1$인데 부등호의 좌변이 η_x와 같으므로 결과적으로 $\eta_x > 1$이 된다.

(ii) $\eta_x > 1$, $0 < \eta_y < 1$일 경우 ICC의 기울기는 동조적 선호의 경우보다 작다. x는 소득증가율보다 큰 비율로 증가하고 y는 소득증가율보다 작은 비율로 증가하기 때문이다. [그림 4-10(A)]가 이 경우에 해당한다.

(iii) $\eta_x > 1$이면서 어느 수준의 소득 이후부터 $\eta_y < 0$이 될 경우 그 지점부터는 열등재인 Y재의 수요량이 감소한다. 그 결과 그 지점부터는 ICC가 우하향한다. 그 결과 ICC가 산 모양을 한다. [그림 4-10(A)]의 ICC를 연장할 때 산 모양으로 그려지는 경우가 이에 해당한다.

> 🏃 참고
>
> ICC는 원점에서 출발해야 하는데 소득이 0일 경우 두 상품 소비가 모두 0이며 이때 소득이 증가하더라도 더 줄일 소비가 없다. 바꾸어 말하면 소득이 아주 낮을 경우에는 어느 상품도 열등재가 될 수 없다.

(iv) $\eta_y > 1$이면서 어느 수준의 소득 이후부터 $\eta_x < 0$이 될 경우 그 지점부터는 열등재인 X재의 수요량이 감소한다. 그 결과 그 지점부터는 ICC가 좌상향한다(y축 기준 산 모양).

(v) $s_y = 0$이면 $s_x = 1$이므로 식 (8)에서 $\eta_x = 1$이다. 직관적으로 당연하다.

부록 8.4 꾸르노집계, 가격탄력성, 보완재, 대체재, PCC의 모양

꾸르노집계(Cournot aggregation): 가격이 변화할 때 (자기)가격탄력성과 교차가격탄력성과의 관계를 보여주는 것

이 결과를 활용하면 가격탄력성과 보완재, 대체재, PCC 모양과의 관계를 수리적으로 보여줄 수 있다. 즉 [부록 8.2]의 결과를 수리적으로 보여줄 수 있다. p_x가 변하는 경우도 있고 p_y가 변하는 경우도 있지만 원리는 같으므로 전자의 경우를 살펴보자. 예산제약식 $p_x x + p_y y = M$에 수요함수를 대입하면 $p_x d_x(p_x, p_y, M) + p_y d_y(p_x, p_y, M) = M$ (1)이 된다. 이 식은 항등적으로 성립하므로 양변을 p_x에 대해 편미분하면 $x + p_x \frac{\partial x}{\partial p_x} + p_y \frac{\partial y}{\partial p_x} = 0 [= \frac{\partial M}{\partial p_x}]$ (1)를 얻는다. 가격탄력성의 식을 적용하기 위해 좌변 둘째 항에 $\frac{p_x}{x}\frac{x}{p_x}$를 곱해 주고 셋째 항에 $\frac{p_x}{y}\frac{y}{p_x}$를 곱해 준 다음 각 상품에 대한 지출 비율을 적용할 수 있도록 양변에 $\frac{p_x}{M}$를 곱해 주면 $x(\frac{p_x}{M}) + p_x \frac{\partial x}{\partial p_x}(\frac{p_x}{x}\frac{x}{p_x})(\frac{p_x}{M}) + p_y \frac{\partial y}{\partial p_x}(\frac{p_x}{y}\frac{y}{p_x})(\frac{p_x}{M}) = 0$이 된다. 이것을 정리하면 $\frac{p_x x}{M} + (\frac{p_x x}{M})(\frac{\partial x}{\partial p_x}\frac{p_x}{x}) + (\frac{p_y y}{M})(\frac{\partial y}{\partial p_x}\frac{p_x}{y}) = 0$이 된다. 즉

$$s_x + s_x \epsilon_{xx} + s_y \epsilon_{yx} = 0 \qquad\qquad (2)$$

이 된다. 이 결과를 꾸르노집계라고 한다. 이때 (자기)가격탄력성을 $\epsilon_{xx}(<0)$로 표기하고 부호도 조정해 주지 않은 점에 주목하자. ϵ_{yx}는 Y재 수요의 p_x에 대한 교차가격탄력성을 나타낸다. 한편 $\epsilon_{yx} > 0$이면 두 상품은 서로 대체재이고 $\epsilon_{yx} < 0$이면 두 상품은 서로 보완재이다. 이처럼 ϵ_{yx}는 그 부호가 중요하다. ϵ_{xx}의 부호가 음으로 정해져 있는 것과 대조된다.

(1) 예산제약 때문에 (자기)가격탄력성과 교차가격탄력성은 특정한 관계를 가진다.

(2) $|\epsilon_{xx}| = 1 \Leftrightarrow \epsilon_{yx} = 0$이고, $|\epsilon_{xx}| < 1 \Leftrightarrow \epsilon_{yx} < 0$이고, $|\epsilon_{xx}| > 1 \Leftrightarrow \epsilon_{yx} > 0$이다.

이 결과는 X재가 가격에 대해 단위탄력적이면 두 상품은 서로 독립재가 되고, 비탄력적이면 두 상품은 서로 보완재가 되고, 탄력적이면 두 상품은 서로 대체재가 되며, 역도 성립한다는 것이다. 식 (2)로부터 $\epsilon_{yx} = \frac{-s_x(1 + \epsilon_{xx})}{s_y}$ $(\epsilon_{xx} < 0)$를 얻는데 여기에 $s_x > 0$, $s_y > 0$을 적용하면 이것을 보여 줄 수 있다.

명제에 대한 직관적인 설명은 [부록 8.2]에서 이미 했다. 여기서는 역에 대해 설명하되 각 경우 논리는 같으므로 p_x가 상승하는 경우 $\epsilon_{yx} < 0$이면 $|\epsilon_{xx}| < 1$인 것에 대해서만 설명하기로 하자. p_x가 상승할 경우 $\epsilon_{yx} < 0$이 되려면 y가 감소해야 한다. 그런데 p_y는 일정하므로 y가 감소하려면 Y재에 대한 지출 $p_y y$가 감소해야 한다. $p_y y$가 감소하려면 M이 일정하므로 X재에 대한 지출 $p_x x$가 증가해야 한다. p_x가 상승하는데 $p_x x$가 증가하려면 $|\epsilon_{xx}| < 1$이어야 한다.

(3) $s_y = 0$이면 $s_x = 1$이므로 식 (2)에서 $\epsilon_{xx} = -1$이다. 즉 X재만 소비하므로 $p_x x$가 극대가 되고 이때 탄력성이 1이 된다. $s_x = 0$이면 $s_y = 1$이므로 식 (2)에서 $\epsilon_{yx} = 0$이다. $s_x = 0$은 $x = 0$을 의미하므로 직관적으로 당연하다.

부록 8.5 **수요함수의 0차동차성과 탄력성들의관계: 오일러정리 적용**

(1) 탄력성들의 관계: 수요함수는 가격과 소득에 대해 0차동차여서 가격들과 소득이 함께 같은 배수로 변하면 수요량은 변하지 않는다. 이 때문에 X재의 탄력성들 사이에는

$$\epsilon_{xx} + \epsilon_{xy} + \eta_x = 0 \tag{1}$$

의 관계가 성립한다. 이때 ϵ_{xy}는 X재 수요의 p_y에 대한 교차가격탄력성을 나타낸다(하첨자 순서에 주목). 식 (1)에 대해 검토해 보자. 수요함수는 가격과 소득에 대해 0차동차인데 이 경우 X재에 대해 보면 후술하는 오일러정리에 의해 $p_x \dfrac{\partial x}{\partial p_x} + p_y \dfrac{\partial x}{\partial p_y} + M \dfrac{\partial x}{\partial M} = 0$ (2)가 성립한다. 이 식의 양변을 x로 나누어주면 식 (1)을 얻는다. 이 결과는 탄력성의 값들은 서로 특정한 관계를 맺고 있다는 것을 말한다. 즉 완전히 독립적으로 변하는 것은 아니라는 것을 말한다.

[예] p_x와 p_y가 같은 배수로 상승하고 소득도 같은 배수로 증가하는 경우를 생각해 보자. ϵ_{xx}는 항상 음이므로 이때 $\epsilon_{xy} < 0$이라면, 즉 두 상품이 보완재라면 (1)식에서 3개의 탄력성의 합이 0이 되기 위해서는 $\eta_x > 0$이어야 한다. 즉 두 상품이 보완재라면 X재는 정상재이어야 한다. 직관적으로 볼 때 (항상 $\epsilon_{xx} < 0$이므로) $\epsilon_{xy} < 0$일 경우 p_x의 상승과 p_y의 상승이 모두 x를 감소시키므로 x가 변하지 않으려면 이 감소한 수요량이 소득 증가로 인한 수요량 증가로 정확하게 상쇄되어야 한다. 이 경우 소득이 증가할 때 수요량이 증가해야 하므로 X재는 정상재이어야 한다. 한편 (1)식은 Y재에 대해서도 대칭적으로 성립하므로 이러한 상황에서는 Y재도 정상재이다. 물론 이외에도 여러 가지 예들을 생각해 볼 수 있다.

(2) 오일러정리: $f(\lambda x, \lambda y) \equiv \lambda^k f(x, y)$ (3)일 경우 함수 f를 k차 동차함수라고 한다. 이 식은 모든 λ와 모든 x, y에 대해 항등적으로 성립한다. 이 함수의 양변을 λ로 편미분하되 우변을 먼저 편미분하면

$$k\lambda^{k-1} f(x, y) \equiv \frac{\partial f(\lambda x, \lambda y)}{\partial(\lambda x)} \frac{\partial(\lambda x)}{\partial \lambda} + \frac{\partial f(\lambda x, \lambda y)}{\partial(\lambda y)} \frac{\partial(\lambda y)}{\partial \lambda} \equiv x \frac{\partial f(\lambda x, \lambda y)}{\partial(\lambda x)} + y \frac{\partial f(\lambda x, \lambda y)}{\partial(\lambda y)} \tag{4}$$

가 된다. 이 식도 모든 λ와 모든 x, y에 대해 항등적으로 성립한다. 물론 $\lambda = 1$일 경우에도 성

립한다. 따라서 $\lambda=1$로 놓고 양끝 변에 주목하면

$$kf(x,y) \equiv x\frac{\partial f(x,y)}{\partial x}+y\frac{\partial f(x,y)}{\partial y} \tag{5}$$

를 얻는다. 이 결과를 오일러정리(Euler's theorem)라고 한다. 이상의 내용은 n개의 변수에 대해서도 성립한다. 식 (2)는 p_x, p_y, M 등 3개의 변수에 대해 0차동차일 경우, 즉 $k=0$일 경우 오일러정리를 적용한 것이다.

> **참고**
>
> (i) 1차동차(선형동차)일 경우, 즉 $k=1$일 경우 식 (5)로부터 $f(x,y)=x\frac{\partial f(x,y)}{\partial x}+y\frac{\partial f(x,y)}{\partial y}$인 것도 경제 분석에 많이 활용된다(9.3.2의 각주 참조). (ii) 아울러 식 (3)에서 $k=0$일 경우 $f(\lambda x,\lambda y)\equiv f(x,y)$이고, $k=1$일 경우 $f(\lambda x,\lambda y)\equiv\lambda f(x,y)$인 것도 유용하게 활용된다.

8.3.2 가격탄력성과 한계수입 및 총수입: 수요량 변화를 기준으로

앞에서는 가격이 변화할 때 가격탄력성의 크기에 따라 총수입이 어떻게 변하는가를 살펴보았다. 이번에는 그것과 마치 동전의 앞뒷면과 같은 관계에 있는 내용에 대해 검토해 보자. 즉 똑같은 내용을 가격의 변화를 기준으로 하는 대신 수요량의 변화를 기준으로 살펴본다는 것이다. 구태여 이러한 분석을 하는 이유가 있다. 그 결과가 앞으로 기업의 행위를 분석할 때 유용하게 사용될 것이기 때문이다.

수요량이 변화할 경우 총수입이 어떻게 변화하는가를 알려면 수요량변화 자체로 인한 총수입의 변화분뿐만 아니라 수요량변화로 인해 가격이 변화하기 때문에 나타나는 총수입의 변화분도 함께 고려해야 한다. 이러한 내용들은 사실상 미분할 때 반영된다. 그러므로 역수요함수가 $p=p(q)$일 경우 $TR(q)=p(q)\times q$를 q로 미분하면

$$MR(q)=\frac{dTR(q)}{dq}=p(q)+q\frac{dp(q)}{dq}$$

를 얻는다. 여기서 $\frac{dTR(q)}{dq}$은 상품을 한 단위 더 판매할 때 추가로 늘어나는 수입으로서 한계수입을 말한다.[5]

---

5 이 값은 총수입곡선상의 점에서 이 곡선에 그은 접선의 기울기의 값과 같다.

> 🌱 **한계수입**(marginal revenue: MR) 기업이 추가로 한 단위 더 판매할 때 추가로 늘어나는 수입

한편 $\dfrac{dTR(q)}{dq}$ 을 한계수입이라고 하면서, 한계수입을 정의할 때 "기업이 추가로 '한 단위' 더 판매할 때…"처럼 '한 단위'라고 말하는 이유는 [부록 2.2]에서 설명하였다.

앞 식의 우변에서 $p(q)$는 수요량변화 자체로 인한 총수입의 변화분을 나타내고 $q\dfrac{dp(q)}{dq}$ 는 수요량변화로 인해 가격이 변화하는데 이것이 기존판매량에 적용되어 나타나는 총수입의 변화분을 나타낸다. 이 식을 약간 변형하면

$$MR(q) = \frac{dTR(q)}{dq} = p(q) + q\frac{dp(q)}{dq}$$
$$= p(q)\left(1 + \frac{q}{p(q)}\frac{dp(q)}{dq}\right)$$
$$= p(q)\left(1 - \frac{1}{\epsilon_p}\right) \tag{8.2}$$

과 같이 가격탄력성이 포함된 식을 얻는다. 식 (8.1)과 비교해 볼 때 가격탄력성의 값이 역수로 사용되고 있음에 주목하자. 이 식을 이용하면 수요량이 변화할 때 가격탄력성의 크기에 따라 총수입이 어떻게 변화하는가를 알 수 있다.

(1) 가격탄력성이 1보다 클 경우에는 식 (8.2)의 우변이 양이 되고 따라서 좌변의 $\dfrac{dTR(q)}{dq}$ 도 양이 되므로 수요량과 총수입이 서로 같은 방향으로 움직인다. 따라서 가격탄력성이 1보다 클 경우, 기업이 판매량을 증가시키면 총수입이 증가한다. 직관적으로 살펴보자. 가격탄력성이 1보다 클 경우에는 판매량이 가격의 변화에 민감하므로 판매량을 늘리려할 경우 가격을 조금만 내려도 된다. 그 결과 판매량 증가 자체가 총수입을 증가시키는 효과((식 8.2) 첫 줄의 $p(q) > 0$)가 판매량 증가에 따른 가격 하락이 총수입을 감소시키는 효과((식 8.2) 첫 줄의 $q\frac{dp(q)}{dq} < 0$)보다 더 크다. 그 결과 총수입이 증가한다.

(2) 가격탄력성이 1보다 작을 경우에는 식 (8.2)의 우변이 음이 되고 따라서 좌변의 $\dfrac{dTR(q)}{dq}$ 도 음이 되므로 수요량과 총수입이 서로 반대 방향으로 움직인다. 따라서 가격탄력성이 1보다 작을 경우, 기업이 판매량을 증가시키면 총수입이 오히려 줄어든다. 직관적으로 살펴보자. 가격탄력성이 1보다 작을 경우에는 판매량이 가격의 변화에 둔감하므로 판매량을 늘리려면 가격을 크게 내려야 한다. 그 결과 판매량 증가에 따른 가격 하락이 총수입을 감소시키는 효과가 판매량 증가 자체가 총수입을 증가시키는 효과보다 더 크다. 그 결과 총수입이 감소한다.

(3) 가격탄력성이 1일 경우에는 식 (8.2)의 우변이 0이 되고 따라서 좌변의 $\dfrac{dTR(q)}{dq}$ 도 0이 되므로 수요량이 변하더라도 총수입이 변하지 않는다. 이 경우 판매량을 증가시킬 때 판매량 증가 자체가 총수입을 증가시키는 효과가 판매량 증가에 따른 가격 하락이 총수입을 감소시키는 효과와 정확하게 상쇄된다.

한편 이러한 결과는 앞에서 얻은 결과와 그 원리상 일맥상통하고 있다. 즉 가격이 변화할 때 탄력성의 크기에 따라 총수입이 어떻게 달라지는가와 그 원리는 같고 방향만 반대이다. 그런데 이것은 당연한 결과이다. 가격과 수요량은 수요함수를 통해서 서로 연관되어 있으며 또한 서로 반대 방향으로 움직이기 때문이다.

8.3.3 예: 선형수요곡선의 경우

선형수요곡선의 경우 수요곡선과 한계수입곡선 및 평균수입곡선은 어떤 관계에 있는가를 살펴보자. 또한 가격탄력성과 총수입은 어떠한 관계에 있는가도 검토해 보자.

(1) 수요곡선과 한계수입곡선 및 평균수입곡선의 관계

분석의 편의상 수요곡선 대신 역수요곡선을 사용하기로 하자. 그리고 선형역수요곡선이 $p(q) = a - bq$로 주어졌다고 하자. 이 경우 역수요곡선의 기울기는

$$\frac{dp(q)}{dq} = -b$$

로 구해진다.[6] 이것을 한계수입을 구하는 공식인 식 (8.2)에 대입하면

$$MR(q) = \frac{dTR(q)}{dq} = p(q) + q\frac{dp(q)}{dq}$$
$$= p - bq$$
$$= a - bq - bq \,(p = a - bq \text{ 이용})$$
$$= a - 2bq$$

가 된다.[7] 각주의 방법과 달리 이와 같은 과정을 거쳐서 $MR(q)$를 구할 경우 수요량의 변화가 총수입을 어떠한 요인을 통해 변화시키는지 파악하기 좋으며 또한 가격과 한계

---

6 앞서 가격탄력성의 공식을 구할 때 수요함수의 기울기는 $\dfrac{dq(p)}{dp}$로 구해진다고 하였다. 그런데 현재 역수요곡선을 사용하고 있기 때문에(수요함수의 경우와는 반대로) 그 기울기가 $\dfrac{dp(q)}{dq}$로 구해진다.

수입의 크기가 어떠한 이유로 달라지는지 요인별로 파악하는 데에도 유용하다(부록 14.2 참조).

(1) 이 결과에서 보듯이 수요곡선이 직선일 경우 한계수입곡선은 수요곡선과 절편은 같지만 기울기는 두 배 가파르다(현재 역수요곡선을 사용하고 있다. 그런데 4.6.3에서 말했듯이 수식으로는 수요곡선과 역수요곡선을 다르게 표현하지만 둘의 그래프는 같다. 다만 바라보는 방향이 다를 뿐이다). 또한 수요량이 $a/2b$일 경우 한계수입은 0이 되고, $a/2b$보다 적으면 그 값이 양이 되며, $a/2b$보다 많으면 그 값이 음이 된다. 이러한 내용이 [그림 8-2(A)]에 그려져 있다.

(2) 이제 수요곡선은 사실상 평균수입곡선이라는 사실에 대해 알아보자.

> 🌱 **평균수입**(average revenue: AR) 기업이 소비자들에게 상품을 판매할 때 상품 한 단위당 받는 금액

그림 8-2 | **가격탄력성과 총수입**

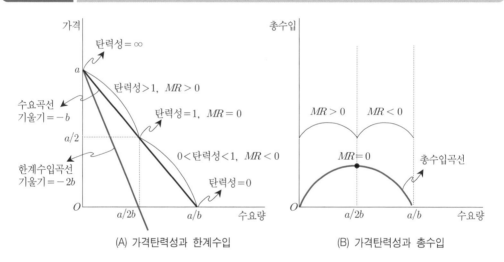

(A) 가격탄력성과 한계수입   (B) 가격탄력성과 총수입

가격탄력성이 1보다 클 경우에는 가격이 떨어질 경우 총수입이 증가하고 가격탄력성이 1보다 작을 경우에는 가격이 떨어질 경우 총수입이 감소한다. 한편 가격탄력성이 1일 경우 한계수입은 0이 되고 총수입은 최대가 된다.

---

7 $MR(q)$을 일반적인 방법으로 구해보자. $TR(q) = p(q) \times q = (a-bq)q = aq - bq^2$이다. 그러므로 $\dfrac{dTR(q)}{dq} = \dfrac{d(aq-bq^2)}{dq} = a - 2bq$이다.

수요곡선의 형태와 관계없이 일반적으로 기업의 입장에서 볼 때 **평균수입**은 상품 한 단위당 수입으로서 가격과 같다. 즉 $TR(q) = p(q) \times q$이므로

$$AR(q) = \frac{TR(q)}{q} = \frac{p(q) \times q}{q} = p(q) \tag{8.3}$$

이다. 이 식의 의미를 살펴보자. 이때 가격은 기업의 입장에서 평균수입이라는 점에 다시 한 번 주목하자. 역수요곡선 $p = p(q)$는 수요량과 가격 사이의 관계를 나타낸다. 그런데 가격이 평균수입과 같으므로, 역수요곡선은 수요량과 평균수입의 관계를 나타낸다. 즉 역수요곡선은 평균수입곡선으로 볼 수 있다.

(3) 그러므로 그림에서처럼 한계수입곡선은 수요곡선(=평균수입곡선)보다 아래에 놓인다. 이것은 평균값이 감소하고 있을 때에는 한계값은 평균값보다 작다는 일반적인 관계(9장 부록 9.1 참조)에 해당한다.

예제 8.3   총수입, 평균수입, 한계수입

수요함수가 $q(p) = 10 - p$라고 하자. 총수입, 평균수입, 한계수입을 수요량의 함수로 나타내시오.

풀이 $q(p) = 10 - p$

총수입은 $TR = pq = (10 - q)q = 10q - q^2$이다. 그리고 평균수입은 $AR = TR/q = p$이므로 $AR = 10 - q$가 된다. 한계수입은 $MR = \dfrac{dTR}{dq} = 10 - 2q$가 된다.

(2) 가격탄력성과 총수입

(1) 우리는 다음과 같은 사실을 보여줄 수 있다. 즉 이러한 선형수요곡선에서 가격이 $a/2$보다 높을 경우에는 가격탄력성이 1보다 크다. 같은 논리로, 가격이 $a/2$보다 낮을 경우에는 가격탄력성이 1보다 작다. 또한 가격이 $a/2$일 때에는 가격탄력성은 1이다.[8]

(i) 가격탄력성이 1보다 클 경우에는 가격이 떨어질 때 총수입이 늘어난다고 하였다. 그런데 가격이 $a/2$보다 높을 경우에는 가격탄력성이 1보다 크다. 그러므로 가격이 $a/2$보

---

8 수요곡선에서 볼 때 세로축의 절편에 가까울수록 가격이 높아진다. 그러므로 같은 가격변화라도 그 변화율은 가로축 절편에 비해 세로축의 절편 가까이에서 더 작게 나타난다. 반대로 세로축의 절편에 가까울수록 가격이 높으므로 그에 대응하는 수요량은 작아진다. 따라서 같은 수요량의 변화라도 그 변화율은 세로축의 절편에 가까울수록 크게 나타난다. 그런데 가격탄력성은 가격의 변화율에 대한 수요량의 변화율을 말한다. 그러므로 가격탄력성은 결국 세로축의 절편에 가까이 갈수록 그 값이 커지게 된다.

다 높을 경우에는 가격이 떨어짐에 따라 총수입이 늘어난다. 같은 의미이지만 수요량이 $a/2b$보다 적을 경우에는 수요량이 늘어남에 따라 총수입이 늘어난다.

　(ii) 한편 가격탄력성이 1보다 작을 경우에는 가격이 떨어질 때 총수입이 줄어든다고 하였다. 그런데 가격이 $a/2$보다 낮을 경우에는 가격탄력성이 1보다 작다. 그러므로 가격이 $a/2$보다 낮을 경우에는 가격이 떨어짐에 따라 총수입이 줄어든다. 같은 의미이지만 수요량이 $a/2b$보다 많을 경우에는 수요량이 늘어남에 따라 총수입이 줄어든다.

　(2) 수요량의 변화에 따른 이같은 총수입의 변화가 [그림 8-2(B)]에 그려져 있다. [그림 8-2(A)]와 [그림 8-2(B)]의 관계를 잘 기억해 두면 편리할 때가 많다. 특히 가격탄력성이 1일 때 총수입이 가장 많아진다는 사실에 주목하자.

　(3) 기하학적으로 볼 때 MR이 총수입(TR)곡선의 임의의 한 점에서 그은 접선의 기울기라는 사실을 염두에 두고 [그림 8-2(B)]의 총수입곡선에 접선을 그어보자. 그러면 그 기울기의 부호가 [그림 8-2(A)]와 [그림 8-2(B)]의 해당되는 곳들에 표시되어 있는 MR의 부호와 일치한다는 사실을 알 수 있다.

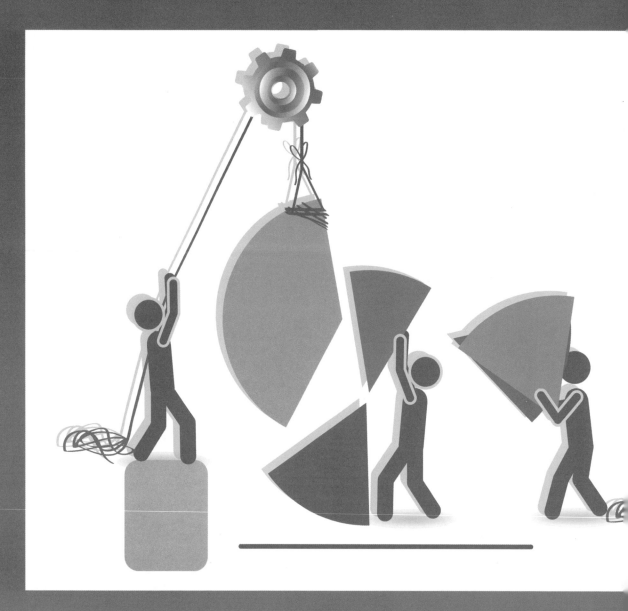

제2편

생산자이론: 공급곡선

시장은 수요자들과 공급자들로 구성되어 있다. 그리고 이들의 수요공급에 따라 시장가격이 정해진다. 1편 소비자이론에서는 수요에 대해 공부했고 그 결과 시장수요곡선을 얻었다. 2편 생산자이론에서는 공급에 대해 공부하며 그 결과 시장공급곡선을 얻게 될 것이다.

생산자인 기업은 이윤을 극대화하기 위해 상품을 생산하는데 이것이 바로 시장에서 공급으로 나타난다. 이런 맥락에서 기업의 이윤극대화 행위로부터 개별기업의 공급곡선을 얻게 된다. 개별 기업의 공급곡선들을 시장전체에 대해 모두 합하면 시장공급곡선을 얻는다.

한편 '이윤=총수입−총비용=가격×수량−총비용'이다. 이러한 관계를 전제로 기업은 이윤을 극대화하기 위해 얼마나 생산할 것인지 그 수량, 즉 공급량을 결정하게 된다. 그런데 공급량을 결정하려면 그에 대응해서 총수입과 총비용이 어떻게 달라지는지 알아야 한다. 총수입에 대해서는 8장에서 이미 배웠다. 다만 개별 기업이 가격수용자일 경우 p 를 주어진 것으로 받아들이므로 총수입은 $\bar{p} \times q$가 되어 공급량(=판매량) q에 비례한다(시장조직이론에서 배우겠지만 개별 기업이 가격수용자가 아닐 경우 총수입이 q에 비례하지는 않지만 여전히 q의 함수이다). 총비용에 대해서는 새로운 분석이 필요하다. 이러한 측면에서 단기와 장기에 걸친 여러 가지 비용함수들에 대해 검토할 것이다.

한편 비용은 상품 생산에 투입되는 생산요소의 수량에 그 생산요소의 가격을 곱한 값이다. 그런데 생산요소의 수량과 그것으로 생산할 수 있는 최대산출량 사이의 기술적인 관계가 생산함수이다. 이러한 생산함수를 통해 비용을 산출량의 함수로 바꾸어주게 된다. 총수입이 산출량(=공급량)의 함수인데 이렇게 해 줄 경우 총비용도 산출량의 함수가 되어 분석이 편리해지는 장점도 있다. 비용함수의 이면에는 이처럼, 동전의 양면과 같이, 그와 쌍대성을 지니는 생산함수가 놓여 있다. 그러므로 비용함수를 배우기 이전에 생산함수에 대해서 알아볼 것이다. 한편 생산함수는 생산요소의 투입량과 최대산출량 사이의 기술적인 관계를 말하므로 이에 착안하여 기술의 여러 특성과 그 종류에 대해서도 살펴본다.

비용함수를 바탕으로 11장에서는 기업의 공급에 대해서 배운다. 여기서 비로소 개별 기업의 공급곡선과 시장공급곡선을 얻게 된다.

생산함수: 기술

MICROECONOMICS

　　이번 장은 생산자이론의 출발점으로서 다음 장에서 다루게 될 비용이론의 밑받침이 된다.
　　기업이 이윤극대화라는 목표를 달성하려면 상품을 생산하여 팔아야 한다.[1] 이때 이윤을 극대화하려면 총수입과 총비용을 고려해야 한다. 총수입에 대해서는 8장에서 이미 배웠다. 다만 11장에서 다루겠지만 개별 기업이 가격수용자일 경우 개별 기업은 가격을 주어진 것으로 받아들여 총수입은 $\bar{p} \times q$가 된다. 총비용은 상품 생산에 투입되는 생산요소의 수량에 그 생산요소의 가격을 곱한 값이다. 그런데 기술이 뛰어나면 같은 산출량이라도 적은 생산요소로 따라서 적은 비용으로 생산할 수 있다. 이러한 기술은 생산함수에 반영되어 있다. 이런 측면에서 이번 장에서는 생산함수에 대해 공부한다.
　　생산함수에 대해서 단기와 장기의 두 가지 경우로 나누어서 살펴본다. 특히 장기의 경우 생산함수의 특성은 등량곡선으로 나타낼 수 있다. 등량곡선의 개념은 소비자이론에서 다룬 무차별곡선의 개념과 유사하다. 이러한 등량곡선은 다음 장에서 장기비용곡선을 도출할 때 핵심적인 역할을 한다.

무엇을 공부할 것인가

1. 생산자이론에서 단기와 장기는 어떻게 구분하는가?
2. 한계생산물곡선과 평균생산물곡선 사이의 관계는 어떠한가?
3. 한계생산물체감의 법칙이란 무엇인가?
4. 무차별곡선의 성격과 등량곡선의 성격의 유사점과 차이점은 무엇인가?
5. 단조성과 볼록성이 등량곡선에 대해 함축하고 있는 바는 각각 무엇인가?
6. 기술적 한계대체율체감의 법칙이란 무엇인가? 기술적 한계대체율과 한계생산물 사이에는 어떠한 관계가 있는가?
7. 등량곡선의 모양과 대체탄력성의 크기 사이에는 어떠한 관계가 있는가? 대체탄력성이 일정한 값을 갖는 생산함수들의 예를 들어보시오.
8. 생산요소의 투입량이 모두 같은 배수로 늘어날 때 산출량은 반드시 그 배수만큼 늘어나는가? 그 실현가능성은 각각 어떠한가?

---

1 기업의 목표는 이윤극대화라는 가설에 대한 비판이 많은 것도 사실이다. 예를 들면 매출액극대화가설, 소유와 경영이 분리되어 있는 상태에서 경영자가 자신의 효용을 극대화한다는 가설, 그 밖에도 여러 가지 가설들이 있다. 그러나 여기서는 이윤극대화가설을 따르기로 한다.

9.1 생산요소

이 곳은 11장에 등장하는 공급곡선을 구하는 긴 여정의 출발점이다.

9.1.1 생산요소의 개념

자동차를 생산하는 경우를 생각해 보자. 허공에 건물을 지을 수는 없는 노릇이다. 그러므로 우선 공장 건물을 지을 땅이 있어야 한다. 건물이 지어진 다음에는 자동차를 생산하는 데 필요한 기계 설비가 갖추어져야 한다. 또한 이러한 기계를 다루는 사람이 필요하다. 자동차를 만드는 과정에 철판, 고무, 유리 등 원자재가 필요한 것은 물론이다. 이와 관련하여 먼저 생산요소의 개념을 명확히 해 놓을 필요가 있다.

> 🌱 **생산요소**(factors of production) 산출물(output)을 생산하는 데 드는 투입물(input)

생산요소로는 크게 토지, 노동, 자본, 원자재 등을 들 수 있다. 여기서 노동이나 자본에 대해서는 약간의 설명이 필요할 것 같다. 노예제도가 없는 현대에는 노동은 사람 자체를 의미하는 것이 아니라 노동서비스를 의미한다. 이에 따라 노동은 노동시간으로 측정하는 것이 합당하다. 따라서 어떤 기업이 고용하고 있는 노동자의 인원수는 변함이 없더라도 그들이 일하는 시간이 증가하는 경우 노동은 증가했다고 보아야 한다.

한편 자본은 기계, 건물 등을 의미한다. 그러나 경우에 따라서는 어떠한 사업을 일으키거나 유지하는 데 드는 자금을 의미하기도 한다. 이들을 구분하기 위해 전자와 같은 **실물자본**을 **자본재**(capital goods)라 부르고, 후자를 **금융자본**이라 부르고 있다. 생산자이론에서 자본은 실물자본인 자본재를 일컫는다. 한편 자본재는 그 자체가 이미 생산된 상품이면서 다시 생산요소로 사용된다는 특징을 지니고 있다. 노동의 경우와 같이 자본도 기계나 건물 그 자체가 아닌 그로부터 나오는 자본서비스를 의미한다.

이러한 관점에서 볼 때에는 여기서 논의하는 생산요소나 생산물은 모두 유량의 단위로 측정한다. 예를 들어 한 달에 노동을 몇 시간 투입하고 기계를 몇 시간 사용해서 몇 단위의 상품을 생산했다고 말하는 것이다.[2]

---

2 거시경제학에서는 자본은 저량으로 취급하고 투자를 자본의 증가로 해석하고 있다. 이때의 자본은 자본서비스가 아닌 자본재 자체를 의미한다.

9.1.2 가변생산요소와 고정생산요소

(1) 가변생산요소(variable factor): 주어진 기간에 그 투입량을 변화시킬 수 있는 생산요소
(2) 고정생산요소(fixed factor): 주어진 기간에 그 투입량을 변화시킬 수 없는 생산요소

현재 생산하고 있는 물건이 잘 팔리더라도 당장 새로운 건물이나 장비를 구입하지는 않는다. 그보다는 현재 고용하고 있는 노동자의 노동시간을 늘린다. 반면에 새로운 건물이나 장비는 보다 장기적인 생산계획에 따라 구입한다.

이처럼 그때그때 필요에 따라 그 투입량을 조정하기가 쉬운 노동, 원료 등은 가변생산요소의 예가 된다. 반면에 그때그때 즉시 구입하거나 처분하기가 어려운 건물이나 장비는 고정생산요소의 예가 된다.

9.1.3 단기와 장기

현대자동차는 자동차의 수요가 폭주할 때에는 초과수당을 지급해 가며 기존 노동자들의 노동시간을 늘린다고 한다. 또한 자동차가 안 팔려 재고가 쌓일 때에는 조업을 단축하거나 감원을 통해 노동시간을 줄인다고 한다.[3]

그러나 이러한 현상들이 일시적인 것이 아니라 오랜 기간 지속될 경우에는 문제가 달라진다. 즉 자동차의 수요가 오랜 기간에 걸쳐 폭주할 것으로 예상되는 경우에는 새로운 장비를 구입한다. 초과수당을 지급해 가며 노동시간을 늘리는 것보다 비용이 덜 들기 때문이다. 반대로 불황이 심해 조업단축이나 감원으로도 타개할 수 없을 때에는 일부 공장을 처분한다.

이 예에 비추어 볼 때 짧은 기간에는 일정 수준으로 고정된 생산요소가 존재한다. 그러나 보다 긴 기간에는 모든 생산요소의 투입량을 변화시킬 수 있다.

생산자이론에서는
(1) 단기(short run): 어떤 고정된 생산요소가 있을 경우 그 기간
(2) 장기(long run): 모든 생산요소의 투입량을 변화시킬 수 있을 만큼 긴 기간

여기서 특히 주의할 점이 있다. 단기와 장기를 몇 달 혹은 몇 년 등으로 특정하게 주어진 기간으로 구분하는 것이 아니라는 점이다. 그보다는 고정된 생산요소가 있는가 없는가로 구분한다.

---

3 이때 일부 생산라인의 가동을 중단시키는 경우도 있을 것이다. 그러나 이미 설치되어 있는 이상 생산라인은 사용 여부를 떠나 설치된 자체만으로 이미 투입된 것으로 간주한다.

9.2 단기생산함수

9.2.1 기술의 개념과 단기생산함수

기업이 이윤을 극대화하기 위해 산출량을 얼마로 할까를 결정한다고 하자. 이때에는 그 기업의 기술이 제약조건으로 작용한다. 이때 **기술**(technology)은 생산요소를 투입할 때 산출량을 얼마나 얻을 수 있는지 그 관계로 묘사된다. 이때 투입되는 생산요소의 양과 그로부터 얻을 수 있는 산출량으로 이루어진 집합을 **생산집합**(production set)이라고 한다. 소비자가 선택할 수 있는 상품묶음들의 집합을 예산집합이라고 했던 것과 비교해 보기 바란다.

분석의 편의를 위하여 가변생산요소가 하나인 단기의 경우에 대해서 생각해 보자. 이때 가변생산요소를 L이라고 하고 산출량을 Q라고 하자. 그러면 이 기업이 선택할 수 있는 모든 (L, Q)의 집합이 바로 생산집합이다. 이것이 [그림 9-1]에 그려져 있다.

생산집합 중에서 투입된 생산요소와 그로부터 생산할 수 있는 최대 산출량의 순서쌍의 집합을 생각해 보자. 이 집합은 생산집합에서 가장자리 경계로 나타난다. 이때 투입된 생산요소와 최대 산출량의 함수관계가 바로 **생산함수**(production function)이다. 그리하여 고정생산요소가 존재하는 **단기생산함수**(short run production function)는

$$Q = f(L, \overline{K})$$

로 나타낼 수 있다. 여기서 Q는 최대 산출량으로서 **총생산물**(total product: TP)을 나타낸다. 그리고 $\overline{K}$는 고정생산요소인 K가 일정한 수준으로 고정되어 있음을 나타낸다.[4]

생산요소 → 단기생산함수 → 산출량(상품)

$L, \overline{K}$ → $f(L, \overline{K})$ → Q

> 🌱 **생산함수**(production function) 생산요소의 양과 그것으로 생산할 수 있는 최대 산출량 사이의 기술적 관계

여기서 생산함수는 함수기호 f로 표시하고 있다. 이러한 생산함수를 그래프로 나타낸

---

4 L이 노동, K가 자본을 지칭하는 것으로 생각해도 무방하다.

그림 9-1	총생산물곡선

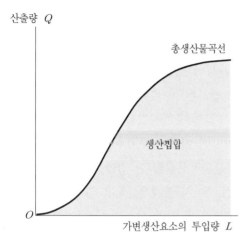

총생산물곡선은 생산요소의 양과 그것으로 생산할 수 있는 최대산출량 사이의 기술적 관계를 보여준다.

것이 바로 [그림 9-1]에 있는 총생산물곡선이다. 그러므로 기술의 특성은 이 곡선에 반영되어 있다. 한편 이처럼 고정생산요소가 있는 상태에서 가변생산요소가 증가하는 경우를 생각해 보자. 그러면 그림에서 알 수 있듯이 총생산물곡선은 그 접선의 기울기가 처음에는 커지다가 어느 수준을 넘어서서는 계속 작아지는 특성을 지닌다.

경제학에 등장하는 다른 경우와 같이, 총생산물곡선을 그릴 때 일정하다고 가정했던 상황이 변화하면 그 곡선 자체가 이동한다. 특히 총생산물곡선의 경우에는 시간이 흘러 고정생산요소가 증가하거나 기술이 진보할 경우 곡선 자체가 밖으로 이동한다.

9.2.2 한계생산물과 평균생산물

K의 투입량이 일정한 상태에서 가변생산요소 L의 투입량이 조금 증가한 경우를 생각해 보자. 이 경우 L의 한계생산물 MP_L은

$$MP_L(L, \overline{K}) = \frac{\Delta Q}{\Delta L} = \frac{\Delta f(L, \overline{K})}{\Delta L}$$

로 쓸 수 있다.[5]

---

5 [부록 3.2]에서 소개한 편미분 기호를 사용해서 나타내면 $MP_L = \frac{\partial f(L,K)}{\partial L}$가 된다. 한편 L로 편미분할 때에는 K를 상수로 취급한다. 그러므로 이때에는 K가 고정되어 있다는 것을 의미하는 bar를 굳이 쓰지 않아도 된다.

🌱 **한계생산물**(marginal product: MP) 다른 생산요소의 투입량이 일정한 상태(ceteris paribus)에 서, 가변생산요소를 추가로 한 단위 더 투입할 때 추가로 증가하는 생산물

한편 $\dfrac{\Delta Q}{\Delta L}$를 한계생산물이라고 하면서, 한계생산물을 정의할 때 "가변생산요소를 추 가로 '한 단위' 더 투입할 때…"처럼 '한 단위'라고 말하는 이유는 [부록 2.2]에서 설명하였다.

가변생산요소 L을 거의 0에 가까울 정도로 조금만 증가시켰을 경우를 생각해 보자. 이 경우 위 식에서 볼 때 한계생산물은 바로 생산함수에 대한 편도함수(3장 부록 3.2 참조)의 값 으로 나타난다. 기하학적으로 볼 때 그것은 총생산물곡선상의 한 점에서 그은 접선의 기울 기의 값으로 나타난다. 예컨대 [그림 9-2(A)]의 점 T에서 한계생산물은 점 T에서 총생산물 곡선에 그은 접선의 기울기(편도함수값)로 나타난다. 이제 이와 같은 방법으로 총생산물곡선 의 각 점에서 접선을 그린 다음 그 기울기의 값들을 구해 보자. 그리고 그 값을 그때 투입 된 생산요소와 함께 그림으로 나타내면 한계생산물곡선을 얻는다. 이러한 한계생산물곡선 이 [그림 9-2(B)]에 나타나 있다. 이때 예컨대 점 T에서 구한 한계생산물의 크기는 [그림 9-2(B)]에 거리 l로 표시되어 있다.

그림 9-2 **한계생산물과 평균생산물**

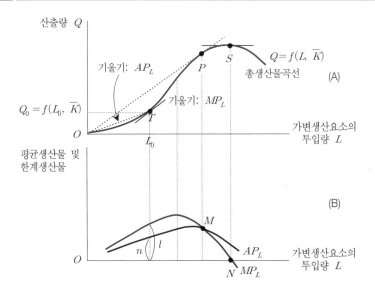

AP_L이 증가하는 영역에서 MP_L은 AP_L보다 크고 AP_L이 감소하는 영역에서는 MP_L이 AP_L보다 작다. 그 결과 AP_L이 최대인 곳에서는 $AP_L = MP_L$이다. 따라서 MP_L곡선은 AP_L곡선의 최상점을 통과한다.

L의 평균생산물은 수식으로는

$$AP_L(L, \overline{K}) = \frac{Q}{L} = \frac{f(L, \overline{K})}{L}$$

로 쓸 수 있다.

> 🌱 **평균생산물**(average product: AP) 생산요소 한 단위당 얻는 생산물

평균생산물은 기하학석으로 원점과 총생산물곡선상의 한 점을 잇는 직선의 기울기로 나타난다. 예컨대 점 T에서의 평균생산물은 선분 $\overline{OT}$의 기울기로 나타난다. 그 이유는 간단하다. T점에서 L의 평균생산물은 수식에서 보듯이 그 점에서의 Q를 L로 나누어준 값인데, 그 값은 바로 선분 $\overline{OT}$를 빗변으로 하는 직각삼각형에서 높이(Q_0)를 밑변(L_0)으로 나누어줌으로써 얻는 기울기($\frac{Q_0}{L_0}$)와 같기 때문이다. 이러한 원리에 따라 구한 평균생산물곡선의 개형이 [그림 9-2(B)]에 그려져 있다. 이때 점 T에서 구한 평균생산물은 거리 n으로 표시되어 있다.

> 이처럼 총값을 나타내는 곡선이 주어졌다고 하자.[6] 이때 곡선상의 임의의 한 점에서의 한계값은 그 점에서 곡선에 그은 접선의 기울기로 나타나고 평균값은 원점과 그 임의의 점을 잇는 직선의 기울기로 나타난다. 이것은 일반적으로 성립하는 원리이다(부록 2.2 참조).

(1) 두 곡선 사이의 관계

[그림 9-2(B)]에서 볼 때 한계생산물곡선은 평균생산물곡선상에 있는 가장 높은 점을 통과하고 있다. 그런데 이것은 우연이 아니다. 이것은 한계값과 평균값 사이에 성립하는 다음과 같은 일반적인 원리에 근거하고 있다.

부록 9.1 평균값, 한계값, 총값

> 우리가 경제분석을 행하면서 자주 이용하는 수학적 관계 중의 하나가 바로 한계값과 평균값 사이의 관계이다. 그 관계에 대한 직관적 이해를 위해 독자들이 관심을 가지고 있는 학점을 예로 들어 보자. 예컨대 지난 학기까지의 평점이 3.0인 학생이 자신의 평점을 끌어 올리려면 이번 학기에는 3.0보다는 더 높은 학점을 받아야 할 것이다. 그런데 여기서 평점이 평균값에 해당하며 이번학기의 학점이 한계값에 해당한다는 사실에 주목하자. 그러면 한계값이 평균값보다 높을 경우 평균값은 증가한다는 것을 알 수 있다. 이번 학기의 학점이 평점보다 높을 경우 그 높은 학점의 영향이

---

6 엄밀하게는 총값 대신 원함수의 함수값이라고 써야 할 것이다. 그러나 '총'생산물곡선 등 경제학에서 '총'이라는 접두어를 흔히 사용하므로 이들과의 호응을 위해 편의상 이렇게 부른 것이다.

각 학기의 학점에 고루 퍼져서 계산된 결과인 평점이 높아지는 것이다. 이 원리를 달리 표현하면 (1) **평균값이 증가하고 있을 경우에는 한계값은 평균값보다 크다**는 것이다.

이와는 반대로 만약에 이번 학기에 3.0보다 낮은 학점을 받는다면 평점은 떨어진다. 이번 학기의 학점이 평점보다 낮을 경우 그 낮은 학점의 영향이 각 학기의 학점에 고루 퍼져서 계산된 결과인 평점이 낮아지는 것이다. 이 원리를 달리 표현하면 (2) **평균값이 감소하고 있을 경우에는 한계값은 평균값보다 더 작다**는 것을 의미한다.

이상의 두 결과를 종합해 보자. 그러면 다음을 알 수 있다. 즉 (3) **평균값을 나타내는 평균곡선이 U자형일 경우 한계값을 나타내는 한계곡선은 평균곡선의 최저점을 통과한다.** 이와는 반대로 평균곡선이 역U자형일 경우에는 한계곡선은 평균곡선의 최상점을 통과한다. 따라서 평균값이 최소가 되거나 또는 최대가 되는 지점에서는 평균값과 한계값이 일치한다.

앞으로 전개되는 수학적인 내용에 대해서는 [권말 부록] II.2를 참고하기 바란다. 1사분면의 함수 $y = f(x)$에서 $f(0) = 0$이라고 하자. 이 경우 경제분석에서 자주 사용되는 또 다른 수학적 관계로서 한계함수 $y' = f'(x)$의 곡선과 원함수 $y = f(x)$의 곡선 사이의 관계를 들 수 있다. 이 관계란 바로 $x = 0$에서 임의의 x_0까지의 한계곡선 아래의 면적은 x_0에서 측정한 원함수의 함수값(편의상 총값이라고 부르자) $f(x_0)$를 나타낸다는 것이다. 그 의미를 살펴보자. 한계곡선은 추가로 증가하는 값을 측정하고 있다. 그런데 이렇게 추가로 증가한 한계값들을 모두 합한 것이 바로 총값이다. 한편 x_0에 이르기까지 한계값들을 모두 합한다는 것은 한계곡선 아래의 면적을 구하는 것과 같다. 이에 대한 그래프 설명은 [권말 부록] II.2의 [예 1]을 참고하여 생각해 보기 바란다. 이렇게 볼 때 (4) **한계곡선 아래의 면적은 바로 총값이 된다.**

[**수학적 해석**] $x = 0$에서 임의의 x_0까지 한계곡선 아래의 면적을 구한다는 것은 x_0까지 한계함수를 정적분한다는 것이다. 그런데 $\int_0^{x_0} f'(x)dx = f(x_0) - f(0) = f(x_0)$이다($f(0) = 0$로 주어짐). 따라서 정적분 결과, 즉 한계곡선 아래의 면적은 바로 x_0에서 측정한 원함수의 함수값, 즉 총값이 된다.

[**예**] $f(x) = x^2$일 경우 $f'(x) = 2x$이다. $f'(x) = 2x$를 그래프로 그린 다음 삼각형의 면적을 구하는 공식을 이용하여 $x = 0$부터 $x = 3$까지 직선 아래의 면적을 구해보면 $\frac{1}{2}(3 \times f'(3))$ $= \frac{1}{2}(3 \times 6) = 9$이다. 정적분을 통해 구해보면 $\int_0^3 f'(x)dx = \int_0^3 2xdx = [x^2]_0^3 = 3^2 - 0^2 = 9$이다. 또한 이 값은 $f(x)$에서 볼 때 $f(3) = 3^2$이다. 이 값들은 당연히 모두 같다. [**주의**] $f(0) > 0$일 경우에는 $\int_0^{x_0} f'(x)dx + f(0) = f(x_0)$이다. 즉 $f(0) > 0$일 경우에는 한계곡선 아래의 면적에 $f(0)$를 더해야 함수값이 된다.

부록의 원리를 한계생산물곡선과 평균생산물곡선에 적용해 보자. [그림 9-2(B)]에서 볼 때 평균생산물은 최상점 M에 이를 때까지는 계속 증가하고 있다. 이때 한계생산물은 평균생산물보다 커야 한다. 또한 최상점 M을 지나면서부터는 평균생산물이 감소하고 있다. 이 때에는 한계생산물은 평균생산물보다 작아야 한다. 그러므로 결국 한계생산물곡선은 평균생산물곡선상에 있는 가장 높은 점 M을 통과하게 된다. 따라서 M점에서는 $MP_L = AP_L$ 이다. 이것은 M점에 대응되는 [그림 9-2(A)]의 P점에서는 접선의 기울기(MP_L)와 선분 $\overline{OP}$의 기울기(AP_L)가 같다는 점이 반영된 것이다. 한편 [그림 9-2(B)]의 N점에서는 MP_L 이 0이다. 이것은 N점에 대응되는 [그림 9-2(A)]의 S점에서는 접선의 기울기가 0이라는 점 이 반영된 것이다.

9.2.3 한계생산물체감의 법칙

> **한계생산물체감의 법칙**(law of diminishing marginal product) 다른 생산요소가 일정한 상태 (ceteris paribus)에서, 가변생산요소의 투입량을 어느 수준을 넘어서 계속 늘리 면 한계생산물이 점점 줄어드는 현상

한계생산물체감의 법칙에 대해서는 몇 가지 유의해야 할 사항이 있다.

(1) 이 법칙은 이론적으로 도출된 것이 아니라 현상을 관찰하여 얻은 경험적 결과이다.

(2) 기술수준이 일정할 경우 고정생산요소가 있는 상태에서 가변생산요소의 투입량을 계속 증가시킬 때 나타나는 현상이다. 만일 고정되어 있던 K의 양이 증가했다고 하자. 그러면 L이 이전보다 더 많은 양의 K와 결합될 수 있으므로 L의 한계생산물이 체감하지 않는다. 오히려 증가할 수도 있다. 나아가서 기술수준이 높아지면 한계생산물이 체감하지 않을 수도 있다.

(3) 한계생산물이 체감하는 현상은 생산요소의 투입량이 어느 수준을 넘어선 이후부터 나타난다. 그 수준에 도달하기 전까지는 오히려 한계생산물이 증가할 수도 있다. 예를 들어 일정한 농토에서 한 사람이 경작하다가 한 사람이 추가로 투입되면 분업에 의해 산출량이 처음보다 2배 이상 늘어날 수 있다. 이러한 현상은 어느 수준까지 지속되다가 급기야는 사람이 추가로 투입될수록 '추가로' 생산되는 양이 계속 감소한다. 이러한 내용은 사실상 [그림 9-2]에 있는 한계생산물곡선의 모양과 관계된다. 즉 [그림 9-2(B)]에서 보듯이 한계생산물이 처음에는 증가하다가 어느 수준을 넘어서면서부터는 계속 감소하는 것으로 나타난다.

(4) 그럼에도 불구하고 한계생산물체감의 법칙이라고 말하는 이유가 있다. 주로 경제적 선택의 대상이 되는 부분은 한계생산물이 체감하는 영역이기 때문이다. 직관적인 예로 공부의 경우를 보더라도 능률($\frac{\Delta Q}{\Delta L}$)이 오를 때 멈추지는 않으며 능률이 떨어지는 어느 시점

에 멈추게 된다. 다음 장에서 다룰 비용 측면에서 본다면 추가로 1페이지씩 더 읽어나가는 데 점점 더 많은 시간이 소요되는 어느 시점, 즉 한계(기회)비용이 점점 더 많이 드는 어느 시점에서 멈추게 된다. 이와 관련된 내용에 관해서는 11장에서 이윤극대화를 공부할 때 자세히 살펴볼 것이다.

(5) 한계생산물체감의 법칙은 추가로 생산되는 생산물의 양이 점점 줄어든다는 의미이다. 총생산물의 양이 줄어든다는 것은 결코 아니다.

9.3 장기생산함수와 등량곡선

9.3.1 등량곡선

지금까지는 가변생산요소가 오직 하나만 있는 경우에 대해서 분석하였다. 그런데 경우에 따라서는 가변생산요소가 여러 개 있을 수 있다. 일반성을 잃지 않으면서 분석을 편리하게 할 수 있도록 두 개의 가변생산요소가 있는 경우에 대해서 생각해 보자. 여기서는 이 두개의 생산요소 외에 또 다른 생산요소는 없다고 하자. 이 경우 고정생산요소가 없는 모형이 된다. 앞으로 보게 되듯이 이러한 모형은 장기의 생산을 분석하는 데 사용된다.

생산요소가 가변생산요소 L, K 두 개만 있는 경우 **장기생산함수**는

$$Q = f(L, K)$$

로 쓸 수 있다. 이 경우 변수가 L, K, Q 등 모두 세 개가 있다. 따라서 이러한 장기생산함수를 그래프로 그리려면 3차원에 그려야 한다. 그런데 3차원에 그릴 경우 분석하는 데 여러 가지 어려움이 따른다.

이러한 어려움을 덜 수 있는 방법이 바로 1장에서 소개한 바 있는 등고선의 개념을 이용하는 방법이다. 장기생산함수의 경우 이러한 개념에 따라 구한 곡선을 등량곡선이라고 부른다.

> **등량곡선**(isoquant) 동일한 산출량을 생산할 수 있는 두 가변생산요소묶음들의 집합을 그래프로 나타낸 것

등량곡선을 집합기호로 나타내면

$$\{(L, K) | f(L, K) = k, \ k\text{는 상수}\}$$

가 된다. 이미 짐작했겠지만, 등량곡선은 원리적으로 볼 때 소비자이론에서 배운 무차별곡선에 대응된다. 그 성격도 무차별곡선의 성격과 동일하다. 다만 다음과 같은 중요한 차이점이 있다. (1) 무차별곡선은 효용함수로부터 구해지므로 선호순서의 특성을 담고 있지만 등량곡선은 생산함수로부터 구해지므로 기술의 특성을 담고 있다. (2) 무차별곡선의 경우 원점으로부터 멀리 있을수록 더 큰 숫자가 부여되기만 하면 그 숫자의 크기 자체는 별다른 의미를 지니지 않는다. 그러나 등량곡선에 부여되는 숫자는 구체적인 산출량을 나타내므로 그 숫자 자체가 의미를 지닌다. 따라서 기술이 변하지 않는 한, 하나의 등량곡선에는 하나의 수치만 부여된다.

9.3.2 대표적인 생산함수들의 등량곡선

소비자의 선호에 대한 가정으로부터 무차별곡선의 모양을 알아냈듯이 기술에 대한 가정으로부터 등량곡선의 모양을 알아낼 수 있다.

(1) 완전대체 생산함수: $f(L, K) = aL + bK,\ a,\ b > 0$

이 경우에는 두 생산요소가 서로 완전히 대체되어 쓰일 수 있다. 등량곡선은 $f(L, K) = aL + bK = c$(일정)를 만족시키는 순서쌍 (L, K)의 집합이다. 그러므로 등량곡선의 식은 $K = -\frac{a}{b}L + \frac{c}{b}$로서 [그림 9-3(A)]처럼 그려지며 기울기가 $-\frac{a}{b}$로 나타난다. 이것은 소비자이론에 등장하는 완전대체재의 경우에 대응하지만, 실생활에서 그 예를 찾기가 쉽지 않다. 두 생산요소가 서로 완전히 대체되어 사용될 수 있을 경우 기업은 당연히 두 생산요소 중에서 값이 싼 생산요소만 사용하여 생산할 것인데, 현실적으로 생산요소 중 어느 하나만을 사용하여 생산하는 경우는 극히 드물기 때문이다.

(2) 레온티에프(Leontief) 생산함수: $Q = f(L, K) = \min[aL, bK],\ a,\ b > 0$

두 생산요소가 항상 일정한 비율로 사용되는 경우이며 고정비율(fixed proportions) 생산함수라고도 한다. 이 경우 등량곡선은 [그림 9-3(B)]와 같은 형태로 그려진다. 그 꼭지점들은 $aL = bK$를 만족시킨다. 그리하여 꼭지점들의 궤적은 기울기가 $\frac{a}{b}$인 직선이다.

등량곡선상에서 볼 때 꼭지점의 오른쪽에서는 L이 꼭지점에서보다 많다. 그렇지만 산출량은 같으므로 L의 한계생산물은 0이 된다. 같은 이유로 꼭지점의 위쪽에서는 K의 한계생산물이 0이 된다. 한편 고정비율 생산함수는 완전대체 생산함수와는 달리 현실에서 그 예를 흔히 찾아볼 수 있다. 기계에 따라서는 한 대당 몇 명의 인원이 필요하다. 그리고 그 미만의 인원으로는 작동되지 않으며 또한 그것을 초과하는 인원도 불필요하다. 이것이 고정비율 생산함수의 예에 해당한다.

(3) 콥-더글라스 생산함수: $f(L, K) = AL^\alpha K^\beta$

경제분석에서 많이 사용되고 있는 생산함수이다. 이때 등량곡선은 $f(L, K) = AL^\alpha K^\beta = k$ 를 만족시키는 순서쌍 (L, K)의 집합이다. 이러한 등량곡선은 [그림 9-3(C)]와 같이 부드럽고 원점에 대해 강볼록하게 그려진다.

첫째, 이 함수는 그 성질상 여러모로 앞에서 소개한 두 극단적인 생산함수의 사이에 위치한다. 등량곡선도 앞의 두 등량곡선들을 절충시킨 것으로 볼 수 있다. 사실상 이처럼 부드러운 등량곡선을 가지는 생산함수로서는 콥-더글라스 생산함수가 가장 단순한 형태이다.

둘째, $\alpha + \beta = 1$일 경우 1차동차 생산함수가 된다.[7]

그림 9-3 　대표적인 생산함수들의 등량곡선

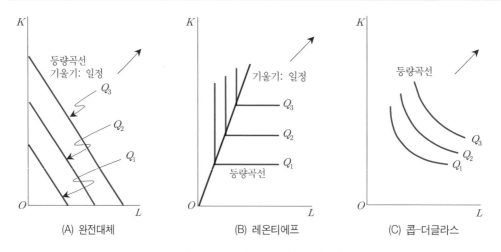

(A) 완전대체　　　　　(B) 레온티에프　　　　　(C) 콥-더글라스

생산함수의 특성에 따라 등량곡선의 모양도 달라진다.

---

7 $\alpha + \beta = 1$일 경우 각 생산요소에 그 생산요소의 한계생산물만큼 보수가 지급된다고 하자. 그러면 α는 생산물의 L에 대한 분배몫, β는 생산물의 K에 대한 분배몫이라는 것을 보여줄 수 있다(17장 각주 14 참조). 이러한 측면에서 이들은 **분배파라미터**로 볼 수 있다. 또 다른 측면에서 보면 α는 L에 대한 **산출물의 탄력성**(elasticity of output), β는 K에 대한 산출물의 탄력성이라는 의미를 지니는 것도 보여줄 수 있다(부록 9.4 참조). 한편 A는 주어진 L, K에 대해 Q에 비례적으로 영향을 미친다는 것을 나타내는 효율파라미터, 즉 기술상태를 나타내는 지표로 볼 수 있다. 또한 각 한계생산물을 구해서 $MP_L L + MP_K K$에 대입해 보면 $MP_L L + MP_K K = \alpha f(L, K) + \beta f(L, K)$ $= (\alpha + \beta) f(L, K) = f(L, K)$가 되는 것을 알 수 있다. 즉 각 생산요소에 그 생산요소의 한계생산물만큼 지급되면 산출량이 각 생산요소에 보수로 완전히 분배된다. 이것은 사실상 [부록 8.5](2)의 **오일러정리**에 해당한다.

셋째, [그림 9-3(C)]가 α, β의 값이 모두 $\frac{1}{2}$일 경우라고 하자. 그러면 이것은 예를 들어 α, β의 값이 모두 1일 경우와 모양은 같지만 같은 등량곡선이라도 더 적은 산출량을 나타낸다는 것이다. 나아가서 β의 값에 비해 α의 값이 커질수록 L의 생산성은 높아진다. 그리고 이때 같은 생산요소묶음에서 측정한 등량곡선의 기울기는 급해진다. 이 경우 등량곡선은 [그림 3-3(B)]에 그려져 있는 무차별곡선의 형태와 같아진다.

9.3.3 전형적인 등량곡선의 성질: 기술의 단조성과 볼록성

소비자이론을 공부할 때 소비자의 '전형적인' 선호가 지녀야 할 성격에 대해 몇 가지 가정을 하였다. 마찬가지로 '전형적인' 생산기술에 대해서도 몇 가지 가정을 한다.

(1) 단 조 성

첫째, 기술은 일반적으로 단조적이라고 가정한다. 이것은 등량곡선의 기울기가 음이라는 것을 뜻한다(3.4.1의 논리 참조).

(2) 볼 록 성

둘째, 기술은 볼록하다고 가정한다. 이 말의 의미를 [그림 9-4]를 이용하여 설명해 보자. 예를 들어 100단위를 생산한다고 하자. 이때 생산요소를 투입하는 방법으로 (2, 5)를 택하는 방법과 이보다 L을 늘리고 그 대신 K를 줄여 (4, 2)를 택하는 방법이 있다고 하자.

그림 9-4 | **등량곡선의 모양**

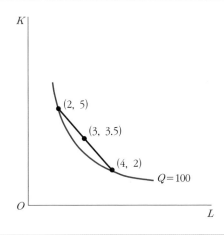

강볼록성의 가정을 만족할 경우 등량곡선은 원점에 대해 강볼록하게 그려진다.

이때 볼록성은 이 두 생산방법에 투입된 각 생산요소들을 평균하여 (3, 3.5)를 사용하면 100단위보다 많이 생산할 수 있다는 것을 말한다. 한편 이 결과는 생산요소들을 어떻게 가중평균하여 사용하더라도 성립한다.

엄밀하게 말하면 100단위보다 많이 생산할 수 있는 것은 강볼록한 경우이다. 강볼록과 볼록의 차이는 등량곡선상에 직선인 구간이 있느냐 없느냐이다. 기술이 단조적이고 강볼록할 경우에는 등량곡선이 원점에 대해 강볼록한 부드러운 곡선이 된다. [그림 9-4]는 이러한 등량곡선을 보여준다. 이러한 내용들은 무차별곡선의 경우와 그대로 대응된다(3장 참조).

📖 예제 9.1 등량곡선

어떤 기업이 3개의 기술을 가지고 있다고 하자. 기술 1은 노동 1단위와 자본 4단위를 사용하여 산출물을 하루에 1단위 생산한다. 기술 2는 노동 2단위와 자본 2단위를 사용하여 산출물을 하루에 1단위 생산한다. 기술 3은 노동 4단위와 자본 1단위를 사용하여 산출물을 하루에 1단위 생산한다. 산출량이 1일 때의 등량곡선을 그리시오. 산출량이 2일 때의 등량곡선을 그리시오.

풀이 등량곡선은 다음과 같이 그려진다. 예를 들어 A점과 B점을 잇는 선분상에 있는 점은 두 기술을 함께 사용하는 생산방법을 나타낸다. 예를 들어 그 선분의 중점에 해당하는 점을 생각해 보자. 이 점은 기술 1로 산출물을 $\frac{1}{2}$단위 생산하고 기술 2로 산출물을 $\frac{1}{2}$단위 생산하는 방법을 나타내고 있다. 이때 기술 1은 노동을 $\frac{1}{2}$단위, 자본을 2단위 사용하여 산출물을 $\frac{1}{2}$단위 생산한다. 그리고 기술 2는 노동과 자본을 각각 1단위씩 사용하여 산출물을 $\frac{1}{2}$단위 생산한다. 결과적으로 두 기술을 함께 사용할 경우 노동 1.5단위와 자본 3단위를 사용하여 산출물을 1단위 생산하게 된다.

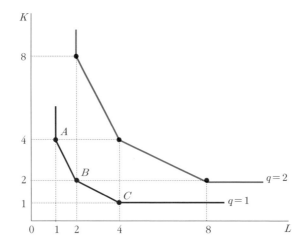

9.3.4 동차적 기술의 등량곡선과 동조적 기술의 등량곡선

소비자이론을 공부할 때 동조와 동차라는 말에 대해서 배웠다. 실제로 여기서 논의되는 **동조적 기술**(homothetic technology)이나 **동차적 기술**(homogeneous technology)의 성격은 동조적 선호나 동차적 선호의 특성과 거의 흡사하다.

다만 소비자이론에서는 효용이 서수적 성질을 가지고 있기 때문에 어떤 효용함수를 단조증가변환시키더라도 원래의 효용함수와 같은 선호를 나타내었다. 이 때문에 동차함수와 동조함수를 구분하는 것이 별 의미가 없었다. 그러나 등량곡선을 이용하여 기술을 나타낼 때에는 등량곡선이 원점에서 멀다는 사실뿐만 아니라 얼마나 먼가도 중요하다. 이 때문에 등량곡선으로도 동차적 기술(동차적 생산함수)과 그것을 단조증가변환시킨 동조적 기술(동조적 생산함수)은 분명하게 구분된다. 이러한 측면에서 기술의 경우 단조증가변환시키는 것은 산출량을 서로 다른 단위로 측정하는 것으로 생각할 수 있다. 예를 들어 산출량을 kg으로 측정하는가 아니면 g으로 측정하는가의 문제로 생각할 수 있다.

동차적 기술을 나타내는 등량곡선이나 동조적 기술을 나타내는 등량곡선의 모양은 같다. 두 경우 모두 각 등량곡선들은 하나의 등량곡선이 원점에서 퍼져 나가 이루어진 모양을 하고 있다. 다만 동차적 기술과 동조적 기술의 경우 해당 등량곡선이 나타내는 산출량이 서로 다를 뿐이다. 관련 내용은 [부록 9.2]를 참조하시오.

9.4 기술적 한계대체율

소비자이론에서 배운 한계대체율의 특성과 비교해 가면서 기술적 한계대체율이 지니는 특성에 대해 검토해 보자.

> **기술적 한계대체율**(marginal rate of technical substitution: $MRTS$) 산출량을 그대로 유지하면서 어떤 생산요소를 추가로 한 단위 더 투입하려 할 때 그 대신 줄여야 하는 다른 생산요소의 투입량

(1) 이것은 소비자이론에서 배운 MRS에 대응하는 개념임을 직감할 수 있다. $MRTS$를 구체적으로 구해 보자. 이 경우 MRS를 구할 때 적용한 것과 같은 논리를 적용할 수 있다. 즉 L이 늘어날 때 그로 인해 산출량이 늘어나는데, 주어진 등량곡선상에서는, 산출량이 일정하므로, 그에 상응하는 만큼 K가 줄어들어 늘어난 산출량을 상쇄시키게 된다. 이러한

사실에 착안하면

$$\Delta Q = MP_L(L, K)\Delta L + MP_K(L, K)\Delta K = 0$$

을 얻게 된다. 이로부터

$$MRTS_{LK}(L, K) = -\frac{\Delta K}{\Delta L} = \frac{MP_L(L, K)}{MP_K(L, K)} \tag{9.1}$$

를 얻는다. 여기서 $MRTS_{LK}$는 한계생산물(MP)의 비율로 나타난다는 사실을 알 수 있다. $-\frac{\Delta K}{\Delta L}$를 기술적 한계대체율이라고 하면서, 앞에서 기술적 한계대체율을 정의할 때 "어떤 생산요소를 추가로 '한 단위' 더 투입하려 할 때..."처럼 '한 단위'라고 말하는 이유는 [부록 2.2]에서 설명하였다.

(2) 한편 ΔL이 무한히 0에 가까워질 때 $MRTS_{LK}$는 등량곡선의 접선의 기울기에 절댓값을 취한 것으로 나타난다. 이 경우 L의 한계생산물은 수학적으로 볼 때 생산함수 $f(L,K)$의 L에 대한 편미분 또는 편도함수로 나타난다. K의 한계생산물은 $f(L,K)$의 K에 대한 편미분 또는 편도함수로 나타난다. 한계생산물은 다른 생산요소의 수량이 변하지 않는 상황에서 정의되기 때문이다. 한편 다른 생산요소의 수량도 한계생산물에 영향을 준다는 점을 강조하기 위해, $MP_L(L,K)$와 $MP_K(L,K)$처럼 한계생산물이 L, K의 함수라는 것을 명시적으로 나타내고 있다.

(3) 예를 들어 등량곡선상에 있는 어떤 점에서 $MRTS_{LK}$가 2라면 L을 한 단위 더 투입하는 대신 K를 2단위 줄이더라도 산출량이 변하지 않는다. 바꾸어 말하면 그 곳에서는 MP_L은 MP_K의 2배가 된다. 물론 이러한 사실은 식 (9.1)로부터도 확인된다.

📋 예제 9.2 한계생산물과 기술적 한계대체율

생산함수가 $f(L, K) = L^{\frac{1}{2}} K^{\frac{1}{2}}$로 주어졌다.

a. L의 한계생산물과 K의 한계생산물을 각각 구하시오.
b. 기술적 한계대체율을 구하시오.

풀이 a. 편미분을 통해, $MP_L = \dfrac{\partial f}{\partial L} = \dfrac{1}{2}L^{-\frac{1}{2}}K^{\frac{1}{2}}$, $MP_K = \dfrac{\partial f}{\partial K} = \dfrac{1}{2}L^{\frac{1}{2}}K^{-\frac{1}{2}}$과 같은 편도함수가 구해진다. 한계생산물은 수학적으로 편도함수의 개념에 대응된다.

b. 기술적 한계대체율은 한계생산물의 비율로 나타난다. 그러므로 위에서 구한 한계 생산물들로부터 그 비율을 구함으로써 직접 기술적 한계대체율을 얻을 수 있다. 한계대체율은 등량곡선의 기울기라는 점을 이용하여 원리적으로 구하려면, $L^{\frac{1}{2}}K^{\frac{1}{2}} = c$로 놓는다. 이 식을 전미분하면 $\dfrac{1}{2}L^{-\frac{1}{2}}K^{\frac{1}{2}}dL + \dfrac{1}{2}L^{\frac{1}{2}}K^{-\frac{1}{2}}dK = 0$이 된다. 이로부터 기술적 한계대체율은 $MRTS = -\dfrac{dK}{dL} = \dfrac{\frac{1}{2}L^{-\frac{1}{2}}K^{\frac{1}{2}}}{\frac{1}{2}L^{\frac{1}{2}}K^{-\frac{1}{2}}} = \dfrac{K}{L}$로 구해진다.

9.4.1 기술적 한계대체율체감의 법칙

소비자이론에서 우리는 MRS가 체감한다는 사실을 배운 바 있다. 생산자이론에서 그에 대응하는 것이 바로 $MRTS$ 체감이다.

기술적 한계대체율체감의 법칙(law of diminishing marginal rate of technical substitution) 동일한 등량곡선상에서 L의 투입을 계속 증가시킴에 따라 기술적 한계대체율이 체감하는 현상

이것은 기하학적으로는 L의 투입을 늘림에 따라 등량곡선의 접선의 기울기가 점점 완만해지는 것으로 나타난다. 이것은 기술이 강볼록하다는 가정에서 비롯되는 결과이다. 기술이 볼록할 경우 등량곡선이 원점에 대해 볼록해진다. 그리고 이때 L의 투입량을 늘림에 따라 접선의 기울기는 점점 완만해진다.

한편 $MRTS$는 생산요소를 서로 대체하여 사용하기가 얼마나 쉬운가와 관련된다. 그런데 $MRTS$가 체감한다는 것은 산출량을 그대로 유지하려면 L을 한 단위씩 늘려 갈 경우 K를 점점 더 적게 줄여야 한다는 것을 의미한다. 이렇게 볼 때 $MRTS$가 체감하는 이유는 생산요소의 대체가 불완전하기 때문이라고 할 수 있다.

9.4.2 기술적 한계대체율과 한계생산물의 관계

한편 $MRTS$는 MP의 비율로 표현되고 있다. 그런데 이 두 개념을 분명히 구분해 둘 필요가 있다.

(1) MP는 다른 생산요소의 투입량을 변화시키지 않으면서 해당 생산요소의 투입량을 계속 증가시키는 경우에 적용되는 개념이다. 그리고 가정이라기보다는 생산과정에서 보통 발생하는 현상과 관련된다.

(2) $MRTS$는 등량곡선상에서 한 생산요소의 투입량을 증가시키면서 다른 생산요소의 투입량을 감소시킬 경우에 적용되는 개념이다.

(3) $MRTS$가 체감한다는 것은 L이 증가함에 따라 식 (9.1)에 있는 우변의 값이 감소한다는 것을 의미한다. 이때 주의할 점이 있다. 즉 MP가 체감한다는 사실이 $MRTS$가 체감하는 것을 보장하지는 않는다는 것이다.[8] 그 원리는 이미 살펴본 것으로서 한계효용의 체감이 MRS의 체감을 보장하지 않는 것과 같다.

한 걸음 더 나아가 한계생산물체감과 기술적 한계대체율체감은 아무 관계가 없다. 3장에서 한계효용체감과 한계대체율체감은 아무 관계가 없다고 말한 것과 같은 원리이다.

(4) 기술이 1차동차일 경우에는 MP나 AP의 값은 산출량이 얼마인가와는 관계가 없다.[9] 오직 생산요소의 투입비율(K/L)이 달라질 경우에만 그 값이 달라진다.

9.4.3 기술의 유형과 기술적 한계대체율

생산함수(기술)의 유형에 따라 등량곡선의 모양이 달라진다. 몇 가지 생산함수(기술)에 대해 그 $MRTS$의 값을 살펴보자.

(1) 동차적 기술이나 동조적 기술의 경우 원점에서 출발하는 임의의 직선에서는 어디에서 측정하든지 등량곡선들의 기울기는 같다. 즉 각 점에서 $MRTS$는 같다. 그런데 원점에서 출발하는 임의의 직선에서는 어디에서나 생산요소의 투입 비율(K/L)이 같다. 위의 결과는 동차적 기술이나 동조적 기술의 경우 K/L가 같기만 하면 L과 K의 크기나 산출량에 관계 없이 $MRTS$가 같아진다는 것을 의미한다. 이 원리는 선호가 동조적일 경우 MRS의 특성에 대해 적용되는 원리와 같다(부록 3.8 참조).

---

8 물론 등량곡선이 원점에 대해 볼록해야 한다는 것을 보장하지도 않는다.

9 모든 λ에 대해 $f(\lambda x, \lambda y) = \lambda^k f(x, y)$가 성립할 경우, 함수 f를 k차동차함수라고 한다. 특히 $k=1$일 경우 1차동차함수라고 한다. [부록 8.5](2) 참조.

(2) 대표적인 동차함수들에 대해 $MRTS$를 구해 보면 다음과 같다.

(ⅰ) 완전대체 생산함수(1차동차)의 경우: $Q = f(L, K) = aL + bK$

$$MRTS_{LK} = \frac{MP_L}{MP_K} = \frac{a}{b}$$

(ⅱ) 레온티에프 생산함수(1차동차)의 경우: $Q = f(L, K) = \min[aL, bK]$

$$MRTS_{LK} = \frac{MP_L}{MP_K} = 0 \text{ 또는 } \infty \text{ }^{10}$$

(ⅲ) 콥–더글라스 생산함수($\alpha + \beta$차동차)의 경우: $Q = f(L, K) = L^\alpha K^\beta$

$$MRTS_{LK} = \frac{MP_L}{MP_K} = \frac{\alpha}{\beta} \frac{K}{L}$$

부록 9.2 **1차동차적 기술과 동조적 기술**

선호를 다뤘던 [부록 3.8]과 비교해 보자. 등량곡선들의 경우 무차별곡선들과는 달리 그들 사이의 거리의 멀고 가까움도 의미를 지닌다. 이에 따라 동차적 선호인지 동조적 선호인지의 구분이 무의미했던 것과는 달리 동차적 기술과 동조적 기술은 서로 다른 기술이다. 그러나 선호에서 $\frac{y}{x}$가 중요한 역할을 했던 것처럼 기술에서도 두 경우 모두 $\frac{K}{L}$가 중요한 역할을 한다.

(1) 기술이 1차동차일 경우 두 생산요소가 모두 t배가 되면 산출량도 t배가 된다. 이러한 사실은 1차동차함수의 정의로부터 도출된다. 규모에 대한 보수불변이라는 이름 아래 본문 9.7.1에서 다시 논의할 것이다.

(2) 기술이 1차동차일 경우 [그림 (A)]처럼 (L_1, K_1)과 (L_2, K_2)가 동일한 등량곡선 $\overline{Q}_1$상에 놓이면, 이들 각 생산요소의 수량을 t배 함으로써 이들과 생산요소 비율이 각각 같아진 (tL_1, tK_1)과 (tL_2, tK_2)도 또 다른 동일한 등량곡선상에 놓이게 된다. 1차동차함수의 특성에 의해 (tL_1, tK_1)에서의 산출량은 (L_1, K_1)에서의 산출량의 t배가 되고 (tL_2, tK_2)에서의 산출량은 (L_2, K_2)에서의 산출량의 t배가 되는데 (L_1, K_1)과 (L_2, K_2)에서의 산출량이 같다고 했기 때문이다. [그림 (A)]에는 $t = 2$인 경우가 $\overline{Q}_2$로 나타나 있다.

(3) 그 결과 이때의 등량곡선들은 [그림 (A)]에서 보듯이 원점에서 방사상으로 퍼져나가는 형태를 취하게 된다.

---

10 등량곡선의 꼭지점에서는 $MRTS$가 정의되지 않는다.

(4) 기술이 동조적일 경우에도 등량곡선의 모양은 같다. 이 경우에도 (L_1, K_1)과 (L_2, K_2)가 동일한 산출량을 생산한다면 [그림 (B)]가 보여주듯이 $(2L_1, 2K_1)$과 $(2L_2, 2K_2)$도 동일한 산출량을 생산한다. 그러나 그 산출량이 반드시 2배가 될 필요는 없다. 이 점이 1차 동차적 기술의 경우와 다르다(이러한 사실을 강조하기 위해 더 위에 위치하는 등량곡선을 [그림 (A)]에서는 $\overline{Q}_2$로 나타낸 반면, [그림 (B)]에서는 $\overline{Q}_3$로 나타내고 있다).

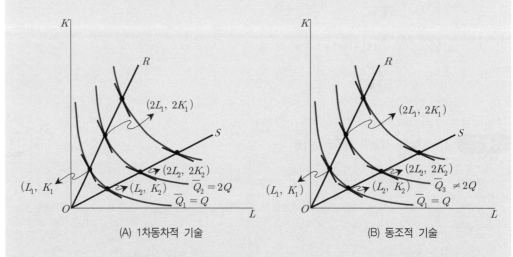

(A) 1차동차적 기술　　　　　　　　　(B) 동조적 기술

(5) 기술이 동차적이거나 동조일 때에는 등량곡선의 기울기, 즉 $MRTS_{LK}$는 L과 K 각각의 크기가 아니라 그 비율인 $\frac{K}{L}$만의 함수이다. 즉 $MRTS_{LK}(\frac{K}{L})$이다. 그 결과 원점에서 출발하는 동일한 직선상의 각 점에서 측정한 $MRTS_{LK}$들은 같아진다. 예를 들어 두 그림의 직선 R상의 각 점에서 측정한 $MRTS_{LK}$들은 같다. 직선 S상의 각 점에서 측정한 $MRTS_{LK}$들도 같다.

(6) 동차함수 Q의 단조증가변환인

$$H(L,K) = [Q(L,K)]^2 = (AL^\alpha K^\beta)^2,$$
$$H(L,K) = [Q(L,K)]^2 = (aL+bK)^2,$$
$$H(L,K) = [Q(L,K)]^2 = [\min(aL,bK)]^2$$

들은 모두 동조함수이다. $MRTS_{LK}(\frac{K}{L})$를 구하는 과정은 [부록 3.8]을 참고하기 바란다.

대체탄력성

어떤 생산요소를 다른 생산요소로 대체하기가 얼마나 쉬운가를 측정하는 값이 대체탄력성이다. 직관적으로 보더라도 등량곡선이 얼마나 볼록한가에 따라 그 값이 달라질 것으로 짐작된다. 한편 생산에 대한 보수가 어느 생산요소에 상대적으로 얼마나 더 많이 분배되는가를 평가하는 데에도 대체탄력성이 사용된다. 이에 대해서는 17장에서 살펴본다.

9.5.1 대체탄력성의 개념

앞에서 기술적 한계대체율은 생산요소의 대체성과 관련된다고 하였다. 그런데 대체성은 예컨대 자본의 사용을 일부 줄이고 그 대신 노동으로 대체하여 생산하는 것이 어느 정도 쉬운가를 말한다. 앞으로 다루겠지만 이것은 또한 등량곡선의 모양이 어떠한가와 관련된다. 이러한 생산요소의 대체성에 대한 분석은 여러 방면으로 중요하게 활용될 수 있다. 예를 들어 중공업에서 생산요소를 대체하기가 쉽지 않다고 하자. 그러면 노동집약적인 섬유산업에서 자본집약적인 중공업으로 이행해 갈 때 섬유산업에서 방출된 노동 때문에 실업이 발생할 것으로 예상된다. 또한 임금률이 크게 오를 경우 공정을 자동화하기 쉬운 단순직종에 근무하는 사람들은 자동화에 밀려 피해를 볼 가능성이 클 것으로 예상된다.

이러한 측면에서 생산요소를 대체하기가 얼마나 쉬운지 그 정도를 측정하는 측정값에 대해서 생각해 보자. (1) 먼저 등량곡선상에서는 L이 증가할수록 기술적 한계대체율은 작아지며 또한 생산요소의 투입 비율인 K/L도 줄어든다. 생산요소의 투입 비율이 이처럼 변화할 때 한계생산물이 크게 변하지 않는다면 두 생산요소를 대체하는 것이 쉽다고 볼 수 있다. (2) 여기서 기술적 한계대체율은 각 생산요소로부터 얻는 한계생산물의 비율로 나타난다는 점을 고려하자. 그러면 위의 내용은 생산요소의 투입 비율이 변화할 때 기술적 한계대체율이 크게 변화하지 않는다면 생산요소를 대체하기 쉽다는 것을 의미한다. 반대로 생산요소의 투입 비율이 조금만 변화해도 기술적 한계대체율이 크게 변화한다면, 생산요소를 대체하기가 쉽지 않다고 볼 수 있다.

이제 이러한 민감성을 측정해 보자. 특히 다른 탄력성들처럼 단위의 영향을 받지 않도록 측정하여야 한다. 이를 위해 변화율의 비율로 측정한 값

$$\sigma = \frac{\Delta\left(\dfrac{K}{L}\right)\big/\left(\dfrac{K}{L}\right)}{\Delta MRTS/MRTS} \tag{9.2}$$

를 생산요소의 대체탄력성이라고 한다.

> 🌱 **대체탄력성**(elasticity of substitution) 생산요소를 대체하여 사용하기가 얼마나 쉬운지 그 정도를 측정하는 값으로서, 생산요소 투입 비율의 변화율을 기술적 한계대체율의 변화율로 나누어 준 값. 즉 기술적 한계대체율 1% 변화에 대한 생산요소 투입 비율의 % 변화

9.5.2 대체탄력성의 함축성

(1) 그런데 위 식을 살펴보면 앞서 논의한 것과는 달리 분모에 기술적 한계대체율을 쓰고 분자에 생산요소의 투입 비율을 썼다. 이렇게 쓴 이유는 대체탄력성이 큰 값이 나올수록 대체가 쉽다는 것을 나타내도록 했기 때문이다. 이 말을 얼른 이해하기 어려운 독자는 생산요소의 투입 비율이 변화할 때 기술적 한계대체율의 변화가 작을수록 대체가 쉽다는 점을 고려하여 생각해 보라. (2) 한편 생산요소의 투입 비율이 커지면 기술적 한계대체율도 커지고 생산요소의 투입 비율이 작아지면 기술적 한계대체율도 작아진다. 즉 기술적 한계대체율과 생산요소의 투입 비율은 항상 같은 방향으로 움직인다. 그러므로 대체탄력성은 항상 양의 값을 가진다.

대체탄력성의 의미는 [그림 9-5(A)]의 점 A에서 점 B로 움직일 때 생기는 변화를 살펴보면 더욱 잘 드러난다. 점 A에서 점 B로 이동할 때 기술적 한계대체율과 생산요소의

그림 9-5 **대체탄력성의 크기와 등량곡선의 모양**

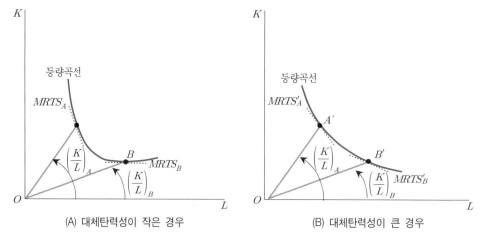

(A) 대체탄력성이 작은 경우   (B) 대체탄력성이 큰 경우

대체탄력성이 작을수록 생산요소를 대체하여 사용하기가 어렵다.

투입 비율이 모두 변한다. 그런데 대체탄력성은 바로 그 중에서 어느 것이 더 많이 변하는 가를 측정하고 있다.

이제 [그림 9-5(A)]와 [그림 9-5(B)]를 이용하여 대체탄력성의 크기를 비교해 보기로 하자. 먼저 점 A에서 점 B로 이동하거나 점 A'에서 점 B'로 이동하거나 생산요소의 투입 비율은 똑같이 변하는 것으로 그려져 있다. 그런데 기술적 한계대체율은 [그림 9-5(A)]의 경우에 더 크게 변화한다. 이것은 [그림 9-5(A)]의 경우에 생산요소를 대체하기 가 더 어렵다는 것을 말한다. 즉 대체탄력성이 더 작다는 것을 의미한다.[11] 이렇게 볼 때 등량곡선이 원점에 대해 볼록할수록 대체탄력성이 작다는 사실을 알 수 있다.[12]

9.6 흔히 등장하는 1차동차 생산함수의 대체탄력성: 일정

일반적으로 대체탄력성은 등량곡선을 따라 움직이거나 아니면 산출량이 달라짐에 따라 그 값이 달라진다. 그런데 등량곡선을 따라 움직이더라도 대체탄력성이 변하지 않는 경우 를 생각할 수 있다. 나아가서 1차동차 생산함수이면서 이러한 경우에 해당된다면 아주 흥미 로운 결과를 얻을 수 있다. 이미 알고 있듯이 1차동차 생산함수의 경우 산출량이 증가하더 라도 생산요소의 투입 비율이 변하지 않으면 기술적 한계대체율이 변하지 않는다(부록 9.2 참조). 그 결과 이때의 등량곡선들은 원점에서 방사상으로 퍼져나가는 형태를 취하게 된다. 이제 1차동차 생산함수인데 그 등량곡선을 따라 움직이더라도 대체탄력성이 일정하다고 하 자. 그러면 이 경우 어느 등량곡선상의 어느 점에서나 대체탄력성이 모두 같아진다. 즉 생 산요소를 어떠한 투입 비율로 사용하든지 나아가서 얼마나 생산하든지 대체탄력성이 항상 일정하다는 것이다. 이제 이처럼 1차동차이며 대체탄력성이 일정한 생산함수들 중에서 자 주 등장하는 4종류에 대해 살펴보자.

---

[11] 두 그림에서 요소투입비율의 변화는 같다. 그러므로 식 (9.2)의 분자는 서로 같게 나타난다. 그런데 기술적 한계 대체율의 변화는 [그림 9-5(A)]의 경우가 더 크다. 그러므로 분모는 [그림 9-5(A)]의 경우에 더 크게 나타난다. 따라서 [그림 9-5(A)]의 경우 대체탄력성이 더 작다.

[12] 기억하기 좋도록 소비자이론에 등장하는 무차별곡선과 비교해 보자. 완전대체재는 말 그대로 대체가 자유로운 경우인데, 이때 무차별곡선이 직선이 된다는 점을 상기하자.

9.6.1 완전대체 생산함수: 대체탄력성 = ∞

완전대체(perfect substitutes) 생산함수는

$$Q = f(L, K) = aL + bK, \ a, \ b > 0$$

의 형태이다. 등량곡선은 직선이며 기술적 한계대체율이 일정하다. 그러므로 대체탄력성의 공식인 식 (9.2)의 분모가 0이 되어 대체탄력성은 무한대가 된다.

9.6.2 레온티에프 생산함수: 대체탄력성 = 0

레온티에프(Leontief) 생산함수는

$$Q = f(L, K) = \min[aL, bK], \ a, \ b > 0$$

의 형태이다. 등량곡선은 L자형으로 그려진다. 이때 효율적인 생산은 항상 꼭지점들의 궤적상에서 이루어진다. 그 이유는 꼭지점 이외의 곳에서는 항상 꼭지점 쪽으로 움직여 감으로써 더 적은 생산요소로 똑같은 수량을 생산할 수 있기 때문이다. 따라서 생산요소의 투입 비율이 항상 일정하다. 그러므로 대체탄력성의 공식인 식 (9.2)에서 분자가 0이 되어 대체탄력성도 0이 된다.

9.6.3 콥-더글라스 생산함수: 대체탄력성 = 1

콥-더글라스 생산함수의 일반적인 형태는

$$Q = f(L, K) = AL^{\alpha}K^{\beta}$$

이다. 이때 $\alpha + \beta = 1$일 경우 1차동차이다. 그러나 1차동차가 아니더라도 대체탄력성은 항상 1이 된다.[13]

---

13 대체탄력성을 구해보자. $MRTS_{LK} = \dfrac{\alpha}{\beta}\dfrac{K}{L}$이다. 즉 $\dfrac{K}{L} = \dfrac{\beta}{\alpha}MRTS_{LK}$이다. [부록 8.1]에서처럼 양변에 로그를 취한 후 전미분하면 $d\ln\dfrac{K}{L} = d\ln\dfrac{\beta}{\alpha} + d\ln MRTS_{LK}$이다. 그런데 $\ln\dfrac{\beta}{\alpha}$는 상수이므로 $d\ln\dfrac{\beta}{\alpha} = 0$이다. 따라서 $\sigma = \dfrac{d\ln(K/L)}{d\ln MRTS_{LK}}$ $= 1$이다.

9.6.4 *CES* 생산함수: 대체탄력성 = 일정한 값

지금까지 대체탄력성이 무한대, 0, 1이 되는 생산함수들에 대해서 살펴보았다. 그런데 대체탄력성이 반드시 이러한 값은 아니지만 임의의 일정한 양수값을 갖는 생산함수를 생각할 수 있다. 이러한 생산함수를 대체탄력성이 일정한 생산함수, 즉 *CES* 생산함수(constant elasticity of substitution production function)라고 부른다.[14] 몇 가지 점에 주목하자.

(1) 앞의 세 경우는 모두 *CES* 생산함수의 특별한 경우에 해당된다. 실제로 앞의 세 경우는 모두 일반적인 형태의 *CES* 생산함수에서 파라미터의 값이 달라진 경우들에 불과하다. 구체적으로 볼 때 특수한 경우로서 $\rho \to -1$일 경우에는 완전대체, $\rho \to 0$일 경우에는 콥－더글라스, $\rho \to \infty$일 경우에는 레온티에프 생산함수에 접근하는 것이 증명되어 있다.[15]

(2) *CES* 생산함수는 1차동차 생산함수이다.

(3) *CES* 생산함수는 등량곡선의 모양도 콥－더글라스 생산함수의 경우처럼 부드럽고 원점에 대해 강볼록하다.

9.7 규모에 대한 보수

시간이 흐름에 따라 단기에 고정되어 있던 생산요소가 증가할 경우 총생산물곡선이 위로 이동한다고 하였다. 이제 규모에 대한 보수에 대해 살펴보기로 하자. 규모에 대한 보수는 장기에 걸쳐 두 생산요소의 투입량이 모두 같은 배수로 늘어날 때 산출량이 얼마나 증가

---

14 *CES* 생산함수의 일반적인 형태는 $Q = A[\delta L^{-\rho} + (1-\delta)K^{-\rho}]^{-\frac{1}{\rho}}$ $(A>0,\ 0<\delta<1,\ -1<\rho\neq0)$이다. 여기서 δ는 콥－더글라스 생산함수에서의 α와 마찬가지로 요소에 대한 상대적 분배몫과 관련되므로 분배파라미터, ρ는 대체탄력성의 값을 결정하므로 대체파라미터라고 할 수 있다. A는 효율파라미터로 볼 수 있다. 대체탄력성을 구해보자(방법은 부록 8.1 참조). $MRTS_{LK} = \frac{MP_L}{MP_K} = \frac{\delta}{A^\rho}\left(\frac{Q}{L}\right)^{1+\rho} / \frac{1-\delta}{A^\rho}\left(\frac{Q}{K}\right)^{1+\rho} = \frac{\delta}{1-\delta}\left(\frac{K}{L}\right)^{1+\rho}$ (*MP* 계산과정이다. 양끝변에 로그를 취한 후 전미분하면 $d\ln MRTS_{LK} = d\ln\left(\frac{\delta}{1-\delta}\right) + (1+\rho)d\ln(K/L)$이다. $\ln\left(\frac{\delta}{1-\delta}\right)$는 상수이므로 $d\ln\left(\frac{\delta}{1-\delta}\right)=0$이다. 따라서 $\sigma = \frac{d\ln(K/L)}{d\ln MRTS_{LK}} = \frac{1}{1+\rho}$로서 σ는 항상 일정한 값을 갖는다.

15 $\rho \to -1$일 경우는 $\rho=-1$을 생산함수에 직접 대입해 보면 명확하다. 다른 두 경우는 엄밀한 증명이 복잡하다. 그러므로 $MRTS_{LK}$의 값을 통해 간접적으로 알아보자. 각주 14에서 보았듯이 $MRTS_{LK} = \frac{\delta}{1-\delta}\left(\frac{K}{L}\right)^{1+\rho}$이다. $\rho \to 0$일 경우 $MRTS_{LK} \to \frac{\delta}{1-\delta}\frac{K}{L}$이다. 즉 콥－더글라스 생산함수에 접근한다. $\rho \to \infty$일 경우에는 $K>L$이면 $\frac{K}{L}>1$이므로 $MRTS_{LK} \to \infty$이고, $K<L$이면 $\frac{K}{L}<1$이므로 $MRTS_{LK} \to 0$이다. 즉 레온티에프 생산함수에 접근한다.

하는가를 말한다.[16] 이것은 모든 생산요소가 함께 증가하는 경우를 말하므로 장기에 대한 논의이다.

생산요소의 투입 규모가 커질 경우 일반적으로 산출량이 증가하는 것은 틀림없다. 그러나 이때 산출량이 얼마나 증가하는가는 기술에 따라 달라진다. 즉 생산함수에 따라 달라진다. 구체적으로 보면 각 생산요소의 투입량이 증가한 배수만큼 산출량이 증가할 수도 있고 그렇지 않을 수도 있다.

9.7.1 규모에 대한 보수의 세 가지 유형

첫째, 각 생산요소의 투입량을 모두 λ배 증가시킬 때 산출량도 정확히 λ배 증가하는 경우를 **규모에 대한 보수 불변**(constant return to scale: *CRTS*)이라고 한다. 이 경우 생산함수 f는

$$\lambda > 0 일 \; 경우 \; f(\lambda L, \, \lambda K) = \lambda f(L, \, K): \; CRTS$$

의 관계를 보여준다. 이러한 생산함수를 1차동차 생산함수라고 한다.[17]

둘째, 각 생산요소의 투입량을 모두 λ배 증가시킬 때 산출량이 λ배보다 적게 증가하는 경우를 **규모에 대한 보수 감소**(decreasing return to scale: *DRTS*)라고 한다. 이 경우 생산함수는

$$\lambda > 1 일 \; 경우 \; f(\lambda L, \, \lambda K) < \lambda f(L, \, K): \; DRTS$$

의 관계로 표현된다.

셋째, 각 생산요소의 투입량을 모두 λ배 증가시킬 때 산출량이 λ배보다 많이 증가하는 경우를 **규모에 대한 보수 증가**(increasing return to scale: *IRTS*)라고 한다. 이 경우 생산함수는

$$\lambda > 1 일 \; 경우 \; f(\lambda L, \, \lambda K) > \lambda f(L, \, K): \; IRTS$$

의 관계로 표현된다.

---

16 장기에 생산요소의 투입 규모 증가는 총생산물곡면(장기의 생산함수는 변수가 3개로서 3차원에 그려지므로 곡선 대신 곡면으로 부르는 것이 합당하다)을 이동시키는 것이 아니고, 주어진 총생산물곡면상에서의 움직임으로 나타난다. 그런데 누차 말했듯이 3차원상에서 분석하는 것은 여러모로 불편하므로 2차원에 나타낼 수 있는 등량곡선을 이용하여 분석할 것이다.

17 (각주 9)에서 $k = 1$일 때이다. $\lambda > 1$: $0 < k < 1 \rightarrow DRTS$, $k > 1 \rightarrow IRTS$. 이때 동차함수조건은 충분조건이다.

그림 9-6	규모에 대한 보수의 세 가지 유형

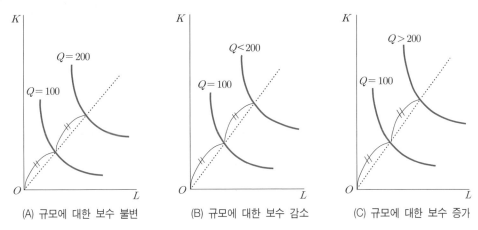

(A) 규모에 대한 보수 불변   (B) 규모에 대한 보수 감소   (C) 규모에 대한 보수 증가

등량곡선의 위치나 간격이 같더라도 규모에 대한 보수의 유형에 따라 각각 다른 산출량을 나타낸다.

이들 관계를 등량곡선으로 나타내면 [그림 9-6]과 같다. 각 그림에서 등량곡선의 위치나 간격은 모두 똑같게 그려져 있다. (1) 규모에 대한 보수 불변을 나타내는 [그림 9-6(A)]를 보자. 이 경우 원점에서 등량곡선에 이르는 거리가 2배, 3배로 증가할 때 산출량이 그와 똑같이 2배, 3배로 증가하고 있다. (2) 규모에 대한 보수 감소를 나타내는 [그림 9-6(B)]를 보자. 이 경우 원점에서 등량곡선에 이르는 거리가 2배, 3배로 증가할 때 산출량은 그 배수보다 적게 증가한다. (3) 규모에 대한 보수 증가를 나타내는 [그림 9-6(C)]를 보자. 이 경우 원점에서 등량곡선에 이르는 거리가 2배, 3배로 증가할 때 산출량이 그 배수보다 크게 증가하고 있다.

같은 의미이지만 다음과 같이 나타낼 수도 있다. (1) 규모에 대한 보수가 불변일 때에는 산출량이 2배, 3배, …로 증가함에 따라 원점에서 등량곡선에 이르는 거리가 그와 똑같이 2배, 3배, …가 된다. (2) 규모에 대한 보수가 감소할 때에는 그 거리가 2배, 3배, … 보다 멀어진다. (3) 규모에 대한 보수가 증가할 때에는 그 거리가 2배, 3배, … 보다 가까워진다.

규모에 대한 보수의 정의를 이용하면 다음 사항을 알 수 있다.

$Q = AL^{\alpha}K^{\beta}$ (콥-더글라스 생산함수): $\alpha + \beta$차 동차함수

　$\alpha + \beta = 1$ (일차동차)일 경우: 규모에 대한 보수 불변

　$\alpha + \beta > 1$일 경우: 규모에 대한 보수 증가

　$\alpha + \beta < 1$일 경우: 규모에 대한 보수 감소

부록 9.3 생산함수의 종류와 규모에 대한 보수

	콥 -더글라스: $\alpha + \beta = 1$	레온티에프: 고정비율	완전대체
CRTS	$f(L,K) = L^\alpha K^\beta$	$f(L,K) = \min[aL, bK]$	$f(L,K) = aL + bK$
DRTS	$f(L,K) = \sqrt{L^\alpha K^\beta}$	$f(L,K) = \sqrt{\min[aL, bK]}$	$f(L,K) = \sqrt{(aL + bK)}$
IRTS	$f(L,K) = (L^\alpha K^\beta)^2$	$f(L,K) = (\min[aL, bK])^2$	$f(L,K) = (aL + bK)^2$

한편 이때 주의할 사항이 있다. 효용함수는 서수적 효용을 전제로 한다. 그러므로 효용함수의 경우에는 단조증가변환을 하더라도 동일한 선호순서를 나타내는 효용함수가 된다. 그러나 생산함수의 경우에는 산출량의 크기 자체가 의미를 지니므로 단조증가변환을 하면 다른 기술, 즉 다른 생산함수가 된다.

9.7.2 규모에 대한 보수의 실현 가능성

(1) 규모에 대한 보수와 한계생산물체감의 법칙을 구분해 둘 필요가 있다. 이미 배운 바와 같이 한계생산물체감의 법칙은 다른 생산요소들은 그대로 둔 채 어느 한 생산요소만 더 투입할 경우에 적용된다. 반면에 규모에 대한 보수는 모든 생산요소의 투입량을 함께 늘릴 경우에 적용된다. 따라서 한계생산물은 체감하면서도 규모에 대한 보수는 일정하거나 심지어는 증가할 수도 있다.

(2) 규모에 대한 보수가 불변일 수 있다는 것은 어찌 보면 자연스러운 현상이다. 왜냐하면 똑같은 기업을 그대로 복제할 수 있기 때문이다. 예를 들어 기업은 자신과 똑같은 기업을 새로 하나 설립할 수 있다. 그리고 원래의 기업이 사용한 것과 똑같은 생산요소를 그대로 사용하여 전체적으로 볼 때 산출량을 두 배로 증가시킬 수 있기 때문이다.

(3) 규모에 대한 보수 증가는 분업을 통해 나타날 수 있다. 분업을 하면 전문화를 통해 노동의 숙련도가 증가하고 이에 따라 규모에 대한 보수가 증가할 수 있기 때문이다. 한편 규모에 대한 보수 증가는 순수한 기술적인 요인 때문에 나타날 수도 있다. 예를 들어 원유 수송을 위해 파이프라인을 건설하는 경우를 생각해 보자. 파이프의 용량은 부피에 비례하는데 생산비용은 파이프의 표면적에 비례한다고 하자. 이 경우 파이프를 만드는 데 드는 재료를 두 배로 늘리면 원유를 수송할 수 있는 능력은 두 배를 넘는다. 한편 이처럼 순수한 기술적인 요인 때문에 규모에 대한 보수가 증가하는 경우 산출량을 늘릴수록 평균비용이 줄어든다. 그리하여 그 기업은 자연적으로 독점의 지위를 누리게 된다. 이에 대해서는 14장

에서 검토할 것이다.

(4) 규모에 대한 보수가 감소하는 현상은 다소 특이하다고 할 수 있다. 그 이유를 살펴보자. 기업은 적어도 이전에 하던 것을 그대로 복제하더라도 산출량을 두 배로 늘릴 수 있다. 그런데 모든 생산요소를 두 배로 증가시켰는 데도 산출량이 두 배로 증가하지 않는다는 것은 이치에 맞지 않기 때문이다. 그럼에도 불구하고 규모에 대한 보수가 감소한다면, 이것은 투입된 생산요소들이 이전과 같지 않기 때문일 것이다. 예를 들어 노동과 자본의 투입량을 두 배로 늘렸더라도 이전보다 숙련도가 떨어지는 노동을 투입한 경우를 생각해 볼 수 있다. 엄밀한 의미에서 이것은 생산요소의 규모가 두 배로 증가한 경우라고 할 수 없다.

(5) 규모에 대한 보수는 같은 생산함수에서도 산출량에 따라 달라질 수 있다. 예를 들어 산출량이 적을 때에는 규모에 대한 보수가 증가하다가 산출량이 많아짐에 따라 규모에 대한 보수가 일정해지거나 감소할 수도 있다는 것이다.

부록 9.4 규모의 탄력성, 규모에 대한 보수, 산출물의 생산요소탄력성의 관계

9.7.1의 정의는 **전역적**(global)이다. 그러나 기술은 $IRTS$이다가 $DRTS$일 수도 있으므로 국지적 (local) 측정치도 유용하다. 그 측정치가 **규모의 탄력성**(elasticity of scale)인데 모든 투입물들의 1% 증가에 대한 산출량의 % 변화로 정의된다. $Q = f(L, K)$의 점 (L, K)에서 규모의 탄력성을 ϵ_s라 하면

$$\epsilon_s = \frac{df(\lambda L, \lambda K)/f(\lambda L, \lambda K)}{d\lambda/\lambda} \left[= \frac{d\ln f(\lambda L, \lambda K)}{d\ln \lambda}\right] \Big|_{\lambda=1} \ (\lambda = 1\text{은 현재 규모에서 평가함을 의미})$$

$$= \frac{df(\lambda L, \lambda K)}{d\lambda} \frac{\lambda}{f(\lambda L, \lambda K)} \Big|_{\lambda=1}$$

$$= \left[\frac{\partial f(\lambda L, \lambda K)}{\partial(\lambda L)} \frac{\partial(\lambda L)}{\partial\lambda} + \frac{\partial f(\lambda L, \lambda K)}{\partial(\lambda K)} \frac{\partial(\lambda K)}{\partial\lambda}\right] \frac{\lambda}{f(\lambda L, \lambda K)} \Big|_{\lambda=1}$$

$$= \left[\frac{\partial f(\lambda L, \lambda K)}{\partial(\lambda L)} L + \frac{\partial f(\lambda L, \lambda K)}{\partial(\lambda K)} K\right] \frac{\lambda}{f(\lambda L, \lambda K)} \Big|_{\lambda=1} = \left[\frac{\partial f(L, K)}{\partial L} L + \frac{\partial f(L, K)}{\partial K} K\right] \frac{1}{f(L, K)}$$

$$= \frac{\partial f(L, K)}{\partial L} \frac{L}{f(L, K)} + \frac{\partial f(L, K)}{\partial K} \frac{K}{f(L, K)} = \epsilon_L + \epsilon_K \left[= \frac{MP_L}{AP_L} + \frac{MP_K}{AP_K}\right] (\text{공식은 부록 8.1 참조}).$$

이때 ϵ_L, ϵ_K는 각각 **산출물의 생산요소탄력성**(factor elasticity of output)이다.

(1) $\epsilon_s < 1$일 때 국지적 $DRTS$, $\epsilon_s = 1$일 때 국지적 $CRTS$, $\epsilon_s > 1$일 때 국지적 $IRTS$이다.

(2) 앞 식의 양끝변으로부터 $\epsilon_s = \epsilon_L + \epsilon_K$가 성립한다.

(3) f가 r차동차함수이면 $\dfrac{\partial f(L, K)}{\partial L} L + \dfrac{\partial f(L, K)}{\partial K} K = rf(L, K)$이므로(부록 8.5) $\epsilon_s = r = \epsilon_L + \epsilon_K$ 이다.

9.8 기술의 변화: 기술진보

지금까지는 생산요소의 투입량을 증가시킬 때 그에 따라 산출량이 어떻게 증가하는가에 대해서 분석하였다. 그런데 이처럼 생산요소의 투입량이 증가할 때뿐만 아니라 기술이 진보할 경우에도 산출량은 증가한다.

> 🌱 **기술진보**(technical progress) 이전과 같은 양의 생산요소를 사용하여 더 많은 산출량을 얻거나, 이전보다 적은 생산요소를 사용하여 이전과 같은 산출량을 얻을 경우

기술진보는 생산함수 자체가 변화하는 것이라고 볼 수 있다. (1) 기술진보의 정의에 비추어 볼 때 기술진보가 단기에 이루어질 경우 총생산물곡선이 [그림 9-7(A)]처럼 이동한다. (2) 보다 가능성이 높은 경우로서 기술진보가 장기에 걸쳐 이루어진다면, 등량곡선이 원점을 향해 이동하는 것으로 나타난다. 이것이 [그림 9-7(B)]에 나타나 있다. 그런데 이것은 생산요소를 이전보다 적게 투입하여 똑같은 산출량을 얻는다는 사실을 반영하고 있다.

한편 기술이 진보하면 생산요소를 이전과 똑같이 투입하고서도 이전보다 많은 산출량을 얻을 수 있다. 그 뿐만 아니라 이전과 같은 수량을 생산할 경우 생산요소의 투입 비율이 달라질 수도 있다. 특히 생산요소의 투입 비율이 달라지는 경우에 대해서는 다음 장에서 검토할 것이다.

그림 9-7 기술진보

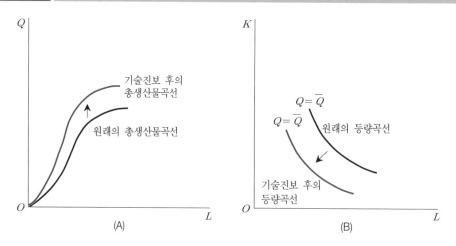

(A)
(B)

기술이 진보할 경우, 단기에는 총생산물곡선이 밖으로 이동하고 장기에는 등량곡선이 안쪽으로 이동한다.

비용함수: 생산함수와 쌍대성·비용극소화

MICROECONOMICS

이윤을 극대화하려는 기업은 상품을 생산할 때 비용이 얼마나 드는가에 관심을 가진다. 그러나 어떤 수량을 가장 적은 비용으로 생산하는 것(비용극소화)은 이윤극대화의 필요조건이기는 하지만 그 자체가 이윤을 극대화하는 것은 아니다(11장 참조).

주어진 산출량을 생산하려 할 때 기술수준이 높으면 생산요소를 적게 투입해도 되지만 기술수준이 낮으면 생산요소를 많이 투입해야 한다. 생산요소의 가격이 일정하다면 이것은 주어진 산출량을 생산하려 할 때 기술이 좋으면 비용이 적게 들고 기술이 나쁘면 비용이 많이 든다는 것을 의미한다. 생산요소의 투입량과 최대산출량의 기술적 관계가 생산함수라는 점에 주목할 때 이것은 생산함수(즉, 기술)와 비용함수가 서로 특별한 관계에 있다는 것을 의미한다. 그래서 흔히들 비용함수와 생산함수는 서로 '거울에 비친 상(mirror image)'과 같은 관계에 있다고 말한다. 즉 생산함수와 비용함수는 서로 **쌍대성**(duality)의 관계에 있다는 것이다. 실제로 둘 중 어느 하나에 대한 정보만 있으면 다른 하나에 대한 정보를 그대로 알아낼 수 있다. 이러한 측면에서 사실상 생산함수, 기술, 그리고 비용함수는 모두 같은 정보를 담고 있다.

비용함수를 공부할 때 염두에 둘 가장 핵심적인 사항들 중의 하나는 이처럼 비용함수는 생산함수(즉, 기술)와 쌍대성의 관계에 있다는 사실이다. 이번 장에서는 이와 같은 쌍대성에 입각하여 모든 분석을 진행해 나간다.

무엇을 공부할 것인가

1. 경제학에서 말하는 비용은 회계적 비용과 어떻게 다른가?
2. 총비용함수란 무엇인가? 그림을 이용할 경우 단기총비용곡선은 어떻게 구하는가?
3. 단기평균비용곡선과 단기한계비용곡선의 개형은 어떠하며 두 곡선 사이에는 어떠한 관계가 있는가?
4. 비용함수와 생산함수 사이의 쌍대성은 어떠한가?
5. 단기총비용함수와 장기총비용함수는 서로 어떻게 다른가?
6. 등량곡선을 이용할 경우 장기총비용곡선은 어떻게 구할 수 있는가?
7. 조건부 장기생산요소수요에 대한 비교정학은 어떠한가?
8. 단기총비용과 장기총비용 사이의 관계는 어떠한가? 단기의 비용곡선들과 장기의 비용곡선들 사이에는 어떠한 관계가 있는가?
9. 규모에 대한 보수의 유형에 따라 장기비용곡선은 어떻게 달라지는가?
10. 비용곡선을 이동시키는 요인은 무엇인가?
11. 다공장 기업의 비용함수는 어떠한가?

10.1 비용의 개념

이미 말한 바와 같이 경제학은 최적선택을 하기 위해 필요한 학문이다. 이러한 의미에서 볼 때 경제학에서 말하는 비용은 어떤 선택을 하는 데 드는 비용이라고 보는 것이 자연스럽다. 이러한 측면에서 기회비용의 개념은 다음과 같이 정의된다.

> 🏭 **기회비용**(opportunity cost) 어떤 선택을 할 때 그 때문에 포기해야 하는 다른 선택 기회들 중에서 최선인 것의 가치

예를 들어 학교에 다니지 않을 경우 선택할 수 있는 것들 중에서 가장 나은 것이 취직해서 돈을 버는 것이라고 하자. 이 경우 학교에 다니는 것의 기회비용에 대해서 생각해 보자. 학교에 다니려면 수업료와 교재비가 든다. 학교에 다니지 않았다면 이 돈을 다른 곳에 쓸 수 있는 기회가 있었다. 그런데 학교에 다니는 선택을 했기 때문에 그 기회를 포기했다. 그러므로 그 기회의 가치는 기회비용에 포함되어야 한다(물론 그 기회의 가치는 수업료와 교재비의 가치와 같다). 한 걸음 더 나아가, 학교에 다니는 선택을 했기 때문에 포기해야 했던 것, 즉 취업했다면 벌 수 있었지만 포기해야 했던 수입도 기회비용에 포함되어야 한다.

이미 짐작했겠지만, 이러한 기회비용은 **회계적 비용**과는 다른 개념이다. 예를 들어 어떤 사람이 자신의 상점을 운영하면서 연말 이윤을 계산한다고 하자. 이때 연간 총수입에서 점원에게 지불한 임금, 건물에 대한 임대료, 물건을 구입한 원가, 그 외의 잡다한 지출을 뺀 후 1,000만원이 남았다고 하자. 이 경우 이 사람이 상점을 운영하여 1,000만원의 이윤을 얻었다고 할 수 있는가? 그 답은 '아니오'이다. 1,000만원은 단지 회계상의 이윤일 뿐 경제적 이윤은 아니다.

경제적 이윤은 기회비용의 측면에서 계산되어야 하는 개념이다. 이 경우에는 이 사람이 사업을 하는 대신 최선의 다른 선택을 했을 경우 벌 수 있는 금액을 기회비용으로 고려해 주어야 한다. 예를 들어 최선의 다른 선택으로서 직장에 취업하여 3,000만원을 벌 수 있었다고 하자. 그러면 1,000만원에서 3,000만원을 뺀 금액이 경제적 이윤이 되는 것이다. 즉 자기 자신이 제공한 노동력의 가치를 고려해 주어야 하는 것이다. 결국 이 경우 회계상으로는 이윤을 냈지만, 경제적 이윤의 개념으로 보면 2,000만원의 손실을 입고 있는 상황이다.

이것은 설명을 하기 위한 하나의 예에 불과하다. 그러나 그 원리는 어떠한 경제적 선택의 경우에도 적용된다. 이제 이러한 기회비용의 개념을 토대로 하여 비용함수에 대해 본격적으로 논의하기로 하자.

10.2 단기비용함수

실제로는 단기평균비용곡선이나 단기한계비용곡선이 월등하게 더 많이 사용되지만 단기총비용곡선을 구하는 것이 우선이다. 단기한계비용곡선이나 단기평균비용곡선들은 이로부터 얻을 수 있기 때문이다. 이 곡선들 사이의 관계를 파악해 두는 것이 무엇보다도 중요하다.

앞으로 알게 되겠지만 투입물을 어느 만큼 투입하면 생산물이 최대 어느 만큼 생산되는지 그 관계를 보여주는 것이 생산함수이고, 보는 각도를 달리하여 생산물을 그만큼 생산하려면 그때 필요한 투입물 구입에 최소 얼마가 드는지 그 관계를 보여주는 것이 비용함수이다. 예를 들어 노동투입만으로 야생열매를 채취한다고 하자. 이 경우 노동투입량과 채취한 야생열매 수량 사이의 관계를 보는 것은 생산함수 측면이고, 채취한 야생열매 수량과 그때 투입된 노동에 대해 지불한 임금 사이의 관계를 보는 것은 비용함수 측면이다.

10.2.1 개념 및 도출

> 🏭 **총비용함수**(total cost function) 비용을 극소화하려 할 경우 주어진 목표산출량이나 생산요소들의 가격 등이 변화할 때 총비용이 어떻게 변화하는지 그 관계를 나타낸 것. 간단하게 말할 때에는 산출량과 총비용 사이의 관계를 말함

(1) 먼저 단기총비용함수를 생각해 보자. 즉 두 생산요소 중의 하나인 K가 일정하게 고정되어 있는 단기의 경우를 생각해 보자. 가변생산요소 L의 가격을 w, 고정생산요소 K의 가격을 r이라 하자.[1] 이때 가변생산요소를 L단위만큼 구입하면 wL의 비용이 들고 고정생산요소를 $\overline{K}$단위만큼 구입하면 $r\overline{K}$의 비용이 든다. 따라서 총비용은 이러한 가변비용과 고정비용을 합한 값이다.

---

1 L이 노동, K가 자본을 지칭하는 것으로 생각할 경우, w는 임금률(wage rate)로서 노동을 1시간 고용하는 데 드는 비용을 의미하며, r은 자본의 임대료율(rental rate of capital)로서 자본재를 1시간 빌려줄 때 받을 수 있는 금액이다(부록 17.5 참조). 그런데 생산요소시장이 경쟁일 경우 이 금액은 자본재를 1시간 빌려서 사용할 때 드는 비용이나 자본재를 구입하여 1시간 스스로 사용할 때 드는 기회비용과 같아진다. 비용들은 모두 기회비용임은 물론이다.

(1) **가변비용**(variable cost): 가변생산요소를 구입하는 데 드는 비용
(2) **고정비용**(fixed cost): 고정생산요소를 구입하는 데 드는 비용

그런데 총비용함수를 구하려면 생산에 드는 '최소' 비용을 구해야 한다. 그러므로 단기의 총비용함수는

$$\underset{L}{\text{Min}}\ c_S = wL + r\overline{K}$$
$$s.t.\ \ f(L,\ \overline{K}) = Q$$

를 풀어서 구할 수 있다. 여기서 하첨자 s는 단기를 나타낸다.

생산요소 → 단기생산함수 → 산출량(상품)
$L, \overline{K}$ → $f(L,\ \overline{K})$ → Q

의 관계에 있는데 Q와 이것을 생산하는 데 투입된 L, $\overline{K}$의 구입 비용과의 관계가 **단기총비용함수**이다. 앞으로 알게 되겠지만 세부적으로 말하면 단기총비용함수는 산출량 Q를 생산하는 데 드는 비용에 영향을 주는 인자들과 단기총비용의 관계이다.

한편 시장에는 기업들이 무수히 많다고 가정한다. 그래서 어떤 개별 기업이 생산요소를 구입하더라도 그러한 행위가 생산요소의 가격에는 영향을 주지 않는다. 그리하여 위 식에서 보듯이 개별 기업은 생산요소를 구입할 때 가격을 '주어진 것'으로 받아들인다. 즉 **가격수용자**(price taker)로서 행동한다.

(2) 위 극소화 문제의 성격은 다음과 같다. 생산함수는 주어지고 생산요소 K도 $\overline{K}$로 일정하게 주어져 있다. 먼저 주어진 목표산출량 Q만큼을 생산하려면 생산요소 L이 얼마나 드는가를 구한다. 이때 구한 값을 목적함수에 대입함으로써 Q를 생산하는 데 드는 최소의 (기회)비용을 구하는 것이다. 한편 이때 드는 생산요소를 **조건부 단기생산요소수요**라고 한다.

이때 산출량은 달성목표로 주어진 특정한 값이라는 점을 강조하기 위해 $\overline{Q}$처럼 표기할 수도 있다. 그러나 그 값 자체가 외생적으로 변할 수 있다는 측면에서 Q로 표기하고 외생변수로 취급하는 것이 비교정학분석에 편리하다. 4장에서 주어진 가격이나 소득을 모두 $\overline{p}_x$, $\overline{p}_y$, $\overline{M}$가 아닌 p_x, p_y, M으로 표기하고, 6장에서도 주어진 효용을 $\overline{U}$가 아닌 U로 표기한 것과 같은 논리이다.

🌱 **조건부 단기생산요소수요**(conditional short run factor demand) 단기에 주어진 목표산출량 Q
를 최소 비용으로 생산하는 데 드는 생산요소

여기서 조건부라는 말이 붙은 이유는 주어진 목표산출량 Q만큼을 (최소의 비용으로) 생산
한다는 조건하에 그때 드는 생산요소의 수량을 구하기 때문이다.[2] 이러한 조건부 단기생산
요소수요는 앞 문제에서 볼 때 $f(L, \overline{K}) = Q$를 L에 대해 푼 것이다. 그러므로 생산함수가
구어지면 **조건부 단기생산요소수요함수**(conditional short run factor demand function)는 생산요소
들의 가격과는 관계없이 단지 Q와 $\overline{K}$만의 함수로 정해진다. 즉

$$L = L(\overline{K}, \ Q)$$

가 된다.

> 조건부 생산요소수요는 조건부라는 수식어가 붙지 않는 **생산요소수요**(factor demand)와 구
> 분된다. 조건부 생산요소수요는 비용극소화에 관한 것이고 생산요소수요는 이윤극대화에
> 관한 것이다(17장 참조).

(3) 이렇게 구해지는 조건부 단기생산요소수요함수를 앞 문제의 목적함수에 대입하면
단기총비용(short run total cost: STC)은

$$STC = c_S = wL(\overline{K}, \ Q) + r\overline{K}$$

로 구해진다. 여기서 $wL(\overline{K}, Q)$는 총가변비용이고 $r\overline{K}$는 총고정비용이다. 이때 Q만큼
생산하는 데 드는 최소 비용은 생산요소들의 가격, 고정생산요소의 양, 그리고 산출량
에 따라 달라진다는 것을 알 수 있다. 그러므로

$$C = C_S(w, \ r, \ \overline{K}, \ Q)$$

로 쓸 수 있다. 이때 함수가 달라졌기 때문에 구별을 위해 함수기호를 소문자에서 대문
자로 바꾸었다. 이것이 바로 우리가 구하려는 **단기총비용함수**(short run total cost function)이다.

---

2 이러한 측면에서 조건부 생산요소수요를 **파생된 생산요소수요**(derived factor demand)라고도 한다.

단기총비용함수(shortrun total cost function) 비용을 극소화하려 할 경우 주어진 목표산출량이나 고정생산요소의 양 또는 생산요소들의 가격 등이 변화할 때 단기총비용이 어떻게 변화하는지 그 관계를 나타낸 것

한편 w, r뿐만 아니라 단기이므로 K도 일정하게 주어진 것으로 가정하고 이 함수를 $C = C_S(Q)$로 간결하게 쓰기도 한다.

(4) 이상에서 보았듯이 생산함수가 주어지면 그로부터 비용함수를 구할 수 있다. 그런데 생산요소의 투입량과 그것으로 생산할 수 있는 최대산출량 사이의 '기술'적 관계가 바로 생산함수이다. 따라서 생산함수, 기술, 그리고 비용함수는 모두 같은 정보를 지니게 된다. 물론 이때 생산함수의 형태는 비용함수의 형태에 반영된다.

이런 측면에서 생산함수와 비용함수는 서로 **쌍대성**(duality)의 관계에 있다고 말한다. 이러한 쌍대성은 비용함수를 공부할 때 핵심적인 사항이다.

예제 10.1 **단기총비용함수**

어떤 상품의 생산함수가 $Q = 5L^{\frac{1}{2}}K^{\frac{1}{2}}$이고, 임금률과 자본의 임대료율이 각각 2라고 하자.

a. $\overline{K} = 16$일 경우 단기총비용함수를 구하시오.
b. $\overline{K} = 25$일 경우 단기총비용함수를 구하시오.

풀이 a. 원리적으로 볼 때

$$\underset{L}{\text{Min}} \, c_S = wL + r\overline{K}$$
$$s.t. \quad f(L, \overline{K}) = Q$$

를 푸는 것이다. 즉 주어진 산출량을 최소비용으로 생산한다고 할 때 드는 비용을 구하는 것이다. 그런데 $Q = 5L^{\frac{1}{2}}16^{\frac{1}{2}}$이다. 이 생산함수는 노동 투입으로 생산할할 수 있는 최대산출량을 보여주고 있다. 이 생산함수로부터 주어진 산출량을 얻는데 필요한 최소한의 노동, 즉 조건부 단기생산요소수요함수가 $L = \dfrac{Q^2}{20^2}$로 구해진다.

이것을 금액으로 평가한 것에 고정비용을 더하면 그것이 바로 비용함수가 된다. 즉 주어진 산출량과 그것을 생산하는 데 드는 최소비용과의 관계를 알 수 있다는 것이다. 그러므로 $c_s = wL + r\overline{K}$에 해당하는 값들을 대입하면 $C_s(Q) = 2\left(\dfrac{Q}{20}\right)^2 + 2 \times 16 = \dfrac{Q^2}{200} + 32$를 얻는다. 여기서 고정비용은 2×16이다.

b. $Q=5L^{\frac{1}{2}}25^{\frac{1}{2}}$이다. 이로부터 $L=\left(\frac{1}{25}Q\right)^2$을 얻는다. 이것과 해당되는 값들을 비용함수의 일반식에 각각 대입하면

$$C_s = 2\left(\frac{1}{25}Q\right)^2 + 2\times25 = \frac{2}{625}Q^2 + 50$$

을 얻는다.

10.2.2 그림을 이용한 단기총비용곡선 도출: 비교정학

> **단기총비용곡선**(short run total cost curve: STC curve) 단기총비용함수에서 생산요소들의 가격, 고정생산요소, 기술 등 다른 상황이 일정하다고 가정한(ceteris paribus) 상태에서 산출량이 변화할 때 그에 따라 단기총비용이 어떻게 변화하는가를 그래프로 나타낸 것

단기총비용곡선을 그래프를 통해 구해 보기로 하자. 이를 위해 먼저 비용함수는 생산함수와 '거울에 비친 상'의 관계에 있다는 점에 착안하자. 그 다음 9장에서 논의한 총생산물곡선을 이용하자.

(1) 총가변비용곡선

(1) [그림 10-1]의 총생산물곡선을 보자. 가변생산요소를 L_1만큼 투입하면 최대한 Q_1만큼의 산출량이 생산된다. 또한 L_2만큼 투입하면 최대한 Q_2만큼의 산출량이 생산된다. 그리고 L_3만큼 투입하면 Q_3가 생산된다.

(2) 이러한 관계를 조금 다른 관점에서 살펴보자. 즉 Q_1을 생산하려면 비용이 최소한 얼마나 들며, Q_2나 Q_3를 생산하려면 얼마나 드는가라는 관점에서 살펴보자. 그런데 Q_1을 생산하려면 최소한 L_1의 가변생산요소가 필요하다. 또한 Q_2를 생산하려면 최소한 L_2가 필요하다. 그리고 Q_3를 생산하려면 최소한 L_3가 필요하다. 이 경우 L_1, L_2, L_3가 각각 조건부 단기생산요소수요량이다. 그러므로 이때 가변생산요소의 가격이 w라면 Q_1을 생산하는 데는 최소한 wL_1의 비용이 든다. Q_2를 생산하는 데는 최소한 wL_2가 들고, Q_3를 생산하는 데는 최소한 wL_3가 든다. 이러한 관계가 왼쪽에 그려져 있는 총가변비용곡선으로 나타나 있다. 이러한 곡선을 [그림 10-1 (B)]와 같이 Q를 가로축에 잡고 비용을 세로축에 잡은 평면에 옮겨 놓은 것을 **총가변비용곡선**(total variable cost curve: TVC curve)이라고 한다.

(3) 이러한 총가변비용곡선은 조건부 단기생산요소수요곡선을 통해서도 구할 수 있다. 생산함수와 조건부 단기생산요소수요함수의 구조를 비교해 볼 때 두 곡선은 그래프상으로는 단지 축을 바꾸어 놓은 것에 불과하다. 말하자면 총생산물곡선인 [그림 10-1(A)]의 오른쪽 그림 전체를 산출량이 가로축에 오도록 돌려서 바꿔놓고 바라본 것이 바로 조건부 단기생산요소수요곡선이다. 이러한 조건부 단기생산요소수요곡선을 (명시적으로 그려 놓지는 않았지만) 가로축에서 볼 때 위로 w배 만큼 늘린 것이 바로 총가변비용곡선이다. 이때 물론 세로축의 이름을 L대신 비용으로 바꿔 주어야 한다.

그림 10-1 **총가변비용곡선과 단기총비용곡선**

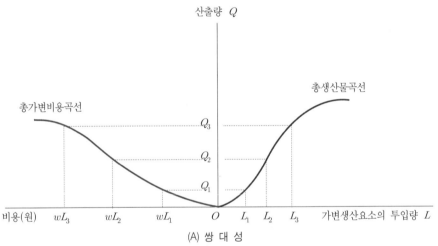

(A) 쌍 대 성

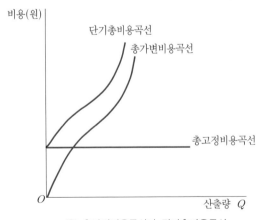

(B) 총가변비용곡선과 단기총비용곡선

총생산물곡선이 주어지면 쌍대성에 의해 총가변비용곡선을 얻을 수 있다. 총가변비용곡선을 고정비용만큼 위로 이동시키면 단기총비용곡선이 된다.

(4) 한편 총생산물곡선은 L의 투입량이 증가함에 따라, 가로축에서 위로 쳐다볼 때, 볼록하다가 오목해진다. 총가변비용곡선은 Q가 증가함에 따라, 가로축에서 위로 쳐다볼 때, 오목하다가 볼록해진다. 이것은 두 곡선이 **쌍대성**을 지니고 있음을 보여준다. 그 원리는 10.2.3 − 10.2.4에서 명확히 밝혀질 것이다.

(2) 단기총비용곡선

이렇게 얻은 총가변비용곡선을 총고정비용인 $r\overline{K}$만큼 위로 이동시켜 주자. 그러면 그것이 바로 [그림 10-1(B)]에 그려져 있는 **단기총비용곡선**이다. 한편 예를 들어 비용곡선을 구할 때 일정하게 주어졌다고 가정한 생산요소가격이 변화한다고 하자. 이 경우 비용곡선 자체가 이동하는 것을 확인할 수 있다. 여기에도 일반적으로 성립하는 원리가 적용되고 있다. 즉 두 변수의 관계를 나타낼 때 일정하다고 가정했던 다른 상황이 변화할 경우 두 변수의 관계를 나타내는 곡선 자체가 이동한다는 것이다.

(3) 고정비용과 매몰비용

고정비용과 관련하여 매몰비용의 개념에 대해 살펴보기로 하자.

> 🌱 **매몰비용**(sunk cost) 일단 투입되어 다시 회수할 수 없거나 또는 지출하기로 이미 계약되어 있어 기업으로서는 피할 수 없는 비용

매몰비용과 관련하여 주의해야 할 것은 매몰비용과 고정비용을 혼동하지 않는 일이다. 고정비용은 말 그대로 생산을 하든 안 하든, 나아가서 얼마나 생산하든 관계없이 일정하게 들어가는 비용을 말한다. 그런데 매몰비용에는 고정비용의 이같은 성격에 회수가 불가능하다는 특성이 하나 더 추가된다. 예를 들어 은행에서 대출을 받아 토지나 건물을 구입한 경우 은행에 갚아야 하는 이자는 고정비용인 동시에 매몰비용이 된다. 반면에 사업을 하기 위해 직접 자신의 돈으로 건물과 기계를 구입한 경우에는 상황이 약간 다르다. 건물이나 기계를 상당한 값을 받고 되팔 수 있다면 비용 중 일부는 회수가 가능하다. 그러므로 이 경우 기계를 구입하는 데 들어간 돈이 모두 매몰비용이 되는 것은 아니다. 예컨대 1억원짜리 기계를 구입하여 사업을 하는 경우 고정비용은 1억원이다. 그러나 그 기계를 8천만원에 되팔았다면 그 차액인 2천만원만 매몰비용이 된다. 한편 기계가 특수장비이기 때문에 살 사람이 아무도 없어서 팔지 못했다면 기계를 구입하는 데 들어간 1억원 모두가 매몰비용이 된다.

또 다른 예로 어떤 기업이 건물을 매년 1억원의 임대료를 내는 조건으로 5년간 빌려 쓰기로 계약을 맺었다고 하자. 그리고 계약을 파기할 수 없다고 하자. 즉 위약금이 5억원을 넘는다는 것이다. 이 경우 총 5억원의 임대료는 고정비용인 동시에 매몰비용이다. 그러나 언제든지 위약금 없이 계약을 파기할 수 있을 경우에는 상황이 달라진다. 이 경우 임대료는 생산을 하든 안 하든, 나아가서 얼마나 생산하든 관계없이 들어가므로 고정비용이다. 그러나 계약을 파기할 경우에는 내지 않아도 된다는 측면에서 매몰비용은 아니다.

결론적으로 말해서 모든 매몰비용은 고정비용이지만 고정비용이라고 해서 모두 '매몰'되는 것은 아니다. 앞으로 이 책에서는 특별한 단서가 없는 한 모든 고정비용은 매몰비용이라고 가정한다.

10.2.3 단기평균비용·평균가변비용·평균고정비용·쌍대성

이상의 논의에서 단기총비용(STC)은 총가변비용(TVC)과 총고정비용(total fixed cost: TFC)을 합한 것이라는 것을 알 수 있다. 그러므로

$$STC(Q) = TVC(Q) + TFC = wL(\overline{K}, Q) + r\overline{K}$$

가 된다(장기에는 고정생산요소가 없으므로 고정비용이 없다. 고정비용과 가변비용을 구분하는 것은 단기뿐이므로 고정비용과 가변비용에 구태여 단기임을 명시할 필요가 없다). 여기서 $L(\overline{K}, Q)$는 조건부 단기생산요소수요이다. 이때 고정생산요소의 가격 r은 가변비용에 영향을 주지 않는다. 그러나 고정생산요소의 양 $\overline{K}$는 가변비용에 영향을 준다. $\overline{K}$는 산출량을 증가시키려고 할 때 어느 만큼의 가변생산요소가 더 필요한지에 영향을 주기 때문이다. 이에 대해서는 10.2.4(3)에서 보다 상세히 설명할 것이다.

평균비용(average cost)은 생산물 한 단위당 드는 비용을 측정하는 개념이다. 그러므로 단기총비용을 산출량으로 나누어주면 **단기평균비용**(short run average cost: SAC)이 된다. 즉

$$SAC(Q) = \frac{STC(Q)}{Q} = \frac{TVC(Q)}{Q} + \frac{TFC}{Q} = \frac{wL(\overline{K}, Q)}{Q} + \frac{r\overline{K}}{Q}$$

$$= AVC(Q) + AFC(Q)$$

의 관계가 성립한다. 여기서 $AVC(Q)$는 가변비용이 한 단위당 얼마나 드는가를 측정하는 **평균가변비용**(average variable cost)이다. 그리고 $AFC(Q)$는 고정비용이 한 단위당 얼마나 드는가를 측정하는 **평균고정비용**(average fixed cost)이다.

(1) 개 형

각 평균비용곡선들의 개형에 대해 살펴보기로 하자.

(1) 평균고정비용(*AFC*)곡선은 직각쌍곡선이 된다. 고정비용은 얼마나 생산하는가에 관계없이 일정하므로, 산출량이 증가할 때 생산물 한 단위당 드는 고정비용은 계속 감소하기 때문이다.

(2) 평균가변비용(*AVC*)곡선은 원점과 총가변비용곡선상의 각 점을 잇는 직선들의 기울기로부터 구할 수 있다. 그 결과가 [그림 10-2(A)]이다. 이때 총값을 나타내는 곡선으로부터 평균값을 나타내는 곡선을 구하는 원리가 적용된다. 이 원리는 9장에서 이미 배웠다.

> 한편 이렇게 구한 평균가변비용곡선이 지니는 특성은 생산함수와 비용함수의 쌍대성을 이용하여 확인할 수도 있다.

이에 대해 검토해 보자. 총가변비용은 가변생산요소를 구입하는 데 드는 비용이다. 가변생산요소의 가격이 w일 때 총가변비용은 wL이 된다. 따라서 평균가변비용과 평균생산물 사이에는

$$AVC(Q) = \frac{TVC(Q)}{Q} = \frac{wL}{Q} = w\left(\frac{1}{AP_L(L,\ \overline{K})}\right)$$

이 성립한다. 즉 둘은 서로 쌍대성을 지닌다. 여기서 $AP_L = \dfrac{Q}{L}$의 관계가 이용되고 있다.

(3) 이 식의 의미를 알아보자. AP_L은 L 1단위당 산출량이므로 그 역수인 $\dfrac{1}{AP_L}$은 산출량 1단위당 필요한 L의 투입량이다. 따라서 거기에 L의 가격인 w를 곱한 $w(\dfrac{1}{AP_L})$은 산출량 1단위당 드는 L의 비용인데 L이 가변생산요소이므로 평균가변비용이다.

예를 들어 $w = 6$이고 $AP_L = 3$이라고 하자. 이때 평균가변비용은 Q의 1단위당 가변비용이라는 점에 주목하자. 그런데 $AP_L = \dfrac{Q}{L} = 3$이므로 L의 1단위당 3단위의 Q가 생산된다. 그러므로 Q를 기준으로 보면 1단위당 $\dfrac{1}{3}$단위의 L이 투입되는 셈이다. 그런데 L의 가격이 6(즉, $w=6$)이므로 Q의 1단위당 가변비용인 평균가변비용은 $\dfrac{1}{3} \times 6 = 2(= \dfrac{1}{AP_L} \times w)$이다. 즉 $AVC(Q) = \dfrac{w}{AP_L}(= \dfrac{6}{3}) = 2$이다.

[그림 9-2]로 되돌아가 보자. 이 그림에서 보듯이 평균생산물은 L의 투입량이 증가함에 따라 계속 증가하여 최고값에 이른 다음 그 이후부터는 계속 감소한다. 그런데 위 식에서 볼 때 평균가변비용은 평균생산물과 역으로 움직인다. 그러므로 [그림 10-2(A)]에서 보듯이 평균가변비용은 산출량이 증가함에 따라 계속 감소하다가 최저값에 이른 다음 증가한다.

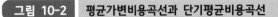

그림 10-2 평균가변비용곡선과 단기평균비용곡선

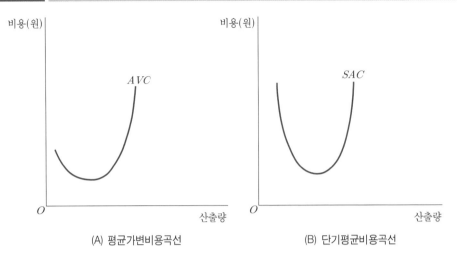

(A) 평균가변비용곡선   (B) 단기평균비용곡선

AVC곡선과 SAC곡선은 U자형이다. 특히 AVC곡선은 AP_L곡선과 쌍대성을 보여준다.

(4) 단기평균비용(SAC)곡선은 원점과 단기총비용곡선상의 각 점을 잇는 직선들의 기울기로부터 구할 수 있다. 그 원리는 평균가변비용곡선을 구할 때와 같다. 그 결과가 [그림 10-2(B)]이다. 이러한 단기평균비용은 평균고정비용과 평균가변비용을 합한 것이다. 그런데 처음에는 산출량이 증가함에 따라 평균고정비용과 평균가변비용이 모두 감소하므로 단기평균비용도 감소한다. 그러나 산출량이 어느 수준을 넘어 계속 증가하면 급기야는 평균고정비용이 줄어드는 것보다 평균가변비용이 더 많이 늘어나기 시작한다. 그 결과 어느 수준 이후부터는 산출량이 증가함에 따라 단기평균비용이 계속 증가한다. 그 결과 전형적인 단기평균비용곡선은 [그림 10-2(B)]처럼 그려진다.

10.2.4 단기한계비용과 쌍대성

(1) 한계비용의 정의에 입각하면 임의의 산출량 Q에서 **단기한계비용**(short run marginal cost: SMC)은

$$SMC(Q) = \frac{dSTC(Q)}{dQ}$$

로 구해진다.

> 🌱 **한계비용**(marginal cost: MC)　생산물을 추가로 한 단위 더 생산할 때 추가로 늘어나는 비용

한편 $\dfrac{dSTC(Q)}{dQ}$ 를 단기한계비용이라고 하면서, 한계비용을 정의할 때 "생산물을 추가로 '한 단위' 더 생산할 때…처럼" '한 단위'라고 말하는 이유는 [부록 2.2]에서 설명하였다.

(2) 우리는 산출량이 증가하더라도 고정비용은 변화하지 않고 단지 가변비용만 변화한다는 사실을 알고 있다. 그러므로 위 식은 총비용 대신 총가변비용을 이용하여

$$SMC(Q) = \frac{dTVC(Q)}{dQ} = \frac{w \times dL(\overline{K},\ Q)}{dQ} \tag{10.1}$$

로도 쓸 수 있다. 즉 단기한계비용은 한계가변비용과 같으며 고정비용과는 무관하다.

(3) (i) 고정생산요소의 가격인 r은 고정비용($r\overline{K}$)을 통해 단기총비용($STC = wL(\overline{K},\ Q) + r\overline{K}$)에 영향을 주지만 SMC에는 영향을 주지 않는다. r이 SMC에 영향을 주지 않는 이유는, SMC는 산출량을 추가로 1단위 더 증가시킬 때 추가로 늘어나는 비용인데 산출량의 변화는 $r\overline{K}$의 값에 영향을 주지 않기 때문이다. (ii) 반면에 고정생산요소 K의 양은 STC뿐만 아니라 SMC에도 영향을 준다. K의 양이 SMC에 영향을 주는 이유는 TVC를 구성하고 있는 조건부 단기생산요소수요인 $L(\overline{K},\ Q)$에 $\overline{K}$가 들어있기 때문이다. 직관적으로 볼 때, 고정생산요소의 양은 산출량을 증가시키려고 할 때 어느 만큼의 가변생산요소가 더 필요한지에 영향을 주는데 이것이 SMC에 영향을 주기 때문이다. (iii) 예를 들어 컴퓨터모니터서비스를 고정생산요소로 하여 산출량(Q)을 증가시키려고 할 때 컴퓨터모니터(서비스)를 몇 대(얼마나, $\overline{K}$) 사용하는가는 필요한 노동시간(L)에 영향을 줌으로써 노동비용(wL)의 변화를 통해 단기한계비용에 영향을 준다. 이때 컴퓨터모니터(서비스)의 가격(r)은 단기고정비용에는 영향을 주지만 단기한계비용에는 영향을 주지 않는다. (iv) 그러므로 변수를 생략하지 않고 모두 나타낼 경우 단기한계비용은 $SMC(w,\ \overline{K},\ Q)$로 표현된다.

(4) 단기한계비용곡선은 단기총비용곡선에서 그은 접선들의 기울기로부터 구할 수 있다.[3] 이때 총생산물곡선으로부터 한계생산물곡선을 도출할 때 사용했던 원리를 그대로 적용한다. 이렇게 구한 단기한계비용곡선이 바로 [그림 10-3]에 SMC로 표시된 U자형 곡선이다.

(5) 평균가변비용곡선의 경우와 같이 단기한계비용곡선의 특성도 쌍대성을 이용하여 확인할 수 있다. 다만 한 가지 차이점이 있다. 즉 평균가변비용곡선의 경우에는 평균생산물

---

[3] 수식으로는 (1)에서 말한 $SMC = \dfrac{dSTC}{dQ}$ 의 관계이다. 그래프상으로 볼 때 임의의 산출량 Q에서 SMC는 그 Q에 대응하는 STC곡선상의 점에서 그 곡선에 그은 접선의 기울기이다.

곡선을 이용하였으나, 단기한계비용곡선의 경우에는 한계생산물곡선을 이용한다는 것이다. 단기한계비용곡선의 경우에 대해서 구체적으로 살펴보자.

현재 가정하고 있는 것처럼 개별 기업이 생산요소를 아무리 많이 구입하더라도 생산요소의 시장가격은 변하지 않는다고 하자. 즉 w가 주어졌다고 하자. 그러면 식(10.1)은

$$SMC(Q) = \frac{dTVC(Q)}{dQ} = \frac{d(wL)}{dQ} = w\frac{dL}{dQ} = w\frac{1}{dQ/dL} = w\left(\frac{1}{MP_L(L,\overline{K})}\right) (10.2)$$

로 쓸 수 있다. 즉 단기한계비용과 한계생산물은 쌍대성을 지니고 있다. 여기서 $K = \overline{K}$일 경우 $MP_L = \frac{\partial Q(L,\overline{K})}{\partial L} = \frac{dQ(L,\overline{K})}{dL}$가 적용되고 있다.

(6) 식 (10.2)의 의미를 알아보자. MP_L은 L을 추가로 1단위 더 증가시킬 때 추가로 증가하는 산출량이므로 그 역수인 $\frac{1}{MP_L}$은 산출량을 추가로 1단위 더 증가시키기 위해 추가로 필요한 L의 투입량이다. 따라서 거기에 L의 가격인 w를 곱한 $w(\frac{1}{MP_L})$은 산출량을 추가로 1단위 더 증가시키는 데 추가로 드는 비용, 즉 한계비용이다.

이해를 돕기 위해 예를 들어 $w = 6$이고 $MP_L = 2$라고 하자. 이때 한계비용은 산출량을 추가로 1단위 더 증가시킬 경우 추가로 늘어나는 비용이라는 점에 주목하자. 그런데 $MP_L = \frac{dQ}{dL} = 2$이므로 L을 추가로 1단위 더 투입하면 MP_L에 해당하는 2단위만큼 Q가 더 생산된다. 그러므로 Q를 추가로 1단위만 더 생산하려면 L을 $\frac{1}{2}\left(=\frac{1}{MP_L}\right)$단위만 증가시켜야 한다. 그런데 L의 가격이 6(즉, $w = 6$)이므로 이때 비용은 $\frac{1}{2} \times 6 = 3\left(=\frac{1}{MP_L} \times w\right)$만큼 증가한다. 즉 $SMC(Q) = \frac{w}{MP_L}\left(=\frac{6}{2}\right) = 3$이다.

(7) 식 (10.2)에서 주목할 것이 있다.

(i) 단기한계비용은 한계생산물과 역으로 움직인다. 그런데 우리가 알고 있듯이 한계생산물은, L의 투입량이 증가함에 따라, 증가하다가 최고값에 이른 다음 감소한다. 그러므로 단기한계비용은 [그림 10-3]에서 보듯이 산출량이 증가함에 따라 감소하다가 최저값에 이른 다음 증가한다. 즉 한계생산물곡선이 산 모양을 지니므로 단기한계비용곡선은 골짜기 모양을 지닌다.

(ii) 단기한계비용과 한계생산물이 역으로 움직인다는 사실에 대해 직관적으로 살펴보자. K가 일정한 상태에서 L의 투입량이 증가함에 따라 한계생산물은 체감한다. 이것은 K가 일정한 상태에서 L을 추가로 1단위씩 증가시킬 때마다 산출량은 점점 더 적은 양만큼 증가한다는 것을 의미한다. 이것은 K가 일정한 상태에서 L의 투입이 증가함에 따라 산출량이 추가로 1단위씩 증가할 때마다 점점 더 많은 양의 노동이 투입된다는 것을 의미한다.

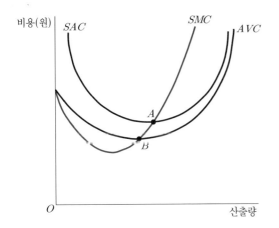

그림 10-3 각 비용곡선들 사이의 관계

*SAC*가 감소할 경우에는 *SMC*가 *SAC*보다 작고 *SAC*가 증가할 경우에는 *SMC*가 *SAC*보다 크다. 그 결과 *SAC*가 최하인 곳에서는 *SAC* = *SMC*이다. 따라서 *SMC*곡선은 *SAC*곡선의 최저점을 통과한다. *AVC*와 *SMC*의 관계도 이와 같다.

*L*의 가격이 일정하다는 점을 감안하면 이것은 *K*가 일정한 상태에서 *L*의 투입이 증가함에 따라 산출량을 추가로 1단위 증가시키는 데 드는 비용, 즉 단기한계비용이 점점 더 커진다는 것을 의미한다. 이상의 내용은 결국 *L*이 증가할 때, 즉 산출량이 증가할 때 단기한계비용은 한계생산물과 역으로 움직인다는 것을 의미한다.

(iii) 이러한 관계는 식 (10.2)에 그 첫 항과 마지막 항의 관계인

$$SMC(Q) = \frac{w}{MP_L}$$

로 나타나 있다. 이 관계는 17장에서 중요하게 활용될 것이다.

10.2.5 각 단기비용곡선들 사이의 관계

먼저 [그림 10–3]에서 단기평균비용곡선과 평균가변비용곡선 사이의 거리는 평균고정비용을 나타낸다. 그런데 산출량이 증가함에 따라 평균고정비용은 계속 감소한다. 이러한 측면에서 산출량이 증가함에 따라 두 곡선 사이의 거리가 점점 좁아지도록 그려 놓았다.

(1) 단기평균비용곡선, 평균가변비용곡선, 단기한계비용곡선 사이의 관계

단기평균비용곡선과 단기한계비용곡선의 관계를 알려면 평균값과 한계값 사이에 성립하는 일반적인 원리를 상기할 필요가 있다. 즉 평균값이 감소하고 있을 경우에는 한계값은 평균값보다 작으며, 평균값이 증가하고 있을 경우에는 한계값은 평균값보다 크다는 것이다.

(1) 이 원리를 단기평균비용곡선과 단기한계비용곡선에 적용해 보자. (ⅰ) 단기평균비용은 산출량이 증가함에 따라 최저점 A에 이르기까지는 감소한다. 이 경우 단기한계비용은 단기평균비용보다 작다. 직관적으로 볼 때 추가로 1단위 더 생산할 때 드는 비용(단기한계비용)이 단기평균비용보다 작을 경우 그 작은 비용의 영향이 각 단위에 고루 퍼져서 계산된 결과인 단기평균비용이 감소하는 것이다. (ⅱ) 반대로 단기평균비용은 최저점 A를 지나서면서부터는 증가한다. 이 경우 단기한계비용은 단기평균비용보다 크다. 직관적으로 볼 때 추가로 1단위 더 생산할 때 드는 비용(단기한계비용)이 단기평균비용보다 클 경우 그 큰 비용의 영향이 각 단위에 고루 퍼져서 계산된 결과인 단기평균비용이 증가하는 것이다. (ⅲ) 이상의 두 경우를 종합해 보면 결국 단기한계비용곡선은 단기평균비용곡선의 최저점 A를 통과하게 된다.

(2) 식 (10.1)에서 보듯이 단기한계비용은 한계가변비용으로도 간주할 수 있다. 그러므로 평균가변비용과 단기한계비용 사이에도 평균값과 한계값 사이에 성립하는 원리가 그대로 적용된다. 이러한 측면에서 단기한계비용곡선은 평균가변비용곡선상에 있는 가장 낮은 점 B도 통과한다. 여기서 하나 주목해야 할 것이 있다. 평균가변비용곡선의 최저점 B의 오른쪽에서는 산출량이 증가함에 따라 단기한계비용이 증가하고 있다는 점을 고려하자. 그런데 단기한계비용곡선이 점 B를 먼저 통과한 다음 단기평균비용곡선의 최저점을 통과한다. 그러므로 단기평균비용곡선의 최저점인 점 A는 점 B의 오른쪽에 위치해야 한다.

(3) [그림 10–3]에서 보듯이 첫 1단위에서 단기한계비용(SMC)은 평균가변비용(AVC)과 같다. 그 이유를 살펴보자. (ⅰ) 고정비용은 일정하므로 첫 1단위에서의 단기한계비용은 0단위에서 첫 1단위 증가할 때 증가한 가변비용의 증가분과 같은데 첫 1단위에서는 이 값이 총가변비용과 같다. (ⅱ) 또한 첫 1단위에서의 평균가변비용은 첫 1단위에서의 총가변비용을 이때의 총산출량인 1단위로 나눈 값이므로 이 값도 총가변비용과 같다. (ⅲ) 즉 첫 1단위에서 SMC와 AVC는 모두 총가변비용과 같다. 그러므로 결국 첫 1단위에서 SMC와 AVC는 같다. (ⅳ) 한편 현재 미분과 관련된 내용을 말하고 있으므로 여기서 첫 1단위란 무한히 0에 가까워질 정도로 작은 1단위를 일컫는다.

(2) 총가변비용의 또 다른 표현

어떤 산출량 Q에 이르기까지 단기한계비용곡선 아래의 면적은 Q를 생산하는 데 드는 총가변비용이 된다. 그 이유를 살펴보자. 산출량 Q에 이르기까지 각 단위를 생산하는 데 드는 한계비용을 모두 합하면 단기한계비용곡선 아래의 면적이 된다. 그런데 한계비용이란 바로 추가로 생산하는 데 추가로 드는 가변비용을 말한다. 그러므로 이처럼 추가로 드는 가변비용을 모두 합한 단기한계비용곡선 아래의 면적은 바로 총가변비용이 된다.[4]

📑 **예제 10.2** **레온티에프 생산함수의 단기비용함수**

어떤 기업의 생산함수가 $Q = \min[10L,\ 40K]$라고 한다. 그리고 임금률은 2이고 자본의 임대료율은 4라고 한다. 자본이 10단위로 주어졌다고 하자. 이 경우 총비용함수를 구하시오. 평균비용함수를 구하시오. 한계비용함수를 구하시오.

KEY 레온티에프 생산함수의 경우 단기비용함수를 구할 때에는 특히 주의가 필요하다.

풀이 자본이 고정되어 있으므로 단기에 해당한다. 총고정비용(TFC)은 $rK = 4 \times 10 = 40$이 된다. 이제 총가변비용은 노동고용량에 따라 달라진다. 그리하여 $TVC = wL = 2L$이 된다. 그러므로 단기총비용은 $STC = TFC + TVC = 40 + 2L$ (1)이다. 자본이 10단위로 고정되어 있으므로 생산함수는 $Q = \min[10L,\ 40 \times 10] = \min[10L,\ 400]$이 된다. 이 경우 산출량에 대해서는 주의가 필요하다.

(i) $L < 40$일 경우 생산함수로부터 $Q = 10L$, 즉 $L = \dfrac{Q}{10}$ (2)가 성립한다. 이것이 조건부 단기생산요소수요함수이다. 그러므로 (1)에 (2)를 적용하면 $STC = 40 + \dfrac{1}{5}Q$가 된다. 이때 단기평균비용은 $SAC = \dfrac{STC}{Q} = \dfrac{40}{Q} + \dfrac{1}{5}$이 된다. 단기한계비용은 $SMC = \dfrac{dSTC}{dQ} = \dfrac{1}{5}$이 된다.

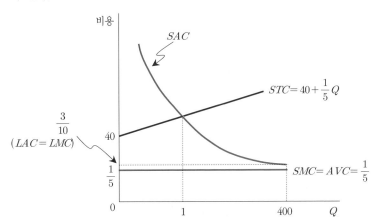

---

4 이 결과를 수학적으로 살펴보자. 단기총비용함수를 $C(Q) = C_V(Q) + F$라고 하자. 여기서 $C_V(Q)$는 총가변비용, F는 총고정비용이다. 이로부터 단기한계비용함수는 $SMC(Q) = \dfrac{dC(Q)}{dQ} \left(= \dfrac{dC_V(Q)}{dQ} + 0 \right)$로 구해진다. 그러므로 단기한계비용곡선 아래의 면적은 $\displaystyle\int_0^Q SMC(x)dx = \int_0^Q \dfrac{dC(x)}{dx}dx = C(Q) - C(0) = C(Q) - F = C_V(Q)$가 된다. 여기서 $C(0) = F$라는 사실이 적용되고 있다. 즉 산출량이 0일 경우의 비용은 고정비용이라는 사실이 적용되고 있다. 정적분에 대해서는 [권말 부록] II.2를 참조하기 바란다.

(ii) $L > 40$일 경우에는 $Q = 400$이 된다. 그러므로 단기평균비용은 $SAC = \dfrac{STC}{Q} = \dfrac{40+2L}{Q}$ $= \dfrac{40+2L}{400}$이 된다. 이때 단기한계비용은 $SMC = \infty$이다. 예를 들어 $Q = 500$일 때의 한계비용은 무한대가 된다. 바꾸어 말하면 자본이 10단위로 주어진 상태에서는 산출량이 400단위를 넘을 수 없다는 것이다.

10.3 장기비용함수

장기에는 모든 생산요소를 변화시킬 수 있다. 그러므로 장기총비용곡선을 구하려면 등량곡선을 사용하는 것이 안성맞춤이다.

10.3.1 개념 및 도출

모든 생산요소를 변화시킬 수 있는 기간을 장기라고 했다. 즉 L뿐만 아니라 K도 변화시킬 수 있다. 그러므로 장기총비용함수를 구하기 위해서는

$$\underset{L,\,K}{\text{Min}}\ c_L = wL + rK$$
$$s.t.\ \ f(L,\ K) = Q \tag{10.3}$$

와 같은 비용극소화 문제를 풀어야 한다(부록 10.1 참조). 여기서 하첨자 L은 장기를 나타낸다. 단기와 다른 점은 L뿐만 아니라 K도 선택할 수 있다는 것뿐이다. 물론 이때 개별 기업은 가격수용자로 행동한다. 이 문제는 소비자이론에 등장하는 지출극소화 문제와 그 성격이 같다(부록 6.1 참조).

(1) 이러한 측면에서 이 문제는 다음과 같이 볼 수 있다. 즉 주어진 목표산출량 Q를 생산할 수 있는 L과 K의 묶음들 중에서 비용이 가장 적게 드는 것을 구하고 그때 드는 비용을 구하는 것이다. 이때 조건부 생산요소수요량은 생산요소들의 가격과 산출량에 따라 달라질 것이므로, 조건부 장기생산요소수요함수는

$$L = L(w,\ r,\ Q),\ K = K(w,\ r,\ Q) \tag{10.4}$$

와 같이 각각 생산요소들의 가격과 산출량의 함수로 나타난다. 이것들은 소비자이론에 등장하는 보상수요함수(6.3.3과 부록 6.1 참조)와 그 성격이 같다.

(2) 이것들을 (문제 10.3)의 목적함수에 대입하면, **장기총비용**(long run total cost: LTC)은

$$LTC = c_L = wL(w,\ r,\ Q) + rK(w,\ r,\ Q) \tag{10.5}$$

로 구해진다. 이것은 소비자이론에 등장하는 지출함수(부록 6.1 참조)와 그 성격이 같다. 이로부터 장기총비용은 생산요소들의 가격과 산출량에 따라 달라진다는 것을 알 수 있다. 그러므로 장기총비용은

$$C = C_L(w,\ r,\ Q) \tag{10.6}$$

와 같이 생산요소들의 가격과 산출량의 함수로 나타난다. 이것이 바로 우리가 구하려는 **장기총비용함수**(long run total cost function)이다.

(3) 이때 단기총비용함수와는 달리 고정생산요소인 K가 포함되어 있지 않다는 사실에 주목하자. 한편 w, r은 일정하게 주어진 것으로 가정하고 이 함수를 $C = C_L(Q)$로 간결하게 쓰기도 한다. 한편 장기한계비용은 $LMC(w,r,Q)$로 표현된다. 단기한계비용과는 달리 r은 포함되지만 K가 포함되지 않는다.

10.3.2 장기비용극소화[5] : 그림 이용

이제 그림을 이용하여 위의 문제를 풀어보기로 하자. 9장에서 장기생산함수를 평면에 그리려면 3개 변수의 함수를 평면에 그려야 하기 때문에 분석하기가 어렵다고 하였다. 그래서 그에 관한 분석은 주로 평면에 쉽게 그릴 수 있는 등량곡선을 이용한다고 하였다.

(1) 등비용선

이러한 측면에 비추어 등량곡선을 이용하여 문제 (10.3)을 해결해 보기로 하자. 이를 위해서는 등비용선의 개념을 새로 소개할 필요가 있다.

> 🌱 **등비용선**(isocost line) 구입하는 데 똑같은 비용이 드는 생산요소묶음들의 집합을 평면에 그린 것

구입하는 데 똑같은 비용 C가 드는 생산요소묶음들의 집합이란 바로

---

[5] 앞으로 논의할 주어진 산출량을 최소비용으로 생산하려 할 때 성립해야 하는 조건은 주어진 비용으로 최대의 산출량을 생산하려 할 때 성립해야 하는 조건과 동일하다.

$$C = wL + rK: \text{등비용선의 식}$$

즉

$$K = -\frac{w}{r}L + \frac{C}{r}$$

를 만족시키는 생산요소묶음들의 집합이다. 이러한 집합의 궤적을 L과 K의 평면에 그린 것이 바로 등비용선이다.[6] 이렇게 볼 때 등비용선은 개념상 소비자이론에서 배웠던 예산선과 유사하다는 사실을 알 수 있다.

위 식에서 볼 때 등비용선은 그 기울기가 $-\frac{w}{r}$, 세로축의 절편이 $\frac{C}{r}$인 직선으로 나타난다. 이것이 [그림 10-4(A)]에 그려져 있다. 한편 원점에서 멀어질수록 세로축의 절편인 $\frac{C}{r}$의 값은 커진다. 그런데 개별 기업에게 생산요소의 가격 r은 일정하게 주어져 있다. 그러므로 원점에서 멀어질수록 C가 커진다. 즉 더 높은 비용을 나타낸다.

특히 기울기가 $-\frac{w}{r}$가 되는 경제적 이유를 살펴보기로 하자. 생산요소를 많이 투

그림 10-4 등비용선과 장기비용극소화

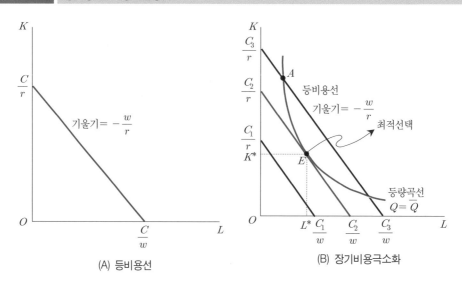

(A) 등비용선 (B) 장기비용극소화

등비용선이 주어진 등량곡선과 접하는 곳에서 장기비용이 극소화된다. 이 곳에서는 $MRTS_{LK} = \frac{w}{r}$가 성립한다.

---

6 등량곡선이나 등비용선의 접두어 '등'이 등고선의 의미와 관련되어 있다는 사실은 이미 1장에서 검토한 바 있다.

입할수록 비용이 증가한다. 그런데 등비용선은 구입하는 데 같은 비용이 드는 생산요소들의 결합을 나타낸다. 그러므로 등비용선상에 놓이려면 L의 투입을 증가시킬 때 늘어나는 비용을 그에 상응하는 만큼 K의 투입을 줄여 상쇄시켜야 한다. 즉 $w\Delta L$은 $r\Delta K$에 의해 상쇄되어야 한다. 따라서 등비용선상에서는

$$w\Delta L + r\Delta K = 0$$

가 성립해야 한다. 이제 이 식을 풀면 등비용선의 기울기는

$$\frac{\Delta K}{\Delta L} = -\frac{w}{r}$$

로 구해진다.

　이렇게 볼 때 생산요소의 가격 비율이 변화하면 등비용선의 기울기도 변화할 것임을 알 수 있다. 이것도 물론 소비자이론에서 배운 예산선의 변화에 대응되는 결과이다.

(2) 장기비용극소화조건

　[그림 10-4(B)]를 이용하여 주어진 산출량 $\overline{Q}$를 가장 적은 비용으로 생산하는 방법에 대해 생각해 보자. 그것은 바로 등비용선을 주어진 등량곡선에 접할 때까지 원점 근처에서부터 점점 북동쪽으로 이동시켜 마침내 접점 E에 대응하는 L과 K를 투입하는 것이다. 만일 등비용선이 등량곡선에 미치지 못하면 산출량이 $\overline{Q}$보다 적어진다. 또한 등량곡선과 교차할 경우에는 $\overline{Q}$를 최소 비용보다 더 많은 비용을 들여 생산하게 된다. 예를 들어 등량곡선과 등비용선이 교차하는 점 A에서는 점 E와 같이 $\overline{Q}$를 생산하고 있다. 그러나 비용은 점 E보다 점 A에서 더 많이 든다. 즉 점 E에서는 C_2가 들지만 점 A에서는 그보다 많은 C_3가 든다.

　(1) 결국 $\overline{Q}$를 가장 적은 비용으로 생산하는 점은 E이다. 이때 L^*, K^*를 구입하는 데 C_2의 비용이 든다. 한편 비용을 극소화하는 점 E에서는 등량곡선의 접선의 기울기와 등비용선의 기울기가 같다. 이에 따라 기술적 한계대체율과 생산요소의 가격 비율이 같아져서 다음의 관계가 성립한다. 또한 이차충분조건과 관련하여 관련 내용들이 증명되어 있다.

조금 더 구체적으로 말하면 등량곡선이 원점에 대해 강볼록하면 이차충분조건이 만족된다. 그런데 생산함수가 **강준오목함수**(strictly quasi−concave function)(4.1.4 참조)이면 등량곡선이 원점에 대해 강볼록해진다. 내용상 모두 효용극대화의 이차충분조건의 경우에 그대로 대응된다.

만일 등량곡선이 원점에 대해 강오목할 경우에는 주어진 목표산출량을 생산하는 데 드는 비용이 극소화되는 것이 아니라 오히려 극대화된다. 원점에 대해 강오목하면서 주어진 목표산출량을 나타내는 등량곡선을 먼저 그려 놓고 그와 접하는 등비용선을 찾아보자. 그때 등비용선은 등량곡선상에 놓이는 점을 지나는 등비용선들 중에서 원점에서 가장 먼 곳에 놓이는 것을 확인할 수 있다. 즉 비용극대화가 이루어지고 있다는 것이다.

(2) 만일 어떤 생산요소묶음에서 식 (10.7)의 두 비율이 같지 않다고 하자. 이때에는 같은 산출량을 더 적은 비용으로 생산할 수 있는 생산요소묶음이 존재한다. 예를 들어 [그림 10−4(B)]의 A점에서 $MRTS_{LK} = 5$이고 $\frac{w}{r} = 2$라고 하자. 이 상태는 L을 1단위 늘리는 대신 K를 5단위 줄여도 산출량에는 변함이 없는데 생산요소시장에서는 1단위의 L이 2단위의 K와 같은 값에 거래되고 있음을 의미한다. 이러한 상황에서는 생산요소 투입을 적절히 조절함으로써 A점에서와 같은 산출량을 생산하면서도 비용을 줄일 수 있는 방법이 존재한다.

이에 대해 알아보기 위해 현재 상태에서 L의 투입을 1단위 늘리고 그 대신 K를 5단위 줄여 보자. $MRTS_{LK} = 5$이므로 이 경우 산출량은 변하지 않는다. 그런데 L을 1단위 늘리고 K를 2단위 줄였다면 비용도 변함이 없었겠지만 K를 5단위나 줄였기 때문에 비용은 줄

---

[7] 이차충분조건을 수식으로 표현하면 $2wrf_{LK} - r^2 f_{LL} - w^2 f_{KK} > 0$이다. 쌍대문제인 주어진 비용하의 산출량극대화로부터 도출된다.

어든다. 다시 말하면 같은 산출량을 더 적은 비용으로 생산한 것이다.

이러한 원리에 따라 E점에 이를 때까지는 '주어진 산출량'을 더 적은 비용으로 생산하기 위해 L의 투입을 늘리고 K의 투입을 줄여 나갈 것이다. 이 과정에서 같은 등량곡선상이지만 점점 더 낮은 등비용선상으로 이동하게 된다. 즉 같은 산출량을 생산하면서 비용은 점점 더 줄어든다.

> 마침내 E점에 이르러서는 $MRTS_{LK}$와 $\dfrac{w}{r}$가 같아져서 더 이상 비용을 줄일 수 있는 여지가 없어진다. 즉 비용이 극소화된다.

이 과정에서 기술적 한계대체율 체감의 법칙이 작용한다. 즉 L의 투입을 늘리고 K의 투입을 줄임에 따라 기술적 한계대체율 체감의 법칙에 의해 $MRTS_{LK}$가 체감하여 마침내 $\dfrac{w}{r}$와 같아지는 것이다.

10.3.3 장기비용극소화조건의 경제학적 의미

장기비용극소화는 소비자이론의 지출극소화(부록 6.1 참조)에 대응된다. 물론 장기비용극소화조건도 지출극소화조건에 대응된다. 이때 장기비용극소화는 '주어진 산출량'을 최소비용으로 생산하는 문제이고 지출극소화는 '주어진 효용'을 최소지출로 달성하는 문제임에 주목하자.

(1) 장기비용극소화의 일차필요조건인 식 (10.7)은

$$\frac{MP_L}{w} = \frac{MP_K}{r} \tag{10.7}'$$

로 쓸 수 있으며 그 해석도 소비자이론의 경우와 원리는 같다.[8] 즉 장기비용을 극소화하려면 1원당 L의 한계생산물이 1원당 K의 한계생산물과 같아지도록 생산요소를 투입해야 한다. 예컨대 $\dfrac{MP_L}{w} = \dfrac{1}{2}$ 이고 $\dfrac{MP_K}{r} = \dfrac{1}{5}$ 일 경우(그림의 A점) K를 1원어치 줄이는 대신 L을 1원어치 늘리면 총비용은 변하지 않지만 산출량이 증가한다. K의 감소로 인해 생산물이 1/5단위 감소하는 대신 L의 증가로 인해 생산물이 1/2단위 증가하기 때문이다. 그러므로

---

[8] 즉 효용극대화조건인 식 (4.3)의 해석과 그 원리는 같다. 그러나 엄밀하게 볼 때 식 (10.7)과 그에 따른 식 (10.7)'는 소비자이론의 지출극소화조건[(부록 6.1)의 식(6)]에 대응된다. 그러나 문제 될 것은 없다. 쌍대성에 의해 최적에서는 효용극대화조건과 지출극소화조건이 같아지기 때문이다. 다만 그 조건을 해석할 때 극대화인지 극소화인지에 유의하기만 하면 된다.

주어진 등량곡선상에 놓이려면 K를 1원어치 줄일 경우 L을 1원어치보다 적게 줄여야 한다. 이것은 주어진 산출량을 이전보다 더 적은 비용으로 생산하게 됨을 의미한다. 즉 주어진 등량곡선을 따라 더 낮은 등비용선상으로 이동함을 의미한다. 주어진 산출량을 최소비용으로 생산하려면 등호가 성립할 때까지 K의 투입량을 감소시키고 그 대신 L의 투입량을 증가시켜야 한다. 마침내 L과 K의 1원당 한계생산물이 같아져 등호가 성립할 때 장기비용이 극소화된다.

(2) 장기비용극소화의 일차필요조건인 식(10.7)은

$$LMC(Q) = \frac{w}{MP_L} = \frac{r}{MP_K} \tag{10.8}$$

로 바꾸어 쓸 수도 있다. 여기서 LMC(long run marginal cost)는 장기한계비용을 나타낸다. (iv)에서 검토하겠지만 이 결과는 이 조건이 만족된 상태에서는 Q를 (아주 작은) 1단위 더 생산할 때 어느 생산요소를 사용하든 추가로 드는 비용이 같으며 그 값이 바로 장기한계비용과 같다는 사실을 말한다.

> 수식을 통해 엄밀하게 보자면 [부록 10.1]의 (6)식에서 보듯이 $\frac{w}{MP_L} = \frac{r}{MP_K} = \lambda$인데 이때 포락선정리(권말 부록 I.4.2 참조)에 의하면 λ는 장기한계효용이다. 도출 방법은 [부록 10.4]를 참고하자.

이 식이 의미하는 바를 알아보자.

(i) 식 (10.2)로부터 $\frac{w}{MP_L(L,K)}$는 L의 투입을 조절하여 생산할 때의 한계비용이라는 사실을 알았다. 다시 생각해 보면 $\frac{w}{MP_L(L,K)} = w \times \frac{1}{MP_L(L,K)} = w\frac{1}{(\frac{\Delta Q}{\Delta L})} = \frac{w\Delta L}{\Delta Q}$ $= MC(Q)$이다. 여기서 $\frac{w\Delta L}{\Delta Q}$은 Q를 추가로 1단위 증가시킬 때 추가로 늘어나는 L의 구입비용이므로 한계비용이다. 이때 장기이므로 식 (10.2)와는 달리 $\overline{K}$ 대신 K가 사용되고 있다는 점에 주목하자. 같은 논리로 $\frac{r}{MP_K(L,K)}$은 K의 투입을 조절하여 생산할 때의 한계비용을 의미한다.

(ii) 장기비용극소화 조건은 생산요소들을 적절히 조절하여 투입하여 이 두 값이 같아지도록 해야 한다는 것이다. 이때 K의 규모도 선택할 수 있으므로 단기가 아니라 장기이며 따라서 두 비용 모두 장기한계비용이라는 점에 주목하자.

(iii) 식 (10.8)의 해석도 효용극대화조건인 식 (4.3)′의 경우와 그 원리는 같다. 다만 전자의 경우 주어진 산출량을 비용'극소화'로 생산하는 조건이고 후자의 경우 주어진 소득으

로 효용을 '극대화'하는 조건이다.

(ⅳ) 이 조건이 함축하는 내용을 검토해 보자. 예를 들어 $\frac{w}{MP_L}=2$이고 $\frac{r}{MP_K}=5$ 라고 하자(그림의 A점과 같은 상태이다). 두 수치는 각각 한계비용을 나타내며 그 단위는 '원/산출량단위'임에 주목하자. 이 경우 비용이 적게 드는 L의 투입을 늘리고 그 대신 비용이 많이 드는 K의 투입을 줄일 경우 비용이 감소한다. 예컨대 L의 투입을 늘려서 Q를 1단위 더 생산하고 K의 투입을 줄여서 Q를 1단위 덜 생산한다고 하자. 그러면 산출량은 1단위 늘고 1단위 줄기 때문에 변화가 없는데, 비용은 노동 투입 증가로 인해 2가 증가하고 자본 투입 감소로 5가 감소하기 때문에 결과적으로 3이 감소한다. 이때 주어진 등량곡선을 따라 더 낮은 등비용선상으로 이동한다. '주어진 산출량을 최소비용으로 생산'하려면 등호가 성립할 때까지 L의 투입량을 증가시키고 그 대신 K의 투입량을 감소시켜야 한다.

마침내 $\frac{w}{MP_L}$와 $\frac{r}{MP_K}$이 같아질 때, 즉 식 (10.8)이 성립하는 상태([그림 10-4(B)]의 E점 과 같은 상태)에 도달하면 장기비용이 극소화된다. 그리고 그 상태에서는 Q를 (아주 작은) 1단위 더 생산하려 할 때 어느 생산요소를 사용하든 동일한 비용인 $\frac{w}{MP_L}$ 또는 $\frac{r}{MP_K}$이 추가로 든다(아주 작은 1단위 변화에 대해서는 [부록 2.2]와 10.8.1을 참조). 식 (10.8)에서 둘째 등호가 바로 이러한 사실을 말해 주고 있다. 그리고 이때 추가로 드는 비용은 K도 조절할 수 있을 때의 한계비용이므로 (ⅱ)에서 말했듯이 장기한계비용이다.

10.3.4 그림을 이용한 장기총비용곡선 도출: 비교정학

(1) 이제 이상의 결과를 토대로 하여 **장기총비용곡선**을 구해 보기로 하자.

> 🌱 **장기총비용곡선**(long run total cost curve: *LTC* curve) 장기총비용함수에서 생산요소들의 가격, 기술 등 다른 상황이 일정하다고 가정한(ceteris paribus) 상태에서 산출량이 변화할 때 그에 따라 장기총비용이 어떻게 변화하는가를 그래프로 나타낸 것

장기총비용곡선을 구하려면 산출량이 변화할 때 그것을 생산하는 데 드는 최소 비용이 어떻게 변화하는가를 알면 될 것이다. 이를 위해서는 [그림 10-5(A)]처럼 산출량이 Q_1에서 Q_2, Q_3 등으로 증가할 때 등량곡선에 접하는 등비용선이 나타내는 비용을 살펴보면 된다. 이 그림의 경우 Q_1, Q_2, Q_3를 생산하는 데 드는 최소 비용은 각각 C_1, C_2, C_3이다. 따라서 [그림 10-5(B)]처럼 산출량을 가로축에 잡고 그에 대응하는 비용을 세로축에 잡은 후 이

그림 10-5 **장기총비용곡선 도출**

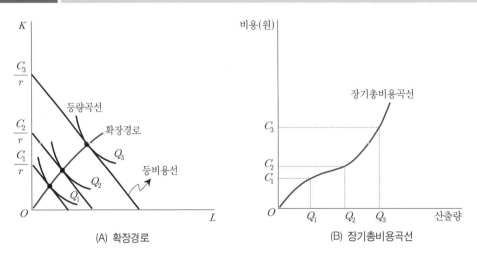

(A) 확장경로   (B) 장기총비용곡선

산출량이 증가할 때 등량곡선과 등비용선이 만나는 점들을 찾아 이으면 확장경로가 된다. 이로부터 주어진 산출량을 생산하는 데 드는 최소비용을 알 수 있는데 이 관계를 그린 것이 바로 장기총비용곡선이다.

들의 관계를 나타내면 그것이 바로 우리가 구하는 장기총비용곡선이 된다.[9] 물론 이 경우에도 생산요소들의 가격은 일정하다고 가정하고 있다.

(2) 한편 [그림 10-5(A)]에 확장경로가 그려져 있다.

> 🌱 **확장경로**(expansion path) 산출량이 증가할 때 각 산출량에 대응하는 등량곡선과 등비용선이 접하는 점들을 연결한 선

이렇게 볼 때 장기총비용곡선은 생산요소 평면에 그려진 확장경로를 산출량과 비용 평면에 전환시켜 그린 것으로 볼 수 있다.

(3) 한편 확장경로는 소비자이론에 나오는 소득소비곡선에 대응되는 개념이다. 그리하여 선호가 동조적일 경우 소득소비곡선이 직선이 되는 것과 같이 기술이 동조적일 경우 확

---

9 [그림 10-5(A)]에서 처음에는 등량곡선의 간격이 좁다가 나중에 넓어지는 것은 처음에는 규모에 대한 보수가 증가하다가 나중에는 감소하는 것을 나타내고 있다. 이처럼 규모에 대한 보수가 변화하는 것은 [그림 10-7(B)]의 비용곡선에도 나타나 있다. 즉 Q_1에서 Q_2로 산출량을 2배만큼 증가시키려 할 때에는 비용이 Q_1을 생산할 때의 2배보다 적게 든다. 그러나 Q_2에서 Q_3로 산출량을 증가시킬 경우에는 비용이 산출량의 배수보다 더 크게 증가하고 있다.

장경로가 직선이 된다. 동차적일 경우에도 마찬가지임은 물론이다. 이러한 결과가 의미하는 바는 다음과 같다. 즉 기술이 동조적이거나 동차적일 경우에는 생산요소의 가격 비율이 변하지 않는 한 산출량이 증가하더라도 그것을 최소비용으로 생산하는 데 드는 생산요소들의 비율은 변하지 않는다는 것이다.

부록 10.1 **장기비용극소화 – 조건부 장기생산요소수요함수와 장기총비용함수가 구해진다**

장기비용극소화 문제는

$$\text{Min}_{L,\ K}\ c_L = wL + rK$$
$$s.t.\ \ f(L,\ K) = Q$$

와 같이 쓸 수 있다. 이 문제는

$$\text{Min}_{L,\ K,\ \lambda}\ Z = wL + rK + \lambda(Q - f(L,\ K)): \text{목적함수}$$

와 같이 라그랑지함수를 사용하여 나타낼 수 있다. 내부해일 경우 극소화의 일차필요조건은

$$\frac{\partial Z}{\partial L} = w - \lambda \frac{\partial f(L,\ K)}{\partial L} = 0 \tag{1}$$

$$\frac{\partial Z}{\partial K} = r - \lambda \frac{\partial f(L,\ K)}{\partial K} = 0 \tag{2}$$

$$\frac{\partial Z}{\partial \lambda} = Q - f(L,\ K) = 0 \tag{3}$$

이다.

첫째, 이제 (1)식과 (2)식을 정리한 후 대응되는 변끼리 나누어주면

$$\frac{w}{r} = \frac{\dfrac{\partial f(L,\ K)}{\partial L}}{\dfrac{\partial f(L,\ K)}{\partial K}}$$

을 얻는다. 즉 비용이 극소화되려면 생산요소의 가격 비율이 각 생산요소의 한계생산물의 비율과 같아야 한다는 것을 말한다. 즉

$$\frac{w}{r} = \frac{MP_L}{MP_K} \tag{4}$$

이어야 한다는 것을 의미한다. 한편 본문의 식 (9.1)에 따르면 (4)식의 우변이 바로 $MRTS_{LK}$이므로 (4)식은 또한

$$\frac{w}{r} = MRTS_{LK} \tag{5}$$

이어야 한다는 것을 의미한다.

둘째, (3)식과 (4)식을 연립하여 풀면 **조건부 장기생산요소수요함수** $L = L_L(w, r, Q)$, $K = K_L^*(w, r, Q)$를 얻는다. 이것들을 목적함수에 내입하면 **장기총비용함수** $C = C_L^*(w, r, Q)$를 얻는다.

셋째, (1)식과 (2)식을 각각 λ에 대해서 풀면

$$\frac{w}{MP_L} = \frac{r}{MP_K} = \lambda \tag{6}$$

를 얻는다. 이로부터 본문의 식 (10.8)을 얻는다. 한편 경제학적으로 볼 때 λ는 **장기한계비용**이다. 그 직관적 이유는 본문 10.3.3(2)(iv)를 참조하기 바란다. 엄밀하게는 [권말 부록 I.4.2]에서처럼 포락선정리를 적용하면 $\frac{\partial C_L(w,r,Q)}{\partial Q} = \frac{\partial Z}{\partial Q} = \lambda^*$이기 때문이다. 이때 Z는 라그랑지함수이다. 같은 원리로 [부록 4.3]의 효용극대화에서는 λ가 **소득의 한계효용**이었다.

넷째, 이상에서 그 원리는 소비자이론의 지출극소화(부록 6.1)에 대응한다. 다만 거기서는 **보상수요함수**와 **지출함수**가 구해졌으나 여기서는 조건부 장기생산요소수요함수와 장기총비용함수가 구해진다는 점이 다르다.

예제 10.3 **콥-더글라스 생산함수의 장기총비용함수**

어떤 상품의 생산함수가 $Q = 5L^{\frac{1}{2}}K^{\frac{1}{2}}$이고, 임금률과 자본의 임대료율이 각각 2라고 하자. 이때 장기총비용함수를 구하시오.

풀이   장기총비용함수를 원리적으로 구하려면

$$\begin{aligned} &\underset{L,\ K}{\text{Min}}\ c_L = wL + rK \\ &s.t.\ \ f(L,\ K) = Q \end{aligned}$$

의 문제를 풀어야 한다. 제약식이 있는 극소화 문제이므로

$$Z = wL + rK + \lambda\left(Q - 5L^{\frac{1}{2}}K^{\frac{1}{2}}\right)$$

와 같은 라그랑지함수를 이용하여 푸는 것이 좋다.

그런데 우리는 이미 이것을 풀어서 구한 비용극소화 조건을 알고 있다. 즉 비용극소화 조건은 $MRTS_{LK} = w/r$이다. 이 조건과 주어진 생산함수를 연립으로 풀면 조건부 장기생산요소 수요함수를 얻을 수 있다. 그런데 주어진 조건으로부터 $MRTS_{LK} = \dfrac{MP_L}{MP_K} = K/L$이다. 그런데 $w/r = 1$이므로 $L = K$ (1)를 얻는다. 이를 생산함수에 대입하면 $Q = 5L$, 즉 $L = Q/5$ (2)를 얻는다. 이것이 조건부 장기노동수요함수이다. (1)에 (2)를 대입하면 조건부 장기자본수요함수는 $K = Q/5$ (3)이 된다. (2), (3)을 목적함수에 대입하면 $C_L(Q) = wL + rK = (4Q)/5$가 된다. 이것이 바로 우리가 구하고자 하는 장기총비용함수이다. 이로부터 $LAC = LMC = 4/5$가 된다. 앞으로 다루겠지만 규모에 대한 보수가 불변이기 때문에 LTC가 원점을 출발하는 직선이 되고 LAC, LMC가 모두 일정하다.

📑 예제 10.4 완전대체 생산함수의 장기총비용함수

생산함수가 $Q = 2L + 3K$로서 생산요소 사이에 대체가 완전하다고 한다.

a. 임금률과 자본의 임대료율이 각각 1이라고 할 때 확장경로와 장기총비용함수를 구하시오.
b. 임금률은 변화가 없고 자본의 임대료율이 2로 상승했을 경우, 확장경로와 장기총비용함수를 구하시오.
c. 두 문항 결과들의 특성을 말하시오.

KEY 완전대체 생산함수에 대해 비용함수를 구하는 문제이다. 이 경우 규모에 대한 보수 불변이다.

풀이 $Q = 2L + 3K$로 주어져 있다.

a. 일반형으로 말하자면

$$\begin{aligned} &\underset{L,\,K}{\text{Min}}\ c_L = wL + rK \\ &s.t.\ \ Q = aL + bK \end{aligned}$$

와 같은 선형계획법(linear programming) 문제를 푸는 것이다. 여기서는 경제원리를 적용하여 직관적으로 풀기로 하자.

〈직관적 풀이〉

먼저 생산함수를 관찰해 보자. K가 생산에 대한 기여도가 더 높다. 즉 자본의 한계생산물이 3으로서 노동의 한계생산물인 2보다 크다. 그런데 생산요소의 가격은 모두 1로서 같다고 하였다. 그러므로 K만 사용한다. 수식적으로 본다면

$$MRTS_{LK} = -\frac{dK}{dL} = \frac{MP_L}{MP_K} = \frac{2}{3} < \frac{w}{r} = 1$$

이므로 K만 사용한다는 것이다. 즉 노동의 상대적인 한계생산물이 기회비용인 노동의 상대가격보다 작기 때문에 K만 사용한다는 것이다. 그러므로 확장경로는 K축이다. K만 사용하므로 생산함수로부터 $Q = 3K$, $K = \frac{Q}{3}$가 성립하는 것을 알 수 있다. 즉 K만 사용할 경우 1단위의 산출량을 생산하려면 $\frac{1}{3}$만큼의 K가 필요하고, Q단위의 산출량을 생산하려면 $\frac{Q}{3}$만큼의 K가 필요하다. 즉 소선부 상기생산요소수요함수는 $L = 0$, $K = \frac{Q}{3}$가 된다. 이것을 목적함수에 대입하면 $C_L(Q) = wL + rK = 1 \times 0 + 1 \times \frac{Q}{3} = \frac{Q}{3}$를 얻는다.

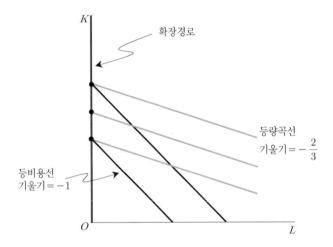

b. $w = 1$, $r = 2$. 위 문항과 마찬가지 원리로 L만 사용하므로 확장경로는 L축이다. L만 사용하므로 생산함수로부터 $Q = 2L$, $L = \frac{Q}{2}$가 성립하는 것을 알 수 있다. 위 문항과 마찬가지 방법으로 구하면 $C_L(Q) = wL + rK = 1 \times L = \frac{Q}{2}$가 된다.

c. 규모에 대한 보수가 불변이기 때문에 LTC가 원점을 출발하는 직선이 된다. 이 경우 LAC, LMC가 모두 일정하다.

10.4 조건부 장기생산요소수요 분석: 비교정학

비용극소화는 소비자이론의 지출극소화에 정확히 대응된다. 그 결과 조건부 장기생산요소수요함수 $L = L(w,\ r,\ Q)$와 $K = K(w,\ r,\ Q)$도 보상수요함수 $x_c = h_x(p_x,\ p_y,\ U)$와 $y_c = h_y(p_x,\ p_y,\ U)$에 정확히 대응된다. 장기총비용함수 $C = C_L(w,\ r,\ Q)$도 지출함수 $E = E(p_x,\ p_y,\ U)$에 정확히 대응된다. 이와 관련하여 소비자이론에서는 $p_x,\ p_y,\ U$ 등이 변화할 경우 최적값인 x_c가 각각 어떻게 변화하는가에 대해 분석하였다. 그 과정에서 보상수요곡선에 대해서도 살펴보았다. 그에 대응하여 여기서는 $w,\ r,\ Q$ 등이 변화할 경우 최적값인 L이 각각 어떻게 변화하는가에 대해 분석해 보자. w와 r 중에서는 w가 변화하는 경우를 살펴본다. 이러한 분석들은 모두 외생변수가 변화할 때 내생변수가 어떻게 변화하는가를 알아보는 것이므로 비교정학에 해당한다. 한편 $C_L = wL(w,\ r,\ Q) + rK(w,\ r,\ Q)$이므로 w가 변화하여 그로 인해 L과 K가 변할 경우 장기총비용과 장기한계비용이 변할 것이다. 이에 대해서도 살펴본다.

10.4.1 생산요소가격 변화의 효과

(1) 조건부 장기생산요소수요량의 변화: 요소대체효과

[그림 10−6]에는 L의 가격이 w_0에서 w_1으로 하락한 경우가 나타나 있다. w_0일 경우 등비용선이 등량곡선과 E_0에서 접한다. 이때 조건부 L의 장기수요량은 L_0이다. 이러한 상태에서 w가 w_1으로 하락하면 등비용선의 기울기가 완만해지면서 등량곡선과 E_1에서 접한다. 이때 조건부 L의 장기수요량은 L_1이다. 작아진 $\dfrac{w_1}{r_0}$와 $MRTS_{LK}$가 다시 같아지도록 조건부 장기생산요소수요량이 조정된 것이다. 이러한 결과가 K를 일부 줄이고 그 대신 L을 늘림으로써 K를 L로 대체하는 것으로 나타난 것이다. 이것을 **요소대체효과**(factor substitution effect)라고 한다(17.3.2 참조).

> 🌱 **요소대체효과**(factor substitution effect) 생산요소의 가격이 변화할 경우 주어진 산출량을 최소비용으로 생산하려 할 때 상대적으로 더 비싸진 생산요소를 더 싸진 생산요소로 대체하여 투입하는 데 따른 조건부 생산요소수요량의 변화

그림 10-6 **요소대체효과**

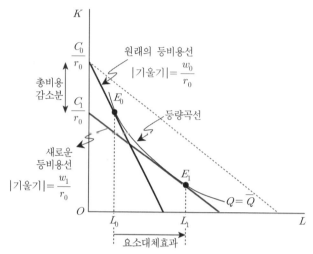

생산요소의 가격이 변화할 경우 상대적으로 더 비싸진 생산요소를 더 싸진 생산요소로 대체하여 투입하는 데 따른 요소대체효과가 발생한다.

요소대체효과는 소비자이론에 나오는 대체효과와 원리적으로 동일하다. 따라서 생산요소가격과 조건부 장기생산요소수요량이 서로 반대 방향으로 움직이는 것으로 나타난다. 이러한 내용들은 사실상 식 (10.4)의 조건부 장기생산요소수요함수에 담겨 있다(부록 10.1 참조). 앞서 말했듯이 조건부 장기생산요소수요함수는 소비자이론의 보상수요함수에 대응한다.

(2) 장기총비용의 변화: 장기총비용곡선 자체의 이동

이제 w가 하락할 경우 장기총비용이 어떻게 변하는가를 알아볼 준비가 되었다. 결론부터 말하자면 w가 하락할 경우 총비용은 반드시 감소한다.[10] [그림 10-6]의 경우 총비용이 $C_0 - C_1$만큼 감소한다. w가 하락하여 원래의 등비용선이 세로축을 중심으로 점선의 위치까지 회전한 다음 안쪽으로 평행이동한 것으로 생각해 보자. 그러면 평행이동에 상응하는 만큼 총비용이 감소한 것임을 알 수 있다.

구체적인 값은 세로축 절편들의 차에 변하지 않은 K의 가격 r_0을 곱해서 얻을 수 있다.

---

[10] 수식으로 보이려면 [부록 6.1]의 5(3)에서 언급한 셰퍼드의 보조정리를 이용하면 된다. 그 보조정리에 따르면 $\frac{\partial C(w, r, Q)}{\partial w} = L$이다. 그런데 $L \geq 0$이므로 좌변도 음이 아니어서 w와 C는 같은 방향으로 움직인다.

즉 $(\frac{C_0원}{r_0원} - \frac{C_1원}{r_0원}) \times r_0원 = (C_0 - C_1)원$이다. $\frac{C_0}{r_0}$은 원래의 w_0하에서 $\overline{Q}$를 생산하는 데 드는 비용으로 K만 구입할 경우 최대로 구입할 수 있는 K의 수량이다. $\frac{C_1}{r_0}$은 하락한 w_1 하에서 동일한 $\overline{Q}$를 생산하는 데 드는 비용으로 K만 구입할 경우 최대로 구입할 수 있는 K의 수량이다. 이때 줄어든 총비용의 크기인 $C_0 - C_1$은 소비자이론의 보상변화에 대응한다. 이처럼 생산요소의 가격이 하락할 경우 장기총비용은 반드시 감소한다. 이것은 장기총비용곡선을 아래로 이동(shift)시킨다. 장기총비용곡선을 그릴 때 일정하다고 가정했던 생산요소의 가격이 변하는 경우이므로 이처럼 장기총비용곡선 자체가 이동(shift of the curve)한다.

(3) 장기한계비용의 변화: 장기한계비용곡선 자체의 이동

다음 소절에서 말하겠지만 산출량이 증가할 때 조건부 장기생산요소수요량이 증가하는 생산요소를 **정상투입물**(normal input)이라고 하고 감소하는 생산요소를 **열등투입물**(inferior input)이라고 한다. 정상투입물의 경우 생산요소의 가격과 장기한계비용은 같은 방향으로 움직인다. 열등투입물일 경우 직관적으로 설명하기는 어렵지만 생산요소의 가격과 장기한계비용은 반대 방향으로 움직이는 것으로 알려져 있다. 단기에는 K가 고정되어 있으므로 이 내용들은 해당되지 않는다. 물론 어느 경우든 한계비용곡선 자체가 이동한다.

(4) 소득효과 대응 부분 해석

상품의 경우 가격이 하락하면 수요량이 증가하는데 이를 대체효과와 소득효과로 나눌 수 있다. 그런데 생산요소의 가격이 하락할 경우 어떤 변화가 나타나는가를 알아볼 때에는 이러한 분석 방법이 적용되지 않는다. 소득효과에 대응하는 부분이 큰 의미를 지니지 않기 때문이다. 그 이유는 다음과 같다.

(i) 점선으로 표시된 등비용선에 접하는 등량곡선을 그려보면 그에 대응하는 산출량은 w 하락 후 원래 비용으로 생산할 수 있는 최대 산출량이라는 점을 말해줄 뿐 다른 특별한 의미를 지니지 않기 때문이다. 특히 그 산출량은 주어진 목표산출량이 아니므로 주어진 산출량을 최소비용으로 생산하는 것을 목표로 삼는 비용극소화와는 관계없다.

(ii) 현재 비용에 대해서 다루고 있기는 하지만 기업의 목표는 비용극소화가 아니라 이윤극대화이다. 그런데 이윤극대화 측면에서 볼 때 생산요소의 가격이 하락하면 한계비용이 변화하여 11장에서 보게 되듯이 이윤극대화 산출량이 변화한다. 그러므로 이윤을 극대화하는 **장기생산요소수요**(longrun factor demand: 이윤극대화의 경우 비용극소화와는 달리 생산요소수요에 조건부라는 수식어가 없음에 주목)를 구하려면 이러한 측면을 반영해야 한다(17장 참조). 그런데 소득효과에 대응되는 부분은 비용극소화와 관계없을 뿐만 아니라 이와 같은 이윤극대화 측면

도 반영하지 못하기 때문이다.

10.4.2 산출량 변화의 효과

(1) 정상투입물과 열등투입물

산출량이 증가할 때 조건부 장기생산요소수요량이 증가하는 경우도 있고 감소하는 경우도 있다. 산출량이 증가할 때 조건부 장기생산요소수요량이 증가하는 생산요소를 정상투입물이라 하고 감소하는 생산요소를 열등투입물이라 한다고 했다. [그림 10-5(A)]는 산출량이 증가할 때 L과 K가 모두 증가하는 경우이다. 따라서 이 경우에는 L과 K가 모두 정상투입물이다. 만일 산출량이 어느 수준을 넘어선 이후 K는 여전히 정상투입물이지만 L이 열등투입물이 되는 경우 확장경로가 북서 방향으로 휘어지게 된다.

(2) 장기총비용의 변화: 장기총비용곡선상의 움직임

투입물의 정상 여부와 관계없이 산출량이 증가(감소)할 경우 장기총비용은 반드시 증가(감소)한다. 이에 대해 직관적으로 살펴보기 위해 등량곡선이 [그림 10-6]의 경우보다 원점에서 더 멀어진 경우를 생각해 보자. 생산요소의 가격은 변하지 않았으므로 등비용선의 기울기는 여전히 $\frac{w_0}{r_0}$이다. 이 경우 새로운 등량곡선과 접하는 등비용선은 원래의 등비용곡선보다 원점에서 더 멀리 떨어지게 된다. 이것은 곧 산출량이 증가할 경우 장기총비용이 증가한다는 것을 의미한다. 사실상 이것은 [그림 10-5(A)]에서도 확인할 수 있다.

한편 장기총비용곡선은 장기총비용함수에서 생산요소들의 가격이 일정할 때 산출량이 변할 경우 장기총비용이 어떻게 변하는가를 나타낸다. 그러므로 산출량이 변할 경우 장기총비용이 변화하는 것은 주어진 장기총비용곡선을 따라(movement along the given longrun total cost curve) 움직이는 것으로 나타난다. 이것은 사실상 장기총비용곡선을 도출할 때 사용했던 [그림 10-5]에 나타나 있는 것과 같다.

부록 10.2 소비자이론과 생산자이론의 대응 1

소비자이론	생산자이론
지출극소화 $\underset{x,\,y}{\text{Min}}\ e = p_x x + p_y y$ $\quad s.t.\ \ U(x,\,y) = U$	장기비용극소화 $\underset{L,\,K}{\text{Min}}\ c_L = wL + rK$ $\quad s.t.\ \ f(L,\,K) = Q$
내생변수: $x,\,y$	내생변수: $L,\,K$
외생변수: $p_x,\ p_y,\ U$	외생변수: $w,\ r,\ Q$
보상수요함수 $x_c = h_x(p_x, p_y, U)$ $\qquad\qquad y_c = h_y(p_x, p_y, U)$	조건부 장기생산요소수요함수 $L = L(w,\ r,\ Q)$ $\qquad\qquad\qquad\qquad\qquad K = K(w,\ r,\ Q)$
보상수요곡선	대응 용어 없음
지출함수 $E = E(p_x,\ p_y,\ U)$	장기총비용함수 $C = C_L(w,\ r,\ Q)$
대응 용어 없음	장기총비용곡선
지출극소화	장기비용극소화
예산선 $p_x x + p_y y = M$	등비용선 $C = wL + rK$
무차별곡선: 서수적	등량곡선: 기수적
선호 효용함수 $U = U(x,\ y)$ 한계효용 $MU_x,\ MU_y$ 한계대체율 MRS_{xy} 한계대체율 체감	기술 생산함수 $Q = f(L,\ K)$ 한계생산물 $MP_L,\ MP_K$ 기술적 한계대체율 $MRTS_{LK}$ 기술적 한계대체율 체감
소득소비곡선(효용극대화)	확장경로(장기비용극소화)
쌍대성 (주어진 소득하의 효용극대화와 　주어진 효용하의 지출극소화)	쌍대성 (주어진 산출량하의 비용극소화와 　주어진 비용하의 산출량극대화)

10.5 단기비용곡선과 장기비용곡선의 관계

무엇보다도 단기총비용이 장기총비용보다 작을 수 없다는 이유를 파악해 두는 것이 핵심이다. 나아가서 단기 및 장기의 한계비용곡선과 평균비용곡선들이 서로 어떻게 연관되어 그려질 수 있는가를 알아두는 것도 중요하다.

10.5.1 단기총비용과 장기총비용

고정생산요소가 있을 경우 그 기간을 단기라고 하였다. 그렇다면 주어진 산출량을 생산하는 데 단기와 장기 중 어느 경우에 더 많은 비용이 들까? 결론적으로 말해, 단기총비용은 장기총비용보다 적을 수 없다. 이것은 사실상 직관적으로도 명확하다. 장기에는 단기의 관점에서 선택할 수 있는 공장설비나 기계설비는 항상 선택할 수 있으므로, 장기에는 비용을 적어도 단기만큼으로는 낮출 수 있기 때문이다.

생산요소의 가격이 일정하게 주어졌다고 가정하자. 그리고 앞에서 논의했던 단기총비용을, 고정생산요소를 구체적으로 명시하여 $STC(K, Q)$의 형태로 써 보자. 한편 어떠한 산출량에 대해서도 고정생산요소 K의 최적투입량이 존재한다. 즉 그 산출량을 가장 적은 비용으로 생산할 수 있는 K의 규모가 존재한다. 그런데 장기총비용은 K를 최적으로 선택했을 때 드는 단기총비용과 같다. 이 같은 관점에서 본다면 장기총비용은 기업이 고정생산요소를 최적으로 조정하면서 생산할 때 드는 비용을 의미한다고 볼 수 있다.

이제 어떤 산출량 Q_i를 생산하는 데 최적인 K의 규모를 K_i라고 하자. 한편 K가 K_i로 주어진 경우 단기총비용은 $STC(K_i, Q)$로 쓸 수 있다. 그런데 위에서 말한 바와 같이 얼마나 생산하든지 장기총비용은 단기총비용보다 작거나 같다. 그러므로 모든 Q와 임의의 i에 대해서

$$LTC(Q) \leq STC(K_i, Q) \tag{10.9}$$

의 관계가 성립한다. 그리고 오직 K_i가 최적이 되는 Q_i에서만

$$LTC(Q_i) = STC(K_i, Q_i) \tag{10.10}$$

와 같이 등식으로 성립한다. 예를 들어 $i = 1$일 경우에는 [그림 10-7(B)]에서 보듯이 오직 K_1이 최적이 되는 Q_1에서만 장기총비용과 단기총비용이 같다. 그 외의 산출량에서는 장기총비용이 단기총비용보다 작다. 예를 들면 $LTC(Q_2) < STC(K_1, Q_2)$이다. $i = 2, 3$일 경우도 같은 방법으로 해석된다.

📓 **예제 10.5** 단기총비용함수와 장기총비용함수

어떤 상품의 생산함수가 $Q = 5L^{\frac{1}{2}}K^{\frac{1}{2}}$이고, 임금률과 자본의 임대료율이 각각 2라고 하자.

a. 이때 장기총비용함수를 구하시오.

b. $\overline{K} = 16$일 경우 단기총비용함수를 구하시오.

c. $\overline{K} = 25$일 경우 단기총비용함수를 구하시오.

d. 위 3 문항의 결과들을 하나의 그림에 함께 그리시오.

풀이 a. [예제 10.3]에서 $C(Q) = (4Q)/5$, $LAC = LMC = 4/5$로 구해졌다.

b. [예제 10.1]의 문항 (a)에서 $C_s(Q) = \dfrac{Q^2}{200} + 32$로 구해졌다.

c. [예제 10.1]의 문항 (b)에서 $C_s = \dfrac{2}{625}Q^2 + 50$으로 구해졌다.

d. 곧 이어 본문에서 말하겠지만 장기총비용곡선은 단기총비용곡선들을 감싸는 곡선이다. 즉 단기총비용곡선들의 포락선이다. 규모에 대한 보수가 불변이기 때문에 LTC가 원점을 출발하는 직선이 된다. 이 경우 LAC, LMC가 모두 일정하다는 점에 주목하자. 이 경우 장기적인 이윤은 0이 된다. 그리고 가격은 수요조건과는 관계없이 오로지 기술에 의해서 정해진다. 반면에 산출량은 이렇게 정해진 가격에 대응하여 수요조건에 따라 정해진다. 특히 이 점과 관련하여서는 13장에서 자세히 다룰 것이다.

그림에서 예를 들어 80단위를 생산할 경우에는 단기총비용과 장기총비용이 64로서 같아진다. 바꾸어 말하면 80단위를 생산하려 할 경우에는 자본은 16단위 고용하는 것이 비용이 가장 적게 든다는 것이다. 80단위를 생산하면서 자본을 이보다 더 적게 또는 더 많이 고용할 경우에는 그림에서 보듯이 비용이 더 많이 든다.

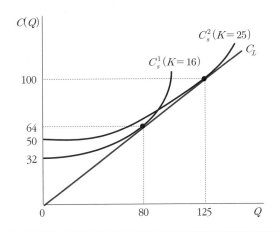

📑 **예제 10.6** **단기총비용함수와 장기총비용함수의 관계**

어떤 기업의 단기총비용함수가 $STC = 3k + 12q^2k^{-1}$이라고 한다. 여기서 q는 산출량, k는 자본을 나타낸다.

a. 자본이 가변비용에 영향을 주는가?

b. 20단위를 생산하려 할 때 비용을 극소화하는 자본규모를 구하시오. 이때 단기총비용을 구하시오.

c. 장기총비용함수를 구하시오. 20단위를 생산하려할 때 장기총비용을 구하시오. 이 결과를 위 문항의 결과와 비교하고 설명하시오.

KEY 단기총비용을 극소화시키는 자본규모로부터 얻은 비용이 바로 장기총비용이다.

풀이 a. 단기비용함수에서 $3k$는 산출량과 관계없이 일정하므로 고정비용이다. 그리고 $12q^2k^{-1}$은 산출량에 따라 변하므로 가변비용이다. 가변비용에서 볼 때 자본은 가변비용에 영향을 주고 있다. 그 이유는 산출물을 생산할 때 자본이 어느 만큼의 가변생산요소가 필요한지에 영향을 주기 때문이다.

b. 20단위를 생산하는 데 드는 단기비용은 $STC(20, k) = 3k + 4,800k^{-1}$이다. 이러한 단기비용을 극소화하는 자본규모는 $\dfrac{d\,STC(20,\,k)}{dk} = 3 - 4,800k^{-2} = 0$을 만족시키는 k의 값이다. 이로부터 $k^* = 40$이 된다. 이때 단기총비용은 $STC(20, k^*) = 3k^* + 4,800k^{*-1} = 3(40) + 4,800\left(\dfrac{1}{40}\right) = 240$이 된다.

c. 장기총비용함수를 구하려면 주어진 산출량을 가장 적은 비용으로 생산할 수 있는 자본규모를 알아야 한다. 수학적으로 볼 때 이러한 자본규모는 $\dfrac{\partial STC}{\partial k} = 3 - 12q^2k^{-2} = 0$을 만족시키는 값이다. 이로부터 $k = 2q$를 얻는다. 이 값을 단기총비용함수에 대입하면 장기총비용함수는 $LTC = 3(2q) + 12q^2(2q)^{-1} = 12q$로 구해진다. 가로축에 수량을 표시하고 이 것을 그림으로 나타내면 기울기가 12인 직선이 된다.

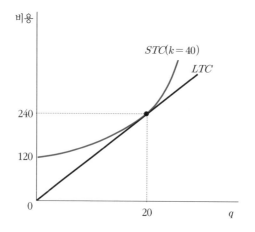

한편 20단위를 생산할 때 장기총비용은 $LTC = 12q = 240$이 된다. 여기서 구한 장기
총비용은 위 문항에서 구한 단기총비용과 같다. 이것은 바로 단기총비용을 극소화하는 자
본규모로부터 얻은 비용이 바로 장기총비용이라는 것을 말해 준다.

10.5.2 단기평균비용과 장기평균비용

총비용에 대해 위와 같은 관계가 성립하므로 평균비용에 대해서도 위와 똑같은 관계가
성립한다. 실제로 식 (10.9)와 식 (10.10)의 양변을 Q 및 Q_i로 각각 나누면 다음 두 식이 성
립한다.

$$LAC(Q) \leq SAC(K_i,\ Q) \tag{10.11}$$

$$LAC(Q_i) = SAC(K_i,\ Q_i) \tag{10.12}$$

여기서 LAC는 **장기평균비용**(long run average cost)을 나타내며, SAC는 물론 단기평균
비용을 나타낸다. 다시 한 번 강조하지만 Q_i가 아닌 다른 어떠한 산출량에 대해서도 그에
상응하는 최적의 고정생산요소가 존재한다. 그리고 그들 각각에 대해서도 위와 같은 관계
가 성립한다.

10.5.3 단기총비용곡선과 장기총비용곡선, 단기평균비용곡선과 장기평균비용곡선

식 (10.9)부터 식 (10.12)까지의 관계는 [그림 10-7]로 나타낼 수 있다. 우리는 현재 K의
규모를 연속적으로 선택할 수 있는 경우를 다루고 있다. 그런데 단지 편의상 대표로 K_1, K_2,
K_3의 3개를 택해 보여주고 있는 것이다. 다음 사항에 주목하자.

첫째, 장기총비용곡선은 단기총비용곡선들의 **포락선**(envelope curve)이다. 또한 장기평균
비용곡선은 단기평균비용곡선들의 포락선이다.

둘째, [그림 10-7(A)]는 단기에 예컨대 산출량 Q_1, Q_2 및 Q_3를 생산하는 데 가장 효율
적인 K의 규모는 각각 K_1, K_2 및 K_3라는 것을 보여주고 있다. 또한 각각의 규모에 대응
하는 **단기총비용곡선**들이 [그림 10-7(B)]에 그려져 있다. 한편 [그림 10-7(B)]의 **장기총비용곡
선**은 [그림 10-7(A)]의 확장경로를 전환시켜 그린 것이다. 여기서 Q_1, Q_2 및 Q_3에서만 장
기총비용과 단기총비용이 같아진다는 점에 주목하자.

셋째, [그림 10-7(C)]의 단기평균비용곡선과 장기평균비용곡선은 [그림 10-7(B)]의 단기총비용곡선과 장기총비용곡선으로부터 도출해 낸 것이다. 따라서, Q_1, Q_2, Q_3에서는 단기총비용과 장기총비용이 같으므로 단기평균비용과 장기평균비용도 같아진다. 한편 SAC_1의 최하점이나 SAC_3의 최하점은 장기평균비용곡선보다 위에 위치한다. 이것은 장기적으로 볼 때에는 주어진 산출량을 반드시 단기평균비용이 최저가 되는 곳에서 생산하는 것은 아니라는 것을 뜻한다.

넷째, Q_2를 생산하는 데는 K_2가 최적이다. 그럼에도 불구하고 이것을 K_1 또는 K_3로 생산하려면 K_2로 생산할 경우보다 더 많은 비용이 든다. 이러한 사실은 세 그림 중 어느

그림 10-7   **단기총비용곡선과 장기총비용곡선, 단기평균비용곡선과 장기평균비용곡선**

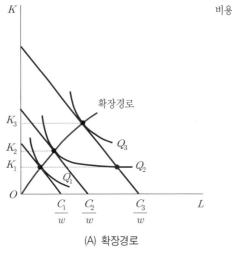

(A) 확장경로

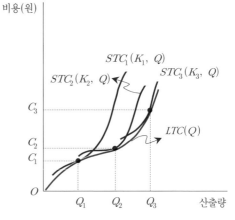

(B) 단기총비용곡선과 장기총비용곡선

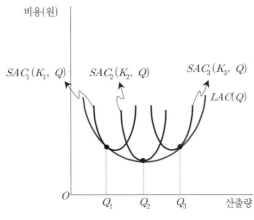

(C) 단기평균비용곡선과 장기평균비용곡선

장기총비용곡선과 임의의 단기총비용곡선은 오로지 한 점에서만 접한다. 장기평균비용곡선과 임의의 단기평균비용곡선도 오로지 한 점에서만 접한다.

그림을 보아도 알 수 있다. 구체적으로 [그림 10-7(A)]를 보자. 예컨대 Q_2를 K_1으로 생산하려면 최소한 C_3의 비용이 든다는 것을 확인할 수 있다. 그림에 표시하지는 않았지만 Q_2를 K_3로 생산할 경우에 드는 비용에 대해서도 생각해 보라. 같은 내용이지만 Q_1이나 Q_3도 각각 최적 규모인 K_1이나 K_3로 생산하지 않았을 경우에 드는 비용은 최적 규모인 K_1이나 K_3로 생산했을 경우보다 많아진다. 이상의 내용을 [그림 10-7(B)] 및 [그림 10-7(C)]를 통해서도 확인해 보라. 이때 가로축에 표시된 수량에서 수직선을 그렸을 때 각 비용곡선(의 연장선)들과 만나는 점들의 높이를 서로 비교해 봄으로써 알 수 있다.

10.5.4 단기 및 장기의 평균비용곡선들 및 한계비용곡선들의 관계

첫째, [그림 10-8]에서 보듯이 첫 1단위에서 장기한계비용(LMC)과 장기평균비용(LAC)은 같다. 그 원리는 첫 1단위에서 단기한계비용(SMC)과 평균가변비용(AVC)이 같아지는 원리와 동일하다[10.2.5(1) 참조]. 다만 이때 장기에는 모든 생산요소가 가변생산요소로 취급되므로 평균비용이 평균가변비용과 같다는 사실이 적용된다.

둘째, 그 다음 [그림 10-8]에서처럼 Q_1, Q_2, Q_3와 같이 단기평균비용곡선과 장기평균비용곡선이 접하는 점에서는 그에 대응하는 단기한계비용(SMC)과 장기한계비용(LMC)이 일치한다. [그림 10-7(B)]와 [그림 10-8]을 함께 비교해 가며 그 이유를 살펴보기로 하자.[11] 예를 들어 Q_1의 근처를 살펴보자.

(1) Q_1의 근처에서는 오직 Q_1에서만 단기평균비용이 장기평균비용과 같다. 아울러 그에 상응하는 단기총비용과 장기총비용이 같다.

(2) [그림 10-7(B)]에서 볼 때 산출량이 Q_1보다 적을 경우에는 단기총비용이 장기총비용보다 크다. 그런데 산출량이 Q_1보다 적을 때에는 산출량이 Q_1으로 증가함에 따라 장기총비용과 단기총비용의 차는 점점 줄어든다. 마침내 Q_1에서는 두 비용이 같아진다. 이것은 산출량이 Q_1보다 적은 곳에서 산출량이 증가할 때에는 단기총비용이 증가하는 것보다 장기총비용이 더 많이 증가한다는 것을 의미한다. 이것은 다시 [그림 10-8]에서 보듯이 장기한계비용이 단기한계비용보다 크다는 것을 의미한다.

(3) 한편 산출량이 Q_1보다 많을 때에는 이와 반대의 현상이 일어나며, 그 결과 단기한계비용은 장기한계비용보다 크게 된다.

---

11 수학적으로 보면 단기총비용곡선과 장기총비용곡선이 접하는 점에서는 두 곡선들의 접선이 일치하므로 그 기울기로 나타나는 한계비용들도 같다.

그림 10-8 단기평균비용곡선, 단기한계비용곡선, 장기평균비용곡선, 장기한계비용곡선들의 관계

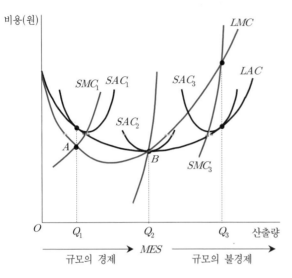

$SAC = LAC$인 산출량에서 $SMC = LMC$가 성립한다. 또한 LAC가 최서인 곳에서는 $LMC = SMC = LAC = SAC$가 성립한다.

(4) 결과적으로 볼 때 산출량이 Q_1보다 적을 때에는 단기한계비용이 장기한계비용보다 작고, 산출량이 Q_1보다 많을 때에는 단기한계비용이 장기한계비용보다 크다. 그러므로 Q_1에 대응하는 점 A에서는 두 한계비용이 일치하게 된다.

(1) 장기평균비용과 단기평균비용이 동시에 최저가 되는 산출량은 두 비용이 같으면서 장기평균비용이 최저가 되는 산출량으로서 오직 하나만 존재한다.
(2) 아울러 그곳에서는 장기 및 단기의 한계비용과 평균비용들이 모두 같아진다.

이러한 사실은 [그림 10-8]에 나타나 있다. 즉 장기평균비용이 가장 작은 점 B에서 단기평균비용도 가장 작으며, 또한 그곳에서

$$LMC = SMC_2 = LAC = SAC_2 \tag{10.13}$$

가 성립한다.[12]

그 원리에 대해 살펴보기로 하자. 먼저 한계비용곡선은 평균비용곡선의 최저점을 지난

---

12 [그림 10-7(B)]에서 원점과 장기 또는 단기총비용곡선상의 한 점을 잇는 직선의 기울기는 장기 또는 단기총비용곡선을 막론하고 Q_2에서 가장 작다. Q_2에서 장기 및 단기평균비용이 최저가 된다는 것은 이러한 사실을 달리 표현한 것에 불과하다.

다. 그런데 점 B에서 장기평균비용과 단기평균비용이 모두 최저가 되므로 장기 및 단기를 막론하고 한계비용곡선들은 점 B를 지나게 된다. 그리하여 점 B에서는 결국 장기 및 단기의 평균비용과 한계비용들이 모두 같아지는 것이다.

10.5.5 규모의 경제와 규모의 불경제: 장기평균비용곡선이 U자 형태인 이유

[그림 10-8]처럼 장기평균비용이 최저가 될 때의 산출량규모를 **최소효율규모**(minimum efficient scale: MES)라고 한다. MES의 왼쪽에서처럼 산출량이 증가할 때 장기평균비용이 계속 감소할 때에는 **규모의 경제**(economies of scale)가 있다고 한다. 반면에 MES의 오른쪽에서처럼 산출량이 증가할 때 장기평균비용이 계속 증가할 때에는 **규모의 불경제**(diseconomies of scale)가 있다고 한다. 최소효율규모는 규모의 경제가 끝나는 산출량규모이다.

> 🌱 **규모의 경제**(economies of scale) 산출량이 증가할 때 장기평균비용이 계속 감소하는 경우

(1) *LAC*곡선이 U자 형태인 것은 이 같은 규모의 경제와 규모의 불경제 때문이다. *SAC*곡선이 U자 형태인 이유가 고정생산요소와 한계생산물체감 때문인 것과 대조된다.

(2) 한편 규모의 경제는 대규모 설비의 효율성, 대량구입의 이점, 분업의 이점 등 때문에 나타나며 규모의 불경제는 경영의 비효율, 관리비용 증대 등 때문에 나타난다.

[그림 10-8]에서 보듯이 산출량이 증가할 때 $LAC > LMC$일 경우 규모의 경제가 존재하고 $LAC < LMC$일 경우 규모의 불경제가 존재한다. 그런데 **장기총비용의 산출탄력성** (output elasticity of *LTC*)을 ϵ_c이라 하면 $\epsilon_c = \dfrac{dC/C}{dQ/Q} = \dfrac{dC/dQ}{C/Q} = \dfrac{LMC}{LAC}$이다. 즉 [부록 8.1]의 식(1)에서 본 것처럼 탄력성은 한계함수의 평균함수에 대한 비율로 나타난다. 따라서 다음이 성립한다. 한편 현실에서는 *LAC*곡선이 수평인 구간도 관찰된다.

$\epsilon_c < 1 \Leftrightarrow$ 비용증가율 $<$ 산출량증가율 $\Leftrightarrow LMC < LAC$
$\qquad\qquad\qquad\qquad\quad \Leftrightarrow Q\uparrow$ 일 때 LAC 감소 $\Leftrightarrow$ 규모의 경제

$\epsilon_c = 1 \Leftrightarrow$ 비용증가율 $=$ 산출량증가율 $\Leftrightarrow LMC = LAC$
$\qquad\qquad\qquad\qquad\quad \Leftrightarrow Q\uparrow$ 일 때 LAC 일정: LAC곡선 수평

$\epsilon_c > 1 \Leftrightarrow$ 비용증가율 $>$ 산출량증가율 $\Leftrightarrow LMC > LAC$
$\qquad\qquad\qquad\qquad\quad \Leftrightarrow Q\uparrow$ 일 때 LAC 증가 $\Leftrightarrow$ 규모의 불경제

10.5.6 K의 규모를 몇 개 밖에 선택할 수 없을 경우

지금까지는 K의 규모를 수없이 연속적으로 선택할 수 있는 경우에 대해 분석하였다. 다만 편의상 3개(K_1, K_2, K_3)에 대해 그림을 그렸을 뿐이다. 이처럼 K의 규모를 연속적으로 선택할 수 있을 경우에는 주어진 산출량에 대해 최적인 K의 규모가 유일하게 존재하고 또한 그 규모에 대해 최적인 산출량이 유일하게 존재한다. 이때 장기총비용곡선, 장기평균비용곡선, 그리고 장기한계비용곡선이 모두 부드러운 곡선이 된다.

그런데 K의 규모를 몇 개 밖에 선택할 수 없는 경우를 생각해 볼 수 있다. 이 경우에는 장기비용곡선들이 부드러운 곡선이 되지 않는다.

(1) 물론 이 경우에도 주어진 단기총비용곡선들의 낮은 부분을 감싸는 포락선이 장기총비용곡선이 된다.

(2) 또한 단기평균비용곡선들의 낮은 부분을 감싸는 포락선이 장기평균비용곡선이 된다.

(3) 그러나 장기총비용곡선과 장기평균비용곡선이 부드러운 곡선이 되지는 않는다. 즉 단기총비용곡선(단기평균비용곡선)들의 포락선인 장기총비용곡선(장기평균비용곡선)에는 첨점이 존재한다. 예를 들어 [그림 10-7]에서 K의 규모를 K_1, K_2, K_3 등 오로지 3개만 선택할 수 있을 경우 장기총비용곡선을 구하기 위해 [그림 10-7(B)]의 단기총비용곡선들의 낮은 부분들을 연결하면 2곳에서 첨점이 생긴다([부록 10.3]의 그림들을 참조해 가며 독자 스스로 확인해 보라). 이와 마찬가지로 [그림 10-7(C)]의 단기평균비용곡선들의 경우에도 낮은 부분들을 연결하면 2곳에서 첨점이 생긴다.

(4) 한편 장기한계비용곡선도 장기평균비용곡선과 마찬가지로 장기총비용곡선으로부터 구한다. (i) 그러나 장기한계비용곡선은 단기한계비용곡선들의 낮은 부분을 감싸는 포락선이 되지는 않는다. 그 이유는 [부록 10.3]의 두 그림들을 비교해 보면 알 수 있듯이 어떤 규모 K에서의 단기총비용이 다른 규모에서의 단기총비용보다 작다고 해서 단기한계비용까지 작아지는 것은 아니기 때문이다. (ii) 한편 [부록 10.3]의 (그림 B)에서 보듯이 임의의 주어진 산출량을 생산하는 데 적용되는 장기한계비용곡선은 그 산출량을 생산하는 데 최적인 규모에 대응하는 단기총비용곡선 부분과 단기평균비용곡선 부분에 대응해서 정해진다. (iii) 또한 장기총비용곡선이 첨점을 지닐 경우 장기한계비용곡선은 그 첨점에 대응하는 산출량에서 불연속적인 곡선이 된다.[13]

---

[13] 수학적으로 볼 때 첨점에서는 미분이 불가능하기 때문에, 첨점을 지닌 장기총비용함수의 도함수를 그래프로 나타낸 결과인 장기한계비용곡선이 불연속곡선이 된다.

부록 10.3 비용곡선들 사이의 관계의 예: 콥-더글라스 효용함수의 경우

간단한 콥-더글라스 생산함수의 경우를 예로 들어 각종 비용곡선들의 관계가 어떻게 나타나는가를 살펴보자. 생산함수가 $Q = L^{\frac{1}{2}} K^{\frac{1}{2}}$ 이고, $w = r = 1$로 주어져 있다고 하자. 이 경우 단기총비용함수를 구하는 것은

$$\operatorname*{Min}_{L} c_S = wL + r\overline{K}$$

$$s.t. \quad Q = L^{\frac{1}{2}} \overline{K}^{\frac{1}{2}}$$

을 푸는 것이다. 이때 조건부 단기생산요소수요함수는 제약식인 생산함수로부터 $L = \dfrac{Q^2}{\overline{K}}$ 으로 구해진다. 이것을 목적함수에 대입하면 단기총비용함수는 $c_S = wL + r\overline{K} = w\dfrac{Q^2}{\overline{K}} + r\overline{K} = 1 \times \dfrac{Q^2}{\overline{K}} + 1 \times \overline{K}$ $= \dfrac{Q^2}{\overline{K}} + \overline{K} = C_S(\overline{K},\ Q)$로 구해진다. 함수 C_S가 단기총비용함수이다. 이 결과를 이용해서 3개의 규모에 대해 각종 비용곡선들을 구해 보면

$\overline{K} = 1$일 경우

$$STC_1 = \frac{Q^2}{\overline{K}} + \overline{K} = \frac{Q^2}{1} + 1,\ SAC_1 = \frac{STC_1}{Q} = Q + \frac{1}{Q},\ SMC_1 = \frac{dSTC_1}{dQ} = 2Q,$$

$\overline{K} = 2$일 경우

$$STC_2 = \frac{Q^2}{\overline{K}} + \overline{K} = \frac{Q^2}{2} + 2,\ SAC_2 = \frac{STC_2}{Q} = \frac{Q}{2} + \frac{2}{Q},\ SMC_2 = \frac{dSTC_2}{dQ} = Q,$$

$\overline{K} = 3$일 경우

$$STC_3 = \frac{Q^2}{\overline{K}} + \overline{K} = \frac{Q^2}{3} + 3,\ SAC_3 = \frac{STC_3}{Q} = \frac{Q}{3} + \frac{3}{Q},\ SMC_3 = \frac{dSTC_3}{dQ} = \frac{2Q}{3}$$

가 된다. 그러므로

$$LTC = \min[STC_1,\ STC_2,\ STC_3] = \min[Q^2 + 1,\ \frac{Q^2}{2} + 2,\ \frac{Q^2}{3} + 3],$$

$$LAC = \min[SAC_1,\ SAC_2,\ SAC_3] = \min[Q + \frac{1}{Q},\ \frac{Q}{2} + \frac{2}{Q},\ \frac{Q}{3} + \frac{3}{Q}]$$

이다. 즉 [그림 A]와 [그림 B]에서 보듯이 장기총비용곡선은 단기총비용곡선들의 포락선이며 장기평균비용곡선은 단기평균비용곡선들의 포락선이다.

그러나 [그림 B]에서 보듯이 장기한계비용곡선은 단기한계비용곡선들의 포락선이 되지 않는다. 임의의 주어진 산출량 Q를 생산하는 데 적용되는 장기한계비용곡선은 그 산출량을 생산하는 데 최적인 규모에 대응하는 단기총비용곡선 부분과 단기평균비용곡선 부분에 대응한다. 두 그림에서 볼 때 $0 < Q \leq \sqrt{2}$ 의 구간에서는 K_1의 규모, $\sqrt{2} \leq Q \leq \sqrt{6}$ 의 구간에서는 K_2의 규모, $Q \geq \sqrt{6}$ 의 구간에서는 K_3의 규모가 각각 최적 규모이다. 이러한 구간과 함께 각 구간에서의 비용곡선들 사이의 관계가 두 그림에 나타나 있다. LMC는 앞의 LTC를 구간별로 미분한 것이다.

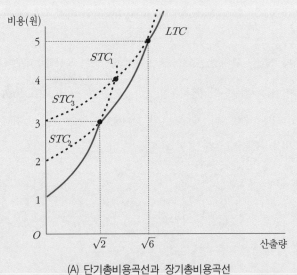

(A) 단기총비용곡선과 장기총비용곡선

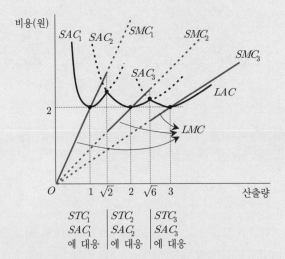

(B) 단기평균비용곡선, 장기평균비용곡선, 단기한계비용곡선, 장기한계비용곡선

10.6 규모에 대한 보수와 장기비용곡선

규모에 대한 보수를 논의할 때에는 모든 생산요소가 동시에 증가하는 경우를 가정한다. 그러므로 규모에 대한 보수는 장기의 관점에서 논의하게 된다. 한편 비용함수는 생산함수와 쌍대성을 지닌다. 이러한 측면에서 생산함수를 배울 때 다룬 규모에 대한 보수의 유형은 곧 비용함수의 형태와 관련을 가지게 된다.

10.6.1 규모에 대한 보수의 유형과 장기총비용곡선

이제 생산요소들의 가격이 일정하다는 전제하에, 규모에 대한 보수의 유형에 따라 장기비용함수의 형태가 어떻게 달라지는가를 살펴보기로 하자.

(1) 규모에 대한 보수가 불변인 경우에 대해서 살펴보기로 하자. 그에 앞서 편의상 단위비용의 개념에 대해 알아두자.

> 🌱 **단위비용**(unit cost)　생산물을 한 단위 생산할 때 드는 비용, 즉 $C(1)$

그렇다면 규모에 대한 보수가 불변일 경우 생산물을 Q단위만큼 생산하려면 비용이 얼마나 들 것인가? 규모에 대한 보수가 불변이므로 Q단위를 생산하려면 당연히 모든 생산요소를 Q배로 증가시켜야 한다. 한편 규모에 대한 보수를 말할 때에는 생산요소의 가격은 일정하다고 가정하고 있다. 이 점을 감안하면 이때 장기총비용은 $C(1) \times Q$만큼 든다. 즉

$$LTC(Q) = C(1)Q \tag{10.14}$$

이다. 이로부터 우리는 규모에 대한 보수가 불변일 경우 총비용은 산출량 Q에 대해 선형이 된다는 사실을 알 수 있다.

(2) 규모에 대해 보수가 증가하는 경우에 대해서 생각해 보기로 하자. 이때에는 모든 생산요소를 두 배로 증가시키면 산출량은 두 배 이상 증가한다. 그러므로 산출량을 정확히 두 배 증가시키려면 모든 생산요소를 두 배보다 적게 투입해야 한다. 이것이 의미하는 바는 다음과 같다. 즉 산출량을 두 배로 증가시키려 할 때 장기총비용은 두 배보다 적게 증가한다는 것이다. 그 결과 장기총비용이 산출량에 대해서 선형보다 작은 비율로 증가한다는 것이다.

그림 10-9 | 규모에 대한 보수와 각종 비용 곡선들의 모양

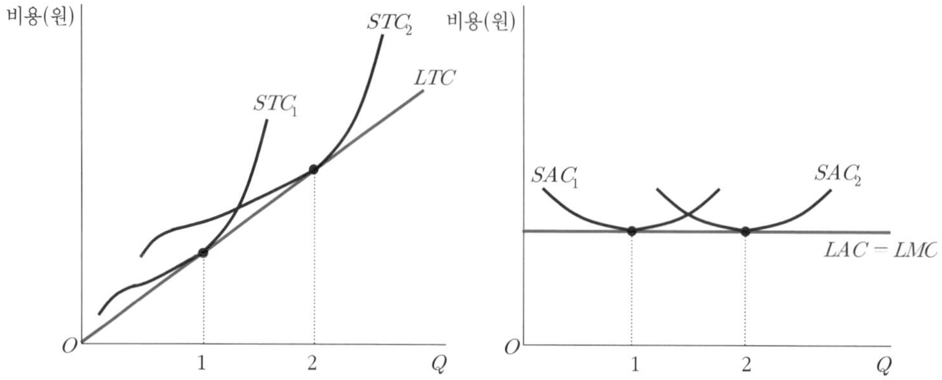

(A) 규모에 대한 보수 불변

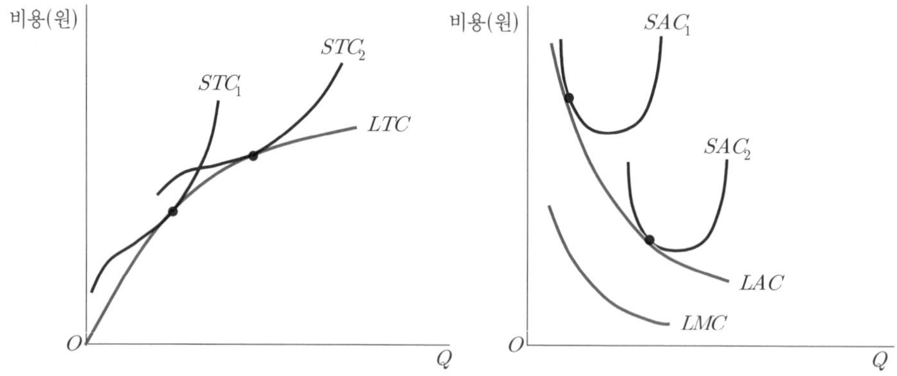

(B) 규모에 대한 보수 증가

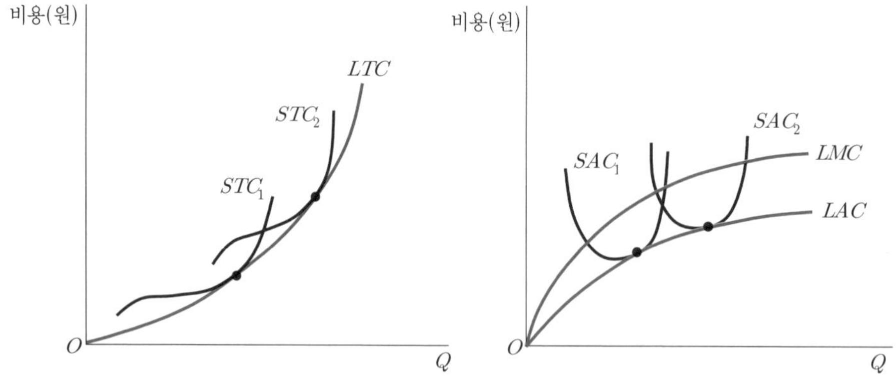

(C) 규모에 대한 보수 감소

규모에 대한 보수 불변일 경우 $LAC=LMC$가 성립하며 그 값은 일정하다. 규모에 대한 보수가 증가할 경우 $LAC(>LMC)$는 우하향하고, 규모에 대한 보수가 감소할 경우 $LAC(<LMC)$는 우상향한다.

(3) 같은 논리로 규모에 대한 보수가 감소하는 경우에는 장기총비용이 산출량에 대해 선형보다 큰 비율로 증가한다.

(4) [그림 10-9]에 그려진 장기총비용곡선들은 바로 이러한 내용들을 나타내고 있다.

예제 10.7 규모에 대한 보수 불변일 경우 장기총비용함수

어떤 기업이 3개의 기술을 가지고 있다고 하자. 기술 1은 노동 1단위와 자본 4단위를 사용하여 산출물을 하루에 1단위 생산한다. 기술 2는 노동 2단위와 자본 2단위를 사용하여 산출물을 하루에 1단위 생산한다. 기술 3은 노동 4단위와 자본 1단위를 사용하여 산출물을 하루에 1단위 생산한다. 이 기업의 장기총비용함수를 구하시오.

KEY 문제의 기술은 레온티프형태와 완전대체가 혼합되어 있는 생산함수로 표현된다. 그런데 일반적으로 생산함수가 선형일 경우 비용함수는 min 형태의 함수가 되고 생산함수가 min 형태의 함수일 경우 비용함수는 선형이 된다. 이것이 이 문제에서 비용함수에 최종적으로 어떻게 표현되는가 주목해 보자.

풀이 임금률을 w라고 하고 임대료율을 r이라고 하자. 그러면 장기총비용함수는

$$\text{Min}_{L,\,K}\ c_L = wL + rK$$
$$s.t.\ \ q = f(L,\,K)$$

를 풀어서 구할 수 있다. 그런데 이 경우는 미분을 통해서 비용함수를 구할 수 없다. 그러므로 직관적인 방법으로 장기총비용함수를 구해 보자.

기술 1은 노동 1단위와 자본 4단위를 사용하므로 그 기술은 $\min\left[L, \frac{K}{4}\right]$로 나타낼 수 있다. 같은 방법으로 기술 2는 $\min\left[\frac{L}{2}, \frac{K}{2}\right]$로 나타낼 수 있다. 끝으로 기술 3은 $\min\left[\frac{L}{4}, K\right]$로 나타낼 수 있다. 생산물은 이 중에서 어느 기술을 사용해서 생산해도 된다. 그러므로 생산함수는

$$Q = \min\left[L, \frac{K}{4}\right] + \min\left[\frac{L}{2}, \frac{K}{2}\right] + \min\left[\frac{L}{4}, K\right]$$

가 된다.

이때 기업은 비용이 가장 적게 드는 기술을 사용할 것이다. 어느 기술을 사용하든지 비용이 똑같이 들 경우에는 두 기술을 일부씩 함께 사용하더라도 한 가지 기술만을 사용하는 경우와 똑같은 비용이 든다. 이 점을 염두에 두고 생각하자. 한 단위를 생산하는 데에 기술 1을 사용할 경우 노동 1단위와 자본 4단위가 필요하므로 비용은 $w + 4r$이 든다. 같은 논리로 기술 2를 사용할 경우에는 $2w + 2r$이 든다. 기술 3을 사용할 경우에는 $4w + r$이 든다. 이 중에서 적은 비용이 드는 방법으로 생산할 것이다. 그러므로 한 단위를 생산할 때에는

$$C_L(1) = \min[(w+4r),\ (2w+2r),\ (4w+r)]$$

만큼의 비용이 든다. 그런데 주어진 기술은 규모에 대한 보수 불변이므로 q단위를 생산하려면

$$C_L(w,\ r,\ q) = q \min[(w+4r),\ (2w+2r),\ (4w+r)]$$

의 비용이 든다. 이것이 바로 장기총비용함수이다.

10.6.2 규모에 대한 보수의 유형과 장기평균비용곡선 및 장기한계비용곡선

이제 이처럼 장기총비용함수의 형태가 알려지면 이로부터 장기평균비용함수를 쉽게 구할 수 있다. 평균비용은 한 단위당 드는 비용을 의미한다. 그러므로 어떤 산출량을 생산하는 데 드는 총비용을 그 산출량으로 나누어 주면 바로 평균비용이 된다. 그리하여 기하학적으로 볼 때 임의의 산출량에서 평균비용은 총비용곡선상의 한 점과 원점을 잇는 직선의 기울기로 나타난다. 이와 같은 방법으로 구한 장기평균비용곡선이 [그림 10-9]에 나타나 있다.

이 그림은 다음의 내용을 말하고 있다.

(1) 규모에 대한 보수가 불변일 경우에는 장기평균비용은 산출량에 관계없이 단위비용과 같다. 즉 $LAC(Q) = \dfrac{LTC(Q)}{Q}$ 인데 여기에 식 (10.14)를 적용하면 $LAC(Q) = \dfrac{LTC(Q)}{Q}$ $= \dfrac{C(1)Q}{Q} = C(1)$이다. 이때 $LMC(Q) = \dfrac{dLTC(Q)}{dQ} = \dfrac{d[C(1)Q]}{dQ} = C(1)$이다. 직관적으로 볼 때 $CRTS$일 경우 LAC가 일정하므로 LMC는 LAC와 같아지는 것이다. 그 결과

$$LAC(Q) = LMC(Q) = C(1) \tag{10.15}$$

이 성립한다. 이 결과는 앞으로의 분석에서 중요하게 사용될 것이다.

(2) 규모에 대한 보수가 증가할 경우에는 장기총비용이 산출량에 대해서 선형보다 작은 비율로 증가하기 때문에 장기평균비용과 장기한계비용이 모두 계속 감소하며 장기한계비용이 장기평균비용보다 작다([부록 9.1] 참조). 산출량이 증가할 때 장기평균비용이 계속 감소하므로 **규모의 경제**가 존재한다.

(3) 규모에 대한 보수가 감소할 경우에는 장기총비용이 산출량에 대해 선형보다 큰 비율로 증가하기 때문에 장기평균비용과 장기한계비용이 모두 계속 증가하며 장기한계비용이 장기평균비용보다 크다([부록 9.1] 참조). 산출량이 증가할 때 장기평균비용이 계속 증가하므로 **규모의 불경제**가 존재한다.

규모에 대한 보수(L, K와 Q의 관계)와 규모의 경제(Q와 LAC의 관계)의 쌍대성(부록 10.4 참조)

(1) $IRTS$ ⇔ 규모의 경제

(2) $DRTS$ ⇔ 규모의 불경제

부록 10.4 규모의 탄력성, 장기총비용의 산출탄력성/규모에 대한 보수, 규모의 경제의 관계: 쌍대성

[부록 9.4] (1)과 10.5.5 Box글 내용을 결합하면 다음 결과를 얻는다. 특히 식 (10.8)에서 $MP_L = w/LMC$, $MP_K = r/LMC$인데 이를 $\epsilon_s = (MP_L L + MP_K K)/Q$(부록 9.4 참조)에 대입하면 $\epsilon_s = (MP_L L + MP_K K)/Q = [(wL + rK)/LMC] \div Q = [LTC/Q] \div LMC = LAC/LMC = 1/\epsilon_c$이 된다. 이때 ϵ_s는 규모의 탄력성, ϵ_c는 장기총비용의 산출탄력성(10.5.5 참조)인데 아래 ϵ_s와 ϵ_c의 값들은 L, K, Q의 전체 범위에 대해 성립하는 값이라고 하자.

(1) $\epsilon_s = 1$ ⇔ $CRTS$, $\epsilon_c = 1$ ⇔ LAC곡선 수평, $\epsilon_s = \dfrac{1}{\epsilon_c} = 1$이므로 $CRTS$ ⇔ LAC곡선 수평

(2) $\epsilon_s > 1$ ⇔ $IRTS$, $\epsilon_c < 1$ ⇔ 규모의 경제, $\epsilon_s = \dfrac{1}{\epsilon_c} > 1$이므로 $IRTS$ ⇔ 규모의 경제

(3) $\epsilon_s < 1$ ⇔ $DRTS$, $\epsilon_c > 1$ ⇔ 규모의 불경제, $\epsilon_s = \dfrac{1}{\epsilon_c} < 1$이므로 $DRTS$ ⇔ 규모의 불경제

이때 'w와 r 일정'이 필수이다. ϵ_s와 ϵ_c의 관계는 생산함수와 비용함수의 쌍대성을 보여준다.

(4) [그림 10-9]에 그려진 LAC와 LMC 곡선들은 바로 이러한 내용들을 나타내고 있다. 이때 [그림 C]에는 LAC와 LMC가 모두 (가로축에서 위로 볼 때) 오목하게 그려졌으나 볼록할 수도 있고 직선일 수도 있다.

예제 10.8 장기총비용함수, 장기평균비용함수, 장기한계비용함수: $DRTS$, $IRTS$, $CRTS$ 의 경우

어떤 상품의 생산함수가 $Q = L^{\frac{1}{3}} K^{\frac{1}{3}}$이라고 하자.

a. 규모에 대한 보수의 특성에 대해 말하시오.

b. 조건부 장기생산요소수요함수를 구하시오.

c. 장기총비용함수, 장기평균비용함수, 장기한계비용함수를 각각 구하시오.

d. 조건부 단기생산요소수요함수를 구하시오.

e. 단기총비용함수를 구하시오. 이 결과를 이용하여 장기총비용함수를 구하시오.

f. 생산함수에서 지수가 각각 (1, 1)로 바뀔 경우 위 문항 a, c의 결과는 어떻게 되는가?

g. 생산함수에서 지수가 각각 $(\dfrac{1}{2}, \dfrac{1}{2})$로 바뀔 경우 위 문항 a, c의 결과는 어떻게 되는가?

h. 위의 결과들을 그림으로 나타내시오.

KEY 비용함수는 비용극소화문제를 풀어서 얻을 수 있다.

풀이 a. $Q(L, K) = L^{\frac{1}{3}} K^{\frac{1}{3}}$이다. 이때 $\lambda > 1$일 경우

$$Q(\lambda L, \lambda K) = (\lambda L)^{\frac{1}{3}} (\lambda K)^{\frac{1}{3}} = (\lambda)^{\frac{2}{3}} L^{\frac{1}{3}} K^{\frac{1}{3}} < \lambda Q$$

이므로 주어진 생산함수는 규모에 대한 보수 감소이다.

b. 장기총비용함수를 구하려면

$$\underset{L, K}{Min} \quad c_L = wL + rK$$
$$s.t. \quad f(L, K) = Q$$

의 비용극소화 문제를 풀어야 한다. 이 문제는 직접 장기비용극소화조건인 $MRTS_{LK} = \dfrac{w}{r}$를 이용해서 풀어도 된다. 여기서는 그 조건을 수식으로 도출하는 과정까지 보여주기 위해 라그랑지함수를 이용하여 풀기로 하자. 이 문제에 대한 라그랑지함수는

$$Z = wL + rK + \lambda \left(Q - L^{\frac{1}{3}} K^{\frac{1}{3}}\right)$$

이 된다. 극소화의 일차필요조건은

$$\frac{\partial Z}{\partial L} = w - \left(\frac{1}{3}\right)\lambda L^{-\frac{2}{3}} K^{\frac{1}{3}} = 0 \qquad (1)$$

$$\frac{\partial Z}{\partial K} = r - \left(\frac{1}{3}\right)\lambda L^{\frac{1}{3}} K^{-\frac{2}{3}} = 0 \qquad (2)$$

$$\frac{\partial Z}{\partial \lambda} = Q - L^{\frac{1}{3}} K^{\frac{1}{3}} = 0 \qquad (3)$$

이 된다. (1)과 (2)를 정리한 다음 대응되는 변끼리 나누어 주면 $\dfrac{w}{r} = \dfrac{K}{L}$ (4)를 얻는다. (4)의 우변은 $\dfrac{MP_L}{MP_K}$이다. 따라서 (4)는 장기비용극소화조건인 $\dfrac{w}{r} = MRTS_{LK}$이다. 이로부터 $K = \dfrac{w}{r} L$ (5)가 된다. (5)를 (3)에 대입한 다음 정리하면 $Q = L^{\frac{1}{3}} \left(\dfrac{w}{r} L\right)^{\frac{1}{3}} = \left(\dfrac{w}{r}\right)^{\frac{1}{3}} L^{\frac{2}{3}}$이 된다. 이로부터 $L = \left(\dfrac{w}{r}\right)^{-\frac{1}{2}} Q^{\frac{3}{2}}$ (6)을 얻는다. 이것이 조건부 장기노동수요이다. (6)을 (5)에 대입하면 $K = \left(\dfrac{w}{r}\right)\left(\dfrac{w}{r}\right)^{-\frac{1}{2}} Q^{\frac{3}{2}} = \left(\dfrac{w}{r}\right)^{\frac{1}{2}} Q^{\frac{3}{2}}$ (7)을 얻는다. 이것이 조건부 장기자본수요이다.

c. (i) (6)과 (7)을 목적함수에 대입하면

$$c_L = wL^* + rK^* = w\left[\left(\frac{w}{r}\right)^{-\frac{1}{2}} Q^{\frac{3}{2}}\right] + r\left[\left(\frac{w}{r}\right)^{\frac{1}{2}} Q^{\frac{3}{2}}\right] = 2w^{\frac{1}{2}} r^{\frac{1}{2}} Q^{\frac{3}{2}} = C_L(w, r, Q)$$

을 얻는다. 함수 C_L이 바로 장기총비용함수이다. 이로부터 장기총비용함수는 w, r, Q의 함수임을 알 수 있다.

(ii) 장기평균비용함수는 $LAC = \dfrac{C_L}{Q} = \dfrac{2w^{\frac{1}{2}}r^{\frac{1}{2}}Q^{\frac{3}{2}}}{Q} = 2w^{\frac{1}{2}}r^{\frac{1}{2}}Q^{\frac{1}{2}}$ 이다.

(iii) 장기한계비용함수는 $LMC = \dfrac{dC_L}{dQ} = \dfrac{d(2w^{\frac{1}{2}}r^{\frac{1}{2}}Q^{\frac{3}{2}})}{dQ} = 3w^{\frac{1}{2}}r^{\frac{1}{2}}Q^{\frac{1}{2}}$ 이다.

이때 $LAC \leq LMC$ 이다.

d. $K = \overline{K}$ 일 경우 조건부 단기생산요소수요함수는 생산함수에 이것을 대입한 후 정리함으로써 $L = \dfrac{Q^3}{K}$ (8)로 구해진다.

e. (i) 단기총비용함수를 구하는 것은

$$\begin{array}{l} \underset{L}{Min} \ c_S = wL + r\overline{K} \\[1mm] s.t. \quad L^{\frac{1}{3}}\overline{K}^{\frac{1}{3}} = Q \end{array}$$

와 같은 극소화 문제를 푸는 것이다.

단기총비용함수는 앞서 구한 조건부 단기생산요소수요함수 (8)을 적용하여

$$c_S = wL + r\overline{K} = w\frac{Q^3}{K} + r\overline{K} = C_S(w, r, \overline{K}, Q)$$

로 구해진다. 이때 함수 C_S 가 단기총비용함수이다.

(ii) 장기총비용은 $\overline{K}$ 를 최적으로 선택했을 때의 단기총비용과 같다. 그러므로 단기총비용 $C_S = w\dfrac{Q^3}{K} + r\overline{K}$ 를 극소로 만드는 $\overline{K}$ 를 찾아보자. 극소화의 1차필요조건은 $\dfrac{dC_s}{d\overline{K}} = w\left(-\dfrac{Q^3}{K^2}\right) + r = 0$ 이다. 이것을 풀면 $\overline{K}^* = \sqrt{\dfrac{wQ^3}{r}}$ (9)를 얻는다. 이것을 문항 d. 풀이의 결과에 적용하면 $L^* = \dfrac{Q^3}{\overline{K}^*} = Q^3\sqrt{\dfrac{r}{wQ^3}}$ (10)을 얻는다. 끝으로 (9)와 (10)을 $c_L = wL^* + r\overline{K}^*$ 에 대입하면

$$c_L = wL^* + r\overline{K}^* = w\left(Q^3\sqrt{\frac{r}{wQ^3}}\right) + r\sqrt{\frac{wQ^3}{r}} = \sqrt{w}\,\sqrt{r}\,\sqrt{Q^3} + \sqrt{w}\,\sqrt{r}\,\sqrt{Q^3}$$

$$= 2w^{\frac{1}{2}}r^{\frac{1}{2}}Q^{\frac{3}{2}} = C_L(w, r, Q)$$

가 된다. 이 결과는 물론 앞서 구한 장기총비용함수와 같다.

한편 단기총비용함수와 장기총비용함수의 관계는 그림과 같다.

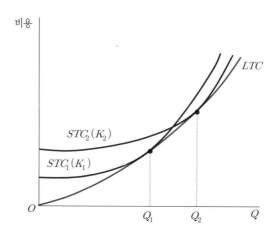

f. $Q(L, K) = LK$이다. 이때 $\lambda > 1$일 경우 $Q(\lambda L, \lambda K) = (\lambda L)(\lambda K) = (\lambda)^2 LK > \lambda Q$ 이므로 주어진 생산함수는 규모에 대한 보수 증가이다.

(i) 문항 b, c와 같은 방법을 통해 장기총비용함수는 $LTC = 2w^{\frac{1}{2}} r^{\frac{1}{2}} Q^{\frac{1}{2}}$로 구해진다. 이로부터 (ii) $LAC = 2w^{\frac{1}{2}} r^{\frac{1}{2}} Q^{-\frac{1}{2}}$, (iii) $LMC = w^{\frac{1}{2}} r^{\frac{1}{2}} Q^{-\frac{1}{2}}$을 얻는다. 이때 $LAC > LMC$ 이다.

g. $Q(L, K) = L^{\frac{1}{2}} K^{\frac{1}{2}}$이다. 이때 $\lambda > 0$일 경우 $Q(\lambda L, \lambda K) = (\lambda L)^{\frac{1}{2}} (\lambda K)^{\frac{1}{2}} = (\lambda) L^{\frac{1}{2}} K^{\frac{1}{2}} = \lambda Q$ 이므로 주어진 생산함수는 규모에 대한 보수 불변이다.

(i) 문항 b, c와 같은 방법을 통해 장기총비용함수는 $LTC = 2w^{\frac{1}{2}} r^{\frac{1}{2}} Q$로 구해진다. 이로부터 (ii) $LAC = 2w^{\frac{1}{2}} r^{\frac{1}{2}}$, (iii) $LMC = 2w^{\frac{1}{2}} r^{\frac{1}{2}}$을 얻는다. 이때 $LAC = LMC$이다.

h. 각 경우에 대해 장기총비용함수, 장기한계비용함수, 장기평균비용함수들의 관계를 그림으로 나타내면 다음과 같다.

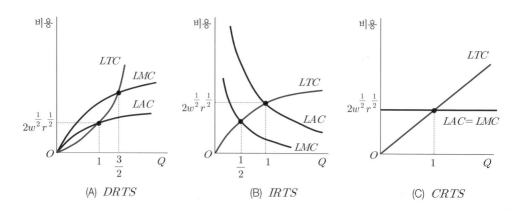

(참고) $Q = L^{\frac{1}{4}} K^{\frac{1}{4}}$ 일 경우

이때 $\lambda > 1$일 경우 $Q(\lambda L, \lambda K) = (\lambda L)^{\frac{1}{4}} (\lambda K)^{\frac{1}{4}} = (\lambda)^{\frac{1}{2}} L^{\frac{1}{4}} K^{\frac{1}{4}} < \lambda Q$ 이므로 주어진 생산함수는 규모에 대한 보수 감소이다.

(i) 문항 b, c와 같은 방법을 통해 장기총비용함수는 $LTC = 2w^{\frac{1}{2}} r^{\frac{1}{2}} Q^2$으로 구해진다. 이로부터 (ii) $LAC = 2w^{\frac{1}{2}} r^{\frac{1}{2}} Q$, (iii) $LMC = 4w^{\frac{1}{2}} r^{\frac{1}{2}} Q$를 얻는다. 그러므로 이 경우 $DRTS$이지만 [그림 (A)]와는 달리 LMC와 LAC가 모두 원점에서 출발하는 직선이 된다.

예제 10.9   레온티에프 생산함수의 장기비용함수

어떤 기업의 생산함수가 $Q = \min[10L, 40K]$라고 한다. 그리고 임금률은 2이고 자본의 임대료율은 4라고 한다. 이때 장기총비용함수를 구하시오. 장기평균비용함수를 구하시오. 장기한계비용함수를 구하시오.

KEY   레온티에프 생산함수에서는 자원을 낭비하지 않는 방법으로 생산요소를 투입할 것이라는 점이 중요하다.

풀이   장기총비용함수를 구한다는 것은

$$\underset{L,\,K}{\text{Min}} \; c_L = wL + rK = 2L + 4K$$
$$s.t. \quad Q = \min[10L, 40K]$$

를 푸는 것이다. 그런데 등량곡선이 L자형이므로 미분으로 해결할 수 없다. 한편 비용함수는 주어진 산출량을 생산하는 데 드는 최소 비용과 그 산출량 사이의 관계를 말한다. 이 점에 주목하면 생산자는 자원을 낭비하지 않을 것이다. 생산함수의 특성상 투입량이 적은 생산요소가 산출량을 좌우한다. 그러므로 자원을 낭비하지 않는 방법은 $10L = 40K$가 성립하도록 자원을 사용하는 것이다. 즉 두 생산요소를 항상 일정한 비율로 함께 사용해야 한다.

이러한 사항을 염두에 두고 산출량을 한 단위 얻으려면 노동을 $\frac{1}{10}$단위 투입해야 한다. 그러므로 산출량을 Q단위 얻으려면 노동을 $\frac{1}{10}Q$단위 투입해야 한다. 즉 $L = \frac{1}{10}Q$가 성립한다. 같은 논리로 $K = \frac{1}{40}Q$가 성립한다. 이것들이 각각 L과 K의 조건부 장기생산요소수요함수이다. 레온티에프 생산함수일 경우 생산요소의 가격과 관계없이 생산요소가 일정한 비율로 투입되기 때문에 이처럼 조건부 생산요소수요함수가 생산요소의 가격과는 관계없이 정해진다. 이러한 상태에서 생산요소의 가격이 각각 2, 4일 경우 장기총비용함수는

$$C_L = 2L + 4K = 2\frac{1}{10}Q + 4\frac{1}{40}Q = \frac{3}{10}Q$$

로 구해진다.

이 경우 $LAC = LMC = \frac{3}{10}$이 성립한다. 한편 주어진 생산함수는 규모에 대한 보수 불변이다. 이처럼 규모에 대한 보수가 불변일 경우 장기평균비용과 장기한계비용이 같아진다.

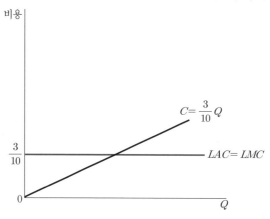

10.7 비용곡선의 이동

비용곡선을 이동시키는 요인은 비용함수를 살펴보면 알 수 있다. 앞에서 단기총비용함수는

$$C = C_S(w, \ r, \ \overline{K}, \ Q) \tag{10.16}$$

로 쓸 수 있고, 장기총비용함수는

$$C = C_L(w, \ r, \ Q) \tag{10.17}$$

로 쓸 수 있다는 것을 알았다. 이때 산출량 Q가 변화할 경우 그것은 주어진 비용곡선을 따라 움직이는 것(movement along the fixed cost curve)으로 나타난다. 그러나 Q 이외의 다른 요인이 변화하면 비용곡선 자체가 이동(shift of the cost curve)한다.[14] 예를 들어 단

---

14 '곡선상의 움직임'과 '곡선 자체의 이동'에 적용되는 일반적인 원리가 여기에서도 적용되고 있는 것이다.

기의 경우에는 생산요소들의 가격의 변화가 단기총비용곡선, 단기평균비용곡선, 단기 한계비용곡선 등 여러 가지 비용곡선들을 이동시킨다. 물론 고정생산요소의 가격변화 는 단기한계비용에는 영향을 주지 않는다. 한편 장기의 경우에는, 각 생산요소들의 가격의 변화나 비용함수 자체의 변화가 각종 비용곡선들을 이동시킨다. 특히 생산함수와 비용함수의 쌍대성에 비추어 볼 때 비용함수가 변한다는 것은 생산함수가 변한다는 것을 의미한다. 또한 생산함수가 변한다는 것은 기술진보가 이루어진다는 것을 의미한다.

생산요소의 가격이 변화하여 비용곡선이 이동하는 현상은 단기와 장기를 불문하고 나타날 수 있지만, 생산함수가 변화하여, 즉 기술이 진보하여 비용곡선이 이동하는 현상은 주로 장기에 나타난다는 점에 주목하자.

10.7.1 장기의 경우

이제 단기에 비해 상대적으로 더 복잡한 장기의 변화에 대해 세부적으로 살펴보자. 이를 위해서는 우선 장기총비용곡선을 도출할 때 확장경로를 이용한 사실에 착안해야 한다. 알다시피 확장경로는 산출량이 증가함에 따라 등량곡선과 등비용선이 접하는 점을 연결한 곡선이다. 이 점을 감안할 때, 등량곡선이나 등비용선에 영향을 주는 요소들은 모두 장기총비용곡선에 영향을 줄 것이다. 이것이 바로 확장경로를 이용한 사실에 착안해야 하는 이유이다.

두 생산요소가 각각 노동과 자본인 경우에 대해서 생각해 보기로 하자.

(1) 생산요소가격의 변화

생산요소의 가격이 변화할 때 그에 따라 비용곡선이 이동하는 경우를 생각해 볼 수 있다. 생산요소의 가격이 변화하면 등비용선이 변화하고 이것이 다시 장기총비용곡선에 영향을 주게 된다. 10.4.1에서 보았듯이 예를 들어 임금률이 하락하면 등비용선의 기울기가 완만해진다. 그 결과 상대적으로 싸진 노동을 이전보다 더 많이 사용하여 생산한다. 즉 요소대체효과가 발생하며 그로 인해 총비용이 줄어든다. 이때 장기총비용곡선, 장기평균비용곡선, 그리고 장기한계비용곡선이 모두 아래로 이동한다(직관적으로 설명하기는 어렵지만 열등투입물일 경우 장기한계비용곡선은 오히려 위로 이동하는 것으로 알려져 있다). 이때 얼마나 이동하는가는 투입된 생산요소 중에서 노동이 차지하는 비중이 얼마나 되며 또한 생산요소 사이에 대체가 얼마나 쉬운가에 따라 달라진다. 예컨대 노동의 비중이 작거나 생산요소를 서로 대체하기가 어려울 경우에는 장기총비용곡선도 많이 이동하지 않는다.

(2) 기술진보

등량곡선이 변화하면서 비용곡선이 이동하는 경우를 생각할 수 있다.

이것은 장기에 기술진보로 인해 생산함수 자체가 변하는 경우에 나타나는 현상이다. 알다시피 기술진보는 생산요소를 똑같이 투입해서 이전보다 더 많은 산출량을 얻는 상황을 말한다. 그런데 이것은 또한 생산요소를 더 적게 투입해서 이전과 같은 산출량을 얻는 상황을 의미하기도 한다. 후자의 경우로 해석할 경우 기술진보는, 이미 9장에서도 살펴보았지만, 등량곡선이 안쪽으로 이동하는 것으로 표현된다. 이것이 [그림 10-10]에 나타나 있다.

한편 기술진보는 각 생산요소의 한계생산물에 미치는 영향에 따라 다음과 같이 세 가지 유형으로 구분된다.

(1) **중립적 기술진보**(neutral technical progress): 자본과 노동의 한계생산물이 같은 비율로 증가하는 경우
(2) **노동절약적 기술진보**(labor saving technical progress): 자본의 한계생산물이 노동의 한계생산물보다 더 많이 증가하는 경우
(3) **자본절약적 기술진보**(capital saving technical progress): 노동의 한계생산물이 자본의 한계생산물보다 더 많이 증가하는 경우

그림 10-10 기술진보의 유형

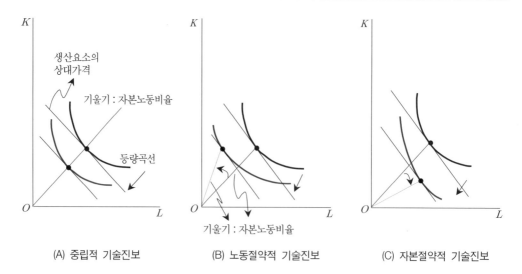

(A) 중립적 기술진보   (B) 노동절약적 기술진보   (C) 자본절약적 기술진보

기술진보가 이루어지면 등량곡선이 안쪽으로 이동한다. 이때 자본노동비율$\left(\dfrac{K}{L}\right)$이 변하지 않으면 중립적 기술진보, 커지면 노동절약적 기술진보, 작아지면 자본절약적 기술진보라고 한다.

이처럼 부르는 이유는 [그림 10-10]을 보면 쉽게 이해할 수 있다. 생산요소의 상대가격이 변화하지 않는 상황을 생각해 보자. (1) 이러한 상황에서 기술이 진보한 이후 자본과 노동의 한계생산물이 같은 비율로 증가하는 경우를 생각해 보자. 이 경우에는 자본과 노동의 투입량을 똑같은 비율로 줄이기 때문에 **자본노동비율**(K/L: 요소집약도)은 변화하지 않는다. 이것이 바로 중립적이라는 이름이 붙여진 이유이다. 이러한 경우가 [그림 10-10(A)]에 그려져 있다. (2) 자본의 한계생산물이 더 많이 증가하는 경우에는 [그림 10-10(B)]와 같이 이전보다 노동을 덜 사용하게 되므로 노동절약적이라고 부른다. (3) 이와 반대인 [그림 10-10(C)]와 같은 경우를 자본절약적이라고 부른다.

그러나 어떤 유형의 기술진보가 일어나든 등량곡선이 아래로 이동한다. 이때 확장경로를 그린 다음 장기총비용곡선을 구해 보면 장기총비용곡선이 아래로 이동하는 것을 알 수 있다. 그런데 이것은 사실상 당연한 것이다. 더 적은 생산요소를 투입하여 똑같은 산출량을 얻는다는 것은 바로 비용이 줄어든다는 것을 의미하기 때문이다.

10.8 다공장 기업의 비용함수

여러 개의 공장을 지닌 다공장 기업이 주어진 산출량을 생산하려 할 때의 관심은 어떻게 하면 최소비용으로 생산할 것인가, 즉 비용극소화이다. 그런데 총비용함수는 주어진 산출량을 최소비용으로 생산하려 할 때 산출량과 비용의 관계를 보여준다. 따라서 다공장 기업의 비용함수를 알아보는 것은 자연스럽다. [예제 10.10]을 참조해 가며 살펴보자.

10.8.1 비용극소화조건

비용극소화를 위해 다수의 공장을 지닌 기업이 주목해야 할 것은 각 공장의 총비용함수가 아니라 각 공장의 한계비용함수이다. 직관적으로 볼 때 임의의 산출량에서 추가로 1단위를 더 생산하려 할 때 총비용이 적게 드는 방법은 그 추가 1단위를 한계비용이 적게 드는 공장에서 생산하는 것이다. 그리하여 마침내 각 공장에서의 한계비용이 같아진 상태에서 총비용이 극소화된다. 예를 들어 다공장 기업이 지닌 각 공장의 총비용함수가 각각 $C_1 = C_1(q_1)$, $C_2 = C_2(q_2)$인 경우 주어진 산출량 q를 생산하려 할 때

비용극소화조건(수식 도출은 [예제 10.10] 참조)

1. $q_1 + q_2 = q$ (10.18)

2. $q_1 > 0$, $q_2 > 0$일 경우 $MC_1(q_1) = MC_2(q_2)$ (10.19)

이다. 이 조건에 대해 살펴보자.

(1) $MC_1(q_1) = MC_2(q_2)$가 만족되지 않을 경우에는 한계비용이 높은 곳에서 산출량을 줄이고 그만큼 한계비용이 낮은 곳에서 산출량을 늘리면 같은 수량을 생산하더라도 총비용이 감소한다. 예를 들어 $MC_1(q_1) > MC_2(q_2)$일 경우 공장 1에서 산출량을 1단위 줄이고 그 대신 공장 2에서 산출량을 1단위 늘리면 산출량은 변하지 않지만 공장 1에서 비용이 $MC_1(q_1)$만큼 감소하고 공장 2에서 비용이 $MC_2(q_2)$만큼 증가한다. 그런데 $MC_1(q_1)$가 $MC_2(q_2)$보다 $MC_1(q_1) - MC_2(q_2)$만큼 크기 때문에 총비용이 바로 그만큼 감소한다.

예컨대 [예제 10.10]처럼 두 공장 A와 B의 비용함수가 각각 $C_a(q_a) = q_a^2$, $C_b(q_b) = 2q_b^2$이고 따라서 $MC_a = 2q_a$, $MC_b = 4q_b$라고 하자. 이때 [그림 2]와 달리 공장 A가 11단위를 생산하고 공장 B가 4단위를 생산한다고 하자. 그러면 $MC_a(q_a) > MC_b(q_b)$가 된다. 이 경우 A가 1단위 줄이고 그 대신 B가 1단위 늘리면 기업의 총산출량은 변하지 않지만 비용은 A에서 $MC_a = 2q_a = 2 \times 11 = 22$가 감소하고 B에서 $MC_b = 4q_b = 4 \times 4 = 16$이 증가하여 기업의 총비용이 6 감소한다. 한편 각 공장의 비용함수를 사용해서 구하면 A에서 $C_a(11)$에서 $C_a(10)$으로 21이 감소하고, B에서 $C_b(4)$에서 $C_b(5)$로 18이 증가하여 기업의 총비용이 3 감소하는 것으로 나타난다. 오차는 1단위로 설정하고 있는 1이 미분에 비해 큰 숫자임에 기인한다.

(2) 한편 이처럼 한계비용이 높은 곳에서 산출량을 줄여나갈 경우 그 곳에서 한계비용이 점점 낮아지고 한계비용이 낮은 곳에서 산출량을 늘려나갈 경우 그 곳에서 한계비용이 점점 높아져서 마침내 두 곳의 한계비용이 같아지는 상태에 도달할 것이다. 그러면 그 상태에서는 주어진 산출량을 생산하면서 비용을 줄일 수 있는 방법이 더 이상 존재하지 않는다. 즉 한계비용이 같아진 상태에서는 총비용이 극소화되는 것이다.

(3) [예제 10.10]에서 보듯이 모퉁이해일 경우에는 $MC_1(q_1) = MC_2(q_2)$이 성립하지 않는다.

10.8.2 다공장 기업의 한계비용곡선과 한계비용함수

한편 $MC_1(q_1) = MC_2(q_2)$는 비용극소화를 위해서는 어느 공장에서 추가로 (아주 작은) 1단위를 더 생산하든 추가로 드는 비용은 같아야 한다는 것을 의미한다. 이것은 또한 이 한계비용이 '기업 전체' 측면에서 볼 때 $q_1 + q_2 (= q)$에서 공급량을 추가로 (아주 작은) 1단위 더 증가시키려 할 때 추가로 드는 비용인 $MC(q)$와 같다는 것을 의미한다. 따라서

$$MC_1(q_1) = MC_2(q_2) = MC(q_1 + q_2), \ q = q_1 + q_2 \tag{10.20}$$

가 성립한다.

부록 10.5 포락선정리 적용

> 라그랑지함수는 $\underset{q_1, q_2, \lambda}{Min} \quad L = C_1(q_1) + C_2(q_2) + \lambda(q - q_1 - q_2)$ 이다. 이때 $C(q) = C_1(q_1) + C_2(q_2)$ 이다. 포
>
> 락선정리(권말 부록 I.4.2)에 의해 $\dfrac{dC(q)}{dq} = \dfrac{\partial L}{\partial q} = \lambda$ 이다. 즉 λ는 $MC(q)$이다. 그런데 라그랑지함수의
>
> 극소화일차필요조건에서 $\dfrac{\partial C_1(q_1)}{\partial q_1} = \dfrac{\partial C_2(q_2)}{\partial q_2} = \lambda$를 얻는다. 즉 $\lambda = MC_1(q_1) = MC_2(q_2)$이다. 이 결과
>
> 들을 종합하면 $MC(q) = MC_1(q_1) = MC_2(q_2)$가 된다. 즉 식(10.20)이 된다.

(1) [예제 10.10]과 같은 극소화문제를 구성한 후 **포락선정리**(envelope theorem, 권말 부록 I.4.2 참조)를 적용하면 식 (10.20)을 엄밀하게 도출할 수 있다.

(2) 이때 다공장 기업의 한계비용곡선은 각 공장의 한계비용곡선을 수평으로 합하여 구한다. 한계비용곡선을 수평으로 합하는 방법은 8.1.1에서 시장수요곡선을 구할 때의 방법과 같다.

(3) 한편 다공장 기업의 한계비용함수는 다음 소절에서 구하는 다공장 기업의 총비용함수를 미분하여 얻을 수도 있지만 각 공장의 한계비용함수의 수평합으로부터 얻을 수도 있다. 수평합을 구하는 구체적인 방법은 [부록 11.3]에서 다룬다.

10.8.3 다공장 기업의 총비용함수

다공장 기업의 총비용함수는 이처럼 각 공장의 한계비용이 같아지도록, 즉 비용극소화 조건이 만족되도록 주어진 목표산출량을 배분한 다음 그때 드는 각 공장의 총비용함수를 합하여 구한다. 즉

> **다공장 기업의 총비용함수**
> $$C(q) = C_1(q_1) + C_2(q_2), \quad 단, \quad MC_1(q_1) = MC_2(q_2), \quad q = q_1 + q_2 \qquad (10.21)$$

가 된다([예제 10.10] 참조). 이때 예제에서 보듯 공장 B의 총비용이 공장 A의 2배이지만 두 공장을 함께 가동함에 주목하자. 또한 가동하지 않는 공장도 존재할 수 있음에 주목하자.

📑 **예제 10.10** **다공장 기업의 총비용함수**

어떤 기업에게 3개의 공장이 있다고 하자. 공장 A와 B의 비용함수는 각각 $C_a(q_a) = q_a^2$, $C_b(q_b) = 2q_b^2$ 이고 공장 C의 비용함수는 $C_c(q_c) = 20q_c$ 이다.

a. 이 기업의 총비용함수를 구하시오.

b. 이 기업의 한계비용함수를 구하시오.

c. 이 기업이 40단위를 생산하려고 한다. 총비용을 극소화하려면 각 공장이 얼마나 생산해야 하겠는가?

KEY 다수의 공장이 있을 경우 총비용을 극소화하려면 각 공장에서의 한계비용이 같아져야 한다. 그런데 산출량이 적을 경우에는 가동하지 않는 공장이 있을 수 있다.

풀이 a. (i) 3개의 공장을 모두 가동하는 경우

총비용함수는 주어진 산출량을 최소의 비용으로 생산하려 할 때 산출량과 그때 드는 비용 사이의 관계를 말한다. 3개의 공장이 주어진 상태에서 산출량 q 를 최소의 비용으로 생산하려 할 때 드는 총비용은

$$\underset{q_a,q_b,q_c}{Min} \ C(q) = C_a(q_a) + C_b(q_b) + C_c(q_c) = q_a^2 + 2q_b^2 + 20q_c \qquad (1)$$
$$s.t. \quad q_a + q_b + q_c = q$$

와 같은 극소화문제를 풀어서 구할 수 있다. 이에 대한 라그랑지함수는

$$\underset{q_a,q_b,q_c,\lambda}{Min} \quad L = q_a^2 + 2q_b^2 + 20q_c + \lambda(q - q_a - q_b - q_c)$$

이다. 극소화의 일차필요조건은

$$\frac{\partial L}{\partial q_a} = 2q_a - \lambda = 0 \ (2), \quad \frac{\partial L}{\partial q_b} = 4q_b - \lambda = 0 \ (3), \quad \frac{\partial L}{\partial q_c} = 20 - \lambda = 0 \ (4),$$

$$\frac{\partial L}{\partial \lambda} = q - q_a - q_b - q_c = 0 \ (5)$$

이다. (2)−(4)를 정리하면 $2q_a = 4q_b = 20$ (6)이다. 이것은 바로 $MC_a = MC_b = MC_c$ (7)임을 말한다. 즉 총비용을 극소화하려면 각 공장에서의 한계비용이 같아지도록 산출량을 배분해야 한다는 것을 의미한다. (6)으로부터 $q_a = 10$, $q_b = 5$ (8)을 얻는다. 이것을 (5)에 대입하면 $q_c = q - 15$ (9)를 얻는다.

이 결과를 직관적으로 검토해 보자. 총비용을 극소화하려면 한계비용이 낮은 공장에서 생산해야 한다. 그런데 공장 C의 한계비용은 20으로서 일정하다. 그러므로 한계비용이 20이 될 때까지는 공장 A와 공장 B만 가동한다. 그러다가 공장 A와 B의 한계비

용이 20에 도달하면 나머지 산출량은 모두 한계비용이 일정한 공장 C에서 생산한다 (그림 2 참조).

그러므로 이 기업의 총비용함수는 (8)과 (9)를 적용하여

$$C(q) = C_a(q_a) + C_b(q_b) + C_c(q_c) = q_a^2 + 2q_b^2 + 20q_c = 10^2 + 2 \times 5^2 + 20(q-15)$$
$$= 20q - 150$$

이 된다. 그런데 이것은 (9)에서 $q_c = q - 15 \geq 0$일 경우이다. 즉 $q \geq 15$일 경우이다.

(ii) 일부 공장만 가동하는 경우

주목할 것이 있다. 산출량은 음이 될 수 없다는 것이다. 이러한 조건을 충족시키면서 이 문제를 풀려면 경제수학이나 또는 대학원 과정에서 다루는 쿤―터커조건을 이용하여 풀어야 한다. 여기서는 직관을 이용하여 풀어보자. 총비용을 극소화하려면 한계비용이 적게 드는 공장에서 생산해야 한다. 그런데 공장 C의 경우 한계비용이 20으로서 항상 일정하다. 이 때문에 산출량을 공장 A와 B에 적절히 배분할 경우 각 공장의 한계비용이 20보다 작아질 정도로 주어진 목표산출량이 적을 때에는 공장 C는 가동하지 않고 공장 A와 B만을 가동할 것이다. 즉 공장 C의 한계비용은 항상 20이기 때문에 공장 A와 B에서의 한계비용이 각각 20에 이르기 전까지는 공장 C를 가동하지 않는다는 것이다.

구체적으로 볼 때 $q < 15$일 경우 $q_c < 0$이 되는데 이것은 공장 C는 가동하지 않는다는 것을 의미한다. 이 경우 (1)에서 q_c는 0이 된다. 또한 (2)―(5)는

$$\frac{\partial L}{\partial q_a} = 2q_a - \lambda = 0 \ (10), \quad \frac{\partial L}{\partial q_b} = 4q_b - \lambda = 0 \ (11), \quad \frac{\partial L}{\partial \lambda} = q - q_a - q_b = 0 \ (12)$$

로 바뀐다. (10)―(11)에서 $2q_a = 4q_b$ (13)을 얻는다. 이것은 바로 $MC_a = MC_b$임을 말한다. 즉 총비용을 극소화하려면 공장 A와 공장 B에서의 한계비용이 같아지도록 산출량을 배분해야 한다는 것을 의미한다. (12)과 (13)을 연립으로 풀면 $q_a = \frac{2}{3}q$, $q_b = \frac{1}{3}q$를 얻는다. 그러므로

$$C(q) = C_a(q_a) + C_b(q_b) = q_a^2 + 2q_b^2 = (\frac{2}{3}q)^2 + 2(\frac{1}{3}q)^2 = \frac{2}{3}q^2$$

이 된다. 총비용함수를 볼 때 공장 A가 공장 B에 비해 비용이 절반만 들지만 공장 A만 가동할 경우보다 두 공장을 함께 가동할 경우 비용이 적게 든다는 점에 주목하자. 이 기업의 비용극소화에서 중요한 것은 각 공장의 총비용이 아니라 한계비용인데 각 공장의 한계비용이 모두 체증하고 있기 때문이다.

종합해 볼 때 총비용함수는 $C(q) = \begin{cases} \frac{2}{3}q^2 & \text{if } q < 15 \\ 20q - 150 & \text{if } q \geq 15 \end{cases}$ 이 된다.

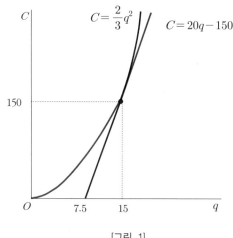

[그림 1]

b. 이 기업의 한계비용함수는 총비용함수로부터 다음과 같이 직접 구할 수 있다.

$$MC(q) = \begin{cases} \dfrac{d(\frac{2}{3}q^2)}{dq} = \dfrac{4}{3}q & \text{if } q < 15 \\[4mm] \dfrac{d(20q-150)}{dq} = 20 & \text{if } q \geq 15 \end{cases}$$

한편 기업의 한계비용함수는 각 공장의 한계비용함수를 수평으로 합하여 구할 수도 있다. 그 방법은 11장의 [부록 11.3]을 참조하기 바란다.

c. $q = 40 > 15$일 경우이므로 (8)과 (9)로부터 $q_a = 10$, $q_b = 5$, $q_c = 25$를 얻는다.

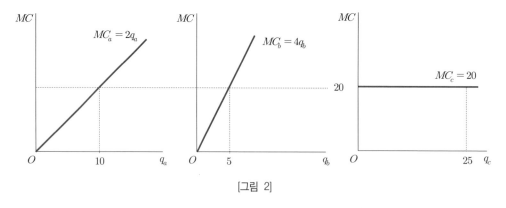

[그림 2]

만일 $q < 15$일 경우 그림에서 보듯이 산출량을 공장 A와 공장 B에 적절하게 나누어 배분하면 한계비용이 20이 되지 않는다. 그러므로 이 경우 한계비용이 20으로서 항상 일정한 공장 C는 가동하지 않는다.

제11장

기업의 최적선택: 이윤극대화와 공급

11.1 이윤극대화의 원리 | 11.2 경쟁기업의 이윤극대화
11.3 공급곡선: 최적화 후 비교정학 | 11.4 생산자잉여

MICROECONOMICS

기업은 일반적으로 2가지 제약 아래 이윤을 극대화한다. (1) 그 중 하나는 시장제약이다. 시장제약의 일부는 이미 배운 시장수요곡선에 반영되어 있다. 나머지 시장제약은 시장상황을 말하는데 시장의 경쟁 여부를 뜻한다. (2) 다른 하나는 기술적인 제약이다. 이것은 생산함수로 표현되는데 생산함수와 쌍대성을 갖는 비용함수에도 그대로 반영되어 있다.

한편 비용극소화에는 기술적인 제약만이 반영될 뿐이며 이윤극대화에 비로소 시장제약, 즉 시장수요와 시장상황이 반영된다. 이번 장에서는 시장이 경쟁일 경우에 대해서 분석한다.

기업의 이윤을 극대화시키는 생산물의 가격과 산출량의 관계가 바로 공급함수이다. 이러한 공급함수로부터 공급곡선을 얻는다. 결국 기업의 이윤극대화 행위로부터 공급곡선을 얻는 것이다. 공급곡선은 근본적으로 볼 때 한계생산물이 체감하기 때문에 우상향한다. 이러한 공급곡선은 기업이 가격수용자로 행동할 때에만 정의된다. 그래서 이번 장에서는 시장이 경쟁일 경우에 대해서 분석하는 것이다. 한편 똑같은 이윤극대화 행위라도 그것을 생산요소시장의 측면에서 살펴보면 생산요소의 수요함수를 얻는다(17장 참조).

무엇을 공부할 것인가

1. 비용이 극소화되면 반드시 이윤이 극대화되는가?
2. 일반적인 경우 이윤을 극대화시키는 조건은 무엇인가?
3. 상품시장이 경쟁적일 경우 이윤을 극대화시키는 조건은 무엇인가?
4. 공급곡선이란 무엇이며 어떠한 경우에 정의되는가? 어떻게 구하는가?
5. 공급곡선이 우상향하는 이유는 무엇인가?
6. 공급곡선을 이동시키는 요인들은 무엇인가?
7. 개별 경쟁기업의 단기공급곡선과 장기공급곡선의 차이는 무엇인가?
8. 단기시장공급곡선은 어떻게 구하는가? 장기시장공급곡선을 구할 때와의 차이는 무엇인가?
9. 함수들의 수평합과 수직합은 각각 어떻게 구하며 그 원리는 무엇인가?
10. 생산자잉여란 무엇이며 어떻게 측정되는가?

11.1 이윤극대화의 원리

기업은 공급량을 어떻게 결정할까? 이번 절에서는 이 질문에 답할 것이다. 이 답변은 앞으로 배울 공급곡선의 배경 원리가 된다.

11.1.1 이윤극대화의 배경

일상생활에서는 수입과 이윤을 용어상 구분하지 않고 쓰는 경우가 있다. 그러나 경제학에서 이윤은 기업이 상품을 판매하여 받은 금액들의 총합인 총수입에서 총비용을 차감한 금액을 말한다.

> 🌱 **이윤**(profit) 총수입에서 총비용을 뺀 금액

기업은 이윤극대화를 목표로 생산요소를 투입하여 상품을 생산한 후 판매하게 된다. 이 과정에서 기업의 행위는 상품시장(생산물시장)과 생산요소시장이라는 두 부문에 걸치게 된다. 따라서 이윤을 극대화하려면 상품시장에서 얻는 총수입과 생산요소시장에서 발생하는 총비용을 함께 고려해야 한다.

한편 총수입은 상품의 판매량에 가격을 곱한 금액이다. 그런데 가격은 상품시장에서 수요와 공급에 따라 결정된다. 또한 총비용은 생산요소의 구입량에 그 가격을 곱한 금액이다. 그런데 생산요소의 가격은 생산요소시장에서 수요와 공급에 따라 결정된다. 그러므로 개별 기업이 이윤을 극대화하는 행위를 분석하려면 상품시장뿐만 아니라 생산요소시장의 여건도 함께 고려해야 한다.

소비자는 상품시장에서 수요자이지만 생산요소시장에서는 공급자이다. 반면에 기업은 상품시장에서 공급자이지만 생산요소시장에서는 수요자이다. 이 점에 비추어 볼 때 상품시장의 경우 일반적으로 수요자는 많다. 그러므로 수요측면에서는 경쟁 여건이 조성되어 있다고 볼 수 있다. 그러나 공급측면에서는 시장에 기업이 몇 개밖에 없거나 심지어는 단 하나만 있는 경우도 있다. 이러한 상황에서 각 기업은 우선 자신에게 경쟁자가 되는 기업이 있는지, 그리고 있다면 자신의 행위에 대해 경쟁자들이 어떻게 반응하는지를 고려해야 한다. 한편 상품시장의 경우와는 달리 생산요소시장에는 일반적으로 공급자(소비자)가 많다. 그러므로 생산요소시장의 경우 공급측면에서는 경쟁 여건이 조성되어 있다고 볼 수 있다. 반면에 수요측면에서는 수요자(기업)가 오로지 하나뿐인 경우가 있다. 예를 들어 외딴 섬에

공장이 하나만 있을 경우, 그 공장은 노동의 수요독점자가 될 것이다.

이러한 상황을 고려해 볼 때 여러 가지 경우들을 생각해 볼 수 있다. (1) 상품시장과 생산요소시장이 모두 경쟁인 경우가 있다. (2) 상품시장은 불완전경쟁이지만 생산요소시장에는 수요자들이 무수히 많이 있는 경우가 있다. (3) 상품시장은 경쟁적이지만 생산요소시장에는 수요자가 하나인 경우가 있다. (4) 상품시장에는 공급자가 하나이면서 생산요소시장에는 수요자가 하나인 경우도 생각할 수 있다(18장 참조). 그러나 어떠한 유형의 시장을 대상으로 하든지 이윤을 극대화하는 데 적용되는 근본적인 원리는 같다. 그 원리에 대해서 검토해보기로 하자.

11.1.2 이윤극대화조건: $MR = MC$

(1) 이윤을 π, 총수입을 TR, 총비용을 TC라고 하면

$$\pi(q) = TR(q) - TC(q)$$

이다. 이윤을 극대화하려면 앞서 말했듯이 총수입뿐만 총비용을 함께 고려해야 한다. 이때 기업은 생산한 상품을 시장에 공급하여 소비자에게 판매하게 되는데 재고는 없다고 가정한다. 즉 **산출량=공급량=판매량=q**로 가정한다.

(i) 총수입은 가격에 상품판매량을 곱한 값이다. 이때 가격과 상품판매량의 관계는 시장수요함수에 반영되어 있다. 그러므로 총수입은 시장수요함수의 제약을 받는다. 또한 **시장구조**(market structure)에 따라 달라지는 경쟁정도나 가격책정방식도 총수입에 영향을 준다. 이때 시장구조는 완전경쟁, 독점, 과점 등 시장의 조직적 특성과 기타 특성 등을 말한다.

(ii) 총비용은 생산요소수요량에 그 가격을 곱한 것이다. 그런데 앞 식에는 총비용이 산출량의 함수로 나타나 있다. 그렇지만 문제될 것은 없다. 10장에서 보았듯이 비용함수는 생산함수가 주어진 상태에서 최적화를 통해 총비용 $wL + rK$과 생산요소수요량의 관계를 총비용이 산출량의 함수인 형태로 바꾸어 준 것이기 때문이다. 이때 물론 생산함수의 정보는 비용함수의 정보에 완전히 반영된다. 이렇게 볼 때 총비용은 생산함수의 제약을 받는다. 한편 총비용을 산출량의 함수로 바꿔 준 이유는 생산물시장에 초점을 맞추기 위한 것이다. 3편까지는 이처럼 이윤이 산출량의 함수인 형태를 분석한다. 이윤이 생산요소수요의 함수인 형태는 4편(17장과 18장)에서 다룬다.

(iii) 개별 기업은 수많은 기업들 중의 하나로서 생산요소시장에서 가격수용자이다. 즉 w와 r을 주어진 것으로 받아들인다. 생산요소시장이 경쟁임을 의미하며 총비용에 제약으로 작용한다.

(iv) 한편 시장구조가 달라진다고 해서 시장수요함수나 비용함수가 달라지지는 않는다. 이상에서 볼 때 이윤극대화는 다음 제약 아래 이루어진다는 것을 알 수 있다.

(1) **생산물시장제약**(총수입에 제약): 시장수요함수와 시장구조
(2) **기술제약**(총비용에 제약): 비용함수 이면의 생산함수, 즉 기술
(3) **생산요소시장제약**(총비용에 제약)

주목할 것은 주어진 산출량을 최소비용으로 생산한다고 해서, 즉 비용극소화를 한다고 해서 이윤이 극대화되지는 않는다는 것이다. 이윤을 극대화하려면 앞 식에서 추론할 수 있듯이 총비용뿐만 아니라 총수입까지 고려하여 어느 만큼 생산할 것인가를 결정해야 한다. 그리고 그 결정된 수량을 최소비용으로 생산해야 한다. 즉 이윤극대화 산출량이 결정된 후 그 수량을 최소비용으로 생산해야 한다는 것이다. 물론 최소비용으로 생산하지 않는다면 더 싸게 생산하는 방법이 있을 것이므로 이윤이 극대화되지 않는다. 이렇게 볼 때 비용극소화는 이윤극대화의 필요조건은 되지만 충분조건은 되지 못한다.

(2) 이러한 사항들을 모두 반영한 일반적인 이윤극대화조건은 다음과 같다.

일반적인 이윤극대화 조건 한계수입(MR) = 한계비용(MC)

$MR(q)$과 $MC(q)$의 의미를 염두에 두고 이 조건에 대해 설명해 보자. q를 추가로 1단위 더 생산하여 판매할 때 그로부터 MR만큼 수입이 증가하고 MC만큼 비용이 증가한다. 그러므로 이때 이윤은 추가로 $MR - MC$만큼 증가한다. 즉 한계이윤(marginal profit)이 $MR - MC$이다. (ⅰ) 따라서 $MR > MC$이면 추가로 증가하는 이윤이 양이다. 즉 한계이윤이 양이다. 그러므로 이때에는 산출량을 추가로 1단위 증가시킬 경우 이윤이 $MR - MC$만큼 증가한다.

🌱 **한계이윤**(marginal profit) 산출량을 추가로 한 단위 더 증가시킬 때 추가로 증가하는 이윤

(ⅱ) $MR < MC$이면 추가로 증가하는 이윤이 음이다. 즉 한계이윤이 음이다. 그러므로 이때에는 산출량을 증가시킬 경우 이윤이 감소한다. 바꾸어 말하면 $MR < MC$일 경우에는 산출량을 감소시켜야 이윤이 증가한다. 즉 산출량을 추가로 1단위 감소시킬 경우 비용은 MC만큼 감소하는데 수입은 그보다 적은 MR만큼 감소하므로 이윤이 $MC - MR$만큼 증가한다.

(ⅲ) 종합해 볼 때 MR과 MC가 다를 경우에는 산출량 조정을 통해 이윤을 증가시키는 방법이 존재한다. 결국 $MR = MC$인 상태에서 이윤이 가장 커진다. 즉 한계이윤이 0인 상태에서 이윤이 가장 커진다.[1]

$MR = MC$ 조건은 사실상 일반적인 한계원리에 기초하고 있다. 수학적으로 볼 때 이윤극대화는 극대값을 구하기 위해 이윤함수의 일차도함수 값이 0이 되게 하는 산출량의 값을 찾는 것과 같다. 이에 관해서는 이미 1장에서도 살펴보았다.

 ## 11.2 경쟁기업의 이윤극대화

이윤극대화의 일반적인 원리가 경쟁기업일 경우에는 어떻게 표현되는가를 눈여겨보기로 하자. 여기서 논의하는 내용은 공급곡선의 배경 원리가 되고 있다.

11.2.1 총수입-총비용 접근법

상품시장과 생산요소시장이 모두 경쟁적일 때 그 곳에 있는 기업이 이윤을 극대화하는 행위를 살펴보기로 한다.

상품시장이 **경쟁적**(competitive)이라는 것은
(1) 시장에 수요자와 공급자가 무수히 많아서 특정 개인의 수요나 특정 개별 기업의 공급이 시장가격의 형성에 영향을 주지 못하는 상황을 말한다.
(2) 아울러, 수많은 수요자와 공급자들이 모두 **가격수용자**(price taker)로 행동한다는 것을 뜻한다.
(3) 또는 수요자나 공급자가 많지 않더라도 그들이 모두 가격수용자적으로 행동하는 상황을 함축한다.

여기서 가격수용자로 행동한다는 것은 시장가격의 형성에 영향을 미치지 못하고 다만 그 시장가격을 주어진 것으로 보고 그에 순응해서 의사결정을 내리는 것을 말한다. 생산요소시장이 경쟁적이라는 것도 같은 의미로 해석된다.

또한 수요자들이 무수히 많기 때문에 개별 기업은 자신이 아무리 많이 생산하더라도

---

1 엄밀하게 말하면 이것은 이윤극대화의 일차필요조건이다. 이윤이 극소화되는 것을 배제시키려면 이윤극대화의 이차충분조건인 $\pi''(q) = TR''(q) - TC''(q) < 0$을 만족시켜야 한다. 즉 $\pi''(q) = MR'(q) - MC'(q) < 0$을 만족시켜야 한다(부록 11.1 참조). 다시 말하면 'MR곡선의 기울기 $< MC$곡선의 기울기'이어야 한다.

시장에 모두 팔 수 있다.

(1) 이러한 상황에서 개별 기업이 얻는 총수입은 산출량 q에 시장가격 p를 곱한 pq가 된다. 한편 이윤은 총수입에서 총비용 $c(q)$를 뺀 값이다. 그러므로 이윤을 π로 나타내면 경쟁시장에서 개별 기업의 이윤극대화 문제는

$$\underset{q}{\text{Max}}\ \pi = pq - c(q) \tag{11.1}$$

로 쓸 수 있다. 여기서 주목할 점이 있다. 즉 개별 기업은 시장가격 p를 주어진 것으로 보고 자신은 다만 얼마나 생산할 것인가만을 정한다는 것이다. 또한 총수입과 총비용이 모두 산출량 q의 함수라는 점이다.

(2) 한편 비용함수는 어떤 산출량을 생산하는 데 드는 최소한의 비용을 반영하고 있다. 즉 비용함수에는 이미 어떤 산출량을 가장 적은 비용으로 생산해야 한다는 사실이 반영되어 있다는 것이다. 그런데 문제는 가장 적은 비용을 들여 생산한다고 해서 이윤이 극대화되는 것은 아니라는 데에 있다. 이것이 바로 최소 비용으로 생산한다는 것이 이윤극대화의 필요조건은 되지만 충분조건은 되지 않는다는 의미이다.

(3) 그렇다면 이윤을 극대화하기 위해서는 기업은 산출량을 얼마로 정해야 할 것인가? 그것은 바로 **총수입**(total revenue: TR)에서 **총비용**(total cost: TC)을 뺀 값이 가장 커지는 산출량이다. 이러한 산출량을 [그림 11-1]을 통해 구해 보기로 하자. (1) 그림에는 단기총비용곡선이 그려져 있지만 장기총비용곡선을 이용하더라도 앞으로의 논의는 그대로 적용된다. (2) 총수입곡선을 살펴보자. 총수입은 $TR = p \times q$이다. 그런데 이 값을 수량을 가로축으로 하여 세로축에 표시하면, 총수입곡선은 기울기가 p인 직선으로 나타난다. 이것이 그림에 직선으로 나타나 있지만 편의상 곡선이라고 부르고 있다. 이제 이 곡선들을 이용해 보자. 그러면 이윤을 극대화하는 산출량은 총수입곡선에서 총비용곡선에 이르는 수직거리가 가장 멀어지는 q_2가 되는 것을 알 수 있다.

한편 비용함수를 구할 때 생산요소의 가격이 시장에서 미리 결정되어 일정하게 주어졌다고 가정하였다. 그런데 이러한 가정은 바로 생산요소시장이 경쟁적이라는 점을 함축하고 있는 것이다.

우리는 소비자이론에서 소비자는 소득이 일정하게 주어졌다는 제약조건하에서 최적선택을 하는 것으로 배웠다. 이와는 달리 기업이 이윤을 극대화할 때에는 비용이 일정하게 주어졌다는 제약조건이 없다. 그 이면에는 기업은 필요한 자금을 자본시장에서 항상 조달할 수 있다는 암묵적인 전제가 깔려있다.

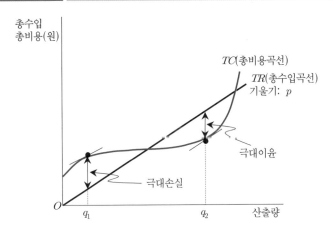

그림 11-1 경쟁기업의 이윤극대화: 총수입-총비용 접근법

경쟁시장에서는 가격이 일정하기 때문에 TR곡선이 직선으로 나타난다. 총수입곡선에서 총비용곡선에 이르는 수직거리가 가창 먼 q_2에서 이윤이 극대화되고 있다.

11.2.2 한계수입=한계비용 접근법

앞에서는 이윤을 극대화하는 산출량을 구하기 위해 총수입곡선과 총비용곡선을 이용하였다. 그런데 지금까지 보아왔듯이 경제에서 이루어지는 선택행위는 한계적인 개념에 바탕을 두고 있다. 이러한 측면에서 한계적인 접근법이 보다 유용하며 또한 널리 쓰이고 있다. 이제 이윤극대화 원리인 $MR = MC$ 조건이 경쟁시장에서는 어떻게 적용되고 있는가를 알아보기로 하자.

총수입곡선이나 총비용곡선이 주어지면 그 접선의 기울기로부터 한계수입곡선이나 한계비용곡선을 구할 수 있다. 이렇게 구한 한계수입곡선과 한계비용곡선이 [그림 11-2]에 각각 MR곡선과 MC곡선으로 나타나 있다. 이렇게 볼 때 [그림 11-2]는 총량적으로 살펴본 [그림 11-1]을 다시 한계적으로 살펴본 것에 불과하다.

여기서 주목해야 할 것이 있다. 경쟁시장에서는 $MR = p$가 성립한다는 것이다. 그 이유를 살펴보자. 경쟁시장에는 수요자가 무수히 많기 때문에 개별 기업은 주어진 시장가격에 영향을 미치지 못하며 또한 자신이 팔려고 하는 만큼을 모두 주어진 시장가격에 팔 수 있다고 가정하고 있다. 그러므로 한 단위를 더 팔 때마다 기업의 총수입은 가격만큼 늘어난다. 예를 들어 가격이 1,000원인 상품을 1개 팔면 1,000원, 2개 팔면 2,000원, 3개 팔면 3000원… 등으로 추가로 1개를 더 팔 때마다 가격인 1,000원만큼의 총수입이 증가한다. 그런데 추가로 한 단위 더 팔 때 추가로 늘어나는 총수입이 바로 한계수입이다. 따라서 경쟁시장에서 한계수입(MR)은 가격(p)과 같아진다. 이것은 14장에서 배울 독점시장의 경우와 대조된다. 독점시장에서는 MR이 p보다 작다.

(1) 경쟁시장에서는 $p = MR$이 성립한다.

(2) $TR(q) = pq$이다. 이 식의 양변을 q로 나누면 $AR = \dfrac{TR(q)}{q} = p$가 된다. 이 결과는 시장이 경쟁적이든 아니든 성립한다. 단 경쟁시장이 아닐 경우 p, AR이 q의 함수이므로 p, AR 대신 $p(q)$, $AR(q)$가 사용된다(14장 참조).

(3) 위 결과들로부터 경쟁시장에서는 $p = MR = AR$이 성립한다.

(1) 이윤극대화 조건

[그림 11-2]에서 $MR = MC$가 성립하는 산출량인 q_1과 q_2는 사실상 [그림 11-1]의 q_1과 q_2와 같다. 이처럼 $MR = MC$가 성립하는 지점이 두 군데 생긴다. 그렇다면 둘 중에서 어느 것이 이윤을 극대화하는 산출량일까? 결과부터 말한다면 그 중에서 한계비용이 상승하는 구간에 있는 q_2가 바로 이윤을 극대화하는 산출량이다. 그 이유를 살펴보자.

첫째, (1) 산출량을 q라고 할 경우 q_2의 근처에서 q_2의 왼쪽에서처럼 $q < q_2$일 때에는 가격(=한계수입 : 긴 화살표)이 한계비용(짧은 화살표)보다 높다. 즉 $p > MC(q)$이다. 이때에는 산출량을 추가로 1단위 늘릴 경우 수입은 p만큼 늘어나는데 비용은 그보다 적은 $MC(q)$만큼 늘어나 수입이 비용보다 $p - MC(q)$만큼 더 늘어난다. 그 결과 이윤이 그만큼 늘어난다. 이러한 상황은 q_2에 이를 때까지 지속된다. (2) 반면에 산출량이 q_2의 근처에서 q_2의 오른쪽에서처럼 $q > q_2$일 때에는 한계비용이 가격보다 높다. 즉 $MC(q) > p$이다. 이때에는 산출량을 추가로 1단위 줄일 경우 비용은 $MC(q)$만큼 줄어드는데 수입은 그보다 적은 p만큼 줄어들어 비용이 수입보다 $MC(q) - p$만큼 더 줄어든다. 그 결과 이윤이 그만큼 늘어난다. 이러한 상황은 q_2에 이를 때까지 지속된다. (3) 종합해 볼 때 결국 q_2에서 이윤이 가장 커진다.

한계비용이 하락하는 구간에 있는 q_1에서는 이윤이 극대화되는 것이 아니라 손실이 극대화되고 있다.[2] 그 이유는 q_1에서는 q_2에서와는 달리 산출량을 늘릴 경우 오히려 한계비용이 줄어들기 때문이다. 가격은 산출량에 관계없이 일정하다는 점을 고려하여 생각해 보자. (1) 산출량이 q_1의 근처에서 q_1의 왼쪽에서처럼 $q < q_1$일 때에는 한계비용이 가격보다 높다. 즉 $MC(q) > p$이다. 이때에는 산출량을 추가로 1단위 늘릴 경우 비용은 $MC(q)$만큼 늘어나는데 수입은 그보다 적은 p만큼 늘어나 비용이 수입보다 $MC(q) - p$만큼 더 늘어난다. 그 결과 손실이 그만큼 늘어난다. 특히 이때 손실이 늘어난다고 말한 이유는 [그림 11-1]에

---

2 이러한 사실은 여기서의 q_1이 사실상 [그림 11-1]의 q_1과 같다는 점으로부터도 쉽게 알 수 있다.

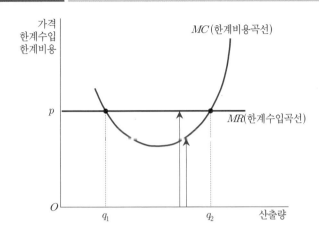

그림 11-2 경쟁기업의 이윤극대화: 한계수입=한계비용 접근법

MC가 상승하는 구간에서 MC와 MR이 같아지는 q_2가 이윤은 극대화하는 수량이다.

서 보듯이 q_1의 근처에서는 이미 손실을 입고 있는 상태인데 $q < q_1$일 때 산출량을 늘릴 경우 비용이 수입보다 더 많이 늘어나 손실이 추가로 더 발생하기 때문이다. 이러한 상황은 q_1에 이를 때까지 지속된다. (2) 산출량이 q_1의 근처에서 q_1의 오른쪽에서처럼 $q > q_1$일 때에는 가격이 한계비용보다 높다. 즉 $p > MC(q)$이다. 이 경우 산출량을 추가로 1단위 줄일 경우 수입은 p만큼 줄어드는데 비용은 그보다 적은 $MC(q)$만큼 줄어들어 수입이 비용보다 $p - MC(q)$만큼 더 줄어든다. 그 결과 손실이 그만큼 늘어난다. 특히 이때 손실이 늘어난다고 말한 이유는 [그림 11-1]에서 보듯이 q_1의 근처에서는 이미 손실을 입고 있는 상태인데 $q > q_1$일 때 산출량을 줄일 경우 수입이 비용보다 더 많이 줄어들어 손실이 추가로 더 발생하기 때문이다. 이러한 상황은 q_1에 이를 때까지 지속된다. (3) 종합해 볼 때 q_1에서 손실이 가장 커진다.

둘째, 같은 내용을 한계이윤의 개념을 적용하여 설명해 보자. (1) 산출량이 0을 넘어서부터 q_1에 이르기 직전까지는 $MR < MC$이므로 한계이윤이 음이다. $MR = MC$가 되는 q_1, 즉 한계이윤이 0이 되는 q_1에 이르러서는 이러한 음의 한계이윤들의 누적금액의 절대값이 가장 커진다. 즉 손실이 극대화된다. 여기서 한계의 의미를 분명히 하자. q_1의 근처에서는 [그림 11-1]의 q_1의 오른쪽에서 보듯이 $q > q_1$일 때에도 여전히 손실을 입는다. 즉 여전히 총이윤은 음이다. 그러나 q_1의 근처에서 $q > q_1$일 때에는 $MR > MC$이므로 한계이윤이 양이기 때문에 산출량을 늘려야 손실이 줄어든다. 그런데 q_1은 산출량을 늘리지 않은 상태이므로 q_1에서 손실이 극대화되는 것이다. (2) q_1을 넘어서부터 q_2에 이르기 직전까지는

$MR > MC$이므로 한계이윤이 양이다. 다시 $MR = MC$가 되는 q_2, 즉 다시 한계이윤이 0이 되는 q_2에 이르러서 비로소 이러한 양의 한계이윤들의 누적금액이 가장 커진다. 즉 이윤이 극대화된다. (3) q_2를 넘어서부터는 $MR < MC$이므로 한계이윤이 다시 음이 되며 이때부터는 산출량이 증가함에 따라 이윤이 줄어든다. (4) 이러한 내용들을 종합해 볼 때 $MR = MC$가 성립하되 한계비용이 상승하는 구간에 놓이는 q_2에서 이윤이 극대화된다는 것을 알 수 있다.

셋째, 이렇게 볼 때 '$MR = MC$ 조건'은 이윤극대화의 필요조건이기는 하지만 충분조건은 되지 못한다. 다시 말해서 이윤이 극대화되려면 반드시 한계수입과 한계비용이 같아야 한다. 그러나 한계수입과 한계비용이 같다고 해서 반드시 이윤이 극대화되는 것은 아니다. 이러한 점들과 경쟁시장에서는 항상 $p = MR$이 성립한다는 점을 고려하면, 경쟁기업의 이윤극대화 조건은 다음과 같이 요약된다.

> **경쟁기업의 이윤극대화 조건**
>
> $p = MC(q)$: 일차필요조건   (11.2)
> MC곡선의 기울기가 양수: 이차충분조건

(2) 이윤극대화 조건의 특성

이차충분조건은 일차필요조건이 만족되는 상태에서 MC곡선의 기울기가 양수이면 그곳에서 이윤이 극대화된다는 것을 말한다. 즉 이윤은 한계비용이 체증하는 곳에서 극대화된다. 그런데 쌍대성에 따르면 한계비용이 체증하는 곳에서는 한계생산물이 체감한다. 이것은 곧 이윤은 한계생산물이 체감하는 곳에서 극대화된다는 것을 의미한다. 이 때문에 9장에서 경제적 선택의 대상이 되는 영역은 한계생산물이 체감하는 영역이라고 한 것이다.

다음 사항들에 주목하자.

(1) 이윤극대화 조건에는 비용극소화가 이미 반영되어 있다. 즉 MC의 이면에 있는 비용함수에 이미 비용극소화가 반영되어 있다.

(2) [그림 11-1]은 고정비용이 존재하는 경우이므로 단기에 해당한다. 그러나 이윤극대화를 할 때에는 한계원리가 적용되기 때문에 고정비용의 존재여부는 문제되지 않는다. 그러므로 지금까지의 논의는 장기에도 적용된다. 다만 엄밀하게 구분하고자 할 경우에는 단기의 경우에는 식 (11.2)에서 MC 대신 SMC를 사용하고, 장기의 경우에는 LMC를 사용하면 된다. 즉

경쟁기업의 이윤극대화 조건은

$p = SMC$: 단기의 경우

$p = LMC$: 장기의 경우

이다.

부록 11.1 생산물시장이 경쟁일 경우 이윤극대화

이윤극대화로부터 생산물의 공급곡선이 구해진다. 즉 $p = MC(q)$가 도출된다.

이윤극대화 문제는

$$\text{Max}_{q} \ \pi = pq - TC(q)$$

이다. 이때 비용은 이미 극소화되고 있다는 점에 주목하자. 비용극소화는 비용함수에 이미 반영되어 있기 때문이다. 이윤극대화의 일차필요조건(first order necessary condition: F.O.C.)은

$$\text{F.O.C.} \quad \frac{d\pi}{dq} = MR(q) - MC(q) = p - MC(q) = 0$$

이다. $p = MC(q)$로부터 산출량 q가 정해진다.

이차충분조건(second order sufficient condition: S.O.C.)은

$$\text{S.O.C.} \quad \frac{d^2\pi}{dq^2} = MR'(q) - MC'(q) < 0$$

이다. 그런데 경쟁일 경우 $MR = p$이므로 $MR' = 0$이다. 따라서 이차충분조건은 $MC'(q) > 0$이 된다. 즉 MC곡선이 양의 기울기를 가지는 부분, 즉 한계비용이 체증하는 영역에서 이윤이 극대화된다.

11.3 공급곡선: 최적화 후 비교정학

원리적으로 볼 때 공급곡선을 구하는 것은 이윤극대화로부터 공급함수를 얻은 다음 비교정학을 하는 것이다. 즉 공급함수에서 외생변수인 p가 변화할 경우 q가 어떻게 변화하는가를 알아보는 것이다.

공급곡선은 생산자이론에서 얻는 핵심적 수확이다. 개별 기업의 공급곡선과 시장공급곡선에 대해 분석한다. 이때 각각 단기공급곡선과 장기공급곡선을 나누어서 분석한다.

11.3.1 경쟁기업의 공급곡선

앞에서 MC곡선을 중심으로 설명했으므로 연속성을 위해 여기서도 먼저 MC곡선을 중심으로 설명하고 이어서 공급함수를 소개한다.

(1) MC곡선의 우상향하는 부분이 공급곡선이 된다

앞에서 얻은 $p = MC(q)$라는 식은 시장가격과 개별 경쟁기업이 공급하고자 하는 수량 사이의 관계를 나타낸다. 그런데 그것은 바로 개별기업의 **공급곡선**이 뜻하는 바이다.

> 그러한 의미에서 개별 경쟁기업의 한계비용곡선은 곧 이 기업의 공급곡선이 된다.

그 의미를 알기 위해 [그림 11-2]에서 (MR에 해당하는) 가격이 변화함에 따라 MR곡선들이 MC곡선과 만나는 점들을 찾아보자. 이 점들 중에서 MC곡선이 우상향하는 부분에 놓이는 점들에 대응하는 가로좌표들이 해당 가격에 대응하는 이윤극대화 산출량을 나타낸다. 따라서 이때 가격과 그에 대응하는 이윤극대화 산출량 사이의 관계는 MC곡선으로 나타난다. 그런데 가격이 변화할 때 각각의 가격과 그에 대응하는 이윤극대화 산출량 사이의 관계를 나타내는 것이 공급곡선이다. 그러므로 MC곡선의 우상향하는 부분이 공급곡선이 된다.

> 공급곡선상의 각 점은 $p = MC$라는 이윤극대화 조건을 만족시키므로 공급곡선상의 각 점에서는 이윤이 극대화되고 있다.

(2) 공급곡선이 우상향하는 이유

MC곡선이 공급곡선이 된다는 사실로부터 공급곡선이 우상향하는 이유를 추론할 수 있다. 그 이유는 MC가 체증하기 때문인데 단기와 장기의 경우가 서로 다르다.

(1) SMC가 체증하는 이유는 한계생산물이 체감하기 때문이다. 그러므로 근원적으로 볼 때 단기공급곡선이 우상향하는 이유는 경제적 선택의 대상이 되는 영역에서 한계생산물이 체감하기 때문이다(이와 관련된 내용은 9.2.3(4) 참조).

(2) LMC가 체증하는 이유는 규모의 불경제 때문이다. 규모의 불경제가 존재할 경우 산출량이 증가함에 따라 LAC가 증가하고 그에 따라 LMC도 체증한다(10장 참조).

(3) 공급곡선의 해석

(1) 한편 수요함수의 경우 가격이 독립변수이고 수요량이 종속변수이지만, 수요곡선에서는 관행상 독립변수인 가격을 세로축에 표시하고 종속변수인 수요량을 가로축에 표시했다. 마찬가지로 곧 등장하는 공급함수에서도 가격이 독립변수이고 공급량이 종속변수이지만, 공급곡선을 그릴 때에도 관행상 가격을 세로축에 표시하고 공급량을 가로축에 표시한다. 따라서 [그림 11-3(A)]가 보여 주듯이 주어진 공급곡선에서 볼 때 세로축의 임의의 가격에서 옆으로 읽으면 그 가격에 대응하는 공급량을 얻는다. 반면에 [그림 11-3(B)]가 보여 주듯이 가로축의 임의의 공급량에서 위로 읽으면 그 공급량에 대응하는 한계비용을 얻는다.

(2) 짚고 넘어가야 할 것이 있다. 공급함수에서는 공급량 q가 가격 p의 함수이다. 그런데 $p = MC(q)$에서는 p가 q의 함수이므로 엄밀하게 볼 때 이것은 **역공급함수**(inverse supply function)이며 그 그래프는 **역공급곡선**(inverse supply curve)이다. 그렇지만 공급곡선의 그래프와 역공급곡선의 그래프는 같다. 다만 바라보는 방향이 다르다[4.6.3의 (4) 참조].

이러한 내용을 염두에 두고 [그림 11-3]을 다시 검토해 보자. 가격이 세로축, 수량이 가로축에 놓여 있다. 이러한 상황에서 [그림 11-3(A)]처럼 세로축의 임의의 가격에서 옆으로 읽을 경우 공급량을 얻는다는 것은 공급량을 가격의 함수로 본다는 것이다. 즉 이 곡선을 공급곡선으로 본다는 것이다. 반면에 [그림 11-3(B)]처럼 가로축의 임의의 공급량에서 위로

그림 11-3   **공급곡선의 해석**

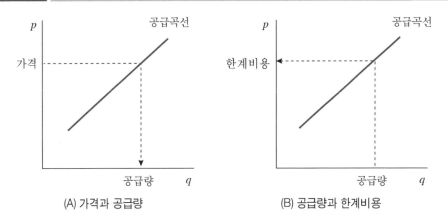

(A) 가격과 공급량   (B) 공급량과 한계비용

주어진 공급곡선에서 볼 때 세로축의 임의의 가격에서 옆으로 읽으면 그 가격에 대응하는 공급량을 얻는다. 반면에 가로축의 임의의 공급량에서 위로 읽으면 그 공급량에 대응하는 한계비용을 얻는다.

읽을 경우 한계비용을 얻는다는 것은 한계비용을 공급량의 함수로 본다는 것이다. 즉 이 곡선을 사실상 역공급곡선으로 본다는 것이다.

(3) 한편 시장가격이 변화할 때 그에 따라 가격수용자로서의 기업이 어느 만큼을 공급하는가를 보여주는 것이 공급곡선이다.

> 이러한 측면에서 공급곡선은 기업이 가격수용자로서 행동할 때에만 정의될 수 있다. 다시 말하면 시장이 경쟁일 경우에만 정의될 수 있다. 이러한 이유 때문에 지금까지 경쟁기업의 이윤극대화 행위에 초점을 맞춘 것이다.

(4) 공급함수와 공급곡선

공급곡선에 대해서는 다음과 같이 수식을 통해 설명할 수도 있다. 총비용함수가 10장에서

$$C = C(w, \ r, \ q) \tag{11.3}$$

로 구해졌다는 점을 상기하자(물론 단기에는 $\overline{K}$도 총비용에 영향을 준다). 변수들을 생략하지 않고 그대로 드러낸 식 (11.3)을 식 (11.1)에 대입한 다음 이윤극대화 문제를 푼다. 즉

$$\underset{q}{\text{Max}} \ \pi = pq - c(w, r, q)$$

를 푼다. 이때 [부록 11.1]처럼 얻는 $p = MC(w, r, q)$를 q에 대해 풀면 **공급함수**가

$$q = S(p, \ w, \ r) \tag{11.4}$$

로서, 산출량은 생산물가격과 생산요소들의 가격의 함수로 나타난다.

> 🌱 **공급함수**(supply function) 생산물의 가격이나 생산요소들의 가격이 변화할 때 이윤을 극대화하는 산출량이 어떻게 변화하는지 그 관계를 나타낸 것

이때 비용함수 $c(w, r, q)$의 형태(생산함수, 즉 기술을 반영함)에 따라 공급함수의 형태가 달라진다.[3] 즉 비용함수의 형태는 공급함수의 형태에 반영된다. 이러한 공급함수에서 w, r 기술 등이 일정하다고 가정하고(ceteris paribus) 공급함수를 간단히 $q = S(p)$로 나타내기도 한다. 그리고 이때 p와 q의 관계를 그래프로 그린 것이 바로 공급곡선이다.

> 🌱 **공급곡선**(supply curve) 공급함수에서 생산요소들의 가격이나 기술 등 다른 상황이 일정하다고 가정한(ceteris paribus) 상태에서 상품의 가격이 변화할 때 그에 따라 변화하는 공급량을 그래프로 나타낸 것

---

3 일반적으로 생산함수, 기술, 그리고 비용함수는 모두 같은 정보를 담고 있다는 점을 상기하자.

한편 공급함수를 목적함수에 대입하면 이윤함수 $\Pi = \Pi(p,\ w,\ r)$을 얻는다. 이윤함수도 생산물의 가격과 생산요소들의 가격의 함수이다.

(5) 공급곡선상의 움직임과 공급곡선 자체의 이동

생산물가격의 변화는 주어진 공급곡선상의 움직임(movement along the fixed supply curve)으로 나타난다. 그러나 식 (11.4)의 공급함수로부터 공급곡선을 그릴 때 일정하다고 가정했던 생산요소들의 가격이나 기술(공급함수 이면의 비용함수에 반영됨)이 변하면 **공급곡선 자체가 이동** (shift of the supply curve)한다. 총비용곡선까지 거슬러 올라가서 생각해 보자. 총비용함수에서 생산요소들의 가격과 기술수준이 일정하다고 가정하고 산출량과 비용의 관계를 나타낸 것이 총비용곡선이다. 따라서 일정하다고 가정했던, 생산요소들의 가격이나 기술수준이 변화하면 총비용곡선 자체가 이동(shift)한다. 그리고 이에 따라 한계비용곡선도 이동하고 나아가서 한계비용곡선으로 표시되는 공급곡선도 이동하는 것이다. 예를 들어 정상투입물의 가격이 하락했다고 하자. 그러면 생산에 드는 한계비용이 감소하며 이에 따라 공급곡선이 오른쪽으로 이동(shift)한다.

이제 단기공급곡선과 장기공급곡선의 차이에 대해 검토해 보자.

11.3.2 경쟁기업의 단기공급곡선

(1) 엄밀하게 말하면 식 (11.4)는 장기공급함수를 나타낸다. 단기에는 고정생산요소가 존재한다는 점을 고려해야 한다. 그런데 10장에서 배웠듯이 고정생산요소 K의 양은 단기 한계비용(SMC)에 영향을 주지만 그 가격인 r은 SMC에 영향을 주지 않는다. 그 결과 단기 **공급함수**는

$$q = s(p,\ w,\ \overline{K}) \tag{11.5}$$

가 된다. 장기와 구분되도록 함수기호로 소문자 s를 사용하였다. $\overline{K}$는 포함되지만 r은 포함되지 않는다는 점에 주목하자. 이때 w와 $\overline{K}$가 일정하다고 가정하고 p와 q의 관계를 나타낸 것이 단기공급곡선이다.

(2) 단기의 경우에는 SMC곡선 중에서 AVC곡선의 최하점보다 위에 놓이는 부분이 공급곡선이 된다. 이것은 단기의 경우 고정비용이 있다는 사실과 관계된다. 그리하여 기업이 손실을 보더라도 조업을 완전히 중단하는 것보다는 생산활동을 지속하는 것이 더 나은 경우가 존재한다. 구체적으로 말하면 손실을 입더라도 총수입(TR)이 총가변비용(TVC)보다 클 경우에는 조업을 지속하는 것이 낫다(이 경우 손실이 극소화된다). 왜냐하면 조업을 중단하는

경우에도 고정비용은 여전히 들어가고 있기 때문이다. 그리하여 TR이 TVC를 충당하고 남는다면 그 여분으로 총고정비용(TFC)의 일부를 충당할 수 있기 때문이다. 그러나 TR이 TVC조차 충당하지 못할 정도로 손실이 크다면 단기적으로도 조업을 중단하는 것이 더 낫다.

예를 들어 어떤 공장에서 제품 판매 수입으로 원자재 대금과 임금 및 기타 가변비용을 지불하고 조금이라도 남는다고 하자. 그러면 남는 금액으로 예컨대 고정비용인 건물의 임대료를 일부나마 낼 수 있다. 그러므로 이 경우 조업을 지속하는 것이 더 낫다. 그러나 제품을 팔아서 얻는 총수입이 원자재 대금이나 임금 등의 TVC에도 미치지 못한다면 단기적으로도 조업을 중단하는 것이 더 낫다.

(ⅰ) 사실상 위에서 말한 결과는 조업을 중단할 경우와 조업을 지속할 경우 그 이윤을 비교해 봄으로써도 알 수 있다. 조업을 중단할 경우에도 고정비용은 들어가므로 이때 이윤은 $-TFC$가 된다. 한편 q만큼을 생산하는 경우 총가변비용이 $TVC(q)$만큼 든다고 하면, 이윤은 $\pi = pq - TVC(q) - TFC$가 된다. 그러므로 만일

$$-TFC > pq - TVC(q) - TFC$$

이면 조업을 중단하는 것이 더 낫다. 이 식을 정리하면

$$TVC(q) > pq$$

를 얻는다. 이것은 바로 총수입이 총가변비용도 충당하지 못하면 조업을 중단하는 것이 더 나음을 말해 주고 있다.

(ⅱ) 한편 위 식의 양변을 q로 나누면

$$AVC(q) = \frac{TVC(q)}{q} > p: \text{ 조업중단조건(shutdown condition)} \tag{11.6}$$

을 얻는다. 그런데 이 식은 바로 가격이 평균가변비용(AVC)보다 낮으면 조업을 중단하는 것이 더 나음을 말해 주고 있다.[4]

(ⅲ) 그런데 이윤을 극대화하는 기업은 $p = SMC(q)$에서 이윤을 극대화하므로 이 조건을 앞 식에 대입하면 $AVC(q) > SMC(q)$이다. 그런데 SMC곡선은 AVC곡선의 최하점을 통과한다. 그러므로 다음 내용이 성립한다.

---

4 여기서는 10장에서 가정한 바와 같이 고정비용은 모두 매몰비용이라고 가정하고 있다. 이와는 정반대로 고정비용 중 매몰되는 것이 한 푼도 없다면 조업을 중단할 경우의 이윤은 $-TFC$가 아니라 0이 된다. 그러므로 이때에는 가격이 평균비용보다 낮으면 조업을 중단하는 것이 더 낫다. 그러나 고정비용 중 일부만 매몰되는 경우에는 매몰되는 부분이 커질수록 공급곡선은 평균가변비용곡선의 최하점 가까이에서 올라가기 시작한다.

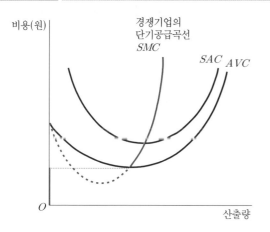

그림 11-4   경쟁기업의 단기공급곡선

비용(원)

경쟁기업의
단기공급곡선
SMC

SAC AVC

O

산출량

SMC곡선 중에서 AVC곡선의 최하점
위에 놓이는 부분이 경쟁기업의 단기공급
곡선이다.

경쟁기업의 단기공급곡선(short run supply curve)은, 세로축의 일부를 포함하여, 단기한계비용(SMC)곡선 중 평균가변비용(AVC)곡선의 최하점 위에 놓이는 부분이다.

(3) 그 결과 경쟁기업의 단기공급곡선은 [그림 11-4]처럼 불연속적이 된다.

(4) $AVC(q) \leq p < SAC(q)$일 경우에는 $p = MC$인 곳에서 손실이 극소화된다(13.2.3(2) 참조).

(5) 다음 내용을 다시 한 번 정리해 두기로 하자. w가 오를 경우 SMC가 증가한다. 그러므로 이 경우 단기공급곡선이 왼쪽으로 이동한다. 반면에 단기에라도 기술진보가 이루어질 경우에는 SMC가 감소하므로 단기공급곡선이 오른쪽으로 이동한다.

예제 11.1   단기공급곡선: 콥-더글라스 생산함수의 경우

어떤 기업의 생산함수가 $q = 5L^{\frac{1}{2}} K^{\frac{1}{2}}$이라 한다. 여기서 L은 노동이다. 자본 K는 1단위로 주어졌다고 하자. 임금률 w와 자본의 임대료율 r이 각각 2라고 하자. 이때 이 기업의 단기공급곡선을 구하시오.

KEY   공급곡선은 선택변수를 산출량으로 하여 이윤극대화 문제를 풀어서 구할 수 있다. 17장에서 배우겠지만, 선택변수를 생산요소로 하여 이윤극대화 문제를 풀면 생산요소 수요함수를 얻는다.

풀이 $q = 5L^{\frac{1}{2}}K^{\frac{1}{2}}$, $K=1$, $w=r=2$로 주어져 있다. 기업의 공급곡선은 이윤극대화 행위로부터 구할 수 있다. 그런데 이 기업의 이윤극대화 문제는

$$\underset{q}{\text{Max}} \ \pi = pq - c(q)$$

이다. 개별 기업의 비용함수를 구하기 위해 $K=1$을 주어진 생산함수에 대입한 다음 L에 대해서 풀면 $L = \dfrac{q^2}{25}$이 된다. 이것이 조건부 단기생산요소수요이다. 이것과 주어진 값들을 비용함수인 $C = wL + rK$에 대입하면 $c(q) = \dfrac{2}{25}q^2 + 2$를 얻는다. 이것을 앞의 목적함수에 대입하면

$$\underset{q}{\text{Max}} \ \pi = pq - \left(\frac{2}{25}q^2 + 2\right)$$

가 된다. 이윤극대화의 일차필요조건은 $\dfrac{d\pi}{dq} = p - \dfrac{4}{25}q = 0$이다. 이것을 정리하면 $p = \dfrac{4}{25}q$ 가 된다. 이 식의 우변이 SMC이다. 그리고 이 식이 바로 $p = SMC$ 조건이다. 한편 $AVC = \dfrac{TVC}{q} = \left(\dfrac{2}{25}q^2\right)\Big/q = \dfrac{2}{25}q$이다. 그런데 $SMC = \dfrac{4}{25}q$이다. 단기한계비용이 평균가변비용보다 항상 크다. 그러므로 이 경우 단기한계비용곡선 전체가 단기공급곡선이 된다. 이로부터 이 기업의 단기공급곡선은 $q = \dfrac{25}{4}p$이다.

〈간단한 풀이〉
이윤극대화 문제를 푸는 대신 직접 이윤극대화 조건인 $p = SMC$를 사용하여 풀어도 좋다. 비용함수로부터 $SMC = \dfrac{4}{25}q$를 얻는다. 이것을 $p = SMC$ 조건에 대입하면, 이 기업의 단기공급곡선 $q = \dfrac{25}{4}p$를 얻는다.

📋 예제 11.2 단기공급곡선

단기총비용함수가 $c(q) = q^3 - 6q^2 + 15q + 32$일 경우 단기공급곡선을 구하시오.

KEY 단기공급곡선은 SMC곡선 중 AVC곡선의 최하점 위에 놓이는 부분이다. 고정비용의 크기는 단기공급곡선에 영향을 주지 않는다.

풀이 단기공급곡선은 이윤극대화 문제인

$$\underset{q}{Max} \ \pi = pq - c(q) = pq - (q^3 - 6q^2 + 15q + 32)$$

를 풀어서 구할 수 있다. 이윤극대화의 일차필요조건은

$$\frac{d\pi}{dq} = p - (3q^2 - 12q + 15) = 0$$

이다. 이로부터 $p = 3q^2 - 12q + 15$ (1)을 얻는다. 이것은 바로 $p = SMC$조건이다. 이때 $SMC = 3q^2 - 12q + 15$ (2)이다.

　그런데 단기공급곡선은 AVC곡선의 최하점 위에 놓이는 SMC곡선 부분이므로 이를 구해보자. 이때 AVC곡선의 최하점은 AVC곡선을 미분하여 구할 수도 있고 SMC곡선이 AVC곡선의 최하점을 지난다는 사실로부터 구할 수도 있다. 여기서는 후자의 방법을 사용하기로 하자. $TFC = STC(0) = 50$이므로 $TVC = STC - TFC = (q^3 - 6q^2 + 15q + 32) - 32 = q^3 - 6q^2 + 15q$이다. 그러므로 $AVC = \frac{TVC}{q} = q^2 - 6q + 15$ (3)으로 구해진다. SMC곡선은 AVC곡선의 최하점을 통과하므로 AVC곡선의 최하점에서는 $SMC = AVC$ (4)가 성립한다. (2)와 (3)을 (4)에 대입하면 $3q^2 - 12q + 15 = q^2 - 6q + 15$ (5)를 얻는다. (5)로부터 $q = 3$ (6)을 얻는다. 이때 $AVC_{\min}(3) = 6$ (7)이다. 그러므로 $p = SMC \geq AVC_{\min} = 6$ (8)을 만족시키는 SMC곡선 부분이 단기공급곡선이 된다.

　이제 단기공급곡선을 구하기 위해 (1)을 q에 대해서 풀면 $q = \frac{1}{3}(6 \pm \sqrt{3}\sqrt{p-3})$이다. 그런데 (6)을 고려하면 $q \geq 3$이므로 $q = \frac{1}{3}(\sqrt{3}\sqrt{p-3} + 6)$ (9)이다. 단기공급곡선은 (8)을 만족시켜야 하므로 단기공급곡선은

$$q = \frac{1}{3}(\sqrt{3}\sqrt{p-3} + 6), \ p \geq 6$$
$$q = 0, \ p < 6$$

로서 [그림]처럼 나타난다.

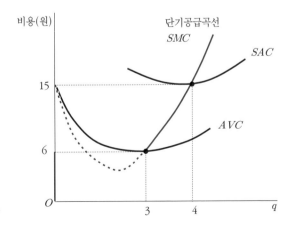

한편 계산을 해 보면 $q = 4$에서 SAC와 SMC가 교차하며 그때 SAC는 극소값 15를 갖는 다는 것을 알 수 있다. 따라서 $6 < p = SMC < 15$인 곳에서는 손실이 극소화된다. 이때 총수 입 중에서 총가변비용을 충당하고 남은 금액으로 고정비용의 일부를 충당할 수 있기 때문이다. 이때 생산을 하지 않으면 손실이 고정비용만큼인 32로서 가장 커진다. $p = SMC = SAC = 15$ 인 곳에서 $\pi = 0$이 된다. $p = SMC > 15$인 곳에서 양의 이윤이 발생한다.

예제 11.3 고정생산요소와 단기조업조건

'경쟁시장에서 고정생산요소의 크기가 달라지는 것은 그 기업이 단기에 조업을 중단할 것인가 아닌가에 영향을 주지 않는다.' 이 말을 평가하시오.

KEY 고정생산요소의 크기가 달라지면 단기한계비용이 달라진다.

풀이 $p = SMC(q) < AVC = \dfrac{SVC}{q}$일 경우 조업을 중단한다. 경쟁시장이므로 p는 일정한 값이 다. 이때 $p = SMC(q)$에 의해 q가 결정된다. 그런데 주어진 고정생산요소는 한계비용에 영 향을 주지 않지만, 고정생산요소의 크기가 달라지면 $SMC(q)$도 달라진다. 그러므로 고정생 산요소의 크기가 달라지면 q도 달라진다. 그리고 이렇게 정해진 q에 따라 $\dfrac{SVC(q)}{q}$의 크기 가 달라진다. 그러므로 고정생산요소의 크기가 달라지는 것은 조업을 중단할 것인가에 영향 을 미친다. 따라서 문제의 명제는 오류이다.

11.3.3 경쟁기업의 장기공급곡선

장기에는 모든 생산요소의 고용량을 변화시킬 수 있다. 그러므로 K의 가격인 r의 변화도 산출량에 영향을 준다. 따라서 **장기공급함수**는 r이 등장하는 형태로서

$$q = S(p, w, r) \tag{11.4}$$

이 된다(이 식은 사실상 식 (11.4)와 같은 것이다. 설명의 편의를 위해 식 (11.4)를 앞에서 먼저 도출했었 다). 이때 w와 r이 일정하다고 가정하고 p와 q의 관계를 나타낸 것이 **장기공급곡선**이다. 이 점을 염두에 두고 경쟁기업의 장기공급곡선에 대해 검토해 보자.

(1) 장기에 이윤을 극대화하려면 가격이 장기한계비용(LMC)과 같아지는 곳에서 생산 해야 한다.

(2) 장기에는 단기와는 다른 측면도 고려해야 한다. 단기에는 일부 생산요소가 고정되 어 있어서 손실을 보더라도 총수입이 총가변비용만 충당할 수 있으면 조업을 계속하는 것 이 낫다. 그러나 이러한 손실이 장기적으로 지속될 경우에는 문제가 달라진다.

　　구체적으로 살펴보자. 장기에는 단기와 달리 모든 생산요소를 자유롭게 조정할 수 있다. 이러한 측면에서 장기에는 생산요소를 0으로 만드는 것도 선택할 수 있다. 즉 이 산업에서 완전히 떠나는 것도 생각해 볼 수 있다. 그리하여 장기의 측면에서 손실이 있을 경우 기업은 이 산업을 떠나게 된다. 그러므로 장기의 관점에서는 기업의 이윤은 적어도 0보다 작지는 않아야 한다. 즉

$$pq - c(q) \geq 0$$

가 성립해야 한다. 위 식의 양변을 q로 나눈 후 정리하면

$$p \geq \frac{c(q)}{q} (= LAC) \tag{11.7}$$

가 된다. 이것은 장기에는 가격은 적어도 장기평균비용만큼은 되어야 한다는 것을 의미한다.

　　그리하여 기업의 장기공급곡선은 [그림 11-5]처럼 불연속적이 된다.

> 경쟁기업의 **장기공급곡선**(long run supply curve)은, 세로축의 일부를 포함하여, 장기한계비용(LMC)곡선 중 장기평균비용(LAC)곡선의 위에 놓이는 부분이다.

　　그런데 이것은 사실상 단기공급곡선에 대해 얻은 결과와 모순되지 않는다. 장기에는 모든 생산요소가 가변생산요소로 취급된다. 그러므로 단기에 가격이 적어도 평균가변비용만큼은 되어야 한다는 논리는 장기에는 가격이 적어도 평균비용만큼은 되어야 한다는 논리와 일맥상통한다.

그림 11-5　　**경쟁기업의 장기공급곡선**

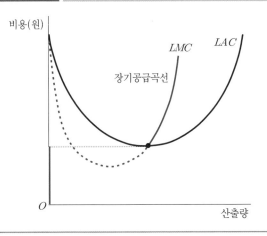

장기의 관점에서는 기업의 이윤이 0보다 적어서는 안 된다. 이 때문에 LMC곡선 중에서 LAC곡선 위에 놓이는 부분이 경쟁기업의 장기공급곡선이 된다.

(1) 규모에 대한 보수와 경쟁기업의 장기공급곡선의 유형

이제 규모에 대한 보수에 따라 기업의 장기공급곡선이 어떻게 달라질 것인가에 대해서 살펴보기로 하자.

(1) 경쟁기업의 장기공급곡선은 장기한계비용곡선 중 장기평균비용곡선 위에 놓이는 부분이라고 하였다. 그런데 이것은 규모에 대한 보수가 감소하고 있을 경우에 해당된다. 그 이유를 살펴보자. 장기한계비용곡선이 장기평균비용곡선의 위에 놓이는 영역에서는 장기평균비용은 증가하고 있다.[5] 그런데 10장에서 보았듯이 장기평균비용이 증가하는 경우는 규모에 대한 보수가 감소하는 경우에 해당되기 때문이다.

(2) 규모에 대한 보수가 불변일 경우에 대해서 생각해 보기로 하자. 10장에서 보았듯이 규모에 대한 보수가 불변일 경우에는 산출량에 관계없이 장기평균비용은 일정하다. 이때에는 장기한계비용은 장기평균비용과 일치하며 일정한 값을 갖는다. 따라서 규모에 대한 보수가 불변일 경우에는 장기공급곡선은 가로축에 평행한 직선이 된다. 이때 세로축의 절편은 장기한계비용 및 장기평균비용과 같다. 이 경우 장기한계비용이 가격이 된다. 이와 관련된 내용은 13.3.2에서 다시 다룰 것이다.

(3) 규모에 대한 보수가 증가할 경우에는 산출량이 증가함에 따라 장기평균비용이 계속 줄어든다. 이처럼 산출량이 증가함에 따라 장기평균비용이 계속 줄어드는 경우에는 이 기업은 자연스럽게 독점자가 된다. 이러한 독점자를 자연독점자라고 한다(14장 참조).

부록 11.2 생산함수, 비용함수, 공급함수, 이윤함수

아래의 (1)부터 (4)까지는 단기와 장기 어느 경우든 적용된다. 다만 단기인지 장기인지의 여부에 따라 각 함수의 독립변수들이 달라진다.

(1) 생산함수가 주어지면 비용극소화를 통해서 **조건부 생산요소수요함수**를 얻을 수 있다. 조건부 생산요소수요함수를 비용극소화의 목적함수에 대입하면 **총비용함수**를 얻는다. 총비용함수를 얻으면 생산물시장에서의 이윤극대화를 통해서 **공급함수**를 얻을 수 있다. 공급함수를 이윤극대화의 목적함수에 대입하면 **이윤함수**를 얻는다.

(2) 17장에서 다루겠지만 생산함수가 주어지면 생산요소시장에서의 이윤극대화를 통해 **생산요소수요함수**를 얻을 수 있다. 생산요소수요함수를 생산함수에 대입하면 **공급함수**를 얻는다. 생산요소수요함수를 이윤극대화의 목적함수에 대입하면 **이윤함수**를 얻는다.

---

5 이것은 9장 부록 9.1에서 이미 언급한 바 있는 한계값과 평균값 사이에서 일반적으로 성립하는 관계에 해당된다.

(3) 17장에서 다루겠지만 기업의 이윤극대화 행위를 생산물시장 측면에서 분석하든 생산요소시장 측면에서 분석하든 그 결과는 같다. 즉 (1)과 (2)의 결과는 같다.

(4) 이렇게 볼 때 기업의 이윤극대화에서 핵심적인 것은 **생산함수**이다.

(5) 그런데 **규모에 대한 보수**와 관련하여 이상의 논의에서 주목할 사항이 있다.

(i) CRTS일 경우

장기공급곡선은 가로축에 평행한 직선이 된다.

장기이윤은 0이 된다.

(ii) IRTS일 경우

자연독점이 된다.

📋 예제 11.4 장기공급곡선: 콥-더글라스 생산함수의 경우

어떤 기업의 생산함수가 $Q = L^{\frac{1}{3}} K^{\frac{1}{3}}$ 이라고 하자.

a. 장기공급함수를 구하시오.

b. 장기공급곡선을 구하시오.

c. 이윤함수를 구하시오.

KEY 생산함수가 $DRTS$이다. 그러므로 기업의 장기공급곡선은 이윤극대화 행위로부터 구할 수 있다. 이를 위해서는 먼저 비용함수를 구해야 한다.

풀이 a. 기업의 장기공급함수는 이윤극대화 행위로부터 구할 수 있다. 그런데 이 기업의 이윤극대화 문제는

$$\operatorname*{Max}_{q} \pi = pq - c(q)$$

이다. 생산함수가 $Q = L^{\frac{1}{3}} K^{\frac{1}{3}}$ 일 경우 장기총비용함수는 $C_L = 2w^{\frac{1}{2}} r^{\frac{1}{2}} q^{\frac{3}{2}}$ 으로 구해졌다 (예제 10.8 참조). 이것을 목적함수에 대입하면

$$\operatorname*{Max}_{q} \pi = pq - (2w^{\frac{1}{2}} r^{\frac{1}{2}} q^{\frac{3}{2}})$$

이다. 이윤극대화의 일차필요조건은 $p = 3w^{\frac{1}{2}} r^{\frac{1}{2}} q^{\frac{1}{2}}$ (1)이다. 이것이 바로 $p = LMC$ 조건이다. 한편 장기공급곡선은 LAC곡선의 최하점 위에 놓이는 LMC곡선 부분이다. 그런데

$LMC = 3w^{\frac{1}{2}}r^{\frac{1}{2}}q^{\frac{1}{2}}$ 이고, $LAC = \dfrac{LTC}{q} == \dfrac{2w^{\frac{1}{2}}r^{\frac{1}{2}}q^{\frac{3}{2}}}{q} = 2w^{\frac{1}{2}}r^{\frac{1}{2}}q^{\frac{1}{2}}$ 이다. 이때 모든 $q \geq 0$ 에 대해 $LMC \geq LAC$ (2)이다. 따라서 장기공급함수는 (1)로부터 $q = \dfrac{1}{9wr}p^2 = S(p,w,r)$ (3)으로 구해진다. 이때 함수 S가 장기공급함수이다.

b. w, r이 일정하게 주어진 상태에서 p와 q의 관계를 그리면 장기공급곡선을 얻는다.

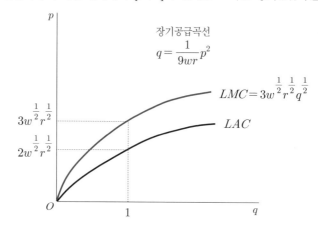

c. (3)을 목적함수에 대입하면 $\pi = \dfrac{1}{27wr}p^3 = \Pi(p,\,w,\,r)$ 을 얻는다. 함수 Π가 바로 이윤함수이다. 이윤함수는 p, w, r의 함수이다.

📑 예제 11.5 장기공급곡선

장기총비용함수가 다음과 같을 경우 장기공급곡선을 각각 구하시오.

a. $c(q) = q^3 - 6q^2 + 15q$

b. $c(q) = q^2$

c. $c(q) = 10q$

KEY 장기공급곡선은 LMC곡선 중 LAC곡선의 최하점 위에 놓이는 부분이다.

풀이 a. 고정비용이 없다는 점을 제외하면 [예제 11.2]의 비용함수와 같다(그렇지만 단기비용함수는 생산 규모가 주어져 있는 상태에 대한 것이고 장기비용함수는 그렇지 않다는 측면에서 전혀 별개이다). 직관적으로 볼 때 고정비용은 공급곡선에 영향을 주지 않으므로 결과는 [예제 11.2]와 같을 것이다. 그렇지만 확인하는 측면에서 다시 풀어보자. 장기공급곡선은 이윤극대화 문제인

$$Max \atop q \quad \pi = pq - c(q) = pq - (q^3 - 6q^2 + 15q)$$

를 풀어서 구할 수 있다. 이윤극대화의 일차필요조건은

$$\frac{d\pi}{dq} = p - (3q^2 - 12q + 15) = 0$$

이다. 이로부터 $p = 3q^2 - 12q + 15$ (1)을 얻는다. 이것은 바로 $p = LMC$조건이다. 이때 $LMC = 3q^2 - 12q + 15$ (2)이다. 장기공급곡선은 LAC곡선의 최하점 위에 놓이는 LMC 곡선 부분이다. 이때

$$LAC = \frac{LTC}{q} = q^2 - 6q + 15 \tag{3}$$

인데 LAC의 최하점을 구하는 과정과 그 이후의 과정은 [예제 11.2]에서 AVC의 최하점을 구하는 과정 및 그 이후의 과정과 같다. 그 결과 장기공급곡선은

$$q = \frac{1}{3}(\sqrt{3}\sqrt{p-3} + 6), \ p \geq 6$$

$$q = 0, \ p < 6$$

으로서 [그림 A]처럼 나타난다.

b. 이윤극대화 문제로부터 $p = LMC$인 $p = 2q$ (1)을 얻는다. 이때 $LMC = 2q$ (2)이다. 장기공급곡선은 LAC곡선의 최하점 위에 놓이는 LMC곡선 부분이다. 한편 $LAC = \frac{LTC}{q}$ $= \frac{q^2}{q} = q$이다. 이때 모든 $q \geq 0$에 대해 $LMC = 2q \geq q = LAC$이다. 따라서 장기공급곡선은 (1)로부터 $q = \frac{p}{2}$, $p > 0$로서 [그림 B]처럼 나타난다.

c. 이윤극대화 문제로부터 $p = LMC$인 $p = 10$ (1)을 얻는다. 이때 $LMC = 10 = LAC = \frac{10q}{q}$ (2)이다. 장기공급곡선은 $p = 10$으로서 [그림 C]처럼 가로축에 평행한 직선이다. 구체적으로는

$$S(p) = \begin{cases} \to \infty, & p > 10 \\ 임의의 \ q \in [0, \infty), & p = 10 \\ 0, & p < 10 \end{cases}$$

으로 쓸 수 있다. 일반적으로 $p > LAC$이면 이윤이 발생한다. 그런데 이 문제의 경우 산출량에 관계없이 $LAC = LMC$이다. (i) 따라서 $p > LMC$이면 이윤이 생기며 $p > 10$일 경우 $\frac{d\pi}{dq} > 0$이 되어 이윤은 산출량이 많아질수록 비례적으로 커진다. 그 결과 $p > 10$이면 이윤을 극대화하는 산출량, 즉 공급량은 무한대가 된다. (ii) $p = 10$일 경우 산출량에 관계없이 이윤이 0이 되며 따라서 산출량이 정해지지 않는다. (iii) $p < 10$일 경우 $\frac{d\pi}{dq} < 0$이 되어 손실은 산출량이 많아질수록 비례적으로 커진다. 그러므로 $p < 10$일 경우 한 단

위도 생산하지 않는다.

한편 이 경우 가격은 수요조건과는 관계없이 오로지 기술조건, 즉 비용함수의 특성에 따라 정해진다. 비용함수가 $CRTS$일 경우의 특성이다.

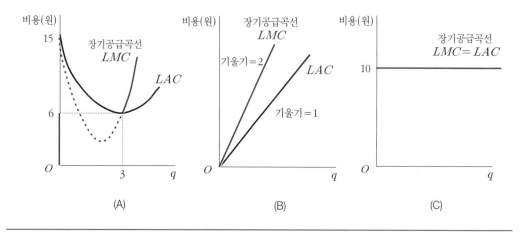

11.3.4 단기시장공급곡선

(1) 개별 경쟁기업의 공급곡선은 단기한계비용곡선으로 구해진다는 사실을 알았다. 시장에 있는 모든 개별 기업들의 이러한 단기공급곡선들을 수평으로 합하면 단기시장공급곡선을 얻을 수 있다.

편의상 시장에 기업이 두 개만 있는 경우를 생각해 보자. 그러면 단기시장공급곡선은 두 개별 기업들의 단기공급곡선을 수평으로 합하여 얻게 된다. 이때 동일하게 주어진 각각의 모든 가격에서 개별 기업들의 공급량을 합하게 된다. 그 원리는 [그림 8-1]의 경우와 동일하다. 이것이 [그림 11-6]에 나타나 있다. 그 결과 단기시장공급곡선은 각 가격에서 개별 기업이 공급하려는 수량을 합한 것으로 나타난다.[6] 시장에 n개의 기업이 있다면 **단기시장공급함수**는

$$Q = S(p, w, \overline{K}_1, .., \overline{K}_n) = \sum_{i=1}^{n} s_i(p, w, \overline{K}_i)$$

가 된다. 이때 w, $\overline{K}_i(i = 1, ..., n)$, 기술수준(즉 공급함수 이면의 생산함수) 등이 일정하다고 가정하고 p와 Q의 관계를 그리면 단기시장공급곡선을 얻는다. w, $\overline{K}_i(i = 1, ..., n)$, 또는 기술수

---

6 여기서도 공급의 변화와 공급량의 변화를 구분해야 한다. 이때 적용하는 원리는 8장에서 수요의 변화와 수요량의 변화를 구분할 때 적용했던 원리와 같다.

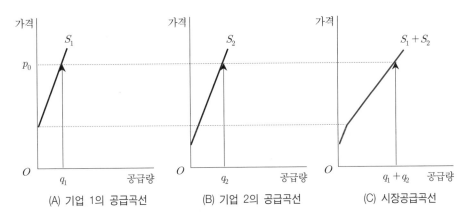

단기시장공급곡선은 개별 기업들의 단기공급곡선을 수평으로 합하여 구한다.
단기시장공급곡선은 개별 기업들의 단기한계비용곡선의 수평합이다.

준이 변화하면 단기시장공급곡선 자체가 이동한다.

(2) 개별 기업의 공급곡선은 개별 기업의 이윤극대화 행위로부터 도출되었으므로 개별 기업들의 공급곡선을 합하여 구해지는 시장공급곡선도 결국 개별 기업들의 이윤극대화 행위로부터 얻어진 것이다.

(3) 개별 기업의 공급곡선은 개별 기업의 한계비용곡선이라는 사실을 상기하자. 기업 1의 경우 가격 p_0에 대응하는 공급량 q_1에서 한계비용은 p_0와 같다. 기업 2의 경우도 가격 p_0에 대응하는 공급량 q_2에서 한계비용은 p_0와 같다. 이때 기업 1의 이러한 한계비용은 가로축의 기업 1의 공급량 q_1에서 기업 1의 공급곡선에 이르는 수직거리인 p_0로 나타난다. 기업 2의 한계비용은 가로축의 기업 2의 공급량 q_2에서 기업 2의 공급곡선에 이르는 수직거리로서 역시 p_0로 나타난다. 이러한 상황에서는 각 개별 기업들 중에서 어느 기업이 추가로 (아주 작은) 1단위를 더 생산하더라도 그때 추가로 드는 비용은 p_0와 같다(아주 작은 1단위 변화에 대해서는 [부록 2.2]와 10.8.1 참조). 이것은 시장 전체 측면에서 볼 때 가격 p_0에 대응하는 시장공급량 $q_1 + q_2$에서 공급량을 추가로 (아주 작은) 1단위 더 증가시키려 할 때 한계비용이 가격 p_0와 같다는 것을 의미한다. 그리고 이러한 한계비용은 시장공급량인 $q_1 + q_2$에서 시장공급곡선까지의 수직거리인 p_0로 나타난다. 따라서 이때

$$MC_1(q_1) = MC_2(q_2) = MC(q_1 + q_2) = p_0 \tag{11.8}$$

가 성립한다. 그런데 이상의 논리는 가격 p_0에서뿐만 아니라 각각의 모든 가격에서 성립한다.

그러므로 개별 기업의 공급곡선뿐만 아니라 시장공급곡선도 한계비용곡선으로 볼 수 있다.

(4) [권말 부록] I.4.2의 포락선정리를 적용하면 [부록 10.5]에서처럼 식 (11.8)을 엄밀하게 도출할 수 있다.

부록 11.3 수평합과 수직합

1. **수평합**(horizontal summation): 동일한 가격에 대한 서로 다른 수량들의 수평합

(1) 공급함수 또는 수요함수일 때

(a) 공급함수의 그래프 또는 수식일 경우: 그래프를 통할 경우 개별 기업들의 공급곡선을 수평으로 더하여 시장공급곡선을 얻는다. 수식으로 구할 경우 개별 기업들의 공급이 **공급함수**의 형태로 주어졌을 때에는 두 수량을 더하면 된다. 예를 들어 $q_1 = \frac{1}{2}p$, $q_2 = \frac{1}{3}p$로 주었을 경우 시장공급곡선은 $q = q_1 + q_2 = \frac{1}{2}p + \frac{1}{3}p = \frac{5}{6}p$가 된다. 본문의 [그림 11−6]처럼 수평으로 합하는 것이 수식상으로 이렇게 표현되는 배경에는 개별 기업들이 가격수용자로서 동일한 가격에 직면하는 상황에서 개별 기업들의 공급곡선이 종속변수인 수량을 가로축에 표시하고 있다는 사실이 깔려 있다. 이러한 배경 아래 시장공급곡선은 세로축에 표시되는 임의의 가격 p_0에 대응한 개별 기업들의 공급량 q_1과 q_2의 수평합 $q_1 + q_2$를 가로축에 보여주는데 이것이 수식상으로 수량들을 더하는 것으로 표현되는 것이다.

(b) 수요함수의 그래프 또는 수식일 경우: 개인들의 수요가 **수요함수**의 형태로 주어졌을 경우에도 같은 방법으로 시장수요곡선을 구한다(예제 8.1 참조).

[예] $q_A = 400 - p_A$, $q_B = 600 - p_B$일 경우 q가 사적재라면 $p = p_A = p_B$이다. 따라서 $q_A = 400 - p$, $q_B = 600 - p$이며 $q = q_A + q_B = 1,000 - 2p$, $(q > 200)$, $q = 600 - p$, $(q \leq 200)$이다.

(2) 역공급함수 또는 역수요함수의 수식일 때

(a) 역공급함수의 수식일 경우: 그러나 개별 기업들의 공급함수가 **역공급함수**의 형태로 주어졌을 경우 시장공급곡선을 수식을 통해 구할 때에는 주의해야 한다(공급곡선의 경우 각 개별기업들은 동일한 가격에 직면하는 상태에서 종속변수인 수량을 가로축에 표시하기 때문이다). 예를 들어 각 기업의 역공급함수가 $p = 2q_1$, $p = 3q_2$라고 하자. 시장공급곡선을 구하려면 (i) 먼저 이것을 공급함수의 형태인 $q_1 = \frac{1}{2}p$, $q_2 = \frac{1}{3}p$로 바꾸어 준다. 즉 수량이 가격의 함수인 형태로 바꾸어 준다. 즉 수량이 종속변수인 형태로 바꾸어 준다. 다시 말하면 역공급함수의 **역함수**를 구해준다는 것이다. (ii) 개별 기업들의 공급곡선을 수평으로 합한다는 것은 이 수량들을 더한다는 것이다. 따라서 이 수량들을 더하면 시장공급곡선은 $q = q_1 + q_2 = \frac{1}{2}p + \frac{1}{3}p = \frac{5}{6}p$가 된다. 이 결과는 앞서 (1)에서 구한 결과와 같다.

(iii) 역공급함수의 형태로 표현하면 $p = \frac{6}{5}q$가 된다.

(b) 역수요함수의 수식일 경우: 개인들의 수요함수가 **역수요함수**의 형태로 주어졌을 경우 수식을 통해 시장수요곡선을 구할 때에도 (a)의 방법을 따른다.

(3) 다공장 기업의 한계비용(10.8 및 [예제 10.10] 참조)

(a) 그래프로 구하기: 예를 들어 2개의 공장을 지닌 기업의 한계비용곡선을 그래프를 통해 구하려면 각 공장의 한계비용곡선을 수평으로 합하면 된다. 그 원리는 (1)의 방법처럼 개별 기업들의 공급곡선을 수평으로 합하여 시장공급곡선을 얻는 원리와 같다. 그림을 새로 그리는 대신 본문의 [그림 11-6]에서 기업을 공장으로, 공급곡선을 **한계비용곡선**으로 간주하고 논의를 진행하자.

(i) 한계비용곡선을 구할 때 비용극소화를 위해서는 각 공장의 산출량 q_1과 q_2에 대해

$$MC_1(q_1) = MC_2(q_2) = MC(q_1 + q_2) \tag{11.8}$$

가 성립해야 한다는 사실이 적용된다. 이 식은 본문의 식 (11.8)과 같다는 점에 주목하자. $MC_1(q_1) = MC_2(q_2)$는 비용극소화를 위해서는 어느 공장에서 추가로 (아주 작은) 1단위를 더 생산하든 추가로 드는 비용은 같아야 한다는 것을 의미한다.[7] (아주 작은 1단위 변화에 대해서는 [부록 2.2]와 10.8.1 참조). 이것은 또한 이 한계비용이 기업 전체 측면에서 볼 때 $q_1 + q_2(= q)$에서 공급량을 추가로 1단위 더 증가시키려 할 때 추가로 드는 비용인 $MC(q)$와 같다는 것을 의미한다. 한편 [부록 10.5]에서는 **포락선정리** (권말 부록 I.4.2 참조)를 적용해서 식 (11.8)을 엄밀하게 도출하였다.

(ii) 기업의 한계비용곡선을 구하려면 각 공장들의 한계비용곡선을 수평으로 합해야 하는 배경에는 비용이 극소화될 경우 각 공장의 한계비용이 이처럼 같아지며(마치 공급곡선에서 개별 기업들이 동일한 가격에 직면하는 상황을 연상시킨다) 또한 각 공장들의 한계비용곡선들이 종속변수인 수량을 가로축에 표시하고 있다는 사실이 깔려 있다.

(iii) 이러한 배경 아래 각 공장들의 한계비용곡선을 수평으로 합하여 얻은 기업의 한계비용곡선은 세로축에 표시되는 임의의 한계비용 MC_0([그림 11-6]에서 $p_0 = MC_0$라고 하자)에 대응하는 각 공장들의 공급량인 q_1과 q_2의 수평합$(q_1 + q_2)$을 가로축에 보여주게 된다. 그리고 가로축의 그 수평합에서 한계비용곡선에 이르는 거리가 MC_0임을 보여준다. 물론 q_1과 q_2에서 각 공장의 한계비용곡선에 이르는 수직거리도 각각 MC_0이다. 그 결과 $MC_1(q_1) = MC_2(q_2) = MC(q_1 + q_2) = MC_0$ (11.8)이 성립한다. 이때 (1)과

---

[7] 이렇게 되지 않을 경우 한계비용이 높은 곳에서 산출량을 줄이고 그만큼 한계비용이 낮은 곳에서 산출량을 늘리면 같은 수량을 생산하더라도 총비용이 감소한다. 한편 이 과정에서 한계비용이 높은 곳에서 산출량을 줄일 경우 그 곳에서 한계비용이 낮아지고 한계비용이 낮은 곳에서 산출량을 늘릴 경우 그 곳에서 한계비용이 높아져서 마침내 두 곳의 한계비용이 같아지는 곳에서 비용이 극소화된다.

본문 11.3.4(3)의 내용이 그대로 적용된다.

(b) 수식으로 구하기: 한계비용함수가 수식으로 주어지는 경우는 **역공급함수**의 형태이다. 그러므로 이때에도 수식을 통해 이 기업의 한계비용함수를 구하려면 각 공장의 한계비용함수를 단순히 더해서는 안 된다. 단순히 더할 경우 수직합이 된다(맨 끝의 2(2) 참조). 이 기업의 한계비용함수를 얻으려면 (2)(a)처럼 먼저 수량이 종속변수인 형태로 바꾸어 주어야 한다. 그 이유는 각 공장의 한계비용이 같아지는 상태에서 종속변수인 수량을 가로축에 표시하기 때문이다. 예를 들어 각 공장의 한계비용함수가 각각 $MC_1 = 2q_1$, $MC_2 = 3q_2$라고 하자. 준비단계로 비용극소화조건인 식 (11.8)을 각 공장의 한계비용함수에 적용하면 $MC = 2q_1$, $MC = 3q_2$가 된다. 이후부터는 (2)(a)의 방법과 같다. (i) 먼저 이것들을 $q_1 = \frac{1}{2}MC$, $q_2 = \frac{1}{3}MC$의 형태로 바꾸어 준다. 즉 수량이 종속변수인 형태로 바꾸어 준다. (ii) 한계비용곡선들을 수평으로 합한다는 것은 이 수량들을 더한다는 것이다. 즉 $q = q_1 + q_2 = \frac{1}{2}MC + \frac{1}{3}MC = \frac{5}{6}MC$이다. 수량을 가로축에 나타낸 상황에서 이 결과는 세로축의 임의의 MC에서 각 공장이 공급하는 수량들을 더한 것이므로 (a)처럼 각 공장의 한계비용곡선들을 수평으로 합한 것이다. (iii) 이로부터 $MC = \frac{6}{5}q$를 얻는다. 한편 여기서는 한계비용함수를 $MC_1 = 2q_1$, $MC_2 = 3q_2$라고 했고 (2)에서는 역공급함수를 $p = 2q_1$, $p = 3q_2$라고 했다. 그런데 한계비용함수가 역공급함수이므로 사실상 같은 상황이다. 그러므로 현재 얻은 결과인 $MC = \frac{6}{5}q$가 (2)에서 얻은 결과인 $p = \frac{6}{5}q$와 같은 것은 당연하다.

(4) 다수의 시장을 지닌 독점기업의 한계수입: 개별 기업들의 **한계수입곡선**(MR곡선)이 주어졌을 경우 수식을 통해 수평으로 합할 때에도 (2)(a)의 방법을 따른다(그림 14-7 참조).

2. **수직합**(vertical summation): 동일한 수량에 대한 서로 다른 한계편익들 또는 한계비용들의 수직합
앞서의 수평합은 동일한 가격에 대해 서로 다른 수량들을 합한 것이다. 이에 반해 21장과 22장에서 알게 되겠지만 수직합은 동일한 수량에 대해 서로 다른 한계편익들이나 한계비용들을 합하게 된다.

(1) 공공재의 경우: 모든 개인들이 동일한 수량을 소비하지만 각 수량에 대해 서로 다른 **한계편익**을 누리게 된다. 이 경우 공공재의 수요곡선은 각 개인의 수요곡선을 수직으로 합해서 구한다(예제 21.3 참조).

[예] $q_A = 400 - p_A$, $q_B = 600 - p_B$일 경우 q가 공공재라면 $q = q_A = q_B$이다. 따라서 $p_A = 400 - q$, $p_B = 600 - q$인데 이때 $p = p_A + p_B = 1{,}000 - 2q$, $(q \leq 400)$, $p = 600 - q$, $(q > 400)$처럼 합하는 것이 각 개인의 수요곡선을 수직으로 합하는 것이다.

(2) 외부효과의 경우: **외부비경제**가 있을 경우 사적 한계비용곡선과 공해의 사회적 한계비용곡선을 수직으로 합하여 사회적 한계비용곡선을 얻는다(그림 22.1 참조).

[예] $MC_1 = 2q_1$, $MC_2 = 3q_2$일 경우 먼저 $q = q_1 = q_2$로 놓고 $MC_1'(q) + MC_2'(q) = 2q + 3q = 5q$처럼 합하는 것이 2개의 **한계비용곡선**을 수직으로 합하는 것이다.

11.3.5 장기시장공급곡선

장기시장공급곡선을 구하려면 새로운 기업들이 시장에 진입하거나 이탈할 수 있다는 사실을 고려해야 한다. 말하자면 시장에 있는 기업의 수도 더 이상 고정된 것으로 간주하지 않는다. 나아가서 산출량이 증가할 때 생산요소들의 가격이 변화할 수도 있다는 점을 고려해야 한다. 이 때문에 단기의 경우와는 달리, 개별 기업의 장기공급곡선들을 단순히 합한 것이 장기시장공급곡선이 되지 않는다. 이에 대해서는 13장에서 분석할 것이다.

11.4 생산자잉여

생산자잉여는 소비자잉여에 대응되는 개념이다. 생산자잉여도 소비자잉여처럼 시장구조나 정부정책에 따른 자원배분 결과를 후생의 변화 측면에서 평가하는 데 사용된다.

> 🌱 **생산자잉여**(producer's surplus)   공급자가 실제로 받는 금액에서 최소한 그가 받으려는 금액을 빼준 금액

생산자잉여를 구하기 위해서는 한계비용의 의미를 되새겨 볼 필요가 있다.[8] 한계비용은 상품을 추가로 1단위 더 생산할 때 추가로 드는 비용이다. 그러므로 생산자는 상품의 첫 번째 단위를 $MC(1)$의 가격에 기꺼이 공급할 의향이 있다. 그런데 실제로 그는 시장가격 p^*를 받는다. 마찬가지로 두 번째 단위는 $MC(2)$의 가격에 기꺼이 공급할 의향이 있는데 실제로는 시장가격 p^*를 받는다. 이러한 논리는 마지막 단위까지 계속 적용된다. 다만 마지막 단위에 대해서는 $p(q^*)$를 받고자 했는데 실제로도 $p^* = MC(q^*)$를 받게 된다.

이제 수량 q^*가 공급될 때 공급자가 실제로 받는 금액에서 그가 받으려는 최소한의 금액을 빼 준 값은

$$(p^* - MC(1)) + (p^* - MC(2)) + \cdots + (p^* - MC(q^* - 1)) + (p^* - MC(q^*))$$

가 된다. 이 값이 바로 생산자잉여이다.

---

8 생산자잉여는 소비자잉여를 구할 때와 같이 긴 직사각형들을 그려서 구할 수도 있다. 여기서는 원리는 같지만 약간 다른 방법을 사용해 보자.

11.4.1 생산자잉여의 크기와 측정

(1) 이러한 생산자잉여는 [그림 11-7(A)]처럼 총수입에서 한계비용곡선 아래의 면적을 빼 준 값으로 나타난다.[9]

(2) 그런데 10.2.5의 (2)에서 말한 것처럼 한계비용곡선 아래의 면적은 총가변비용과 같다. 직관적으로 볼 때 산출량이 추가로 1단위 더 증가할 때마다 추가로 증가한 비용을 모두 합한 것이 바로 총가변비용이기 때문이다. 따라서 생산자잉여를 PS라고 하면

$$PS = TR - TVC, \text{ 즉 생산자잉여=총수입-총가변비용} \tag{11.9}$$

이다. 그러므로 생산자잉여는 [그림 11-7(B)]처럼 AVC곡선을 이용하여

$$PS = TR(q^*) - TVC(q^*) = p^*q^* - AVC(q^*) \times q^* = (p^* - AVC(q^*))q^*$$

로 구할 수도 있다.

(3) 한편 $\pi = TR - TC = (TR - TVC) - TFC = PS - TFC$이다. 각 변에 TFC를 더한 후 첫 변과 마지막 변을 보면

$$PS = \pi + TFC, \text{ 즉 생산자잉여 = 이윤+총고정비용} \tag{11.10}$$

이다. 이처럼 총고정비용이 이윤에는 포함되지 않지만 생산자잉여에는 포함된다. 단기에 조업을 중단할 경우 총고정비용만큼 손실이 발생하는데 조업할 경우 이러한 손실이 발생하지 않으므로 이것을 잉여에 포함시킨다. 한편 13장에서 보겠지만 장기균형에서는 이윤이 0이다. 그런데 장기에는 고정비용도 없으므로 식 (11.10)에서 볼 때 생산자잉여가 0이 된다. 장기에는 비용이 모두 가변비용이므로 이윤이 0인 상태에서는 식 (11.9)에서 총수입과 총가변비용이 같아져서 생산자잉여가 0이 되는 것으로도 해석할 수 있다.

(4) 지금 단계에서도 이해할 수 있는 내용이므로 [그림 13-4(B)]에서는 생산자잉여가 $\overline{CD} \times q^{**}$로 구해지는 것을 확인해 보기 바란다. 이처럼 손실이 발생할 경우에도 생산자잉여는 존재할 수 있다. 물론 [그림 13-4(B)]에서도 생산자잉여를 총수입에서 SMC곡선 아래의 면적을 빼서 구해도 된다.

(5) 11.3.2에서 단기조업중단조건은 $TVC(q) > pq$라고 하였다. 즉 총수입이 총가변비용

---

9 생산자잉여를 PS라고 표기하고 이 내용을 적분 기호를 사용하여 나타내면 $PS = p^*q^* - \int_0^{q^*} MC(x)dx = TR(q^*) - \int_0^{q^*} MC(x)dx$이다. 이때 $\int_0^{q^*} MC(x)dx$는 한계비용곡선 아래의 면적을 나타낸다.

그림 11-7 **생산자잉여**

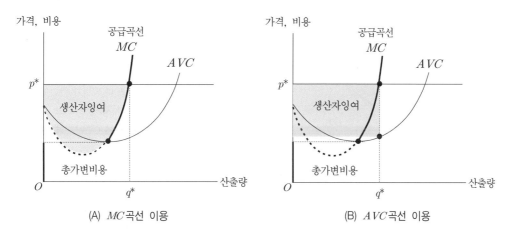

생산자잉여는 총수입에서 총가변비용을 빼 준 값이다. 이때 총가변비용은 한계비용곡선 이래 부분의 면적으로 측정할 수도 있고 평균가변비용에 산출량을 곱해서 얻을 수도 있다.

도 충당하지 못하면 조업을 중단하는 것이 낫다. 양변에서 $TVC(q)$를 빼 주면 $0 > pq - TVC(q) = TR(q) - TVC(q)$이다. 그런데 $[TR(q) - TVC(q)]$가 바로 생산자잉여이므로

조업중단조건: $PS < 0$, 즉 생산자잉여 < 0

으로 쓸 수 있다. 즉 생산자잉여가 음이 될 정도로 가격이 낮은 상황이라면 단기에라도 조업을 중단하는 것이 낫다. 바꾸어 말하면 생산자잉여는 음이 될 수 없다는 것이다.

11.4.2 가격의 변화와 생산자잉여

생산자잉여를 구하려면 비용곡선에 대한 상세한 정보가 필요하다. 이제 방향을 약간 바꾸어 가격이 변화할 때 생산자잉여가 얼마나 변화하는가를 살펴보자. 편의상 한계비용곡선이 직선인 경우로 생각해 보자.

예를 들어 가격이 p_0에서 p_1으로 상승한 경우 생산자잉여는 [그림 11-8]에서 음영으로 표시된 부분만큼 증가한다. 그런데 이것은 다시 a와 b의 두 부분으로 나누어 볼 수 있다.

이 중에서 직사각형 a는 q_0를 이전에는 p_0에 팔았으나 이제는 그보다 높은 가격인 p_1에 팔 수 있게 되었기 때문에 생긴 것이다. 그리고 삼각형 b는 가격이 올라 $q_1 - q_0$를 추가로 공급하게 되었기 때문에 생긴 것이다.

그림 11-8 생산자잉여의 증가

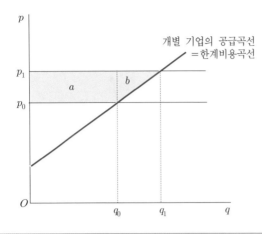

가격이 상승하면 생산자잉여가 증가한다. 그림은 가격이 p_0에서 p_1으로 상승하면 생산자잉여가 $(a+b)$만큼 증가하는 것을 나타낸다.

그런데 중요한 사실이 하나 있다. 즉 앞서 보았듯이 $PS = \pi + TFC$인데 TFC는 조업하는 한 변하지 않으므로

$$\Delta PS = \Delta\pi,\ \text{즉 생산자잉여의 변화=이윤의 변화}$$

이다. 이 결과를 이용하면 가격이 변화할 때 생산자잉여의 변화는 이윤의 변화를 이용해서 측정할 수도 있고 거꾸로 이윤의 변화는 생산자잉여의 변화를 이용해서 측정할 수도 있다.

부록 11.4 소비자이론과 생산자이론의 대응 2

소비자이론	생산자이론
소비자	생산자
효용극대화	이윤극대화
수요곡선 역수요곡선 – 한계편익곡선	공급곡선 역공급곡선 – 한계비용곡선
소비자잉여	생산자잉여

시장균형: 자원배분의 효율 달성

MICROECONOMICS

소비자이론에서는 소비자들이 최적선택을 한 결과로부터 시장수요곡선을 얻는다는 사실을 알았다. 생산자이론에서는 기업들이 최적선택을 한 결과로부터 시장공급곡선을 얻는다는 사실을 알았다. 이번 장에서는 이러한 시장수요곡선과 시장공급곡선이 함께 어우러져 결정되는 시장균형이 무엇을 뜻하는가, 그리고 특히 시장가격이 자원을 어떻게 효율적으로 배분하게 되는가에 대해서 알아본다. 미시경제학이 가격의 자원배분기능을 연구하는 분야라는 측면에서 볼 때 이번 장에서 그와 관련된 아주 핵심적인 내용이 다루어진다고 볼 수 있다.

이처럼 성격상 1편과 2편을 결합하는 내용이다. 경쟁이 전제된 내용이므로 '3편의 13장 완전경쟁시장'에 포함시킬 수도 있지만 1편과 2편이 결합된다는 점을 부각시키기 위해 독립된 장으로 구성하였다.

또 다른 주제는 시장균형에 대한 분석을 현실적인 예에 적용시켜 보는 것이다. 주어진 여건이 변화할 때 시장수요곡선이나 시장공급곡선이 어떻게 이동하는가 그리고 그 결과 균형이 어떻게 달라지는가가 관심의 초점이다.

무엇을 공부할 것인가

1. 균형의 의미는 무엇인가? 시장균형이 지니는 특성은 무엇인가?
2. 자원배분의 효율조건은 무엇이며 어떻게 달성되는가?
3. 시장에서 효율이 달성되는 이유는 수식으로 어떻게 나타나는가?
4. 어떠한 경우에 시장수요곡선이 이동하는가? 어떠한 경우에 시장공급곡선이 이동하는가?
5. 비교정학분석에서 탄력성은 어떻게 활용되고 있는가?
6. 수요자에게 조세를 부과할 경우와 공급자에게 조세를 부과할 경우 그 경제적 결과에 차이가 있는가? 그 이유는 무엇인가?
7. 조세를 부과할 경우 수요자와 공급자 중에서 누가 조세를 더 많이 부담하게 되는가와 탄력성은 서로 어떠한 관계가 있는가?
8. 조세를 부과할 경우 초과부담은 어떻게 측정되며 그 크기는 탄력성과 어떠한 관계에 있는가?
9. 무역의 이득은 어떠하며 어떻게 측정되는가?
10. 관세로 인한 비효율은 어떠하며 어떻게 측정되는가?

12.1 시장균형: 자원배분의 효율 달성

소비자이론으로부터 시장수요곡선을 얻었고 생산자이론으로부터 시장공급곡선을 얻었다. 이를 토대로 시장균형이 어떻게 달성되는가를 배운다. 미시경제학은 가격이 어떻게 결정되고 그 가격이 자원배분문제를 어떻게 해결하는가를 연구하는 분야이다. 그런데 이 절에서 균형가격이 어떻게 결정되는가, 그 가격이 자원을 어떻게 배분하는가, 그리고 그 자원배분이 효율적인 이유가 무엇인가에 대해서 배운다. 그런 측면에서 아주 핵심적인 내용을 다룬다고 볼 수 있다.

12.1.1 시장수요곡선과 시장공급곡선

우리는 소비자가 효용을 극대화하는 행위로부터 그 개인의 수요함수를 얻을 수 있다는 것을 알고 있다. 이러한 각 개인의 수요함수에서 소득과 다른 상품들의 가격이 일정하게 주어졌다는 가정하에 수요곡선을 구한 다음, 그 수요곡선들을 수평으로 합하면 시장수요곡선을 얻게 된다. 그리하여 시장수요곡선은 각 가격에서 그 상품에 대한 시장 전체의 수요량을 보여주게 된다. 또한 시장수요곡선상의 각 점은 효용극대화 행위와 관계된다. 그리고 각 점은 그 수량에 대해 소비자들이 지불하고자 하는 '최대한'의 가격을 보여주고 있다.

한편 (경쟁시장에서) 가격수용자로 행동하는 개별 기업이 이윤을 극대화하는 행위로부터 개별 기업의 공급함수를 얻을 수 있다는 것을 알고 있다. 이러한 각 개별 기업의 공급함수에서 생산요소들의 가격이 일정하게 주어졌다는 가정하에 공급곡선을 얻은 후, 그 공급곡선들을 수평으로 합하면 시장공급곡선을 얻게 된다.

> 시장공급곡선은 산업공급곡선(industry supply curve)이라고도 한다. 시장(market)은 소비자들과 기업들을 모두 포함하는 개념이고 산업(industry)이란 같은 상품을 생산하는 여러 기업들이 모인 것을 말한다.

이렇게 구한 시장공급곡선은 각 가격에서 그 상품에 대한 시장 전체의 공급량을 보여주고 있다. 또한 시장공급곡선상의 각 점은 기업의 이윤극대화 행위와 관계된다. 그리고 각 점은 그 수량에 대해 기업들이 받고자 하는 '최소한'의 가격을 보여주고 있다.

12.1.2 시장균형의 달성

이제 우리는 시장수요곡선과 시장공급곡선에 대해 알았다. 그러므로 특정 상품의 시장균형에 대해 분석할 준비가 갖추어진 셈이다. 1장에서 일반적으로 균형(equilibrium)이란 외부적 상황이 변화하지 않는 한 계속 유지되려는 상태를 말한다고 했다. 그런데 특히 경제적 균형은 각 경제주체가 자신에게 최적이 되는 행동을 취했을 때 그 행위가 다른 경제주체의 행위와 양립될 수 있는 상태를 말한다. 바꾸어 말하면 균형가격이 아닌 가격에서는 각자의 의도가 모두 성취될 수는 없다. 이 경우 자신의 의도가 성취되지 않은 경제주체들은 자신의 행위를 바꾸려는 유인을 갖게 된다. 결국 균형가격이 아닌 가격에서는 누군가가 자신의 행위를 바꾸려는 유인이 존재하기 때문에 그 가격이 그대로 지속되지 못한다.

이렇게 볼 때 **시장균형**(market equilibrium)은 [그림 12-1]에서 보듯이 시장수요량과 시장공급량이 같아지는 (p^*, Q^*)에서 이루어진다. 그 이유를 살펴보자. 시장수요곡선상의 각 점은 수요자들에게 최적선택이다. 또한 시장공급곡선상의 각 점은 공급자들에게 최적선택이다. 그런데 p^*와 Q^*는 수요곡선과 공급곡선이 만나는 점이다. 따라서 그 점은 수요자에게도 최적선택이 되고 공급자에게도 최적선택이 된다. 이때 그들 각자가 원하는 바가 모두 실현되어 자신들의 행위를 바꿀 유인이 없다. 그러므로 이 점이 균형이 된다.

예를 들어 가격이 균형가격 p^*보다 높은 $\bar{p}$일 경우에는 공급량이 수요량보다 많다. 즉 **초과공급**(excess supply) 상태가 된다. 이 경우 일부 공급자들은 자신들이 팔려는 만큼을 모두 팔지 못한다. 따라서 가격을 낮추어서라도 팔려고 할 것이다. 그런데 모든 공급자들이 품질이

그림 12-1   **시장균형**

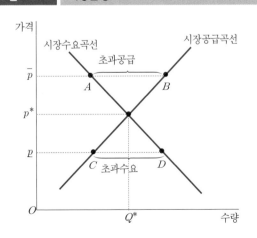

시장수요곡선과 시장공급곡선이 만나는 점은 수요자와 공급자 모두에게 최적선택이므로 그 누구도 자신의 행위를 바꿀 유인이 없다. 따라서 그 점이 균형이다.

같은 상품을 판매한다고 가정하고 있으므로 다른 공급자들도 가격을 낮추려고 할 것이다. 이러한 경향으로 인해 가격이 하락하며 그에 호응하여 A점으로부터 수요곡선을 따라 수요량이 증가하고 B점으로부터 공급곡선을 따라 공급량이 감소한다. 이러한 상황은 가격이 p^*로 떨어질 때까지 지속된다. 마침내 p^*에 이르러서는 수요량과 공급량이 일치하여 가격 하락이 멈춘다.

반대로 가격이 균형가격보다 낮은 $\underline{p}$일 경우에는 수요량이 공급량보다 많다. 즉 초과수요(excess demand) 상태가 된다. 이 경우 일부 수요자들은 자신들이 원하는 만큼 구입하지 못한다. 이에 따라 일부 공급자들은 미처 구입하지 못한 수요자들에게 현재의 가격보다 높은 가격을 받으려 할 것이다. 그런데 모든 공급자들이 품질이 같은 상품을 판매한다고 가정하고 있으므로 이러한 경향은 다른 공급자들에게도 똑같이 나타난다. 이로 인해 가격이 상승하며 그에 호응하여 C점으로부터 공급곡선을 따라 공급량이 증가하고 D점으로부터 수요곡선을 따라 수요량이 감소한다. 이러한 상황은 가격이 p^*로 오를 때까지 지속된다. 마침내 p^*에 이르러서는 수요량과 공급량이 일치하여 가격 상승이 멈춘다.

한편 지금까지 소비자의 행위나 개별 기업의 행위를 분석할 때, 그들은 상품의 가격을 주어진 것으로 받아들인다고 가정하였었다.[1]

이처럼 지금까지 일정하게 주어진 것으로 가정했던 시장가격은 사실상 여기서처럼 시장에서 모든 소비자와 모든 기업의 행위가 함께 어우러져 결정된 시장균형가격이었다.

12.1.3 시장균형의 안정성

균형의 안정성(stability)이 특히 관심을 끄는 경우가 있다. 여기서 안정적이란 균형에서 이탈하더라도 다시 균형으로 복귀하려는 경향이 있는 경우를 일컫는다. 예를 들어 [그림 12-1]을 보자. 이 경우에는 어쩌다가 가격이 균형가격에서 이탈하더라도 다시 균형가격으로 복귀한다. 예컨대 어떤 이유로 인해 가격이 $\bar{p}$가 되거나 또는 $\underline{p}$가 된 경우라도 다시 p^*로 복귀한다. 그러므로 이때의 균형은 안정적이다.

반면에 가격이 일단 균형에서 이탈하면 균형으로 복귀하지 않고 균형에서 점점 멀어질 경우, 이러한 균형을 불안정한 균형이라고 한다.

---

1 비용함수를 논의할 때 생산요소가격이 일정하게 주어졌다고 가정한 것도 생산요소시장이 경쟁적임을 의미한다. 이때 개별 기업은 경쟁적인 생산요소시장에서 정해진 생산요소가격을 그대로 수용하게 된다.

12.1.4 시장균형의 효율성

경제적 효율(economic efficiency)에 대해 완전하게 살펴보려면 어떤 특정한 상품시장 하나에만 국한할 것이 아니라 모든 시장을 망라하여 논의해야 한다. 자세한 것은 19장에서 다루고, 여기서는 시장균형이 효율적이라는 것을 간단하게 살펴보자.

4장에서 검토했듯이 개인의 역수요곡선은 한계편익곡선으로 생각할 수 있다. 11장에서 검토했듯이 개별 기업의 역공급곡선은 한계비용곡선이다. 그런데 [그림 12-2]의 시장수요곡선은 개인들의 수요곡선을 수평으로 합하여 얻은 것이고 시장공급곡선은 개별 기업들의 공급곡선을 수평으로 합하여 얻은 것이다.

> 이 시점에서 다음 사항들을 정리해 두자.
> (1) 시장수요곡선은 개인들의 수요곡선을 수평으로 합하여 구하며 한계편익곡선으로 볼 수 있다(8.1.1 참조).
> (2) 시장공급곡선은 개별 기업들의 공급곡선을 수평으로 합하여 구하며 한계비용곡선으로 볼 수 있다(11.3.4 참조).

효율에 대해 정확하게 평가하려면 보상시장수요곡선을 이용해야 한다. 보상수요곡선을 이용하면 한계편익을 정확하게 측정할 수 있기 때문이다. 그러나 현실에서는 보상시장수요곡선이 관찰되지 않으므로 관찰 가능한 보통시장수요곡선을 사용하게 된다(6.7.4 참조).

이런 점들을 고려하면 사회적으로 볼 때 예를 들어 [그림 12-2(A)]의 Q'단위에 대해서는 한계편익(marginal benefit: MB, 긴 화살표)이 한계비용(marginal cost: MC, 짧은 화살표)보다 크다. 즉 $MB > MC$이다. 이때에는 산출량을 추가로 1단위 증가시킬 경우 한계편익이 한계비용보다 $MB - MC$만큼 더 많이 증가한다. 그러므로 Q'단위의 경우 이것을 생산하는 것이 사회적으로 볼 때의 순편익, 즉 **사회적 순편익**(social net benefit)을 $MB - MC$만큼 증가시킨다.[2] 이러한 논리는 비단 Q'에서뿐만 아니라 $MB > MC$가 성립하는 Q^*의 왼쪽에서는 항상 성립한다. 그러므로 사회적 순편익은 산출량이 0을 넘어서 $MB = MC$가 성립하는 Q^*에 도달할 때까지 계속 증가한다. 한편 Q^*의 오른쪽에서는 $MB < MC$가 성립한다. 이때에는 산출량을 증가시킬 경우 사회적 순편익이 감소한다. 바꾸어 말하면 $MB < MC$일 경우에는 산출량을 감소시켜야 사회적 순편익이 증가한다. 즉 산출량을 추가로 1단위 감소

---

2 여기서 개인들과 기업들을 망라하여 시장전체 측면에서 순편익을 측정하고 있기 때문에 개인들 또는 기업들 중 어느 한쪽 측면에서 측정하는 경우와 구분하기 위해 '사회적'이라는 표현을 사용하고 있다. 이때 개인들의 편익이나 기업들의 비용에 사회적으로 같은 가치를 부여하고 있음에 주목하자.

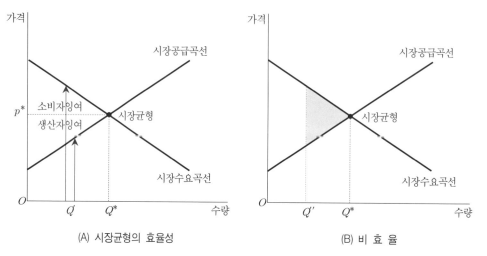

그림 12-2 **시장균형의 효율성**

(A) 시장균형의 효율성   (B) 비 효 율

Q^*에서 사회적 순편익이 가장 커진다. 이러한 측면에서 시장균형인 Q^*는 효율적이며 그 곳에서 자원이 효율적으로 배분된다.

시킬 경우 비용은 MC만큼 감소하는데 편익은 그보다 적은 MB만큼 감소하기 때문에 사회적 순편익이 $MC-MB$만큼 증가한다. 이러한 사회적 순편익은 Q^*의 오른쪽에서는 산출량을 $MB=MC$가 성립하는 Q^*로 감소시킬 때까지 계속 증가한다.

(1) 종합해 볼 때 MB와 MC가 다를 경우에는 산출량 조정을 통해 사회적 순편익을 증가시키는 방법이 존재한다. 결국 $MB=MC$가 성립되는 시장균형 Q^*에서 사회적 순편익이 가장 커진다. 달리 말하면 그림에서 보듯이 Q^*에서 소비자잉여와 생산자잉여를 합한 값이 가장 커진다.

> $MB=MC$ 조건이 성립되는 곳에서 사회적 순편익이 가장 커지는 것은 1장에서 말한 **한계 원리**에 해당한다.

시장균형에서 사회적 순편익이 가장 커진다는 것, 즉 시장균형에서 소비자잉여와 생산자잉여를 합한 값이 가장 커진다는 것은 바로 시장균형이 효율적이라는 사실을 말한다. 또한 $MB=MC$가 성립되는 곳에서 그렇게 된다는 것은

자원배분의 효율조건
$$MB=MC$$

라는 사실을 말한다.

(2) 그렇다면 이러한 결과가 함축하는 것은 무엇일까? 시장에서 효용을 극대화하는 소비자들은 MB가 가격 p와 같아질 때까지 상품을 구입한다(4.6.3(2)와 6.7.2(3) 참조). 이윤을 극대화하는 생산자들은 MC가 p와 같아질 때까지 상품을 공급한다(11.2.2 참조). 결국 시장에서는 p를 매개로 하여 MB와 MC가 같아진다. 즉

$$MB = p = MC$$

가 성립한다. 이로부터 $MB = MC$가 성립한다. 결과적으로 볼 때 가격기능이 $MB = MC$가 되게 함으로써 자원을 효율적으로 배분한 것이다.[3] 이러한 기능을 하는 가격을 아담 스미스(A. Smith)는 '보이지 않는 손'이라고 불렀던 것이다.

부록 12.1 $MB(Q) = MC(Q)$ **달성의 수식 표현: 준선형효용함수의 경우**

시장에서는 가격을 매개로 $MB(Q) = MC(Q)$가 성립된다. 이것을 보이려면 엄밀하게는 보상수요 곡선을 사용해야 한다. 여기서는 소득효과가 없어서 보상수요곡선과 보통수요곡선이 일치하는 준선형효용함수 $U(Q,m) = V(Q) + m$를 이용하여 보여 보자. m은 다른 상품 구입에 지출한 금액이다.

(1) 이때 문단 (2)의 Box에서 알게 되겠지만 총편익은 $V(Q)$로 정확하게 측정된다. 따라서

사회적 총편익 = 소비자잉여 + 생산자잉여

$$= [V(Q) - pQ] + [pQ - TVC(Q)] = V(Q) - TVC(Q)$$

이다. TVC는 총가변비용이다. 극대화조건은 $V'(Q) - TVC'(Q) = 0$, 즉 $MV(Q) = MC(Q)$ (1)이다. 여기서 $MV(Q)$는 Q의 한계효용이고, $TVC' = MC$가 적용되었다. 곧이어 문단 (2)에서 밝히듯이 소득효과가 없을 경우 $MV(Q) = MB(Q)$이다. 이것을 식 (1)에 대입하면 소득효과가 없을 경우 $MB(Q) = MC(Q)$ (2)이다. 한편 문단 (2)에서 보게 되듯이 효용함수가 준선형일 경우 한계효용함수인 $MV(Q)$는 역수요함수가 되며 역수요함수에 m은 등장하지 않는다. 이제 개별로 살펴보자.

(2) 소비자들의 효용함수도 $U(q,m) = V(q) + m$이다. q는 개별 수량이다. m을 다른 상품 구입에 지출한 금액이라고 했으므로 m의 가격 p_m은 1이 된다. q의 가격을 p라고 하면 내부해일 경우 수요함수는 예산제약식 적용없이 효용극대화조건인 $MRS_{qm} = \dfrac{p}{p_m}$ (3)만으로부터 구해진다. 그런데 $MRS_{qm} = \dfrac{MU_q}{MU_m} = \dfrac{V'(q)}{1} = V'(q)$ (4)이고 $\dfrac{p}{p_m} = \dfrac{p}{1} = p$ (5)이다. 이 값들을 효용극대화조건인 식(3)에 대입하면 $V'(q) = p$, 즉 $MV(q) = p$ (6)이 된다. 이것이 역수요함수이다.

---

3 이 상품이 효율적인 수량만큼 생산되었고, 그에 상응하는 만큼의 노동, 자본, 원자재 등의 생산요소들이 이 상품 생산에 효율적으로 배분되었다는 측면에서 자원이 효율적으로 배분되었다고 말하는 것이다.

이때 식 (6)에서 보듯이 q의 한계효용곡선이 q의 역(보통)수요곡선이 된다. 또한 식 (4)에서 보듯이 한계효용곡선이 MRS'곡선'과 같다. 그런데 [부록 6.3]에서 보았듯이 MRS를 그린 것이 보상수요곡선이다. 그러므로 한계효용곡선이 (역)보상수요곡선이 된다. 그런데 한계효용곡선이 (역)보통수요곡선이므로 결국 (역)보통수요곡선은 (역)보상수요곡선과 같아지며 따라서 편익을 '정확하게' 측정한다(6.7.2(4) 참조). 이때 식 (4)에서 보듯이 $MRS = MV$인데 MRS는 MB를 정확하게 측정하므로 $MV(q) = MB(q)$가 된다. 따라서 효용극대화조건인 식 (6)은 $MB(q) = p$ (7)이 된다.

> **참고교** 이때 한계효용곡선 아래의 면적은 한계효용함수의 정적분으로서 총효용 $V(Q)$가 되며 보상수요곡선 아래의 면적은 역보상수요함수의 정적분으로서 총편익이 된다. 그런데 두 곡선이 같으므로 두 값은 같다. 결과적으로 준선형선호일 경우에는 총편익이 총효용으로 정확하게 측정된다.

(3) 한편 기업은 이윤 $\pi = pq - c(q)$를 극대화한다. 이윤극대화조건은 $p = MC(q)$ (8)이다.

(4) 효용극대화조건인 식 (7)과 이윤극대화조건인 식 (8)을 결합하면 $MB(q) = p = MC(q)$, 즉 $MB(q) = MC(q)$가 된다. 그런데 8.1.1과 11.3.4에서 보았듯이 개별 수량 q에 대해 성립하는 것은 시장수량 Q에 대해서도 성립하므로 앞서의 $MB(Q) = MC(Q)$ (2)가 달성된다.

이렇게 볼 때 $p = MC$ 조건은 2가지 의미를 지닌다.

(1) 11장에서 배웠듯이 경쟁기업의 이윤극대화조건이다.

(2) 자원배분의 효율조건이다. 소비자는 $p = MB$가 되도록 소비하므로 $p = MC$라는 것은 $MB = MC$임을 함축하는데 $MB = MC$가 바로 자원배분의 효율조건이기 때문이다.

(3) 시장균형에서는 이처럼 효율이 달성된다. 그런데 어떤 요인에 의해 [그림 12-2 (B)]처럼 산출량이 시장균형 Q^*에서 Q''로 줄어들었다고 하자. 이 경우에는 사회적 순편익이 음영으로 표시된 부분만큼 줄어든다. 즉 그만큼의 비효율이 발생한다. 이것은 사라져 버린 상품에 대한 사회적인 가치로 볼 수 있다. 이때 Q''에서는 한계편익이 한계비용보다 크다는 점에 주목하자. 달리 표현하면 수요곡선상에서 정해지는 가격이 한계비용보다 크다는 것이다. 독점시장이거나, 정부가 조세를 부과하거나, 정부가 다른 방법으로 시장에 개입하여 가격을 왜곡시키거나 수량을 통제할 경우 이러한 현상이 발생한다. 한편 정부가 보조금을 주는 방법으로 시장에 개입할 경우에는 산출량이 오히려 증가하여 비효율이 발생한다. 이때 비효율은 그림에서 보는 것과 반대쪽에 삼각형 모양으로 나타난다. 어느 경우이든 보이지 않는 손이 '마비'될 경우 이처럼 비효율이 발생한다. 또한 어느 경우이든 비효율은 시장균형 수량에 비해 줄어든 수량분에 대응하는 사회적 순편익 또는 늘어난 수량분에 대응하는 사회적 순비용(음의 사회적 순편익)으로 측정된다.

12.1.5 시장수요곡선의 이동과 시장공급곡선의 이동

이제 시장의 여건이 변화할 때 균형이 어떻게 달라지는가를 살펴보기로 하자. 이를 위해 그 예비 단계로 개인의 수요곡선과 개별 기업의 공급곡선을 이동(shift)시키는 요인을 상기해 보자. 그리고 이러한 요인들이 변화할 때 시장수요곡선과 시장공급곡선은 어떻게 이동하는가를 살펴보자.

(1) 시장수요곡선의 이동

먼저 개인의 수요곡선을 도출할 때 해당 상품의 가격 이외의 다른 상황은 일정하다고 가정했던 사실을 기억할 것이다.

> 우리가 이미 알고 있듯이 이처럼 일정하다고 가정했던 상황의 일부 또는 전부가 변화하면 개인의 수요곡선이 이동하게 된다.

예를 들어 소득이 증가하면 정상재의 경우 어떤 가격에서도 수요자는 이전보다 많은 양을 구입하고자 한다. 그러므로 개인의 수요곡선이 이동한다. 그 결과 개인의 수요곡선들을 합하여 구해지는 시장수요곡선은 오른쪽으로 이동한다. 이것이 [그림 12-3]에 나타나 있다. 이 경우 균형가격은 상승하고 균형수량도 증가한다. 물론 소득이 감소할 경우에는 이와 반대의 상황이 전개된다.

그림 12-3 **수요곡선의 이동**

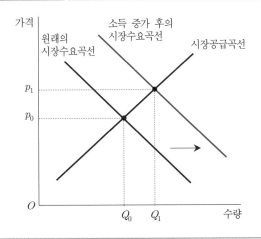

시장수요곡선을 도출했을 때 일정하다고 가정했던 요소들이 변화하면 시장수요곡선 자체가 이동한다. 예를 들어 소득이 증가하면 시장수요곡선 자체가 밖으로 이동한다.

이 밖에 보완재나 대체재의 가격이 변화하는 경우에도 개인의 수요곡선이 이동한다. 이러한 사실은 4장에서 이미 살펴보았다. 예를 들어 보완재의 가격이 상승하면 어떤 가격에서도 소비자는 그와 함께 소비하는 상품의 수요량을 감소시킨다. 그러므로 이때 개인의 수요곡선은 왼쪽으로 이동한다. 따라서 이들의 합으로 구해지는 시장수요곡선도 왼쪽으로 이동한다. 대체재의 가격이 상승할 경우에는 이와 반대되는 현상이 나타난다.

여기서 특히 다음과 같은 내용에 주목하자. 소득이나 다른 상품의 가격이 변화하는 것은 수요함수에서 해당 상품의 가격 이외의 다른 변수가 변화하는 유형이다. 이에 반해 우리가 좀더 긴 시간에 대해 생각한다면 소비자의 선호가 변화하는 상황도 생각해 볼 수 있다. 이 경우에는 변수가 아닌 수요함수 자체가 변화한다. 물론 이 경우에도 시장수요곡선이 이동한다.

(2) 시장공급곡선의 이동

기업의 공급곡선을 도출할 경우에도 해당 상품의 가격 이외의 다른 상황은 일정하다고 가정했던 사실을 기억할 것이다. 이 경우에도, 시장수요곡선의 경우처럼, 일정하다고 가정했던 상황이 변화하면 시장공급곡선 자체가 이동한다. 예를 들어 생산요소의 가격이 상승하면 얼마만큼을 생산하든지 생산에 드는 한계비용이 상승한다. 그러므로 이때 기업의 공급곡선이 위쪽(또는 왼쪽)으로 이동한다. 그 결과 이들의 합으로 구해지는 시장공급곡선도 위쪽으로 이동한다. 이 경우 균형가격은 상승하고 균형수량은 감소한다. 이 역시 공급함수에서 일정하다고 가정했던 변수가 변화하는 유형이다. 반면에 좀더 긴 시간을 고려하여 기술이 진보하는 경우를 생각해 보자. 이 경우는 변수가 아닌 공급함수 자체가 변화하는 유형이다. 이때 시장공급곡선은 오른쪽(또는 아래쪽)으로 이동한다.

12.2 비교정학과 탄력성[4]

수요곡선과 공급곡선을 이동시키는 요인들이 변화할 때 이 곡선들이 어떻게 이동하는가를 알았다. 이제 각 곡선들이 이동할 때 균형이 어떻게 달라지는가를 살펴보기로 하자. 이때 서로 다른 균형을 비교하는 것을 **비교정학**(comparative statics)이라고 한다. 두 균형을 서로 비교한다는 의미에서 비교라는 말이 쓰이고 있다. 그런데 실제 새로운 균형에 도달하려면 상당한 시간이 걸린다. 그러나 여기서는 그때 걸리는 시간은 문제삼지 않는다. 이러한 의미에

---

4 12.2부터는 혼동을 유발하지 않는 한 편의상 시장수요곡선을 수요곡선, 시장공급곡선을 공급곡선이라고 각각 줄여서 부를 것이다.

서 정학이라는 말이 쓰이고 있다. 이러한 내용에 대해서는 이미 1장에서도 언급한 바 있다.

직관적으로 볼 때 수요나 공급이 증가하여 수요곡선이나 공급곡선이 이동할 때 균형가격이나 균형수량이 어떻게 변화하는가는 그 곡선들이 얼마나 탄력적인가에 따라 달라진다.[5] (1) 예를 들어 수요곡선이 탄력적일 경우 공급이 증가하면 [그림 12-4(A)]에서 보는 바와 같이 가격은 조금 떨어지고 그 대신 수량은 크게 늘어난다. 이러한 결과가 나타나는 이유는 무엇일까? 그 이유는 수요곡선이 탄력적일 경우 수요량이 가격에 민감하게 반응하기 때문이다. 그러므로 이때에는 가격이 조금만 떨어져도 수요량이 공급이 늘어난 것에 호응할 만큼 크게 증가하여 다시 새로운 균형에 도달한다.

이때 새로운 공급곡선을 기준으로 보자. 이때 원래의 가격에서 측정한 공급량은 Q'이다. 그러나 가격이 조금 떨어지기 때문에 공급량이 새로운 공급곡선을 따라 Q'에서 Q_1으로 조금 감소하며 그 결과 새로운 균형수량은 Q'보다 조금 적은 Q_1이 된다. 최종적으로 볼 때 균형수량이 Q_0에서 Q_1으로 크게 증가한 상태이다.

그림 12-4	비교정학과 탄력성

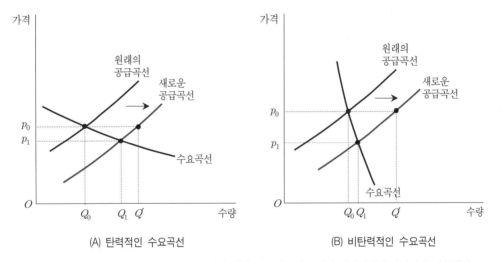

(A) 탄력적인 수요곡선 (B) 비탄력적인 수요곡선

공급이 증가할 경우, (그림 A)처럼 수요곡선이 탄력적일 경우 수요량이 가격변화에 민감하게 반응하기 때문에 가격이 조금밖에 떨어지지 않는다.

---

5 탄력성의 값은 수요곡선상의 어느 점에서 측정하는가에 따라 1보다 클 수도 있고 작을 수도 있다. 그러나 기울기가 가파를수록 동일한 가격변화에 대해 수요량이 덜 민감하게 반응한다. 그러므로 '서로 다른' 수요곡선들을 비교할 경우에는 기울기가 가파를수록 해당 수요곡선을 더 비탄력적이라고 부른다. 일반적으로 수요곡선이 수평에 가까우면 가격이 조금만 변화하더라도 수요량이 크게 변화하므로 '수요가 탄력적'이라고 한다. 반면에 수요곡선이 수직에 가까우면 가격이 변화하더라도 수요량이 별로 변화하지 않으므로 '수요가 비탄력적'이라고 한다.

(2) 한편 [그림 12-4(B)]처럼 수요곡선이 비탄력적일 경우에는 수요량이 가격에 민감하게 반응하지 않는다. 그러므로 이때 공급이 증가하면 가격이 크게 떨어진다. 그래야만 수요량이 어느 정도 늘어나기 때문이다. 이때 '공급'은 상당히 증가했다. 그러나 가격이 크게 떨어지기 때문에 새로운 공급곡선을 기준으로 볼 때 '공급량'이 크게 줄어든다. 즉 공급량이 새로운 공급곡선을 따라 Q'에서 Q_1으로 크게 감소한다. 그 결과 균형수량이 Q_0에서 Q_1으로 조금밖에 증가하지 못한다.

(3) 같은 원리로 공급이 탄력적일 경우 수요가 증가하면 가격은 조금 상승하고 수량은 크게 증가한다. (4) 이와 반대로 공급이 비탄력적일 경우 수요가 증가하면 가격이 크게 상승하고 수량은 조금 증가한다.

이제 이러한 탄력성의 원리를 이용하여 현실적으로 나타나는 농산물 파동에 대해서 살펴보기로 하자. 그 다음 조세가 부과될 때 누가 그 조세를 부담하게 되며 또한 조세부과로 인한 비효율은 어떠한가를 알아보자. 나아가서 자유무역과 관세의 효과 등을 분석해 보기로 한다.

12.3 농산물 가격의 파동

우리는 앞에서 시장수요의 탄력성을 공부할 때 그 원리가 농산물 가격의 파동을 설명하는 데 적용될 수 있다는 사실을 지적하였다. 사실상 농산물의 가격이 폭등하거나 폭락하는 데에는 우리가 제어할 수 없는 기후가 중요한 요소로 작용하고 있다. 그러나 탄력성의 원리도 농산물 시장의 가격이 크게 변화하는 현상을 분석하는 데 아주 중요한 요소로 작용한다.

요즈음에는 비닐하우스에서 사시사철 재배할 수 있는 농작물이 많다. 그러나 여전히 일년에 한 번 수확하는 농산물도 많다. 우리는 이처럼 한 번 씨를 뿌리고 나면 일정 기간 동안 기다린 후 수확을 하며, 또한 실제 수확량은 기후 조건에 따라 달라지는 경우를 생각하기로 하자. 씨를 뿌리고 난 이후를 생각해 보자. 일단 씨를 뿌리고 난 다음에는 가격이 변화하더라도 공급량을 조절할 수 없다. 이렇게 볼 때 농산물의 공급은 가격에 대해 완전히 비탄력적이다. 아울러 수요량도 가격에 대해 비탄력적이라고 생각된다. 예를 들어 무우, 배추, 고추, 파와 같은 농산물의 가격이 떨어진다고 해서 그 수요량이 크게 증가하지는 않기 때문이다. 이러한 상황에서 수확이 예상대로 된다면 균형이 [그림 12-5]와 같이 p_0, Q_0에서 성립된다.

그림 12-5　**농산물 가격의 파동**

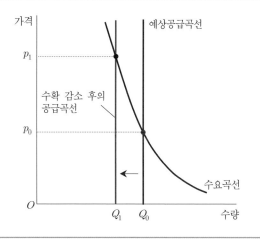

수요가 비탄력적일 경우 공급이 조금만 줄어도 가격은 크게 오른다. 수요가 비탄력적이기 때문에 공급감소에 상응하는 만큼 수요량이 감소하려면 가격이 크게 올라야 하기 때문이다.

　앞서 논의한 대로 수요곡선은 비탄력적으로 그려져 있으며 또한 공급곡선은 완전비탄력적인 수직선으로 그려져 있다. 특히 공급곡선을 수직선으로 그린 것은 가격이 오르더라도 한 번 씨를 뿌린 이상 공급량을 변화시킬 수 없다는 사실을 반영하기 위한 것이다.

　이제 이러한 상황에서 예상보다 수확이 조금 줄었다고 하자. 이때 공급곡선은 왼쪽으로 이동한다. 이 경우 공급은 조금밖에 줄지 않았는데 가격은 크게 오르게 된다. 그 이유는 무엇일까? 그것은 두말 할 필요도 없이 수요가 상당히 비탄력적이기 때문이다. 즉 새로운 균형에 이르기 위해서는 수요량이 공급이 감소한 만큼 감소해야 한다. 그런데 수요가 비탄력적이기 때문에 공급이 감소한 만큼 수요량이 감소하려면 가격이 크게 올라야 하는 것이다.

　한편 위와는 반대로 수확이 예상보다 늘어나는 경우에는 가격이 크게 떨어진다. 결과적으로 볼 때 농산물의 경우 수확량이 변동하면 가격은 그보다 훨씬 크게 변동한다. 또 하나 주목할 만한 사실이 있다. 수요가 비탄력적이기 때문에 수확이 증가하는 경우 수량이 늘어나는 비율보다 가격이 떨어지는 비율이 더 크다는 것이다. 그 결과 농민 전체적으로는 수입이 오히려 줄어든다는 것이다. 바로 이러한 사실 때문에 농산물의 경우 대풍작을 거두고도 가격이 폭락하여 농민들이 시름하는 경우를 종종 보게 되는 것이다. 아무튼 농산물의 경우 예상보다 수확량이 적어도 문제이지만 너무 많아도 문제이다.

12.4 조세의 귀착

조세가 부과될 경우 수요자와 공급자 중 누가 상대적으로 더 많은 조세를 부담하게 되는가 그리고 그 결과는 탄력성과 어떠한 관계에 있는가를 알아보자.

12.4.1 납세자와의 독립성

 조세의 귀착(tax incidence) 누가 실제로 조세를 부담하게 되는가를 말함

이와 관련하여 특히 알아두어야 할 것이 있다. 일반적으로 경쟁시장에서는 조세가 수요자에게 부과되든지 또는 공급자에게 부과되든지 그 경제적 효과는 똑같다는 사실이다. 이에 대해서 살펴보기로 하자.

(1) 조세가 부과되면 **수요가격**(demand price)과 **공급가격**(supply price)이 구분된다.
(2) **수요가격**: 수요자가 지불하는 총가격(gross price)
(3) **공급가격**: 공급자가 실제로 받는 순가격(net price)
(4) 조세가 부과되면 상품 한 단위당 부과된 조세만큼 이 두 가격 사이에 차이가 생긴다.

그림 12-6 **조세의 귀착**

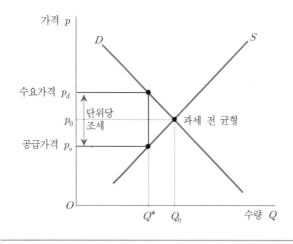

조세가 부과될 경우 중요한 것은 한 단위당 조세이다. 수요곡선과 공급곡선 사이의 거리가 한 단위당 조세에 해당하는 곳에서 균형이 성립된다. 이때 가격상승분이 상품 한 단위당 수요자의 부담이 된다.

예를 들어 상품 한 단위당 t원의 종량세가 부과된다고 하자. 이러한 종량세가 공급자에게 부과된 경우 공급가격은 수요가격에서 조세를 뺀 금액이 되므로 $p_s = p_d - t$가 성립한다. 여기서 p_s는 공급가격, p_d는 수요가격을 나타낸다. 한편 수요자에게 조세가 부과된 경우에는 수요가격은 공급가격에 조세가 더해진 금액이 될 것이므로 $p_d = p_s + t$가 성립한다. 그런데 위 두 식은 사실상 같다. 그러므로 조세가 수요자나 공급자 중 누구에게 부과되든지 가격 및 균형수량에 미치는 영향은 같다. 즉 경제적 효과는 같다.

이것은 다음과 같이 생각할 수도 있다 [그림 12-6]에서 보듯이 균형에서는 수요량과 공급량이 일치해야 한다. 조세가 부과된 이후 그 균형수량을 Q^*라고 하자. 그러면 그때 수요가격과 공급가격의 차가 바로 단위당 조세 t가 되어야 한다. 그러므로 결국 중요한 것은 수요곡선과 공급곡선 사이의 수직거리가 t가 되는 지점이 어디인가 하는 것이다. 이 지점이 정해지면 그에 대응해서 균형수량 Q^*와 수요가격 p_d 및 공급가격 p_s가 자동적으로 정해진다. 그리고 이러한 결과는 조세가 누구에게 부과되는가와는 관계없다.

주목할 것이 있다.

(1) 조세가 수요자에게 부과되는 경우와 공급자에게 부과되는 경우를 굳이 구분해서 그림에 표시하고자 하면 전자의 경우는 수요곡선을 단위당 조세만큼 아래로 평행이동시키고 후자의 경우는 공급곡선을 단위당 조세만큼 위로 평행이동시키면 된다.

(2) 단위당 보조금 s를 지급하는 경우에는 공급가격이 수요가격보다 s만큼 높아진다. 즉 $p_s = p_d + s$가 된다. 이 경우 공급곡선과 수요곡선 사이의 수직거리가 s가 되는 지점은 Q_0의 오른쪽에 놓인다. 보조금이 수요자에게 지급되는 경우와 공급자에게 지급되는 경우를 굳이 구분해서 그림에 표시하고자 하면 전자의 경우는 수요곡선을 단위당 보조금만큼 위로 평행이동시키고 후자의 경우는 공급곡선을 단위당 보조금만큼 아래로 평행이동시키면 된다.

12.4.2 조세귀착과 탄력성

우리는 앞에서 수요자나 공급자 중 누구에게 조세가 부과되더라도 수요자가 내는 총가격은 상승하며 공급자가 받는 순가격은 하락한다는 사실을 알았다. 이로부터 조세부담은 일반적으로 수요자와 공급자 사이에 나뉘어진다는 것을 알 수 있다.

그렇다면 우리가 흔히 생산물에 대한 조세는 모두 소비자가 부담한다고 생각하기 쉬운 까닭은 무엇일까? 그렇게 생각하게 되는 원인은 예를 들어 실생활에서 10,000원짜리 상품에 10%의 부가가치세가 부과되면 소비자는 11,000원을 내야 하는 데에서 비롯된다고 볼 수 있다. 그러나 조금 주의 깊게 살펴보면 여기서 10,000원은 공급가격 p_s에 해당되며 11,000원은 수요가격 p_d에 해당된다는 사실을 알 수 있다. 그렇다면 우리가 때때로 착각하는 이유는 무엇일까? 그 이유는 바로 우리는 조세가 부과되어 있는 세계에 살고 있으므로 조세가 없었다면 성립되었을 시장균형가격 p_0의 값이 우리에게 관찰되지 않기 때문이다. 사실상 수요가격이 부과된 조세만큼 전액 오르지 않는 한 과세 전 시장균형가격은 수요가격과 공급가격 사이에 위치한다. 그리하여 조세부담은 수요자와 공급자 사이에 나눠진다.

그렇다면 수요자와 공급자 중에 누가 상대적으로 조세를 더 많이 부담하게 될 것인가? 이와 관련하여 조세가 누구에게 부과되든 조세가 얼마만큼 상대에게 전가(shift)되는가는 수요곡선과 공급곡선 중 어느 것이 상대적으로 더 탄력적인가에 따라 달라진다.

예컨대 어떤 상품에 가까운 대체재가 없을 경우 흔히 그 상품의 수요는 비탄력적이 된다. 이 경우 조세가 부과되어 그 상품의 가격이 오르더라도 수요자는 다른 상품으로 소비를 대체하기가 어렵다. 따라서 조세를 쉽게 피하지 못하게 된다. 공급자에게도 같은 논리가 적용된다. 상품의 공급이 비탄력적이라는 것은 공급자에게 생산활동을 조정할 수 있는 다른 적절한 방법이 없다는 것을 의미한다. 따라서 가격이 떨어질 때 그에 적절하게 반응하지 못하게 된다. 이 경우 공급자는 조세를 쉽게 피할 수 없게 되는 것이다.

이상의 논의는 결국 시장에서 어느 한 편이 조세에 대응하여 어떤 행위를 다른 행위로 대체하는 것이 상대적으로 어려울수록 그 자신에게 조세가 많이 귀착된다는 것을 의미한다. 여기서 '상대적'이라는 말을 강조하고자 한다. 예컨대 설사 공급이 비탄력적이라도 수요가 그보다 더 비탄력적이라면 조세가 수요자에게 더 많이 귀착된다는 말이다.

조세가 부과된 이후 수요자가 상품 한 단위당 추가로 더 내야 하는 금액(즉, 가격 상승분)이 바로 상품 한 단위당 수요자의 부담이 된다. 그런데 단위당 조세는 일정하게 정해져 있기 때문에 공급자는 수요자가 부담하고 난 나머지 부분만 부담하면 된다. 그러므로 수요자의 부담이 커질수록 공급자의 부담은 상대적으로 작아진다. 이때 공급자가 상품 한 단위당 부담하는 조세는 단위당 조세에서 가격이 오른 만큼을 뺀 액수가 된다.

이렇게 볼 때 조세가 수요자와 공급자 중 누구에게 더 많이 귀착되는가는 가격이 얼마나 오르는가를 보고 판단할 수 있다. 예컨대 가격이 많이 오르면 상대적으로 수요자의 부담이 커지고, 적게 오르면 상대적으로 수요자의 부담이 작아지는 것이다.

극단적인 예로 (1) 수요가 완전비탄력적일 경우 또는 공급이 무한히 탄력적일 경우에 조세가 부과되면, 가격이 한 단위당 부과된 조세만큼 모두 오른다. 그 결과 조세를 전적으로 수요자가 부담하게 된다. (2) 공급곡선이 완전비탄력적일 경우 또는 수요곡선이 무한히 탄력적일 경우에는 조세가 부과되더라도 가격이 전혀 오르지 않는다. 그 결과 조세를 전적으로 공급자가 부담하게 된다.

한편 보조금의 경우에도 조세처럼 상대적으로 비탄력적인 측에 더 많이 귀착된다. 예를 들어 수요곡선이 공급곡선에 비해 상대적으로 비탄력적일 경우 보조금은 수요자에게 더 많이 귀착된다.

예제 12.1 조세귀착과 탄력성

어떤 상품의 수요곡선이 $Q_d = 100 - 4p$, 공급곡선이 $Q_s = 40 + p$로 주어졌다고 하자.

  a. 균형가격과 균형수량을 구하시오.
  b. 이제 상품 한 단위당 5원의 종량세가 부과되었다고 하자. 이때 균형수량, 수요가격, 그리고 공급가격을 각각 구하시오.
  c. 위의 b에서 조세부담은 수요자와 공급자에게 각각 어떻게 배분되는가?
이제 수요곡선이 $Q_d = 64 - p$로 변했다고 하면
  d. 위 b, c의 답은 어떻게 바뀌는가? 먼저 각 값이 변화하는 방향을 직관적으로 말한 후 그 값들을 구하시오. 이 결과로부터 무엇을 알 수 있는가?

KEY 조세가 부과되면 (1) 수요자들이 지불하는 수요가격과 공급자들이 순수하게 받는 공급가격이 서로 달라진다. (2) 수요곡선과 공급곡선을 비교하여 상대적으로 더 탄력적인 측에서 조세를 적게 부담한다.

풀이 $Q_d = 100 - 4p$, $Q_s = 40 + p$

  a. 균형에서는 수요량과 공급량이 같다. 그러므로 $Q_d = Q_s$로부터 $100 - 4p = 40 + p$이다. 이로부터 $p^0 = 12$, $Q^0 = 52$를 얻는다.
  b. $t = 5$의 종량세가 부과되었다. 조세가 부과될 경우 수요자가 지불하는 수요가격과 공급자가 순순히 받게 되는 공급가격 사이에는 단위당 조세만큼 차이가 난다. 그러므로 $p_d - p_s = 5$가 성립한다. 이때 수요자는 수요가격, 공급자는 공급가격에 근거하여 선택한다. 이러한 측면에서 수요곡선과 공급곡선은 $Q_d = 100 - 4p_d$, $Q_s = 40 + p_s$로 쓸 수 있다. 이렇게 볼 때 3개의 식에 미지수는 4개이므로 식이 한 개 더 필요하다. 이때 다음과 같은 균형조건식이 이용된다. 즉 균형에서는 $Q_d = Q_s$가 성립한다는 것이다. 이제 이 4개의 식을 연립으로 풀면 $p_d^* = 13$, $p_s^* = 8$, $Q^* = Q_d^* = Q_s^* = 48$로 구해진다. 이러한 사실이 [그림 A]에 나타나 있다.
  c. 수요가격은 원래의 균형가격보다 1원 상승하였다. 즉 수요자는 조세가 부과되기 이전에 비해 단위당 1원을 더 부담하게 되었다. 한편 공급가격은 원래의 균형가격보다 4원이 하락하였다. 즉 공급자는 조세가 부과되기 이전에 비해 단위당 4원을 덜 받게 되었다. 결과적으로 공급자는 단위당 4원의 조세를 부담하게 되었다. 이로부터 상대적으로 비탄력적인 측에서 조세를 더 많이 부담하게 된다는 것을 알 수 있다.

d. 수요곡선이 이전에 비해 비탄력적이 되었다. 그러므로 (b)에서보다 수요가격은 더 많이 상승하고 반면에 공급가격은 더 적게 하락할 것이다. 그리하여 (c)에서보다 수요자의 조세부담은 더 커지며 공급자의 조세부담은 더 작아질 것이다. 이러한 사실은 다음과 같은 계산 결과로부터 다시 한 번 확인된다. 즉 과세 전에는 $p_0 = 12$, $Q_0 = 52$로 구해진다. 그런데 과세 후에는 위에서와 동일한 계산 방법을 통해 수요가격과 공급가격이 각각 $\hat{p}_d = 14.5$, $\hat{p}_s = 9.5$로 구해진다. 그리고 균형수량은 $\hat{Q} = 49.5$로 구해진다. 그러므로 수요자의 부담과 공급자의 부담이 각각 단위당 2.5원이 된다. 그 결과 수요자의 단위당 부담은 1.5원 증가하였고 반면에 공급자의 단위당 부담은 1.5원 감소하였다. 이러한 사실이 [그림 B]에 나타나 있다. 결과적으로 볼 때 상대적으로 비탄력적이 될수록 조세부담은 더 커진다는 것을 알 수 있다.

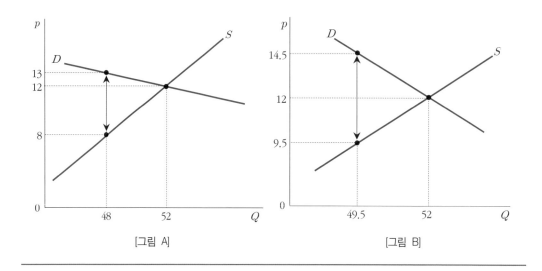

[그림 A]   [그림 B]

12.5 조세의 비효율(초과부담)

균형분석의 또 다른 예로서 조세가 부과될 경우 발생하는 비효율에 대해서 살펴보자.

> 🌱 **초과부담**(excess burden) 납세자의 실제 부담 중에서 납세액을 초과하는 부분

초과부담이 발생하는 원인은 조세가 가격을 왜곡시켜 경제주체들의 선택 행위에 영향을 주기 때문이다.

12.5.1 초과부담의 크기

이제 조세가 유발하는 효율의 손실, 즉 초과부담은 어느 정도인가를 시장전체측면에서 살펴보자. 특히 이러한 초과부담을 화폐단위로 측정하고자 한다. 어떤 한 종류의 생산물에 조세가 부과되는 경우, 앞에서 보았듯이 시장 전체적으로 볼 때 수요가격은 상승하고 공급가격은 하락한다. 이때 수요가격의 상승분과 공급가격의 하락분은 각각 수요자와 공급자에게는 비용이 된다. 그러나 수요자와 공급자가 내는 조세는 결국 정부의 수입이 된다. 그러므로 사회 전체적으로 볼 때 그들이 내는 조세는 비용이라고 볼 수 없다. 앞으로 보게 되겠지만, 사실상 조세의 사회적 비용은 산출량이 줄어들기 때문에 발생한다.

[그림 12–7]은 생산물에 조세가 부과된 상태를 나타낸다. 소비자잉여와 생산자잉여의 개념을 사용하여 초과부담, 즉 조세의 사회적 비용을 분석해 보기로 하자.[6] 조세가 부과된 이후에는 수요가격이 올라서 소비자잉여는 $(A + B)$만큼 줄어든다. 또한 조세가 부과된 이후에는 공급가격도 하락하므로 생산자잉여가 $(C + D)$만큼 줄어든다.

종합하여 볼 때, 조세가 수요자와 공급자에게 끼친 비용은 소비자잉여와 생산자잉여의 감소인 $(A + B + C + D)$로 나타난다. 그런데 그 중에서 $(A + C)$는 정부의 조세수입으로 환수된다. 그러므로 조세의 사회적 순비용은 이 두 값의 차인 $(B + D)$가 된다. 이것이 바로

그림 12-7　조세의 초과부담

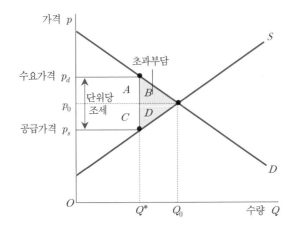

조세부과 후 감소한 소비자잉여와 생산자잉여 중에서 조세수입으로 환수되지 못한 $(B + D)$가 초과부담이다. 초과부담은 조세의 사회적 순비용 또는 비효율을 나타낸다.

---

6 분석의 편의상 소득효과가 없다고 가정하기로 하자. 소득효과가 있을 경우 조세의 사회적 비용은 보상수요곡선을 이용해야만 보다 정확하게 측정된다.

조세의 초과부담 또는 **자중손실**(deadweight loss)이다.[7] 이러한 내용은 다음과 같이 정리할 수 있다.

소비자잉여의 변화: $-(A+B)$

생산자잉여의 변화: $-(C+D)$

조세수입: $+(A+C)$

총잉여의 변화: $-(B+D)$

12.5.2 초과부담의 발생 원인

이러한 초과부담이 발생한 원인은 무엇인가? 앞서 말했듯이, 그것은 바로 조세가 가격, 즉 보이지 않는 손의 기능을 왜곡시켰기 때문이다. 이에 대해 검토해 보자.[8] 조세가 부과되기 이전에는 수요자와 공급자가 같은 가격에 직면한다. 이때 수요자는 자신의 한계편익(MB: 가로축에서 수요곡선까지의 수직거리)과 가격(p)이 일치하는 곳에서 수요량을 결정한다. 공급자는 자신의 한계비용(MC: 가로축에서 공급곡선까지의 수직거리)과 가격이 일치하는 곳에서 공급량을 결정한다. 균형에서는 수요량과 공급량이 같아진다. 이때 p를 매개로 MB와 MC가 같아져서 효율이 달성된다. 즉

$$MB = p = MC$$

가 성립하여 결국 $MB = MC$가 됨으로써 효율이 달성된다. 이것이 바로 보이지 않는 손의 기능이다.

그런데 조세가 부과되면 수요자와 공급자가 서로 다른 가격에 직면한다. 수요자는 수요가격 p_d를 기준으로 선택하고, 공급자는 공급가격 p_s를 기준으로 선택한다. 그 결과

$$MB = p_d, \ MC = p_s$$

가 성립한다. 균형에서는 물론 수요량과 공급량이 같아진다. 그러나 MB와 MC는 더 이상 같아지지 않는다. 즉

---

7 정부가 조세수입을 어떠한 방식으로 지출하는가에 따라 소비자의 후생이 달라지는 미묘한 문제가 있다. 그러나 문제를 단순화시키기 위해서 정부의 조세수입은 소비자와 생산자에게 다시 그대로 이전된다고 보자. 그리하여 정부지출로 인한 후생의 사회적 가치는 납세액 자체의 가치와 동일하다고 가정하기로 하자.

8 아래 내용은 '임봉욱, 공공경제학 6판, 율곡출판사, 2022. 11.3.2'를 약간 조정하여 옮겨 온 것이다.

$$MB = p_d > MC = P_s$$

가 성립한다. 그 결과 효율이 달성되지 않는다. 이 경우 MB가 MC보다 크므로 효율을 위해서는 산출량이 증가해야 하는데 조세로 인해 그렇게 되지 못하기 때문에 효율이 달성되지 않는 것이다.

조세가 부과되면 이처럼 가격기능이 왜곡되어 생산과 소비가 줄어든다. 수요가격이 상승하여 수요자는 수요량을 줄이고 공급가격이 하락하여 공급자는 공급량을 줄인다. 그 결과 거래량이 $(Q_0 - Q^*)$만큼 줄어든다. 이처럼 생산과 소비가 줄어들면 수요자와 공급자가 얻는 잉여가 줄어든다. 그 결과 총잉여가 $(B+D)$만큼 줄어든 것이다. 이때 이 줄어든 잉여를 모두 조세로 거두어들일 수 있다면 초과부담은 존재하지 않는다. 그런데 산출량이 줄어들어 이 잉여는 사라져 버렸다. 따라서 조세를 통해 거두어들일 수 없다. 이것이 초과부담이다.

다시 말하면 산출량이 줄어들 때 잉여는 줄어들지만 그에 상응하는 조세수입이 없다는 것이다. 사회적으로 볼 때 이것은 순수한 손실이므로 자중손실이라고 부르는 것이다. 보는 각도를 달리하면 자중손실은 생산이 줄었기 때문에 없어져 버린 상품의 사회적 가치라고 할 수 있다.

이러한 정의에 따라 [그림 12-7]에서 자중손실을 직접 측정해 보자. 조세가 부과되기 이전의 원래 균형 Q_0에서는 수요자가 지불하려는 가격과 공급자가 받으려는 가격이 p_0로서 서로 같다. 그러나 균형에서 조금 왼쪽으로 움직여 보자. 이때 줄어든 상품 한 단위에 대해서 수요자가 지불하려는 수요가격(한계편익에 해당)은 공급자가 받으려는 공급가격(한계비용에 해당)보다 높다. 이 차액이 바로 상품 한 단위가 사라져서 생긴 사회적 손실이다. 조세가 부과되어 생산되지 못하고 따라서 소비되지 못하는 모든 단위들에 대해 이러한 손실을 모두 합하면 그것이 바로 자중손실이 된다.

12.5.3 초과부담과 탄력성

초과부담은 수요나 공급이 탄력적일수록 더 커진다. 초과부담이 발생하는 원인은 조세가 경제적 선택에 영향을 주기 때문이라는 점에 비추어 볼 때 이것은 당연하다. 수요나 공급이 탄력적일수록 조세로 인한 가격변화에 민감하게 반응할 것이기 때문이다. 극단적인 경우로서 수요나 공급이 완전비탄력적이라면 초과부담은 존재하지 않는다. 조세부과를 전후로 하여 균형수량이 변하지 않을 것이기 때문이다.

📖 **예제 12.2** **초과부담의 크기**

어떤 상품의 수요곡선이 $Q_d = 100 - 4p$, 공급곡선이 $Q_S = 40 + p$로 주어졌다고 하자.

a. 균형가격과 균형수량을 구하시오.

b. 이제 상품 한 단위당 5원의 종량세가 부과되었다고 하자. 이때 균형수량, 수요가격, 그리고 공급 가격을 각각 구하시오.

c. 수요자와 공급자의 초과부담을 각각 구하시오.

d. 이제 수요곡선이 $Q_d = 64 - p$로 변했다고 하면 위 c의 답은 어떻게 바뀌는가? 이 결과로부터 무엇을 알 수 있는가?

KEY 조세가 부과되면 탄력성이 클수록 초과부담이 커진다.

풀이 $Q_d = 100 - 4p$, $Q_s = 40 + p$이다.

문항 a, b는 [예제 12.1]의 경우와 같다. 편의상 여기에 그 내용을 간단히 요약하기로 하자.

a. $Q_d = Q_s$로부터 $p^0 = 12$, $Q^0 = 52$를 얻는다.

b. $t = 5$, $p_d - p_s = 5$, $Q_d = 100 - 4p_d$, $Q_s = 40 + p_s$, $Q_d = Q_s$를 연립으로 풀면 $p_d^* = 13$, $p_s^* = 8$, $Q^* = Q_d^* = Q_s^* = 48$로 구해진다.

c. a, b, 그리고 [예제 12.1] 풀이의 첫 그림에 있는 정보로부터 수요자의 초과부담은 밑변이 4이고 높이가 1인 삼각형의 넓이로 구해진다. 공급자의 초과부담은 밑변이 4이고 높이가 4인 삼각형의 넓이로 구해진다. 즉, 수요자의 초과부담 $= (1/2)(4)(1) = 2$, 공급자의 초과부담 $= (1/2)(4)(4) = 8$이다.

d. 위에서와 동일한 계산 방법을 통해 균형에서는 $\hat{p}_d = 14.5$, $\hat{p}_s = 9.5$, $\hat{Q} = 49.5$가 되는 것을 알 수 있다. 이러한 결과와 [예제 12.1] 풀이의 둘째 그림에 있는 정보로부터 수요자 및 공급자의 초과부담은 $(1/2)(2.5)(2.5) = 25/8$로서 동일함을 알 수 있다. 공급곡선은 변화하지 않았지만 수요곡선이 이전보다 비탄력적이 되어 수요자와 공급자의 초과부담의 합인 총초과부담의 크기가 작아졌다.

이러한 내용은 보조금의 경우에도 그대로 적용된다. 즉 보조금의 경우에도 초과부담은 수요나 공급이 탄력적일수록 더 커진다. 다만 초과부담을 나타내는 삼각형이 Q_0의 오른쪽에 생긴다는 점이 다르다.

12.6 무역의 이익

이제 균형분석의 또 다른 예로서 자유무역을 시행할 경우 어떠한 **무역의 이익**(gains from trade)이 있는가를 살펴보기로 하자. [그림 12-8]을 이용하여 알아보자.

먼저 무역이 시행되기 이전을 보자. 이때에는 본국의 수요곡선과 공급곡선이 교차하는 E_0에 대응하여 국내균형가격은 p_d, 국내균형수량은 Q_d로 정해진다. 그런데 이 상품의 국제가격 p_i가 국내균형가격보다 낮을 경우 자유무역을 시행하면 국내가격이 국제가격 수준으로 떨어지게 된다.

이처럼 가격이 떨어지면 국내 후생은 어떻게 될까? 그 영향을 살펴보기 위해 우선 국내 소비자나 생산자들의 소비나 생산이 국제시장에 영향을 미칠 만큼 크지는 않다고 하자. 이러한 상황에서는 국내 생산자들이나 소비자들은 모두 가격수용자로 행동할 것이다. 그리하여 가격이 하락할 경우 그에 대응하여 수요량은 수요곡선상에서 이전보다 많은 Q_2로 정해진다. 공급량은 공급곡선상에서 이전보다 적은 Q_1으로 정해진다. 이때 $Q_2 - Q_1$만큼의 초과수요가 발생하며, 이것이 바로 수입량이 된다.

이제 자유무역이 후생에 미치는 영향에 대해 구체적으로 살펴보기로 하자. 자유무역을 하면 앞에서 말했듯이 국내가격이 하락하여 소비자는 더 낮은 가격에 더 많은 양을 소비할 수 있게 된다. 그리하여 소비자잉여가 $(A + B + C)$만큼 증가한다. 한편 생산자는 가격이 떨어졌기 때문에 더 낮은 가격에 더 적은 양을 공급하게 된다. 그리하여 생산자잉여는 A만

그림 12-8 **무역의 이익**

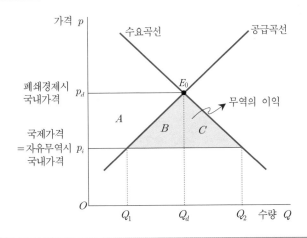

자유무역을 하면 국내가격이 국제 가격 수준으로 떨어진다. 이때 생산자잉여는 A만큼 감소하지만 소비자잉여가 $(A + B + C)$만큼 증가하여 결국 $(B + C)$만큼 잉여가 증가한다.

큼 감소한다. 결과적으로 소비자잉여는 증가하지만 생산자잉여는 감소한다. 이때 이들의 후생에 대해 가치판단을 배제한다면 국가 전체적으로는 다음과 같이 $(B+C)$만큼의 잉여가 증가한다고 볼 수 있다.

> 소비자잉여의 변화: $+(A+B+C)$
> 생산자잉여의 변화: $-A$
> 총잉여의 변화: $+(B+C)$

한편 이러한 자유무역의 논리를 적용할 때에는 신중을 기해야 한다. 산업에 따라서는 관세(tariff)나 기타 무역정책을 통하여 일정 기간 보호해 주면 성장한 이후 그 동안 감수했던 비효율을 압도하는 성과를 낼 수도 있기 때문이다.

12.7 관 세

자유무역은 후생을 증가시킨다. 그러나 앞에서 지적했듯이 산업에 따라서는 보호해야 할 필요가 있는 경우도 있다. 여기서는 관세의 경제적 효과에 대해서 살펴보기로 하자. 관세는 보호무역 정책들 중에서 전통적으로 가장 많이 분석되어 왔다.

[그림 12-9]에서 p_i는 국제가격이다. 자유무역을 시행할 경우 국내 생산자나 소비자는 이 가격을 기준으로 생산하고 소비하게 된다. 그런데 정부가 단위당 관세를 t만큼 부과하면

그림 12-9 관세의 경제적 효과

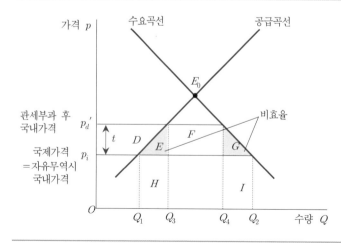

관세를 부과하면 국내가격이 국제가격보다 관세만큼 높아진다. 이때 생산자잉여가 D만큼 증가하고 관세수입이 F만큼 생기지만 소비자잉여가 $(D+E+F+G)$만큼 감소하여 결국 $(E+G)$만큼 잉여가 감소한다.

국내가격은 국제가격보다 부과된 관세만큼 높아진다. 그 결과 국내가격과 국제가격은 더이상 같지 않게 된다. 당연한 말이지만, 폐쇄경제에서 자유무역으로 이행하는 경우에는 국내가격이 떨어진다. 그 결과 생산자는 피해를 보고 소비자는 이득을 본다. 그러나 자유무역을 하다가 관세를 부과하면 반대로 국내가격이 올라간다. 그 결과 자유무역을 할 때보다 생산자는 이득을 보는 반면 소비자는 피해를 보게 된다. 이러한 사실은 관세를 부과하여 국내가격이 상승할 경우, 생산자잉여는 D만큼 증가하지만 소비자잉여는 $(D+E+F+G)$만큼 감소한다는 사실로부터도 확인된다.

이제 국가 전체적인 차원에서 후생이 어떻게 변하는가를 살펴보자. 소비자잉여의 감소분 중에서 D는 생산자잉여로 전환되었으며 F는 정부의 관세수입으로 확보되었다. 그러므로 이 부분들은 후생이 감소한 부분이라고 할 수 없다. 그러나 음영으로 표시된 부분 E와 G는 누구에게도 이전되지 않았다. 그러므로 이 부분들은 관세가 유발한 비효율을 나타낸다. 그런데 이러한 비효율은 앞에서 분석한 일반적인 조세가 유발하는 초과부담과 유사하다는 사실을 알 수 있다.

> 소비자잉여의 변화: $-(D+E+F+G)$
> 생산자잉여의 변화: $+D$
> 관세수입: $+F$
> 총잉여의 변화: $-(E+G)$

구체적으로 살펴보자. E는 인위적으로 가격을 올렸기 때문에 그로 인해 국내 생산이 $Q_3 - Q_1$만큼 증가하여 발생한 비효율이다.[9] 이 경우 국제가격이 낮기 때문에 국내에서 생산해서 쓰는 것보다 수입해서 쓰는 것이 비용이 더 적게 든다는 점이 고려되었다. 한편 G는 인위적으로 가격을 올렸기 때문에 그로 인해 국내 소비가 $Q_2 - Q_4$만큼 감소하여 발생한 비효율이다.[10]

---

9 비효율 E는 생산자 측면에서 생산증가로 인해 증가하게 되는 비용의 크기인 $E+H$와 그만큼의 수입감소로 인해 절약되는 지출의 크기인 H의 차로 측정된 것이다.

10 비효율 G는 소비자 측면에서 소비감소로 인해 감소하게 되는 후생의 크기인 $G+I$와 그때 절약되는 지출의 크기인 I의 차로 측정된 것이다. 한편 [그림 12-9]와 같은 분석 방법은 비단 관세의 효과를 분석할 때뿐만이 아니라 **수량할당**(quota)이나 기타 비관세무역정책을 분석할 경우에도 활용될 수 있다. 이들의 분석에서 결국 핵심이 되는 것은 자유무역의 경우보다 수입이 감소하게 된다는 것이기 때문이다. 물론 비관세무역정책들의 경우 정부의 관세수입은 없다. 나아가서 각각의 무역정책들의 경우 효과의 확실성에는 다소 차이가 있다.

제3편

시장구조이론:
생산물의 가격과 자원배분

　앞에서 우리는 시장수요곡선과 시장공급곡선이 어떻게 도출되며 그로부터 상품의 시장가격과 수량이 어떻게 결정되는가에 대해서 배웠다. 그런데 그때 우리는 암묵적으로 수요자와 공급자가 무수히 많이 존재하는 상황을 가정한 것이 사실이다. 그러나 현실적으로 이처럼 수요자와 공급자가 무수히 많은 경우만 있는 것은 아니다. 여기서는 여러 가지 시장구조(market structure)에서 각 개별 기업의 산출량과 시장의 산출량, 그리고 시장가격이 어떻게 결정되는가에 대해서 살펴볼 것이다. 이때 각각의 시장구조에서 자원배분의 효율성 여부가 어떠한가에 주목하기 바란다. 자원배분의 효율성 여부 파악이 여러 가지 시장구조에 대해서 연구하는 중요한 이유들 중의 하나이기도 하다.

　특히 공급자의 수에 초점을 맞추어 공급자가 무수히 많은 완전경쟁과 단 하나인 독점의 경우에 대해 분석하게 될 것이다. 한편 세상에 있는 대부분이 그렇듯이 현실은 이처럼 양극단에 놓이기보다는 그 중간 어디엔가 놓이는 경우가 많다. 마찬가지로 시장형태에서도 완전경쟁과 독점의 사이에 놓이는 과점이 더 많이 눈에 띄는 것이 사실이다. 이러한 측면에서 과점에 대해서도 심도 있게 분석할 것이다.

　특히 과점의 경우에는 서로의 행위가 상대에게 영향을 미쳐 그 행위가 상호의존적으로 결정되는 경우가 많다. 그런 만큼 과점시장의 행태를 어느 하나의 통합된 이론으로 설명한다는 것은 사실상 불가능하다. 그 결과 각 기업의 행위에 따라 다양한 모형이 등장하게 된다. 한편 요즈음에 와서는 과점시장에서 이루어지는 각 기업들의 행위가 마치 전략적 상황에서 게임을 하는 양상과 흡사하다고 하여 과점시장을 게임이론의 틀에서 분석하는 경향이 많다. 이 점에 비추어 과점이론에 등장하는 각 모형을 게임이론의 틀에서 다시 한 번 분석해 보고 있다.

제13장

완전경쟁시장: 자원배분의 효율 달성

13.1 완전경쟁의 조건 | 13.2 단기 | 13.3 장기 | 13.4 완전경쟁시장에 대한 평가

MICROECONOMICS

지금까지 모두 '경쟁'을 전제로 논의하였다. 이번 장에서는 완전경쟁의 개념을 소개한다. 완전경쟁시장의 조건을 모두 만족시키는 예를 현실에서 찾기는 극히 어렵다. 그러나 이 시장에 대한 분석은 간편하면서도 현실을 분석하는 데 유용한 직관적인 결과를 많이 제공해 준다. 이때 특히 완전경쟁시장에서는 자원이 왜 효율적으로 배분될 수 있는가에 주목하자.

장기에는 새로운 기업들이 시장에 진입하기도 하고 시장에 있던 기업들이 이탈하기도 한다. 이러한 측면에서 완전경쟁시장에서 개별 기업이나 시장 전체의 가격과 산출량이 어떻게 결정되는가는 분석 대상 기간이 장기인가 단기인가에 따라 달라진다. 이러한 관점에서 다음과 같이 먼저 단기와 장기를 구분하고, 그 안에서 다시 기업의 균형과 시장의 균형을 구분하여 분석한다.

단기: 개별 기업의 단기균형, 시장의 단기균형 | 장기: 개별 기업의 장기균형, 시장의 장기균형

무엇을 공부할 것인가

1. 완전경쟁시장이 되기 위한 조건들은 무엇인가?
2. 완전경쟁시장에서 개별 기업들의 단기균형은 어떻게 나타나는가? 이것은 완전경쟁시장의 단기균형과 어떠한 관계가 있는가?
3. 완전경쟁시장에서 개별 기업의 장기공급곡선은 어떠한가?
4. 완전경쟁시장에서 장기균형은 어떻게 나타나는가? 이러한 균형은 개별 기업의 장기균형과 어떠한 관계가 있는가?
5. 규모에 대한 보수가 불변일 경우 개별 기업 균형의 특성은 어떠한가?
6. 단기시장공급곡선과 장기시장공급곡선을 구할 때의 차이는 무엇인가?
7. 장기시장공급곡선의 모양을 좌우하는 요인들은 무엇인가? 장기시장공급곡선의 모양은 각각 어떠하며 그 이유는 무엇인가?
8. 완전경쟁시장에 대한 평가는 어떠한가?

13.1 완전경쟁의 조건

시장에 있는 기업의 수에 초점을 맞추어 보면 경쟁, 독점, 과점, 독점적 경쟁 등 여러 가지 시장구조들을 생각해 볼 수 있다. 시장구조는 주로 시장 내의 기업 수에 의해 정해진다.

> **시장구조**(market structure) 상품에 대한 경쟁이나 가격책정에 영향을 주는 시장의 조직적 특성과 기타 특성

이번 장에서는 이들 중에서 완전경쟁에 대해서 공부한다. **완전경쟁**(perfect competition)이 성립하려면 몇 가지 조건들이 충족되어야 한다.

(1) 시장에 수요자와 공급자가 무수히 많아야 한다는 것을 들 수 있다. 이 조건은 궁극적으로 개별 수요자나 개별 공급자가 시장에서 차지하는 비중이 아주 작아야 한다는 것이다. 그리하여 개별적으로는 시장에 아무 영향도 미치지 못하므로 결국 모두 **가격수용자**(price taker)로서 행동할 수밖에 없다는 것을 함축하고 있다.

(2) 상품의 품질이 같아야 한다.

(3) 새로운 기업이 산업에 진입(entry)하거나 기존 기업이 산업에서 이탈(exit)하는 것이 자유로와야 한다. 장기에 적용된다.

(4) 모든 경제주체들이 현재와 미래에 걸쳐 상품의 가격, 품질, 소득, 선호순서, 생산기술 등 모든 정보를 완전히 알고 있어야 한다는 것이다. 즉 **완전정보**(perfect information) 조건이다. 가장 제한적인 조건이라고 볼 수 있다.

이미 짐작했겠지만 엄격한 의미에서 이러한 조건들을 모두 만족시키는 완전경쟁시장은 현실에서는 찾기 어렵다. 그럼에도 불구하고 이러한 시장에 대해 분석하는 이유는 현실에 있는 여러 시장의 현상을 설명하는 데 도움을 주기 때문이다. 아울러 완전경쟁시장은 자원을 효율적으로 배분시켜 주기 때문이다.

13.1.1 개별 기업이 직면하는 수요곡선

11장에서 개별 기업이 이윤을 극대화하려면 비용측면뿐만 아니라 수요측면도 고려해야 한다고 하였다. 그런데 이와 관련하여 시장수요곡선과 개별 기업이 직면하는 수요곡선을 구분하는 것이 매우 중요하다.

시장수요곡선은 시장가격과 수요량 사이의 관계를 보여준다. 이때 일반적으로 가격과 수요량은 서로 반대 방향으로 움직인다. 한편 개별 기업이 직면하는 수요곡선은 시장

그림 13-1	개별 기업이 직면하는 수요곡선

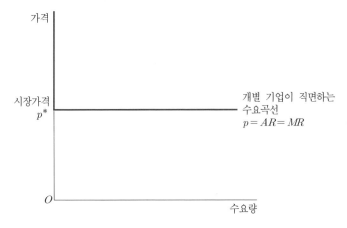

완전경쟁시장에서 개별 기업은 가격수용자이다. 그리고 개별 기업이 직면하는 수요곡
선은 시장가격에서 수평인 직선이 된다. 이때 $p = AR = MR$이 성립한다.

가격과 이 기업이 판매할 수 있는 수량 사이의 관계를 보여주고 있다.

이제 구체적으로 개별 기업이 직면하는 수요곡선은 어떠한 모양을 지니는가를 살펴보
기로 하자. 우선 경쟁시장에는 똑같은 상품을 파는 기업이 무수히 많다. 따라서 (1) 어떤 기
업이 가격을 시장가격보다 높게 설정하면 모든 수요자가 다른 기업들에게로 가버린다. 그
결과 자신은 하나도 팔지 못한다. (2) 경쟁시장에서는 개별 기업의 산출량이 시장에서 차지
하는 비중이 상당히 작다. 따라서 이 기업이 자신의 생산물을 시장가격에 팔려고 하면 자신
이 원하는 만큼 모두 팔 수 있다. (3) 이 기업이 시장가격보다 낮게 판매하려 하면 자신이
시장 전체를 차지할 수 있다.

개별 기업이 시장가격보다 낮은 가격을 설정하면 시장수요가 모두 자신의 차지가 된다
고 하였다. 그러나 굳이 시장가격보다 낮은 가격에 판매할 이유가 없다. 시장가격으로도 자
신이 원하는 만큼을 모두 팔 수 있기 때문이다. 이러한 측면에서 개별 기업이 직면하는 수
요곡선은 [그림 13-1]처럼 시장가격에서 수평인 직선으로 생각할 수 있다.

경쟁시장이든 독점시장이든 기업의 입장에서 볼 때 가격은 항상 평균수입과 같다(8장
참조). 한편 한계수입(marginal revenue)은 한 단위 더 팔 때 기업에 추가로 더 들어오는 수입
이다. 그런데 경쟁시장에서는 가격이 일정하므로 한 단위 더 팔 때마다 가격만큼 수입이 늘
어난다. 따라서 가격과 한계수입이 항상 같다.

(1) 경쟁시장에서는 $p = AR$[독점시장에서는 $p(Q) = AR(Q)$]이 성립한다(8.3.3, 14장 참조).

(2) 특히 경쟁시장에서는 $p = AR = MR$이 성립한다.

13.2 단 기

13.2.1 개별 기업의 단기공급곡선과 단기시장공급곡선

11장에서 개별 기업의 단기공급곡선은 단기한계비용곡선 중에서 평균가변비용곡선의 위에 놓이는 부분이라는 사실을 배웠다. 그런데 이때 개별 기업들이 **가격수용자**로 행동할 때에만 공급곡선이 정의될 수 있다고 하였다. 물론 이때 개별 기업은 가격수용자이므로 시장가격에 영향을 미치지 못한다. 이러한 상황들은 현재 우리가 다루고 있는 완전경쟁시장에도 똑같이 적용된다. 그러므로 완전경쟁에서 개별 기업의 단기(역)공급곡선은 11장에서 구한 것과 같이 $p = SMC(q)$가 된다. 또한 11장에서 보았듯이 이러한 개별 기업들의 단기공급곡선을 수평으로 합하면 단기시장공급곡선을 얻는다.

13.2.2 개별 기업의 단기균형

이제 경쟁시장에서 가격이 p^*로 결정되었다고 하자. 개별 기업은 이 가격에 영향을 미칠 수 없다고 가정하고 있으므로, 이 기업은 이 가격을 기준으로

이윤극대화 조건: $p^* = SMC(q)$

를 만족시키는 q^*를 생산하게 된다. 즉 (p^*, q^*)에서 개별 기업의 이윤이 극대화되며 그곳에서 개별 기업의 단기균형이 이루어진다. 이것이 [그림 13-2]에 나타나 있다.[1] 물론 경쟁시장에서는 $p = MR$이므로 이 경우 일반적인 이윤극대화 조건인 $MR^* = MC^*$가 만족되고 있다.

이때 이윤의 크기를 구체적으로 계산하려면 총수입과 총비용의 크기를 알아야 한다. 그런데 총수입(TR)은 가격에 판매량을 곱한 것이므로 $p^* q^*$로 구해진다. 또한 현재 우리는 평

---

1 이러한 결과는 개별 기업이 직면하는 수요곡선(p^*에서 수평인 직선)과 개별 기업의 공급곡선($= SMC$곡선)이 교차하는 점에 대응하여 산출량이 결정된 것으로 해석할 수도 있다. 한편 이윤극대화의 충분조건에 대해서는 11장 참조.

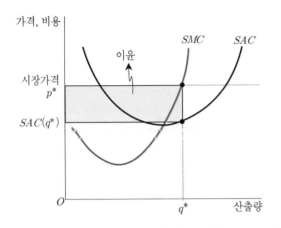

그림 13-2 개별 기업의 단기균형

완전경쟁시장에서 개별 기업은 $p = SMC$인 곳에서 이윤을 극대화한다. 이때 이윤은 물론 총수입에서 총비용을 빼 준 값이다.

균비용을 알고 있으므로 총비용(TC)은 평균비용에 산출량을 곱하여 $SAC(q^*)q^*$로 구해진다.

결과적으로 단기에 개별 기업의 이윤(profit)은

$$\pi^* = TR^* - TC^* = p^* q^* - SAC(q^*)q^* = (p^* - SAC(q^*))q^*$$

가 된다. 이러한 이윤이 그림에 음영으로 표시되어 있다.

예제 13.1 개별 기업의 단기균형

어떤 기업의 생산함수가 $q = 5L^{\frac{1}{2}}K^{\frac{1}{2}}$이고, 자본이 1단위로 주어졌다고 한다. 임금률 w와 자본의 임대료율 r은 각각 2라고 하자.

a. 이 기업의 단기공급곡선을 구하시오.

b. 생산물의 가격이 4라고 할 때 이윤을 극대화하는 산출량과 노동의 고용량을 구하시오. 이때 이윤은 얼마인가?

KEY 자본의 양이 주어졌으므로 단기이다. 기업의 공급곡선은 이윤극대화로부터 얻는다.

풀이 a. 이 문항은 [예제 11.1]과 같다. 이윤극대화 문제는

$$\underset{q}{\text{Max}} \ \pi = pq - c(q)$$

이다. 비용함수를 구하기 위해 $K=1$을 주어진 생산함수에 대입한 다음 L에 대해서 풀면 $L=\dfrac{q^2}{25}$ (1)이 된다. 이것과 주어진 값들을 비용함수인 $C=wL+rK$에 대입하면 $C=\dfrac{2}{25}q^2+2$를 얻는다. 이것을 위 목적함수에 대입하면

$$\underset{q}{\text{Max}}\ \pi = pq-c(q)=pq-\left(\frac{2}{25}q^2+2\right)$$

가 된다. 이때 이윤극대화의 일차필요조건은 $\dfrac{d\pi}{dq}=p-\dfrac{4}{25}q=0$이다. 이로부터 $p=\dfrac{4}{25}q$를 얻는다. 이것이 바로 $p=SMC$조건이다. 이로부터 이 기업의 단기공급곡선은 $q=\dfrac{25}{4}p$ (2)로 구해진다.

b. $p=4$로 주어져 있다. 이것을 (2)식에 대입하면 $q^*=25$를 얻는다. 그러므로 (1)로부터 $L^*=q^{*2}/25=25$가 된다. 목적함수에 해당되는 값들을 대입하면 이윤은 $\pi^*=48$이 된다.

13.2.3 시장의 단기균형과 개별 기업의 단기균형

11장과 12장의 내용은 모두 경쟁을 전제로 한 것이었기 때문에 그 내용들은 여기에서도 그대로 적용된다. 12장에서 살펴보았듯이 시장수요곡선과 단기시장공급곡선이 만나는 점에서 경쟁시장의 단기균형이 이루어진다.

(1) 개별 기업이 이윤을 얻는 경우

그 결과 [그림 13-3(A)]와 같이 시장균형가격은 p^*가 되고 시장균형수량은 Q^*가 된다 (개별 기업의 산출량은 소문자 q로 나타내고 시장 전체의 산출량은 대문자 Q로 나타내고 있다). 지금까지 개별 경쟁기업이 이윤을 극대화하거나 개인이 효용을 극대화할 때 시장가격은 주어졌다고 가정하였다. 그런데 그 시장가격은 바로 이러한 과정을 통해 얻어진 것이다. 이러한 의미를 보다 부각시키기 위해 개별 경쟁기업의 단기균형을 보여주는 [그림 13-3(B)]를 [그림 13-3(A)]의 옆에 함께 그려 놓았다.

이때 가격수용자로서의 개별 기업은 이러한 시장균형가격을 그대로 수용하여 이윤을 극대화한다. [그림 13-3(B)]는 시장의 단기균형에서 개별 기업이 이윤을 얻는 경우를 보여주고 있다. 이윤을 얻을 경우 이처럼 균형에서 가격이 SAC보다 높다는 점에 주목하자.

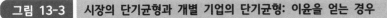

그림 13-3 시장의 단기균형과 개별 기업의 단기균형: 이윤을 얻는 경우

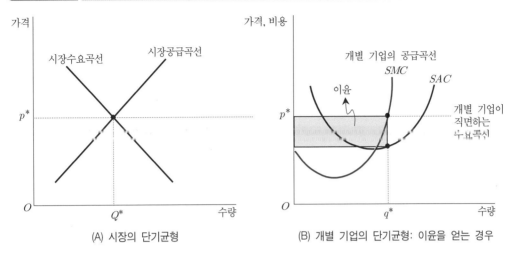

(A) 시장의 단기균형   (B) 개별 기업의 단기균형: 이윤을 얻는 경우

단기의 시장수요곡선과 시장공급곡선이 만나는 곳에서 시장의 단기균형이 이루어진다. 개별
기업은 바로 이때 정해진 시장가격을 그대로 수용하여 이윤을 극대화한다. 시장가격이 SAC보다
높으면 개별기업은 이윤을 얻는다.

(2) 개별 기업이 손실을 볼 경우

물론 시장의 단기균형에서 개별 기업이 손실을 볼 수도 있다. 단기에 손실을 입으면서
도 조업을 하기 위해서는 11.3.2에서 보았듯이 시장가격이 평균가변비용의 최저값보다는 높
아야 한다. 물론 손실을 본다면 시장가격이 단기평균비용보다는 낮은 상태이다. 이 2개의
조건이 모두 만족되는 경우는 [그림 13-4(B)]처럼 시장균형가격 p^*가 가로축에서 SAC의
최하점(B점)까지의 높이와 AVC의 최하점(E점)까지의 높이 사이에 놓이는 경우이다. 한편
이때 시장균형을 나타내는 [13-3(A)]와 [13-4(A)]는 같은 것이라는 점에 주목하자.

이때 손실을 계산하는 방법은 13.2.2에서 이윤을 계산한 방법과 같다. (1) 먼저 [그림 13
-4(B)]에서 $p = SMC(q)$를 만족시키는 수량을 찾는다. 그 수량이 C점에 대응하는 q^{**}로
나타나 있다. (2) 그 다음 이 수량에 대응하는 SAC를 찾는다. 그 값이 A점에 대응하는
$SAC(q^{**})$로 나타나 있다. (3) 이때 $\pi^{**} = [p^* - SAC(q^{**})]q^{**} < 0$인데 이윤이 음이므로 그
절대값이 바로 손실이다.

그림 13-4 **시장의 단기균형과 개별 기업의 단기균형: 손실을 볼 경우**

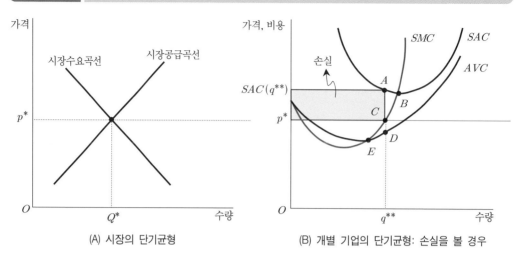

(A) 시장의 단기균형   (B) 개별 기업의 단기균형: 손실을 볼 경우

시장가격이 SAC보다 낮으면 손실을 본다. 단기에 손실을 입으면서도 조업을 하기 위해서는 가격이 평균가변비용의 최저값보다는 높아야 한다. 손실을 볼 경우에는 $p = SMC$인 곳에서 손실이 극소화된다.

손실을 볼 경우에는 $p = SMC$인 곳에서 손실이 극소화된다. 만일 조업을 하지 않았다면 총고정비용만큼의 손실을 입었을 것이다. 즉 SAC곡선과 AVC곡선 사이의 수직거리인 $\overline{AD}$가 평균고정비용이므로 $\overline{AD} \times q^{**}$의 손실을 입었을 것이다(사실상 총고정비용은 어느 수량에서 측정하든 동일하다). 그런데 조업을 함으로써 총수입으로 총가변비용 전체($\overline{Dq^{**}} \times q^{**}$)를 넘어 총고정비용의 일부인 $\overline{CD} \times q^{**}$를 충당하고 있다. 이때 $\overline{CD} \times q^{**}$는 생산자잉여라는 점에 주목하자(11.4.1(4) 참조).

예제 13.2 시장의 단기균형과 개별 기업의 단기균형

어떤 상품의 생산함수가 $q = 5L^{\frac{1}{2}}K^{\frac{1}{2}}$이고 임금률과 자본의 임대료율이 각각 2라고 하자. 이 상품에 대한 시장수요는 $Q_d = \dfrac{100}{p}$이라고 하자. $K = 1$이고 $n = 16$(n은 기업의 수)일 경우를 가정하자.

 a. 단기시장균형을 구하시오.
 b. 개별 기업의 단기균형을 구하시오.

KEY 고정생산요소가 있으므로 개별 기업의 관점에서 단기이다. 기업의 수가 정해져 있으므로 시장의 관점에서 단기이다. 생산함수는 규모에 대한 보수 불변이다. $CRTS$이더라도 단기에는 이윤이 존재한다.

풀이 a. 먼저 개별 기업의 비용함수를 구한 다음 이윤극대화 조건을 이용하면 개별 기업의 단기공
급곡선을 얻을 수 있다. 그 다음 이들을 합하면 단기시장공급곡선을 얻을 수 있다.

[예제 13.1]로부터 개별 기업의 비용함수는 $c(q) = \frac{2}{25}q^2 + 2$로 구해졌다. 이윤극대화
조건인 $p = SMC$로부터 개별 기업의 단기공급곡선은 $q = \frac{25}{4}p$로 구해진다. 한편 시장공
급량은 개별 기업들의 공급량을 합한 것이다. 그러므로

$$Q_s = nq = n\frac{25}{4}p = 16\frac{25}{4}p = 100p$$

로 구해진다. $Q_d = \frac{100}{p}$일 경우 $Q_d = Q_s$로부터 $p^* = 1$, $Q^* = 100$을 얻는다.

b. $q^* = \frac{25}{4}$, $p^* = 1$이다. 개별 기업의 이윤은 $\pi = p^* q^* - c(q^*) = \frac{9}{8}$가 된다. 이러한 결과로
부터 $CRTS$이더라도 단기에는 이윤이 존재한다는 것을 알 수 있다. 한편 $Q^*(=100)$를
16개의 기업이 공급하므로 각 개별 기업의 공급량은 $q^* = \frac{Q^*}{16} = \frac{25}{4}$가 된다. 이것은 물론
$p = SMC$로부터 얻은 결과와 일치한다. 또한 $SAC = \frac{2}{25}q + \frac{2}{q}$이며 $q = 5$일 때 최소값
$\frac{4}{5}$를 갖는다.

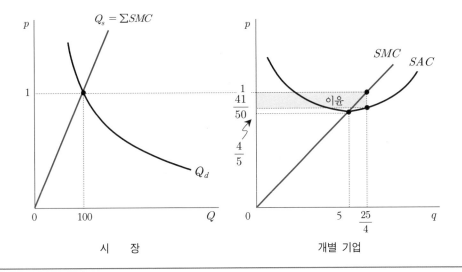

시 장   개별 기업

13.3 장 기

단기의 경우와는 달리 장기에는 시장에 새로운 기업들이 진입하거나 시장에 있던 기존 기업들이 이탈할 수도 있다는 사실을 고려해야 한다. 또한 장기시장공급곡선을 분석할 때에는 산출량이 증가할 때 비용이 증가하는지 아닌지가 핵심적인 역할을 한다.

13.3.1 개별 기업의 장기공급곡선

개별 기업의 장기공급곡선에 대해서는 11장에서 이미 배웠다. 논의의 연결을 위해 여기서 그 내용을 요약하기로 한다. (1) 장기에 이윤을 극대화하려면 가격이 장기한계비용과 같아지는 곳에서 생산해야 한다. (2) 장기에는 단기와 달리 모든 생산요소를 자유롭게 조정할 수 있으므로 생산요소를 0으로 만드는 것도 선택할 수 있다. 즉 이 산업에서 완전히 떠나는 것도 고려할 수 있다. 그리하여 장기의 측면에서 손실이 있을 경우 기업은 이 산업을 떠나게 된다. 그러므로 장기의 관점에서는 기업의 이윤은 적어도 0보다 적지는 않아야 한다. 즉 장기에는 가격은 적어도 평균비용만큼은 되어야 한다. 그 결과 장기한계비용(LMC)곡선 중 장기평균비용(LAC)곡선보다 위에 놓이는 부분이 개별 기업의 장기공급곡선이 된다. 이러한 개별 기업의 장기공급곡선의 유형은 규모에 대한 보수의 유형에 따라 달라진다.

13.3.2 시장의 장기균형과 개별 기업의 장기균형

(1) 시장의 장기균형: 진입과 이탈

장기균형을 분석할 때 핵심적인 사항이 있다.

첫째, 모든 생산요소를 자유롭게 조정할 수 있다는 점이다. 이것은 기존 기업들이 생산설비를 조정하는 것은 물론 새로운 기업들이 자유롭게 진입하고 기존 기업들이 자유롭게 이탈하는 것을 포함한다. 따라서

> 장기균형을 분석할 때에는 (1) 기존 기업들의 조정에 따른 효과와 (2) 새로운 기업들의 진입과 기존 기업들의 이탈에 따른 효과를 모두 고려해야 한다.

둘째, 이러한 이유 때문에 장기시장공급곡선은 개별 기업들의 장기공급곡선을 단순히 합한 것이 아니다(13.3.3 참조).

셋째, 이러한 점들을 염두에 두고, 시장 내의 모든 기업들이 똑같은 비용함수를 지니고 있다고 가정하자. 장기적 측면에서 볼 때 기존기업들은

$$p = LMC$$

의 원리에 따라 이윤을 극대화한다.

넷째, (ⅰ) 이러한 상태에서 시장에 있는 기존 기업들이 **경제적 이윤**을 얻고 있다고 하자. 경제적 이윤을 얻고 있다는 것은 $\pi = TR - LTC > 0$인 상태, 즉 $TR > LTC$인 상태이다. 즉 총수입이 총비용을 초과하고 있다는 것이나 그런데 경제학에서 비용은 기회비용을 의미하며 기회비용에는 다른 산업에서 벌 수 있었던 이윤도 포함된다. 그러므로 결국 경제적 이윤을 얻는다는 것은 이 산업에서는 다른 산업에서 조업할 때 벌 수 있는 이윤보다 더 많이 벌고 있다는 것이다. 그러면 기존 기업과 똑같은 기업을 설립하더라도 이윤을 얻을 것으로 기대하고, 새로운 기업들이 진입한다. 이 경우 [그림 13-5]처럼 단기시장공급곡선이 오른쪽으로 이동(shift)하며 시장 전체의 공급은 증가한다. 그 결과 시장가격이 p_0에서 p_1으로 하락한다. (ⅱ) 이와는 반대로 시장에서 기존 기업들이 손실을 보고 있으면 일부 기업들은 이 산업에서 이탈한다. 그 결과 시장가격은 상승한다.

이러한 시장가격의 변화나 기업들의 진입, 이탈은 시장에 있는 기업들이 얻는 장기의 경제적 이윤이 0이 될 때까지 지속된다. 그리하여 마침내 장기의 경제적 이윤이 0이 되는 곳에서, [그림 13-6(A)]와 같은 장기균형이 이루어진다.[2] 여기서 경제적 이윤이 0이라는 것은

그림 13-5 **시장의 장기현상: 새로운 기업 진입의 영향**

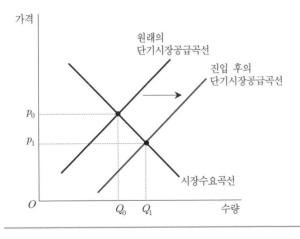

새로운 기업들이 시장에 진입하면 시장공급곡선 자체가 밖으로 이동한다. 그 결과 시장가격이 하락한다.

---

2 그림에 특별히 장기시장공급곡선이라고 명시해 놓은 점에 주목하자. 여기서 설명의 편의상 장기시장공급곡선을 우상향하는 것으로 그려 놓았다. 그러나 13.3.3에서 배우게 되듯이 장기시장공급곡선이 반드시 우상향하는 것은 아니다. 그렇지만 어느 경우이든 장기에 개별 기업의 경제적 이윤은 0이 된다.

[그림 13-6(B)]에서 보듯이 $\pi = p^* q^* - LAC(q^*) \times q^* = TR(q^*) - LTC(q^*) = 0$인 상태, 즉 $TR = LTC$인 상태이다. 즉 경제적 이윤이 0이라는 것은 수입이 전혀 없다는 뜻은 아니다. 다만 총수입이 총비용을 충당할 뿐 넘지는 않는다는 뜻이다. 그런데 앞서 말했듯이 경제학에서 비용은 기회비용을 의미하며 기회비용에는 다른 산업에서 벌 수 있었던 이윤도 포함된다. 그러므로 결국 경제적 이윤이 0이라는 의미는 이 산업에서 조업하는 대신 다른 산업에서 조업했을 때 벌 수 있는 이윤만큼만 벌고 그 이상은 벌지 못한다는 것을 의미한다.

다섯째, [그림 13-6(B)]에서 보듯이 장기에는 개별 기업들의 생산자잉여가 0이므로 [그림 13-6(A)]의 음영 부분은 생산자잉여가 아니다. 새로운 기업들의 진입에 따른 생산요소가격 상승(13.3.3(2) 참조)으로 인해 기존에 낮은 생산요소가격으로도 공급했던 '생산요소' 공급자들이 누리는 잉여이다.

여섯째, 시장의 장기균형에서는 시장공급량이 시장수요량과 같아진다. 즉 개별 기업들의 공급량의 합이 시장수요량과 같아진다.

(2) 시장의 장기균형조건과 그 함축성

이상의 내용을 종합할 때 시장의 장기균형조건은 다음과 같다.

> **시장의 장기균형조건**
> (1) 개별기업들의 장기이윤극대화: $p^* = LMC$
> (2) 개별기업들의 장기이윤=0 (장기손익분기점): $p^* = LAC$
> (3) 시장의 장기균형: 시장수요량＝시장공급량

(1)은 일반적인 이윤극대화 조건이다. (2)는 자유로운 진입과 이탈 때문에 경제적 이윤이 0이 된다는 조건이다.

(ⅰ) 이때 가격과 개별 기업의 산출량은 수요조건과는 관계없이 오로지 기술조건에 의해서 정해진다. 즉 [그림 13-6(B)]에서 보듯이 가격 p^*는 수요조건과는 독립적으로 오로지 기술조건을 반영하고 있는 LAC의 최소값으로 정해진다. 개별 기업의 산출량 q^*도 수요조건과는 독립적으로 오로지 LAC의 최소값에 대응해서 정해진다. (ⅱ) 시장 전체의 산출량 Q^*는 이러한 가격 p^*에 대응해서 수요조건에 따라 정해진다. 즉 [그림 13-6(A)]에서 시장수요함수가 $Q = Q_d(p)$라면 시장균형수량은 $Q^* = Q_d(p^*)$로 정해진다. (ⅲ) 이때 개별 기업들의 수를 n이라고 하면 $n^* = \dfrac{Q^*}{q^*}$로 정해진다. 바꾸어 말하면 시장균형수량 Q^*는 개별 기업들의 공급량의 합인 $n^* q^*$가 된다.

(3) 개별 기업의 장기균형

개별 기업의 장기균형을 살펴보자. 그 곳에서는 (ⅰ) 이윤극대화가 이루어지고 있으므로 $p = LMC$가 성립한다. 또한 장기균형에서는 이윤이 0이 되므로 $p = LAC$가 성립한다. 따라서 장기균형에서는 $LAC = LMC$가 성립한다. (ⅱ) 그런데 이미 배웠듯이 $LAC = LMC$가 성립하는 곳은 [그림 13-6(B)]처럼 오로지 LAC가 가장 작아지는 곳뿐이다. 또한 LAC가 가장 작아질 때에는 $LAC = SAC$이며 SAC도 가장 작아진다. (ⅲ) 아울러 단기에도 SAC가 가장 작아질 때에는 $SAC = SMC$이다. 따라서

개별 기업의 장기균형에서는

$$p^* = LAC(q^*) = LMC(q^*) = SAC(q^*) = SMC(q^*)$$

의 관계가 성립한다.

다시 한 번 강조하지만 개별 경쟁기업의 장기균형에서 핵심적인 두 조건은

$p^* = LMC$: 장기이윤극대화

$p^* = LAC$: 장기이윤＝0 (장기손익분기점: long−run break−even)

이다.

그림 13-6 **시장의 장기균형과 개별 기업의 장기균형**

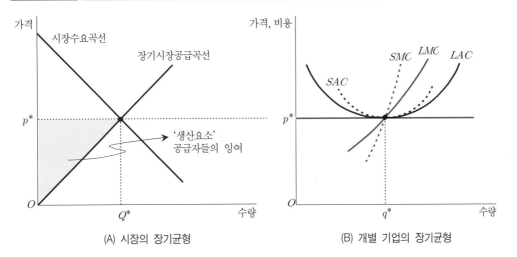

(A) 시장의 장기균형   (B) 개별 기업의 장기균형

장기의 경제적 이윤이 0이 되는 곳에서 시장의 장기균형이 달성된다. 개별 기업의 경우 장기균형에서는
이윤극대화 조건에 따라 $P = LMC$가 성립하며, 이윤이 0이라는 조건에 따라 $p = LAC$가 성립한다.

(4) 규모에 대한 보수 불변일 경우 개별 기업의 장기균형

규모에 대한 보수가 불변일 경우에는 장기평균비용과 장기한계비용이 모두 일정하며 개별 기업의 장기공급곡선은 가로축에 평행한 직선이 된다고 하였다(11.3.3 참조). 이때 가격이 장기평균비용과 같을 경우를 생각해 보자. 이 경우에는 기업은 어느 만큼의 산출량이라도 공급한다. 또한 가격이 장기평균비용보다 높을 경우에는 산출량이 증가할수록 이윤이 증가한다. 그러므로 이 경우에는 이윤을 극대화하는 산출량은 무한대가 된다.[3] 그러나 가격이 장기평균비용보다 낮을 때에는 한 단위도 공급하려 하지 않는다. 이 경우에는 한 단위를 공급하거나 몇 단위를 공급하거나 손실을 입게 될 것이기 때문이다.

이러한 사항들을 종합해 볼 때 규모에 대한 보수가 불변일 경우에는 (1) 가격이 장기평균비용(=장기한계비용)과 같아지는 곳에서 균형이 성립한다. 그리고 이윤은 0이 된다. (2) 이때 물론 이윤극대화 원리에 따라 가격은 장기한계비용과 같아진다. (3) 이렇게 볼 때 이때 가격은 수요조건과는 관계없이 오로지 기술조건에 의해 정해진다는 것을 알 수 있다. (4) 한편 시장 전체의 산출량은 이러한 가격에 대응해서 수요조건에 따라 정해진다. (5) 이 결과는 [그림 13-6]과 같은 U자 형태의 LAC곡선일 경우의 결과와 동일하다.

한편 이처럼 장기한계비용이 일정할 경우에는 시장수요량을 어떤 1개의 기업이 생산하든지 수많은 기업들이 생산하든지 그 결과는 같다. 따라서 개별 기업의 산출량은 정해지지 않는다. 그 결과 장기균형에서 기업의 수도 정해지지 않는다. 이 결과는 U자 형태의 경우 기업의 수가 정해졌던 것과는 다르다. 일반적으로 1개의 기업이 시장수요량을 충당할 만큼 많은 수량을 생산하지 못하는 이유는 산출량이 증가함에 따라 한계비용이 증가하기 때문이다.

---

3 이러한 특성들은 사실상 당연하다. 왜냐하면 9장에서 말했듯이 규모에 대한 보수가 불변일 경우에는 복제 (replication)가 가능하기 때문이다.

[예제 13.3]   레온티에프 생산함수일 경우 개별 기업의 장기균형

어떤 기업의 생산함수가 $q = \min[aL,\ bK]$로 주어졌다고 하자. 이 기업이 경쟁시장에서 조업하고 있다고 하자. 이 기업의 이윤을 극대화하는 산출량과 그때의 이윤을 구하시오.

KEY   규모에 대한 보수 불변이다. 이 경우 생산물의 가격은 수요조건과 관계없이 오로지 기술조건에 의해 정해진다.

풀이   목적함수는 $\pi = pq - c(q)$이다. 장기이윤극대화 문제를 풀어도 되지만 그로부터 구해진 장기이윤극대화 조건 $p = LMC$ (1)을 이용하자. 그런데 생산요소의 가격이 각각 w, r일 경우 [예제 10.9]의 논리에 따라 장기총비용함수는 $C(w,r,q) = wL + rK = w(\frac{1}{a}q) + r(\frac{1}{b}q) = (\frac{w}{a} + \frac{r}{b})q$ (2)로 구해진다. 이로부터 $LMC = \frac{w}{a} + \frac{r}{b}$ (3)이 된다. (3)을 (1)에 대입하면 $p^* = \frac{w}{a} + \frac{r}{b}$ (4)를 얻는다. 이것이 바로 장기공급곡선이다. $CRTS$일 경우 장기공급곡선은 이처럼 가로축에 평행한 직선으로 나타난다. 이 가격과 비용함수를 목적함수에 대입하면 $\pi^* = 0$을 얻는다.

규모에 대한 보수가 불변일 경우 가격은 이처럼 수요곡선과는 독립적으로 기술조건(이 경우 한계비용)에 의해 정해진다. 시장 전체의 산출량은 이러한 가격에 대응해서 수요조건에 따라 정해진다. 개별 기업의 산출량이나 기업의 수는 정해지지 않는다.

이것은 한계비용이 체증할 경우와 대조된다. 한계비용이 체증할 경우에는 이윤극대화 조건으로부터 공급함수를 구한다. 그리고 이러한 공급함수와 수요조건을 함께 이용하면 가격과 수량이 연립적으로 정해진다.

참고

규모에 대한 보수가 불변일 경우에는 특이하다. 무엇보다도 한계비용이 일정하며 또한 평균비용과 같다. 이 때문에 (1) 가격이 한계비용보다 높으면 산출량을 증가시킬수록 이윤이 증가한다. 즉 위 식에서 $\frac{\partial \pi}{\partial q} > 0$이 된다. 이 경우 이윤을 극대화시키는 산출량은 무한대가 된다. 이 경우에는 균형이 존재할 수 없다. (2) 반대로 가격이 한계비용보다 낮으면 산출량은 0이 된다. 한 단위라도 생산하면 손실이 발생하기 때문이다. 물론 산출량을 증가시킬수록 손실이 커진다. 즉 $\frac{\partial \pi}{\partial q} < 0$이 된다. (3) 이상의 내용을 종합해 볼 때 균형은 가격이 한계비용과 같아지는 곳에서 결정된다. 즉 $\frac{d\pi}{dq} = 0$인 곳에서 결정된다. 이것이 바로 이윤극대화의 일차필요조건이다.

🗂 **예제 13.4** *CRTS*일 경우 기업의 장기공급곡선과 시장의 장기균형

어떤 상품의 생산함수가 $q = 5L^{\frac{1}{2}}K^{\frac{1}{2}}$이고 임금률과 자본의 임대료율이 각각 2라고 하자. 시장수요가 $Q = \dfrac{100}{p}$일 경우를 가정하자.

  a. 기업의 장기공급곡선을 구하시오.

  b. 시장의 장기균형을 구하시오.

  c. 이 시장에 존재하는 기업의 수는 몇 개인가?

KEY 규모에 대한 보수가 불변일 경우, (1) 가격은 수요조건과는 관계없이 오로지 기술조건에 의해 정해진다. (2) 균형수량은 이렇게 정해진 가격에 대응해서 수요곡선상에서 정해진다. (3) 시장에 존재하는 기업의 수가 정해지지 않는다.

풀이 a. 10장에서 배운 원리를 이용하면 장기비용함수는 $C_L = \dfrac{4}{5}q$로 구해진다. 그러므로 이 기업의 장기공급곡선은 $p = LMC$로부터 $p = \dfrac{4}{5}$로 구해진다. 이때 장기공급곡선은 가로축에 평행임을 알 수 있다.

    b. 규모에 대한 보수가 불변일 경우 장기균형에서 가격은 LMC인 $\dfrac{4}{5}$와 같아진다. 이것은 이윤극대화 문제를 풀어도 알 수 있다. 즉 $\pi = pq - c(q) = pq - \dfrac{4}{5}q$에서 이윤을 극대화시키는 일차조건은 $p^* = \dfrac{4}{5}$이므로, $p = LMC$가 성립한다. 이때 이윤은 0이 된다. 이처럼 생산함수가 규모에 대한 보수 불변일 경우 가격은 수요조건과는 관계없이 기술조건(이 경우에는 장기한계비용)에 의해 정해진다. 나아가서 규모에 대한 보수가 불변일 경우 장기균형에서는 이처럼 이윤이 0이 된다.

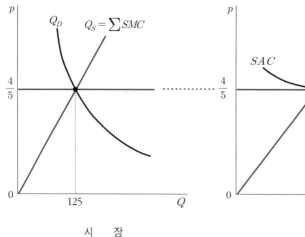

시　　장

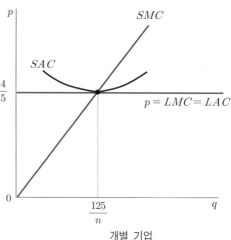

개별 기업

c. 주어진 생산함수는 규모에 대한 보수가 불변이다. 이처럼 규모에 대한 보수가 불변일 경우 시장에서 기업의 수가 정해지지 않는다. 즉 $Q_d = \dfrac{100}{p^*} = 125$로 정해지는 수요량을 1개의 기업이 모두 공급할 수도 있고 n개의 기업이 나누어서 공급할 수도 있다.

참고

(1) 규모의 보수가 불변일 경우에는 기업의 장기이윤은 0이 된다.
(2) 규모에 대한 보수가 불변일 경우에는 가격이 수요조건과는 독립적으로 생산기술에 의해 정해진다.
(3) 규모에 대한 보수가 불변일 경우에는 장기균형에서 기업의 수가 정해지지 않는다.
(4) 규모에 대한 보수가 증가할 경우에는 산출량을 늘릴수록 장기평균비용이 줄어든다. 이 때문에 이러한 생산함수를 가진 기업은 자연독점이 된다(14장 참조).

13.3.3 장기시장공급곡선[4]

개별 기업의 장기공급곡선에 대해서는 11장의 11.3.3에서 살펴보았다. 그런데 특히 그 유형은 규모에 대한 보수에 따라 달라진다는 사실을 알았다. 이제 시야를 넓혀 시장 전체의 장기공급곡선, 즉 장기시장공급곡선에 대해서 살펴보기로 하자.

(1) 무엇보다 중요한 것은 장기시장공급곡선은 개별 기업의 장기공급곡선을 단순히 수평으로 합한 것이 아니라는 점이다. 이러한 사실은 단기시장공급곡선을 구할 때 단기한계비용곡선을 수평으로 합하여 구한 것과 대조된다. (2) 그 결과 개별 기업의 장기공급곡선이 우상향하더라도 장기시장공급곡선은 우상향하지 않을 수도 있다.

이렇게 되는 근본적인 이유가 있다. 장기에 대해 분석하려면 기존 기업들의 반응뿐만 아니라 새로운 기업들의 진입이나 이탈의 영향도 고려해야 하기 때문이다. 또한 이러한 진입이나 이탈로 인해 생산요소의 가격이 변화할 수도 있기 때문이다.

이제 장기시장공급곡선의 형태를 좌우하는 요인은 무엇인가에 유의하면서 논의를 전개하기로 하자. 우리는 지금까지 특별한 가정하에 논의를 전개해 왔다. 즉 개별 기업이나 개별 상품시장에서 생산요소에 대한 수요가 증가하더라도 생산요소의 시장가격은 변화하지 않는다고 가정하였다. 이러한 가정은 개별 기업이나 개별 상품시장의 생산요소수요가 생산요소시장 규모에 비해 상당히 작다는 것을 함축하고 있다. 그리하여 이 경우

---

4 장기시장공급곡선을 장기산업공급곡선으로 부르기도 한다. 12장에서 시장공급곡선을 산업공급곡선으로 부르기도 한다고 말한 점을 상기하자.

'개별 상품시장'은 생산요소시장에서 가격수용자로서 기능하고 있다고 볼 수 있다.

이 경우와는 달리 개별 상품시장에서 생산요소에 대한 수요가 변화할 때 그것이 생산요소의 시장가격에 영향을 미치는 경우도 있을 수 있다. 장기시장공급곡선에 대해 분석할 때 가장 중요한 것은 이러한 생산요소에 대한 수요의 증가가 생산요소의 시장가격에 어떠한 영향을 주는가이다.[5]

> 이와 관련하여 새로운 기업들의 진입이 생산요소의 시장가격을
> (1) 변화시키지 않으면, 즉 비용을 변화시키지 않으면 **비용불변산업**(constant cost industry),
> (2) 상승시키면, 즉 비용을 증가시키면 **비용증가산업**(increasing cost industry),
> (3) 하락시키면, 즉 비용을 감소시키면 **비용감소산업**(decreasing cost industry)이라고 한다.

(1) 비용불변산업의 장기시장공급곡선

예를 들어 매장량이 상당히 많고 또한 채굴하는 데 비용이 많이 들지 않는 천연자원산업을 생각해 보자. 이 경우에는 산출량이 증가하더라도 산업 내에 있는 기업들의 비용이 증가하지 않을 것으로 생각된다. 먼저 이러한 비용불변산업에 대해서 살펴보기로 하자.

[그림 13-7(B)]는 장기의 시장균형가격이 p^*임을 보여준다. [그림 13-7(A)]는 장기의 시장균형가격이 p^*일 경우 시장 내에 있는 전형적인 기업의 장기균형을 보여주고 있다. 이제 그 이면의 원리에 대해 알아보자. 먼저 [그림 13-7(B)]처럼 원래의 균형 E_0에서 시장수요가 증가하여 시장가격이 p'로 상승할 경우를 생각해 보자. 이때 개별 기업은 [그림 13-7(A)]와 같이 단기적으로 이윤을 얻게 된다.

이처럼 시장에 이윤의 여지가 있다고 하자. 그러면 새로운 기업들은 기존 기업들의 시설과 똑같은 시설을 갖추더라도 이윤을 확보할 수 있을 것으로 기대하고 시장에 진입하려 한다. 실제로 새로운 기업들이 진입하면 시장 전체의 공급이 증가한다([그림 13-5]의 논리 참조).[6] 이때 비용불변산업을 가정하면 생산요소의 수요가 증가하더라도 생산요소의 가격은 변화하지 않는다. 그 결과 개별 기업들의 비용곡선들도 변화하지 않는다.

---

5 한편 생산요소의 가격변화는 1차적으로 비용함수 $c(w, r, q)$에서 w, r을 변화시킬 것이라는 점에 주목하자.
6 이와는 달리 수요가 감소할 경우에는 시장가격이 하락하여 개별 기업들이 손실을 입게 되며 그 결과 일부 기업들은 시장을 이탈할 것이다.

그림 13-7　비용불변산업의 장기시장공급곡선

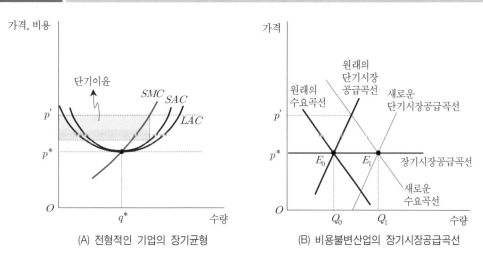

(A) 전형적인 기업의 장기균형　　(B) 비용불변산업의 장기시장공급곡선

비용불변산업에서는 생산요소의 수요가 증가하더라도 생산요소의 가격이 변화하지 않기 때문에 개별 기업들의 비용곡선이 변화하지 않는다. 그 결과 장기시장공급곡선은 수평인 직선이 된다.

그러면 새로운 균형의 모습은 어떠할 것인가? 새로운 기업들이 진입하면 [그림 13-7(B)]에서처럼 단기시장공급곡선이 밖으로 이동하여 가격이 떨어진다. 그리하여 개별 기업에게 더 이상 이윤의 여지가 없는 상태에서 새로운 장기균형 E_1이 이루어진다. 이때 가격은 p^*가 된다. 이 경우 [그림 13-7(A)]에서 보듯이 새로 진입한 기업들이나 기존 기업들의 개별적인 산출량은 q^*로서 변화하지 않는다. 그러나 새로운 기업들이 진입했기 때문에 시장의 산출량은 증가한다. 그때 수량이 [그림 13-7(B)]에 Q_1으로 나타나 있다. 결과적으로 새로운 균형에서는 시장가격은 변화하지 않았지만 수량은 Q_1으로 증가한 상태가 된다. 이것은 다시 말해서 시장가격이 오르지 않더라도 더 많은 산출량이 공급될 수 있음을 의미한다. 그 결과 장기시장공급곡선은 [그림 13-7(B)]에서 보듯이 원래의 균형 E_0와 새로운 균형 E_1을 잇는 수평인 직선이 된다. 물론 이러한 결과는 당연하다. 비용불변산업에서는 산출량에 관계없이 비용이 일정하기 때문이다.

(2) 비용증가산업의 장기시장공급곡선

예를 들어 산출량이 증가함에 따라 희소한 생산요소의 가격이 상승하거나 대기나 수질오염 때문에 공해가 증가하는 경우를 생각해 보자. 이 경우에는 산출량이 증가함에 따라 기존 기업들의 비용이 증가할 것으로 생각된다. 이제 이러한 비용증가산업에 대해 생각해 보기로 하자.

최초의 균형상태는 비용불변산업의 경우와 똑같이 그려져 있다. 앞서와 같이 생산물에 대한 수요가 증가하면 시장균형가격이 상승하여 개별 기업에 이윤의 여지가 생긴다. 그 결과 새로운 기업들이 진입하는 과정까지는 비용불변산업의 경우와 같다.

그러나 비용증가산업의 경우 비용불변산업과는 달리 기존 기업과 새로운 진입기업들이 생산요소의 구입을 늘리면 생산요소의 시장가격이 상승한다. 이처럼 생산요소의 시장가격이 상승하면 기존 기업과 새로운 진입기업의 비용곡선이 위로 이동한다. 이것이 [그림 13-8(A)]에 그려져 있다. 그 결과 시장가격이 상승했음에도 불구하고 기존 기업들이 산출량을 줄이는 경우가 생길 수도 있다. 그림에는 q_0에서 q_1으로 줄이는 경우가 나타나 있다. 그러나 어떠한 경우에라도 새로운 기업들이 진입했기 때문에 시장 전체적으로는 공급이 증가한다. 그리하여 새로운 균형은 [그림 13-8(B)]에서 볼 때 가격이 p_1으로 오른 상태에서 더 많은 산출량 Q_1이 공급되는 E_1에서 이루어진다. 물론 이때 [그림 13-8(A)]에서 보듯이 $p_1 = LAC_1$이므로 시장 내에 있는 개별 기업들이 누리는 경제적 이윤은 여전히 0이다.

결과적으로 비용증가산업의 경우 장기적 측면에서 더 많은 산출량이 공급되려면 시장가격이 상승해야 한다. 그러므로 이 경우 장기시장공급곡선은 우상향하게 된다. 이러한 장기시장공급곡선이 [그림 13-8(B)]에 E_0와 E_1을 잇는 곡선으로 나타나 있다. 물론 이러한

그림 13-8 비용증가산업의 장기시장공급곡선

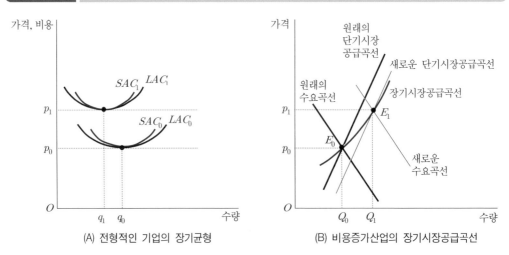

(A) 전형적인 기업의 장기균형   (B) 비용증가산업의 장기시장공급곡선

비용증가산업에서는 생산요소의 수요가 증가하면 생산요소의 가격이 상승하여 개별 기업의 비용곡선이 위로 이동한다. 따라서 더 많은 산출량이 공급되려면 시장가격이 상승해야 한다. 그 결과 장기시장공급곡선이 우상향하게 된다.

결과는 직관적으로도 당연하다. 비용증가산업에서는 산출량이 증가함에 따라 비용이 증가하기 때문이다.

앞에서 보았던 [그림 13-6(A)]에 그려진 장기시장공급곡선은 바로 이처럼 비용이 증가할 경우의 장기시장공급곡선이었다.

(3) 비용감소산업의 장기시장공급곡선

앞서와는 달리 새로운 기업이 진입하여 산출량이 증가하는 경우 비용이 오히려 감소하는 경우도 있을 수 있다. 그 주된 요인은 숙련된 노동자가 많아지기 때문이다. 아울러 산업화가 대규모로 이루어져서 그에 따라 교통, 통신, 금융 등의 측면에서 비용이 줄어들기 때문이다.

새로이 일어나는 유치산업을 생각해 보자. 이 산업에서 새로운 상품을 생산하려면 초기에는 비용이 상당히 많이 든다. 그러나 산출량이 증가하고 산업의 규모가 커짐에 따라 숙련노동자가 대규모로 늘어난다. 아울러 교통, 통신 등 제반 시설이 갖추어져 그 산업에 속한 기업들의 비용이 줄어든다. 나아가서 특정 지역에 서로 관련 있는 유사한 기업들이 모여 산업단지가 형성되는 경우, 생산요소를 확보하거나 제반 시설을 이용하기가 편리해진다. 그 결과 비용이 감소할 수 있다. 이러한 유치산업이 바로 비용감소산업의 예가 될 수 있다.

특히 이러한 유치산업이 앞으로 수익성이 보장되는 첨단산업이라고 하자. 여기에 속한 기업이 이미 발달한 국가와 무역을 할 때에는 경쟁력이 생길 때까지 국가적 차원에서 보호하려고 할 것이다.

이러한 비용감소산업의 장기시장공급곡선은 우하향한다. 앞서 배운 비용불변산업이나 비용증가산업의 장기시장공급곡선을 구할 때 적용했던 원리를 이용하면 쉽게 확인할 수 있다.

예제 13.5 장기시장공급곡선

경쟁산업에 잠재적인 진입자들이 많이 있는 상태이다. 각 기업의 비용함수는 동일하며 장기균형에 대응하는 각 기업의 단기총비용함수는 $c = wq^2 + 10q + 100$ 이라고 한다. w 는 상품을 생산하는 노동자들의 시간당 임금이다. 한편 시장수요곡선은 $Q = 4,000 - 100p$이다.

a. 시간당 임금이 $w = 1$일 경우 장기균형가격을 구하시오. 각 기업의 산출량은 얼마인가? 각 기업의 이윤은 얼마인가? 시장의 총산출량은 얼마인가? 이 시장에는 몇 개의 기업이 존재하는가?

b. 단기시장공급곡선을 구하시오.

c. 시장수요곡선이 $Q = 5,500 - 100p$가 되었다고 한다. 이 경우 위에서 구한 단기시장공급곡선을 이용하여 시장의 총산출량과 가격을 구하시오. 각 기업의 산출량은 얼마인가? 각 기업의 이윤은 얼마인가?

d. 시장수요곡선이 $Q = 5,500 - 100p$인 상태에서 산출량이 증가하더라도 시간당 임금이 여전히 $w = 1$이라고 하자. 새로운 장기균형을 구하시오. 이 결과를 이용하여 장기시장공급곡선을 구하시오. 이때 새로운 단기시장공급곡선은 어떠한가? 이상의 내용들을 그림에 나타내시오.

e. 시장수요곡선이 $Q = 5,500 - 100p$인 상태에서 산출량 증가로 인해 노동의 수요가 증가하여 시간당 임금이 $w = 1.5$로 올랐다고 하자. 새로운 장기균형을 구하시오. 이 결과를 이용하여 장기시장공급곡선을 구하시오. 이때 새로운 단기시장공급곡선은 어떠한가? 이상의 내용들을 그림에 나타내시오.

KEY 비용불변산업의 특성과 비용증가산업의 특성을 파악하고 있어야 한다.

풀이 a. 장기균형에서는 $p = SMC = SAC_{\min} = LAC_{\min} = LMC$가 성립한다. $w = 1$이므로 주어진 단기비용함수는 $c = q^2 + 10q + 100$이 된다. 장기균형에서는 $SMC = SAC$가 성립한다. 그런데 단기비용함수로부터 $SMC = 2q + 10$, $SAC = q + 10 + \frac{100}{q}$으로 구해진다. 이것들을 위 식에 대입하면 $q^* = 10$을 얻는다. 이때 $SMC = 30$이 된다. 장기균형에서는 $p = SMC$도 성립하므로 $p^* = 30$이 된다. 이때 가격과 평균비용이 같아지므로 각 기업의 이윤은 0이 된다. 시장의 총산출량은 $Q_D^1(p^*) = Q^* = 1,000$이 된다. 그런데 각 기업은 10단위를 생산하고 있으므로 이 시장에는 총 $n^* = \frac{Q^*}{q^*} = 100$개의 기업이 존재한다.

b. 단기시장공급곡선은 각 기업의 공급곡선을 수평으로 합하여 구한다. 기업의 단기공급곡선은 AVC곡선의 최하점 위에 놓이는 SMC곡선 부분이다. 그런데 $SMC = 2q + 10 \geq AVC = q + 10$이므로 SMC곡선 전체가 기업의 공급곡선이 된다. 그러므로 각 기업의 공급곡선은 $p = SMC$로부터 $q = \frac{1}{2}p - 5$로 구해진다(예제 11.2 참조). 그런데 이 시장에는 100개의 기업이 있다. 그러므로 단기시장공급곡선은 $Q_S = 100q = 50p - 500$으로 구해진다.

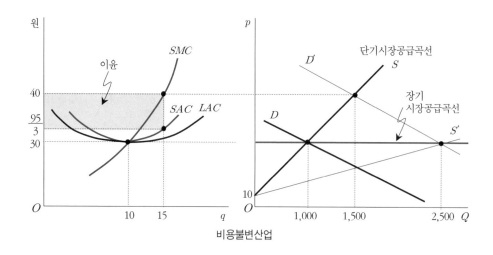

비용불변산업

c. 단기균형에서는 $Q_D = Q_S$가 성립한다. 그런데 $Q_D = 5,500 - 100p$이고 $Q_S = 50p - 500$이

므로 $p^0 = 40$, $Q^0 = 1,500$을 얻는다. 이 시장에 100개의 기업이 있으므로 개별 기업의 산

출량은 $q^0 = \dfrac{1,500}{100} = 15$로 구해진다. 이때 $SAC^0(15) = \dfrac{95}{3}$로 구해진다. 그러므로 π^0

$= q^0(p^0 - SAC^0) = 125$로 구해진다.

d. 산출량이 증가하더라도 비용곡선 자체가 변하지는 않는다. 그러므로 비용불변산업이다.

한편 단기에 이윤을 얻고 있으므로 이윤이 다시 0이 될 때까지 새로운 기업들이 진입한다.

그리하여 새로운 장기균형에서는 다시 $p^* = SAC_{\min} = 30$이 성립한다. 이때 새로운 산출

량은 새로운 수요곡선에 이 값을 대입하면 $Q_D^2(p^*) = Q_D^2(30) = Q^{**} = 2,500$이 된다. 그리

하여 장기시장공급곡선은 그림에서 보듯이 점$(1,000, 30)$과 점$(2,500, 30)$을 지나면서

가로축에 평행한 직선으로 나타난다. 이렇게 나타나는 이유는 산출량이 증가하더라도 생

산비용이 변하지 않기 때문이다.

새로운 균형을 새로운 단기시장공급곡선을 이용하여 구해 보자. 산출량이 증가하더라도

비용곡선이 변하지 않는다고 하였다. 그러므로 평균비용이 최소가 되는 점도 변하지 않

는다. 그 결과 각 기업의 산출량은 다시 $q^* = 10$이 된다. 그러나 기업은 수는

$n^0 = \dfrac{Q^{**}}{q^*} = \dfrac{2,500}{10} = 250$으로 증가한다. 한편 비용곡선이 변하지 않으므로 개별기업의

공급곡선도 변하지 않는다. 그러므로 새로운 단기시장공급곡선은 각 기업의 공급곡선을

이용하여

$$Q_S = 250q = 250\left(\frac{1}{2}p - 5\right) = 125p - 1,250$$

으로 구해진다. 이 새로운 단기시장공급곡선과 새로운 수요곡선 $Q = 5,500 - 100p$는

$p^* = 30$, $Q^{**} = 2,500$에서 만난다. 이 곳이 바로 앞서 말한 새로운 장기균형이다.

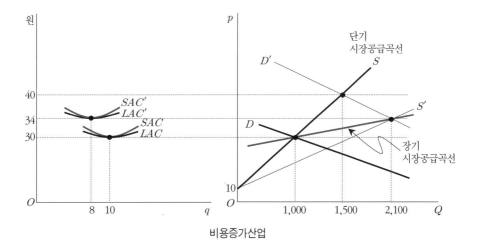

비용증가산업

e. 산출량이 증가할 때 비용곡선 자체가 이동한 경우이므로 비용증가산업에 해당한다. 단기에 이윤을 얻고 있으므로 이윤이 다시 0이 될 때까지 새로운 기업들이 진입한다. 그리하여 새로운 장기균형에서는 다시 $p = SAC_{\min}(= SMC = LMC = LAC_{\min})$이 성립한다.

그런데 이 문제의 경우 비용증가산업이다. 그리하여 산출량이 증가하는 바람에 비용곡선이 $c = 1.5q^2 + 10q + 100$으로 바뀌었다. 장기균형에서는 $SMC = SAC$가 성립한다. 그런데 비용함수로부터 $SMC = 3q + 10$, $SAC = 1.5q + 10 + \dfrac{100}{q}$을 얻으므로 $\hat{q} \approx 8$, $SMC \approx 34$가 된다. 장기균형에서는 $p = SMC$가 성립하므로 $\hat{p} \approx 34$가 된다. 시장의 총산출량은 $Q_D^2(34) = \hat{Q} \approx 2,100$이 된다. 이때 장기시장공급곡선은 그림에서 보듯이 원래의 균형점 $(1,000, 30)$과 새로운 균형점 $(2,100, 34)$를 지나는 직선으로 나타난다. 장기시장공급곡선이 이처럼 우상향하는 이유는 산출량이 증가할 때 생산비용이 증가하기 때문이다.

앞 문항의 경우처럼 새로운 균형을 산업의 새로운 단기시장공급곡선을 이용하여 구해보자. 이 경우 기업의 수가 $\hat{n} = \dfrac{\hat{Q}}{\hat{q}} \approx \dfrac{2,100}{8} = 262.5$개로 증가하며 새로운 공급곡선은 $p = SMC$로부터 $q = \dfrac{1}{3}p - \dfrac{10}{3}$($SMC$곡선 전체가 공급곡선이다), 새로운 단기시장공급곡선은 $Q_S = 262.5\left(\dfrac{1}{3}p - \dfrac{10}{3}\right) = 87.5p - 875$가 된다. 이 새로운 단기시장공급곡선과 새로운 수요곡선 $Q = 5,500 - 100p$는 $\hat{p} = 34$, $\hat{Q} = 2,100$에서 만난다. 이 곳이 바로 앞서 말한 새로운 장기균형이다.

13.4 완전경쟁시장에 대한 평가

경쟁시장에서 달성되는 균형이 효율적이라는 사실은 이미 12장에서 검토한 바 있다. 물론 그 내용은 여기서도 그대로 적용된다. 여기서는 단기와 장기로 나누어 정리해 보자.

첫째, 단기를 살펴보자. 완전경쟁시장에는 무수히 많은 소비자들과 기업들이 있다. 따라서 누구도 개별적으로는 시장가격에 영향을 주지 못한다. 그 결과 12장에서 보았듯이 수요공급에 따른 가격기능에 의해 $MB = MC$라는 효율조건이 달성된다. 이에 따라 상품이 효율적인 수량만큼 생산되고 생산요소들이 그에 상응하도록 배분된다. 즉 자원이 효율적으로 배분된다.

둘째, 장기를 살펴보자. 장기에도 단기와 마찬가지로 수요공급에 따른 가격기능이 작동하므로 $MB = LMC$라는 효율조건이 달성되어 자원이 효율적으로 배분된다. 그런데 장기에는 단기와 달리 각 기업들이 모든 생산요소들을 자유롭게 조정할 수 있다. 또한 장기에는 시장에 새로운 기업들이 진입하거나 기존기업들이 이탈할 수도 있다. 장기에는 기업들의 이같은 규모조정과 진입·이탈로 인해 각 기업들이 모두 장기평균비용(LAC)이 가장 낮아지는 수준에서 조업한다. 이때 $p = LMC = LAC$가 성립한다.

결과적으로 볼 때 개별 소비자나 개별 기업 어느 누구도 자원배분 결과에는 관심 없이 자신들의 효용극대화와 이윤극대화를 위해 행동했음에도 불구하고 완전경쟁시장에서 가격기능, 즉 보이지 않는 손의 기능에 의해 자원이 효율적으로 배분된 것이다.

(1) 현실에서 찾아보기 어려운 완전경쟁시장에 대해서 우리가 그토록 관심을 기울이는 이유 중의 하나가 바로 완전경쟁시장에서는 이처럼 자원이 효율적으로 배분되기 때문이다. 그런데 이러한 자원배분의 효율성에 대해 보다 종합적으로 분석하려면 이번 장에서처럼 어떤 하나의 상품시장에 국한할 것이 아니라 모든 상품과 생산요소시장을 망라하여 살펴보아야 한다(19장 참조).

(2) 완전경쟁시장에서는 자원이 효율적으로 배분되기는 하지만 분배의 공평성이 보장되지는 않는다는 사실을 명심해야 한다. 다시 말하면 자원이 효율적으로 배분되었다고 하더라도 분배 상태는 공평성 차원에서 볼 때 바람직하지 않을 수도 있다는 것이다(20장 참조).

(3) 완전경쟁시장이 성립되려면 수요자는 물론 공급자가 무수히 많아야 한다고 말한 사실을 기억할 것이다. 공급자의 수가 적거나 극단적으로 하나밖에 없을 경우에는 시장기능에 맡겨 놓더라도 자원이 효율적으로 배분되지 않는다(14장, 15장 18장 참조).

(4) 공공재가 존재하거나 외부효과가 존재하는 경우에도 시장기구가 자원을 효율적으로 배분하지 못하게 된다. 여기서 공공재는 국방, 등대 등과 같이 여러 사람들이 함께 소비하게 되는 상품을 말한다. 외부효과는 자신이 다른 경제주체에게 영향을 미침에도 불구하고 이러한 영향이 시장가격에 제대로 반영되지 않는 현상을 말한다(21장, 22장 참조).

(5) 완전경쟁시장이 성립되기 위해서는 불확실성이 없으며 정보가 완전해야 한다. 그런데 현실에서는 그렇지 않은 것이 일반적이다. 이러한 여러 가지 문제들과 관련된 내용도 앞으로 이 책에서 다루게 된다(23장, 24장 참조).

제**14**장

독점시장: 자원배분의 비효율

14.1 독점의 원인 | 14.2 독점기업의 이윤극대화 | 14.3 독점의 비효율·평가·규제
14.4 자연독점 | 14.5 가격차별 | 14.6 가격차별의 변형 | 14.7 독점적 경쟁

MICROECONOMICS

이번에는 완전경쟁과 정반대로 시장에 공급자가 하나밖에 없는 독점에 대해 검토한다. 완전경쟁의 경우에 개별 기업은 시장가격을 그대로 수용했다. 이에 반해 독점의 경우에는 시장에 오로지 자신 혼자만 있으므로 가격을 수용하는 것이 아니라 스스로 가격을 설정한다. 이것이 가장 두드러진 차이점이다. 이때 독점기업은 $MR = MC$의 원리에 따라 이윤극대화 산출량과 가격을 결정하게 되며 또한 그로 인해 비효율이 발생하게 되는데 이러한 내용들에 대해 분석한다. 이어서 이윤을 극대화하기 위한 가격차별 행위들이 어떠한 형태로 나타나는가를 분석한다. 끝으로 독점적 경쟁에 대해 분석한다.

무엇을 공부할 것인가

1. 시장이 독점이 되도록 하는 요인들은 무엇인가?
2. 독점기업의 이윤극대화 조건과 경쟁기업의 이윤극대화 조건은 서로 어떻게 대비되는가?
3. 독점기업의 단기균형은 어떻게 표시되는가?
4. 독점기업의 장기균형과 경쟁기업의 장기균형은 어떠한 측면에서 서로 다른가?
5. 독점의 비효율은 어느 만큼으로 측정되는가? 독점에 대한 평가는 어떠한가?
6. 독점을 규제할 때 기본적인 발상은 무엇이며 이때 문제점은 무엇인가?
7. 어떤 경우에 자연독점이 발생하는가? 자연독점을 규제하는 데에는 어떠한 정책들이 있는가?
8. 가격차별은 그 유형에 따라 어떠한 특성을 지니는가?
9. 이급가격차별과 자기선택 및 선별의 관계는 어떠한가? 선별기구가 만족시켜야 하는 제약조건에는 어떠한 것들이 있는가?
10. 이급가격차별을 할 경우 예상되는 결과는 무엇인가?
11. 정보지대추출과 효율의 상충관계는 어떠한가?
12. 가격차별을 할 경우와 그렇지 않을 경우 효율성은 어떻게 비교되는가?
13. 실생활에서 가격차별이 변형되어 나타나는 형태에는 어떠한 것들이 있는가?
14. 독점적 경쟁의 장기균형의 특성과 그 평가는 어떠한가?

14.1 독점의 원인

> 🌱 **독점**(monopoly) 시장에 공급자가 유일하게 하나뿐인 경우

　이러한 독점시장이 존재하려면 무엇보다도 새로운 기업이 진입하여 이윤을 낼 가능성이 적거나 또는 새로운 기업이 진입할 수 없어야 한다. 한편 독점시장에 신입하는 것을 막는 **진입장벽**(barriers to entry)은 크게 다음과 같이 나눌 수 있다.

　(1) 기술적 진입장벽으로는 규모의 경제(10.5.5 참조)가 존재하는 경우를 들 수 있다. 규모의 경제가 있을 경우에는 **최소효율규모**(minimum efficient scale: *MES*)가 커질 가능성이 높다. 최소효율규모는 장기평균비용이 가장 작아지는 산출량을 말한다.

　독점과 관련하여 이러한 최소효율규모가 지니는 의미는 [그림 14-1]에 잘 나타나 있다. 최소효율규모가 이처럼 시장수요에 비해 상대적으로 클 경우에는 어느 한 기업이 산출량을 늘림으로써 자신의 장기평균비용을 떨어뜨릴 가능성이 높다. 그리하여 낮은 가격을 설정함으로써 다른 경쟁기업들을 몰아내고 오직 자신만 이윤을 낼 가능성이 높다. 이러한 경우에는, 예컨대 전력 공급과 같이 시장이 어느 한 기업에 의해 독점화될 가능성이 높다. 특히 이처럼 기술적 요인에 의해 독점이 되는 경우를 **자연독점**(natural monopoly)이라 한다. 이에 대해서는 앞으로 자세히 살펴볼 것이다.

그림 14-1　**최소효율규모와 시장수요: 자연독점의 가능성이 높은 경우**

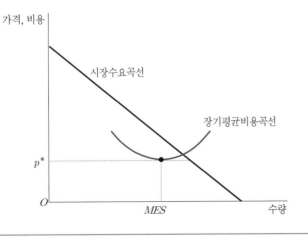

MES가 클 경우 산출량을 늘림으로써 장기평균비용을 떨어뜨려 다른 경쟁기업들을 몰아내고 독점이 될 가능성이 높다.

그 밖의 기술적 요인으로는 특정 상품을 생산하는 기술을 한 기업만이 알고 있거나, 생산요소를 독점하고 있는 경우를 들 수 있다.

(2) 법적 진입장벽이 있다. 그 예로는 새로운 발명에 특허권을 주는 것, 담배나 인삼을 독점 판매할 수 있는 권리를 주는 것, 의사나 변호사에게 면허를 주는 것 등을 들 수 있다. 한편 정부가 특허권으로 특정 기업에게 독점을 보장해 주어야 하느냐에는 논란의 여지가 있다. 찬성하는 입장에서는 특허권으로 독점을 보장해 주는 것이 기술혁신을 위한 동기로 작용할 수 있다는 것이다. 그러나 과연 그 이득이 독점으로 인한 비효율을 상쇄할 수 있는가는 각각의 경우에 따라 깊이 연구해 보아야 할 문제이다.

(3) 기업들이 전략적인 방법을 통해 독점을 유지하는 경우를 생각할 수 있다. 특히 이윤을 극대화하기 위해 기업들이 담합하는 경우를 들 수 있다. 이들은 가격을 올리고 산출량을 줄여서 독점이윤을 확보한 다음, 그 이윤을 서로 합의한 기준에 따라 나누어 가진다. 특히 이윤을 극대화하기 위해 기업들이 서로 완전하게 담합하는 것을 카르텔(cartel)을 형성한다고 한다. 그런데 이러한 담합행위는 사실상 법으로 금지되어 있다.

(4) 이외에도 우연히 시장에 최초로 진입하여 비용이나 전략상의 이점을 지니는 경우에도 독점력을 갖게 된다.

14.2 독점기업의 이윤극대화

독점기업의 경우에는 일반적인 이윤극대화 원리가 완전경쟁의 경우와 어떻게 다르게 표현되는가를 살펴보는 것이 핵심이다.

> 독점의 경우에는 시장에 기업이 오직 하나밖에 없다. 그러므로 우하향하는 시장수요곡선 자체가 그 기업이 직면하는 수요곡선이 된다.

이것은 경쟁기업이 직면하는 수요곡선은 수평인 직선으로 생각할 수 있는 것과 대조된다. 즉 경쟁시장에서는 개별 기업의 산출량은 시장 전체의 수요에 비해 지극히 적어서 개별 기업이 얼마나 생산하는가는 시장가격에 영향을 미치지 않는다고 본다. 반면에 독점기업이 얼마나 생산하는가는 시장가격에 영향을 미친다. 구체적으로 볼 때 [그림 14-2(A)]처럼 시장수요곡선이 우하향하기 때문에 독점기업이 산출량을 증가시키면 시장가격이 반드시 하락한다. 바꾸어 말하면 독점기업이 판매량을 증가시키려면 반드시 가격을 낮추어야 한다.

이러한 측면에서 독점기업은 가격과 수량을 서로 독립적으로 선택할 수는 없다. 그 둘은 수요곡선을 매개로 하여 필연적으로 서로 연관되어 결정될 수밖에 없다. 즉 독점기업은 가격설정자(price setter)이기는 하지만 그 행위는 반드시 시장의 수요조건을 충족시키는 범위 내에서 이루어져야 한다는 것이다.

14.2.1 총수입-총비용 접근법

독점기업의 이윤극대화 문제에 대해 검토해 보자. 완전경쟁시장과는 달리 독점시장에서 가격은 더 이상 일정하지 않다. 독점기업이 판매량을 늘리면 가격은 떨어지고 판매량을 줄이면 가격은 올라간다. 이러한 측면에서 볼 때 독점가격은 독점기업이 판매하려는 수량의 함수가 된다. 그 함수는 다름 아닌 **역수요함수**이다. 4장에서 배웠듯이 수요함수에서는 수량이 가격의 함수로 나타나는데 이것을 가격이 수량의 함수인 형태로 바꾸어 나타낸 것이 역수요함수이다.

이처럼 가격과 수량이 함수관계에 있기 때문에 독점기업이 이윤을 극대화하기 위해 수량을 정하면 그에 상응하여 가격이 정해지고 이와는 반대로 가격을 정하면 그에 상응하여 수량이 정해진다(앞서 말했듯이 가격과 수량을 서로 독립적으로 선택할 수는 없다). 이러한 측면에서 독점기업이 수량을 선택하는 것은 가격을 선택하는 것과 그 결과가 같다. 그런데 비용함수가 수량의 함수로 표현되기 때문에 수량을 선택변수로 하는 것이 분석하는 데 편리하다. 이런 측면에서 분석의 편의를 위해 가격을 수량의 함수인 $p = p(Q)$, 즉 역수요함수로 표시하자.[1] 경쟁일 때 p로 표시한 것과 대조된다. 이때 독점기업의 수입은 가격에 그때의 수량을 곱한 값으로서 $p(Q) \times Q$로 쓸 수 있다. 이제 비용함수를 $c(Q)$로 나타내면 이윤극대화 문제는

$$\text{Max}_{Q} \; \pi = p(Q) \times Q - c(Q)$$

가 된다. 여기서 π는 이윤을 나타낸다. 이 문제를 (완전)경쟁시장의 경우인 문제 (11.1)과 비교할 때 가장 핵심적인 차이는 이 문제에서는 가격이 시장가격으로 주어지는 것이 아니라 수량의 함수로 나타난다는 점이다. 이제 편의상 총수입함수를 $r(Q)$로 쓰면 이 문제는

$$\text{Max}_{Q} \; \pi = r(Q) - c(Q)$$

로 다시 쓸 수 있다.

---

1 경쟁시장일 때 개별 기업의 산출량은 소문자 q로 나타냈었다. 그런데 독점기업의 산출량은 곧 시장 전체의 산출량이 된다. 따라서 소문자 대신 대문자 Q로 구분하여 표시하고 있다.

그림 14-2 **독점기업의 이윤극대화**

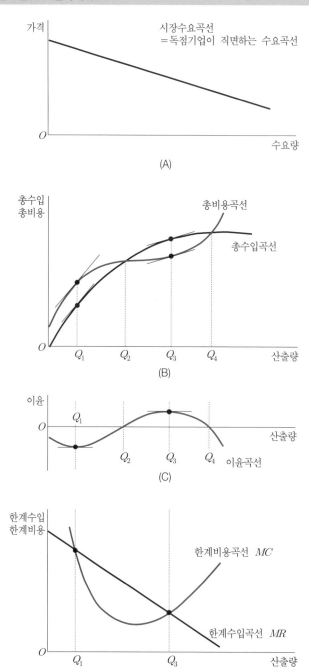

MC곡선이 우상향하는 영역에서 $MR = MC$가 성립하는 산출량 Q_3에서 이윤이 극대화되고 있다.

이 문제가 지니는 경제적 함축성을 보다 직관적으로 알아보자. 이를 위해 이 문제를 [그림 14-2]와 같이 그려보았다. [그림 14-2(A)]는 독점기업의 경우 시장수요곡선 자체가 그 기업이 직면하는 수요곡선이라는 사실을 보여주고 있다. [그림 14-2(B)]에는 이 시장수요곡선으로부터 얻는 총수입곡선과 이 독점기업의 기술을 반영하는 총비용곡선이 그려져 있다.[2] [그림 14-2(C)]에는 총수입에서 총비용을 빼 주어서 구한 이윤곡선이 그려져 있다. 그림에서 볼 때 Q_1에서 손실이 가장 크며 산출량이 증가함에 따라 이윤이 증가하다가 마침내 Q_3에서 이윤이 가장 커진다.

14.2.2 한계수입=한계비용 접근법

이윤을 극대화하는 기본원리는 $MR = MC$ 조건이 만족되도록 하는 것이다. 이러한 사실에 대해서는 11장에서 이미 배웠다. 여기서는 이 원리가 독점의 경우 어떻게 적용되는가를 보다 상세히 알아보기로 한다. [그림 14-2(D)]에는 [그림 14-2(B)]에 대응하는 한계수입곡선과 한계비용곡선이 그려져 있다.[3] 이들은 9장에서 총생산물곡선으로부터 한계생산물곡선을 구했을 때와 같은 원리로 구할 수 있다. 즉 총수입곡선과 총비용곡선상의 각 점에서 그은 접선의 기울기로부터 구할 수 있다.

(1) 이윤극대화 조건

$MR = MC$가 성립하는 곳은 Q_1과 Q_3 두 곳이다. 그런데 Q_3에서는 이윤이 극대화되고 Q_1에서는 손실이 극대화되고 있다. 이에 대해 검토해 보자. 물론 아래와는 달리 11.2.2처럼 한계이윤의 개념을 적용하여 설명할 수도 있다.

첫째, Q_3에서는 이윤이 극대화되고 있다. (1) 구체적으로 볼 때 산출량을 Q라고 할 경우 Q_3의 근처에서 Q_3의 왼쪽에서처럼 $Q < Q_3$일 경우에는 $MR(Q) > MC(Q)$이다. 이때에는 산출량을 추가로 1단위 늘릴 경우 수입은 $MR(Q)$만큼 늘어나는데 비용은 그보다 적은 $MC(Q)$만큼 늘어나 수입이 비용보다 $MR(Q) - MC(Q)$만큼 더 늘어난다. 그 결과 이윤이 그만큼 늘어난다. 이러한 상황은 Q_3에 이를 때까지 지속된다. (2) 반대로 Q_3의 근처에서

---

2 이 그림을 경쟁시장의 경우를 나타내는 [그림 11-1]과 비교해 가면서 익혀 두자. 한편 총비용곡선은 기술에 의해 결정되는 것이므로 상품시장이 경쟁이냐 또는 독점이냐와는 관계가 없다. 그러므로 독점일 경우의 총비용곡선도 경쟁일 경우를 나타내는 [그림 11-1]의 총비용곡선과 원리상 다를 바가 없다. 총수입곡선의 모양이 밑에서 보아 오목하게 그려지는 이유는 8.3.3에서 논의한 선형수요곡선의 경우를 참고하자.

3 경쟁시장의 경우를 나타내는 [그림 11-2]와 비교해 가면서 익혀 두자.

Q_3의 오른쪽에서처럼 $Q > Q_3$일 경우에는 $MR(Q) < MC(Q)$이다. 이때에는 산출량을 추가로 1단위 줄일 경우 비용은 $MC(Q)$만큼 줄어드는데 수입은 그보다 적은 $MR(Q)$만큼 줄어들어 비용이 수입보다 $MC(q) - MR(Q)$만큼 더 줄어든다. 그 결과 이윤이 그만큼 늘어난다. 이러한 상황은 Q_3에 이를 때까지 지속된다. (3) 결과적으로 Q_3에서 이윤이 극대화된다.

둘째, Q_1에서는 손실이 극대화되고 있다. 그 이유는 Q_1에서는 Q_3에서와는 달리 산출량을 늘릴 경우 오히려 한계비용이 줄어들기 때문이다. (1) 구체적으로 볼 때 Q_1의 근처에서 Q_1의 왼쪽에서처럼 $Q < Q_1$일 때에는 $MC(Q) > MR(Q)$이다. 이때에는 산출량을 추가로 1단위 늘릴 경우 비용은 $MC(Q)$만큼 늘어나는데 수입은 그보다 적은 $MR(Q)$만큼 늘어나 비용이 수입보다 $MC(q) - MC(Q)$만큼 더 늘어난다. 그 결과 손실이 그만큼 늘어난다. 특히 이때 손실이 늘어난다고 말한 이유는 [그림 14-2(C)]에서 보듯이 Q_1의 근처에서는 이미 손실을 입고 있는 상태인데 $Q < Q_1$일 때 산출량을 늘릴 경우 비용이 수입보다 더 많이 늘어나 손실이 추가로 더 발생하기 때문이다. 이러한 상황은 Q_1에 이를 때까지 지속된다. (2) 한편 Q_1의 근처에서 Q_1의 오른쪽에서처럼 $Q > Q_1$일 때에는 $MC(Q) < MR(Q)$이다. 이 경우 산출량을 추가로 1단위 줄일 경우 수입은 $MR(Q)$만큼 줄어드는데 비용은 그보다 적은 $MC(Q)$만큼 줄어들어 수입이 비용보다 $MR(Q) - MC(Q)$만큼 더 줄어든다. 그 결과 손실이 그만큼 늘어난다. 특히 이때 손실이 늘어난다고 말한 이유는 [그림 14-2(C)]에서 보듯이 Q_1의 근처에서는 이미 손실을 입고 있는 상태인데 $Q > Q_1$일 때 산출량을 줄일 경우 수입이 비용보다 더 많이 줄어들어 손실이 추가로 더 발생하기 때문이다. 이러한 상황은 Q_1에 이를 때까지 지속된다. (3) 결과적으로 Q_1에서 손실이 극대화된다.

셋째, 이렇게 볼 때 $MR(Q) = MC(Q)$조건은 이윤극대화의 1차필요조건일 뿐이다. 이윤극대화의 2차충분조건은 $MR'(Q) < MC'(Q)$이다. 즉 2차충분조건은 MC곡선의 기울기가 MR곡선의 기울기보다 커야 한다는 것이다. Q_3는 이윤극대화의 1차필요조건뿐만 아니라 2차충분조건도 만족시킨다. 반면에 Q_1은 1차필요조건은 만족시키지만 2차충분조건을 만족시키지 못한다.[4]

다음 사항들을 기억하자.

---

4 [그림 14-2(C)]의 이윤곡선을 기준으로 말한다면 Q_3에서 접선의 기울기가 0이며(1차필요조건) 그 곳에서 이윤곡선이 강오목하다(2차충분조건). 즉 Q_3에서 이윤함수에 대한 1차도함수의 값은 0이 되고 2차도함수의 값은 음이 된다. 수식으로 보면 [부록 14.1]의 경우이다. 반면에 Q_1에서는 접선의 기울기는 0이지만 그 곳에서 이윤곡선이 강볼록하다. [그림 11-1]에 대해서도 [그림 14-2(C)]에 대응되는 이윤곡선을 그린 후 이와 같은 해석들을 할 수 있다.

(2) 독점시장과 완전경쟁시장의 이윤극대화조건 비교

(1) 독점을 포함하여 일반적인 이윤극대화의 1차필요조건은 $MR(Q) = MC(Q)$이다.

(2) 독점을 포함하여 일반적인 이윤극대화의 2차충분조건은 $MR'(Q) < MC'(Q)$이다.

(3) 완전경쟁시장에서는 $MR(Q) = p$이다. 이것을 앞의 1차필요조건에 대입하면 완전경쟁시장에서 이윤극대화의 1차필요조건은 $p = MC(Q)$로 쓸 수 있다.

(4) 완전경쟁시장에서는 $MR(Q) = p$이므로 $MR'(Q) = 0$이다. 이것을 앞의 2차충분조건에 대입하면 완전경쟁시장에서 이윤극대화의 2차충분조건은 $MC'(Q) > 0$으로 쓸 수 있다(부록 11.1 참조).

(5) 완전경쟁시장에서는 $p = AR$, 독점시장에서는 $p(Q) = AR(Q)$가 성립한다.

부록 14.1 일반적인 경우의 이윤극대화

이윤극대화 문제는

$$\text{Max}_{Q} \ \pi = TR(Q) - TC(Q)$$

이다. 이때 비용은 이미 극소화되고 있다는 점에 주목하자. 비용극소화는 비용함수에 이미 반영되어 있기 때문이다. 이윤극대화 일차필요조건(first order condition: F.O.C.)은

$$\text{F.O.C.} \ \frac{d\pi}{dQ} = MR(Q) - MC(Q) = 0$$

이다. 즉 $MR(Q) = MC(Q)$에서 산출량 Q가 정해진다. 이차충분조건(second order condition: S.O.C.)은

$$\text{S.O.C.} \ \frac{d^2\pi}{dQ^2} = \frac{dMR(Q)}{dQ} - \frac{dMC(Q)}{dQ} < 0$$

이다. 즉 'MR의 기울기 < MC의 기울기'가 성립해야 한다.

14.2.3 $MR = MC$ 조건과 수요의 가격탄력성

경쟁기업과는 달리 독점기업이 판매량을 증가시키면 가격이 떨어진다. 앞서 말했듯이 이 때문에 독점기업은 판매량과 가격을 독립적으로 결정할 수 없다. 그런데 판매량을 변화시킬 때 가격이 그에 얼마나 민감하게 반응하는가는 이윤에 영향을 준다. 즉 독점기업의 이윤극대화는 수요의 가격탄력성에 의해 영향을 받는다. 사실상 이윤을 극대화하는 독점기업은 반드시 수요의 가격탄력성이 1보다 큰 영역에서 운용한다. 수식을 통해 검토해 보자. 수요의 가격탄력성을 ϵ_p라고 할 때 8장에서 보았듯이 일반적으로

$$MR = p\left(1 - \frac{1}{\epsilon_p}\right) \tag{14.1}$$

이 성립한다. 여기에 이윤극대화의 조건인 $MR = MC$를 적용하면

$$MR = p\left(1 - \frac{1}{\epsilon_p}\right) = MC \tag{14.2}$$

를 얻는다. 그런데 이윤이 극대화되는 곳에서는 $MC > 0$이므로 이것을 식 (14.2)에 적용하면 $\epsilon_p > 1$임을 알 수 있다.

이 결과의 경제학적 의미를 검토해 보자.

(1) 식 (14.1)에서 알 수 있듯이 수요의 가격탄력성이 1보다 작은 곳에서는 $MR < 0$이 된다. 이 경우 $MR < (0 <) MC$이므로 이윤극대화 조건인 식 (14.2)를 만족시키지 못한다. 따라서 수량 조정을 통해 이윤을 증가시킬 여지가 있다. 구체적으로 살펴보자. $MR < 0$이므로 판매량을 줄이면 오히려 기업의 총수입이 늘어난다. 그런데 $MC > 0$이므로 판매량(산출량)을 줄이면 총비용은 줄어든다. 그러므로 이때 판매량을 줄일 경우 총수입은 늘어나고 총비용은 줄어들므로 이윤이 증가한다.

(2) 식 (14.1)에서 알 수 있듯이 수요의 가격탄력성이 1인 곳에서는 $MR = 0$이 된다. 이 경우 $MR(=0) < MC$이므로 이때에도 이윤극대화 조건인 식 (14.2)를 만족시키지 못한다. 따라서 수량 조정을 통해 이윤을 증가시킬 여지가 있다. 구체적으로 살펴보자. $MR = 0$이므로 판매량을 줄여도 총수입이 변하지 않는다. 그런데 $MC > 0$이므로 판매량(산출량)을 줄이면 총비용은 줄어든다. 그러므로 이때 판매량을 줄일 경우 총수입은 변하지 않는데 총비용은 줄어들므로 이윤이 증가한다.

(3) 종합해 볼 때 $MC > 0$일 경우 가격탄력성이 1보다 작거나 같은 곳에서는 판매량을

줄일 경우 이윤이 늘어난다. 그러므로 $MC > 0$일 경우 독점기업은 $\epsilon_p \leq 1$인 영역에서 운용하지는 않는다. 다시 말하면 $MC > 0$일 경우 $\epsilon_p > 1$인 영역에서 운용한다.[5]

14.2.4 독점기업의 단기균형

이제 독점기업이 단기적으로 이윤을 극대화하고 있는 경우를 그림으로 나타내 보기로 하자. 독점기업은 자신이 혼자 시장 전체를 담당하고 있으므로 시장수요곡선이 곧 자신이 직면하는 수요곡선이 된다.[6]

(1) 시장수요곡선과 한계수입곡선(MR곡선)의 관계

식 (8.3)을 해석한 내용을 다시 써 보자. 역시장수요곡선은 기업에게는 AR곡선이 된다. 이 점을 고려할 때 시장수요곡선이 우하향하고 있는 한, MR곡선은 시장수요곡선보다 아래에 위치한다. 이것은 9장 부록 9.1에서 말한 평균값과 한계값 사이에 성립하는 일반적인 관계에 해당한다.

수식을 통해 검토해 보자. 이를 위해 식 (8.2)의 일부를

$$MR(q) = p(q) + q\frac{dp(q)}{dq} \tag{8.2$'$}$$

로 다시 써 보자. 식 (8.2)$'$에서 볼 때 수요곡선상에서 가격(p)과 수량(q)은 서로 반대 방향으로 움직이므로 $\frac{dp(q)}{dq}$의 부호가 음이다. 따라서 $MR(q) < p(q)$가 성립한다. 이것은 수요곡선상의 어떤 수량에서 보더라도 한계수입은 가격보다 작다는 것을 말한다. 즉 MR곡선은 수요곡선보다 아래에 위치한다는 것을 말한다.

식 (8.2)$'$의 의미를 살펴보기 위해 독점기업이 추가로 1단위를 더 팔 경우를 생각해 보자. 이때 2가지 효과가 우변에 나타나 있다. 첫째 항은 가격 p만큼 총수입이 늘어나는 효과를 말한다. 둘째 항은 추가로 1단위를 더 팔려면, 수요곡선이 우하향하므로, 가격을 $\frac{dp(q)}{dq}$만큼 떨어뜨려야 하는데 이때 원래 가격에 팔았을 수량 q마저도 하락한 가격에 팔아야 하

---

5 $MC=0$일 경우에 대해 생각해 보자. 식 (14.1)에서 알 수 있듯이 $\epsilon_p = 1$인 곳에서는 $MR=0$이 된다. 그러므로 $MC=0$일 경우 $\epsilon_p = 1$인 곳에서는 $MR = MC$가 되어 이윤극대화조건인 식 (14.2)가 만족된다. 그러므로 $MC=0$일 경우 $\epsilon_p = 1$인 곳에서 독점기업의 이윤이 극대화된다. 이때 $MR=0$이므로 총수입도 극대화되고 있다는 점에 주목하자.

6 이것은 개별 경쟁기업이 직면하는 수요곡선이 사실상 수평인 직선이라는 사실과 대조된다.

기 때문에 그에 상응하는 $q\dfrac{dp(q)}{dq}$만큼 총수입이 줄어드는 효과를 말한다. MR은 물론 이 2개의 효과를 합한 것이다.

부록 14.2 독점일 경우 가격과 한계수입

예를 들어 보자. 가격을 100원으로 정하면 10단위를 팔 수 있는 독점기업이 1단위가 더 많은 11단위를 팔려면 가격을 95원으로 낮춰야 한다고 하자. 이때 총수입은 1,000원(TR_1)에서 1,045원(TR_2)으로 증가하므로 한계수입은 45원이 된다. 이때 한계수입 45원은 가격인 100원보다 작다.

그 이유는 10단위를 팔려면 1단위당 100원 받을 수 있지만 11단위를 팔려면 1단위당 95원 받을 수밖에 없는데, 이러한 상황에서 11단위를 팔려면 수입이 늘어나게 하는 요인도 있지만 수입이 줄어들게 하는 요인도 있기 때문이다.

(1) 수입이 늘어나게 하는 요인은 그림의 A부분이 나타내는 것처럼 1단위를 더 팔기 때문에 95원이 추가로 더 들어오는 것을 말한다. 그런데 A부분에는 떨어진 가격 95가 적용되고 있는 반면, 이에 대응하는 본문 식 (8.2)′의 우변 첫째 항 p는 원래의 가격을 지칭하고 있다. 이 예의 경우 원래의 가격 p가 100이므로 떨어진 가격 95와 p 사이에는 5만큼의 차이가 존재한다.[7] 그런데 도함수를 사용할 때에는 무한히 작은 변화를 대상으로 하기 때문에 이러한 차이는 무한히 작아지므로 문제가 되지 않는다.

(2) 수입이 줄어들게 하는 요인은 10단위를 팔려면 1단위당 100원 받을 수 있는데, 1단위 더 팔려면 1단위당 95원 받을 수밖에 없는 것을 말한다. 이 요인은 그림의 B부분이 나타내는 것처럼 1단위당 5원씩 10단위에 대해 모두 50원이 덜 들어오게 만든다. 본문의 식 (8.2)′에는 이 부분이 우변 둘째 항으로 나타나 있다. 즉 식 (8.2)′에서는 $q=10$, $\dfrac{dp}{dq}=-5$이다.

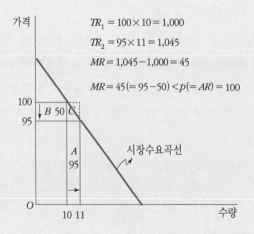

(3) 이러한 증감 요인을 종합해 보면 1단위 더 팔 때 추가로 들어오는 수입, 즉 한계수입은 바로 A에서 B를 빼 준 45원이 된다. 그런데 A가 가격(이때 가격은 밑변이 1(=11−10)이고 높이가 100인 직사각형의 면적 $A+C$에 해당한다)보다 작으므로 A에서 B를 빼 준 값인 한계수입은 가격보다 당연히 작다.

독점일 경우 이처럼 한계수입이 가격보다 작은 관계는 수요곡선상의 어떤 수량에 대해서도 성립한다. 그러므로 **한계수입곡선**은 (가격을 나타내는) 수요곡선보다 아래에 위치한다.

특히 수요곡선이 직선일 경우 한계수입곡선은 [그림 14-3]처럼 수요곡선과 세로축의 절편이 같으며 다만 기울기가 두 배로 가파르게 그려진다. 이에 대해서는 이미 8.3.3에서 살펴보았다.

(2) 독점기업의 단기균형

시설 규모를 조정할 수 없는 단기의 경우 독점기업의 단기이윤이 극대화되는 곳에서 **독점기업의 단기균형**이 이루어진다. 이때 독점기업의 이윤이 극대화되는 곳을 찾으려면 $MR=MC$의 원리에 주목해야 한다. 이렇게 볼 때 그림에서 한계수입곡선과 한계비용곡선이 교차하는 점에 대응하는 Q^*에서 이윤이 극대화된다. 이때 가격은 수요곡선의 제약을 받아 설정된다. 이 경우 가격은 Q^*만큼을 팔 수 있되 그때 받을 수 있는 가장 높은 가격인 p^*로 정해진다.[8] 결국 독점기업의 단기균형은 (p^*, Q^*)에서 이루어진다. 특히 이때 가격이 수요곡선상에서 결정된다는 점에 주목하자.

이때 독점기업의 총수입은

$$TR(Q^*) = p(Q^*)Q^*$$

---

7 구체적으로 볼 때 $\Delta TR = (p+\Delta p)(q+\Delta q) - pq = p\Delta q + q\Delta p + \Delta p\Delta q = (p+\Delta p)\Delta q + q\Delta p = (100-5)\times1+10\times(-5) = A-B$이므로 ΔTR은 그림의 내용과 일치한다. 그런데 $\dfrac{\Delta TR}{\Delta q} = \dfrac{p\Delta q + q\Delta p + \Delta p\Delta q}{\Delta q} = p+q\dfrac{\Delta p}{\Delta q}+\Delta p$이므로 무한히 작은 변화를 대상으로 하는 미분에서는 $MR = \lim\limits_{\Delta q\to0}\dfrac{\Delta TR}{\Delta q} = \lim\limits_{\Delta q\to0}(p+q\dfrac{\Delta p}{\Delta q}+\Delta p) = p+q\dfrac{dp}{dq}$ [본문의 식 $(8.2)'$] $\approx 100+10\times(-5) = (A+C)-B$가 된다. 이때 p가 q의 함수이므로 Δq가 무한히 0에 가까워질 경우 Δp가 0에 수렴한다는 사실이 적용되고 있다. 결국 $\Delta q=1$일 경우 ΔTR과 MR 사이에는 C만큼의 차이가 존재한다 ($\Delta q=1$일 경우의 의미는 부록 2.2 참조).

8 만일 p^*보다 높은 가격을 설정하면 자신이 의도하는 수량 Q^*를 판매할 수 없다. 한편 p^*를 설정하더라도 자신이 의도하는 수량 Q^*를 모두 판매할 수 있다. 이 때문에 구태여 p^*보다 낮은 가격을 설정하지는 않는다. 그러므로 결국 독점자는 p^*의 독점가격을 설정하게 된다.

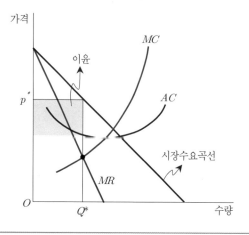

| 그림 14-3 | 독점기업의 단기균형 |

독점기업의 단기균형은 이윤을 극대화시키는 $MR = MC$인 곳에서 이루어진다. 가격은 수요곡선상에서 정해진다. 이윤은 총수입에서 총비용을 빼 준 값으로 정해진다.

로 결정되며, 총비용은

$$TC(Q^*) = AC(Q^*)Q^*$$

로 결정된다. 그러므로 이윤은 [그림 14-3]에 음영으로 표시된 부분으로서

$$\pi^* = TR(Q^*) - TC(Q^*) = [p(Q^*) - AC(Q^*)]Q^*$$

로 구해진다.

(3) 독점기업의 경우 공급곡선이 존재하지 않는다

한편 독점기업의 경우에는 한계비용곡선을 공급곡선으로 볼 수 없으며, 나아가서 공급곡선이 정의되지도 않는다.

공급곡선은 기업이 가격수용자로 행동할 때, 가격과 수량 사이의 관계를 보여주는 곡선이다(11장 참조). 경쟁시장에서는 $p = MC(q)$일 때의 한계비용(MC)곡선이 이러한 성격을 지닌다. 그런데 독점기업은 가격설정자로서 행동하며, 가격이 한계비용곡선상에서 정해지지도 않는다. 다만 $MR(q) = MC(q)$인 곳에서 수량을 정할 뿐이며, 그에 상응하는 가격은 시장수요곡선상에 설정한다.

예제 14.1 독점균형

시장수요곡선이 $Q = 170 - p$이고 독점자의 평균비용함수가 $AC = 50 + Q$라고 하자. 이때 독점자의 이윤을 극대화하는 산출량과 가격을 구하시오. 또한 그때의 이윤과 소비자잉여를 구하시오.

풀이 $Q_d = 170 - p$, $AC = 50 + Q$로 주어져 있다.

총비용이 주어져 있지 않으므로 총비용을 평균비용으로부터 구한다. 이 경우 이윤극대화 문제는

$$\underset{Q}{\mathrm{Max}}\ \pi(Q) = TR - TC = p(Q)Q - (AC)Q = (170Q - Q^2) - (50Q + Q^2)$$

이다. 이윤극대화의 일차필요조건은 $\dfrac{d\pi}{dQ} = 170 - 2Q - (50 + 2Q) = 0$이다. 이것을 정리하면 $170 - 2Q = 50 + 2Q$가 된다. 여기서 좌변이 MR이고 우변이 MC이다. 즉 이것이 바로 $MR = MC$조건이다. 이로부터 $Q_0 = 30$, $p_0 = 140$으로 구해진다. 그리고 $\pi(30) = \pi_0 = 1{,}800$이다. 그림을 그려서 구해 보면 소비자잉여$= (30)(30)/2 = 450$을 얻는다.

14.2.5 러너지수

이윤을 극대화하는 독점기업은 가격을 한계비용보다 높게 설정한다. 즉 $p > MC$가 성립한다. 이것은 [그림 14-3]에서도 관찰된다. 그런데 우리가 알고 있듯이 완전경쟁시장에서는 $p = MC$가 성립한다. 그러므로 가격과 한계비용의 차가 얼마나 큰가로 **독점력**(monopoly power)을 측정하는 것을 생각해 볼 수 있다. 이러한 생각에 바탕을 두고 독점력을 측정하는 것이 바로 **러너지수**(Lerner Index)로서

$$L = \frac{p - MC}{p} \tag{14.3}$$

로 나타낸다.

그런데 8장에서 보았듯이 일반적으로

$$MR = p\left(1 - \frac{1}{\epsilon_p}\right)$$

이 성립한다. 이 식과 독점기업의 이윤극대화조건인 '$MR = MC$'를 러너지수에 적용하면 러너지수는

$$L = \frac{p - MC}{p} = \frac{1}{\epsilon_p} \qquad (14.4)$$

이 된다. 이렇게 볼 때 독점기업이 이윤을 극대화할 경우 러너지수는 독점력이 가격탄력성에 반비례한다는 것을 말한다. 직관적으로 볼 때 가격탄력성이 높을수록 수요가 가격의 변화에 민감하게 반응하므로 독점기업이 가격을 높게 설정하기 어렵다는 것을 말한다.

앞서 말했듯이 독점기업의 경우 $p > MC$가 성립한다. 또한 일반적으로 이윤이 극대화되는 곳에서는 $MC > 0$이다. 이것들을 식 (14.3)에 적용하면 독점기업의 경우 $0 < L < 1$이 된다. 이 결과의 경제학적 의미에 대해 식 (14.4)를 활용하여 검토해 보자. 극단적인 경우로서 완전경쟁시장에서 개별 기업이 직면하는 수요곡선처럼 수요곡선이 수평일 경우에는 $\epsilon_p = \infty$이므로 러너지수가 0이 된다. 같은 의미이지만 완전경쟁일 경우 $p = MC$가 성립하므로 러너지수가 0이 된다. 한편 이윤을 극대화하는 독점기업은 반드시 $\epsilon_p > 1$인 곳에서 운용하기 때문에 러너지수는 1보다 작아진다. 종합적으로 볼 때 이윤을 극대화하는 독점기업의 경우 $0 < L < 1$이 된다. 물론 1에 가까울수록 독점력이 크다.

14.2.6 독점기업의 장기균형

장기적 관점에서는 독점기업이 시설 규모도 조정할 수 있다. 그러므로 장기에 독점기업의 이윤은 단기한계비용곡선에 근거한

$MR = SMC$

가 만족되는 곳에서 극대화되지 않는다. 그 대신 장기한계비용곡선에 근거한

$MR = LMC$

가 만족되는 곳에서 장기이윤이 극대화되며 그 곳에서 **장기균형**이 이루어진다.

그런데 여기서 우리가 주목할 것이 있다. 장기비용은 단기비용에 비해 적어도 높지는 않으므로 장기의 독점이윤은 단기의 독점이윤보다 최소한 적지는 않다는 점이다. 이것은 어떤 목표달성을 위한 수단이 많은 경우는 수단이 적은 경우보다 적어도 더 나쁜 결과를 낳지는 않는다는 원리에 근거한다. 이 원리에 대해서는 이미 10장에서 살펴보았다. 이 경우 이윤을 극대화한다는 목표에 비추어 볼 때 장기에는 단기에 비해 시설규모 조정이라는 수단이 하나 더 있다는 것이다.

한편 이러한 결과는 경쟁기업의 경우와 대조된다. 경쟁시장에서는 단기에 이윤을 얻는

기업이 있으면 새로운 기업들이 시장에 진입한다는 것이다. 그 결과 개별 기업의 경제적 이윤이 0이 될 때까지 가격이 떨어진다는 것이다. 경쟁기업도 '기업 내부적'으로는 장기에는 단기에 비해 시설 규모 조정이라는 수단이 하나 더 있기는 하다. 그러나 경쟁시장에서는 새로운 기업의 진입이라는 '기업 외부적'인 요인이 시설 규모를 조정하는 수단이 갖는 효과마저도 무력하게 만들어 버린다.

14.3 독점의 비효율·평가·규제

14.3.1 독점의 비효율: 자중손실

효율 여부는 여러 시장을 모두 고려하여 판단할 문제이다. 그러나 여기서도 12장에서처럼 한 상품의 시장에 국한하여 논의할 것이다. 또한 편익을 정확하게 측정해 주기는 하지만 관찰 불가능한 보상시장수요곡선 대신 현실에서 관찰 가능한 보통시장수요곡선을 사용할 것이다. 곧 알게 되겠지만, 독점의 결과가 비효율적임을 보이는 것은 경쟁시장균형이 효율적임을 보이는 것과 원리적으로 같다.

우리가 이미 알고 있는 바와 같이 시장공급곡선은 각 개별 기업들의 한계비용곡선을 수평으로 합하여 얻을 수 있다. [그림 14-4]의 시장공급곡선은 이렇게 하여 얻은 것이다. 이때 시장이 경쟁적이라면 균형은 E_c에서 이루어져 Q_c가 생산되고 시장가격은 $p(Q_c)$가 된다. 이제 이 시장의 모든 기업들이 하나로 합병되어 독점기업이 된다고 하자. 그러면 후술

그림 14-4 독점의 비효율

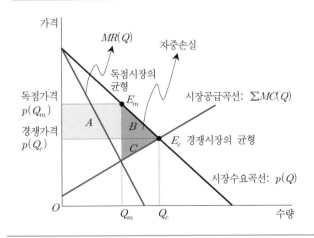

독점에서는 경쟁일 때보다 산출량이 적기 때문에, $(B+C)$만큼의 비효율이 발생한다. 이러한 비효율을 자중손실이라고 한다.

하듯이 각 개별 기업들의 한계비용곡선의 수평합인 ΣMC곡선이 이 독점기업의 한계비용곡선이 된다. 그 결과 이 독점기업은 '한계수입=한계비용'의 원리에 따라 Q_m을 공급하며 $p(Q_m)$의 독점가격을 설정한다. 즉 균형은 E_m에서 이루어진다.

첫째, 먼저 몇 가지 사실을 상기하자. 8.1.1에서 말했듯이 개인들의 수요곡선뿐만 아니라 이들을 수평으로 합하여 구한 시장수요곡선도 한계편익곡선으로 볼 수 있다. 즉 가로축의 임의의 수량에서 시장수요곡선에 이르는 수직거리는 한계편익(MB)을 나타낸다. 11.3.4에서 말했듯이 개별 기업들의 공급곡선뿐만 아니라 이들을 수평으로 합하여 구한 시장공급곡선도 한계비용곡선으로 볼 수 있다. 독점기업의 경우 공급곡선이 존재하지 않지만 한계비용에 관해서는 이 논리가 여기에도 그대로 적용된다. 즉 앞서 언급했듯이 각 개별 기업들의 한계비용곡선을 수평으로 합하면 이 개별 기업들이 합병되어 이루어진 독점기업의 한계비용곡선이 된다. 그러므로 가로축의 임의의 수량에서 $\Sigma MC(Q)$곡선에 이르는 수직거리는 독점기업의 한계비용(MC)을 나타낸다.

그런데 독점산출량 Q_m에서는 시장수요곡선까지의 수직거리가 $\Sigma MC(Q)$곡선까지의 수직거리보다 길다. 즉 $MB > MC$이다. 이것은 효율조건인 $MB = MC$에 위배된다. 그러므로 Q_m은 비효율적이다. 사실상 그림에서 보듯이 Q_m에서 Q_c에 이르는 모든 산출량에서 $MB > MC$이며 Q_c에서야 비로소 $MB = MC$가 성립한다. 곧 이어 말하겠지만 $(Q_c - Q_m)$ 부분이 비효율의 크기와 관계된다.

둘째, 이제 그 비효율이 화폐가치로 볼 때 얼마나 되는가를 알아보기로 하자. 12장에서 경쟁일 경우 효율이 달성된다는 것을 배웠다. 그런데 독점일 경우에는 경쟁일 경우에 비해 $(Q_c - Q_m)$만큼이 덜 생산된다. 이로 인해 $(B + C)$만큼의 사회적 순편익이 사라진다. 이것이 바로 독점 때문에 생기는 비효율이다. 이것을 **자중손실**이라고 부른다.[9] 한편 비효율을 나타내는 이 부분이 삼각형 모양이기에 그 연구자의 이름을 따서 **하버거의 삼각형**(Harberger's triangle)이라고 부른다.

> 🌱 **자중손실**(deadweight loss) 독점으로 인한 비효율로서, 독점으로 인해 생산되지 못한 수량에 대한 사회적인 가치

그러면 독점에서는 $Q_c - Q_m$ 부분을 생산하지 않는 이유는 무엇일까? 독점자가 Q_m보다 한 단위라도 더 팔려면 가격을 $p(Q_m)$보다 낮추어야 한다. 그런데 이때 가격차별을 할 수

---

9 자중손실이라는 말은 해운업에 등장하는 말이다. 자중이란 선박 자체의 무게로서 선박에 실을 수 있는 총무게를 계산할 때 그 무게만큼은 빼 주어야 한다는 데에서 나온 말이다. 한편 자중손실은 12장에서 논의한 조세로 인한 초과부담과 그것을 유발시킨 요인만 다를 뿐 개념상으로는 동일한 것이다.

없다면, 기존에 $p(Q_m)$의 가격에 팔려고 했던 Q_m까지의 모든 단위도 낮은 가격에 팔아야 한다. 이로 인해 Q_m을 넘어서서는 $MR < MC$가 되기 때문에, $Q_c - Q_m$부분을 생산하지 않는다. 이와는 대조적으로 경쟁이었다면 Q_c에 이를 때까지는 항상 $MR(= p) > MC$이었을 것이다.

셋째, 이제 각도를 달리 해서, 독점으로 인해 소비자잉여와 생산자잉여가 얼마나 변화하는가를 통해 비효율의 크기를 파악해 보자. 그 방법의 하나로서 경쟁에서 독점으로 넘어갈 경우 소비자잉여와 생산자잉여가 어떻게 변화하는가를 살펴보자.

(1) 독점으로 넘어갈 경우 우선 소비자잉여가 [그림 14-4]에서 면적 $(A + B)$만큼 감소한다. 이 중에서 A는 이전에 경쟁가격 $p(Q_c)$에 샀던 Q_m까지의 모든 단위를 이제는 그보다 높은 독점가격 $p(Q_m)$에 사야 하기 때문에 나타난 것이다. 그리고 B는 독점에서는 $Q_c - Q_m$만큼을 살 수 없게 되었기 때문에 나타난 것이다.

(2) 생산자잉여는 A만큼 증가하는 동시에 C만큼 감소한다. 증가분 A는 이전에 경쟁가격 $p(Q_c)$에 팔았던 Q_m까지의 모든 단위를 이제 그보다 높은 가격인 독점가격 $p(Q_m)$에 팔기 때문에 생긴 것이다. 그리고 감소분 C는 독점일 때에는 $Q_c - Q_m$만큼이 생산되지 않고 따라서 판매되지 않기 때문에 나타난 것이다.

이상의 논의를 정리해 보자. 경쟁에서 독점으로 넘어갈 경우 옅은 음영으로 표시된 A는 소비자로부터 생산자에게로 단순히 이전된다. 그러므로 이것은 사회의 총잉여를 변화시키지 않는다. 그 결과 사회의 총잉여는 짙은 음영으로 표시된 $(B+ C)$만큼만 줄어든다.

소비자잉여의 변화: $-(A + B)$
생산자잉여의 변화: $+(A - C)$
총잉여의 변화: $-(B+ C)$

예제 14.2 독점균형과 경쟁균형의 비교: 자중손실

시장수요곡선이 $Q = 170 - p$이고 독점자의 평균비용함수가 $AC = 50 + Q$라고 하자.

a. 독점자의 이윤을 극대화하는 산출량과 가격을 구하시오. 또한 그때의 이윤과 소비자잉여를 구하시오.

b. 이 시장이 완전경쟁이었을 경우 산출량과 소비자잉여를 구하시오.

c. 독점자의 이윤과 그때의 소비자잉여를 합한 값을 경쟁일 때 얻는 소비자잉여의 크기와 비교하시오. 또한 독점자의 자중손실을 구하시오.

풀이 [예제 14.1]과 연결된 문제이다. $Q_d = 170 - p$, $AC = 50 + Q$로 주어져 있다.

   a. [예제 14.1]에서 $\pi = (170Q - Q^2) - (50Q + Q^2)$, $MR = 170 - 2Q$, $MC = 50 + 2Q$, Q_0 $= 30$, $p_0 = 140$, $\pi(30) = \pi_0 = 1,800$, 소비자잉여$= (30)(30)/2 = 450$을 얻었다.

   b. 완전경쟁일 경우 가격이 p로 일정하게 주어진다. 그러므로 이윤극대화 문제는 $\pi = pQ - (50 + Q)Q$이다. 한편 이윤극대화조건은 $p = MC$이다. 그런데 수요함수로부터 $p = 170 - Q$이므로 $170 - Q = 50 + 2Q$가 된다. 이로부터 $Q^* = 40$이다. 소비자잉여$= (40)(40)/2 = 800$이다.

   c. 'π_0 | 독점히의 소비자잉여$= 2,250 >$ 경쟁히의 소비자잉여$= 800$'이 성립한다. 한편 자중손실$= (30)(10)/2 = 150$으로 구해진다.

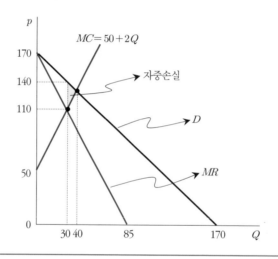

14.3.2 독점의 부정적 측면과 긍정적 측면

(1) 독점의 부정적 측면

앞에서 살펴본 바와 같이 독점기업은 경쟁일 때보다 적게 생산하면서 가격은 더 높게 매기고 있다. 그 결과 자원을 비효율적으로 배분하게 된다. 나아가서 앞에서도 지적했지만 독점은 진입장벽을 구축하거나 독점을 유지하기 위한 로비활동에 귀중한 자원을 낭비하고 있다.

한편 어떠한 경제적인 평가를 할 때에도 효율성뿐만 아니라 분배 측면까지 고려해야 한다. 이것은 독점에 대해 평가할 때에도 마찬가지이다. 그런데 독점의 경우 분배와 관련하여 분명한 사실은 소비자잉여는 감소하고 생산자잉여는 증가한다는 것이다. 그렇다면 결과는 그 상품을 소비하는 사람들과 독점기업의 주주들의 후생에 대한 가치판단에 달려 있다. 그런데 일반적으로 주주들이 소비자들보다 더 부유하다. 그러므로 독점은 분배 측면에서도 바람직하지 않은 결과를 초래한다고 볼 수 있다.

(2) 독점의 긍정적 측면

그러나 독점에 대해서는 이러한 부정적인 견해만 있는 것이 아니라 긍정적인 견해도 있다. 예를 들어 슘페터(J. Schumpeter)에 의하면, 독점이윤이야말로 기술진보의 원천이며 경제발전에 중요한 역할을 한다고 한다. 어떻게 보면 경쟁이 치열할 경우 기술진보나 기술혁신을 위해 연구개발에 더 많이 투자할 것으로 생각된다. 그러나 장기적으로 볼 때 경쟁에서는 어차피 어떤 기업도 경제적 이윤을 넘어서는 이윤을 얻지는 못한다. 이 때문에 경쟁시장일 경우 오히려 이러한 투자에 대한 유인이 약하다는 것이다. 반면에 독점기업은 새로운 기술개발이나 기술진보로 인해 막대한 이윤을 얻을 수 있다. 이 때문에 독점기업은 그 지위를 유지하기 위해 연구개발에 투자할 유인이 더 크다는 것이다.

이와는 다른 측면에서 독점기업에게는 경쟁자가 있는 경우보다 기업활동에 비용이 적게 들 수도 있다. 예컨대 독점기업은 자신이 그 상품을 공급하는 단 하나의 기업이기 때문에 상품을 판매하기 위해서 광고를 하거나 상품을 차별하는 데 많은 비용을 들일 필요가 없다는 것이다.[10]

한편 이상에서 주장된 긍정적인 측면이 비효율이나 나아가서 분배 측면의 부정적인 영향을 상쇄할 수 있느냐가 문제된다. 그런데 이 문제는 실증적인 성격뿐만 아니라 가치판단의 성격도 지니고 있다.

14.3.3 독점의 규제

앞서의 논의로부터 독점은 무엇보다도 비효율을 유발한다는 것이 가장 큰 문제임을 알았다. 이처럼 시장에 그대로 맡겨 두었을 때 자원이 비효율적으로 배분될 경우 시장이 실패한다고 한다. 그렇다면 이러한 문제를 어떻게 해결할 수 있을까? 6편 및 7편에서 다루겠지만 시장 실패를 유발하는 요인에는 독점 이외에도 여러 가지가 있다. 그런데 일반적으로 시장이 실패하는 경우에는 정부가 개입하게 된다. 이때 경우에 따라 정부는 해당 상품을 직접 공급하기도 한다. 또는 조세를 부과하거나 보조금을 지급하기도 하고 나아가서는 직접적인 규제를 통해 문제를 해결하기도 한다.

이러한 방법들 중에서 독점 때문에 생기는 비효율을 제거하려면 어느 방법을 택해야

---

10 여기서 경쟁자가 있는 경우란 완전경쟁을 지칭하는 것은 아니다. 완전경쟁에서는 사실상 모든 기업들이 동일한 상품을 원하는 만큼 판매할 수 있으므로 광고나 상품차별이 필요없다.

할 것인가? 이와 관련하여 독점일 때 비효율이 발생하는 근본적인 원인은 산출량이 경쟁일 때에 비해 적기 때문이라는 점에 주목해야 한다. 그런데 12장에서 보았듯이 조세를 부과하면 기업의 한계비용이 증가하여 산출량이 오히려 줄어든다. 그러므로 조세부과를 통해서는 비효율을 제거할 수 없다.[11]

그렇다면 이제 다른 방법을 강구해야 할 것이다. [그림 14-4]를 이용하여 설명해 나가기로 하자. 이때 기본적인 발상은 독점의 경우 산출량은 적은 반면 가격이 높다는 점에 착안하는 것이다. 아울러 효율이 달성되려면 가격이 경쟁가격과 같아져야 한다는 점에 착안하는 것이다. 이 점들에 비추어 정부가 독점기업으로 하여금 가격을 경쟁가격 이상으로 올리지 못하도록 규제하는 방법을 생각할 수 있다. 이렇게 하면 독점기업은 규제받는 상황에서나마 가급적 높은 가격을 받으려 할 것이다. 그런데 그것은 곧 생산물의 각 단위에 대해 모두 경쟁가격을 받는 것을 의미한다. 따라서 실질적으로 경쟁가격이 독점기업의 한계수입이 된다. 그 결과 이 독점기업은 $MR = MC$의 원리에 따라 (자신에게 한계수입으로 작용하는) 경쟁가격과 한계비용이 일치하는 곳에서 Q_c를 공급하게 된다. 즉 효율이 달성되는 것이다. 결국 정부는 시장수요곡선과 한계비용곡선이 만나는 곳에서 가격을 설정한 셈이 된다. 이와 같은 가격설정을 **한계비용가격설정**(marginal cost pricing)이라고 한다.

그런데 이러한 방식으로 규제하려면 무엇보다도 시장수요곡선과 기업의 한계비용곡선이 어느 점에서 만나는가를 알아야 한다. 즉 두 곡선들에 대한 정확한 정보를 가지고 있어야 한다. 그런데 문제는 정부로서 이러한 정보를 얻는다는 것이 쉬운 일이 아니라는 것이다. 나아가서 때로는 이들에 대한 정확한 정보를 가지고 있더라도 평균비용이 계속 하락할 경우에는 한계비용가격설정 규제방식은 문제를 발생시킨다. 이 문제에 관해서는 곧이어 자연독점을 다룰 때 논의하기로 하자.

14.4 자연독점

14.4.1 특성 및 자원배분

이번 장의 서두에서 생산규모가 커질 때 산출량이 증가함에 따라 장기평균비용이 계속

---

11 예외적으로 이윤세는 한계비용을 변화시키지는 않으므로 산출량을 감소시키지 않으면서 독점이윤의 일부를 조세로 징수할 수 있다. 그러나 이 방법은 소득분배를 개선시킬 수는 있겠으나 산출량 증가를 유발하지는 못하므로 여전히 비효율을 제거시키지는 못한다.

떨어지는 경우, 즉 규모의 경제가 있는 경우 시장이 독점화되기 쉽다고 했다. 특히 이 경우에는 자연독점, 말 그대로 자연스레 독점이 된다.[12] 이러한 자연독점은 초기의 비용이 상당히 크고 그 이후 한계비용은 작은 경우에 발생하기 쉽다.

예를 들어보자. 전력을 공급하려면 발전소와 송전소를 세워야 한다. 그리고 전선을 지하에 매설하여야 하므로 초기에 비용이 상당히 많이 든다. 반면에 한 가구에 추가로 전력을 공급하는 데에는 이미 설치된 전선에서 한 가닥을 끌어오는 비용만 든다. 이렇게 볼 때 한계비용은 초기의 비용에 비해 상당히 낮다. 그리하여 상당 수준까지는 많은 가구에 공급하면 할수록 전력을 공급하는 데 드는 가구당 평균비용이 떨어진다.

이같은 내용을 반영하여 자연독점을 나타내는 [그림 14-5]에는 장기평균비용곡선의 최저점이 수요곡선의 오른쪽에 그려져 있다. 즉 최소효율규모가 시장수요에 비해 상당히 큰 것으로 나타나 있다. 또한 장기한계비용은 어느 수준까지는 장기평균비용에 비해 상당히 적은 것으로 나타나 있다.

이처럼 규모의 경제가 있는 경우에는 규모가 큰 기업은 규모가 작은 기업보다 효율이 높다. 그리고 이러한 이점을 이용하여 가격을 낮춤으로써 새로운 기업이 진입하는 것을 억제시킬 수 있다. 또한 이러한 상황에서는 새로운 기업은 설사 진입을 하더라도 생산을 조금밖에 할 수 없게 된다. 그 결과 평균비용이 높아져 경쟁력을 지니지 못하게 된다. 이러한 배

그림 14-5 | **자연독점**

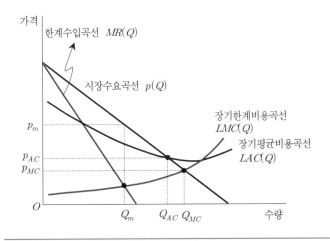

규모의 경제가 있는 경우 자연독점이 된다. 이때 균형은 $MR = LMC$인 곳에서 이루어지며 비효율이 존재한다.

---

12 산출량이 증가함에 따라 기존 기업들의 비용이 감소하는 비용감소산업(13장 참고)은 그 안에 다수의 경쟁기업들이 존재한다는 점에서 독점기업과 구분된다.

🌱 **자연독점**(natural monopoly)   규모의 경제 자체가 진입장벽이 되기 때문에 형성되는 독점

경 아래 나타나는 독점이 바로 자연독점이다.[13]

한편 자연독점자도 다른 독점자와 같이 일반적인 이윤극대화 원리인 '한계수입=한계비용'에 의거하여 이윤을 극대화한다. 그러므로 이때 산출량은 Q_m으로 결정되고 독점가격은 p_m으로 결정된다. 이때 경쟁일 경우에 공급되는 Q_{MC}에 비해 산출량이 적기 때문에 비효율이 존재한다.

14.4.2 자연독점 규제

(1) 한계비용가격설정

독점일 때 효율을 달성하려면 경쟁시장과 같은 결과가 되도록 시장수요곡선과 장기한계비용곡선이 만나는 곳에서 가격을 설정해야 한다. 이러한 가격설정을 **한계비용가격설정**(marginal cost pricing)이라고 하였다.

이제 자연독점일 때, 정부가 한계비용가격설정 규제 방식에 따라 가격을 p_{MC}로 설정한다고 하자. 그러면 산출량은 가격 p_{MC}와 장기한계비용이 같아지는 Q_{MC}로 결정된다.[14] 그러나 이때 그림에서 보듯이 가격이 평균비용보다 낮기 때문에 기업은 손실을 입게 된다. 그 결과 이 기업이 산업에서 이탈하게 되는 문제가 발생한다.

이러한 논의로부터 이미 짐작했겠지만, 자연독점을 규제하려 할 때에는 다음과 같은 딜레마에 봉착하게 된다. 즉 효율을 달성하기 위해서는 한계비용가격설정 방식으로 규제해야 하지만 그럴 경우 자연독점자는 손실을 입게 되어 산업을 이탈한다는 것이다.

이러한 딜레마를 해결하는 방법은 크게 두 가지로 나누어 볼 수 있다. (1) 한계비용가격설정 방식으로 규제하고 이때 발생하는 손실은 기업에게 보조금을 지급하여 보전해 주는 것이다. 이 경우 실제로는 민간기업을 규제하는 대신 정부가 공기업의 형태로 기업을 직접 운영하고 적자는 보조금으로 메우는 경우가 보통이다. 한편 이러한 해결책으로 산업의 비용구조상 발생하는 독점의 비효율을 제거할 수는 있다. 그러나 이 경우 보조금을 마련하기 위해 조세를 부과해야 하는데, 이러한 조세가 다른 부문에 비효율을 유발하게 된다(12장 참조).

---

13 여기서 자연독점은 비용곡선의 특성과 관련되어 붙여진 이름일 뿐 어떤 산업이 미리 자연독점으로 지정되어 있는 것은 아니다. 예를 들어 수요는 작은데 최소효율규모는 커서 자연독점이었던 산업도 기술이 진보하여 최소효율규모가 작아지거나 해외시장이 개척되어 수요가 커진 이후에는 더 이상 자연독점이 되지 않는다.

14 이 경우 가격 p_{MC}가 바로 이 기업의 한계수입이 된다는 사실은 독점규제에 대해 논의할 때 이미 말한 바 있다.

그리고 이러한 비효율이 한계비용가격설정 규제 방식을 통해 얻은 효율을 압도할 가능성도 있다. 또한 조세를 부과하여 보조금의 재원을 마련할 경우 공평 문제가 제기될 수도 있다. 이 밖에도 공기업으로 운영될 경우 경영의 비효율성 문제가 제기될 수 있다. (2) 딜레마에 대한 또 다른 대책은 정부가 기업으로 하여금 평균비용가격설정을 하도록 규제하는 것이다.

(2) 평균비용가격설정

평균비용가격설정(average cost pricing)이란 가격을 장기평균비용과 일치하도록 설정하는 것이다. 이 규제 방식의 경우 산출량은 가격과 장기평균비용이 일치하는 곳에서 Q_{AC}로 결정된다.[15] 따라서 기업의 수입은 비용과 정확히 같아진다. 그 결과 기업에게는 이윤도 없으며 손실도 발생하지 않는다. 그러나 공급량은 독점일 때의 Q_m보다는 많지만 여전히 경쟁일 때의 Q_{MC}보다는 적기 때문에, 비효율이 완전히 제거되지는 않는다는 문제점이 있다.

(3) 이부가격설정

이부가격설정(two part pricing)은 서비스를 이용하려면 먼저 일괄요금(lump sum charge)을 내고 그 다음 자신이 소비하려는 각 단위들을 한계비용에 해당하는 가격을 내고 자유롭게 살 수 있도록 하는 방식이다.[16] 이 방식을 통해 한계비용가격설정으로 인해 손실을 입는 기업의 손실을 보전해 주려는 것이다. 그런데 이 경우 일괄요금을 부과하면 그 때문에 일부 소비자들은 소비를 안할 수도 있다. 이 경우 소비가 효율 수준에 미치지 못할 수도 있다. 나아가서 일괄요금을 부과하는 것은 소득 수준에 관계없이 일괄 조세를 부과하는 효과를 지님으로써 공평 문제를 야기할 수도 있다.

(4) 이중가격설정

이중가격설정(two-tier pricing)에 대해 살펴보자. 이것은 가격을 차별하는 방법 중의 하나이다. 이 규제 방식은 일부 소비자들에게는 한계비용가격을 적용하고 이 때문에 생기는 손실은 다른 소비자들에게 높은 가격을 적용하여 보전하게 하는 방법이다. 예컨대 산업용 전기에는 낮은 가격을 적용하고 가정용 전기에는 높은 가격을 적용하는 것은 바로 이중가격설정의 예이다. 그런데 이 규제 방식도 누가 높은 가격을 내야 하느냐와 관련하여 공평성 문제를

---

15 p_{AC}가 이 기업의 한계수입이 되므로 이윤극대화 원리에 따른 $p_{AC} = MC$에 해당하는 산출량은 Q_{AC}보다 많다. 그러나 Q_{AC} 이상은 판매되지 않기 때문에 산출량이 Q_{AC}에서 결정되는 것이다.

16 예를 들어 한 달 동안의 기본사용료 외에 사용량에 대한 요금을 추가로 더하여 납부하게 하는 전기요금의 경우가 이 방식에 해당한다.

야기한다.

이상에서 논의한 해결책들이 성공하느냐는 정부가 자연독점기업의 비용함수를 얼마나 정확히 알아내느냐에 달려 있다. 예를 들어 정부가 가스산업을 규제할 때를 생각해 보자. 이때 정부는 가스의 수요함수 외에 가스를 공급하는 기업의 비용함수를 정확히 알아야만 올바른 가격규제 방식을 취할 수 있게 된다.

14.5 가격차별

지금까지는 독점기업이 자신의 생산물을 어떤 사람이 구입하든지, 그리고 얼마만큼 구입하든지 관계없이 각 단위에 대해 같은 가격을 받을 수밖에 없는 상황을 암묵적으로 가정하였다. 그런데 여기서 다음과 같은 두 가지 사실에 주목할 필요가 있다. (1) 독점에서도 여전히 소비자잉여가 존재한다는 것이다. (2) 독점산출량에 대해서는 독점가격을 받으면서 그 이상의 수량에 대해서는 독점가격보다는 낮지만 생산비보다는 높은 가격을 받을 수만 있다면 독점이윤이 증가한다는 것이다.

이러한 사실들은 다음을 의미한다. 즉 독점기업이 서로 다른 단위에 대해 가격을 다르게 매기거나 또는 서로 다른 구입자에게 서로 다른 가격을 매기면 더 높은 이윤을 얻을 수 있다는 것이다. 즉 가격차별의 여지가 있다는 것이다.

> **가격차별**(price discrimination) 생산물을 단위에 따라 또는 구입자에 따라 서로 다른 가격에 판매하는 것

14.5.1 일급가격차별: 완전가격차별

> **일급가격차별**(first degree price discrimination) 상품을 한 단위씩 나누어 판매하되 각 단위에 대해 그 가치를 가장 높게 평가하는 사람에게 그가 낼 의향이 있는 가장 높은 가격에 판매하는 유형

결국 일급가격차별은 같은 사람에게도 상품을 한 단위씩 나누어 판매한다. 그리고 각 단위를 그것에 대해 받을 수 있는 가장 높은 가격에 판매한다. 물론 사람에 따라서도 서로 다른 가격에 판매하게 된다. 이러한 측면에서 이것은 **완전가격차별**(perfect price discrimination)이라고도 부른다. 이때 소비자잉여는 존재하지 않으며 모든 잉여는 생산자에게 돌아간다.

독자들이 이미 짐작했겠지만 이처럼 완전한 가격차별을 시행하려면 독점자가 소비자의 선호를 완전하게 파악할 수 있어야 한다. 그러나 이것은 사실상 현실에서는 거의 불가능하다고 하겠다.

가격을 완전히 차별하는 독점자는 상품의 매 단위마다 해당 단위에서 보상수요곡선에 이르는 수직거리로 가격을 설정한다. 이에 대해 알아보자. 앞서 보았듯이 완전가격차별은 서로 다른 단위에 서로 다른 가격을 부과하는 것을 의미한다. 이때 생산자가 이윤을 극대화하려면 소비자가 해당 단위에 대해 지불할 의향이 있는 최대 금액은 받아내야 한다. 그런데 소비자가 그 해당 단위에 대해 지불할 의향이 있는 최대 금액은 그가 그 해당 단위로부터 얻는 한계편익일 것이다. 그러므로 이윤을 극대화하려면 소비자가 해당 단위로부터 얻는 한계편익에 상당하는 금액을 받아내야 한다. 그런데 6.7.2(4)에서 배웠듯이 그 금액은 바로 해당 단위에서 보상수요곡선에 이르는 수직거리로 정확하게 측정된다.

그러므로 첫째 단위에는 가로축의 첫째 단위에서 보상수요곡선에 이르는 수직거리에 해당하는 가격을 부과하고, 둘째 단위에는 가로축의 둘째 단위에서 보상수요곡선에 이르는 수직거리에 해당하는 가격을 부과하는 등 [그림 14-6]에서처럼 $MB = MC$가 성립하는 q^*번째 단위까지 계속 같은 방식으로 가격을 부과한다. 물론 $q^* + 1$번째 단위부터는 그 수직거리에 해당하는 금액, 즉 소비자가 지불할 의향이 있는 최대금액(한계편익 상당액)이 한계비용(가로축의 해당 단위에서 한계비용곡선에 이르는 수직거리)보다 작으므로 그 수량들은 공급되지 않는다. 이렇게 일급가격차별을 할 경우 결과적으로 $MB = MC$가 성립하며 따라서 효율이 달성된다. 이때 $MB = MC$가 효율조건임을 상기하자. 한편 독점자의 총수입은 보상수요곡선 아래의 면적 중 $MB = MC$를 만족시키는 산출량 q^*에 이르는 부분으로 나타난다. 이 면적이 그림에 $(A + B)$로 나타나 있다.

일급가격차별의 경우 특기할 만한 것이 있다.

(1) 생산자가 모든 잉여를 차지해 버린다. 이때 생산자잉여의 크기는 독점자의 총수입 $(A + B)$에서 총가변비용인 B를 뺀 A이다. 한계비용곡선 아래의 면적이 총가변비용이라는 점에 주목하자(10.2.5 (2) 참조).

(2) $MB = MC$가 만족되어 그 결과가 효율적이다. 한편 가격차별을 하지 않을 때 이루어지는 독점균형에서는 $MB > MC$이다. 그런데 이것은 그 상품을 생산하는 데 드는 비용보다 더 많이 지불하고도 그 상품을 구입하려는 개인이 있다는 것을 의미한다. 따라서 독점기업이 가격차별을 할 수 있다면 더 생산하여 적절한 가격에 그 사람에게 판매하는 것이 서로에게 이득이다. 즉 19장에 등장하는 **파레토개선**(Pareto improvement)이다. 그런데 완전가격차별의 경우 이러한 이득의 여지가 더 이상 없는 상태인 $MB = MC$ 수준까지 생산되고 판매

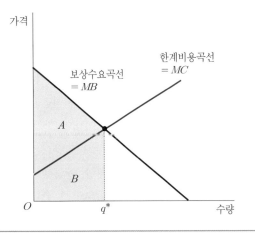

그림 14-6 일급가격차별

가격

한계비용곡선 = MC

보상수요곡선 = MB

A

B

O q* 수량

일급가격차별의 경우 MB = MC가 성립되어 자원배분의 효율이 달성된다. 다만 독점자가 모든 잉여를 차지해 버린다는 점이 경쟁시장의 결과와 다르다.

되어 마침내 효율이 달성되는 것이다. 그 결과 경쟁시장일 경우처럼 잉여가 가장 커진다. 물론 (1)에서 말했듯이 생산자가 이 잉여를 모두 차지해 버린다.

14.5.2 이급가격차별: 자기선택에 근거

이급가격차별은 어느 만큼 구입하느냐에 따라 1단위당 가격을 다르게 책정하는 유형이다. 구입량에 따라 1단위당 가격이 달라지기 때문에 이급가격차별을 **비선형가격책정**(nonlinear pricing)이라고 한다. 넓은 의미에서는 소비자 스스로의 선택, 즉 **자기선택**(self selection)에 근거하여 이루어지는 가격차별은 모두 이급가격차별이다.

> **이급가격차별**(second degree price discrimination) 어느 만큼 구입하느냐에 따라 1단위당 가격을 다르게 책정하는 유형으로서, 넓은 의미에서는 자기선택에 근거하여 이루어지는 가격차별의 총칭

예를 들어 연필을 낱개로 구입할 경우에는 1개당 600원을 받지만, 12개 묶음 1다스로 구입할 경우에는 6,000원을 받는다고 하자. 이것이 전형적인 이급가격차별의 예이다. 이 경우 1다스 미만으로 사면 1개당 가격이 600원이지만 1다스를 구입하면 1개당 가격이 500원이 된다. 이급가격차별은 이처럼 구입하는 수량에 따라 1단위당 가격이 달라진다. 이급가격차별은 구입하는 수량에 따라 이루어지는 것이지, 소비자를 차별하는 것이 아니다. 즉 어떤 소비자이든 동일한 대금체계에 직면하며 1개당 얼마를 내고 사게 되는가는 소비자 스스로

의 선택, 즉 자기선택에 따라 달라진다.

전화요금에서 처음 100통화보다는 그 다음 100통화에 더 낮은 요금을 부과하는 것, 피자 한 판을 구입할 때보다 두 판을 구입할 경우 할인해 주는 것 등 그 예는 수없이 많다. 이러한 **수량조정** 외에 특급우편과 일반우편, 항공기의 비즈니스클래스와 이코노미클래스, 기차의 특실과 일반실 등과 같이 품질을 적당히 조정하는 **품질조정**을 통해 가격을 다르게 받는 것도 이급가격차별에 해당한다.

이때 주목할 점은 시장에 유형이 서로 다른 소비자들이 존재하는데 독점자는 이처럼 서로 다른 소비자들이 존재한다는 사실을 알뿐이지, 어느 소비자가 어느 유형인지는 알지 못한다는 것이다. 말하자면 누가 100통화 이상 원하는지, 누가 피자 두 판을 구입하기를 원하는지, 누가 다소 비싸더라도 고급을 원하는지를 모른다는 것이다.

(1) 자기선택유도

그런데 이러한 상황에서 독점자가 소비자의 유형을 구분해 낼 수 있다면, 즉 **선별**(screening)해 낼 수 있다면 각 유형에게 그에 맞는 대금을 받아냄으로써 이윤을 증가시킬 수 있을 것이다. 이때 선별해 낼 수 있는 방법들 중의 하나는 독점자가 해당 상품의 판매조건들에 대한 **메뉴**(menu)를 제시해 놓고 소비자가 스스로 자신의 유형에 맞는 선택을 하도록 유도하는 것이다. 즉 자기선택을 하도록 유도하는 것이다. 이때 n가지 유형의 소비자들이 있을 경우 메뉴는 $\{(q_1, r_1),,...,(q_n, r_n)\}$으로 표시할 수 있다. 즉 q_i만큼의 수량을 선택한 소비자에게는 r_i를 받는 것이다. 앞으로는 편의상 2가지 유형의 소비자들이 있을 경우에 대해 분석하기로 한다.

🌱 **자기선택**(self selection) 소비자가 스스로 자신의 유형을 드러내고 스스로 자신의 유형에 맞는 선택을 하는 것

이급가격차별은 이처럼 자기선택에 근거하여 가격차별이 이루어지도록 한다. 이 때문에 앞에서 자기선택에 의해 이루어지는 가격차별을 넓은 의미에서는 모두 이급가격차별이라고 말한 것이다. 이것은 앞으로 배울 삼급가격차별의 특성과 대조된다. 삼급가격차별은 독점자가 소비자를 그 특성에 따라 구분할 수 있어서 각 집단에 서로 다른 가격을 부과할 수 있을 경우에 이루어진다.

이러한 측면에 비추어 볼 때 이급가격차별이 성공적으로 이루어지기 위해서는 소비자들이 스스로 자신의 유형에 맞는 자기선택을 하도록 독점자가 유도해야 한다. 독점자는 이를 위해 메뉴를 제시하되 소비자가 이득을 취하기 위해 자신이 마치 다른 유형의 소비자인 것처럼

가장하여 행동하지 않도록 유인을 제공해야 한다. 예를 들어 수요가 큰 소비자가 마치 자신이 수요가 작은 소비자인 것처럼 행동하지 않도록 유도하기 위해 유인을 제공하는 것이다.

(2) 분석 결과 요약

이렇게 할 경우 앞으로 얻게 될 분석 결과를 미리 정리해 보자. 수요가 큰 소비자를 유형 H라고 하고 수요가 작은 소비자를 유형 L이라고 하자. 유형 H를 겨냥한 수량을 q_H, 유형 L을 겨냥한 수량을 q_L이라고 하자. 이 경우 **비대칭정보**(asymmetric information)하의 최적선별일 때를 상첨자 *로 나타내고, **완전정보**(perfect information)여서 **최선**(first best)일 때를 상첨자 F로 나타내면 다음이 성립한다. 이때 비대칭정보는 거래 당사자들 사이에 가지고 있는 정보의 양이 서로 다른 것을 말한다(24장 참조).

(i)은 유형 H는 완전정보일 때와 같은 수량을 선택하게 되고 유형 L은 완전정보일 때보다 적은 수량을 선택하게 된다는 것을 말한다.

(i) $q_H^* = q_H^F$ 효율,　　$q_L^* < q_L^F$ 비효율 발생,

(ii) 유형 H는 잉여(후술할 정보지대)를 누리지만 유형 L은 잉여를 누리지 못한다.

품질조정의 경우라면 가격이 높더라도 높은 품질의 상품을 원하는 소비자를 유형 H라고 하고 가격을 고려하여 낮은 품질의 상품을 원하는 소비자를 유형 L이라고 한 다음, q_H를 높은 품질 상품의 품질, q_L을 낮은 품질 상품의 품질이라고 표시하면 앞의 내용이 똑같이 성립한다.

또한 당연한 말이지만 균형이 존재한다면 그 균형은 **분리균형**(separating equilibrium)이 된다. 분리균형이란 서로 다른 유형의 소비자들은 서로 다른 선택을 할 때 이루어지는 균형을 말한다.

14.5.3 이급가격차별과 선별기구

이급가격차별은 본질적으로는 선별에 해당한다. 이급가격차별을 위해 시행되는 선별에 대해 구체적으로 알아보자.

> 🌱 **선별**(screening) 독점기업이 소비자가 어느 유형에 속하는지 구분할 수 없는 상황에서 수량조정이나 품질조정을 통해 소비자로 하여금 자기선택을 하도록 유도함으로써 소비자의 유형을 구분해 내는 것

이때 선별은 사실상 24장 비대칭정보에 등장하는 선별과 그 원리와 의미가 같다. 다만 여기서는 독점기업의 행위에 초점을 맞추어 그 의미를 풀이해 놓은 것이다.

예를 들어 기차의 KTX와 무궁화열차, 고속버스의 일반과 우등의 구분 등을 생각해 보자. 이 경우 승객 자신은 어느 것을 선택하는 유형인지 스스로를 알지만 코레일이나 고속버스회사는 승객이 어느 유형에 속하는지 모르므로 비대칭정보의 상황이다. 이때 품질은 좋지만 가격이 높은 것만 있을 경우에는 낮은 가격을 원하는 소비자를 잃게 된다. 거꾸로 가격도 낮고 품질도 낮은 것만 있을 경우에는 높은 품질을 원하는 소비자를 잃게 된다. 이렇게 볼 때 품질은 낮더라도 가격이 낮은 상품도 있어야 하고 가격이 높더라도 높은 품질의 상품도 있어야 한다. 그래서 낮은 가격을 원하는 소비자도 높은 품질을 원하는 소비자도 모두 시장에 참여할 수 있도록 해야 한다. 이것은 **참가제약**과 관계된다.

> **참가제약**(participation constraint) 소비자가 상품을 구입할 경우에 누리는 효용이 상품을 아예 구입하지 않을 경우에 누리는 효용과 적어도 같아지도록 메뉴를 고안해야 한다는 조건

한편 높은 품질을 원하는 소비자에게서는 높은 가격을 받아내고 품질은 낮더라도 낮은 가격을 원하는 소비자에게서는 그에 맞는 가격을 받아낼 수 있는 장치가 고안되어야 한다. 이렇게 하려면 소비자가 자신의 유형에 맞는 선택을 하도록 유도해야 한다. 이것은 **자기선택제약**과 관계된다.

> **자기선택제약**(self selection constraint) 자신의 유형에 맞는 선택을 할 때 누리는 효용이 다른 유형에 맞는 선택을 할 때 누리는 효용보다 커지도록 메뉴를 고안해야 한다는 조건

자기선택제약과 관련하여 핵심적인 사항이 있다. (1) 높은 품질을 원하는 소비자에게는 그가 낮은 가격에 매료되어 낮은 품질의 상품을 선택하지 않도록 유도하기 위해 어느 정도 잉여를 보장해야 한다. 이러한 잉여는 정보지대에 해당한다. 정보지대는 앞서 말한 비대칭정보와 관련된다.

> **정보지대**(information rent) 거래의 당사자들 중에서 어느 한 측은 가지고 있는 정보를 다른 측은 가지고 있지 않은 비대칭정보 상황에서 정보를 가진 측이 누리는 지대[17]

현재의 예에서는 판매자가 갖지 못한 정보를 구매자가 가지고 있기 때문에 구매자가

---

17 생산요소에 지급되는 보수 중에서 그 생산요소가 공급되도록 유도하는 데 필요한 보수를 초과하는 부분을 경제적 지대(economic rent)라고 한다. 17장 참조.

정보지대를 누리게 된다. 한편 낮은 품질을 원하는 소비자가 없다면 높은 품질을 원하는 소비자가 이러한 정보지대를 누리지 못한다.

(2) 낮은 품질 상품의 품질을 많이 낮춤으로써 품질의 차이를 확실히 크게 해 놓아야 한다(높은 품질을 원하는 소비자가 없다면 낮은 품질을 원하는 소비자를 겨냥한 상품의 품질이 그렇게 낮아지지는 않는다). 품질 차이가 크게 나지 않을 경우, 소비자들이 독점기업의 의도와는 다르게 선택할 것이기 때문이다. 품질 차이가 별로 나지 않는다면 높은 품질을 원하는 소비자마저 가격을 고려하여 약간 낮은 품질의 상품을 선택할 우려가 있다는 것이다.

이같은 논리는 상품에 대한 수요의 크기가 다른 유형의 소비자들이 존재하는 경우에도 그대로 적용된다. 수요의 크기가 다를 경우 독점자는 위와 같은 품질조정을 통해서가 아니라 수량조정을 통해서 소비자의 유형을 선별하게 된다. 어느 경우이든 유형이 서로 다른 소비자들이 섞여 있는 경우 이급가격차별은, 본질적으로는, 독점자가 소비자의 유형을 선별하는 것이다.

14.5.4 이급가격차별: 선별기구 수식표현 · 직관 · 비효율 발생 이유

(1) 선별기구에 대한 수식 표현

이제 수요가 다른 유형의 소비자들에 대해 수량조정을 하는 경우를 통해 좀 더 분석해 보자. 물론 이 분석은 품질조정을 하는 경우에도 그대로 적용된다. 수요가 큰 유형 H 소비자와 수요가 작은 유형 L 소비자가 있는데 독점기업도 이러한 사실은 알고 있지만 어느 소비자가 어느 유형에 속하는지 알 수 없다고 하자. 이때 독점기업이 이윤을 극대화하려면 메뉴를 어떻게 구성하여야 할까?

독점기업이 개인의 유형을 구분할 수 없으므로 각 개인의 수요량에 근거하여 메뉴를 설정할 수밖에 없다. 이때 독점기업은 이러한 메뉴 제시를 통해서 각 개인의 유형을 선별해 내야 한다. 이때 **선별기구**(screening mechanism)는 앞서 말한 **자기선택제약**과 **참가제약**을 만족시켜야 한다.[18]

이때 자기선택제약조건을 만족시키도록 하려면 유형 L이 자신을 겨냥하여 제시된 수량만큼 구입할 때 얻는 효용이 유형 H를 겨냥하여 제시된 수량을 구입할 때 얻는 효용보다

---

18 선별기구를 고안하는 것은 넓은 의미에서 **메커니즘 디자인**(mechanism design)에 포함된다. 메커니즘 디자인은 전략적 상황하에 목표가 주어진 상황에서 그 목표를 달성하기 위해 경제구조나 유인을 고안하는 것을 말한다. 메커니즘 디자인 연구에 기초를 닦은 공로로 노벨경제학상을 받은 후르비츠(L. Hurwicz)는 메커니즘 디자인은 전통적 경제이론의 '역'이라고 설명한다. 즉 전통적 경제이론은 구조(mechanism)가 주어진 상태에서 그에 따른 경제주체들의 행위를 분석하는 반면 메커니즘 디자인은 목적함수가 주어진 상태에서 그 값을 극대화시킬 수 있는 구조를 찾는다. 자기선택제약은 24.6.2의 유인양립성제약의 특별한 형태라고 볼 수 있다.

커지도록 메뉴를 고안해야 한다. 이렇게 하면 유형 L은 유형 H처럼 행동해서 이득을 볼 여지가 없게 된다. 따라서 자신의 유형을 드러내게 된다. 이같은 원리는 유형 H에게도 적용된다. 즉 유형 H도 유형 L처럼 행동하지 않도록 메뉴를 고안해야 한다.

이 점을 반영하여 독점기업의 문제를 수식으로 나타내 보자. 독점기업이 14.5.2에서 말한 것처럼 $\{(q_H, r_H), (q_L, r_L)\}$과 같은 메뉴를 제시한다고 하자. q_H는 유형 H를 겨냥하여 제시된 수량이고 r_H는 q_H를 구입하는 소비자에게서 받는 금액(대금)을 나타낸다. 같은 방식으로 q_L은 유형 L을 겨냥하여 제시된 수량이고 r_L은 q_L을 구입하는 소비자에게서 받는 대금을 나타낸다. 한편 상품을 생산하는 데에는 일정한 한계비용 c가 든다고 하자. 이때 q_L이 관찰될 확률을 p_L이라고 하고 q_H가 관찰될 확률을 p_H라고 하면 독점기업의 기대이윤 $E(\pi)$를 극대화하는 문제는 다음과 같이 쓸 수 있다. 여기서 E는 기댓값을 나타내는 연산자이다. 한편 효용함수는 함숫값이 편익을 나타내도록 정규화했다. 물론 편익은 화폐단위로 측정된다.

$$\underset{q_L,\ q_H,\ r_L,\ r_H}{\text{Max}}\quad E(\pi) = p_L(r_L - cq_L) + p_H(r_H - cq_H)$$

$$s.t. \quad u_L(q_L) - r_L \geq u_L(q_H) - r_H \qquad (1)\ 자기선택제약$$

$$u_H(q_H) - r_H \geq u_H(q_L) - r_L \qquad (2)\ 자기선택제약$$

$$u_L(q_L) - r_L \geq 0 \qquad\qquad\qquad (3)\ 참가제약$$

$$u_H(q_H) - r_H \geq 0 \qquad\qquad\qquad (4)\ 참가제약$$

첫째, (1)식의 의미를 생각해 보자. 이 식에 따르면 유형 L 소비자의 경우 자신을 겨냥하여 제시된 수량 q_L를 구입할 때(좌변) 얻는 효용이 유형 H를 겨냥하여 제시된 수량 q_H를 구입할 때(우변) 얻는 효용보다 높아진다. 이때 우변의 $u_L(q_H)$는 유형 L이 q_H를 구입할 경우 그가 얻는 효용은 자신의 효용함수에 따라 정해진다는 점이 반영되어 있다. 또한 우변에 있는 r_H는 유형 L이 유형 H인 것처럼 행동하여 q_H를 구입할 경우 독점기업은 (구입자가 어느 유형인지 알 수 없으므로) 구입한 수량을 보고 r_H의 대금을 받을 것이라는 사실을 반영하고 있다. (2)식도 같은 방법으로 해석된다.

둘째, (3)과 (4)는 개인이 소비할 때 누리는 효용이 소비하지 않을 때 누리는 효용보다 적지 않도록 해야 한다는 것을 말한다.

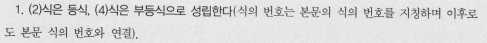

부록 14.3 유형 H의 자기선택제약과 유형 L의 참가제약이 등식으로 성립한다

1. (2)식은 등식, (4)식은 부등식으로 성립한다(식의 번호는 본문의 식의 번호를 지칭하며 이후로도 본문 식의 번호와 연결).

먼저 (2)식과 (4)식 중에서 (4)식이 부등식으로 성립하는 것을 귀류법으로 보여 주려고 한다. 이를 위해 (4)식이 등식으로 성립한다고 가정하자. (4)식이 등식으로 성립하면 (2)식은

$$r_L \geq u_H(q_L) \tag{5}$$

이 된다. 그런데 본문에서 $u_H(q) > u_L(q)$로 상정하고 있으므로

$$u_H(q_L) > u_L(q_L) \tag{6}$$

이다. (6)식을 (5)식에 적용하면

$$r_L \geq u_H(q_L) > u_L(q_L) \tag{7}$$

이 성립한다. 그런데 이 식은 (3)식에 모순된다. 그러므로 (4)식은 부등식으로 성립해야 한다.

(4)식이 부등식으로 성립하는 상태에서는 (2)식이 등식으로 성립해야 한다. 만일 (2)식마저 부등식으로 성립한다면 r_H를 '조금' 늘릴 경우 (1)식~(4)식 등의 제약조건식들과 목적함수를 관찰해 보면 여전히 이 제약조건식들이 모두 만족되면서 이윤이 증가한다. 그러므로 (2)식이 부등식으로 성립하는 것은 이윤이 극대화되는 상태가 아니다. 즉 이윤극대화를 위해서는 (2)식이 등식으로 성립해야 한다.

2. (1)식은 부등식, (3)식은 등식으로 성립한다.

먼저 (1)식이 부등식으로 성립한다는 사실을 귀류법으로 증명하기로 하자. 이를 위해 (1)식이 등식으로 성립한다고 가정하자. 그런 상태에서 (1)식을 정리하면

$$r_L = u_L(q_L) - u_L(q_H) + r_H \tag{1\}'$$

가 된다. 그런데 1소절에서 (2)식이 등식으로 성립한다고 했으므로

$$r_H = u_H(q_H) - [u_H(q_L) - r_L]$$

이다. 이것을 (1)′식에 대입하면

$$r_L = u_L(q_L) - u_L(q_H) + r_H = u_L(q_L) - u_L(q_H) + u_H(q_H) - [u_H(q_L) - r_L]$$

이 된다. 이것을 정리하면

$$u_H(q_H) - u_L(q_H) = u_H(q_L) - u_L(q_L) \qquad (1)''$$

이 된다. 이때 $u(q)$는 단조증가함수이고 $u_H(q) > u_L(q)$이므로 $(1)''$ 식으로부터 $q_H = q_L$이다. 그런데 선별이 이루어지려면 수량이 달라야 하므로 이것은 선별에 모순이다. 따라서 (1)식은 등식으로 성립할 수 없다. 즉 (1)식은 부등식으로 성립해야 한다.

(1)식이 부등식으로 성립하는 상태에서는 (3)식이 등식으로 성립해야 한다. 만일 (3)식까지 부등식으로 성립한다면 r_L을 '조금' 늘릴 경우 (1)식~(4)식 등의 제약조건식들과 목적함수를 관찰해 보면 여전히 이 제약조건식들이 모두 만족되면서 이윤이 증가한다. 그러므로 (3)식이 부등식으로 성립하는 것은 이윤이 극대화되는 상태가 아니다. 즉 이윤극대화를 위해서는 (3)식이 등식으로 성립해야 한다.

(2) 분석 결과에 대한 직관

결과만 본다면 수요가 큰 개인은 잉여를 누리지만 수요가 작은 개인은 잉여를 누리지 못한다. 그래프는 임봉욱 미시경제학연습 5판 [문제 9.17]을 참조하자.

직관적으로 볼 때 수요가 큰 개인은 q_L을 구입할 경우 대금이 낮아지므로 이득을 취하기 위해 자신이 마치 수요가 작은 개인인 것처럼 가장하여 행동할 유인이 있는데, 이렇게 행동하지 않고 자신의 유형에 맞는 선택을 하도록, 즉 자기선택을 하도록 유도하기 위해 잉여를 보장하는 것이다. 이른바 정보지대를 보장하는 것이다. 한편 수요가 작은 개인은 q_H를 구입할 경우 원하지 않는 높은 대금을 내야 하므로 수요가 큰 개인인 것처럼 가장할 유인이 없다.

이때 정보지대는 수요가 큰 개인이 수요가 작은 개인인 것처럼 가장하여 행동할 경우 얻는 이득의 크기와 같아진다. 한편 수요가 작은 사람이 없었다면 수요가 큰 사람이 이러한 정보지대를 누리지 못했을 것이다.

이러한 직관적인 내용들이 수식으로는 어떻게 나타나는가를 검토해 보자.

첫째, 수요가 큰 유형 H가 잉여를 누린다는 것은 위 문제에서 (4)식이 부등식으로 성립한다는 것을 의미한다.

둘째, 수요가 작은 유형 L이 잉여를 누리지 못한다는 것은 (3)식이 등식으로 성립한다는 것을 의미한다.

셋째, 한편 수요가 큰 개인은 자신이 마치 수요가 작은 개인인 것처럼 가장하여 행동할 유인이 있는데 그렇게 행동하지 않도록 유도하기 위해 (2)식이 필요하다. 즉 자기선택을 하도록 유도하기 위해 (2)식이 필요하다. 이때 자기선택을 유도하기 위해 보장해 주어야 하는 잉여의 크기는 수요가 큰 개인이 수요가 작은 개인인 것처럼 가장하여 행동할 경우 얻는 이득의 크기 와 같다는 것은 (2)식이 등식으로 성립한다는 것을 의미한다(특히 기대이윤을 극대화하려면 그 이득 을 초과하지 않는 바로 그만큼만 보장해 주어야 하므로 등식으로 성립해야 한다). 말하자면 (2)식의 좌변 은 유형 H가 자신의 유형대로 행동할 때 누리는 잉여이고 우변은 유형 L로 가장하여 행동할 때 누리는 잉여이므로, (2)식이 등식으로 성립한다는 것은 자기선택을 유도하려면 유형 H가 유형 L로 가장하여 행동할 때 누리는 잉여만큼을 유형 H에게 보장해 주어야 한다는 것을 의미한다는 것이다. 즉 (2)식의 우변에 해당하는 **정보지대**를 보장해야 한다는 것이다.

넷째, 수요가 작은 유형 L은 자신의 유형대로 행동하는 것이 유형 H로 가장하여 행동하 는 것보다 낫다. 그런데 이것은 (1)식이 부등식으로 성립한다는 것을 의미한다. 즉 (1)식의 좌변은 수요가 작은 유형 L이 자신의 유형대로 행동할 때 누리는 잉여이고 우변은 유형 H 로 가장하여 행동할 때 누리는 잉여이므로, (1)식이 부등식으로 성립한다는 것은 유형 L이 자신의 유형대로 행동할 때 누리는 잉여가 유형 H로 가장하여 행동할 때 누리는 잉여보다 크다는 것을 의미한다는 것이다.

한편 (3)식이 등식으로 성립한다고 했으므로 유형 L이 자신의 유형대로 행동할 때 누리 는 잉여는 0이다. 즉 (3)식의 좌변은 0이 된다. 그런데 (1)식의 좌변은 (3)식의 좌변과 같다. 그러므로 (1)식의 좌변에 0을 대입해도 (1)식은 성립한다. 그런데 (1)식은 부등식으로 성립 한다고 했다. 그러므로 (1)식은 결국 유형 L이 유형 H로 가장하여 행동할 경우에는 소비하 지 않을 때 누리는 효용인 0보다 적은 효용, 즉 음의 효용을 누리게 된다는 것을 의미한다.

(3) 비효율 발생 이유: 정보지대추출과 효율 사이의 상충관계

비효율 존재 여부를 알기 위해 완전정보일 때와 비교해 보자. 결과부터 말하면 수요가 작은 소비자가 **완전정보**일 때보다 적은 수량을 구입하게 되어 비효율이 발생한다. 수요가 큰 소비자는 완전정보일 때와 같은 수량을 구입하게 된다. 즉 비대칭정보하의 최적선별일 때를 상첨자 *로 나타내고, 완전정보여서 **최선**(first best)일 때를 상첨자 F로 나타내면

$$q_L^* < q_L^F \text{ 비효율 발생}, \qquad q_H^* = q_H^F \text{ 효율}$$

이다. 그 이유를 검토해 보자.

(i) (3)식이 등식으로 성립한다. 그러므로 그것을 r_L에 대해 풀어서 정보지대인 (2)식의

우변에 대입해 보자. 그러면 정보지대는 q_L만의 함수라는 것을 알 수 있다.

(ii) 그렇게 한 다음 (2)식을 r_H에 대해 풀어서 목적함수에 대입해 보자. 이때 (3)식도 r_L에 대해서 풀어서 목적함수에 대입한다. 그러면

$$E(\pi) = p_L\{u_L(q_L) - cq_L\} + p_H[u_H(q_H) - \{u_H(q_L) - u_L(q_L)\} - cq_H] \qquad (14.5)$$

를 얻는다.

(iii) 이 목적함수를 볼 때 q_L이 커지면 첫째 항, 즉 유형 L 측에서 이윤(효율)이 증가하지만 둘째 항에서 자기선택 유도를 위해 유형 H에게 지불해야 하는 정보지대(정보비용)인 $\{u_H(q_L) - u_L(q_L)\}$이 커진다. q_L이 커지면 (즉 효율이 높아지면) 유형 H가 q_L을 선택할 유인이 생기는데 이 경우 q_H를 선택하도록 유도하기 위해 보장해 주어야 하는 정보지대(정보비용)가 커진다는 것이다. 즉 q_L 증가는 이윤을 증가시키는 요인도 되지만 정보지대를 통해 이윤을 감소시키는 요인도 된다. 이 때문에 q_L은 완전정보일 때보다는 작아진다.

> q_L을 늘리려면 정보지대를 늘려야 한다. 바꾸어 말하면 정보지대를 줄이려면 q_L을 줄여야 하는데 이로 인해 비효율이 발생하는 것이다. 즉 **정보지대추출**(information rent extraction)과 **효율** 사이에 상충관계가 존재한다.

(iv) 수식을 통해 살펴보자. 목적함수에서 q_H와 관련된 항들만 모아 정리하면

$$E(\pi) = [p_L\{u_L(q_L) - cq_L\} - p_H\{u_H(q_L) - u_L(q_L)\}] + p_H\{u_H(q_H) - cq_H\} \qquad (14.6)$$

로 다시 쓸 수 있다. 즉 q_H와 관련해서는 우변 둘째 항처럼 $p_H\{u_H(q_H) - cq_H\}$로서 완전정보일 경우와 달라지지 않는다. 그 결과 q_H는 완전정보일 때와 같아진다. 한편 우변 첫 항의 정보지대 $\{u_H(q_L) - u_L(q_L)\}$의 존재 때문에 q_L은 q_L^F보다 작아진다. 이러한 사항들은 목적함수를 편미분해 보면 확실하게 드러난다([예제 14.3] 참조). 또한 기대이윤함수인 식 (14.6)을 관찰해 보면 추론할 수 있듯이 정보가 비대칭일 경우 정보지대 때문에 완전정보일 경우보다 독점기업의 기대이윤이 적어진다.

(4) 수량조정에 대한 직관

수요가 작은 사람을 겨냥한 수량을 더욱 적게 함으로써 수량의 차이를 확실히 크게 해 놓아야 한다. 수요가 큰 사람이 없다면 수요가 작은 사람을 겨냥한 수량이 그렇게 적어지지는 않는다.

　　(1) 수량 차이가 크게 나지 않을 경우, 소비자들이 독점기업의 의도와는 다르게 선택할 것이기 때문이다. 수량 차이가 별로 나지 않는다면 수요가 큰 사람마저 대금을 고려하여 약간 적은 수량을 선택할 우려가 있다는 것이다. 수량에 큰 차이가 없을 경우 소비자는 굳이 높은 대금을 내면서 많은 수량을 선택하지는 않는다는 것이다.

　　(2) 수량 차이를 크게 해 놓음으로써 이윤을 증가시킬 수 있기 때문이다. 적은 수량을 더욱 줄여서 적은 수량과 많은 수량의 차이를 크게 할 경우 적은 수량은 수요가 큰 사람에게 더더욱 덜 매력적이 될 것이다. 따라서 수요가 큰 사람에게는 많은 수량을 선택하려는 유인이 더더욱 커진다. 그러므로 이 경우 많은 수량의 대금을 수량의 차이를 작게 해 놓았을 경우에 책정할 수 있는 것보다 더더욱 높게 책정함으로써 이윤을 증가시킬 수 있다. 즉 수량의 차이를 크게 하고 많은 수량의 대금을 더더욱 높게 책정함으로써 수요가 큰 사람에게 보장하는 잉여(정보지대)를 줄여서 이윤을 증가시킬 수 있다. (2)식에서 보더라도 정보지대인 우변의 크기를 작게 할수록 대금 r_H를 크게 하여 이윤을 크게 할 수 있다. 물론 이때 균형이 존재한다면 자기선택제약으로 인해 분리균형이 된다.

(5) 단일 선택권 메뉴 제시 조건

　　식 (14.6)을 보자. 우변의 첫째 항에서 $\{u_L(q_L) - cq_L\}$ 은 유형 L로부터의 이윤을 나타낸다. 기대정보지대인 $p_H\{u_H(q_L) - u_L(q_L)\}$ 이 유형 L로부터의 기대이윤인 $p_L\{u_L(q_L) - cq_L\}$ 보다 크면, 즉

$$p_H\{u_H(q_L) - u_L(q_L)\} > p_L\{u_L(q_L) - cq_L\} \tag{14.7}$$

이면 식 (14.6)의 우변 첫 항은 음이 되므로 독점기업은 수요가 큰 유형 H에게만 판매한다. 이때 식 (14.7)에서 좌변에 주목하면서 추론할 수 있듯이 유형 H의 수요(u_H에 반영)가 유형 L의 수요(u_L에 반영)보다 충분히 크거나 p_H가 충분히 클 경우 이 부등식이 성립하며 따라서 수요가 큰 유형 H에게만 판매한다. 이 경우 자기선택을 유도하기 위해 보장해야 하는 기대정보지대가 너무 크기 때문에 독점기업은 유형 H를 겨냥한 단일 판매조건만 있는 (q_H, r_H)의 메뉴를 제시한다. 이것도 물론 선별이다. 이같은 메뉴를 제시하더라도 선별하지 않을 경우, 즉 가격차별을 하지 않을 경우보다는 독점기업의 기대이윤이 더 높아진다. 직관적으로 볼 때 가격차별을 하지 않는 것을 선택할 수 있음에도 불구하고 가격차별을 선택한다는 것은 이윤이 더 높아지기 때문이라고 판단할 수 있다.

　　한편 이와는 다른 측면에서 소비자 유형의 가짓수보다 더 많은 선택권을 지닌 메뉴를 제시하더라도 독점기업의 기대이윤은 증가하지 않는다고 알려져 있다. 즉 여기서는 2가지

유형의 소비자들에게 2가지 선택권이 있는 메뉴를 제시하였지만 설사 3가지 선택권이 있는 메뉴를 제시하더라도 독점기업의 기대이윤은 증가하지 않는다.

📋 **예제 14.3** **이급가격차별: 선별-그래프는 임봉욱 미시경제학연습 5판 [문제 9.17] 참조.**

수요가 큰 수요자와 수요가 작은 유형의 소비자가 각각 반반씩 있다고 하자. 이때 독점기업이 이윤을 극대화하고자 한다. 수요가 큰 소비자가 상품을 소비하여 얻는 편익은 $s_b(q_b) = 3q_b - \frac{3}{8}q_b^2$이고 수요가 작은 소비자가 얻는 편익은 $s_a(q_a) = 2q_a - \frac{1}{2}q_a^2$이라고 한다. 이 경우 독점기업이 이윤을 극대화하려면 판매조건에 대한 메뉴를 어떻게 구성하여야 하는가를 검토해 보자. 편의상 상품을 생산하는 데 비용이 전혀 들지 않는다고 가정하자.

  a. 독점기업은 각 개인의 유형을 구분할 수 없다고 하자. 그러나 이때 독점기업이 개인으로부터 최대의 금액을 받아내려고 할 경우 이 독점기업이 직면하는 이윤극대화 문제를 구체적으로 나타내시오.

  b. 제약식들이 어떠한 관계를 가지고 성립하는지 말하고 또한 그 직관적인 이유와 함축성을 말하시오.

  c. 기대이윤을 극대화하는 판매조건에 대한 메뉴를 구하시오. 이때 정보지대의 크기도 구하시오.

  d. 독점기업이 각 개인을 유형별로 구분할 수 있으며 또한 일급가격차별을 한다고 하자. 이때의 결과를 말하시오.

  e. 위 문항 c.와 d.의 결과를 비교하시오.

KEY 선별기구를 고안할 때에는 자기선택제약과 참가제약을 만족시켜야 한다. 이 문제를 풀려면 제약식들이 어떠한 관계를 가지고 성립하는지 파악해야 한다.

풀이 a. 본인인 독점기업은 개인의 유형을 구분할 수 없다. 그리하여 수요량에 근거하여 대금을 설정한다. 이때 자기선택제약과 참가제약을 만족시켜야 한다.

    자기선택제약은 유형 a가 유형 b처럼 행동하지 않도록 유도하는 제약이다. 그 유도 방법은 다음과 같다. 즉 유형 a가 자신을 겨냥하여 제시된 수량만큼 구입할 때 얻는 효용이 유형 b를 겨냥하여 제시된 수량을 구입할 때 얻는 효용보다 커지도록 유인대금을 고안한다. 이같은 원리는 유형 b에게도 적용된다. 즉 유형 b도 유형 a처럼 행동하지 않도록 가격구조를 고안해야 한다. 한편 참가제약은 소비자가 상품을 아예 구입하지 않을 경우와 적어도 같은 편익을 누릴 수 있도록 대금을 정해야 한다는 것이다.

    이때 각 유형이 반반씩 있다는 점을 고려할 때 독점기업의 기대이윤극대화 문제는 다음과 같이 쓸 수 있다. r_a는 q_a를 구입하는 개인에게서 받는 금액을 나타내고 r_b는 q_b를 구입하는 개인에게서 받는 금액을 나타낸다. 한편 생산비는 들지 않으므로 개인에게서 받는 금액이 곧 이윤이 된다.

$$\underset{q_a, q_b, r_a, r_b}{Max} \quad E(\pi) = \frac{1}{2}r_a + \frac{1}{2}r_b$$

$$s.t. \quad \left(2q_a - \frac{1}{2}q_a^2\right) - r_a \geq \left(2q_b - \frac{1}{2}q_b^2\right) - r_b \quad (1) \text{ 자기선택제약}$$

$$\left(3q_b - \frac{3}{8}q_b^2\right) - r_b \geq \left(3q_a - \frac{3}{8}q_a^2\right) - r_a \quad (2) \text{ 자기선택제약}$$

$$\left(2q_a - \frac{1}{2}q_a^2\right) - r_a \geq 0 \quad\quad\quad\quad\quad (3) \text{ 참가제약}$$

$$\left(3q_b - \frac{3}{8}q_b^2\right) - r_b \geq 0 \quad\quad\quad\quad\quad (4) \text{ 참가제약}$$

b. 수요가 큰 유형 b는 잉여를 누리지만 수요가 작은 유형 a는 잉여를 누리지 못한다. 직관적으로 볼 때 수요가 큰 유형 b는 이득을 취하기 위해 자신이 마치 수요가 작은 유형 a인 것처럼 가장하여 행동할 유인이 있는데, 이렇게 행동하지 않고 자신의 유형에 맞는 선택을 하도록, 즉 자기선택을 하도록 유도하기 위해 잉여(정보지대)를 보장하는 것이다. 이때 보장해 주어야 하는 잉여의 크기는 수요가 큰 유형 b가 수요가 작은 유형 a인 것처럼 가장하여 행동할 경우 얻는 이득의 크기와 같아진다. 한편 수요가 작은 유형 a가 없었다면 수요가 큰 유형 b가 이러한 정보지대를 누리지 못했을 것이다. 이러한 직관적인 내용들은 수식으로는 다음과 같이 나타난다.

첫째, 수요가 큰 유형 b가 잉여를 누린다는 것은 위 문제에서 (4)식이 부등식으로 성립한다는 것을 의미한다.

둘째, 수요가 작은 유형 a가 잉여를 누리지 못한다는 것은 (3)식이 등식으로 성립한다는 것을 의미한다.

셋째, 수요가 큰 유형 b는 자신이 마치 수요가 작은 유형 a인 것처럼 가장하여 행동할 유인이 있는데 그렇게 행동하지 않도록 유도하기 위해 (2)식이 필요하다. 즉 자기선택을 하도록 유도하기 위해 (2)식이 필요하다. 이때 자기선택을 유도하기 위해 보장해 주어야하는 잉여의 크기는 수요가 큰 유형 b가 수요가 작은 유형 a인 것처럼 가장하여 행동할 경우 얻는 이득의 크기와 같아야 한다. 이것은 (2)식이 등식으로 성립한다는 것을 의미한다.

넷째, 수요가 작은 유형 a는 자신의 유형대로 행동하는 것이 유형 b로 가장하여 행동하는 것보다 낫다. 그런데 이것은 (1)식이 부등식으로 성립한다는 것을 의미한다.

c. 이상의 내용을 바탕으로 수식을 풀어 보자. (3)식이 등식으로 성립하므로

$$\left(2q_a - \frac{1}{2}q_a^2\right) - r_a = 0, \; \left(2q_a - \frac{1}{2}q_a^2\right) = r_a \quad\quad\quad\quad\quad\quad\quad\quad\quad (5)$$

가 성립한다.

(2)식이 등식으로 성립해야 하므로

$$\left(3q_b - \frac{3}{8}q_b^2\right) - r_b = \left(3q_a - \frac{3}{8}q_a^2\right) - r_a \quad\quad\quad\quad\quad\quad\quad\quad\quad (6)$$

이 성립해야 한다. 이것을 바꾸어 쓰면

$$r_b = (3q_b - \frac{3}{8}q_b^2) - [(3q_a - \frac{3}{8}q_a^2) - r_a] \tag{7}$$

가 된다. 이때 우변의 대괄호로 묶은 항이 바로 정보지대를 나타낸다.

이제 목적함수의 r_a과 r_b에 각각 (5)와 (7)을 대입하자. 그러면

$$\underset{q_a, q_b}{Max} \quad E(\pi) = \frac{1}{2}(2q_a - \frac{1}{2}q_a^2) + \frac{1}{2}\left[(3q_b - \frac{3}{8}q_b^2) - \left\{(3q_a - \frac{3}{8}q_a^2) - (2q_a - \frac{1}{2}q_a^2)\right\}\right] \tag{8}$$

이 된다. 기대이윤극대화의 일차필요조건은

$$\frac{\partial E(\pi)}{\partial q_a} = \frac{1}{2}(2-q_a) - \frac{1}{2}[(3 - \frac{6}{8}q_a) - (2-q_a)] = 0 \tag{9}$$

$$\frac{\partial E(\pi)}{\partial q_b} = \frac{1}{2}(3 - \frac{6}{8}q_b) = 0 \tag{10}$$

이다. 이로부터 $q_a = \frac{4}{5}$, $q_b = 4$를 얻는다. (9)식은 $\frac{1}{2}(2-q_a) = \frac{1}{2}[(3 - \frac{6}{8}q_a) - (2-q_a)]$로 정리되는데 좌변은 q_a의 증가로 인한 이윤(효율) 증가를 나타내며 우변은 q_a의 증가로 인한 정보지대(정보비용) 증가를 나타낸다. 이러한 상충관계가 고려되어 이윤이 극대화된다. 그 결과 q_a는 완전정보일 때보다 작아진다. (10)식은 q_b가 완전정보일 경우와 같아진다는 것을 보여준다.

이때 (5)와 (7)로부터 $r_a = \frac{32}{25}$, $r_b = \frac{128}{25}$이 구해진다. 그러므로 독점자는 $\left\{(\frac{4}{5}, \frac{32}{25}), (4, \frac{128}{25})\right\}$의 메뉴를 제시해야 한다. 즉 최적유인 메뉴는 $\frac{4}{5}$단위를 구입하려는 사람에게는 $\frac{32}{25}$의 금액을 받고 4단위를 구입하려는 사람에게는 $\frac{128}{25}$의 금액을 받는 것이다. 이때 비용이 0이므로 기대이윤은 $\frac{1}{2}(r_a + r_b) = \frac{16}{5}$이 된다. 정보지대는 (7)식의 우변의 대괄호로 묶은 항으로서 $(3q_a - \frac{3}{8}q_a^2) - r_a = \frac{22}{25}$가 된다. 목적함수에 나타나 있듯이 정보지대는 독점기업의 기대이윤을 감소시킨다.

d. 일급가격차별의 경우 수량은 $p(=MB) = MC$에 의해 정해진다. 이때 MB곡선이 바로 역수요곡선이다. $MB = MC$를 만족시켜야 하는데 $MC = 0$이므로 $MB = 0$이 성립해야 한다. 유형 a의 경우 총편익이 $s_a(q_a) = 2q_a - \frac{1}{2}q_a^2$이므로 이를 미분하면 한계편익 $MB = 2 - q_a$를 얻는다. 그러므로 $MB = 2 - q_a = 0$으로부터 $q_a = 2$를 얻는다. 이때 독점기업은 $s_a(2) = 2$를 받는다. 이 경우 물론 유형 a가 누리는 잉여는 없다. 유형 b의 경우에는 총편익이 $s_b(q_b) = 3q_b - \frac{3}{8}q_b^2$이므로 같은 방법을 통해 $MB = 3 - \frac{3}{4}q_b = 0$으로부터 $q_b = 4$를 얻는다. 이때 독점기업은 $s_b(4) = 6$을 받는다. 이 경우에도 유형 b가 누리는 잉여는 없다. 이때 독점기업의 기대이윤은 $\frac{1}{2}(2+6) = 4$로 증가한다.

e. 앞 두 문항의 결과를 비교해 보자. 일급가격차별일 경우 두 유형 모두에게서 $p = MC$가 성립하므로 효율이 달성된다. 이때 비용이 0이므로 기대이윤은 $\frac{1}{2}(s_a + s_b) = 4$가 된다. 한편 비대칭정보일 경우 수요가 큰 유형 b는 일급가격차별일 경우와 같은 수량을 구입하지만 수요가 작은 유형 a는 일급가격차별일 경우에 비해 적은 수량을 구입한다. 비대칭정보일 경우 유형 a의 구입 수량이 적어진다는 것은 비대칭정보에 따른 비효율이 존재한다는 것을 말한다. 목적함수인 (8)식을 볼 때 q_a가 커지면(첫째 항, 즉 유형 a 측에서의 이윤(효율)이 증가하지만) 둘째 항에서 자기선택 유도를 위해 유형 b에게 지불해 주어야 하는 정보지대 (정보비용)가 커지게 되는 영향 때문에 q_a가 완전정보일 때보다 작아진 것이다. 정보지대를 줄이려면 q_a를 줄여야 하는데 이 때문에 비효율이 발생하는 것이다. 즉 정보지대추출과 효율 사이에 상충관계가 존재한다. 유형 b는 완전정보일 경우와 같은 수량을 구입한다.

　　비대칭정보일 경우 그 결과는 수요가 작은 유형 a를 겨냥한 수량을 더욱 적게 함으로써 수량의 차이를 확실히 크게 해 놓은 상태이다. (1) 수량 차이가 별로 나지 않는다면 수요가 큰 유형 b마저 대금을 고려하여 약간 적은 수량을 선택할 우려가 있다. (2) 수량의 차이를 크게 해 놓음으로써 이윤을 증가시킨 것이다. 수량의 차이를 크게 할 경우 적은 수량은 수요가 큰 유형 b에게 더더욱 덜 매력적이 될 것이므로 그는 더더욱 많은 수량을 선택하려고 할 것인데, 이 점을 반영하여 수량의 차이를 크게 하고 많은 수량의 대금을 (수량의 차이를 작게 해 놓았을 경우에 책정할 수 있는 것보다) 더더욱 높게 책정함으로써 수요가 큰 유형 b에게 보장하는 잉여(정보지대)를 줄여서 이윤을 증가시킨 것이다.

　　이렇게 볼 때 비대칭정보일 경우 수요가 큰 유형 b가 없었다면 수요가 작은 유형 a를 겨냥한 수량이 그렇게 적어지지는 않았을 것이다.

　　한편 독점자가 소비자의 유형을 구분하지 못할 경우, 즉 비대칭정보일 경우 수요가 큰 유형 b는 정보지대를 누린다.

14.5.5 삼급가격차별: 시장분리

> 🌱 **삼급가격차별**(third degree price discrimination) 다른 집단에 속한 사람들에게는 다른 가격에 판매하지만, 같은 집단에 속한 사람들에게는 같은 가격에 판매하는 유형

　　이급가격차별의 경우 독점기업이 시장에 유형이 서로 다른 소비자들이 섞여 있다는 것은 알지만 개별소비자들이 각각 어느 유형에 속하는지를 알지 못한다. 반면에 삼급가격차별은 독점자가 개별소비자들을 그 특성에 따라 구분할 수 있다는 점이 특징이다.

　　삼급가격차별의 예는 학생과 어린이 요금할인, 국내시장과 해외시장 가격차별, 심야요금할

인 등 무수히 많다. 이 예에서 볼 수 있듯이 삼급가격차별이 성공적으로 이루어지려면 (1) 독점기업이 소비자를 그 특성에 따라 구분할 수 있어야 한다. 예컨대 독점기업이 어린이와 어른, 학생과 일반인, 국내시장과 해외시장 등 서로 다른 집단을 구분할 수 있어야 한다. 그런데 이러한 집단을 구분할 때 기준이 되는 특성은 바로 수요의 가격탄력성이다. 수요의 가격탄력성이 같으면 삼급가격차별이 이루어질 수 없다. (2) 가격차별의 적용을 받은 소비자들이 다른 소비자들에게 전매할 수 없어야 한다. 예컨대 학생용 입장권으로 어른이 입장할 수는 없어야 한다.

(1) 이윤극대화 소건

이제 독점기업이 소비자들을 예컨대 집단 1과 집단 2의 두 집단으로 구분할 수 있다고 하자. 그리고 각 집단의 **역수요곡선**을 각각 $p_1 = p_1(q_1)$, $p_2 = p_2(q_2)$라 하자.

이때 독점기업이 이윤을 극대화하려면 가격을 어떻게 설정해야 할까? 이 질문에 답하기 위해 먼저 수요곡선상에서는 가격과 수량이 $1:1$로 대응한다는 사실을 상기하자. 이 점을 고려할 때 독점기업이 각 집단에 매겨야 할 가격을 결정하는 것은 각 집단에 얼마만큼씩을 팔 것인가를 결정하는 것과 같다. 이때 독점기업은 각 집단에서 얻는 수입을 합한 금액에서 그 수량을 생산하는 데 드는 비용을 뺀 금액이 극대화되도록 각 집단에서 팔 수량을 결정한다. 따라서 q_1과 q_2를 생산하는 데 드는 비용을 비용함수 $c(q_1 + q_2)$로 표현하면 독점기업의 이윤극대화 문제는

$$\text{Max}_{q_1,\, q_2} \; p_1(q_1) \times q_1 + p_2(q_2) \times q_2 - c(q_1 + q_2)$$

가 된다. $p_1(q_1) \times q_1$과 $p_2(q_2) \times q_2$는 각 집단에서 얻는 수입이다. 이때 이윤을 극대화하려면

$$MR_1(q_1) = MC(q_1 + q_2)$$
$$MR_2(q_2) = MC(q_1 + q_2)$$

가 만족되도록 각 집단에서 팔 수량을 결정해야 한다.

직관적으로 살펴보자. 예를 들어 첫 번째 시장에서 MR_1이 MC보다 크다고 하자. 그러면 이들이 같아질 때까지 판매량을 늘려야 한다. 거꾸로 MR_1이 MC보다 작으면 이들이 같아질 때까지 판매량을 줄여야 한다. 이러한 논리는 두 번째 시장에도 똑같이 적용된다. 그런데 독점기업의 입장에서는 어느 시장에 판매하든 그것을 생산하는 데 드는 비용은 같다. 그러므로 두 시장에 적용되는 MC는 서로 같다. 결과적으로 볼 때 두 시장에서 MR이 모두 공통의 MC와 같아지도록 판매량을 조정해야 하는 것이다. 즉

$$MR_1(q_1) = MR_2(q_2) = MC(q_1 + q_2) \tag{14.8}$$

가 되어야 한다.

어차피 두 시장에 적용되는 MC는 같다. 이 경우 이윤을 극대화하려면 추가로 팔 때 들어오는 수입이 더 많은 시장에 더 많이 팔아야 한다. 즉 MR이 높은 시장에 더 많은 상품을 팔아야 한다. 판매량이 늘어날수록 MR은 줄어든다는 사실을 고려할 때, 두 시장에서 MR이 같아질 때까지 이러한 행위를 계속해야 한다는 것은 당연하다.

이러한 결과를 그림을 이용하여 얻으려면 약간의 기교가 필요하다. (1) 한계비용은 각 시장에서 생산한 수량을 합한 총산출량을 기준으로 결정되어야 한다. (2) 각 시장에서 얻는 한계수입이 한계비용과 같아지는 수량을 찾으려면 각 시장에서 얻은 한계수입곡선을 수평으로 합하여 구한 곡선이 한계비용곡선과 만나는 점을 찾아야 한다. 이러한 내용이 [그림 14-7(C)]에 나타나 있다.[19] (3) 이렇게 결정된 한계비용과 '각 시장'의 한계수입이 같아지는 점을 찾는다. 그러면 그에 대응해서 [그림 14-7(A)]와 [그림 14-7(B)]처럼 각 시장에서 판매

그림 14-7 삼급가격차별

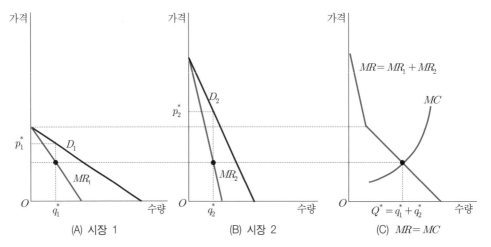

(A) 시장 1   (B) 시장 2   (C) $MR = MC$

삼급가격차별의 경우 수요의 가격탄력성에 따라 다른 가격을 받는다. 이때 수요의 가격탄력성이 큰 사람에게는 낮은 가격을 받고 수요의 가격탄력성이 작은 사람에게는 높은 가격을 받는다.

19 한계수입곡선을 수평으로 합하는 것이 수식상으로 어떻게 표현되는지에 관해서는 [부록 11.3](4)를 참고하기 바란다. 한편 한계수입곡선을 수평으로 합한 결과는 개인들의 수요곡선을 [그림 8-1]처럼 수평으로 합한 다음 그로부터 구한 한계수입곡선과는 일반적으로 같지 않다.

해야 하는 수량이 정해진다. (4) 이때 $MR(q_1^*) = MR(q_2^*) = MR(q_1^* + q_2^*) = MC(q_1^* + q_2^*)$로서 식 (14.8)이 충족되고 있다. 이 경우 MR곡선들의 관계는 포락선정리(권말 부록 I.4.2)를 이용하여 [부록 10.5]와 같은 방법으로 증명할 수 있다. 한편 $MR(q_1^* + q_2^*) = MC(q_1^* + q_2^*)$이 성립한다는 사실은 총수량 $Q^*(= q_1^* + q_2^*)$가 이윤극대화 원리에 따라 공급되고 있다는 점을 명확하게 보여주고 있다. (5) 이러한 상황에서는 독점기업이 추가로 (아주 작은) 1단위를 '어느 시장'에 팔든 그때 추가로 얻는 수입과 추가로 드는 비용이 같다(아주 작은 1단위 변화에 대해서는 [부록 2.2]와 10.8.1 참조). 이것은 독점기업 측면에서 본 때 '전체시장'공급량 Q^* $(= q_1^* + q_2^*)$에서 공급량을 추가로 (아주 작은) 1단위 더 생산하여 판매할 경우 그 한계수입과 한계비용이 같다는 것을 의미한다([부록 11.3]1(4) 참조). 그리고 이러한 한계수입과 한계비용은 [그림 C]에서 볼 때 전체시장공급량인 $Q^*(= q_1^* + q_2^*)$에서 MR곡선에 이르는 수직거리와 MC곡선에 이르는 수직거리로 각각 나타난다.

(2) 수요의 가격탄력성과의 관계

한편 삼급가격차별의 이윤극대화 조건을 수요의 가격탄력성의 크기와 연결시켜 보면 상당히 흥미로운 결과를 얻을 수 있다. 그것은 다름 아니라, [그림 14-7]에서 보듯이

수요의 가격탄력성이 상대적으로 높은 시장에는 그렇지 않은 시장에 비해 상대적으로 낮은 가격에 판매해야 한다는 것이다.

이에 대해 직관적으로 살펴보자. 수요의 가격탄력성이 높다는 것은 수요량이 가격의 변화에 민감하게 반응한다는 것을 의미한다. 예컨대 가격이 오를 경우 수요량이 크게 줄어드는 것을 의미한다. 그런데 어느 시장에 판매하든 비용에 미치는 영향은 같다. 그러므로 이윤을 극대화하려면 가격이 오를 경우 수요량이 크게 줄어드는 집단에 낮은 가격을 부과해야 한다. 즉 수요량이 가격의 변화에 상대적으로 민감하게 반응하는 집단에 낮은 가격을 부과해야 한다는 것이다. 현실에서 상대적으로 가격의 변화에 민감하게 반응하는 학생들에게 할인가격을 적용해 주는 것도 바로 이러한 원리에 입각한 것이다.

이러한 결과는 가격탄력성과 MR 사이의 관계를 나타내는 공식인

$$MR = p\left(1 - \frac{1}{\epsilon_p}\right)$$

을 사용하면 쉽게 보여줄 수 있다.[20] 즉 이 공식을 사용하면 삼급가격차별 독점자가 만족시켜야 하는 조건인 $MR_1(q_1) = MR_2(q_2)$는

$$p_1(q_1) \times \left(1 - \frac{1}{\epsilon_p(q_1)}\right) = p_2(q_2) \times \left(1 - \frac{1}{\epsilon_p(q_2)}\right)$$

로 바꾸어 쓸 수 있다. 그런데 이 식에서 $\epsilon_p(q_1) > \epsilon_p(q_2)$이면 $p_1(q_1) < p_2(q_2)$가 성립한다는 것을 알 수 있다는 것이다. 여기서 $\epsilon_p(q_1)$과 $\epsilon_p(q_2)$는 각각 이윤이 극대화되는 수량에서 평가한 수요의 가격탄력성이다.

📋 예제 14.4 삼급가격차별

독점기업이 상품을 생산하여 서로 떨어져 있는 두 지역에 공급하고 있다. 비용함수는 $C = 10 + 10Q$이다. 첫 번째 지역의 수요곡선은 $q_1 = 10 - \frac{1}{5}p_1$이고 두 번째 지역의 수요곡선은 $q_2 = 70 - p_2$이다.

   a. 수요자들이 한 지역에서 상품을 구입하여 다른 지역에 가져다 팔 수 없을 만큼 수송비가 비싸다고 하자. 그리고 이때 독점기업이 두 지역을 구분하여 상품을 공급함으로써 이윤을 극대화한다고 하자. 이 경우 각 지역의 판매량과 가격 그리고 총이윤은 얼마인가?

   b. 균형가격과 수요량에서 각 수요의 탄력성을 구하고, 경제적 함축성을 말하시오.

   c. 수요자들이 상품을 한 지역에서 구입하여 다른 지역으로 옮겨가는 데 한 개당 5의 비용이 든다고 하자. 이 경우 독점기업이 이윤을 극대화하려면 각 지역에 몇 개의 수량을 각각 얼마에 팔아야 하는가? 총이윤은 얼마인가?

   d. 수요자들이 상품을 한 지역에서 구입하여 다른 지역으로 옮겨가는 데 비용이 전혀 들지 않는다고 하자. 이 경우 독점기업이 이윤을 극대화하려면 각 지역에 몇 개의 수량을 각각 얼마에 팔아야 하는가? 총이윤은 얼마인가?

   e. 각 경우의 이윤의 크기를 비교하시오.

KEY 가격차별에 관한 문제이다. 시장을 분리할 수 있을 경우 가격차별을 하려면 가격탄력성이 상대적으로 높은 시장에 상대적으로 낮은 가격을 부과해야 한다. 수송비가 있을 경우 성공적으로 가격차별을 하려면 두 지역의 가격 차이는 수송비를 넘어서는 안 된다.

풀이 a. 이 경우 독점기업은 성공적으로 가격차별을 시행할 수 있다. 그리하여 독점기업의 이윤극대화 문제는

$$\underset{q_1,\, q_2}{\text{Max}}\ \pi = p_1 q_1 + p_2 q_2 - c = (50 - 5q_1)q_1 + (70 - q_2)q_2 - [10 + 10(q_1 + q_2)] \tag{1}$$

이 된다. 이윤극대화의 일차필요조건은

---

20 공식의 도출에 관해서는 8장을 참고하기 바란다.

$$\frac{\partial \pi}{\partial q_1} = 50 - 10q_1 - 10 = 0, \ 50 - 10q_1 = 10, \ \text{즉} \ MR_1 = MC \tag{2}$$

$$\frac{\partial \pi}{\partial q_2} = 70 - 2q_2 - 10 = 0, \ 70 - 2q_2 = 10, \ \text{즉} \ MR_2 = MC \tag{3}$$

이다. 이로부터 $q_1^* = 4$, $q_2^* = 30$을 얻는다. 이때 가격은 이 값들을 각각의 수요곡선에 대입하여 얻는다. 그리하여 $p_1(q_1^*) = 30$, $p_2(q_2^*) = 40$을 얻는다. 이 값들을 목적함수에 대입하면 이윤은 $\pi(p_1^*, p_2^*) = 970$으로 구해진다.

b. q_1에 대한 수요의 탄력성은 $\epsilon_1 = -\frac{p_1}{q_1}\frac{dq_1}{dp_1} = -\frac{30}{4}\left(-\frac{1}{5}\right) = \frac{3}{2}$으로 구해진다. 같은 방법으로 $\epsilon_2 = -\frac{p_2}{q_2}\frac{dq_2}{dp_2} = -\frac{40}{30}(-1) = \frac{4}{3}$를 얻는다. 가격탄력성이 $\frac{3}{2}$으로서 상대적으로 높은 곳에서 상대적으로 낮은 가격 30을 부과하고 있다. 이것은 가격차별독점자가 이윤을 극대화하려면 가격탄력성이 상대적으로 높은 시장에 상대적으로 낮은 가격을 부과해야 한다는 것을 의미한다.

c. 독점기업이 위와 같이 두 지역의 가격 차이를 10으로 유지한다고 하자. 그러면 수요자들은 수송비 5를 들이고서라도 1지역에서 구입하여 2지역에 가져다 팔아서 이득을 챙길 것이다. 이러한 여지는 두 지역의 가격 차이가 수송비보다 클 경우에는 항상 존재한다. 그러므로 두 지역의 가격 차이는 수송비를 초과할 수 없다. 따라서 독점기업은 $p_2 = p_1 + 5$ (4)라는 제약 아래에서 이윤을 극대화할 것이다. 그런데 이 경우 주목할 것이 있다. 수요곡선의 의미를 생각해 볼 때 독점기업이 이윤을 극대화하는 수량을 선택하는 것은 이윤을 극대화하는 가격을 선택하는 것과 같다. 그러므로 수량을 선택하는 방법으로 풀든 가격을 선택하는 방법으로 풀든 같은 결과를 얻는다. 그런데 이 문제의 경우에는 독점기업이 가격을 선택하는 것으로 간주하고 문제를 푸는 것이 더 간단하다. 이러한 측면에서 가격을 이용하여 이윤을 나타내면

$$\begin{aligned}\pi &= p_1 q_1 + p_2 q_2 - c \\ &= p_1\left(-\frac{1}{5}p_1 + 10\right) + p_2(-p_2 + 70) \\ &\quad - \left[10 + 10\left(\left(-\frac{1}{5}p_1 + 10\right) + (-p_2 + 70)\right)\right]\end{aligned} \tag{5}$$

이 된다. 그러므로 (4)의 제약 아래의 이윤극대화 문제는 라그랑지함수 Z을 사용하여

$$\begin{aligned}\underset{p_1, p_2}{\text{Max}} \ Z &= p_1 q_1 + p_2 q_2 - c + \lambda(p_1 + 5 - p_2) \\ &= p_1\left(-\frac{1}{5}p_1 + 10\right) + p_2(-p_2 + 70) \\ &\quad - \left[10 + 10\left(\left(-\frac{1}{5}p_1 + 10\right) + (-p_2 + 70)\right)\right] + \lambda(p_1 + 5 - p_2)\end{aligned} \tag{6}$$

로 쓸 수 있다. 여기서 λ는 라그랑지 승수이다. 이윤극대화의 일차필요조건은

$$\frac{\partial Z}{\partial p_1} = -\frac{2}{5}p_1 + 10 + 2 + \lambda = 0 \tag{7}$$

$$\frac{\partial Z}{\partial p_2} = -2p_2 + 70 + 10 - \lambda = 0 \tag{8}$$

$$\frac{\partial Z}{\partial \lambda} = p_1 + 5 - p_2 = 0 \tag{9}$$

이 된다.

(7)~(9)를 연립으로 풀면 $p_1^* = \frac{205}{6}$, $p_2^* = \frac{235}{6}$를 얻는다. 이 값들을 각각 수요곡선에 대입하면 $q_1^* = \frac{19}{6}$, $q_2^* = \frac{185}{6}$가 된다. 이때 이윤은 이 값들을 (5)에 대입함으로써 $\pi(p_1^*, p_2^*) = 965\frac{5}{6}$로 구해진다.

d. 수송비가 전혀 들지 않으므로 독점기업은 가격을 차별할 수 없다. 그러므로 $p_1 = p_2$ 가 되어야 한다. 이 공통의 가격을 p라고 하자. 그러면 이윤을 나타내는 (5)식은 $\pi = -\frac{6}{5}p^2 + 92p - 810$이 된다. 이윤극대화의 일차필요조건은 $\frac{\partial \pi}{\partial p} = -\frac{12}{5}p + 92 = 0$이 다. 이로부터 $p^0 = \frac{115}{3}$를 얻는다. 이때 이윤은 $\pi(p^0) = 953\frac{1}{3}$이 된다. 한편 $p^0 = \frac{115}{3}$ 를 수요곡선에 대입하면 산출량은 각각 $q_1^0 = \frac{7}{3}$, $q_2^0 = \frac{95}{3}$가 된다.

e. 문항 a의 이윤 > 문항 c의 이윤 > 문항 d의 이윤

14.5.6 가격차별과 효율

가격차별이 효율성을 증가시키는지 아닌지에 대해서 생각해 보자. 독점기업의 산출량 은 경쟁일 경우에 비해 적다. 이때 독점으로 인해 생산되지 못한 수량에 대한 사회적인 가 치가 바로 비효율이다. 이 점에 비추어 볼 때 독점기업이 가격차별을 통해 산출량을 증가시 킬 수 있다면 가격차별로 인해 가격차별 이전에 비해 비효율이 오히려 줄어들 수도 있다.

(1) 특히 일급가격차별은 그 결과가 효율적이다. (2) 이급가격차별의 경우 독점기업의 이윤은 증가한다. 직관적으로 볼 때 독점기업이 이급가격차별을 할 수 있는 상황에서는 가 격차별을 하지 않는 것도 선택할 수 있다. 그럼에도 불구하고 가격차별을 선택한다는 것은 이윤이 더 높아지기 때문이라고 판단할 수 있다. 그러나 가격차별이 없을 때보다 산출량이 늘어날 수도 있지만 줄어들 수도 있다. 물론 완전정보의 경우와 비교하는 것은 아니다. 그 결과 가격차별이 없을 때보다 비효율이 줄어들 수도 있고 늘어날 수도 있다.

(3) 삼급가격차별의 경우에는 가격차별을 하지 않을 경우보다 비효율이 증가할 것으로

생각하기 쉽다. 그러나 반드시 그렇지는 않다. 가격차별 후 공급량이 증가할 경우에는 경제 전체의 비효율이 감소할 수도 있다. 예를 들어 두 개의 시장 중에서 한 시장은 수요가 아주 작아서 가격차별 이전의 높은 가격에서는 수요량이 하나도 없다고 하자. 이때 가격차별을 통해 이 시장에 낮은 가격을 적용하여 수요를 창출한 후 이윤을 낼 수 있다면 비효율이 감소한다.

14.6 가격차별의 변형

독점기업은 앞서 말한 유형 외에 여러 가지 교묘한 판매전략을 구사한다. 그 중에서 2가지에 대해 검토해 보자. 이때 **자기선택**이 어떻게 적용되고 있는가 눈여겨보자.

14.6.1 이부가격: 이급가격차별의 또 다른 유형

이부가격에 대한 논의는 '디즈니랜드 딜레마'(Disneyland dilemma)라는 논문에서 출발하였다. 이것은 서울랜드 같은 놀이공원의 소유자가 이윤을 극대화하려면 가격을 어떻게 부과해야 하는가와 관련된다. 이때 놀이공원 입장에 대한 수요는 놀이시설 사용에 대한 수요와 서로 연관되어 있다는 점을 인식하는 것이 중요하다. 즉 입장료로 얼마나 지불할 용의가 있는가는 놀이시설 사용료가 얼마인가와 관련되어 있는 것이다.

이러한 상황에서는 입장료를 받고 입장시킨 다음 놀이시설을 이용할 때마다 사용료를 따로 받는 방법을 생각할 수 있다. 이러한 가격책정은 다음과 같은 이부가격에 해당한다.

> **이부가격**(two part tariff) 일정한 기본요금을 내고 상품을 구입할 권리를 먼저 사게 하고, 그 다음 그가 구입하는 상품의 각 단위에 대해 사용료를 받아내는 가격책정방식

이부가격은 $T = k + pq$의 형태로 표현된다. 여기서 k는 기본요금, p는 기본요금을 내고 난 후 1단위당 사용료이다. 그러므로 1단위당 가격은

$$\frac{T}{q} = \frac{k + pq}{q} = \frac{k}{q} + p$$

로 구해진다. 이때 기본요금 k로 인해 구입하는 수량 q에 따라 1단위당 가격이 달라진다. 바로 이러한 특성 때문에 이부가격은 이급가격차별로 볼 수 있다. 한편 이부가격은 그 형태

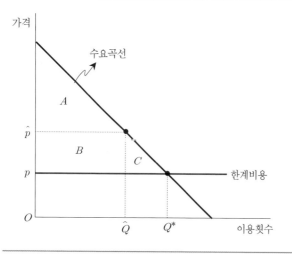

그림 14-8 **이부가격**

소비자들의 유형이 모두 같을 경우, $p = MC$ 에서 사용료를 한계비용과 같게 설정하고 입 장료를 그때의 소비자잉여로 실징하면 이윤 이 극대화된다.

$T = k + pq$에서 보듯이 q에 대해서 선형이다. 이것은 일반적인 이급가격차별이 수량에 대해 비선형인 점과 대조된다.

이때 기본요금을 높게 부과하는 대신 사용료를 낮게 매길 수도 있고 거꾸로 기본요금을 낮추는 대신 사용료를 높게 매길 수도 있을 것이다. 이때 기본요금과 사용료를 어떠한 원리에 따라 책정해야 독점이윤을 가장 크게 할 수 있을까? 이제 놀이공원의 경우를 나타내는 [그림 14-8]을 통해 그 원리에 대해 자세히 살펴보기로 하자.

이윤을 극대화하려면 가격을 어떻게 정해야 하는가? 그 원리를 알기 위해 예를 들어 '독점자가 사용료를 $\hat{p}$으로 설정하려 한다면 입장료를 최대한 얼마로 책정할 수 있을까?'라는 질문에 대답해 보자. 편의상 개인들의 유형은 같고 놀이시설에 드는 한계비용은 일정하다고 가정한다. $\hat{p}$에서는 개인들이 놀이시설을 $\hat{Q}$번 이용한다. 그런데 그때 소비자들이 얻는 소비자잉여 A에 해당하는 금액이 바로 소비자로부터 받아낼 수 있는 최대의 입장료가 된다. 이 경우 독점기업의 이윤은 그 입장료에 놀이시설 사용료를 합한 금액에서 비용을 뺀 것으로 정해진다. 그러한 이윤은 $(A + B)$로 나타난다.

이러한 착상으로부터 독점기업이 이윤을 극대화할 수 있는 방법을 추론해 보자. 그 방법은 바로 $p = MC$에 해당하는 Q^*를 공급하고 사용료를 한계비용과 같게 설정한 다음 그때의 소비자잉여에 해당하는 금액을 입장료로 징수하는 것이다. 이 경우 독점기업은 $\hat{p}$에서는 미처 확보할 수 없었던 C부분마저 확보함으로써 명실공히 최대의 이윤을 얻게 된다. 이 경우 $(A + B + C)$에 해당하는 모든 소비자잉여를 독점기업이 차지하게 된다.

이처럼 이부가격이 시행될 경우 산출량이 $p = MC$를 만족시키는 곳에서 결정되므로 그 결과는 효율적이 된다. 다만 모든 잉여를 독점기업이 차지하게 된다는 점이 경쟁시장의 결과와 다를 뿐이다.

그런데 이와는 달리 입장료만 징수하고 놀이시설은 무료로 이용하게 하는 경우를 더러 볼 수 있다. 이것은 놀이시설을 유지하는 데 드는 한계비용이 아주 작은 경우라고 생각된다. 그래서 그 한계비용에 맞추어 정해지는 사용료도 아주 낮기 때문에 그것을 받아내는 데 들어가는 비용이 오히려 그 수입보다 큰 경우라고 생각된다. 이러한 측면에서 이 경우에도 여전히 앞서 논의한 이부가격의 이윤극대화 원리가 적용된다고 볼 수 있다.

지금까지는 한계비용이 일정하고 개인들의 선호가 똑같은 경우를 가정하였다. 그러나 한계비용이 증가하는 경우에도 그 분석 결과는 달라지지 않는다. 다만 개인들의 선호가 다를 경우에는 자기선택을 고려하여 가격을 부과한다는 점이 분명하게 드러난다. 이때 많은 사람들이 입장할 수 있도록 입장료를 낮추어 주고 그 대신 사용료를 받는다. 이렇게 함으로써 놀이시설을 더 많이 이용하는 사람으로부터 더 많은 소비자잉여를 사용료로 거두어들이는 것이다. 물론 이때에도 독점자는 선호가 다른 사람들이 섞여 있다는 사실만 알뿐 누가 어떤 유형인지는 모르는 상태이다. 그러한 상태에서 입장료와 사용료를 통해 소비자들로 하여금 자기선택을 하도록 유도하고 있는 것이다. 이러한 원리는 전화요금, 전기요금, 가스요금, 택시요금 등이나 그 밖에 골프클럽, 헬스클럽처럼 회원제로 운영되는 경우의 요금체계에 적용되고 있다. 심지어는 프린터와 카트리지, 자동차와 소모성부품과 같이 소모성부품이 사용되고 있는 제품의 가격체계에도 이러한 원리가 적용되고 있다고 볼 수 있다.[21]

📋 예제 14.5 이부가격

개인 A의 수요곡선은 $q_A = 4 - p$이고 개인 B의 수요곡선은 $q_B = 2 - \frac{1}{2}p$라고 한다. 독점기업이 이 상품을 생산하는 데에는 일정한 한계비용 c가 든다고 한다. 이러한 상황에서 이 독점기업이 다음과 같은 가격정책을 시행하려고 한다. 즉 한 단위를 사려고 해도 기본요금 k를 내고 난 후에야 살 수 있게 한다. 그러나 일정한 금액을 내고 난 후에는 (단위당) 사용료를 지불하는 한 자신이 원하는 만큼 구입할 수 있게 한다.

 a. k의 값에 따라 수요가 어떻게 달라지는가를 보이시오.

 b. 이 독점기업이 이윤을 극대화하려고 한다. 극대화된 이윤은 얼마인가?

---

 21 이 경우 프린터나 자동차 구입비용은 입장료로 간주할 수 있으며, 카트리지나 소모성부품 구입비용은 사용료로 간주할 수 있다.

KEY 이부가격에 관한 문제이다. 소비자로 하여금 상품을 구입하도록 유도하려면 입장료의 형태로 받는 기본요금 k의 값이 소비자잉여보다 커서는 안 된다.

풀이   a. 각 개인은 상품을 소비함으로써 소비자잉여를 얻는다. 그런데 각 개인은 k가 자신이 누리는 소비자잉여보다 크다면 상품을 구입하지 않는다. 이 점에 착안하여 각 개인의 수요를 검토해 보자. 개인 A의 경우 가격이 p이면 수요량이 $4-p$가 된다. 이 경우 [그림 A]에서 보듯이 소비자잉여를 얻는다. 이러한 소비자잉여의 크기는 $\frac{1}{2}(4-p)^2$이다. 한편 개인 B의 경우에는 가격이 p이면 수요량이 $2-\frac{p}{2}$가 된다. 이것이 [그림 B]에 나타나 있다. 이 경우 소비자잉여의 크기는 $\frac{1}{4}(4-p)^2$이 된다.

앞서 말했듯이 각 개인은 k가 자신이 얻는 소비자잉여보다 작을 때에만 상품을 구입한다. 그러므로

(i) k가 개인 A나 개인 B가 누리는 소비자잉여의 그 어느 것보다도 작을 경우, 즉 $k < \frac{1}{4}(4-p)^2$일 경우에는 두 개인이 모두 상품을 구입한다. 이 경우 수요는

$$D = q_A + q_B = (4-p) + \left(2 - \frac{p}{2}\right) = 6 - \frac{3}{2}p$$

가 된다.

(ii) k가 개인 A가 누리는 소비자잉여보다는 작지만 개인 B가 누리는 소비자잉여보다 클 경우, 즉 $\frac{1}{4}(4-p)^2 < k < \frac{1}{2}(4-p)^2$일 경우에는 개인 A는 구입하지만 개인 B는 구입하지 않는다. 그러므로 이때 수요는

$$D = q_A + q_B = (4-p) + 0 = 4 - p$$

가 된다.

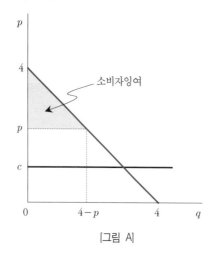

[그림 A]

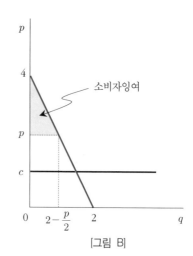

[그림 B]

(iii) k가 개인 A나 개인 B가 누리는 소비자잉여의 그 어느 것보다도 클 경우, 즉 $k > \frac{1}{2}(4-p)^2$일 경우에는 아무도 상품을 구입하지 않는다. 그러므로 이 경우에는 수요가 0이 된다.

b. 이부가격에 해당하는 문제이다. 이부가격은 $T = k + pq$ (1)의 형태로 표현된다. 이러한 상황에서 두 개인에게 모두 판매하는 경우 이윤을 구해 보자. 이때 이윤은 두 가지 요소로 구성된다. 첫째 요소는 사용료를 한계비용보다 높게 설정할 경우 상품판매로부터 얻는 이윤이다. 둘째 요소는 개인에게서 받는 기본요금 k이다.

(i) 첫째 요소부터 알아보자. 사용료가 p일 경우 개인 A에게 판매하여 얻는 이윤은 $(p-c)(4-p)$ (2)이고 개인 B에게 판매하여 얻는 이윤은 $(p-c)\left(2-\frac{p}{2}\right)$ (3)이다.

(ii) 그 다음 둘째 요소에 대해 알아보자. 이윤을 구성하는 둘째 요소는 각 개인으로부터 받는 기본요금 k이다. 그런데 두 개인에게 모두 팔기 위해서는 이 값은 개인 B가 누리는 소비자잉여보다 크지 않아야 한다. 이 값이 개인 B가 누리는 소비자잉여보다 크면 개인 B는 구입하지 않을 것이기 때문이다. 이 점을 고려하면서 이윤을 극대화하려면 k를 개인 B가 누리는 소비자잉여의 크기와 같도록 설정해야 한다. 즉 사용료를 p로 정할 경우 $k = \frac{1}{2}\left(2-\frac{1}{2}p\right)(4-p) = \frac{1}{4}(4-p)^2$ (4)이어야 한다.

이렇게 볼 때 두 개인에게 모두 상품을 판매할 경우 얻는 이윤을 π라고 하면 π는 (2), (3), (4)를 모두 합한 값이다. 이때 k는 각 개인에게서 모두 받는다는 점에 주목하자. 그러므로 (4)는 이윤에 2번 반영되어야 한다. 그리하여

$$\pi = \left(\frac{1}{4}(4-p)^2\right) \times 2 + (p-c)\left(4-p+2-\frac{p}{2}\right)$$
$$= \frac{1}{2}(4-p)^2 + (p-c)\left(6-\frac{3}{2}p\right) \tag{5}$$

가 된다. 이 식에서 $\frac{1}{4}(4-p)^2$에 2가 곱해진 것에 주목하자. 이때 이윤극대화의 일차 필요조건은

$$\frac{\partial \pi}{\partial p} = (4-p)(-1) + \left(6-\frac{3}{2}p\right) + (p-c)\left(-\frac{3}{2}\right) = 0$$

이 된다. 이로부터 $p^* = 1 + \frac{3}{4}c$ (6)으로 구해진다. 이 값을 (5)에 대입하면 극대화된 이윤은 $\pi^*(p^*) = \frac{9}{16}(4-c)^2$ (7)로 구해진다(여기서 구체적으로 계산하지는 않았지만 이 값은 사실상 개인 A에게만 판매할 때의 이윤보다 크다는 것을 보여줄 수 있다).

이제 (6)을 (4)에 대입한 다음 그 결과와 (6)을 다시 (1)에 대입하면 이부가격은

$$T = k + pq = \frac{1}{4}\left(3-\frac{3}{4}c\right)^2 + \left(1+\frac{3}{4}c\right)q$$

로 구해진다.

이때 극대화된 이윤은 앞에서 구한 (7)이 된다. 이때 수요량은 (6)을 개인의 수요곡선에 각각 대입함으로써 $q_A^* = 4 - p^* = 3 - \frac{3}{4}c$, $q_B^* = 2 - \frac{1}{2}p^* = \frac{3}{2} - \frac{3}{8}c$로 구해진다. 한편 이 경우 개인 B는 자신이 누리는 소비자잉여를 모두 k로 지불하였기 때문에 그에게는 상품을 구입하는 것과 구입하지 않는 것이 무차별해진다.

14.6.2 묶어팔기

또 다른 판매전략으로 어떤 상품을 다른 상품과 서로 묶어서 파는 것을 볼 수 있다.

> 🌱 **묶어팔기**(bundling) 어떤 상품을 사는 소비자에게 다른 상품도 함께 사게 하는 판매전략

묶어팔기는 특히 소비자들의 선호가 다르다는 것은 분명하지만 누가 누구인지 구분할 수 없는 경우에 유용하게 적용될 수 있다. 묶어팔기를 통해 선호가 다른 소비자들로 하여금 자기선택을 하도록 유도하는 것이다. 묶어팔기는 독점자가 소비자의 유형을 구분할 수 없다는 점에서 소비자의 유형을 구분하여 서로 다른 가격을 부과하는 삼급가격차별과 다르다.

묶어팔기가 어떻게 독점자의 이윤을 증가시키는지 구체적인 예를 통해 살펴보기로 하자. 이를 위해 [표 14-1]을 이용하자.

예컨대 서울랜드에 청룡열차와 바이킹이라는 2가지 놀이기구가 있다고 하자. 그리고 유형 1의 소비자와 유형 2의 소비자가 섞여 있다고 하자. 독점자는 이처럼 2가지 유형의 소비자가 섞여 있다는 사실만 알뿐 누가 어느 유형인지는 구분할 수 없는 상황이다. 이때 유형 1은 청룡열차를 타기 위해 2,000원을 낼 의향이 있고 유형 2는 그보다 많은 3,000원을 낼 의향이 있다고 하자. 반면에 바이킹에 대해서는 유형 1은 3,000원을 낼 의향이 있지만 유형 2는 그보다 적은 2,500원을 낼 의향이 있다고 하자. 말하자면 유형 1은 바이킹을 더 좋아하고 유형 2는 청룡열차를 더 좋아하는 상황인 것이다.

이러한 상황에서 두 놀이기구를 운영하는 데 드는 한계비용은 거의 무시할 수 있는 정도라면 표를 어떻게 팔아야 이윤이 가장 커질까?

표 14-1 묶어팔기

	청룡열차	바이킹
유형 1 소비자	2,000	3,000
유형 2 소비자	3,000	2,500

개인들의 선호가 다르고 또한 두 상품이 독립적으로 소비될 경우 묶어팔기로 이윤을 증가시킬 수 있다.

　　먼저 청룡열차표와 바이킹표를 따로 따로 파는 경우에 대해 생각해 보자. 이때 되도록 많은 수입을 올리려면 두 사람이 모두 청룡열차표와 바이킹표를 사게 해야 한다. 그리고 이때 청룡열차표는 2,000원에 팔아야 한다. 그보다 높은 가격에 팔면 유형 1은 청룡열차표를 사지 않을 것이기 때문이다. 물론 구태여 2,000원보다 낮은 가격에 팔 필요는 없다. 같은 논리로 두 사람 모두 바이킹표를 사게 하려면 바이킹표는 2,500원에 팔아야 한다. 이렇게 가격을 매길 경우 서울랜드의 수입은 9,000(=2,000×2+2,500×2)원이 된다.

　　그렇다면 이보다 더 높은 수입을 올리는 방법은 없을까? 여기서 바로 묶어팔기가 빛을 발하게 된다. 즉 청룡열차표와 바이킹표를 모두 산다고 할 때 유형 1은 5,000원을 낼 의향이 있으며 유형 2는 5,500원을 낼 의향이 있다는 점에 착안하는 것이다. 그리하여 청룡열차표와 바이킹표를 묶어서 두 사람에게 각각 5,000원에 파는 것이다. 이렇게 할 경우 서울랜드의 수입은 10,000(=5,000×2)원이 된다. 즉 표를 따로 따로 팔 때보다 1,000원을 더 벌게 되는 것이다.

　　물론 묶음표를 파는 상황에서 청룡열차표와 바이킹표를 따로 사려는 소비자가 있다면 청룡열차표와 바이킹표를 각각 3,000원 받아야 한다. 그래야만 소비자가 자기선택에 의해 묶음표를 사게 된다.

　　묶어팔기에서 주목할 것이 있다.

　　(1) 두 사람의 선호가 다르다는 점이다. 만일 두 사람 모두 청룡열차를 더 좋아한다거나 아니면 모두 바이킹을 더 좋아한다면 묶어팔기로 수입을 늘릴 수 없다. 예컨대 유형 1이 청룡열차표를 4,000원에 살 의향이 있다고 가정하고 독자 스스로 확인해 보기 바란다.

　　(2) 두 상품이 서로 보완성이 적고 나아가서 대체성도 적을 경우, 즉 거의 독립적으로 소비될 경우 묶어팔기가 성공적으로 이루어질 수 있다. 보완성이 아주 클 경우에는 구태여 묶어팔지 않아도 소비자가 스스로 두 상품을 함께 살 것이고, 반대로 대체성이 아주 클 때에는 둘 중의 하나만 살 가능성이 높기 때문이다. 실생활에서도 혁띠와 지갑처럼 서로 독립적으로 소비되는 상품들을 서로 묶어 파는 것을 보게 된다.

14.7　독점적 경쟁

　　독점적 경쟁의 경우 각 기업들이 나름대로 독점력을 지니고 있지만 시장에 상당수의 기업들이 있다는 측면에서 독점과 다르다. 또한 상당수의 기업들이 경쟁하고 있다는 측면에서 완전경쟁의 특성을 지니지만 각 기업들이 차별화된 상품을 생산한다는 측면에서 완전경쟁과 다르다. 이러한 유형에 대해 검토해 보자.

14.7.1 독점적 경쟁의 성격

우리는 지금까지 시장에 공급자가 하나밖에 없는 산업을 독점이라고 불렀다. 여기서 산업이란 같은 상품을 생산하는 여러 기업들이 모인 것을 의미한다. 이 사실을 우리는 이미 배웠다. 그렇다면 예컨대 사이다와 콜라, 그 밖의 청량음료는 각각 서로 다른 산업을 구성하고 있다고 보아야 하는가 아니면 같은 산업으로 분류되어야 하는가? 이 질문과 관련해서 보면 산업이란 비슷한 대체재를 생산하는 기업들의 모임이라고 다소 포괄적으로 정의하는 것이 합리적이다.

이같은 관점에서 볼 때 어떤 산업 내에 있는 기업은 비슷한 대체재를 생산하는 다른 기업들이 내리는 의사결정에 크게 영향을 받을 것이다. 상품이 서로 가까운 대체재라면 자신이 팔 수 있는 수량은 다른 기업들이 가격을 얼마로 책정하느냐에 따라 달라질 것이기 때문이다. 그러나 다른 한편으로는 상품이 완전히 같지는 않기 때문에 각 기업들은 나름대로 소비자를 확보하고 있다. 이 경우 어떤 기업이 설사 가격을 올리더라도 고객을 모두 잃지는 않는다. 예컨대 사이다를 생산하는 기업이 가격을 콜라 가격보다 조금 올리더라도 고객을 모두 잃지는 않는다. (1) 그러므로 이 경우 수요곡선이 완전히 탄력적이지는 않다. (2) 또한 자신이 생산하는 상품을 소비자가 다른 상품과 다르게 느낄수록 그 기업이 직면하는 수요곡선은 더 비탄력적이 된다. 즉 독점력이 커진다.

이러한 상황에서 각 기업이 취할 수 있는 전략은 가급적이면 자신의 상품을 다른 상품들과 다르게 보이도록 노력하는 것이다. 그래서 각 기업은 **상품차별화**(product differentiation)를 시도하게 된다. 또한 마치 완전경쟁시장에서처럼 장기적으로 어떤 기업이 이윤을 얻고 있으면 다른 기업들이 이 시장에 진입하고 손실을 입으면 이탈한다. 이상과 같은 특성을 지닌 시장을 독점적 경쟁시장이라고 한다.

> **독점적 경쟁**(monopolistic competition) 상품차별화로 나름대로 독점력을 확보하고는 있지만, 진입과 이탈이 자유로운 등 경쟁 상태에 놓인 상황

14.7.2 장기균형의 특성[22]

지금까지 논의한 내용을 바탕으로 독점적 경쟁기업이 지니는 두 가지 중요한 특징을 요약해 보자. (1) 상품차별화를 통해 나름대로 우하향하는 수요곡선에 직면해 있다. (2) 이

---

[22] 독점적 경쟁기업의 단기균형은 원리상 독점의 단기균형과 동일하다. 다만 다른 점은 대체재가 많기 때문에 독점에 비해 개별 기업이 차지하는 수요가 작고 또한 탄력성이 크다는 것이다.

윤이 있을 경우 항상 새로운 기업이 진입할 수 있는 상황이다. 실제로 새로운 기업들이 진입하면 기존기업은 자신의 고객을 일부 **빼앗긴다**. 그 결과 [그림 14-10]에서 보듯이 기존기업이 직면하는 수요곡선은 안쪽으로 이동한다. 또한 유사한 대체재가 많아지므로 점점 더 탄력적이 된다. 이러한 과정은 장기적으로 각 기업의 이윤이 0이 될 때까지 계속된다. 그래서 그림에서 보듯이 마침내 자신이 직면하는 수요곡선이 장기평균비용곡선과 접하는 곳까지 이동하게 된다.

이때 달성되는 장기균형의 특징을 살펴보자. (1) 먼저 이윤이 0이 되려면 그림에서처럼 평균비용곡선이 수요곡선과 오로지 한 점에서 접해야 한다. 그 점을 A라고 하자. 이렇게 접할 경우 이윤은 바로 A점에 대응하는 q^*에서 극대화된다. 그 이유를 살펴보자. 산출량이 q^*보다 적거나 많을 경우에는 수요곡선이 평균비용곡선보다 아래에 놓인다. 이때 가격은 평균비용보다 낮아져 결국 손실을 입는다. 그러므로 이윤은 q^*에서 극대화된다. 한편 평균비용곡선이 수요곡선과 교차한다면 이윤이 양이 되는 산출량이 존재한다. 이 경우 극대이윤이 0이 되지 않는다. 또한 평균비용곡선이 수요곡선과 접하지 않고 완전히 위에 놓인다면 항상 손실을 입는다. 이렇게 볼 때 극대화된 이윤이 0이 되는 경우는 오로지 [그림 14-9]와 같이 두 곡선이 접하는 경우뿐이다. (2) 한편 이 기업은 이윤을 극대화하고 있으므로 q^*에서 한계수입과 한계비용이 일치한다.

그림 14-9 **독점적 경쟁의 장기균형**

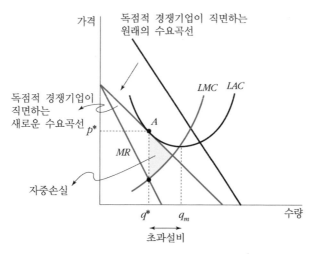

독점적 경쟁의 장기균형에서 이윤은 0이 되지만 산출량은 장기평균비용이 최소가 되는 수량 q_m보다는 적으며 가격이 한계비용보다 높다. 그 결과 자중손실이 발생한다.

이상의 내용을 요약하면 **독점적 경쟁의 장기균형**에서는 각각의 독점적 경쟁기업들에 대해

이윤극대화 조건: $MR = LMC(= SMC) < p$

장기이윤=0 조건: $p = LAC(= SAC)$

가 성립한다는 것이다.[23] 이것은 완전경쟁의 장기균형에서 $p = LAC = LMC = SAC = SMC$ 가 성립한다는 점과 대조된다.

14.7.3 장기균형의 평가

이제 독점적 경쟁시장의 장기균형을 평가해 보자. 이를 위해서 완전경쟁의 장기균형과 비교해 보자. 완전경쟁의 장기균형에서도 기업들의 진입 때문에 이윤은 0이 된다. 그러나 그 경우 평균비용이 가장 낮은 곳에서 생산이 이루어지며 이때 가격이 한계비용과 일치한다. 그 결과 효율이 달성된다. (1) 한편 독점적 경쟁기업의 경우에도 기업들의 진입 때문에 장기이윤은 0이 된다. (2) 그러나 장기평균비용이 최소가 되는 q_m이 아니라 그보다 적은 q^*에서 생산이 이루어지며 이때 가격이 한계비용보다 높다. 그 결과 효율이 달성되지 않으며 자중손실이 발생한다. 이때 $q_m - q^*$를 **초과설비**(excess capacity)라고 한다.

독점적 경쟁의 장기균형은 이처럼 효율이 달성되지 않는다는 측면에서는 부정적이다. 그러나 상품차별화로 인해 다양한 상품을 소비할 수 있다는 측면에서는 긍정적이다. 독점적 경쟁이 후생에 미치는 영향을 평가하려면 이들의 득실을 비교해 보아야 한다.

---

23 수식으로 검토해 보자. A점에서는 수요곡선인 AR과 LAC가 접하므로 $AR = LAC$ (1)이고 $AR' = LAC'$ (2)이다. 이때 $MR = LMC$ (3)을 보여주면 된다. $TR = AR \times q$ (4)이다. q로 미분하면 $MR = TR' = AR' \times q + AR$ (5)이다. 한편 $LTC = LAC \times q$ (6)이다. q로 미분하면 $LMC = LTC' = LAC' \times q + LAC$ (7)이다. (5)에 (1)과 (2)를 대입하면 $MR = LAC' \times q + LAC$ (8)이 된다. (7)과 (8)의 우변이 같으므로 좌변도 같다. 즉 (3)을 얻는다.

과점시장: 다양한 모형

MICROECONOMICS

현실에서는 완전경쟁이나 독점과 같은 극단적인 경우보다는 그 사이에 해당되는 과점을 더 많이 볼 수 있다.[1] 과점시장에서는 각 기업들이 서로에게 영향을 미치기 때문에 서로 상대방을 의식해 가며 행동한다. 그 결과 각 기업들의 전략은 상호의존적으로 결정된다. 이것이 바로 과점시장의 가장 큰 특징이다.

과점시장의 기업들이 전략을 사용하는 행태는 서로 이기겠다고 게임을 하는 양상과 흡사하다. 그리하여 실제로 어떠한 전략을 사용할 지 가늠하기가 어렵다. 사정이 이렇다 보니 과점이론들은 어느 하나로 통일된 이론으로 정립되어 있지 못하다. 이번 장에서는 특히 주목받고 있는 이론들에 대해 검토한다. 이러한 내용들은 다음 장의 게임이론과 연관되어 있다.

무엇을 공부할 것인가

1. 과점시장에 있는 기업들의 행동 중에서 가장 중요한 특성은 무엇인가?

2. 과점이론은 어떻게 구성되어 있는가? 게임이론과 어떻게 연관되는가?

3. 꾸르노모형의 가정은 무엇인가? 그리고 그 균형의 특성은 어떠한가?

4. 베르뜨랑모형의 가정은 무엇인가? 그리고 그 균형의 특성은 어떠한가?

5. 두 상품이 대체재일 경우와 보완재일 경우 베르뜨랑균형이 어떻게 달라지는가?

6. 스타켈버그모형에서 추종자의 문제와 선도자의 문제는 서로 어떻게 다른가? 균형에서 각 기업의 이윤은 꾸르노균형 상태에 있는 기업들의 이윤과 비교하여 어떠한가?

7. 가격선도모형에서 추종자 행동의 특성은 경쟁시장에 있는 기업의 특성과 어떻게 비교되는가?

8. 카르텔이 붕괴되기 쉬운 이유는 무엇인가?

9. 묵시적 담합이 형성되는 경우는 어떠한 경우이며 어떤 경우에 이것이 유지되기 쉬운가?

---

[1] 실제 이론적인 연구에 있어서 뿐만이 아니라 인생살이 전반에 걸쳐서도 극단적인 것보다는 어디엔가 그 사이에 위치하는 것이 보다 보편성을 지니는 경우가 많다고 생각된다.

15.1 과점시장의 특성

과점시장에서 기업들은 다양하게 행동한다. 그러나 여기서는 그 공통되는 특성을 살펴보고 나아가서 과점기업들을 몇 가지 유형으로 분류해 보고자 한다.

15.1.1 과점시장의 생성과 유지

🌱 **과점**(oligopoly) 시장에 소수의 몇 개 기업들만 있는 경우

먼저 과점시장을 생성시키고 유지시키는 요인들이 무엇인지가 우리의 관심을 끈다. 그런데 그 중에서 무엇보다도 주요한 요인은 시장 수요에 비해 최소효율규모가 얼마나 큰가이다. 독점이 될 만큼 최소효율규모가 커서도 안 되지만 그렇다고 많은 기업들이 경쟁할 수 있을 정도로 작지도 않아야 한다는 것이다. 예컨대 최소효율규모가 시장수요량의 1/5이라면 대략 5개의 기업이 손실을 입지 않고 조업할 수 있을 것이다. 이와 관련하여 볼 때 기술 조건에 의해 독점이었던 시장도 기술이 진보하여 최소효율규모가 작아질 경우에는 과점으로 이행할 수도 있다.

이 밖에도 진입을 제한하는 여러 가지 진입장벽들도 과점시장을 생성시키거나 이미 형성된 과점시장 체제를 유지시켜 주는 요인이 된다.

15.1.2 상호의존성과 전략적 상황

이러한 이유들 때문에 시장에 기업들이 몇 개만 있다고 하자. 그러면 경쟁의 경우와는 달리 이들 각 기업들의 행위는 곧 시장가격에 영향을 주어 다른 기업들의 이윤에 영향을 미치게 된다. 이러한 상황에서는 각 기업은 상대방 기업의 반응을 고려해 가면서 자신의 행동을 결정할 것이다. 예를 들어 자신이 가격을 내릴 때 상대방들도 가격을 내려 가격 경쟁에 돌입하게 되면, 애초에 자신이 의도했던 바를 달성할 수 없기 때문이다. 이처럼 각 기업이 내리는 의사결정은 **상호의존적**(interdependent)이다. 이러한 **전략적 상황**(strategic situation)에서 이윤을 극대화하기 위해 나름대로 전략을 구사하는 것은 마치 게임에서 이기려고 여러 가지 전략을 구사하는 것과도 흡사하다.

15.1.3 과점이론의 구성

이러한 측면에서 과점시장에 있는 각 기업의 행위는 게임이론의 측면에서도 분석해 볼 수 있다. 그리하여 여기서는 과점이론이 어떻게 구성되어 있는가를 게임이론의 관점에서 파악해 보았다. 그 체계가 [그림 15-1]에 나타나 있다.[2]

(1) 먼저 두 기업이 나름대로 전략을 취한다. 그 결과 **비협조적**(noncooperative)으로 행동하게 되는 경우와 서로 **협조적**(cooperative)으로 행동하게 되는 경우로 나눌 수 있다. (2) 비협조적으로 행동하는 경우는 다시 두 기업이 동시에 의사결정을 내리는 경우와 순차적으로 의사결정을 내리는 경우로 나눌 수 있다. 이때 먼저 의사결정을 내리는 기업은 **선도자**(leader)가 되고 다른 기업은 **추종자**(follower)가 된다. (3) 이 경우 두 기업이 모두 추종자가 되거나 어느 한 기업만이 선도자가 되려고 하면 균형상태에 이르게 된다. 특기할 만한 사실은 두 기업이 모두 선도자가 되려고 하면 불균형 상태에 이른다는 것이다. 이에 관해서는 뒤에 다시 설명하기로 하자.

(4) 또 하나 주목해야 할 것이 있다. 동시에 의사결정을 내리든 순차적으로 의사결정을 내리든 산출량을 어느 정도로 할 것인가를 정할 수도 있고, 가격을 얼마로 할 것인가를 정할 수도 있다는 것이다.

(5) 그림에는 표시하지 않았지만 **동질적인 상품**(homogeneous commodity)으로 경쟁하는 경우도 있고 **차별화된 상품**(differentiated commodity)으로 경쟁하는 경우도 있다. 동질적인 상품으로 경쟁할 경우 각 기업은 독자적인 별도의 수요곡선을 갖지 않고 동일한 시장수요곡

그림 15-1 **과점이론의 구성**

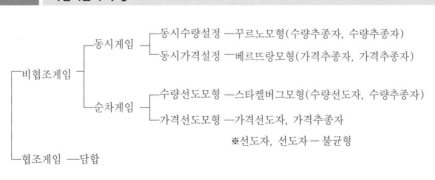

과점이론은 게임이론의 측면에서 분류할 수 있다.

---

2 다음 장에서 게임이론을 공부할 때에도 이 그림을 활용하면 큰 도움이 된다.

선을 기반으로 경쟁한다. 그러나 차별화된 상품으로 경쟁할 경우에는 각 기업이 나름대로 각자의 수요곡선을 가지고 있다. 물론 어느 경우나 전략은 상호의존적이다.

아울러 여기서 강조하고 싶은 것이 있다. 하나의 모형으로는 그 어떠한 모형으로도 현실에 나타나는 기업들의 다양한 행위들을 모두 포괄하여 설명할 수는 없다는 점이다. 이러한 측면에서 이번 장에서 다루게 될 모형들도 모두 현실에서 발생할 수 있는 여러 가능성들 중에서 일부를 설명하는 것에 불과하다. 즉 현실적으로는 각 기업들이 여기서 소개되는 모형들과 다르게 행동할 수 있다는 것이다.

이제 [그림 15-1]에 제시되어 있는 각각의 모형에 대해서 차례대로 분석해 보자. 편의상 시장에 기업이 단 두 개만 있는 **복점**(duopoly)을 가정하기로 한다. 복점으로 가정할 경우 분석이 간편해지는 장점이 있다. 그러면서도 이때 얻는 분석 결과는 몇 개의 기업들이 존재하는 경우로 쉽게 일반화될 수 있다.

15.2 꾸르노모형

19세기 프랑스의 경제학자 꾸르노(A. Cournot)는 두 기업이 동시에 자신의 산출량을 결정하는 모형에 대해 분석하였다. 이것을 **꾸르노모형**이라고 한다. 이 모형에서는 특히 두 기업이 동시에 의사결정을 하기 때문에 각 기업은 자신의 산출량을 결정할 때 상대방이 얼마나 생산할 것인가에 대해서 예상하게 된다. 그 다음 그 예상을 토대로 하여 자신의 이윤을 극대화하는 산출량을 결정하게 된다. 이 경우 균형의 개념을 파악하는 데 유의하자.

15.2.1 동질적인 상품일 경우의 꾸르노모형

현실의 과점시장에서는 상품의 특성이 다소 다른 **차별화된 상품**들이 거래되는 경우가 많다. 이 경우에 대해서는 뒤에 다루기로 하고 여기서는 먼저 두 기업이 **동질적인 상품**을 생산한다고 가정하자. 이때 두 기업은 같은 시장수요곡선을 기반으로 경쟁한다. 이러한 상황에서 기업 2가 q_2^e를 생산할 것으로 기업 1이 **예상**(expectation)한다고 하자. 그러면 기업 1은, 시장산출량 Q는 자신이 생산한 q_1과 기업 2가 생산할 것으로 예상되는 q_2^e를 합하여,

$$Q = q_1 + q_2^e$$

가 된다고 생각할 것이다. 이때 시장가격은 총산출량의 함수이므로

$$p(Q) = p(q_1 + q_2^e)$$

와 같이 결정된다고 생각할 것이다. 특히 우변은 가격과 총산출량을 곱한 것이 아니라 가격이 총산출량의 함수라는 것을 나타내고 있다.

이러한 상황에서 기업 1이, 기업 2가 산출량을 변화시키지 않을 것으로 가정하고, 자신에게 최적인 산출량을 선택한다.

> 수학적으로 볼 때 이것은 $\frac{\partial q_2}{\partial q_1} = 0$임을 의미한다(이때 ∂은 편미분 기호를 나타낸다).[3] 이것은 기업 1의 이윤을 극대화하는 값을 구하기 위해 목적함수를 미분하는 과정에서 기업 2의 산출량을 상수로 간주한다는 것을 의미한다. 즉 편미분 개념을 적용하는 것과 같다. 게임이론 측면에서 볼 때에는 내쉬전략(Nash strategy)을 사용한다는 것을 의미한다. 내쉬전략은 상대의 전략을 주어진 것으로 보고 자신에게 최적이 되는 전략을 추구하는 것을 말한다. 내쉬균형(16장 참조)의 개념을 정립한 미국의 수학자 내쉬(J. Nash)가 편미분방정식 연구에 크게 기여했다는 점과 그 연관성이 짐작되는 대목이다.

이때 기업 1의 수입은 시장가격에 자신이 생산하는 q_1을 곱한 값으로 구해진다. 한편 기업 1의 이윤은 이러한 수입에서 q_1을 생산하는 데 드는 비용 $c_1(q_1)$을 빼 준 것이다. 그러므로 기업 1의 이윤극대화 문제는

$$\underset{q_1}{\text{Max}}\ \pi_1 = p(q_1 + q_2^e) \times q_1 - c_1(q_1)$$

으로 쓸 수 있다. 여기서 π_1은 기업 1의 이윤을 나타낸다. 이때 기업 1은 자신의 산출량은 스스로 결정할 수 있지만 상대방의 산출량에 대해서는 단지 예상할 수 있을 뿐이다.

15.2.2 반응곡선과 균형도달 과정

위와 같은 문제에 직면하여 기업 1은 이윤을 극대화하기 위해 11.1에서 배운 $MR = MC$의 조건을 만족시키도록 자신의 산출량을 정한다. 이때 더 이상 계산을 하지 않더라도

---

3 이때 $\frac{\partial q_2}{\partial q_1}$은 기업 1이 산출량을 변화시킬 때 기업 2가 산출량을 얼마나 변화시킬 것인가에 대한 기업 1의 추측을 나타내는 것으로 해석할 수 있다. 이것을 **추측된 변화**(conjectural variation)라고 하는데, 꾸르노모형에서는 추측된 변화가 0이라고 가정하고 있다. 즉 $\frac{\partial q_2}{\partial q_1} = 0$, $\frac{\partial q_1}{\partial q_2} = 0$이라고 가정하고 있다.

기업 1의 산출량은 기업 1이 기업 2의 산출량을 얼마로 예상하느냐에 따라 달라질 것임을 짐작할 수 있다. 이와 관련하여 반응곡선과 뒤이어 균형도달 과정을 알아보자.

기업 1의 반응함수, 즉 최적대응함수는 기업 2의 산출량에 대한 기업 1의 예상치가 변화함에 따라 기업 1 자신의 최적산출량, 즉 최적대응이 어떻게 달라지는가를 보여준다.

> 🌱 **반응함수와 반응곡선** 기업 1이 기업 2의 산출에 대해 예상한 값과 기업 1의 최적산출량 사이의 함수관계를 $q_1 = f_1(q_2^e)$로 나타내고 이것을 기업 1의 반응함수(reaction function) 또는 기업 1의 **최적대응함수**(best response function)라고 함. 또한 이 함수관계를 그래프로 나타낸 것을 기업 1의 반응곡선(reaction curve) 또는 기업 1의 **최적대응곡선**(best response curve)이라고 함

(1) 반응곡선, 즉 **최적대응곡선**은 일반적으로 음의 기울기를 가진다. 바꾸어 말하면 반응함수, 즉 최적대응함수가 경쟁기업의 전략변수에 대해 감소함수이다. 이것은 예컨대 기업 2의 산출량에 대한 기업 1의 예상치가 클수록 기업 1의 이윤을 극대화하는 산출량은 작아진다는 것을 의미한다.[4] 이렇게 되는 이유는 기업 2가 산출량을 증가시킬 때 기업 1마저도 산출량을 증가시킬 경우 가격이 크게 떨어져서 기업 1의 이윤이 감소할 것이기 때문이다. 따라서 기업 2가 산출량을 증가시킬 경우 기업 1은 산출량을 감소시키는 것이 자신의 이윤을 증가시키는 방법인 것이다. 이 경우 두 상품은 서로 **전략적 대체재**가 된다.

> 🌱 **전략적 대체재**(strategic substitutes) 반응함수가 경쟁기업의 전략변수에 대해 감소함수가 되는 경우 각 상품의 관계

전략변수를 서로 다른 방향으로 사용하는 것이 최적대응이라는 측면, 즉 전략변수에 대한 의사결정이 서로를 상쇄시키는 방향으로 작용한다는 측면에서 전략적으로 대체관계에 있다는 것이다.

(2) 현재 모형에서 상품이 동질적이기는 하지만 반응함수가 경쟁기업의 전략변수에 대해 감소함수이므로 전략적으로는 서로 대체재이다. 한편 기업 2의 반응곡선도 기업 1의 반응곡선과 마찬가지로 일반적으로 음의 기울기를 가진다. 이와 같은 반응곡선들이 [그림 15-2]에 그려져 있다. 반응곡선들을 직선으로 그린 이유는 단지 편의를 위한 것이다.

(3) 이 경우 예를 들어 기업 2가 산출량을 증가시키면 기업 1은 전략적 대체재로서의 자신의 산출량을 감소시켜서 대응하고 그러면 기업 2는 다시 그 감소한 산출량에 대응해서

---

4 한편 반응곡선의 구체적인 형태는 수요함수와 비용함수의 형태에 따라 달라진다. 그런데 수요곡선이 오목하거나 또는 볼록하더라도 아주 볼록하지 않을 경우 반응곡선의 기울기는 음이 되는 것을 보여줄 수 있다.

그림 15-2 반응곡선과 균형도달 과정

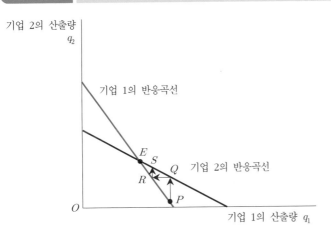

반응곡선은 상대방의 산출량에 대한 자신의 예상치가 변화함에 따라 자신의 이윤극대화 산출량이 어떻게 변화하는가를 보여준다. 그러므로 반응곡선상의 점은 그 예상치에 대해 자신의 이윤을 극대화시켜주는 점이다.
이런 상황에서 그림은 균형에 도달하는 과정도 보여주고 있다.

자신의 산출량을 증가시켜 대응하고 기업 1은 이에 대해 다시 산출량을 감소시켜 대응한다.

이 과정을 [그림 15-2]를 이용해서 살펴보자. 예컨대 두 기업이 각각 P점에서 생산한다고 하자. 이때 기업 2가 상대의 산출량이 주어진 상태에서 자신의 이윤을 극대화시키는 방법은 자신의 반응곡선상으로 이동하는 것이다. 따라서 자신의 산출량 q_2를 증가시켜 Q점으로 이동한다. 기업 1은 이에 대응하여 q_1을 감소시킴으로써 자신의 반응곡선상의 R점으로 이동한다. 그러면 기업 2는 다시 q_2를 증가시켜 자신의 반응곡선상의 S점으로 이동한다.

더 그리지는 않았지만 이런 대응 방식이 이어져 이후 상술할 균형 E에 도달한다. 이때 화살표가 수직 또는 수평으로 그려진 것은 각 기업이 자신의 반응곡선상으로 이동할 때, 즉 자신의 산출량을 조정할 때 상대방이 산출량을 변화시키지 않을 것으로 가정한다는 사실을 반영한다. 예컨대 $\overrightarrow{PQ}$는 q_1이 변하지 않을 것으로 가정하고 q_2를 증가시키는 것을 나타낸다.

예제 15.1 꾸르노모형의 반응곡선

시장수요곡선은 $Q = 58 - p$이다. 이 시장에 2개의 기업이 있는데, 각 기업이 상품을 생산하는 데 드는 평균비용과 한계비용은 10으로서 일정하다. 두 기업이 서로 상대방의 산출량이 주어졌다고 보고 자신의 산출량을 정한다고 하자. 이때 각 기업의 반응곡선을 구하시오.

풀이 수요곡선은 $q_1 + q_2 = 58 - p$로 쓸 수 있다. 이때 상대방 기업의 산출량을 고정된 것으로 간주하고 자신의 산출량을 정한다고 하였다. 즉 내쉬전략을 사용한다고 하였다. 그러므로 기업 1의 이윤극대화 문제는

$$\underset{q_1}{\text{Max}} \; \pi_1 = pq_1 - 10q_1 = (58 - q_1 - \bar{q}_2)q_1 - 10q_1 \tag{1}$$

으로 쓸 수 있다. 한편 상대방 기업의 산출량을 고정된 것으로 간주하고 이윤을 극대화하도록 자신의 산출량을 정한다는 것의 의미를 알아보자. 그것은 수학적으로는 (1)을 자신의 산출량에 대해 편미분한 다음 그 결과를 0으로 만드는 값을 찾는 것과 같다. 또한 q_1으로 편미분한다는 것은 위 식에서 q_2를 상수로 취급하고 위 식을 q_1에 대해 미분한다는 것이다. 그러므로 이윤극대화의 일차필요조건은

$$\frac{\partial \pi_1}{\partial q_1} = 58 - 2q_1 - \bar{q}_2 - 10 = 0 \tag{2}$$

이다. 이것을 정리하면 $58 - 2q_1 - \bar{q}_2 = 10$이 된다. 이것은 바로 $MR_1 = MC_1$이다. 이로부터 $q_1 = 24 - \frac{1}{2}\bar{q}_2$ (3)이 된다. 이것이 기업 1의 반응곡선이다. 한편 기업 1과 기업 2의 비용함수가 같으므로 반응곡선도 대칭적이 된다. 그 결과 $q_2 = 24 - \frac{1}{2}\bar{q}_1$ (4)가 된다(물론 이것은 기업 2의 문제를 따로 풀어서 구할 수도 있다). 이 두 반응곡선의 교점이 곧 이어 배우게 될 꾸르노균형이다.

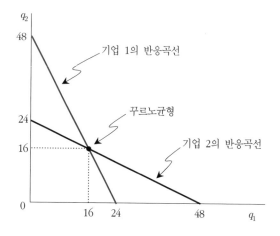

 참고

반응곡선을 살펴보자. 상대방이 한 단위도 생산하지 않으면 그에 반응하여 자신은 이윤을 극대화하도록 독점산출량(24단위)을 생산한다. 반면에 상대방이 시장가격이 음이 되지 않는 한 최대로(48단위) 생산하면 그에 반응하여 자신은 한 단위도 생산하지 않는다.

15.2.3 등이윤곡선

반응곡선 특성의 심층적 이해와 이후의 분석을 위해 등이윤곡선의 개념을 소개하자.

> 🌱 **등이윤곡선**(isoprofit curve) 똑같은 이윤을 보장하는 산출량묶음들의 집합을 그래프로 나타낸 것

예를 들어 기업 1의 등이윤곡선은 일정한 이윤 $\overline{\pi}_1$에 대해

$$p(q_1 + q_2^e) \times q_1 - c_1(q_1) = \overline{\pi}_1$$

를 만족시키는 (q_1, q_2^e)들을 그림으로 나타낸 것이다.

(1) 등이윤곡선은 [그림 15-3]에 있는 화살표가 가리키는 것처럼 아래로 이동할수록 높은 이윤을 나타낸다. 그 이유는 기업 1이 산출량을 변화시키지 않더라도 기업 2가 산출량을 줄일 경우 기업 1의 이윤이 증가하기 때문이다. 이에 대해 더 자세히 살펴보자. 기업 1이 산출량을 변화시키지 않을 경우 기업 1의 생산비용은 변하지 않는다. 그런데 이때 기업 2가 산출량을 줄이면 시장가격이 상승할 것이므로 기업 1의 수입이 증가한다. 이 경우 기업 1의 비용이 변하지 않는다는 점을 고려하면 기업 1의 이윤이 증가한다.[5]

> **그림 15-3** 등이윤곡선

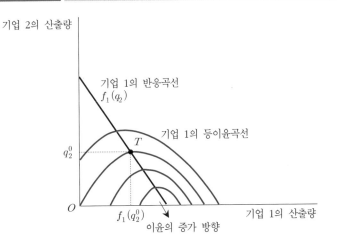

등이윤곡선은 오목하며 아래로 갈수록 높은 이윤을 나타낸다. 각 등이윤곡선의 정점들을 이으면 반응곡선이 된다.

---

[5] 이상의 내용은 $\dfrac{\partial \overline{\pi}_1}{\partial q_2} = p' \times q_1 < 0$이라는 것으로부터도 알 수 있다(수요곡선은 기울기가 음이므로 $p' < 0$이다).

(2) 등이윤곡선은 가로축에서 쳐다볼 때 오목하게 그려진다. 그 이유를 알아보자. 먼저 기업 2의 산출량이 그림과 같이 q_2^0로 일정하게 주어졌다고 하자. 이때 기업 1의 이윤을 극대화시켜 주는 산출량은 q_2^0에서 그은 평행선이 등이윤곡선과 접하는 점 T에 대응하여 $f_1(q_2^0)$로 결정된다. 그렇게 되는 이유를 살펴보자. 먼저 그 평행선이 등이윤곡선과 교차할 경우에는 등이윤곡선이 아래로 이동하면 이윤이 증가한다. 그 다음 그 평행선이 등이윤곡선과 완전히 분리될 경우에는 기업 2의 산출량이 q_2^0에 미치지 못한다. 이러한 이유들 때문에 이윤은 점 T에서 극대화되는 것이다. 한편 이로부터 등이윤곡선은 오목하게 그려져야 한다는 사실도 알 수 있다.[6]

(3) q_2의 값이 q_2^0로부터 변할 경우, 그러한 평행선이 등이윤곡선과 접하는 점도 바뀐다. 이때 이러한 접점들을 연결한 것이 바로 기업 1의 반응곡선이다.[7] 이것은 반응곡선의 의미를 상기하면 쉽게 이해할 수 있다. 왜냐하면 반응곡선이란 바로 상대 기업의 산출량에 대한 예상값이 변화할 때 이 예상값과 자신의 이윤을 극대화시켜주는 산출량 사이의 관계를 말하기 때문이다.

15.2.4 꾸르노균형

앞에서 내쉬전략의 의미를 소개했는데 여기서 내쉬전략은 상대방의 산출량이 자신이 예상한 값으로부터 변하지 않을 것으로 가정하고 최적산출량을 결정하는 것을 의미한다. 그러나 일반적으로 각 기업의 최적산출량은 상대방이 자신에 대해 예상하는 산출량과는 다를 것이다.

이러한 상황에서 기업 2의 산출량이 q_2^*일 때 기업 1의 이윤을 극대화하는 산출량이 q_1^*이라고 하자. 그리고 이와 동시에 기업 1의 산출량이 q_1^*일 때 기업 2의 이윤을 극대화하는 산출량이 q_2^*라고 하자. 그러면 균형이 달성된다(균형에 이르는 과정은 [그림 15-2] 참조). 즉

$$q_1^* = f_1(q_2^*)$$
$$q_2^* = f_2(q_1^*)$$

가 성립할 때 균형이 달성되는 것이다. 균형은 외부적인 교란이 없는 한 그대로 유지

---

6 만일 등이윤곡선이 볼록하다면 접점 T에서 이윤극대화의 2계조건이 만족되지 못하며, 그 결과 이윤이 극대화되는 것이 아니라 극소화된다. 이때 이윤이 극소화되는 것은 [그림 15-3]에 볼록한 등이윤곡선을 그려봄으로써 쉽게 확인할 수 있다.

7 이러한 접점들은 사실상 각 등이윤곡선에서 가장 높은 곳에 있는 점(頂上點)들이다.

되려는 상태를 말한다. 그런데 위 조건이 성립하면 각 기업이 모두 자신의 이윤을 극대화하게 되어 어느 기업도 자신의 행위를 변화시킬 유인이 없게 된다. 그러므로 균형이 달성된다는 것이다.[8] 이때 각 기업에게 최적이 되는 산출량의 순서쌍인 (q_1^*, q_2^*)를 **꾸르노균형**이라고 한다. 이것은 또한 **꾸르노-내쉬균형**(Cournot–Nash equilibrium)이라고도 한다.[9]

> 🌱 **꾸르노균형**(Cournot equilibrium) 각 기업이 상대방의 산출량이 자신이 예상한 값으로부터 변화하지 않을 것으로 가정하고 최적산출량을 결정할 때 이루어지는 균형

이러한 꾸르노균형은 [그림 15-4]에 두 반응곡선이 교차하는 E점으로 나타나 있다. 앞서와는 다른 방법으로 이제 반응곡선을 이용하여 E점이 꾸르노균형인 이유를 말해 보자. E점은 기업 1의 반응곡선상에 있다. 그러므로 기업 2가 q_2^*를 생산한다고 예상되면 기업 1은 자신의 반응곡선상에서 그에 대응하는 q_1^*를 생산한다. 또한 E점은 기업 2의 반응곡선상에도 놓여 있다. 그러므로 기업 1이 q_1^*를 생산한다고 예상되면 기업 2는 자신의 반응곡선상에서 그에 대응하는 q_2^*를 생산한다. 이렇게 볼 때 결국 E점에서는 어느 기업도 자신의 산출

그림 15-4 **꾸르노균형**

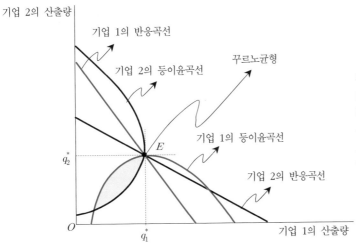

두 기업의 반응곡선이 교차하는 점에서 꾸르노균형이 달성된다. 그 점은 각 기업의 반응곡선상에 놓이므로 어느 기업도 산출량을 변화시킬 유인이 없다.

---

8 한편 일반적으로 이때 각 기업의 산출량의 합은 이 시장이 독점화될 경우보다는 많지만 완전경쟁일 경우보다는 적어진다.

9 시장에 두 기업이 아니라 수많은 기업들이 존재하여 이들이 각기 내쉬전략을 사용할 경우를 생각해 보자. 이 경우 각 기업의 행위는 시장가격에 거의 영향을 주지 못한다. 이때 꾸르노균형은 완전경쟁균형과 같아지는 것을 보여줄 수 있다. 완전경쟁의 정의에 비추어 이 결과를 음미해 보라.

량을 변화시킬 유인이 없게 된다. 그러므로 E점에서 균형이 달성된다.

동질적인 상품일 경우의 꾸르노균형과 관련하여 다음 사항에 주목하자.

(1) 뒤에 다시 언급하겠지만 꾸르노균형을 통과하는 두 기업의 등이윤곡선은 그림에서 음영으로 표시된 부분과 같이 렌즈 모양을 형성하고 있다.[10] 이같은 렌즈 모양이 암시하는 것은 무엇일까? 그것은 각 기업이 산출량을 조정하여 그 모양 내부에 있는 산출량을 택하면 두 기업의 이윤이 모두 더 높아질 수 있다는 것을 암시한다.

(2) 지금까지 균형을 구하는 과정에서 각 기업은 상대방의 산출량이 자신이 예상한 값으로부터 변화하지 않을 것으로 가정하고 자신의 이윤을 극대화한다고 하였다. 얼른 보기에 이 가정에는 문제가 있는 것으로 보인다. 그러나 우리의 목표가 균형을 찾는 것이기 때문에 이렇게 가정하더라도 문제가 없다. 왜냐하면 균형에서는 각 기업이 산출량을 더 이상 변화시키지 않을 텐데 그 상태가 바로 우리가 찾는 상태이기 때문이다. 다시 말하면 균형은 서로 상대방의 산출량에 대한 자신의 예상이 들어맞은 상태여서 균형에서는 각 기업이 산출량을 더 이상 변화시킬 유인이 없기 때문이다. 한편 이 가정은 꾸르노균형을 구할 때 균형에 이르는 경로에는 관심을 두지 않고 다만 결과에 초점을 맞춘 사실과 관계된다.

(3) 꾸르노균형에서는 $p > MC$가 성립한다. 그런데 소비자는 항상 $p = MB$인 상태에서 소비하므로 결국 $MB > MC$가 되어 꾸르노균형은 비효율적이 된다.

📋 예제 15.2 독점균형, 꾸르노균형, 경쟁균형

어떤 독점기업이 직면하고 있는 시장수요곡선은 $Q = 58 - p$이다. 이 독점기업이 상품을 생산하는 데 드는 평균비용과 한계비용은 10으로서 일정하다.

a. 이 독점기업이 이윤을 극대화한다고 하자. 이때 산출량, 가격, 그리고 그때의 이윤을 구하시오.
b. 이 시장에 제2의 기업이 진입하였다고 하자. 그런데 이 기업의 비용함수는 원래의 독점기업의 비용함수와 같다고 한다. 이제 두 기업이 서로 상대방의 산출량이 주어졌다고 보고 자신의 산출량을 정한다고 하자. 이러한 가정 아래 각 기업이 모두 만족할 수 있는 각자의 산출량을 구하시오. 이때 시장가격과 각 기업의 이윤은 얼마인가?
c. 경쟁일 경우 시장가격과 각 기업의 이윤은 얼마인가?
d. 위 문항 a, b, c의 결과들을 그린 다음, 각 경우 비효율의 크기를 비교하시오.

KEY 산출량은 경쟁균형에서 가장 많고 그 다음 꾸르노균형에서 많으며 독점기업에서 가장 적다.

---

10 기업 2의 등이윤곡선도 기업 1의 등이윤곡선과 같은 원리에 의해 그려졌다.

풀이 a. 독점기업의 이윤극대화 문제는

$$\underset{Q}{\text{Max}}\ \pi = pQ - c(Q) = (58 - Q)Q - 10Q \tag{1}$$

이다. 이윤극대화의 일차필요조건은

$$\frac{d\pi}{dQ} = 58 - 2Q - 10 = 0,\ 58 - 2Q = 10,\ \text{즉}\ MR = MC \tag{2}$$

이다. 이로부터 $Q^* = 24$가 된다. 이 값을 수요곡선에 대입하면 $p^* = 34$를 얻는다. 한편 산출량을 목적함수에 대입하면 $\pi(Q^*) = 576$을 얻는다.

b. 꾸르노-내쉬균형을 구하라는 것이다. 반응곡선을 구하는 과정까지는 [예제 15.1]과 같다. [예제 15.1]에서 수요곡선은 $q_1 + q_2 = 58 - p$ (3)으로 쓸 수 있었다. 이때 다른 기업의 산출량을 고정된 것으로 간주하고 자신의 산출량을 정한다고 하였으므로 기업 1의 이윤극대화 문제는

$$\underset{q_1}{\text{Max}}\ \pi_1 = pq_1 - 10q_1 = (58 - q_1 - \bar{q}_2)q_1 - 10q_1 \tag{4}$$

으로 쓸 수 있었다. 비용함수가 같으므로 기업 2의 경우에도 이와 대칭적으로 쓸 수 있다. 이로부터 반응곡선은 각각

$$q_1 = 24 - \frac{1}{2}\bar{q}_2 \ (5),\ q_2 = 24 - \frac{1}{2}\bar{q}_1 \ (6)$$

으로 구해졌었다. 여기까지는 [예제 15.1]과 같다. 이때 변수는 4개이고 식은 2개이다. 그러므로 이 식이 풀리려면 두 개의 식이 더 필요하다. 그 두 개의 식을 얻기 위해 균형조건을 생각해 보자. 먼저 각 기업은 상대방의 산출량을 예상해 보고 거기에 반응하여 자신의 산출량을 조정한다. 그런데 균형에서는 자신의 예상이 실제로 실현된다. 그런데 자신은 이미 그 예상치에 근거하여 자신의 산출량을 정하였다. 그러므로 자신의 예상이 실제로 맞으면 자신은 산출량을 변화시킬 이유가 없다. 그러므로 균형은 각 기업이 상대방에 대해 예상한 산출량만큼 상대방이 실제로 생산한 상태에서 성립한다. 따라서 균형에서는 $\bar{q}_1 = q_1$ (7), $\bar{q}_2 = q_2$ (8)이 성립한다. (5)~(8)을 연립으로 풀면 $q_1^* = q_2^* = 16$으로 구해진다. 한편 이러한 과정은 두 반응곡선의 교점을 구하는 것과 같으며 이때 구한 산출량은 사실상 두 반응곡선의 교점에 대응된다. 이때 가격은 $(q_1^* + q_2^*)$을 수요곡선인 (3)에 대입함으로써 $p^* = 26$으로 구해진다. 이때 기업 1의 이윤은 이 값들을 목적함수인 (4)에 대입함으로써 $\pi_1(q_1^*, q_2^*) = 256$으로 구해진다. 기업 2의 경우 산출량과 비용이 기업 1과 같으므로 이윤도 같아진다.

c. 이 시장이 경쟁일 경우 개별 기업의 이윤극대화 문제는

$$\underset{q}{\mathrm{Max}}\ \pi = pq - c = pq - 10q$$

이다. 이윤극대화의 일차필요조건은 $p=10$이다. 이것은 바로 $p=MC$조건이다. 이때 시장산출량은 $Q=58-p=58-10=48$이 된다. 그리고 이윤은 0이 된다. 한계비용이 일정하다는 점에 주목하면 이윤이 0이 되는 것은 당연하다. 한편 이처럼 한계비용이 일정할 경우 가격은 오로지 기술(비용)에 의해 정해지고 선호를 반영하는 수요곡선과는 무관하게 정해진다.

d. 비효율의 크기는 산출량을 비교하면 알 수 있다. 산출량은 경쟁균형에서 가장 많고 그 다음 꾸르노균형에서 많으며 독점균형에서 가장 적다. 이로부터 '독점균형의 비효율>꾸르노균형의 비효율'이다. 즉 '독점균형의 하버거의 삼각형 > 꾸르노균형의 하버거의 삼각형'이다. 경쟁균형은 효율적이다. 한편 가격은 당연히 산출량의 크기와 반대의 순서로 높아진다. 특히 한계비용이 일정하기 때문에 경쟁균형에서는 이윤이 0이 된다.

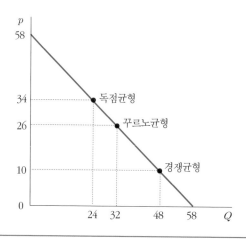

15.2.5 차별화된 상품일 경우의 꾸르노모형

지금까지는 각 기업이 동질적인 상품에 대해 수량경쟁을 하는 경우에 대해 분석하였다. 그런데 기업들이 **차별화된 상품**으로 수량경쟁을 하는 경우도 많다. 예를 들어 색상을 다르게 한다든지 품질을 다르게 하는 경우를 생각해 볼 수 있다. 이처럼 차별화된 상품으로 수량경쟁을 할 경우에는 동질적인 상품으로 수량경쟁을 할 경우와는 달리 각 기업이 나름대로 각자의 수요곡선을 가지고 있다. 그렇지만 이때 균형을 구하는 기본적인 아이디어는 동질적인 상품에 대해 수량경쟁을 하는 경우와 같다. 다음 예제를 통해 확인해 보자.

예제 15.3 차별화된 상품일 경우의 꾸르노균형

두 기업이 차별화된 상품을 생산하고 있다. 한 기업은 x를 생산하고 다른 기업은 y를 생산한다고 한다. 이때 각 기업의 평균비용과 한계비용은 $c < 1$로서 일정하다. 그리고 각 상품에 대한 수요함수는 각각 $x = \frac{1}{3} - \frac{2}{3}p_x + \frac{1}{3}p_y$, $y = \frac{1}{3} + \frac{1}{3}p_x - \frac{2}{3}p_y$라고 한다. 이러한 상황에서 두 기업이 수량 설정을 통해 경쟁한다고 하자. 이 경우 반응곡선과 내쉬균형을 구하시오.

KEY 각 기업이 차별화된 상품에 대해 수량경쟁을 하는 꾸르노모형이다.

풀이 주어진 모형은 두 기업이 차별화된 상품에 대해 서로 수량경쟁을 하는 꾸르노모형이다. 동질적인 상품에 대해 수량경쟁을 하는 보통의 꾸르노모형과 대조된다. 한편 수요함수를 관찰해 볼 때 한 기업이 가격을 올리면 다른 기업의 수요량이 증가한다. 그러므로 두 상품이 서로 대체재이다.

수량 설정의 경우 가격을 수량의 함수로 표시하는 것이 편리하다. 즉 역수요함수를 사용하는 것이 편리하다. 그러므로 먼저 두 수요함수를 연립으로 풀어서 가격을 수량의 함수로 나타내자. 그러면 $p_x = 1 - 2x - y$, $p_y = 1 - x - 2y$가 된다.

기업 x의 이윤극대화 문제는

$$Max_x \quad \pi_x = TR_x - TC_x = p_x(x,y)x - cx$$

이다. 여기에 x의 역수요함수를 대입하면 이 문제는

$$Max_x \quad \pi_x = TR_x - TC_x = (1 - 2x - y^e)x - cx$$

로 다시 쓸 수 있다.

이윤극대화의 일차필요조건은 $\frac{\partial \pi_x}{\partial x} = (1 - 4x - y^e) - c = 0$이다. 이것을 정리하면 $1 - 4x - y^e = c$이다. 이것은 바로 $MR_x = MC_x$이다. 이로부터 기업 x의 반응곡선은 $x(y^e) = \frac{1 - c - y^e}{4}$가 된다. 그런데 기업 y의 문제는 기업 x의 문제와 서로 대칭이다. 그러므로 기업 y의 문제를 따로 풀지 않더라도 기업 y의 반응곡선은 $y(x^e) = \frac{1 - c - x^e}{4}$가 되는 것을 알 수 있다.

반응곡선들의 기울기가 모두 음이므로 두 상품은 서로 전략적 대체재이다. 한편 내쉬균형에서는 $x = x^e$, $y = y^e$가 성립한다. 이 4개의 식을 연립으로 풀면 꾸르노-내쉬균형 수량이 $x^* = y^* = \frac{1 - c}{5}$로 구해진다. 이 값을 각 수요곡선과 목적함수에 대입하면 $p_x^* = p_y^* = \frac{2 + 3c}{5}$, $\pi^* = \frac{2}{25}(1 - c)^2$을 얻는다.

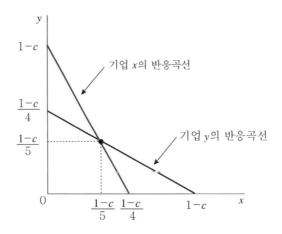

15.3 베르뜨랑모형

꾸르노모형은 이윤을 극대화하기 위해 각 기업들이 산출량을 조절하는 전략을 사용한 경우였다. 그런데 실제에서는 각 기업들이 산출량을 조절하는 대신 가격을 조절하는 전략을 사용하는 경우를 흔히 볼 수 있다. 이와 관련하여 19세기 프랑스의 베르뜨랑(J. Bertrand)은 두 기업이 동시에 가격을 결정하는 모형에 대해 분석하였다.

15.3.1 동질적인 상품일 경우의 베르뜨랑모형

꾸르노모형에서는 각 기업들이 산출량을 결정할 때 상대방의 산출량을 예상한다. 그리고 그 예상에 근거하여 자신의 산출량을 결정하였다. 이때 자신이 산출량을 변화시키더라도 상대방은 산출량을 변화시키지 않을 것으로 가정하고 있다. 이와는 달리 베르뜨랑모형에서는 산출량 대신 가격을 대상으로 하고 있다. 그리하여 자신이 가격을 변화시키더라도 상대방은 가격을 변화시키지 않을 것으로 가정하고 있다.[11]

---

11 수학적으로 볼 때, 이것은 두 기업 1과 2에 대해 $\dfrac{\partial p_2}{\partial p_1}=0,\ \dfrac{\partial p_1}{\partial p_2}=0$임을 의미한다. 즉 가격에 대한 추측된 변화가 0이라는 것이다. 한편 꾸르노모형의 경우 가격이 아닌 수량에 대한 추측된 변화가 0이었다.

이때 두 기업이 동질적인 상품을 생산한다고 가정하자. 이 경우 각 기업은 자신이 상대방보다 가격을 낮추면 모든 소비자들이 자신에게 몰려올 것으로 생각하여 상대방보다 낮은 가격을 설정하려 한다. 그러나 이러한 상황은 상대방에게도 똑같이 적용된다. 결과적으로 베르뜨랑모형에서는 서로 가격을 낮추는 가격경쟁에 돌입하게 된다. 그리하여 마침내는 가격이 한계비용과 같아지는 수준에서 내쉬균형이 달성된다. 이렇게 달성되는 균형을 베르뜨랑균형 또는 베르뜨랑-내쉬균형(Bertrand-Nash equilibrium)이라고 한다. 그런데 이 균형에서는 $p = MC$가 성립된다. 이것은 경쟁시장에서 얻는 결과와 같다.

> 🌱 **베르뜨랑균형**(Bertrand equilibrium) 상대방이 설정하는 가격이 자신이 예상한 값으로부터 변화하지 않을 것으로 가정하고 각 기업이 자신의 최적가격을 결정할 때 이루어지는 균형

여기에서도 각 기업은 상대 기업의 가격을 주어진 것으로 보고 가격순응자로 행동한다고 가정하고 있다. 이 점에 주목하자.

물론 가격이 한계비용보다 낮을 때에는 산출량을 줄이는 것이 이득이 된다. 그러므로 가격이 한계비용보다 낮아지지는 않는다. 반면에 두 기업 중 한 기업이 가격을 한계비용보다 높게 설정할 경우 상대방은 그 가격보다 낮은 가격을 설정하여 고객을 모두 빼앗아 갈 것이다. 그런데 이러한 상황은 두 기업에게 모두 적용된다. 그러므로 두 기업이 모두 가격을 한계비용과 같은 수준까지 내릴 때 비로소 균형이 달성되는 것이다.

15.3.2 평 가

현실의 과점시장에서도 일단 가격 경쟁에 돌입하면 그 어떤 방법에 의해서도 도달할 수 없을 정도로 낮은 가격에 이르는 경우를 볼 수 있다. 이것이 바로 베르뜨랑모형의 논리가 적용되는 경우라고 볼 수 있다.

한편 베르뜨랑균형의 결과와 꾸르노균형의 결과는 크게 다르다. 즉 동질적인 상품에 대한 베르뜨랑균형의 경우 $p = MC$가 달성되어 경쟁시장의 경우처럼 효율적인 결과를 얻게 된다. 그러나 꾸르노균형의 경우 $p > MC$가 되어 비효율이 발생하고 있다는 것이다. 이러한 결과만 보더라도 기업들이 어떻게 행동하는가가 자원이 효율적으로 배분되는가에 큰 영향을 미친다는 것을 알 수 있다.

🗄 예제 15.4 베르뜨랑균형: 동질적인 상품일 경우

시장에서 A와 B 두 기업이 상품을 생산하고 있다. 각 기업이 상품을 생산하는 데 들어가는 한계비용과 평균비용은 20만원으로서 서로 같다. 수요함수는 $Q = 600 - 10p$이다. 베르뜨랑균형을 구하시오. 이때 각 기업의 이윤을 구하시오.

풀이 베르뜨랑균형은 전략적 상황에서 두 기업이 동시에 가격을 설정할 때 달성되는 균형이다. 균형을 찾기 위해 예를 들어보자. 기업 A가 한계비용인 20만원보다 높은 가격 p_A를 설정했다고 하자. 이 경우 기업 B는 20만원보다는 높지만 p_A보다는 낮은 가격 p_B를 설정한다고 하자. 그러면 모든 소비자들이 낮은 가격을 바라보고 모두 기업 B에게 몰릴 것이다. 그리하여 기업 B가 시장을 모두 차지하게 된다. 이러한 예상을 할 경우 기업 A는 자신의 가격을 바꿀 유인이 생긴다. 즉 한계비용인 20보다는 높지만 p_B보다는 낮은 가격을 설정함으로써 시장을 다시 모두 차지하려 할 것이다. 그러면 기업 B도 다시 자신의 가격을 바꿀 유인이 생긴다. 이러한 비협조적인 가격설정 과정이 반복되어 두 기업의 가격이 모두 한계비용과 같아지는 상태에 도달했다고 하자. 이 상태에서는 가격을 내리는 경우 해당 기업은 손실을 입는다. 그러므로 이러한 상태에서는 어느 기업도 더 이상 가격을 변경하려고 하지 않을 것이다. 균형의 정의에 입각할 때 이 상태가 바로 균형이 된다. 이 경우 가격설정을 통하여 균형이 달성되었으므로 베르뜨랑균형이다. 한편 각 기업의 한계비용과 평균비용은 같다고 하였다. 그런데 균형에서는 가격과 한계비용이 같아지므로 결국 가격과 평균비용이 같아진다. 그 결과 각 기업의 이윤은 0이 된다.

15.3.3 차별화된 상품일 경우의 베르뜨랑모형

동질적인 상품에 대해 **가격경쟁**을 하는 경우 두 기업의 한계비용이 서로 같을 때에는 시장에 단 2개의 기업만 있더라도 각 기업의 이윤이 0이 된다. 그런데 현실적으로는 가격경쟁을 하는 경우에도 각 기업이 양의 이윤을 얻는 경우가 많다. 이 점에 비추어 이제 각 기업이 차별화된 상품에 대해 가격경쟁을 하는 경우에 대해 살펴보자. 앞서도 말했지만 차별화된 상품으로 경쟁할 경우에는 동질적인 상품으로 경쟁할 경우와는 달리 각 기업이 나름대로 각자의 수요곡선을 가지고 있다. 또한 차별화된 상품이므로 각 상품의 수요량은 그 상품의 가격뿐만 아니라 다른 상품 가격의 함수이다.

이러한 사항들을 반영하는 각 상품에 대한 수요함수가 선형으로서 각각

$$q_1 = d_1(p_1, p_2) = a - p_1 + bp_2, \quad q_2 = d_2(p_1, p_2) = a - p_2 + bp_1$$

이고 생산비용은 0이라고 하자. 이때 $a > 0$이다. 이때 상대기업에 대해 예상한 값이라는 사실을 상첨자 e로 표시할 경우 각 기업의 이윤함수는

$$\pi_1(p_1, p_2^e) = p_1 q_1 = p_1(a - p_1 + b p_2^e), \ \pi_2(p_1^e, \ p_2) = p_2 q_2 = p_2(a - p_2 + b p_1^e)$$

가 된다. 가격경쟁이므로 이윤을 가격의 함수로 표현하고 있음에 주목하자.

(1) 이로부터 각 기업의 반응함수는

$$p_1 = \frac{a + b p_2^e}{2}, \ p_2 = \frac{a + b p_1^e}{2}$$

로 구해지는 것을 보여줄 수 있다. (2) 균형에서는 상대에 대한 예상이 실현되므로 $p_1^e = p_1$, $p_2^e = p_2$가 성립한다. 이 2개의 식과 반응함수 2개를 연립으로 풀면 $b \neq 2$, $b \neq -2$일 경우 베르뜨랑균형은

$$p_1^* = p_2^* = \frac{a}{2 - b}$$

로 구해진다. (3) $b = 2$일 경우 '불능', $b = -2$일 경우 '부정'을 얻는다($b = -2$일 경우 연립방정식을 푸는 과정에서 부정이 되는 것을 확인할 수 있다). (4) 균형가격이 양수가 되려면 $b < 2$이어야한다. 한편 $b < 2$, $b \neq -2$일 경우

$$q_1^* = q_2^* = \frac{a}{2 - b}, \ \pi_1^* = \pi_2^* = \frac{a^2}{(2 - b)^2}$$

이 된다. 이제 [그림 15-5]와 함께 b의 크기에 따른 균형의 특성에 대해 알아보자.

(1) 대체재일 경우: $b > 0$

$b > 0$일 경우 상대 기업이 가격을 인상할 경우 내 기업의 수요량이 증가한다. 즉 두 상품은 서로 대체재이다.

대체재일 경우 예컨대 기업 2가 가격을 인상하면 기업 1의 수요량이 증가한다. 이때 기업 1의 최적대응은 자신도 가격을 어느 정도 인상하는 것이다. 이것은 기업 1의 반응함수에서 p_2^e가 커지면 p_1도 커지는 것으로 나타난다. 물론 기업 1이 가격 인상으로 대응할 경우 기업 2의 가격 인상으로 인해 늘어난 자신(기업 1)의 수요량 증가를 다소 갉아 먹겠지만, 수입은 가격에 수량을 곱한 것임을 감안할 때 가격을 어느 정도 인상하는 것이 기업 1의 이윤

을 증가시키는 방법인 것이다. 다시 말하면 기업 2의 가격 인상에 대해 기업 1도 가격을 인상하는 것이 최적대응이다. 그 결과 앞서 구한 반응함수에서 보듯이 반응함수가 경쟁기업의 가격에 대해 증가함수가 된다. 이 경우 두 상품은 서로 전략적 보완재가 된다.

> 🌱 **전략적 보완재**(strategic complements) 반응함수가 경쟁기업의 전략변수에 대해 증가함수가 되는 경우 각 상품의 관계

전략변수를 서로 같은 방향으로 사용하는 것이 최적대응이라는 측면, 즉 전략변수에 대한 의사결정이 서로를 강화시키는 방향으로 작용한다는 측면에서 전략적으로 보완관계에 있다는 것이다. 결국 대체재일 경우 가격경쟁을 할 때에는 두 상품이 서로 전략적 보완재가 된다.

이 경우 기업 2가 가격을 인상하면 기업 1의 수요량이 증가하여 기업 1의 이윤이 증가하는데(이것은 기업 1의 이윤함수를 관찰해 보아도 알 수 있다) 이때 기업 1도 가격 인상으로 대응하고 그러면 기업 2는 다시 그 인상된 가격에 대응해서 가격 인상으로 대응하고 기업 1은 그 인상된 가격에 대응해서 다시 가격 인상으로 대응한다. 이러한 대응 방식이 계속 이어진다. 이를 바탕으로 각 경우에 대해 검토해 보자.

(1) $0 < b < 2$일 경우: [그림 15-5(A)], 균형이 유일

이 경우 균형이 유일하게 존재한다. 반응함수에서 보듯이 p_2^e에 적용되는 계수가 $\frac{b}{2}$인데 $0 < b < 2$일 경우 $0 < \frac{b}{2} < 1$이다. 이것은 기업 2가 가격을 인상하면 기업 1은 기업 2의 가격 인상폭의 1배수보다 작은 배수만큼 가격을 인상한다는 것을 의미한다(즉 반응함수로부터 $0 < \frac{\partial p_1}{\partial p_2^e} = \frac{\partial p_2}{\partial p_1^e} = \frac{b}{2} < 1$이다). 이 경우 이처럼 서로 계속 상대방 가격 인상폭의 1보다 작은 배수의 가격 인상으로 대응하기 때문에 균형이 유일하게 존재한다.

직관적으로 볼 때 $0 < b < 2$일 경우 1보다 작은 배수로 인상하는 이유는 그보다 더 인상하면 가격 인상에 따른 부정적 효과가 긍정적 효과보다 커지기 때문이다. 수요함수와 반응함수를 관찰해 보면 (i) 이때 부정적 효과는 가격 p_1의 인상에 따른 기업 1 자신의 수요량 감소가 이윤을 감소시키는 효과이다. (ii) 직접적인 긍정적 효과는 가격 p_1의 인상이 오로지 가격 측면에서 이윤을 증가시키는 효과이다. 간접적인 긍정적 효과는 p_1의 인상이 q_1의 전략적 보완재로서의 q_2의 가격 인상 유발을 통해 그 대체재로서의 기업 1 자신의 수요량 q_1을 증가시킴으로써 이윤을 증가시키는 효과이다.

그림 15-5 | 차별화된 상품일 경우의 베르뜨랑균형

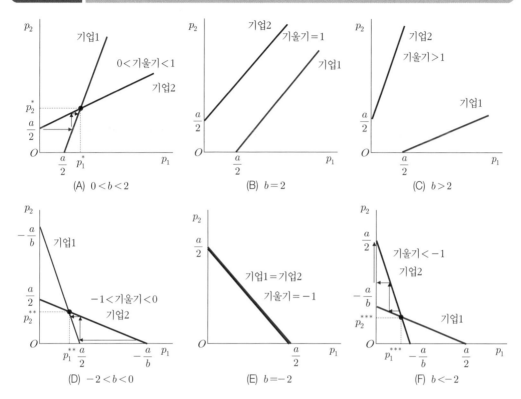

(A) $0 < b < 2$

(B) $b = 2$

(C) $b > 2$

(D) $-2 < b < 0$

(E) $b = -2$

(F) $b < -2$

차별화된 상품의 가격경쟁일 때, 두 상품이 대체재일 경우에는 가격은 전략적 보완재가 되고 보완재일 경우에는 가격은 전략적 대체재가 된다. [그림 15-2]에 화살표를 그린 원리에 따라 이 그림들에 그림처럼 화살표를 그려보면 균형에의 수렴 여부를 그래프상으로 확인할 수 있다.

(2) $b = 2$일 경우: [그림 15-5(B)], 수학적으로는 불능에 해당한다.

두 반응곡선이 서로 평행이다. $b = 2$일 경우 $\frac{b}{2} = 1$이므로 두 기업이 계속 서로 상대가 인상한 가격폭만큼 가격을 인상하게 된다(즉 반응함수로부터 $\frac{\partial p_1}{\partial p_2^e} = \frac{\partial p_2}{\partial p_1^e} = \frac{b}{2} = 1$이다). 이 경우 두 상품의 가격이 계속 높아지며 그 결과 베르뜨랑균형이 존재하지 않는다.

(3) $b > 2$일 경우: [그림 15-5(C)], 베르뜨랑균형이 존재하지 않는다.

$b > 2$일 경우 $\frac{b}{2} > 1$이므로 두 기업이 계속 서로 상대가 인상한 가격폭의 1보다 큰 배수로 가격을 인상하게 된다(즉 반응함수로부터 $\frac{\partial p_1}{\partial p_2^e} = \frac{\partial p_2}{\partial p_1^e} = \frac{b}{2} > 1$이다). 이 경우 두 상품의 가격이 계속 높아지며 그 결과 베르뜨랑균형이 존재하지 않는다.

(2) 보완재일 경우: $b < 0$

$b < 0$일 경우 상대 기업이 가격을 인상할 경우 내 기업의 수요량이 감소한다. 즉 두 상품은 서로 보완재이다.

보완재일 경우 예컨대 기업 2가 가격을 인상하면 기업 2의 수요량뿐만 아니라 기업 1의 수요량도 감소한다. 이때 기업 1의 최적대응은 자신의 가격을 어느 정도 인하하는 것이다. 이것은 기업 1의 반응함수에서 p_2^e가 커지면 p_1이 작아지는 것으로 나타난다. 다시 말하면 기업 2의 가격 인상에 대해 기업 1은 가격을 인하하는 것이 최적대응이다. 그 결과 앞서 구한 반응함수에서 보듯이 반응함수가 경쟁기업의 전략변수인 경쟁기업의 가격에 대해 감소함수가 된다. 이처럼 감소함수가 되는 경우 각 상품을 서로 전략적 대체재라고 하였다 (15.2.2 참조). 결국 두 상품이 보완재일 경우 가격경쟁을 할 때에는 이처럼 두 상품이 서로 **전략적 대체재**가 된다.

이 경우 상대의 가격 인상에 대해 자신은 이처럼 가격 인하로 대응하고 그러면 상대는 그 인하된 가격에 대응해서 다시 가격 인상으로 대응하고 자신은 그 인상된 가격에 대응해서 다시 가격 인하로 대응한다. 이러한 대응 방식이 계속 이어진다. 이를 바탕으로 각 경우에 대해 검토해 보자.

(1) $-2 < b < 0$일 경우: [그림 15-5(D)], 균형이 유일

이 경우 균형이 유일하게 존재한다. 반응함수에서 보듯이 p_2^e에 적용되는 계수가 $\frac{b}{2}$인데 $-2 < b < 0$일 경우 $-1 < \frac{b}{2} < 0$이다. 이것은 기업 2가 가격을 인상하면 기업 1은 기업 2의 가격 인상폭의 1보다 작은 배수만큼 가격을 인하하고, 기업 2가 가격을 인하하면 기업 1은 기업 2의 가격 인하폭의 1보다 작은 배수만큼 가격을 인상한다는 것을 의미한다(즉 반응함수로부터 $-1 < \frac{\partial p_1}{\partial p_2^e} = \frac{\partial p_2}{\partial p_1^e} = \frac{b}{2} < 0$이다). 이때 두 상품의 가격은 전략적 대체재로서 상대가 가격을 인상할 경우 자신은 이처럼 상대의 인상폭의 1보다 작은 배수의 가격 인하로 대응하고 상대는 그 가격 인하에 대해 다시 그 인하폭의 1보다 작은 배수의 가격 인상으로 대응하고 자신은 그 가격 인상에 대해 다시 그 인상폭의 1보다 작은 배수의 가격 인하로 대응한다. 이러한 대응 방식이 계속 이어지기 때문에 균형이 유일하게 존재한다.

직관적으로 볼 때 $-2 < b < 0$일 경우 1보다 작은 배수로 인하하는 이유는 그보다 더 인하하면 가격 인하에 따른 부정적 효과가 긍정적 효과보다 커지기 때문이다. 수요함수와 반응함수를 관찰해 보면 (i) 이때 직접적인 부정적 효과는 가격 p_1의 인하가 오로지 가격 측면에서 자신의 이윤을 감소시키는 효과이다. 간접적인 부정적 효과는 p_1의 인하가 q_1의 전략적 대체재로서의 q_2의 가격 인상 유발을 통해 그 보완재로서의 기업 1 자신의 수요량

q_1을 감소시킴으로써 이윤을 감소시키는 효과이다. (ii) 긍정적 효과는 가격 p_1의 인하에 따른 기업 1 자신의 수요량 증가가 이윤을 증가시키는 효과이다.

(2) $b=-2$일 경우: [그림 15-5(E)], 균형이 무수히 많이 존재한다.

수학적으로는 부정에 해당한다. $b=-2$일 경우 $\frac{b}{2}=-1$이므로 상대가 가격을 인상할 경우 자신은 상대가 인상한 폭만큼 가격을 인하한다(즉 반응함수로부터 $\frac{\partial p_1}{\partial p_2^e}=\frac{\partial p_2}{\partial p_1^e}=\frac{b}{2}=-1$이다). 두 반응곡선이 일치한다. 그 결과 반응곡선상의 모든 점들이 베르뜨랑균형이 된다. 즉 반응곡선상의 임의의 점$(p_1,\ p_2)$에서 볼 때 기업 2의 가격이 p_2일 때 기업 1의 이윤을 극대화하는 가격이 p_1이 되고 이와 동시에 기업 1의 가격이 p_1일 때 기업 2의 이윤을 극대화하는 가격이 p_2가 된다.

(3) $b<-2$일 경우: [그림 15-5(F)], 베르뜨랑균형이 불안정하다

$b<-2$일 경우 $\frac{b}{2}<-1$이다. 이때 상대가 가격을 인상할 경우 자신은 상대방 가격 인상폭의 1보다 큰 배수의 가격 인하로 대응하고 상대는 그 가격 인하에 대해 다시 그 인하폭의 1보다 큰 배수의 가격 인상으로 대응하고 자신은 그 가격 인상에 대해 다시 그 인상폭의 1보다 큰 배수의 가격 인하로 대응한다(즉 반응함수로부터 $\frac{\partial p_1}{\partial p_2^e}=\frac{\partial p_2}{\partial p_1^e}=\frac{b}{2}<-1$이다). 이러한 대응방식이 계속 이어지기 때문에 균형에서 한 번 이탈하면 다시는 균형으로 수렴하지 못한다. 즉 베르뜨랑균형이 불안정하다.

(3) 평가

15.3.2에서 말했듯이 동질적인 상품일 경우의 베르뜨랑균형에서는 $p=MC$가 되어 자원배분의 효율이 달성된다. 그리고 이윤이 0이 된다. 그러나 차별화된 상품일 경우의 베르뜨랑균형에서는 $p>MC$가 되어 자원배분의 효율이 달성되지 않는다. 그리고 이윤이 양이 된다. 한편 동질적 상품이든 차별화된 상품이든 베르뜨랑균형과 꾸르노균형은 결과도 다르다.

15.4 스타켈버그모형

기업들이 앞의 두 모형에서 보는 것처럼 항상 동시에 행동을 취할 것인가? 항상 그렇지는 않을 것이다. 이와 관련하여 독일의 경제학자 스타켈버그(H. von Stackelberg)는 시장에서 어떤 기업이 다른 기업이 산출량을 정하기 이전에 먼저 자신의 산출량을 정하는 경우에 대해 분석하였다. 이러한 모형을 스타켈버그모형이라고 한다.

두 기업이 동질적인 상품을 생산하는 상황에서 예컨대 선도자(leader)로 행동하는 기업 1이 q_1을 생산한다고 하자. 그러면 기업 2는 이것을 보고 자신의 산출량을 결정한다고 하자. 즉 기업 2는 추종자(follower)로 행동한다는 것이다. 이때 시장점유율이 높은 기업이 선도자가 될 가능성이 높다. 그런데 이러한 상황이라면 선도자인 기업 1은 자신의 산출량을 어떻게 결정할 것인가? 아마도 선도자는 자신의 결정에 따라 추종자가 어떻게 반응할 것인가를 고려하여 자신의 산출량을 결정할 것이다. 그리고 이때 선도자는 추종자 자신도 이윤을 극대화한다는 점을 감안할 것이다. 여기서 두 기업 모두 시장가격은 자신들이 생산한 수량을 합한 총산출량의 함수라는 것을 인식하고 있다고 하자. 이러한 가정은 앞에서 다룬 모형들의 가정과 같다.

15.4.1 추종자의 문제

이러한 모형의 결과를 알려면 순서를 바꾸어 추종자의 문제부터 검토하는 것이 편리하다. 추종자의 이윤은 선도자가 얼마나 생산하는가에 의해 영향을 받는다. 그러나 추종자의 입장에서 볼 때 q_1은 이미 결정된 것이다. 그러므로 추종자는 선도자의 산출량을 주어진 것으로 받아들이고 자신의 산출량 q_2를 선택한다.[12]

시장가격은 두 기업의 산출량을 합한 시장산출량에 따라 달라진다. 이것을 나타내기 위해 $p(q_1 + q_2)$로 쓰기로 하자. 이때 추종자가 얻는 수입은 이 시장가격에 자신의 산출량을 곱한 $p(q_1 + q_2) \times q_2$가 된다. 추종자의 비용은 $c_2(q_2)$로 나타내자. 그러면 추종자의 이윤극대화 문제는

$$\underset{q_2}{\text{Max}} \ \pi_2 = p(q_1 + q_2) \times q_2 - c_2(q_2)$$

로 쓸 수 있다. 여기서 π_2는 추종자의 이윤을 나타낸다. 이때 추종자는 자신의 산출량만을 선택할 수 있다는 점에 주목하자.

추종자는 이윤을 극대화하기 위해 $MR = MC$의 원칙에 따라 산출량을 결정하게 된다. 그런데 여기서 구체적인 계산은 하지 않더라도 추종자의 이윤을 극대화시켜주는 산출량은 선도자가 얼마나 생산하는가에 영향을 받는다는 것을 알 수 있다. 즉 추종자의 이윤극대화 산출량은 선도자가 생산하는 수량의 함수인

$$q_2 = f_2(q_1)$$

과 같은 반응함수로 나타낼 수 있다는 것이다.

---

12 여기서 추종자 자신은 선도자의 산출량 결정에 영향을 미칠 수 없다고 가정하고 있다.

15.4.2 선도자의 문제 및 스타켈버그균형

선도자는 이윤을 극대화할 때 자신이 얼마나 생산하느냐가 추종자에게 영향을 미친다는 사실을 고려한다.[13] 즉 선도자는 추종자와는 달리 상대방의 반응까지 고려하여 자신의 산출량을 결정할 수 있는 유리한 위치에 있다. 한편 선도자의 수입은 시장가격에 자신의 산출량을 곱한 값이므로 $p(q_1 + q_2) \times q_1$이 된다. q_1을 생산하는 데 드는 비용을 $c_1(q_1)$이라 하자. 그러면 선도자의 이윤극대화 문제는

$$\underset{q_1}{\mathrm{Max}}\ \pi_1 = p(q_1 + q_2) \times q_1 - c_1(q_1)$$
$$s.t.\ \ q_2 = f_2(q_1)$$

으로 쓸 수 있다.[14] 여기서 π_1은 선도자의 이윤을 나타낸다.

이제 이 문제를 그림을 이용하여 풀어보자. 이때 이 문제가 수학적으로는 소비자가 효용을 극대화하는 경우와 같은 형식을 취하고 있다는 점에 주목하자. 즉 제약조건을 만족시키면서 극대화를 달성하는 문제인 것이다. 따라서 이 경우에도 소비자의 최적선택 문제를 풀 때와 유사한 방법을 이용할 수 있다.

그림 15-6 스타켈버그균형

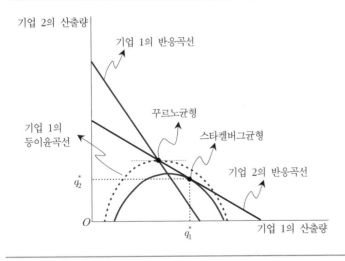

스타켈버그균형을 찾으려면 상대방의 반응곡선상의 점들 중에서 자신의 이윤을 가장 크게 해 주는 점을 찾으면 된다. 그런데 이 점은 바로 상대방의 반응곡선과 자신의 등이윤곡선이 접하는 점이다.

---

[13] 물론 그 영향은 반응함수에 나타나 있다.

[14] 여기서 기업 2의 반응함수가 제약조건의 형식으로 쓰였다. 그러나 이것은 실질적으로는 기업 1이 기업 2의 반응을 고려하여 산출량을 결정할 수 있는 유리한 위치에 있음을 반영하고 있다.

즉 먼저 [그림 15-6]과 같이 기업 2의 반응곡선을 그린 후, 이 반응곡선상에서 자신에게 가장 높은 이윤을 보장하는 자신의 산출량을 찾는 것이다.[15] 한편 꾸르노모형에서 논의했듯이 등이윤곡선은 낮은 곳에 있을수록 높은 이윤을 나타낸다. 그러므로 기업 1이 자신의 이윤을 극대화시키는 산출량을 찾으려면 기업 2의 반응곡선에 접하는 자신의 등이윤곡선을 찾으면 된다.[16] 그리하여 기업 1은 q_1^*를 생산한다. 그리고 기업 2는 자신의 반응곡선상에서 그에 대응하는 q_2^*를 생산하여 균형에 이르게 된다. 이러한 균형을 스타켈버그균형이라고 한다.

> 🏭 **스타켈버그균형**(Stackelberg equilibrium) 시장에서 어느 한 기업이 산출량을 먼저 정하되, 자신이 정하는 산출량에 대해 상대방이 어떻게 반응하는가도 고려하여 산출량을 정할 때 이루어지는 균형

15.4.3 꾸르노균형과의 비교

스타켈버그균형의 경우 꾸르노균형에 비해 더 아래에 있는 등이윤곡선에서 균형이 이루어진다. 그러므로 선도자인 기업 1의 이윤이 더 많아진다. 그런데 이것은 선도자가 추종자의 반응까지 고려하여 산출량을 결정할 수 있는 유리한 위치에 있다는 점을 감안할 때 당연한 결과이다. 한편 [그림 15-6]의 스타켈버그균형에 추종자의 등이윤곡선을 그려 보라. 그러면 추종자의 이윤은 꾸르노균형에 비해 적어졌다는 사실을 알 수 있을 것이다. 아울러 꾸르노균형의 경우보다 기업 1의 산출량은 많아진 반면 기업 2의 산출량은 적어졌다는 사실에도 주목하자.

15.4.4 스타켈버그불균형

두 기업 중 어느 한 기업이 선도자가 되고 다른 한 기업은 추종자가 되는 경우 스타켈버그균형이 달성된다고 하였다. 그렇다면 두 기업이 모두 추종자가 되려고 할 경우에는 어떤 결과가 나올 것인가? 이때 달성되는 균형이 바로 꾸르노균형이다.

이상의 경우들과는 달리 두 기업이 모두 선도자가 되려고 하는 경우에는 어떠한 현상이 나타나겠는가? 이때에는 두 기업이 모두 상대방이 반응곡선에 따라 행동할 것으로 기대

---

15 구태여 구분하자면 최적선택을 위해 소비자이론에서는 두 상품을 선택하였지만, 여기서는 자신의 산출량인 q_1을 선택한다는 점만이 다를 뿐이다.

16 수학적으로 볼 때에는 예산선에 접하는 무차별곡선을 찾는 것과 그 원리가 같다.

하지만 실제로는 어느 반응곡선도 준수되지 않는다. 그 결과 불균형상태에 이르게 된다. 이러한 상태가 불균형이 되는 이유를 살펴보자. 그것은 자신의 예상에 근거하여 행위를 결정하였는데, 예상이 빗나가 결국은 자신의 행위를 수정할 수밖에 없기 때문이다. 다시 말해서 이 경우 자신의 행위를 그대로 유지하지 않고 변화시키려 한다는 측면에서 균형이 되지 못한다는 것이다. 변화의 유인이 없는 상태를 균형이라고 정의한 사실을 상기하면 그 의미를 이해할 수 있을 것이다.

이때 그 결과는 예측할 수 없으며 마치 두 기업이 전쟁을 하는 것과 같은 상황이 벌어지게 된다. 이 경우 둘 중의 어느 한 기업이 상대의 선도자 역할을 인정하고 추종자가 되거나, 두 기업 모두 추종자로 행동하거나, 또는 극단적으로 두 기업이 담합하지 않는 한, 균형이 달성되지 않는다.

예제 15.5 스타켈버그균형, 꾸르노균형, 베르뜨랑균형

어떤 시장에 두 기업이 존재한다고 하자. 이 시장의 수요곡선은 $Q = 58 - p$이며, 각 기업의 평균비용은 10으로 일정하다고 한다.

- a. 스타켈버그모형을 가정하고 추종자의 이윤극대화 문제를 세운 후, 추종자의 반응함수를 구하시오.
- b. 스타켈버그모형을 가정하고 선도자의 이윤극대화 문제를 세운 후, 선도자의 산출량을 구하시오.
- c. 추종자의 반응함수로부터 산출량을 구한 후, 그것을 선도자의 것과 비교하시오.
- d. 꾸르노균형에서 각 기업의 산출량을 구하시오. 이것을 앞에서 구한 선도자의 산출량 및 추종자의 산출량과 비교하시오.
- e. 스타켈버그균형의 시장가격과 꾸르노균형의 시장가격 중 어느 것이 더 낮겠는가? 비효율의 크기는 어떠한가?
- f. 베르뜨랑모형을 가정하고 균형산출량과 가격을 구하시오.

풀이 시장의 수요곡선은 $Q = 58 - p$, $AC = 10$으로 주어져 있다.

a. 평균비용이 일정할 경우 평균비용과 한계비용은 같다. 이제 추종자는 선도자의 산출량을 주어진 것으로 받아들이고 자신의 산출량을 결정함으로써 이윤을 극대화한다. 즉

$$\text{Max}_{q_2} \pi_2 = pq_2 - c(q_2) = (58 - (\bar{q}_1 + q_2))q_2 - 10q_2$$

에서 q_1을 주어진 것으로 보고 q_2를 선택한다. 그리하여 이윤극대화의 일차필요조건은

$$\frac{\partial \pi}{\partial q_2} = 58 - \bar{q}_1 - 2q_2 - 10 = 0$$

이 된다. 이것을 q_2에 대해 정리하면 $q_2 = 24 - \frac{1}{2}\bar{q}_1$와 같은 반응함수를 얻는다.

b. 선도자는 추종자의 반응을 고려하면서 자신의 산출량을 정한다. 그러므로 선도자의 이윤 극대화 문제는 추종자의 반응곡선을 제약식으로 하여

$$\operatorname*{Max}_{q_1} \pi_1 = pq_1 - c(q_1) = (58 - (q_1 + q_2))q_1 - 10q_1$$

$$s.t. \quad q_2 = 24 - \frac{1}{2}q_1$$

이 된다. 선도자의 산출량을 구하기 위해 반응함수인 제약조건을 목적함수에 대입하면

$$\operatorname*{Max}_{q_1} \pi_1 = \left(58 - \left(q_1 + \left(24 - \frac{1}{2}q_1\right)\right)\right)q_1 - 10q_1$$

이 된다. 목적함수를 q_1으로 미분하면 이윤극대화의 일차필요조건은 $(34 - q_1) - 10 = 0$, 즉 $34 - q_1 = 10$이 된다. 이것은 $MR = MC$ 조건이다. 이로부터 $q_1^* = 24$를 얻는다.

c. $q_1^* = 24$를 추종자의 반응함수에 대입하자. 그러면 $q_2^* = 24 - \frac{1}{2}q_1 = 12$를 얻는다. 이로부터 $q_1^* > q_2^*$임을 알 수 있다.

d. 두 기업에게 시장수요곡선은 공동으로 적용된다. 그러므로 각 기업의 반응함수는 서로 대칭적이 된다. 그러므로 앞에서 구한 반응함수를 이용하면 각 기업의 반응함수는 $q_2 = 24 - \frac{1}{2}\bar{q}_1$, $q_1 = 24 - \frac{1}{2}\bar{q}_2$가 된다. 여기서 $\bar{q}_1$는 기업 1의 산출량에 대한 기업 2의 예상을 나타낸다. 또한 $\bar{q}_2$는 기업 2의 산출량에 대한 기업 1의 예상을 나타낸다. 이러한 결과들은 물론 [예제 15.2]와 같은 것이다. 그때 균형에서는 $q_1^* = q_2^* = 16$을 얻었다. 이상의 결과들로부터 '선도자의 산출량 > 꾸르노 산출량 > 추종자의 산출량'임을 알 수 있다.

e. '스타켈버그균형의 시장공급량 = 36 > 꾸르노균형하의 시장공급량 = 32'의 관계가 성립한다. 스타켈버그 균형에서의 공급량이 더 많으므로 그때의 시장가격이 더 낮다. 비효율의 크기는 산출량의 크기로 판단할 수 있다. 꾸르노균형의 산출량이 더 적으므로, 꾸르노균형에서의 비효율이 더 크다.

f. 베르뜨랑모형의 균형에서는 $p = MC$가 성립한다. 그런데 $p = 58 - Q$, $MC = 10$이므로 $p^* = 10$, $Q^* = 48$이 된다.

15.5 가격선도모형

예컨대 어떤 기업이 산출량을 설정하는 대신 가격을 설정하여 발표할 때 다른 기업들이 이에 따른다면 어떤 결과가 나올 것인가? 물론 이때에도 처음에 가격을 설정하는 기업은 자신이 설정하는 가격에 대해 다른 기업들이 어떻게 반응하는가를 고려하여 가격을 설정할 것이다.

그런데 어떤 산업에서 비용상의 우위를 지니고 있어서 같은 상품을 보다 싸게 생산할
수 있는 기업이 가격선도자가 될 가능성이 높다.

15.5.1 추종자의 문제

가격선도모형에는 특이할 만한 점이 있다. 그것은 바로 균형에서 볼 때 추종자는 선도
자가 설정한 가격을 그대로 따른 셈이 된다는 것이다. 추종자가 이처럼 선도자가 설정한 가
격을 그대로 받아들일 수밖에 없는 데는 이유가 있다. 추종자는 시장에서 차지하는 자신의
몫이 상당히 적어서 자신이 시장가격에 영향을 줄 수 없다고 생각하기 때문이다. 그리하여
선도자가 설정한 가격을 그대로 수용하여 이윤을 극대화하는 것이다. 이것은 경쟁시장에
있는 개별 기업이 시장가격을 그대로 받아들이는 것과 같다.

두 기업이 동질적인 상품을 생산한다고 하자. 또한 동질적인 상품을 생산하는 데 추종
자는 선도자에 비해 더 많은 비용이 들기 때문에 선도자와 가격 경쟁을 할 수 없는 처지에
놓여 있다고 하자.[17] 즉 자신이 가격을 낮추어 받으면 선도자는 항상 그보다 가격을 더 낮
출 수 있다는 것이다. 물론 선도자보다 높은 가격을 설정한다면 자신은 고객을 선도자에게
모두 빼앗길 것이다.

추종자의 문제부터 검토하는 것이 좋다. 이제 선도자가 가격을 p로 설정했다고 하자.
그러면 추종자는 이 가격을 주어진 것으로 받아들이므로 추종자의 이윤극대화 문제는

$$\underset{q_2}{\text{Max}}\ pq_2 - c_2(q_2)$$

가 된다. 이때 추종자는 $p = MC$라는 원리에 따라

$$p = MC(q_2)$$

를 만족시키는 산출량을 공급하게 된다. 바꾸어 말해서 위 식은 추종자의 역공급곡선
인 동시에, 선도자가 설정한 가격에 추종자가 어떻게 반응하는가를 보여주는 반응곡선
이라고 할 수 있다.

---

17 선도자가 비용상 우위에 있다고 말한 사실을 상기하자.

15.5.2 선도자의 문제 및 균형

이제 선도자는 자신이 설정한 가격에 대해 추종자가 이렇게 반응한다는 점을 고려하여 이윤을 극대화한다. 이 경우 추종자의 반응곡선을 $q = S(p)$와 같은 공급함수의 형태로 바꾸어 써 보자. 그러면 선도자가 직면하는 수요는 시장수요 $D(p)$에서 추종자의 공급을 빼준 것으로 정해진다. 즉

$$R(p) = D(p) - S(p)$$

로 정해진다. 이러한 내용이 [그림 15-7]에 나타나 있다. 이때 $R(p)$함수를 그린 것을 **잔류수요곡선**(residual demand curve)이라고 한다.[18] 잔류수요곡선은 선도자가 자신이 설정하는 가격에 자신이 얼마나 팔 수 있는가를 보여주고 있다.

이제 선도자가 가격을 어떻게 정하며 그때 수량은 어떻게 결정되는가를 살펴보자. 선도자는 자신의 수요곡선을 알고 있다. 그러므로 이윤극대화 원리에 따라 $MR = MC$를 만족시

그림 15-7 가격선도모형

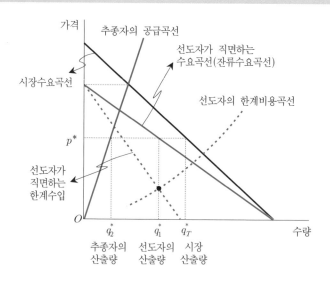

추종자는 가격수용자이다. 시장수요곡선에서 추종자의 공급곡선(반응곡선)을 빼 줌으로써 잔류수요곡선을 얻는다. 선도자는 이러한 잔류수요곡선을 이용하여 $MR = MC$의 원리에 따라 이윤을 극대화하는 가격을 설정한다.

---

18 수요곡선을 그릴 때의 관례대로 수량을 가로축에 나타내고 가격을 세로축에 나타내고 있다.

키는 산출량 q_1^*를 공급하게 된다.[19] 이때 선도자는 이만큼을 팔 수 있도록 가격을 설정해야 한다. 이러한 가격이 잔류수요곡선상에서 p^*로 정해진다. 추종자의 공급량은 이렇게 결정된 p^*를 추종자의 공급곡선에 대입하여 구한다. 또는 이 가격에서 정해지는 시장수요량 q_T^*에서 선도자가 공급한 q_1^*를 빼 주어 구할 수도 있다. 전자의 방법으로 구한 산출량이 q_2^*로 나타나 있다. 당연히, 이 값은 후자의 방법으로 구한 $q_T^* - q_1^*$와 같다.

📑 예제 15.6 가격선도모형

어떤 상품에 대한 시장수요가 $Q = -100p + 5{,}000$이라 한다. 이 시장에 100개의 똑같은 기업들이 한계비용 $MC = q + 2$로서 운용하고 있다고 한다.

  a. 각 기업들이 모두 가격수용자로 행동할 경우 시장공급곡선을 구하시오. 이때 시장균형가격과 시장산출량을 구하시오.

  b. 이제 일정한 한계비용 10으로 무한하게 공급할 수 있는 새로운 기업이 이 시장에 진입하여 가격선도자가 된다고 하자. 다른 모든 기업들은 가격수용자로서 추종자가 된다고 할 때, 가격선도자의 이윤을 극대화시키는 산출량을 구하시오. 또한 시장가격과 시장의 총산출량을 구하시오. 추종자들의 산출량은 얼마인가?

KEY 가격선도자의 이윤극대화 문제를 풀기 위해서는 먼저 추종자들의 공급곡선을 구해야 한다. 시장수요에서 이들의 공급을 빼 준 것이 바로 선도자의 수요이다.

풀이 $Q_d = -100p + 5{,}000$, $n = 100$, $MC = q + 2$, 즉 $q = p - 2$로 주어져 있다.

  a. 각 기업들이 가격수용자로 행동한다. 이것은 완전경쟁시장에 있는 기업의 행위와 같다. 즉 가격을 주어진 것으로 취급한다. 그러므로 각 기업의 이윤극대화 조건은 $p = MC$이다. 이로부터 $p = q + 2$, 즉 $q = p - 2$를 얻는다. 이것이 각 기업의 공급곡선이다. 시장공급곡선을 구하려면 각 기업들의 공급곡선을 수평으로 합해야 한다. 그것은 각 가격에 대해 각 기업들이 공급하려고 하는 수량을 합하는 것을 의미한다. 그러므로 시장공급곡선은 $Q_s = 100q = 100p - 200$ (1)로 구해진다. 균형에서는 수요량과 공급량이 같다. 즉 $Q_d = Q_s$가 성립한다. 즉 $-100p + 5{,}000 = 100p - 200$이 성립한다. 이로부터 $p^* = 26$, $Q^* = 2{,}400$을 얻는다.

---

19 추종자의 공급곡선은 추종자의 한계비용곡선을 나타낸다. 이 점을 감안할 때 선도자의 한계비용곡선은 추종자의 한계비용곡선보다 아래에 놓인다는 점에 주목하자. 즉 선도자가 추종자에 비해 비용상 우위에 있다는 것이다.

b. 문제의 조건은 사실상 $MC = AC = 10$을 의미한다. 그런데 선도자의 잔류수요를 Q_l이라고 하면 $Q_l =$ 시장수요 − 여타 기업들의 공급 $= (-100p + 5,000) - (100p - 200) = -200p + 5,200$ (2)이다.

이제 가격선도자가 가격을 얼마로 설정할 것인가를 알기 위해서는 가격선도자의 이윤극대화 문제를 풀어야 한다. 여기서는 이윤극대화 문제를 세우는 대신 기존에 알고 있는 결과를 사용하기로 하자. 즉 가격선도자의 이윤극대화 문제를 풀면 $MR(q) = MC(q)$를 얻는다. 그런데 가격선도자의 한계비용은 알고 있으므로 가격선도자의 한계수입을 알아야 한다. 가격선도자의 한계수입을 알려면 그의 총수입함수를 알아야 한다. 이것을 구하기 위해 먼저 가격선도자의 잔류수요를 가격을 종속변수로 하는 역수요곡선의 형태로 나타내 보자. 즉 $p = -(1/200)Q_l + 26$ (3)으로 표현하자는 것이다. 이로부터 가격선도자의 총수입 $= pQ_l = -\dfrac{1}{200}Q_l^2 + 26Q_l$을 얻는다. 총수입을 수량으로 미분하면 $MR = -\dfrac{1}{100}Q_l + 26$ (4)를 얻는다. 한편 문제에서 $MC = 10$ (5)로 주어져 있다. 그러므로 $MR = MC$에 (4)와 (5)를 각각 대입하면 $Q_l^* = 1,600$을 얻는다. 이 값을 (3)에 대입하면 $p = -(1/200)Q_l^* + 26 = 18$을 얻는다. 즉 $p^* = 18$(시장가격)이 된다. 시장산출량을 구하기 위해 선도자가 설정한 이 가격을 시장수요곡선에 대입하자. 그러면 $Q^* = Q_d(p^*) = -100p^* + 5,000 = 3,200$을 얻는다. 한편 추종자들이 공급하는 수량을 구하려면 이러한 가격을 추종자의 공급곡선인 (1)에 대입하여야 한다. 그러면 추종자들의 산출량은 $Q_s^* = 100p^* - 200 = 1,600$으로 구해진다.

15.6 담 합

지금까지 분석한 모형들에서는 각 기업들이 서로 비협조적으로 행동하는 경우를 상정하였다. 여기서는 그들이 협조하여 담합하는 경우에 대해 분석한다.

15.6.1 카르텔의 이윤극대화 조건

두 기업이 비협조적으로 행동하는 것보다 서로 담합(collusion)하면 이윤이 증가하는 경우가 있다. 예를 들어 산출량을 조정하여 [그림 15-4]에 있는 렌즈 모양의 음영 부분으로 이동하면 두 기업 모두가 더 많은 이윤을 얻을 수 있다.

그러나 여기에는 유의할 사항이 하나 있다. 즉 실제 담합이 이루어져 협정산출량을 생산했다고 하자. 이 경우 개별 기업별 이윤이 꾸르노모형에서의 개별 기업별 이윤보다 반드시 더 클 필요는 없다. 작을 가능성도 배제할 수 없다. 중요한 것은 담합했을 때의 총독점이윤이 꾸르노균형에서 각 기업들이 얻는 이윤을 합한 것보다는 반드시 커야 한다는 점이다. 이때 두 기업은 비용함수를 고려하여 협정산출량을 정할 것이다. 그리고 이윤은 협상을 통해 또 다른 방식으로 서로 나누게 된다. 그 결과 담합을 하지 않을 때보다 각 기업이 모두 나아질 수 있으면 담합이 형성된다. 이 같은 측면에서 보면 담합을 할 경우 그 균형은 반드시 렌즈 부분에서 이루어지지 않을 수도 있다. 물론 렌즈 부분은 적어도 담합의 여지가 있다는 점은 분명히 보여주고 있다.

이제 두 기업이 완전히 담합하여 마치 하나의 기업처럼 행동하는 **카르텔**(cartel)의 경우를 생각해 보자. 카르텔 체제에 있는 각 부문 기업이 각각 q_1과 q_2를 생산한다면 총산출량은 $q_1 + q_2$가 된다. 따라서 그때 시장가격은 총산출량의 함수인 $p(q_1 + q_2)$로 쓸 수 있다. 카르텔의 수입은 이 시장가격에 총산출량을 곱한 금액이다. 이 금액에서 각 부문 기업의 비용을 빼 주면 카르텔이 얻는 이윤이 된다. 그러므로 카르텔의 이윤극대화 문제는

$$\underset{q_1,\ q_2}{\text{Max}}\ \pi = p(q_1 + q_2) \times (q_1 + q_2) - c_1(q_1) - c_2(q_2)$$

로 쓸 수 있다.[20]

한편 카르텔의 경우 어느 기업에서 생산하든 같은 시장에 판매하므로 카르텔의 수입에 미치는 영향은 같다. 따라서 MR도 같다. 다만 어느 기업에서 생산하는 것이 비용 측면에서 유리한가만이 문제가 된다.

이러한 관점에 비추어 볼 때 **카르텔의 이윤극대화 조건**은

$$MR = MC_1$$
$$MR = MC_2$$

가 된다.[21]

직관적으로 검토해 보자. 카르텔의 경우 동일한 시장에 판매하기 때문에 어느 기업에서 생산하여 판매하든 수입에 미치는 영향은 같다. 따라서 두 기업의 MR은 같다. 이때 기업 1의 입장에서 볼 때 MR이 MC_1보다 클 때에는 이 두 값이 같아질 때까지 q_1을 늘릴 경우 이윤이 증가한다. 반대로 MR이 MC_1보다 작을 때에는 q_1을 줄일 경우 이윤이 증가한다.

---

20 이 문제는 독점기업이 같은 상품을 비용함수가 서로 다른 두 개의 공장에서 생산하여 한 시장에 판매하는 경우에 당면하는 문제와 동일하다. 10.8 참조.

21 이 경우 적용한 원리와 그 결과를 14장에서 다룬 삼급가격차별 독점자가 산출량을 결정할 경우에 적용한 원리 및 결과와 비교하여 이해해 두자. 그때 삼급가격차별 독점자는 두 시장에서 한계수입이 같아지도록 산출량을 결정했었다.

이러한 논리는 기업 2에게도 똑같이 적용된다. 그러므로 결국 각 기업의 MC가 공통의 MR과 같아지도록 각 기업의 산출량을 조정해야 한다. 즉

$$MR = MC_1 = MC_2$$

이어야 한다.

한편 기업이 산출량을 증가시키면 그 기업의 MC가 올라간다. 이 점을 감안할 때 위 조건은 두 기업 중 싸게 생산할 수 있는 기업이 더 많이 생산해야 한다는 것을 의미한다. 그리고 그것은 마침내 두 기업의 MC가 같아질 때까지 계속되어야 한다는 것을 의미한다.

예제 15.7 카르텔의 균형

어떤 시장에 두 기업이 존재한다고 하자. 이 시장의 수요곡선은 $Q = 58 - p$이며, 각 기업의 평균비용은 10으로 일정하다고 한다. 카르텔이 형성될 경우 균형을 구하시오.

풀이 상황은 [예제 15.1]과 같다. 두 기업의 평균비용이 모두 10이므로 두 기업의 산출량을 합한 것을 하나의 변수로 취급하여 문제를 풀 수 있다. 그리하여 카르텔의 이윤극대화 문제는

$$\underset{Q}{\text{Max}} \; \pi = (58 - Q)Q - 10Q$$

가 된다. 여기서 $Q = q_1 + q_2$이다. 이때 이윤극대화의 일차조건은 $58 - 2Q - 10 = 0$이 된다. 이로부터 $Q^* = 24$를 얻는다. 이 값을 문제에서 주어진 시장수요곡선에 대입하면 $p^* = p(Q^*) = 34$를 얻는다.

15.6.2 카르텔의 붕괴 유인

카르텔의 총이윤이 꾸르노균형에서 개별 기업들이 얻는 이윤을 합한 것보다 크다는 사실은 카르텔을 형성시키는 유인으로 작용한다. 그러나 일단 카르텔이 형성된 이후에는 카르텔은 유지되기 힘들다고 알려져 있다. 왜냐하면 카르텔이 형성된 다음에는 각 개별 기업이 협정산출량보다 산출량을 늘림으로써 자신의 이윤을 증가시킬 수 있기 때문이다.

[그림 15-8]을 이용하여 그 논리를 살펴보기로 하자. 먼저 카르텔의 균형인 점 $\bar{E}$에 대응하여 각 기업의 협정산출량이 $\bar{q}_1$, $\bar{q}_2$로 정해져 있다고 하자. 이때 기업 2가 산출량을 계속 $\bar{q}_2$ 수준으로 유지할 것으로 기업 1이 믿는다고 하자. 그러면 기업 1의 입장에서 볼 때

그림 15-8 **카르텔의 붕괴 유인**

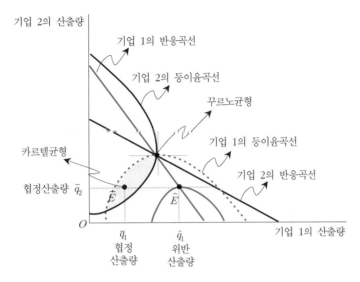

카르텔이 일단 형성되고 나면 위반할 유인이 존재한다. 협정산출량 대신 자신의 반응곡선상에 놓이는 점에 대응하는 수량을 생산함으로써 이윤을 증가시킬 수 있기 때문이다.

협정산출량 $\bar{q}_1$는 최적산출량이 되지 못한다.[22] 여기에 바로 문제의 핵심이 있다. 이러한 상황에서는 기업 1이 산출량을 $\bar{q}_1$으로부터 자신의 반응곡선상의 $\hat{E}$에 대응하는 $\hat{q}_1$으로 증가시킬 것이다. 그리하여 더 낮은 등이윤곡선으로 옮겨 갈 것이다.

그런데 이것은 바로 기업 1이 산출량을 늘릴 경우 그의 이윤이 증가한다는 것을 의미한다. 한편 이러한 논리는 기업 2에게도 적용된다. 바로 이러한 이유 때문에 카르텔은 그 자체 내에 붕괴될 유인을 안고 있다는 것이다. 한편 카르텔이 붕괴되어 서로 비협조적으로 행동할 경우 그 결과는 꾸르노균형이 될 가능성이 높다.

결과적으로 앞서 지적했듯이 카르텔은 형성되기 이전에는 형성될 유인이 존재하는 반면, 일단 형성되고 나면 붕괴될 유인을 안고 있다. 그런데 이것은 비단 경제 문제에서뿐만 아니라 대부분의 일반적인 협약에도 적용된다. 일상 생활에서도 그 예를 흔히 찾아볼 수 있다. 예컨대 무기 생산을 제한하자는 협정을 생각해 보자. 협정을 맺기 이전에는 국력을 낭비해 가며 서로 경쟁하는 것보다 협정을 맺는 것이 더 낫다고 생각한다. 그러나 일단 협정을 맺은 후 상대가 협정을 준수한다고 가정하면 자신에게는 협정을 준수하는 것보다 무기를 몰래 더 생산하는 것이 더 나은 전략이 된다는 것이다.

---

22 기업 2가 $\bar{q}_2$를 생산한다고 볼 때 $\bar{q}_1$는 기업 1의 반응곡선상에 있지 않은 점에 주목하자.

예제 15.8 카르텔의 생성과 붕괴

시장에 두 기업 1, 2가 있다. 상품을 생산하는 데 드는 평균비용과 한계비용은 두 기업 모두 10으로서 일정하다. 시장수요곡선은 $Q = 58 - p$라고 한다.

a. 두 기업이 서로 카르텔을 형성할 유인이 있다는 것을 보이시오. 카르텔을 형성할 경우 상품을 서로 반반씩 나누어서 생산한다고 하자.

b. 일단 카르텔이 형성되면 그 자체 내에 붕괴될 유인이 있다는 것을 보이시오.

풀이   상황은 [예제 15.1]과 같다. 그러므로 필요에 따라 그때 얻은 결과를 활용하기로 하자.

a. 두 기업의 비용함수가 같다. 그러므로 서로 전략적으로 행동할 경우 어느 한 기업이 선도 자가 되는 경우보다는 두 기업이 서로 대등한 상태에서 비협조적으로 행동할 가능성이 높 다. 이때 생각해 볼 수 있는 것이 서로 상대방의 산출량을 주어진 것으로 보고 자신의 이 윤을 극대화하는 산출량을 정하는 것이다. 이 경우 나타나는 것이 꾸르노-내쉬균형이다.

이 점을 고려할 때 두 기업이 서로 카르텔을 형성할 경우 꾸르노-내쉬균형에서보다 모 두 더 나은 결과를 얻는다면 카르텔을 형성할 유인이 있다고 하겠다. 이 점에 주목하여 먼저 꾸르노-내쉬균형에서 각 기업의 이윤을 구한 다음 그것들을 카르텔의 이윤과 비교해 보자. 수요곡선은 $Q = 58 - p$, 즉 $q_1 + q_2 = 58 - p$로 바꿔 쓸 수 있다. 먼저 꾸르노-내쉬 균형을 구해 보자. 꾸르노-내쉬균형은 다른 기업의 산출량에 대해 자신이 예상한 수량 $\bar{q}$ 를 고정된 것으로 간주하고 자신의 산출량을 정하는 경우 달성된다. 이 경우 기업 1의 이 윤극대화 문제는

$$\underset{q_1}{\text{Max}}\ \pi_1 = pq_1 - 10q_1 = (58 - q_1 - \bar{q}_2)q_1 - 10q_1 \tag{1}$$

으로 쓸 수 있다. 이 경우 기업 1의 반응곡선은 $q_1 = 24 - \frac{1}{2}\bar{q}_2$ (2), 기업 2의 반응곡 선은 $q_2 = 24 - \frac{1}{2}\bar{q}_1$ (3)으로 구해졌다. $q_1^* = q_2^* = 16$, $p^* = 26$, $\pi_1(q_1^*, q_2^*) = \pi_2(q_1^*, q_2^*)$ $= 256$으로 구해졌다.

이제 두 기업이 카르텔을 형성했다고 하자. 그리고 이때 두 기업의 산출량의 합을 Q라 고 하자. 그러면 이윤극대화 문제는

$$\underset{Q}{\text{Max}}\ \pi = pQ - c(Q) = (58 - Q)Q - 10Q \tag{4}$$

가 된다. 이것은 독점기업의 경우와 같다. 그 결과 $Q^* = 24$, $p^* = 34$가 된다. 꾸르노-내 쉬균형에 비해 총산출량이 적다는 점에 주목하자. 총산출량이 적으므로 수요곡선에 비추 어 볼 때 가격이 더 높아진 것은 당연하다. 한편 산출량을 목적함수에 대입하면 $\pi(Q^*) = 576$을 얻는다. 이러한 이윤을 두 기업이 서로 나누어 가지면 각각 288을 갖게 된다. 그리고 이 값은 꾸르노-내쉬균형에서 각 기업이 누리는 이윤보다 크다. 그러므로 두 기업은 카르텔을 형성할 유인을 갖는다. 이때 문제에서 두 기업이 서로 수량을 반반씩

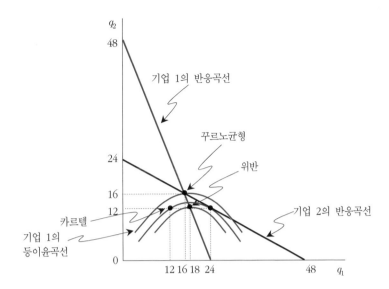

생산한다고 하였으므로 각 기업은 12를 생산하게 된다.

b. 카르텔 아래에서는 각 기업이 12를 생산한다고 하였다. 이때 기업 2가 12를 생산한다는 전제 아래 기업 1이 자신의 이윤을 극대화한다고 하자. 이 경우 기업 1 의 이윤을 극대화하는 산출량은 기업 1의 반응곡선 (2)에 $\bar{q}_2=12$를 대입함으로써 구해진다. 즉 $q_1 = 24 - \frac{1}{2}\bar{q}_2 = 24 - \frac{1}{2}12 = 18$로 구해진다. 이 산출량은 꾸르노-내쉬균형의 산출량보다 많다는 점에 주목하자. 이때 시장의 총산출량은 두 기업의 산출량을 합한 값으로서 $30(=12+18)$이 된다. 이때 $p=28$이 된다. 이 값들을 (1)에 대입하면 기업 1의 이윤은 324가 된다. 그런데 이 값은 카르텔의 이윤을 서로 나누어 가질 때의 값$(=288)$보다 크다. 물론 이러한 내용은 기업 2에게도 그대로 성립한다. 그러므로 카르텔은 그 자체 내에 붕괴될 유인이 존재한다고 볼 수 있다.

15.6.3 묵시적 담합

지금까지 논의한 것을 정리해 보자. 단 한 기간만 생각하는 카르텔 모형에서는 상대방 몰래 협정산출량보다 많이 생산하는 경우를 생각해 볼 수 있다. 이 경우 자신의 이윤은 증가하겠지만 시장가격이 떨어져 협정산출량을 그대로 생산하고 있는 상대 기업의 이윤은 줄어든다.[23]

---

23 [그림 15-7]에 $\hat{E}$을 통과하는 기업 2의 등이윤곡선을 그려보자. 그러면 이때 기업 2는 카르텔에서보다 더 낮은 이윤을 얻는다는 것을 확인할 수 있다.

이제 같은 상황이 여러 번 반복되는 경우를 생각해 보자. 그런데 여기서 중요한 것은 반복되는 횟수는 정해져 있지 않다는 것이다.[24] 이때 우리의 관심은 묵시적 담합이 형성될 가능성이 있는가, 나아가서 형성된다면 그것이 유지될 가능성은 어떠한가에 있다.

> 🌱 **묵시적 담합**(tacit collusion) 명시적으로 협정을 맺지는 않지만 어떤 묵계 아래 이루어지는 담합

결론부터 말하면 상황이 여러 번 반복될 수 있는 경우에는 명시적으로 협정을 맺지 않더라도 비협조적인 전략 자체가 마치 담합한 것과 같은 결과를 낳을 수도 있다. 나아가서 경우에 따라서는 이러한 묵시적 담합 행위가 명시적인 담합 행위보다 유지되기 쉬울 수도 있다.

예를 들어 과점시장에 있는 어떤 한 기업의 이윤이 사전에 예측했던 것보다 적어졌다고 하자. 그러면 이 기업은 자신의 이윤이 적어진 이유를 적어도 다음과 같은 두 가지로 생각할 것이다. (1) 시장수요가 감소했기 때문이라고 생각할 수 있다. (2) 상대방이 묵시적으로 담합한 수량보다 많이 생산하여 시장가격이 떨어졌기 때문이라고도 생각할 수 있다. 그런데 매기간마다 자신의 이윤이 예상보다 적다고 하자. 이 경우에는 상대가 산출량을 증가시켰기 때문에 이윤이 줄어든 것으로 단정지을 것이다.

이처럼 상대가 산출량을 증가시켰다고 결론을 내릴 경우, 자신도 더 이상 묵시적으로 담합한 수량을 고수하지 않고 산출량을 증가시킨다. 물론 이때 산출량을 증가시키면 시장가격이 더 떨어진다. 이 경우 상대 기업의 이윤도 감소하겠지만, 자신의 이윤이 더 줄어들지도 모른다.

이때 자신의 이윤이 줄어들 것을 우려하여 아무런 조치도 취하지 않으면 상대는 산출량을 증가시키는 전략을 계속 유지할 것으로 예상된다. 그러므로 자신의 이윤이 감소하더라도 상대의 행위를 징계하는 것이 필요하다. 이 경우 산출량을 증가시키면 그에 대해 반드시 보복조치가 뒤따른다는 것을 상대가 믿도록 해야 한다. 이른바 **신뢰성 있는 위협**(credible threat)이 필요하다. 이때 위협 수단들 중의 하나를 생각해 보자. 그것은 바로 상대가 산출량을 증가시킬 경우 자신도 꾸르노균형의 산출량으로 생산을 증가시킨다고 위협하는 것이다.

이러한 상황에서 산출량을 늘리려는 기업은 그로 인한 이득과 손실을 계산해 보아야 할 것이다. 이때 이득은 자신의 행위가 발각되기 이전까지 추가로 늘어나는 이윤이며, 손실은 발각된 이후 상대의 보복 때문에 (담합일 때에 비해) 줄어드는 이윤이다. 물론 이것들은 모두 이자율로 할인된 현재가치(present value)로 평가되어야 한다.

---

24 16장에서 보게 되겠지만 상황이 불확정 횟수가 아닌 일정한 횟수만큼만 반복될 경우에는 앞으로 전개되는 논의는 성립되지 않는다.

이러한 측면을 고려할 때 묵시적 담합은 위반 행위가 발각될 가능성이 높을수록, 그리고 발각 후 상대방의 보복 위협이 믿을 만할수록 유지되기 쉽다. 또한 이자율이 낮아서 미래의 손실이 적게 할인될수록 유지되기 쉽다.

이상에서 볼 때 상황이 여러 번 반복될 경우 **비협조적 전략**(noncooperative strategy)이 오히려 묵시적인 담합을 생성시키거나 유지시켜 줄 수 있다는 것을 알 수 있다. 이 결과는 비협조 때문에 오히려 담합에 이르게 된다는 측면에서 보면 다분히 역설적이다.

예제 15.9 베르뜨랑모형과 묵시적 담합

시장에서 A와 B 두 기업이 상품을 생산하고 있다. 각 기업이 상품을 생산하는 데 들어가는 한계비용과 평균비용은 20만원으로서 서로 같다. 수요함수는 $Q = 600 - 10p$이다.

- a. 베르뜨랑균형을 구하시오. 이때 각 기업의 이윤을 구하시오.
- b. 두 기업이 묵시적으로 담합할 경우 이윤을 구하시오.
  무한한 기간 동안 조업할 수 있다고 가정하자.
- c. 묵시적으로 담합한 상태에서 어느 한 기업이 가격을 할인하면 그 다음 기부터 상대방으로부터 계속 보복을 당한다고 하자. 이 경우 이 기업이 얻는 이윤과 묵시적 담합을 유지하면서 계속 이윤의 절반을 나누어 가질 때의 이윤을 비교하시오.
- d. 할인계수를 δ라고 하자. 각 기업이 묵시적 담합을 그대로 유지하려 한다면 δ의 크기는 얼마인가?

KEY 반복되는 베르뜨랑 모형에서 묵시적 담합을 유지했을 때의 이윤이 독점이윤보다 클 경우 묵시적 담합이 유지된다.

풀이
- a. [예제 15.4]와 같은 문제이다. 두 기업의 가격이 모두 한계비용과 같아지는 상태가 균형이다. 그런데 각 기업의 한계비용과 평균비용은 같다고 하였다. 그러므로 균형에서는 가격과 평균비용이 같아지며 따라서 각 기업의 이윤은 0이 된다.
- b. 두 기업이 경쟁적으로 가격을 설정할 경우 각 기업의 이윤은 0이 된다는 것을 알았다. 그러므로 두 기업이 모두 양의 이윤을 얻을 수만 있다면 서로 담합할 유인이 있다고 하겠다. 이때 드러내 놓고 담합하지 않더라도 묵시적으로 담합하는 경우를 생각해 보자. 가장 그럴듯한 경우는 두 기업이 묵시적으로 담합하여 하나의 독점기업처럼 행동하는 것이다. 그리고 각 기업이 묵시적으로 담합했을 때의 산출량의 절반씩을 생산하는 것이다.

  이에 대해 구체적으로 알아보자. 주어진 수요함수로부터 $p = 60 - \frac{1}{10}Q$라는 것을 알 수 있다. 따라서 묵시적 담합 기업의 이윤극대화 문제는

$$\underset{Q}{\text{Max }} \pi = pQ - AC \cdot Q = \left(60 - \frac{1}{10}Q\right)Q - 20Q$$

가 된다. 이윤극대화의 일차조건은 $60 - \frac{1}{5} Q = 20$이다. 이로부터 $Q^* = 200$, $\pi^* = 4,000$이 된다. 이때 각 기업이 독점산출량의 절반씩을 생산하고 이윤도 절반씩 나누어 갖는다면 각 기업의 산출량은 각각 $Q_A^* = Q_B^* = 100$이 되고 이윤은 $\pi_A^* = \pi_B^* = 2,000$이 된다.

c. 두 기업 중 어느 한 기업이 묵시적 담합을 위반하고 가격을 아주 조금만 할인하더라도 그 기업이 시장을 모두 차지한다. 이처럼 가격을 조금 내린 상태에서 시장을 독차지할 경우 그 기업은 거의 독점이윤 $\pi^*(=4,000)$에 해당하는 이윤을 얻는다. 그러나 다음 기부터 보복을 당하면 그 이후부터는 매기마다 베르뜨랑균형이 되어 이윤이 0이 된다. 결국 묵시적 담합을 위반할 경우 위반한 기업의 이윤은 한 번의 독점이윤과 같아진다. 한편 두 기업 중 어느 기업도 묵시적 담합을 위반하지 않을 경우 두 기업은 이윤의 절반을 계속 나누어 가질 수 있다. 즉 두 기업은 매기마다 독점이윤의 절반인 2,000을 갖게 된다.

d. 각 기업이 묵시적 담합을 유지하려 한다는 것은 묵시적 담합을 위반했을 때의 이윤보다 묵시적 담합을 유지했을 때의 이윤이 더 크다는 것을 의미한다. 그런데 묵시적 담합을 위반했을 때의 이윤은 독점이윤인 4,000이다. 그리고 할인계수가 δ일 경우 묵시적 담합을 유지했을 때의 이윤은 '$2,000 + 2,000\delta + 2,000\delta^2 + \cdots = 2,000 \times \frac{1}{1-\delta}$'이다. 그러므로 $4,000 < 2,000 \times \frac{1}{1-\delta}$일 경우 묵시적 담합을 유지한다. 즉 $\delta > \frac{1}{2}$이면 묵시적 담합을 유지한다. 이것은 각 기업이 미래의 이윤을 아주 많이 할인하지 않는다면 두 기업이 모두 묵시적 담합을 유지할 유인을 갖게 된다는 것을 의미한다. 한편 δ의 값이 작을수록 미래의 이윤을 크게 할인한다는 것에 주목하자. 즉 δ의 값이 작을수록 미래의 이윤보다는 눈앞의 이윤을 추구한다는 것이다.

게임이론: 전략

MICROECONOMICS

　어느 게임에서나 상대를 이기려면 나름대로 전략을 마련해야 한다. 이때 게임 참가자는 게임의 종류나 상대의 전략, 참가자의 수에 따라 각기 다른 전략을 사용하게 된다. 그러므로 모든 게임에 대해 그 결과를 일반화하기는 어렵다. 그래서 우리는 게임 참가자의 수나 전략에 제한을 가하게 된다. 이렇게 하여 얻는 몇 가지 유형의 게임에 대해서는 그럴듯한 결과를 말할 수 있다.

　게임이론은 경제분석 외에도 정치적인 대결, 군사적인 대결 등 전략적인 대결 상황이라면 어느 경우에든 폭넓게 활용되고 있다. 이번 장에서는 과점시장을 분석한다. 과점시장에서는 각 기업이 나름대로 전략을 사용하는데, 그 결과는 게임이론으로 더욱 명쾌하게 분석할 수 있다. 이러한 측면에서 분석의 매 과정에서 게임이론이 과점이론과 어떻게 연관되는지 살펴보자.

무엇을 공부할 것인가

1. 게임이 성립되기 위해 필요한 요소에는 어떠한 것들이 있는가?

2. 우월전략균형이란 무엇인가?

3. 내쉬균형이란 무엇인가? 이 균형에서는 파레토효율이 달성되고 있는가?

4. 용의자의 딜레마 게임의 특성은 무엇인가? 이 게임은 카르텔을 분석하는 데 어떻게 응용될 수 있는가?

5. 반복게임에서 상대로 하여금 협조적 전략을 택하게 하려면 어떠한 조건이 성립되어야 하는가?

6. 완전균형이란 무엇인가? 완전균형과 내쉬균형의 차이점은 무엇인가? 완전균형을 손쉽게 찾는 방법은 무엇인가?

7. 완전균형과 스타켈버그균형의 유사점은 무엇인가? 완전균형은 과점시장을 분석하는 데 어떻게 활용되고 있는가?

8. 선행자의 이득이란 무엇인가? 그 대표적인 예는 어떤 것인가?

9. 새로운 기업이 기존 독점시장에 진입할 것인가는 어떻게 분석할 수 있는가? 진입저지전략은 어떠한가?

16.1 게임의 구성요소

> 🌱 **게임이론**(game theory) 참가자, 전략, 보수행렬 등이 주어진 상호의존적(interdependent)이며 전략적인 상황(strategic situation)에서 가능한 한 높은 보수를 얻기 위해 서로 전략을 사용하는 과정을 게임(game)이라고 하는데 그 의사결정이 어떻게 이루어지는가를 연구하는 것

　　먼저 게임을 구성하고 있는 기본 틀을 알기 위해 다음과 같은 상황을 설정하기로 하자. 시장에 있는 두 기업 *A*, *B*가 협정을 맺고 산출량을 조절하여 독점이윤을 벌어들인 후 서로 나누어 가질 경우 각각 10억원을 벌 수 있다. 그러나 두 기업 모두 이러한 협정을 위반하고 산출량을 증가시키면 각자의 이윤은 그 반액인 5억원으로 줄어든다. 한편 둘 중의 어느 한 기업은 협정을 준수하고 다른 기업은 협정을 위반하여 산출량을 증가시킨다고 하자. 이 경우에는 협정을 준수한 기업의 이윤은 1억원으로 크게 감소하는 반면, 협정을 위반하고 산출량을 증가시킨 기업의 이윤은 15억원으로 크게 증가한다.

　　이러한 상황은 두 기업 *A*, *B*가 각각 협정위반과 협정준수라는 두 가지 전략을 사용하는 게임의 상황으로 이해할 수 있다. 이때 각 기업이 전략을 어떻게 사용하는가에 따라 자신들이 받는 보수가 달라지고 있다. 게임이 성립되려면 이처럼 참가자(player)가 있어야 한다. 또한 그들이 사용하는 전략(strategy)과 그에 따르는 보수(payoff)가 필요하다.

> (1) 참가자들은 자신의 보수나 전략뿐만 아니라 상대방의 보수나 전략도 알고 있다고 가정한다. 또한 각 참가자는 상대방이 합리적으로 행동한다는 사실도 알고 있다. 즉 이 모든 것들은 **공통지식**(common knowledge)이다.
> (2) 다만 자신이 전략을 택할 때 상대방이 어떤 전략을 택하는지를 알 수 없을 뿐이다.

　　이 예에서는 참가자가 기업 *A*와 기업 *B*이고, 그들이 사용할 수 있는 전략은 협정위반과 협정준수라는 두 가지이다.[1] 이때 그들이 받는 보수는 [표 16-1]과 같이 정리된다.

---

1 게임의 참가자가 다수일 경우를 생각해 볼 수 있다. 참가자가 둘일 경우와 근본적으로 다른 점은 전략에 대해 견해를 같이 하는 참가자들끼리 각 집단으로 나뉘어 서로 집단적으로 행동할 가능성이 있다는 점이다. 이때 게임의 참가자가 많을수록 가능한 집단의 수가 증가할 것이며 그 분석 또한 쉽지 않다. 그런데 집단의 전략을 결정하고 또한 각 집단 소속 참가자들이 집단의 전략을 준수하는가를 감시하는 데 비용이 대단히 많이 들어 집단의 형성 자체가 어려울 경우를 생각해 보자. 이 경우에는 각 참가자들이 모두 독립적으로 행동할 것이다. 이 경우에는 참여자가 둘인 경우의 분석 결과가 더욱 의미를 지닌다.

표 16-1		보수행렬: 우월전략균형이 존재하는 게임			
		기업 B			
		위 반		준 수	
기업 A	위 반	5(A)	5(B)	15(A)	1(B)
	준 수	1(A)	15(B)	10(A)	10(B)

각 기업에게 '위반'이 우월전략이다. 우월전략이 존재하는 경우 우월전략을 사용하게 되므로 (위반, 위반)이 균형이 된다. 이것은 우월전략균형이다.

이와 같이 각 경우의 보수를 표로 정리해 놓은 것을 **보수행렬**(payoff matrix)이라고 한다. 한편 괄호 안에 표시되어 있듯이 각 보수의 쌍에서 첫 번째 숫자는 기업 A가 받는 보수를 나타내며, 두 번째 숫자는 기업 B가 받는 보수를 나타내고 있다.

16.2 우월전략균형

이제 [표 16-1]과 같은 게임에서 그 결과가 어떻게 될 것인가를 생각해 보기로 하자. 먼저 기업 A가 위반을 택할 경우를 살펴보자. 이때 기업 A는 상대가 위반을 택하면 5억원을 벌고 상대가 준수를 택하면 15억원을 번다. 그러나 기업 A가 준수를 택하면 그에 대응하는 금액은 1억원 및 10억원으로 작아진다. 그러므로 기업 A로서는 기업 B가 어떠한 전략을 사용하는가와는 무관하게 '위반' 전략을 사용하는 것이 낫다. 즉 기업 B가 위반을 택하면 기업 A는 '준수' 대신 위반을 택함으로써 (준수를 택했을 때 벌 수 있는) 1억원 대신 5억원을 벌수 있다. 또한 기업 B가 준수를 택할 때도 기업 A는 위반을 택함으로써 10억원 대신 15억원을 벌 수 있다. 마찬가지로 기업 B도 기업 A가 어떤 전략을 택하든 위반을 택하는 것이 낫다. 이는 독자 스스로 확인해 보기 바란다. 이처럼 상대방이 어떤 전략을 택하는가와 무관하게 항상 자신에게 최적이 되는 전략을 **우월전략**(dominant strategy)이라고 한다. 이 예에서는 기업 A와 기업 B 모두에게 '위반'이 우월전략이다.

> 🌱 **우월전략균형**(dominant strategy equilibrium) 어떤 게임에서 참가자 각자에게 모두 우월전략이 있는 경우 참가자 모두 우월전략을 사용할 때 달성되는 균형

일반적으로 균형은 외부적 교란이 없는 한 그대로 유지되려는 상태를 말한다고 하였다. 이 예에서도 기업 A가 위반을 택하고 있는 이상 기업 B도 자신이 택한 위반이라는 전략을

바꾸려 하지 않을 것이다. 이러한 상황은 기업 A에게도 똑같이 적용된다. 따라서 (위반, 위반)은 균형이다. 나아가서 (위반, 위반)이 아닐 경우에는 두 기업 중 적어도 어느 한 기업은 자신의 전략을 바꾸려 할 것이다. 따라서 (위반, 위반)이 아닌 것은 균형이 될 수 없다. 각자 확인해 보기로 하자.

16.3 내쉬균형

우월전략균형은 존재한다면 명쾌하다. 그러나 우월전략균형이 존재한다는 것은 그리 흔한 일이 아니다. 예를 들어 기업 A의 전략이 a_1과 a_2로 주어지고, 기업 B의 전략은 b_1과 b_2로 주어졌다고 하자. 그리고 보수행렬이 [표 16-2]와 같이 주어졌다고 하자.

우선 이 게임에서는 우월전략이 어느 기업에게도 존재하지 않는다. 각자 확인해 보라. 이처럼 우월전략이 존재하지 않을 경우에는 각 기업에게 최적이 되는 전략은 상대 기업이 어떤 전략을 택하느냐에 따라 달라진다. 예를 들어 기업 B가 b_1을 택할 경우 기업 A는 a_2를 택하여 1을 얻는 것보다는 a_1을 택하여 10을 얻는 것이 더 낫다. 그러므로 기업 B가 b_1을 택할 경우에는 기업 A에게는 a_1이 최적전략이 된다. 같은 방법으로 생각하면 기업 B가 b_2를 택하면 기업 A에게는 a_2가 최적전략이 된다는 것을 알 수 있다. 이처럼 기업 A의 최적전략은 기업 B가 어떠한 전략을 택하느냐에 따라 달라진다. 이러한 상황은 기업 B에게도 똑같이 적용된다.

이러한 점을 고려할 때 우리는 균형의 개념을 다소 완화시킬 필요를 느낀다. 즉 상대방이 어떤 전략을 택하든 자신에게 최적이 되는 우월전략균형의 개념보다 다소 완화된 개념이 필요하다는 것이다. 그것이 바로 내쉬균형인데, **내쉬균형**은 상대방이 최적선택을 했을 때에만 비로소 자신에게도 최적이 된다는 특성을 지닌다.

> 🌱 **내쉬균형**(Nash equilibrium) 각자 상대의 전략을 주어진 것으로 간주하고 자신에게 최적이 되는 전략을 선택할 때 달성되는 균형. 내쉬는 노벨경제학상을 받은 미국의 수학자이자 경제학자

이같은 내쉬균형은 게임의 참가자들이 모두 내쉬전략을 사용할 때 달성된다. 여기서 내쉬전략이란 각자 상대의 전략을 주어진 것으로 보고 자신에게 최적이 되는 전략을 추구하는 것을 말한다. '상대의 전략을 주어진 것으로 본다'는 말의 의미는 곧 이어 알게 될 것이다.

한편 우리는 현재 게임에 참가한 사람들이 동시에 의사결정을 내리는 동시게임에 대해

표 16-2	내쉬균형이 2개 존재하는 게임				
		기업 B			
		b_1		b_2	
기업 A	a_1	10(A)	5(B)	1(A)	1(B)
	a_2	1(A)	1(B)	5(A)	10(B)

상대방의 전략이 주어진 것으로 간주하고 자신에게 최적이 되는 전략을 택할 경우 (10, 5) 또는 (5, 10)을 얻는다. 이 게임의 경우 2개의 내쉬균형이 존재한다.

분석하고 있다. 그러므로 이 경우 게임에 참가한 사람들이 서로 상대방이 어떤 전략을 선택했는지 알지 못하는 상태에서 자신의 전략을 선택하게 된다. 이러한 상황에서 상대의 전략에 대해 예상을 한다. 그런데 이때

> 상대의 전략이 상대에게 최적인 상황에서 자신의 전략도 자신에게 최적이 되는 상태가 바로 내쉬균형이다.

이 경우 서로 최적상태에 놓이게 되므로 어느 누구도 자신의 전략을 바꿀 의사가 없다. 이 때문에 그 상태가 계속 유지되려는 경향이 있다. 바로 이러한 의미에서 이런 상태를 균형이라고 부르는 것이다.

16.3.1 내쉬균형 찾기

(1) 이제 [표 16-2]에서 내쉬균형을 찾아보자. 먼저 기업 B가 보수행렬에서 자신에게 가장 나은 오른쪽 아래에 있는 [5(A), 10(B)]로부터 10을 얻기 위해 b_2를 택할 것으로 기업 A가 예상한다고 하자. 그리고 기업 A는 (내쉬전략의 차원에서) b_2를 '주어진 것'으로 받아들인다고 하자.

> 내쉬균형을 찾을 때 각자 상대의 전략을 주어진 것으로 받아들인다. 이것은 꾸르노균형을 구할 때 각 기업은 상대방이 산출량을 변화시키지 않을 것이라고 가정하는 것과 그 원리가 같다. 그때에도 말했지만 우리의 목표가 균형을 찾는 것이기 때문에 이렇게 가정하더라도 문제가 없다. 왜냐하면 균형에서는 각자 자신의 전략을 더 이상 변화시키지 않을 텐데 그 전략이 바로 우리가 찾는 전략으로서 각자 주어진 것으로 받아들인 전략이기 때문이다.

이러한 상황에서 기업 A가 a_1을 택하면 기업 A는 보수행렬의 오른쪽 위에 있는 [1(A), 1(B)]로부터 1을 얻고 a_2를 택하면 오른쪽 아래에 있는 [5(A), 10(B)]로부터 5를 얻는

다. 그러므로 기업 B가 b_2를 택할 것으로 예상되면 기업 A는 1보다 큰 5를 얻기 위해 a_2를 택하여 5를 얻을 것이다.

한편 기업 A가 a_2를 선택한 상태에서 (a_2를 주어진 것으로 보았을 때) 기업 B의 최적전략은 b_2를 고수하여 10을 얻는 것이다. 이때 만일 b_2를 고수하지 않고 b_1으로 바꾸면 그의 보수는 왼쪽 아래에 있는 [1(A), 1(B)]로부터 1이 되어 버린다.

결과적으로 기업 B가 b_2를 선택할 것으로 기업 A가 예상한다면(b_2를 주어진 것으로 보았을 때) 기업 A의 최적전략은 a_2를 선택하는 것이다. 그리고 기업 A가 a_2를 선택한 상황에서는 (a_2를 주어진 것으로 보았을 때) 기업 B의 최적전략은 b_2가 된다. 그러므로 (a_2, b_2)에서는 두 기업 모두 최적의 상태에 놓이게 되어 어느 기업도 자신의 전략을 바꾸려 하지 않는다. 따라서 (a_2, b_2)는 **내쉬균형전략**(Nash equilibrium strategy)이 된다. 이때 기업 A는 5, 기업 B는 10을 각각 얻는다.[2]

내쉬균형은 각자 상대의 전략을 '주어진 것'으로 보고 자신의 최적전략을 선택할 때 이루어지는 균형이라고 하였다. 앞에서 균형을 구하는 과정으로부터 이 말의 의미가 보다 분명해졌으리라고 생각한다.

(2) 이제 위의 결과에 비추어 '내쉬균형은 상대방이 최적선택을 했을 때에만 비로소 자신에게도 최적이 되는 균형이다'라는 말을 다시 한 번 음미해 보자. 예를 들어 기업 B가 b_2를 택한다면, 그때 기업 A에게는 a_2가 최적전략이 된다. 그리고 이러한 a_2에 대해 기업 B에게는 b_2가 최적전략이 된다. 그러므로 보수행렬의 오른쪽 아래에 있는 [5(A), 10(B)]은 내쉬균형보수이다. 그러나 이러한 b_2도 (b_2에 대해 기업 A에게 최적이 되지 않는) a_1에 대해서는 최적전략이 되지 않는다. (a_1, b_2)의 경우 기업 B는 보수행렬의 오른쪽 위에 있는 [1(A), 1(B)]로부터 1을 얻는데 사실상 그보다 더 높은 보수를 가져다주는 전략이 있기 때문이다. 즉 a_1에 대해서 기업 B가 b_1을 택하면 왼쪽 위에 있는 [10(A), 5(B)]로부터 5를 얻을 수 있기 때문이다. 그러므로 (a_1, b_2)는 내쉬균형전략이 될 수 없으며 실제로도 내쉬균형전략이 아니다. 이때 오른쪽 위에 있는 [1(A), 1(B)]는 기업 A가 b_2에 대해 자신에게 최적이 되는 전략을 선택하지 않은 상황에서 얻어진다는 점에 다시 한 번 주목하자.

---

2 (a_1, b_1)도 내쉬균형전략이 되는데, 이에 관한 논의는 뒤로 미룬다.

16.3.2 내쉬균형의 성격

(1) 과점이론에서 꾸르노균형을 꾸르노-내쉬균형으로도 부른 사실을 기억할 것이다. 그렇게 부르는 이유는 꾸르노균형은 바로 내쉬균형이기 때문이다. 그때에도 말했듯이 꾸르노균형은 각 기업이 상대방의 산출량이 자신이 예상한 값으로부터 변화하지 않을 것으로 가정하고 자신의 최적산출량을 정할 때 달성된다. 즉 내쉬전략을 사용할 때 달성된다. 바로 이 때문에 꾸르노균형은 내쉬균형에 해당되며 또한 꾸르노-내쉬균형으로도 불리는 것이다. 이때 균형은 각 기업의 예상이 실현된 상태로 볼 수 있다.

(2) 내쉬균형은 상대가 최적의 전략을 사용하는 상황에서 자신도 최적의 전략을 사용할 때 달성되는 균형이다. 그런데 우월전략균형은 상대가 어떠한 전략을 사용하든 자신에게 최적이 되는 상태이다. 그러므로 우월전략균형은 항상 내쉬균형이 된다(그 역은 성립하지 않는다). 실제로 앞에서 내쉬균형을 구할 때 적용했던 논리를 사용해서 구해 보더라도 [표 16-1]에서 우월전략균형인 (위반, 위반)이 내쉬균형이 된다는 것을 확인할 수 있다.

(3) [표 16-2]의 게임에서는 내쉬균형에서 볼 때 그보다 두 기업에게 모두 더 나은 상태가 존재하지 않는다. 이러한 측면에서 이 게임의 경우 내쉬균형에서 파레토효율(Pareto efficiency, 19장 참조)이 달성되고 있다. 그러나 내쉬균형에서 이처럼 항상 파레토효율이 달성되는 것은 아니다. 예를 들어 [표 16-1]의 내쉬균형인 (위반, 위반)일 때의 (5, 5)보다 두 기업에게 모두 더 나은 (10, 10)이라는 상태가 있으므로, 이 경우의 내쉬균형에서는 효율이 달성되지 않는다.[3]

(4) 어떤 게임에서는 내쉬균형이 1개 이상 존재하며, 또한 어떤 게임에서는 내쉬균형이 아예 존재하지 않을 수도 있다.[4] [표 16-2]가 바로 내쉬균형이 1개 이상 존재하는 경우이다. 이때 보수행렬이 대칭이라는 점을 고려하면, (a_2, b_2)가 내쉬균형이므로 (a_1, b_1)도 내쉬균형이 된다. (a_2, b_2)가 내쉬균형이라는 것을 보여줄 때와 같은 논리를 적용하여 확인해 보라.

표 16-3		내쉬균형이 1개 존재하는 게임			
		B			
		b_1		b_2	
A	a_1	14(A)	10(B)	10(A)	9(B)
	a_2	10(A)	7(B)	5(A)	15(B)

이 게임에서는 (a_1, b_1)이 유일한 내쉬균형이다.

---

3 앞으로 살펴보겠지만, 이 경우에도 반복게임을 상정하면 파레토효율이 달성될 수 있다.

4 내쉬균형이 존재하지 않는 경우에도 혼합전략을 사용하면 내쉬균형이 존재하게 된다. 이에 관한 논의는 16.3.3으로 미룬다.

(5) [표 16-3]의 게임과 같이 내쉬균형이 1개만 존재할 수도 있다.

이 보수행렬에서는 (a_1, b_1)이 내쉬균형전략이다. 이에 대해 검토해 보자. 예를 들어 B가 내쉬균형전략이 아닌 b_2를 택할 것으로 A가 예상한다고 하자. 이때 A가 a_1을 택하면 10을 얻고 a_2를 택하면 5를 얻을 것이므로, A는 10을 얻기 위해 a_1을 택할 것이다. A가 a_1을 선택한 상태에서는, B가 자신이 b_1을 택하면 10을 얻고 b_2를 택하면 9를 얻게 되므로, 10을 얻기 위해 b_1을 택할 것이다. B가 b_1을 택한 상태에서 A의 최적 대응은 a_1이다. a_1을 택하면 14의 보수를 얻고 a_2를 택하면 10의 보수를 얻을 것이기 때문이다. A가 a_1을 택한 상태에서 B의 최적 대응은 물론 b_1이다. 결국 (a_1, b_1)에서는 아무도 더 이상 자신의 전략을 바꾸려 하지 않을 것이며 따라서 (a_1, b_1)이 내쉬균형전략이 된다.

사실상 이 보수행렬에서는 a_1이 a_2에 대해 우월전략이기 때문에 균형을 쉽게 찾을 수 있다. A는 a_2를 사용하지 않을 것이라는 점을 예상한 B는 10과 9 중에서 10을 얻을 심산으로 b_1을 택할 것이다. 그 결과 (a_1, b_1)이 내쉬균형전략이 된다.

📖 예제 16.1 내쉬균형

시장에 있는 두 기업 A, B가 모두 조금씩 생산하면 A는 10억원, B는 9억원을 벌 수 있지만, 두 기업이 모두 많이 생산하면 시장가격이 하락하여 A의 이윤은 5억원, B의 이윤은 4억원으로 줄어든다고 한다. 한편 기업 A는 적게 생산하는데 기업 B는 많이 생산할 경우 기업 A의 이윤은 1억원으로 크게 감소하는 반면, 기업 B의 이윤은 15억원으로 크게 증가한다. 거꾸로 기업 B가 적게 생산하는데 기업 A가 많이 생산할 경우 기업 A는 14억원, 기업 B는 2억원의 이윤을 얻는다고 한다. 한편 이러한 의사결정은 1월에 이루어지며 그 의사결정은 당해연도에는 바꿀 수 없다고 한다.

a. 보수행렬과 내쉬균형을 구하시오. 내쉬균형의 정의에 입각하여 그것이 내쉬균형인 이유를 말하시오.

b. 위의 결과가 효율적인가? 파레토효율의 정의(18장 참고)에 입각하여 설명하시오.

풀이 a. 내쉬균형은 (H, H)이고, 그때 보수는 $(5(A), 4(B))$이다. 기업 A의 전략 H에 대한 기업 B의 최선의 선택은 전략 H이며, 또한 기업 B의 전략 H에 대한 기업 A의 최선의 선택도 전략 H이기 때문이다.

		기업 B	
		H	L
기업 A	H	$5(A)$ $4(B)$	$14(A)$ $2(B)$
	L	$1(A)$ $15(B)$	$10(A)$ $9(B)$

참고

이 문제의 경우 각 기업에게 H가 우월전략이다. 그 결과 (H, H)가 내쉬균형이 된다. 우월전략이 없는 경우를 염두에 두고 일반적인 방법으로 균형을 찾아보기로 하자. (이 문항에서는 기업 A가 L을 택할 이유가 없겠지만 이해를 돕기 위해), 기업 B는 기업 A가 L을 택할 것으로 예상한다고 하자. 그러면 기업 B는 아래 줄에 있는 15와 9 중에서 15를 얻을 심산으로 H를 택하려 할 것이다. 이 경우 기업 A의 보수는 1이 된다. 그러므로 기업 A가 이러한 상황을 예상한다면 기업 B의 H에 대해 왼쪽 줄에 있는 (5와 1 중에서) 5를 얻을 심산으로 전략을 H로 바꾸려 할 것이다. 기업 A가 H로 바꿀 경우 윗줄에 있는 4와 2 중에서 4가 더 크므로 기업 B는 H전략을 바꿀 이유가 없다. 결국 두 기업 모두 H를 택한 상태에서 균형이 이루어지는 것이다.

b. 비효율적이다. 그 이유는 두 기업이 모두 전략 L을 사용하면 ($5(A)$, $4(B)$)보다 두 기업 모두에게 더 나은 ($10(A)$, $9(B)$)를 얻을 수 있기 때문이다.

16.3.3 혼합전략 내쉬균형

우리는 지금까지 순수전략을 사용하는 경우에 대해서만 살펴보았다. 여기서 **순수전략**(pure strategy)이란 각 참가자가 하나의 전략을 100% 사용하는 것을 말한다. 이제 또 다른 방법으로서 각 참가자가 각 전략을 일정한 확률에 따라 사용하는 경우를 생각해 볼 수 있다. 이러한 전략을 **혼합전략**(mixed strategy)이라고 한다. 그런데 순수전략을 사용할 때 내쉬균형이 존재하지 않는 경우에도 혼합전략을 사용하면 내쉬균형이 존재하게 된다. [표 16-4]를 이용하여 이러한 사실을 확인해 보기로 하자.

이 게임에서 순수전략만을 사용한다고 하자. 예를 들어 B가 b_1을 택할 경우 A는 a_2를 택한다. 이처럼 A가 a_2를 택한 상태에서는 B는 b_2로 전략을 바꾼다. 이러한 상태에서는 A도 a_1으로 전략을 바꾼다. 그러면 B는 다시 전략을 b_1으로 바꾼다. 결국 순수전략만을 사용할 경우 계속 순환하게 되며, 내쉬균형이 존재하지 않는다.

이제 각 참가자가 혼합전략을 사용하는 경우 그 균형에 대해 살펴보자. 균형이란 다른 교란 요인이 없는 한, 계속 유지되려는 상태를 의미한다. 이러한 측면에서 혼합전략의 균형은 각 참가자가 자신이 적용하고 있는 확률을 변경시킬 유인이 없는 경우에 달성된다. 그런데 이 경우는 바로 각자 어떤 확률로 각 전략을 사용하든지 자신의 **기대보수**(expected payoff)가 같아지도록 상대가 혼합전략을 사용할 경우이다. 이 경우에는 각 전략을 사용할 확률을 어떻게 조정하더라도 그 기대보수가 같기 때문에 확률을 변경시킬 유인이 존재하지 않으며, 따라서 균형이 달성된다. 다음 예제를 통해 **혼합전략 내쉬균형**을 찾아보자.

표 16-4		혼합전략 내쉬균형			
		B			
		b_1		b_2	
A	a_1	10(A) 10(B)		10(A) 5(B)	
	a_2	15(A) 10(B)		5(A) 25(B)	

이 게임에서는 순수전략만을 사용할 경우 내쉬균형이 존재하지 않는다. 혼합전략을 사용할 경우 내쉬균형이 존재한다.

예제 16.2 혼합전략 내쉬균형

보수행렬이 [표 16-4]와 같이 주어져 있다고 하자. 이 경우 혼합전략 내쉬균형을 구하시오.

풀이 먼저 개인 A는 (p_1, p_2)의 확률로 두 전략을 사용하고, 개인 B는 (q_1, q_2)의 확률로 두 전략을 사용한다고 하자. 이 경우 개인 A의 기대이윤극대화 문제는

$$\text{Max}_{p_1, p_2} E(\pi) = p_1(q_1 \times 10 + q_2 \times 10) + p_2(q_1 \times 15 + q_2 \times 5)$$
$$s.t. \ p_1 + p_2 = 1$$

이다. 이 문제에 대한 라그랑지함수는

$$\text{Max}_{p_1, p_2} Z = p_1(q_1 \times 10 + q_2 \times 10) + p_2(q_1 \times 15 + q_2 \times 5) + \lambda(1 - p_1 - p_2)$$

이다. 극대화의 일차필요조건은

$$\frac{\partial Z}{\partial p_1} = 10q_1 + 10q_2 - \lambda = 0 \ (1), \ \frac{\partial Z}{\partial p_2} = 15q_1 + 5q_2 - \lambda = 0 \ (2), \ \frac{\partial Z}{\partial \lambda} = 1 - p_1 - p_2 = 0 \ (3)$$

이 된다. 한편 $q_1 + q_2 = 1$ (4)이다. 그러므로 (1), (2), (4)식을 연립으로 풀면 $q_1 = q_2 = 0.5$를 얻는다. 이 결과를 해석해 보자. 기업 B가 q_1과 q_2를 각각 0.5의 확률로 사용할 경우 기업 A의 이윤이 극대화된다(이것은 예를 들어 100번 시행 중에서 50번은 q_1을 사용하고 나머지 50번은 q_2를 사용하는 것으로 해석할 수 있다). 바꾸어 말하면 기업 B가 두 전략을 각각 0.5의 확률로 사용할 경우 기업 A는 자신의 기대이윤이 극대화되므로 자신이 사용하는 전략을 바꿀 이유가 없다. 그러므로 $q_1 = q_2 = 0.5$는 내쉬균형의 후보가 된다.

여기서 (1)식과 (2)식을 관찰해보자. 그러면 $10q_1 + 10q_2 = \lambda$, $15q_1 + 5q_2 = \lambda$이므로 $10q_1 + 10q_2 = 15q_1 + 5q_2$ (5)가 되는 것을 알 수 있다. 이 식에서 좌변은 기업 A가 전략 a_1을 사용하는 확률을 조정함으로써 얻을 수 있는 기대이윤의 변화율을 나타낸다. 우변은 기업 A

가 전략 a_2를 사용하는 확률을 조정함으로써 얻을 수 있는 기대이윤의 변화율을 나타낸다. 그러므로 (5)는 기업 A의 경우 자신이 각 전략을 사용하는 확률을 변화시킴으로써 얻을 수 있는 기대이윤의 변화율이 같을 때 그 기대이윤이 극대화된다는 것을 말한다. 그런데 (1)과 (2)에서 보듯이 기업 A의 기대이윤은 기업 B가 각 전략을 사용하는 확률인 q_1과 q_2의 크기에 따라 정해진다.

　이렇게 볼 때 이 문제의 해가 가지는 성격은 다음과 같다. 즉 기업 A가 자신의 전략을 어떠한 확률로 사용하든지 그 기대보수가 같아지도록 기업 B가 혼합전략을 사용하는 상태에서 균형이 달성된다는 것이다.

　한편 기업 B의 기대이윤극대화 문제는

$$\underset{q_1,\, q_2}{\text{Max}}\ \pi = q_1(p_1 \cdot 10 + p_2 \cdot 10) + q_2(p_1 \cdot 5 + p_2 \cdot 25)$$
$$s.t.\ \ q_1 + q_2 = 1$$

이다. 앞서와 같이 라그랑지함수를 이용하여 이 문제를 풀면 $p_1 = \dfrac{3}{4}$, $p_2 = \dfrac{1}{4}$을 얻는다. 다시 말하면 기업 A가 두 전략을 이러한 확률로 사용할 경우 기업 B의 기대이윤이 극대화된다. 그러므로 기업 A가 각 전략을 이러한 확률로 사용할 경우 기업 B는 자신의 기대이윤이 극대화되므로 전략을 바꾸지 않는다. 이러한 해가 가지는 성격에 대한 설명은 개인 A의 경우와 같다.

　이상의 분석을 통해 혼합전략 내쉬균형은 개인 A와 개인 B의 기대이윤극대화 문제를 풀어서 구한 값인 $p_1 = \dfrac{3}{4}$, $p_2 = \dfrac{1}{4}$, $q_1 = q_2 = 0.5$일 때 달성된다는 것을 알 수 있다. 바꾸어 말하면 기업 A가 전략 a_1을 3/4의 확률로 사용하고 전략 a_2를 1/4의 확률로 사용하면서 기업 B는 전략 b_1과 b_2를 각각 1/2의 확률로 사용할 때 혼합전략 내쉬균형이 달성된다는 것이다. 한편 이때 각 기업의 극대 기대이윤은 이러한 값을 목적함수에 대입하여 구할 수 있다. 실제로 대입해 보면 이 경우에는 기업 A의 기대이윤과 기업 B의 기대이윤이 우연히 10으로 같아진다.

16.4 용의자의 딜레마

　이제 전략적 상황에서 그 활용 범위가 상당히 넓은 용의자의 딜레마 게임에 대해 살펴보기로 하자. 특히 이 게임이 카르텔을 구성하고 있는 기업의 행위를 분석하는 데 어떻게 활용되고 있는가에 주목하자.

　이 게임의 상황은 다음과 같다. 어떤 사건의 공모자로 생각되는 두 용의자를 그들이 의사소통을 할 수 없도록 서로 다른 방에서 심문한다. 그리고 그들의 형량에 대해 다음과 같이 알려준다. '두 사람 모두 범행을 부인하면 경범죄로 걸어 구류 1개월에 처하며, 두 사람 모두 범행을 자백하면 10개월의 징역형에 처한다. 그러나 만일 둘 중의 한 사람은 범행을 부인하고 한 사람은 자백할 경우에는 범행을 자백한 사람은 그 대가로 석방시켜 준다. 그러나 이때 범행을 부인한 사람은 징역 200개월에 처한다.'

이 경우 용의자들이 처해 있는 상황은 다음과 같이 마치 그들이 게임을 하고 있는 듯한 상황이다.

> 서로 상대를 믿을 수만 있다면 범행을 함께 부인함으로써 가벼운 경범죄 저벌만 받을 수 있다. 그렇지만 자신은 부인하는데 상대방이 자백한다면 자신은 200개월형을 감수해야 하는 딜레마에 직면해 있는 것이다. 이때 이들이 직면하고 있는 딜레마를 용의자의 딜레마(prisoner's dilemma)라고 한다.

> 🌱 **용의자의 딜레마**(prisoner's dilemma) 서로 협조하지 않는 상황에서는 각자 자신에게 최선인 전략을 선택하더라도 각자에게 좋지 않은 결과가 나타나는 상황

16.4.1 균 형

이제 이러한 딜레마를 게임이론을 이용하여 분석해 보자. 이들이 직면한 상황은 [표 16-5]와 같은 보수행렬로 나타난다.

먼저 용의자 A의 입장에서 바라보자. 용의자 B가 자백할 경우에는 자신도 자백하여, 부인할 경우의 200개월형보다는 나은, 10개월형을 받을 수 있다. 또한 용의자 B가 부인할 경우에도 자신은 자백함으로써, 자신도 함께 부인할 경우 받는 1개월형 대신, 석방될 수 있다. 이러한 상황은 용의자 B에게도 똑같이 적용된다. 이처럼 용의자의 딜레마 상황일 경우 상대방이 어떤 전략을 취하더라도 자신은 자백을 하는 것이 낫다. 그러므로 각 용의자에게

표 16-5 **용의자의 딜레마**

		용의자 B			
		자 백		부 인	
용의자 A	자 백	$-10(A)$	$-10(B)$	$0(A)$	$-200(B)$
	부 인	$-200(A)$	$0(B)$	$-1(A)$	$-1(B)$

(자백, 자백)이 우월전략균형으로서 내쉬균형이다.

는 자백이 우월전략이 된다. 그 결과 (자백, 자백)이 우월전략균형으로서 내쉬균형이 된다. 결과적으로 볼 때 각 상황에 따라 형량을 교묘하게 구성함으로써 용의자로부터 자백을 얻어내고 있는 것이다.

16.4.2 카르텔과 용의자의 딜레마

용의자의 딜레마는 정치협상, 무기감축협상, 심지어는 대치하고 있는 전장에서도 그 예를 찾아볼 수 있다. 특히 경제학에서는 자유무역을 시행할 것인가 또는 보호무역을 시행할 것인가와 같은 전략적인 무역정책에 적용된다. 나아가서 공공재와 관련하여 자신의 수요를 어느 정도라고 말할 것인가와 같은 선호시현 문제, 카르텔의 협정을 위반할 것인가 준수할 것인가를 분석하는 문제 등 여러 부문에 그 원리가 적용된다.

일찍이 우리는 15장에서 기업들이 상호 협조하여 카르텔을 형성하는 것이 서로 **비협조적**(noncooperative)으로 행동하는 것보다 각자에게 더 나은 결과를 가져다 준다는 사실을 배웠다. 나아가서 카르텔이 형성된 후 상대방이 협정을 준수한다고 하자. 그렇다면 자신은 협정을 위반하여 산출량을 증가시킴으로써 이윤을 증가시킬 수 있다. 이 때문에 카르텔 참가 기업은 모두 협정을 위반할 유인을 지니게 된다. 이러한 사실도 우리는 이미 알고 있다.

그런데 이러한 상황에서 개별 기업이 직면하고 있는 상황은 바로 용의자의 딜레마에서 용의자들이 직면하고 있는 상황과 같다. 예컨대 카르텔을 형성하여 협정을 준수하는 것은 두 용의자가 함께 범행을 부인하는 전략에 해당한다. 또한 상대방은 협정을 준수하는데 자신은 위반하는 것은 상대방은 범행을 부인하는 데 자신은 자백하는 경우에 해당한다. 나아가서 카르텔을 형성하지 않고 서로 비협조적으로 행동하는 것은 두 사람 모두 각자 범행을 자백하는 결과에 해당한다. 이러한 사실을 이용하면 카르텔을 형성하는 것이 상호에게 이득이 되지만, 일단 카르텔이 형성되고 난 이후에는 붕괴될 유인이 잠재해 있다는 것을 게임이론을 통해서 설명할 수 있다. [표 16-1]을 이용하여 구체적으로 살펴보자.

이미 짐작했겠지만 [표 16-1]은 카르텔과 관련하여 두 기업이 직면하고 있는 상황을 묘사하고 있다. [표 16-1]에서 본다면 서로 위반하여 (5, 5)가 되는 것보다는 카르텔 형성 후 협정을 준수하여 (10, 10)이 되는 것이 서로에게 이득이다. 그러나 일단 카르텔이 형성된 후 상대방이 협정을 준수한다면, 자신은 협정을 위반하여 15를 얻는 것이 이득이다. 따라서 카르텔은 붕괴될 유인이 있다는 것이다.

예제 16.3 카르텔의 생성과 붕괴: 용의자의 딜레마

시장에 두 기업 1, 2가 있다. 상품을 생산하는 데 드는 평균비용과 한계비용은 두 기업 모두 10으로서 일정하다. 시장수요곡선은 $Q = 58 - p$라고 한다.

a. 비협조적으로 행동할 경우와 카르텔을 형성할 경우, 각각의 이윤을 구한 다음 보수행렬을 구하시오. 카르텔을 형성할 경우 상품을 서로 반반씩 나누어서 생산한다고 하자.

b. 보수행렬을 이용하여 두 기업이 서로 카르텔을 형성할 유인이 있다는 것을 보이시오.

c. 일단 카르텔이 형성되면 그 자체 내에 붕괴될 유인이 있다는 것을 보이시오.

풀이 a. [예제 15.8]과 같은 상황이다. 비협조적으로 행동할 경우 꾸르노균형이 될 가능성이 높다. 각 경우에 얻은 결과로 보수행렬을 구성하면 다음과 같다.

		기업 2	
		꾸르노균형의 수량 ($q_2 = 16$)	카르텔의 수량 ($q_2 = 12$)
기업 1	꾸르노균형의 수량 ($q_1 = 16$)	256(1)　256(2)	320(1)　240(2)
	카르텔의 수량 ($q_1 = 12$)	240(1)　320(2)	288(1)　288(2)

b. 각 기업이 16을 생산하는 것이 우월전략균형이다. 이때 각 기업의 이윤은 256이 된다. 그러나 카르텔을 형성하여 산출량을 각각 12로 줄이면 각 기업의 이윤이 288로 늘어난다. 그러므로 각 기업에게는 카르텔을 형성할 유인이 있다.

c. 기업 1의 입장에서 보자. 카르텔이 형성되어 기업 2가 12를 생산하는 상황에서는 기업 1에게는 12를 생산하는 것이 더 이상 최적전략이 아니다. 즉 12가 아니라 16을 생산함으로써 자신의 이윤을 288에서 320으로 끌어올릴 수 있다(보수행렬에서 320과 240은 각 기업이 16과 12를 생산할 때 해당 기업이 각각 얻은 이윤을 계산한 것이다). 이러한 원리는 기업 2에게도 똑같이 적용된다. 그러므로 일단 카르텔이 형성되면 그 자체 내에 붕괴될 유인이 존재한다고 볼 수 있다.

다른 측면에서 보자. 상대가 12를 생산하는 것을 믿을 수만 있다면 자신도 12를 생산하여 각각 288을 얻을 수 있다. 그러나 자신이 12를 생산하는 데 상대방이 16을 생산하면 자신의 이윤은 240으로 최악이 된다. 용의자의 딜레마 상황에 놓이는 것이다. 이때 서로 믿지 못하는 상황에서는, 각각 16을 생산하게 된다.

16.4.3 반복게임

용의자의 딜레마에서는 게임이 단 한 차례 시행되는 단발성게임의 경우를 분석하고 있다. 이제 게임이 동일한 참여자들에 의해 여러 번 시행되는 **반복게임**(repeated game)에 대해 생각해 보기로 하자. 이 게임의 논리는 과점시장에 나타나는 **묵시적 담합**에 적용될 수 있다. 그런데 여러 기간에 걸쳐 볼 때 누군가 묵시적 협정을 위반했을 때 다른 기업들은 그에 대해 **보복**(retaliation)을 가할 수 있을 경우 묵시적 담합이 형성된다고 보고 있다. 이러한 사실은 우리가 이미 알고 있다.

게임이 여러 번 반복되는 반복게임은 단발성게임에 비해 다음과 같은 특성을 지닌다. (1) 묵시적 담합의 경우처럼 상대방이 비협조적 전략을 취할 경우 다음 번에 그에 보복할 수 있는 수단을 가지게 된다. 그리고 이러한 수단이 있다는 사실 자체가 비협조적인 전략을 선택하는 것을 억제하는 효과를 지닌다. (2) 반복게임에서는 참가자들이 각자 **협조적 전략**(cooperative strategy)을 택한다는 **명성**(reputation)을 쌓을 수 있는 기회를 가진다는 것이다. 또한 이러한 사실이 서로 안심하고 협조적 전략을 택할 수 있는 유인을 제공한다.

그러나 실제로 이러한 특성이 발휘될 수 있는가는 게임이 반복되는 횟수가 정해져 있는가 아닌가에 따라 달라진다. 예를 들어 게임이 n번만큼만 반복되는 경우를 생각해 보자. 이 경우 마지막 n번째 게임에서는 다음에 더 이상의 게임이 없으므로 보복당할 위험이 없다. 그 결과 마지막에는 누구나 비협조적 전략을 선택할 것이다. 그렇다면 $n-1$번째 게임에서는 어떠한가? n번째 게임에서 어차피 모두 비협조적인 전략을 택하게 되는 여건 아래에서는 누구도 $n-1$번째 게임에서 협조적 전략을 택할 유인이 없게 된다. 이와 같이 **역진귀납**(backward induction)하는 논리는 매게임에 모두 적용된다. 그 결과 참가자들이 모두 매게임에서 비협조적 전략을 취하게 될 것으로 추론할 수 있다.

이처럼 게임이 일정 횟수만큼 반복될 경우에는 마지막 게임에서 협조를 유도할 수 없게 된다. 이 때문에 각 참가자들은 매게임에서 모두 비협조적 전략을 택하게 되는 것이다. 이러한 논리가 성립되는 근본 이유를 되새겨 보자. 각 참가자들이 협조하는 것은 상대가 앞으로도 계속 협조하도록 유도하기 위한 전략이다. 이렇게 볼 때 다음 게임이 없다면 아무도 마지막 게임에서 협조적 전략을 택하지 않을 것이다. 이것이 바로 그 이유이다.

그러나 게임이 반복되는 횟수가 정해져 있지 않을 경우에는 문제가 달라진다. 이때에는 게임이 언제 끝날지 알 수 없으므로 비협조적 전략을 선택할 경우 상대로부터 다음에 보복당할 우려가 있다. 그리고 이렇게 보복당할 우려가 있다는 사실 자체가 위협으로 작용하여 비협조적 전략을 선택하지 못하도록 만든다.

(1) 보복 방법

그런데 문제는 상대가 비협조적 전략을 선택했을 경우 몇 차례나 보복을 감행해야 하는가이다. 이와 관련된 전략으로 **방아쇠전략**이 있다. 방아쇠전략은 처음에는 협조적 전략을 취하다가 상대가 비협조적 전략을 취하는 것이 발견되면, 즉 방아쇠 지표가 발견되면 보복을 감행하는 전략이다. 방아쇠전략에는 **무자비방아쇠전략**(grim trigger strategy)과 '오는 말에 가는 말'(tit for tat)의 전략이 있다.

(1) 무자비방아쇠전략

상대가 한 번 비협조적 전략을 취하면 그 다음부터는 영원히 비협조적 전략을 취하는 것이다. 그런데 이러한 극단적인 전략을 취할 경우 상대의 비협조적인 행위를 응징할 수는 있지만 자신의 피해도 상당하다. 그러므로 이보다는 좀더 기술적인 보복 조치를 생각해 볼 필요가 있다.

(2) '오는 말에 가는 말'의 전략

'오는 말에 가는 말'의 전략이 상당히 효과가 있다는 연구 결과가 나와 있다. 다른 한편으로는 실제 현실에서도 카르텔을 유지하기 위해 이러한 전략이 사용되었다는 연구 결과도 있다.

> **'오는 말에 가는 말'의 전략**(tit for tat) 이번에 상대가 비협조적 전략을 선택하면 그에 대한 보복으로 바로 다음 번에 비협조적 전략을 택하고, 상대가 이번에 협조적 전략을 택하면 그에 대한 보답으로 바로 다음 번에 협조적 전략을 택해 주는 전략

'오는 말에 가는 말'의 전략은 결국 상대가 이번에 선택한 전략을 다음 번에 자신이 선택하는 전략이다. 그런데 이러한 전략은 한편으로는 '당근과 채찍'의 전략이라는 의미를 지닌다. 상대의 비협조적 전략에는 즉각 보복을 하지만 상대가 다시 협조적 전략으로 복귀했을 경우에는 이전의 일은 용서하고 자신도 역시 협조적 전략으로 보답한다는 것이다.

🗄 **예제 16.4** 카르텔의 유지: 반복게임

[예제 16.1]의 상황에서 다음 질문에 답하시오.

a. 카르텔이 형성된 다음 기업 B가 한 차례 위반했을 때 기업 B의 이득은 얼마인가?

b. 기업 B가 한 차례 위반하고 기업 A로부터 한 차례 보복을 당했을 때 순이득은 얼마인가? 두 차례 보복을 당했을 때 순이득은 얼마인가?

c. 이러한 분석 결과로부터 사업이 적어도 3년 이상 계속된다면 상대의 보복이 두려워 애초부터 아예 위반을 하지 못한다는 것을 알 수 있다. 이 말을 평가하시오.

d. 카르텔을 형성한 후 기업 B가 한 차례 위반하면 기업 A는 그 다음부터 영원히 비협조적 전략을 취하려고 한다. 이러한 보복전략, 즉 방아쇠전략이 효과가 있으려면 할인계수의 크기가 얼마이어야 하는가?

e. 카르텔을 형성한 후 기업 B가 한 차례 위반하면 기업 A는 그 다음 T번만 비협조적 전략을 취하고 그 이후부터는 다시 협조적 전략을 취하려고 한다. 이러한 보복전략이 효과가 있으려면 어떠한 조건이 만족되어야 하는가?

KEY 카르텔은 자체 내에 붕괴될 유인을 지니고 있다. 그러나 게임이 불확정 횟수만큼 반복된다면 유지될 가능성이 있다. 한편 이자율이 낮을수록 보복으로부터 입는 손실이 적게 할인되기 때문에 위반을 하지 않을 것이다.

풀이 a. (H, H)가 우월전략균형이다. 그러나 카르텔이 형성될 경우 균형은 (L, L)이 된다. 카르텔이 형성된 상태에서 기업 B가 한 차례 위반하면, 즉 H를 사용하면 B의 보수는 9에서 15로 증가한다. 그러므로 B의 이득은 15-9=6이다.

b. 보복이란 기업 A도 H를 사용하는 것을 말한다. 보복을 할 경우 결과적으로 (H, H)가 예상된다. 즉 카르텔 이전의 꾸르노-내쉬균형으로 복귀할 가능성이 높다. 이 경우 기업 B의 순이득은 다음과 같다.

　　한차례 보복당할 경우: 6+(4-9)=1
　　두 차례 보복당할 경우: 6+(4-9)+(4-9)=-4

c. 아니다. 유한번 계속된다면 마지막 n번째는 보복 위협이 없으므로 비협조적이 된다. 따라서 역진귀납 논리에 따르면 매게임에서 모두 비협조적이 된다. 불확정 횟수만큼 반복될 경우에 비로소 처음부터 협조적이 된다. 이 경우 사업이 무한히 반복되지 않더라도 불확정 횟수만큼만 반복된다면 협조적이 된다는 점에 주목하자.

d. 기업 B가 한 번 위반하고 보복당할 경우의 보수와 위반하지 않을 경우의 보수를 비교해 보자. 후자가 더 클 경우 보복전략이 효과를 발휘한다.
　　할인계수를 δ라고 하자. 그러면 '한 번 위반하고 영원히 보복을 당할 경우의 보수'는 $15+4\delta+4\delta^2+4\delta^3 \cdots = 15+\dfrac{4\delta}{1-\delta}$ (1)이 되며 '위반하지 않을 경우의 보수'는 $9+9\delta$

$+9\delta^2+9\delta^3 \cdots = \dfrac{9}{1-\delta}$ (2)가 된다. 그러므로 방아쇠전략이 효과가 있을 조건은 $15+\dfrac{4\delta}{1-\delta} < \dfrac{9}{1-\delta}$, 즉 $\delta > \dfrac{6}{11}$이다.

한편 이것은 다음과 같이 생각할 수도 있다. 즉 한 번 위반으로 6(=15−9)의 이득을 보고 그 다음부터는 계속 5(=9−4)의 손실을 볼 경우 그 합계가 음이 될 조건을 찾는 것이다. 다시 말해서 방아쇠전략이 효과가 있으려면 (1)식의 좌변에서 (2)식의 좌변을 빼준 값 $(15-9)+(4\delta-9\delta)+(4\delta^2-9\delta^2)+ \cdots$이 음이어야 한다는 것이다. 즉 $6 < \dfrac{5\delta}{1-\delta}$, $\delta > \dfrac{6}{11}$이이아 란다. 이렇게 볼 때 할인세수가 클수록, 즉 이자율이 낮을수록 보복으로 입는 손실이 적게 할인됨으로써 보복조치가 더 큰 타격으로 받아들여진다는 것이다. 즉 방아쇠전략이 효과를 발휘할 가능성이 높아지는 것이다.

e. 이 경우에도 위반하고 보복당할 경우의 보수와 위반하지 않을 경우의 보수를 비교한다. 후자가 더 클 경우 보복전략이 효과를 발휘한다.

'한 번 위반한 후 T번 보복당할 경우의 보수'는

$$15+(4\delta+4\delta^2+ \cdots +4\delta^T)+9\delta^{T+1}+9\delta^{T+2}+9\delta^{T+3}+ \cdots$$
$$=15+\frac{4\delta(1-\delta^T)}{1-\delta}+\frac{9\delta^{T+1}}{1-\delta} \tag{1}$$

이 되며 '위반하지 않을 경우의 보수'는 $9+9\delta+9\delta^2+9\delta^3 \cdots = \dfrac{9}{1-\delta}$ (2)가 된다. 이때 (1)<(2)일 경우 이러한 보복조치가 효과가 있다. 한편 이러한 전략을 '용서하는 방아쇠전략'(forgiving trigger strategy)이라고 한다.

참고

위 조건을 정리하여 로피탈의 정리(L'Hopital's Rule)를 적용하면 할인계수가 1에 가까울 정도로 클 경우에는 $T > \dfrac{6}{5}$이라는 결과를 얻는다. 즉 할인계수가 1에 가까울 정도로 클 경우에는 2기 동안 정도만 보복하더라도 용서하는 방아쇠전략이 효과를 발휘한다는 것이다. 이것은 문항 b의 결과에 비추어 보더라도 직관적으로 타당하다.

16.5 순차게임

가위 바위 보에서는 동시에 손을 내지만, 화투에서는 상대가 낸 패를 보고 난 후에 자기 패를 낸다. 다시 말하면 지금까지 분석한 것과 같이 게임참가자들이 동시에 의사결정을 내리는 경우도 있지만, 어떤 게임에서는 한 참가자가 먼저 의사결정을 내리고 상대방은 그 다음에 의사결정을 내리게 된다.

게임 참가자들이 동시에 의사결정을 내리는 게임을 **동시게임**(simultaneous game)이라고 한다. 반면에 게임 참가자 중 어떤 참가자는 먼저 의사결정을 내리며 다른 참가자는 상대방이 어떤 전략을 선택했는가를 본 이후에 자신의 전략을 선택하는 게임을 **순차게임**(sequential game)이라고 한다.

물론 순차게임에서 의사결정을 먼저 내리는 참가자는 상대방의 반응을 고려하여 의사결정을 내리게 된다. 여기서 먼저 의사결정을 내리는 참가자를 선도자로 보고 나중에 의사결정을 내리는 참가자를 추종자로 보자. 그러면 이 게임은 과점시장에서 배운 스타켈버그 모형을 분석하는 데 유용하게 쓰일 수 있다.

한편 나중에 알게 되겠지만 순차게임에서 균형의 핵심은 이판사판으로 자신의 손해를 감수하면서까지 상대에게 피해를 입히는 무모한 전략을 사용하는가에 달려 있다.

16.5.1 순차게임의 표현

게임의 표현 형식

(1) **정규형**(normal form) 또는 **전략형**(strategic form): 보수행렬을 사용하여 표현하는 형식.

　(예) [표 16−1] 등 지금까지 본 것들

(2) **전개형**(extensive form): 게임나무(game tree)를 사용하여 표현하는 형식.

　(예) [그림 16−1]

알다시피 동시게임을 분석하는 데에는 지금까지 보아 온 것처럼 정규형을 이용하는 것이 편리하다. 그러나 앞으로 보게 되겠지만 순차게임을 분석하는 데에는 전개형을 이용하는 것이 편리하다.

이제 두 기업 중 한 기업은 선도자가 되고 다른 기업은 추종자가 되어 각자 이윤을 극대화한다고 하자. 이때 서로 얼마나 생산할 것인가를 전략으로 서로 게임을 한다고 하자. 이 경우 (1) 선도자가 많이 생산하는 전략(H)을 선택했는데, 추종자도 많이 생산하는 전략(H)을 택했다고 하자. 그러면 그들의 보수는 [그림 16-1]에서 보듯이 두 기업 모두에게 가장 나쁜 결과로서 각각 10과 3이 된다. (2) 선도자는 많이 생산하는 전략(H)을 선택했는데, 추종자는 적게 생산하는 전략(L)을 선택한다고 하자. 그러면 선도자에게는 최상의 이윤인 20이 보장된다. 이때 추종자의 이윤은 자신마저도 많이 생산하는 전략(H)을 선택할 때보다는 높은 6이 된다. (3) 선도자가 적게 생산하는 전략(L)을 택했을 경우에는 추종자는 많이 생산하는 전략(H)을 택함으로써 자신의 이윤을 10으로 가장 높일 수 있다. 물론 이때 선도

그림 16-1   **순차게임**

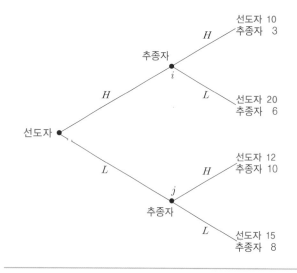

선도자가 H를 택하면 추종자는 L을 택할 것이다. 이때 선도자의 보수는 20이 된다. 선도자가 L을 택하면 추종자는 H를 택할 것이다. 이때 선도자의 보수는 12가 된다. 결국 선도자는 20을 보고 H를 택하며, 균형은 (H, L)이 되고 그때 보수는 (20, 6)이 될 것이다. 순차게임에서 선도자는 이처럼 추종자의 반응을 고려하여 전략을 택하게 된다.

자의 이윤은 자신마저도 많이 생산하는 전략(H)을 선택할 때 얻는 10보다는 높은 12가 된다. (4) 선도자와 추종자가 모두 적게 생산하는 전략(L)을 선택한다고 하자. 그러면 두 기업이 모두 많이 생산하는 전략(H)을 선택할 때보다는 높은 15와 8을 각각 얻는다. [그림 16-1]은 바로 이러한 내용을 보여주고 있다.

16.5.2 완전균형

이제 이러한 순차게임의 균형을 찾아보기로 하자. 이 게임을 분석할 때 가장 핵심적인 사항은 선도자는 자신의 전략을 선택할 때 추종자의 반응을 고려한다는 것이다. 즉 선도자는 자신이 H를 선택할 경우와 L을 선택할 경우의 각각에 대해 추종자가 어떻게 반응할 것인가를 고려한다는 것이다. 그리하여 각각의 경우 자신의 이윤이 얼마나 되는가를 살펴본다는 것이다.

(1) 선도자가 H를 선택하는 경우를 생각해 보자. 이때 추종자가 H를 선택한다면 추종자의 이윤은 3이 되지만, L을 선택한다면 6이 된다. 그러므로 추종자는 3 대신 6을 얻을 심산으로 L을 선택할 것으로 생각된다. 이때 선도자의 이윤은 20이 된다.

(2) 선도자가 L을 선택하는 경우를 생각해 보자. 이 경우 추종자는 L을 선택할 때는 8을 얻지만 H를 선택하면 10을 얻으므로 H를 선택할 것이다. 이때 선도자의 이윤은 12가 된다.

이와 같은 상황에서 선도자는 추종자의 반응에 따라 자신의 이윤이 이처럼 변화한다는 사실을 고려한다. 그 결과 자신에게 더 높은 이윤을 제공하는 H를 선택할 것이다. 선도자가 이처럼 H를 선택한 상황에서는 앞서 보았듯이 추종자는 (10, 3)에서 3을 얻기보다는 (20, 6)으로부터 6을 얻기 위해 L을 선택할 것이다. 그리하여 균형전략은 (H, L)이 되며 균형보수는 (20, 6)이 된다. 이때 선도자의 전략을 괄호 안의 앞에 표시하고 추종자의 전략을 뒤에 표시하고 있다. 이렇게 하여 얻어지는 균형이 바로 **완전균형**이다. 완전균형은 내쉬균형과 구분된다. 그 이유는 (H, L) 외에 (L, H)도 내쉬균형이 되기 때문이다. 이 둘이 모두 내쉬균형이 되는 이유는 다음 소절에서 설명할 것이다. 또한 완전균형의 의미에 대해서도 다음 소절에서 상세히 검토할 것이다.

16.5.3 완전균형과 내쉬균형 사이의 구분

그렇다면 이제 (H, L)과 (L, H)가 모두 내쉬균형이 되는 이유를 살펴보기로 하자. 먼저 (H, L)의 경우 선도자의 전략이 H로 주어진 상황에서 추종자의 최적전략은 (10, 3)에서 3을 얻기보다는 (20, 6)으로부터 6을 얻기 위한 L이 된다. 반면에 추종자의 전략이 L로 주어진 상황에서는 선도자의 최적전략은 L을 선택하여(하반부의 가지를 살펴보기 바란다) (15, 8)로부터 15를 얻기보다는 (20, 6)으로부터 20을 얻기 위한 H가 된다.[5] 결과적으로 (H, L)은 상대가 최적전략을 선택할 때 자신에게도 최적이 되는 균형이다. 그러므로 내쉬균형이다. (L, H)가 내쉬균형이 되는 것도 같은 방법으로 확인할 수 있다.

이제 (L, H)가 내쉬균형이 될 수 있는 배경을 알아보기로 하자. 이것이 내쉬균형이 될 수 있는 이유는 **위협**(threat) 때문이다. 그 위협의 내용을 알아보기 위해 선도자가 H를 선택하는 경우를 생각해 보자. 이때 추종자는 L을 선택하면 6을 얻을 수 있다. 이 경우 추종자가 가하는 위협이란 다름 아니라 이 6 대신 3을 얻는 손해를 감수하고라도 선도자에게도 최악의 결과가 되도록 H를 선택하겠다고 위협하는 것을 말한다. 추종자가 이러한 위협을 실천에 옮길 경우 선도자의 보수는 최악인 10이 된다. 그런데 선도자가 이것을 우려해 위협에 굴복하여 하반부의 가지에 있는 L을 선택한다면 그때 추종자는 H를 선택할 것이다. (L, H)는 바로 이러한 경우에 얻어지는 균형인 것이다.

그런데 이제 우리는 추종자의 그러한 위협이 과연 믿을 만한가, 즉 **신뢰성**(credibility)이 있는가를 생각해 볼 필요가 있다. 다시 말해서 선도자가 그러한 위협을 무시하고 H를 선택했을 때 추종자가 실제로 L대신 H를 선택할 것인가이다. 이와 관련하여 게임 참가자가 모

---

5 즉 추종자가 전략을 선택한 후에도 선도자는 자신이 최초에 선택한 전략을 바꾸지 않는다.

두 합리적이라고 하자(이것은 앞에서 말한 공통지식과 관련된다). 그러면 선도자가 위협을 무시하고 H를 선택할 경우 추종자는 그 상황에서 자신의 이윤을 극대화하는 방법이 무엇인가를 다시 생각해 볼 것이다. 그리하여 L을 선택할 것이다. 그러므로 이때의 위협은 **신뢰성 없는 위협**(incredible threat), 즉 **공허한 위협**(empty threat)이라고 할 수 있다. 그 결과 위협의 신뢰성까지 감안하면 선도자는 H를 선택하고 추종자는 L을 선택하게 된다. 즉 (H, L)이 유일한 균형이 된다. 앞서 얻은 완전균형은 바로 이러한 균형이다.[6]

> **완전균형**(perfect equilibrium) 순차게임에서 위협의 신뢰성까지 고려한 내쉬균형

조금 다르게 표현해 보자. 그러면 완전균형은 각 참가자가 그때그때 자신에게 이득이 되지 않는 행위는 결코 선택하지 않을 때 달성되는 균형이라고 할 수 있다. 또한 이러한 측면에서 볼 때 현실적으로 완전균형이 아닌 내쉬균형은 그렇게 흔히 나타날 것 같지는 않다.

16.5.4 완전균형을 쉽게 찾는 방법: 역진귀납

한편 완전균형을 찾는 과정을 다시 생각해 보자. 이때 선도자는 추종자의 반응을 고려하여 자신의 전략을 선택하게 된다. 그러므로 선도자 입장에서 보면 게임나무에서 추종자의 전략을 보여주는 뒤에서부터 시작하여 앞으로 거슬러 올라가는 **역진귀납**(backward induction) 방법으로 추론하는 것이 보다 쉽다. (1) [그림 16-1]의 마디(node) i에서 볼 때 추종자는 3이 아닌 6을 얻기 위해 L을 선택할 것으로 추론할 수 있다. 그러므로 마디 i에서는 전략 H를 나타내는 가지를 안심하고 잘라낼 수 있다. (2) 마디 j에서는 추종자가 8이 아닌 10의 이윤을 얻기 위해 전략 H를 선택할 것으로 추론할 수 있다. 그러므로 마디 j에서는 전략 L을 나타내는 가지를 안심하고 잘라낼 수 있다. 이제 남은 결과를 그려보면 [그림 16-2]와 같다.

이러한 축약된 게임나무에서 볼 때 선도자는 20을 얻기 위해 H를 선택할 것이다. 그러므로 완전균형은 (H, L)이며 그때 보수는 $(20, 6)$이 된다. 결과적으로 볼 때 역진귀납 방법으로 완전균형을 보다 손쉽게 얻을 수 있다.

---

6 완전균형은 모든 부속게임(subgame)에서 내쉬균형이 될 수 있는 전략들에 의해 얻어지는 균형이라는 측면에서 **부속게임완전내쉬균형**(subgame perfect Nash equilibrium)이라고도 한다. 한편 부속게임이란 어떤 마디(node) 이후의 모든 마디를 포함하는 게임을 말한다. 예컨대 [그림 16-1]의 순차게임에는 선도자의 마디에서 시작하는 부속게임, 마디 i에서 시작하는 부속게임, 마디 j에서 시작하는 부속게임 등 3개의 부속게임이 존재한다. 이 중에서 선도자의 마디에서 시작하는 부속게임은 사실상 원래의 게임과 같다.

그림 16-2 **축약된 게임나무**

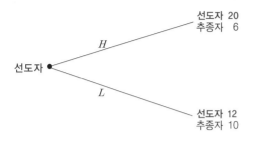

선도자 20
추종자 6

선도자 ●
H

L

선도자 12
추종자 10

완전균형은 역진귀납을 통해 쉽게 찾을 수 있다. 앞 그림의 마디 i에서 추종자는 L을 택할 것이므로, H를 잘라 버린다. 마디 j에서 추종자는 H를 택할 것이므로, L을 잘라 버린다. 그러면 축약된 게임나무를 얻을 수 있다. 이 나무에서 선도자는 H를 택할 것이므로 완전균형은 (H, L)이며 그때 보수는 (20, 6)이 된다.

16.5.5 완전균형과 스타켈버그균형

이제 완전균형을 얻기 위해 역진귀납하는 과정을 스타켈버그균형을 얻는 경우와 비교해 보기로 하자. 스타켈버그균형을 얻기 위해서 선도자는 첫째로, 추종자의 반응곡선을 구한다. 둘째로, 이러한 반응곡선상에서 자신의 최적산출량을 선택한다. 이 사실을 우리는 이미 알고 있다. 그런데 (1) 선도자가 (추종자의 반응을 나타내는) 추종자의 반응곡선을 구한다는 것은 순차게임에서 (추종자의 반응을 고려하여) 추종자의 마디로부터 열등전략을 제거하는 것과 같다. 그리고 그 결과 얻어지는 [그림 16-2]와 같은 게임이 바로 추종자의 반응곡선과 같은 역할을 하고 있다. (2) 추종자의 반응곡선상에서 선도자가 자신의 최적산출량을 결정하는 것은 축약된 게임나무에서 선도자가 자신의 최적전략을 선택하는 것과 같다. 그러므로 스타켈버그균형은 순차게임의 완전균형에 해당한다고 볼 수 있다.

16.5.6 선행자의 이득

먼저 의사결정을 내리는 참가자는 먼저 의사결정을 내린다는 전략적 위치로 인해 어떠한 이득을 얻을 것으로 짐작된다. 그러한 이득을 **선행자의 이득**이라고 한다.

> 🏭 **선행자의 이득**(first mover advantage) 먼저 행동을 취하여 상대방의 행동 반경을 좁혀 놓음으로써 선행자가 취하는 이득

선행자의 이득을 보여주는 대표적인 예가 순차게임에서의 완전균형이다. [그림 16-1]에서 살펴본 바와 같이 순차게임에서 먼저 의사결정을 내리는 참가자는 자신의 의사결정에 따른 상대의 반응까지 고려하여 의사결정을 내릴 수 있다. 그리하여 그러한 위치에 있지 않은 상대방의 행동 반경을 좁혀 놓음으로써 선행자의 이득을 얻고 있다. 이를테면 [그림

16-1]에서 추종자도 10을 얻기 위해 많이 생산하는 전략을 선택하고 싶다. 그러나 선도자가 먼저 많이 생산하는 전략을 선택하고 나면 자신은 적게 생산하는 전략을 선택할 수밖에 없는 상태로 행동 반경이 좁아지는 것이다.

예제 16.5 **선행자의 이득**

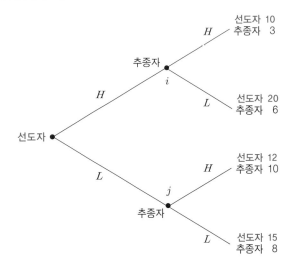

위와 같은 순차게임에서 선도자가 먼저 행동을 취할 권리를 추종자에게 양보할 수 있겠는가?

KEY 선도자가 먼저 행동을 취할 경우의 자신의 보수와 나중에 행동을 취할 경우의 자신의 보수를 비교해 보라. 보수가 작아지면 양보하지 않을 것이다.

풀이 주어진 게임나무는 본문의 [그림 16-1]과 같다.

첫째, 이 순차게임의 완전균형을 구해 보자. 선도자를 A, 추종자를 B라고 하자. 역진귀납 방식을 사용하자. 마디 i에서 B는 위의 가지에 있는 3 대신 아래 가지에 있는 6을 보고 L을 택할 것이다. 그러므로 마디 i에서는 위에 있는 가지가 잘려 나간다. 한편 마디 j에서는 B가 아래 가지에 있는 8 대신 위의 가지에 있는 10을 보고 H를 택할 것이다. 그러므로 아래 가지가 잘려 나간다. 그 결과 축약된 게임나무는

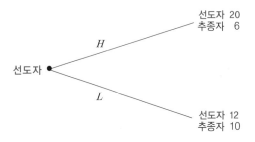

가 된다. 축약된 게임나무에서 선도자는 아래 가지에 있는 12 대신 위의 가지에 있는 20을 얻으려고 위의 가지를 택한다. 결과적으로 선도자는 H, 추종자는 L을 택하여 각각 20과 6을 얻을 때 완전균형이 성립된다.

둘째, 선도자가 나중에 행동할 경우 역진귀납 방법을 사용해 보자. 이때 완전균형은 (H, L)이며 그때 보수는 $(12(A), 10(B))$가 된다. 그 결과 자신의 보수는 자신이 먼저 행동할 때 얻는 20 대신 12가 될 것이므로 양보하지 않을 것이다.

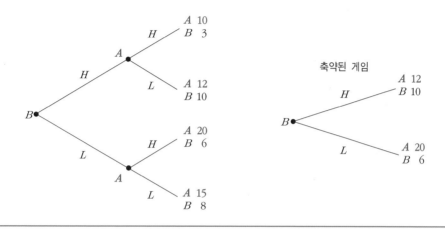

16.6 순차게임의 예: 진입게임

우리는 지금까지 시장이론에서 진입을 생각할 때 전략적 상황은 거의 고려하지 않았다. 다만 시장가격과 자신의 평균비용이나 한계비용을 단순히 비교하여 이윤의 여지가 있으면 진입하고 이윤의 여지가 없으면 이탈하는 것으로 가정하였다. 그러나 실제로 어떤 기업이 시장에 진입하려고 할 때에는 기존의 독점기업이 진입을 저지하기 위해 어떻게 반응할 것 인가를 고려한 후 진입 여부를 결정할 것이다. 이때 시장에 진입하려고 하는 기업(entrant)을 먼저 의사결정을 내리는 참가자로 보고, 기존기업(incumbent)을 나중에 의사결정을 내리는 참가자로 보자. 그러면 이러한 상황은 바로 우리가 지금 다루고 있는 순차게임의 상황과 흡 사하다.

이때 진입을 시도하는 기업은 진입과 보류라는 전략을 가지고 있다고 볼 수 있다. 이에 대해 기존의 독점기업은 많이 생산하는 전략(H)과 적게 생산하는 전략(L)을 가지고 있다고 하자. 그러면 진입은 [그림 16-3]과 같이 순차게임을 이용하여 분석할 수 있다.

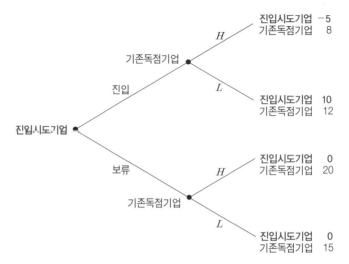

그림 16-3   **진입게임**

진입시도기업이 10을 바라보고 진입하면 기존독점기업은 L을 택할 것이다. 진입할 경우 기존독점기업이 H를 택하겠다는 것은 공허한 위협이다. 진입시도기업에게 -5의 손실을 입히기는 하지만 자신의 이윤도 12대신 8로 감소할 것이기 때문이다. 그 결과 (진입, L)이 완전균형이 된다.

진입을 시도하는 기업의 입장에서 살펴보자. 진입을 보류할 경우 이윤은 물론 0이다. 한편 진입을 감행할 경우 기존기업이 산출량을 늘려 맞대응하겠다고 위협한다.[7] 실제 산출량을 늘릴 경우 진입기업은 -5의 손실을 입는다. 그러나 이 경우 기존기업도 피해를 입는다. 즉 진입을 수용하고 적게 생산하면 12를 얻을 수 있는데, 맞대응하면 8밖에 얻지 못하게 되는 것이다. 따라서 실제 진입이 이루어진 상황에서는 맞대응하여 싸우는 것보다 산출량을 줄이는 것이 기존기업에게도 이득이 된다. 진입을 시도하는 기업은 이 점을 간파하여 기존기업이 산출량을 증가시키겠다는 위협을 공허한 위협으로 간주한다. 이러한 판단하에 실제 진입을 감행하는 경우 나타나는 결과가 바로 완전균형이다. 이러한 완전균형은 (진입, L)이고 그때 보수는 (10, 12)이다. 독자 스스로 확인해 보기 바란다.

---

7 이러한 위협에 굴복하여 진입을 보류할 경우 (0, 20)을 얻게 된다. 이것도 내쉬균형의 조건은 만족시키고 있음을 확인해 보라.

16.6.1 진입저지전략

그렇다면 독점기업이 새로운 기업이 진입하는 것을 저지시킬 수 있는 방법이 없을까? 물론 그 방법이 있다. 그 방법이란 바로 진입할 경우 맞대응하여 싸우겠다는 전략이 진입을 시도하는 기업에게 **신뢰성 있는 위협**(credible threat)으로 보이도록 하는 것이다. 기존기업은 **공약**(commitment)을 통해 이러한 목표를 달성할 수 있다. 물론 일반적인 경우들과 같이 이때 공약은 실천의지가 확고해 보일수록 그리고 번복이 불가능할수록 신뢰성이 크다. 이때 신뢰성이 있으려면 공약을 실행에 옮기는 것이 공약실행자에게 이득이 되어야 하며 또한 그러한 사실을 상대가 알아야 한다.

(1) 진입저지를 위한 공약의 예로서 생산시설을 확장해 놓는 것을 들 수 있다. 그렇게 함으로써 추가로 생산할 필요가 있을 경우 추가 생산물도 현재의 한계비용으로 생산할 수 있다는 것을 과시하는 것이다. 이렇게 하여 기존기업의 보수가 [그림 16-4]와 같이 변화했다고 하자. 이 경우 진입했을 때 기존독점기업이 L을 선택하면 H를 선택할 경우보다 보수가 적어진다는 점에 주목하자. 생산시설을 확장해 놓았음에도 불구하고 산출량이 적을 경우, 즉 L을 선택할 경우 가동되지 않는 설비가 존재하게 되어 H를 선택할 경우보다 보수가 적어진다.

이제 진입을 감행할 경우 H를 택하겠다는 것이 더 이상 공허한 위협이 아니다. 진입이 감행된 경우 기존의 독점기업이 L을 택하는 것보다 H를 택하는 것이 더 낫기 때문이다. 즉 진입이 감행된 경우, L을 택하면 얻을 수 있는 8보다 H를 택하면 얻을 수 있는 9가 더 크기 때문이다. 이처럼 위협이 신뢰성이 있을 경우 진입을 시도하던 기업은 진입을 포기할 수밖에 없다. 결국 독점기업은 진입을 저지시킨 후 H를 택함으로써 (0, 18)로부터 18의 독점이윤을 얻게 된다. 즉 (보류, H)가 완전균형이 되며 그때 보수는 (0, 18)이 된다. 실제로 그런지 확인해 보기 바란다.

이 경우 생산시설을 확장시키는 것 자체가 시장을 지키겠다는 각오를 보여주는 신호로 작용한다. 이러한 신호가 진입을 저지시켜 독점적 지위를 계속 유지시켜 주는 것이다. 그리하여 [그림 16-3]에서 원래 얻을 것으로 예상되었던 12보다 더 큰 18의 이윤을 얻게 된다. 물론 이 금액은 시설을 확장하는 데 든 비용을 감안한 금액이다.

이렇게 생산시설을 확장하는 방법은 규모의 경제가 있는 경우에 더욱 효과적이다. 이때 기존기업의 시설 확장은 진입을 시도하는 기업의 시설 규모를 제한하는 역할을 하게 된다. 그 결과 규모의 경제를 감안하면 생산비가 높아져 진입을 할 수 없게 된다.

그림 16-4 진입저지

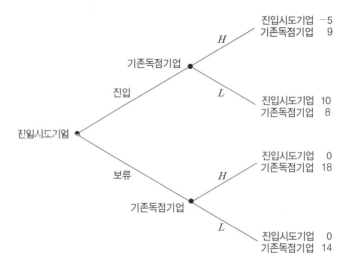

생산시설 확장 등을 통해 기존기업의 보수가 현재와 같이 변했다면 *H*를 선택하겠다는 위협이 신뢰성 있는 위협으로 바뀐다. 진입이 감행된 경우 *L*을 택하는 것(보수 8)보다 *H*를 택하는 것(보수 9)이 기존독점기업에게 더 낫기 때문이다. 그 결과 (보류, *H*)가 완전균형이 된다.

(2) 진입을 저지시키는 전략으로서는 이처럼 생산시설을 확장하는 방법 외에 **진입저지 가격설정**도 생각해 볼 수 있다.[8]

> 🌱 **진입저지가격설정**(limit pricing) 진입을 시도하는 기업의 평균비용보다 낮은 가격을 설정함으로써 진입을 저지시키는 가격설정

이러한 가격설정은 단기적으로는 독점이윤을 극대화시키지 못한다. 그러나 진입을 시도하는 기업에게 자신이 낮은 비용으로 생산하는 생산자임을 인식시켜 주는 신호 역할을하게 된다. 그리하여 다른 진입저지전략들처럼 상대들로 하여금 진입을 포기하게 만든다. 그 결과 독점의 지위가 유지되고 이윤이 장기적으로 보장된다.

---

8 진입저지와는 달리, 이미 시장에 있는 경쟁기업을 몰아내기 위해 평균비용보다 낮은 가격을 설정하는 것을 **약탈적 가격설정**(predatory pricing)이라고 한다. 이 가격설정의 매력은 단기적으로는 자신도 손실을 입을 수 있지만 상대를 몰아내는 데 성공하면 장기적으로 독점의 지위를 누릴 수 있다는 데에 있다.

16.6.2 전략적 행동

공약을 통해 자신의 전략이 신뢰성 있는 위협으로 보이도록 할 수 있다고 하였다. 공약은 전략적 행동 중의 하나이다.

> 🌱 **전략적 행동**(strategic move) 자신의 행동에 대한 상대방의 예상에 영향을 미침으로써 자신에게 유리한 방향으로 상대방이 선택하도록 상대에게 영향을 주는 행동

전략적 행동은 **자신의 행동을 제한함**으로써 상대의 행동에 영향을 주는 특성을 지닌다. 순차게임에서 후행자(second mover)가 자신이 선택할 수 있는 전략을 스스로 제한함으로써 선행자(first mover)에게 자신의 전략이 신뢰성 있는 위협으로 보이게 하는 것도 전략적 행동에 해당한다.

한편 순차게임에서 선행자는 후행자의 반응까지 고려하여 의사결정을 내릴 수 있다는 전략적 위치를 활용하여 후행자의 행동 반경을 좁혀 놓음으로써 선행자의 이득을 취한다. 반면에 후행자는 선행자의 예상에 영향을 주기 위해 자신이 선택할 수 있는 전략을 스스로 제한하는 전략적 행동을 통해 이득을 취한다.

(1) 앞서 검토한 것처럼 새로운 기업의 진입을 저지하기 위해 기존독점기업이 생산시설을 확장해 놓는 것도 전략적 행동에 해당한다. 생산시설을 확장해 놓음으로써 상대가 진입하면 자신이 H를 선택할 수밖에 없도록 자신의 행동을 제한해 놓음으로써 전략 H가 신뢰성 있는 위협이 되도록 만든 것이다. 이때 자신의 행동제한이 자신의 행동에 대한 상대의 예상에 영향을 줌으로써 결국 상대로 하여금 진입을 보류케 하고 있다. 자신의 행동제한이 역설적으로 자신에게 유리한 결과를 가져다주고 있다. 이때 외견상 생산시설 확장이 낭비처럼 보이지만 기존독점기업 입장에서 볼 때 결코 낭비가 아니다. 결과적으로 기존독점기업이 생산시설을 확장하기 이전에 비해 더 큰 보수를 누리기 때문이다. 이 경우 이미 확장해 놓은 생산시설은 되돌릴 수 없는 것일수록 자신의 행동을 제한하는 효과가 크며 그에 따라 위협의 신뢰성도 높아진다.

(2) 같은 원리로 진입저지가격책정, 대규모 판매망 구축, 대규모 연구개발투자 등도 진입을 저지하기 위한 전략적 행동에 해당한다.

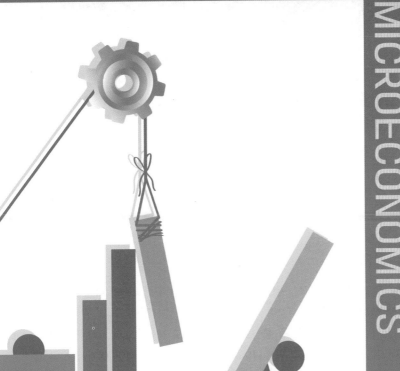

제4편

생산요소시장:
생산요소의 가격과 소득분배

　　생산요소의 가격과 수량이 어떻게 결정되는가를 검토하는 것이 4편의 핵심이다. 생산요소시장에서 생산요소의 가격과 수량이 결정되는 원리는 생산물시장에서 생산물의 가격과 수량이 결정되는 원리와 같다. 즉 생산요소의 경우에도 생산요소의 시장수요곡선과 시장공급곡선이 만나는 곳에서 가격과 수량이 결정된다는 것이다. 다만 여기서 하나 유념해야 할 것이 있다. 즉 생산물시장에서 공급자이던 기업들이 생산요소시장에서는 수요자가 되며, 아울러 수요자이던 개인들이 공급자로 그 역할이 바뀌게 된다는 것이다.

　　그에 따라 지금까지는 기업의 이윤극대화 행위를 생산물 공급 측면에서 살펴보았는데 여기서는 똑같은 이윤극대화 행위를 생산요소 수요 측면에서 살펴본다. 그 결과 앞에서는 생산물의 공급곡선을 얻었는데 여기서는 생산요소의 수요곡선을 얻게 된다.

　　생산물의 가격이나 수량이 생산물시장의 형태가 어떠하냐에 따라 다르게 결정되듯이 생산요소의 가격이나 수량도 생산요소시장의 형태가 어떠하냐에 따라 다르게 결정된다. 이러한 측면에서 생산요소에 대한 수요가 어느 한 기업에 의해 독점되는 수요독점과 수요독점인 상황에서 생산요소의 공급마저도 독점되는 쌍방독점의 경우도 우리의 관심을 끌고 있다.

　　한편 기업들은 생산물을 생산하고 공급하는 과정에서 생산요소를 구입하게 된다. 그 결과 생산요소에 대한 수요는 생산물에 대한 수요로부터 파생되는 파생수요(derived demand)라는 특성을 지닌다. 예컨대 더 많은 자동차를 생산하려면 더 많은 철판이 필요한 것이다. 이러한 측면에 초점을 맞추어 생산요소에 대한 개별수요곡선에 대해 살펴볼 것이다. 생산요소의 수요에 관한 논의는 생산물시장이 완전경쟁인가 아닌가에 따라서도 그 내용이 달라진다. 생산요소에 대한 수요가 파생수요라는 점을 감안할 때 이것은 당연하다.

　　소득은 생산요소의 공급량에 그 가격을 곱한 값으로 정해진다. 이 점에 비추어 볼 때 생산요소의 가격이 결정되면 그에 상응하여 소득분배가 결정된다는 것을 알 수 있다. 한편 이 책에서는 소득분배에 관해서는 깊이 있게 다루지 않았다. 그러나 한계생산성이론이나 생산요소에 대한 상대적 분배 몫에 대해서는 검토할 것이다.

제 17 장

완전경쟁과 생산요소시장: 이윤극대화와 생산요소 수요·공급

MICROECONOMICS

생산요소의 균형가격과 균형수량이 어떻게 결정되는가 알아본다. 초점은 생산요소의 수요 측면에 맞추어져 있다. 한편 생산요소의 공급자는 생산물의 수요자인 소비자이다. 그러므로 생산요소공급에 대해서 분석한다는 것은 소비자이론을 다룬다는 것이다. 그런데 중요한 생산요소들 중의 하나인 노동의 공급에 대해서는 7장에서 다루었다. 그래서 공급 측면은 간단히 언급하고 넘어가지만, 이 과정에서 요소소득이 어떻게 결정되며 그에 따라 소득분배가 어떻게 결정되는가 살펴본다.

기업은 생산물시장에서는 공급자이지만 생산요소시장에서는 수요자이다. 이때 11장에서 보았듯이 생산물에 초점을 맞추어 기업의 이윤극대화 행위를 살펴보면 생산물의 공급곡선을 얻는다. 반면에 똑같은 행위를 생산요소의 관점에서 살펴보면 생산요소에 대한 수요곡선을 얻는다. 이때 생산요소시장과 생산물시장은 서로 연관되어 있다는 점이 작용한다. 그 결과 생산물시장의 여건뿐만 아니라 생산요소시장의 여건이 생산물의 공급에 영향을 미친다. 이와 마찬가지로 생산요소시장의 여건뿐만 아니라 생산물시장의 여건도 생산요소에 대한 수요에 영향을 미친다. 이번 장에서는 생산물시장과 생산요소시장이 모두 완전경쟁일 경우에 대해서 분석한다.

무엇을 공부할 것인가

1. 생산요소시장을 분석할 때 생산물시장의 상황을 고려해야 하는 이유는 무엇인가?

2. 생산요소시장의 이윤극대화와 생산물시장의 이윤극대화는 어떻게 비교되는가?

3. 생산물시장과 생산요소시장이 모두 완전경쟁일 때 이윤극대화조건은 무엇인가? 생산요소의 단기수요곡선은 어떻게 구해지는가?

4. 생산요소의 단기수요곡선이 우하향하는 이유는 무엇인가?

5. 생산물시장과 생산요소시장이 모두 완전경쟁일 때 생산요소의 장기수요곡선은 어떻게 구해지는가?

6. 한계생산성이론에 따를 경우 소득분배는 어떻게 이루어지는가?

7. 경제적 지대란 무엇이며 경제적 지대가 크다면 그렇게 커지는 이유는 무엇인가?

8. 생산요소의 가격이 변할 경우 대체탄력성의 크기에 따라 생산요소들의 상대적 분배 몫은 어떻게 달라지는가?

이윤극대화의 기본원리

11장에서는 기업의 이윤극대화 행위를 생산물공급 측면에서 분석하였다. 이번 장과 다음 장에서는 기업의 똑같은 이윤극대화 행위를 생산요소수요 측면에서 분석한다. 생산물공급 측면에서 분석할 때 생산물시장제약, 기술제약, 생산요소시장제약이 있었듯이 여기서도 그 제약들이 작용한다

생산물시장이나 생산요소시장이 독립적으로 작용할 수는 없다. 그런데 특히 생산요소의 수요에 대해 분석할 때에는 이 점이 더욱 부각된다. 한편 이윤극대화 원리는 어디에서나 똑같이 적용된다. 다만 경우에 따라 그 표현만 달라질 뿐이다.

17.1.1 시장 상황

생산물시장에는 수요자는 많지만 공급자가 하나인 경우가 더러 있다. 반면에 생산요소시장에는 생산물시장과는 달리 공급자는 많지만 수요자가 하나인 경우가 있을 수 있다. 물론 생산요소시장에 공급자가 하나인 경우도 있다. 그 결과 시장에 있는 기업들의 수에 초점을 맞추어 보면 다음과 같은 경우들을 생각할 수 있다. [그림 17-1]과 번호들을 대응시켜 가며 살펴보자.

(1) 생산물시장과 생산요소시장이 모두 완전경쟁인 경우

(2) 생산물시장은 불완전경쟁이지만 생산요소시장은 완전경쟁인 경우

(3) 생산요소시장에 수요자가 자신 하나뿐인 수요독점자는 생산물시장에서 독점자가 될 가능성이 매우 높다.

(4) 그러나 수요독점자이면서 생산물시장에서 가격수용자가 되는 경우도 있다. 이 경우는 [그림 17-1]에서 점선으로 표시되어 있다.

(5) 특수한 경우로서 어떤 기업이 생산요소시장에서 수요독점자인데, 그 생산요소가 공급독점자에 의해 공급되고 있는 경우도 있다. 이것을 쌍방독점이라고 한다.

이러한 내용들이 [그림 17-1]에 정리되어 있다. 앞으로 이러한 각 경우를 구분하여 생산요소에 대한 수요에 대해서 분석할 것이다((2), (3), (4), (5)는 18장에서 다룬다).

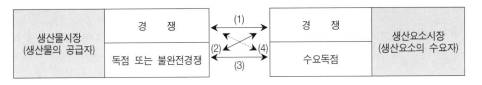

그림 17-1 **기업의 역할 및 시장 상황**

특히 생산요소시장을 분석할 경우에는 생산물시장이 어떠한 상황인가가 중요하다.

17.1.2 이윤극대화의 원리

기업이 생산요소를 구입하는 것도 궁극적으로는 생산물을 판매하여 이윤을 얻으려는 행위이다. 분석을 시작하는 이 시점에서부터 이 점을 분명히 해 두자. 한편 산출량이 많아 질수록 생산요소의 수요량은 당연히 많아진다. 이때 생산요소의 투입량과 그때 생산되는 최대산출량 사이의 관계를 나타내는 것이 바로 생산함수이다. 이러한 사실을 우리는 이미 알고 있다. 이 점을 염두에 두고 이윤을 극대화하는 문제를 다시 생각해 보자.

먼저 총수입함수를 $r(q)$, 총비용함수를 $c(q)$라 하자. 그러면 생산물의 공급에 대한 일 반적인 이윤극대화 문제는

$$\underset{q}{\text{Max}}\ \pi = r(q) - c(q) \tag{17.1}$$

로 쓸 수 있다. 그런데 이것은 이미 우리에게 익숙한 것이다. 생소한 독자는 14장을 참 고하자. 이때 $c(q)$는 $c(w,r,q)$를 간결하게 표현한 것임에 주목하자.

위 문제를 생산요소에 대한 수요라는 측면에서 다시 살펴보자. 그러기 위해서는 위 문 제를 생산함수 $q=f(L,\ K)$를 이용하여 다시 써야 한다. 즉

$$\underset{L,\ K}{\text{Max}}\ \pi = r(\,f(L,\ K)) - (wL + rK) \tag{17.2}$$

로 다시 쓴다는 것이다. 이때 수입이나 비용이 모두 생산요소의 함수로 표현되고 있다.[1]

---

1 이때 $c(q) = c(f(L,\ K))$로 쓰지 않도록 유의해야 한다. $c(q)$는 $q=f(L,\ K)$의 관계를 적용하여 $L,\ K$의 함수인 $c=wL+rK$를 q의 함수로 이미 바꾸어 표시한 것이다. 그런데 $c(q) = c(f(L,\ K))$로 쓰면 ($L,\ K$의 함수를 q의 함수로 바꿔놓은 후) q의 함수를 다시 $L,\ K$의 함수로 바꾸는 셈이 된다.

여기서 생산함수를 통해 생산물시장과 생산요소시장이 서로 연결되고 있다는 점에 다시 한 번 주목하자.

> 다시 말하면 생산함수가 생산요소시장과 생산물시장을 연결시켜 주고 있다는 것이다. 이 점은 생산요소시장을 분석할 때 핵심적인 역할을 한다.

이윤이 극대화되려면 주어진 산출량을 최소의 비용으로 생산해야 한다. 이러한 이유 때문에 주어진 산출량을 생산하는 데 드는 최소 비용을 말하는 총비용함수가 문제 (17.1)에 들어가 있다. 이처럼 이윤을 극대화하려면 비용이 극소화되어야 하므로, 이윤이 극대화될 때의 비용은 바로 그때의 산출량을 최소 비용으로 생산할 때의 L과 K의 값을 $wL + rK$에 대입한 값과 같아진다.[2] 따라서 문제 (17.2)처럼 $c(q)$ 대신 $wL + rK$로 바꾸어 쓰더라도 문제가 없다.

이렇게 볼 때 위 두 문제는 본질적으로는 같은 것이다. 다만 문제를 바라보는 시각만 다를 뿐이다. 즉 문제 (17.1)은 기업의 이윤극대화 행위를 생산물 공급 측면에서 바라본 것이고, 문제 (17.2)는 같은 행위를 생산요소 수요 측면에서 바라본 것일 뿐이다.

> 한계원리는 여기에서도 적용된다.

따라서 이윤을 극대화하려면 생산요소를 고용할 때 그로부터 추가로 얻는 수입과 그때 추가로 드는 비용이 같아지는 만큼 고용해야 한다.

다만 문제 (17.2)에서 다음과 같은 사실에 주목할 필요가 있다.

(1) 우변의 첫 항은 생산요소를 사용하여 생산한 생산물을 시장에 판매할 때 얻는 수입을 말한다. 그런데 그 표현으로부터 수입을 좌우하는 요소는 크게 두 가지라는 사실을 알 수 있다. 그 중 하나는 생산요소와 생산물 사이에 기술적으로 주어진 함수관계이다. 즉 생산함수이다. 다른 하나는 생산물이 거래되는 시장의 여건이 어떠한가이다. 다시 말하면 생산물이 거래되는 시장이 완전경쟁이냐 아니냐에 따라 수입이 달라진다는 것이다.

(2) 우변의 둘째 항은 생산물과 비용 사이의 함수관계를 생산요소와 비용 사이의 함수관계로 바꾸어 쓴 것이다. 생산물과 생산요소는 생산함수를 통해 서로 함수관계에 있다는 점에 비추어 볼 때 이렇게 바꿔 쓸 수 있다는 것은 지극히 당연하다(각주 1 참조). 아직 언급하기에 이른 감이 있지만 생산물시장이 완전경쟁인지 아닌지가 수입에 영향을 미치듯이 생산요소시장이 완전경쟁인지 아닌지는 비용에 영향을 미친다(18장 참조).

---

2 예컨대 이윤극대화 산출량이 q일 경우, 그때 비용은 $\underset{L,\ K}{\text{Min}}\ C = wL + rK$
$\qquad s.t.\ f(L,\ K) = q$

를 풀어서 구한 값이라는 것이다.

우리가 앞으로 다루게 될 내용도 다름 아니라 생산물시장이나 생산요소시장이 각각 완전 경쟁인가 아닌가에 따라 문제 (17.2)가 구체적으로 어떻게 표현되며, 그때 이윤극대화 조 건이 어떻게 나타나느냐이다.

17.2 생산요소의 단기수요곡선: 최적화 후 비교정학

먼저 생산물시장과 생산요소시장이 모두 완전경쟁상태에 있을 경우로부터 분석을 시작하 자(이 밖의 경우는 18장에서 분석함). 이때 이윤극대화 원리가 어떻게 표현되며 그로부터 생산요소 수요곡선이 어떻게 구해지는가를 알아보자. 한편 생산요소수요곡선은 기업들이 생산요소시장 에서 가격수용자로 행동할 때에만 정의된다는 점에 주목하자. 이것은 생산물시장에서 기업들 이 가격수용자로 행동할 때에만 생산물의 공급곡선이 정의되는 것과 그 원리가 같다.

이때 이윤극대화문제로부터 생산요소의 단기수요함수를 구하게 된다. 그 다음 외생변수인 w가 변화할 때 내생변수인 L이 어떻게 변화하는가를 알아본다. 즉 비교정학을 한다. 그 결과가 바로 생산요소의 단기수요곡선이다.

17.2.1 단기의 이윤극대화 문제

고정생산요소가 존재하는 단기의 생산요소수요에 대해 살펴보자. 생산물시장과 생산요 소시장이 모두 완전경쟁인 경우, 생산물 공급에 대한 단기의 이윤극대화 문제는

$$\text{Max}_{q}\ \pi = pq - c(q) \tag{17.3}$$

이다. 단기의 경우 $c(q)$는 $c(w, r, \overline{K}, q)$를 간결하게 표현한 것이다. 이 문제는 다름 아닌 문 제 (11.1)이다. 즉 생산물시장과 생산요소시장이 완전경쟁일 경우 개별 기업은 생산물과 생 산요소의 시장가격 p, w, r을 주어진 것으로 받아들인다는 사실을 반영하고 있다. 이것은 생 산물시장이 완전경쟁일 경우 문제 (17.1)을 구체적으로 표현한 것이다.

이제 편의상 두 종류의 생산요소가 존재한다고 가정하고 위 문제를 생산요소에 대한 수요를 분석할 수 있는 형태로 바꾸어 주자. 즉 단기생산함수 $q = f(L, \overline{K})$를 이용하여

$$\text{Max}_{L}\ \pi = pf(L, \overline{K}) - (wL + r\overline{K}) \tag{17.4}$$

로 바꾸어 주자. 여기서 L은 가변생산요소, K는 고정생산요소를 나타낸다. 특히 단기에 고정생산요소는 $\overline{K}$수준으로 고정되어 있음에 주목하자. 이때 생산요소의 가격이 일정하게 주어졌다는 것은 기업이 완전경쟁인 생산요소시장에서 생산요소를 구입하고 있음을 반영하고 있다. 이러한 측면에서 위 문제는 문제 (17.2)가 구체적으로 표현된 형태 중의 하나에 불과하다.[3]

17.2.2 이윤극대화 조건: 한계생산물가치=생산요소가격

이해를 돕기 위해 예로부터 시작하자. 어떤 제과공장에서 기존 시설을 이용하여 노동자들이 현재 모두 800시간 일을 하여 과자를 만들고 있다고 한다. 물론 이때 이윤이 극대화되고 있다고 한다. 편의상 과자를 생산하는 데 드는 고정비용과 원료의 값은 무시하기로 하자. 과자는 완전경쟁시장에서 1개에 100원에 판매되고 있다고 한다. 이러한 상황에서 노동자의 시간당 임금이 5,000원이라면 800시간 중 마지막에 해당하는 1시간에 과자를 몇 개나 만들고 있다고 볼 수 있는가? 그 답은 50개이다. 즉 이때 노동의 한계생산물은 과자 50개이며 이것을 시장에 팔면 1개당 100원씩 받아 총합해서 5,000원의 수입(이 값이 바로 후술하는 한계생산물가치이다)을 올리고 있는 것이다. 이 값이 시간당 임금과 일치하고 있음에 주목하자. 만일 이 상태에서 노동을 1시간 더 투입한다면 한계생산물이 체감하여 과자의 추가 생산량은 50개에 미치지 못할 것이다. 그리하여 5,000원의 임금을 주고 노동을 추가로 1시간 더 고용하는 것은 그 자체만으로는 오히려 손실을 입힐 것이다. 물론 1시간이 모자라는 799시간에서 측정한다면, 마지막 1시간에는 과자를 50개 넘게 생산하는 것으로 나타날 것이다. 즉 799시간 중 마지막 1시간에 대해서 보면 5,000원의 임금을 들여 5,000원 이상의 수입을 올리고 있는 상태인 것이다. 그러므로 이때에는 노동을 더 고용하는 것이 이윤을 증가시킨다.

결론적으로 말해서 추가로 노동을 고용해서 생산한 한계생산물을 팔아서 얻는 수입과 시간당 임금이 일치하는 곳에서 이윤이 극대화된다. 앞의 예에서 그 곳은 $100 \times 50 = 5,000$이 성립하는 곳으로 나타난다. 이러한 논리를 일반화하여 수식으로 표현하면

단기이윤극대화조건: 생산물시장과 생산요소시장이 모두 경쟁일 경우

(1) 단기이윤극대화의 일차필요조건: $pMP_L(L, \overline{K}) = w$ (17.5)

(2) 단기이윤극대화의 이차충분조건: $\dfrac{dMP_L(L, \overline{K})}{dL} < 0$, 즉 한계생산물 체감   (17.6)

---

3 18장에서 생산물시장이 독점일 경우에 대해서도 다루게 되는데, 그때에는 문제의 형태가 당연히 달라진다.

이 된다. 여기서 MP_L은 L의 한계생산물이다. 수학적 도출과정은 [부록 17.3]을 참고하기 바란다. 다만 [부록 17.3]은 장기의 경우여서 거기서는 L과 K를 모두 선택한 것과는 달리 문제 (17.4)는 단기의 경우여서 여기서는 L만 선택 가능하다. 두 조건을 모두 만족시키는 L 은 문제 (17.4)의 이윤을 극대화시키는 값으로서 바로 우리가 구하고자 하는 가변생산요소 의 수요량이다. 한편 이차충분조건인 식 (17.6)은 문제 (17.4)에서 π의 L에 대한 이차도함 수의 값이 음이 되게 하는 조건으로서 한계생산물이 체감한다는 것이다. 그 경제학적 함축 성에 대해서는 [부록 17.1]을 참고하기 바란다.

이제 식(17.5)의 이면에 있는 원리를 살펴보기로 하자. K는 고정되어 있으므로 산 출량을 증가시키려면 가변생산요소인 L을 더 고용해야 한다.

(1) L을 1단위 추가로 고용하면 산출량이 MP_L만큼 증가한다. 그런데 이것을 생산물시 장에 가격 p로 판매하면 pMP_L만큼 수입이 늘어난다. 이것이 좌변에 나타나 있다.

(2) L을 1단위 추가로 고용하면 요소구입 비용이 w만큼 늘어난다. 이것이 우변에 나타 나 있다.

(3) 이렇게 볼 때 식 (17.5)는 이윤을 극대화하려면 생산요소를 고용할 때 그로부터 추 가로 얻는 수입이 그때 추가로 드는 비용과 같아지는 만큼 생산요소를 고용해야 한다는 것 을 의미한다. 이러한 측면에서, 이 식은 11장에서 배운 '한계수입=한계비용'이라는 이윤극 대화 조건을 생산요소의 수요라는 관점에서 바라본 것이다. 실제로 이 식의 양변을 MP_L로 나누어 주면

$$p = \frac{w}{MP_L} = SMC$$

가 된다($\frac{w}{MP_L} = SMC$의 도출과정은 10장의 식 (10.2) 참조). 앞서 든 제과공장 예의 수치들에서도 이 관계가 성립함을 확인해 보기 바란다. 결과적으로 식 (17.5)는 완전경쟁 생산물시장에서 의 단기이윤극대화조건인 $p = SMC$와 같아진다. 기업의 이윤극대화 행위를 생산요소시장 에서 바라보든 생산물시장에서 바라보든 그 결과가 같아야 한다는 것은 당연하다.

(4) 한편 식 (17.5)의 pMP_L은 생산요소를 추가로 한 단위 더 투입하여 얻은 한계생산 물 MP_L을 생산물시장에서 주어진 가격 p로 판매할 때 얻는 금액이다. 이것을 **한계생산물가 치**라고 한다.

> 📊 **한계생산물가치**(value of marginal product: VMP) 생산물시장이 완전경쟁일 경우 생산요소를 추
>   가로 한 단위 더 투입하여 얻은 생산물을 시장에 판매할 때 추가로 늘어나는 기업의
>   수입

예를 들어 L의 한계생산물가치를 수식으로 도출하면 $\dfrac{dTR}{dL} = \dfrac{d(pq)}{dL} = p\,\dfrac{df(L,\overline{K})}{dL} = pMP_L$
이 된다. 그런데 한계생산물가치를 정의할 때 "생산요소를 추가로 '한 단위' 더 투입하여…"
처럼 '한 단위'라고 말하는 이유는 [부록 2.2]에서 설명하였다.

(5) 일반적으로 식 (17.5)는 다음과 같이 표현하는 것이 보통이다.

$$VMP_L(p,L,\overline{K}) = w \qquad\qquad\qquad (17.5)'$$

이 식은 이윤을 극대화할 때 생산요소에 대한 수요는 생산요소의 한계생산물가치와 생
산요소의 가격이 같아지는 수준에서 결정된다는 사실을 말해 주고 있다.

17.2.3 생산요소의 단기수요곡선

이제 식 (17.5)와 (17.5)′가 뜻하는 바를 명확히 이해했으리라고 생각한다. 그런데 식
(17.5)′를 L에 대해 풀면 L의 수요량은 p, w, $\overline{K}$의 함수로 나타난다. 그러므로

$$L = L(p,w,\overline{K}) \qquad\qquad\qquad (17.7)$$

로 쓸 수 있다. 이것이 **생산요소의 단기수요함수**이다. 이때 문제 (17.4)에 있는 생산함수
$f(L,\overline{K})$의 형태에 따라 이 함수의 형태가 달라진다. 즉 생산함수의 형태(기술을 반영)는 생산
요소의 단기수요함수의 형태에 반영된다.

> 📊 **생산요소의 단기수요함수**(shortrun factor demand function) 생산물의 가격이나 생산요소의 가
>   격 또는 고정생산요소의 수량이 변화할 때 이윤을 극대화하는 생산요소의 수
>   량이 어떻게 변화하는지 그 관계를 나타낸 것

이러한 생산요소의 단기수요함수를 10장의 조건부 단기생산요소수요함수와 비교해 보자.
첫째, (i) 조건부 생산요소수요함수는 '임의의 주어진 산출량'을 최소비용으로 생산하려
할 때 투입되는 생산요소에 관한 것이며, 단기의 경우 10.2.1의 $L = L(\overline{K},Q)$에서 보듯이
$\overline{K}$와 주어진 목표산출량 Q의 함수이다.

(ii) 조건부라는 수식어가 없는 생산요소수요함수는 '이윤을 극대화하는 산출량'을 (최소비용으로) 생산하려 할 때 투입되는 생산요소에 관한 것이며, 단기의 경우 식 (17.7)인 $L = L(p, w, \overline{K})$에서 보듯이 p, w, $\overline{K}$의 함수이다.

둘째, 조건부 생산요소수요함수에서 '조건부'로 주어진 산출량 Q가 이윤을 극대화하는 산출량일 경우 조건부 단기생산요소수요함수는 생산요소의 단기수요함수가 된다. 즉 조건부 단기생산요소수요함수 $L = L(\overline{K}, Q)$의 Q에 단기이윤극대화로부터 얻은 단기공급함수 $Q = s(p, w, \overline{K})$[식 (11.5)]를 대입하면 생산요소의 단기수요함수 $L = L(p, w, \overline{K})$가 된다.

한편 생산물의 가격과 $\overline{K}$가 일정하게 주어졌다고 가정하고(ceteris paribus) 생산요소의 단기수요함수를 간단히 $L = L(w)$로 쓰기도 한다. 다음 사항들에 주목하자.

(1) 생산요소의 단기수요함수는 생산물의 가격 및 그 생산요소 가격의 함수일 뿐만 아니라 고정생산요소 $\overline{K}$의 함수이다.

(2) $\overline{K}$의 크기는 MP_L에 영향을 주기 때문에 포함되지만, 고정비용을 구성하는 고정생산요소의 가격 r은 포함되지 않는다. 직관적으로 볼 때 가변생산요소의 수요량은 산출량에 따라 달라진다. 그런데 산출량은 고정비용과는 무관하게 결정된다($p = SMC$를 상기하자). 결국 고정생산요소의 가격이 변하더라도 산출량은 변하지 않으며 따라서 가변생산요소의 수요량도 변하지 않는다는 것이다(예제 17.1 풀이 참조).

(3) $L = L(p, w, \overline{K})$를 단기생산함수인 $q = f(L, \overline{K})$에 대입하면 생산물의 단기공급함수 $q = s(p, w, \overline{K})$를 얻는다. 식 (11.5)와 서로 다른 각도에서 접근한 것일 뿐이며 그 결과는 같다.

(4) $L = L(p, w, \overline{K})$에 생산물의 가격이 포함되어 있다는 사실이 생산요소에 대한 단기수요가 생산물시장과 연결되어 있다는 사실을 반영하고 있다. 이러한 생산요소의 단기수요함수로부터 생산요소의 단기수요곡선을 얻는다.

구체적으로 말해서 생산요소 단기수요함수에서 다른 상황(생산물의 가격, $\overline{K}$, 함수형태, 즉 생산요소 단기수요함수 이면의 생산함수, 즉 기술)이 일정하다고 가정하고(ceteris paribus) L과 w의 관계를 나타낸 것이 생산요소의 단기수요곡선이다. 물론 그 원리는 생산물의 수요곡선을 그릴 경우와 같다.

생산요소의 단기수요곡선(shortrun factor demand curve) 생산요소의 단기수요함수에서 기술, 생산물의 가격, 고정생산요소의 양 등 다른 상황이 일정하다고 가정한(ceteris paribus) 상태에서 해당 생산요소의 가격이 변화할 때 그에 따라 그 생산요소의 수요량이 어떻게 변화하는가를 보여주는 그래프

그림 17-2 생산요소의 단기수요곡선

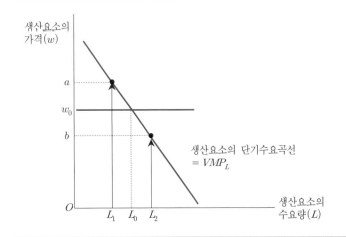

VMP곡선이 생산요소의 단기수요곡선이다. VMP곡선이 우하향하는 이유는 한계생산물이 체감하기 때문이다.

(1) VMP_L곡선의 우하향하는 부분이 생산요소의 단기수요곡선이 된다

[그림 17-2]를 보고 VMP_L곡선이 생산요소의 단기수요곡선이 되는 이유를 검토해 보자.

(1) 생산요소의 가격이 w_0일 경우 생산요소를 추가로 고용하는 데 추가로 드는 요소비용은 생산요소가격인 w_0이다. 이윤이 극대화되려면 이러한 w_0와 생산요소를 추가로 고용함으로써 추가로 얻는 수입, 즉 VMP_L이 같아져야 한다고 하였다. 그림에서 w_0와 VMP_L이 같아지는 곳이 바로 L_0이다.[4]

(2) (i) 그림에서 생산요소의 가격이 w_0인데 고용량이 L_0보다 적을 때(예컨대 L_1)에는 한계생산물가치(a, 긴 화살표)가 생산요소의 가격보다 높다. 이때에는 고용량을 늘릴 경우 그 둘의 차이만큼 이윤이 증가하므로 고용량을 늘린다. 한편 고용량을 늘림에 따라 한계생산물이 체감한다. 따라서 이 경우 생산물의 가격이 일정함을 감안할 때 한계생산물가치도 체감한다. 그리하여 마침내 L_0에서는 한계생산물가치가 임금률과 같아진다. (ii) 반대로 고

---

4 L_0에서의 한계생산물가치는 가로축의 L_0에서 VMP_L곡선까지의 수직거리로 나타나는데 이 값이 w_0와 같다는 말이다.

용량이 L_0보다 클 때(예컨대 L_2)에는 한계생산물가치(b, 짧은 화살표)가 생산요소의 가격보다 낮다. 이때에는 고용량을 줄일 경우 그 둘의 차이만큼 이윤이 증가하므로 고용량을 줄인다. (iii) 결국 생산요소의 가격이 w_0일 경우 이윤을 극대화하는 생산요소의 수요량은 L_0가 된다.

참고로 [그림 17-2]는 한계생산물가치곡선이 생산요소의 단기'수요곡선'이 된다는 것을 설명한 것이고 [그림 4-16]은 수요곡선이 한계편익곡선을 의미한다는 것을 설명한 것인데 그 설명 방법은 같다.

(3) 생산요소의 가격이 달라질 경우 그에 대응하여 생산요소의 수요량이 또다시 결정된다. 이때 생산요소의 가격과 그에 대응하는 생산요소의 수요량 사이의 관계를 그림으로 나타낸 것이 바로 생산요소의 단기수요곡선이며, 이러한 관계가 VMP_L곡선으로 나타난다. 따라서 VMP_L곡선이 바로 생산요소의 단기수요곡선이 된다.

> 생산요소의 단기수요곡선상의 각 점은 $VMP_L = w$라는 이윤극대화 조건을 만족시키므로 생산요소의 단기수요곡선상의 각 점에서는 이윤이 극대화되고 있다.

(2) 생산요소의 단기수요곡선이 우하향하는 이유

[그림 17-2]에서 보듯이 생산요소의 단기수요곡선은 다른 수요곡선처럼 우하향한다. 즉, w와 L은 서로 반대방향으로 움직인다. 이처럼 생산요소의 단기수요곡선이 우하향하는 이유는 이 곡선의 배경이 되는 식 (17.5)를 보면 알 수 있다. 생산물의 가격 p는 일정하다. 그런데 L의 투입량이 증가함에 따라 한계생산물이 체감하므로, 한계생산물가치도 체감한다.

> 결국 한계생산물이 체감하기 때문에 VMP_L곡선, 즉 생산요소의 단기수요곡선이 우하향하는 것이다(부록 17.1 참조).

이렇게 볼 때, 한계생산물이 일정하다면 VMP_L곡선, 즉 생산요소의 단기수요곡선은 가로축에 수평한 직선이 될 것이다.

(3) 생산요소수요곡선의 해석

(1) 한편 생산물의 수요함수의 경우 가격이 독립변수이고 수요량이 종속변수이지만, 생산물의 수요곡선에서는 관행상 독립변수인 가격을 세로축에 표시하고 종속변수인 수요량을 가로축에 표시했다. 마찬가지로 생산요소의 수요함수에서도 생산요소가격이 독립변수이고 생산요소수요량이 종속변수이지만, 생산요소의 수요곡선을 그릴 때에도 [그림 17-2]처럼

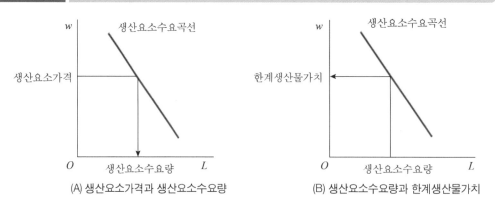

그림 17-3   생산요소수요곡선의 해석

(A) 생산요소가격과 생산요소수요량

(B) 생산요소수요량과 한계생산물가치

주어진 생산요소수요곡선에서 볼 때 세로축의 임의의 생산요소가격에서 옆으로 읽으면 그 가격에 대응하는 생산요소수요량을 얻는다. 반면에 가로축의 임의의 생산요소수요량에서 위로 읽으면 그 생산요소수요량에 대응하는 한계생산물가치를 얻는다.

관행상 생산요소가격을 세로축에 표시하고 생산요소수요량을 가로축에 표시한다. 따라서 [그림 17-3(A)]가 보여 주듯이 주어진 생산요소의 수요곡선에서 볼 때 세로축의 임의의 생산요소가격에서 옆으로 읽으면 그 가격에 대응하는 생산요소수요량을 얻는다. 반면에 [그림 17-3(B)]가 보여 보듯이 가로축의 임의의 생산요소수요량에서 위로 읽으면 그 생산요소수요량에 대응하는 한계생산물가치를 얻는다.

   (2) 여기서 생산요소의 수요함수와 생산요소의 역수요함수를 구분해 보기로 하자. 생산요소 단기수요함수의 경우 생산기술, 생산물의 가격, 고정생산요소 등 다른 조건은 일정하다고 가정하고(ceteris paribus) L의 수요량을 그 가격인 w만의 함수로 나타내는 경우가 많다. 즉 L의 단기수요함수를 $L = L(w)$로 나타내는 것이다. 사실상 이것을 그림으로 나타낸 것이 L의 단기수요곡선이다. 그런데 p와 $\overline{K}$가 주어졌다고 할 때 $VMP_L(p, L, \overline{K}) = w$는 $L = L(w)$와는 역으로 가격인 w가 수요량 L의 함수로 표현되어 있다. 그러므로 엄밀하게 볼 때 $VMP_L(p, L, \overline{K}) = w$는 **생산요소 L의 단기역수요함수**(shortrun inverse factor demand function)이다. 이러한 측면에서 이것을 그래프로 그린 것은 엄밀하게 볼 때 **생산요소 L의 단기역수요곡선**(shortrun inverse factor demand curve)이다($p = MC$의 관계에서 MC곡선이 엄밀하게 볼 때 역공급곡선(inverse supply curve)인 것과 같은 이치이다). 한편 생산요소의 단기수요곡선과 생산요소의 단기역수요곡선의 그림은 같다. 다만 바라보는 방향이 다르다.

   이러한 내용을 염두에 두고 [그림 17-3]을 다시 검토해 보자. 생산요소가격이 세로축, 생산요소수요량이 가로축에 놓여 있다. 이러한 상황에서 [그림 17-3(A)]처럼 세로축의 임의의 생산요소가격에서 옆으로 읽을 경우 생산요소수요량을 얻는다는 것은 생산요소수요량을 생산요소가격의 함수로 본다는 것을 의미한다. 즉 이 곡선을 생산요소의 수요곡선으로 본다는 것이다. 반면에 [그림 17-3(B)]처럼 가로축의 임의의 생산요소수요량에서 위로 읽을 경우 한계생산물가치를 얻는다는 것은 한계생산물가치를 생산요소수요량의 함수로 본다는 것을 의미한다. 즉 이 곡선을 사실상 생산요소의 역수요곡선으로 본다는 것이다.

부록 17.1 생산물시장의 이윤극대화와 생산요소시장의 이윤극대화 비교

기업의 이윤극대화 행위를 생산물시장에 초점을 맞추어 살펴볼 수도 있고 생산요소시장에 초점을 맞추어 살펴볼 수도 있으며 이윤극대화 원리는 같다는 점은 이미 지적하였다. 여기서는 그 분석방법도 대응될 수 있다는 측면에서 검토해 보자.

(1) 본문에서 $\pi = pq - c(q)$ (11.1)은 [그림 11-1]로 표현되었다. 이에 대응하여 $\pi = pf(L, \overline{K}) - (wL + r\overline{K})$ (17.4)는 다음 [그림 1]로 표현된다. 이 그림에서 이윤이 극대화되는 곳을 찾아 보자. 먼저 총수입은 $pf(L, \overline{K})$인데 이것은 본문 [그림 9-2]의 총생산물곡선을 p배 늘린 것이다. 총수입에서 총가변비용 wL을 빼준 값, 즉 생산잉여가 L_2에서 가장 커지고 있다. 그런데 이윤은 생산잉여에서 총고정비용인 $r\overline{K}$를 빼준 값이다. 그렇지만 총고정비용은 고정되어 있는 값이므로 생산잉여가 가장 커지는 곳인 L_2에서 이윤이 극대화되고 있다. 그림에 고정비용이 표시되어 있지 않으므로 이윤의 크기는 나타나있지 않지만 이윤이 가장 커지는 곳이 L_2인 것만은 분명하다. 한편 L_1에서는 손실이 극대화되고 있다.

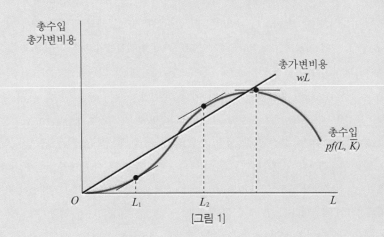

[그림 1]

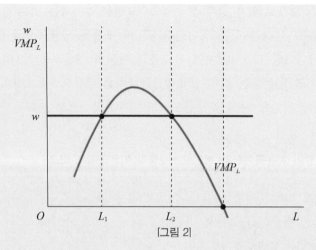

[그림 2]

(2) 본문에서 $p = MC(q)$ (11.2)는 [그림 11-2]로 표현되었다. 이에 대응하여 $pMP_L(L, \overline{K}) = w$

(17.5)는 [그림 2]로 표현된다. 총수입함수를 L에 대해 편미분하면 $\dfrac{\partial [pf(L, \overline{K})]}{\partial L} = p\dfrac{\partial f(L, \overline{K})}{\partial L}$

$= pMP_L = VMP_L$이므로 총수입곡선의 접선의 기울기는 VMP_L곡선으로 나타난다. 총가변비

용곡선의 기울기는 w이다. 두 기울기의 값이 같아지는 곳은 L_1과 L_2 두 곳인데 이 중에서

VMP_L이 우상향하는 L_1에서는 손실이 극대화되고 우하향하는 L_2에서 이윤이 극대화되고 있다.

　　L_2에서 이윤이 극대화되는 이유를 살펴보자. L_1에 이르기까지는 L을 추가로 한 단위 더

고용할 때 추가로 늘어나는 수입, 즉 VMP_L이 추가로 늘어나는 비용, 즉 w보다 작기 때문에

한계이윤이 계속 음이다. 이때 한계이윤은 L을 추가로 한 단위 더 고용할 때 추가로 늘어나는

이윤을 말하기 때문에 한계이윤을 논의할 때 고정비용은 무시해도 된다. L_1에 이르러 VMP_L

이 w와 같아져서 한계이윤이 0이 되면서 음의 한계이윤 누적금액의 절댓값, 즉 손실이 극대화

된다. L_1부터 L_2에 이르기까지 VMP_L이 w보다 커서 한계이윤이 계속 양이다가 L_2에 이르러

한계이윤이 다시 0이 되면서 양의 한계이윤 누적금액이 가장 커진다. 즉 이윤이 극대화된다.

L_2를 넘어서부터는 다시 한계이윤이 음이 되기 시작한다.

(3) 본문에서 공급곡선은 [그림 11-3]으로 표현되었다. 이에 대응하여 생산요소수요곡선은 [그림

17-3]으로 표현된다. 단기에 공급곡선이 우상향하는 이유와 생산요소수요곡선이 우하향하는

이유는 모두 한계생산물이 체감하기 때문이다(11장에서 강조했듯이 공급곡선이 우상향하는 이유

는 한계비용이 체증하기 때문인데 단기에 한계비용이 체증하는 이유는 그와 쌍대성이 있는 한계생

산물이 체감하기 때문이다). 일반적으로 한계생산물곡선은 체증하다가 체감한다. 즉 체증하는

영역과 체감하는 영역을 모두 가지고 있다. 그런데 생산물시장에서든 생산요소시장에서든 경

제적 선택의 대상이 되는 영역, 즉 이윤이 극대화되는 영역은 한계생산물이 체감하는 영역이다. 그런데 이 영역은 생산물시장에서든 생산요소시장에서든 모두 이윤극대화의 이차충분조건을 만족시키는 영역이다. 수식 도출에 대해서는 [부록 11.1]과 [부록 17.3]을 참고하기 바란다.

17.2.4 생산요소시장과 생산물시장의 관계 : 곡선상의 움직임과 곡선 자체의 이동

생산요소시장과 생산물시장은 동전의 앞뒷면과 같은 관계에 있다. 아울러 생산요소수요는 생산물에 대한 수요로부터 파생되는 파생수요이다. 이로 인해 생산요소시장의 변화는 생산함수를 통해 곧 생산물시장에 나타난다. 한편 그래프에서 볼 때 생산요소시장에서 곡선상의 움직임(movement along the curve)은 생산물시장에서 곡선 자체의 이동(shift of the curve)으로 나타나는 반면 생산물시장에서 곡선상의 움직임은 생산요소시장에서 곡선 자체의 이동으로 나타난다. 생소한 독자는 곡선상의 움직임과 곡선 자체의 이동에 대해 복습하기 바란다.

(1) 생산요소가격이 변화하는 경우

(1) 예를 들어 w가 w_0에서 w_1으로 상승할 경우 그 상황은 개별 기업 측면에서 볼 때 [그림 17-4(A)]에서처럼 주어진 생산요소의 단기역수요곡선(VMP_L곡선)을 따라 위로 움직이면서(movement along the fixed inverse factor demand curve) 개별 기업의 생산요소 수요량이 L_0에서 L_1으로 감소하는 것으로 나타난다(VMP_L곡선의 모양은 산 모양의 MP_L곡선에서 MP_L이 체감하는 영역에 대응하며 그 구체적인 형태는 [부록 17.1]의 [그림 2]에 나타나 있다). 이에 대응하여 생산물시장에서는 w의 상승으로 인해 한계비용이 증가하여 [그림 17-4(B)]에서처럼 SMC곡선 자체가 위쪽으로 이동(shift)한다. 물론 SMC곡선을 단기역공급곡선으로 볼 때에는 단기역공급곡선이 왼쪽으로 이동한 셈이다. 그 결과 주어진 생산물가격에서 개별 기업의 생산물 공급량이 q_0에서 q_1으로 감소한 것으로 나타난다.

그림 17-4 | 생산요소가격 상승

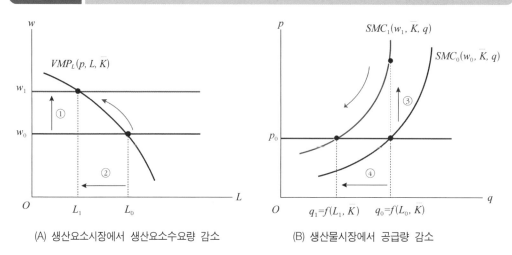

(A) 생산요소시장에서 생산요소수요량 감소   (B) 생산물시장에서 공급량 감소

w가 상승할 경우 생산요소시장에서는 주어진 VMP_L곡선을 따라 위로 움직인다. 생산물시장에서는 w의 상승으로 인해 단기한계비용이 증가하여 SMC곡선 자체가 위로 이동한다.

(2) 그렇다면 L의 한계생산물의 변화는 어떠할까? 생산요소시장에서는 주어진 VMP_L곡선(생산요소의 단기역수요곡선)을 따라 위로 움직이면서 생산요소 수요량이 감소할 때 한계생산물체감의 법칙이 적용되어 L의 한계생산물(감소함수임에 주목!)이 체증한다. 이러한 한계생산물 체증은 생산물시장에서 [그림 17-4(B)]에서처럼 ([그림 11-2]에서 $q > q_2$일 때의 논리처럼 q_0에서 볼 때 한계비용인 SMC_1이 한계수입인 p_0보다 크기 때문에 q의 공급량을 감소시키는 과정에서) 새로운 SMC곡선(단기역공급곡선)인 SMC_1을 따라 아래로 움직이면서 단기한계비용의 체감으로 나타난다.

(2) 생산물의 가격 또는 $\bar{K}$가 변화하는 경우

생산요소의 단기수요곡선을 그릴 때 일정하다고 가정했던 생산물의 가격 또는 $\bar{K}$가 변화하면 생산요소의 단기수요곡선 자체가 이동(shift of the shortrun factor demand curve)한다. 구체적으로 볼 때 식 (17.5)의 좌변을 보면, 생산물가격의 상승은 한계생산물가치를 증가시킨다는 것을 알 수 있다. 나아가서 $\bar{K}$의 증가도 L의 한계생산물을 증가시킴으로써 한계생산물가치를 증가시킬 것임을 추론할 수 있다. 그런데 이 경우들의 한계생산물가치 증가는, L이나 w의 변화에 기인한 것이 아니라, VMP_L곡선을 그릴 때 일정하다고 가정했던 '다른 상황'들의 변화에 기인한 것이므로 VMP_L곡선상의 움직임이 아니라 곡선 자체의 위쪽 이동으로 나타난다. 또한 이것은 생산요소의 단기역수요곡선이 오른쪽으로 이동(shift of the factor demand curve)하는 것으로도 볼 수 있다.

(1) 예를 들어 생산물에 대한 시장수요가 증가하여 생산물의 가격이 p_0에서 p_1으로 올라가는 경우를 생각해 보자. 11장에서 배웠듯이 이처럼 p가 상승할 경우 그 상황은 개별 기업 측면에서 볼 때 [그림 17-5(A)]에서처럼 주어진 단기역공급곡선(SMC곡선)을 따라 위로 움직이면서(movement along the fixed shortrun inverse supply curve) 개별 기업의 생산물 공급량이 q_0에서 q_1으로 증가하는 것으로 나타난다. 이에 대응하여 생산요소시장에서는 p의 상승으로 인해 한계생산물가치가 증가하여 [그림 17-5(B)]에서처럼 VMP_L곡선 자체가 위쪽으로 이동(shift)한다. 물론 VMP_L곡선을 생산요소의 단기역수요곡선으로 볼 때에는 생산요소의 단기역수요곡선이 오른쪽으로 이동한 셈이다. 그 결과 주어진 생산요소가격에서 개별 기업의 생산요소 수요량이 L_0에서 L_1으로 증가하는 것으로 나타난다.

(2) 그렇다면 L의 한계생산물의 변화는 어떠할까? 생산물시장에서는 주어진 SMC곡선(단기역공급곡선)을 따라 위로 움직이면서 산출량이 증가하는 과정에서 한계비용이 체증한다. 이러한 한계비용 체증은 생산요소시장에서 [그림 17-5(B)]에서처럼 ([그림 17-2]의 L_1에서의 논리처럼 L_0에서 볼 때 추가로 얻는 수입인 VMP_L^1이 추가로 드는 비용인 w_0보다 크기 때문에 L의 수요량을

그림 17-5 **생산물 가격 상승**

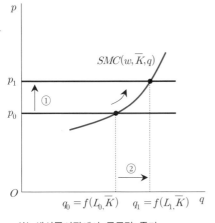
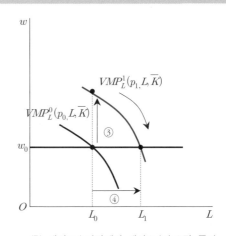

(A) 생산물시장에서 공급량 증가   (B) 생산요소시장에서 생산요소수요량 증가

p가 상승할 경우 생산물시장에서는 주어진 SMC곡선을 따라 위로 움직인다. 생산요소시장에서는 p의 상승으로 인해 한계생산물가치가 증가하여 VMP_L곡선 자체가 위로 이동한다.

증가시키는 과정에서) 새로운 VMP_L곡선(생산요소의 단기역수요곡선)인 VMP_L^1을 따라 아래로 움직이면서 한계생산물 체감으로 나타난다.

부록 17.2   노동수요자 입장에서 본 기업의 소비자잉여=상품공급자 입장에서 본 기업의 생산자잉여

노동수요자 입장에서 본 기업의 소비자잉여는 상품공급자 입장에서 본 기업의 생산자잉여와 같다. 이에 대해 알아보자. 생산물의 가격과 생산요소의 가격이 각각 p, w로 주어지고 생산함수가 $q = f(L, \overline{K})$로 주어졌다고 하자. 이 경우 노동역수요곡선은 pMP_L곡선으로 나타난다. 이 경우 예컨대 [그림 17-2]의 원점에서 가로축의 L_0에 대응하는 노동역수요곡선 아래의 면적은 pq_0가 된다(pq_0의 의미는 후술). 이때 $q_0 = f(L_0, \overline{K})$로 표기하였다(노동역수요곡선과 노동수요곡선의 그림은 같은데 노동역수요곡선은 가로축에서 위로 읽을 경우에 해당된다. 즉 한계생산물가치를 생산요소수요량의 함수로 본 것이다). 이 결과를 수식을 통해 본다면 노동역수요곡선이 $pMP_L(= p\dfrac{\partial f(L, \overline{K})}{\partial L}) = w_o$이므로 그 아래의 면적은 $\displaystyle\int_0^{L_0} p\dfrac{\partial f(X, \overline{K})}{\partial X} dX = pf(L_0, \overline{K}) - pf(0, \overline{K}) = pf(L_0, \overline{K}) - 0 = pq_0$ 가 된다는 것이다.

그런데 pq_0는 L_0를 투입하여 얻은 총생산물 q_0를 시장가치로 평가한 총생산물의 가치로서 기업 측면에서 볼 때에는 총수입에 해당한다. 한편 이때 노동에 지불하는 임금인 $L_0 \times w_0$는 가변비용이다. 그러므로 [그림 17-2]의 노동수요곡선에서 볼 때 소비자잉여는 총수입에서 가변비용을 뺀 값이 된다. 그런데 11장에서 배웠듯이 총수입에서 가변비용을 뺀 값은 바로 생산물 공급곡선에서 측정한 생산자잉여이다. 그러므로 노동수요자 입장에서 본 기업의 소비자잉여는 상품공급자 입장에서 본 기업의 생산자잉여와 같다.

예제 17.1   기업의 단기공급곡선. 생산요소의 단기수요곡선

어떤 기업의 생산함수가 $q = 5L^{\frac{1}{2}} K^{\frac{1}{2}}$이라 한다. 여기서 L은 노동이고, 자본인 K는 1단위로 주어져 있으며 자본의 임대료율은 20이다. 생산물시장과 생산요소시장은 모두 완전경쟁이라고 한다.

a. 임금률이 2라고 할 때 이 기업의 단기공급곡선을 구하시오.
b. 생산요소시장에서 이 기업의 단기 이윤극대화조건을 구하시오.
c. 임금이 2일 경우 위 문항의 결과를 이용하여 단기공급곡선을 구하시오.
d. 생산물의 완전경쟁가격이 4일 경우 생산요소의 단기수요곡선을 구하시오.
e. 생산물의 완전경쟁가격은 4라고 한다. 완전경쟁임금률이 2일 경우 고용량은 얼마인가? 산출량과 이윤은 각각 얼마인가?

KEY 기업의 문제이므로 이윤극대화 문제를 풀어야 한다. 문항들의 상호연관성을 파악해 두자.

풀이 $q=5L^{\frac{1}{2}}K^{\frac{1}{2}}$, $K=1$, $r=2$로 주어져 있다.

a. [예제 11.1]과 같은 문제이다. 기업의 단기공급곡선은 이윤극대화 행위로부터 구할 수 있다. 그런데 이 기업의 이윤극대화 문제는

$$\underset{q}{\text{Max}}\,\pi = pq - c(q)$$

이다. 비용함수는 $c(q) = \frac{2}{25}q^2 + 2$로 구해졌고, 이것을 목적함수에 대입하면

$$\underset{q}{\text{Max}}\,\pi = pq - \left(\frac{2}{25}q^2 + 2\right) \tag{1}$$

가 되었다. 이윤극대화를 통해 $p=SMC$를 얻은 다음, 이로부터 이 기업의 단기공급곡선은 $q=\frac{25}{4}p$ (2)로 구해졌다.

b. 생산요소시장에서 이윤극대화 조건을 구하려면

$$\underset{L}{\text{Max}}\,\pi = pq(L,\ \overline{K}) - (wL + r\overline{K})$$

과 같은 이윤극대화 문제를 풀면 된다. 위 식에 주어진 생산함수를 대입하면

$$\underset{L}{\text{Max}}\,\pi = p \cdot 5L^{\frac{1}{2}}\overline{K}^{\frac{1}{2}} - (wL + r\overline{K}) \tag{3}$$

가 된다. 이윤극대화의 일차필요조건은

$$\frac{\partial \pi}{\partial L} = p \cdot 5 \cdot \left(\frac{1}{2}\right)L^{-\frac{1}{2}}\overline{K}^{\frac{1}{2}} - w = 0$$

이다. 이것을 정리하면 $\left(\frac{5}{2}\right)pL^{-\frac{1}{2}}\overline{K}^{\frac{1}{2}} = w$ (4)가 된다. 여기서 좌변이 VMP_L이다. 그러므로 이 식이 바로 $VMP_L = w$이다. 즉 이윤이 극대화되려면 생산요소의 수요량은 한계생산물가치가 그 생산요소의 가격과 같아지는 수준에서 정해져야 한다.

c. (4)식을 L에 대해 풀면 생산요소의 단기수요함수인 $L = (\frac{5}{2})^2 (\frac{p}{w})^2\,\overline{K}$ (5)를 얻는다. 이 것을 생산함수에 대입한 후 그 결과에 $\overline{K}=1$, $w=2$를 대입한 다음 정리하면 단기공급곡선은 $q=\frac{25}{4}p$로 구해진다. 이것은 위 문항 a에서 얻은 결과와 같다. 이윤극 대화행위를 생산물시장 측면에서 분석하든 생산요소시장 측면에서 분석하든 같은 결과를 얻는다는 것은 당연하다.

d. 문제에서 주어진 $p=4$, $\overline{K}=1$을 (5)식에 대입한 후 정리하면 생산요소의 단기수요곡선
은 $L=\dfrac{100}{w^2}$ (6)으로 구해진다.

e. $w=2$를 (6)식에 대입하면 $L^*=25$를 얻는다. 이 값과 $\overline{K}=1$을 생산함수에 대입하면
$q^*=25$가 된다. L^* 및 문제에서 주어진 $\overline{K}=1$, $w=r=2$, $p=4$를 목적함수인 (3)에 대
입하면 $\pi^*=48$을 얻는다. 이때 얻은 결과들은 물론 생산물시장의 이윤극대화 문제를 풀
어서 얻는 결과들과 같다.

17.3 생산요소의 장기수요곡선: 최적화 후 비교정학

단기의 경우와 마찬가지로 생산물시장과 생산요소시장이 모두 완전경쟁일 경우를 가정
하자. 한편 장기에는 L뿐만 아니라 K도 조정할 수 있기 때문에 문제가 다소 복잡해진다.
그러나 생산요소의 수요곡선을 구하는 과정은 단기의 경우와 마찬가지로 최적화 후 비교정
학을 통하게 된다.

17.3.1 장기의 이윤극대화: 수식 분석

단기의 생산요소에 대한 수요를 분석하기 위해 우리는 단기의 이윤극대화 문제를 살펴
보았다. 같은 논리로, 장기의 생산요소에 대한 수요를 분석하려면 장기의 이윤극대화 문제
를 검토해야 한다. 장기일 경우에는 모든 생산요소를 선택할 수 있다. 그러므로 장기의 이
윤극대화 문제는 장기생산함수인 $q=f(L,\ K)$를 사용하여

$$\underset{L,\ K}{\mathrm{Max}}\ \pi = pf(L,\ K) - (wL + rK)$$

와 같이 쓸 수 있다.

첫째, 한편 장기 이윤을 극대화하는 원리는 단기의 경우와 근본적으로는 동일하다. 다
만 K도 조절할 수 있다는 점이 다르다. 그러므로

> **장기이윤극대화조건: 생산물시장과 생산요소시장이 모두 경쟁일 경우**
>
> **(1) 장기이윤극대화의 일차필요조건**
>
> $$pMP_L(L,K) = w, \ \text{즉} \ VMP_L = w \tag{17.8}$$
>
> $$pMP_K(L,K) = r, \ \text{즉} \ VMP_K = r \tag{17.9}$$
>
> **(2) 장기이윤극대화의 이차충분조건**
>
> $f_{LL}(L,K) < 0, \ f_{KK}(L,K) < 0, \ f_{LL}f_{KK} > f_{LK}f_{KL}(= f_{LX}^2)$이다. 이때 f_{LL}과 f_{KK}는 각각 $f_L(= MP_L)$과 $f_K(= MP_K)$의 편도함수이다. 즉 f의 2차편도함수이다. 그 부호가 음임을 말하는 첫 2개 조건은 L과 K의 한계생산물이 각각 체감한다는 것을 의미한다(부록 17.3 참조).

의 식 (17.8)과 식 (17.9)에서 보는 것처럼 각 생산요소의 한계생산물가치가 각 생산요소의 가격과 같아야 한다. 위 두 식도

$$p = \frac{w}{MP_L} = \frac{r}{MP_K} = LMC(q) \tag{17.10}$$

로 바꿔 쓸 수 있다($\frac{w}{MP_L} = \frac{r}{MP_K} = LMC(q)$가 되는 이유는 식 (10.8) 참조). 그 결과 완전경쟁인 생산물시장에서의 장기이윤극대화 조건($p = LMC$)과 같아진다. 단기의 경우에도 말했지만 기업의 이윤극대화행위를 생산요소시장에서 바라보든 생산물시장에서 바라보든 그 결과가 같다. 직관적으로 볼 때, 이 식은 일반적인 이윤극대화조건과 같은 측면에서 해석할 수 있다. 즉 장기이윤이 극대화되려면 (1) $p = LMC$라는 장기이윤극대화 조건이 만족되어야 한다. (2) 식 (17.8)과 식 (17.9)의 대응되는 변끼리 나누어 보면 알 수 있듯이 $MRTS_{LK}(= \frac{MP_L}{MP_K}) = \frac{w}{r}$ 라는 장기비용극소화 조건이 만족되어야 한다. 즉 산출량을 최소비용으로 생산하기 위해 각 생산요소가 LMC에 미치는 영향이 같아지도록 각 생산요소가 고용되어야 한다.

둘째, 한편 식 (17.8)~(17.9)는 방정식이 2개이고 미지수가 2개(L과 K)인 연립방정식 체계를 구성하고 있다. 더 이상 풀지 않더라도 L과 K의 수요량은 그 가격들과 생산물의 가격에 따라 달라질 것임을 알 수 있다. 그러므로

$$L = L(p, \ w, \ r) \tag{17.11}$$

$$K = K(p, \ w, \ r) \tag{17.12}$$

로 쓸 수 있다. 이것이 바로 **생산요소의 장기수요함수**이다. 이때 장기생산함수 $f(L,K)$의 형태에 따라 이 함수들의 형태가 달라진다. 즉 기술을 반영하는 장기생산함수의 형태는 생산

요소의 장기수요함수의 형태에 반영된다.

🌱 **생산요소의 장기수요함수**(longrun factor demand function) 생산물의 가격이나 생산요소의 가격
들이 변화할 때 이윤을 극대화하는 생산요소의 수량이 어떻게 변화하는지 그
관계를 나타낸 것

셋째, 생산요소의 장기수요함수를 10장의 조건부 장기생산요소수요함수와 비교해 보자.

(1) 조건부 생산요소수요함수는 '임의의 주어진 산출량'을 최소비용으로 생산하려 할 때 투입되는 생산요소에 관한 것이며, 장기의 경우 식 (10.4)의 $L = L(w, r, Q)$에서 보듯이 w, r, 주어진 목표산출량 Q의 함수이다.

(2) 조건부라는 수식어가 없는 생산요소수요함수는 '이윤을 극대화하는 산출량'을 (최소 비용으로) 생산하려 할 때 투입되는 생산요소에 관한 것이며, 장기의 경우 식 (17.11)인 $L = L(p, w, r)$에서 보듯이 p, w, r의 함수이다.

넷째, 조건부 장기생산요소수요함수인 $L = L(w, r, Q)$, $K = K(w, r, Q)$[식(10.4)]의 Q에 장기이윤극대화로부터 얻은 장기공급함수 $Q = S(p, w, r)$[식 (11.4)]을 대입하면 생산요소의 장기수요함수인 $L = L(p, w, r)$, $K = K(p, w, r)$[식 (17.11)과 식 (17.12)]이 된다.

한편 생산물의 가격과 다른 생산요소의 가격이 일정하게 주어졌다고 가정하고 (ceteris paribus) 생산요소의 장기수요함수를 간단히 $L = L(w)$, $K = K(r)$로 쓰기도 한다. 다음 사항들에 주목하자.

(1) 이 식들로부터 어느 한 생산요소에 대한 장기 수요량은 다른 생산요소에 대한 장기 수요량과 상호 연립적으로 결정된다.

(2) $L = L(p, w, r)$과 $K = K(p, w, r)$을 장기생산함수인 $q = f(L, K)$에 대입하면 생산물의 장기공급함수 $q = S(p, w, r)$을 얻는다. 식 (11.4)와 서로 다른 각도에서 접근한 것일 뿐이며 그 결과는 같다.

(3) 단기의 경우처럼 생산요소의 장기수요함수에 생산물의 가격이 포함되어 있다는 사실이 생산요소에 대한 장기수요가 생산물시장과 연결되어 있다는 사실을 반영하고 있다. 이러한 생산요소의 장기수요함수로부터 생산요소의 장기수요곡선을 얻는다.

🌱 **생산요소의 장기수요곡선**(longrun factor demand curve) 생산요소의 장기수요함수에서 기술, 생산
물의 가격, 다른 생산요소의 가격 등 다른 상황이 일정하다고 가정한(ceteris
paribus) 상태에서 해당 생산요소의 가격이 변화할 때 그에 따라 그 생산요소의
수량이 어떻게 변화하는가를 보여주는 그래프

17.3.2 등량곡선과 등비용선을 이용한 분석

(1) 생산요소의 장기수요곡선의 특성을 수식을 통해 보이는 것은 간단하지 않다. 그러므로 그림을 통해 검토해 보자. 예를 들어 w가 하락할 경우, 같은 수량을 생산하더라도 상대적으로 싸진 L을 더 사용하고 그 대신 K를 덜 사용할 것이다. 이것은 [그림 17-6(A)]에서 볼 때 원래의 등량곡선상에서 E_0에서 E'로 움직이는 것으로 나타난다. 그 결과 L의 수요량이 L_0에서 L'로 증가한다. 이것은 **요소대체효과**(factor substitution effect)로서 10장에서 말했듯이 소비자이론에 나오는 대체효과와 개념상 동일하다.

(2) 그런데 이윤을 극대화하는 장기생산요소수요량은 소비자이론에서 사용한 방법과는 다른 방법으로 찾아야 한다. 그 이유를 알아보자. (i) 소비자에게는 예산이 주어져 있지만 기업은 자본시장에서 자금을 자유롭게 조달할 수 있다. 따라서 기업은 주어진 비용만을 지출해야 한다는 제약조건이 없기 때문이다. (ii) 기업의 목표는 비용극소화가 아니라 이윤극대화이다. 그런데 생산요소의 수요는 생산물 공급을 위한 것이다. 그러므로 w가 하락할 경우 이윤을 극대화하는 장기생산요소수요량을 구하려면 w의 하락이 한계비용 변화를 통해 이윤극대화 산출량에 주는 영향을 고려해야 하기 때문이다.

(3) 생산물시장이 완전경쟁인 것을 가정하므로, 이 기업의 새로운 산출량은 $p = LMC$의 원리에 따라 정해진다. 그 결과 w가 하락할 경우 L이 열등요소가 아닌 한(열등요소일 경우는 후술) LMC가 감소하여 [그림 17-6(B)]에서 보듯이 $p = LMC_1$인 곳에서 q_1을 생산하게 된다. 그 다음 과정은 다시 [그림 17-6(A)]를 통해 살펴보게 된다. 즉 새로운 생산요소가격 w_1하에서 이러한 q_1을 최소 비용으로 생산할 수 있는 방법을 찾는 것이다. 이러한 L과 K의 묶음이 E_1에 대응하여 (L_1, K_1)으로 정해진다. 이때 L의 수요량이 L'에서 L_1으로 증가하는 이유는 산출량이 q_0에서 q_1으로 증가했기 때문이다. 이러한 이유 때문에 생산요소의 수요량이 증가한 것을 **산출량효과**(output effect)라고 한다.[5] 이때 [그림 17-7]처럼 생산

---

[5] 산출량효과를 2개 부분으로 나누는 학자들도 있다. w가 하락할 경우 주어진 원래의 등비용선이 [그림 17-6]의 세로축 절편을 중심으로 시계반대방향으로 회전하여 점선의 위치로 온 다음 (산출물시장의 상황을 반영하여) 평행이동하는 점에 주목한 것이다. 이들은 이때 회전과 관련된 효과를 소비자이론에서처럼 대체효과(소비자이론의 대체효과에 대응, 본문에서 요소대체효과로 지칭한 것)와 산출량효과(소비자이론의 소득효과에 대응)로 나누어 부르고 평행이동과 관련된 효과를 **이윤극대화효과**(profit maximizing effect)라고 불렀다. 본문의 산출량효과는 이들이 말하는 산출량효과와 이윤극대화효과를 합한 것이다.

그림 17-6 **생산요소의 장기수요곡선 도출: 등량곡선과 등비용선을 이용한 분석**

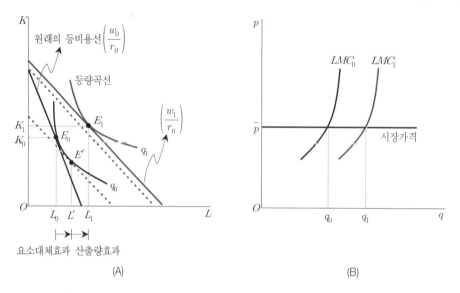

(A)   (B)

장기의 경우, 생산요소의 가격(w)이 하락하면 요소대체효과와 산출량효과에 의해
장기생산요소수요량(L)이 증가한다.

그림 17-7 **생산요소의 장기수요곡선**

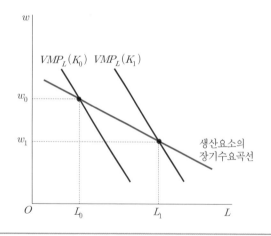

생산요소의 장기수요곡선은 단기수요곡선보다
탄력적이다.

요소의 장기수요곡선은 E_0와 E_1의 각각에 대응하는 (w_0, L_0)와 (w_1, L_1)을 지나는 곡선으로 나타난다. 여기서 보듯이 생산요소의 장기수요곡선은 (고정생산요소가 K_0나 K_1으로 고정되어 있을 때의) 단기수요곡선보다 탄력적이다.[6]

(4) 그런데 여기서 주의할 점이 있다.

열등투입물일 경우 직관적으로 설명하기는 어렵지만 생산요소의 가격이 하락(상승)하면 장기한계비용이 오히려 증가(감소)하는 것으로 알려져 있다. 이 때문에 열등투입물일 경우 생산요소의 가격이 하락하면 [그림 17-6(B)]와는 반대로 LMC곡선이 위쪽(또는 왼쪽)으로 이동하여 산출량이 오히려 줄어든다. 그러나 이 경우에도 w가 하락할 경우 L의 수요량이 증가한다는 사실에는 변함이 없다. 열등투입물이기 때문에 산출량이 줄어들 경우 L의 수요량은 오히려 증가할 것이기 때문이다. 결국 산출량효과는 요소대체효과처럼 투입물의 정상 여부와 관계없이 생산요소가격과 생산요소수요량이 서로 반대 방향으로 움직이는 것으로 나타난다.

> 따라서 생산요소의 장기수요곡선은 투입물의 정상 여부와 관계없이 반드시 우하향하며 생산요소시장에서는 상품시장에서의 기펜재와 같은 현상이 나타나지 않는다.

부록 17.3 생산물시장과 생산요소시장이 모두 완전경쟁일 경우 장기이윤극대화

생산요소수요함수, 장기공급함수, 이윤함수가 구해진다.

생산요소수요함수는 $L = L(p, w, r)$, $K = K(p, w, r)$로 표현된다. 이것을 조건부 장기생산요소수요함수와 비교해 보자. 조건부 장기생산요소수요함수는 생산요소들의 가격과 산출량의 함수이다(10

---

6 [그림 17-6]에는 w가 하락할 때 K가 증가하는 것으로 나타나 있으나, 이처럼 K가 항상 증가하는 것은 아니다. 그러나 K가 감소하더라도 단기수요곡선(VMP_L곡선)은 [그림 17-7]처럼 밖으로 이동(shift)한다. 그 논리는 다음과 같다. 어느 한 생산요소의 증가가 다른 생산요소의 한계생산물(MP)을 증가(감소)시킬 경우 두 생산요소는 보완성(대체성)을 지닌다고 말한다. 그런데 본문에서 보듯이 w가 하락하면 L이 증가한다. 이때 (1) 본문의 경우처럼, K도 증가하면 두 생산요소는 보완성을 지닌다[증명: 가격수용자이므로 $pMP_K = r$에서 p와 r이 일정하다. 이때 K가 증가하면 (L이 일정할 때 적용되는) 한계생산물체감의 법칙에 의해 MP_K가 감소하여 이 식이 성립하지 않는다. K가 증가하더라도 이 식이 성립하려면 L이 증가한 경우 그 L의 증가 자체로는 MP_K를 증가시켜 K의 증가로 인한 MP_K 감소를 상쇄시켜야 한다. 즉 두 생산요소가 보완성을 지녀야 한다]. 이 경우 보완성의 정의에 따르면 K의 증가는 MP_L을 증가시키므로, VMP_L이 밖으로 이동한다. (2) K가 감소하면 두 생산요소는 대체성을 지닌다(증명: 보완성 증명과 같은 방법). 이 경우 대체성의 정의에 따르면 K의 감소는 MP_L을 증가시키므로, VMP_L이 여전히 밖으로 이동한다.

장 참조). 그러나 생산요소수요함수는 산출물의 가격과 생산요소들의 가격의 함수이다.

산출물의 가격과 생산요소의 가격이 일정하게 주어진다. 이때 장기이윤극대화 문제는

$$\max_{q,\ L,\ K} \pi = pq - (wL + rK)$$
$$s.t. \quad q = f(L,\ K)$$

이다. 생산함수를 목적함수에 대입한 후 다시 쓰면

$$\max_{L,\ K} \pi = pf(L,\ K) - (wL + rK): \text{목적함수}$$

가 된다. 장기이윤극대화의 일차필요조건은

$$\frac{\partial \pi}{\partial L} = p\frac{\partial f(L,\ K)}{\partial L} - w = 0 \tag{1}$$

$$\frac{\partial \pi}{\partial K} = p\frac{\partial f(L,\ K)}{\partial K} - r = 0 \tag{2}$$

이다. 여기서 $\dfrac{\partial f(L,\ K)}{\partial L} = MP_L$, $\dfrac{\partial f(L,\ K)}{\partial K} = MP_K$라는 사실에 주목하자.

이 연립방정식으로부터 장기이윤을 극대화하는 **생산요소수요함수** $L = L(p,\ w,\ r)$과 $K = K(p,\ w,\ r)$을 얻는다. 이들을 장기생산함수에 대입하면 **장기공급함수** $q = S(p,w,r)$을 얻는다. 그리고 이들을 목적함수에 대입하면 **이윤함수** $\Pi = \Pi(p,\ w,\ r)$을 얻는다. 이윤함수도 산출물의 가격과 생산요소들의 가격의 함수임에 주목하자.

(1) 식으로부터

$$pMP_L(L,\ K) = w, \ \text{즉} \ VMP_L = w, \tag{3}$$

(2) 식으로부터

$$pMP_K(L,\ K) = r, \ \text{즉} \ VMP_K = r \tag{4}$$

을 얻는다.

한편 (3)식과 (4)식을 대응되는 변끼리 나누어 주면

$$\frac{MP_L}{MP_K} = \frac{w}{r}$$

를 얻는다. 이것은 바로 장기비용극소화 조건이다. 또한 (3)식과 (4)식으로부터

$$p = \frac{w}{MP_L} = \frac{r}{MP_K}$$

를 얻는다. 그런데

$$\frac{w}{MP_L} = \frac{r}{MP_K} = LMC(q)$$

이다(식 (10.8)이 성립하는 이유 참조). 그러므로

$$p = LMC(q)$$

가 성립한다. 이것은 바로 완전경쟁시장에서 산출량 선택에 대한 장기이윤극대화 조건이다.

이로부터 다음 사실을 알 수 있다.

(1) 장기이윤이 극대화되려면 비용이 극소화되어야 한다.

(2) 장기이윤을 극대화하기 위해 생산요소 수요량을 정하는 것은 장기이윤을 극대화하기 위해 산출량을 정하는 것과 같다.

(3) 생산물시장에서든 생산요소시장에서든 이윤극대화에서는 기술제약인 생산함수가 상당히 중요하게 작용한다.

(4) 목적함수에서 볼 때 p, w, r을 모두 λ배 해 주면 이윤도 λ배가 된다. 이로부터 이윤함수는 p, w, r에 대해 1차동차임을 추론할 수 있다. 일차필요조건에서 p, w, r을 모두 λ배 해 주더라도 일차필요조건은 변하지 않는다. 이로부터 생산요소수요함수는 p, w, r에 대해 0차동차임을 추론할 수 있다.

이차충분조건에 대해서는 이미 증명되어 있는 결과들만 소개하겠다. (1) 장기이윤극대화의 이차충분조건은 $f_{LL}<0$, $f_{KK}<0$, $f_{LL}f_{KK}>f_{LK}f_{KL}=f_{LK}^2$(등호는 영의 정리(Young's theorem)에 의해 성립함)이다. 첫 2개 조건은 L과 K의 한계생산물이 각각 체감한다는 조건이다. 한편 한계생산물체감은 쌍대성에 의해 한계비용체증을 의미한다. 이런 측면에서 이 조건은 한계비용이 체증해야 한다는 생산물시장에서의 이윤극대화 이차충분조건(부록 11.1 참조)을 연상시킨다. (2) 이차충분조건이 만족되면 이윤극대화 생산요소수요량에서 생산함수는 강오목하다. 강오목한 생산함수는 3차원 공간에서 돔 형태의 둥근 지붕 모양을 지닌다. 이때 등량곡선은 원점에 대해 강볼록해진다.

📋 **예제 17.2** 장기공급함수, 생산요소의 장기수요함수, 이윤함수

어떤 기업의 생산함수가 $Q = L^{\frac{1}{3}} K^{\frac{1}{3}}$ 이라고 하자.

a. 장기공급함수를 구하시오.

b. 생산물과 생산요소시장이 모두 완전경쟁이라고 한다. 생산요소시장의 장기이윤극대화 조건을 말하시오.

c. 생산요소의 장기수요함수를 구하시오.

d. 위 문항의 결과를 이용하여 장기공급함수를 구하시오.

e. 이윤함수를 구하시오.

KEY 이윤극대화는 생산물시장 측면에서 접근할 수도 있고 생산요소시장 측면에서 접근할 수도 있다.

풀이 a. [예제 11.4]에서 이 기업의 장기공급함수는 $q = \dfrac{1}{9wr} p^2 = S(p,w,r)$ 로 구해졌다.

b. 이윤극대화 문제는

$$\underset{q,L,K}{\text{Max}} \ \pi = pq - (wL + rK) \qquad (1)$$

$$s.t. \ q = L^{\frac{1}{3}} K^{\frac{1}{3}} \qquad (2)$$

이다. 이 문제는 직접 생산요소수요에 대한 장기이윤극대화조건인 $VMP_L = w$, $VMP_K = r$ 을 이용해서 풀어도 된다. 여기서는 이 조건을 수식적으로 도출하는 과정까지 보여 가며 풀기로 하자. 이를 위해 제약식을 목적함수에 대입하면 이 문제는

$$\underset{L, K}{\text{Max}} \ \pi = p \times L^{\frac{1}{3}} K^{\frac{1}{3}} - (wL + rK) \qquad (3)$$

로 다시 쓸 수 있다. 이윤극대화의 일차필요조건은

$$\frac{\partial \pi}{\partial L} = \frac{1}{3} p \times L^{-\frac{2}{3}} K^{\frac{1}{3}} - w = 0 \ (4), \quad \frac{\partial \pi}{\partial K} = \frac{1}{3} p \times L^{\frac{1}{3}} K^{-\frac{2}{3}} - r = 0 \ (5)$$

이다. (4)와 (5)를 정리하면

$$\frac{1}{3} p \times L^{-\frac{2}{3}} K^{\frac{1}{3}} = w \ (6), \quad \frac{1}{3} p \times L^{\frac{1}{3}} K^{-\frac{2}{3}} = r \ (7)$$

이다. 이것이 각각 $VMP_L = w$, $VMP_K = r$이다. 즉 장기이윤이 극대화되려면 각 생산요소의 수요량은 한계생산물가치가 그 생산요소의 가격과 같아지는 수준에서 정해져야 한다는 것이다.

c. (6)과 (7)을 대응되는 변끼리 나눈 다음 정리하면

$\dfrac{K}{L} = \dfrac{w}{r}$, 즉 $K = \dfrac{w}{r}L$ (8)을 얻는다. (8)을 (6)에 대입하면 $\dfrac{1}{3}p \times L^{-\frac{2}{3}}(\dfrac{w}{r}L)^{\frac{1}{3}} = w$

이다. 이것을 정리하면 $L = (\dfrac{1}{3}p)^3 \dfrac{1}{w^2 r}$ (9)를 얻는다. 이것이 바로 장기노동수요이다. 이것을 (8)에 대입한 후 정리하면 $K = \dfrac{w}{r}(\dfrac{1}{3}p)^3 \dfrac{1}{w^2 r} = (\dfrac{1}{3}p)^3 \dfrac{1}{wr^2}$ (10)을 얻는다. 이것이 바로 장기자본수요이다.

(9)에서 p, r이 일정하게 주어진 상태에서 L과 w의 관계를 그린 것이 장기노동수요곡선이다. 또한 (10)에서 p, w가 일정하게 주어진 상태에서 K와 r의 관계를 그린 것이 장기자본수요곡선이다.

d. (9)와 (10)을 주어진 생산함수에 대입하면

$$Q = L^{\frac{1}{3}}K^{\frac{1}{3}} = [(\dfrac{1}{3}p)^3 \dfrac{1}{w^2 r}]^{\frac{1}{3}}[(\dfrac{1}{3}p)^3 \dfrac{1}{wr^2}]^{\frac{1}{3}} = \dfrac{1}{9wr}p^2 = S(p,w,r)$$

을 얻는다. 함수 S가 바로 장기공급함수이다. 이것은 문항 a의 결과와 같다는 사실에 주목하자. 이윤극대화 행위를 생산물시장 측면에서 분석하든 생산요소시장 측면에서 분석하든 같은 결과를 얻는다는 것은 당연하다.

e. (9)와 (10)을 (3)에 대입하면 $\pi = \dfrac{1}{27wr}p^3 = \Pi(p,w,r)$을 얻는다. 함수 Π가 바로 이윤함수이다. 이윤함수는 p, w, r의 함수이다.

생산요소의 시장수요곡선

생산요소의 시장수요곡선을 구할 때에는 개별 기업들의 수요곡선을 단순히 수평으로 합해서는 안 된다. 생산물시장의 변화를 고려해야 한다.

17.4.1 생산요소의 시장수요곡선 도출

우리는 8장에서 생산물의 시장수요곡선은 개인들의 수요곡선을 수평으로 합하여 구했었다. 그렇다면 생산요소의 시장수요곡선일 경우에는 어떠한가? 결과부터 말하면 개별 기업들의 생산요소의 수요곡선을 단순히 수평으로 더해서는 안 된다는 것이다. 그 이유는 단순히 수평으로 더하는 방법은 생산물의 가격 변화를 반영하지 못하기 때문이다.

여기에는 설명이 필요할 것 같다. 개별 기업의 생산요소 수요곡선을 구할 때에는 생산물의 가격이 일정하다고 가정하였다. 생산요소의 가격이 변화할 경우 개별 기업의 한계비용곡선이 이동하는데 이에 반응하여 이 기업이 산출량을 변화시키더라도 생산물의 가격은 변하지 않는다고 가정한 것이다. 완전경쟁의 가정상 개별 기업의 산출량이 시장에서 차지하는 비중이 극히 미미하다고 보기 때문이다.

그러나 생산요소의 가격이 변화할 때 생산물의 가격이 변하지 않는다는 이 같은 가정은 개별 기업 차원에서는 성립하지만 시장 차원에서는 성립하지 않는다. 생산요소의 가격 변화에 시장의 모든 기업들이 함께 반응하면 생산물의 가격이 변화할 것이기 때문이다.

예를 들어 (1) 생산요소의 가격이 하락할 경우 이것은 생산물공급 측면에서 볼 때 개별 기업의 한계비용곡선이 아래로 이동하는 것으로 나타난다.[7] (2) 그런데 이러한 상황은 시장에 있는 모든 기업들에게 마찬가지로 적용된다. (3) 그 결과 생산물시장 측면에서 볼 때 개별 기업들의 한계비용곡선을 수평으로 합한([부록 11.3] 참조) 시장공급곡선이 오른쪽으로 이동한다.[8] (4) 이때 생산물에 대한 수요곡선이 우하향하는 한 생산물의 가격이 하락한다.

이때 가격이 p_0에서 p_1으로 하락했다고 하자. 이처럼 생산물의 가격이 하락하면 한계생산물가치가 떨어진다. 그 결과 개별 기업의 생산요소의 수요곡선이 왼쪽으로 이동한다. 이러한 상황이 [그림 17-8(A)]와 [그림 17-8(B)]에 나타나 있다. 결과적으로 볼

---

7 해당 생산요소가 열등투입물일 경우에는 한계비용곡선이 위로 이동하여 앞으로의 논의 과정과 결과가 반대로 성립한다.

8 공급곡선을 이동시키는 요인 중에는 생산요소 가격의 변화, 기술진보 등이 있음을 이미 배웠다. 이러한 측면에서 볼 때 본문의 내용은 결국 생산요소의 가격하락으로 인해 생산물의 공급곡선이 이동한 것을 의미한다.

그림 17-8   생산요소의 시장수요곡선 도출

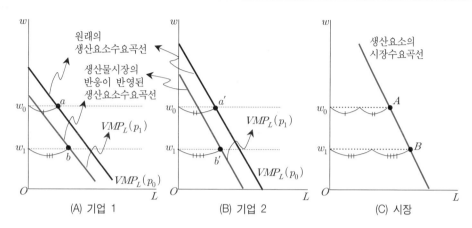

(A) 기업 1   (B) 기업 2   (C) 시장

해당 생산요소가 정상투입물일 경우 가격이 하락하면 생산물시장에서 개별 기업들의 한계비용곡선이 아래로 이동하며 그 결과 시장공급곡선이 오른쪽으로 이동하여 생산물의 가격이 하락한다. 생산물 가격이 하락하면 한계생산물가치가 떨어진다. 이것은 개별 기업의 생산요소수요곡선을 안쪽으로 이동시킨다. 생산요소의 시장수요곡선에는 이러한 점이 반영되어 있다.

때 생산물시장에서의 가격하락을 고려하지 않았을 경우에 비해 생산요소의 수요량이 적게 증가한다. 생산요소의 시장수요곡선에는 이러한 사실이 반영되어야 한다.

이러한 영향을 고려하여 각각의 가격에서 모든 기업들의 생산요소의 수요량들을 그림에 표시된 방법처럼 수평으로 합하면 생산요소에 대한 시장수요곡선을 얻게 된다. 실제로 시장에는 수많은 기업들이 존재하지만 [그림 17-8]은 다만 그 원리를 보여주고 있다. 이때 생산요소의 시장수요곡선은 개별 기업들의 VMP곡선들을 단순히 수평으로 합한 것보다 비탄력적이 된다는 점에 주목하자.

17.4.2 생산요소 시장수요의 가격탄력성

생산요소에 대한 수요는 파생수요이기 때문에 그 탄력성에 영향을 미치는 요인들이 생산물에 대한 수요의 경우보다 복잡하다. 특히 대체관계에 있는 다른 생산요소들의 시장상황뿐만 아니라 생산물시장의 상황도 탄력성에 영향을 준다는 점에 주목하자. 여기서는 w가 하락할 경우 L의 시장수요의 가격탄력성에 대해 검토한다.

(1) 요소대체효과와 관련하여 볼 때 L과 K를 서로 대체하여 사용하기 쉬울수록 L의 수요량이 많이 증가한다. 즉 등량곡선의 곡률이 작을수록 L의 수요량이 많이 증가한다. 그

결과 L의 시장수요의 가격탄력성이 커진다.

(2) 산출량효과와 관련하여 볼 때, L이 생산에서 차지하는 비중이 클수록 w가 떨어질 때 (투입물의 정상 여부와 관계없이) 한계비용이 많이 변화한다. 그 결과 산출량이 많이 변화하고 따라서 L의 수요량도 많이 변화하므로 L의 시장수요의 가격탄력성이 커진다.

(3) 시장 전체적인 측면에서 볼 때에는 산출량이 증가함에 따라 생산물의 가격이 떨어진다. 그런데 이때 생산물에 대한 수요가 가격탄력적일수록 생산물의 수요량이 크게 증가한다. 그리고 이에 따라 산출량도 많이 증가하고 그에 대응하여 L에 대한 수요량도 많이 증가한다. 그 결과 L의 시장수요의 가격탄력성이 커진다.

(4) 대체성이 있는 다른 생산요소의 공급이 탄력적일수록 L의 시장수요의 가격탄력성이 커진다. 이것은 요소대체의 난이도와 관련된다. 예를 들어 보자. w가 하락할 경우 K를 상대적으로 저렴해진 L로 대체하려 할 것이다. 그런데 K의 공급이 K의 가격에 민감하게 반응할수록 즉 K의 공급탄력성이 클수록 L로의 대체가 쉬워지며 그 결과 L의 시장수요의 가격탄력성이 커진다. 만일 K의 공급탄력성이 작다면 대체에 따르는 K에 대한 수요 감소가 K의 가격을 크게 하락시킬 것이기 때문에 비용극소화 측면을 고려할 때 L로의 대체가 어려울 것이다.

(5) 물론 기간이 길수록 이러한 반응이 더욱 완전하게 나타난다. 그 결과 L의 시장수요의 가격탄력성이 커진다. 이 결과는 생산물에 대한 수요의 가격탄력성을 분석할 때 얻는 결과와 같다.

부록 17.4 소비자이론, 생산자이론, 생산요소시장의 대응

소비자이론	생산자이론	생산요소시장
효용극대화	이윤극대화	이윤극대화
수요함수 수요곡선 간접효용함수	공급함수 공급곡선 이윤함수	생산요소수요함수 생산요소수요곡선 이윤함수
대체효과 소득효과		요소대체효과 산출량효과* (소득효과와 다름)
정상재 열등재 보통재 기펜재		정상투입물 열등투입물 '기펜재' 현상 부재

17.5 생산요소시장의 균형과 소득분배

17.5.1 생산요소의 시장공급

생산요소의 개별 공급곡선들을 시장 전체에 대해 합하면 생산요소의 시장공급곡선을 얻을 수 있다. 그런데 생산요소 중에는 토지와 같이 일정 기간 공급량이 고정되어 있는 생산요소도 있고, 노동과 같이 공급량이 변하는 생산요소도 있다. 공급량이 고정되어 있는 생산요소의 경우 그 시장공급곡선은 물론 수직선이 된다. 그러나 일반적인 경우에는 생산요소의 가격이 오를수록 개별 공급자는 더 많은 생산요소를 공급한다. 이에 따라 생산요소의 시장공급량도 증가하며 그 결과 생산요소의 시장공급곡선이 우상향하게 된다.

한편 공급량이 변하는 생산요소 중의 하나인 노동의 경우에는 다소 주의가 요구된다. 그 이유는 다음과 같다. 즉 이미 7장 부존소득모형에서 분석한 바와 같이 어느 수준까지는 임금률이 상승함에 따라 개인의 노동 공급량이 증가한다. 그러나 임금률이 어느 수준을 넘어서면 임금률이 상승함에 따라 노동 공급량이 감소하기 때문이다. 다시 말해서 개인의 노동공급곡선은 후방굴절하기 때문이다. 그렇다 하더라도 시장노동공급곡선이 후방굴절할 가능성은 적다. 왜냐하면 시장노동공급곡선은 개인의 노동공급곡선을 시장 전체에 대해 합하여 구하게 되는데, 개인마다 후방굴절을 시작하는 임금률의 수준이 다를 것이기 때문이다.

17.5.2 생산요소시장의 균형

다른 경우와 마찬가지로 **생산요소시장의 균형**도 수요곡선과 공급곡선이 교차하는 지점, 다시 말해서 수요량과 공급량이 같아지는 곳에서 이루어진다. [그림 17-9(A)]는 노동과 같이 공급이 가변적인 경우 시장균형을 보여준다. 그리고 [그림 17-9(B)]는 토지와 같이 공급이 고정적인 경우 시장균형을 보여주고 있다.

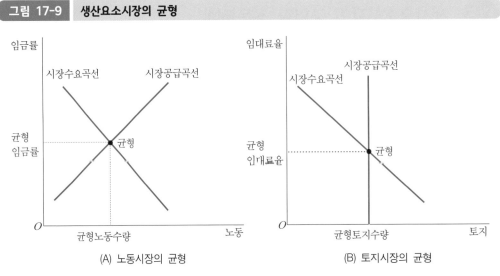

그림 17-9   **생산요소시장의 균형**

(A) 노동시장의 균형

(B) 토지시장의 균형

생산요소시장의 균형은 생산요소의 시장수요곡선과 시장공급곡선이 만나는 곳에서 달성된다.

17.5.3 한계생산성이론과 소득분배

위의 어느 경우를 막론하고 완전경쟁인 생산요소시장에서 개별 기업은 이렇게 결정된 생산요소 가격에 자신이 원하는 수량을 얼마든지 구입할 수 있다. 그리고 바로 이러한 측면에서 완전경쟁인 생산요소시장에서 개별 기업이 직면하는 생산요소의 공급곡선은 생산요소의 시장가격에서 평행한 직선이라고 볼 수 있다. 이것이 [그림 17-10]에 나타나 있다.[9] 그리하여 개별 기업의 균형은 자신이 지니고 있는 생산요소수요곡선과 이러한 공급곡선이 만나는 E점에서 이루어진다.

한편 개별 기업의 생산요소수요곡선은 한계생산물가치로 표현된다는 사실을 알고 있다. 이러한 사실에 비추어 볼 때 [그림 17-10]에서 보듯이 균형에서는 생산요소의 시장가격은 그 생산요소의 한계생산물가치와 같아진다. 한편 이러한 결과는 바로 완전경쟁 생산요소시장에서는 생산요소에 대한 보수가 한계생산물가치로 결정된다는 것을 말해 준다. 이러한 분배 원리를 **한계생산성이론**이라고 한다.

---

9 이를 달리 표현하면 완전경쟁인 생산요소시장에서 개별 기업은 생산요소시장에서 결정된 균형가격을 그대로 수용하는 가격수용자로서 행동한다는 것이다. 이러한 결과는 기업이 공급자의 역할을 하는 생산물시장에서 개별 기업이 직면하는 생산물의 수요곡선은 균형가격에서 평행한 직선이 된다는 사실과 원리적으로 대응되고 있다.

> 🌱 **한계생산성이론**(marginal productivity theory) 각각의 생산요소에 대한 보수가 그 생산요소
> 의 한계생산물가치에 의해 결정된다는 분배원리

이때 소득분포는 생산요소의 소유에 따라 달라진다. 그런데 이같이 소득분포가 생산요소의 소유에 따라 어떻게 분포되는가를 연구하는 것을 **기능별 소득분배**(functional distribution of income)이론이라고 한다.[10]

한편 이러한 한계생산성이론은 고정생산요소에는 적용할 수 없다. 고정생산요소는 고정되어 있으므로 고정생산요소에는 '추가로 한 단위 더'라는 한계 개념을 적용할 수 없으며 따라서 한계생산물의 개념을 적용할 수 없기 때문이다. 이와 관련된 내용은 다음 절에서 다룬다.

그림 17-10   **개별 기업의 균형**

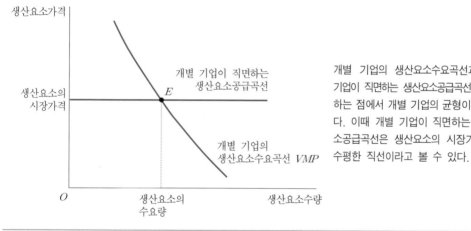

개별 기업의 생산요소수요곡선과 개별 기업이 직면하는 생산요소공급곡선이 교차하는 점에서 개별 기업의 균형이 달성된다. 이때 개별 기업이 직면하는 생산요소공급곡선은 생산요소의 시장가격에서 수평한 직선이라고 볼 수 있다.

17.6 경제적 지대와 지대추구

토지를 빌려서 사용할 경우 그 대가를 지불해야 하는데 이를 지대(rent)라고 한다. 지대에 대한 분석은 멀리 19세기 리카아도(D. Ricardo)까지 거슬러 올라간다. 그런데 그 당시 분석은 주로 공급이 고정되어 있는 토지에 대한 것이었다. 이에 반해 경제적 지대라는 개념은

---

10 이와는 달리 소득이 소득계층에 따라 계층별로 어떻게 분포되어 있는가를 연구하는 것을 **계층별 소득분배**(size distribution of income)이론이라고 한다. 예컨대 소득수준 상위 몇 %의 인구가 전체 소득의 몇 %를 차지하고 있는가를 분석하는 것이다.

공급이 고정된 토지뿐만 아니라 공급이 고정되어 있지 않은 다른 모든 생산요소들에도 적용된다.

17.6.1 경제적 지대

생산요소에 지급되는 보수라는 측면에서는 토지의 경우와 같지만 공급이 고정되어 있지 않은 생산요소에 지급되는 보수라는 측면에서 토지의 경우와는 다른 경제적 지대라는 개념이 있다.

> 🌱 **경제적 지대**(economic rent) 생산요소에 지급되는 보수 중에서 그 생산요소가 공급되도록 유도하는 데 필요한 보수를 초과하는 부분

[그림 17-11]에 생산요소의 수요곡선과 공급곡선이 그려져 있다. 이 경우 생산요소시장의 균형인 E점에 대응하여 생산요소의 균형가격이 w^*, 생산요소의 공급량이 F^*로 나타나 있다.[11] 이때 F에는 w^*F^*의 보수가 지급되고 있다. 그런데 사실상 이 경우 F^*가 공급되도록 하기 위해서는 **전용수입**이라고 표시되어 있는 만큼만 지급하면 된다.

그림 17-11   **경제적 지대**

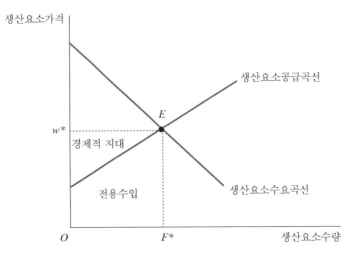

생산요소에 지급되는 보수 중에서 전용수입을 빼고 난 것이 경제적 지대이다. 경제적 지대는 생산요소 공급곡선이 비탄력적일수록 커진다.

---

11 생산요소를 F라는 문자로 나타낸 이유는 일반적인 생산요소라는 점을 강조하기 위한 것이다.

🌱 **전용수입**(transfer earnings) 생산요소가 현재의 곳에 공급되도록 하기 위해 지급해야 하는 최소한의 금액

전용수입은 생산요소 공급자 입장에서 볼 때에는 이곳에 고용되는 것에 대한 일종의 기회비용인 셈이다. 말하자면 생산요소를 고용하려면 최소한 생산요소 공급자의 기회비용에 해당하는 만큼은 지급해야 한다는 것이다. 생산요소에 지급되는 보수 중에서 이러한 전용수입을 빼고 난 것이 경제적 지대이다(경제적 지대를 구할 때의 원리는 생산자잉여를 구할 때의 원리와 같다).

(1) 그림에 그리지는 않았지만, 짐작할 수 있듯이 생산요소의 공급곡선이 탄력적일수록 전용수입이 커진다. 그 결과 경제적 지대는 작아진다. 생산요소의 공급곡선이 탄력적이라는 것은 생산요소 공급자 측면에서 볼 때 굳이 이곳이 아니더라도 다른 곳에 고용기회가 많다는 것을 의미한다. 따라서 이곳에 고용하기 위해 보상해 주어야 하는 기회비용이 크다. 그 결과 전용수입이 커진다. 극단적으로 생산요소 공급곡선이 무한히 탄력적일 경우에는 지급되는 보수가 전액 전용수입이 되며 경제적 지대는 0이 된다.

(2) 같은 의미이지만, 생산요소 공급곡선이 비탄력적일수록 전용수입이 작아진다. 그 결과 경제적 지대가 커진다. 생산요소의 공급곡선이 비탄력적이라는 것은 생산요소 공급자 측면에서 볼 때 다른 곳에 고용기회가 많지 않다는 것을 의미한다. 따라서 이곳에 고용하기 위해 보상해 주어야 하는 기회비용이 크지 않다. 그러므로 지급되는 보수 중 상당 부분이 경제적 지대가 된다.

(3) 극단적으로 생산요소의 공급곡선이 완전히 비탄력적일 경우, 즉 생산요소의 공급이 고정되어 있을 경우는 다른 곳에 고용기회가 전혀 없다는 것을 의미한다. 따라서 이곳에 고용하기 위해 보상해 주어야 하는 기회비용이 전혀 없다. 바꾸어 말하면 한 푼도 지급하지 않아도 생산요소가 이곳에 공급된다는 것이다. 결국 전용수입이 0이라는 것이다. 그러므로 생산요소의 공급곡선이 완전히 비탄력적일 경우에는 이 생산요소에 지급되는 보수가 모두 경제적 지대이다.

(4) 이렇게 볼 때 유능한 경영자, 운동선수, 연예인 등에게 지급되는 보수 중에서 상당 부분은 경제적 지대로 볼 수 있다. 그들에게 그처럼 엄청난 보수를 주지 않더라도 그들은 다른 일이 아닌 그 일을 할 것이기 때문이다. 말하자면 전용수입이 크지 않다는 것이다.

한편 이들의 경제적 지대가 그렇게 커지는 이유는 그러한 자질은 공급이 제한적인데 반해 수요가 상당히 커서 생산요소의 가격이 높게 형성되기 때문이다. 생산요소의 수요가 $VMP_L = pMP_L$이라는 점을 고려할 때 생산요소에 대한 수요가 크다는 것은, MP_L곡선이

주어진 상태에서, 생산물의 가격 p가 높다는 것을 말한다. 다시 말하면 경제적 지대가 커지는 이유 중의 하나는 생산물에 대한 수요가 커서 생산물의 가격이 높기 때문이라는 것이다.

같은 맥락에서 운동선수나 연예인 등의 보수가 높은 것은 단지 한계생산물이 크기 때문만이 아니다. 그보다는 오히려 그들이 생산하는 운동경기나 드라마(생산물)의 인기가 높아서, 즉 운동경기나 드라마에 대한 수요가 커서 운동경기나 드라마의 가격이 높으며 그에 상응하여 파생수요인 운동선수나 연예인(생산요소)에 대한 수요가 크기 때문이다. 예를 들어 미국 메이저리그에서 엄청나게 많은 보수를 받는 투수라도 야구에 대한 인기가 없는 나라에 간다면 똑같은 자질을 보여주더라도 보수가 크게 줄어든다. 이것은 많은 보수를 받는 이유가 단지 한계생산물이 크기 때문만이 아니라는 것을 예시한다. 많은 보수를 받는 이유는 오히려 미국의 경우 야구(생산물)에 대한 인기가 높아서, 즉 야구에 대한 수요가 커서 야구의 가격이 높으며 그에 상응하여 파생수요인 투수(생산요소)에 대한 수요가 크기 때문이다.

17.6.2 지대추구

경제적 지대는 생산요소의 공급이 비탄력적일수록 커지며 극단적으로 고정되어 있을 경우 가장 커진다고 하였다. 이러한 측면에서 경우에 따라서는 인위적으로 진입을 제한하기 때문에 경제적 지대가 발생하는 경우도 있다. 예를 들면 정부가 특정 면허의 발급을 제한할 경우 경제적 지대가 발생한다.

그런데 문제는 일단 지대가 형성되면 이 지대를 다시 없애기는 대단히 어렵다는 것이다. 지대를 없애려는 시도는 이미 이 산업에서 지대를 누리고 있는 사람들의 심한 반대에 부딪칠 것이기 때문이다. 나아가서 기득권자들은 여러 경로로 로비 활동을 펼쳐 자신들의 기득권을 지키려 할 것이기 때문이다.

> 🌱 **지대추구**(rent seeking) 생산요소가 고정되도록 만들거나 그것을 지키려는 노력

예컨대 의대를 신설하여 의료 인력의 공급을 늘리려는 시도나, 제도를 개편하여 법조인의 공급을 늘리려는 시도가 각각 기존 의료인들이나 법조인들의 심한 반발에 부딪치는 경우를 볼 수 있다. 반발하는 이유는 보는 시각에 따라 다소 다를 수도 있다. 그러나 적어도 경제적인 관점에서는 그들이 모두 지대를 추구하고 있기 때문이라고 볼 수 있다.

그런데 더욱 심각한 문제는 이러한 지대추구는 산출량을 증가시키지도 못하면서 자원을 쓸데없이 낭비하고 있다는 것이다. 그 결과 비효율을 유발한다는 것이다.

17.6.3 준지대

이제 고정생산요소가 있는 경우에 대해 생각해 보자. 이 경우 고정생산요소에 대한 보수로서 준지대라는 개념이 사용된다. 고전적 측면에서 지대라는 용어는 원래 공급이 고정된 토지에 대해 사용되었는데 단기에 고정된 고정생산요소도 장기적으로는 가변적일 것이므로 단기에 고정생산요소가 있을 때에는 '준'지대라고 부르는 것이다.

 **준지대**(quasi rent) 단기에 고정생산요소가 있을 때 총수입에서 총가변비용을 빼준 값. 생산자잉여를 생산요소 측면에서 바라본 것.

(1) 이윤이 준지대에 포함된다는 점에 주목하자. 공급이 완전히 비탄력적일 경우 보수가 모두 경제적 지대였다. 같은 맥락에서 총수입 중에서 총가변비용만 제외하고는 모두 고정생산요소에 대한 보수로 간주하는 것이다.

(2) 장기에는 고정생산요소가 존재하지 않으며 또한 장기균형에서는 개별 기업의 이윤이 0이 되므로 준지대가 존재하지 않는다.

(3) 준지대는 11.4에서 배운 생산자잉여와 그 크기가 같다. 다만 준지대는 생산요소 측면에서 바라본 것이고 생산자잉여는 생산물 측면에서 바라본 것이다.

(4) 그런데 [부록 17.2]에서 말했듯이 [그림 17-2]처럼 고정생산요소가 있는 경우 노동수요자 입장에서 본 기업의 소비자잉여는 생산자잉여와 같으므로 준지대와도 그 크기가 같다.

(5) [그림 13-4(B)]에서는 $\overline{CD} \times q^{**}$가 준지대이다. 이로부터 알 수 있듯이 이윤이 음이더라도 준지대는 존재할 수 있다. 그러나 11.4의 논의로부터 알 수 있었듯이 생산자잉여가 음이 될 수 없으므로 그와 같은 준지대도 음이 될 수는 없다. 준지대가 음이 될 정도로 가격이 낮은 상황이라면 단기에라도 조업을 중단하는 것이 낫기 때문이다. 물론 가격이 B점보다 높은 곳에서 형성된다면 준지대는 고정비용과 양의 이윤의 합으로 구해진다.

(6) 한편 준지대라는 용어는 마샬(A. Marshall)이 사용하기 시작했는데 앞의 정의는 그 당시의 정의와는 다소 다르다.

대체탄력성과 생산요소에 대한 상대적 분배 몫

기업이 생산요소를 구입할 때 지불하는 가격은 공급자의 입장에서 볼 때에는 그 생산요소에 대한 보수가 된다. 그리하여 시장 전체로 볼 때 예를 들면 생산요소 L에 대한 총보수는 wL이 되고 생산요소 K에 대한 총보수는 rK가 된다.

이제 생산요소의 상대가격인 $\frac{w}{r}$가 변화할 때 생산요소에 대한 보수의 상대적 크기가 어떻게 변화하는가를 살펴보기로 하자 즉 $\frac{wL}{rK}$이 어떻게 변하는가를 살펴보자. 그런데 우리는 시장수요이론에서 기업의 수입은 수요량이 가격의 변화에 얼마나 민감하게 반응하는가에 따라 달라진다는 사실을 배웠다. 즉 수요의 가격탄력성에 따라 달라진다는 것이다. 예를 들어 수요의 가격탄력성이 클 경우에는 가격이 상승하면 수요량이 많이 감소하여 기업의 수입은 오히려 줄어든다. 이와 똑같은 관점에서 생산요소에 대한 분배 몫은 그 수요량이 가격의 변화에 얼마나 민감하게 반응하는가에 따라 달라진다. 나아가서 우리의 관심사인 상대적인 분배 몫은 어느 생산요소가 가격변화에 대해 상대적으로 더 민감하게 반응하는가에 따라 달라진다.

17.7.1 대체탄력성의 함축성

여기서 우리는 9장에서 배운 생산요소의 대체탄력성을 이용하게 된다. 생산요소의 대체탄력성은

$$\sigma = \frac{\Delta\left(\frac{K}{L}\right)\Big/\left(\frac{K}{L}\right)}{\Delta MRTS / MRTS}$$

로 정의된다는 것을 상기하자.

한편 이윤을 극대화하려면 먼저 비용이 극소화되어야 한다. 그런데 생산요소시장이 완전경쟁일 때 비용이 극소화되려면 기술적 한계대체율과 생산요소의 가격 비율이 같아져야 한다. 즉

$$MRTS = \frac{w}{r}$$

가 성립해야 한다. 우리는 이러한 사실을 이미 알고 있다. 이제 이러한 관계를 대체탄력성의 공식에 대입해 보자. 그러면 대체탄력성의 공식은

$$\sigma = \frac{\Delta\left(\frac{K}{L}\right)\Big/\left(\frac{K}{L}\right)}{\Delta\left(\frac{w}{r}\right)\Big/\left(\frac{w}{r}\right)}$$

로 바꾸어 쓸 수 있다. 그런데 이것은 생산요소 투입 비율의 변화가 생산요소 가격 비율의 변화에 얼마나 민감하게 반응하는가를 보여주고 있다.

일반적으로 어떤 생산요소의 가격이 오를 때에는 상대적으로 가격이 오른 생산요소를 덜 사용하고 그 대신 상대적으로 가격이 싸진 생산요소를 더 사용한다. σ는 바로 그 정도를 측정하고 있다.[12] 예를 들어 생산요소의 가격 비율이 조금 변화했는데 생산요소의 투입 비율은 크게 변화한다면 σ의 값은 커진다.

17.7.2 생산요소에 대한 상대적 분배 몫

이제 이러한 내용을 이용하면 생산요소의 가격이 변화할 때 그에 따라 생산요소에 대한 상대적 분배 몫인 wL/rK이 어떻게 달라지는가에 대해서 말할 수 있다. 예를 들어 대체탄력성이 큰 경우에 대해 생각해 보자. 이 경우 w가 상승하면 L의 상대가격인 w/r이 오르는 효과보다는 L의 사용을 상대적으로 줄이는 효과가 더 크다. 따라서 L의 상대적 분배 몫은 감소한다.[13] 물론 이때 K에 대한 상대적 분배 몫은 증가한다. 이러한 논리를 잘 적용해보면 다음을 알 수 있다.

> L의 상대가격인 w/r이 상승할 때를 생각해 보자. 이때
> (1) 대체탄력성이 1보다 클 경우에는 L의 상대적 분배 몫(wL/rK)은 감소한다.
> (2) 대체탄력성이 1보다 작을 경우에는 L의 상대적 분배 몫(wL/rK)은 증가한다.
> (3) 대체탄력성이 1일 경우에는 생산요소의 상대가격(w/r)이 변하는 정도가 생산요소의 투입 비율(K/L)이 변하는 정도와 정확하게 같아지므로 상대적 분배 몫(wL/rK)도 변하지 않는다.

한편 이러한 논리는 K의 상대가격이 변화할 때 그에 따라 K에 대한 상대적 분배 몫이 어떻게 변화하는가에도 똑같이 적용된다.

이제 이러한 결과를 이용하면 몇 가지 흥미로운 사실을 알 수 있게 된다. 먼저 산업화가 진행됨에 따라 상대적으로 자본의 사용이 증가할 경우에 대해 생각해 보자. 이때 노동이

---

12 σ가 항상 양수값을 지니게 되는 이유를 생각해 보라.
13 가격탄력성이 클 경우 가격이 상승하면 기업의 수입이 감소하는 것과 원리적으로 일맥상통하고 있다.

자본으로 쉽게 대체될 수 있다고 하자. 즉 대체탄력성이 1보다 크다고 하자. 그러면 K/L의 증가율이 w/r의 증가율보다 클 것이므로 자본의 상대적 분배 몫은 증가한다. 한편 이러한 결과를 활용하면 대체탄력성이 1보다 클 경우에는 사용이 빨리 팽창하는 생산요소에 대한 분배 몫이 상대적으로 커진다고 말할 수 있다.

실증분석을 해 본 결과 생산요소시장이 경쟁적이라고 여겨지는 상황에서 자본과 노동에 대한 상대적 분배 몫이 거의 일정하다고 하자. 그러면 대체탄력성이 거의 1에 가깝다고 볼 수 있다. 이때에는 콥-더글라스 생산함수를 사용하는 것이 관심의 대상이 된다. 왜냐하면 이 함수는 대체탄력성이 1인 생산함수의 대표적인 예이기 때문이다.[14]

부록 17.5 자본서비스와 투자

기업은 자본재 자체를 구입하여 사용함으로써 자본서비스를 얻을 수도 있고 자본재를 빌려서 사용함으로써 자본서비스를 얻을 수도 있다. 이러한 특성을 지니는 자본서비스와 투자에 대해 알아보자. 아울러 현재가치법에 대해서도 알아보자.

1. 신고전파모형: 자본의 사용자비용과 투자

우리는 본문에서 지금까지 고정생산요소를 K로 나타내고 가변생산요소를 L로 나타냈다. 그런데 사실상 K는 자본을 나타내고 L은 노동을 나타내는 것으로 보더라도 지금까지 논의한 내용들은 그대로 성립한다. 다만 10.2.1에서 말했듯이 K가 자본을 지칭할 때에는 r은 자본재를 빌려줄 때 받는 금액으로서 **자본의 임대료율**(rental rate of capital)이라고 부른다. 그리고 자본도 자본재 자체가 아니라 그로부터 얻는 **자본서비스**(capital service)를 의미한다. 이 경우 r은 자본서비스의 가격이다.

노동의 경우 노동자 자체를 구입하는 것이 아니라 노동서비스를 구입하는 것이다. 그리고 시간당 노동서비스의 가격인 임금률에 근거하여 임금을 지불한다. 그러나 자본재의 경우에는 자본재를 빌려 쓰기도 하지만 자본재 자체를 구입하여 장기간에 걸쳐 사용하기도 한다. 예를 들어 자동차를 빌려 쓰는 기업과 자동차를 직접 구입해서 쓰는 기업을 생각해 보자. 이때 자동차를 빌려 쓰는 경우

---

14 실제로 생산함수가 콥-더글라스 생산함수인 $Q = AL^{\alpha}K^{1-\alpha}$로 주어질 때, 각 생산요소에 대한 보수가 그 생산요소의 한계생산물만큼 지급될 경우를 보자. 이때 생산물의 노동에 대한 분배 몫은 $\dfrac{wL}{pQ} = \dfrac{pMP_L \times L}{pQ}$, 자본에 대한 분배 몫은 $\dfrac{rK}{pQ} = \dfrac{pMP_K \times K}{pQ}$이다. 여기에 $MP_L = A\alpha L^{\alpha-1}K^{1-\alpha}$, $MP_K = A(1-\alpha)L^{\alpha}K^{-\alpha}$를 대입하자. 그러면 노동에 대한 분배 몫은 α, 자본에 대한 분배 몫은 $1-\alpha$로 정해지고, 상대적 분배 몫인 $\dfrac{wL}{rK}$도 $\dfrac{\alpha}{1-\alpha}$로 정해져 그 값이 모두 일정하다는 것을 알 수 있다.

에는 자동차(가 제공하는)서비스의 가격을 시장에서 정해지는 자동차의 임대료율로 측정할 수 있다. 그러나 자동차를 직접 구입하여 사용하는 경우에는 자동차서비스의 가격에 대한 직접적인 척도가 없다. 그러므로 우리는 자동차 사용자가 감수하는 비용의 척도를 마련해야 한다.

(1) 이러한 측면에 비추어 자본재를 구입하여 사용하는 기업은 비용 척도 마련과 관련하여 적어도 두 가지 요소를 고려해야 한다. 하나는 자본재를 구입하는 데 드는 자금의 기회비용이다. 그리고 다른 하나는 시간이 흐름에 따라 자본재 자체가 마모되는 이른바 감가상각(depreciation)에 따르는 비용이다.[15] 이 같은 관점에서 자본재의 가격을 q라고 하고 그것을 구입하는 데 드는 자금에 적용되는 이자율을 i라고 하고 자본재의 감가상각률을 δ라고 하자. 그러면 자본재를 구입하여 스스로 사용할 경우 적어도 $qi + q\delta = q(i+\delta)$만큼의 비용을 감수한다고 볼 수 있다. 이것을 **자본의 사용자비용**(user cost of capital)이라고 한다. 시장이 완전경쟁이면 이러한 자본의 사용자비용은 앞서 말한 자본의 임대료율과 같아진다.[16] 따라서

$$r = q(i+\delta) \tag{17A.1}$$

가 성립한다. 모두 명목치이다.[17]

한편 **신고전파모형**(neoclassical model)에 따르면 투자는 이러한 자본의 사용자비용에 근거하여 이루어진다. 이에 대해 검토해 보자.

(2) 이미 배웠듯이 이윤을 극대화하는 기업의 자본서비스 수요량은

$$VMP_K = r \tag{17A.2}$$

인 곳에서 결정된다. 그러므로 식 (17A.1)과 식 (17A.2)로부터

$$VMP_K = q(i+\delta) \tag{17A.3}$$

가 성립한다. 즉 자본서비스에 대한 수요량은 (17A.3)을 만족시키는 수준으로 결정된다.

---

15 시간의 경과에 따른 자본재의 가격 변화도 고려하려면 본문의 명목이자율 대신 실질이자율을 사용하면 된다는 것을 보여줄 수 있다.

16 자본재임대시장을 보자. 만일 자본의 임대료율이 자본의 사용자비용보다 높다면 자본재를 빌려 쓰지 않고 구입해서 사용하려 할 것이기 때문에 '임대수요'가 감소하여 두 값이 같아질 때까지 임대료율이 하락한다. 반대로 임대료율이 자본의 사용자비용보다 낮다면 자본재를 구입해서 사용하는 대신 빌려서 사용하려 할 것이기 때문에 '임대수요'가 증가하여 두 값이 같아질 때까지 임대료율이 상승한다. 이같은 조정과정을 거쳐 마침내 자본의 임대료율과 자본의 사용자비용이 같아지는 곳에서 균형이 달성된다.

17 실질치로 나타내 주려면 양변을 생산물의 가격으로 나누어 주어야 한다.

(3) 식 (17A.3)을 구성하는 요소들이 변화하면 자본서비스에 대한 수요가 변화한다. 이때 현재 지니고 있는 자본재가 원하는 만큼의 자본서비스를 제공하지 못할 경우 새로운 자본재를 구입하려는 것이 **투자**(investment)이다. 즉 자본재를 추가로 빌리는 대신 자본재를 직접 구입하려는 것이 바로 투자이다.

(i) 투자에 영향을 주는 이러한 요인들 중에서 특히 중요한 것이 이자율이다. 예를 들어 이자율이 하락할 경우를 생각해 보자. 이자율이 하락할 경우 (17A.3)의 우변이 작아진다. 즉 자본의 사용자 비용이 삭아신나. 자본재를 구입해서 사용하는 입장에서 볼 때 기회비용이 줄어든다는 것을 의미한다. 이에 따라 기업은 자본서비스에 대한 수요를 증가시킨다. 그렇다면 이때 자본서비스 수요 증가에 따른 자본재 구입은 얼마나 증가하겠는가? 즉 투자가 얼마나 증가하겠는가? 결과부터 말하면 투자는 식 (17A.3)의 등식을 다시 성립시킬 수 있을 만큼 증가한다. 그 과정을 살펴보자. 투자는 자본재 구입을 증가시키는 것이다. 기업 입장에서 자본재 구입을 증가시키면 그것을 사용해서 얻는 자본서비스가 증가한다. 자본서비스가 증가하면 한계생산물체감의 법칙에 의해 자본의 한계생산물 MP_K가 감소하며 이에 따라 자본의 한계생산물가치($p \times MP_K = VMP_K$, p는 생산물의 가격으로서 일정)가 감소한다. 이때 투자는 그로 인해 이처럼 감소하는 좌변의 자본의 한계생산물가치가 식 (17A.3)에서 이자율 하락으로 인해 작아진 우변의 자본의 사용자비용과 같아질 때까지 증가하게 된다. 같은 논리로 이자율이 상승할 경우에는 투자가 감소한다.

(ii) 결국 이 모형은 이자율과 투자는 서로 반대방향으로 움직인다는 것을 보여준다.

2. 현재가치법과 투자

(1) 또 다른 투자이론으로 현재가치법에 대해 알아보자. 현재가치(present discounted value: PDV)는 미래의 값을 현재 시점에서 평가해 준 값을 말한다. 현재가치와 관련된 자세한 내용은 [부록 7.1]을 참고하기 바란다.

> **현재가치법**(present discounted value criterion): 자본재가 여러 기간에 걸쳐 제공하는 수익에 대한 현재가치가 자본재의 가격보다 클 경우에는 자본재를 구입하고 그렇지 않을 경우에는 자본재를 구입하지 않는다는 원리

(2) 전 기간에 걸쳐 자본재로부터 얻는 수익에 대한 현재가치는 각 기간의 현재가치들을 합한 것과 같다. 그러므로 그 값은

$$PDV = \frac{VMP_K^1}{1+i} + \frac{VMP_K^2}{(1+i)^2} + \cdots + \frac{VMP_K^n}{(1+i)^n} \tag{17A.4}$$

으로 구해진다. 자본재의 가격이 q일 때 현재가치법은 $PDV > q$일 경우에는 자본재를 구입하고, 그

렇지 않을 경우에는 자본재를 구입하지 않는다는 것이다. 이러한 현재가치법의 기준에 비추어 볼 때 이자율이 하락하면 식 (17A.4)에서 PDV가 커지기 때문에 이전에 구입하지 않았던 자본재를 구입하게 된다. 즉 투자가 증가한다. 결국 현재가치법도 이자율과 투자는 서로 반대방향으로 움직인다는 것을 보여준다.

3. 특수한 경우: 영구채권의 성격

(1) 자본재의 수명이 무한하고 매년 한계생산물가치가 동일하다고 하자. 이 경우 (17A.4)는

$$PDV = \frac{VMP_K}{1+i} + \frac{VMP_K}{(1+i)^2} + \frac{VMP_K}{(1+i)^3} + \cdots = \frac{VMP_K}{i} \tag{17A.5}$$

가 된다. 이때 무한등비급수의 합을 구하는 공식이 적용되었다. 이 경우 $PDV > q$이면 자본재를 구입하고 $PDV < q$이면 자본재를 구입하지 않는다. 균형에서는

$$q = PDV \left(= \frac{VMP_K}{i} \right) \tag{17A.6}$$

와 같이 PDV와 q가 같아진다.[18] 이로부터

$$q = \frac{VMP_K}{i} \tag{17A.7}$$

를 얻는다. 이것은 (17A.3)에서 $\delta = 0$일 경우와 같다. 즉 감가상각이 없고 매년 한계생산물가치가 동일할 경우 균형에서는 두 투자이론의 결과가 같다. 바꾸어 말하면 이 두 조건이 만족되지 않을 경우 두 투자이론의 결과가 달라질 수도 있다.

(2) 직관적으로 볼 때 수명이 무한하고 매년 동일한 한계생산물가치를 제공해 주는 자본재는 매년 일정한 금액을 지급해 주는 **영구채권**(perpetuity)과 그 성격이 같다. 예를 들어 이자율이 i일 때 매년 C원을 영원히 지급해 주는 영구채권은 (17A.5)에서 $VMP_K = C$인 경우와 같다. 그리고 그러한 영구채권이 지급해 주는 금액들의 합의 PDV는 $\frac{C}{i}$가 된다.

---

18 이 식을 $i = \frac{VMP_K}{q}$로 바꾸어 써 보자. 그러면 균형에서는 자본재는 이자율과 똑같은 수익률을 제공한다는 사실을 알 수 있다.

제18장

불완전경쟁과 생산요소시장

18.1 생산요소수요곡선: 생산물시장이 불완전경쟁일 경우 – 최적화 후 비교정학

18.2 수요독점: 생산요소시장이 불완전경쟁일 경우 | 18.3 쌍방독점

MICROECONOMICS

생산요소시장의 여건뿐만 아니라 생산물시장의 여건도 생산요소에 대한 수요에 영향을 미친다. 앞 장에서는 생산물시장과 생산요소시장이 모두 완전경쟁일 경우에 대해서 분석하였다. 이번에는 생산물시장이나 생산요소시장 중에서 둘 중의 하나 또는 둘 모두가 불완전경쟁일 경우에 대해서 분석한다.

먼저 생산물시장이 불완전경쟁일 때 생산요소의 수요에 대해 검토한다. 그 다음 생산요소시장 자체가 불완전경쟁일 경우를 검토한다. 그런데 어느 경우이든 '한계수입=한계비용'이라는 이윤극대화원리는 변함이 없다. 다만 상황에 따라 그것이 어떻게 표현되는가에 차이가 있을 뿐이다.

무엇을 공부할 것인가

1. 생산물시장에서 불완전경쟁인 기업이 완전경쟁 생산요소시장에서 생산요소를 구입할 경우 그 수요곡선은 어떠한가? 생산물시장이 완전경쟁일 경우와의 차이점은 무엇인가?

2. 수요독점자가 생산요소를 고용할 때의 원리는 어떠한가? 이때 수요독점적 착취는 어떠한가?

3. 쌍방독점 아래에서는 생산요소의 고용량이 어떻게 결정되는가?

생산요소수요곡선: 생산물시장이 불완전경쟁일 경우
- 최적화 후 비교정학

생산요소시장은 여전히 완전경쟁이고 생산물시장만 불완전경쟁일 경우, 생산요소 수요에 대해 살펴보자. 여기서 논의하는 내용은 생산물시장이 독점인 경우는 물론이고 생산물시장에 독점력이 존재하고 있는 한 모두 똑같이 적용된다.

이와 관련하여 특히 강조하고 싶은 것이 있다. 즉 어떤 형태의 이윤극대화이든 한계원리는 항상 적용된다는 것이다. 따라서 불완전경쟁인 생산물시장에 있는 기업이라도 이윤극대화를 위해서는 생산요소를 추가로 고용할 때 추가로 얻는 수입이 그때 추가로 드는 비용과 같아지는 양만큼 생산요소를 고용할 것이다. 다만 여기서 주의할 것은, 이 기업이 생산물시장에서 독점력을 지니고 있기 때문에 생산물시장에서 가격수용자로 행동하지 않는다는 것이다. 다시 말하면 자신이 생산물의 공급량을 증가시키면 생산물의 시장가격이 하락한다는 점을 고려한다는 것이다.

이러한 원리에 대해 보다 구체적으로 살펴보기로 하자. 편의상 가변생산요소가 하나만 있는 단기의 경우에 대해 생각해 보자. 이 경우 완전경쟁 생산요소시장에서 생산요소를 구입하는, 생산물시장에서 불완전경쟁인 기업의 단기이윤극대화 문제는

$$\underset{L}{\text{Max}} \ \pi = p(Q)Q - (wL + r\overline{K}) = p(f(L, \overline{K})) \times f(L, \overline{K}) - (wL + r\overline{K})$$

로 쓸 수 있다.[1] 여기서 $Q = f(L, \overline{K})$라는 생산함수가 사용되고 있다. 산출량을 대문자 Q로 쓴 것은 생산물시장이 불완전경쟁임을 강조하기 위한 것이다. 한편 불완전경쟁 생산물시장에 있는 기업이라도 완전경쟁 생산요소시장에서 생산요소를 구입할 경우에는 비용 측면은 원리상 달라질 이유가 없다. 이 때문에 총비용을 이전과 같이 $wL + r\overline{K}$로 나타내고 있다.

---

1 이 문제 또한 문제 (17.2)의 구체적인 형태 중의 하나이다. 이 문제는 다음과 같은 문제를 간략하게 표현한 것이다.

$$\underset{Q, L}{\text{Max}} \ \pi = p(Q)Q - (wL + r\overline{K})$$

$$s.t. \quad Q = f(L, \overline{K})$$

18.1.1 한계수입생산물=생산요소가격

(1) 이렇게 볼 때 비용 측면의 결과는 이미 알고 있는 셈이다. 그러므로 수입 측면에 대해서만 살펴보면 된다. 이와 관련하여 생산요소를 추가로 고용할 때 얻는 추가 생산물이 한계생산물이다. 그리고 그 크기는 생산함수에 의해 결정된다. 즉 한계생산물은 생산물시장이 완전경쟁인가 아닌가에는 영향을 받지 않는다는 것이다. 다만 생산물시장이 불완전경쟁일 경우 완전경쟁기업의 경우와 다른 점은 생산물을 더 판매하려면 그 가격을 떨어뜨려야 한다는 것이다. 그리하여 생산물을 추가로 판매할 때 그 한계수입은 시장가격보다 작아진다는 것이다.

이상의 논의를 종합해 볼 때 생산물시장이 불완전경쟁일 경우에는 가격 대신 한계수입이 사용되어 식 (17.5)가

> 단기이윤극대화의 일차필요조건: 생산물시장이 불완전경쟁, 생산요소시장이 완전경쟁일 경우
>
> $$MR(Q(L,\overline{K})) \times MP_L(L,\overline{K}) = w \qquad (18.1)$$

로 바뀐다.[2]

(2) 한편 이 식도 11.1에서 배운 '$MR = MC$'라는 조건을 생산요소의 수요라는 관점에서 바라본 것이다. 실제로 위 식의 양변을 MP_L로 나누어 주면

$$MR = \frac{w}{MP_L} = SMC$$

가 된다$\left(\dfrac{w}{MP_L} = SMC$의 도출과정은 10장 식 (10.2) 참조$\right)$. 그런데 이 식은 생산요소시장이 완전경쟁이면서 생산물시장이 불완전경쟁일 경우, 생산물시장에서의 이윤극대화 조건이다. 다시 한 번 강조하지만 기업의 이윤극대화 행위를 생산요소시장에서 바라보든 생산물시장에서 바라보든 그 결과가 같아야 한다는 것은 당연하다.

(3) 식 (18.1)의 좌변은 기업이 노동을 추가로 한 단위 더 고용하여 생산한 것을 불완전경쟁 생산물시장에 판매할 때 증가하는 수입을 말한다. 이것을 **한계수입생산물**이라고 한다.

---

2 비용 측면에서는 변화가 없음에 주목하자. 식 (18.1)의 좌변을 수식을 통해 구해 보자. 기업의 수입인 $p(Q)Q$를 $TR(Q)$로 놓으면 $\dfrac{\Delta TR}{\Delta L} = \dfrac{\Delta TR}{\Delta Q}\dfrac{\Delta Q}{\Delta L}$가 된다. 여기서 $\dfrac{\Delta TR}{\Delta Q} = MR$, $\dfrac{\Delta Q}{\Delta L} = MP_L$을 나타내므로 결국 $\dfrac{\Delta TR}{\Delta L} = MR \times MP_L$을 얻는다.

🌱 **한계수입생산물**(marginal revenue product: *MRP*) 생산물시장이 불완전경쟁일 경우 생산요소를 추가로 한 단위 더 투입하여 얻은 생산물을 시장에 판매할 때 추가로 늘어나는 기업의 수입

일반적으로 우리는 이 표현을 사용해 식 (18.1)을 다음과 같이 쓴다.

$$MRP_L(L, \ \overline{K}) = w$$

예를 들어 L의 한계수입생산물은 각주 2)에서처럼 도출할 수 있다. 그런데 한계수입생산물을 정의할 때 "생산요소를 추가로 '한 단위' 더 투입하여…"처럼 '한 단위'라고 말하는 이유는 [부록 2.2]에서 설명하였다.

(4) 한편 MRP_L은 생산요소 L을 추가로 고용할 때 추가로 얻는 수입이고 w는 그때 추가로 드는 비용이다. 이러한 사실을 감안하면 이 식도 결국 '한계수입=한계비용'으로 해석될 수 있다. 다만 그것을 생산요소라는 측면에서 바라본 것일뿐이다. 아울러 완전경쟁시장은 한계수입이 가격과 같아지는 특수한 경우라는 사실에도 주목하자.

18.1.2 생산물시장이 불완전경쟁일 경우의 생산요소수요곡선

이제 식 (18.1)을 L에 대해 풀면 그것이 바로 우리가 구하려는 생산물시장에서 불완전경쟁인 기업의 단기생산요소수요함수이다. 그리고 여기서 다른 상황이 일정하다고 가정하고 w가 변화할 때 생산요소의 수요량이 어떻게 변화하는가를 보여주는 것이 바로 이 기업의 **생산요소수요곡선**이다. 그런데 이 곡선은 바로 생산요소의 가격을 세로축에 표시하고 그 수요량을 가로축에 표시한 다음 한계수입생산물곡선을 그린 것과 같다. 엄밀하게 말하면 $VMP_L = w$에서 VMP_L이 생산요소의 단기역수요곡선인 것처럼 $MRP_L = w$에서 MRP_L도 생산요소의 단기역수요곡선이다. 한편 생산요소의 단기수요곡선과 생산요소의 단기역수요곡선의 그림은 같다. 다만 바라보는 방향이 다르다. 생산요소수요곡선의 세로축에서 옆으로 읽으면 생산요소수요량을 얻으며 가로축에서 위로 읽으면 한계수입생산물을 얻는다.

다시 한 번 강조하지만

> 완전경쟁시장에서 개별 기업의 한계수입은 시장가격과 같다. 그러므로 완전경쟁기업일 경우는 단지 MRP_L이 pMP_L과 같아지는 특수한 경우에 불과하다.

한편 한계수입은 가격보다 높을 수 없다. 그러므로

$$MRP_L = MR \times MP_L \leq pMP_L = VMP_L$$

의 관계가 성립한다. [그림 18-1]에는 위 식이 부등호로 성립하는 경우가 그려져 있다. 즉 $MRP_L < pMP_L$일 경우가 그려져 있다. 이로부터 생산물시장에서 불완전경쟁인 기업의 고용량 L_m은 완전경쟁인 기업의 고용량 L_c에 비해 적다는 사실을 알 수 있다. 이때 비효율이 발생하고 있다. 한편 이러한 결과는 생산물시장에서 불완전경쟁인 기업의 산출량이 완전경쟁인 기업의 산출량에 비해 적다는 점에 비추어 보면 당연하다.

그림 18-1 **생산물시장에서 불완전경쟁인 기업의 생산요소수요곡선**

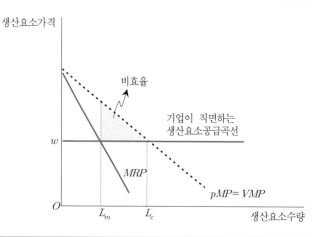

MRP곡선이 생산물시장에서 불완전경쟁인 기업의 생산요소수요곡선이다. 이 기업의 경우 MR이 p보다 작기 때문에 MRP곡선은 VMP곡선의 아래에 놓인다. 그 결과 고용량이 적어지고 이에 따라 비효율이 발생한다.

부록 18.1 **생산물시장이 불완전경쟁이고 생산요소시장이 완전경쟁일 경우 이윤극대화**

이 경우 생산물의 가격이 산출량의 함수로 주어진다. 그리하여 이윤극대화 문제는

$$\begin{aligned} &\underset{Q,\, L,\, K}{\text{Max}}\ \pi = p(Q)Q - (wL + rK) \\ &s.t.\ \ Q = f(L,\, K) \end{aligned}$$

이 된다. 이때 총수입을 TR이라고 하면 $p(Q)Q = TR(Q) = TR(f(L,\, K))$이다. 이것을 이용하면 위 문제는

$$\underset{L,\, K}{\text{Max}}\ \pi = TR(f(L,\, K)) - (wL + rK)$$

로 바꾸어 쓸 수 있다.

그러면 이윤극대화의 일차필요조건은

$$\frac{\partial \pi}{\partial L} = \frac{dTR}{dQ}\frac{\partial f}{\partial L} - w = 0, \ \ 즉 \ MR \times MP_L = w, \ 즉 \ MRP_L = w$$

$$\frac{\partial \pi}{\partial K} = \frac{dTR}{dQ}\frac{\partial f}{\partial K} - r = 0, \ \ 즉 \ MR \times MP_K = r, \ 즉 \ MRP_K = r$$

이 된다.

18.2 수요독점[3]: 생산요소시장이 불완전경쟁일 경우

이제 생산요소시장이 불완전경쟁일 경우에 대해 분석해 보자. 대표적으로 생산요소시장에 수요자가 단 하나뿐인 경우를 생각해 보자. 예를 들어 다른 지역으로 출퇴근하기 어려운 조그만 마을에 기업이라고는 단 하나뿐이라고 하자. 그러면 그 기업은 노동의 수요독점자가 될 가능성이 높다. 나아가서 기관차 운전이나 항공기 조정과 같이 특수하게 전문화된 기술은 하나 또는 극히 소수의 기업에서만 필요로 할 것이다. 그러므로 이 경우 또한 생산요소수요가 독점될 가능성이 높다고 하겠다.

> 🌱 **수요독점**(monopsony) 시장에 수요자가 유일하게 하나뿐인 경우

생산물시장에서 독점인 기업은 이윤을 극대화하기 위해 생산물의 공급량을 조정한다. 수요독점자의 행위도 이와 유사하다. 즉 이윤을 극대화하기 위해 생산요소에 대한 수요량을 조정한다는 것이다. 또한 공급독점자는 생산물의 가격을 그대로 수용하는 것이 아니라 가격을 설정한다. 따라서 공급독점자에게는 공급곡선이 정의되지 않는다. 이와 마찬가지로 수요독점자는 생산요소에 대한 수요량을 조정하는 과정에서 그 가격을 설정한다. 즉 가격설정자가 된다. 따라서 수요독점자에게는 수요곡선이 정의되지 않는다.

한편 수요독점자가 직면하는 생산요소의 공급곡선은 우상향하는 시장공급곡선 그 자체

---

3 생산요소의 수요독점자가 이윤을 극대화하는 생산요소의 수요량을 결정할 때 적용하는 원리는 생산물의 공급독점자가 이윤을 극대화하는 산출량을 결정할 때 적용하는 원리와 유사한 점이 많다. 서로 비교해 가면서 이해해 두자.

이다.[4] 뒤에서 다시 말하겠지만, 이것은 수요독점자가 생산요소를 추가로 고용하려면 더 높은 가격을 지불해야 한다는 것을 함축하고 있다.[5] 이제 우상향하는 이러한 생산요소의 시장 공급곡선을 $w(L)$로 나타내기로 하자.

18.2.1 한계수입생산물=한계요소비용

(1) 한편 생산요소시장에서 수요독점자인 기업은 생산물시장에서 불완전경쟁인 기업일 가능성이 높다. 이러한 측면에서 생산요소시장에서는 수요독점자이면서 생산물시장에서는 불완전경쟁인 기업을 생각해 보자.[6] 생산물시장에서 불완전경쟁인 기업이므로 상품가격은 산출량의 함수로 나타난다. 비용의 경우 생산요소 L의 시장공급곡선이 우상향한다는 사실을 명시적으로 반영하기 위해 $w(L)L$로 표시하자. 편의상 가변생산요소가 하나만 있는 단기의 경우에 대해서 생각해 보면 이러한 기업의 단기이윤극대화 문제는

$$\underset{L}{\text{Max}}\ \pi = p(Q)Q - (w(L)L + r\overline{K}) = p(f(L,\ \overline{K})) \times f(L,\ \overline{K}) - (w(L)L + r\overline{K})$$

로 쓸 수 있다. 여기서 $Q = f(L,\ \overline{K})$라는 생산함수가 사용되고 있다. 이 문제 역시 문제 (17.2)의 구체적인 사례 중의 하나이다. 이 경우에도 이윤극대화 조건은 생산요소를 추가로 고용할 때 추가로 얻는 수입이 그때 추가로 드는 비용과 같아야 한다는 것이다. 그런데 우리는 생산물시장에서 불완전경쟁인 기업이 얻는 한계수입은 MRP_L이라는 사실을 이미 알고 있다. 그러므로 이제 생산요소에 대한 수요독점자로서 이 기업이 치르는 비용에 대해 알아보기로 하자.

(2) 지금까지 살펴보았듯이 생산물시장이 불완전경쟁인가 아닌가는 문제 (17.2)의 수입 측면에 변화를 가져 왔다. 이제 우리는 드디어 비용 측면에 영향을 미치는 요소를 고려하겠다는 것이다. 다시 한 번 강조하지만, 생산요소시장에서 수요가 독점되는지 아닌지는 수입 측면에는 영향을 주지 않고 비용 측면에만 영향을 준다.

어떤 기업이 생산요소시장에서 수요독점자일 경우 그 시장에는 수요자가 단 하나뿐이

---

4 물론 완전경쟁 생산요소시장에 있는 기업은 수평인 생산요소공급곡선에 직면한다. 완전경쟁 생산물시장에 있는 기업은 수평인 수요곡선에 직면한다는 사실과 비교해 보라.

5 한편 생산물시장에서 불완전경쟁인 기업이 생산물을 추가로 판매하려면 가격을 낮추어야 한다는 사실을 우리는 이미 배웠다.

6 생산물시장이 완전경쟁일 경우의 생산요소 수요는 생산물시장이 불완전경쟁일 경우의 특수한 경우로 생각할 수 있다. 우리는 이 사실을 이미 배웠다. 같은 원리로 생산요소시장이 완전경쟁일 경우의 생산요소 수요는 생산요소 시장이 수요독점일 경우의 특수한 경우로 생각할 수 있다.

다. 이 때문에 그 기업이 생산요소를 얼마나 구입하는가는 곧 시장가격에 영향을 미친다. 바꾸어 말하면 수요독점자가 직면하는 생산요소의 공급곡선은 바로 시장공급곡선 그 자체이기 때문에 생산요소를 추가로 고용하려면 더 높은 가격을 지불해야 한다는 것이다(이것은 마치 생산물시장에서 불완전경쟁인 기업이 처한 상황과 흡사하다. 즉 생산물시장에서 불완전경쟁인 기업은 자신의 행위가 시장가격에 영향을 미치기 때문에 판매량을 늘리려면 가격을 낮추어야 한다는 것이다). 그런데 이것이 비용을 증가시키는 또 다른 요인이 된다.

그러므로 L의 고용을 늘릴 때 **총요소비용**(total factor cost: TFC)이 얼마나 변하는가를 알려면 고용증가 자체로 늘어나는 비용의 증가분뿐만 아니라 고용증가로 인해 생산요소의 가격이 오르기 때문에 늘어나는 비용의 증가분도 함께 고려해야 한다. 이러한 내용들은 사실상 미분할 때 반영된다. 따라서 L의 한계요소비용은 TFC를 L로 미분함으로써

$$MFC_L = \frac{dTFC}{dL} = \frac{d(w(L) \times L + r\overline{K})}{dL} = w(L) + L\frac{dw(L)}{dL} \qquad (18.2)$$

로 구해진다. 참고로 이 경우 비용함수는 $C_S(r, \overline{K}, Q)$로서 생산요소시장이 경쟁일 경우와는 달리 w가 등장하지 않는다.

> 🌱 **한계요소비용**(marginal factor cost: MFC) 생산요소를 추가로 한 단위 더 투입할 때 추가로 늘어나는 요소비용

한편 $\frac{dTFC}{dL}$를 한계요소비용이라고 하면서, 한계요소비용을 정의할 때 "생산요소를 추가로 '한 단위' 더 투입할 때…"처럼 '한 단위'라고 말하는 이유는 [부록 2.2]에서 설명하였다.

식 (18.2)의 우변에서 w는 고용변화 자체로 인한 총요소비용의 변화분을 나타내고 $L\frac{dw}{dL}$는 고용변화로 인해 생산요소의 가격이 변화하기 때문에 나타나는 총요소비용의 변화분을 나타낸다.

(3) 결과적으로 생산요소 수요독점자의 경우

> **생산요소 수요독점자: 생산물시장이 불완전경쟁일 경우**
> (1) 단기이윤극대화의 일차필요조건
> $$MRP_L(L, \overline{K}) = MFC_L(L, \overline{K})$$
> (2) 단기이윤극대화의 이차충분조건
> $$\frac{dMRP_L(L, \overline{K})}{dL} < \frac{dMFC_L(L, \overline{K})}{dL}: MFC_L \text{곡선의 기울기가 } MRP_L \text{곡선의 기울기보다 크다.}$$

이 된다.

18.2.2 수요독점균형

이제 생산요소 L의 공급곡선과 MFC_L곡선 사이의 관계를 살펴보자. 우선 식 (18.2)에서 L의 한계요소비용(MFC_L)은 L을 고용하는 데 드는 평균비용인 w보다 높다는 것을 알 수 있다. 그런데 이때 w와 L의 공급량 사이의 관계를 보여주는 것이 바로 L의 공급곡선이다.[7] 따라서 [그림 18-2]에서 보듯이 MFC_L곡선은 L의 공급곡선보다 위에 그려지게 된다.[8] 이 결과는 물론 평균값이 상승할 경우 한계값은 그보다 크다는 사실과 관계된다. 즉 한계값과 평균값 사이에 성립하는 일반적인 관계에 해당한다는 것이다. 이 내용이 생소한 독자는 9장 부록 9.1을 참고하라. 물론 생산요소시장이 완전경쟁 상태에 있었다면 MFC_L은 w와 같았을 것이다.[9]

이러한 상황에서 생산요소의 고용량이 [그림 18-2]에 나타나 있다. MRP와 MFC가 같아지는 점에 대응하여 균형고용량 L^*가 결정된다. 이때 생산요소의 가격은 수요독점자가 L^*를 고용하면서 지급할 수 있는 최소한의 가격으로 정해진다. 그런데 이러한 가격은 생산요소의 공급곡선상에서 찾아진다. 이 가격이 그림에 w^*로 나타나 있다. 그 결과 수요독점균형은 (w^*, L^*)에서 이루어진다.

18.2.3 수요독점균형에 대한 평가

수요독점일 때 얻는 결과를 평가해 보자. 우선 이 결과를 생산요소시장이 완전경쟁일 경우에 얻는 (L_0, w_0)와 비교하면, 생산요소의 가격도 낮고 고용량도 적다. 이것은 생산요소시장이 비효율적으로 운용되고 있다는 것을 의미한다. 이때 수요독점에 의한 비효율은 L^*에서 L_0에 이르는 각 수량 단위에 대해 수요자인 기업이 지불할 의향이 있는 금액(MRP)에서 생산요소공급자가 이것을 공급하는 데 드는 비용(한계비용으로서 공급곡선에 나타남)을 뺀

---

7 L을 고용할 때 드는 총비용은 $w(L)L$이다. 그러므로 L의 고용에 드는 평균비용은 이것을 L로 나누어 준 값으로서 $w(L)$로 구해진다. 이때 $w(L)$은 바로 L의 가격인 동시에 L의 공급곡선을 나타낸다.

8 수식적으로 볼 때, L의 시장공급곡선은 우상향할 것이므로 식 (18.2)에서 $\dfrac{dw}{dL}$는 양이다. 따라서 MFC_L은 L을 고용할 때의 평균비용인 w보다 크다.

9 $\dfrac{dTFC}{dL} = MFC_L = w\left(1 + \dfrac{L}{w}\dfrac{dw}{dL}\right) = w\left(1 + \dfrac{1}{\eta}\right)$로 바꿔 쓸 수 있다. 여기서 η는 생산요소의 공급탄력성으로서 일반적으로 양의 값을 갖는다. 한편 완전경쟁 생산요소시장에서 개별 기업이 직면하는 생산요소공급곡선은 수평선이다. 그러므로 η의 값이 무한대가 되어 위 식에서 알 수 있듯이 MFC_L은 w와 같아진다. 이 결과는 생산물시장이 완전경쟁일 경우 개별 기업이 직면하는 수요곡선은 수평이 되어 MR이 생산물의 가격 p와 같아지는 결과와 원리적으로 대응된다.

그림 18-2 | 수요독점균형

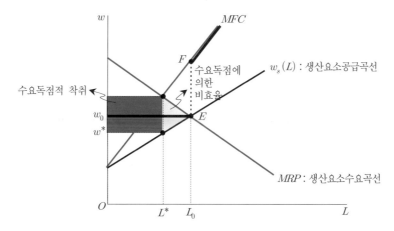

수요독점자가 생산요소를 추가로 고용하려면 더 높은 요소가격을 지불해야 한다. 이 때문에 MFC곡선은 생산요소공급곡선보다 위에 그려진다. $MRP = MFC$인 곳에서 고용량이 정해지고 요소가격은 생산요소의 공급곡선상에서 정해진다. 이때 수요독점에 의한 비효율이 발생하고 수요독점적 착취가 존재한다.

값으로 측정된다.[10]

또한 생산요소의 수요를 독점할 경우 기업은 한계수입생산물보다 낮은 보수를 지급한다. 그 결과 생산요소 공급자가 받는 보수는 자신이 생산에 기여한 것에 미치지 못한다. 구체적으로 살펴보자. 생산요소를 추가로 고용하면 기업은 한계수입생산물만큼을 얻는다. 그러므로 기업은 이만큼에 해당하는 임금률을 지불할 의향이 있다. 그러나 자신이 수요를 독점하고 있기 때문에 실제로는 이보다 낮은 임금률을 지불한다. 이때 이 두 값의 차이가 바로 노동 한 단위당 수요독점적 착취이다.

> 🌱 **수요독점적 착취**(monopsonistic exploitation) 균형고용량에서 평가한 MRP와 생산요소가격의 차가 생산요소 한 단위당 수요독점적 착취인데 여기에 고용량을 곱한 것

당연한 말이지만 수요독점적 착취는 생산요소의 공급곡선이 비탄력적일수록 커진다. 그 이유는 생산요소의 공급이 가격변화에 덜 민감할수록 수요독점자는 그러한 상황을 자신에게 유리하게 이용할 수 있기 때문이다.

---

10 생산물시장이 불완전경쟁이라고 가정하여 VMP 대신 MRP를 사용하였다. 그러므로 수요독점에 따르는 비효율과는 별도로 생산물시장이 불완전경쟁인 데에 따르는 비효율이 존재한다. 그러한 비효율은 이 그림에 나타나 있지 않다.

18.2.4 수요독점하의 최저임금제도

노동시장이 경쟁일 경우 최저임금제도를 실시하면 임금률은 올라가지만 고용이 감소한
다. 이와는 달리 수요독점하에서 최저임금제도를 실시하면 임금률이 올라가면서 고용도 증
가한다. 예를 들어 정부가 [그림 18-2]에서 w_0를 최저임금으로 설정했다고 하자. 이를 통
해 그 결과를 확인해 보자.

(1) 먼저 노동공급곡선의 변화를 살펴보자. w_0를 최저임금으로 설정했으므로 L_0까지는
이보다 적게 고용하더라도 w_0를 지급해야 한다. 그러므로 새로운 노동공급곡선은 L_0까지
는 w_0에서 수평인 직선이 된다. L_0보다 더 고용하려면 그에 대응하는 $w_s(L)$의 임금률을
줘야 하므로 L_0부터는 기존의 노동공급곡선이 적용된다. 그 결과 새로운 노동공급곡선은
[그림 18-2]에서 선분 $\overline{w_0E}$와 E점 이후의 기존의 $w_s(L)$ 곡선 부분으로 구성된다.

(2) 이를 바탕으로 MFC_L곡선의 변화를 살펴보자. L_0까지는 추가로 한 단위 더 고용하
는 데 w_0가 들기 때문에 MFC_L은 w_0가 된다. 이에 따라 새로운 MFC_L곡선은 L_0까지는
w_0에서 수평이 된다. L_0보다 더 고용하려면 그에 대응하는 $w_s(L)$의 임금률을 줘야 하므로
L_0부터는 MFC_L곡선이 수직으로 뛰어올라 기존의 MFC_L곡선으로 되돌아간다. 그 결과
새로운 MFC_L곡선은 그림에서 굵은 선으로 나타난다.

(3) 결과: w_0의 최저임금제도가 실시될 경우 고용은 새로운 MFC_L곡선이 기존의 MRP_L
곡선과 만나는 E점에 대응하여 L_0로 정해진다. 물론 임금률은 w_0이다.

결과적으로 임금률은 w^*에서 w_0로 올라가면서 고용도 L^*에서 L_0로 증가한다. 수요독점
적 착취와 수요독점에 의한 비효율이 제거된다. 이 결과는 14.3.3처럼 독점기업을 경쟁가
격으로 규제할 경우 효율이 달성되는 것과 그 원리가 같다.

18.2.5 수요독점자의 가격차별

소비자의 특성에 따라 시장을 분리할 수 있을 경우 독점기업은 가격차별을 시행한다.
우리는 이러한 사실을 이미 알고 있다. 이와 마찬가지로 생산요소시장에서 수요를 독점하
고 있는 기업도 생산요소 공급자의 특성에 따라 가격차별을 시행할 수 있다. 두 경우 모두
'한계원리'는 똑같이 적용된다. 그러나 외견상으로는 차이가 있어 보인다. 즉 공급독점자는
우리가 이미 알고 있듯이 수요의 가격탄력성이 상대적으로 낮은 소비자에게 더 높은 가격
을 부과한다. 반면에 수요독점자는 공급탄력성이 상대적으로 낮은 공급자에게 더 낮은 보
수를 지급한다(임봉욱, 미시경제학연습 5판, 문제 12.19 참조).

18.2.6 요약 정리

지금까지 논의한 내용들을 생산물시장과 생산요소시장의 유형에 따라 정리하면 다음과 같다.

		생산요소시장	
		완전경쟁	수요독점
생산물시장	완전경쟁	$w = MFC = MRP = VMP$	$w < MFC = MRP = VMP$
	불완전경쟁	$w = MFC = MRP < VMP$	$w < MFC = MRP < VMP$

(1) $MFC = MRP$는 이윤극대화 원리의 가장 일반적인 형태로서 항상 성립한다.

(2) 두 시장이 모두 완전경쟁인 경우를 제외하고는 항상 $w < VMP$가 성립한다.

(3) 생산물시장이 불완전경쟁이면 $MRP < VMP$이다.

(4) 생산요소시장이 수요독점이면 $w < MFC$이다.

부록 18.2 생산물시장이 불완전경쟁이고 생산요소시장이 수요독점일 경우 이윤극대화

생산물의 가격은 산출량의 함수로 주어지고 생산요소의 가격은 생산요소 수량의 함수로 주어진다. 이 경우 이윤극대화 문제는

$$\underset{Q,\ L,\ K}{\text{Max}}\ \pi = p(Q)Q - (w(L)L + r(K)K)$$
$$s.t.\ \ Q = f(L,\ K)$$

가 된다. 여기서 총수입을 TR, 총요소비용을 TFC라고 하면, $p(Q)Q = TR(Q) = TR(f(L,\ K))$, $w(L)L + r(K)K = TFC(L,\ K)$이다. 그러면 위 문제는

$$\underset{L,\ K}{\text{Max}}\ \pi = TR(f(L,\ K)) - TFC(L,\ K)$$

로 다시 쓸 수 있다. 그러면 이윤극대화의 일차필요조건은

$$\frac{\partial \pi}{\partial L} = \frac{dTR}{dQ}\frac{\partial f}{\partial L} - \frac{\partial TFC}{\partial L} = 0,\ \ MR \times MP_L = MFC_L,\ \ \text{즉}\ \ MRP_L = MFC_L$$

$$\frac{\partial \pi}{\partial K} = \frac{dTR}{dQ}\frac{\partial f}{\partial K} - \frac{\partial TFC}{\partial K} = 0,\ \ MR \times MP_K = MFC_K,\ \ \text{즉}\ \ MRP_K = MFC_K$$

가 된다.

예제 18.1 **수요독점**

어떤 기업이 상품 Q를 생산하는 데에는 오로지 노동 L만 필요하며 생산함수는 $Q=4L$로 표현된다. 노동의 공급함수는 $L=-30+w$이다. 여기서 w는 임금률이다. 한편 상품의 가격이 p일 경우 수요곡선은 $Q=50-p$라고 한다. 외딴 지역에 이 기업 하나만 있다고 하자. 그리고 이 기업이 상품시장에서 독점력을 행사하여 이윤을 극대화한다고 하자. 이 경우 고용량, 산출량, 임금률, 상품의 가격, 이윤을 구하기로 하자.

 a. 생산요소시장에서의 이윤극대화 문제를 통해 위 값들을 구하시오.
 b. 생산물시장에서의 이윤극대화 문제를 통해 위 값들을 구하시오.

KEY 이 기업은 수요독점 기업이다. 이윤을 극대화하는 행위는 생산물시장 측면에서도 분석할 수 있고 생산요소시장의 측면에서도 분석할 수 있다. 수요독점자는 MRP가 MFC와 같아지는 곳에서 선택한다.

풀이 a. 생산요소시장에서 수요독점자이면서 생산물시장에서 독점인 이 기업의 이윤극대화 문제는

$$\operatorname*{Max}_{Q,\,L} \pi = p(Q)Q - w(L)L$$

$$s.t. \quad p = 50 - Q \tag{1}$$

$$w = 30 + L \tag{2}$$

로 쓸 수 있다. 제약식들을 목적함수의 해당되는 곳에 대입하면

$$\operatorname*{Max}_{L} \pi = (50-Q)Q - (30+L)L \tag{3}$$

이 된다. 이윤극대화의 일차필요조건은

$$\frac{d\pi}{dL} = (50-2Q)\frac{dQ}{dL} - (30+2L) = 0 \tag{4}$$

이다(미분 과정에서 연쇄법칙이 사용되었다). 그런데 생산함수인 $Q=4L$ (5)로부터 $\frac{dQ}{dL}=4$이다. 이것을 (4)에 대입한 후 정리하면

$$(50-2Q) \times 4 = (30+2L) \tag{6}$$

이 된다. (6)에 (5)를 적용하면 $(50-2 \times 4L) \times 4 = (30+2L)$ (7)이 된다. 이것이 바로 $MRP_L = MFC_L$ 조건이다. 이로부터 $L^*=5$를 얻는다. 이것을 (5)와 (2)에 대입하면 각각 $Q^*=20$과 $w^*=35$를 얻는다. $Q^*=20$을 (1)에 대입하면 $p^*=30$을 얻는다. 이 값들을 목적함수에 대입하면 $\pi^*=425$가 된다.

참고

위에서 MRP_L을 구한 과정에 대해 조금 더 검토해 보자. $MRP_L = MR \times MP_L$이다. 그런데 $TR = p(Q)Q = (50-Q)Q$이다. 그러므로 $MR = 50-2Q$이다. 그런데 $Q = 4L$이므로 $MP_L = 4$이다. 따라서 $MRP_L = MR \times MP_L = (50-2Q) \times 4 = (50-2 \times 4L) \times 4$로 구해진 것이다.

참고

위 문제를 다음과 같이 풀 수도 있다. 즉 위 문제는

$$\underset{Q,\ L}{\text{Max}}\ \ \pi = p(Q)Q - w(L)L$$
$$s.t.\ \ Q = 4L$$
$$p = 50 - Q$$
$$w = 30 + L$$

로 쓸 수 있다. 제약식들을 목적함수의 해당되는 곳에 대입하면

$$\underset{L}{\text{Max}}\ \pi = (50-Q)Q - w(L)L = (50-4L)4L - (30+L)L$$

이 된다. 이윤극대화의 일차필요조건은

$$\frac{d\pi}{dL} = (200-32L) - (30+2L) = 0,\ \ (200-32L) = (30+2L)$$

이다. 이 식이 바로 위에서 구한 (7)이다.

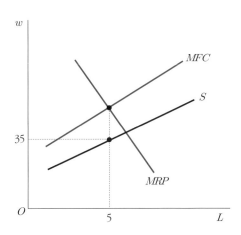

b. 생산물시장에서 이 기업의 이윤극대화 문제는

$$\underset{Q}{\text{Max}}\ \pi = p(Q)Q - c(Q)$$
$$s.t.\ \ Q = 50 - p \tag{1}$$

로 쓸 수 있다. 그런데 이 기업은 수요독점자이므로 비용함수는

$$C(Q) = w(L)L = (30 + L)L = 30L + L^2 = 30\left(\frac{Q}{4}\right) + \left(\frac{Q}{4}\right)^2$$

이 된다. 이 비용함수와 수요곡선을 목적함수의 해당되는 곳에 대입하면

$$\text{Max}\ \pi = p(Q)Q - c(Q) = (50 - Q)Q - \left(\frac{15Q}{2} + \frac{Q^2}{16}\right)$$

이 된다. 이윤극대화의 일차필요조건은

$$\frac{d\pi}{dQ} = (50 - 2Q) - \left(\frac{15}{2} + \frac{Q}{8}\right) = 0$$

이다. 이것은 바로 $MR = MC$ 조건이다. 이로부터 $Q^* = 20$을 얻는다. 이것을 (1)에 대입하면 $p^* = 30$이 된다. 이때 주어진 생산함수로부터 $L^* = \dfrac{Q^*}{4} = 5$가 된다. $w^* = 30 + L^* = 35$가 된다. 이 값들을 목적함수에 대입하면 $\pi^* = 425$가 된다.

결과는 문항 a와 같다. 어느 시장 측면에서 분석하든 결과가 같아지는 것은 당연하다.

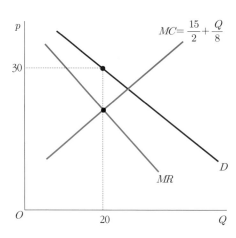

18.3 쌍방독점

이제 마지막으로 쌍방독점에 대해 살펴보기로 하자.

🌱 **쌍방독점**(bilateral monopoly) 생산요소시장에서 생산요소의 공급자도 하나뿐이고 생산요소의 수요
자도 하나뿐인 경우

생산요소시장에 공급자가 오로지 하나밖에 없는 예로는 노동조합을 들 수 있다. 모든
노동자가 노동조합을 통해 노동을 공급하는 경우를 생각해 보자. 그러면 그 의미를 쉽게 이
해할 수 있을 것이다.

한편 여기서 논의하는 쌍방독점과 생산물시장에서는 공급독점이면서 생산요소시장에
서는 수요독점인 기업을 혼동하지 않도록 주의해야 한다. 후자는 두 시장에서 서로 다른 역
할을 수행하고 있는 어떤 한 기업을 가리킨다. 반면에 전자는 생산요소시장에 있는 수요독
점자와 그와는 다른 공급독점자를 함께 묶어서 가리키고 있다.

그림 18-3 **쌍방독점**

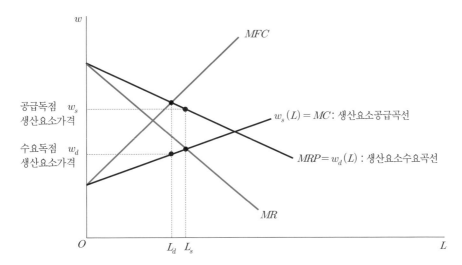

생산요소공급독점자의 행위 이면에 적용되는 원리는 생산물공급독점자의 경우와 같다. 따라서 생
산요소공급독점자는 MR곡선과 생산요소공급곡선이 교차하는 곳에서 공급량을 결정한다. 요소가
격은 생산요소수요곡선상에서 설정한다. 최종적인 균형은 수요독점자와의 협상을 통해 정해진다.

(1) 생산요소의 수요독점자가 수요량을 결정하는 원리는 이미 살펴보았다. 이 경우 MRP곡선과 MFC곡선이 교차하는 점에서 수요량이 결정된다. 이때 생산요소의 가격은 공급곡선상에서 결정된다. 이러한 사실들을 우리는 이미 알고 있다. 이것들이 [그림 18-3]에 각각 L_d와 w_d로 나타나 있다.

(2) 이제 생산요소의 공급을 독점하고 있는 공급독점자의 행위를 살펴보기로 하자. 이때 적용하는 원리는 생산물의 공급독점자가 이윤을 극대화하기 위해 산출량을 조정할 때 적용하는 원리와 같다.

보다 구체적으로 살펴보자. 생산물시장의 공급독점자는 수요곡선으로부터 MR곡선을 도출하여 이것이 MC곡선과 교차하는 점에 대응하는 수량을 공급한다(14장 참조). 이러한 원리는 생산요소의 공급독점자에게도 유사하게 적용된다. 즉 먼저 자신에게 수요곡선으로 여겨지는 MRP곡선으로부터 한계수입(MR)곡선을 구한다. 그 다음 이 MR곡선이 MC곡선(그림의 생산요소공급곡선이 바로 MC곡선이다)과 교차하는 점에 대응하는 수량만큼 생산요소를 공급한다. 이 수량이 L_s로 나타나 있다. 이때 물론 생산요소의 공급가격은 그 수량에 대해서 받을 수 있는 최대 가격으로 정해진다. 이러한 가격은 수요곡선(MRP곡선)상에서 정해지며 w_s로 나타나 있다.

이처럼 쌍방독점일 경우에는 서로가 설정하는 생산요소의 가격이 다르다. 최종적인 균형은 당사자들 사이의 협상을 통해 결정된다.

📋 예제 18.2 쌍방독점

외딴 지역에 기업이 1개 있다. 이 기업이 상품을 생산하는 데에는 오로지 노동만 필요하며 생산함수는 $Q = 4L$로 표현된다. 여기서 L은 노동이다. 노동의 공급곡선은 $L = -30 + w$이다. 이 기업이 직면하는 수요곡선은 $Q = 50 - p$라고 한다.

a. 이 기업이 상품시장에서 독점력을 행사하여 이윤을 극대화한다고 하자. 이 경우 고용량과 임금률을 구하시오.

b. 이제 노동조합이 결성되었다고 하자. 그런데 이 노동조합은 노동공급 측면에서 독점기업처럼 행동한다고 하자. 이 경우 이 노동조합이 제시하는 계약조건에 대하여 말하시오. 즉 노동조합이 요구하는 임금률과 고용량에 대하여 말하시오.

c. 위 두 문항의 결과를 비교하시오. 임금률은 최종적으로 어떻게 정해지겠는가?

KEY 쌍방독점에 관한 문제이다.

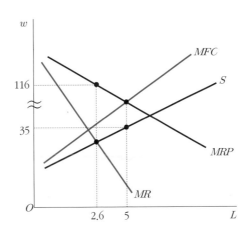

풀이 a. 이것은 [예제 18.1]과 같다. 그러므로 거기서 구한 결과를 그대로 사용하기로 하자.
$MRP_L = 200 - 32L$ (1)이고 $MFC = 30 + 2L$ (2)이었다. $MRP_L = MFC_L$로부터 $L^* = 5$
를 얻는다. 이것을 공급곡선인 $w = 30 + L$ (3)에 대입하면 $w^* = 35$를 얻는다.

b. 노동조합은 기업의 MRP곡선을 노동에 대한 수요곡선으로 간주한다. 이러한 MRP로부
터 MR을 구하면

$$MR = \frac{d(L \times MRP)}{dL} = \frac{d(L \times (200 - 32L))}{dL} = 200 - 64L \qquad (4)$$

이 된다. 노동조합은 이러한 MR과 노동공급에 대한 한계기회비용을 반영하는 노동공급
곡선이 만나는 곳에 대응하여 노동공급량을 정한다(상품시장이 독점일 경우 $MR = MC$
인 곳에서 수량이 결정되는 것과 같은 원리이다). 그런데 노동공급곡선이 $L = -30 + w$
(3)으로 주어졌다. 따라서 (3)과 (4)로부터

$$w = MR, \ 30 + L = 200 - 64L, \ L^{**} = \frac{34}{13} \approx 2.6$$

으로 구해진다. 이때 노동조합은 이 값을 MRP에 대입하여 얻은 값인 $MRP(L^{**})$
$= \frac{1,512}{13} \approx 116$의 임금률을 요구한다.

c. 노동조합은 수요독점자가 원하는 것보다 더 적게 노동을 공급하면서 더 높은 임금률을 지
급해 줄 것을 요구하게 된다. 그리하여 최종적인 결과는 수요독점자인 기업과 노동조합
사이의 협상에 따라 결정될 것으로 예상된다.

MICROECONOMICS

제5편

일반균형이론 및 후생경제학:
가격기능, 효율과 공평

　지금까지는 어느 한 상품시장이나 생산요소시장에서 그 가격이나 수량이 어떻게 결정되는가에 대해서 살펴보았다.

　그런데 실제로는 경제에서 어느 한 시장만 독립적으로 존재할 수는 없으며 각 시장은 서로 영향을 주고 받는 것이 사실이다. 이러한 관점에서 모든 상품이나 생산요소를 망라할 때 각 상품들의 가격이나 수량이 어떻게 결정되는지 그 원리에 대해 논의할 필요가 있다. 이 점에 비추어 19장에서는 일반균형모형에서 경쟁균형은 어떻게 달성되며 그 특성은 어떠한가에 대해서 알아본다. 이 과정에서 왈라스법칙과 그 함축적인 의미에 대해서도 검토할 것이다.

　20장에서는 자원을 배분하는 측면에서 가격기구가 하는 역할과 그 결과의 효율성에 대해 살펴본다. 나아가서 효율과 공평에 대한 사회적인 가치판단까지 고려한 사회후생에 대해 분석한다.

　이와 관련하여 먼저 파레토효율 조건들에 대해 알아본다. 이어서 경쟁균형에서는 파레토효율이 달성된다는 후생경제학의 제1정리에 대해 검토한다. 나아가서 적절히 재분배를 하면 어떠한 파레토효율적 배분도 경쟁시장을 통해 얻을 수 있다는 후생경제학의 제2정리도 다룬다.

　한편 파레토효율은 단지 효율에 대해서만 말해 줄 뿐 분배의 공평성과는 상관이 없다. 이러한 점에 비추어 효율뿐만 아니라 공평도 함께 고려하는 개념인 사회후생함수를 소개한다. 이어서 이것을 이용하여 사회후생을 극대화하는 문제에 대해 검토한다. 이때 효율을 추구하는 것과 공평을 추구하는 것은 서로 상충관계를 지닌다는 사실에 대해서도 알아보기로 한다.

　끝으로 시장실패와 시장실패를 유발하는 요인들에 대해 검토한다.

　이 편의 내용은 지금까지 다룬 내용들보다는 추상적인 느낌을 주어 다소 어렵게 느껴질 수 있다. 그러나 그런 만큼 전체를 조망할 수 있는 틀을 제공해 준다. 그와 동시에 어떠한 자원배분이나 정책의 결과를 평가할 때 그에 필요한 이론적 근거를 제시해 주고 있다.

제19장

일반균형이론: 시장균형의 효율성

19.1 일반균형의 의미 | 19.2 교환의 효율: 2×2 모형 | 19.3 경쟁균형
19.4 왈라스법칙 | 19.5 상대가격 | 19.6 일반균형의 존재

MICROECONOMICS

　지금까지는 특정한 하나의 상품시장이나 생산요소시장을 따로 떼어 내어 독립적으로 분석하였다. 그런데 실제로는 어떤 한 시장에서 일어나는 변화는 곧 다른 시장들에 영향을 준다. 나아가서 이러한 영향을 받은 다른 시장들은 다시 이 시장에 영향을 미치게 된다. 직관적인 예로서 대기업이 도산하면 물품 구입이 중단되어 이와 관련을 맺고 있는 다른 시장에 있는 중소기업들도 연쇄적으로 도산의 위기에 직면한다. 이번 장은 이러한 측면에서 일반균형분석을 다룬다. 이때 경쟁균형이 무엇을 뜻하며 또한 그 성격은 어떠한가에 초점을 맞춘다. 그런데 결국 경쟁균형은 파레토효율적이라는 사실을 알게 된다. 이것은 시장에서의 자유로운 경쟁이 효율적인 결과를 가져다준다는 것으로서 '보이지 않는 손'의 기능, 즉 가격기능이 작동하여 나타난 결과이다. 보다 구체적인 증명은 다음 장에서 다룬다.

무엇을 공부할 것인가

1. 에지워드상자의 특성은 무엇인가?
2. 교환의 효율조건은 무엇인가?
3. 파레토효율이란 무엇인가?
4. 계약곡선이란 무엇인가?
5. 경쟁균형이란 무엇인가? 경쟁균형을 수식으로 나타내면 어떠한가?
6. 왈라스법칙이란 무엇인가? 그 함축적인 의미는 어떠한가?
7. 일반균형에서는 절대가격은 정해지지 않고 상대가격만 정해지는 이유는 무엇인가?
8. 일반균형이 존재하기 위한 조건은 무엇인가?

19.1 일반균형의 의미

우리는 지금까지 한 명의 개인이나 한 기업의 행위에 대해 분석하였다. 여러 소비자나 여러 기업들에 대해 분석하더라도 특정한 하나의 상품시장이나 생산요소시장에 분석을 국한하였다. 즉 **부분균형분석**(partial equilibrium analysis)을 하였다. 이러한 방법은 특정 개인이나 기업의 행위를 분석하거나 특정 상품이나 생산요소의 가격 및 그 수급량을 분석하는 데에는 유용하다.

그러나 현실적으로 어떤 특정 상품시장에서 일어나는 변화는 다른 상품시장은 물론 생산요소시장에도 영향을 미치게 된다. 나아가서 이러한 다른 시장들에서 일어나는 변화는 다시 그 상품시장에 영향을 미친다. 한 시장에 대한 분석에 국한하지 않고, 이처럼 여러 시장에서 수요와 공급이 상호 작용하여 가격이나 수량이 어떻게 결정되는가를 연구하는 것이 바로 **일반균형분석**(general equilibrium analysis)이다. 이때 **일반균형**은 모든 시장들이 균형을 이룬 상태로서 다음 조건이 만족된 상태이다.

(1) 모든 개인들이 주어진 예산제약 아래 효용을 극대화하고 있다.

(2) 모든 기업들이 이윤을 극대화하고 있다.

(3) 모든 상품시장과 생산요소시장에서 각각 수요량과 공급량이 일치하고 있다.

일반균형분석은 여러 시장이 서로 주고받는 영향을 분석하는 데에는 적합하다. 그러나 이들의 영향을 모두 포괄하여 분석하는 것은 현실적으로 불가능하다. 그러므로 현실을 단순화시켜야 한다. 물론 이러한 단순화는 일반성을 잃지 않는 범위 내에서 이루어져야 한다. 편의상 가장 간단한 모형으로부터 출발하자. **불확실성**이 있는 경우는 [부록 24.2]에서 간단히 다루기로 한다.

(1) 교환경제를 가정하고 아울러 경쟁시장을 가정하자. 이 경우 각 소비자는 가격을 주어진 것으로 받아들여 최적선택을 하게 된다. 생산이 포함된 경우는 다음 장에서 논의할 것이다.

교환경제(exchange economy) 생산은 없고 다만 주어진 상품을 교환하기만 하는 경제

(2) 2종류의 상품과 2사람의 소비자만 있는 모형, 즉 2×2 모형으로 단순화시키자. 물론 이처럼 단순한 모형에서 얻는 결과는 상품의 종류도 많고 소비자도 많은 경우로 일반화될 수 있다.

19.2 교환의 효율: 2×2 모형

2×2 모형에서 교환에 대해 분석을 하기 전에 기본적인 감을 잡기 위해 다음과 같은 예로부터 출발하기로 하자. 두 어린이가 사탕과 과자를 모두 좋아한다고 하자. 이 두 어린이 중에서 한 아이에게는 사탕을 많이 주고 다른 아이에게는 과자를 많이 준 다음 원하는 대로 서로 몇 개씩 바꾸어 먹으라고 해 보자. 그러면 아마도 이 아이들은 사탕과 과자를 일부씩 서로 교환하여 마침내는 서로 더 이상 바꾸지 않으려는 상태에 도달한 것으로 예상된다.[1]

그런데 우리의 관심은 어떻게 이러한 상태에 도달하게 되는가 그리고 이러한 상태의 특성은 어떠한가를 이론적으로 밝혀보는 데에 있다.

19.2.1 교환의 에지워드상자

이러한 예와 같이 두 개인이 두 상품을 서로 교환하는 것을 분석하는 데에는 **에지워드상자**라는 도구가 아주 유용하게 사용된다.

> **에지워드상자**(Edgeworth box) 교환 후 나타날 수 있는 여러 가지 결과를 설명할 수 있도록 그 내부에 두 상품에 대한 모든 가능한 배분과 두 개인의 선호를 표시한 직사각형

이 점에 비추어 에지워드상자를 그리려면 우선 각 개인들이 소유하고 있는 부존상품의 양과 그들의 선호에 대해서 알아야 한다.

(1) 배 분

에지워드상자를 어떻게 그리는가를 알아보자. 이를 위해 앞의 예에서 두 아이 중 한 아이 A에게는 사탕 9개와 과자 2개를 주고, 다른 아이 B에게는 사탕 1개와 과자 7개를 주었다고 하자. 그리고 그 상태에서 두 아이가 사탕과 과자를 일부씩 서로 교환한 후 최종적으로 아이 A가 사탕 6개와 과자 5개를 소비하고 아이 B가 사탕 4개와 과자 4개를 소비하였다고 하자. 이러한 최종적인 상태가 사실상 앞으로 우리가 배울 **경쟁균형**에 해당한다. 이때 교환을 통해 두 아이가 모두 처음보다 나아졌으리라는 점에 주목하자. 그리고 최종 상태에서는 교환을 통해 누군가 좋아지려면 상대가 나빠지게 된다. 또한 그 때문에 그 곳에서는 더 이상 교환이 발생하지 않는 것으로 볼 수 있다. 이러한 상태가 앞으로 우리가 배울 **파레토효율** 상태이다.

---

1 여기서 아이들은 이기적이기는 하지만 폭력을 사용하지 않고 자유롭게 자신의 의사에 따라 행동한다고 하자.

그림 19-1 에지워드상자

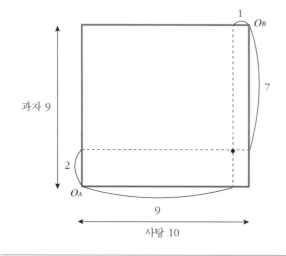

두 아이가 사탕과 과자를 각각 몇 개씩 가지고 있는지 그 상황은 에지워드상자 내에 1개의 점으로 나타낼 수 있다.

이 경우 에지워드상자의 모양은 [그림 19-1]과 같이 아이들이 가지고 있는 사탕의 총 개수인 10(=9+1)을 가로로 하고 과자의 총 개수인 9(=2+7)를 세로로 하여 그린 직사각형으로 결정된다. 이제 왼쪽 아래에 있는 꼭지점 O_A를 원점으로 하여 사각형 내부에 (9, 2)라는 점을 표시하자. 그리고 이 점이 바로 아이 A가 처음 가지고 있던 상품묶음을 나타낸다고 하자. 그러면 이 상자의 구조상 이 점은 오른쪽 위의 꼭지점 O_B를 원점으로 볼 때에는 자동적으로 아이 B가 처음 가지고 있던 상품묶음인 (1, 7)을 나타내게 된다. 교환의 결과 A가 최종적으로 소비하는 (6, 5)와 B가 최종적으로 소비하는 (4, 4)도 같은 방법으로 표시할 수 있다. 이러한 과정을 일반화시켜 보기로 하자.

(1) 두 개인을 각각 A, B라고 하고 두 상품을 각각 X, Y로 표시하자.[2]

(2) A의 상품묶음을 $q_A = (x_A, y_A)$로 나타내기로 하자. 여기서 x_A는 개인 A가 소비하는 X재의 양을 나타내고 y_A는 개인 A가 소비하는 Y재의 양을 나타낸다. 같은 방법으로 개인 B의 상품묶음을 $q_B = (x_B, y_B)$로 나타내기로 하자. 이때 이러한 상품묶음들로 이루어진 q_A와 q_B의 쌍을 **배분**(allocation)이라고 한다.

(3) 소비자가 처음에 가지고 있던 상품묶음을 각각 $\omega_A = (\bar{x}_A, \bar{y}_A)$, $\omega_B = (\bar{x}_B, \bar{y}_B)$로 나타내자. 이때 ω_A와 ω_B의 쌍을 **최초부존배분**(initial endowment allocation)이라고 한다. 이때 소비된 각 상품의 총량이 경제 내에 있는 상품의 총량과 같으면 그러한 배분을 **소비가능한**

---

2 예컨대 앞의 예에서 볼 때 두 아이를 각각 A, B로, 사탕과 과자를 각각 X, Y로 표시한다는 것이다.

배분(feasible allocation)이라고 한다. 즉

$$x_A + x_B = \overline{x}_A + \overline{x}_B$$
$$y_A + y_B = \overline{y}_A + \overline{y}_B$$

가 성립하면 $(x_A,\ y_A),\ (x_B,\ y_B)$는 소비가능한 배분이다. 특히 최초부존배분은 소비가능한 배분임은 두말할 필요도 없다.

(4) 경제 내에 있는 X재의 총량은 $\overline{x}$이고 Y재의 총량은 $\overline{y}$이다. 이때 $\overline{x}$는 두 개인이 소유하고 있는 X재의 최초부존량을 합한 것이고 $\overline{y}$는 두 개인이 소유하고 있는 Y재의 최초부존량을 합한 것이다. 즉

$$\overline{x} = \overline{x}_A + \overline{x}_B$$
$$\overline{y} = \overline{y}_A + \overline{y}_B$$

이다.

[그림 19-2]의 에지워드상자에서 가로축의 길이는 $\overline{x}$를 나타내고 세로축의 길이는 $\overline{y}$를

그림 19-2 에지워드상자

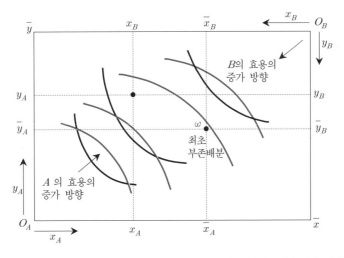

각 상품의 총수량이 주어지면 에지워드상자를 그릴 수 있다. 에지워드상자 내의 어떠한 점도 소비가능한 배분을 나타낸다. 또한 어떠한 소비가능한 배분도 에지워드상자 내의 한 점으로 나타낼 수 있다.

각각 나타낸다. 이러한 에지워드상자에 개인 A의 최초부존상품묶음인 $(\bar{x}_A, \bar{y}_A)$를 나타내 보기로 하자. 먼저 $\bar{x}_A$는 가로축을 따라 원점 O_A로부터의 거리로 나타내며, $\bar{y}_A$는 세로축을 따라 원점 O_A로부터의 거리로 나타내기로 한다. 개인 B의 경우에도 마찬가지이다. 다만 원점을 O_A 대신 O_B로 하는 것만 다르다. 이러한 원리에 따라 표시한 두 개인의 최초부존 배분 상태가 ω로 나타나 있다. 교환을 한 후 각 개인이 최종적으로 소비하게 되는 상품묶음도 같은 방법으로 표시할 수 있다.

이상의 논의로부터 다음을 알 수 있다. 즉 에지워드상자 내의 어떠한 점도 개인 A가 소비할 수 있는 상품묶음과 이에 대응하여 개인 B가 소비할 수 있는 상품묶음을 동시에 나타낸다는 것이다. 즉 에지워드상자 내에 있는 어떠한 배분도 소비가능한 배분이며 또한 어떠한 소비가능한 배분도 에지워드상자 내에 한 점으로 표시할 수 있다는 것이다.

(2) 선   호

이제 에지워드상자 내에 각 개인의 선호를 무차별곡선으로 나타내 보기로 하자. 개인 A에 대해서는 원점 O_A를 중심으로 통상적인 방법으로 나타낼 수 있다. 따라서 개인 A의 무차별곡선이 원점 O_A에서 북동쪽으로 갈수록 그는 더 나아진다. 반면에 개인 B는 자신의 무차별곡선이 원점 O_B를 중심으로 남서쪽으로 갈수록 더 나아진다.

이처럼 에지워드상자는 소비가능한 배분과 선호를 함께 표시할 수 있는 편리한 기능을 지니고 있다. 이 때문에 에지워드상자는 일반균형분석에서 매우 유용하게 사용된다.

19.2.2 교   환

지금까지 개인들의 최초부존배분과 선호를 에지워드상자에 표시하는 방법에 대해 살펴보았다. 그렇다면 이제 각 개인들은 어떠한 원리에 의해 최종 결과에 이르는 것일까? 이때 자유로운 교환을 보장한다면 각 개인들은 상대방과의 교환을 통해 더 나은 상품묶음을 얻으려고 할 것이다. 예를 들어 현재의 상태에서 자신은 X재를 더 얻고 싶어 하는 데 반해 상대방은 Y재를 더 얻고 싶어 한다고 하자. 그러면 이들은 두 상품을 서로 교환함으로써 둘 다 모두 나아질 수 있다는 것이다.

에지워드상자를 이용하여 이러한 내용에 대해 좀더 상세히 알아보자. 먼저 [그림 19-3]에서 최초부존배분점 ω를 통과하는 각 개인의 무차별곡선을 살펴보자. 이때 A가 자신의 부존배분보다 선호하는 영역은 자신의 무차별곡선보다 위에 있는 모든 상품묶음들로 구성되어 있다. 마찬가지로 B가 자신의 부존배분보다 선호하는 영역은 자신의 무차별곡

그림 19-3	비효율적 배분의 예

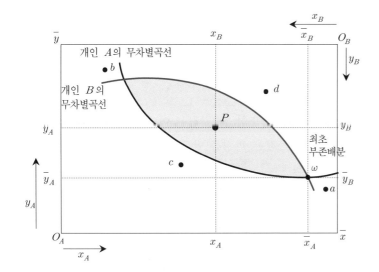

그림에서 최초부존배분은 비효율적이다. 교환을 통해 렌즈 영역 내부의 임의의 점 P로 이동함으로써 두 사람 모두 나아질 수 있기 때문이다.

선보다 (원점 O_B를 기준으로 볼 때) 위에 있는 모든 상품묶음들로 구성되어 있다.

그렇다면 두 개인 A, B가 현재보다 모두 나아지는 영역은 어디일까? 그것은 두 개인이 각각 서로 더 선호하는 영역들의 공통부분으로 구성된다. 이러한 영역은 최초부존배분을 통과하는 두 개인의 무차별곡선으로 둘러싸인 음영 부분으로 나타나 있다. 이것이 렌즈 모양을 하고 있는 점에 주목하자. 한편 두 개인은 상품을 교환하려고 협상하는 과정에서 현재보다는 각자에게 모두 더 나아지는 거래를 찾아낼 것이다. 그러한 거래를 통해 그들은 렌즈 모양 안에 있는 어떠한 배분에 도달할 것이다.

예컨대 이 배분을 P라고 하자. 이때 점 P는 개인 A가 B에게 X재를 $(\bar{x}_A - x_A)$만큼 주고 그 대가로 Y재를 $(y_A - \bar{y}_A)$만큼 받는 상태를 나타내고 있다. 이때 물론 B는 A에게 Y재를 $(\bar{y}_B - y_B)$만큼 주고, 그 대가로 X재를 $(x_B - \bar{x}_B)$만큼 받는다. 이때 두 개인이 주고받는 상품의 양은 종류별로 볼 때 서로 같다.

여기서 주의할 점이 있다. 서로에게 더 나은 점 P는 반드시 렌즈 모양의 내부에 놓인다는 것이다.[3] 그 이유를 살펴보자. 예를 들어 점 P가 렌즈 모양의 외부에 놓인다고 하자. 이때 그 위치에 따라 두 개인 모두 또는 어느 한 사람은 교환 이전보다 나빠진다. 예를 들어 a점이나 b점 같은 곳에 놓이면 두 사람 모두 더 나빠진다. c점 같은 곳에서는 개인 A가

---

3 점 P는 렌즈 모양의 경계선상에 놓일 수도 있다. 이 경우에는 두 개인 중 어느 한 개인만 나아진다.

나빠지며 d점 같은 곳에서는 개인 B가 나빠진다. 각 점들을 통과하는 두 개인의 무차별곡선을 그린 다음 이 사실을 확인해 보라. 따라서 이러한 거래는 이루어지지 않는다. 그러므로 점 P는 렌즈 모양의 내부에 놓여야 한다.

19.2.3 교환의 효율

그렇다면 이러한 교환은 어디에서 끝나며, 또한 끝 지점은 어떠한 특성을 지닐까? 이러한 궁금증을 풀기 위해 점 P에서 앞서와 똑같은 과정을 반복하기로 하자. 즉 점 P를 통과하는 두 개인의 무차별곡선을 그린 후 또 다시 각자가 모두 선호하는 새로운 렌즈 모양의 영역을 찾아내자. 그러면 두 거래자가 모두 새로운 렌즈 모양 내부에 있는 어떠한 점으로 이동할 것으로 생각된다. 이러한 과정을 각자가 모두 선호하는 거래가 더 이상 존재하지 않을 때까지 반복하는 것이다.

그러면 마침내 [그림 19-4]에 있는 점 R과 같이 두 무차별곡선이 서로 접하는 점에 도달하게 된다. 점 R의 구체적 위치는 처음에 누가 X재를 더 많이 가지고 있었으며 누가 Y재를 더 많이 가지고 있었는가 그리고 그들의 선호는 어떠한가에 따라 달라진다. 그 위치가 어디이든 점 R과 같은 접점에서는 개인 A의 무차별곡선보다 위에 있는 점들의 집합과 개인 B의 무차별곡선보다 (O_B를 기준으로) 위에 있는 점들의 집합 사이에 공통부분은 존재하지 않는다.

바꾸어 말하면 개인 A가 점 R에서보다 나아지는 영역과 개인 B가 점 R에서보다 나

그림 19-4   **파레토효율적 배분**

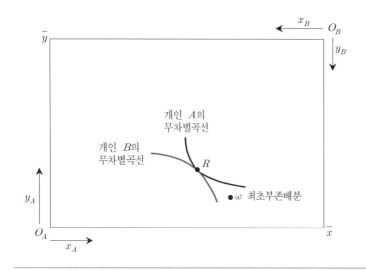

점 R에서는 어느 한 사람이 나아지려면 다른 사람은 반드시 나빠진다. 이러한 성질을 만족시키는 배분이 파레토효율적 배분이다.

아지는 영역이 서로 분리되어 있다는 것이다. 그런데 이것은 점 R에서 두 개인 중 어느 한 사람이 나아지려면 다른 사람은 반드시 나빠져야 한다는 것을 의미한다. 이때 점 R은 파레토효율적 배분이 된다. 점 R에서 보듯이 파레토효율적 배분에서는 각 개인의 무차별곡선이 서로 접한다. 그 결과 파레토효율적 배분에서는 각 개인의 한계대체율이 같아진다. 한편 '파레토효율'이라는 이름은 경제학자이며 사회학자였던 파레토(V. Pareto)에서 유래되었다. 이 개념은 곧 설명할 것이다.

핵심적인 사항은 다음과 같다. 즉 ω와 같이 무차별곡선이 서로 접하지 않는 곳에서는 이해당사자들이 자발적으로 교환에 참여하여 모두 함께 이득을 볼 수 있는 여지가 있다는 것이다.

19.2.4 파레토효율의 개념

경제학에서 말하는 효율은 파레토효율이다. 일반적으로 어떤 경제적 상태를 평가할 때 효율과 공평이라는 두 잣대를 사용하는데 그 한 축이라는 점을 감안할 때 대단히 중요한 개념이다.

(1) 파레토효율의 개념은 보다 공식적으로는 다음과 같이 정의된다.

> **파레토효율**(Pareto efficiency)　적어도 어느 한 사람의 후생을 감소시키지 않고서는 누구의 후생도 증가시킬 수 없는 상태

반면에 다른 사람들의 후생은 감소시키지 않으면서 적어도 어느 한 사람의 후생을 증가시키는 상태로 이행하는 것을 **파레토개선**(Pareto improvement)이라고 한다. 또한 어떠한 상태에서 다른 상태로 이행할 때 파레토개선이 될 경우 새로운 상태는 원래의 상태보다 **파레토우월**(Pareto superiority)하다고 부른다.

이러한 개념들을 이용하면 파레토효율은 다음과 같이 말할 수도 있다.

(2) 파레토효율 상태란 더 이상 파레토개선의 여지가 없는 상태, 또는 그보다 파레토우월한 상태가 없는 상태이다.

이러한 개념을 적용해 보자. [그림 19-4]에서 볼 때 ω에서 R로 이동하면 두 사람의 후생이 모두 나아진다. 그러므로 ω는 파레토효율적이지 않다. 즉 ω에서는 파레토개선이 가능하므로 이 배분은 파레토효율적이지 않다는 것이다. 한편 이러한 논의로부터 R은 ω보다 파레토우월하다는 것을 알 수 있다. 물론 R에서는 더 이상 파레토개선의 여지가 없으므로 R은 파레토효율적이다.

19.2.5 파레토효율과 계약곡선

지금까지는 설명의 편의를 위해 파레토효율적 배분을 최초부존배분과 연관시켜 설명했다. 그러나 파레토효율적 배분이 반드시 최초부존배분과 연관될 필요는 없다.

에지워드상자 내에 파레토효율적 배분이 1개만 존재하는 것도 아니다. 실제로 에지워드상자 내에는 파레토효율적 배분들이 무수히 많이 있다. 무차별곡선이 원점에 대해 블록한 부드러운 곡선일 경우 각각의 배분에서 두 무차별곡선이 접하고 있다면 그 각각의 배분은 모두 파레토효율적 배분들이다. 반면에 각각의 배분에서 두 무차별곡선이 교차하고 있다면 그 각각의 배분에서는 파레토개선이 가능하므로 그 각각의 배분은 모두 파레토비효율적(Pareto inefficient) 배분들이다.

[그림 19-5]에 있는 Q, R, S, T는 무수히 많은 파레토효율적 배분들 중에서 일부를 그려 본 것이다. 이러한 파레토효율적인 배분들의 집합을 계약곡선이라고 한다.[4,5] [그림 19-5]에 이러한 계약곡선이 그려져 있다. 한편 계약곡선상의 임의의 점에서는 두 개인의 무차별곡선이 서로 접하고 있으므로 두 개인의 한계대체율이 같다. 즉

$$MRS_{xy}^A = MRS_{xy}^B$$

가 성립한다.[6] 여기서 MRS_{xy}^A는 개인 A의 두 상품에 대한 한계대체율, MRS_{xy}^B는 개인 B의 두 상품에 대한 한계대체율을 각각 나타낸다.

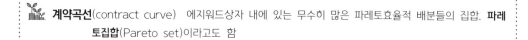

계약곡선(contract curve) 에지워드상자 내에 있는 무수히 많은 파레토효율적 배분들의 집합. **파레토집합**(Pareto set)이라고도 함

---

4 다음 장에서 논의하게 될 생산의 효율에서도 계약곡선이 등장한다. 혼동할 우려가 있을 경우에는 교환의 효율에서 등장하는 계약곡선은 교환의 계약곡선, 생산의 효율에서 등장하는 계약곡선은 생산의 계약곡선이라고 부를 수 있다.

5 두 사람 사이에서 교환과 관련한 계약이 이루어진다면 그 계약은 파레토효율적 배분에서 이루어질 것이다. 왜냐하면 파레토효율적이지 않은 배분에서는 파레토개선이 가능하기 때문이다.

6 계약곡선상의 임의의 점에서는 두 개인의 한계대체율이 같다는 이러한 결과는 무차별곡선들이 원점에 대해 볼록한 부드러운 곡선이면서 에지워드상자의 내부에서 접할 경우에 성립한다. 계약곡선상의 임의의 점에서라도, 즉 파레토효율이 달성되더라도 한계대체율이 서로 다른 경우들이 있을 수 있다. 예를 들면 (1) 완전대체재이면서 두 개인의 선호가 다른 경우 (2) 완전보완재여서 한계대체율이 정의되지 않는 부분이 있는 경우 (3) 준선형선호이면서 에지워드상자의 경계선에서 파레토효율이 달성되는 경우 (4) 완전대체재, 완전보완재, 준선형선호 등이 개인간 서로 혼합된 경우들이다.

그림 19-5 계약곡선

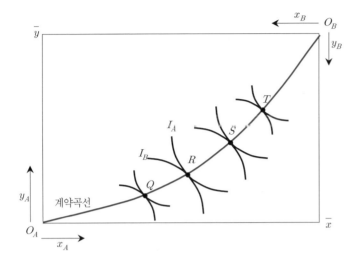

파레토효율적인 배분들의 집합을 그린 것을 계약곡선이라고 한다. 계약곡선은 최초부존배분이 어디에 위치하든 그와 관계없이 정해진다. 계약곡선상에서는 두 개인의 한계대체율이 일치한다.

여기서 주목할 사항이 있다.

(1) 다시 한 번 강조하지만 파레토효율적 배분을 반드시 최초부존배분과 연관시켜 생각할 필요는 없다. 말하자면 [그림 19-5]에서 보듯이 계약곡선은 최초부존배분이 어디에 위치하든지 그와 관계없이 정해진다는 것이다. 다시 말해서 어떠한 배분에서 볼 때 '적어도 어느 한 사람의 후생을 감소시키지 않고서는 어떠한 사람의 후생도 증가시킬 수 없는 상태'라는 성질을 만족시키기만 하면 그 배분은 파레토효율적 배분이다.

(2) 파레토효율 개념만으로는 수많은 파레토효율적 배분들 사이의 우열을 말할 수 없다. 예를 들어 배분 O_A나 배분 O_B도 파레토효율적이다. 파레토개선이 불가능하기 때문이다. 이 경우 배분 O_A나 O_B에 대한 평가는 **가치판단**의 문제로서 20장에서 다룬다.

이제 각도를 조금 달리해서 파레토효율의 정의에 입각하여 말한다면, 예컨대 [그림 19-5]에 있는 배분 R이 파레토효율적 배분이 되는 이유를 어떻게 말할 수 있을까? 다음과 같이 말하면 된다. '개인 B의 무차별곡선이 I_B로 주어진 상태에서는 배분 R은 개인 A에게 최선의 선택이 된다. 따라서 배분 R에서는 개인 B를 나빠지게 하지 않고서는 개인 A를 나아지게 만들 수 없다. 이것이 그 이유이다'.[7]

이 내용에 기초하여, 계약곡선의 관계식을 수학적으로 구하려면 상대방의 효용을 일정하게 해 놓은 상태에서 자신의 효용을 극대화시키면 된다. 예를 들어 콥-더글라스 효용함수일 경우

---

7 R뿐만 아니라 Q, S, T, 나아가서 계약곡선상에 있는 어느 점에서도 같은 논의가 성립된다.

$$\underset{x_A,\ y_A,\ x_B,\ y_B}{\text{Max}}\quad x_A^{\frac{1}{2}} y_A^{\frac{1}{2}}$$

$$s.t.\quad x_B^{\frac{1}{2}} y_B^{\frac{1}{2}} = \overline{U}_B$$

$$x_A + x_B = \overline{x}$$

$$y_A + y_B = \overline{y}$$

를 풀면 된다. 이로부터 얻은 결과에서는 상대방을 나쁘게 하지 않고서는 자신이 더 나아질 수 없다. 그러므로 그 결과는 파레토효율적이 된다.

📑 **예제 19.1** **계약곡선: 직관적으로 구하기**

두 소비자 A와 B의 효용함수가 각각 $U_A = (x_A y_A)^{\frac{1}{2}}$과 $U_B = \min[x_B,\ y_B]$라고 하자. 그리고 최초에 개인 A는 X재만 한 단위 가지고 있으며 개인 B는 Y재만 한 단위 가지고 있다고 하자. 이때 계약곡선을 구하시오.

풀이 계약곡선은 파레토효율 조건을 만족시키는 배분들의 집합이다. 이러한 배분들의 관계식을 수학적으로 구하려면 상대방의 효용을 일정하게 해 놓은 상태에서 자신의 효용을 극대화시키면 된다. 즉

$$\underset{x_A,\ y_A,\ x_B,\ y_B}{\text{Max}}\quad (x_A y_A)^{\frac{1}{2}}$$
$$s.t.\quad \min[x_B,\ y_B] = \overline{U}_B$$
$$x_A + x_B = 1$$
$$y_A + y_B = 1$$

을 풀면 된다. 이렇게 하여 얻은 결과로부터는 상대방을 나쁘게 하지 않고서는 자신이 더 나아질 수 없다. 그러므로 그 결과는 파레토효율적이 된다.

그런데 이 문제의 경우 개인 B의 효용함수가 레온티에프 형태이기 때문에 미분을 통해서 풀 수는 없다. 그러므로 직관을 통해서 풀기로 하자. 개인 B는 항상

$$x_B = y_B$$

가 되도록 소비한다. 이러한 사실과 각 개인의 무차별곡선의 모양에 주목하면서 그림을 관찰해 보자. 선분 $\overline{O_A O_B}$ 위에 놓이지 않은 P점과 같은 곳에서는 선분 $\overline{O_A O_B}$ 중에서 부채꼴 모

양에 속하는 곳으로 이동함으로써 두 개인이 모두 나아진다. 즉 파레토개선이 가능하다. 그러므로 $\overline{O_A O_B}$ 위에 놓이지 않은 P점과 같은 점은 비효율적이다.

한편 $\overline{O_A O_B}$ 위에 있는 Q점과 같은 곳에서 개인 A의 효용를 증가시키려면 곡선을 따라 위로 올라가야 한다. 그런데 이 경우 개인 A의 효용은 증가하지만 개인 B의 효용이 감소한다. 또한 Q점과 같은 곳에서 개인 B의 효용을 증가시키려면 곡선을 따라 아래로 내려가야 한다. 그런데 이 경우 개인 B의 효용은 증가하지만 A의 효용이 감소한다. 결과적으로 볼 때 Q점과 같은 곳에서는 파레토개선이 불가능하다. 그러므로 Q점과 같이 선분 $\overline{O_A O_B}$ 위에 있는 점은 효율적이다. 이상의 내용을 종합하면 계약곡선은 $x_A = y_A (0 \leq x_A \leq 1)$로 구해진다는 것을 알 수 있다.

두 개인이 모두 레온티에프 효용함수를 지니면 파레토효율적 배분들의 집합이 계약곡선이 아니라 계약영역으로 나타날 수 있다. 임봉욱, 미시경제학연습 5판, 문제 13.3 참조.

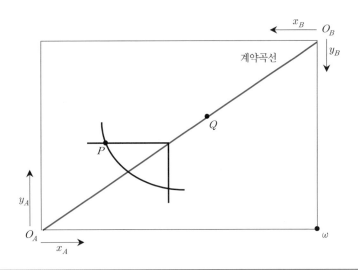

예제 19.2 효용극대화와 계약곡선

두 개인 A와 B가 두 상품 X와 Y를 소비하는 교환경제를 생각해 보자. 두 개인은 각각 $U_A = (x_A y_A)^{\frac{1}{2}}$, $U_B = (x_B y_B)^{\frac{1}{2}}$과 같은 콥-더글라스 효용함수를 지니고 있다고 한다. 또한 최초에 개인 A는 X재를 10단위, Y재를 20단위 가지고 있다고 하자. 개인 B는 X재를 40단위, Y재를 10단위 가지고 있다고 한다. 이때 계약곡선을 구하시오.

KEY   파레토효율 조건을 수식으로 구할 수 있어야 한다.

풀이   계약곡선은 파레토효율 조건을 만족시키는 배분들의 집합이다. 그러므로 그 관계식을 구하려면

$$\underset{x_A,\, y_A,\, x_B,\, y_B}{\mathrm{Max}} \quad (x_A y_A)^{\frac{1}{2}}$$

$$s.t. \quad (x_B y_B)^{\frac{1}{2}} = \overline{U}_B$$

$$x_A + x_B = 50 \ (x\text{재의 ~~부존량~~})$$

$$y_A + y_B = 30 \ (y\text{재의 부존량})$$

을 풀어서 x_A와 y_A 사이의 관계식을 구하면 된다. 그러나 여기서는 이미 알고 있는 결과를 이용하여 풀기로 하자. 계약곡선은 파레토효율조건인 $MRS_A = MRS_B$ (1)을 만족시키는 배분들의 집합이다. 그런데 주어진 효용함수들로부터 $MRS_A = \dfrac{MU_{x_A}}{MU_{y_A}} = \dfrac{y_A}{x_A}$ (2),

$MRS_B = \dfrac{MU_{x_B}}{MU_{y_B}} = \dfrac{y_B}{x_B}$ (3)이다. (2)와 (3)을 (1)에 대입하면 계약곡선은 $\dfrac{y_A}{x_A} = \dfrac{y_B}{x_B}$ (4)

를 만족시키는 배분들의 집합이 된다. 그런데 여기서 각 개인의 X재 수요량의 합은 경제 내에 있는 X재의 부존량과 같아야 한다. Y재에 대해서도 마찬가지이다. 그러므로

$$x_A + x_B = 50 (= 10 + 40), \ y_A + y_B = 30 (= 20 + 10)$$

이 성립해야 한다. (4)식과 이 두 식을 이용하면

$$y_A = (3/5) x_A, \ (0 \leq x_A \leq 50)$$

을 얻을 수 있다. 이것이 바로 계약곡선이다. 이때 계약곡선은 최초부존배분과는 관계없이 정해진다는 점에 주목하자.

19.3 경쟁균형

19.3.1 경쟁균형은 파레토효율적이다.

경쟁균형이 어떻게 달성되는가에 대해 알아보자.

이를 위해 먼저 주목할 것이 있다. 일반균형모형에서는 소득이 화폐가 아니라 상품으로 주어졌기 때문에 일반균형모형은 7장에서 배운 부존소득모형에 해당한다는 것이다. 부존소득모형과 관련하여 다음 사항들을 정리해 두자.

1. 예산선은 부존점을 지난다.
2. 개인은 상품의 판매자가 되기도 하고 구매자가 되기도 한다.
3. 수요함수가 가격에 대해 0차동차이다. 이것은 최초부존배분이 주어진 상태에서 두 상품의 상대가격이 주어지면 각 개인의 예산선이 결정된다는 것을 함축한다(7.1.4 및 19.5.1 참조).

(1) [그림 19-6]에서 최초부존배분이 ω로 주어지고 상대가격이 그림과 같은 상태로 주어졌다고 하자. 그러면 각 개인은 가격수용자로 행동하여 그들에게는 상대가격선이 바로 예산선이 된다.[8] 그리고 예산선 아래쪽이 개인 A의 예산집합이 되며 위쪽이 개인 B의 예산집합이 된다. 이때 개인 A의 경우 P점이 최적선택이 되며 X재의 판매자로서 X재를 공급하는 대신 Y재를 얻으려고 한다. 이에 반해 개인 B의 경우 Q점이 최적선택이 되며 X재의 구매자로서 X재를 얻는 대신 Y재를 공급하고자 한다. 그런데 문제가 하나 있다. 즉 상대가격이 지금과 같을 때에는 개인 A가 공급하려는 X재의 수량이 개인 B가 추가로 원하는 X재의 수량보다 많다는 것이다. 다시 말하면 X재가 초과공급되는 상태에 놓인다는 것이다. 반대로 Y재는 초과수요의 상태에 놓인다. 독자 스스로 확인해 보라.

이러한 상황에서는 X재의 가격은 떨어지고 Y재의 가격은 올라간다. 그 결과 X재의 Y재에 대한 상대가격이 떨어진다. 이처럼 X재의 상대가격이 떨어지면, 그에 따라 [그림 19-7]처럼 예산선이 ω점을 중심으로 시계반대방향으로 회전하면서 그 기울기가 완만해진다. 이러한 과정은 각 개인이 각 상품에 대한 수요량과 공급량을 조정하여 각 상품에 대한 순수요와 순공급이 같아질 때까지 계속된다. 이 과정은 **경매자**가 초기에 임의의 가격을 제시한 다음 초과공급 상태에 있는 상품의 가격은 인하시키고 초과수요 상태에 있는 상품의 가격은

---

8 7장에서 배운 부존소득모형을 상기하자.

그림 19-6 모색과정

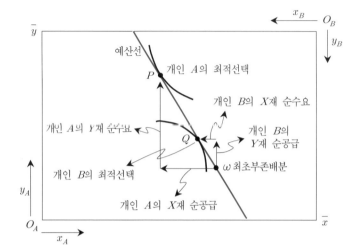

최초부존배분을 지나는 상대가격선이 각 개인의 예산선이 된다. 이때 서로 선택하려는 점이 다를 경우 균형이 달성되지 않는다. 그림의 경우 X재는 초과공급, Y재는 초과수요의 상태이므로 X재의 가격은 하락하고 Y재의 가격은 상승한다.

인상시키는 방법으로 상대가격을 계속 조정해서 각 개인에게 제시해 주는 것으로 볼 수 있다. 이때 균형에 이르기 전까지는 거래를 허용해 주지 않는다. 이러한 조정을 통해 균형을 찾아가는 과정을 **모색과정**(tatonnement process)이라고 한다.

(2) (i) 여기서 순수요는 7.1.3에서 말했듯이 최종수요량을 의미하는 총수요에서 최초부존량을 빼 준 값이다. 예를 들어 X재에 대해 개인 A의 경우 x_A는 총수요, $x_A - \bar{x}_A$는 순수요이다. 혼동의 우려가 없어 접두어 없이 그냥 수요라고 할 경우 그것은 총수요를 지칭한다. 또한 $x_A - \bar{x}_A$가 음일 경우 굳이 구분해서 부르려면 그 부호를 바꾸어 $\bar{x}_A - x_A$로 쓰고 순공급이라고 부른다. (ii) 논리적인 내용이 7.1.2와 같다. 그러므로 이 과정에도 상대가격이 변할 경우 대체효과와 소득효과가 적용된다(7.1.7 참조).

(3) 이러한 모색과정을 거쳐 마침내 [그림 19-7]에 있는 배분 E와 같은 곳에서 균형이 달성된다. 이러한 균형을 **경쟁균형**이라고 한다. 경쟁균형에서는 두 개인의 효용이 동시에 극대화되고 있다. 그래서 더 이상 변화할 유인이 없기 때문에 균형인 것이다. 한편 경쟁균형에 이르는 과정에서 **가격**이 핵심적인 역할을 하고 있음에 주목하자.[9]

---

9 한편 경쟁균형은 이상과는 다른 방법에 의해서도 얻을 수 있다. 예컨대 최초부존배분을 통과하는 상대가격선의 기울기가 달라짐에 따라 예산선이 달라진다고 볼 수 있다. 이때 개인 A의 무차별곡선과 각각의 예산선이 접하는 점을 찾아 이으면 소위 가격소비곡선을 얻는다. 마찬가지 방법으로 개인 B의 가격소비곡선도 얻을 수 있다. 이때 이러한 가격소비곡선들이 교차하는 점을 찾으면 이것이 바로 경쟁균형이 되며, 그때의 예산선의 기울기가 바로 균형상대가격이 되는 것이다. 돌이켜 보건대 가격소비곡선은 가격이 변화함에 따라 얻어지는 소비자의 최적선택들을 연결한 것이다. 그런데 두

> 🌱 **경쟁균형**(competitive equilibrium) 각 경제주체가 가격수용자로 행동하며 초과공급이나 초과수요
> 가 더 이상 존재하지 않는 상태

(1) 경쟁균형은 **시장균형**(market equilibrium)이라고도 한다.

(2) 경쟁균형은 일반균형이론의 발전에 큰 공헌을 했던 왈라스(L. Walras)의 이름을 따
서 **왈라스균형**(Walrasian equilibrium)이라고도 한다.

그림 19-7 경쟁균형

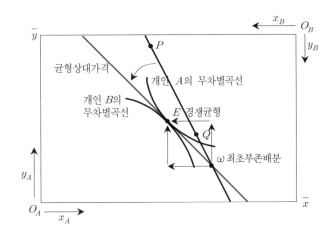

같은 점에서 두 개인의 효용이 동시에 극대화될 경우 그 점이 경쟁균형이 된다. 이 경우 예산선의 기울기는 균형상대가격이 된다. 이때 초과수요는 존재하지 않는다. 두 무차별곡선이 접하고 있으므로 경쟁균형은 파레토효율적이다.

이때 예산선의 기울기의 절대값은 균형상대가격이 된다. 예컨대 그 기울기가 -2이면
균형에서는 X재 한 단위와 Y재 두 단위가 서로 교환되고 있음을 의미한다.

> 한편 경쟁균형에서는 두 무차별곡선들이 접하고 있다. 우리가 알고 있듯이 무차별곡선이
> 접하면 그 배분은 파레토효율적 배분이다. 그러므로 경쟁균형은 파레토효율적 배분이 된
> 다(자세한 내용은 20.2 참조).

주목할 것은 무수히 많은 파레토효율적 배분들은 에지워드상자 내의 '임의의 배분들'에
서 교환을 통해 얻어지는 반면 경쟁균형은 에지워드상자 내의 '주어진 최초부존배분'에서
교환을 통해 달성된다는 점이다.

앞서 말했듯이 경쟁균형에 이르는 과정에서 가격이 핵심적인 역할을 하고 있다. 그런데

가격소비곡선이 교차하는 배분에서는 두 개인이 모두 최적선택을 하고 있으므로 더 이상 변화할 유인이 없다. 그러한
측면에서 균형인 것이다. 특히 일반균형분석에서는 가격소비곡선을 **오퍼곡선**(offer curve)이라고 부르는 경우가 많다.

경쟁균형은 이처럼 파레토효율적이다. 결국 가격기능이 자원을 효율적으로 배분해 준 것이다. 이 때문에 가격기능, 즉 보이지 않는 손의 기능이 미시경제학의 핵심적인 분석대상이 된다. 그래서 미시경제학을 가격이론(price theory)이라고도 부른다.

19.3.2 경쟁균형의 수식적 의미

> 경쟁균형은 개인들의 수요량을 상품별로 합한 것이 개인들이 가지고 있는 부존 상품을 상품별로 합한 것과 같을 때 달성된다.

즉 상품별로 보아 수요량과 부존량이 일치할 때 균형이 달성된다는 것이다(이때 부존량은 외생적으로 일정하게 공급된 수량이라는 측면에서 공급량이라고 불러도 좋다. 이렇게 부를 경우 12장 부분균형의 수요 공급과 용어상 부드럽게 연결된다. 사실상 경쟁균형은 12장에서 다룬 시장균형의 일반균형버전이다). 예컨대 X재에 대한 두 개인의 수요량을 합한 것이 두 개인이 가지고 있는 X재의 부존량을 합한 것과 같고, Y재에 대한 두 개인의 수요량을 합한 것이 두 개인이 가지고 있는 Y재의 부존량을 합한 것과 같을 때 경쟁균형이 달성된다는 것이다. 당연한 말이지만 이때 개인별로 수요량과 부존량이 일치할 필요는 없다. 예를 들어 X재에 대한 개인 A의 수요량이 X재의 그의 부존량과 같을 필요는 없다는 것이다. 말하자면 자급자족할 필요는 없다는 것이다.

따라서 경쟁균형조건은 다음과 같이 말할 수 있다. 한편 수요량은 효용극대화로부터 정해지므로 경쟁균형이 되려면 효용극대화조건이 만족되어야 한다.

> **경쟁균형조건**
> 1. 각 개인의 효용극대화
> 2. 시장청산조건(market clearing condition): 각 상품에 대해, '수요량=부존량(공급량)'

(1) 이러한 내용을 초과수요함수를 사용하여 식으로 나타내 보자. 이를 위한 첫 단계로

$$\underset{x_A,\,y_A}{\text{Max }} U(x_A, y_A)$$
$$s.t. \quad p_x x_A + p_y y_A = p_x \bar{x}_A + p_y \bar{y}_A$$

와 같은 개인 A의 효용극대화문제를 생각해 보자. 이로부터 개인 A의 수요함수를 구할 수 있다. 앞서 말했듯이 접두어 없이 그냥 수요(함수)라고 했으므로 이것은 총수요(함수)를 지칭한다.

(i) 이때 수요함수는 4장에서 본 바와 같이 p_x, p_y, 소득의 함수로 구해지므로

$$x_A(p_x, p_y, p_x\overline{x}_A + p_y\overline{y}_A), \ y_A(p_x, p_y, p_x\overline{x}_A + p_y\overline{y}_A)$$

로 쓸 수 있다. 그런데 최초부존량은 일정하게 주어져 있는 값이다. 이 점에 주목하여 일반균형분석에서는 상품가격들의 변화가 수요에 미치는 영향을 집중적으로 분석하기 위해 개인 A의 수요를 통상적으로 상품가격들만의 함수인

$$x_A(p_x, p_y), \ y_A(p_x, p_y)$$

로 나타낸다.

(ii) 한편 수요에서 최초부존량을 빼 준 것을 **초과수요**라고 한다. 초과수요는 앞서 말한 순수요와 같은 개념이지만 일반균형모형에서는 순수요라는 용어 대신 초과수요라는 용어를 주로 사용한다. 그런데 수요가 p_x와 p_y의 함수이므로 초과수요함수도 p_x와 p_y의 함수가 된다. 그러므로 개인 A의 X재에 대한 **초과수요함수**를 $E_x^A(p_x, p_y)$로 표기하자. 그러면

$$E_x^A(p_x, \ p_y) = x_A(p_x, \ p_y) - \overline{x}_A \tag{19.1}$$

가 된다.

> 🌱 **초과수요함수**(excess demand function) 수요함수에서 최초부존량을 뺀 것. 상품 가격들의 함수임

개인 B에 대해서도 같은 방식으로 나타낼 수 있다. 개인 B의 X재에 대한 초과수요함수도 p_x와 p_y의 함수가 된다.

(2) 한편 각 개인의 X재에 대한 초과수요함수를 합한 것을 X재에 대한 **총초과수요함수**라고 한다. 즉 X재에 대한 총초과수요함수를 $E_x(p_x, \ p_y)$라 하면

$$E_x(p_x, \ p_y) = E_x^A(p_x, \ p_y) + E_x^B(p_x, \ p_y)$$
$$= [x_A(p_x, \ p_y) - \overline{x}_A] + [x_B(p_x, \ p_y) - \overline{x}_B] \tag{19.2}$$

가 된다.

> 🌱 **총초과수요함수**(aggregate excess demand function) 어떤 상품에 대한 각 개인들의 초과수요함수를 합한 것

물론 상품 Y재에 대한 총초과수요함수를 $E_y(p_x,\ p_y)$로 표시하면 이것도 같은 방식으로 나타낼 수 있다.

(3) 이제 마지막 단계를 위해 앞서 말한 경쟁균형조건을 수식으로 표현해 보자. 그러면

경쟁균형조건
1. 각 개인의 효용극대화
2. 시장청산조건

$$x_A(p_x,\ p_y)+x_B(p_x,\ p_y)=\bar{x}_A+\bar{x}_B$$

$$y_A(p_x,\ p_y)+y_B(p_x,\ p_y)=\bar{y}_A+\bar{y}_B$$

이다. 시장청산조건 중에서 첫째 조건을 식 (19.2)의 마지막 변에 적용하면 $E_x(p_x,\ p_y)=0$ 이 된다. 그런데 이러한 논리는 Y재에도 그대로 적용된다. 그러므로 총초과수요함수를 사용하면

경쟁균형조건
1. 각 개인의 효용극대화
2. $E_x(p_x,\ p_y)=0$

$$E_y(p_x,\ p_y)=0 \tag{19.3}$$

이 된다.

이때 식 (19.3)을 만족시키는 $(p_x,\ p_y)$가 바로 **경쟁균형가격**이다. 이때 경쟁균형가격은 모두 양이다. 만일 어떤 상품의 가격이 0이라면 그 상품 소비에 기회비용이 전혀 들지 않으므로 경제 분석 대상이 되지 않는다.

(4) 그런데 흥미로운 것은 위 두 식 중 어느 하나가 만족되면 다른 하나는 자동적으로 만족된다는 것이다. 예제에 이어 등장하는 왈라스법칙을 통해서 이를 알아보자.

예제 19.3 경쟁균형: 콥-더글라스 효용함수와 레온티에프 효용함수의 경우

두 소비자 A와 B의 효용함수가 각각 $U_A = (x_A y_A)^{\frac{1}{2}}$과 $U_B = \min[x_B, y_B]$라고 하자. 그리고 최초에 개인 A는 X재만 한 단위 가지고 있으며 개인 B는 Y재만 한 단위 가지고 있다고 하자. 경쟁균형을 구하시오.

풀이 [예제 19.1]과 같은 상황이다. $U_A = (x_A y_A)^{\frac{1}{2}}$, $U_B = \min[x_B, y_B]$, $\omega_A = (\overline{x}_A, \overline{y}_A) = (1, 0)$, $\omega_B = (\overline{x}_B, \overline{y}_B) = (0, 1)$로 주어져 있다. 이러한 상황에서 경쟁균형을 구하기 위해 총초과수요함수의 값을 0으로 만드는 상대가격을 찾아보자.

　　소득이 화폐로 주어진 것이 아니고 상품으로 주어져 있다. 그러므로 부존소득 모형에 해당한다. 이 경우 가격이 변화하면 부존상품의 가치가 변화한다. 개인 A의 예산제약식은

$$p_x x_A + p_y y_A = 1 \times p_x + 0 \times p_y$$

가 된다. 이 경우 원리적으로는 라그랑지함수를 구성하여 효용극대화 문제를 풀어야 한다. 그러나 개인 A의 효용함수가 콥-더글라스 효용함수이므로 공식을 사용하여 $x_A = \dfrac{1}{2}$, $y_A = \dfrac{p_x}{2p_y}$를 얻을 수 있다.

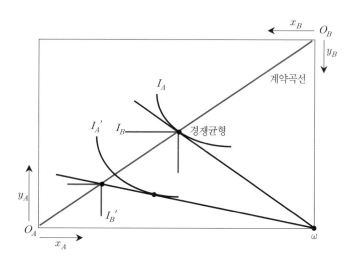

　　이제 개인 B의 경우를 보자. 개인 B가 주어진 예산을 낭비하지 않고 효용을 극대화하는 방법은 $x_B = y_B$ (1)이 되도록 소비하는 것이다. 그런데 개인 B의 예산제약식은

$$p_x x_B + p_y y_B = 0 \times p_x + 1 \times p_y \tag{2}$$

이다. (1)식과 (2)식으로부터 $x_B = \dfrac{p_y}{p_x + p_y}$ (3), $y_B = \dfrac{p_y}{p_x + p_y}$ (4)로 구해진다. 한편 경쟁균형에서는 X재의 총초과수요와 Y재의 총초과수요가 각각 0이 되어야 한다. 그런데 앞으로 배울 왈라스법칙에 의해 두 시장 중에서 어느 한 시장에서 균형이 이루어지면 다른 시장에서도 자동적으로 균형이 이루어진다. 이 점에 비추어 여기서는 X재 시장에 주목하기로 하자. X재의 총초과수요는 각 개인의 X재 초과수요량을 합하면 된다. 그러므로

$$ED_x = ED_x^A + ED_x^B = x_A - \bar{x}_A + x_B - \bar{x}_B = \frac{1}{2} - 1 + \frac{p_y}{p_x + p_y} = 0 \tag{5}$$

이 된다. 한편 일반균형에서는 상대가격만 정해진다. 그러므로 여기서 편의상 $p_y = 1$로 놓자. 그러면 $p_x = 1$로 구해진다. 끝으로 이렇게 구한 $p_x = 1$, $p_y = 1$을 각 개인의 수요함수를 나타내는 (3)식과 (4)식에 각각 대입하면 $x_A^* = x_B^* = y_A^* = y_B^* = \dfrac{1}{2}$로 구해진다. 물론 (5)식에서 상대가격을 직접 구하면 $\dfrac{p_x}{p_y} = 1$이 되는데 이 값을 (3)식과 (4)식에 대입해도 같은 결과를 얻는다. 이러한 경쟁균형이 그림에 나타나 있다. 이때 경쟁균형은 계약곡선상에 놓이는 점에 주목하자. 즉 경쟁균형은 파레토효율적이다. 이것은 다음 장에서 배울 후생경제학의 제1정리에 해당한다.

물론 시장청산조건, 즉 '수요량=부존량' 조건을 적용하여 풀더라도 같은 결과를 얻는다. X재의 수요량은 $x_A + x_B = \dfrac{1}{2} + \dfrac{p_y}{p_x + p_y}$이고 부존량은 $\bar{x}_A + \bar{x}_B = 1 + 0 = 1$이므로 X재 시장청산조건인 $x_A + x_B = \bar{x}_A + \bar{x}_B$은 $\dfrac{1}{2} + \dfrac{p_y}{p_x + p_y} = 1$이 된다. 이 식은 물론 (5)와 본질적으로 같으며 그 결과도 같아진다.

📖 예제 19.4 경쟁균형: 모두 콥–더글라스 효용함수인 경우

두 개인 A와 B가 두 상품 X와 Y를 소비하는 교환경제를 생각해 보자. 두 개인은 각각 $U_A = (x_A y_A)^{\frac{1}{2}}$, $U_B = (x_B y_B)^{\frac{1}{2}}$과 같은 콥–더글라스 효용함수를 지니고 있다고 한다. 또한 최초에 개인 A는 X재를 10단위, Y재를 20단위 가지고 있다고 하자. 개인 B는 X재를 40단위, Y재를 10단위 가지고 있다고 한다.

a. 각 개인의 예산제약식을 구하시오.

b. 각 개인의 효용극대화조건을 구하시오.

c. X재에 대한 각 개인의 수요함수를 구하시오.

d. X재에 대한 각 개인의 초과수요함수를 구하시오.

e. X재에 대한 총초과수요함수를 구하고, 경쟁균형가격을 구하시오.

f. 교환을 한 후 효용이 증가했는지 감소했는지를 말하시오.

KEY 일반적으로 경쟁균형을 구하려면 개인의 수요함수를 구해야 한다. 그 다음 초과수요함수를 구해야 한다. 한편 경쟁균형에서는 각 시장에서의 총초과수요가 0이 되어야 한다. 일반균형에서는 절대가격은 정해지지 않고 상대가격만 정해지므로 여기서의 풀이와는 달리 p_x와 p_y 중에서 어느 하나를 1로 놓고 풀어도 된다. 한편 일반균형모형은 부존소득모형에 해당한다.

풀이 $U_A = (x_A y_A)^{\frac{1}{2}}$, $U_B = (x_B y_B)^{\frac{1}{2}}$, $\omega_A = (\bar{x}_A,\ \bar{y}_A) = (10,\ 20)$, $\omega_B = (\bar{x}_B,\ \bar{y}_B) = (40,\ 10)$으로 주어져 있다.

a. 소득이 화폐로 주어진 것이 아니고 상품으로 주어져 있다. 그러므로 부존소득 모형에 해당한다. 이 경우 가격이 변화하면 부존상품의 가치가 변화한다. 예산제약식은

$$A:\ p_x x_A + p_y y_A = 10 p_x + 20 p_y \tag{1}$$
$$B:\ p_x x_B + p_y y_B = 40 p_x + 10 p_y \tag{2}$$

로 구해진다.

b. 개인 A의 효용극대화 문제에 대해 생각해 보자. 효용극대화 문제는

$$\underset{x_A,\ y_A}{\text{Max}}\ (x_A y_A)^{\frac{1}{2}}$$
$$s.t.\ \ p_x x_A + p_y y_A = 10 p_x + 20 p_y$$

이다. 이에 대한 라그랑지 함수는

$$\underset{x_A,\ y_A,\ \lambda}{\text{Max}}\ Z = (x_A y_A)^{\frac{1}{2}} + \lambda(10 p_x + 20 p_y - p_x x_A - p_y y_A):\ 목적함수$$

이다. 극대화의 일차필요조건은

$$\frac{\partial Z}{\partial x_A} = \frac{1}{2} x_A^{-\frac{1}{2}} y_A^{\frac{1}{2}} - \lambda p_x = 0 \tag{3}$$
$$\frac{\partial Z}{\partial y_A} = \frac{1}{2} x_A^{\frac{1}{2}} y_A^{-\frac{1}{2}} - \lambda p_y = 0 \tag{4}$$
$$\frac{\partial Z}{\partial \lambda} = 10 p_x + 20 p_y - p_x x_A - p_y y_A = 0 \tag{5}$$

이다. (3)식과 (4)식을 각각 정리한 다음 대응되는 변끼리 나누어 주면 $\frac{y_A}{x_A} = \frac{p_x}{p_y}$ (6)을 얻는다. 그런데 (6)식의 좌변은 바로 $\frac{MU_{x_A}}{MU_{y_A}} (= MRS_A)$이다. 그러므로 (6)식은 $MRS_A = \frac{p_x}{p_y}$ 조건이다.

같은 방법으로 개인 B에 대해서는 $\frac{y_B}{x_B} = \frac{p_x}{p_y}$ (7)이 성립한다. 결국 (6)식과 (7)식이 각 개인의 효용을 극대화시키는 조건이다.

c. 개인 A의 예산제약식인 (1)과 그의 효용극대화조건인 (6)을 연립으로 풀면 $x_A^*=5+10\dfrac{p_y}{p_x}$ (8)을 얻는다. 또한 개인 B의 예산제약식인 (2)와 그의 효용극대화조건인 (7)을 연립으로 풀면 $x_B^*=20+5\dfrac{p_y}{p_x}$ (9)를 얻는다.

d. 개인 A의 X재에 대한 초과수요는 개인 A의 X재 수요함수에서 초기부존량을 빼 준 값이다. 그러므로 $ED_x^A=x_A^*-\bar{x}_A=5+10\dfrac{p_y}{p_x}-10=-5+10\dfrac{p_y}{p_x}$가 된다. 같은 이유로 $ED_x^B=x_B^*-\bar{x}_B=20+5\dfrac{p_y}{p_x}-40=-20+5\dfrac{p_y}{p_x}$가 된다.

e. X재에 대한 총초과수요는 각 개인의 X재에 대한 초과수요를 합하여 구한다. 그러므로 $ED_x=ED_x^A+ED_x^B=15\dfrac{p_y}{p_x}-25$가 된다. 한편 경쟁균형에서는 각 시장에서의 총초과수요가 모두 0이 되어야 한다. 그런데 곧 배울 왈라스법칙에 의해 두 시장 중 하나의 시장에서 균형이 성립하면 다른 시장에서도 균형이 성립한다. 이러한 특성을 이용하여 X재 시장에 주목하기로 하자. 그러면 경쟁균형가격은 $ED_x=0$으로부터 $\dfrac{p_y}{p_x}=5/3$ (10)이 된다. 일반균형에서는 이처럼 절대가격은 정해지지 않고 상대가격만 정해진다는 점에 주목하자. 이에 대해서는 본문에서 곧 다룰 것이다.

f. 교환을 한 후 효용의 변화를 알아보는 문제이다. 각 개인의 X재에 대한 수요량은 이미 구했다. 그러므로 예산제약식과 효용극대화조건을 이용하여 각 개인의 Y재에 대한 수요량을 구해 보자. 이 경우 (1)과 (6)으로부터 $y_A^*=5\dfrac{p_x}{p_y}+10$ (11)을 얻는다. 또한 (2)와 (7)로부터 $y_B^*=20\dfrac{p_x}{p_y}+5$ (12)를 얻는다. 이제 각 개인의 효용을 극대화하는 수량에 경쟁균형가격을 대입해 보자. 즉 (8), (9), (11), (12)에 각각 (10)을 대입하면 교환 후 경쟁균형에서는 $x_A^*=65/3$, $y_A^*=13$, $x_B^*=85/3$, $y_B^*=17$이 된다.

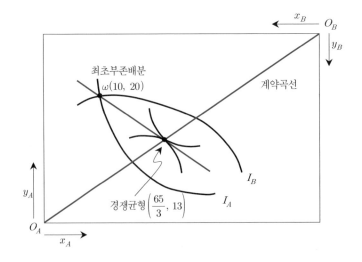

      이 값들을 각 개인의 효용함수에 대입한 값과 최초부존수량을 각 개인의 효용함수에 대입한 값들을 서로 비교해 보면 두 개인의 효용이 모두 증가한 것을 알 수 있다.

      한편 이때 경쟁균형은 계약곡선상에 놓이는 점에 주목하자. 즉 경쟁균형은 파레토효율적이다. 이것은 다음 장에서 배울 후생경제학의 제1정리에 해당한다.

19.4 왈라스법칙

19.4.1 왈라스법칙의 의미

> 🌱 **왈라스법칙**(Walras' law) 경제 전체적으로 볼 때 어떤 가격에서도 각 상품에 대한 총초과수요의 가치를 모두 합하면 0이 된다는 것

    왈라스법칙은 수식으로는

$$p_x E_x(p_x,\ p_y) + p_y E_y(p_x,\ p_y) \equiv 0 \tag{19.4}$$

이 성립한다는 것이다. 특히 항등적으로 0이 된다는 것은 비단 균형가격에서뿐만 아니라 다른 어떤 가격에서 평가하더라도 그 가치가 0이 된다는 것을 의미한다.

      그런데 이러한 사실은 각 개인의 예산제약식을 살펴봄으로써 쉽게 알 수 있다. (1) 먼저 개인 A의 예산제약식은 어떤 가격에서도 자신이 최초에 가지고 있던 부존상품들의 가치가 최종적으로 소비하게 되는 상품들의 가치와 항등적으로 같아야 한다는 것을 함축하고 있다. 즉

$$p_x x_A(p_x,\ p_y) + p_y y_A(p_x,\ p_y) \equiv p_x \overline{x}_A + p_y \overline{y}_A \tag{19.5}$$

가 성립한다는 것이다. 이로부터

$$p_x[x_A(p_x,\ p_y) - \overline{x}_A] + p_y[y_A(p_x,\ p_y) - \overline{y}_A] \equiv 0,\ 즉$$
$$p_x E_x^A(p_x,\ p_y) + p_y E_y^A(p_x,\ p_y) \equiv 0 \tag{19.6}$$

을 얻는다. 식 (19.6)은 식 (19.5)를 초과수요 측면에서 바라본 것으로서 어떤 가격에서도 개인 A의 각 상품에 대한 초과수요의 가치의 합은 0이라는 것이다. (2) 같은 방법으로

개인 B에 대해서도

$$p_x E_x^B(p_x, \ p_y) + p_y E_y^B(p_x, \ p_y) \equiv 0 \tag{19.7}$$

을 얻는다. (3) 식 (19.6)과 식 (19.7)을 같은 변끼리 더하면

$$p_x[E_x^A(p_x, \ p_y) + E_x^B(p_x, \ p_y)] + p_y[E_y^A(p_x, \ p_y) + E_y^B(p_x, \ p_y)] \equiv 0. \ 즉$$

$$p_x E_x(p_x, \ p_y) + p_y E_y(p_x, \ p_y) \equiv 0 \ [식 (19.2)와 \ Y재의 \ 해당식 \ 적용]$$

으로서 식 (19.4)를 얻는다. 즉 어떤 가격에서도 각 상품에 대한 초과수요가치의 합이 각 개인들에 대해 모두 0이므로 어떤 가격에서도 각 상품에 대한 총초과수요의 가치를 모두 합하면 0이 된다는 것이다. 이 이면에는, 경제 전체적으로 볼 때, 각 개인이 최종적으로 소비하는 상품들의 총가치는 자신의 부존상품들의 총가치와 항등적으로 같아야 한다는 사실이 자리하고 있다. 즉 개인들의 예산제약식이 자리하고 있다.

예제 **19.5** 왈라스법칙

두 개인 A와 B가 두 상품 X와 Y를 소비하는 교환경제를 생각해 보자. 두 개인은 각각 $U_A = (x_A y_A)^{\frac{1}{2}}$, $U_B = (x_B y_B)^{\frac{1}{2}}$과 같은 콥-더글라스 효용함수를 지니고 있다고 한다. 또한 최초에 개인 A는 X재를 10단위, Y재를 20단위 가지고 있다고 하자. 개인 B는 X재를 40단위, Y재를 10단위 가지고 있다고 한다. 왈라스법칙이 성립하는 것을 보이시오.

풀이 [예제 19.4]와 연결된 문제이다. 그 결과를 이용하기로 하자.

[예제 19.4]에서 X재에 대한 총초과수요는 각 개인의 X재에 대한 초과수요를 합하여

$$ED_x = ED_x^A + ED_x^B = 15\frac{p_y}{p_x} - 25 \tag{1}$$

로 구해졌다. 이와 같은 방법으로 ED_y를 구한 다음

$$p_x ED_x + p_y ED_y = 0$$

이 됨을 보이면 된다. 그런데 예산제약식과 효용극대화 조건으로부터 각 개인의 Y재 수요량은 $y_A^* = 5\frac{p_x}{p_y} + 10$, $y_B^* = 20\frac{p_x}{p_y} + 5$로 구해졌다. 그러므로

$$ED_y^A = y_A^* - \bar{y}_A = 5\frac{p_x}{p_y} + 10 - 20, \quad ED_y^B = y_B^* - \bar{y}_B = 20\frac{p_x}{p_y} + 5 - 10$$

으로 구해진다. 이들을 이용하면 $ED_y = ED_y^A + ED_y^B = 25\dfrac{p_x}{p_y} - 15$ (2)를 얻는다. (1)과 (2)를 $p_x ED_x + p_y ED_y$에 각각 대입하면

$$p_x ED_x + p_y ED_y = p_x \left(15\frac{p_y}{p_x} - 25 \right) + p_y \left(25\frac{p_x}{p_y} - 15 \right) \equiv 0$$

이 된다. 이로써 왈라스법칙이 성립하는 것을 보여주었다.

19.4.2 왈라스법칙의 함축성

19.3.2(4)에서 둘 중의 어느 한 시장에서 총초과수요가 0이 되면 나머지 다른 시장에서도 총초과수요가 0이 된다고 하였다. 이제 이러한 사실을 보여줄 준비가 갖추어졌다. 왈라스법칙은 어떤 가격에서도 경제 전체적으로 볼 때 초과수요의 총가치가 항상 0이 되어야 한다는 것을 의미한다고 하였다. 이 점에 착안하여

$$E_x \left(p_x^*, \ p_y^* \right) = 0 \tag{19.8}$$

을 만족시키는 가격 $(p_x^*, \ p_y^*)$에 대해 생각해 보자. 즉 X재 시장의 총초과수요가 0이 되도록 하는 가격에 대해 생각해 보자. 그런데 왈라스법칙에 의해 어떤 가격에서도 경제 전체적으로 볼 때 초과수요의 총가치가 항상 0이 되어야 한다. 그러므로 $(p_x^*, \ p_y^*)$에서도 그래해야 한다. 즉

$$p_x^* E_x \left(p_x^*, \ p_y^* \right) + p_y^* E_y \left(p_x^*, \ p_y^* \right) \equiv 0 \tag{19.9}$$

가 성립해야 하는 것이다. 그런데 현재 우리는 식 (19.8)이 성립하는 가격에 대해서 생각하고 있다. 그러므로 위 식의 첫 항은 0이 된다. 따라서 $p_y^* > 0$일 경우

$$E_y \left(p_x^*, \ p_y^* \right) = 0 \tag{19.10}$$

이 성립하게 되는 것이다. 이로써 (p_x^*, p_y^*)는 균형가격이 된다는 것을 알 수 있다.

이상의 결과는 X재 시장의 총초과수요가 0이 되는 가격에서는 Y재 시장에서의 총초과수요도 자동적으로 0이 된다는 것을 보여주는 것이다. 이와 마찬가지로 Y재 시장의 총초과수요가 0이 되는 가격에서는 X재 시장에서의 총초과수요도 자동적으로 0이 된다. 이로써 다음 사항을 확인하게 되었다.

(1) 둘 중의 어느 한 시장에서 균형이 달성되면 다른 시장에서도 균형이 자동적으로 달성된다.

(2) 위 (1)은 두 상품이 존재하는 경우 어느 한 상품에 대한 수요량과 공급량이 일치하면 다른 상품에 대한 수요량과 공급량이 일치한다는 것을 의미한다.

지금까지 우리는 시장이 두 개 있는 경우에 대해 논의했다. 그러나 이 결과는 시장이 n개 있는 경우에도 그대로 적용된다. (1) 즉 n개의 시장 중에서 $n-1$개의 시장에서 균형이 이루어지고 있으면, 왈라스법칙에 의해 나머지 한 시장에서도 자동적으로 균형이 달성된다는 것이다. 그리하여 결국 n개 시장 전체적으로 균형이 달성된다는 것이다. (2) 이것은 사실상 균형을 정의하는 n개의 방정식 중에서 오로지 $n-1$개만이 서로 독립적이라는 것을 말한다.

19.4.3 왈라스법칙의 활용

개인의 예산제약식에 비추어 볼 때 어떠한 가격에서도 그가 소비하는 상품묶음의 가치와 최초부존상품묶음의 가치는 같아야 한다. 사실상 왈라스법칙은 지극히 당연한 이러한 명제로부터 얻어진 것이다. 그런데 이로부터 얻은 위의 결과는 경제분석에서 상당히 유용하게 사용되고 있는 것을 볼 수 있다.

예를 들어 어떤 한 시장을 제외하고 나머지 시장들에 대해 분석한다고 하자. 그렇다 하더라도 나머지 시장들에서 균형이 성립되고 있다면 배제된 시장에서도 왈라스법칙에 의해 균형이 성립된다. 그러므로 이때 전체적으로 균형이 성립할 것인가에 대해 걱정할 필요가 없다. 이러한 원리를 이용하면 분석을 단순화시킬 수 있다. 보다 구체적인 예로는 (1) 미시경제분석에서 일반균형가격을 구하는 경우를 들 수 있다. (2) 나아가서 거시경제분석에서 생산물시장, 화폐시장, 채권시장, 노동시장 등 4개의 시장들 가운데 채권시장을 제외하고 분석하는 것도 그 예이다.

19.5 상대가격

소득이 화폐로 주어져 있을 경우에는 수요함수가 가격과 소득에 대해 0차 동차이다. 그러나 일반균형모형에서는 소득이 상품으로 주어져 있기 때문에 수요함수가 '가격'에 대해 0차 동차가 되며 따라서 절대가격은 정해지지 않고 상대가격만 정해진다.

19.5.1 일반균형과 상대가격

일반균형모형에서는 각 상품에 대해 절대가격(absolute price)은 정해지지 않고, 그 대신 상대가격(relative price)만 정해진다.

(1) 이에 대해 직관적으로 이해하려면 수요함수가 가격과 소득에 대해 0차 동차라는 사실(4.4 참조)을 상기할 필요가 있다. 수요함수가 가격과 소득에 대해 0차 동차라는 것은 모든 가격과 소득을 동시에 λ배 하더라도 예산집합은 변하지 않으며, 그 결과 수요량도 변하지 않는다는 것을 의미한다. 우리는 이러한 사실을 4장에서 이미 다루었다.

(2) (i) 그런데 일반균형모형에서는 각 개인에게 화폐소득이 아니라 상품이 주어져 있다. 즉 19.3.1에서 말했듯이 일반균형모형은 부존소득모형이다. 그러므로 일반균형모형에서 두 상품의 가격이 모두 λ배가 되면 각 개인의 부존소득도 λ배가 되어 사실상 각 개인의 예산선이 변하지 않으며 따라서 최적선택도 변하지 않는다. 이것은 (p_x^*, p_y^*)가 균형가격일 경우 $(\lambda p_x^*, \lambda p_y^*)$도 역시 균형가격이 된다는 것을 말한다. 이것은 또한 일반균형모형에서는 수요함수가 가격에 대해 0차 동차라는 사실을 말한다(7.1.4 참조). 즉

$$x_A\left(\lambda p_x, \lambda p_y, \lambda p_x \overline{x}_A + \lambda p_y \overline{y}_A\right) = x_A\left(p_x, p_y, p_x \overline{x}_A + p_y \overline{y}_A\right) \tag{19.11}$$

$$y_A\left(\lambda p_x, \lambda p_y, \lambda p_x \overline{x}_A + \lambda p_y \overline{y}_A\right) = y_A\left(p_x, p_y, p_x \overline{x}_A + p_y \overline{y}_A\right) \tag{19.12}$$

이다. 개인 B의 경우도 같다. 나아가서 일반균형모형은 부존소득모형이어서 예산선이 항상 부존점을 지나기 때문에 부존점이 주어진 상태에서는 가격 비율 $\dfrac{p_x}{p_y}$, 즉 상대가격만 같으면 예산선 자체가 같아지고 따라서 최적선택도 같아진다는 것을 말한다.

(ii) 사실상 수요함수뿐만 아니라 초과수요함수와 총초과수요함수도 모두 가격에 대해 0차 동차가 된다. 예를 들어 개인 A의 X재에 대한 초과수요함수의 경우 부존소득을 생략하고 표현하면

$$E_x^A(\lambda p_x, \lambda p_y) = x_A(\lambda p_x, \lambda p_y) - \overline{x}_A = x_A(p_x, p_y) - \overline{x}_A = E_x^A(p_x, p_y) \tag{19.13}$$

이다(이때 식 (19.11)을 적용하였다). 개인 A의 Y재에 대한 초과수요함수와 총초과수요함수의 경우도 같다. 또한 개인 B의 초과수요함수와 총초과수요함수의 경우도 같다.

바로 이러한 사실 때문에 일반균형모형에서는 절대가격은 정해지지 않고 다른 상품의 가격에 대한 상대가격만 정해진다. 예컨대 (2, 3)이 균형가격이면 각 가격이 2배, 3배, … 가

된 (4, 6), (6, 9), … 등도 균형가격이 된다는 것이다. 따라서 일반균형모형에서는 절대가격은 의미가 없고 상대가격만 의미가 있다.

(3) 일반균형에서는 상대가격만 정해진다는 사실을 적용하여 경쟁균형조건인 식 (19.3)을 상대가격을 사용하여 나타내면

$$E_x\left(\frac{p_x}{p_y}\right) = 0, \ \ E_y\left(\frac{p_x}{p_y}\right) = 0 \tag{19.14}$$

으로 쓸 수 있다. 물론 $\frac{p_x}{p_y}$ 대신 $\frac{p_y}{p_x}$ 를 사용해도 좋다. 한편 왈라스법칙을 적용하면 위의 두 식 중에서 어느 하나가 만족되면 다른 하나는 자동적으로 만족된다. 그러므로

경쟁균형조건

1. 각 개인의 효용극대화

2. $E_x\left(\frac{p_x}{p_y}\right) = 0$ 또는 $E_y\left(\frac{p_x}{p_y}\right) = 0$

이라고 할 수 있다.

(4) 일반균형에서는 상대가격만 정해진다는 사실을 이용하여 여러 가격들 중 하나를 1로 설정하고, 다른 가격들은 모두 이 가격에 대한 상대가격으로 보는 경우가 많다. 한편 이렇게 하는 것을 **정규화**(normalization)한다고 하고 이때 1로 놓은 가격을 **기준가격**(numeraire price)이라고 한다. 예를 들어 첫 번째 상품의 가격을 1로 본다는 것은 각 상품들의 가격에 $\frac{1}{p_1}$ 을 곱한 것으로 볼 수 있다. 앞서의 표기에 따르면 $\lambda = \frac{1}{p_1}$ 로 놓은 것이다. 이러한 내용에 대해서는 이미 2장에서도 다루었다.

이러한 내용을 2개의 상품만 있는 경우에 대해 적용해 보자. (p_x^*, p_y^*) 가 경쟁균형가격일 때 $\frac{1}{p_x^*}$ 을 각 상품들의 가격에 곱하면 $(1, \frac{p_y^*}{p_x^*})$ 가 된다. 이때 $p_x^* = 1$ 로 놓으면 상대가격은 $\frac{p_y^*}{p_x^*} = p_y^*$ 가 된다. 이것은 Y재 1단위는 X재 p_y^* 단위와 교환된다는 것을 의미한다. 물론 각 상품들의 가격에 $\frac{1}{p_x^*}$ 을 곱하는 대신 $\frac{1}{p_y^*}$ 을 곱해도 같은 논리가 적용된다. 이 경우에는 $(\frac{p_x^*}{p_y^*}, 1)$ 이 된다. 이때 $p_y^* = 1$ 로 놓으면 상대가격은 $\frac{p_x^*}{p_y^*} = p_x^*$ 가 된다. 그 의미는 앞서와 같다. 즉 X재 1단위는 Y재 p_x^* 단위와 교환된다는 것을 의미한다.

19.5.2 함 축 성

한편 이상의 논의는 상품이 n개 있는 일반균형모형에서 $n-1$개의 가격만 독립적이라는 사실을 말해 준다. 그런데 사실상 시장 하나에 대해 그 시장의 균형을 말해 주는 방정식이 하나씩 존재한다. 그러므로 상품이 n개 있는 일반균형모형에는 방정식이 모두 n개 존재한다. 이렇게 볼 때 결과적으로 $n-1$개의 가격이 정해져야 하는데 방정식은 모두 n개이므로 방정식 체계상에 문제가 있는 것처럼 보인다. 그러나 이것은 사실상 문제가 되지 않는다. $n-1$개의 시장에서 균형이 이루어지면 왈라스법칙에 의해 나머지 한 시장에서도 자동적으로 균형이 이루어지므로 균형을 정의하는 n개의 방정식 중에서 오로지 $n-1$개만이 서로 독립적이기 때문이다.

19.6 일반균형의 존재[10]

지금까지 우리는 암묵적으로 경쟁균형이 존재한다고 가정하고 논의를 전개해 왔다. 그러나 실제로 경쟁균형이 존재하는가 아닌가는 상당히 중요한 문제이다. 왜냐하면 경쟁균형이 존재하지 않는다면 경쟁균형이 존재한다고 가정하고 논의를 전개하는 것은 아무 의미가 없기 때문이다.

이러한 문제와 관련하여 총초과수요함수가 연속이면 경쟁균형가격이 존재한다고 알려져 있다. 그런데 여기서 연속이 의미하는 바는 가격이 조금 변화하면 수요량도 조금만 변화해야 한다는 것이다.

그런데 총초과수요함수가 연속이 되는 것을 보장하는 조건에는 두 가지가 있다.

(1) 개인의 수요함수가 연속이어야 한다는 것이다. 그런데 이를 위해서는 개인의 선호가 볼록해야 한다.
(2) 개인의 수요함수가 연속이 아니더라도 개인의 수요가 시장 규모에 비해 적어야 한다.

(1) 개인의 선호가 볼록해야 한다는 첫 번째 조건에 대해 살펴보자. 최초에 개인 A는 상대적으로 X재에 비해 Y재를 많이 갖고 있으며, 개인 B는 이와 반대로 X재를 많이 가

---

10 일반균형의 유일성 및 안정성에 대한 논의도 중요하다. (1) 일반균형이 유일하지 않을 경우에는 자원배분이 어떻게 결정될 것인가를 말할 수 없게 된다. (2) 일반균형이 안정적이지 않을 경우에는 한 번 균형에서 이탈하면 다시는 균형에 복귀하지 않을 것이므로 일반균형의 유용성이 상당히 퇴색된다.

지고 있다고 하자. 이러한 상황이 [그림 19-8(A)]의 배분 ω로 나타나 있다. 한편 두 개인의 선호에는 큰 차이가 없다고 하자. 이러한 상황에서 교환이 이루어진다면 개인 A가 X재의 순수요자가 될 것이다. 이때 문제는 [그림 19-8(A)]에 있는 개인 A의 무차별곡선이 보여주는 것처럼 선호가 볼록하지 않을 때 발생한다. 이때에는 개인 A의 수요곡선이 불연속적이 된다. 즉 선호가 볼록하지 않을 때에는 X재의 가격이 조금만 떨어지더라도 개인 A의 선택이 x_A^1에서 x_A^2로 크게 변화한다. 그 결과 그로부터 얻는 수요곡선은 [그림 19-8(B)]와 같이 불연속하게 된다. 이 경우 수요량과 공급량이 같아지는 균형이 존재하지 않을 수도 있다

　(2) 두 번째 조건과 관련하여, 개인의 수요곡선이 연속적이지 않더라도 개인의 수요가 경제 전체에 비해 크지 않다면 **총수요곡선**(aggregate demand curve)은 연속적이 된다는 사실이 알려져 있다. 그런데 경쟁이라는 말 자체가 개개인의 수요가 시장 전체에 비해 크지 않은 개인들이 많이 존재한다는 것을 뜻한다. 그러므로 이러한 측면에서는 경쟁 자체가 균형이 존재한다는 것을 함축하고 있다고도 볼 수 있다.

그림 19-8　**일반균형이 존재하지 않는 경우**

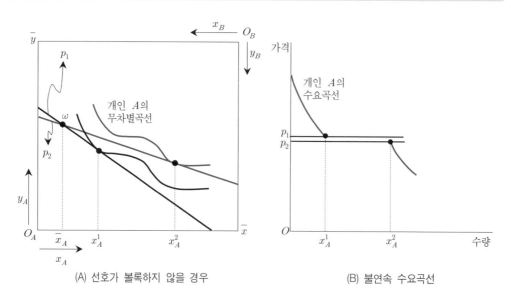

(A) 선호가 볼록하지 않을 경우　　(B) 불연속 수요곡선

선호가 볼록하지 않을 경우에는 가격이 조금만 변하더라도 수요량이 크게 변화한다.
이 경우 수요곡선이 불연속하게 되어 균형이 존재하지 않을 수도 있다.

후생경제학: 효율과 공평

MICROECONOMICS

  이번 장에서는 사회후생을 극대화하는 문제를 다룬다. 그런데 사회후생은 효율(efficiency)뿐만 아니라 공평(equity)도 함께 고려한 개념으로서 가치판단을 내포하고 있다. 이러한 측면에서 우리는 비로소 규범경제학의 영역에 들어서게 된다.[1]
  가치판단과 관련해서는 사회적으로 수용될 수 있는 가치판단을 찾아내는 일이 중요하다. 그런데 이것은 경제학의 영역을 넘어서는 일이다. 그리하여 이 작업은 일반적으로 정치과정을 통해서 이루어진다. 경제학에서는 다만 이렇게 얻어진 가치판단을 수용하여 분석에 이용할 따름이다. 이러한 이유 때문에 경제학적 분석의 상당 부분이 효율을 다루고 있다. 이러한 측면에서 이번 장에서 논의하는 상당 부분의 내용도 효율과 경쟁균형 사이의 관계에 집중되어 있다.

무엇을 공부할 것인가

1. 파레토효율 조건 3가지는 각각 무엇이며 그 직관적인 의미는 무엇인가?
2. 파레토효율 조건을 만족시키는 배분들 중에서 어떠한 배분을 선택할 것인가?
3. 후생경제학의 제1정리란 무엇인가? 이 정리와 '보이지 않는 손'과의 관계는 어떠한가?
4. 후생경제학의 제2정리는 무엇인가? 이 정리가 분배와 관련하여 함축하고 있는 것은 무엇인가?
5. 사회후생함수란 무엇인가? 사회후생함수를 사용하는 것이 비판을 받고 있는 이유는 무엇인가?
6. 사회후생함수에는 어떠한 종류가 있는가? 각각의 함축성은 어떠한가?
7. 사회후생극대화 자원배분과 파레토효율 사이의 관계는 어떠한가?
8. 사회후생극대화 자원배분과 경쟁균형 사이의 관계는 어떠한가?
9. 사회후생함수가 주어질 경우 '3가지 경제문제'가 어떻게 해결되고 있는가?
10. 효율과 공평을 함께 증진시킬 수 없는 이유는 무엇인가?
11. 차선의 이론이란 무엇인가? 그 시사점은 무엇인가?
12. 시장실패의 요인들은 무엇인가? 이것들이 시장실패를 유발하는 이유는 무엇인가?

---

1 규범경제학(normative economics)은 자원이 어떻게 사용되어야 하는가를 분석 대상으로 한다. 이에 반해 우리가 지금까지 공부한 내용은 주로 실증경제학(positive economics)에 속하는데, 이것은 자원이 실제 어떻게 사용되고 있는가를 분석 대상으로 하고 있다.

20.1 파레토효율 조건: 2×2×2 모형

앞 장에서 생산이 없는 단순한 모형일 때 교환의 효율에 대해서 배웠다. 이제 생산이 이루어지는 다음과 같은 2×2×2의 생산경제(production economy)를 다루기로 하자.

(1) 경제 내에 2사람 A와 B가 존재한다.

(2) 경제 내에 동질적인 2가지 상품 X와 Y가 존재한다.

(3) 경제 내에 동질적인 2가지 생산요소 L과 K가 있으며 그 부존량은 각각 $\overline{L}$, $\overline{K}$로 주어져 있다.

이러한 경제가 파레토효율 상태에 놓이려면 교환의 효율(exchange efficiency), 생산의 효율(production efficiency), 교환과 생산을 함께 고려한 종합적 효율(overall efficiency) 등 3가지 효율조건이 모두 달성되어야 한다. 무차별곡선과 등량곡선이 원점에 대해 볼록하고 이러한 조건들이 에지워드상자 내부에서 성립할 경우, 이러한 조건들은 파레토효율이 달성되기 위한 필요충분조건이 된다.[2]

20.1.1 생산의 효율과 생산가능경계선

(1) 생산의 에지워드상자

우리는 지금까지 가장 단순한 모형인 교환경제를 대상으로 하였다. 이제 생산이 포함된 경제를 분석하려고 한다. 생산과 교환이 함께 어우러지는 경우는 뒤로 하고 먼저 생산경제를 단독으로 살펴보기로 하자.

두 상품에 대한 교환을 분석할 때 에지워드상자를 이용한 것과 같이 두 상품에 대한 생산을 분석할 때에도 에지워드상자를 이용한다. 이때 에지워드상자에 상품의 배분 대신 생산요소의 배분을 표시하고 또한 선호 대신 생산의 기술적 관계를 표시한다는 점이 다를 뿐이다. 이외에는 분석의 원리가 여러 가지 측면에서 교환경제와 유사하다.

---

2 준선형선호일 경우 무차별곡선이 원점에 대해 볼록하지만 이 경우 에지워드상자의 경계선에서 파레토효율이 달성되면 한계대체율들이 서로 같지 않을 수도 있다. 그러므로 필요충분조건이 되려면 '에지워드상자 내부'라는 조건이 필요하다.

그림 20-1	생산의 에지워드상자

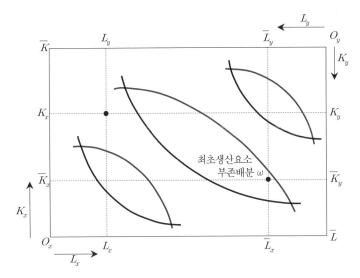

각 생산요소의 총수량이 주어지면 생산의 에지워드상자를 그릴 수 있다. 생산의 에지워드상자 내의 어떠한 점도 사용가능한 생산요소배분을 나타낸다. 또한 어떠한 사용가능한 생산요소배분도 생산의 에지워드상자 내의 한 점으로 나타낼 수 있다.

(1) 생산요소배분

(1) 두 상품 X와 Y를 생산하기 위해 생산요소로서 L과 K가 사용된다고 하자.

(2) X산업에 할당된 생산요소묶음을 $q_x = (L_x,\ K_x)$로 나타내고, Y산업에 할당된 생산요소묶음을 $q_y = (L_y,\ K_y)$로 나타내기로 하자. 이때 이러한 생산요소묶음들로 이루어진 q_x와 q_y의 쌍을 **생산요소배분**(factor allocation)이라고 한다.

(3) 각 산업이 처음에 가지고 있던 생산요소묶음을 각각 $\omega_x = (\overline{L}_x,\ \overline{K}_x)$와 $\omega_y = (\overline{L}_y,\ \overline{K}_y)$로 나타내기로 하자. 이때 ω_x와 ω_y의 쌍을 **최초 생산요소부존배분**이라고 한다.

(4) [그림 20-1]에서 가로축의 길이는 경제 내에 있는 L의 총량 $\overline{L}$를 나타내고 세로축의 길이는 K의 총량 $\overline{K}$를 각각 나타낸다. 그리고 X산업에서 사용되는 L의 양은 가로축을 따라 원점 O_x로부터의 거리로 나타낸다. 마찬가지로 X산업에서 사용되는 K의 양은 세로축을 따라 원점 O_x로부터의 거리로 나타내고 있다. Y산업의 경우에도 원점을 O_x 대신 O_y로 하는 것만 다를 뿐 같은 표기법을 따르고 있다. 이러한 원리에 따라 표시한 최초 생산요소부존배분 상태가 ω로 나타나 있다.

이상에서 다음을 알 수 있다. 즉 에지워드상자 내에 있는 어떠한 생산요소배분도 **사용**

가능한 생산요소배분이며, 어떠한 사용 가능한 생산요소배분도 에지워드상자 내에 표시할 수 있다는 것이다.

(2) 기 술

에지워드상자 내에 각 산업이 지니고 있는 기술을 등량곡선으로 나타내 보자. 각 산업은 주어진 생산요소를 사용하여 가능한 한 많은 산출량을 생산하려 한다. 이때 이러한 기술적 관계는 등량곡선으로 나타낼 수 있다. 이러한 사실을 우리는 알고 있다. 에지워드상자에서 볼 때 X산업에 대해서는 이러한 등량곡선이 원점 O_x로부터 북동쪽으로 밀어질수록 X재의 산출량이 증가한다. Y산업에 대해서는 원점 O_y로부터 남서쪽으로 멀어질수록 Y재의 산출량이 증가하는 것으로 나타난다. 이처럼 생산의 에지워드상자는 두 산업에서 사용 가능한 생산요소배분과 기술을 함께 표시할 수 있는 편리한 기능을 지니고 있다.

(2) 생산가능경계선

(1) 생산경제에 대한 분석은 그 원리상 교환경제에 대한 분석에 그대로 대응되고 있다. 사실상 효율 조건도 그대로 대응된다. 즉 파레토효율적인 생산요소배분에서는 두 등량곡선이 서로 접하게 되며, 접점에서는 공통접선을 그을 수 있다. 이것은 그 배분에서 두 산업 X, Y에 대해 두 생산요소 사이의 기술적 한계대체율이 서로 같다는 것을 의미한다. 즉

생산의 효율조건: $MRTS_{LK}^x = MRTS_{LK}^y$ (20.1)

를 의미한다.

[그림 20-2]를 활용하여 그 의미를 알아보자. 그림처럼 에지워드상자 내의 임의의 점 P에서 두 등량곡선이 교차한다고 하자. 그림에서는 시각적 효과를 위해 $MRTS_{LK}$를 나타내는 직선들의 기울기를 두드러지게 차이나게 그렸지만 설명의 편의상 $MRTS_{LK}^x = 4$이고 $MRTS_{LK}^y = 2$라고 하자. 이것은 X산업에서는 추가로 노동 1단위와 자본 4단위를 대체하더라도 산출량이 변하지 않으며, Y산업에서는 추가로 노동 1단위와 자본 2단위를 대체하더라도 산출량이 변하지 않는다는 것을 의미한다. 바꾸어 말하면 X산업에서의 노동의 한계생산물은 자본의 한계생산물의 4배이고, Y산업에서의 노동의 한계생산물은 자본의 한계생산물의 2배라는 것이다(9장 참조).

이 경우 노동의 한계생산성이 상대적으로 낮은 Y산업으로부터 노동의 한계생산성이 상대적으로 높은 X산업으로 노동을 재배분하고, 자본의 한계생산성이 상대적으로 낮은 X산업으로부터 자본의 한계생산성이 상대적으로 높은 Y산업으로 자본을 재배분하면 두 산업의 산출량을 모두 증가시킬 수 있다. 예를 들어 Y산업에서 노동 1단위를 X산업으로 보

그림 20-2 | 생산의 효율 달성

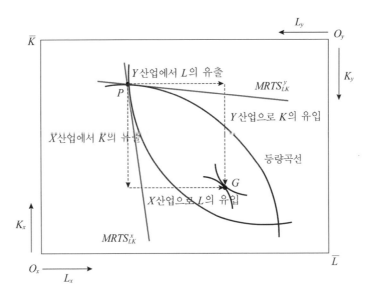

두 산업의 $MRTS_{LK}$가 다를 경우에는 $MRTS_{LK}$가 더 큰 산업으로 노동이 이동하고 $MRTS_{LK}$가 더 작은 산업으로 자본이 이동하는 재배분을 통해 마침내 점 G에서처럼 두 산업의 $MRTS_{LK}$가 같아질 경우 생산의 효율이 달성된다.

내고 그 대신 X산업으로부터 자본을 3단위 받으면 두 산업의 산출량이 모두 증가한다. 말하자면 X산업에서는 노동 1단위를 얻는 대신 자본 4단위를 포기해도 산출량이 변하지 않는데 노동 1단위를 얻는 대신 자본 3단위만 포기해도 되므로 산출량이 증가한다. 반면에 Y산업에서는 노동 1단위를 포기하는 대신 자본 2단위만 얻어도 산출량이 변하지 않는데 자본 3단위를 얻게 되므로 산출량이 증가한다.

한편 두 산업의 $MRTS_{LK}$가 같지 않은 한, 이러한 파레토개선의 여지가 계속 존재한다. 그러다가 재배분을 계속하여 마침내 점 G에서처럼 두 산업의 $MRTS_{LK}$가 같아지면 그때부터는 어느 한 산업의 산출량을 감소시키지 않고서는 다른 산업의 산출량을 증가시킬 수 없게 된다. 즉 생산의 효율이 달성된다. 재배분 과정에서 X산업에 노동이 많아지고 자본이 줄어들수록 $\dfrac{K}{L}$가 작아져서 X산업의 노동의 한계생산물이 줄어드는 반면, Y산업에 자본이 많아지고 노동이 줄어들수록 $\dfrac{K}{L}$가 커져서 Y산업의 자본이 한계생산물이 줄어든다. 그리하여 재배분을 통해 마침내 각 생산요소의 상대적인 한계생산물이 두 산업에서 서로 같아지는 수준에 이르면 생산의 효율이 달성되는 것이다. 이렇게 볼 때 식 (20.1)은 효율을 위해서는 각 생산요소가 그 생산요소의 상대적인 한계생산성이 더 높은 산업에 배분되어야 한다는 것을 의미한다.

한편 점 P와 점 G를 비교할 때 점 G가 각 산업의 원점에서 각각 더 먼 등량곡선 상에 놓이게 된다. 즉 X재와 Y재의 산출량이 모두 증가하게 된다.

(2) 에지워드상자에서 효율적인 생산요소배분들은 교환의 효율을 구할 때와 같은 방법 으로 찾을 수 있다. 그 결과 오직 두 산업의 등량곡선이 접하고 있는 점들만이 파레토효율 적인 생산요소배분이 된다. 한편 19장에서 파레토효율적 배분들이 최초부존배분과 연관되 는 것이 아니라고 말했듯이 파레토효율적 생산요소배분들도 이처럼 최초 생산요소부존배분 이 어디에 위치하든 그와 관계없이 구해진다. [그림 20-2]의 점 G도 그러한 점들 중의 하 나임은 물론이다. 이러한 파레토효율적인 점들에서는 어느 점에서든지 두 산업 중 어느 한 산업의 산출량을 증가시키려면 반드시 다른 산업의 산출량을 감소시켜야 한다. 에지워드상 자 내에는 이같은 파레토효율적인 생산요소배분들이 무수히 많이 존재한다. [그림 20-3]에 있는 F, G, H는 이렇게 무수히 많은 파레토효율적 생산요소배분들 중에서 일부를 그려 본 것이다. 이러한 배분들의 집합을 **생산의 계약곡선**이라고 한다.

(3) 투입물 평면에 그려진 이러한 계약곡선을 산출물 평면에 전환시켜 그리면 **생산가능 경계선**을 얻는다. 이러한 생산가능경계선이 [그림 20-4]에 나타나 있다. 예컨대 [그림 20-3]

그림 20-3 **생산의 계약곡선**

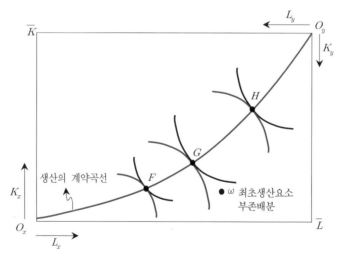

생산의 에지워드상자에 파레토효율적인 배분들의 집합을 그린 것을 생산의 계약곡선이라고 한다. 생산의 계약곡선은 최초생산요소부존배분이 어디에 위치하든 그와 관계없이 정해진다. 생산의 계 약곡선상에서는 두 산업의 기술적 한계대체율이 일치한다.

그림 20-4 생산가능경계선

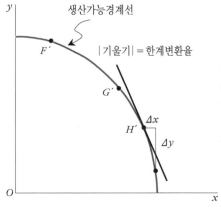

생산요소 평면에 그려진 생산의 계약곡선을
상품평면에 전환시켜서 그리면 생산가능경계
선(PPF)을 얻는다. 따라서 PPF상에 있는
각 점에서는 생산의 파레토효율이 달성되고
있다.

> 🌱 **생산가능경계선**(production possibility frontier: PPF) 주어진 생산요소와 기술수준으로 최대한
> 생산할 수 있는 상품묶음들의 집합을 상품평면에 그린 것

에 있는 점 F에서 점 G, 점 H로 이동함에 따라 X재의 산출량은 증가하고 Y재의 산출량
은 감소한다. 그런데 이러한 산출량들이 [그림 20-4]에는 각각 F', G', H'로 나타난다.

이렇게 볼 때 생산가능경계선상에 있는 각각의 점들은 생산의 계약곡선상에 있는 각각
의 생산요소배분들에 대응한다. 그리고 또한 그때의 X재와 Y재의 산출량을 나타내고 있
다. 다시 한 번 강조하지만 생산가능경계선은 이처럼 생산요소 평면에 그려진 계약곡선을
상품 평면에 전환시켜 그린 것이다. 그러므로 생산가능경계선상에 있는 각 점에서는 생산
의 파레토효율이 달성되고 있다.

(3) 한계변환율과 생산가능경계선의 모양

앞에 등장한 생산가능경계선은 원점에 대해 오목하게 그려졌다. 그런데 이러한 생산가
능경계선의 모양은 사실상 한계변환율의 움직임과 관계된다.

> 🌱 **한계변환율**(marginal rate of transformation: MRT) 어떤 상품을 추가로 한 단위 더 생산하려
> 할 때 생산 기술적 측면에서 포기해야 하는 다른 상품의 수량

한계변환율은 MRT_{xy}로 나타내며

$$MRT_{xy} = -\frac{\Delta y}{\Delta x}$$

가 된다. $-\frac{\Delta y}{\Delta x}$를 한계변환율이라고 하면서, 한계변환율을 정의할 때 "어떤 상품을 추가로 '한 단위' 더 생산하려 할 때…"처럼 '한 단위'라고 말하는 이유는 [부록 2.2]에서 설명하였다. 이때 한계변환율은 X재를 추가로 한 단위 더 생산하려 할 때 포기해야 하는 Y재의 수량을 나타내므로 X재 생산의 한계(기회)비용으로 해석할 수 있다(경제학에서 말하는 비용은 모두 기회비용이라는 점에 주목하자). 예를 들어 [그림 20-4]의 H'점에서 한계변환율이 3일 경우 Y재 1단위의 가격이 2만원이라면 X재의 한계비용은 6만원이 된다. 한편 Δx가 0에 가까울 경우에는, 한계변환율은 생산가능경계선의 접선의 기울기의 절댓값으로 나타난다. 이것이 [그림 20-4]에 나타나 있다. 물론 기울기의 값 자체는 음이다.

(1) 생산가능경계선이 [그림 20-4]처럼 원점에 대해 오목할 경우에는 한계변환율이 체증한다. 그런데 이것은 X재의 산출량이 증가할수록 X재를 한 단위 더 생산하려면 점점 더 많은 Y재를 포기해야 한다는 것을 의미한다. 즉 X재 생산에 드는 기회비용이 점점 증가하는 것을 의미한다. 나아가서 이러한 논의로부터 생산가능경계선의 모양은 상품을 생산하는 데 드는 기회비용과 관계가 있다는 것을 알 수 있다.

(2) 경우에 따라 생산가능경계선은 [그림 20-4]와는 달리 직선이 되거나 원점에 대해 볼록할 수도 있다.

예제 20.1　생산가능경계선

현재 경제 전체에 L이 50단위, K가 30단위 있다고 하자. 각 산업의 생산함수가 $X = L_x K_x$, $Y = L_y K_y$일 경우 계약곡선과 생산가능경계선의 식을 각각 구하시오. 각 산업의 생산함수가 $X = (L_x K_x)^{\frac{1}{2}}$, $Y = (L_y K_y)^{\frac{1}{2}}$과 $X = (L_x K_x)^{\frac{1}{4}}$, $Y = (L_y K_y)^{\frac{1}{4}}$로 바뀔 경우 결과가 어떻게 달라지는가?

KEY 생산가능경계선의 식을 구하려면 생산가능경계선은 계약곡선에 대응하는 산출량들의 순서쌍의 집합이라는 점에 주목하여 그 순서쌍들이 나타내는 X와 Y의 관계식을 구하면 된다.

풀이 [예제 19.2]와 같은 방법으로 계약곡선은 $K_x = \frac{3}{5} L_x$ (1)로 구해진다. 생산가능경계선은 주어진 생산요소와 기술로 생산할 수 있는 최대 산출량들의 순서쌍의 집합으로서 투입물 평면의 계약곡선을 산출물 평면에 전환시켜 그린 것이다. 그 결과 생산가능경계선상의 점들은 당연히 효율적이다. 이 점에 주목하여 생산가능경계선을 구해 보자. $\overline{L} = L_x + L_y = 50$ (2), $\overline{K} = K_x + K_y = 30$ (3)으로 주어졌다. (2)와 (3)을 (1)에 적용하면 $\overline{K} - K_y = \frac{3}{5}(\overline{L} - L_y)$,

즉 $30 - K_y = \frac{3}{5}(50 - L_y)$, 즉 $K_y = \frac{3}{5}L_y$ (4)를 얻는다.

(i) 생산가능경계선은 계약곡선에 대응하는 산출량들의 순서쌍의 집합이라는 점에 주목하여 이를 구하기 위해 먼저 (1)을 X재의 생산함수에 적용하면 $X = L_x K_x = L_x \times \frac{3}{5}L_x = \frac{3}{5}L_x^2$ (5)를 얻는다. 이로부터 $L_x = \sqrt{\frac{5}{3}X}$ (6)을 얻는다. 그 다음 (4)를 Y재의 생산함수에 적용하면 $Y = L_y K_y = L_y \times \frac{3}{5}L_y = \frac{3}{5}L_y^2$ (7)을 얻는다. 이로부터 $L_y = \sqrt{\frac{5}{3}Y}$ (8)을 얻는다. (6)과 (8)을 같은 변끼리 더하면 $L_x + L_y = \sqrt{\frac{5}{3}X} + \sqrt{\frac{5}{3}Y}$ (9)가 된다. 여기에 (2)를 대입하면 $\sqrt{\frac{5}{3}X} + \sqrt{\frac{5}{3}Y} = 50$ (10)을 얻는다. 이것이 바로 생산가능경계선이다. 생산함수들이 모두 IRTS이기 때문에 예상한 바와 같이 생산가능경계선이 [그림 1]처럼 원점에 대해 볼록한 곡선으로 그려진다.

(ii) 같은 방법으로 $X = (L_x K_x)^{\frac{1}{2}}$, $Y = (L_y K_y)^{\frac{1}{2}}$일 경우 계약곡선은 동일하며 생산가능경계선은 $X + Y = 50\sqrt{\frac{3}{5}}$ 이라는 것을 보여줄 수 있다. 생산함수들이 모두 CRTS이고 두 산업의 요소집약도($\frac{K}{L}$)가 같기 때문에 예상한 바와 같이 [그림 2]처럼 생산가능경계선이 직선이 된다. CRTS이더라도 두 산업의 요소집약도가 다를 경우에는 생산가능경계선이 원점에 대해 오목해진다.

(iii) 같은 방법으로 $X = (L_x K_x)^{\frac{1}{4}}$, $Y = (L_y K_y)^{\frac{1}{4}}$일 경우 계약곡선은 동일하며 생산가능경계선은 $X^2 + Y^2 = 50\sqrt{\frac{3}{5}}$ 이라는 것을 보여줄 수 있다. 생산함수들이 모두 DRTS이기 때문에 예상한 바와 같이 생산가능경계선이 [그림 3]처럼 원점에 대해 오목한 곡선으로 그려진다.

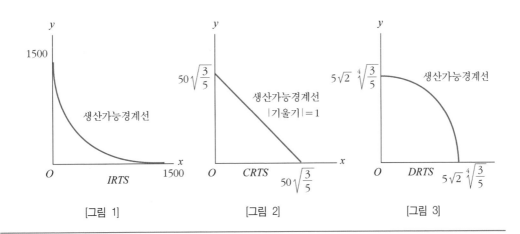

[그림 1]   [그림 2]   [그림 3]

📑 **예제 20.2** 한계변환율

생산가능경계선이 $x^2 + y^2 = 200$이라고 하자. 이때 한계변환율을 구하시오.

풀이 위 식을 전미분하면 $2xdx + 2ydy = 0$이 된다. 이로부터 $MRT = -\dfrac{dy}{dx} = \dfrac{x}{y}$로 구해진다.

20.1.2 교환의 효율과 효용가능경계선

이제 효율적으로 생산된 상품을 효율적으로 배분하는 것에 대해 알아보자. 이를 위해 [그림 20-5]에 있는 생산가능경계선상의 임의의 한 점 T에서 교환의 에지워드상자를 그려 보자. 앞 장에서 배웠듯이 이때 교환의 효율이 달성되려면 두 개인의 무차별곡선이 서로 접해야 한다. 이 경우 그 배분에서 두 무차별곡선에 공통접선을 그을 수 있다. 이것은 경제학적으로 볼 때 그 배분에서 두 개인 A, B에 대해 두 재화 X, Y 사이의 한계대체율이 서로 같다는 것을 의미한다. 즉

$$\text{교환의 효율조건: } MRS_{xy}^A = MRS_{xy}^B \tag{20.2}$$

을 의미한다.[3]

그 배경에 깔린 원리는 생산의 효율의 경우와 같다. 따라서 그 원리는 [그림 20-2]에 대응하는 교환의 에지워드상자(그림을 따로 그리지는 않겠다)를 통해 설명할 수 있다. 그 의미를 알기 위해, 예를 들어 $MRS_{xy}^A = 4$이고 $MRS_{xy}^B = 2$라고 하자. 이것은 개인 A의 경우 추가로 X재 1단위와 Y재 4단위를 대체하더라도 효용이 변하지 않으며, 개인 B의 경우 추가로 X재 1단위와 Y재 2단위를 대체하더라도 효용이 변하지 않는다는 것을 의미한다. 바꾸어 말하면 개인 A는 X재로부터 개인 B보다 더 높은 한계편익을 얻고 있으며(MRS를 한계편익으로 해석할 수 있다는 점에 대해서는 3장 참조), 상대적으로 볼 때 개인 B는 Y재로부터 개인 A보다 더 높은 한계편익을 얻고 있다는 것이다. 이때 X재로부터 더 높은 한계편익을 얻고 있는 개인 A가 현재보다 X재를 더 갖고, 그 대신 상대적으로 Y재로부터 더 높은 한계편익을 얻고 있는 개인 B가 현재보다 Y재를 더 갖는 방법으로 교환하면 서로가 나아진다. 예를 들어 개인 B가 X재 1단위를 개인 A에게 주고 그 대신 Y재 3단위를 받으면 서로 나아진다. 말하자면 개인 A는 X재 1단위를 얻는 대신 Y재 4단위를 포기해도 효용이 변

---

3 이 조건은 다수의 상품과 개인이 존재하는 경우에도 그대로 확장될 수 있다. 이때에는 모든 개인들의 모든 상품 묶음들에 대한 한계대체율들이 서로 같아야 한다.

그림 20-5 **3가지 파레토효율 조건의 성립**

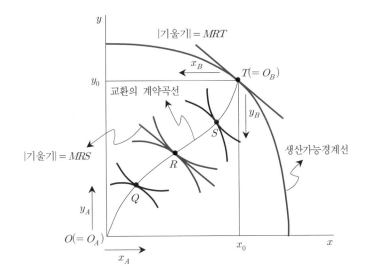

PPF상의 한 점에서 그에 대응하는 교환의 에지워드상자를 그린 다음 계약곡선을 찾을 수 있다. 이때 계약곡선상에 있는 어떤 배분에서 측정한 개인들의 MRS가 PPF상의 점에서 측정한 MRT와 같으면 그 곳에서 종합적 파레토효율 조건이 성립한다.

하지 않는데 X재 1단위를 얻는 대신 Y재 3단위만 포기해도 되므로 효용이 증가한다. 반면에 개인 B는 X재 1단위를 포기하는 대신 Y재 2단위만 얻어도 효용이 변하지 않는데 Y재 3단위를 얻게 되므로 효용이 증가한다.

한편 두 개인의 MRS_{xy}가 같지 않은 한, 이러한 파레토개선의 여지가 계속 존재한다. 그러다가 교환을 계속하여 마침내 MRS_{xy}가 같아지면 그때부터는 어느 한 사람의 효용을 감소시키지 않고서는 다른 사람의 효용을 증가시킬 수 없게 된다. 즉 교환의 효율이 달성된다. 교환 과정에서 개인 A에게 X재가 많아지고 Y재가 적어질수록 개인 A가 X재로부터 얻는 한계편익이 줄어드는 반면, 개인 B에게 X재가 적어지고 Y재가 많아질수록 개인 B가 X재로부터 얻는 한계편익이 늘어난다. 그리하여 교환을 통해 마침내 각 개인이 X재로부터 얻는 한계편익이 서로 같아지는 수준에 이르면 **교환의 효율**이 달성되는 것이다. 이렇게 볼 때 식 (20.2)는 효율을 위해서는 어떤 상품으로부터 상대적으로 더 높은 한계편익을 얻는 사람, 즉 어떤 상품에 상대적으로 더 높은 한계가치를 부여하는 사람에게 그 상품이 배분되어야 한다는 것을 의미한다.

한편 교환 결과 교환 이전보다 두 개인의 효용이 모두 증가한다는 사실에 주목하자.

부록 20.1   교환의 파레토효율 음미

이 시점에서 다음 사항을 강조하고자 한다. 즉 직관적으로 볼 때 교환의 파레토효율은 어떤 상품 소비로부터 가장 높은 한계편익을 얻는 사람이 그 상품을 소비하게 될 때 달성된다는 것이다. 그렇지 않을 경우 거래를 통해 파레토개선이 이루어질 수 있는 여지가 존재하기 때문이다. 예를 들어 개인 A는 시계 구입에 5만원을 지불할 의향이 있고 개인 B는 10만원을 지불할 의향이 있다고 하자. 이러한 상황에서 개인 A가 그 시계를 소유하고 있다고 하자. 이 경우 개인 A로부터 개인 B가 그 시계를 7만원에 구입한다면 개인 A는 2만원의 이득을 보고 개인 B는 3만원의 이득을 보게 된다. 그러므로 이러한 거래를 하면 개인 A와 B가 함께 나아진다. 즉 파레토개선이 이루어진다.

여러 사람들이 있을 경우에는 이러한 거래가 계속 이어져서 또는 경매처럼 단번에 이루어져서 마침내 가장 높은 가치를 부여하는 사람이 이 시계를 소유하는 상태에 도달하면 더 이상 파레토개선의 여지가 없어진다. 즉 파레토효율 상태에 도달한다. 결국 이 예는 앞서 말한 '교환의 파레토효율은 어떤 상품 소비로부터 가장 높은 한계편익을 얻는 사람이 그 상품을 소비하게 될 때 달성된다는 사실'을 보여준다. 아울러 그러한 교환의 파레토효율은 시장에서 자유로운 거래를 통해 달성될 수 있다는 사실을 보여준다.

다음 사항에 주목하자.

(1) 3장에서 한계대체율은 한계편익으로 해석할 수 있다고 하였다. 이 점을 고려하면 식 (20.2)는 '개인 A의 X재에 대한 한계편익＝개인 B의 X재에 대한 한계편익'으로 해석할 수 있다.

(2) 19장에서 에지워스상자 내에 있는 모든 파레토효율적인 배분들의 집합을 **파레토집합** 또는 **계약곡선**이라 부른다고 하였다. 이렇게 볼 때 계약곡선은 식 (20.2)를 만족시키는 모든 배분들의 집합이다. 이미 배웠듯이, 이러한 계약곡선은 [그림 20–5]의 에지워스상자에서 볼 때 개인 A의 원점 O에서 개인 B의 원점 T에까지 뻗친다.

(3) 이러한 계약곡선으로부터 효용가능경계선을 구해 보자. 원점 O에서 출발하여 계약곡선을 따라 계속 이동해 보자. 그러면 T점에 이를 때까지 A의 효용은 점점 커지고 B의 효용은 점점 작아진다. 이때 예를 들어 Q, R, S를 지나는 각 개인의 무차별곡선들에 대응하는 효용의 순서쌍들을 효용공간에 표시하면 [그림 20–6]에 Q', R', S'로 나타난다. 계약곡선상의 모든 점들에 대해 이렇게 구한 점들을 연결한 것이 바로 **효용가능경계선**이다.[4]

---

4 [그림 20–5]에서 보듯이 효용가능경계선은 우하향하지만, 효용의 서수적 성질 때문에 구불구불하게 그려진다.

그림 20-6 **효용가능경계선**

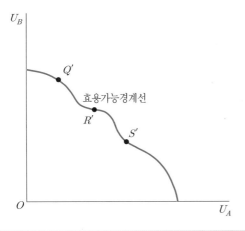

효용가능경계선

상품 평면에 그려진 계약곡선을 효용 평면에 전환시켜서 그리면 효용가능경계선을 얻는다. 따라서 효용가능경계선상에서는 교환의 파레토효율이 성립한다.

> **효용가능경계선**(utility possibility frontier: UPF) 교환경제에서 두 개인이 최대로 누릴 수 있는 효용의 순서쌍들의 집합을 효용 평면에 그린 것

이렇게 볼 때 결국 효용가능경계선은 상품 평면에 그려진 계약곡선을 효용 평면에 전환시켜 그린 것이라고 할 수 있다. 따라서 효용가능경계선상에서는 당연히 교환의 효율이 성립한다.

20.1.3 종합적 효율과 총효용가능경계선

지금까지 교환의 효율과 생산의 효율에 대해 각각 분리해서 알아보았다. 그런데 경제가 파레토효율 상태에 놓이려면 이러한 교환의 효율과 생산의 효율이 달성되는 것 외에 한 가지 조건이 더 필요하다. 그것은 바로 **올바른 생산물 배합**(right product mix)이 생산되어야 한다는 조건이다. 즉 종합적 효율 조건이 충족되어야 한다는 것이다.

(1) 한계대체율=한계변환율

그렇다면 생산가능경계선상에서 어떠한 점들이 이러한 조건을 만족시키는가? 결론적으로 말해 [그림 20-5]의 점 R과 점 T에서처럼 한계대체율과 한계변환율이 일치하는 곳에서 그러한 조건이 만족된다. 즉

$$\text{종합적 효율 조건: } MRS_{xy} = MRT_{xy} \qquad\qquad (20.3)$$

가 성립해야 하는 것이다. 이미 알고 있듯이 여기서 **한계대체율**(MRS_{xy})은 두 상품이 교환되는 주관적인 교환 비율을 나타낸다. 그리고 **한계변환율**(MRT_{xy})은 생산기술 측면에서 한 상품이 다른 상품으로 '변환'될 수 있는 객관적인 비율을 나타낸다. 이렇게 볼 때 위의 관계는 두 상품 사이의 주관적 교환 비율과 기술적으로 가능한 변환 비율이 일치해야 한다는 것을 의미한다.

그 의미를 알기 위해, 예를 들어 [그림 20−5]의 점 S에서 MRS_{xy}가 2이고 점 T에서 MRT_{xy}가 1이라고 하자. 이 경우 경제 전체적으로 볼 때 X재를 더 생산하는 것이 바람직하다. 왜냐하면 소비자는 X재를 1단위 얻는 대신 Y재를 2단위 포기할 의향이 있는데 생산측면에서는 X재를 1단위 더 생산하려면 Y재를 1단위만 포기해도 되기 때문이다.

약간 다른 관점에서 살펴보자. MRT_{xy}는 한계비용으로 해석할 수 있고 MRS_{xy}는 한계편익으로 해석할 수 있다. 이 점을 고려할 때, MRT_{xy}가 MRS_{xy}보다 작다는 것은 X재를 추가로 1단위 더 생산하는 데 드는 기회비용이 X재 추가 1단위로부터 얻는 편익보다 작다는 것을 의미한다. 이 경우 X재 생산을 늘리고 Y재 생산을 줄이는 것이 이득이 된다. X재 생산이 늘어남에 따라 X재 생산의 한계(기회)비용은 증가하고 거꾸로 X재로부터 얻는 한계편익은 감소한다. 그리하여 마침내 이 두 값이 같아지는 수준에서 산출량 조절로부터 얻을 수 있는 이득의 여지가 완전히 사라진다. 즉 종합적 효율이 달성된다.

그림 20-7 **종합적 효율 달성**

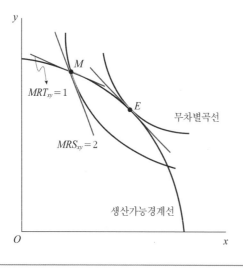

MRS_{xy}와 MRT_{xy}가 다를 경우에는 산출량을 조정하여 마침내 점 E에서처럼 두 값이 같아지는 상태에서 종합적 효율이 달성된다. 예를 들어 지금처럼 MRS_{xy}가 MRT_{xy}보다 클 경우에는 X재의 산출량을 늘리고 그 대신 Y재의 산출량을 줄이는 조정을 통해 종합적 효율이 달성된다.

이같이 종합적 효율이 달성되는 상태를 대표적 소비자의 무차별곡선을 이용하여 표현하면 [그림 20-7]의 점 M에서 점 E로 이동한 것으로 나타난다. 한편 점 E는 점 M보다 더 높은 무차별곡선상에 놓이게 된다는 점에 주목하자. 즉 산출량 조정을 통해 더 나아진 것이다.

다음 사항에 주목하자.

(1) 일반적으로 어떤 상품 추가 1단위에 부여하는 가치와 그것을 생산하는 데 드는 기회비용이 다를 경우에는 항상 이처럼 산출량을 조절함으로써 더 나아질 수 있다.

(2) 한계대체율을 한계편익으로 해석하고 한계변환율을 한계비용으로 해석할 경우

위 조건은 '한계편익＝한계비용'이라는 **한계원리**라고 말할 수 있다.

(3) 생산이 있는 경제에서 이윤은 배당의 형태로 주주인 소비자에게 지급된다. 따라서 일반균형모형에서 소비자의 소득은 부존생산요소소득과 배당으로 받은 이윤의 합으로 정해진다([예제 20.3]와 [예제 20.4] 참조).

부록 20.2 일반균형과 부분균형: 대응과 해석

일반균형은 모든 시장을 동시에 고려하여 분석하는 것이고 부분균형은 특정시장 1개만을 대상으로 분석하는 것이다. 그러므로 각각의 효율조건들을 엄밀하게 비교하는 데에는 무리가 있다. 그렇지만 효율조건들의 의미를 보다 명확히 이해하기 위해 서로 대응시켜 해석해 보면 다음과 같다.

	일반균형	부분균형
생산의 효율조건	$MRTS_{LK}^x = MRTS_{LK}^y$	$MP_L^x = MP_L^y$ (생산요소 L의 시장만 분석하는 경우)
교환의 효율조건	$MRS_{xy}^A = MRS_{xy}^B$	$MB_x^A = MB_x^B$ (X재 시장만 분석하는 경우)
종합적 효율조건	$MRS_{xy} = MRT_{xy}$	$MB_x = MC_x$ (X재 시장만 분석하는 경우)

1. 생산의 효율을 달성하려면 생산성이 더 높은 곳으로 L을 배분해야 한다. 예를 들어 $MP_L^x > MP_L^y$이면 Y산업에서 X산업으로 L을 일부 재배분하는 것이 총산출량을 증가시킨다. 최종적으로 두 부문의 한계생산물이 같아질 때 생산의 효율이 달성된다.

2. 교환의 효율을 달성하려면 해당 상품에 더 높은 가치를 부여하는 사람이 그 상품을 더 갖도록 해야 한다. 예를 들어 $MB_x^A > MB_x^B$이면 B에게서 A에게로 X재를 일부 재배분하는 것이 효율을 증가시킨다. 최종적으로 두 사람이 X재로부터 얻는 한계편익(marginal benefit: MB)이 같아질 때 교환의 효율이 달성된다.

3. 종합적 효율을 달성하려면 해당 상품으로부터 얻는 한계편익이 한계비용과 같아지도록 해야 한다. 예를 들어 $MB_x > MC_x$이면 X재 추가 1단위로부터 얻는 편익이 추가 1단위 생산에 드는 비용보다 크므로 X재를 더 생산하는 것이 순편익을 증가시킨다. 최종적으로 X재로부터 얻는 한계편익이 한계비용과 같아질 때 종합적 효율이 달성된다.

특히 종합적 효율조건이 달성된 상황을 대표적 소비자의 무차별곡선을 이용하여 그래프로 나타내면 다음과 같다. 이때 수식과 그림에 표현되어 있듯이 종합적 효율이 달성되는 과정에서 가격이 매개기능을 하는데 이에 대해서는 '20.2 후생경제학의 제1정리'를 공부한 후 다시 살펴보기 바란다.

$$MRS_{xy} = \frac{p_x}{p_y} = MRT_{xy} \qquad\qquad MRS_{xy} \times p_y = MB_x = p_x = MC_x = MRT_{xy} \times p_y \text{[5]}$$

(A) 일반균형

(B) 부분균형

X재의 수량이 증가하는 상황을 생각해 보자. 이때 [그림 A]의 주어진 무차별곡선에서 MRS_{xy}가 체감하는데 이것이 [그림 B]에 우하향하는 보상수요곡선으로 나타나 있다. MRS_{xy}는 X재의 한계편익으로 해석할 수 있으며(3.6.1 참조) 한계편익곡선이 곧 (역)보상수요곡선이라는 사실(6장 참조)이 적용된 것이다. 한편 이때 [그림 A]의 주어진 생산가능경계선에서 MRT_{xy}는 체증하는데 이것이 [그림 B]에 우상향하는 공급곡선으로 나타나 있다. MRT_{xy}는 X재의 한계비용으로 해석할 수 있으며(20.1.1 참조) 한계비용곡선이 곧 (역)공급곡선이라는 사실(11장 참조)이 적용된 것이다.

(2) 총효용가능경계선

지금까지 논의한 내용을 그림을 통해 검토해 보기로 하자.

(1) [그림 20-5]는 생산가능경계선상의 한 점 T에서 그에 대응하는 교환의 에지워드상자를 그린 후 교환의 계약곡선을 찾은 것이다. 그런데 계약곡선상에 있는 어떤 배분인 R에서 측정한 개인들의 MRS_{xy}가 생산가능경계선상에 있는 점 T에서 측정한 MRT_{xy}와 같다고 하자. 그러면 바로 배분 R에서 종합적 파레토효율 조건이 성립한다.

(2) 비단 점 T에서뿐만 아니라 생산가능경계선상에 있는 어떤 점에서도 그에 대응하는 교환의 에지워드상자를 그릴 수 있다. 그리고 그에 대응하는 교환의 계약곡선과 효용가능경계선을 찾을 수 있다. [그림 20-8]에는 이 같은 방법으로 구한 효용가능경계선을 편의상 몇 개만 그렸다. 그러나 실제로는 무수히 많은 효용가능경계선들을 그릴 수 있다.

(3) 이들의 포락선을 구함으로써 총효용가능경계선을 얻게 된다.[6] 이 경우 총효용가능경계선상에 있는 모든 점은 사실상 종합적 파레토효율 조건을 만족시키게 된다. 이에 대해서는 곧 이어 더 자세히 설명할 것이다.

> 🌱 **총효용가능경계선**(grand utility possibility frontier) 모든 효용가능경계선들의 포락선(envelope curve)

이러한 측면에서 볼 때 총효용가능경계선상에 있는 점은 자원이 주어진 생산을 포함한 경제에서 다른 사람의 효용이 일정하게 주어질 경우, 그때 어떤 개인이 누릴 수 있는 최대의 효용을 나타낸다.

지금까지의 논의와 관련하여 [그림 20-5]에 있는 점 T와 점 R에 대응하는 점이 [그림 20-8]에는 총효용가능경계선상의 점 P로 나타나 있다. 그런데 (1) 점 T는 생산가능경계선상에 있는 점이다. 그러므로 이 점에서 생산의 효율 조건이 성립한다. (2) 점 R은 교환의 계약곡선상에 있다. 그러므로 이 점에서는 교환의 효율 조건이 성립한다. (3) 점 R에서의

---

5 전반부는 4.6.3의 (2)를 참조하자. 후반부도 같은 논리로 설명해 보자. MRT_{xy}는 X재의 한계비용(MC_x)을 Y재 단위로 표현한 것으로 볼 수 있다. 그러므로 MC_x를 화폐단위로 표현하면 $MRT_{xy} \times p_y$가 된다. 즉 $MC_x = MRT_{xy} \times p_y$이다. 그런데 이윤이 극대화되는 곳에서는 $MRT_{xy} = \dfrac{p_x}{p_y}$가 성립하므로 이 식의 양변에 p_y를 곱하면 $MRT_{xy} \times p_y = p_x$가 된다. 그러므로 이윤이 극대화되는 곳에서는 화폐단위로 표현한 MC_x인 $MRT_{xy} \times p_y$가 p_x와 같아진다. 한편 $MRT_{xy} = \dfrac{MC_x}{MC_y}$이므로 양변에 p_y를 곱하면 $MRT_{xy} \times p_y = \dfrac{MC_x}{MC_y} \times p_y$가 된다. 여기에 이윤극대화 조건인 $p_y = MC_y$를 적용하면 $MRT_{xy} \times p_y = MC_x$로서 앞서와 같은 결과를 얻는다.

6 효용가능경계선이 총효용가능경계선과 여러 점에서 접할 가능성을 배제할 수는 없다. 그러나 일반적으로 총효용가능경계선상의 각 점은 생산가능경계선상의 서로 다른 점에 대응한다.

그림 20-8　사회적 선택

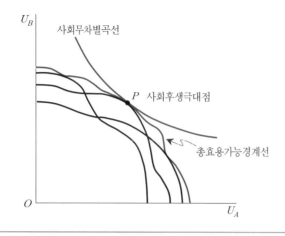

총효용가능경계선과 사회무차별곡선이 접하는 점에서 사회후생이 극대화된다. 사회후생극대점은 총효용가능경계선상에 있으므로 파레토효율 조건들을 모두 만족시킨다. 이 점에 대응해서 각 상품의 생산, 각 개인의 소비, 각 개인의 효용, 각 생산요소의 배분 등이 결정된다.

MRS_{xy}와 점 T에서의 MRT_{xy}는 서로 같다. 그러므로 총효용가능경계선상에서 그에 대응하는 점 P에서는 생산의 효율 조건과 교환의 효율 조건뿐만 아니라 종합적 효율 조건도 충족되고 있다. 즉 파레토효율 조건 세 가지가 모두 충족된다. 더 나아가서 총효용가능경계선상에 있는 모든 점들이 바로 이 같은 성질을 지니게 된다.

20.1.4 사회적 선택: 사회후생극대화

그렇다면 이러한 총효용가능경계선상에 있는 점들 중에서 어떠한 점을 선택할 것인가? 이러한 선택을 사회적 선택(social choices)이라고 부른다. 사회적 선택은 20.4-20.5에서 다시 다룰 것이다. 여기서는 다음과 같은 사실만 지적해 두기로 하자. 무차별곡선에 대비되는 것으로서 사회무차별곡선이 있다. 사회무차별곡선(social indifference curve)은 동일한 사회후생을 나타내는 U_A와 U_B의 순서쌍의 집합을 말한다. 사회무차별곡선은 각 개인의 효용에 대해 그 사회가 지니고 있는 가치판단에 따라 달라지며 그 가치판단은 정치과정을 통해 결정된다. 이러한 사회무차별곡선이 예를 들어 [그림 20-8]에서와 같이 주어졌다고 하자. 그러면 사회무차별곡선이 총효용가능경계선과 접하는 점 P에서 사회후생이 극대화된다. 또한 점 P는 총효용가능경계선상에 있으므로 그 곳에서는 파레토효율이 달성되고 있다. 물론 사회무차별곡선의 모양이 달라지면, 그 사회무차별곡선은 총효용가능경계선과 점 P가 아닌 다른 점에서 접할 것이다. 물론 그 다른 점은 생산가능경계선상에서 점 T가 아닌 다른 점에 대응된다. 그 이외에 이때 여기에 적용되는 논의는 점 P 및 점 T의 경우에 적용되는 논의와 같다.

이제 이 그림을 통해 지금까지와는 반대 방향으로 질문해 보자. 즉 사회적으로 점 P가 선택되었다면 이에 따른 자원배분은 어떻게 결정될까?

(1) 사회후생을 극대화하는 점 P에 대응하여 각 개인의 효용이 결정된다.

(2) 점 P에 대응하여 [그림 20-5]에 있는 점 T와 점 R에서 각 산업의 생산과 각 개인의 소비가 결정된다.[7] 또한 각 산업의 산출량에 대응해서 생산요소들이 각 산업에 배분된다.

이때 효율이 달성되는 것은 앞서 말한 바와 같다. 첫째, 점 T는 생산가능경계선상에 있으므로 생산의 효율이 달성된다. 즉 그림에 나타나 있지는 않지만 이때 점 T는 생산의 계약곡선상의 한 점에 대응할 것이므로 그 점에 대응하여 L과 K가 각 산업에 효율적으로 배분된다. 둘째, 점 R은 교환의 계약곡선상에 있으므로 교환의 효율이 달성된다. 셋째, 점 R에서의 MRS와 점 T에서의 MRT가 같으므로 종합적 효율이 달성된다.

이러한 과정을 통해 사뮤엘슨(P. A. Samuelson) 교수가 말한 '무엇을(어떤 상품을 어느 만큼)', '어떻게(어떤 자원을 사용하여 어떤 기술로)', '누구를 위해(어떻게 분배)' 생산할 것인가라는 3가지 경제문제가 효율적으로 해결된다. 그런데 앞으로 배우겠지만 이때 가격기능이 이 문제들을 해결하게 된다는 것이 핵심이다. 이에 대해서는 후생경제학의 제1정리와 제2정리 및 사회후생함수에 대해 배운 후 20.5.1에서 세부적으로 검토한다.

예제 20.3 로빈슨크루소모형-1인 자급자족경제

외딴 섬에 홍길동이 살고 있다고 하자. 홍길동은 하루 24시간 중 일부를 물고기 c를 잡는 데 사용하고 나머지 시간은 여가로 보낸다. 홍길동이 소비자인 동시에 기업의 역할도 하는 것으로 생각하자. 전자를 소비자 홍길동, 후자를 홍길동 기업이라고 부르자.

잡히는 물고기 수는 $c = (24 - l)^{\frac{1}{2}}$이다. 여기서 l은 여가로 보낸 시간이다. 그러므로 $24 - l$은 노동시간이다. 따라서 이것은 생산함수라고 할 수 있다. 홍길동의 효용함수는 $U(l,\ c) = l^{\frac{1}{2}} c^{\frac{1}{2}}$이다.

 a. 홍길동 기업의 노동수요함수를 구하시오.
 b. 소비자 홍길동의 노동공급함수를 구하시오.
 c. 경쟁균형을 구하시오.

KEY 로빈슨크루소모형이다. 왈라스법칙에 따르면 두 시장 중에서 하나의 시장에서 균형이 이루어지면 다른 시장에서도 자동적으로 균형이 이루어진다. 이 문제의 경우 노동시장에서 균형이 이루어지면 물고기시장에서도 자동적으로 균형이 이루어진다.

---

[7] 그림에 X재 산출량은 x_0, Y재 산출량은 y_0로 나타나 있다.

풀이 a. 홍길동 기업은 노동을 고용하여 물고기를 잡는다. 이때 생산함수의 제약을 받는다. 이렇게 잡은 물고기를 시장가격 p에 판매한다. 이로부터 수입을 얻는다. 한편 임금률이 w일 때, 홍길동 기업이 노동을 $(24-l)$만큼 고용하려면 $w(24-l)$만큼의 임금을 지불해 주어야 한다. 이러한 임금은 홍길동 기업의 비용이 된다. 그러므로 이윤극대화 문제는

$$\text{Max}_{c,\,l}\ \pi = pc - w(24-l)$$
$$s.t.\ \ c = (24-l)^{\frac{1}{2}}$$

로 쓸 수 있다. 생산함수를 목적함수에 대입함으로써 이것은 다시

$$\text{Max}_{l}\ \pi = p(24-l)^{\frac{1}{2}} - w(24-l)$$

로 쓸 수 있다. 이윤극대화의 일차필요조건은 l로 미분하여 $\dfrac{d\pi}{dl} = \dfrac{1}{2}p(24-l)^{-\frac{1}{2}}(-1)$ $+w=0$으로 구해진다(이것은 사실상 $VMP_L = w$ 조건이다). 이로부터 노동수요함수는 $24-l = \dfrac{1}{4}\left(\dfrac{w}{p}\right)^{-2}$ (1)로 구해진다.

b. 앞서 얻은 (1)을 목적함수에 대입하면 $\pi^* = \dfrac{1}{4}\left(\dfrac{w}{p^2}\right)^{-1}$ (2)를 얻는다. 소비자 홍길동은 주주로서 이러한 이윤을 배당의 형태로 지급받아서, 이것과 자신의 부존요소소득을 사용함으로써 효용을 극대화한다. 그러므로 소비자 홍길동의 예산제약식은 $pc+wl = 24w+\pi^*$ (3)이 된다. 이때 소비자 홍길동의 효용극대화 문제는

$$\text{Max}_{c,\,l}\ U(c,\,l) = c^{\frac{1}{2}}l^{\frac{1}{2}}$$
$$s.t.\ \ pc+wl = 24w+\pi^*$$

가 된다. 이 문제를 원리적으로 풀려면 라그랑지함수를 이용하는 것이 좋다. 그러나 여기서는 우리가 이미 알고 있는 효용극대화 조건을 사용하기로 하자. 즉 $MRS_{lc} = \dfrac{w}{p}$ (4)를 이용하는 것이다. 여기서 $MRS_{lc} = \dfrac{MU_l}{MU_c} = \dfrac{c}{l}$ (5)이다. (4)식과 (5)식으로부터 $c = \dfrac{w}{p}l$ (6)을 얻는다. (6)식과 (2)식을 예산제약식인 (3)식에 대입한 다음 정리하면 $l = 12 + \dfrac{1}{8}\left(\dfrac{w}{p}\right)^{-2}$ (7)을 얻는다. 노동공급함수를 구하기 위해 이 식의 양변에 (-1)을 곱한 다음 24를 더해 주면 $24-l = 12 - \dfrac{1}{8}\left(\dfrac{w}{p}\right)^{-2}$ (8)을 얻는다. 이것이 바로 노동공급함수이다.

c. 노동시장의 균형조건은 노동수요량과 공급량이 같아지는 것이다. 즉 균형에서는 (1)식과 (8)식이 같아진다. 이로부터 $\dfrac{w}{p} = \dfrac{\sqrt{2}}{8}$ (9)를 얻는다. 이것을 (7)에 대입하면 $l^* = 16$을

얻는다. 이것과 (9)를 (6)에 대입하면 $c^* = 2\sqrt{2}$를 얻는다. 한편 경쟁균형가격은 상대가격만 의미가 있다. 그러므로 편의상 $p = 1$로 놓으면 (9)식으로부터 $w = \dfrac{\sqrt{2}}{8}$가 된다. 이것들을 (2)식에 대입하면 $\pi^* = \sqrt{2}$로 구해진다.

한편 등이윤선의 식은 (3)식으로부터 $c = -\dfrac{w}{p}l + \dfrac{\pi^*}{p} + 24\dfrac{w}{p}$로 구해진다. 이것이 그림의 (l, c)평면에 그려져 있다.

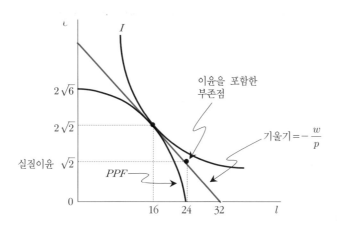

📖 **참고**

경쟁균형은 [예제 20.4]처럼 종합적 효율 조건을 이용하여 구할 수도 있다.

20.2 후생경제학의 제1정리

🏭 **후생경제학**(welfare economics) 사회후생극대화에 대한 판단 기준에 대해 연구하고 각종 경제정책들이 사회후생에 어떠한 영향을 주는가를 분석하는 경제학의 한 분야

우리는 시장이론에서 불완전경쟁은 비효율을 초래한다는 사실을 배웠다. 반면에 앞 장에서는 교환경제의 경우 경쟁균형은 파레토효율적이 된다는 사실을 배웠다. 그렇다면 생산을 포함하는 일반균형적 차원에서 경쟁과 효율의 관계를 일반화시킬 수는 없을까? 이와 관련하여서는 이미 증명된 두 가지의 정리가 있다. 여기서는 먼저 그 중 하나인 후생경제학의

제1정리에 대해 살펴보기로 하자.

🏭 **후생경제학의 제1정리**(first theorem of welfare economics) 시장실패의 요인이 없는 경우 모든 경쟁균형은 파레토효율적이 된다는 것

어떻게 하면 총효용가능경계선상에 도달할 수 있을까? 이 질문은 '어떻게 하면 파레토 효율조건 3가지를 모두 충족시키는 자원배분을 얻을 수 있을까?'라는 질문과 같다. 후생경제학의 제1정리는 바로 이 질문에 답하고 있다 경쟁시장에 맡기라는 것이다. 이와 관련하여 이제 경쟁균형이 어떻게 파레토효율 조건 세 가지를 충족시키고 있는가를 증명해 보기로 하자.

20.2.1 증 명

(1) 생산의 효율 조건 충족

경쟁시장이 생산의 효율조건을 어떻게 충족시키는가를 살펴보자. 경쟁은 생산자들이 생산요소를 구입할 때 가격수용자로 행동한다는 사실을 함축하고 있다.

경쟁시장에서 임의의 생산자는 이윤을 극대화한다고 가정하자. 이때 각 생산자는 주어진 생산요소가격에서 생산물을 가장 적은 비용으로 생산할 수 있는 방법을 찾는다. 즉 비용을 극소화한다. 그런데 이러한 방법은 바로 등량곡선과 등비용선이 접하는 곳에서 생산하는 것이다. 그런데 이러한 곳에서는 기술적 한계대체율($MRTS_{LK}$)과 생산요소의 상대가격이 일치한다. 그러므로 X재를 생산하는 기업은

$$MRTS_{LK}^{x} = \frac{w}{r} \qquad (20.4)$$

의 조건이 충족되는 곳에서 생산하게 된다.

마찬가지로 Y재를 생산하는 기업도

$$MRTS_{LK}^{y} = \frac{w}{r} \qquad (20.5)$$

의 조건이 충족되는 곳에서 생산하게 된다.

앞서 말했듯이 경쟁이라는 말은 기업들이 모두 가격수용자로 행동하여 시장에서 결정된 가격을 그대로 받아들인다는 사실을 함축하고 있다. 그런데 식 (20.4)와 식 (20.5)의 우변에 있는 생산요소의 상대가격은 시장가격으로서 서로 같다. 따라서

$$MRTS_{LK}^x = \frac{w}{r} = MRTS_{LK}^y \tag{20.6}$$

이 성립한다. 결과적으로 경쟁시장에서는 생산요소의 상대가격을 매개로 각 기업의 기술적 한계대체율이 같아진다. 그리하여 생산의 효율 조건인 식 (20.1)이 성립한다.

(2) 교환의 효율 조건 충족

경쟁시장이 교환의 효율 조건을 이떻게 충족시기는가를 알이보자. 개인들은 효용을 극대화한다. 이때 경쟁시장에서 예를 들어 개인 A는 한계대체율(MRS)과 상대가격이 같아지는 상품묶음을 선택한다. 그러므로 최적선택에서는

$$MRS_{xy}^A = \frac{p_x}{p_y} \tag{20.7}$$

의 조건이 성립한다.

마찬가지로 개인 B도

$$MRS_{xy}^B = \frac{p_x}{p_y} \tag{20.8}$$

의 조건이 만족되는 상품묶음을 선택한다.

한편 경쟁적인 생산물시장에서 개인들은 모두 가격수용자로 행동한다. 그런데 식 (20.7)과 식 (20.8)의 우변에 있는 상대가격들은 시장가격으로서 서로 같다. 따라서

$$MRS_{xy}^A = \frac{p_x}{p_y} = MRS_{xy}^B \tag{20.9}$$

가 성립한다. 결과적으로 경쟁균형에서는 상대가격을 매개로 두 개인의 한계대체율이 같아진다. 그리하여 교환의 효율 조건인 식 (20.2)가 성립한다.

(3) 종합적 효율 조건 충족

경쟁시장이 종합적 효율 조건을 어떻게 충족시키는가를 살펴보기로 하자. 생산가능경계선은 생산의 계약곡선으로부터 얻어진다. 그런데 이때 생산요소들의 총량은 일정하게 주어져 있다. 또한 경쟁시장에서는 생산요소들의 가격이 일정하게 주어져 있다. 그 결과 생산가능경계선상에 있는 임의의 총상품묶음 (x, y)를 생산하는 데 드는 비용은 일정하며 모두 같다.

이제 우리는 이러한 사실을 이용하여 한계변환율을 구하고자 한다. 주어진 생산가능

경계선상에서는 비용이 일정하다는 점을 염두에 두면서 주어진 생산가능경계선을 따라 움직여 보자. 이때 예를 들어 X재 생산을 늘리는 방향으로 움직이면 Y재 생산은 줄어든다. 그 결과 X재 생산을 늘리기 때문에 늘어나는 비용은 Y재 생산이 줄어들기 때문에 줄어드는 비용으로 상쇄된다. 그리하여 총비용은 변하지 않는다. 이러한 내용은

$$MC_x \Delta x + MC_y \Delta y = \Delta C = 0 \tag{20.10}$$

으로 나타낼 수 있다. 여기서 MC_x와 MC_y는 각 상품을 생산하는 데 드는 한계비용을 나타낸다. 그러므로 $MC_x \Delta x$는 X재를 Δx만큼 더 생산할 때 그로 인해 늘어나는 총비용을 나타낸다. 한편 생산가능경계선을 따라 움직일 때 X재 생산이 늘어나면 Y재 생산은 줄어든다. $MC_y \Delta y$는 바로 이처럼 Y재 생산이 Δy만큼 감소할 때 그로 인해 줄어드는 총비용을 나타낸다. 결국 식 (20.10)은 이 둘의 절대값이 같다는 것을 말한다.

위 식으로부터 한계변환율은

$$MRT_{xy} = -\frac{\Delta y}{\Delta x} = \frac{MC_x}{MC_y} \tag{20.11}$$

로 구해진다. 이로부터 MRT_{xy}는 (Y재의 한계비용에 대한) X재의 한계비용이라는 점이 다시 한 번 확인되었다. 한편 직관적으로 볼 때, X재의 산출량을 Δx만큼 증가시키려면 Y재의 산출량을 Δy만큼 포기해야 한다는 측면에서 식 (20.11)의 분자에 있는 Δy는 Δx의 한계(기회)비용에 해당한다. 즉 MC_x이다. 같은 논리로 분모에 있는 Δx는 Δy의 한계(기회)비용에 해당한다. 즉 MC_y이다.

여기서 다음과 같은 사실들을 상기하자. 생산물시장이 경쟁이라는 말은 각 기업이 가격 수용자로 행동한다는 사실을 함축하고 있다. 그리고 이윤을 극대화하는 개별 기업은 한계비용이 시장가격과 같아지는 곳에서 생산한다. 그러므로 이때 $p_x = MC_x$와 $p_y = MC_y$가 성립한다. 이 두 식을 식 (20.11)과 함께 생각해 보면

$$MRT_{xy} = \frac{MC_x}{MC_y} = \frac{p_x}{p_y} \tag{20.12}$$

를 얻는다. 결국 기업들의 이윤극대화 행위로 인해 한계변환율이 상대가격과 같아진다는 것을 알 수 있다.

지금까지 논의한 내용에 비추어 볼 때 식 (20.12)가 종합적 효율 조건이 성립하는 것을 증명하는 열쇠가 된다. 구체적으로 살펴보자. 경쟁시장에서는 소비자와 생산자가 모두 가격

수용자이기 때문에 이들이 직면하는 상대가격은 같다. 이 점을 염두에 두고 식 (20.9)와 식 (20.12)를 결합시켜 보자. 그러면 경쟁시장에서는 종합적 효율 조건인 $MRS_{xy} = MRT_{xy}$가 성립한다는 것을 알 수 있다. 결국 경쟁시장에서는 개인들의 효용극대화 행위와 기업들의 이윤극대화 행위의 결과 종합적 효율조건이 달성된다고 볼 수 있다.

(4) 특 성

이상으로부터 우리는 경쟁시장에서는 파레토효율 조건 세 가지가 모두 충족된다는 사실을 알았다. 이로써 후생경제학의 제1정리가 증명되었다.

한편 종합적 효율 조건이 성립한다는 것을 증명하는 과정을 다시 한 번 살펴보자.

(1) 식 (20.12)와 관련하여 각 기업이 이윤을 극대화하려면 주어진 산출량을 최소 비용으로 생산해야 한다. 이 경우 기술적 한계대체율이 생산요소의 상대가격과 같아지는 곳에서 생산하게 된다. 그러므로 이때 생산의 효율 조건인 식 (20.6)이 성립하게 된다.

(2) 증명 과정에서 이용되고 있는 식 (20.9)에서는 교환의 효율 조건이 성립된다.

(3) 결국 경쟁시장에서 종합적 효율 조건이 충족될 때에는 교환의 효율 조건과 생산의 효율 조건이 함께 충족된다.

20.2.2 제1정리의 함축성

경쟁시장은 파레토효율을 보장한다는 것이 후생경제학의 제1정리이다. 그렇다면 이러한 제1정리가 함축하고 있는 것은 무엇일까?

(1) 후생경제학의 제1정리는 사실상 아담 스미스(Adam Smith)가 말한 '보이지 않는 손(invisible hand)'이 자원을 효율적으로 배분한다는 말을 달리 표현한 것이다. 즉 가격이 자원을 효율적으로 배분한다는 것이다.

(2) 가격기능은 시장기능이라고 표현해도 좋다. 경쟁시장원리를 이용하면 누가 생산하며 누가 소비하는지 알 필요가 없다. 경쟁시장에서는 수많은 경제주체들이 단지 가격을 보고 선택을 하면, 바로 그 가격을 매개로 파레토효율이 달성된다. 13장에서 완전경쟁시장에서는 자원이 효율적으로 배분된다고 했던 것을 상기하자.

(3) 후생경제학의 제1정리는 경쟁시장이 바람직하다고 주장하는 것은 아니다. 파레토효율성은 분배의 공평성과는 전혀 상관이 없기 때문이다. 예컨대 에지워드상자에 있는 원점에서는 한 사람이 경제 내에 있는 모든 상품을 혼자 소유하고 있으므로 분배가 결코 공평하지 않다. 그러나 이 경우에도 그 사람의 효용을 감소시키지 않고서는 다른 사람의 효용을 증가시킬 수 없으므로 파레토효율적이다.

(4) 이 정리는 무차별곡선이나 등량곡선이 원점에 대해 볼록하지 않더라도 성립한다.

(5) 시장에 개입하여 가격기능을 왜곡시키면 비효율이 유발된다. 예컨대 조세를 부과하면 소비자가 기준으로 삼는 수요가격과 공급자가 기준으로 삼는 공급가격 사이에 괴리가 발생하여 가격기능이 작동하지 못한다(12장 참조). 그 결과 비효율이 발생하는 것이다.

예제 20.4 시장이 3개일 경우의 일반균형

대표적 개인의 효용함수는 $U = \sqrt{xy}$ 이다. 생산함수는 $x = \sqrt{L_x}$, $y = \sqrt{L_y}$ 라고 한다. 이 경제에는 200단위의 노동이 있다고 한다.

a. 기업들은 이윤을 극대화하고 개인은 효용을 극대화한다고 하자. 이 경우 X재와 Y재의 균형산출량을 구하시오.
b. 일반균형가격을 구하시오.
c. 소비자들의 총소득으로 일반균형상품수량을 남거나 모자람이 없이 구입할 수 있다는 것을 보이시오.
d. 생산함수가 $x = \frac{1}{2}L_x$, $y = \frac{1}{2}L_y$로 바뀔 경우에는 결과가 어떻게 달라지는가?

KEY　x, y, 노동 등 3개의 시장이 있다. 이 중에서 2개의 시장이 균형이 되면 왈라스법칙에 의해 나머지 1개의 시장에서도 자동적으로 균형이 달성된다. 그러므로 2개의 시장에서 각 상품의 수요공급이 일치하는 조건을 구해 이로부터 균형을 구할 수 있다. 그러나 여기서는 종합적 효율조건을 이용하면 간편하게 구하기로 한다. 한편 일반균형에서는 절대가격은 정해지지 않고 상대가격만 정해진다.

풀이　a. 경제 전체의 이윤극대화 문제는 $\underset{x,\,y}{Max}\,\pi = p_x x + p_y y - C(x) - C(y)$이다. 이 경우 이윤극대화 조건은 $p_x = MC_x$, $p_y = MC_y$이다. 이로부터 $\frac{p_x}{p_y} = \frac{MC_x}{MC_y}$를 얻을 수 있다. 그런데 $MRT_{xy} = \frac{MC_x}{MC_y}$이므로 이윤이 극대화될 경우 $MRT_{xy} = \frac{p_x}{p_y}$가 성립한다는 것을 알 수 있다. 한편 효용극대화 조건은 $MRS_{xy} = \frac{p_x}{p_y}$(도출과정은 예제 4.2 참조)이다.

그러므로 이윤극대화와 효용극대화가 동시에 이루어질 경우에는 상대가격을 매개로 하여 종합적 효율조건인 $MRS_{xy} = MRT_{xy}$ (1)이 성립한다.

효용함수로부터 $MRS_{xy} = \frac{MU_x}{MU_y} = \frac{y}{x}$ (2)를 얻는다. 이제 MRT_{xy}를 구하기로 하자. 노동은 200으로 주어져 있으므로 $L_x + L_y = 200$ (3)이 된다. 한편 생산함수로부터 $L_x = x^2$, $L_y = y^2$ (4)를 얻는다. (4)를 (3)에 대입하면 $x^2 + y^2 = 200$ (5)가 된다. 이것이 생산가능경계선이다. (5)를 전미분하면 $MRT_{xy} = -\frac{dy}{dx} = \frac{x}{y}$ (6)을 얻을 수 있다. (2)와 (6)을 (1)에 대입하면 $x = y$ (7)이 성립하는 것을 알 수 있다. 이것을 생산가능경계선인 (5)에 대입하면 $x^* = y^* = 10$ (8)을 얻는다.

b. 균형에서는 $MRS_{xy} = \dfrac{p_x}{p_y} = MRT_{xy}$가 성립한다. 그러므로 이 식을 이용하면 두 상품에 대한 상대가격은 알 수 있다. 그러나 이 문제에서는 X재, Y재, 그리고 노동 등 3가지에 대한 가격을 구해야 한다. 그런데 일반균형에서는 절대가격은 정해지지 않고 상대가격만 정해진다. 그러므로 편의상 노동의 가격 w를 기준으로 이에 대한 상대가격을 구하기로 하자.

경쟁기업의 이윤극대화 조건인 $p = MC$ (9)로부터 상품의 가격을 구할 수 있다. 이 조건을 이용하려면 비용함수를 알아야 한다. 비용함수는

$$\operatorname*{Min}_{L} C(x) = wL_X$$
$$s.t. \ \ x = \sqrt{L_x}$$

로부터 $C(x) = wx^2$ (10)으로 구해진다. 이로부터 $MC_x = 2wx$ (11)을 얻는다. (9)와 (11)로부터 $p_x = 2wx$ (12)를 얻는다. 그런데 $x^* = 10$이므로 $p_x = 20w$ (13)이 된다. 같은 방법으로 $p_y = 20w$ (14)가 된다.

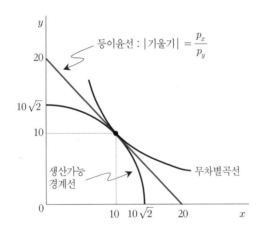

c. 소비자의 총소득은 임금과 기업의 주주로서 배당의 형태로 받는 이윤으로 구성된다. 노동이 총 200단위 있으므로 총임금은 $200w$이다. 한편 이윤은 $\pi = p_x x + p_y y - C(x) - C(y)$ $= 20w(10) + 20w(10) - 100w - 100w = 200w$ (15)가 된다. 그런데 자본주의 경제에서는 소비자가 기업의 주주이며 따라서 기업의 이윤은 모두 소비자에게 돌아간다. 그러므로 소비자의 총소득은 총임금과 이윤을 합한 $400w$가 된다. 한편 소비자는 이 소득으로 각각 가격이 $20w$인 X재와 Y재를 각각 10단위씩 구입한다. 그러므로 소비자의 총소득은 일반균형상품수량을 구입하는 데 남거나 모자라지 않는다.

d. 생산함수로부터 $L_x = 2x$, $L_y = 2y$이다. 이것을 (3)에 대입하여 정리하면 $x + y = 100$ (16)이 된다. 이것이 새로운 생산가능경계선이다. 이로부터 $MRT_{xy} = 1$ (17)을 얻는다. 그런데 이 경우에도 (2)는 바뀌지 않는다. 그러므로 종합적 효율조건인 $MRS_{xy} = MRT_{xy}$로

부터 $x = y$ (18)을 얻는다. (18)을 (16)에 대입하면 $x^* = y^* = 50$을 얻는다. 한편 비용함수는 $C = wL_x = 2wx$로 구해지므로 $MC_x = 2w$가 된다. 이것을 $p = MC$에 적용하면 $p_x = 2w$가 된다. 같은 방법으로 $p_y = 2w$가 된다. 한계생산물이 일정하기 때문에 가격은 수요와 관계없이 기술조건인 한계비용으로 정해진다. 이때 이윤은 0이 된다. (15)의 전반부에 결과를 대입하여 확인해 보라. 이러한 결과는 한계생산물이 체감하기 때문에 이윤이 존재하게 된 문항 c의 결과와 대조된다.

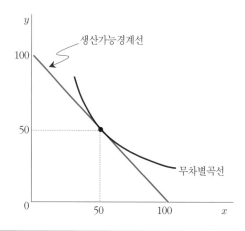

20.3 후생경제학의 제2정리

이미 배웠듯이 제1정리는 경쟁시장균형은 파레토효율적이 된다는 것을 말한다. 그렇다면 그 역은 어떠할 것인가? 이에 관한 해답은 후생경제학의 제2정리가 말해 주고 있다.

20.3.1 정리의 내용

> **후생경제학의 제2정리**(second theorem of welfare economics) 각 개인의 선호가 볼록할 경우 최초부존배분을 적절히 재분배한 후 시장기능에 맡기면 어떠한 파레토효율적 배분도 경쟁균형이 되도록 할 수 있다는 것

이것은 임의의 파레토효율적 배분이 주어지면 그 배분이 시장균형이 되도록 하는 가격이 존재한다는 것을 의미한다. 이것은 또한 최초부존배분을 적절히 재분배하면 어떠한 파레토효율적 배분도 경쟁시장을 통해 얻을 수 있다는 것을 의미한다.

여기서 각 개인의 선호가 볼록하다는 조건이 중요하다. 그 이유는 선호가 볼록하지 않을 경우에는 균형가격이 존재하지 않을 수도 있기 때문이다(예제 20.5 참조).

이제 후생경제학의 제2정리가 어떻게 성립하는가를 살펴보자. 먼저 교환경제에서 각 개인의 선호가 볼록하면 [그림 20-9]처럼 각 개인들의 무차별곡선이 자신의 원점에 대해서 볼록해진다. 이때 계약곡선 $O_A O_B$상에 있는 '임의의' 파레토효율적 배분 E를 생각해 보자. 배분 E에서는 개인 A가 그것보다 선호하는 배분들의 집합과 개인 B가 그것보다 선호하는 배분들의 집합이 서로 분리되어 있다.[8] 그 결과 개인 A와 개인 B의 무차별곡선이 서로 접하게 된다. 이 경우 파레토효율적인 배분 E를 통과하며 각 개인의 무차별곡선에 접하는 공통접선을 그을 수 있다. 그런데 이때 이 공통접선은 개인 A와 개인 B의 예산선으로 해석될 수 있다.

이러한 상황에서 개인들은 어떻게 행동할까? 이 경우 개인 A와 개인 B는 각각 자신의 예산집합 내에서 최선이 되는 배분 E를 선택할 것이다. 이때 공통접선의 기울기가 갖는 절대값을 균형상대가격으로 해석할 수 있다. 그런데 이러한 사실은 E에서뿐만 아니라 계약곡선 $O_A O_B$상에 있는 어떠한 배분에서도 성립한다. 그러므로 개인의 선호가 볼록할 경우 임의의 파레토효율적 배분이 주어지면 그 배분이 시장균형이 되도록 하는 가격이 존재한다고 할 수 있다. 이러한 사실을 바탕으로 개인의 선호가 볼록할 경우 곧이어 보듯이 적절한 재분배를 통해 어떠한 파레토효율적 배분도 경쟁균형이 되도록 할 수 있다.

그림 20-9   **후생경제학의 제2정리**

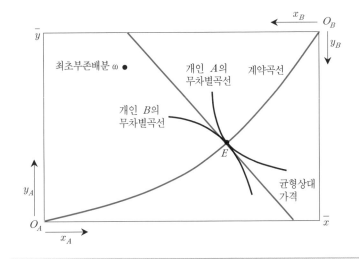

각 개인의 선호가 볼록할 경우 임의의 파레토효율적 배분이 주어지면 그 점에서 각 개인의 무차별곡선에 접하는 공통접선을 그릴 수 있다. 정액재분배를 통해, 이 접선의 기울기가 균형상대가격이 되면서 아울러 그 배분이 경쟁균형이 되도록 할 수 있다.

---

8 이처럼 개인이 어떠한 배분보다 선호하는 배분들의 집합을 그 배분에 대한 파레토선호집합(Pareto preferred set)이라고 한다.

📖 **예제 20.5**   후생경제학의 제2정리에서 선호의 볼록성 조건

후생경제학의 제2정리에서 선호가 볼록하다는 조건이 중요한 이유를 에지워드상자를 이용하여 설명하시오.

풀이   점 P에서는 두 개인이 함께 더 나아질 수는 없다. 그러므로 점 P는 파레토효율적이다. 이제 핵심은 점 P가 균형이 되도록 하는 가격이 존재하는가이다. 그런데 점 P에서 공통접선을 그으면 개인 B는 P를 선택하지만 개인 A는 Q를 선택한다. 이 경우 수요와 공급이 일치하지 않으며, 따라서 점 P는 균형이 되지 못한다. 바꾸어 말하면 점 P가 균형이 되도록 하는 가격이 존재하지 않는다는 것이다. 이러한 결과가 나타난 이유는 개인 A의 선호가 볼록하지 않기 때문이다.

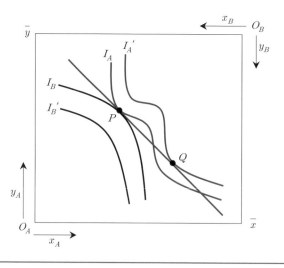

20.3.2 재분배와 제2정리

지금까지 보았듯이 후생경제학의 제2정리는 파레토효율적 배분에 대해 적용되는 것이다. 그렇다면 최초부존배분이 파레토효율적이지 않은 경우에는 어떠할까? 특히 이 경우 어떤 특정한 파레토효율적 배분이 시장균형이 되도록 만들려고 한다고 하자. 이 경우에는 최초부존배분을 적절히 재분배하면 된다. 이때 원하는 파레토효율적 배분에서 서로 접하는 두 무차별곡선을 찾는다. 그리고 그 공통접선상에 재분배한 결과가 놓이도록 해야 한다.

예를 들어 [그림 20-9]처럼 최초부존배분이 ω로 주어진 상태를 생각해 보자. 이때 파레토효율적인 배분 E가 분배 측면에서 바람직하여 그 배분을 경쟁균형으로 얻기를 원한다고 하자. 그러면 최초부존배분 ω를 적절히 재분배하여 그 재분배한 결과가 E에서 그은 공통

접선상에 놓이도록 하면 된다. 이때 공통접선이 바로 각 개인에게 예산선의 역할을 하게 된다. 여기서 물론 최초부존배분을 재분배한 결과 자체가 직접 E가 되도록 할 필요는 없다. 다만 공통접선상에 놓이기만 하면 된다.

일단 재분배를 시행한 이후 그 다음 과정은 시장기능에 맡겨 둔다. 그러면 각 개인 A, B는 재분배된 상품을 공통접선의 기울기로 표시되는 상대가격을 기준으로 서로 교환한다. 그리하여 균형은 최종적으로 E에서 이루어진다. 그런데 이것은 바로 파레토효율적인 E가 경쟁균형이 된다는 것을 의미한다.

다시 한 번 말해 두자. 각 개인의 선호가 볼록할 경우 먼저 주어진 최초부존배분을 적절히 재분배한 후 그 다음 시장기능에 맡긴다. 그러면 어떠한 파레토효율적 배분도 경쟁균형이 되도록 할 수 있다. 즉 최초부존배분을 적절히 재분배하면 어떠한 파레토효율적 배분도 경쟁시장을 통해 얻을 수 있다. 이것이 바로 후생경제학의 제2정리이다.

20.3.3 제2정리의 함축성

제2정리는 다음 사항들을 함축하고 있다.

(1) 제2정리는 파레토효율적 배분을 얻기 위해서는 경제가 반드시 경쟁적이어야 한다는 것을 의미하지는 않는다. 예를 들어 독재자도 시장균형에서 얻는 가격과 수량을 알고 그대로 결정하면 그 결과는 파레토효율적이 된다. 이 밖에 완전가격차별(perfect price discrimination) 독점의 경우에도 파레토효율적 배분이 달성된다(14장 참조). 완전가격차별독점의 균형에서는 더 이상 서로 이득을 얻을 수 있는 여지가 없으므로 파레토효율이 성립하는 것이다. 다만 경쟁시장에서는 수요자와 공급자가 모두 이득을 보는 반면, 완전가격차별 독점의 경우에는 오직 독점자만 이득을 본다는 점이 다를 뿐이다.

(2) 제2정리는 분배와 효율성의 문제는 서로 분리될 수 있다는 것을 시사한다. 이때 가격은 희소성을 반영하여 자원을 효율적으로 배분하는 데 사용되어야 하고, 분배목표는 시장가격에 영향을 미치지 않는 방법을 통해 달성해야 한다. 바꾸어 말해서 제2정리는 분배를 해결하기 위해서는 최초부존배분을 재분배할 수 있고, 그 다음 자원배분은 가격기구에 맡길 수 있음을 암시한다는 것이다.[9]

(3) 이때 중요한 것은 시장가격에 영향을 주지 않으면서 재분배하는 것이다. 이렇게 재분배할 경우 재분배 이후에 시장기구에 의해 결정되는 배분은 파레토효율적 배분이 될 것이기 때문이다. 반대로 재분배 과정에서 가격을 교란시킬 경우, 그로 인해 비효율이 유발된다.

---

9 앞서 말했듯이 예컨대 [그림 20-9]에서 효율까지 염두에 두고 ω로부터 직접 E로 재분배할 필요는 없다.

(4) 시장가격에 영향을 주지 않으면서 재분배하려면, 정액으로 재분배해야 한다. 정액으로 재분배하는 방법은 정액세(lump sum tax)를 부과하는 것이다. 정액세는 조세부담이 개인의 경제행위와는 독립적으로 정해지는 조세를 말한다. 정액세가 되려면 '부존배분의 가치'에 과세할 수 있어야 한다. 예를 들어 시간당 임금이 2만원인 사람에게 24시간이라는 하루 부존시간의 가치는 48만원이다. 이때 이 금액을 기준으로 조세를 부과한다면, 이 개인이 어떻게 선택을 바꾸더라도 자신의 납세액에 영향을 주지 못하므로, 이 개인은 조세부담을 줄이는 방향으로 행동할 유인이 없다. 그 결과 이러한 조세는 정액세가 되며 왜곡을 유발하지 않는다.

(5) 그러나 현실적으로 정액세를 부과하는 것은 불가능하다. 그 이유를 검토해 보자. 대부분의 개인에게 부존배분은 이 예에서처럼 자신에게 주어진 시간이다. 개인에게 주어진 이러한 부존시간의 가치를 알려면 임금률을 알아야 한다. 그러나 조세 당국으로서는 각 개인의 임금률을 알 수 없다. 이 때문에 실제로 파악할 수 있는 '소득'에 조세를 부과할 수밖에 없는데, 소득세는 노동의 시장가격을 변화시킨다. 이처럼 시장가격이 변화하면 개인들은 자신의 조세부담을 줄이는 방향으로 선택하게 되며, 그 결과 소득세는 정액세가 되지 못한다. 이때 이러한 선택에서의 왜곡이 비효율을 유발한다(재정학 또는 공공경제학 참조).

20.4 사회후생함수

앞에서 사회적 선택에 대해서 간략히 언급한 적이 있다. 이제 어떠한 배분이 사회적으로 가장 바람직한가라는 문제에 대해 구체적으로 논의해 보자. 이때 개인의 선호순서를 사회선호순서로 바꾸어 주는 사회후생함수를 사용하게 된다. 그런데 어떠한 유형의 사회후생함수를 채택할 것인가를 결정하는 데에는 가치판단이 개입된다.

20.4.1 사회선호순서와 사회후생함수

앞에서도 지적했듯이 모든 상품을 한 사람이 모두 가지는 것도 파레토효율적이다. 그러나 이러한 상태는 나머지 다른 사람들의 입장에서 보면 결코 바람직한 분배가 아니다. 이러한 사실만 보더라도 파레토효율은 분배의 공평성과는 아무 관계가 없다는 것을 알 수 있다. 그렇다면 우리는 수많은 파레토효율적 배분들 중에서 어떠한 배분을 선택해야 할까? 이러한 사회적 선택 문제에 대답하려면 사회선호순서를 알아야 한다.

> 🌱 **사회선호순서**(social preference ordering) 모든 개인들의 선호순서를 총합하여 하나의 선호순서
> 로 나타낸 것

사회선호순서에 대해 논의하기 위해 지금까지 자신이 선택한 상품묶음에 대해서만 정의된 개별 소비자의 선호순서가 모든 개인들 사이의 배분에 대해서 정의되는 것으로 생각하기로 하자. 그런데 이것은 지금까지와 마찬가지로 소비자의 선호순서가 다른 사람들이 가진 것에는 관심없이 자신이 선택한 상품묶음에 대해서만 정의되는 경우를 포함하고 있다.

먼저 각 개인들이 각 상품을 가지고 있는 상태를 나타내는 배분을 x라 하자. 그리고 이 배분 x에 대해 개인 i의 선호순서가 주어졌다고 하자. 그러면 우리는 개인 i의 가치판단을 반영하는 서수적 효용함수 $U_i(x)$를 찾을 수 있다. 이 경우 사회후생함수는 다음과 같은 의미를 지닌다.

> 🌱 **사회후생함수**(social welfare function) 각 개인들이 각 상품을 가지고 있는 상태를 나타내는 배분
> 을 x라 하고 각 개인들의 효용함수가 x에 대해 정의된다고 할 때, W가 각 개인들의 효용
> 함수의 증가함수이며 $W(U_1(x),\ U_2(x),\ \cdots,\ U_N(x))$로 나타낼 수 있을 때의 함수 W

여기서 N은 경제 내에 있는 총인원수이다. 이러한 측면에서 볼 때 (1) 사회후생함수는 개인들의 선호순서를 사회선호순서로 바꾸어 주는 장치라고 할 수 있다. 이 경우 어떠한 배분에 대한 사회적 선호순서는 단지 개인들의 선호순서에 의해서만 등급화할 수 있다. (2) 또한 각 개인이 모두 y보다 x를 선호한다면 사회선호순서도 y보다 x를 선호하는 것으로 나타나야 한다. 이러한 사실을 반영하도록 사회후생함수 W는 일반적으로 각 개인들의 효용에 대해 증가함수이어야 한다. (3) 나아가서 W가 각 개인들의 효용에 대해 증가함수이기만 하면 그 형태는 상관이 없다. 다시 말해서 서수적 성질만 만족시키면 되는 것이다. 따라서 개인들의 선호순서를 사회선호순서로 나타내는 데에는 여러 가지 방법이 있을 수 있다. 그 방법은 각 개인의 효용에 대해 그 사회가 지니고 있는 가치판단에 따라 달라진다.[10] 그리고 그 가치판단은 정치과정을 통해 정해진다. 대표적인 몇 가지 사회후생함수에 대해서 살펴보기로 하자.

---

10 사회적인 가치판단이 마련되면 사회후생함수가 정해진다. 그러나 사회후생함수 자체가 어떤 가치판단을 선택할 것인가에 대한 해답은 제시하지 못하고 있다. 이와 관련하여 합리적인 사회적 가치판단(사회선호순서)은 존재하지 않는다고 알려져 있다(21장의 불가능성정리 참조). 아울러 사회후생함수는 개인들 사이의 효용을 비교할 수 있다고 가정하고 있는 셈인데(개인들의 효용이 사회후생함수의 독립변수가 되고 있다는 점에 주목하여 생각해 보라), 이것도 효용은 측정할 수 없다는 서수적 효용이론에 비추어 비판을 받고 있다.

20.4.2 사회후생함수의 종류

사회적인 가치판단을 반영하는 사회후생함수에는 여러 종류가 있다. 여기에서는 그 중에서 많이 거론되는 것들에 대해 검토하기로 하자.

(1) 공리주의 사회후생함수

개인들의 선호순서로부터 사회선호순서를 얻는 방법들 중의 하나는 개인의 효용을 단순히 합한 후 그 결과를 사회후생으로 삼는 것이다. 이것은 사회후생에 대해 가장 오래된 견해 중의 하나로서 벤담(J. Bentham)이 주창하였다. 우리는 이것을 **공리주의**(utilitarian) **사회후생함수**라고 부른다.

이러한 사회후생함수가 함축하는 의미를 살펴보자. 편의상 두 개인 A와 B로 구성된 경제를 생각해 보면

$$W(U_A, U_B) = U_A + U_B$$

로 쓸 수 있다. 이 식에서 알 수 있듯이 공리주의 사회후생함수에서는 각 개인이 누리는 효용의 크기에는 관계없이 그 가중치는 1로서 동일하다.

사회후생함수로부터 사회무차별곡선을 얻을 수 있다. 그런데 사회무차별곡선의 성질이나 원리는 개인의 무차별곡선의 경우와 같다. 다만 한 가지 차이점이 있다. 즉 무차별곡선은 똑같은 효용을 주는 상품묶음들의 집합을 말하지만 **사회무차별곡선**은 똑같은 사회후생을

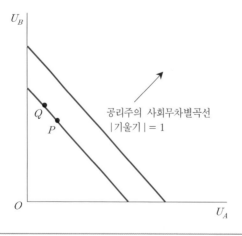

그림 20-10 공리주의 사회무차별곡선

공리주의 사회무차별곡선
|기울기| = 1

공리주의 사회후생함수에서는 각 개인이 누리는 효용의 크기에 관계없이 가중치가 1로서 동일하다. 그 결과 공리주의 사회무차별곡선의 기울기는 -1이 된다.

낳는 (서로 다른 개인들의) 효용의 순서쌍들의 집합을 말한다는 것이다. 그리하여 공리주의 사회무차별곡선은 [그림 20-10]에서처럼 효용 평면에 기울기가 −1인 직선으로 나타난다. 이것은 완전대체재를 나타내는 개인의 무차별곡선과 모양이 같다. 그러나 개인의 무차별곡선은 상품 평면에 그려지는 데 반해 사회무차별곡선은 효용 평면에 그려진다는 점이 다르다.

이러한 사회후생함수가 재분배와 관련하여 함축하고 있는 의미는 [그림 20-10]을 통해 알 수 있다. 예컨대 점 P에서 점 Q로 이동한 결과를 살펴보자. 이때 두 개인 사이에 효용이 차는 더 벌어졌으나 사회후생은 변하지 않았다. 공리주의 입장에서는 이처럼 한 개인의 효용이 줄어든 만큼 다른 개인의 효용을 늘려주는 재분배는 사회후생을 변화시키지 않는다.

(2) 롤즈의 사회후생함수

개인들의 선호로부터 사회선호순서를 얻는 또 다른 방법은 효용이 가장 낮은 사람의 효용을 사회후생으로 간주하는 것이다. 이러한 개념을 적용한 사회후생함수를 **롤즈의 사회후생함수**(Rawlsian social welfare function)라고 한다.

편의상 두 개인으로 구성된 경제를 생각하면 롤즈의 사회후생함수는

$$W(U_A, \ U_B) = \min[U_A, \ U_B]$$

로 쓸 수 있다. 이 식에서 알 수 있듯이 개인 A와 개인 B 중에서 효용이 낮은 사람의 효용이 곧 사회후생이 되고 있다.

이때 사회무차별곡선은 완전보완재를 나타내는 개인의 무차별곡선과 그 모양이 같다.

그림 20-11 **롤즈의 사회무차별곡선**

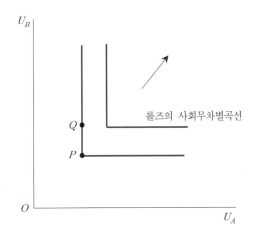

롤즈의 사회후생함수에서는 효용이 가장 낮은 사람의 효용을 사회후생으로 간주한다. 그 결과 롤즈의 사회무차별곡선은 L자형으로 그려진다.

이러한 사회무차별곡선이 재분배와 관련하여 함축하고 있는 바를 살펴보자. 예컨대 [그림 20-11]에 있는 점 Q에서는 점 P와 비교하여 개인 B는 나아졌지만 개인 A는 변화가 없다. 그런데 롤즈의 사회후생함수에서는 효용이 낮은 사람의 효용으로 사회후생이 결정된다. 이 때문에 점 P와 점 Q는 같은 사회무차별곡선상에 놓인다. 따라서 그 두 점에서는 사회후생도 같다. 즉 롤즈의 사회후생함수에 입각하면, 점 P와 같은 곳에서는 두 개인의 효용이 동시에 증가하지 않는 한 사회후생은 증가하지 않는다. 나아가서 점 P와 같이 자원의 낭비가 없는 점에서는 개인 B의 효용이 아무리 증가하더라도 개인 A의 효용이 조금이라도 감소하면 사회후생은 감소한다.

(3) 일반화된 공리주의 사회후생함수

지금까지 우리는 특수한 사회후생함수로서 공리주의 사회후생함수와 롤즈의 사회후생함수에 대해서 논의하였다. 그러나 일반적으로는 어떤 개인의 효용이 증가하면 증가할수록 그의 효용에 부여하는 사회적 가치는 점점 줄어든다. 이러한 사실을 반영한 사회무차별곡선은 직선도 아니고 L자 모양도 아니다. [그림 20-8]처럼 원점에 대해 볼록한 곡선의 형태를 취한다.

사회무차별곡선이 이처럼 원점에 대해 볼록할 경우 주어진 사회무차별곡선을 따라 오른쪽 아래로 이동함에 따라 사회무차별곡선의 접선의 기울기의 절대값이 점점 작아진다(마치 소비자이론에서 배운 한계대체율체감의 법칙을 연상시킨다). 이것은 동일한 사회후생을 유지하려면 개인 A의 효용이 증가함에 따라 줄어드는 개인 B의 효용은 점점 작아져야 한다는 것을 의미한다. 이것이 바로 개인 A의 효용이 증가할수록 그의 효용에 부여하는 사회적 가치는 점점 줄어든다는 것을 말한다. 역으로 생각하면 효용이 낮은 사람의 효용에 더 높은 사회적 가치를 부여한다는 것이다.

이러한 특성을 반영하는 사회후생함수에 대해 알아보기 위해 공리주의 사회후생함수에 대해 다시 주목해 보자. 공리주의 사회후생함수는 개인들의 효용에 모두 동일하게 1의 가중치를 부여한 다음 개인들의 효용을 합하여 구했다. 그런데 이때 가중치를 부여하는 방법을 달리함에 따라 여러 가지 서로 다른 사회후생함수들을 얻을 수 있다. 이렇게 얻는 사회후생함수들을 총칭해서 **일반화된 공리주의 사회후생함수**(generalized utilitarian social welfare function)라고 한다. 비록 가중치를 부여하는 방법은 달리 하지만 사회후생함수를 구할 때 개인들의 효용을 합하여 구한다는 측면에서 공리주의라는 표현이 쓰이고 있다.

(1) 편의상 두 개인으로 구성된 경제를 생각할 경우 일반화된 공리주의 사회후생함수로서 후생경제학 연구에 많이 사용되는 사회후생함수의 표준적인 형태는

$$W(U_A, U_B) = \frac{1}{1-e} U_A^{1-e} + \frac{1}{1-e} U_B^{1-e}, \ e \geq 0, \ e \neq 1$$

이다. 여기서 e는 **불평등회피**(inequality aversion) 파라미터로서 불평등회피의 정도를 측정하는 척도이다. 그 값이 클수록 불평등회피는 커지며, 즉 사회후생함수에서 각 개인의 효용의 대체성이 작아지며 사회무차별곡선은 원점에 대해 점점 더 볼록해진다.

(i) 극단적으로 $e = 0$이면, 즉 불평등회피가 0이면 공리주의 사회후생함수가 된다. 그 결과 각 개인의 효용에 모두 동일하게 1의 가중치를 부여한다.

(ii) $0 < e < \infty$이면 사회무차별곡선은 원점에 대해 볼록한 부드러운 곡선이 된다. e가 커짐에 따라 불평등회피가 점점 커지며 사회무차별곡선은 원점에 대해 점점 더 볼록해진다.

(iii) 마침내 e가 한없이 ∞에 가까워지면, 즉 불평등회피가 무한히 커지면 롤즈의 사회후생함수에 가까워져서 효용이 가장 낮은 사람을 우선적으로 고려하게 된다.

(2) 이처럼 표준적인 형태는 e의 크기에 따라 여러 가지 다양한 효용 분배를 반영하는 사회후생함수를 나타낼 수 있다. 이때 물론 효용의 합뿐만 아니라 효용이 어떻게 분배되어 있는가도 사회후생에 영향을 준다.[11]

예제 20.6 사회후생함수와 사회후생극대화

X재가 100개 있다고 하자. 경제 내에 두 명의 개인 A, B가 있는데, 그들의 효용함수가 각각 $U_A = 2x_A^{\frac{1}{2}}$, $U_B = x_B^{\frac{1}{2}}$이라고 하자.

a. 공리주의 사회후생함수를 가정할 때 개인 A의 소비량과 개인 B의 소비량 중 어느 것이 더 많겠는가?

b. 롤즈의 사회후생함수를 가정할 때 개인 A의 소비량과 개인 B의 소비량 중 어느 것이 더 많겠는가?

c. 공리주의 사회후생함수와 롤즈의 사회후생함수 중 어느 경우를 가정할 때 개인 A의 효용이 더 높아지겠는가?

d. 공리주의 사회후생함수와 롤즈의 사회후생함수 중 어느 경우를 가정할 때 사회후생이 더 높아지겠는가?

e. 공리주의 사회후생함수를 가정할 때 사회후생의 극대값을 구하시오.

f. 롤즈의 사회후생함수를 가정할 때 사회후생의 극대값을 구하시오.

---

11 효용분배 대신 소득분배를 대상으로 할 경우 사회후생함수에 대한 분석은 23장 불확실성 분석과 유사한 점이 많다. 구체적으로 소득분포는 확률분포에 대응되며 불평등회피는 위험회피에 대응된다.

풀이 $x = 100,\ U_A = 2x_A^{\frac{1}{2}},\ U_B = x_B^{\frac{1}{2}}$

a. 개인 A의 소비량이 더 많다. 그 이유는 공리주의 사회후생함수를 가정하면 개인 A의 효용에 사회적으로 2배의 중요성이 부여되고 있기 때문이다.

b. 효용함수를 볼 때 동일한 수량을 소비하면 개인 A의 효용이 더 크다. 그런데 롤즈의 사회후생함수를 가정하면 사회후생이 효용 수준이 낮은 사람의 효용으로 결정된다. 그러므로 롤즈의 사회후생함수를 가정할 때에는 개인 B의 소비량이 더 많게 된다.

c. 공리주의. 그 이유는 앞의 논리로부터 개인 A의 소비량은 공리주의후생함수일 때 더 많기 때문이다.

d. 공리주의. 그 이유는 롤즈의 사회후생함수에서는 분배 문제가 더 강조되기 때문이다.

e. 각 개인의 효용함수로부터 $x_A = \dfrac{U_A^2}{4},\ x_B = U_B^2$을 얻는다. 이것을 $X_A + X_B = 100$에 대입하면 효용가능경계선이 $\dfrac{U_A^2}{4} + U_B^2 = 100$으로 구해진다.

공리주의 사회후생함수일 경우 사회후생극대화문제는

$$\underset{U_A,\ U_B}{Max}\quad W = U_A + U_B$$

$$s.t.\quad \frac{U_A^2}{4} + U_B^2 = 100$$

이다. 라그랑지함수를 이용하여 이 문제를 풀면 $U_A = 8\sqrt{5},\ U_B = 2\sqrt{5},\ W = 10\sqrt{5}$를 얻는다. 참고로 이때 $x_A{}^* = 80,\ x_B{}^* = 20$을 얻는다.

f. 롤즈의 사회후생함수일 경우에는

$$\underset{U_A,\ U_B}{Max}\quad W = Min\,[U_A,\ U_B]$$

$$s.t.\quad \frac{U_A^2}{4} + U_B^2 = 100$$

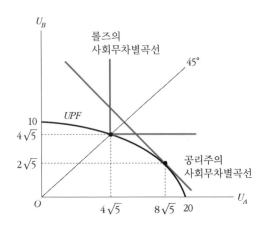

을 풀면 된다. 그런데 효율이 달성되려면 $U_A = U_B$가 성립되어야 한다. 따라서 $U_A = U_B = 4\sqrt{5}$, $W^* = 4\sqrt{5}$ 를 얻는다. 참고로 $x_A^* = 20$, $x_B^* = 80$이다.

롤즈의 사회후생함수에서는 공리주의 사회후생함수에서보다 분배가 더 강조된다. 그 결과 롤즈의 사회후생함수일 경우 사회후생의극대값이 더 작아진다.

 사회후생극대화의 성격

어떠한 사회후생함수를 택할 것인가가 결정되면 이를 기준으로 사회후생을 극대화하게 된다. 이러한 사회후생극대화의 성격을 살펴보자. 먼저 다음 사항에 주목하자.

> 개인: 효용극대화
>
> 기업: 이윤극대화
>
> 정부: 사회후생극대화, 이때 정부가 **사회계획자**(social planner)의 역할을 하는 것으로 본 것이다. 그런데 현실적으로 정부는 다른 목표를 지닐 수도 있다(21.4 참조).

20.5.1 사회후생극대화의 성격과 3가지 경제문제 해결

시장이 실패하지 않을 경우 시장에 맡기면 자원배분이 총효용가능경계선상에 놓인다. 그렇다면 총효용가능경계선상에서 어떤 점을 선택할 것인가? 물론 사회후생을 극대화시켜 주는 점을 선택할 것이다.

(1) 이제 사회후생함수가 주어진 상태에서 이처럼 사회후생극대화가 이루어졌다고 하자. 이때 사회후생을 극대화시켜 주는 점은 [그림 20-8]에서 보았듯이 총효용가능경계선상에 놓인다. 그런데 총효용가능경계선상의 점들은 모두 파레토효율적이다. 그러므로 사회후생을 극대화시켜 주는 점은 파레토효율적이 된다. 여기에 후생경제학의 제2정리를 적용해보자. 그러면 최초부존배분을 적절히 재분배하면 어떠한 사회후생극대화 자원배분도 경쟁시장을 통해 얻을 수 있다는 결과에 도달한다. 즉 경쟁균형이 된다는 것이다.

(2) 이러한 측면에서 20.1.4에서 언급하고 미루어 두었던 '가격기능이 사뮤엘슨 교수가 말한 3가지 경제문제를 효율적으로 해결한다'는 사실을 정리해 보자. 예컨대 사회후생함수가 주어져서 [그림 20-8]의 점 P와 같은 사회후생극대화점이 선택되었다고 하자. 그러면 이

에 대응하여 [그림 20-5]의 점 T와 점 R과 같은 점들이 정해지고 (i) $MRT_{xy} = MRS_{xy}$를 성립시키는 상대가격을 기준으로 이윤극대화와 효용극대화를 통해 각 상품의 산출량이 결정되며('무엇을'에 해당), (ii) $MRTS_{LK}^x = MRTS_{LK}^y$를 성립시키는 생산요소의 상대가격을 기준으로 비용극소화를 통해 앞서 정해진 산출량이 최소비용으로 생산되도록 생산요소가 각 산업에 배분되며('어떻게'에 해당), (iii) 또한 이렇게 생산된 각 상품이 $MRS_{xy}^A = MRS_{xy}^B$를 성립시키는 상대가격을 기준으로 효용극대화를 통해 각 소비자에게 배분된다('누구를 위해'에 해당). (iv) 이때 상품 및 생산요소의 상대가격은 경쟁균형상대가격과 같아진다.

> 이상의 내용은 생산요소 L, K의 수량과 생산함수가 주어진 상태에서 각주와 같은 제약하의 사회후생극대화 문제를 푼 것과 같다.[12] 이때 라그랑지 승수들은 상품 및 생산요소의 **잠재가격**들로서 모두 경쟁균형가격 및 경쟁균형생산요소가격과 같아진다. 즉 경쟁균형에서의 p_x, p_y, w, r과 같아진다. 이것은 그 자체로 파레토효율적 배분인 사회후생극대화 자원배분도 경쟁시장을 통해 얻을 수 있다는 것을 말한다.[13]

🌱 **잠재가격**(shadow price)   시장에서 형성된 가격은 아니지만 기회비용을 반영한 값

(3) 그런데 이상의 내용은 최초부존배분에 대한 고려를 하지 않은 것이다. 그런 상태에서 이상적인 결과가 얻어지는 과정과 그 결과를 말한 것이다. 보다 현실적인 상황에 대해서 검토해 보자.

20.5.2 효율과 공평 사이의 상충관계

다시 한 번 강조하는데 총효용가능경계선상의 모든 점은 파레토효율적이지만 각 점들이 분배에 대해 함축하고 있는 의미는 각기 다르다. 그러므로 사회후생을 극대화하려면 효율뿐만 아니라 분배의 공평성도 동시에 고려해야 한다. 그런데 문제가 있다. 즉 지금까지의

---

12 $Z = W[U_A(x_A, y_A), U_B(x_B, y_B)] + \lambda_1[f_x(L_x, K_x) - x_A - x_B] + \lambda_2[f_y(L_y, K_y) - y_A - y_B] + \lambda_3[\bar{L} - L_x - L_y]$
$+ \lambda_4[\bar{K} - K_x - K_y]$

13 한편 20.2.1에서 후생경제학의 제1정리를 증명할 때는 가격수용자를 가정했지만 여기서의 사회후생극대화 모형에는 가격이 명시적으로 등장하지 않는다. 오히려 후생경제학의 제2정리에서 말했듯이 파레토효율적 배분이 시장균형이 되도록 하는 가격, 즉 $MRT_{xy} = MRS_{xy}$와 $MRTS_{LK}^x = MRTS_{LK}^y$, $MRS_{xy}^A = MRS_{xy}^B$를 만족시키는 가격이 존재한다는 것을 말하고 있다. 그 결과 그 자체로 파레토효율적 배분인 사회후생극대화 자원배분도 경쟁시장을 통해 얻을 수 있다는 것을 말하고 있는 것이다.

내용은 [그림 20-8]의 점 P와 같이 최초부존배분에 대한 고려 없이 얻어진 이상적 결과를 말한 것인데 사실상 현실적으로는 최초부존배분이 주어진 상태에서 시장에 맡길 경우 그 결과가 효율적이기는 하지만 불공평할 수도 있다. 이 경우 사회후생을 증가시키려면 재분배를 해야 하는데 20.3.3에서 말했듯이 소득을 재분배하는 과정에서 효율이 희생될 수밖에 없다. 이러한 점 때문에 실제로는 총효용가능경계선상에 놓이는 점에 이르기가 어려운 것이 사실이다.

이러한 사실에 대해 [그림 20-12]를 이용하여 설명해 보자. 효율과 공평을 함께 고려할 때, 총효용가능경계선과 사회무차별곡선 W_3가 접하는 점 E가 사회후생극대점이다. 문제는 경쟁(시장)에 맡겼을 때 점 F와 같이 효율적이기는 하지만 분배 측면에서 불공평한 점이 달성될 경우에 발생한다. 경쟁하에서 점 F와 같은 점이 달성되는 이유는 최초부존배분이 개인 B에게 유리하게 분배되었기 때문이다. 이러한 상황에서는 일반적으로 소득을 재분배하는 과정에서 효율이 희생된다. 이 때문에 점 F와 같이 분배가 불공평한 상태에서 점 E와 같이 사회후생이 극대화되는 상태로는 이동할 수 없다. 그리하여 실제로는 다소의 비효율을 감수하기는 하지만 분배가 개선된 상태를 선택하게 된다. 즉 G와 같은 점을 선택하게 된다.

점 G는 총효용가능경계선의 내부에 있으므로 비효율적이다. 그러나 분배의 공평성을 고려할 경우 효율적인 점 F보다도 오히려 사회적으로 선호된다. 이 경우 공평성의 이득이 효율의 손실을 압도한다고 볼 수 있다.

그림 20-12 **효율과 공평 사이의 상충관계**

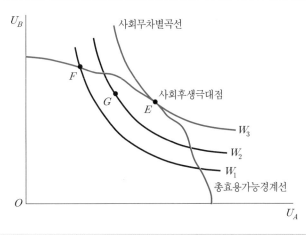

효율적이기는 하지만 사회후생이 극대화되지 않은 F와 같은 점에서 사회후생을 증가시키려면 효율이 희생된다. 그 결과 사회후생극대점에 이르지는 못하고 분배는 개선되었지만 효율이 희생된 G점에 이르게 된다.

20.5.3 차선의 이론

이제 주제를 약간 바꾸어 정부의 정책을 평가하는 데 유용하게 사용되는 차선의 이론에 대해 간략히 살펴보기로 하자.

> 🏛 **차선의 이론**(theory of second best) 파레토효율 조건이 모두 충족되지는 않을 경우, 더 많은 효율 조건을 충족시키는 것이 그렇지 않은 것에 비해 반드시 더 효율적이 되지는 않는다는 것

예를 들어 모든 상품시장이나 생산요소시장을 고려할 때 모두 n개의 파레토효율 조건이 있다고 하자. 그런데 그 중에서 일부가 충족되지 않아 효율 조건이 k개만 충족되고 있다고 하자. 이러한 상황에서는 n개의 효율 조건을 모두 충족시키지 않는 한 효율 조건을 k개보다 몇 개 더 충족시킨다고 해서 반드시 효율이 증진된다고 볼 수는 없다는 것이다.

구체적인 예로 소주에 과세되어 비효율이 이미 존재(12장 참조)하고 있다고 하자. 이러한 상황에서 맥주에 새로이 조세를 부과하는 경우를 생각해 보자. 이 경우 맥주에 과세했기 때문에 맥주에 대한 수요량은 감소하고 그 대신 대체재인 소주에 대한 수요는 증가한다. 이러한 소주 수요증가는 기존의 조세 때문에 줄어들었던 소주 생산을 증가시킨다. 그 결과 소주시장에서 비효율이 일부 제거된다. 그런데 이러한 효과가 맥주에 대한 과세로 인해 맥주시장에 새로이 유발된 비효율을 압도할 경우 경제 전체적으로는 비효율이 감소할 수도 있다. 즉 맥주에 조세를 부과하기 이전의 상태가 효율조건을 하나 더 충족시키고는 있지만 비효율은 오히려 더 클 수도 있다는 것이다. 나아가서 이 결과는 이미 비효율이 존재하고 있을 경우 그 자체로는 비효율을 유발하는 정책이라도 경제 전체적으로는 오히려 비효율을 감소시킬 수도 있다는 것을 보여준다.

이러한 측면에서 차선의 이론은 다음과 같은 중요한 점을 시사해 주고 있다. 최선이 불가능할 경우에는 단지 파레토효율 조건을 몇 개 더 충족시키려고 노력해서는 안 된다. 그보다는 오히려 최선을 추구하는 데 제약이 되는 조건이 무엇인가를 파악한 후 그것을 제약으로 하여 가장 효율적인 배분을 찾아야 한다. 다시 말해서 차선을 추구해야 한다는 것이다. 이러한 분석을 **차선분석**(second best analysis)이라고 한다. 이러한 측면에 비추어 볼 때 경제의 전체 상황을 고려하지 않고 일부분씩 단계적으로 효율 조건을 만족시켜 나간다고 해서 반드시 경제 전체의 효율이 증진된다고 말할 수는 없다.

📘 예제 20.7 차선의 이론

어떤 개인이 자급자족할 목적으로 두 상품 X, Y를 생산한다고 하자. 이를 위해 그는 800시간을 투입할 계획이라고 한다. 각 상품에 대한 생산함수를 $x = L_x^{\frac{1}{2}}$, $y = \frac{1}{2}L_y^{\frac{1}{2}}$ 이라 하고 효용함수를 $U = (xy)^{\frac{1}{2}}$ 이라고 하자. 여기서 L_x와 L_y는 각 상품을 생산하는 데 투입된 노동시간이다.

a. 효율적인 노동시간 배분, 각 상품의 산출량, 그리고 그때의 효용을 구하시오.

이제 이 개인이 X재는 최대 32단위밖에 생산하지 못하고 Y재는 16단위밖에 생산할 수 없게 되었다고 하자. 구체적으로 $x + 2y = 32$를 만족시켜야 한다고 하자.

b. 이 개인이 여전히 800시간 일해야 한다고 하자. 그리고 생산가능경계선에 놓이도록 일한다고 하자. 이 경우 각 상품의 산출량, 그리고 그때의 효용을 구하시오.

c. 이 개인이 노동시간을 마음대로 조정할 수 있다고 하자. 이 경우 각 상품의 산출량, 그리고 그때의 효용을 구하시오.

d. 문항 b와 c의 결과를 비교하시오. 경제이론을 이용하여 이 결과를 설명하시오.

풀이 $L_x + L_y = 800$ (1), $x = L_x^{\frac{1}{2}}$ (2), $y = \frac{1}{2}L_y^{\frac{1}{2}}$ (3), $U = (xy)^{\frac{1}{2}}$ (4)로 주어져 있다.

a. 개인은 한 명이기 때문에 교환의 효율조건을 생각할 필요가 없다. 한편 생산가능경계선은 주어진 생산요소와 기술로서 생산할 수 있는 최대 생산물묶음들의 집합을 나타낸다. 그런데 생산요소의 양과 기술이 주어져 있으므로 그로부터 생산가능경계선을 구할 수 있다. (2)와 (3)을 각각 정리하여 (1)에 대입하면 PPF: $x^2 + 4y^2 = 800$ (5)로 구해진다. (5)에서는 생산의 효율조건이 만족되고 있다. 이제 이 식을 전미분하여 정리하면 $MRT = -\frac{dy}{dx} = \frac{2x}{8y} = \frac{x}{4y}$ (6)으로 구해진다. 한편 효용함수를 전미분하여 정리하면 $MRS = -\frac{dy}{dx} = \frac{\partial U/\partial x}{\partial U/\partial y} = \frac{y}{x}$ (7)로 구해진다. 여기서 종합적 효율조건을 적용하면 $MRS = MRT$ (8)로부터 $x = 2y$를 얻는다. 이 식과 PPF를 이용하면 $x^* = 20$, $y^* = 10$을 얻는다. 이것은 사실상

$$\underset{x,\,y}{\text{Max}}\ U(x,\,y) = (xy)^{\frac{1}{2}}$$
$$s.t.\ x^2 + 4y^2 = 800$$

을 푼 것과 같다. 이 결과를 해석해 보자. 효용함수에서 볼 때 X재 소비와 Y재 소비가 효용에 미치는 영향은 대칭적이다. 그런데 생산함수에서 볼 때 X재에서의 생산성이 더 높다. 그러므로 X재를 더 많이 생산하게 된 것이다. 이 값들을 효용함수와 생산함수에 각각 대입하면 $U^* = 10\sqrt{2}$ (무차별곡선 I), $L_x^* = L_y^* = 400$으로 구해진다.

b. 생산가능경계선에 놓인다고 하였으므로 $x^2 + 4y^2 = 800$ (5)를 만족시켜야 한다. 또한 $x + 2y = 32$ (9)를 만족시켜야 한다. 그러므로 (5)와 (9)를 연립으로 풀면 $x^* = 4,\ 28$, $y^* = 14,\ 2$가 된다. 이때 효용은 $(4,\ 14)$ 또는 $(28,\ 2)$를 (4)에 대입하여 $U^* = \sqrt{x^* y^*} = \sqrt{56} = 2\sqrt{14}$ (무차별곡선 Ⅲ)로 구해진다.

c. 이 개인이 노동시간을 마음대로 조정할 수 있다면 각 상품의 수량, 즉 $(x,\ y)$도 마음대로 선택할 수 있다. 물론 $x + 2y = 32$ (9)는 만족시켜야 한다. 그러므로 그의 최적화 문제는

$$\operatorname*{Max}_{x,\ y} U(x,\ y)$$
$$s.t.\ \ x + 2y = 32$$

가 된다. 이에 대한 라그랑지함수는

$$\operatorname*{Max}_{x,\ y} Z = U(x,\ y) + \lambda(32 - x - 2y) = x^{\frac{1}{2}} y^{\frac{1}{2}} + \lambda(32 - x - 2y)$$

가 된다. 극대화의 일차필요조건은

$$\frac{\partial Z}{\partial x} = \frac{1}{2} x^{-\frac{1}{2}} y^{\frac{1}{2}} - \lambda = 0\ (10),\quad \frac{\partial Z}{\partial y} = \frac{1}{2} x^{\frac{1}{2}} y^{-\frac{1}{2}} - 2\lambda = 0\ (11),$$

$$\frac{\partial Z}{\partial \lambda} = 32 - x - 2y = 0\ (12)$$

가 된다. 이 식을 풀기 위해 먼저 (10)과 (11)에서 가운데 변의 둘째 항을 각각 이항시킨다. 그 다음 대응되는 변끼리 서로 나누어 주면 $\frac{y}{x} = \frac{1}{2}$, 즉 $x = 2y$ (13)을 얻는다. (13)과 (12)로부터 $x^* = 16,\ y^* = 8$을 얻는다. 그러므로 $U^* = \sqrt{x^* y^*} = \sqrt{128} = 8\sqrt{2}$ (무차별곡선 Ⅱ)가 된다. 이때 $L_x^* + L_y^* = 512$(시간)으로서 문항 b의 800시간보다 더 적다는 점에 주목하자.

d. 위 문항들의 결과를 그림에 나타내면 다음과 같다.

위 문항 b의 경우 MRT와 MRS가 다르므로 종합적 효율 조건이 성립하지 않는다. 그러나 생산가능경계선에서 경제가 운용되고 있으므로 생산의 효율 조건은 만족되고 있다. 반면에 문항 c에서는 효율 조건이 하나도 만족되지 않는다. 그런데 이때 주목할 것은 효율 조건이 1개 만족된 문항 b의 효용이 효율 조건이 전혀 만족되지 않은 문항 c의 효용보다 작다는 것이다. 이것은 바로 '효율 조건이 모두 만족되지 않는 한, 더 많은 효율 조건이 만족된다고 해서 더 나은 것은 아니다'라는 차선이론의 예가 된다.

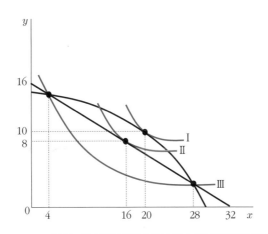

20.6 시장실패

지금까지는 시장기능이 제대로 작동하는 경우를 대상으로 분석하였다. 즉 자원배분 결과가 총효용가능경계선상에 놓이는 경우에 대해서 분석하였다. 그러나 현실적으로는 여러 가지 요인으로 인해 시장실패가 발생한다. 이 경우 아담 스미스의 보이지 않는 손, 즉 가격기능이 제대로 작동하지 못하여 자원이 비효율적으로 배분된다. 그 결과 자원배분이 총효용가능경계선상에 놓이지 않는다. 13.1에서 다룬 완전경쟁의 조건과 13.4에서 다룬 완전경쟁시장에 대한 평가를 염두에 두고 시장실패를 유발하는 요인들과 그 이유를 검토해 보자.

> 🌱 **시장실패**(market failure) 시장기능에 맡겼을 때 자원이 효율적으로 배분되지 못하는 것

20.6.1 불완전경쟁

후생경제학의 제1정리는 경쟁균형은 효율적이라는 것이다. 그러나 현실적으로 이러한 경쟁조건이 충족되지 않는 경우가 많다. 예를 들면 독점이나 과점 등 기업들이 나름대로의 독점력을 지니는 경우이다. 독점의 경우 생산자는 $MR = MC$ 수준에서 이윤극대화 수량을 생산한다. 이때 가격 p는 MC보다 높게 정해진다. 그런데 소비자는 한계편익(MB)이 p와 같아지도록 선택한다. 그 결과 $(p =)MB > MC(= MR)$이 성립하기 때문에 비효율이 존재한

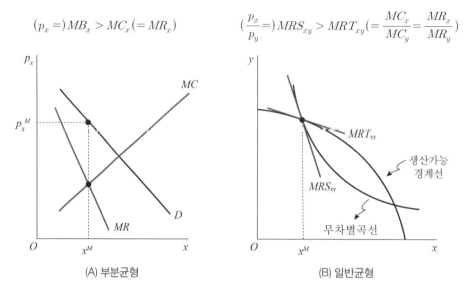

그림 20-13 X재 산업이 독점일 경우의 비효율: 부분균형과 일반균형

$$(p_x =)MB_x > MC_x(= MR_x)$$

$$(\frac{p_x}{p_y}=)MRS_{xy} > MRT_{xy}(= \frac{MC_x}{MC_y} = \frac{MR_x}{MR_y})$$

(A) 부분균형

(B) 일반균형

독점의 경우 생산의 효율과 교환의 효율은 달성되지만 종합적 효율이 달성되지 않는다.

다. X재 시장이 독점일 경우에 대해서 이러한 내용들이 [그림 20-13(A)]에 나타나 있다.

한편 일반균형 차원에서 본다면, X와 Y의 두 산업 중에서 X산업이 독점일 경우, 위 결과는 [그림 20-13(B)]로 나타난다. 이때 MRS_{xy}가 MRT_{xy}보다 크며 따라서 종합적 효율이 달성되지 않는다(이때 X재 산출량은 효율적인 수량보다 적지만 Y재 산출량은 효율적인 수량보다 많다는 점에 주목하자). 그러나 독점일 경우에도 기업들은 동일한 생산요소가격에 직면하므로 X산업의 $MRTS_{LK}^{X}$가 Y산업의 $MRTS_{LK}^{Y}$와 같아져서 생산의 효율이 달성된다. 그 결과 그림에서 보듯이 산출물묶음은 생산가능경계선상에 놓인다. 나아가서 독점일 경우에도 모든 소비자들은 두 상품에 대해 동일한 상대가격에 직면하므로 모든 소비자들의 MRS_{xy}가 같아져서 교환의 효율이 달성된다.

20.6.2 공 공 재

국방서비스나 공중보건서비스와 같은 상품은 지금까지 분석 대상으로 삼은 상품들과 다른 성격을 지니고 있다. 즉 여러 사람들이 공동으로 소비하며, 또한 어떤 사람이 새로이 소비에 참여하더라도 다른 사람들이 소비할 수 있는 수량이 줄어들지 않는다. 이러한 특성을 지닌 상품을 **공공재**(public goods)라고 한다. 공공재는 그 특성상 어느 누구를 소비에서 배제시킬 수가 없다. 그 결과 사람들은 공공재 소비를 위해 자신의 선호를 드러내지 않고 **무임승차자**(free rider)가 되려고 한다. 이것은, 가격지불이라는 형태로 자신의 선호를 나타내는 **사적재**(private goods)의 경우와 대조된다. 결과적으로 공공재의 경우 시장이 존재하지 않으며 가격기능이 작동할 수 없다(21장 참조).

20.6.3 외부효과

기업의 생산활동이나 소비자의 소비행위가 다른 경제주체에게 부정적이거나 긍정적인 영향을 주지만 시장내부에서 그 보상이 적절히 이루어지지 않는 경우가 있다. 이 경우 **외부효과**(externalities)가 존재한다고 말한다. 예를 들어 어떤 기업이 상품을 생산하면서 공해를 유발하는 경우, 정부의 개입이 없다면, 기업 스스로가 그 공해를 줄이려고 하지는 않는다. 사회적으로 볼 때 이러한 공해를 제거하려면 비용이 든다. 이러한 측면에서 이 기업의 생산활동은 **사회적 비용**(social cost)을 유발한다. 그러나 이 기업은 자신의 이윤을 극대화하는 데에 목표를 두고 있기 때문에 사회적 비용을 자신의 비용으로 고려하지 않는다. 그 결과 상품은 효율적인 수준보다 많이 생산된다. 이때 비효율이 발생하는 원인은, '공해가 거래되는 시장'이 존재하지 않으며 그 결과 공해에 대해 가격기능이 작동하지 못하기 때문이라고 할 수 있다(22장 참조).

20.6.4 불확실성

지금까지는 **불확실성**(uncertainty)이 존재하지 않는 경우만을 분석 대상으로 하였다. 그러나 현실적으로는 불확실성이 존재하는 경우가 일반적이다. 예를 들면 사고가 발생할지 아닐지, 어느 정도의 사고가 날지 등이 불확실하다. 이 경우 상품은 발생하는 상황에 따라 그 가치가 달라진다고 볼 수 있다. 예를 들어 비가 올 때의 우산과 비가 오지 않을 때의 우산의 가치는 다르다. 사고가 났을 때의 보험증권과 사고가 나지 않았을 때의 보험증권의 가치도 다르다. 사고의 규모에 따라서도 보험증권의 가치가 달라진다. 이처럼 불확실성이 있을 경우에는 같은 상품이라도 상황에 따라 다른 상품으로 분류되는데, 이러한 상품을 **상황조건부상품**(state contingent commodity)이라고 한다. 불확실성이 있을 경우에도 상황조건부상품시장이 완전하면 시장이 실패하지 않는다. 그러나 현실적으로는 비대칭정보로 인한 **역선택**(adverse selection), **도덕적 해이**(moral hazard) 때문에 완전한 상황조건부상품시장이 존재하지 못하며 그 결과 자원이 효율적으로 배분되지 못한다(23장 참조).

20.6.5 비대칭정보

　　지금까지는 거래당사자들이 완전한 정보를 가지고 있는 경우들에 대해서 분석하였다. 그러나 현실적으로는 거래당사자들이 가지고 있는 정보의 양이 다른 경우가 많다. 이것을 **비대칭정보**(asymmetric information)라고 한다. 비대칭정보의 유형은 상대방의 특성이나 상품의 특성을 관찰할 수 없는 경우와 상대방의 행위를 관찰할 수 없는 경우로 나눌 수 있다. 예를 들어 소비자는 한우와 수입쇠고기를 구분할 수 없다. 이것은 특성을 알 수 없는 경우에 해당한다. 이 경우 한우는 자취를 감추고 수입쇠고기만 판매된다. 한편 근로자가 최선을 다해서 일하는지 아닌지를 고용주로서는 알 수 없다. 이것은 행위를 관찰할 수 없는 경우에 해당한다. 이 경우 근로자는 최선을 다하는 척하면서 자신의 효용을 극대화하려는 유인이 존재하는데, 이때 근로자의 행위를 관찰할 수 없기 때문에 그의 노력에 해당하는 보수를 지급하는 것이 불가능하다. 정보가 비대칭일 경우 그 유형이 어느 것이든, 이렇듯 자원이 효율적으로 배분되지 못한다(24장 참조).

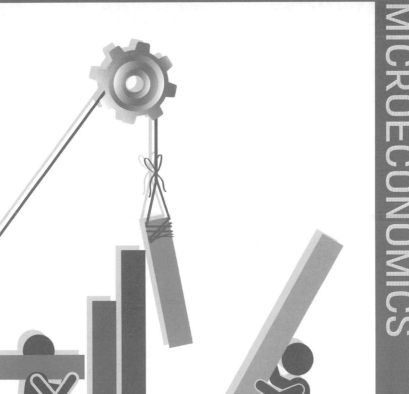

MICROECONOMICS

제6편

공공재 및 외부효과:
시장실패

　　지금까지는 주로 시장기구가 자원을 효율적으로 배분하게 되는 경우에 관심을 집중하였다. 그런데 때로는 시장기능에 그대로 맡겨 두었을 때 자원이 비효율적으로 배분되는 경우가 있다. 즉 시장이 실패하는 경우가 있다. 그 요인들로는 불완전경쟁, 공공재, 외부효과, 불확실성, 그리고 비대칭정보 등을 들 수 있다. 이 중에서 불완전경쟁에 관해서는 이미 다루었다. 그러므로 여기서는 공공재와 외부효과에 대해 다룰 것이다. 불확실성과 비대칭정보에 대해서는 그 특성상 편을 바꾸어 다음 편에서 다루기로 한다.

　　(1) 공공재는 어떠한 특성을 지니고 있으며 그 공급의 효율 조건은 어떠한가에 대해서 살펴본다. 이어서 공공재에 직면하여 시장기능에 맡겨 놓을 경우 자원이 효율적으로 배분되지 못하는 이유는 무엇인가에 대해서 살펴본다. 결국 공공재를 얼마나 공급할 것인가에 대한 의사결정은 정치과정을 통해 이루어진다. 그런데 이러한 문제를 본격적으로 다루는 것이 공공선택이론이다. 특히 여기서 시장뿐만 아니라 정부도 실패할 수 있다는 사실에 주의를 환기시킬 것이다.

　　(2) 외부효과가 존재할 경우에는 자원이 왜 효율적으로 배분되지 못하는가, 그리고 어떻게 이 문제를 해결할 수 있는가도 우리의 관심사이다. 특히 외부효과가 정부의 개입 없이 사적으로 해결될 수 있느냐에 대해서 여러 각도에서 조명해 볼 것이다. 아울러 그 한계점들에 대해서도 검토한다. 이어서 정부가 개입하여 외부효과를 해결하는 방법에는 어떠한 것들이 있으며 그 특성은 어떠한가에 대해서 살펴본다. 특히 대기나 수질오염 등과 같은 공해가 심각한 사회문제로 대두되는 요즈음, 이 같은 논의는 더욱 피부에 와 닿을 것으로 생각된다.

공공재와 공공선택: 무임승차

MICROECONOMICS

이번 장에서 논의할 공공재는 지금까지 논의해 온 상품들과는 다른 독특한 성질을 지니고 있다. 이러한 공공재가 존재할 경우 효율 조건은 어떻게 바뀌는가? 또한 이 효율 조건이 시장기능을 통해 달성될 수 있는가? 이러한 질문들이 우리가 답해야 할 것들이다.

결론부터 말하면, 공공재의 경우 무임승차하려는 경향 때문에 자원이 비효율적으로 배분된다. 즉 공공재가 존재할 경우에는 시장이 실패한다. 이러한 이유 때문에 공공재는 정부가 공급한다.

이때 공공재에 대한 각 개인들의 선호순서를 하나의 총체적인 사회선호순서로 바꾸어 주어야 한다. 이러한 분야를 다루는 것이 공공선택이론이다.

무엇을 공부할 것인가

1. 공공재의 성격이 사적재의 성격과 크게 다른 점은 무엇인가?
2. 공공재 공급의 효율 조건은 무엇인가? 사적재의 경우와 달라지는 이유는 무엇인가?
3. 공공재의 수요곡선을 구할 때 사적재의 경우와 다른 점은 무엇인가?
4. 시장기능을 통해 공공재 공급의 효율 조건이 달성되지 못하는 이유는 무엇인가? 즉 공공재가 있을 경우 시장이 실패하는 이유는 무엇인가?
5. 공공재는 어떠한 과정을 통해 공급되는가?
6. 공공선택이론이란 무엇인가?
7. 다수결투표 균형의 특성은 어떠하며 이와 관련하여 애로우의 불가능성정리가 말하는 바는 무엇인가?
8. 대의민주정치에서 정책결정을 어렵게 만드는 요인은 무엇인가?
9. 정부가 실패하는 이유는 무엇인가? 그 대책은 무엇인가?

21.1 공공재의 성격과 유형

21.1.1 공공재의 성격

우리가 지금까지 논의한 대부분의 재화나 서비스의 경우 그 값을 지불하지 않으면 그 소비로부터 배제되었다. 또한 누군가 그것을 소비하면 다른 사람은 소비할 수 없었다. 이러한 재화나 서비스를 **사적재**(private goods)라고 한다. 그러나 국방서비스 같은 공공재는 이와는 다른 특성을 지니고 있다.

> 🌱 **공공재**(public goods) 일단 공급되면 그 소비로부터 누구를 배제시키는 것이 불가능하거나 가능하더라도 상당한 비용이 들며 또한 어떤 사람이 추가로 소비에 참여하더라도 기존 소비자들이 소비할 수 있는 수량이 줄어들지 않는 재화나 서비스

예를 들어 국방서비스의 경우 일단 생산되어 공급되면 그 값을 지불했는가에 관계없이 그로부터 편익을 얻는다. 공공재의 이러한 특성을 **비배제성**(nonexclusivity)이라고 한다. 공공재는 이러한 특성 외에 소비에서 **비경합성**(nonrivalness)이라는 특성도 지니고 있다.

소비에서 비경합적이라는 말이 뜻하는 바를 살펴보자. 대부분의 재화나 서비스의 경우 어떤 소비자가 추가로 소비에 참여하면 그가 소비할 재화나 서비스를 생산해야 한다. 이 때문에 추가로 비용이 든다. 그러나 공공재의 경우는 그렇지 않다. 예를 들어 국방서비스를 생각해 보자. 이 경우에는 일단 공급되면 어떤 한 사람이 추가로 소비에 참여하더라도 기존의 소비자들 중 어느 누구의 소비도 줄어들지 않는다. 비경합적이라는 것은 이처럼 어떤 소비자가 추가로 소비에 참여하더라도 사회적으로 볼 때 비용이 더 들지는 않는다는 것이다.

21.1.2 공공재의 유형

(1) 순수공공재

비배제성과 비경합성의 두 가지 성격을 모두 완전하게 지니고 있는 재화나 서비스를 특히 **순수공공재**(pure public goods)라고 한다. 국방, 공중보건이 그 예이다. 이러한 재화나 서비스는 배제가 불가능하다. 아울러 추가로 한 사람이 소비에 참여하더라도 추가로 드는 한계비용은 0이라는 특성을 지니고 있다. 그런데 바로 이러한 특성들 때문에 현실적으로 순수공공재는 상당히 드물다.

순수공공재에 대비하여 배제도 가능하고 경합성도 있는 재화나 서비스를 순수사적재 (pure private goods)라고 한다. 대부분의 재화나 서비스들이 이에 해당된다는 것은 이미 알고 있는 사실이다. 순수사적재는 그 값을 지불하지 않은 소비자를 배제시키는 데 드는 비용이 아주 작다. 그리고 추가로 어떤 사람이 소비에 참여할 경우 그가 소비할 재화나 서비스를 추가로 생산해야 한다. 이 때문에 비용이 그만큼 더 든다.

(2) 비순수공공재

한편 공공재의 두 가지 특성 중 어느 하나만을 지니거나 특성의 정도가 완전하지 않은 재화나 서비스도 있다. 이러한 것들은 **비순수공공재**(impure public goods)라고 한다. 예를 들면 맑은 하천이 이에 해당한다. 하천은 그 사용으로부터 누구를 배제시키는 것이 불가능하거나 혹은 상당한 비용이 든다. 이러한 측면에서 하천은 비배제성을 지닌다. 그러나 하천을 사용하는 사람의 수가 늘어날수록 하천은 점점 더 많이 오염된다. 즉 사회적 비용이 증가한다. 이처럼 추가로 드는 한계비용이 0이 아니라는 측면에서 경합성이 있다고 볼 수 있다. 비순수공공재의 또 다른 예로서 통행이 적은 한산한 도로를 들 수 있다. 이 경우 통행이 조금 증가하더라도 그로 인한 한계비용은 거의 발생하지 않으므로 경합성은 없다. 그러나 톨게이트를 세우면 통행료를 지불하지 않는 소비자를 배제시킬 수 있으므로 배제성이 있다.

21.2 공공재 공급의 효율 조건

효율 조건과 관련시켜 볼 때 공공재는 여러 사람이 함께 소비할 수 있어서 그로부터 여러 사람이 함께 편익을 얻는다는 것이 핵심이다. 앞으로 진행되는 논의를 그때 그때 사적재의 경우와 비교해서 이해해 두자.

21.2.1 사회적 개념의 파레토효율: 일반균형분석

앞 장에서 배운 사적재의 파레토효율 조건을 되새겨 보자. (1) 각 개인들의 한계대체율이 서로 같아야 한다. (2) 각 상품들의 기술적 한계대체율이 같아야 한다. (3) 한계대체율이 한계변환율과 같아야 한다. 이제 공공재의 경우에는 효율 조건이 어떻게 달라지는가에 대해서 살펴보기로 하자.

(1) 사회적 한계대체율

먼저 공공재가 존재할 경우에는 파레토효율 조건들을 사회적 개념에서 새롭게 정의해야 한다. 그런데 생산물묶음이 바뀔 경우 사적재와 공공재 사이에서 자원을 재배분하는 것은 사적재들 사이에서 자원을 재배분하는 것과 그 유형이 같다. 그러므로 이때 한계변환율에는 문제가 발생하지 않는다.[1] 두 상품의 경우를 예로 들어보자. 사적재인 냉장고를 더 생산하려면 자동차 생산을 일부 포기해야 한다. 이와 마찬가지로 공공재인 탱크를 더 생산하려 해도 사적재인 자동차 생산을 일부 포기해야 한다는 것이다.

그러나 이와는 달리 공공재와 사적재 사이의 **사회적 한계대체율**에는 문제가 발생한다. 그 이유를 살펴보자. 사적재와는 달리 공공재의 경우 어느 누구도 그 편익으로부터 배제되지 않는다. 즉 공동으로 소비된다. 그러므로 공공재 추가 1단위로부터 얻는 사회적 한계편익은 각 개인들이 얻는 한계편익을 합한 것과 같다. 이 때문에 문제가 발생한다는 것이다.

예를 들어 총 4백만 명이 공공재인 댐으로부터 식수, 공업용수, 농업용수, 홍수 및 가뭄예방 등의 편익을 얻는다고 하자. 이때 각 개인이 댐으로부터 이러한 편익을 얻기 위해서 빵 1개를 기꺼이 포기할 의향이 있다고 하자. 그러면 댐과 빵 사이의 **사적 한계대체율**은 1이된다. 그러나 4백만 전체로 보면 추가로 댐 1개를 더 얻기 위해 빵 4백만 개를 기꺼이 포기할 의향이 있는 셈이다. 그러므로 댐과 빵 사이의 사회적 한계대체율은 4백만이 된다.

> 🌱 **사회적 한계대체율**(social marginal rate of substitution: $SMRS$) 공공재를 추가로 한 단위 더 얻고자 할 때 그 대신 사회구성원 전체로 볼 때 기꺼이 포기할 의향이 있는 사적재의 수량

(2) 파레토효율 조건

이제 앞의 예에서 댐을 추가로 한 개 더 건설하는 데 드는 자원은 빵 3백만 개를 더 생산하는 데 드는 자원과 같다고 하자. 그러면 한계변환율(MRT)은 3백만이 된다. 이때 댐 건설을 시장기구에 맡길 경우 댐이 건설되겠는가? 물론 건설되지 않는다. 그 이유를 살펴보자. 댐을 개인 기업이 건설하려면 빵 3백만 개를 포기해야 하므로 빵 3백만 개에 해당하는 값을 받아야 한다. 그런데 각 개인으로서는 댐으로부터 편익을 얻기 위해 빵 1개만을 포기할 의향이 있다. 그러므로 이 댐은 시장에서 거래되지 않으며 따라서 건설되지도 않는다.

---

1 공공재는 비경합성을 지닌다. 그리하여 공동소비되며 또한 공동소비되는 것이 효율적이다. 그러므로 공공재의 경우 '교환'을 통해 더 나아질 수 있는 여지가 없다. 따라서 교환의 효율 조건을 논의하는 것이 무의미하다. 한편 공공재를 생산할 때에도 비용극소화 원리가 만족되도록 생산요소를 배분해야 한다. 그러므로 공공재가 있을 경우에도 생산의 효율 조건이 사적재만 있는 경우와 달라지지 않는다.

그러나 이러한 상황에서 댐이 건설되지 않는 결과는 사회적 관점에서 볼 때에는 분명히 비효율적이다. 왜냐하면 사회 전체적으로는 댐을 1개 더 건설하기 위해 빵 4백만 개를 기꺼이 포기할 의향이 있는데, 댐을 1개 더 건설하려면 빵 3백만 개만을 포기하면 되기 때문이다. 이처럼 SMRS가 MRT를 초과한다는 것은 사회 전체로 볼 때 포기해야 하는 것보다 더 많은 양을 포기할 의향이 있다는 것을 의미한다(즉, 댐 추가 1개에 대한 사회적 편익이 기회비용보다 크다는 것이다). 이러한 측면에서 볼 때 SMRS가 MRT보다 클 경우 자원배분의 효율을 위해서는 추가로 댐을 건설해야 한다. 그리하여 SMRS가 MRT와 같아지도록 해야 한다.

댐 건설이 증가함에 따라 소비자가 댐에 부여하는 가치는 체감한다. 그러므로 개인의 한계대체율은 체감하며, 이에 따라 SMRS가 체감한다. 반면에 댐 건설이 증가함에 따라 댐 건설의 기회비용은 점점 더 커진다. 그 결과 MRT도 점점 커진다. 그리하여 마침내 SMRS와 MRT가 일치하는 수준에 이르게 된다. 같은 논리로 SMRS가 MRT보다 작을 경우에는 SMRS가 MRT와 같아지는 수준까지 댐 건설을 감소시켜야 한다.

이렇게 볼 때 사회적 관점에서 공공재에 대한 파레토효율 조건은

$$SMRS(= \sum MRS) = MRT \tag{21.1}$$

이다. 이러한 조건을 **사무엘슨 조건**(Samuelson condition)이라고 한다. 공공재를 G라고 표시하고 사적재를 X라고 표시하자. 그리고 그 수량을 각각 g와 x로 나타내자. 그 다음 사무엘슨 조건을 편의상 두 명의 개인에 대해서 표시하자. 그러면 사무엘슨 조건은

$$MRS_{gx}^A + MRS_{gx}^B = MRT_{gx} \tag{21.2}$$

가 된다.

(3) 소득분배와 파레토효율적 배분

다음 사항들에 주목하자.

(1) 식 (21.2)가 효율 조건이라는 것뿐이며 실제로 달성될 수는 없다. 뒤에서 다루게 될 무임승차 때문이다.

(2) 식 (21.2)를 만족시키는 자원배분은 유일하지 않다. 공공재가 있을 경우에도 사실상 파레토효율적 배분은 무수히 많다. 이것은 사적재들만 있을 경우 총효용가능경계선상에 있는 어떤 점도 모두 파레토효율적이라는 사실(20장 참조)과 대응된다. 이렇게 무수히 많은 효율적 배분들 각각은 모두 서로 다른 소득분배를 함축하고 있다. 직관적으로 살펴보자. 예를 들어 개인 A에게서 소득을 일부 떼어 개인 B에게 재분배한다고 하자. 그러면 우선 적어도

개인 A의 사적재에 대한 수요량이 달라질 것이다. 이것은 공공재와 사적재에 대한 개인 A의 한계대체율이 달라진다는 것을 함축한다. 같은 논리로 개인 A에게서 소득을 재분배받은 개인 B의 한계대체율도 달라진다. 이때 두 개인의 달라진 한계대체율을 더한 값과 한계변환율이 같아지도록 공공재와 사적재의 공급량을 조정해 보자. 그러면 이 경우에도 파레토효율 조건이 성립한다. 결과적으로 볼 때 소득분배가 달라지면 그에 대응해서 파레토효율 조건을 만족시키는 또 다른 자원배분이 생겨난다는 것을 알 수 있다.

📑 예제 21.1 공공재 공급의 효율—일반균형분석

A와 B는 서로 이웃에 살고 있다. 그런데 도로에서 각자의 집으로 가려면 어두운 골목길을 통과해야 한다. A의 효용함수는 $U_A(x,\ y_A) = x^{\frac{1}{2}} y_A^{\frac{1}{2}}$이고 B의 효용함수는 $U_B(x,\ y_B) = x^{\frac{1}{2}} y_B^{\frac{1}{2}}$이라고 한다. 여기서 x는 가로등의 수를 나타내고 y_A, y_B는 각자 자신이 소비하는 다른 상품의 수량을 나타낸다. A와 B는 각자 400만원을 소비할 수 있다고 하자. 가로등을 1개 설치하는 데에는 20만원이 든다. 상품 Y의 가격은 4만원이라고 하자. 이때 파레토효율적인 자원배분을 구하시오.

풀이 $MRS_A = \dfrac{MU_x}{MU_{y_A}} = \dfrac{\frac{1}{2} x^{-\frac{1}{2}} y_A^{\frac{1}{2}}}{\frac{1}{2} x^{\frac{1}{2}} y_A^{-\frac{1}{2}}} = \dfrac{y_A}{x}$ (1)이다. 같은 방법으로 $MRS_B = \dfrac{y_B}{x}$ (2)이다. 그러므로 $SMRS = MRS_A + MRS_B = \dfrac{y_A + y_B}{x}$ (3)으로 구해진다. 한편 $MRT = \dfrac{MC_x}{MC_y} = \dfrac{MC_x}{p_y} = \dfrac{20}{4}$ (4)이다. 이때 효율조건은 $MRS_A + MRS_B = MRT$ (5)이다. 이제 (3)과 (4)를 (5)에 대입하면 $\dfrac{y_A + y_B}{x} = 5$ (6)을 얻는다. 그런데 개인들은 합계 800만원을 쓸 수 있다. 그러므로 사회적으로 볼 때 예산제약식은 $20x + 4(y_A + y_B) = 800$ (7)이 된다. (6)과 (7)로부터 $x^* = 20$, $y_A^* + y_B^* = 100$을 얻는다. 이 관계가 바로 파레토효율적 배분들을 나타낸다. 이것은 사적재만 있을 경우의 계약곡선에 대응된다. 한편 파레토효율적 배분들은 최초 부존배분과는 관계없이 정해진다는 것에 다시 한 번 주목하자.

21.2.2 공공재의 수요곡선과 공급곡선: 부분균형분석

앞에서는 일반균형분석의 관점에서 분석하였다. 그런데 이러한 원리는 다음과 같이 부분균형분석 방법을 이용하여 설명할 수도 있다. 즉 수요곡선과 공급곡선을 이용하여 설명할 수도 있다.

(1) 공공재의 수요곡선

우리는 지금 MRS^A곡선과 MRS^B곡선을 공공재에 대한 각 개인의 보상수요곡선으로 해석할 수 있다는 것을 보이려고 한다. 일반적으로 보상수요곡선은 해당 상품의 가격이 변화한 후에도 동일한 효용을 누릴 수 있도록(즉, 동일한 무차별곡선상에 놓일 수 있도록) 소득을 보상해 줄 때 수요량이 어떻게 변화하는가를 나타낸다(6장 참조). 이렇게 볼 때 공공재의 보상수요곡선은 무차별곡선상의 각 점에서 측정한 MRS와 그 점에 대응하는 공공재 수요량의 순서쌍들의 집합으로 나타난다([부록 6.3]의 그림 C 참조).[2] 따라서 MRS^A곡선은 공공재에 대한 개인 A의 보상수요곡선으로 볼 수 있다. 마찬가지로 MRS^B곡선은 공공재에 대한 개인 B의 보상수요곡선으로 볼 수 있다. 이러한 공공재에 대한 개별수요곡선이 [그림 21-1]에 각각 D_A, D_B로 표시되어 있다. D로 표시된 수요곡선은 이들 개별수요곡선들을 수직으로 합하여 구한 것이다.[3] 수직으로 합하는 방법은 [부록 11.3] 및 [예제 21.3]을 참조하자.

그림 21-1 **공공재 공급의 효율**

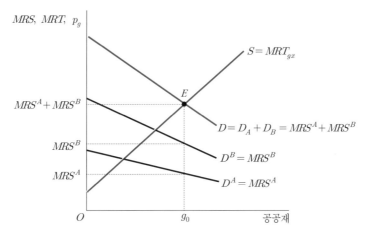

공공재는 공동소비되기 때문에, 보상수요곡선들을 수직으로 합하여 수요곡선을 얻는다. 이러한 수요곡선과 공급곡선이 교차하는 곳에서 효율이 달성된다. 그러나 무임승차 때문에 이러한 효율이 시장을 통해서 달성되지는 못한다.

---

2 이때 MRS는 조세가격으로 해석될 수 있다. 공공재는 시장에서 거래되지 않으므로 가격이 존재하지 않는다. 그 대신 공공재 한 단위를 소비하기 위해 어느 만큼의 조세를 납부해야 하는가가 문제된다. 이러한 측면에서 공공재 한 단위를 소비하기 위해 납부해야 하는 조세를 조세가격(tax price)이라고 한다.

3 그런데 공공재에 직면하여 각 개인은 무임승차자가 되기 위해 자신의 진실된 수요를 말하지 않기 때문에 정부로서는 개인들의 진실된 MRS를 알 수 없다. 이 문제와 관련해서는 뒤에 다시 논의할 것이다.

공공재의 수요곡선은 이처럼 개별 소비자들의 수요곡선을 수직으로 합하여 구한다. 그 이유를 살펴보자. 각 개인들은 공공재를 똑같은 양만큼 공동으로 소비하게 된다. 그러므로 어떤 수량의 공공재에 대해 사회가 부여하고 있는 가치를 구하려면 각 개인들이 거기에 부여하고 있는 가치를 합해야 한다. 그런데 각 개인이 어떤 수량의 공공재에 부여하고 있는 가치(한계지불의향)는 가로축에서 자신의 수요곡선에 이르는 높이로 나타난다. 이것이 바로 공공재의 수요곡선을 구할 때 개별수요곡선들을 수직으로 합하여 구하는 이유이다. 이것은 사적재 시장의 경우와 대조된다. 즉 우리가 이미 배웠듯이 사적재의 경우에는 소비자들이 동일한 가격에 서로 다른 수량을 소비하므로 시장수요곡선을 구하려면 개별수요곡선들을 수직이 아니라 수평으로 합한다.

(2) 공공재의 공급곡선

MRS곡선이 공공재에 대한 보상수요곡선으로 해석될 수 있다는 것을 알았다. 그런데 MRT곡선은 공공재에 대한 공급곡선으로 해석될 수 있다. 이에 대해 살펴보자. $MRT_{gx} = \dfrac{MC_g}{MC_x}$이다. 여기서 사적재의 가격을 기준가격인 1로 놓자. 그러면 경쟁기업의 이윤극대화 조건인 $p_x = MC_x$에 따라 $MC_x = 1$이 된다. 이것을 위 식에 대입하면 $MRT_{gx} = MC_g$가 된다. 그러므로 MRT는 바로 공공재 생산에 드는 한계비용과 같아진다. 그런데 한계비용곡선이 바로 공급곡선이다. 그러므로 MRT와 그에 대응하는 공공재 수량의 순서쌍들의 집합이 바로 공급곡선이 된다. 이러한 공공재에 대한 공급곡선이 [그림 21-1]에 곡선 S로 그려져 있다.

(3) 균형 및 특성

점 E에 대응하여 효율 조건을 만족시키는 공공재의 공급량 g_0가 결정된다. 이때 개인 A는 공공재 g_0의 가치를 MRS^A로 평가하며 개인 B는 MRS^B로 평가하고 있다.

이러한 결과가 지니는 의미를 사적재 시장의 경우와 비교해 보자. 사적재를 구입할 때 각 개인들은 똑같은 가격을 낸다. 또한 사적재는 완전한 배제성을 지닌다. 이 때문에 시장수요를 구할 때 개별 수요를 수평으로 합하였다. 결과적으로 사적재의 경우 개별 소비자는 시장에서 같은 가격에 서로 다른 양을 소비하게 된다. 반면에 공공재의 경우에는 각 개인들은 똑같은 양을 소비하며 또한 함께 소비한다. 그러나 그 똑같은 양의 공공재에 각 개인들이 부여하는 가치는 서로 다르다.

한편 부분균형의 관점에서 본다면 MRS는 한계편익으로 해석할 수 있다. 그러므로 MRS곡선은 한계편익곡선(marginal benefit curve: MB곡선)으로 해석할 수 있다. 또한 부분균형의 관점에서 본다면 MRT는 한계비용(MC)으로 해석할 수 있다. 이러한 해석에 비추어 보면, [그림 21-1]에 있는 수요곡선과 공급곡선이 만나는 점 E에서는 개인들의 한계편익을 합한 것과 한계비용이 일치한다. 같은 맥락으로 부분균형차원에서 볼 때 식 (21.1)은

$$\sum MB = MC$$

로 바꿔 쓸 수 있다.

📋 **예제 21.2 공공재 공급의 효율―부분균형분석**

어떤 아파트에 1,000가구가 살고 있다. 그런데 각 가구는 방범등의 총수량에 관계없이 방범등을 추가로 하나 설치하는 데 1만원씩 납부할 용의가 있다고 한다. 한편 방범등 공급에 대한 비용함수는 $c(x) = 100,000x^2$이라고 한다. 여기서 x는 방범등을 나타낸다. 파레토효율 조건을 만족시키는 방범등 수량을 구하시오.

KEY 사적재의 가격을 1로 놓으면 사뮤엘슨 조건은 사실상 '한계편익의 합=한계비용'이 된다.

풀이 사적재의 가격을 1로 놓자. 그러면

$$\sum MRS = \sum MB = (1,000)(10,000)$$
$$MRT = MC = 200,000x$$

가 된다. 공공재 공급의 효율조건을 나타내는 $\sum MRS = MRT$로부터 $x^* = 50$을 얻는다.

📋 **예제 21.3 공공재 균형과 사적재 시장균형 비교**

경제 내에 두 개인 A, B가 있다고 하자. 공원에 나무를 심고자 하는데 나무에 대한 각 개인의 수요곡선은 $q_A = 400 - p_A$, $q_B = 600 - p_B$라고 한다. 한편 나무의 시장공급곡선은 $Q = 100 + \frac{1}{2}p$이다.

a. 공원의 나무를 순수공공재라 할 때 효율적인 수량을 구하시오.
b. 공원의 나무가 사적 시장에서 공급될 때 공원의 나무 수량 및 각 개인의 수요량을 구하시오. 이 때 수량을 문항 a에서 구한 수량과 비교하시오.

KEY 공공재의 수요곡선을 구할 때와 사적재의 수요곡선을 구할 때의 차이점을 상기하자.

풀이 $q_A = 400 - p_A$ (1), $q_B = 600 - p_B$ (2), $Q_s = 100 + \dfrac{1}{2}p$ (3)으로 주어져 있다.

a. 공공재의 경우 같은 양만큼 공동으로 소비한다. 그러므로 공공재의 소비량을 Q_d라 하면 $Q_d = q_A = q_B$ (4)이다. 이때 개인 A의 한계평가는 $p_A = 400 - Q_d$ (5), 개인 B의 한계평가는 $p_B = 600 - Q_d$ (6)이다. 한편 총한계평가(수요곡선)는 각 개인의 한계평가를 합하여 구한다. 공공재는 공동으로 소비하기 때문에 주어진 수량에 대해 각 개인이 얻는 편익을 합해야 하기 때문이다. 이것을 수식으로 구하면

$$p = p_A + p_B = 1{,}000 - 2Q_d \ (Q_d \leq 400), \ P = 600 - Q_d \ (Q_d > 400) \tag{7}$$

이 된다. 그래프상으로는 각 개인의 수요곡선을 수직으로 합한 것으로 나타난다. 이제 공공재의 균형수량을 구하려면 이 식과 공급곡선을 나타내는 (3)을 연립으로 풀어야 한다. 두 식에서 변수는 3개, 미지수는 2개이다. 그러므로 식 1개가 더 필요하다. 그런데 균형에서는 $Q_d = Q_s = Q$ (8)이 성립한다. 그러므로 (3), (7) 그리고 (8)로부터 $Q^0 = 300$을 얻는다.

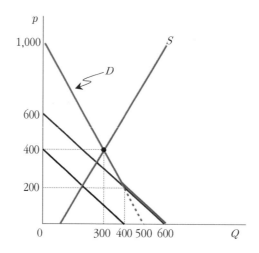

b. 사적재 시장에서 각 개인은 가격수용자로 행동하며 동일한 가격에 직면한다. 그러므로 각 개인이 직면하는 가격을 p라 하면 $p = p_A = p_B$ (9)가 성립한다. 이때 개인 A의 수요는 $q_A = 400 - p$ (10), 개인 B의 수요는 $q_B = 600 - p$ (11)이다. 따라서 시장수요는 각 개인의 수요를 합하여 구한다. 수식으로 구하면

$$Q_d = 600 - p \ (Q_d \leq 200), \ Q_d = q_A + q_B = 1{,}000 - 2p \ (Q_d > 200) \tag{12}$$

가 된다. 그래프상으로는 각 개인의 수요곡선을 수평으로 더한 것이 된다.

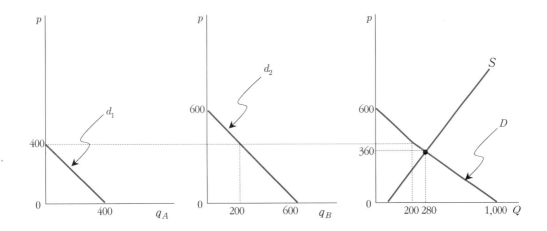

이때에도 균형식 $Q = Q_s = Q_d$가 필요하다. 이 균형식과 공급과 수요를 나타내는 (3), (12)식으로부터 $p^* = 360$, $Q^* = 280$을 얻는다. 이때의 가격을 (10)식과 (11)식에 각각 대입하면 $q_A^* = 40$, $q_B^* = 240$을 얻는다. 한편 사적 시장에서의 공급량 280은 공공재라고 가정할 때의 효율적 공급량 300에 비해 적다. 바꾸어 말하면 공공재가 사적재 시장의 원리에 따라 공급된다고 가정할 경우 공급 수량은 효율적인 수량에 미치지 못한다는 것이다. 그 직관적인 이유를 살펴보자. 공공재는 공동으로 소비된다. 그러므로 각 개인의 공공재 소비는 상대방에게 편익을 제공한다. 사회적인 관점에서 볼 때에는 이러한 편익도 고려되어야 한다. 그러나 각 개인이 소비할 경우에는 이처럼 다른 사람에게 주는 편익은 고려하지 않는다. 그 결과 사회적인 측면에서 볼 때의 효율적인 수준에 비해서는 적게 공급된다.

21.3 공공재와 시장실패

공공재가 존재할 경우에는 시장기능에 맡겼을 때 앞에서 분석한 효율 조건이 달성되지 않는다. 여기에 문제의 심각성이 있다. 특히 앞서 말한 비배제성, 비경합성이라는 두 가지 특성이 시장실패를 유발한다. 바로 이러한 이유 때문에 공공재는 정부가 공급하게 된다.

21.3.1 비배제성과 시장실패

먼저 비배제성의 경우를 살펴보자. 배제가 불가능할 경우 공공재는 시장기능을 통해서는 파레토효율 수준으로 공급될 수 없다. 그 이유는 무엇일까? 배제가 불가능할 경우 그 값을 지불했는가에 관계없이 누구도 그 재화나 서비스의 편익으로부터 배제되지 않는다. 그러면 각 개인에게는 **무임승차자**가 되려는 유인이 존재한다. 이것이 바로 그 이유이다.

> 🏭 **무임승차자**(free rider) 누군가 다른 사람들이 그 재화나 서비스 공급에 기여할 것이라고 생각함으로써, 공급에 자발적으로 기여하지 않고 그 편익을 무상으로 누리려고 하는 사람

무임승차자가 되고자 하는 이러한 유인은 공공재 공급에 자원이 효율적인 수준보다 적게 배분되는 결과를 낳는다.

다시 말하면 공공재의 경우 종합적 효율 조건을 만족시키는 만큼 공공재를 공급하려면 식 (21.1)에서 보듯이 각 개인들의 한계대체율을 알아야 한다. 그런데 각 개인은 공공재가 어차피 공동소비된다는 것을 알고 있다. 이러한 상황에서 자신의 선호를 말하는 것은 공연히 공공재 공급비용에 대한 자신의 분담몫만 늘릴 우려가 있다. 따라서 어느 누구도 자신의 선호를 자발적으로 나타내지 않는다. 그리하여 공공재에 대해서는 진실된 선호를 파악하는 데에 어려움이 따른다.

이와 대조적인 사적재의 경우를 보자. 이 경우 개인은 상품의 추가 한 단위에 대해 자신이 부여하는 가치를 시장가격과 비교한다. 그리하여 그 두 값이 같아질 때까지 상품을 구입한다. 이 과정에서 개인은 그에 상응하는 가격을 지불함으로써 자신의 선호를 나타낸다. 이때 자신의 선호를 거짓으로 나타내어 이득을 볼 수 있는 여지가 없기 때문에 선호를 진실되게 나타낸다.

한편 공공재는 그 소비로부터 누구도 배제되지 않는다고 하였다. 이 때문에 공공재를 공급하는 데 어떤 개인이 기여하는 행위는 다른 사람에게도 편익을 주게 된다. 이러한 측면에서 공공재의 비배제성은 특수한 외부효과를 낳는다고 볼 수 있다.[4] 한편 공공재를 공급할 때 사회적인 관점에서는 이러한 편익도 고려되어야 한다. 그러나 개인으로서는 어차피 그러한 편익을 제공하는 데 대한 대가를 받지 못한다. 따라서 개인은 그러한 편익은 고려하지 않는다. 이러한 경향은 개인이 무임승차자가 되지 않는다 하더라도 공공재가 사회적인 관점에 비추어 볼 때 너무 적게 공급되는 결과를 낳는다.

---

4 외부효과에 대해서는 22장에서 자세히 논의할 것이다.

21.3.2 공공재 공급과 용의자의 딜레마

앞에서 공공재와 관련하여 개인들은 무임승차하려는 경향이 있다고 하였다. 이것은 다음과 같이 게임이론을 이용하여 설명할 수 있다. 공공재의 공급과 관련하여 개인이 자신의 기여분을 정할 때 상대방이 얼마나 기여할 것인가를 알지 못한다고 하자. 이 경우 각 개인은 상대방의 행위를 예상하여 자신의 최적기여분을 정하게 될 것이다. 이 경우 상대방의 행위가 자신의 기대로부터 변하하지 않을 것이라는 가정하에 자신의 최적행위를 결정할 때 이루어지는 균형이 바로 내쉬균형(Nash equilibrium)이다.

내쉬균형에서의 공공재 공급수준의 특성을 살펴보자. 각 개인은 서로 타인의 공공재 기여분에 대해 예상한다. 그런데 공공재는 공동소비되는 특성을 지니고 있다. 따라서 어떤 개인이 타인이 공공재에 기여할 것이라고 예상하면 그는 무임승차할 수 있을 것으로 기대한다. 이 경우 용의자의 딜레마 상황에 놓일 수 있다.

간단한 예로 갑, 을 두 사람이 늘 지나다니는 골목길에 보안등을 세우는 문제를 생각해 보자. [표 21-1]의 보수행렬에 그 성격이 드러나 있다. 두 사람은 각자 보안등의 설치비용을 반씩 부담하거나 전혀 부담하지 않는 두 가지의 전략을 가지고 있다. 이러한 전략적 상황에서 두 개인이 공동으로 반씩 부담하여 보안등을 세울 경우 각각 100만원의 순편익을 얻는다. 여기서 순편익을 금액으로 측정하고 있음을 눈여겨 보자. 한편 아무도 비용을 부담하지 않을 경우에는 비용부담은 없지만 보안등이 세워지지 않는다. 이때 각자의 편익은 0원이 된다. 즉 보안등을 세우지 않는 것은 비용분담을 감수하고 보안등을 세우는 것보다 서로에게 더 나쁜 상황인 것이다.

이제 자신은 비용을 부담하는데 상대방은 전혀 부담하지 않게 되는 상황을 생각해 보자. 이 경우에는 보안등이 자신이 낸 비용만으로 세워지기 때문에 시설이 변변하지 못하다. 그리하여 자신은 부담한 비용에 비해 더 적은 편익을 얻게 된다고 한다. 한편 시설 자체는 변변하지 못하지만 상대방은 비용을 한 푼도 내지 않고 그 편익을 누리게 된다. 결국 자신

표 21-1 　공공재의 공급과 용의자의 딜레마

		을	
		부담 안 함	부담
갑	부담 안 함	0(갑),　　0(을)	130(갑),　−20(을)
	부담	−20(갑),　130(을)	100(갑),　100(을)

공공재 공급 비용을 부담하지 않는 것이 각자에게 우월전략이다. 그 결과 공공재가 공급되지 않는 상태에서 우월전략균형이 달성된다. 공공재가 공급되는 것이 서로에게 더 나은 상태임에도 불구하고, 공공재가 공급되지 않는 점에 주목하자.

만 부담하는 경우에는, 상대방은 무임승차하게 되어 가장 좋아지지만 자신은 가장 나빠진다. 이때 자신은 20만원을 손해 보며 상대방은 130만원의 순편익을 얻는다.

이때 두 사람은 바로 용의자의 딜레마 상황에 놓이게 된다. 그리고 이 경우의 내쉬균형은 두 사람 모두 비용부담을 하지 않는 전략을 취할 때 달성된다. 이때의 균형은 사실상 우월전략균형이다. 이 결과는 다음과 같이 해석할 수 있다. 서로 상대를 믿을 수만 있다면 비용을 분담하여 가로등이 설치되게 할 수 있다. 그렇지만 자신은 비용을 부담하는데 상대방이 무임승차하면 자신에게는 최악의 결과가 된다. 이러한 상황을 염두에 두고 서로 전략적으로 행동할 경우 가로등이 설치되지 않는 것이다. 서로에게 더 나은 (100, 100)이 있음에도 불구하고 그렇지 못한 (0, 0)에 이르고 마는 것이다. 이 결과를 일반화시켜 보면 자발적인 내쉬균형에서의 공공재 공급수준은 일반적으로 효율적인 공공재 공급수준보다 적을 것으로 생각할 수 있다. 이 경우 정부가 개입하여 공공재를 공급함으로써 두 사람 모두에게 나아지는 파레토개선을 이룰 수 있는 여지가 존재한다.

한편 내쉬전략은 각 개인이 자신의 비용분담분을 결정하기 위해 사용할 수 있는 여러 가지 경우들 중의 하나에 불과하다. 나아가서 내쉬균형에 이르기 위해서는 각 개인이 모두 추종자로 행동해야 한다. 그러나 사람들이 많지 않을 때에는 각 개인이 이렇게 행동하지 않고 그 대신 다른 교묘한 전략으로 자신에게 유리한 결과를 꾀할 수도 있다.

21.3.3 선호시현기구

공공재가 존재할 경우에는 무임승차하려는 의도 아래 자신의 진실된 선호를 말하지 않는다. 바로 이 때문에 시장이 실패한다고 하였다. 이러한 문제에 직면하여 개인들로 하여금 진실된 선호를 말하도록 유도하는 장치에 대한 연구가 많이 이루어졌다. 경제적인 유인을 통해 각 개인들로 하여금 자신의 진실된 수요를 말하도록 유도하는 장치를 고안하자는 것이다. 이와 관련하여 가장 기본적인 아이디어는 자신의 진실된 선호를 말하는 것만이 자신에게 최선이 되도록 만들어 주는 기구를 고안한다는 것이다. 그러나 이러한 아이디어에 따라 고안된 **선호시현기구**(preference revelation mechanism)들을 실제 현실에 적용하는 데에는 많은 어려움이 있다. 그리하여 현실적으로 공공재는 정부가 공급한다.

21.3.4 비경합성과 시장실패

다소 역설적으로 들릴지 모르지만 배제가 가능할 경우에라도 공공재 사용을 일부에게 국한하는 것은 효율성 측면에서 바람직하지 않다. 그 이유를 살펴보자. 공공재의 경우 소비자가 새로이 추가되더라도 추가로 자원을 투입할 필요가 없다. 또한 어느 누구의 편익도 감소하지 않는다. 그럼에도 불구하고 누구를 배제시킨다면 배제를 위한 제도 그 자체가 비효율을 초래하는 셈이 되기 때문이다.

21.3.5 정부에 의한 공급

앞서 논의한 내용을 정리해 보자. 먼저 무임승차하려는 경향과 외부효과의 존재 때문에 공공재는 너무 적게 공급된다. 그 결과 자원이 비효율적으로 배분된다는 것이다. 그런데 문제를 더욱 어렵게 만드는 것이 있다. 즉 공공재의 비경합적 성격 때문에 배제가 가능하더라도 배제 자체가 효율 측면에서 볼 때 바람직하지 않다는 것이다. 결국 시장기구를 통해서는 공공재가 효율적으로 공급될 수 없다. 따라서 이러한 시장실패를 극복하기 위하여 공공재는 일반적으로 예산을 통해 정부가 공급하게 된다. 이때 앞으로 논의하게 될 공공선택 과정을 거치게 된다.

예제 21.4 **무임승차와 공공재 공급**

A와 B는 서로 이웃에 살고 있다. 그런데 도로에서 각자의 집으로 가려면 어두운 골목길을 통과해야 한다. A의 효용함수는 $U_A(x, y_A) = x^{\frac{1}{2}} y_A^{\frac{1}{2}}$이고 B의 효용함수는 $U_B(x, y_B) = x^{\frac{1}{2}} y_B^{\frac{1}{2}}$이라고 한다. 여기서 x는 가로등의 수를 나타내고 y_A, y_B는 각자 자신이 소비하는 다른 상품의 수량을 나타낸다. A와 B는 각자 400만원을 소비할 수 있다고 하자. 가로등을 1개 설치하는데에는 20만원이 든다. 상품 Y의 가격은 4만원이라고 하자.

a. 서로 상대방이 가로등을 설치할 것을 기대한다고 하자. 이 경우 각 개인의 효용을 구하시오.

b. 개인 B는 가로등을 설치하지 않을 것이 확실하다고 하자. 그리고 개인 A가 이러한 사실을 알고 있다고 하자. 이 경우 각 개인의 효용을 구하시오.

c. 위 문항 b의 결과가 효율적인가를 말하시오.

d. 효율상태에서 가로등을 설치하는 데 들어가는 비용을 똑같이 부담한다고 하자. 이 경우 각자의 효용을 구하시오. 비용을 서로 다른 비율로 부담할 경우 어떠한 결과가 나타날 것인가에 대하여 논의하시오.

e. 이상의 결과에 비추어 가로등과 같은 상품의 공급에 대하여 논의하시오.

KEY 공공재의 공급비용을 적절히 분담할 경우 어느 한 쪽이 완전히 무임승차할 때보다 공공재 공급이 늘어나 두 사람의 효용이 모두 더 높아질 수도 있다.

풀이 a. 이 경우 각 개인은 무임승차자가 된다. 그 결과 가로등은 공급되지 않는다. 즉 $x^* = 0$이 된다. 그 결과 $U_A(x^*, y_A) = 0$, $U_B(x^*, y_B) = 0$이 된다. 즉 각 개인이 누리는 효용은 0이 된다.

b. 이 경우 개인 A도 가로등을 설치하지 않는다면 각 개인의 효용은 0이 된다. 그러므로 개인 A는 자신이 비용을 모두 부담하더라도 가로등을 설치하는 것이 낫다. 이러한 상황에서 개인 A의 효용극대화문제는

$$\operatorname*{Max}_{x,\,y_A} U_A(x,\,y_A) = x^{\frac{1}{2}} y_A^{\frac{1}{2}}$$

$$s.t. \quad 20x + 4y = 400 \tag{1}$$

이 된다. 효용함수가 콥-더글라스 형태이므로 공식을 이용하면 $x^* = \dfrac{\alpha I}{p_x} = \dfrac{\frac{1}{2} \times 400}{20}$

$= 10$ (2), $y_A^* = \dfrac{\beta I}{p_y} = \dfrac{\frac{1}{2} \times 400}{4} = 50$ (3)을 얻는다. 이 경우 개인 A의 효용은 $U_A(x^*,\,y_A^*)$

$= \sqrt{10 \times 50} = 10\sqrt{5}$ (4)가 된다. 이때 개인 B는 무임승차자가 된다. 그리하여 비용부담 없이 가로등의 효용을 누리며 자신은 400만원을 모두 Y재 구입에만 지출한다. 그 결과 $y_B^* = 100$ (5)가 된다. 그는 가로등 10개로부터의 편익도 누리므로 그의 효용은 $U_B(x^*,\,y_B^*) = \sqrt{10 \times 100} = 10\sqrt{10}$ (6)이 된다. 이때 A의 효용보다 무임승차한 B의 효용이 높다는 것은 당연하다.

c. 이 경우 가로등은 공공재이다. 공공재가 있을 경우 효율 조건은 사회적 한계대체율과 한계변환율이 같아지는 것이다. 먼저 사회적 한계대체율($SMRS$)을 구해 보자. $SMRS$ $= MRS_A^* + MRS_B^*$ (7)이다. 그런데 위 문항의 결과에서는 $MRS_A^* = \dfrac{MU_x}{MU_{y_A}} = \dfrac{y_A^*}{x^*} = \dfrac{50}{10}$ $= 5$ (8)이다. 한편 가로등의 편익은 공동으로 누리므로 개인 B도 가로등 10개로부터 편익을 누린다. 그러므로 $MRS_B^* = \dfrac{y_B^*}{x^*} = \dfrac{100}{10} = 10$ (9)가 된다. 그러므로 $SMRS = MRS_A^* + MRS_B^*$ $= \dfrac{y_A^* + y_B^*}{x^*} = 15$ (10)을 얻는다. 한편 한계변환율은 한계비용의 비율과 같다. 즉 $MRT = \dfrac{MC_x}{MC_y}$ (11)이다. 그런데 문제에서 $MC_x = 20$ (12)로 주어져 있다. 한편 경쟁시장에서 이윤극대화 기업은 가격과 한계비용이 같아지는 곳에서 조업을 한다. 그러므로 가격과 한계비용은 같아진다. 즉 $MC_y = p_y = 4$ (13)이다. (12)와 (13)을 (11)에 대입하면 $MRT^* = 5$ (14)를 얻는다. 이제 (10)과 (14)를 비교하면 $MRS_A^* + MRS_B^* > MRT^*$ (15)라는 것을 알 수 있다. 즉 사뮤엘슨 조건이 성립하지 않는다. 따라서 이러한 결과는 비효율적이다.

이 결과 (15)를 해석해 보자. 이러한 자원배분 상태에서는 가로등 한 개를 더 얻기 위해 사회적으로 볼 때 모두 15개의 Y재를 포기할 의향이 있다. 그런데 가로등을 건설하는 데 20만원이 들고 다른 상품의 가격은 4만원이므로 가로등 1개를 건설하려면 5개의 다른 상품을 포기하면 된다. 이것은 사회적으로 볼 때 가로등으로부터 얻는 한계편익이 한계비용보다 크다는 것을 의미한다. 그러므로 가로등을 더 건설하는 것이 효율적이다. 다시 말하면 현재의 자원배분은 비효율적이라는 것이다.

d. [예제 21.1]의 풀이 결과 가로등이 총 20개 공급되는 것이 효율적이었다. 그러므로 가로등을 공급하는 데 총 400만원(=20 · MC_x)이 든다. 이 비용을 반씩 부담한다면 각 개인은 200만원씩 부담하게 된다. 따라서 각 개인은 자신이 쓸 수 있는 금액 400만원에서 공공재 공급 비용의 분담 몫인 200만원을 빼고 나면 수중에 200만원이 남는다. 이 200만원으로 가격이 4만원인 사적재를 구입하면 모두 50단위를 구입할 수 있다. 이때 개인 A의 효용은 $U_A(x^{**}, y_A^{**})= \sqrt{20 \cdot 50}$ $=10\sqrt{10}$, 개인 B의 효용도 $U_B(x^{**}, y_B^{**})= \sqrt{20 \cdot 50}=10\sqrt{10}$이 된다. 이것을 위 문항 b의 결과와 비교해 보면 개인 B의 효용은 변하지 않았으나 개인 A의 효용은 증가하였다. 이 결과에 근거하여 판단해 볼 때 비용분담 몫을 적절히 조정하면 개인 B가 완전히 무임승차하는 경우보다 개인 B 자신도 더 나아질 수 있다는 것을 알 수 있다. 예를 들어 공공재 20단위의 비용 400만원 중에서 개인 A가 280만원을 부담하고 개인 B가 120만원을 부담한다고 하자. 이 경우 $U_A(x^{**}, y_A^{***})= \sqrt{20 \cdot 30}=10\sqrt{6}$, $U_B(x^{**}, y_B^{***})$ $= \sqrt{20 \cdot 70}=10\sqrt{14}$가 된다. 문항 b의 경우보다 두 개인이 모두 더 나아졌다. 이러한 결과가 나타나는 이유를 검토해 보자. 그 이유는 개인 B의 입장에서 볼 때 완전히 무임승차하는 경우보다 사적재 구입에 사용할 수 있는 금액은 줄었지만 공공재의 공급량이 늘어났기 때문이다.

e. 공공재가 있을 경우 개인들은 무임승차하려고 한다. 그 결과 공공재는 효율적인 수준만큼 공급되지 못한다. 그러므로 공공재는 정부가 공급해야 한다. 그러나 이 경우에도 정부는 개인의 진실된 선호를 알지 못한다는 문제에 직면한다. 그리하여 현실적으로 공공재는 공공선택 과정을 통해서 공급된다. 그리고 그 비용은 조세로 충당한다.

21.4 공공선택

공공재는 정부가 공공선택 과정을 통해 공급한다고 하였다. 이와 관련하여 여기서는 정부가 개인들의 선호순서를 하나의 사회선호순서로 바꾸어 의사결정을 내릴 때 직면하는 문제들을 간략히 검토해 보고자 한다. 특히 여러 가지 요인들 때문에 정부도 실패할 수 있다는 점에 유념하도록 하자.

21.4.1 공공선택의 의미

사적재의 경우 소비자가 어떤 상품을 얼마만큼 원하는가는 가격이라는 정보에 의해 시장기구를 통해 생산자에게 전달된다. 그리고 생산자는 이 가격정보에 기초하여 사적재를 공급하게 된다. 이때 후생경제학의 제1정리에 의하면 이렇게 시장기구를 통해 결정된 자원 배분은 파레토효율적이 된다. 이러한 사실을 우리는 이미 알고 있다.

그러나 공공재의 경우에는 시장이 실패한다. 그 결과 공공재는 정부가 공급한다고 하였다. 이때 정부는 개인들의 서로 다른 선호순서를 어떻게 총체화하여 하나의 사회선호순서로 바꾸어 주느냐의 문제에 직면한다. 그런데 이러한 문제는 정치과정을 통해 해결하게 된다. 여기서 정치과정이란 소비자들이 대표자에게 투표하고 그 대표자들이 다시 공공예산에 투표하는 과정을 말한다. 바로 이러한 과정을 통해 공공재가 공급된다.

이때 우리의 목표는 가능한 한 개인들의 선호순서를 정확하게 반영하는 정치적 기구를 찾아 의사결정을 하는 것이다. 이러한 분야를 다루는 것이 바로 **공공선택이론**이다. 그런데 이것은 정치학과 경제학의 경계를 이루고 있다.

> **공공선택**(public choice) 개인들의 서로 다른 선호순서를 총체화하여 하나의 사회선호순서로 바꾸어 줌으로써 자원배분에 관한 의사결정을 내리는 일

21.4.2 다수결투표와 불가능성정리

정치적인 의사결정을 하는 데 가장 보편적으로 사용되는 수단이 다수결투표이다. 이때 공공재 공급이 투표에 의해 결정된다고 하자. 그러면 개인들은 자신의 부담이 어떻게 달라지는가를 고려하여 자신이 가장 선호하는 공공재의 수량에 투표할 것이다. 그런데 문제가 있다. 다수결투표에서는 균형이 존재하지 않을 수도 있다는 것이다. 그리고 균형이 존재하더라도 일반적으로 비효율적이라고 알려져 있다. 더 나아가서 다수결투표의 경우 원하는 결과를 얻을 수 있도록 조작하는 것이 가능하다고 알려져 있다. 그 방법은 투표 순서를 바꾸거나, 투표 거래(vote trading)를 하거나 또는 새로운 제3의 대안을 도입하는 것 등이다.

그렇다면 이러한 문제점들을 지니지 않는 바람직한 정치적 기구 또는 사회적 의사결정 기구가 존재하는가? 이에 대해 애로우(Arrow)의 **불가능성정리**(impossibility theorem)는 바로 이러한 의사결정기구는 존재하지 않는다는 것을 보여주고 있다(재정학/공공경제학 교과서 참조).

21.4.3 대의민주정치

대의민주정치(representative democracy)가 시행될 경우 각 개인들은 그 역할에 따라 크게 투표자, 입법가, 행정가로 구분해 볼 수 있다. 기본적으로 투표자들은 자신의 선호를 대변하리라고 생각되는 대표자에게 투표한다. 그러면 당선된 대표자들은 입법가로서 법안을 제정

한다. 행정가는 이렇게 제정된 법안을 집행한다.

그런데 이러한 각 과정에서 **이익단체**(interest group)들이 자신들의 이득을 추구하기 위해 투표자, 입법가, 나아가서는 공공정책이 집행되는 방향에까지 영향력을 행사하게 된다. 한 편 이익단체, 관료, 그리고 선출된 대표자들은 서로 이해관계가 단단히 얽혀 있다. 이 때문에 이들의 관계를 **철의 삼각형**(iron triangle)이라고 일컫는다.

대의민주정치에서 공공정책이 결정되어 시행되는 이 같은 과정을 생각해 보자. 그러면 여러 가지 요인들이 이러한 과정을 어렵게 만들 것으로 생각된다.

(1) 개인들의 선호가 다르기 때문에 서로 다른 개인들의 선호순서를 조화시켜 하나의 사회선호순서로 나타내기가 어렵다.

(2) 개인들의 역할이 서로 다르기 때문에 이해가 서로 상충될 수 있다. 예를 들어 입법 가들은 재선이 되어야 하기 때문에 유권자들의 선호에 의해 제약을 받는다. 그러나 자신들의 목표는 선거구민들의 목표와는 다를 수도 있다. 마찬가지로 법안을 집행하는 관료들의 목표도 투표자들이나 입법가들과 다를 수 있다. 이처럼 역할에 따라 서로의 이해나 목표가 다르다. 이러한 이유 때문에 실제 시행된 정책의 결과는 유권자들의 의도와는 크게 다를 수 있다.

(3) 역할이 서로 다른 각 개인들이 가지고 있는 정보가 서로 다르다. 이 점도 문제가 된 다. 일반적으로 관료들은 투표자나 입법가들보다 더 많은 정보를 가지고 있다. 이러한 정보 의 차이가 투표자나 입법가들 자신이 의사결정을 내리거나 관료들의 행위를 감시하는 데 제약으로 작용할 수도 있다.

21.4.4 정부실패의 원인 및 그 대책

정부를 실패하게 만드는 요인들로는 경제적 요인 외에도 제도적 요인, 정치적 요인, 기 타 수많은 요인들을 생각할 수 있다.

> 🌱 **정부실패**(government failure) 시장이 실패할 경우 정부가 개입하게 되는데 이 과정에서 정부 자신
> 이 오히려 비효율적인 정책을 채택하게 되는 경우

(1) 경제적 요인은 정책의 결과를 예측하기가 어렵다는 것이다. 이것은 대다수 정책들에 대해 민간의 반응을 정확히 예측하기가 어렵다는 데에 기인한다.

(2) 제도적 요인에 의한 정부실패는 관료제도 및 그 속성과 관련된다. 관료가 자신의 이익을 위해 행동할 경우 정부가 실패한다는 것이다. 한편 관료가 자신의 이익을 위해 행동

하지는 않더라도 자신이 속한 집단의 이익을 위해서 행동할 경우도 있다.

(3) 각종 규정이나 정책을 수립하는 과정에서 특수이익단체들이 여러 경로를 통해 정책결정에 영향력을 행사하게 된다. 이때 의사결정권자가 특수이익단체의 이익을 대변하여 정책을 결정할 경우 정부는 실패하게 된다.

(4) 정치과정이 문제가 될 때도 있다. 예를 들어 법안이 제정되는 과정에서 특수이익단체들이 영향력을 행사하기 때문에 정부가 법안의 제정을 견제하는 데에 한계가 있다. 그럼에도 불구하고 정부의 정책은 제정된 법안에 근거해야 한다. 이러한 의미에서 정치과정은 경우에 따라 정부실패의 원인을 제공한다.

(5) 정책을 수립하고 집행하는 데에 시간과 비용이 너무 많이 들 경우도 문제이다. 비용이 지나치게 많이 들 경우 자원이 비효율적으로 배분되는 것을 오히려 심화시킨다. 시간이 너무 많이 걸릴 경우 정책의 타이밍을 놓친다. 나아가서 정부의 규모가 지나치게 방대하여 발생하는 행정의 비능률도 문제된다.

지금까지 정부실패를 유발하는 요인들에 대해 여러 각도에서 살펴보았다. 그런데 이때 무엇보다도 중요한 것이 있다. 즉 이러한 요인들을 지나치게 강조하여 정부의 역할 자체를 무시하기보다는 정책을 수립하거나 집행할 때 이러한 한계를 명확히 인식해야 한다는 것이다.

정부실패의 상당 부분이 제도나 관료조직의 특성에 기인한다. 이렇게 볼 때 이를 해결하려면 제도를 개선하고 경쟁원리를 도입해야 한다. 예컨대 승진이나 보수에서 단순한 연공서열 대신 신상필벌의 원칙을 따르는 것이다.

제22장

외부효과: 재산권·시장부재

22.1 외부효과와 시장실패 | 22.2 외부효과의 사적 해결
22.3 외부효과의 공적 해결 | 22.4 공적 해결책 비교

MICROECONOMICS

외부효과(externalities)가 유발되는 이유는 재산권이 확립되어 있지 않기 때문이다. 예컨대 맑은 공기에 대한 재산권은 누구에게도 속해 있지 않기 때문에, 공기를 오염시키고서도 그 배상을 하지 않게 된다. 그 결과 오염을 배출한 기업은 그 사회적 비용을 자신의 비용으로 간주하지 않게 된다. 그런데 문제는 일반적으로 외부효과가 있는 경우에도 공공재가 있는 경우와 같이 자원이 효율적으로 배분되지 못한다는 것이다.

그렇다면 어떻게 이 외부효과를 해결할 수 있을까? 그 실마리는 외부효과를 유발하는 기업으로 하여금 자신이 유발하는 사회적 비용을 자신의 비용으로 간주하도록 유도하는 데에 있다. 그러한 방법은 크게 두 가지로 나눌 수 있다. 하나는 정부가 직접 개입하지 않고 사적으로 해결될 수 있게 하는 방법이다. 다른 하나는 정부가 직접 개입하는 방법이다. 이에 관련된 여러 가지 해결책들에 대해 분석하는 것이 이번 장의 또 다른 주제이다.

무엇을 공부할 것인가

1. 외부효과가 발생하는 근본적인 이유는 무엇인가?
2. 외부효과가 있을 경우 자원이 효율적으로 배분되지 못하는 이유는 무엇인가? 즉 외부효과가 있을 경우 시장이 실패하는 이유는 무엇인가?
3. 외부효과를 사적으로 해결하는 방법에는 어떠한 것들이 있는가? 이러한 방법들이 지니는 한계는 무엇인가?
4. 코즈정리란 무엇인가? 이 정리가 성립하기 위한 조건은 무엇인가? 재산권의 향방이 결과에 영향을 미치는가?
5. 정부가 개입하여 외부효과를 해결하려 할 때 가장 기본적인 발상은 무엇인가?
6. 정부가 개입하여 외부효과를 해결하려 할 때 사용할 수 있는 정책에는 어떠한 것들이 있는가?
7. 피구조세는 어떻게 부과되어야 하는가? 이 조세의 원리는 어떠한가?
8. 배출권거래제도의 원리는 어떠한가?
9. 오염저감시장과 배출권시장의 쌍대성은 어떠한가?
10. 규제의 특성은 무엇인가?
11. 외부효과를 해결하는 여러 가지 정부 정책들은 효율성과 공평성 측면에서 서로 어떻게 다른가?

22.1 외부효과와 시장실패

외부효과가 발생하는 이유는 무엇인가? 이 경우 자원이 효율적으로 배분되지 못하는 이유는 무엇인가? 여기서는 이러한 질문들에 답하는 데 초점을 맞추고 있다.

22.1.1 외부효과의 유형

> 🌱 **외부효과**(externalities) 어떤 경제주체의 행위가 다른 경제주체에게 비용이나 편익을 발생시키지만 이에 대한 보상이 적절히 이루어지지 않는 경우

외부효과에는 긍정적 외부효과(positive externality)와 부정적 외부효과(negative externality)가 있다. 전자를 외부경제(external economies), 후자를 외부비경제(external diseconomies)라고도 한다. 이러한 외부효과에는 다음과 같은 유형이 있다.

(1) 어떤 기업이나 소비자의 행위가 다른 기업의 생산집합에 영향을 미치는 경우를 **생산외부효과**(production externality)라고 한다. 이 중에는 다른 기업에게 비용을 발생시키는 **부정적 생산외부효과**도 있지만, 다른 기업에게 편익을 발생시키는 **긍정적 생산외부효과**도 있다. 공해, 폐수, 환경오염 등은 부정적 생산외부효과의 대표적인 예이다. 반면에 서로 인접한 과수원 주인과 양봉업자가 서로 편익을 주고받는 경우는 긍정적 생산외부효과의 예이다.

(2) 어떤 기업이나 소비자의 행위가 다른 소비자에게 영향을 미치는 경우를 **소비외부효과**(consumption externality)라고 한다. 이때 다른 소비자에게 편익을 제공하는 경우를 **긍정적 소비외부효과**라고 하고 불편을 끼치는 경우를 **부정적 소비외부효과**라고 한다. 아름다운 정원을 가지고 있는 것은 이웃에게 아름다운 경치를 감상하는 즐거움을 제공한다. 이것은 긍정적 소비외부효과의 예이다. 반면에 이웃집의 시끄러운 소음, 공공장소에서의 흡연, 자동차의 매연 등은 부정적 소비외부효과의 예이다.

22.1.2 외부효과가 발생하는 이유

그렇다면 이러한 외부효과가 발생하는 근본적인 이유는 무엇일까? 그것은 바로 **재산권**(property right)이 확립되어 있지 않기 때문이라고 볼 수 있다. 예를 들어 어떤 기업이 상품을 생산하는 과정에서 하천을 오염시킬 경우 그 하천을 정화시키려면 사회적으로 볼 때 비용이 든다. 즉 **사회적 비용**(social cost)이 든다. 그런데 이때 재산권이 확립되어 있지 않다면 이

기업에게 이 사회적 비용을 청구할 주체가 없게 된다. 물론 정부가 개입하기 이전 단계이다. 이러한 상황에서는 이 기업은 이 비용을 자신의 비용으로 간주하지 않는다. 그 결과 이 기업은 생산비용을 낮게 인식하여 이 상품을 효율적인 수량보다 많이 생산하며 이에 따라 자원배분이 비효율적이 된다.

이러한 문제를 해결하는 핵심은 경제주체들로 하여금 이같은 사회적 비용을 자신의 비용으로 간주할 수 있도록 유도하는 것이다. 여러 가지 방법들이 있을 수 있는데 재산권을 부여해 주는 것도 그 방법들 중의 하나이다.

한편 외부효과는 그에 대한 시장이 존재하지 않기 때문에 발생한다고도 볼 수 있다. 예를 들어 공해의 경우 공해물질이 거래되는 시장이 존재하지 않는 것을 의미한다. 이와 관련하여 앞으로 배우겠지만 오염을 배출할 수 있는 권리 즉, 배출권을 할당한 후 배출권이 거래되는 시장을 창출해 주어도 외부효과가 해결될 수 있다. 이때 배출권 할당도 넓은 의미에서는 재산권을 부여해 주는 것으로 볼 수 있다.

이렇게 볼 때 외부효과와 관련해서는 재산권의 확립이 상당히 중요하다고 하겠다.

22.1.3 부정적 외부효과

강철 생산이 공해를 유발한다고 하자. 이때 배출된 공해를 사회가 제거하려면 비용이 든다. 그러므로 공해 수준이 높아지는 것은 사회적으로 볼 때 비용이 증가하는 것을 의미한다.

그러나 개별 기업은 이러한 사회적 비용을 자신의 비용으로 간주하지 않는다.

그 결과 기업이 산출량을 결정할 때 지침으로 삼는 사적 한계비용(private marginal cost: PMC)은 사회적 한계비용(social marginal cost: SMC)보다 낮게 평가된다. 그 결과 이 기업은 사회적으로 볼 때 강철을 효율적인 양보다 많이 생산하게 된다. 즉 자원이 비효율적으로 배분된다. 이에 대해 검토해 보자.

[그림 22-1]에서 시장수요곡선은 **사적 한계편익**(private marginal benefit: PMB)을 반영한다. 시장수요곡선이 한계편익을 반영한다는 사실은 8.1.1에서 다뤘다. 이때 소비에는 외부효과가 존재하지 않기 때문에 **사회적 한계편익**(social marginal benefit: SMB)은 PMB와 같다. 참고로 여기서는 편익을 정확하게 측정해 주기는 하지만 관찰 불가능한 보상시장수요곡선 대신 현실에서 관찰 가능한 보통시장수요곡선을 사용할 것이다(6.7.4 참조). 한편 시장공급곡선은 PMC를 반영하고 있다(11.3.4 참조).

강철 생산에 대한 SMC를 생각해 보자. 여기에는 철광석, 석탄, 노동 등을 구입할 때 드는 사적 비용뿐만 아니라 공해에 따르는 사회적 비용도 포함해야 한다. 즉 SMC는 강철

생산에 드는 PMC에 공해의 사회적 한계비용을 합한 것이다. 그래프상으로는 두 값을 '수직'으로 합한 것이다(부록 11.3 참조). 이러한 측면에서 SMC를 나타내는 곡선과 시장공급곡선 사이의 수직거리는 공해의 사회적 한계비용을 나타내도록 그려져 있다. 아울러 강철 산출량이 증가할수록 공해가 증가한다. 이 그림은 이러한 사실을 반영하고 있다. 즉 산출량이 증가함에 따라 두 곡선 사이의 거리가 점점 더 멀어지는 것으로 그려져 있다.

이처럼 생산에 부정적 외부효과가 존재할 경우 효율적인 산출량은 SMB와 SMC가 일치하는 Q_E이다. 그러나 강철 생산자들은 자신들의 이윤을 극대화할 때 공해의 사회적 비용을 고려하지 않는다. 그리하여 시장균형은 $PMB(=SMB)$가 PMC와 같아지는 Q_M에서 이루어진다.

효율적 수준: $SMB = SMC > PMB = PMC$: 시장균형

부정적 외부효과가 있을 경우, 가격은 이처럼 공해의 사회적 한계비용을 반영하지 못하여 효율적인 p_E보다 낮은 p_M에서 형성된다. 이때 시장균형수량은 효율적인 양보다 많다.[5]

그림 22-1 **부정적 생산외부효과의 부분균형분석**

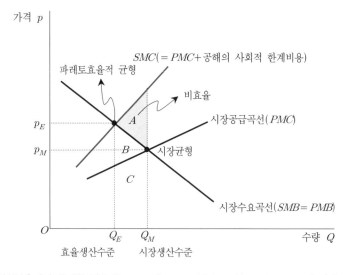

부정적 생산외부효과가 존재할 경우에는 SMC는 PMC보다 크다(SMB는 PMB와 같다). 이때 효율은 SMC와 SMB가 일치하는 곳에서 달성된다. 그러나 시장에 맡길 경우 PMC와 PMB가 일치하는 곳에서 균형이 이루어진다. 그 결과 비효율이 발생한다.

---

5 이러한 결과는 일반적인 세상의 이치로 보아도 이해가 간다. 쓰레기같이 없으면 좋다고 생각되는 것은 오히려 넘쳐서 탈인 것과 같다.

한편 시장균형수량 Q_M에서는 $SMC > SMB$이므로 비효율적이다.

한편 강철 산출량이 Q_M에서 Q_E로 줄어든다고 하자. 이것은 사회 전체적으로 볼 때 당연히 이득이 된다. 산출량이 줄어들 때 편익은 $(B + C)$만큼 줄어들지만 사회적 비용은 그보다 더 많은 $(A + B + C)$만큼 줄어들기 때문이다. 그 결과 음영으로 표시된 A만큼 이득이 된다. 바꾸어 말하면, 이것은 시장균형에서는 A만큼의 비효율이 존재한다는 것을 의미한다.

22.2 외부효과의 사적 해결

지금까지 외부효과가 있을 경우에는 산출량이 효율적인 수준으로 결정될 수 없다는 것을 살펴보았다. 이제 외부효과가 있을 때 정부가 개입하지 않는다면 시장에서 어떠한 방법을 통하여 파레토효율이 다시 회복될 수 있을까? 몇 가지 가능성들에 대해 검토하기로 한다.

22.2.1 기업합병

생산의 외부효과는 어떤 기업의 행위가 다른 기업의 이윤에 영향을 미치지만 그 기업이 이를 고려하지 않을 경우에 발생한다. 이러한 사실에 착안하여 두 기업을 하나의 기업으로 합병시키는 방법을 생각해 볼 수 있다.

 외부효과의 내부화(internalization of externalities) 합병기업이 스스로 각 생산부문의 상호작용을 고려하여 생산계획을 수립하기 때문에 외부효과가 사라지게 되는 현상

내부화가 외부효과를 해결할 수 있는 이유를 직관적으로 살펴보자. 합병 전에는 각 기업은 상대 기업이 얼마만큼 생산하는가와 무관하게 자신의 산출량을 독자적으로 결정하였다. 그러나 합병기업은 강철을 생산할 때 나오는 공해가 맥주 생산 비용을 증가시켜 맥주부문의 이윤을 감소시킨다는 사실을 고려한다. 그리하여 합병기업은 강철의 산출량과 맥주의 산출량을 적절한 수준에서 동시에 통제한다. 결과적으로 볼 때 공해의 사회적 비용을 고려한 셈이다. 이것이 바로 내부화가 외부효과를 해결할 수 있는 이유이다. 이때 합병기업은 강철 생산의 사회적 한계비용이 가격과 같아지는 양을 생산하게 된다.

📑 **예제 22.1** **기업합병**

하천의 상류에 있는 강철공장의 이윤은 $\pi_S = 10S - \frac{1}{2}S^2$이다. 한편 강철공장은 하천을 오염시켜, 하천의 하류에 있는 맥주공장의 맥주 생산비용을 상승시킨다. 그 결과, 하천의 하류에 있는 맥주공장의 이윤은 $\pi_B = 10B - \frac{1}{2}B^2 - \frac{1}{2}SB$로 나타난다. 한편 강철과 맥주의 가격은 각각 10이라고 한다.

a. 각 기업의 경쟁균형 산출량 및 이윤을 구하시오. 또 두 기업의 이윤의 합을 구하시오.
b. 두 기업을 합병했다고 하자. 이때 강철 및 맥주의 산출량과 이윤을 구하시오.
c. 위 a, b의 결과를 비교하고 그 이유를 설명하시오.

KEY 이윤 식을 관찰해 보면 강철공장이 맥주공장에게 부정적 외부효과를 유발하고 있다는 사실을 알 수 있다.

풀이 a. 각 기업은 자신의 이윤을 극대화한다. 강철기업의 이윤극대화 문제는

$$\underset{S}{\text{Max}}\ \pi_S = 10S - \frac{1}{2}S^2$$

이다. 이윤극대화의 일차필요조건은

$$\frac{d\pi_S}{dS} = 10 - S = 0$$

이다. 즉, $10 = S$이다. 이것은 강철기업의 이윤극대화조건인 $p_S = PMC_S$이다. 이로부터 $S^* = 10$을 얻는다. 이것을 목적함수에 대입하면 $\pi_S^* = 50$을 얻는다.

한편 맥주기업의 이윤극대화 문제는

$$\underset{B}{\text{Max}}\ \pi_B = 10B - \frac{1}{2}B^2 - \frac{1}{2}SB$$

이다. 여기서 맥주기업은 강철산출량을 그대로 받아들인다. 다만 맥주산출량을 선택할 수 있을 뿐이다. 따라서 일차필요조건은 $\frac{\partial \pi_B}{\partial B} = 10 - B - \left(\frac{1}{2}\right)S = 0$이다. 즉, $10 = B + \left(\frac{1}{2}\right)S$이다. 이것은 맥주기업의 이윤극대화조건인 $p_B = PMC_B$이다. 이로부터 $B^* = 10 - \left(\frac{1}{2}\right)S^*$ $= 10 - \left(\frac{1}{2}\right) \times 10 = 5$이다. 이때 $S^* = 10$을 적용하였다. B^*와 S^*의 값을 목적함수에 대입하면 $\pi_B^* = \frac{25}{2}$를 얻는다. 따라서 두 기업의 이윤의 합은 $\pi^* = \pi_S^* + \pi_B^* = \frac{125}{2}$가 된다.

b. 합병기업은 강철과 맥주의 산출량을 함께 통제할 수 있다. 그러므로 합병기업의 이윤극대화 문제는

$$\underset{S,\,B}{\text{Max}}\,\pi = \left(10S - \frac{1}{2}S^2\right) + \left(10B - \frac{1}{2}B^2 - \frac{1}{2}SB\right)$$

로 쓸 수 있다. 이로부터 일차필요조건은

$$\frac{\partial\pi}{\partial S} = 10 - S - \frac{1}{2}B = 0, \quad \frac{\partial\pi}{\partial B} = 10 - B - \frac{1}{2}S = 0$$

이 된다. 즉, $10 = S + \left(\dfrac{1}{2}\right)B$, $10 = B + \left(\dfrac{1}{2}\right)S$이다. 이것은 각각 효율산출량조건인 $p_S = SMC_S$, $p_B = SMC_B$이다. 이 두 식을 연립으로 풀면 $S^0 = B^0 = \dfrac{20}{3}$ 을 얻는다. 이 값을 목적함수에 대입하면 $\pi^0 = \dfrac{200}{3}$ 을 얻는다.

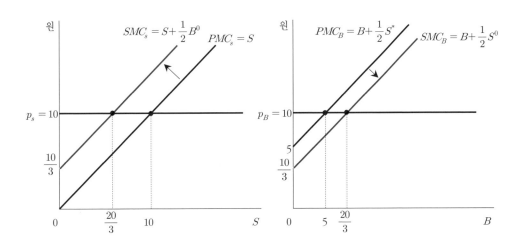

c. 합병기업은 강철생산이 맥주생산에 미치는 부정적 외부효과를 내부화하게 된다. 그 결과 강철산출량은 감소하고 맥주산출량은 증가하며 이에 따라 이윤은 증가한다. 그리고 이 경우 자원이 효율적으로 배분된다.

22.2.2 코즈정리

외부효과가 발생하는 근본적인 원인은 재산권이 확립되어 있지 않기 때문이라고 하였다. 이렇게 볼 때 재산권을 확립해 주면 외부효과가 해결될 수 있는 실마리가 생긴다고 볼 수 있다. 이 점에 착안하여 재산권을 확립해 줄 경우 당사자들 사이의 자유로운 **협상**

(bargaining)을 통해 외부효과가 해결될 수 있다는 것을 보여준 이론이 있다.

앞에서 설정한 강철기업과 맥주기업의 상황을 예로 생각해 보자. 이때 하천의 재산권이 강철기업에게 부여되면 공해가 유발되는 반면, 맥주기업에게 부여되면 공해가 사라질 것으로 생각하기 쉽다. 그러나 노벨경제학상 수상자인 코즈(R. H. Coase) 교수는 이러한 직감과는 달리 다음과 같은 정리를 제시하였다.

> 🌱 **코즈정리**(Coase theorem) 협상하는 데 비용이 들지 않고 재산권이 명확히 규정되어 있을 경우 자유롭게 협상할 수 있다면 (1) 자원배분은 효율적이 되며 (2) 이 결과는 누가 재산권을 소유하는가에 무관하게 성립한다는 것

(1) 작동원리와 결과

코즈정리가 성립하는 원리는 무엇일까? 먼저 주목할 것은 산출량 조정으로 인해 이득을 보는 측의 이득이 손실을 입는 측의 손실보다 크다면 산출량 조정에 대해 협상의 여지가 있다는 것이다. 협상의 여지가 있는 이유는 이득을 보는 측이 상대의 손실을 보상해 주더라도 산출량 조정을 통해 서로 더 나아질 수 있기 때문이다. 즉, 파레토개선이 가능하기 때문이다. 이때 자유로운 협상이 서로를 더 나아지게 만든다는 점에 주목하자. 또한 더 이상 함께 더 나아지지는 못하는 상태에서 협상이 마무리되며 그 상태가 바로 효율 상태라는 점에도 주목하자.

이러한 내용을 염두에 두고 [그림 22-2]를 이용하여 코즈정리에 대해 살펴보자. 이 그림은 강철기업이 직면하고 있는 상황을 보여주고 있다. 편의상 강철시장은 경쟁적이며 강철의 시장가격은 p라고 하자. 따라서 강철을 생산하는 개별 기업이 직면하는 수요곡선은 p에서 수평인 직선으로 생각할 수 있다. 한편 강철기업은 공해를 유발하기 때문에 강철생산의 사회적 한계비용 SMC는 사적 한계비용 PMC보다 높다. 따라서 효율적 산출량 $\bar{q}$는 이윤을 극대화시키는 산출량 q^*보다 적다.

(1) 강철기업이 하천의 재산권을 지니고 있다고 하자. 이 경우 강철기업은 이윤을 극대화하는 산출량 q^*를 생산하려고 할 것이다. 그러나 산출량을 효율적 수준인 $\bar{q}$까지 줄이는 협상이 가능하다. 그 이유를 살펴보자. $\bar{q}$와 q^* 사이의 구간에서 산출량을 추가로 한 단위 줄일 경우 (가로축에서 해당 곡선들까지의 수직거리에 주목해 볼 때) 강철기업의 이윤은 $(p-PMC)$만큼 감소하고, 맥주기업의 피해는 공해의 사회적 한계비용의 크기인 $(SMC-PMC)$만큼 감소한다. 그런데 후자가 전자보다 크다. 즉, 산출량을 한 단위 줄일 경우 맥주기업의 피해 감소(맥주기업의 이윤 증가)가 강철기업의 이윤감소보다 크다. 따라서 맥주기업으로서는 재산

권을 행사하는 강철기업에게 강철기업의 이윤감소보다 큰 보상을 해주는 협상이더라도 그 러한 협상에 응할 유인이 있다. 이러한 유인은 $\bar{q}$와 q^* 사이에 있는 어떤 산출량 단위에 대해서도 성립한다. 그러므로 맥주기업에게는 강철기업으로 하여금 산출량을 $\bar{q}$까지 줄이도록 만드는 협상을 할 유인이 존재한다.

그렇다면 산출량이 $\bar{q}$보다 적어질 수 있을까? 결과부터 말하면 그렇지 않다. 산출량이 $\bar{q}$보다 적을 때에는 강철 산출량을 추가로 한 단위 줄일 경우 강철기업의 이윤감소가 맥주기업의 피해감소보다 크기 때문이다(실제로 그런지 앞서와 같은 방법으로 확인해 보기 바란다). 그 결과 맥주기업이 강철기업의 이윤감소를 모두 보상해 줄 처지가 못 되어 두 기업 모두에게 이득이 되는 협상의 여지가 없기 때문이다.

결과적으로 산출량은 $\bar{q}$가 된다. 한편 q^*보다 적은 $\bar{q}$를 생산할 때 강철기업의 이윤은 C만큼 줄어든다. 그런데 강철기업으로 하여금 산출량을 q^*에서 $\bar{q}$로 감소시키도록 유도하기 위해 맥주기업이 강철기업에게 지불할 의향이 있는 최대금액은 자신의 피해 감소액에 해당하는 $(C+D)$이다. 따라서 보상금은 이 두 금액 C와 $(C+D)$ 사이에서 결정된다.

(2) 이제 맥주기업이 하천의 재산권을 지니고 있는 경우를 생각해 보자. 이 경우 강철기업이 강철을 생산하려면 맥주기업에게 대금을 지불해야 한다. 이 경우에도 위와 같은 원리를 이용하여 산출량이 효율 수준인 $\bar{q}$에서 결정된다는 것을 보여줄 수 있다. 다만 이때 보상금은 $(A+B)$와 B 사이에서 결정된다.

그림 22-2 **코즈정리**

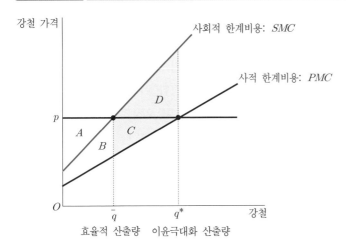

강철기업이 하천의 재산권을 가지고 있을 경우 q^*를 생산한다. 협상을 통해 산출량을 $\bar{q}$로 줄일 경우 맥주기업이 얻는 이득($C+D$)이 강철기업이 입는 피해(C)보다 크다. 따라서 협상의 여지가 있으며 협상을 통해 $\bar{q}$가 생산된다. 하천의 재산권이 맥주기업에게 있을 때에도 협상을 통해 $\bar{q}$가 생산된다.

이로써 외부효과가 있을 경우라도 재산권을 확립해 주면 누가 재산권을 소유하는가에 무관하게 협상을 통해 자원이 효율적으로 배분될 수 있다는 사실, 즉 코즈정리가 증명되었다.

(2) 평 가

이상의 분석에 비추어 코즈정리가 시사하고 있는 점을 생각해 보자.

(1) 경쟁시장이 외부효과를 해결하지 못한다는 주장은 틀릴 수도 있다. 즉 자유로운 협상의 가능성을 인정하면 외부효과가 이해당사자 사이의 협상을 통해 해결될 수 있다는 것이다. 더욱 흥미로운 것이 있다. 즉 자원배분은 재산권의 분포와는 무관하게 결정된다는 사실이다.

(2) 자원배분이 효율적이라는 결과는 기업합병 때 얻은 결과와 일치한다. 다만 누가 재산권을 소유하는가와 관련된 분배문제가 발생한다는 점이 합병의 경우와 다르다. 이때 하천오염에 따르는 각 기업의 부담은 당사자 사이의 협상력에 의해 달라진다.

(3) 코즈정리에 따르면 원리적으로 외부효과에 따른 자원배분 문제는 해결할 수 있다. 그러나 이 경우에도 다른 모든 경우와 같이 공평 문제가 해결되지는 않는다. 즉 재산권을 어느 기업에게 부여할 것인가는 해결할 수 없다. 그러나 코즈정리가 공평 문제를 해결하지 못한다고 해서 그 의미가 퇴색되어서는 안 된다. 왜냐하면 공평 문제는 비단 외부효과뿐만 아니라 어떠한 경우에도 발생하기 때문이다. 이와 관련하여 이미 20장에서 배운 후생경제학의 제2정리가 암시하는 바를 되새겨 보자. 그 암시는 분배와 효율성의 문제는 서로 분리될 수 있다는 것이다. 그러므로 분배를 해결하려면 가격기구를 통하지 말고 소득을 직접 재분배해야 한다는 것이다. 가격기구는 그 다음 자원이 효율적으로 배분되도록 하는 데에만 사용해야 한다는 것이다. 그런데 그러한 원리는 외부효과의 경우에도 똑같이 적용된다고 볼 수 있다.

(4) 코즈정리에서는 협상에 비용이 들지 않아야 한다는 가정이 아주 중요하다. 예를 들어 시간을 질질 끈다든지, 이해당사자들이 너무 많다든지, 기타 여러 가지 이유로 협상을 하는 데 비용이 너무 많이 든다고 하자. 이 경우에는 그 비용이 오히려 협상으로부터 얻는 이득보다 클 수도 있다. 이러한 상황에서는 협상 자체가 무의미해진다.

(5) 코즈정리가 성립하려면 재산권 할당에 따른 부의 분포가 유발하는 소득효과가 크지 않아야 한다. 소득효과가 클 경우 자원배분은 누구에게 재산권이 할당되는가에 영향을 받을 것이기 때문이다.

22.2.3 사적 해결의 실패

시장이 실패하는 데에는 여러 가지 요인들이 있다. 그 중 하나가 바로 외부효과이다. 그런데 외부효과는 기업의 합병, 당사자들 사이의 협상 등에 의하여 해결될 수 있다고 하였다. 그렇다면 외부효과가 있을 경우 어째서 시장이 실패한다는 것일까?

그 이유는 바로 외부효과가 이러한 방법을 통해 해결될 수 있는 경우는 상당히 제한적이기 때문이다. 우리가 지금까지 다룬 예도 이러한 사실을 암시하고 있다. 우선 강철기업과 맥주기업의 예에서는 이해당사자가 두 기업뿐이었다. 그러나 현실에서는 이해당사자가 여럿인 경우가 보통이다. 또한 코즈정리가 성립하려면 협상을 하는 데 비용이 들지 않아야 한다. 이러한 점들을 감안하면 외부효과가 존재할 경우 사적으로 해결하는 것은 결코 쉽지만은 않다. 사적으로 해결하는 것을 어렵게 만드는 요인들을 간략히 정리해 보기로 하자.

(1) 무임승차문제를 들 수 있다. 공해로부터 피해를 입는 사람들이 많다고 하자. 이 경우 개개인의 피해자는 다른 피해자들이 공해문제를 해결하려는 노력에 무임승차한다는 것이다.

(2) 외부효과가 해결되려면 이해당사자들이 상대방의 비용함수나 효용함수 등을 정확히 알아야 한다. 그런데 일반적으로 이러한 정보는 불완전하다.

(3) 보상을 받는 조건으로 공해 배출을 줄이기로 합의했을 경우를 생각해 보자. 이 경우 일단 합의를 하고 나면 그 합의를 몰래 위반하여 공해 유출을 증가시킬 유인이 생긴다. 이때 합의를 위반할 경우에 대비해서 설정해 놓은 제재조치가 신뢰성 있는 위협이 되지 못한다고 하자. 이 경우에는 공해 유출이 증가한다.

(4) 코즈정리가 성립하려면 협상에 비용이 들지 않아야 한다. 만일 비용이 협상을 통해 얻는 이득보다 클 경우에는 코즈정리는 성립하지 않는다.

(5) 재산권이 확실히 정의되어 있지 않을 경우에도 외부효과가 해결되지 못한다.

22.3 외부효과의 공적 해결

앞에서 언급한 여러 가지 이유 때문에 외부효과가 사적으로 해결되는 것은 결코 쉽지 않다. 그렇다면 정부가 개입하여 어떠한 방법으로 외부효과를 해결할 수 있을까? 그리고 그 해결책들은 서로 어떻게 비교될까?

이와 관련하여 흔히 저지르기 쉬운 오류가 있다. 즉 개인이나 개별 기업은 공기나 하천 등을 조금이라도 오염시켜서는 안 된다는 주장이다. 그런데 경제적 관점에서 볼 때 이러한 극단론은 무의미하다. 왜냐하면 어떠한 부정적 외부효과의 경우에도 사회적 비용이 존재하기는 하지만 그러한 비용이 무한히 크지는 않기 때문이다. 즉 그 비용은 유한한 값을 지닐 것이기 때문이다.

이렇게 볼 때 문제는 공해가 유발된다는 사실에 있는 것이 아니다. 문제는 기업들이 그 사회적 비용을 자신들의 비용으로 계산하지 않는다는 데에 있다. 그리하여 공해가 사회적으로 효율적인 양보다 많아진다는 데에 있는 것이다.

이와 관련하여 일반적으로 공해를 완전히 제거하는 것도 경제적인 관점에서는 비효율적일 수 있다. 공해를 완전히 제거하려면 자원이 상당히 많이 든다. 그런데 자원이 한정되어 있는 상황에서 공해를 완전히 제거한답시고 너무 많은 자원을 투입하는 것은 비효율적이라는 것이다. 이때에도 최적화의 원리가 빛을 발하고 있다. 구체적으로 말해 보자. 공해를 제거할 경우 환경이 나아지는 등 여러 가지 편익이 있다. 이 점을 고려하더라도 공해를 제거하여 얻는 사회적 한계편익이 그때 드는 한계비용과 같아지는 수준까지만 공해를 제거하는 것이 효율적이라는 것이다.[6] 이러한 측면에서 보자. 그러면 정부의 과제는 사적 부문이 사회적으로 효율적인 만큼만 공해를 배출하도록 유도하는 것이라고 할 수 있다.

한편 정부를 통해 외부효과를 해결할 때에는 각 외부효과에 대응해서 기구를 일일이 따로 따로 구성할 필요가 없다. 이 때문에 거래비용을 절약할 수 있다. 또한 무임승차자문제를 해결할 수 있다. 반면에 정부를 통해 해결할 때에는 특수이익단체의 영향을 많이 받는다. 또한 나름대로 한계를 지닌 관료제도에 의해 집행된다는 문제점도 있다. 말할 것도 없이 이러한 문제점들은 앞장에서 논의한 정부실패와 관련된 것이다.

이러한 사항들을 염두에 두고 이제 공적 해결책으로 제시되고 있는 여러 가지 제안들에 대해 검토하기로 하자.

22.3.1 피구조세와 피구보조금

외부효과는 자신의 행위가 남들에게 영향을 미치지만 자신이 행동할 때 그것을 고려하지 않기 때문에 발생한다고 하였다. 이러한 측면에서 볼 때 조세나 보조금으로 이러한 외부효과를 치유하려면 그 기본적인 발상은 무엇일까? 그것은 외부효과를 유발하는 경제주체로 하여금 남들에게 미치는 영향을 고려하도록 유도하는 것이다.

구체적으로 부정적 생산외부효과가 존재할 경우에 대해 살펴보자. 이 경우에는 상품 한 단위당 조세를 적절하게 부과한다. 그리하여 사적 한계비용에 조세를 더한 값이 사회적 한

---

6 다른 경우와 마찬가지로, 공해를 많이 제거할수록 그 한계편익은 감소하며 한계비용은 증가한다. 예컨대 공해가 99% 제거된 상태에서 1%마저 제거시킨다고 하자. 이때 그로 인한 편익은 크게 증가하지 않지만 비용은 대단히 많이 증가한다.

계비용과 같아지도록 해 주어야 한다. 이와는 달리 긍정적 소비외부효과가 존재할 경우를 생각해 보자. 이 경우에는 상품을 소비할 때 사적 한계편익보다 사회적 한계편익이 높다. 이때에는 보조금을 적절히 지급한다. 그리하여 사적 한계편익에 보조금을 합한 값이 사회적 한계편익과 같아지도록 해 주어야 한다.[7]

> 🌱 **피구조세, 피구보조금**(Pigouvian taxes, Pigouvian subsidies) 외부효과를 해결하기 위해 사용하는 조세, 보조금

에어컨이나 냉장고 등 대형 가전제품은 사용 후 폐기처분할 때 환경을 오염시킨다. 이 점을 고려하여 생산물 한 단위당 환경오염부담금을 부과하고 있다. 피구조세의 예이다. 한편 예방주사의 사회적 한계편익은 사적 한계편익보다 크다. 이 때문에 정부는 보조금을 지급하여 예방주사를 싼 값에 맞을 수 있게 하고 있다. 피구보조금의 예이다.

(1) 피구조세: 부정적 외부효과의 경우

긍정적 외부효과의 경우에는 조세 대신 보조금을 지급한다는 사실이 다를 뿐 그 원리는 부정적 외부효과의 경우와 같다. 먼저 부정적 외부효과의 경우에 대해서 살펴보자. [그림 22-3]에서 생산자들은 비용을 산정할 때 공해에 대한 비용은 고려하지 않는다. 이 때문에 시장 자율에 맡길 경우 생산되는 산출량(Q_M)은 효율적인 산출량(Q_E)보다 많아진다. 이러한 상황에서 어떻게 하면 효율적인 수량을 생산하도록 유도할 수 있을까? 그것은 바로 정부가 효율적 균형에서 측정한 공해의 사회적 한계비용에 해당하는 조세를 생산물 한 단위당 부과하는 것이다. 그리하여 생산자들이 직면하는 한계비용이 사회적 한계비용과 일치하도록 해 준다. 그러면 효율적인 수량이 생산된다.

이러한 내용이 그림에 나타나 있다. 먼저 사적 한계비용(시장공급곡선)에 피구조세를 더하면 생산자들이 직면하는 한계비용이 되는데 이것이 그림에 점선으로 나타나 있다. 그런데 이 점선이, 시장수요곡선과 사회적 한계비용곡선이 만나는 점(파레토효율적 균형)을 지나고 있다. 따라서 파레토효율적 균형점에서 생산자들이 직면하는 한계비용이 사회적 한계비용과 같아진다. 그 결과 효율적인 수량이 생산된다. 한편 정부의 조세수입은 효율적인 산출량(Q_E)에 단위당 조세 t를 곱한 값으로 구해진다. 이것이 직사각형의 면적으로 나타나 있다.

---

7 이 경우 보조금을 지급하지 않은 채 시장기능에 그대로 맡겨 두면 부정적 외부효과의 경우와는 반대로 산출량이 효율적 수준에 미치지 못하게 된다. 이러한 결과도 일반적인 세상사의 이치로 이해될 수 있다. 즉 우리에게 불필요한 것은 너무 많아서 탈이지만, 정작 필요한 것은 모자라서 탈인 것이다.

| 그림 22-3 | 피구조세: 부정적 외부효과의 경우 |

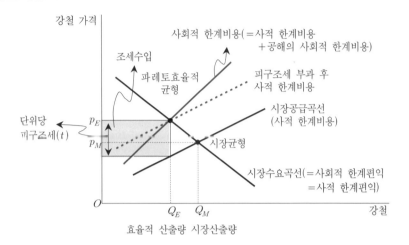

효율적 수준에서 측정한 공해의 사회적 한계비용에 해당하는 조세를 생산물 한 단위당 부과하면 효율이
달성된다. 이 경우 생산자들이 직면하는 한계비용이 사회적 한계비용과 같아지기 때문이다.

피구조세와 관련하여 언급할 사항이 있다. 이 원리는 후술할 피구보조금에도 적용된다.
(1) 조세는 수요자와 공급자 중 누구에게 부과되든지 그 경제적 효과가 같다(12장 참조). 피
구조세도 이와 같다. 피구조세를 공급자에게 부과하는 대신 수요자에게 부과하는 경우에는
수요곡선이 단위당 피구조세만큼 아래로 평행이동하는 것으로 나타난다. (2) 피구조세도 조
세이므로 조세의 특성상 상대가격 변화를 통해 다른 시장에 왜곡을 유발한다.

예제 22.2 피구조세

하천의 상류에 있는 강철공장의 이윤은 $\pi_S = 10S - \frac{1}{2}S^2$이고, 하천의 하류에 있는 맥주 공장
의 이윤은 $\pi_B = 10B - \frac{1}{2}B^2 - \frac{1}{2}SB$라고 한다. 그리고 강철과 맥주의 가격은 각각 100이라고
한다. 이때 두 기업의 합병이 불가능하다고 하자. 이러한 상황에서 파레토효율적 자원배분을
달성하기 위한 조세구조를 구하시오.

KEY 피구조세는 효율적인 산출량에서 평가한 공해의 사회적 한계비용만큼 부과되어야 한다.

풀이 이윤 식을 관찰해 보면 강철생산이 맥주생산에 외부효과를 유발하고 있다. 그러므로 효율을 위해서는 강철생산에 조세를 부과해야 한다. 조세를 부과하려면 효율적 산출량이 얼마인가를 알아야 한다. 효율적 산출량을 알기 위해 합병기업의 문제를 풀어보자. 합병기업은 강철과 맥주의 산출량을 함께 통제할 수 있다. 그러므로 합병기업의 이윤극대화 문제는

$$\underset{S,\,B}{\text{Max}}\ \pi = \left(10S - \frac{1}{2}S^2\right) + \left(10B - \frac{1}{2}B^2 - \frac{1}{2}SB\right)$$

로 쓸 수 있다. 이로부터 일차필요조건은

$$\frac{\partial \pi}{\partial S} = 10 - S - \frac{1}{2}B = 0 \ (1), \quad \frac{\partial \pi}{\partial B} = 10 - B - \frac{1}{2}S = 0 \ (2)$$

이 된다. 즉, $10 = S + \left(\frac{1}{2}\right)B$, $10 = B + \left(\frac{1}{2}\right)S$이다. 이것은 각각 효율산출량조건인 $p_S = SMC_S$, $p_B = SMC_B$이다. 이 두 식을 연립으로 풀면 $S^0 = B^0 = \frac{20}{3}$을 얻는다. 이것이 효율적 산출량이다.

이제 강철 한 단위당 피구조세를 t라 하면, 강철기업의 이윤극대화 문제는

$$\underset{S}{\text{Max}}\ \pi_S = 10S - \frac{1}{2}S^2 - tS$$

가 된다.

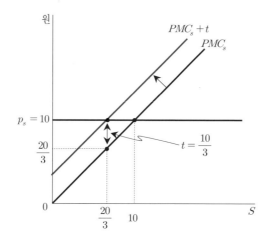

일차필요조건은 $\dfrac{d\pi}{dS} = 10 - S - t = 0$ (3)이다. 즉, $10 = S + t$이다. 이것은 다름 아니라 $p_S = PMC_S + t$이다. 여기서 강철생산을 효율적 수량인 $S^0 = \dfrac{20}{3}$으로 만들려면, $t^0 = \dfrac{10}{3}$으로 설정해야 한다. 이때 B의 산출량을 구해 보자. 맥주공장의 이윤극대화 일차필요조건은 $\dfrac{\partial \pi_B}{\partial B} = 10 - B - \left(\dfrac{1}{2}\right)S = 0$ (4)이다. 이때 맥주기업은 강철 산출량을 통제할 수 없다는 점에 주목하자. 그러므로 (4)에 $S^0 = \dfrac{20}{3}$을 대입하면 $B^0 = \dfrac{20}{3}$으로 구해진다. 한편 이 수량은 바로 우리가 목표로 하는 수량과 일치한다. 한편 (1)과 (3)을 비교해 보면 $t^0 = \dfrac{1}{2}B^0$인 것을 알 수 있다. 즉 피구조세는 효율적 수준에서 평가한 공해의 사회적 한계비용만큼 부과되어야 한다는 것을 알 수 있다.

(2) 피구보조금: 긍정적 외부효과의 경우

부정적 외부효과의 경우와 같은 논리로 긍정적 외부효과가 존재하는 경우 정부는 負의 조세인 보조금을 지급하여 외부효과를 해결할 수 있다. 예를 들어 어떤 개인이 예방주사를 맞는 경우 본인은 자신이 전염병의 감염으로부터 보호받는 편익만을 생각한다고 하자. 그러나 사회적인 입장에서는 예방접종을 받는 사람의 편익뿐만 아니라 예방접종을 받는 사람이 전염병에 걸리지 않음으로써 다른 사람에게 전염시키지 않는 편익도 고려해야 한다. 개인은 이러한 사회적 편익을 반영하지 않기 때문에 사적 한계편익은 사회적 한계편익보다 적게 된다.

[그림 22-4]는 예방접종에 대한 시장수요곡선과 시장공급곡선을 나타내고 있다. 시장가격을 반영하는 시장수요곡선은 사적 한계편익만을 반영하며 예방접종의 수요량이 증가할수록 사회적 한계편익과의 거리는 점점 작아지도록 그려져 있다.

이제 예방접종을 시장기능에 맡겨두면 예방접종자들은 자신들의 편익만을 고려하므로 시장균형가격과 균형수급량은 각각 P_M, Q_M에서 결정된다. 그런데 시장기능에 의한 가격 및 균형수급량은 사회적 편익을 함께 고려한 파레토효율적 수준보다 낮게 된다. 이러한 현상은 예방주사를 맞는 사람은 그로 인한 사회적 편익을 고려하지 않기 때문에 발생한다.

이 경우 효율적 수량 Q_E에서 측정한 사회적 한계편익과 사적 한계편익의 차이에 해당하는 보조금을 예방접종 단위당 지급한다고 하자. 그러면 그림의 점선처럼 예방접종 수요가 증가하며 그 결과 파레토효율적 수준을 달성할 수 있게 된다. 이때 정부가 지급하는 보조금 총액은 [그림 22-4]에서 단위당 보조금 s와 파레토효율적 수량 Q_E의 곱인 직사각형의 면적으로 나타난다. 한편 효율적 보조금을 결정할 때에도 효율적 조세를 정할 때와 같이 파레토효율적 수량 Q_E를 알아야 한다는 어려움에 직면한다.

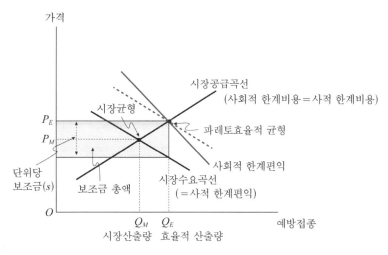

그림 22-4 **피구보조금: 긍정적 외부효과의 경우**

긍정적 외부효과의 경우에는 효율적 수량 Q_E에서 평가한 사회적 한계편익과 사적 한계편익의 차이에 해당하는 단위당 보조금(負의 조세)을 지급함으로써 효율을 달성할 수 있다.

(3) 시행상의 어려움

이처럼 피구조세로 외부효과를 해결할 수 있다면 우리는 구태여 외부효과 때문에 골치를 썩일 필요가 없지 않은가? 그런데 문제는 그리 간단하지 않다. 공평성 문제는 접어두고 효율만 고려하더라도 피구조세를 시행하는 것은 그리 간단하지 않다. 그 이유를 살펴보자. 피구조세는 효율적인 균형에서 평가한 공해의 사회적 한계비용만큼 부과되어야 한다. 그러므로 피구조세를 부과하려면 효율적인 산출량을 알아야 한다. 피구보조금을 효율적인 수준으로 결정하려 할 때에도 같은 문제에 직면한다. 이와 관련하여 정부가 효율적인 산출량을 알기 위해서는 기업들의 비용함수뿐만 아니라 시장수요에 대한 정확한 정보를 가지고 있어야 한다. 그런데 이러한 정보를 얻는다는 것 자체가 쉬운 일이 아니다. 바로 이 점 때문에 시행하는 데 어려움이 있다는 것이다. 나아가서 다소 역설적으로 들릴 지 모르지만, 정부가 효율적인 산출량을 알 수 있다면 구태여 피구조세나 피구보조금을 시행하는 번거로움을 감수할 필요가 없다. 이 경우에는 기업에게 바로 그 만큼만 생산하도록 명령할 수 있기 때문이다.

한편 외부효과의 예로서 자주 거론되는 공용지의 비극(tragedy of commons)과 그 문제점을 해결하는 방안에 대해서는 다음 예제가 도움이 될 것이다.[8]

예제 22.3 공용지의 비극

두 연못 A, B에서 20명이 낚시를 하고 있다. 연못 A에서 잡히는 물고기의 총수량은 $F_A = 10L_A - L_A^2$, 연못 B의 경우는 $F_B = 6L_B$로 표시된다. 여기서 L_A, L_B는 각각 연못 A와 연못 B에서 물고기를 잡는 낚시꾼 수를 나타낸다.

a. 각 연못에서 잡히는 물고기의 총수량을 합한 값이 가장 커질 경우 그 값은 얼마인가?

b. 낚시꾼들이 아무 조건 없이 자유롭게 낚시할 수 있도록 하자. 이때 어떤 결과를 얻는가? 그 결과가 효율적인가? 그 이유는 무엇인가?

c. 조세부과를 통해 문항 a의 결과를 얻으려면 조세를 어떻게 부과해야 하겠는가? 이때 그 결과를 문항 b의 결과와 비교하시오.

KEY 공용지의 비극(tragedy of commons)에 관한 문제이다. 낚시꾼들은 두 연못에서 평균이 같아지도록 행동한다. 그런데 효율을 위해서는 한계생산물이 같아야 한다.

풀이 $L_A + L_B = 20$, $F_A = 10L_A - L_A^2$, $F_B = 6L_B$로 주어져 있다.

a. 극대화 문제는

$$\operatorname*{Max}_{L_A,\ L_B} F = F_A(L_A) + F_B(L_B)$$
$$s.t.\ \ L_A + L_B = 20$$

으로 쓸 수 있다. 제약식을 목적함수에 대입하면 이 문제는

$$\operatorname*{Max}_{L_A} F = F_A + F_B = F_A(L_A) + F_B(20 - L_A)$$

로 다시 쓸 수 있다. 이때 극대화의 일차필요조건은

$$\frac{dF_A}{dL_A} + \frac{dF_B}{dL_B}\frac{dL_B}{dL_A} = 0,\ \ MP_A + MP_B(-1) = 0,\ \ 즉\ \ MP_A = MP_B \tag{1}$$

이다. 다시 말하면 총수량이 극대화되려면 각 연못에서의 한계생산물이 같아야 한다. 이것이 바로 효율 조건이다. 이제 각각의 생산함수를 미분하면 $MP_A = 10 - 2L_A$ (2),

---

8 어떠한 자원을 여러 사람이 공동으로 소유하며 공동소유자의 어느 누구도 그것에 접근할 수 있다고 하자. 이 경우 경제주체들의 상호작용은 반드시 비효율을 유발한다. 이러한 현상을 통틀어 공용지의 비극이라고 한다.

$MP_B = 6$ (3)을 얻는다. 이들을 식 (1)에 대입하면 $10 - 2L_A = 6$을 얻는다. 이로부터 L_A^* $= 2$가 된다. 한편 $L_A + L_B = 20$이다. 그러므로 $L_A^* = 2$를 여기에 대입하면 $L_B^* = 18$을 얻는다. 이 값들을 생산함수에 대입하면 $F^* = F_A^* + F_B^* = 124$가 된다.

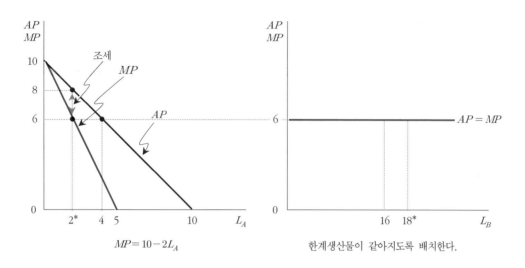

$$MP = 10 - 2L_A$$

한계생산물이 같아지도록 배치한다.

b. 낚시꾼들은 각 연못에서 잡히는 1인당 평균 물고기 수가 같아질 때까지 서로 이동할 것이다. 그러므로 그대로 둘 경우 균형에서는 양 연못의 '평균생산물'이 같아진다. 즉 $\dfrac{F_A}{L_A} = \dfrac{F_B}{L_B}$ (4)가 성립한다. 즉 $10 - L_A = 6$이 성립한다. 이로부터 $L_A = 4$를 얻는다. 이때 $L_B = 16$이 되며 $F = F_A + F_B = 120$이 된다. 그런데 이 결과는 효율적이지 않다. 효율이 성립하려면 평균생산물이 아니라 한계생산물이 같아져야 하는데, $L_A = 4$를 (2)에 대입하면 $MP_A = 2$로서 $MP_B = 6$보다 작기 때문이다.

  직관적으로 살펴보자. 어떤 사람이 연못 A에서 물고기를 잡는 행위는 다른 사람들이 잡는 물고기의 수에 영향을 준다. 즉 외부효과를 유발한다. 그런데 어느 누구도 그러한 외부효과를 고려하지 않고 자신의 이득만 생각한다. 그 결과 연못 A에서는 효율 수준보다 더 많은 사람들이 물고기를 잡게 된다. 호수가 무료로 사용될 수 있는 공용자원이기 때문에 너무 많이 사용되고 있는 것이다. 이른바 '공용지의 비극' 현상이 나타난 것이다.

c. 문항 a에서 볼 때 효율을 위해서는 $L_A = 2$가 되어야 한다. 그런데 $L_A = 2$에서는 $AP_A = 8$이 되어 $AP_B = 6$보다 커진다. 그 결과 A연못으로 사람들이 몰린다. 이것을 막기 위해 A연못 낚시에 조세를 부과해야 한다. 그런데 이 문제의 경우 낚시꾼들이 한계원리가 아니라 '평균원리'에 따라 행동한다. 그러므로 균형에서는 단위당 조세 t를 납부한 후의 평균이 서로 같아질 것이다. 즉 $\dfrac{F_A - tL_A}{L_A} = \dfrac{F_B}{L_B}$ (5)가 성립할 것이다. 이로부터

$10-L_A-t=6$을 얻는다. 그런데 여기서 효율수준인 $L_A=2$로 유지하기를 원하므로 $t^*=2$로 구해진다. 한편 (5)식을 풀어서 써 보면 $AP_A-t=AP_B$, 즉 $t=AP_A-AP_B$가 된다. 그러므로 조세는 효율 수준($L_A=2$)에서 평가한 '평균'생산물의 차로 정해지는 것을 알 수 있다(이것은 일반적으로 피구조세가 '한계'비용에 근거하여 정해지는 점과 대조된다).

이때 조세수입$=(L_A)(t^*)=2\times2=4$가 된다. 한편 조세를 납부하고도 여전히 1인당 잡는 물고기 수량은 6이 된다. 이 경우 조세수입은 바로 효율증진으로 증가한 물고기 수량과 동일하다. 한편 이러한 사실은 조세수입과 조세부과 전후의 물고기 수량의 차를 비교해 봄으로써 쉽게 확인된다.

22.3.2 배출권거래

파레토효율 조건에 주목하면 외부효과가 발생하는 원인을 몇 가지 측면에서 해석할 수 있다. 그 중의 하나는 무엇보다도 외부효과는 그에 대한 시장이 존재하지 않기 때문에 발생한다는 것이다. 공해의 경우에는 공해물질이 거래되는 시장이 존재하지 않는 것을 의미한다. 그 이유를 살펴보자. 일반 상품의 경우 개인들은 그것을 소비하기 위해 화폐를 지불할 용의가 있지만 비재화(bads)인 공해의 경우에는 오히려 그것을 줄이기 위해 화폐를 지불할 용의가 있다. 따라서 사회 전체적인 관점에서는 공해의 가격은 음이 되어야 한다. 그런데 재산권이 확립되어 있지 않을 경우 공해를 유발하는 강철기업은 보상을 하지 않아도 되므로 이러한 공해의 가격을 0인 것으로 간주한다. 이 때문에 공해가 거래되는 시장이 존재할 수 없다. 그러나 재산권(배출권)을 부여한 다음 오염배출권시장을 창출해 주면 파레토효율이 달성된다.[9]

배출권거래제도(emission trading)는 이러한 오염배출권시장의 원리를 이용한 제도이다. 이 제도의 경우 정부는 배출되는 오염원의 총수량에 관심이 있다. 어느 기업이 얼마나 배출하는가는 큰 문제가 되지 않는다는 것이다. 이러한 상황에서는 기업들이 배출권을 서로 거래할 수 있게 된다. 그리하여 자신의 한도를 다 사용하지 않은 기업은 배출할 수 있는 권리를 다른 기업에게 팔 수 있다.

---

9 재산권을 부여하고 나면 파레토효율이 달성된다는 점은 코즈정리의 경우와 같다. 그러나 시장기능에 맡긴다는 점에서 협상에 맡겨 놓는 코즈정리와 구분된다.

(1) 효율적 오염저감량

배출권거래를 시행하려면 사회 전체 오염배출량을 얼마로 정해야 하느냐의 문제가 대두된다. 그런데 사회 전체적으로 볼 때

> 효율적 오염저감량=현재배출량−효율적 오염배출량

이다. 그러므로 효율적 오염배출량을 얼마로 정할 것인가는 오염을 얼마나 저감할 것인가와 본질적으로 같은 문제이다. 여기서는 편의상 오염저감이라는 측면에서 살펴보기로 한다. 이러한 취지에 맞추어 [그림 22−5]의 가로축에는 오염저감량이 표시되어 있다. 이때 SMC 곡선은 각 개별기업들의 MC곡선을 수평으로 합해서 구한 것이다.

그림에서 보듯이 오염저감의 사회적 한계비용(SMC)은 체증한다. 즉 처음에는 오염저감에 드는 한계비용이 작지만 오염저감을 많이 하여 오염이 줄어들수록 오염저감의 한계비용이 점점 커진다. 미세먼지를 줄여 나가되 아예 미세먼지를 0으로 만든다고 상상해 보라! 이와는 반대로 오염저감으로부터 얻는 사회적 한계편익(SMB)은 체감한다. 즉 처음에는 오염저감으로부터 얻는 사회적 한계편익이 크지만 오염저감을 많이 하여 오염이 줄어들수록 오염저감으로부터 얻는 사회적 한계편익이 점점 작아진다. 예를 들어 미세먼지가 0에 가까운 상태에서 미세먼지를 추가로 제거함으로써 얻는 사회적 편익은 미미할 것이다.

이러한 상황에서 오염저감의 효율은 $SMB=SMC$가 성립하는 E^{*}에서 달성된다. 그 논리는 [그림 12−2]의 경우와 같다. 다시 한 번 검토해 보자.

그림 22-5 **효율적 오염저감량**

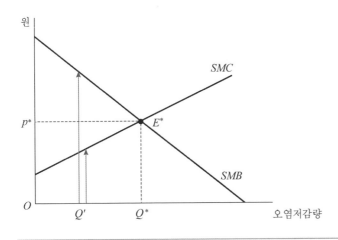

$SMB=SMC$가 성립하는 E^{*}에서 균형이 달성되며 이때 Q^{*}가 효율적 오염저감량이다.

(1) Q^*의 왼쪽의 Q'에서는 SMB(긴화살표)가 SMC(짧은 화살표)보다 크다. 즉 $SMB > SMC$이다. 이때 오염을 추가로 1단위 줄일 경우 사회적 편익은 SMB만큼 증가하고 사회적 비용은 SMC만큼 증가하므로 사회적 순편익이 $SMB - SMC$만큼 증가한다. 이러한 논리는 비단 Q'에서뿐만 아니라 Q^*의 왼쪽에서는 항상 성립한다. 그러므로 사회적 순편익은 오염저감량이 0을 넘어서면서부터 시작하여 $SMB = SMC$가 성립하는 Q^*에 도달할 때까지 계속 증가한다.

(2) 반대로 Q^*의 오른쪽에서는 SMC가 SMB보다 크므로 오염을 추가로 1단위 '더' 줄일 경우 사회적 비용은 SMC만큼 증가하는데 사회적 편익은 그보다 적은 SMB만큼 증가하므로 사회적 순편익이 $SMC - SMB$만큼 감소한다. 바꾸어 말하면 이때에는 오염을 추가로 1단위 '덜' 줄일 경우 $SMC - SMB$의 사회적 순편익이 증가한다. Q^*의 오른쪽에서는 이러한 사회적 순편익이 오염을 덜 줄여서 마침내 $SMB = SMC$가 성립하는 Q^*에 도달할 때까지 계속 증가한다.

(3) 종합해 볼 때 $SMB = SMC$가 성립하는 Q^*에서 사회적 순편익이 가장 커진다. 즉 Q^*가 효율적 오염저감량이다.

(2) 시장균형으로의 해석

(1) 상품으로서의 오염저감: 오염저감은 좋은 것이므로 오염저감을 재화(goods)로 볼 수 있다. 이렇게 보면 SMB곡선은 (역)시장수요곡선으로 볼 수 있고 SMC곡선은 (역)시장공급곡선으로 볼 수 있다. 다만 이때 시장수요곡선은 사회가 얻는 오염저감의 한계편익을 나타낸다. 시장공급곡선은 물론 개별기업들의 오염저감공급곡선을 수평으로 합한 것이다. 이렇게 볼 경우 [그림 12-1]의 시장균형에 대한 논의가 여기서도 그대로 적용될 수 있다. 그 결과 SMB곡선과 SMC곡선이 만나는 곳에서 오염저감의 균형가격 p^*와 균형수량 Q^*가 결정된다. 이때 균형에서는 $SMB = SMC$가 성립하므로 효율이 달성된다. 한편 SMC곡선은 각 개별기업들의 PMC곡선을 수평으로 합해서 구한 것이기 때문에 균형에서 '오염저감의 가격 = 개별기업의 오염저감의 한계비용'(11.3.4 참조)이 성립한다.

(2) 배출요금: 배출량 단위당 배출요금(emission fee)을 부과하는 경우를 생각해 보자. (i) SMC곡선을 염두에 두고 오염 배출자인 기업들의 입장에서 보자. 오염을 저감하면 배출요금을 지불하지 않아도 되므로 오염을 저감할 경우 단위당 배출요금이 절약된다. 바꾸어 말하면 오염저감 1단위당 배출요금만큼의 수입이 생기는 셈이다. 그런데 공급자 입장에서 1단위당 수입이 바로 공급가격이다. 그러므로 단위당 배출요금이 오염저감의 공급가격이 된다. 이런 측면에서 SMC곡선은 (1)에서와 같이 오염저감의 (역)시장공급곡선으로 볼 수 있

다. (ii) 이제 SMB곡선을 염두에 두고 사회 입장에서 보자. 오염저감을 소비하려면, 즉 배출감소를 원하면 1단위당 배출요금수입을 포기해야 한다. 즉 오염저감소비 1단위당 배출요금만큼의 기회비용이 발생한다. 그런데 수요자 입장에서 소비 1단위당 기회비용이 바로 수요가격이다. 그러므로 오염저감 수요자인 사회의 입장에서 볼 때 단위당 배출요금이 오염저감의 수요가격이 된다. 이런 측면에서 SMB곡선은 (1)에서와 같이 오염저감의 (역)시장수요곡선으로 볼 수 있다. (iii) 따라서 효율적인 단위당 배출요금은 [그림 22-5]에서 정해진 오염저감의 균형가격 p^*와 같아진다. 그리고 단위당 배출요금을 이러한 p^*로 정하면 균형 E^*에 이르게 된다. 물론 이때 오염저감의 수요가격과 공급가격이 같아진다.

  (3) 배출권: 결과부터 말한다면 배출권거래제도를 시행할 경우 시장기능에 의해 배출권가격이 정해진다. 이때 배출권가격은 [그림 22-5]의 p^*와 같아진다. 물론 이때 효율적 배출권(배출량) 수량도 정해지고 그에 상응하여 효율적 오염저감량도 정해진다. 이처럼 배출권거래제도에서 오염저감시장과 같은 결과를 얻게 되는 이유는 배출권시장은 오염저감시장과 '쌍대성'(duality)의 관계에 있기 때문이다. 즉 저감의 한계비용은 배출측면에서 보면 추가로 1단위 더 저감하지 않고 그대로 배출해 버림으로써 절약되는 오염저감비용이므로 배출의 한계편익이고 저감의 사회적 한계편익은 배출측면에서 보면 추가로 1단위 더 배출할 경우 사회가 그것을 정화하기 위해 그만큼의 저감비용을 감수해야 한다는 측면에서 배출의 사회적 한계비용이기 때문이다. 한편 이러한 쌍대성과 함께 '오염저감량=현재배출량-오염배출량(배출권)'의 관계, 즉 현재배출량에서 배출권 구입 후 배출한 수량을 제외하면 나머지는 자신이 저감한 수량이라는 사실을 이용하면 [그림 22-5]를 배출권시장의 그림으로 전환시킬 수 있다(예제 22.4 참조).

  균형에서는 다음이 성립한다.

  오염저감의 한계비용=오염저감의 가격=단위당 배출요금=배출권가격

(3) 배출권거래제도의 작동원리

  앞서 말했듯이 사회 전체의 효율적 오염저감량을 알고 나면 사회 전체의 효율적 배출량을 알 수 있다. 이제 사회 전체의 효율적 배출량을 각 기업에게 나누어서 배출권으로 할당하자(이것은 물론 각 기업에게 그에 상응하는 오염저감량을 할당하는 것과 같다). 이러한 상태에서 배출권을 거래하는 것이 허용될 경우 어떠한 현상이 일어날까? 편의상 공해를 줄이는 데 드는 한계비용이 다른 두 기업을 생각해 보자. 공해를 추가로 한 단위 줄이는 데 기업 A는 60만원이 들고 기업 B는 150만원이 든다고 하자. 그런데 배출권의 시장가격이 100만원이라고

하자. 이러한 상황에서는 기업 *A*는 자신이 공해를 배출할 수 있는 권리를 파는 것이 이득이 된다. 즉, 100만원을 받고 공해를 배출할 수 있는 권리를 파는 것이다. 그리고 스스로 60만원을 들여 공해를 한 단위 줄이는 것이다. 이렇게 하여 그는 한 단위당 40만원의 이득을 볼 수 있다. 이와는 반대로 공해를 줄이는 데 드는 한계비용이 배출권의 시장가격보다 높은 기업 *B*는 배출권을 구입할 것이다. 스스로 배출을 줄이려면 150만원이 드는데, 배출권을 구입한 다음 배출해 버리면 100만원으로 해결되어 50만원의 이득을 볼 수 있기 때문이다.

후술하겠지만 이때 중요한 것은 배출권 총량만 정해지면 배출권을 어느 기업에게 얼마나 할당하든 관계없이 배출권거래를 통해 그 결과가 효율적이 된다는 것이다.

(4) 배출권시장균형의 특성

사회 전체의 효율적 배출량에 해당하는 만큼의 배출권을 각 기업들에게 배분한 후 배출권거래를 허용하면 시장기능을 통해 시장균형에 도달한다. 그렇다면 이러한 시장균형의 특성은 어떠할까? 배출권을 파는 기업은 스스로 공해를 줄여야 하므로 공해를 줄이는 데 드는 한계비용이 점점 증가한다. 그리하여 마침내 그 한계비용이 배출권의 시장가격과 같아질 때에 이르러서야 비로소 배출권 판매로부터 이득을 볼 여지가 사라진다. 반대로 배출권을 구입하는 기업은 배출권 구입량에 해당하는 만큼에 대해서는 스스로 공해를 줄이지 않아도 되므로 공해를 줄이는 데 드는 한계비용이 점점 떨어진다. 그리하여 마침내 한계비용이 배출권의 시장가격과 같아지는 지점에 이르러서는 더 이상 배출권을 구입함으로써 이득을 볼 여지가 사라진다. 이렇게 볼 때 배출권 거래를 통해 결국 배출권을 판매하는 기업에게나 구입하는 기업에게나 공해를 줄이는 데 드는 한계비용이 배출권의 시장가격과 같아지게 된다.[10] 다시 말하면 균형에서는 각 기업이 공해를 줄이는 데 드는 한계비용이 시장가격을 매개로 서로 같아진다. 공해를 줄이는 데 드는 한계비용이 서로 다를 경우에는 배출권 거래를 통해 이득이 되는 거래가 반드시 존재하며 거래를 계속하여 마침내 공해를 줄이는 데 드는 한계비용이 같아질 경우 더 이상 이득을 볼 수 있는 여지가 없어지기 때문이다. 그런데 이처럼 거래를 통해 더 이상 이득을 볼 수 있는 여지가 없는 상태가 바로 효율상태이다.

> 즉 한계비용이 같아진 상태가 바로 효율상태인 것이다. 이 효율상태는 효율적 오염감축량을 최소비용으로 달성한 상태이다. 한편 이러한 원리는 배출권 총량만 정하고 나면 그 배출권을 어느 기업에게 얼마나 할당하는가에 관계없이 성립한다.

---

10 '시장가격'이 등장하는 점은 코즈정리에서는 배출과 관련된 기업들의 부담이 당사자들 사이의 '협상력'에 의해 결정되었던 점과 대조된다.

다음 사항들에 주목하자.

(1) 이 제도는 조세수입이 없다는 것이 단점이다. 벌금이나 조세를 부과하는 경우와 비교해 보면 그 의미가 분명해진다. 즉 벌금이나 조세의 경우에는 공해를 해결하면서 동시에 재정수입을 올릴 수 있다는 것이다. 물론 피구조세도 나름의 비효율을 유발하기는 한다.

(2) 배출권거래제도를 시행하려면 각 기업에게 배출권을 할당해야 하는데, 이때 각 기업에게 배출권을 어느 만큼씩 할당하는가의 문제에 직면한다. 현재 공해배출 수량을 기준으로 한다고 하자. 그러면 열심히 노력하여 현재 공해를 적게 배출하고 있는 기업은 배출권을 적게 배분받게 된다는 문제에 직면한다. 또 다른 방법은 현재의 공해배출량 대신 상품 산출량을 기준으로 배분하는 방식이다.

예제 22.4 효율적 저감량과 배출권거래

현재 기업 A와 B는 각각 500단위의 오염을 배출하고 있다. 오염배출을 줄이는 데 드는 비용은 기업 A의 경우 $c(q_A)=20+\frac{1}{2}q_A^2$이고 기업 B의 경우 $c(q_B)=10+q_B^2$이다. 한편 오염저감으로부터 사회가 얻는 한계편익은 $SMB=\frac{2,000}{17}-\frac{2}{17}Q$이다. 여기서 q_A, q_B, Q는 각각 저감시킨 오염량이다.

a. 사회의 효율적 저감량을 구하시오.
b. 기업 A와 기업 B의 저감공급곡선을 각각 구하시오. 사회의 저감공급곡선을 구하시오.
c. 수요 공급 원리에 따라 사회의 효율적 저감량을 구하시오.
d. 각 기업의 효율적 저감량을 구하시오.
e. 기업 A와 기업 B의 배출권수요를 각각 구하시오. 사회의 배출권수요를 구하시오.
f. 사회의 배출권공급을 구하시오.
g. 사회의 효율적 배출량을 구하시오.
h. 각 기업의 효율적 배출량을 구하시오.
i. 문항 c, d와 문항 g, h의 결과를 비교하시오.
j. 정부는 효율적 저감량에 기초하여 이 기업들로 하여금 오염배출량을 같은 양만큼씩 줄이도록 만들려고 한다. 배출권거래를 시행하는 경우 예상되는 결과를 말하시오. 기업 A에게 배출권을 모두 할당해 준다면 결과가 어떻게 달라지겠는가?

KEY 한계편익과 한계비용 측면뿐만 아니라 저감수요와 저감공급 측면에서도 접근해 보라는 문제이다. 배출권거래를 시행하면 배출권 최초할당에 관계없이 배출권거래를 통해 그 결과는 효율적이 된다. 다만 배출권의 할당에 따라 분배효과는 존재한다. 배출권을 많이 할당받은 쪽이 당연히 더 나아진다.

풀이 a. 사회의 효율적 저감량은 저감의 사회적 한계편익과 저감의 사회적 한계비용이 같아지는 곳, 즉 $SMB = SMC$인 곳에서 달성된다. 그런데 저감의 사회적 한계비용은 두 기업의 한계비용을 합한 것이다. 이 값을 구하려면 두 기업의 한계비용곡선을 수평으로 합해야 한다. 그런데 기업 A의 저감의 한계비용은 $MC_A = \dfrac{dc(q_A)}{dq_A} = q_A$이고 기업 B의 저감의 한계비용은 $MC_B = \dfrac{dc(q_B)}{dq_B} = 2q_B$이다. 한편 수평으로 합한다는 것은 공통의 MC에 대해 두 기업의 수량을 합하는 것이다. 공통의 MC에 대해서이므로 $MC_1 = MC_2 = MC$로 놓자. 그러면 $q_A = MC$, $q_B = \dfrac{1}{2}MC$이다. MC곡선들을 수평으로 합한다는 것은 이것들을 더하는 것이다. 즉 $Q = q_a + q_b = MC + \dfrac{1}{2}MC = \dfrac{3}{2}MC$이다. 이로부터 저감의 사회적 한계비용은 $SMC = \dfrac{2}{3}Q$가 된다. 사회의 효율적 저감량은 $SMB = SMC$, 즉 $\dfrac{2,000}{17} - \dfrac{2}{17}Q = \dfrac{2}{3}Q$로부터 $Q^* = 150$이 된다.

b. 저감을 공급하려면 저감의 한계비용에 해당하는 금액을 받아야 한다. 그런데 $MC_A = q_A$이고 $MC_B = 2q_B$이다. 그러므로 저감의 가격을 p라고 하면 $p = MC_A$, $p = MC_B$로부터 기업 A와 B의 저감공급곡선은 각각 $q_A = p$, $q_B = \dfrac{1}{2}p$가 된다. 사회의 저감공급곡선은 각 기업의 저감공급곡선을 수평으로 합하여 구한다. 그러므로 $Q_S = q_A + q_B = p + \dfrac{1}{2}p = \dfrac{3}{2}p$가 된다. 물론 이것은 $SMC = \dfrac{2}{3}Q$로부터 구한 결과와 같다.

c. 사회의 효율적 저감량은 사회의 저감수요곡선과 사회의 저감공급곡선이 교차하는 곳에서 달성된다. 문항 b에서 사회의 저감공급곡선은 $Q_S = \dfrac{3}{2}p$로 구해졌다. 한편 $SMB = \dfrac{2,000}{17} - \dfrac{2}{17}Q$인 곡선은 사회의 저감역수요곡선이다. 이로부터 사회의 저감수요곡선은 $Q_D = 1,000 - \dfrac{17}{2}p$이다. 균형은 $Q_D = Q_S$, 즉 $1,000 - \dfrac{17}{2}p = \dfrac{3}{2}p$에서 달성된다. 이로부터 균형가격과 사회의 효율적 저감량은 [그림 1(A)]처럼 $p^* = 100$, $Q^* = 150$이 된다. 물론 문항 a와 결과가 같다.

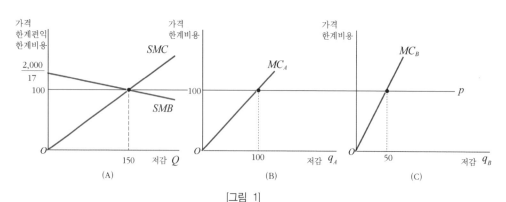

[그림 1]

d. 각 기업의 저감공급곡선 $q_A = p$, $q_B = \frac{1}{2}p$에 $p^* = 100$을 대입하면 각 기업의 효율적 저감량을 얻는다. 즉 $q_A^* = p^* = 100$, $q_B^* = \frac{1}{2}p^* = 50$이 된다. 이것이 [그림 1(B)]와 [그림 1(C)]에 나타나 있다.

e. 현재배출에서 저감공급을 빼 주면 배출(권)수요가 된다. 즉 현재 자신이 배출하고 있는 수량에서 자신이 저감한 수량을 제외하면 나머지는 배출권을 구입해서 배출해야 한다는 것이다. 이것은 다음과 같이 해석할 수 있다. 저감의 한계비용은 추가로 1단위 더 저감할 경우 발생하는 비용이다. 이것을 배출측면에서 보면 추가로 1단위 더 배출할 경우 절약되는 비용이므로 배출의 한계편익이라고 볼 수 있다.

　가로축에 저감량을 표시하고 세로축에 한계비용을 표시한 상태에서 저감량에 대해 한계비용으로 작용하는 곡선을 배출량에 대해 한계편익으로 작용하게 하는 방법은 [그림 2(B)]에서처럼 현재배출량을 나타내는 수직선에서 한계비용곡선을 수평으로 빼 주는 것이다. 즉 현재배출에서 한계비용, 즉 저감공급을 빼 주면 배출의 한계편익을 얻는다. 그런데 배출의 한계편익곡선이 바로 배출의 역수요곡선이므로 현재배출에서 저감공급을 빼 주면 배출권수요를 얻는다는 것이다.

　기업 A의 경우 현재배출량이 500이고 저감공급이 $q_A = p$이다. 그러므로 배출권수요를 q_A^E라고 하면 가로축의 500에서 수직선으로 그려지는 현재배출량 $\bar{q} = 500$에서 저감공급 $q_A = p$을 수평으로 빼 줌으로써 $q_A^E = \bar{q} - q_A = 500 - p$로 구해진다.

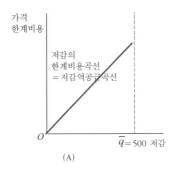

(A)

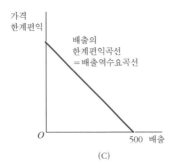

(C)

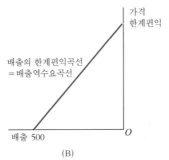

(B)

[그림 2]

한편 기업 B의 경우 현재배출량이 500이고 저감공급이 $q_B = \frac{1}{2}p$이므로 배출권수요를 q_B^E라고 하면 같은 원리로 $q_B^E = 500 - \frac{1}{2}p$가 된다. 그러므로 사회의 배출권수요를 Q_D^E라고 하면 각 기업의 배출권수요를 합하여 $Q_D^E = q_A^E + q_B^E = (500 - p) + (500 - \frac{1}{2}p) = 1{,}000 - \frac{3}{2}p$로 구해진다.

f. 사회의 현재배출에서 사회의 저감수요를 빼 주면 나머지가 사회의 배출(권)공급이다. 이것은 다음과 같이 해석할 수 있다. 저감의 사회적 한계편익은 추가로 1단위 더 저감할 경우 발생하는 사회적 편익이다. 이것을 배출측면에서 보면 추가로 1단위 더 배출할 경우 사회가 감수해야 하는 저감비용, 즉 사회적 비용이므로 배출의 사회적 한계비용이라고 볼 수 있다. 가로축에 저감량을 표시하고 세로축에 한계편익을 표시한 상태에서 저감량에 대해 사회적 한계편익으로 작용하는 곡선을 배출량에 대해 사회적 한계비용으로 작용하게 하는 방법은 [그림 2]와 같은 원리에 따라 현재배출량을 나타내는 수직선에서 사회적 한계편익곡선을 수평으로 빼 주는 것이다. 즉 사회의 현재배출에서 사회적 한계편익 즉 사회의 저감수요를 빼 주면 배출의 사회적 한계비용을 얻는다. 그런데 배출의 사회적 한계비용곡선이 바로 배출의 사회적 역공급곡선이므로 사회의 현재배출에서 사회의 저감수요를 빼 주면 사회의 배출권공급을 얻는다는 것이다.

한계편익곡선이 (역)수요곡선인데 $SMB = \frac{2{,}000}{17} - \frac{2}{17}Q$이므로 사회의 저감수요는 $Q_D^R = 1{,}000 - \frac{17}{2}p$이다. 또한 사회의 현재배출량은 $500 + 500 = 1{,}000$이다. 그러므로 사회의 배출권공급을 Q_S^E라고 하면 가로축의 $1{,}000$에서 수직선으로 그려지는 사회의 현재배출량에서 사회의 저감수요를 수평으로 빼 줌으로 $Q_S^E = 1{,}000 - Q_D^R = 1{,}000 - (1{,}000 - \frac{17}{2}p) = \frac{17}{2}p$로 구해진다. 이것이 [그림3(B)]에 배출권공급곡선으로 나타나 있다

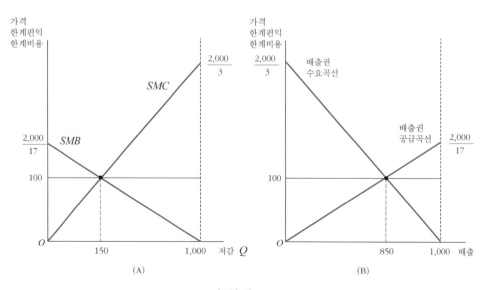

[그림 3]

g. 배출권시장균형은 [그림 3(B)]처럼 사회의 배출권수요와 사회의 배출권공급이 일치하는 곳에서 달성된다. 그러므로 $Q_D^E = Q_S^E$, 즉 $1,000 - \frac{3}{2}p = \frac{17}{2}p$로부터 $p^* = 100$, $Q^* = 850$을 얻는다. [그림 3]은 저감과 배출의 '쌍대성'을 보여주고 있다. [그림 3(A)]는 [그림 1(A)]와 같다.

h. 각 기업의 배출권수요에 균형가격을 대입하면 각 기업의 효율적 배출량을 얻는다. 그러므로

$$q_A^* = q_A^E(100) = 500 - p^* = 500 - 100 = 400, \quad q_B^* = q_B^E(100) = 500 - \frac{1}{2}p^* = 450$$

이 된다.

i. 저감시장을 통해서 얻은 결과와 배출시장을 통해서 얻은 결과는 같다. 전자의 경우 저감량을 기준으로 후자의 경우 배출량을 기준으로 수치가 구해졌을 뿐이다. 저감시장과 배출시장의 관계에 비추어 볼 때 당연한 결과이다.

j. (i) 현재배출량 1,000단위이므로 여기서 효율적 저감량 150을 뺀 나머지 850의 배출권을 할당해야 한다. 그런데 기업 A에게는 100단위, 기업 B에게는 50단위가 효율적 저감량이므로 배출권을 어떻게 할당하든 기업 A는 400단위를 배출하고 기업 B는 450단위를 배출한다. 그 결과 같은 양인 75단위씩 배출량을 줄이라고 할 경우, 즉 425단위씩 배출을 허용할 경우 한계비용이 낮은 기업 A는 25단위의 배출권을 판매하고 한계비용이 높은 기업 B는 25단위의 배출권을 구입하게 된다. (ii) 또한 850단위의 배출권을 모두 기업 A에게 할당해 줄 경우에도 여전히 기업 A는 400단위를 배출하고 기업 B는 450단위를 배출한다. 다만 이 경우 기업 A가 450단위의 배출권을 기업 B에게 판매할 것이다. (iii) 배출권거래를 시행하면 최초 배출권할당에 관계없이 배출권가격은 저감의 가격 $p^* = 100$과 같아진다. 그리고 균형에서는 이 값이 각 기업의 오염저감의 한계비용과 같아진다. 그 결과 배출량을 가장 적은 비용으로 줄일 수 있다. 즉 효율이 달성된다. 다만 이 경우 배출권을 많이 할당받은 기업이 분배 측면에서는 나아진다.

22.3.3 규 제

외부효과를 해결하기 위하여 피구조세를 부과하는 것은 가격기구를 이용하는 방법이다. 이와는 달리 정부는 명령체계를 통해 부정적 외부효과를 직접 통제할 수도 있다.

이와 관련하여 다음 내용을 되새겨 보자(20장 참조). 모든 파레토효율적 배분은 적절한 재분배가 전제될 경우 경쟁적인 가격기구를 통해 달성될 수 있다. 또한 이와 동일한 파레토효율적 배분을 정부의 명령체계를 통해 달성할 수도 있다. 즉 집중화된 배분기구를 통해서도 달성할 수 있다는 것이다.

이러한 원리는 외부효과에도 똑같이 적용된다. 외부효과가 있으면서 그 비용과 편익에 대한 모든 정보가 알려져 있다고 하자. 이 경우 정부는 피구조세를 통해 달성할 수 있는 어떠한 자원배분도 **규제**(regulation)를 통해 달성할 수 있다. 예를 들어 시장수요곡선과 사회적 한계비용곡선에 대한 정보를 완전히 알고 있다고 하자. 그러면 정부는 피구조세를 부과하는 대신 효율적인 수량(예컨대, [그림 22-3]의 Q_E)만큼만 생산하도록 명령할 수 있다는 것이다.

(1) 공해의 직접 규제와 생산요소 규제

공해의 경우 이와 같은 규제는 크게 두 가지 유형으로 나눌 수 있다. 그 중 하나는 공해 배출량이 일정 수준을 넘지 못하도록 규제하는 것이다. 다른 하나는 생산요소를 규제하는 것이다.

예를 들어 매연이나 폐수의 유출을 규제하는 것은 공해 배출을 규제하는 것이다. 반면에 일정 등급 이하의 석탄을 사용하지 못하게 하는 것, 무연휘발유를 쓰도록 하는 것, 냉장고나 에어컨의 냉매로 프레온가스를 사용하지 못하게 하는 것 등은 생산요소를 규제하는 것이다. 나아가서 국제적으로 볼 때 지구온난화의 주범인 이산화탄소의 방출량을 줄이기 위해 석탄이나 석유 등 화석연료의 사용량을 줄이자는 것도 생산요소를 규제하는 것이다.

이제 두 가지 규제 방법을 서로 비교하고 분석해 보자.

(1) 정부가 공해를 직접 규제하는 것이 가능하다고 하자. 이 경우 정부는 공해배출을 직접 통제할 수 있다는 측면에서 이것을 생산요소 규제보다 선호한다. 그렇다면 기업의 입장은 어떠할까? 기업으로서도 생산요소 규제보다는 공해 배출 규제를 더 선호한다. 그 이유를 살펴보자. 기업은 비용을 적게 들이면서 공해를 줄이는 방법을 정부보다 더 잘 알고 있다. 따라서 특정 생산요소를 사용하지 못하도록 규제당하는 것보다 차라리 공해 배출을 규제당하는 것이 자신들에게 더 유리하기 때문이다. 이러한 점들을 고려할 때 공해 배출 규제가 생산요소 규제보다 더 바람직하다고 할 수 있다.

(2) 이와는 달리 공해 수준을 측정하는 것이 어려울 경우에는 생산요소 사용을 감시하는 것이 쉽다. 그러므로 이 경우에는 생산요소 규제를 택할 가능성이 높아진다.

한편 특정 생산요소의 사용이 규제되면 그 대신 상대적으로 가격이 비싼 생산요소를 사용해야 되는 경우가 생긴다. 이 경우 사적 한계비용이 상승한다. 그러나 일반적으로 생산요소 규제가 사적 한계비용을 사회적 한계비용 수준까지는 상승시키지 않는다. 그러므로 산출량은 여전히 효율적인 수량보다 많게 된다.

22.4 공적 해결책 비교

22.4.1 효율성 및 공평성 비교

지금까지 외부효과에 대한 대책들로서 피구조세, 배출권거래, 규제 등을 논의하였다. 그런데

> 어떠한 정부정책을 평가할 때에도 마찬가지이지만 이들 각 제도들은 먼저 효율성과 공평성의 측면에서 비교되어야 한다.

이미 살펴본 바와 같이 외부효과가 있을 경우 피구조세는 자원이 효율적으로 배분되게 한다. 특히 피구조세는 생산자들로 하여금 진정한 사회적 한계비용에 직면하게 하면서도 이러한 비용에 가능한 한 유연하게 대처할 수 있게 해 주는 장점을 지니고 있다. 구체적으로 살펴보자. 생산요소를 대체하기가 어려울 경우에는 이전의 생산요소를 그대로 사용하고 조세를 납부한다. 그러나 생산요소를 대체하기가 쉬울 경우에는 공해를 유발하지 않는 생산요소로 대체한다. 즉 상품을 가장 적은 비용으로 생산하는 방법을 찾는다는 것이다. 한편 배출권거래는 배출권의 총량만 효율적인 수준으로 정한다면 그 다음은 시장기능을 통해 공해를 가장 효율적으로 줄일 수 있게 해 준다. 이들과는 달리 규제는 자원이 효율적으로 배분되게 하지는 못한다.

각 제도들은 이처럼 자원배분 측면에서 다를 뿐만 아니라 분배효과 측면에서도 각기 다르다. 구체적으로 볼 때 공해를 통제하는 제도 때문에 영향을 받는 사람들은 소비자, 주주, 공장 주변 사람들뿐만이 아니다. 노동자들도 영향을 받는다. 예를 들어 피구조세 때문에 기업이 위축된다고 하자. 이 경우 생산요소에 대한 수요가 줄어들며 그 결과 이 생산요소를 공급하는 노동자들의 후생이 줄어든다. 그런데 바로 이와 같은 세부적인 효과들은 외부효과의 해결책에 따라 달라진다.

이렇게 볼 때 외부효과에 대한 대응책을 결정하는 과정에서 효율이나 분배효과에 미치는 영향이 이처럼 서로 다르다는 점이 상당한 논쟁거리가 될 수 있다.

22.4.2 기타 고려할 사항

(1) 거래비용을 고려해야 한다. 각 제도를 시행하는 과정에서 정부가 기업의 행위를 감시하는 데 드는 거래비용은 서로 다르다. 예를 들어 생산요소를 규제하는 것과 피구조세를

시행하는 것 중 어느 것이 비용이 더 적게 들까? 생산요소를 규제하는 경우에 비용이 훨씬 적게 든다. 그 이유를 살펴보자. 먼저 피구조세를 시행하려면 효율적인 공해 수준을 알기 위해 그 상품에 대한 수요뿐만 아니라 사적 한계비용 및 사회적 한계비용을 측정해야 한다. 이 경우 비용이 많이 든다. 그러나 생산요소를 규제하는 경우에는 이러한 측정들이 필요하지 않기 때문에 비용이 훨씬 적게 든다.

(2) 정보가 비대칭적이라는 점이 고려되어야 한다. 외부효과를 통제할 때 서로 다른 제도는 서로 다른 수준의 정보를 필요로 한다. 이 경우 경제의 다른 부문에서와 마찬가지로 이해당사자 중 어느 한 편이 더 많은 정보를 지니는 것이 문제된다. 즉 정보의 비대칭성이 문제된다.[11] 예를 들어 공해를 직접 규제하거나 피구조세 또는 배출권거래를 시행하려면 효율적인 공해 수준을 알아야 한다. 그러므로 이 경우 사적 한계비용에 대한 정보가 있어야 한다. 그런데 기업들은 자신들의 비용에 대해 정부보다는 더 잘 알고 있다. 따라서 기업들은 그 비용을 과장하여 보고할 유인을 지닌다. 더욱이 기업들마다 비용함수가 다를 때에는 이러한 문제가 더욱 심각해진다. 이때 이러한 비용의 차이를 무시하고 일률적인 기준을 적용할 경우 또 다른 비효율이 유발된다.

(3) 비용과 편익이 가변적이라는 점을 고려해야 한다. 공해를 통제할 때 그 한계비용과 한계편익이 변화한다고 하자. 이 점은 규제제도와 피구조세 중에서 어느 것을 선택하는가를 결정할 때에도 중요한 역할을 한다. 예를 들어 공해를 통제하는 데 드는 비용이 변하는 경우 기업들은 피구조세를 생산요소규제보다 선호할 것이다. 앞서 지적했듯이 피구조세를 시행할 경우 기업들은 생산 방법을 효율적으로 조정할 여지가 있으나 생산요소를 규제할 경우에는 이러한 조정을 할 수 없기 때문이다.

(4) 정치적 영향이 고려되어야 한다. 규제가 생산비용에 미치는 영향을 결코 무시할 수 없다. 이 때문에 규제를 피하기 위해 기업들이 각종 로비활동을 펼칠 것으로 예상된다. 따라서 어느 정도로 규제할 것인가는 정치적인 영향을 받기 쉽다. 아울러 어떠한 형태로 규제할 것인가도 여러 이익단체들로부터 영향을 받아 결정될 것으로 예상된다. 이와 관련하여 일반적으로 경제학자들은 피구조세보다는 규제가 정치적 영향을 더 크게 받는다고 생각하고 있다.

---

11 정보의 비대칭성에 대한 상세한 논의는 24장을 참조하기 바란다.

제7편

불확실성 및 정보경제학:
시장실패

　　지금까지는 주로 불확실성이 없고 또한 정보가 완전한 경우를 분석하였다. 이제 불확실성이 있거나 또는 거래 당사자들 중 어느 한 쪽이 정보를 더 많이 가지고 있는 비대칭정보일 경우에 대해 분석할 것이다.

　　(1) 불확실성하에서 개인의 선택 행위는 어떠한가를 살펴본다. 이와 관련하여 여기서 강조하고 싶은 것이 있다. 즉 위험과 관련하여 볼 때 불확실성이 존재할 경우에는 결국 시장이 실패한다는 사실이다.

　　(2) 거래 당사자들 중 어느 한 쪽이 정보를 더 많이 가지고 있을 경우, 즉 비대칭정보일 경우 발생할 수 있는 여러 가지 문제들에 대해서 분석한다. 특히 역선택과 도덕적 해이로 불리는 현상들에 대해 그 이면의 원리와 대책들을 살펴본다. 이때 정보를 더 많이 가지고 있는 측과 그렇지 못한 측이 각각 어떠한 행동을 취하는가도 알아본다.

　　정보가 비대칭일 경우에도 자원이 비효율적으로 배분된다. 즉 시장이 실패한다. 특히 불확실성이 있을 경우 시장이 실패하는 이유가 정보비대칭과 어떻게 연관되어 있는지에 주목하기로 하자.

제23장

불확실성하의 선택: 기대효용극대화

23.1 기대효용극대화 | 23.2 위험에 대한 태도와 그 특성 | 23.3 위험프리미엄과 위험평가
23.4 상황선호접근법 | 23.5 상황선호접근법의 예 1: 내기 | 23.6 상황선호접근법의 예 2: 보험
23.7 상황조건부상품시장의 불완전성과 시장실패

MICROECONOMICS

주식투자를 할 것인가 아니면 안전한 정기예금을 할 것인가? 주식투자를 한다면 얼마나 할 것인가? 자동차 보험을 구입할 것인가 아니면 사고 날 확률이 별로 높지 않으므로 보험 없이 운전할 것인가? 보험을 구입한다면 얼마나 구입할 것인가? 이러한 질문들에는 앞으로 일어날 일에 대한 불확실성과 그에 상응하는 위험 (risk)이 내포되어 있다. 이때 위험이란 이런 상황이 발생할 수도 있고 저런 상황이 발생할 수도 있어서 그 결과를 사전에 알 수 없다는 것을 의미할 뿐이지, 반드시 손실을 본다는 것을 의미하는 것은 아니다. 이번 장에서는 바로 이처럼 불확실성이 있을 경우 개인들의 선택 행위가 어떻게 나타나는가에 대해 분석한다.

불확실성이 있을 경우 시장은 자원을 효율적으로 배분하지 못한다. 이와 관련하여 그 이유를 간략하게 검토해 볼 것이다.

무엇을 공부할 것인가

1. 기대효용함수란 무엇인가? 그 이면에 있는 공리와 그 의미는 무엇인가?
2. 위험에 대한 태도에 따라 효용함수의 모양이 어떻게 달라지는가?
3. 위험에 대한 태도에 따라 기대효용과 기대치의 효용 사이의 대소관계는 어떻게 달라지는가?
4. 위험프리미엄이란 무엇인가? 위험할인율은 어떻게 계산되는가?
5. 상황조건부상품시장에서 기대효용은 어떻게 나타내는가? 예산선과 그 기울기가 갖는 의미는 무엇인가?
6. 상황조건부상품시장에서 기대효용을 극대화하는 문제는 어떻게 나타낼 수 있는가? 확실성하에서의 효용극대화와 분석 방법이 어떻게 비교되는가?
7. 위험에 대한 태도에 따라 무차별곡선의 모양이 어떻게 달라지는가?
8. 상황조건부상품시장에서 기대효용극대화 조건은 무엇인가?
9. 기대효용극대화문제를 상황선호접근법문제로 바꾸는 방법은 어떠한가?
10. 내기의 유형을 구분하는 기준은 무엇인가?
11. 내기의 유형과 관련하여 위험에 대한 태도에 따라 그 선택이 어떻게 달라지는가?
12. 보험의 공정성과 구입하는 보험의 크기에는 어떠한 관계가 있는가?
13. 불확실성이 있을 경우 시장이 실패하는 이유는 무엇인가? 그 이유는 정보비대칭과 어떻게 관련되어 있는가?

23.1 기대효용극대화

당첨 확률이 50%인데 당첨되면 200만원을 주고 낙첨되면 한 푼도 주지 않는 복권이 있다고 하자. 이러한 복권과 현금 100만원 중에서 어느 것을 선택하겠는가? 이 경우 복권이나 현금의 기대치는 똑같이 100만원이므로 기대금액을 기준으로 본다면 복권과 현금은 무차별하다. 그럼에도 불구하고 개인에 따라 선택이 달라질 것이라는 점은 사람들이 기대금액을 기준으로 선택하는 것이 아니라는 사실을 밀힌다. 이깃이 기내효용에 대한 논의의 출발점이 될 수 있다.[1]

 23.1 평균, 확률변수, 기대치, 확률분포, 분산

(1) 평균

예를 들어 설명해 보자. 10만명 학생들의 키를 측정해 보니 160cm인 학생이 2만명, 170cm인 학생이 4만명, 180cm인 학생이 3만명, 190cm인 학생이 1만명이라고 하자. 이 학생들의 키의 **평균** (mean)은 $\frac{160\times2+170\times4+180\times3+190\times1}{10}$ cm (1)이다. 이때 인원수 단위를 굳이 1만명으로 크게 잡은 이유는 곧이어 나오는 기대치와 연결시키기 위해서이다. 예를 들어 단 10명 정도의 자료로는 그때 얻은 값이 통계적으로 기대되는 값이라고 말하기 어렵기 때문이다.

(2) 확률변수, 기대치

(1)식은 $(160\times\frac{2}{10}+170\times\frac{4}{10}+180\times\frac{3}{10}+190\times\frac{1}{10})$cm (2)로 바꾸어 쓸 수 있다. 이때 '학생들의 신장'을 X라고 하면 X가 취할 수 있는 값은 160, 170, 180, 190cm이고 그 각각에 $\frac{2}{10}$, $\frac{4}{10}$, $\frac{3}{10}$, $\frac{1}{10}$의 확률이 부여되어 있다고 볼 수 있다(이러한 측면에서 무수히 반복 시행할 경우 상대도수를 확률로 볼 수 있다). 이처럼 변수이기는 한데 그 변수가 취할 수 있는 값 각각에 확률이 부여되어 있는 변수를 **확률변수**(random variable)라고 한다. 이제 확률변수가 취할 수 있는 값을 x_i라고 하고 그 값에 확률 p_i가 부여되어 있다고 하자. 이러한 기호를 사용하여 (2)를 바꾸어 쓰면 $x_1p_1+x_2p_2+x_3p_3+x_4p_4$ (3)이다. 이것이 바로 **기대치**(expected value)이다. 기대치를 **평균**이라고도 한다. 이때 평균 또는 기대치에는 확률이 가중치로 부여되고 있다는 점에 주목하자. (3)식은 통상 $\mu_X=E(X)=\Sigma x_i p_i$로 나타낸다. 이처럼 확률변수 X의 기대치를 통상 μ_X로 나타낸다. $E(X)$에서

---

[1] 일반적으로 기업은 이윤을 극대화한다고 가정한다. 이 가정은 바로 기업이 효용이 아닌 금액을 기준으로 선택한다는 것을 함축한다. 이 장을 배우고 나면 유추할 수 있겠지만, 이처럼 기업이 금액을 기준으로 선택한다는 것은 기업이 위험에 대해 중립적이라는 사실을 함축한다. 한편 기대효용이론은 행동경제학의 비판을 받고 있다.

E는 기대치를 구하라는 연산자 기호이다.

(3) 확률분포, 분산

확률변수가 취할 수 있는 모든 x_i와 그 각각에 대응하는 확률 p_i의 관계를 **확률분포**(probability distribution)라고 한다. 그런데 확률분포들의 기대치가 같다고 해서 똑같은 확률분포는 아니다. 기대치가 같더라도 어떤 확률분포는 확률변수가 취하는 값들이 기대치 주변에 몰려 있고 어떤 확률분포는 그 값들이 기대치로부터 멀리 흩어져 퍼져있을 수 있기 때문이다. 이때 그 값들이 기대치로부터 얼마나 멀리 흩어져 퍼져있는가, 즉 산포되어 있는가 그 정도를 말하는 수치를 **산포도**(measure of dispersion)라고 한다. 산포도의 대표적인 것이 **분산**(variance)과 **표준편차**(standard deviation)이다. 표준편차는 분산의 음이 아닌 제곱근을 말한다. 이때 분산과 표준편차는 확률변수가 취하는 값들이 그 평균으로부터의 변화가 얼마나 큰가를 나타내므로 앞으로 우리가 다루려고하는 **위험**(risk)을 측정하는 데에도 안성맞춤이다. 평균으로부터의 변화가 클수록 위험이 크다고볼 수 있는데 평균으로부터의 변화가 클수록 분산의 크기가 크게 나오기 때문이다. 이러한 이유 때문에 실제 분석에서도 위험은 분산 또는 표준편차로 측정하고 있다.

(i) 분산은 확률변수가 취하는 값이 평균으로부터 얼마나 멀리 떨어져 있는가를 말하는 **편차**(deviation)를 제곱한 다음 그 평균을 구한 값이다(편차는 양수도 될 수 있고 음수도 될 수 있기 때문에제곱하지 않고 평균을 구할 경우 그 값은 0이 된다). 이것을 수식으로 표현하면 $\sigma_X^2 = Var(X) = E[(X-\mu_X)^2] = \Sigma(x_i - \mu_X)^2 p_i$이다. 이처럼 확률변수 X의 분산을 통상 σ_X^2으로 나타낸다. $Var(X)$에서 Var은 분산을 구하라는 연산자 기호이다.

(ii) 확률변수가 취하는 값들이 기대치로부터 멀리 흩어져 있을수록 분산이 커진다. 한편 분산을 구하는 과정에서 편차를 제곱해 주는 것은 기대치로부터 멀리 떨어져 있는 값일수록 분산의 크기에 미치는 영향이 가중적으로 크게 반영되도록 해 주는 효과가 있다.[2] 그 결과 흩어져 있음이 더욱잘 드러나도록 알려 주는 긍정적 역할을 하게 된다.

(4) 상수 C의 기대치는 C이고 분산은 0이다

한편 어떤 값 C가 확실한 값일 경우 그 기대치는 C이다. 예를 들어 숫자 100의 경우 100일 확률이 1이고 100이 아닐 확률이 0이므로 그 기대치는 100이다. 또한 100은 그 기대치 100으로부터전혀 흩어져 있지 않으므로 분산은 0이다.

---

2 편차의 절대값의 평균인 **평균절대편차**(mean absolute deviation: MAD, $MAD(X) = E|X-\mu| = \Sigma|x_i - \mu_X|p_i$) 와 비교해 보면 그 의미가 명확히 드러난다. 예를 들어 A반의 경우 101.8점이 5명, 98.2점이 5명이고 B반의 경우 109점이 1명, 99점이 9명이라고 하자. 이 경우 평균은 두 반 모두 100점이다. 평균절대편차는 두 반 모두 1.8점이다. 반면에 표준편차는 A반의 경우 1.8점, B반의 경우 109점 맞은 학생의 영향이 반영되어 3점이 된다.

23.1.1 상황조건부상품과 불확실성하의 효용함수

미래에 전개될 상황(state of nature)은 기후, 투자 성공 여부, 사고 발생 여부, 기타 각각의 조건이 서로 다른 여러 가지 상황으로 구분될 수 있다. 그런데 이 경우에는 어떠한 상품도 단순히 '상품'으로만 부를 수 없다. 같은 상품이라도 상황이 달라지면 다른 상품으로 분류되어야 한다. 예를 들어 비가 올 때의 우산과 비가 오지 않을 때의 우산은 서로 다른 상품으로 간주될 수 있다. 이와 관련하여 **상황조건부상품**을 소개하기로 하자.

> 🌱 **상황조건부상품**(state contingent commodities) 특정 상황이 발생할 경우에만 인도되는 상품. 조건부상품이라고도 함. 상황조건부상품이 거래되는 시장을 **상황조건부상품시장**(state contingent commodity market) 또는 조건부상품시장이라고 함

불확실성하에서는 2가지 **상호배반적** 상황을 가정하면 모든 상품을 **상황조건부상품묶음**으로 볼 수 있다. 1원을 1단위로 볼 때 예컨대 확률 p_1으로 l_1원, 확률 p_2로 l_2원을 주는 복권은 상황 1일 때의 상황조건부상품1 l_1단위와 상황 2일 때의 상황조건부상품2 l_2단위로 구성된 상황조건부상품묶음 (l_1, l_2)로 볼 수 있다. 다른 상품들도 그 원리는 같다. 예컨대 배고픈 상황에서 x_1원, 아닌 상황에서 x_2원의 가치를 지니는 빵은 상황조건부상품1 x_1단위와 상황조건부상품2 x_2단위로 구성된 상황조건부상품묶음 (x_1, x_2)로 볼 수 있다.

앞으로 보게 되듯이 이러한 상황조건부상품묶음은 **상황조건부상품평면**에 나타낼 수 있다.

이때 각 개인은 주어진 소득으로 시장에서 이러한 상황조건부상품묶음을 구입할 수 있다고 간주한다.

이러한 전제하에 각각의 상황이 발생할 가능성에 주관적 확률을 부여한다고 가정하자.[3] 그리고 미래의 각 상황에서 자신의 부존소득이 어떻게 변화하는가를 알고 있다고 가정하자. 이 경우 각 개인은 보통의 상품에 대해 선호순서를 가지고 있는 것과 같이 상황조건부상품에 대해서도 선호순서를 가지고 있다고 보는 것이 자연스럽다.

이와 관련하여 개인이 어떤 상황에서의 소비를 다른 상황에서의 소비와 비교하여 그 가치를 평가한다고 하자. 이 경우 그 가치는 문제되는 상황이 발생할 확률에 따라 달라질 것이다. 예를 들어보자. 비가 올 때의 우산과 그렇지 않을 때의 우산에 대한 가치는 서로 다

---

3 앞서 말했듯이 복권도 상황조건부상품묶음으로 생각할 수 있다. 당첨되느냐 낙첨되느냐 그리고 얼마에 당첨되느냐에 따라 각각 다른 상황조건부상품을 나타내는 상황조건부상품묶음인 것이다. 특히 복권의 경우 각각의 상황에 대해 이미 객관적 확률이 부여되어 있다는 점이 특색이다. 이 때문에 상황조건부상품에 대해 분석할 때 복권의 개념을 이용하면 편리할 때가 많다.

르다. 이때 개인이 우산의 가치를 어느 만큼으로 평가하는가는 비가 올 확률을 얼마로 생각하고 있는가에 따라 달라진다는 것이다. 이러한 측면에서 효용은 소비 수준뿐만 아니라 문제의 상황이 발생할 확률의 함수이기도 하다.

실생활에서는 여러 상황이 발생할 수 있다. 예컨대 복권은 당첨금액이 다르면 다른 상황이 발생한 것으로 볼 수 있다. 화재도 피해 금액에 따라 그렇다. 다른 경우들도 같다. 편의상 당첨·낙첨, 화재발생·미발생 등 상호배반적인 2가지 상황의 경우를 가정하자. 그리고 상품과 소비의 가치를 금액으로 측정하자. 이런 상태에서 어떤 상품 c의 상황 1에서의 소비를 c_1원, 상황 2에서의 소비를 c_2원이라 하고, 각 상황이 발생할 확률을 p_1, p_2라고 하자. 그러면 두 상황 중 어느 상황이 발생할지 모르는 불확실한 상황에서 그 효용함수는

$$U(c) = U(c_1, c_2, p_1, p_2)$$

로 쓸 수 있다.

23.1.2 기대효용함수

(1) 그런데 여기서 주목해야 할 것이 있다. 상황 1이 발생하면, 상황 2가 발생하지 않고 거꾸로 상황 2가 발생하면 상황 1은 발생하지 않는다. 이 때문에 c_1과 c_2 중에서 단지 어느 하나만이 실제로 실현될 것이라는 점이다. 즉 c_1과 c_2는 서로 분리된 것이라는 점이다. 따라서 실제 발생하지 않은 상황에서의 소비는 실제 발생한 상황에서의 소비가 지니는 가치에 영향을 주어서는 안 된다고 생각할 수 있다. 이것을 **독립성공리**(independence of irrelevant alternatives axiom)라고 한다.

특히 이 공리는 불확실성하의 선택과 확실성하의 선택 사이의 차이를 분명하게 보여주고 있다. 확실성하에서는 두 상품이 함께 소비되거나 또는 단지 시차를 두고 소비되기 때문에 두 상품이 서로 보완성이나 대체성을 지니는 경우가 대부분이다. 그러나 불확실성의 경우에는 '두 상품'을 모두 얻을 수는 없기 때문에 실제 발생하지 않은 상황에서의 소비는 실제 발생한 상황에서의 소비가 지니는 가치에 영향을 주지 않아야 한다는 것이다.

(2) 이제 상황 1에서의 소비 c_1의 효용을 $U^1(c_1)$으로 표시하고, 상황 2에서의 소비 c_2의 효용을 $U^2(c_2)$로 표시하자. 이때 독립성공리와 그 밖의 몇 가지 공리가 충족된다고 하자. 그러면 **기대효용정리**(expected utility theorem)에 의해 앞서 말한 효용함수 $U(c_1, c_2, p_1, p_2)$는

$$U(c) = U(c_1, c_2, p_1, p_2) = p_1 U(c_1) + p_2 U(c_2), \ \text{즉} \ U(c) = E[U(c)] \qquad (23.1)$$

와 같이 쓸 수 있다고 알려져 있다.[4] E는 기대치 연산자이다. 이때 U^1과 U^2를 구분하지 않고 같은 효용함수 U를 사용하고 있다. 즉 $U^1 = U^2 = U$가 적용되고 있다. 이것은 어떠한 상황이 발생하든지 그 '상황' 자체가 효용함수에 영향을 주지는 않는다는 것을 말한다. 이것을 **상황독립성공리**(state independence axiom)라고 한다. 그 예를 들어보자. 비가 올 때의 우산이 지니는 효용과 비가 오지 않을 때의 우산이 지니는 효용은 서로 다르다고 하였다. 이때 그 이유는, 우산이 각 상황에서 서로 다른 상품으로 여겨지기 때문이지, 두 상황에서 개인의 선호가 달라지기 때문이 아니라는 것이다.

(3) 기대효용정리에 따르면 불확실한 상황에서의 효용은 이처럼, 즉 식 (23.1)처럼 각 상황에서의 소비가 갖는 효용에 그에 대응하는 확률을 곱한 후 더한 값으로 표시된다. 즉 효용의 기대치인 **기대효용**으로 표시된다. 예컨대 $p_1 = 0.8$, $p_2 = 0.2$라고 하자. 이것은 상황 1이 발생할 가능성은 대단히 높고 상황 2가 발생할 가능성은 낮다는 것을 의미한다. 그러므로 이때 상황 1에서의 소비가 갖는 효용에는 0.8의 가중치가 부여된다. 반면에 상황 2에서의 소비가 갖는 효용에는 그보다 낮은 0.2의 가중치가 부여된다. 이 예로부터 **기대효용**은 각 상황에서의 소비가 갖는 효용의 가중평균이라는 점이 분명하게 드러난다.

이상의 논의와 관련하여 기대효용함수는 다음과 같이 정의된다.

> **기대효용함수**(expected utility function) $EU(c) = E[U(c)] = p_1 U(c_1) + \cdots + p_n U(c_n)$ 과 같이 발생할 수 있는 각 상황에서의 소비가 지니는 효용에 그에 대응하는 확률을 곱한 다음 그 결과들을 모두 더해서 구한 함수

앞서 말했듯이 이때 $E[U(c)]$에서 E는 확률변수에 대한 기대치를 구하라는 연산자로서 앞으로도 이처럼 계속 등장한다. 한편 기대효용함수를 구성하고 있는 U와 같은 효용함수를 폰 노이만-모겐스턴 효용함수라고 한다.[5][6]

> **폰 노이만-모겐스턴 효용함수**(von Neumann-Morgenstern utility function) 기대효용함수를 구성하고 있는 U와 같은 효용함수

---

4 기대효용정리의 증명은 생략하기로 한다. 한편 기대효용함수가 위 식에서 보듯이 가산형(additive form)으로 표현되는 이유는 바로 독립성공리 때문이다.

5 기대효용을 논의할 때 등장하는 효용함수는 모두 폰 노이만-모겐스턴 효용함수를 지칭하지만 편의상 간단히 '효용함수'라고 하기도 한다. 이 책에서도 이러한 관례를 따르기로 한다.

6 이 책에서 기대효용함수를 나타내는 함수 기호를 $EU(x)$라고 표기한 이유는, 기대효용을 나타내는 영문자인 expected utility의 각 단어의 앞자를 따서 씀으로써, 기대효용을 나타내는 함수라는 사실을 분명하게 나타내기 위한 것이다.

다음 특성들에 주목하자. 첫째, 소비자의 선호순서가 기대효용함수로 표시될 수 있다거나 **기대효용성질**을 가지고 있다는 것은, 기대효용함수가 가산형(additive form)으로 표현될 수 있다는 것을 의미한다. 둘째, 한편 폰 노이만-모겐스턴 효용함수는 양의 **선형류변환**(positive affine transformation)을 하여도 그 결과는 변환하기 이전과 같은 선호순서를 나타낸다.[7] 셋째, 나아가서 세 가지 이상의 상황이 발생할 경우, 기대효용함수는 가산형이기 때문에 어떤 두 상품 사이의 한계대체율은 제 3 의 상품을 얼마나 소비하는가와는 독립적으로 결정된다. 한계대체율은 각 상품의 한계효용의 비율로 나타나는데, 기대효용함수가 가산형일 경우 각 상품의 한계효용은 해당 상품만의 함수로 나타나기 때문이다(3장 참조).

23.1.3 기대효용극대화: 불확실성하의 선택

기대효용정리에 따르면 합리적인 개인들은 기대효용을 극대화하도록 선택한다는 것을 보여줄 수 있다. 편의상, 두 가지 상황만 발생한다고 가정하자. 그러면 불확실성하에서 개인이 직면하는 문제는

$$\underset{c_1,\ c_2}{\text{Max}}\ EU(c) = p_1 U(c_1) + p_2 U(c_2)$$
$$s.t.\quad q_1 c_1 + q_2 c_2 = y \tag{23.2}$$

로 쓸 수 있게 된다. 여기서 목적함수 EU는 기대효용함수, U는 효용함수를 나타낸다. p_1과 p_2는 각각 상황 1과 상황 2가 발생할 확률을 나타낸다. 또한 c_1과 c_2는 각각 상황 1과 상황 2에서의 조건부상품, q_1과 q_2는 그 가격, 그리고 y는 소득을 나타낸다.

여기서 앞으로 다룰 내용을 간단히 요약해 보자.

> 불확실성이 있는 상황에서도 확실한 상황에서 사용한 것과 같은 분석 방법을 사용할 수 있다. 즉 확실한 상황에서의 문제 (4.1)을 예산선과 무차별곡선을 이용하여 분석한 것처럼 불확실한 상황에서의 문제 (23.2)도 예산선과 무차별곡선을 이용하여 분석할 수 있다.

앞으로 얻을 분석 결과를 여기서 먼저 말한다면, 불확실성하에서도 각 개인은 확실한 상황에서와 마찬가지로 두 상품 사이의 한계대체율이 상대가격과 같아지도록 상품묶음을 선택한다. 그런데 각 개인은 불확실성하의 상황조건부상품시장에서 모두 가격수용자이므로 똑같은 상대가격에 직면한다. 그 결과 각 개인의 한계대체율은 상대가격을 매개로 하여 서로 같아지며 따라서 파레토효율 조건이 성립한다. 이러한 결과는 불확실성하에서도 경쟁시

---

7 예컨대 x의 양의 선형류변환이란 $ax+b,\ a>0$을 말한다. [부록 23.2] 참조.

장균형은 파레토효율적이 된다는 사실을 함축하고 있다. 그러나 24장에서 배우겠지만 현실적으로는 상황조건부상품시장이 불완전하기 때문에 불확실성하에서는 파레토효율이 달성되지 않는다.

이제 문제 (23.2)와 같은 기대효용극대화 문제를 본격적으로 풀기 전에 예비단계로 위험에 대한 태도와 그 특성 및 위험평가에 대해 알아보자.

23.2 위험에 대한 태도와 그 특성

개인에 따라 위험을 대하는 태도는 다를 수 있다. 이와 관련하여 위험을 대하는 태도에 따라 개인들을 크게 위험회피자, 위험중립자, 그리고 위험애호자 등 3가지 유형으로 분류할 수 있다.

본격적인 논의에 앞서 다음 사항을 말해 두고자 한다.

> 나이트(F. Knight) 교수는 불확실성을 측정가능성(measurability)에 따라 다음과 같이 구분했다.
> (1) 장래 발생할 사건의 결과가 측정불가능한 경우, 즉 그 확률분포가 알려져 있지 않은 경우를 **불확실성**(uncertainty)이라고 한다.
> (2) 장래 발생할 사건의 결과가 측정가능한 경우, 즉 그 확률분포가 알려져 있는 경우를 **위험**(risk)이라고 한다. 즉 위험은 측정가능한 불확실성이다.
> 이 책에서는 이 2개의 용어를 구분 없이 사용하기로 한다.

23.2.1 위험에 대한 태도와 효용함수의 모양

(1) 위험회피자는 말 그대로 위험부담을 꺼려 하는 사람이다. 그리하여 이러한 개인은 공정한 내기에조차 참여하지 않는다.

> 🏭 **공정한 내기**(fair gamble) 자신이 내기에 건 금액과 동일한 기대치를 가져다 주는 내기

> 🏭 **위험회피자**(risk averter) 공정한 내기에조차 참여하지 않는 사람

위험회피자를 효용함수의 측면에서 본다면 소득이 증가함에 따라 그 한계효용이 체감

하는 사람이라고 볼 수 있다. 한계효용이 체감하는 것은 [그림 23-1(A)]와 같이 소득이 증
가함에 따라 효용함수의 접선의 기울기가 감소하는 것으로 나타난다.[8] 그리하여 **위험회피자**
의 효용함수는 아래에서 위로 쳐다볼 때 오목하게 그려진다. 이처럼 소득의 한계효용이 체
감한다는 것은 돈을 얻을 때의 기쁨보다 그와 동일한 액수의 돈을 잃을 때의 고통이 더 크
게 여겨진다는 것을 함축한다.

　(2) 공정한 내기에 참여함은 물론 자신에게 불리한 내기라도 크게 불리하지 않은 한 기
꺼이 참여하는 사람을 **위험애호자**라고 한다. 위험애호자의 경우에는 소득의 한계효용이 체
증하기 때문에 효용함수가 [그림 23-1(B)]와 같이 볼록하게 그려진다.

　(3) 공정한 내기에는 참여하든지 참여하지 않든지 무차별하게 느끼는 사람을 **위험중립**
자라고 한다. 위험중립자의 경우에는 소득의 한계효용이 일정하다. 이 때문에 효용함수가
[그림 23-1(C)]와 같이 직선으로 그려진다.

그림 23-1 **효용함수의 모양**

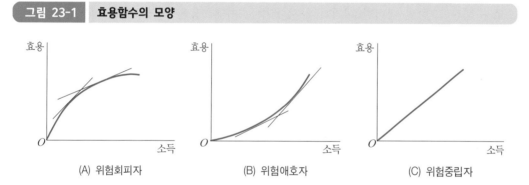

(A) 위험회피자　　　　　　(B) 위험애호자　　　　　　(C) 위험중립자

위험회피자는 소득의 한계효용이 체감하기 때문에, 즉 효용함수에 접선을 그렸을 때 그 기울기가 점점
완만해지기 때문에, 효용함수가 오목하게 그려진다. 위험애호자는 소득의 한계효용이 체증한다. 위험중
립자는 소득의 한계효용이 일정하다.

23.2.2 위험에 대한 태도에 따른 특성

　위험을 대하는 태도에 따라 그 특성이 어떻게 달리 나타나는가를 검토해 보자. 이를 위
해 돈을 잃을 경우에는 y_1이 되고 돈을 벌 경우에는 y_2가 되는 '내기(도박: gamble)' y를 생각
해 보자. 이때 돈을 잃을 확률은 p_1이고 돈을 벌 확률은 p_2라고 하자. 이러한 내기의 상황

8 어떤 소득에서의 한계효용은 그 소득에 대응하는 곡선상의 점에서 곡선에 그은 접선의 기울기로 나타난다.

은 복권의 형태로 표시할 수 있다. 즉 낙첨될 경우 y_1을 주고 당첨될 경우 y_2를 주는데, 낙첨될 확률은 p_1이고 당첨될 확률은 p_2인 **복권**(lottery)인 것이다. 그런데 이때 y의 특성은 조건부상품묶음의 특성과 일치한다. 또한 '변수가 취할 수 있는 값 각각에 확률이 부여되어 있는 변수'라는 의미를 지니는 **확률변수**의 개념과도 정확하게 일치한다([부록 23.1] 참조).

이런 측면에서 내기, 복권, 조건부상품묶음, 확률변수를 모두 같은 개념으로 사용한다.

이러한 내기 y가 가져다주는 기대소득(expected income)을 구해 보자([부록 23.1] 참조). (1) 우선 내기에 질 경우의 소득에 그에 해당하는 확률을 곱한다. (2) 그 다음 내기에 이길 경우의 소득에 그에 해당하는 확률을 곱한다. (3) 끝으로 이렇게 얻은 두 값을 서로 더하면 그 결과가 바로 기대소득이다. 즉 기대소득은

$$E(y) = p_1 y_1 + p_2 y_2 \tag{23.3}$$

으로 구해진다. 한편 이러한 내기가 가져다 주는 기대효용은 식 (23.1)을 이용하여

$$EU(y) = p_1 U(y_1) + p_2 U(y_2) \tag{23.4}$$

로 구해진다.

(1) 위험회피자—효용함수의 예: $U(y) = \sqrt{y}$

(1) 위험회피자는 불확실한(위험한) 복권보다 그 복권의 기대소득을 확실하게 가지는 것을 선호한다. 이것은 위험회피자에게는 기대효용 $EU(y)$가 기대소득의 효용 $U(E(y))$보다 작은 것으로 나타난다. 두 가지 상황이 발생할 경우에 대해 말하면 위험회피자에게는 p_1과 p_2의 확률로 y_1과 y_2를 얻을 경우 그 기대효용이 기대소득인 $p_1 y_1 + p_2 y_2$의 효용보다 작다는 것이다. 이러한 상태가 [그림 23–2]에 나타나 있다. 여기서 가로축의 $E(y)$는 y_1과 y_2가 발생할 확률이 각각 p_1과 p_2인 복권의 기대소득이라는 점에 주목하자.[9]

(i) 먼저 기대효용을 살펴보자. y_1의 효용 $U(y_1)$은 가로축의 y_1에서 효용함수에 이르는 수직거리 $\overline{y_1 A}$로 나타나고 y_2의 효용 $U(y_2)$는 가로축의 y_2에서 효용함수에 이르는 수직거리 $\overline{y_2 C}$로 나타난다. 기대효용은 이 두 수직거리를 p_1과 p_2의 가중치로 가중평균한 값으

---

9 $p_1 + p_2 = 1$이므로 p_1이 1에 가까워질수록, p_2가 0에 가까워지며 $E(y) = p_1 y_1 + p_2 y_2$는 y_1에 가까워진다. 사실상 $E(y)$를 나타내는 지점은 선분 $\overline{y_1 y_2}$를 $p_2 : p_1$으로 나눈다

로서 가로축의 $E(y)$에서 굵은 점선 $\overline{AC}$에 이르는 수직거리 $\overline{E(y)B}$로 나타난다.[10] (ii) 기대소득의 효용은 $E(y)$에서 효용함수에 이르는 수직거리 $\overline{E(y)D}$로 나타난다. (iii) 그런데 $\overline{E(y)B}$가 $\overline{E(y)D}$보다 짧다. 그러므로 기대효용이 기대소득의 효용보다 작다.

(2) 수식으로 볼 때

$$EU(y) = E[U(y)] = p_1 U(y_1) + p_2 U(y_2) < U(p_1 y_1 + p_2 y_2) = U(E(y)) \quad (23.5)$$

가 성립한다.[11] 이러한 결과가 나타나는 이유는 [그림 23-2]에서 보는 것처럼 효용함수가 아래에서 쳐다볼 때 오목하게 그려지기 때문이다.

(3) 식 (23.5)는 위험회피자에게 일반적으로 성립하는 관계이다.

(4) 그런데 공정한 내기의 경우에는 기대이득 $E(\pi)$는 0이 된다. 그리하여 최초에 내기에 건 금액을 y_0라고 할 때 $E(\pi) = p_1(y_1 - y_0) + p_2(y_2 - y_0) = 0$이 성립한다. 이로부터

$$p_1 y_1 + p_2 y_2 = p_1 y_0 + p_2 y_0 = y_0, \ 즉 \ p_1 y_1 + p_2 y_2 = y_0 \quad (23.6)$$

가 성립한다. 즉 공정한 내기의 경우 그 기대소득이 최초에 내기에 건 금액과 같아진다. 그러므로 공정한 내기의 경우에는 식 (23.5)는

그림 23-2 **위험회피자의 기대효용과 기대치의 효용**

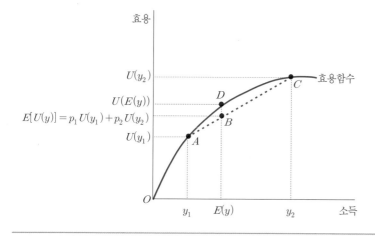

위험회피자의 경우 효용함수가 오목하기 때문에 기대효용이 기대치의 효용보다 작다.

---

10 가중평균한 값이 이렇게 나타나는 것은 점 A와 가로축의 y_2를 잇는 보조선을 그은 다음 삼각형들의 닮음비를 이용하면 보여줄 수 있다. 이때 $E(y)$를 나타내는 지점은 선분 $\overline{y_1 y_2}$를 $p_2 : p_1$으로 나눈다는 점에 주목해야 한다.

11 사실상 모든 오목함수의 경우 기대치의 함수값은 함수값의 기대치보다 크다. 이것을 젠센의 부등식(Jensen's inequality)이라고 한다. 그림에서, $U(E(y))$의 위치와 $E[U(y)]$의 위치를 비교하여 이를 확인해 보라.

$$p_1 U(y_1) + p_2 U(y_2) < U(y_0) \tag{23.7}$$

로 쓸 수 있다. 이것이 바로 위험회피자는 내기라면 공정한 내기에조차 참여하지 않는 다는 사실을 말하고 있다.

이에 대해서 좀더 검토해 보자. 위험회피자의 경우 소득의 한계효용이 체감한다. 이처럼 소득의 한계효용이 체감하고 있는 경우에는 돈을 얻을 때의 기쁨보다 그와 같은 금액을 잃을 때의 고통이 더 크게 여겨진다고 하였다. 그 결과 소득의 개념으로는 공정한 것도 효용 개념으로는 공정하게 여겨지지 않는다. 그리하여 위험회피자는 공정한 내기보다도 공정한 내기의 기대소득에 해당하는 금액을 확실하게 보장받는 것을 더 선호하는 것이다.

(5) 한편 이러한 위험회피자에게는, 확률이 변하지 않을 경우, 공정한 내기일 경우 내기에 거는 금액이 커질수록 기대효용이 작아진다. 그런데 이 결과는 기대소득이 같더라도 확률변수로서의 소득이 취할 수 있는 값이 널리 퍼져 있을수록 기대효용은 작아진다는 것을 의미한다. 즉 소득의 분산이 클수록 기대효용은 작아진다는 것을 의미한다. 이처럼 기대치뿐만 아니라 분산도 반영되고 있다는 점이 바로 기대효용을 극대화하는 것과 기대치를 극대화하는 것 사이에 존재하는 근본적인 차이라고 할 수 있다.

(2) 위험중립자–효용함수의 예: $U(y) = y$

위험회피자의 경우를 이해하고 나면 다른 경우들도 쉽게 이해할 수 있다. 결과를 말하자면 위험중립자의 경우에는 기대효용이 기대소득의 효용과 같아진다. 즉

그림 23-3 **위험중립자의 기대효용과 기대치의 효용**

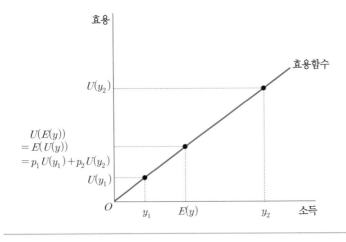

위험중립자의 경우 효용함수가 직선이기 때문에 기대효용과 기대치의 효용이 같다.

$$EU(y) = E[U(y)] = p_1 U(y_1) + p_2 U(y_2) = U(p_1 y_1 + p_2 y_2) = U(E(y)) \qquad (23.8)$$

가 성립한다. 이러한 결과가 나타나는 이유는 [그림 23-3]에서 보는 것처럼 효용함수가 직선으로 그려지기 때문이다. 한편 공정한 내기의 경우 이 식은

$$p_1 U(y_1) + p_2 U(y_2) = U(y_0) \qquad (23.9)$$

로 쓸 수 있다. 이것은 위험중립자는 공정한 내기에 참여하든 참여하지 않든 무차별하다는 것을 나타낸다.

(3) 위험애호자―효용함수의 예: $U(y) = y^2$

위험애호자의 경우에는 기대효용이 기대소득의 효용보다 크다. 즉

$$EU(y) = E[U(y)] = p_1 U(y_1) + p_2 U(y_2) > U(p_1 y_1 + p_2 y_2) = U(E(y)) \qquad (23.10)$$

이 성립한다. 이러한 결과가 나타나는 이유는 [그림 23-4]에서 보는 것처럼 효용함수가 아래에서 쳐다볼 때 볼록하게 그려지기 때문이다. 한편 공정한 내기일 경우 이 식은

$$p_1 U(y_1) + p_2 U(y_2) > U(y_0) \qquad (23.11)$$

으로 쓸 수 있다. 이것은 위험애호자의 경우 공정한 내기에 참여한다는 것을 말하고 있다.

그림 23-4   **위험애호자의 기대효용과 기대치의 효용**

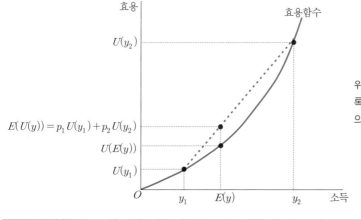

위험애호자의 경우 효용함수가 볼록하기 때문에 기대효용이 기대치의 효용보다 크다.

부록 23.2 폰 노이만-모겐스턴 효용함수의 특성

(1) 이 지점에서 폰 노이만−모겐스턴 효용함수의 특성을 다시 살펴보자. 이 함수는 순서유지성 (order preserving)과 **선형성성질**(linearity properties)을 지니고 있다. 순서유지성은 $c_1 > c_2$ 일 필요충분조건은 $U(c_1) > U(c_2)$라는 것이고 선형성은 $U(c_1, c_2, p_1, p_2) = p_1 U(c_1) + p_2 U(c_2)$ 라는 것[식 (23.1)]이다. 본문에서 말한 **기대효용성질**(expected utility property)은 이 2개의 성질을 합해서 일컫는 말이다. 폰 노이만−모겐스턴 효용함수의 경우 양의 선형류변환을 하여 도 그 결과는 변환하기 이전과 같은 선호순서를 나타낸다고 하였다. 그런데 이 점은 확실성하 에서는 **단조증가변환**을 하여도 원래의 효용함수와 동일한 선호순서를 나타내는 점과 비교된 다. 폰 노이만−모겐스턴 효용함수를 단조증가변환할 경우 선호순서가 달라질 수 있다는 사실 은 특히 선형성성질 때문이다. 위험에 대한 태도에 대해 배운 현재 생각해 보면 직관적으로 당 연하다고 생각된다.

(2) 예를 들어 확실성하에서는 3개의 효용함수 $U = \sqrt{y}$, $V = y$, $W = y^2$가 모두 같은 선호순서를 나타낸다. V, W는 각각 U를 단조증가변환시킨 것이기 때문이다.

(3) 불확실성하에서 서로 다른 효용함수들이 같은 선호순서를 나타내려면 서로 다른 상황조건부상 품묶음들에 대해 각 효용함수로부터 얻는 기대효용들의 크기 순서가 같아야 한다. 그런데 불확 실성하에서는 앞 3개의 효용함수가 무엇보다도 위험에 대한 태도부터 위험회피, 위험중립, 위 험애호 등으로 서로 다른 상태이다. 그 결과 사실상 이러한 단조증가변환을 하면 서로 다른 상 황조건부상품들에 대해 이 효용함수들로부터 얻는 기대효용들의 크기 순서가 서로 달라진다. 이는 곧 불확실성하에서는 이 효용함수들이 각각 서로 다른 선호순서를 나타낸다는 것을 의미 한다.

(4) 간단한 예로서 당첨확률과 낙첨확률이 모두 0.5이며 당첨시 4를 주고 낙첨시 2를 주는 복권 $L_A(4,2)$와 같은 확률로 당첨시 5를 주고 낙첨시 1을 주는 복권 $L_B(5,1)$을 생각해 보자. 이때 두 복권의 기대소득은 같은데 L_B의 분산이 더 크다는 점에 주목하자. 그러면 더 이상 계산을 하지 않더라도 효용함수 U는 위험회피적이므로 L_A의 기대효용을 더 높게 평가할 것이며, V 는 위험중립적이므로 두 복권의 기대효용을 무차별하게 평가할 것이고, W는 위험애호적이므 로 L_B의 기대효용을 더 높게 평가할 것임을 추론할 수 있다. 즉 2개의 복권에 대해 각 효용함 수로부터 얻은 기대효용들의 크기 순서가 서로 달라진다. 이것은 이 효용함수들이 각각 서로 다른 선호순서를 나타낸다는 것을 의미한다.

(5) 그렇지만 불확실성하에서라도 U를 $Z = aU + b$, $a > 0$과 같은 변환, 즉 양의 선형류변환을 하 더라도 Z는 원래의 효용함수 U와 같은 선호순서를 나타낸다. 예를 들어 U와 Z 모두 L_A의 기대효용을 L_B의 기대효용보다 더 높게 평가한다.

(6) 이렇게 볼 때 불확실성에서 폰 노이만-모겐스턴 효용함수는 확실성하의 서수성이 적용되지 않는다. 상황조건부상품묶음을 대상으로 하여 기대효용함수를 구하는 과정에서 폰 노이만-모겐스턴 효용함수에 확률을 곱한 후 더하기 때문이다. 이때 앞의 예에서도 보듯이 폰 노이만-모겐스턴 효용함수를 변환시킬 경우 그 그래프의 곡선 모양이 변하는지 여부가 중요하다. 폰 노이만-모겐스턴 효용함수의 그래프의 곡선 모양을 변화시키지 않으면서 더 큰 값을 갖도록 변환시킬 경우 그로부터 얻은 기대효용함수의 선호순서는 변환 이전의 함수로부터 얻은 기대효용함수의 선호순서와 똑같이 유지된다. 그러나 곡선 모양을 변화시키면서 변환시키면 그로부터 얻은 기대효용함수의 선호순서는 변환 이전의 함수로부터 얻은 기대효용함수의 선호순서와 달라질 수도 있다. 이처럼 폰 노이만-모겐스턴 효용함수는 서수적 특성을 갖기는 하지만 확실성하에서보다는 서수성을 유지시켜주는 변환의 범위가 좁다.

(7) 물론 주어진 폰 노이만-모겐스턴 효용함수에 확률을 곱해서 구한 결과인 기대효용함수는 확실성하에서와 같은 서수성을 갖는다.

한편 기대효용모형은 소비자의 효용이 모든 가능한 결과에 대한 확률분포에 따라 달라진다고 간주하는 것이다. 그런데 이러한 효용은 그 확률분포에 대한 평균과 분산의 함수로 나타낼 수 있다고 볼 수도 있다. 이렇게 가정하는 것이 바로 **평균분산모형**(mean variance model)이다. 이러한 평균분산모형은 기대효용함수를 단순화시킨 것으로 볼 수 있다. 이 모형은 기대효용모형의 근사치로 활용할 수 있다는 사실이 알려져 있다. 한편 평균분산모형을 이용하여 위험회피자가 자신의 자산을 어떻게 분산투자하는가를 보여주는 데 사용되는 모형이 바로 **자산선택모형**(portfolio selection model)이다.

예제 23.1 자산선택모형

위험회피자인 홍길동은 자신의 재산 A원을 위험자산과 안전자산에 분산하여 투자하려고 한다. 그런데 위험자산의 수익은 상황에 따라 달라진다고 한다. 위험자산의 수익을 확률변수 X로 나타내자. 한편 안전자산의 수익은 r로서 일정하다고 한다. 확률변수 X에 대한 확률분포는 알려져 있으며 그 기대치는 μ_X이고 분산은 σ_X^2이라고 한다. 이러한 상황에서 홍길동은 자신의 재산 중 α부분만큼을 위험자산에 투자하고 나머지 $1-\alpha$부분만큼을 안전자산에 투자하려고 한다.

a. 투자수익을 포함한 최종 재산을 w라고 할 때 w의 평균(기대치)과 표준편차를 구하고 이 두 값의 관계를 그림으로 나타내시오. 이때 무차별곡선의 모양은 어떠한가? 최적선택 조건을 말하시오.

b. 위험자산이 지니는 위험이 증가할 경우 위험자산에 대한 투자비중이 증가하는지 감소하는지 말
하시오.

풀이 a. $w = \alpha XA + (1-\alpha)rA$이다. 이때 w의 평균을 μ라고 하고 분산을 σ^2이라고 하자. 그러면

$$\mu = E(w) = E(\alpha XA) + E[(1-\alpha)rA] = \alpha \mu_X A + (1-\alpha)rA \tag{1}$$

$$\sigma^2 = Var(w) = Var(\alpha XA) + Var[(1-\alpha)rA] = \alpha^2 \sigma_X^2 A^2, \ \ \text{즉} \ \ \sigma = \alpha \sigma_X A \tag{2}$$

를 얻는다. (2)에서 $\alpha = \dfrac{\sigma}{\sigma_X A}$ (3)이다. (3)을 (1)에 대입한 다음 정리하면 $\mu = \dfrac{\mu_X - r}{\sigma_X}\sigma + Ar$
(4)를 얻는다. 이것을 그리면 [그림 A]의 직선과 같이 나타난다.

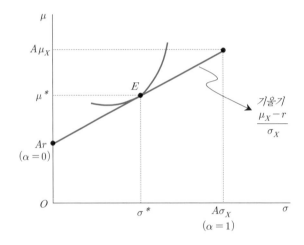

이때 직선은 예산선으로 해석할 수 있다. 그리고 직선 아래 부분은 예산집합으로 해석할
수 있다. 이 경우 효용극대화 문제는

$$\underset{\sigma,\ \mu}{\text{Max}} \ U(\sigma,\ \mu)$$
$$s.t. \ \ \mu = \frac{\mu_X - r}{\sigma_X}\sigma + Ar$$

로 쓸 수 있다.

    예산선에 대해서 자세히 살펴보자. 최초의 재산을 모두 안전자산에만 투자했다면 α는
0이 된다. 이 경우 위험이 전혀 없으므로 최종 재산의 표준편차는 0이 된다. 이때 평균은
Ar이 된다. 예산선의 왼쪽 끝점은 이러한 상태를 나타낸다. 일반적으로 안전자산과 위험
자산의 묶음은 예산선상의 한 점으로 나타난다. 이 예산선을 따라 위로 올라갈수록 위험
자산의 비중이 커진다. 그리하여 최초의 부를 모두 위험자산에만 투자할 경우에는 최종

재산의 표준편차는 $A\sigma_X$이 되며 평균은 $A\mu_X$가 된다. 예산선의 오른쪽 끝점은 이러한 상태를 나타낸다. 한편 안전자산의 수익률이 위험자산의 평균수익률보다 크다면 예산선의 기울기는 음이 된다. 그리고 이 경우 홍길동은 자신의 재산을 모두 안전자산에 투자하게 된다. 왜냐하면 위험자산의 평균수익률이 안전자산의 수익률보다 낮다면 위험회피자는 위험자산에 절대로 투자하지 않을 것이기 때문이다. 이 때문에 이 예산선은 $\mu_X > r$인 경우를 가정하여 그린 것이다.

이때 예산선의 기울기는 위험을 한 단위 더 증가시키면 수익을 몇 단위 더 얻을 수 있는가를 말해 준다. 이러한 측면에서 예산선의 기울기 $\left(\dfrac{\mu_X - r}{\sigma_X}\right)$는 수익으로 표시한 위험의 가격을 의미한다. 직관적으로 볼 때 안전자산에서 1만원을 꺼내 위험자산으로 옮기면 위험이 σ_X만큼 증가하는데 이때 수익은 안전자산에서 r만큼 감소하는 대신 위험자산에서 μ_X만큼 증가한다는 것을 의미한다.

이제 무차별곡선의 모양에 대해 알아보자. 최종적인 재산의 평균이 커질수록 기대효용이 증가한다. 그러나 표준편차의 경우 그 값이 커질수록 기대효용이 감소한다. 그러므로 위험(σ_w)이 증가할 경우 수익(μ_w)이 증가해야만 무차별해진다. 이것은 무차별곡선의 기울기가 양이 된다는 것을 의미한다. 한편 표준편차가 커질수록 표준편차 추가 1단위로부터 얻는 비효용은 커진다. 그러므로 표준편차가 커질수록 추가적으로 더 많은 수익이 보장되어야 무차별해진다. 그리고 이것은 표준편차 σ_w가 커질수록 무차별곡선의 기울기가 증가한다는 것을 의미한다. 즉 한계대체율이 체증한다는 것을 의미한다.

최적선택인 E점에서는 위험과 수익 사이의 한계대체율($MRS_{\sigma\mu}$)과 수익으로 표시한 위험의 가격 $\left(\dfrac{\mu_X - r}{\sigma_X}\right)$이 서로 같아진다.

b. [그림 B]를 통해 검토해 보자. σ_X가 커질 경우 그림에서 예산선의 기울기가 완만해진다. 이것은 위험의 가격이 떨어진다는 것을 의미한다. 즉 위험을 추가로 1 단위 더 감수할 경우 이전보다 수익이 덜 증가한다는 것을 의미한다. 그리고 이것은 위험을 감수하는 것이 이전보다 덜 매력적이 된다는 것을 의미한다. 그리하여 대체효과는 위험자산의 수요량을 줄이는 방향으로 작용한다.

한편 [그림 B]에서 보듯이 σ_X가 커지는 것은 이전과 똑같은 위험을 감수하더라도 평균수익이 덜 늘어나는 것을 의미한다. 그리고 그것은 예산집합이 작아지는 것으로 나타난다. 이때 소득효과는 재산이 감소한 것과 같은 효과를 지닌다. 이때 소득효과가 위험자산에 대한 투자 비중을 증가시키는가의 여부는 절대적 위험회피의 증감 여부에 따라 달라진다.

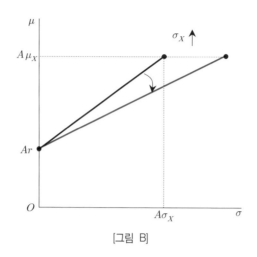

[그림 B]

〈알아두기〉

다음과 같은 사실이 증명되어 있다.

(1) 절대적 위험회피(각주 12 참조)가 증가할 경우에는 최초 재산이 증가할 경우 위험자산에 대한 투자 비중을 줄인다.

(2) 절대적 위험회피가 감소할 경우에는 최초 재산이 증가할 경우 위험자산에 대한 투자 비중을 늘린다.

(3) 절대적 위험회피가 일정할 경우에는 최초 재산이 증가하더라도 위험자산에 대한 투자 비중을 변화시키지 않는다.

23.3 위험프리미엄과 위험평가

위험을 대하는 태도에 따라 효용함수가 어떻게 달리 나타나는가를 알았다. 특히 각각의 경우 그 특성에 대해 자세히 살펴보았다. 이제 이러한 내용들을 바탕으로 위험을 어떻게 평가할 것인가에 대해 살펴보자. 이를 위해서는 **확실성 등가의 소득**이라는 개념을 알아야 한다.

> 🌱 **확실성 등가의 소득**(certainty-equivalent income) 기대효용과 똑같은 크기의 효용을 주는 확실한 소득

y를 불확실한 소득이라고 하고 그 기대효용을 $E[U(y)]$라고 하자. 이때 확실성 등가의 소득을 y_c라고 하면 y_c는

$$E[U(y)] = U(y_c)$$

(23.12)

를 만족시키는 값이다. 한편 위험프리미엄은 확실성을 확보하는 대신 포기할 의향이 있는 금액을 말한다. 그러므로 기대소득을 $E(y)$로 나타내고 위험프리미엄을 R로 나타내면

$$E[U(y)] = U(E(y) - R) \qquad (23.13)$$

이 성립한다. (23.12)와 (23.13)으로부터 $y_c = E(y) - R$, 즉

$$R = E(y) - y_c \qquad (23.14)$$

로 구해진다. 다시 말하면 위험프리미엄은 기대소득과 확실성 등가의 소득과의 차액이라는 것이다.

> 🌱 **위험프리미엄**(risk premium) 기대소득과 확실성 등가의 소득과의 차액

이러한 측면에서 위험프리미엄은 위험감수에 대한 보상으로 더 받아야 하는 금액을 말한다고도 볼 수 있다. 예를 들어 대형은행에 비해 아주 작은 소형 금융기관의 경우 예금이자율이 높다. 이것은 바로 소형 금융기관은 그만큼 파산의 위험이 크므로 그 위험에 상응하는 만큼 이자율에서 프리미엄을 제공해 주고 있다고 볼 수 있다.

한편 효용함수가 오목할수록 그리고 소득의 분산이 커질수록 위험프리미엄이 증가하는 것을 보여줄 수 있다.[12] 한편 효용함수가 오목할수록 소비자가 위험을 회피하는 정도가 크다고 볼 수 있다. 또한 소득의 분산이 클수록 위험이 증가한다고 볼 수 있다. 그러므로 이 결과는 직관적으로도 당연하다. 한편 위험애호자의 경우에는 위험프리미엄이 음이 된다. 독자 스스로 생각해 보기 바란다.

[그림 23-5]는 각각 50%의 확률로 150만원과 50만원을 주는 내기의 기대효용이 확실한 소득 80만원의 효용과 같은 경우이다(그림은 [예제 23.6] c.의 형식으로 표현할 수도 있다). 이 경우 80만원이 확실성 등가의 소득이다. 이때 기대소득이 100만원이므로 위험프리미엄은 20만원(=100-80)이다.

이렇게 볼 때 기대소득으로부터 확실성 등가의 소득을 얻으려면 기대소득을 할인해 주

---

12 즉 위험프리미엄을 R이라 하면 $C \approx -\dfrac{U''(y)}{2U'(y)} Var(y)$로 근사화되는 것이 증명되어 있다. 여기서 y는 불확실한 소득, $Var(y)$는 불확실한 소득의 분산을 나타낸다. 한편 효용함수가 오목할수록 위험회피의 정도가 커지며 아울러 이차도함수 $U''(y)$의 절대값이 커진다. 이 점에 주목하여 $-U''(y)/U'(y)$로 위험회피의 정도를 측정하는 경우가 있다. 이 값을 절대적 위험회피도(degree of absolute risk aversion)라고 한다. 이 값이 커질수록 위험회피의 정도가 커지는 것은 물론이다.

그림 23-5 **위험프리미엄**

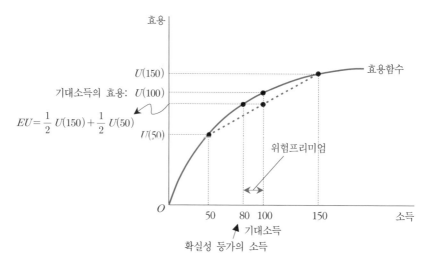

'위험프리미엄=기대소득-확실성 등가의 소득'이다. 위험회피자의 경우 위험프리미엄이 양의 값을 갖는다.

어야 한다. 이때 적용되는 할인율을 **위험할인율**(risk discount rate)이라고 한다. 위험할인율은 다음과 같이 정의된다.

$$위험할인율 = \frac{위험프리미엄}{기대소득} \tag{23.15}$$

즉 위험할인율을 δ라고 하면 $\delta = \dfrac{R}{E(y)}$이 된다. 이때 1에서 위험할인율을 빼 준 값, 즉 $(1 - \delta)$를 **위험할인계수**(risk discount factor)라고 한다. 위험할인계수는 기대소득이 어느 만큼의 확실성 등가의 소득에 해당하는가를 알려고 할 때 기대소득에 곱해야 하는 수를 말한다. 즉 $(1 - \delta)$가 위험할인계수이므로 $E(y)(1 - \delta) = y_c$가 성립한다. [부록 7.3]에서 이자율이 r 일 경우 할인계수가 $\dfrac{1}{1 + r}$로 표현되었던 것과 비교된다.

한편 앞의 예에서 기대소득은 100만원이고 위험프리미엄은 20만원이었다. 그러므로 위험할인율 δ는 식 (23.15)를 이용하여 $0.2\left(= \dfrac{20}{100}\right)$로 구해진다. 당연한 말이지만 기대소득이 일정할 때 위험프리미엄이 증가하면 위험할인율은 커진다. 위험이 내포된 소득의 가치는 이 같은 개념의 위험할인율을 적용하여 그만큼 낮게 평가되어야 한다. 예컨대 위험할인율이 0.2 일 경우 기대소득 100만원은 위험할인율이 적용되어 확실한 금액 80만원[$=100(1-0.2)$]으로 평가되어야 한다.

예제 23.2 **위험프리미엄**

홍길동이 내기를 하고 있다. 이 내기에서 그가 이기면 150만원을 받고 지면 50만원을 받는다고 한다. 그런데 내기에서 그가 이길 확률과 질 확률은 각각 50%라고 한다. 한편 홍길동의 효용함수는 $U(w) = w^{\frac{1}{2}}$ 이라고 한다. 여기서 w는 재산을 나타낸다. 이 경우 위험프리미엄을 구하시오.

 내기에서 받는 소득을 확률변수 X로 나타내자. 그리고 확실성 등가를 w_c라고 나타내자. 확실성 등가는 기대효용과 동일한 효용을 주는 확실한 소득이다. 그러므로 기대효용을 $E[U(X)]$로 나타내면 w_c는 $E[U(X)] = U(w_c)$ (1)을 만족시키는 값이다.

한편 위험프리미엄은 확실성을 확보하는 대신 희생시킬 의향이 있는 금액이다. 그러므로 기대소득을 $E(X)$로 나타내고 위험프리미엄을 R로 나타내면 $E[U(X)] = U(E(X) - R)$ (2)가 성립한다. (1)과 (2)로부터 $W_c = E(X) - R$, 즉 $R = E(X) - w_c$ (3)으로 구해진다. 다시 말하면 위험프리미엄은 기대소득과 확실성 등가의 차이이다. 이제 이러한 관계를 이용하여 위험프리미엄을 구해 보자.

먼저 확실성 등가를 구하기 위해 식 (1)을 이용하자. 기대효용은 $E[U(X)] = 0.5\sqrt{150}$ $+ 0.5\sqrt{50}$ 이다. 그러므로 (1)식으로부터 $E[U(X)] = 0.5\sqrt{150} + 0.5\sqrt{50} = \sqrt{w_c}$ (4)가 성립한다. 이로부터 $w_c = 93.3$ (5)로 구해진다. 한편 기대소득은 $E(X) = 0.5 \times 150 + 0.5 \times 50$ $= 100$ (6)으로 구해진다. 이제 (5)와 (6)을 (3)에 대입하자. 그러면 $R = E(X) - w_c \approx$ $100 - 93.3 = 6.7$로 구해진다. 그래프는 [예제 23.6]의 해설을 참조하자.

23.4 상황선호접근법

앞에서 미뤄 둔, 기대효용을 극대화하는 문제인 문제 (23.2)를 풀어보기로 하자. 이때 소비자이론에서 배운 것처럼 예산선과 무차별곡선을 이용하여 문제를 풀게 된다. 특히 상황선호접근법을 이용할 경우 그 모형은 7장에서 배운 부존소득모형에 해당한다.

> **상황선호접근법**(state preference approach) 상황조건부상품묶음과 그에 대한 선호를 상황조건부 상품평면에 나타낼 수 있도록 조정함으로써 불확실성하의 선택 문제를 예산선과 무차별곡선을 적용할 수 있는 전통적 선택 문제 접근 방식으로 분석하는 것

23.4.1 모형의 특성

현실적으로는 앞으로 어떤 상황이 발생할 지를 알지 못한다. 그러나 앞으로 발생할 수 있는 상황에 대해서 나름대로 정의할 수는 있다. 예를 들어 투자의 경우 그 수익이 10%대에 속할 상황, 20%대에 속할 상황, 30%대에 속할 상황 등으로 구분할 수 있다. 그런데 이 예에서도 짐작할 수 있듯이 발생할 수 있는 상황은 여러 가지일 수 있다. 그러나 소비자이론에서 2가지 상품의 경우에 대해 집중적으로 분석했듯이 이 경우에도 2가지 상황이 발생하는 것으로 가정하고 분석하기로 한다.

이제 2가지 상황을 각각 나쁜 상황과 좋은 상황이라고 하자. 그런데 상황조건부상품시장에서는 상황조건부상품을 거래할 수 있다. 예를 들어 좋은 상황이 발생할 경우 나에게 1만원을 지급해 주는 증서를 구입할 수 있다. 이때 이 상품은 '좋은 상황일 때 1만원'이라는 상황조건부상품이라고 부를 수 있다. 물론 나쁜 상황이 발생할 때 1만원을 지급해 주는 증서를 구입할 수도 있다. 이 상품은 '나쁜 상황일 때 1만원'인 상황조건부상품이다.

이제 나쁜(bad) 상황을 b, 좋은(good) 상황을 g라고 하자. 그리고 상황 b일 때의 재산을 w_b원, 상황 g일 때의 재산을 w_g원이라고 하자. 물론 이것들은 모두 상황조건부상품들이며 **화폐단위**로 측정하고 있다. 이때 상황 b가 발생할 확률을 p_b, 상황 g가 발생할 확률을 p_g라고 하면 $p_b + p_g = 1$이 된다. 이 경우 **확률변수**인 재산 w의 기대효용은

$$EU(w) = p_b U(w_b) + p_g U(w_g) \tag{23.16}$$

가 된다.

23.4.2 예산선

재산은 화폐로 측정되는데 화폐의 단위는 1원이므로 재산 1단위는 1원을 말한다는 사실을 상기하자. 이제 어떤 개인이 상황조건부상품시장에서 나쁜 상황에서의 재산인 w_b원 한 단위(1원)를 q_b의 가격에 구입할 수 있고 좋은 상황일 때의 재산인 w_g원 한 단위(1원)를 q_g의 가격에 구입할 수 있다고 하자(그 의미는 곧 설명할 것이다). 그러면 그가 최초에 가지고 있는 재산이 w_0원일 경우 그의 **예산제약식**은

$$q_b w_b + q_g w_g = w_0 \tag{23.17}$$

로 쓸 수 있다. 여기서 몇 가지 주목할 사실이 있다.

(1) q_b나 q_g는 각각 1보다 작다는 것이다. 예를 들어 나쁜 상황에서의 재산 1단위를 구입하려 한다고 하자. 이것을 구입할 당시에는 미래에 어떤 상황이 발생할 지 모르지만 미래에는 좋은 상황이 발생할 수도 있다. 그런데 좋은 상황이 발생하면 이것은 아무 가치도 없다. 그러므로 그는 나쁜 상황에서의 재산 1단위를 구입하면서 1원을 내려고 하지 않는다는 것이다. 이러한 논리는 좋은 상황에서의 소비에도 똑같이 적용된다. 그 결과 q_b나 q_g는 모두 1보다 작은 값을 지닌다. 이것은 불확실성이 없을 경우 재산 1단위인 1원의 가격은 1원이라는 사실과 대조된다.

> 상황조건부상품모형은 7장의 부존소득모형으로 볼 수 있다. 부존소득모형의 핵심은 가격이 변하면 화폐소득이 변한다는 점인데 상황조건부상품모형의 경우에도 소득이 화폐로 주어졌더라도 가격이 변하면 그 가치가 달라지기 때문이다. 부존소득모형에 대해 정리해 두자.
> 1. 예산선은 부존점을 지난다.
> 2. 개인은 상품의 판매자가 되기도 하고 구매자가 되기도 한다. 따라서 7.1.7의 내용들이 적용된다.
> 3. 수요함수가 가격에 대해 0차동차이다.

(2) 부존소득모형이라는 측면에서 식 (7.2)와 식 (23.17)을 비교해 보면 $p_x = q_b$, $p_y = q_g$, $x = w_b$, $y = w_g$, $\omega_x = w_0$, $\omega_y = w_0$이다. 따라서 식 (7.2)의 측면에서 식 (23.17)을 다시 쓰면

$$q_b w_b + q_g w_g = q_b w_0 + q_g w_0 \qquad\qquad (23.17)'$$

가 된다. 그런데 부존소득모형일 경우 수요함수가 **가격에 대해 0차 동차**이므로 상황조건부상품의 가격을 모두 λ배 해주어도 예산선은 변하지 않는다(7.1.4 및 19.5.1 참조). 따라서 절대가격은 의미가 없고 상대가격만 의미가 있다. (i) 앞서 말했듯이 경제적으로 의미를 지니려면 q_b와 q_g가 1보다 작아야 하지만 이처럼 상대가격만 의미가 있기 때문에 q_b와 q_g가 1보다 큰지 작은지는 사실상 문제 되지 않는다. (ii) 또한 수요함수가 가격에 대해 0차동차이므로 가격을 모두 $\dfrac{1}{q_b + q_g}$배 하여 $\dfrac{q_b}{q_b + q_g}$, $\dfrac{q_g}{q_b + q_g}$가 되더라도 예산선은 변하지 않으며 $\dfrac{q_b}{q_b + q_g} + \dfrac{q_g}{q_b + q_g} = 1$이 된다. 즉 각 상품의 가격이 1보다 작고 그 합이 1이 되는 형태로 바꿔줄 수 있다.

(3) 예산선 기울기의 절대값은 $\dfrac{q_b}{q_g}$이다. 이것은 바로 두 상황조건부상품의 **상대가격**이 된다. 이러한 내용이 [그림 23-6]에 나타나 있다.[13] 이때 예를 들어 $q_b = 0.8$이고

---

13 좋은 상황에서 얻게 되는 재산이 나쁜 상황에서 얻게 되는 재산보다는 항상 클 것이므로 점선 부분은 예산선에서 제외된다.

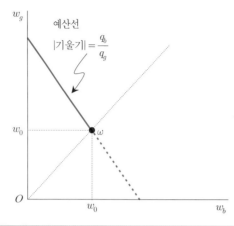

그림 23-6 **예 산 선**

예산선 기울기의 절대값은 $\dfrac{q_b}{q_g}$로서 조건부 상품 w_b의 상대가격이다. 한편 항상 $w_g > w_b$ 이므로 점선 부분은 예산선에 포함되지 않는다.

$q_g = 0.2$라고 하자. 이 경우 나쁜 상황에서의 재산을 1원어치 포기하면 좋은 상황에서의 재산을 4원어치 확보할 수 있다. 예를 들어 내기를 한다고 할 때 질 경우 1원을 잃는 데 반해 이길 경우 4원을 얻는 상태에 해당한다.

　(4) 앞으로 등장하겠지만 최적선택은 예산선상에서 이루어질 것이므로 이 모형은 자급자족 또는 w_b의 판매자의 경우에 해당한다. 그러므로 앞으로의 분석에 7.1.7−7.1.8의 논리를 적용할 수 있다.

　(5) (i) 식 (23.17)은 소비자의 최초부존소득에 불확실성이 없는 경우에 해당한다. 복권구입, 금융상품투자, 탈세 등이 이에 해당한다. 개인 입장에서 볼 때 애초에는 위험이 없는 상황이었다가 상황조건부상품을 구입하면 위험이 있는 상황으로 바뀌는 경우들이다.

　(ii) 소비자의 최초소득이 불확실한 경우도 있다. 상황에 따라 최초소득이 달라지는 경우이다. 이 경우 최초소득을 bar(¯)로 표시하면 식 (23.17)′는

$$q_b w_b + q_g w_g = q_b \overline{w}_b + q_g \overline{w}_g \tag{23.17″}$$

의 형태가 된다. 이때 $\overline{w}_b$와 $\overline{w}_g$는 각각 각 상황에서의 최초소득을 나타낸다. 보험을 구입하는 상황이 이에 해당한다. 즉 개인 입장에서 볼 때 보험 구입 전에는 위험이 있는 상황이었다가 보험 구입 후에 위험이 줄거나 위험이 없는 상황으로 바뀐다. 두 모형의 분석 원리는 같지만 먼저 (i)의 경우를 기준으로 살펴본다.

23.4.3 기대효용극대화 문제의 성격

예산선이 이렇게 주어지면 상황조건부상품시장에서 기대효용을 극대화하는 문제를

$$\underset{w_b,\ w_g}{\text{Max}}\ EU(w) = p_b U(w_b) + p_g U(w_g)$$
$$s.t.\quad q_b w_b + q_g w_g = q_b w_0 + q_g w_0 \tag{23.18}$$

와 같이 나타낼 수 있다. 이 문제를 잘 관찰해 보면 결국 예산제약식이 주어진 상태에서 (상황조건부)상품을 선택함으로써 (기대)효용을 극대화하는 문제라는 것을 알 수 있다. 그러므로 소비자이론에서 배운 것과 같이 무차별곡선과 예산선을 이용하여 문제를 해결할 수 있다.

예산선에 대해 알았으니 이제 무차별곡선에 대해서 알기만 하면 된다. 그 이전에 기대효용극대화 문제를 상황선호접근법으로 풀 수 있도록 나타내 주는 방법 및 확실성선과 등기대치선에 대해 알아보자.

23.4.4 상황선호접근법 문제로 나타내는 방법

기대효용극대화 문제를 상황선호접근법으로 풀 수 있도록 조정해 주는 방법에 대해 알아보자. 예를 들어 내기를 생각해 보자. 물론 이 내기를 복권으로 보아도 좋고 투자로 보아도 좋다. 내기에 질 경우 내기에 건 금액을 모두 잃고 이길 경우 a배를 받는다고 하자. 내기에 질 확률은 p_b이며 이길 확률은 p_g라고 하자. 이 개인은 처음에 w_0원을 가지고 있었다고 하자. 이러한 상황에서 그가 내기에 x원을 건 후 질 경우 그의 소득은 $w_0 - x$가 되고 이길 경우 $w_0 - x + ax$가 된다. 특히 내기에 이길 경우라도 이미 내기에 x원을 건 상태이므로 x원을 지불한 상태에서 ax를 받게 되므로 이 개인의 최종소득은 $w_0 - x + ax$가 된다는 점에 주목하자. 그렇다면 그가 내기에 얼마를 걸겠는가? 즉 어느 만큼의 x를 택하겠는가? 그 해답은

$$\underset{x}{Max}\ EU(w) = p_b U(w_0 - x) + p_g U(w_0 - x + ax)$$

와 같이 직접 x를 선택하는 기대효용극대화 문제를 풀어서 구할 수 있다.

(1) 미분을 통해 이 문제를 풀어도 되지만 상황선호접근법 문제로 바꾸어 주기 위해 내기에 질 경우의 재산을 w_b라고 놓고 이길 경우의 재산을 w_g로 놓자. 그러면

$$w_b = w_0 - x, \ w_g = w_0 - x + ax$$

가 된다. 여기서 w_b와 w_g가 바로 상황조건부상품이다. 그런데 이 두 식에서 보듯이 x의 값이 변화하면 그에 대응하여 w_b와 w_g의 값이 변화한다. 따라서 x의 값을 선택한다는 것은 w_b와 w_g의 값을 선택하는 것과 같다. 이러한 측면에 비추어 이 문제를 상황조건부상품을 선택하는 문제로 바꾸어 주기 위해 그가 w_b와 w_g를 선택하는 것으로 생각하자.

이를 위해서는 x의 값이 변화할 때 w_b와 w_g가 서로 어떠한 관계를 가지고 변화하는가를 알아야 한다.

> 그 관계를 알기 위해 x가 w_b와 w_g 사이의 매개변수라는 점에 주목하여 두 식을 연립으로 하여 x를 소거하자.

(i) 먼저 둘째 식을 $w_g = w_0 + (a-1)x$로 정리한다. (ii) 그 다음 가감법을 적용하기 위해 첫째 식의 양변에 $(a-1)$을 곱하여 $(a-1)w_b = (a-1)w_0 - (a-1)x$를 얻는다. (iii) 이제 두 식을 같은 변끼리 더하면

$$(a-1)w_b + w_g = (a-1)w_0 + w_0$$

가 된다. 이것이 예산제약식이다. 식 (23.17)$'$에 대응되며 $q_b = a-1$, $q_g = 1$인 경우이다.

(2) 이제 이 개인의 문제는 이러한 예산제약식 아래 자신의 기대효용을 극대화하는 것이 된다. 따라서 그의 문제는

$$\underset{w_b, \, w_g}{\text{Max}} \ EU(w) = p_b U(w_b) + p_g U(w_g)$$

$$s.t. \ (a-1)w_b + w_g = (a-1)w_0 + w_0$$

로 쓸 수 있다. 예를 들어 $a = 3$일 경우 $\dfrac{q_b}{q_g} = 2$가 된다. 이때 **상대가격이 2가 되는 이유**는 내기에 질 경우 (추가로) 1만원을 잃는 데 반해 이길 경우 (추가로) 2만원을 따기 때문이다. 바꾸어 말하면 '내기에 질 경우의 (추가) 1만원'을 얻으려면(확보하려면) 이길 경우 (추가로) 2만원을 딸 수 있는 기회를 포기해야 하기 때문이다. 즉 나쁜 상황에서의 1만원을 얻기 위한 기회비용이 좋은 상황에서의 2만원이기 때문이다.

(3) 이 모형은 금융상품에 대한 투자 분석에도 적용될 수 있다. 이때 내기에 질 경우는 투자에 실패할 경우에 대응하고 내기에 이길 경우는 투자에 성공할 경우에 대응한다. 투자수익률이 r일 경우 이 모형에서 $a = 1 + r$로 놓으면 이 모형은 전형적인 투자 모형이 된다.

23.4.5 확실성선과 등기대치선

> 🌱 **확실성선**(certainty line) 어느 상황이 발생하는가에 관계없이 항상 똑같은 재산을 보장하는 점들의 궤적. 원점을 지나는 45° 선으로 나타남

이러한 **확실성선**이 [그림 23-7]에 그려져 있다. 확실성선 위에 있는 점들은 어느 상황이 발생하는 항상 똑같은 재산을 보상하므로 위험을 전혀 내보하고 있지 않다고 볼 수 있다. 반면에 확실성선에서 멀어질수록 발생하는 상황에 따라 지니게 되는 재산의 차가 커지므로 위험이 증가한다고 볼 수 있다. 예를 들어 A점보다는 B점에서 각 상황에서의 재산 차이가 크므로 위험이 더 크다는 것이다. 이러한 확실성선은 앞으로의 분석에서 중요한 역할을 하게 된다.

다음으로 등기대치선에 대해 알아보기로 하자. 현재 논의하고 있는 상황에서 기대치는 $E(w) = p_b w_b + p_g w_g$이다. 그러므로 기대치가 일정한 값 k를 갖게 되는 w_b와 w_g의 집합을 나타내는 식은

$$p_b w_b + p_g w_g = k \tag{23.19}$$

로 나타낼 수 있다. 이것을 그림으로 나타낸 것이 바로 등기대치선이다.

그런데 특히 우리가 관심을 갖는 것은 [그림 23-8]처럼 기대치가 최초의 재산과 같은 경우, 즉 $k = w_0$인 경우이다.

그림 23-7 | 확실성선

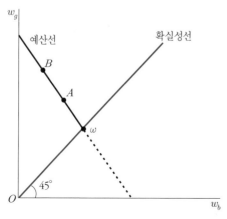

확실성선상의 점들은 어느 상황이 발생하든 항상 똑같은 재산을 보장하므로 위험을 전혀 내포하고 있지 않다. 확실성선에서 멀어질수록 위험이 커진다.

> 🌱 **등기대치선**(isoexpected value line) 동일한 기대치를 가져다 주는 상황조건부상품묶음들의 집합을
> 그래프로 나타낸 것

그림 23-8 | **등기대치선**

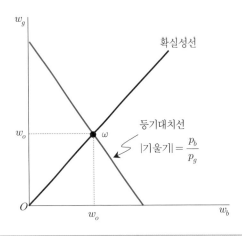

등기대치선상의 각 점은 동일한 기대치를 갖는다. 등기대치선 기울기의 절대값은 $\dfrac{p_b}{p_g}$로 나타난다.

📋 **예제 23.3** **예산선과 등기대치선**

홍길동이 황진이와 돈을 걸고 내기를 한다고 하자. 동전을 굴려서 앞면이 나오면 홍길동이 내기에 건 금액을 황진이가 가져가고 뒷면이 나오면 내기에 건 금액에 그 금액의 2배를 추가로 얹어서 홍길동이 황진이로부터 받는다고 하자. 처음에 홍길동에게는 10만원이 있었다고 하자.

a. 예산선을 식으로 나타내시오.
b. 등기대치선을 식으로 나타내시오.

풀이 앞면이 나오는 상황을 나쁜 상황이라고 하고 뒷면이 나오는 상황을 좋은 상황이라고 하자. 그리고 나쁜 상황이 발생할 확률을 p_b라고 하고 그때의 재산을 w_b로 나타내자. 또한 좋은 상황이 발생할 확률을 p_g라고 하고 그때의 재산을 w_g로 나타내자.

a. 내기에 건 금액을 x라고 하자. 그러면

$$w_b = 10 - x \ (1), \ w_g = 10 - x + 3x = 10 + 2x \ (2)$$

가 된다. 두 식에서 x를 소거하여 관계식을 구하면 $2w_b + w_g = 30$ (3)이 되며 (1)에서 x 는 양의 값을 가지므로 $w_b \leq 10$이다. 식 (3)이 바로 예산제약식이다. 이 예산제약식의 양 변에 $\frac{1}{3}$을 곱해 주어서 $\frac{2}{3}w_b + \frac{1}{3}w_g = 10$ (4)로 표현해 줄 수도 있다. 이렇게 표현할 경우 홍길동이 처음에 가지고 있던 10만원으로 가격이 각각 $\frac{2}{3}$와 $\frac{1}{3}$인 상황조건부상품 을 구입한다는 의미가 보다 확실하게 드러난다. 한편 이때 예산선 기울기의 절대값이 2가 되는 이유는 나쁜 상황이 발생할 경우 (추가로) 1만원을 잃는 데 반해 좋은 상황이 발생 할 경우 (추가로) 2만원을 따기 때문이다. 바꾸어 말하면 '나쁜 상황이 발생할 경우의 (추 가) 1만원'을 얻으려면(확보하려면) 좋은 상황이 발생할 경우 (추가로) 2만원을 딸 수 있 는 기회를 포기해야 하기 때문이다. 즉 나쁜 상황에서의 1만원을 얻기 위한 기회비용이 좋은 상황에서의 2만원이기 때문이다.

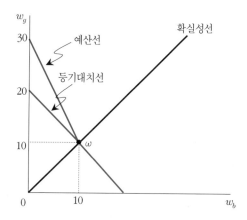

한편 예산선을 간단하게 찾을 수도 있다. 홍길동이 내기에 한 푼도 걸지 않을 경우에는 좋은 상황이 발생하든 나쁜 상황이 발생하든 항상 10만원을 가지게 된다. 이러한 상태는 다음 그림에 확실성선상의 점 $\omega(10, 10)$로 나타나 있다. 반면에 홍길동이 10만원을 모두 내기에 걸 경우에는 나쁜 상황이 발생하면 0원을 지니게 되고 좋은 상황이 발생하면 30만 원을 지니게 된다. 즉 세로축의 점 (0, 30)에 놓이게 된다. 이 두 점을 지나는 직선의 방 정식을 구하면 그것이 바로 예산선의 식이 된다.

b. 등기대치선의 식은 $E(w) = p_b w_b + p_g w_g = k$(일정)이다. 그런데 p_b와 p_g가 모두 $\frac{1}{2}$로서 같 다. 따라서 등기대치선은 $\frac{1}{2}w_b + \frac{1}{2}w_g = k$(일정)로 나타난다. $k = 10$일 경우가 그림에 그려져 있다.

23.4.6 위험에 대한 태도와 무차별곡선의 모양

기대효용함수에 대한 무차별곡선의 모양은 개인이 위험을 대하는 태도에 따라 달라진다. 이에 대해 검토하기 위해 한계대체율을 구해 보자. 문제 (23.18)의 기대효용함수로부터 한계대체율은 한계(기대)효용들의 비율이라는 점을 적용하면

$$MRS_{w_b w_g} = -\frac{\Delta w_g}{\Delta w_b} = \frac{\partial EU(w)/\partial w_b}{\partial EU(w)/\partial w_g} = \frac{p_b MU(w_b)}{p_g MU(w_g)} \qquad (23.20)$$

로 구해진다. 불확실성이 없는 경우와 다른 점은 한계효용 앞에 확률이 가중치로 부여되어 있다는 점이다. 한편 분모 및 분자에서 보듯이 한계효용이 해당 상황에서의 재산에만 의존한다.[14]

첫째, 위험회피자의 경우에는 재산이 증가함에 따라 그 한계효용은 체감한다. 그러므로 주어진 무차별곡선상에서 w_b가 커지고 w_g가 작아질수록 식 (23.20)에서 우변의 분자는 작

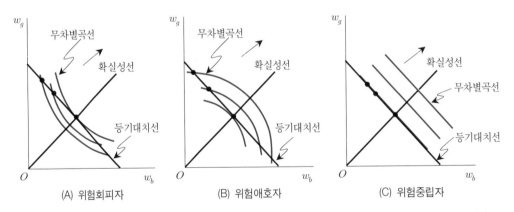

그림 23-9   **무차별곡선의 모양**

위험회피자의 경우 한계효용이 체감하기 때문에 무차별곡선이 원점에 대해 볼록하게 그려지며, 등기대치선상의 점들 중에서는 확실성선상의 점을 가장 선호한다. 위험애호자의 경우는 이와 대조적이다. 위험중립자의 경우 등기대치선은 무차별곡선과 일치한다.

---

14 이러한 사실은 분자의 한계효용함수에는 w_g가 포함되어 있지 않으며 분모의 한계효용함수에는 w_b가 포함되어 있지 않다는 사실로부터 알 수 있다.

아지고 분모는 커진다. 그 결과 한계대체율은 작아진다.[15] 이것은 바로 무차별곡선이 [그림 23-9(A)]처럼 원점에 대해서 볼록하게 그려진다는 것을 의미한다.[16] (1) 그리하여 3장에서 배운 볼록한 선호에 해당한다. 직관적으로 볼 때 극단적인 것보다는 '중용'을 선호하는 경우이다. (2) 그래서 기대치가 같다면 w_b와 w_g의 크기가 같은 상품묶음을 가장 선호한다. 다시 말하면 [그림 23-9(A)]에서 보듯이 등기대치선상의 점들 중에서는 확실성선상의 점을 가장 선호한다는 것이다. (3) 나아가서 확실성선에서 멀리 떨어질수록 그리하여 w_b와 w_g의 차가 커진수록 싫어한다. 위험회피자는 기대치가 같다면 분산(위험)이 작은 것을 선호하는 것과 일맥상통한다.

둘째, **위험애호자**의 경우에는 재산이 증가함에 따라 그 한계효용이 체증한다. 그러므로 w_b가 커지고 w_g가 작아질수록 식 (23.20)에서 우변의 분자는 커지고 분모는 작아진다. 그 결과 한계대체율은 커진다. 이것은 무차별곡선이 [그림 23-9(B)]에서 보듯이 원점에 대해 오목해진다는 것을 의미한다. (1) 그리하여 3장에서 배운 오목한 선호에 해당한다. 직관적으로 볼 때 '중용'보다는 극단적인 것을 선호하는 경우이다. (2) 그리하여 기대치가 같다면 w_b와 w_g의 값의 차가 클수록 선호한다. 다시 말하면 [그림 23-9(B)]에서 보듯이 등기대치선상의 점들 중에서는 확실성선상에서 멀리 떨어져 있는 점일수록 선호한다는 것이다. (3) 위험애호자는 기대치가 같다면 분산(위험)이 큰 것을 선호하는 것과 일맥상통한다.

셋째, **위험중립적**인 경우에는 한계효용이 일정하다. 그러므로 식 (23.20)에서 우변의 분자와 분모에 있는 $MU(w_b)$와 $MU(w_g)$는 약분되어 없어진다. 그 결과 $MRS = \dfrac{p_b}{p_g}$가 된다. (1) 이때 무차별곡선은 [그림 23-9(C)]처럼 그려지며 등기대치선과 일치한다. 이 결과는 직관적으로도 당연하다. 위험중립자의 경우 기대치만 같으면 분산(위험)의 크기에 관계없이 무차별하기 때문이다. (2) 이것은 3장에서 배운 완전대체재의 선호에 해당한다. 예를 들어 포도주라면 포도주 잔수에 관심이 있을 뿐이지 백포도주인지 적포도주인지에는 관심이 없는 경우와 유사하다.

넷째, 개인의 위험에 대한 태도와 관계없이, 확실선상에서는 등기대치선의 기울기와 무차별곡선의 기울기가 일치한다. 이것은 식 (23.20)인 $MRS = \dfrac{p_b MU(w_b)}{p_g MU(w_g)}$로부터 알 수 있다. 구체적으로 검토해 보자. 확실성선상에서는 w_b와 w_g가 같다. 그러므로 $MU(w_b)$

---

15 이와 같은 분석을 할 수 있게 된 배경의 이유를 살펴보자. 그 이유는 바로 기대효용함수에서는 한계효용이 해당 상황에서의 재산에만 의존하기 때문이다. 예를 들어 [그림 23-9 (A)]를 얻게 된 이유는 위험회피자의 경우 한계효용이 체감하기 때문이었다. 그런데 한계효용이 다른 상품의 소비량에 따라서도 달라진다면 한계효용이 체감한다고 해서 한계대체율이 반드시 체감하지는 않는다(3장 참조).

16 위험회피의 정도가 클수록, 즉 한계효용이 빨리 체감할수록 무차별곡선은 원점에 대해 점점 더 볼록해진다.

$= MU(w_g)$가 성립한다. 이것을 위 식에 적용하면 $MRS = \dfrac{p_b}{p_g}$를 얻는다. 즉 확실성선상에서는 무차별곡선의 접선의 기울기의 절대값(=한계대체율)이 등기대치선 기울기의 절대값$\left(\dfrac{p_b}{p_g} \right)$과 같아진다. 식 (23.20)은 일반적인 정의이므로 이 결과는 개인이 위험회피자이든, 위험애호자이든, 위험에 대해 중립적이든 어느 경우에나 성립한다.

이상의 결과는 직관적으로도 명확하다. 대표적으로 위험회피자의 경우에 대해 검토해 보자. 위험회피자의 경우 기대치가 같을 경우에는 위험이 적을수록 효용이 높아진다. 그리하여 등기대치선상의 점들 중에서는 위험이 전혀 없는 확실성선상의 점에서 효용이 가장 커진다. 그런데 이러한 특성을 만족시키려면 [그림 23-9(A)]에서 보듯이 확실성선상의 점에서 무차별곡선이 등기대치선과 접해야 한다(4장에서 공부한 최적선택조건처럼 무차별'곡선'과 예산 '(직)선'이 접하는 조건이다). 즉 확실성선상에서는 등기대치선의 기울기와 무차별곡선의 접선의 기울기가 일치해야 한다. 한편 위험애호자의 경우는, 확실성선상의 점에서 효용이 가장 적어진다는 점을 적용하면, [그림 23-9(B)]와 같이 그려진다.

예산선과 무차별곡선에 대해 알았으므로 극대화문제를 그래프를 이용하여 풀 수 있다. 대표적으로 2가지 예에 대해 검토하기로 하자. 그 이전에 [표 23−1]과 같이 정리해 두기로 하자.

표 23-1   위험에 대한 태도에 따른 특성

	위험회피자	위험애호자	위험중립자	
효용함수의 모양	강오목	강볼록	직선	
한계효용	체감	체증	일정	
기대효용과 기대치의 효용 중 큰 것	기대치의 효용	기대효용	동일	
위험프리미엄	양	음	0	
위험할인율	양	음	0	
원점에 대한 무차별곡선의 모양	강볼록	강오목	직선	
공정한 내기	불참	전액 참여	무차별	후술
공정한 보험	완전보험	무보험	무차별	후술

23.5 상황선호접근법의 예 1: 내기 - $\overline{w}_b = \overline{w}_g$인 경우

23.5.1 내기의 유형

내기 모형에서는 내기에 참가하기 전까지는 상황에 따라 부존소득이 달라지지 않는다고 가정한다. 즉 최초부존소득에 불확실성이 없는 $\overline{w}_b = \overline{w}_g$인 경우이다. 내기에는 참가자에게 불리한 내기도 있고 참가자에게 유리한 내기도 있다. 나아가서 참가자에게 공정한 내기도 있다. 내기의 유형에 따라 개인의 선택이 어떻게 달라지는가를 살펴보고자 한다.

(1) 내기의 유형을 구분해 보기로 하자. 앞에서 공정한 내기란 자신이 내기에 건 소득과 동일한 기대소득을 가져다주는 내기를 말한다고 하였다. 예를 들어 w_0을 가지고 내기에 참여하는데 내기에 질 경우 w_b가 되고 이길 경우 w_g가 된다고 하자. 그리고 그 확률이 각각 p_b, p_g라고 하자. 그러면 기대치는 $p_b w_b + p_g w_g$가 되는데 다음과 같이 정리할 수 있다.

$$p_b w_b + p_g w_g = w_0 (\text{즉, 기대치가 } w_0\text{와 같으면}) \qquad \text{공정한 내기} \qquad (23.21)$$
$$p_b w_b + p_g w_g < w_0 (\text{즉, 기대치가 } w_0\text{보다 작으면}) \qquad \text{불리한 내기} \qquad (23.22)$$
$$p_b w_b + p_g w_g > w_0 (\text{즉, 기대치가 } w_0\text{보다 크면}) \qquad \text{유리한 내기} \qquad (23.23)$$

(2) 이러한 내기의 유형을 개인의 예산선과 등기대치선을 이용하여 분류해 보기로 하자. 등기대치선을 나타내는 식 (23.19)를 w_g에 대해 풀면 $w_g = -\dfrac{p_b}{p_g}w_b + \dfrac{k}{p_g}$를 얻는다.

그러면 다음과 같이 정리할 수 있다. 물론 이때 q_b와 q_g는 각각 상황조건부상품의 가격을 나타낸다.

$$\frac{q_b}{q_g} = \frac{p_b}{p_g} \Leftrightarrow |\text{예산선의 기울기}| = |\text{등기대치선의 기울기}| \Leftrightarrow \text{공정한 내기} \quad (23.24)$$

$$\frac{q_b}{q_g} > \frac{p_b}{p_g} \Leftrightarrow |\text{예산선의 기울기}| > |\text{등기대치선의 기울기}| \Leftrightarrow \text{유리한 내기} \quad (23.25)$$

$$\frac{q_b}{q_g} < \frac{p_b}{p_g} \Leftrightarrow |\text{예산선의 기울기}| < |\text{등기대치선의 기울기}| \Leftrightarrow \text{불리한 내기} \quad (23.26)$$

유리한 내기에 대해 직관적으로 살펴보자. 식 (23.25)의 수식은 기회비용 측면에서 볼 때 w_b를 추가로 1 단위 더 포기할 때 확률적으로 보장되는 것보다 더 많은 w_g를 얻는다는 것을 의미한다. 이것은 [그림 23-11]의 예산선과 등기대치선의 기울기를 비교해 보아도 알 수 있다. 절대값으로 보아 예산선의 기울기가 등기대치선의 기울기보다 클 경우에는 그림에서 보듯이 예산집합이 원래보다 커지는데, 이러한 측면에서 보아도 이 경우는 유리한 내기라는 것이다. 이때 등기대치선은 공정한 내기에 대한 예산선이 된다는 점을 상기하자. 불리한 내기의 특성은 유리한 내기와 정반대이다.

📖 예제 23.4 내기의 유형

홍길동이 황진이와 돈을 걸고 내기를 한다고 하자. 독전을 굴려서 앞면이 나오면 홍길동이 내기에 건 금액을 황진이가 가져가고 뒷면이 나오면 내기에 건 금액에 그 금액의 2배를 추가로 얹어서 홍길동이 황진이로부터 받는다고 하자. 처음에 홍길동에게는 10만원이 있었다고 하자. 이 내기는 홍길동의 입장에서 볼 때 유리한 내기인가, 공정한 내기인가, 또는 불리한 내기인가?

풀이

(1) 유리한 내기인지의 여부는 내기를 건 후의 기대치와 최초의 소득을 비교해 보면 알 수 있다. 이 경우 내기에 건 금액을 x라 하면 기대치는 $E(w) = \frac{1}{2}w_b + \frac{1}{2}w_g = \frac{1}{2}(10-x)$ $+ \frac{1}{2}(10+2x) = 10 + \frac{1}{2}x$이다. 그런데 이 기대치는 최초의 소득 10보다 크다. 그러므로 이 내기는 유리한 내기로 판단할 수 있다.

(2) 이 내기가 유리한 내기인지 아닌지는 등기대치선과 예산선의 기울기를 비교해 보아도 알 수 있다. [예제 23.3]에서 예산선 기울기의 절대값 2가 공정한 내기의 예산선에 해당하는 등기대치선의 기울기의 절대값 1보다 크다. 이 경우 예산집합도 커진다. 그러므로 이 내기는 홍길동에게 유리한 내기이다.

23.5.2 위험에 대한 태도와 내기에 대한 선택

이제 위험을 대하는 태도에 따라 개인들이 내기에 대해 어떻게 반응하는가를 알아보자. 지거나 이길 확률이 각각 p_b, p_g이고 상대가격이 $\frac{q_b}{q_g}$인 경우 이러한 내기에 참여할 것인가를 결정해야 하는 개인이 직면하는 문제는 바로 문제 (23.18)과 같은 유형이므로

$$\underset{w_b,\ w_g}{\text{Max}}\ EU(w) = p_b U(w_b) + p_g U(w_g) \tag{23.27}$$
$$s.t.\quad q_b w_b + q_g w_g = q_b w_0 + q_g w_0$$

로 쓸 수 있다. 문제 (23.18)이 그렇듯이 이 모형도 부존소득모형이다. 자급자족 또는 w_b의 판매자의 경우에 해당한다. 그러므로 7.1.7~7.1.8의 논리를 적용할 수 있다. 분석의 원리는 동일하므로 몇 가지 경우에 대해서만 검토해 보자.

(1) 위험회피자는 공정한 내기에 참여하지 않는다[17]

위험회피자는 예산선상에서 한계대체율과 상대가격이 일치하는 곳에서 선택을 한다. 그러므로 w_b^*, w_g^*가 최적선택일 경우 4장 효용극대화조건의 경우와 같은 논리로

> **기대효용극대화조건**
>
> (1) 예산선상에 놓여야 한다.
>
> $q_b w_b^* + q_g w_g^* = w_0$ 최적선택은 예산선상에 놓인다.
>
> (2) 기대효용극대화의 일차필요조건
>
> $w_b^* > 0,\ w_g^* > 0$일 경우 $\left[\dfrac{p_b MU(w_b^*)}{p_g MU(w_g^*)}=\right] MRS_{w_b w_g}(w_b^*, w_g^*) = \dfrac{q_b}{q_g}$ (23.28)
>
> (3) 기대효용극대화의 이차충분조건
>
> 무차별곡선이 원점에 대해 강볼록하다. 즉 한계대체율이 체감한다.

이다. 그런데 공정한 내기의 경우에는 $\dfrac{q_b}{q_g} = \dfrac{p_b}{p_g}$가 성립한다. 이 조건을 위 둘째 식에 대입하면 $\dfrac{MU(w_b^*)}{MU(w_g^*)} = 1$이 성립한다. 그런데 효용함수는 단조증가하므로 이 경우 $w_b^* = w_g^*$가 성

그림 23-10 **위험회피자-공정한 내기의 경우**

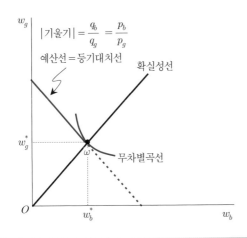

위험회피자는 공정한 내기에 참여하지 않는다. 즉 확실성선상의 점을 선택한다. 공정한 내기의 경우 예산선과 등기대치선이 일치하는데, 위험회피자는 기대치가 같을 경우 위험이 가장 적은 점을 택하기 때문이다.

립한다. 한편 $w_b^* = w_g^*$라는 것은 좋은 상황이 발생하든 나쁜 상황이 발생하든 그 결과가 같아지도록 선택한다는 것을 말한다. 즉 위험을 완전히 회피한다는 것을 말한다. 즉 내기에 참여하지 않는다는 것을 말한다. 물론 이때 $w_b^* = w_g^*$가 성립하므로 최적선택은 [그림 23-10]처럼 확실성선상에 놓인다.

이러한 결과는 직관적으로 볼 때 당연하다. 공정한 내기의 경우 예산선은 등기대치선과 같아진다. 한편 소비자는 예산선상의 점을 택하게 되는데, 공정한 내기의 경우 예산선이 등기대치선과 같으므로 예산선상의 점을 택한다는 것은 결국 등기대치선상의 점을 택하는 것과 같다. 그런데 위험회피자는 기대치가 같을 경우 위험이 가장 적은 점을 택하므로 결국 공정한 내기의 경우 등기대치선상의 점들 중에서 확실성선상에 놓이는 점을 택하게 되는 것이다.

(2) 위험회피자라 하더라도 유리한 내기에는 참여한다

(1) 유리한 내기일 경우 $\frac{q_b}{q_g} > \frac{p_b}{p_g}$가 성립한다. 이 조건을 앞의 최적선택조건에 적용하면 $\frac{MU(w_b^*)}{MU(w_g^*)} > 1$을 얻는다. 그런데 위험회피자의 경우 한계효용이 체감한다. 그러므로 $w_g^* > w_b^*$가 성립한다. 그런데 이것은 [그림 23-11]처럼 좋은 상황에서의 소비(내기에 이길 때의 소비)가 나쁜 상황에서의 소비(내기에 질 때의 소비)보다 커지도록 선택하는 것을 의미한다. 이것은 곧 내기에 참여하는 것을 의미한다.

(2) (i) 한편 이 결과는 공정한 내기와 비교하여 w_b의 상대가격이 높아져서 그때보다 w_b의 수요량이 감소한 것으로 해석할 수 있다.[18] 이때 대체효과는 ω에서 E'로 이동함으로써 w_b가 감소한 것으로 나타나 있다. 소득효과는 예산집합이 커져서 E'에서 E_1으로 이동함으로써 w_b가 증가한 것으로 나타나 있다. 그러므로 이때 w_b는 정상재이다. (ii) 이 모형은 부존소득모형에서 w_b의 판매자에 해당하는데 7.1.7에서 정상재일 경우 판매자에게는 이처럼 대체효과와 소득효과가 반대 방향으로 나타난다고 했던 점을 상기하자. (iii) 물론 열등재일 경우에는 같은 방향으로 나타난다.

(3) 이처럼 내기에 참여하게 되는 이유를 직관적으로 살펴보자. 유리한 내기일 경우에는 공정한 내기일 경우에 비해 w_b를 얻는 데 드는 **기회비용**이 크다. 즉 w_b를 얻으려면 공

---

[18] 내기의 경우 23.4.4에서 보듯이 내기에 건 금액 x와 w_b 사이에 $w_b = w_0 - x$의 관계에 있다. 그러므로 w_b의 증감을 보고 내기에 거는 금액의 증감을 판단할 수 있다. 즉 w_b가 감소(증가)하면 x가 증가(감소)하는 것이다.

그림 23-11   위험회피자-유리한 내기의 경우

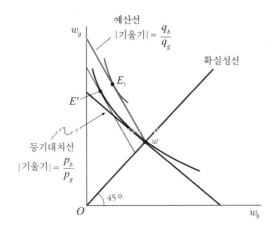

위험회피자도 유리한 내기일 경우에는 어느 정도 위험을 감수하고 내기에 참여한다. 즉 확실성선상에서 벗어나 있는 점을 택한다.

정한 내기일 때보다 더 많은 w_g를 포기해야 한다는 것이다. 바꾸어 말하면 w_b를 일부 포기하면 공정한 내기일 때보다 더 많은 w_g를 얻는다. 이 때문에 위험회피자는 w_b를 일부 포기하고 그 대신 그에 상응하는 w_g를 얻는다. 어느 정도 도박을 하는 것이다. 즉 어느 정도의 위험을 감수한다는 것이다. 이것은 바로 확실성선에서 벗어나 $w_g^* > w_b^*$가 되도록 선택하는 것을 의미한다.[19] 내기에 거는 금액이 커질수록 최적선택은 예산선을 따라 위로 이동한다.

(3) 위험중립자는 유리한 내기에 재산을 모두 건다

위험중립자는 위험에는 전혀 개의치 않고 기대치가 큰 것을 선호한다. 이것은 위험중립자의 경우 등기대치선이 무차별곡선이 된다는 것을 함축한다. 그러므로 이 경우 기대효용을 극대화하는 문제는 기대치를 극대화하는 문제와 같아진다.

그런데 유리한 내기의 경우 [그림 23-12]처럼 예산선의 기울기가 등기대치선의 기울기보다 급하게 나타난다. 그리하여 그림에서처럼 모퉁이해를 얻게 된다. 즉 내기에 재산을 모두 건다.

---

19 이 결과는 $MRS_{w_b w_g}$는 w_b로부터 얻는 한계편익으로 해석할 수 있고 예산선의 기울기는 w_b를 얻는 데 드는 한계비용으로 해석할 수 있다는 점에 주목하여 7.1.2의 원리를 적용하여 설명할 수도 있다. $MRS_{w_b w_g} = \dfrac{p_b MU(w_b)}{p_g MU(w_g)}$ 이다. 그런데 내기에 참여하지 않는 것을 나타내는 ω점에서는 $w_b = w_g$이므로 이때 $MRS_{w_b w_g} = \dfrac{p_b}{p_g}$가 된다. 예산선 기울기의 절대값은 $\dfrac{q_b}{q_g}$이다. 한편 유리한 내기의 경우 $\dfrac{q_b}{q_g} > \dfrac{p_b}{p_g}$ 이므로 ω점에서는 예산선 기울기의 절대값이 MRS보다 크다. 즉 w_b의 한계비용이 한계편익보다 크다. 그러므로 ω점에서는 w_b의 소비를 줄인다. 즉 내기에 참여한다.

그림 23-12 위험중립자 - 유리한 내기의 경우

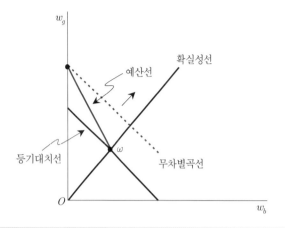

위험중립자의 경우 유리한 내기에는
재산 전체를 모두 내기에 건다.

예제 23.5 위험에 대한 태도와 선택

홍길동이 황진이와 돈을 걸고 내기를 한다고 하자. 동전을 굴려서 앞면이 나오면 홍길동이 내
기에 건 금액을 황진이가 가져가고 뒷면이 나오면 내기에 건 금액에 그 금액의 2배를 추가로
얹어서 홍길동이 황진이로부터 받는다고 하자. 처음에 홍길동에게는 10만원이 있었다고 하자.

a. 홍길동의 효용함수가 $U(w) = \sqrt{w}$ 라고 하자. 이 경우 홍길동은 얼마를 내기에 걸겠는가?

b. 홍길동의 효용함수가 $U(w) = w^2$라고 하자. 이 경우 홍길동은 얼마를 내기에 걸겠는가?

c. 홍길동의 효용함수가 $U(w) = 2w$라고 하자. 이 경우 홍길동은 얼마를 내기에 걸겠는가?

KEY 위험을 대하는 태도에 따라 선택이 어떻게 달라지는가를 파악하는 문제이다.

풀이 [예제 23.3]에서 $w_b = 10 - x$ (1), $w_g = 10 - x + 3x = 10 + 2x$ (2), 예산제약식은 $2w_b + w_g = 30$ (3)으로 구해졌다.

a. 홍길동의 기대효용함수는 $EU(w) = p_b U(w_b) + p_g U(w_g) = \frac{1}{2}\sqrt{w_b} + \frac{1}{2}\sqrt{w_g}$ (4)이다. 그
러므로 예산선이 (3)과 같이 주어졌을 때 그의 기대효용극대화 문제는

$$\underset{w_b,\, w_g}{\text{Max}}\ EU(w) = \frac{1}{2}\sqrt{w_b} + \frac{1}{2}\sqrt{w_g}$$
$$s.t.\ 2w_b + w_g = 30,\ (0 \le \omega_b \le 10)$$

(5)

이 된다.

한편 효용함수가 $U(w) = \sqrt{w}$로 주어졌으므로 한계효용은 $U' = \frac{1}{2}w^{-\frac{1}{2}}$이다. 이때 $U'' = -\frac{1}{4}w^{-\frac{3}{2}} < 0$이다. 즉 한계효용은 체감한다. 한계효용이 체감하므로 홍길동은 위험회피자이며 그의 무차별곡선은 원점에 대해 볼록한 부드러운 곡선이 된다. 따라서 이 문제는 라그랑지함수를 이용하여 풀 수 있다. 여기서는 라그랑지함수를 이용하여 일일이 푸는 대신 그러한 풀이로부터 얻은 결과로서 우리가 이미 알고 있는 기대효용극대화 조건을 이용하자.

기대효용극대화 조건은 $MRS = \dfrac{q_b}{q_g}$ (6)이다. 이때 q_b와 q_g는 각각 상황조건부상품 w_b와 w_g의 가격이다. 그런데 $MRS = \dfrac{p_b MU(w_b)}{p_g MU(w_g)} = \dfrac{\frac{1}{2}\frac{1}{2}w_b^{-\frac{1}{2}}}{\frac{1}{2}\frac{1}{2}w_g^{-\frac{1}{2}}} = \dfrac{w_g^{\frac{1}{2}}}{w_b^{\frac{1}{2}}}$ (7), $\dfrac{q_b}{q_g} = 2$ (8)이다. (7)과 (8)을 (6)에 대입한 후 정리하면 $w_g = 4w_b$ (9)를 얻는다. (9)를 예산제약식에 대입하면 $w_b = 5$, $w_g = 20$으로 구해진다. 이것을 (1)과 (2)에 각각 대입하면 $x = 5$를 얻는다. 이것은 그림에서처럼 홍길동이 5만을 내기에 건다는 것을 말한다. 위험회피자는 유리한 내기에 참여하기는 하지만 재산 전액을 걸지는 않는다는 것을 알 수 있다.

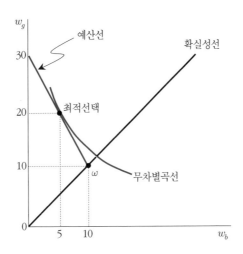

b. 예산선의 식은 앞 문항과 같다. 이 경우 홍길동의 기대효용함수는 $EU(w) = p_b U(w_b) + p_g U(w_g) = \frac{1}{2}w_b^2 + \frac{1}{2}w_g^2$이다. 그러므로 그의 기대효용극대화 문제는

$$\underset{w_b,\, w_g}{\text{Max }} EU(w) = \frac{1}{2}w_b^2 + \frac{1}{2}w_g^2$$
$$s.t.\ 2w_b + w_g = 30,\ (0 \leq w_b \leq 10)$$

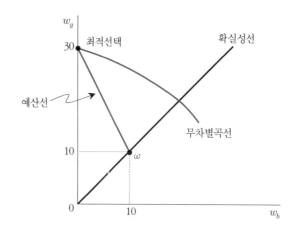

이 된다. 한편 주어진 효용함수에 대해 한계효용은 $U' = 2w$이다. 이때 $U'' = 2 > 0$이다. 즉 한계효용이 체증한다. 한계효용이 체증하므로 홍길동은 위험애호자이며 그의 무차별곡선은 원점에 대해 오목한 부드러운 곡선이 된다.

홍길동이 위험애호자인데 이 내기가 [예제 23.4]에서 본 것처럼 홍길동에게 유리한 내기이므로 그림에서 보듯이 그는 10만원을 모두 내기에 건다. 즉 모퉁이해를 갖는다. 무차별곡선이 원점에 대해 오목하게 나타나는 경우이기 때문에 미분을 적용하여 해결할 수 없다는 점에 주목하자.

c. 예산선의 식은 앞 문항과 같다. 홍길동의 기대효용함수는 $EU(w) = p_b U(w_b) + p_g U(w_g)$ $= \frac{1}{2} \cdot 2w_b + \frac{1}{2} \cdot 2w_g$이다. 그러므로 그의 기대효용극대화 문제는

$$\underset{w_b,\, w_g}{\text{Max}}\ EU(w) = \frac{1}{2} \cdot 2w_b + \frac{1}{2} \cdot 2w_g$$
$$s.t.\ 2w_b + w_g = 30,\ (0 \le w_b \le 10)$$

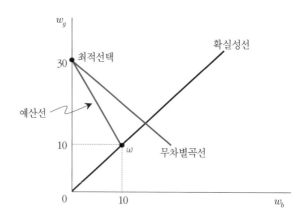

이 된다. 한편 주어진 효용함수에 대해 한계효용은 $U'=2$이다. 즉 한계효용이 일정하다. 이 경우 홍길동은 위험중립자이며 그의 무차별곡선은 직선이 된다.

　홍길동이 위험중립자인데 이 내기가 홍길동에게 유리한 내기이므로 그림에서 보듯이 그는 10만원을 모두 내기에 건다. 즉 모퉁이해를 갖는다. 무차별곡선이 직선으로 나타나는 경우이기 때문에 학부에서 다루는, 미분을 통해 얻는 단순한 극대화 조건을 적용할 수 없다.

23.6 상황선호접근법의 예 2: 보험 – $\overline{w}_b \neq \overline{w}_g$인 경우

23.6.1 모 형

　어떤 개인이 w_0원의 가치를 지닌 주택을 가지고 있다고 하자. 그리고 이 주택에 화재가 발생할 확률이 p라고 하자. 화재가 발생할 경우 손실을 입는데 그 금액은 L원으로서 일정하다고 하자. 화재 발생 여부에 따라 최초소득이 달라지는 경우이다. 즉 최초소득이 불확실한 경우이다. 즉 $\overline{w}_b \neq \overline{w}_g$인 경우이다. 이러한 상황에서 화재가 발생할 경우 B원의 보험금 (benefit)을 지급해 주는 보험을 구입하려면 qB원의 보험료(premium)를 지불해야 한다고 하자. 즉 그에게 적용되는 보험료율은 q라고 하자.

L : 손실	B: 보험금
q: 보험료율	qB: 보험료

　보험을 구입한 상태에서 화재가 발생할 경우를 보자. 이때 그는 이미 납부한 보험료 외에 L의 손실을 감수해야 하지만 B의 보험금을 지급받는다. 따라서 이때 그의 재산은 $w_0 - qB - L + B$가 된다. 이제 화재가 발생하지 않을 경우를 보자. 이때 그는 보험금은 지급받지 않지만 보험료는 이미 납부한 상태이다. 따라서 이때 그의 재산은 $w_0 - qB$가 된다.

　이 경우 재산을 **확률변수**인 w로 나타내면 그가 보험(B)을 얼마나 구입하는가는

$$\underset{B}{\text{Max}}\ EU(w) = pU(w_0 - qB - L + B) + (1-p)U(w_0 - qB)\ (L \geq B \geq 0) \quad (23.29)$$

과 같이 직접 B를 선택하여 기대효용을 극대화하는 문제를 풀어서 구할 수 있다.

　(1) 그러나 여기서는 이 문제를 앞서 배운 상황선호접근법을 이용하여 풀기로 하자. 이

때 23.4.4의 방법을 이용하자. 이를 위해 화재가 발생할 경우의 재산을 w_b라고 하고 화재가 발생하지 않을 경우의 재산을 w_g로 놓자. 그러면

$$w_b = w_0 - qB - L + B = w_0 - L + (1-q)B \qquad (23.30)$$
$$w_g = w_0 - qB \, (L \geq B \geq 0)$$

가 된다. 여기서 w_b와 w_g는 물론 상황조건부상품이다. 그런데 식 (23.30)에 있는 두 식에서 보듯이 B의 값이 변하면 그에 대응하여 w_b와 w_g의 값이 변화한다. 그 관계를 알기 위해 B가 w_b와 w_g 사이의 매개변수라는 점에 주목하여 식 (23.30)의 두 식을 연립으로 하여 가감법으로 B를 소거하자. 이를 위해 식 (23.30)의 첫째 식의 양변에 q를 곱하고 둘째 식의 양변에 $(1-q)$를 곱한 다음 두 식을 같은 변끼리 더하면

$$qw_b + (1-q)w_g = q(w_0 - L) + (1-q)w_0, \ (L \geq 0) \qquad (23.31)$$

를 얻는다. 이 식이 바로 소비자가 직면하는 예산제약식이 된다. 이 경우는 부존상품이 $(w_0 - L, \ w_0)$로 주어진 상태에서 그 가격이 각각 q와 $(1-q)$인 경우이다. 그러므로 23.4.2(5)에서 말한, 최초부존소득에 불확실성이 있는 식 (23.17)″의 모형에 해당한다.

  (2) 이제 이 개인의 문제는 이러한 예산제약식 아래 자신의 기대효용을 극대화하는 것이 된다. 따라서 그의 문제는

$$\underset{w_b, \ w_g}{\text{Max}} \ EU(w) = pU(w_b) + (1-p)U(w_g) \qquad (23.32)$$
$$s.t. \quad qw_b + (1-q)w_g = q(w_0 - L) + (1-q)w_0, \ (L \geq 0)$$

로 쓸 수 있다(예산선을 간단히 그리는 방법은 예제 23.3 풀이 참조). 이제 이 문제는 앞에서 배운 전형적인 상황선호접근법에 등장하는 문제의 형태로 표현되었다는 것을 알 수 있다.

23.6.2 예산선의 특성

  (1) 앞에서 논의한 내기들과는 달리 최초 부존점이 45도선 위에 놓이지 않는다. 그 이유는, 내기의 경우에는 내기에 참여하지 않은 최초의 상태가 위험이 없는 상태인 반면, 현재의 예에서는 보험을 구입하지 않은 최초의 상태가 위험을 내포하고 있는 상태이기 때문이다.

그림 23-13 | 예산선: 보험의 경우

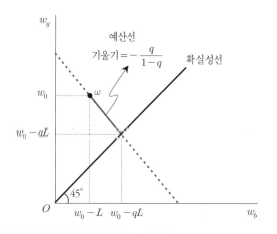

보험을 분석할 경우 최초부존점이 확실성선상에 놓이지 않는다. 또한 보험금이 큰 보험을 구입할수록 예산선을 따라 확실성선을 향해 움직인다.

위험이라는 측면에 초점을 맞추면 내기는 위험이 없는 상태에서 위험이 있는 상태로 옮겨가는 것이며 보험은 위험이 있는 상태에서 위험이 없는 (또는 줄어든) 상태로 옮겨가는 것이다. 그러나 앞으로 보게 되듯이 기대효용을 극대화하기 위해 최종적으로 위험을 어느 만큼 택할 것인가라는 측면에서 볼 때에는 분석의 원리가 서로 같다.

(2) 식 (23.31)로 나타나는 예산선이 [그림 23-13]에 그려져 있다. 이 예산선은 부존점 ω를 지나며 그 기울기가 $-\dfrac{q}{1-q}$이다. 이때 그 절대값은 w_g로 표시한 w_b의 상대가격으로 해석할 수 있다.[20] 한편 앞서 말했듯이 이 모형도 부존소득모형으로 볼 수 있다.

(3) 식 (23.30)에서 알 수 있듯이 보험을 많이 구입할수록, 즉 B의 값이 커질수록 w_g는 작아지고 w_b는 커진다. 따라서 B가 커지는 것은 [그림 23-13]에서 예산선을 따라 아래로 이동하는 것으로 나타난다는 사실이다.

(4) 보험금은 일반적으로 0보다 적을 수는 없다. 그러므로 화재가 발생하지 않을 경우에도 재산은 w_0를 초과할 수 없다. 그 결과 ω보다 위에 있는 점선 부분은 예산선에 포함되지 않는다.

(5) 현실적으로 보험금이 손실액보다 큰 보험은 공급되지 않는다. 그러므로 화재가 발

---

20 상대가격은 직관적으로도 얻을 수 있다. 보험을 구입하면 화재가 발생할 경우 $B-qB$를 얻는 대신 화재가 발생하지 않을 경우 qB를 잃게 된다. 이로부터 w_b를 1원 더 얻기 위해서 포기해야 하는 w_g의 크기를 말하는 상대가격은 바로 $\dfrac{\Delta w_g}{\Delta w_b} = -\dfrac{qB}{B-qB} = -\dfrac{q}{1-q}$ 의 절대값으로 구해진다.

생할 경우의 재산(w_b)은 화재가 발생하지 않을 경우의 재산(w_g)보다 클 수는 없다. 그 결과 확실성선 아래의 점선 부분도 예산선에 포함되지 않는다.[21]

(6) 앞으로 등장하겠지만 최적선택은 예산선상에서 이루어질 것이므로 이 모형은 자급자족 또는 w_b의 구매자의 경우에 해당한다. 그러므로 앞으로의 분석에 7.1.7의 논리를 적용할 수 있다.

23.6.3 위험회피자의 최적보험선택

위험회피자가 내부해(interior solution)를 가지는 경우를 생각해 보자 이 경우 [그림 23-14]에서 보는 것처럼 한계대체율과 상대가격이 일치하는 E_0를 선택한다.[22] 이때 다음과 같은 조건이 성립한다.

그림 23-14 | **보험의 최적선택**

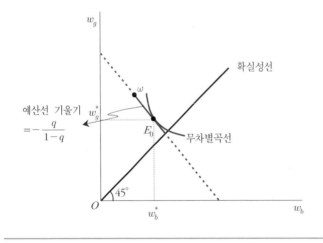

예산선과 무차별곡선이 접하는 점에서 보험의 최적선택이 이루어진다.

---

21 예산선이 확실성선과 만나는 점에서 w_b의 값과 w_g의 값은 $w_0 - qL$로 구해진다. 물론 이 값은 예산제약식에서 w_b와 w_g의 값이 같아질 때의 값이다. 즉 완전보험을 구입하는 상태로서 $B = L$일 때의 값이다.

22 한편 위험애호자의 무차별곡선은 원점에 대해 오목하게 그려진다. 이러한 사실로부터 위험애호자는 보험을 구입하지 않을 것을 알 수 있다. 위험중립적인 경우에는 무차별곡선이 직선으로 그려진다. 이러한 사실로부터 위험중립적인 경우에는 그 결과가 예산선의 기울기에 따라 달라질 것임을 알 수 있다.

최적보험조건

(1) 예산선상에 놓여야 한다.

$qw_b^* + (1-q)w_g^* = w_0 - qL, \ (L \geq 0)$ 최적선택은 예산선상에 놓인다.

(2) 최적보험의 일차필요조건

$w_b^* > 0, \ w_g^* > 0$일 경우 $\left[\dfrac{pMU(w_b^*)}{(1-p)MU(w_g^*)} = \right] MRS_{w_b w_g}(w_b^*, w_g^*) = \dfrac{q}{1-q}$ $\qquad$ (23.33)

(3) 최적보험의 이차충분조건

무차별곡선이 원점에 대해 강볼록하다. 즉 한계대체율이 체감한다.

그런데 이 조건은 사실상 위험회피자가 내기를 대할 때의 최적선택조건과 원리상 다를 바가 없다.

23.6.4 보험의 공정성과 예산선의 기울기

이제 예산선의 기울기가 어떻게 변화하는가에 대해 살펴보자. 이를 위해서는 보험회사의 기대이윤에 대해 살펴볼 필요가 있다. 화재가 발생할 경우, 보험료는 이미 받았지만 보험금을 지급해 주어야 한다. 반면에 화재가 발생하지 않을 경우에는, 보험금 지출은 없지만 여전히 보험료는 징수한 상태이다. 그러므로 보험회사의 기대이윤을 $\bar{\pi}$라 하면,

그림 23-15 **보험료율과 예산선의 회전**

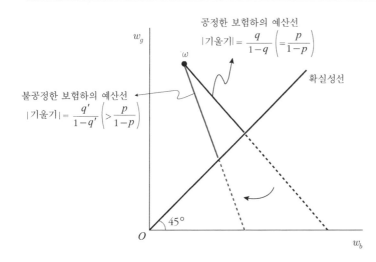

보험료율이 높아질 경우 예산선은 시계방향으로 회전한다. 보험료율이 높아질수록 회전 각도가 커진다.

$$\overline{\pi} = p(qB - B) + (1-p)qB \tag{23.34}$$

가 된다.

> ⚘ **공정한 보험**(fair insurance) 보험회사의 기대이윤이 0이 되도록 보험료율이 결정된 보험

(1) 보험이 공정하려면 $\overline{\pi} = 0$이 되어야 한다. 이 조건으로부터 $q = p$를 얻는다. 즉 보험이 공정하려면 보험료율 q는 화재가 발생할 확률 p와 같게 설정되어야 한다.

(2) 보험료율 q가 p보다 높게 설정되면 기대이윤은 양이 되므로 보험회사에게 유리해진다.

(3) 나아가서 q가 p보다 높게 설정될수록 보험회사에게 더욱 유리해진다. 보험료율 q가 높아지면 [그림 23-15]에서 예산선은 부존점 ω를 중심으로 시계방향으로 회전한다. 그리고 q가 높아질수록 회전 각도는 더욱 커진다. 그런데 이것은 다음과 같이 직관적으로도 설명될 수 있다. 보험료율이 높아진다는 것은 보험을 구입하는 데 더 많은 비용이 든다는 것을 의미한다. 그런데 이것은 w_b를 추가로 더 얻으려면 이전보다 더 많은 w_g를 포기해야 한다는 것을 의미한다. 이것은 또한 기울기가 급해진다는 것을 의미한다.

23.6.5 보험의 공정성과 보험 구입

이제 보험이 공정한가 아닌가에 따라 개인이 구입하는 보험의 크기가 어떻게 달라지는가를 살펴보자. 보험구입은 위험회피수단이므로 위험회피자의 경우만 분석하기로 한다.

(1) 보험이 공정할 경우($q = p$): 완전보험

보험이 공정할 경우에는 $q = p$이다. 그러므로 이것을 식 (23.33)에 대입하여 정리하면

$$MU(w_b^*) = MU(w_g^*)$$

가 성립한다. 그런데 이 결과는 보험이 공정할 경우 화재가 발생하거나 그렇지 않거나 한계효용이 같아지는 만큼 보험을 구입한다는 것을 의미한다.

한계효용은 체감한다는 사실을 감안할 때 이처럼 재산의 한계효용이 같으려면 w_b와 w_g가 같아야 한다. 그런데 이것은 보험금 B가 손실 L과 같아지는 만큼 보험을 구입한다는 것을 의미한다.[23] 즉 **완전보험**(complete insurance)을 구입한다는 것을 의미한다. 이러한 사실

은 식 (23.30)에서 두 식을 같게 놓아보면 알 수 있다.

> 보험이 공정할 경우, 위험회피자는 자신의 위험회피의 정도에 관계없이 완전보험을 구입
> 한다.

(1) 이때 [그림 23-16]에 있는 점 E_0가 보여주듯이 최적선택은 확실성선상에 놓이게 된
다. 이러한 결과는 직관적으로 볼 때 당연하다. 공정한 보험의 경우 예산선은 등기대치선과
같아진다. 한편 소비자는 예산선상의 점을 택하게 되는데 공정한 보험의 경우 예산선이 등
기대치선과 같으므로 예산선상의 점을 택한다는 것은 결국 등기대치선상의 점을 택하는 것
과 같다. 그런데 위험회피자는 기대치가 같을 경우 위험이 가장 적은 점을 택하므로 결국
공정한 보험의 경우 등기대치선상의 점들 중에서 확실성선상에 놓이는 점을 택하게 되는
것이다.

(2) 이때의 상황은 위험회피자가 공정한 내기를 대할 때의 상황과 같다. 이미 배웠듯이

그림 23-16 **보험의 공정성 여부와 보험금 규모**

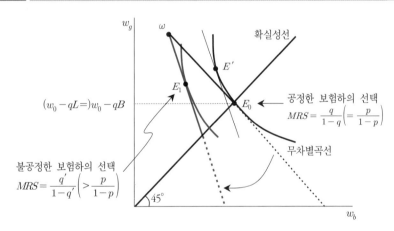

공정한 보험은 공정한 내기의 상황과 같다. 그 결과 위험회피자는 위험을 완전히 회피한다. 즉 완전보험을
구입한다. 보험이 공정하지 않을 경우 위험회피자는 어느 정도 위험을 감수한다. 즉 부분보험을 구입한다.

---

23 (1) 위험중립적일 경우에는 한계효용이 일정하기 때문에 (식 23.33)의 좌변에서 분자에 있는 $MU(w_b^*)$와 분
모에 있는 $MU(w_g^*)$는 서로 약분되어 없어진다. 따라서 이때 무차별곡선은 기울기가 $\dfrac{p}{1-p}$로 일정한 직선이
된다. (2) 보험이 공정할 때에는 p가 q와 같다. 이 두 가지 내용을 종합하면 위험에 대해 중립적인 사람에게 공정
한 보험이 주어질 경우 직선인 무차별곡선의 기울기가 예산선의 기울기와 같아짐을 알 수 있다. 이러한 사실은 위험
에 중립적인 사람은 공정한 보험에 대해서는 어느 만큼의 보험을 구입하든 무차별함을 의미한다.

위험회피자는 공정한 내기에 참여하지 않는다. 내기에 참여하지 않으면 어떠한 상황이 발생하더라도 자신에게 나타나는 결과는 같다. 다시 말하면 위험을 완전히 회피한 상태가 되는 것이다. 공정한 보험이 주어질 때 완전보험을 구입함으로써 위험을 완전히 회피하는 것은 바로 이러한 상황과 같다.

(2) 보험이 공정하지 않을 경우($q > p$): 부분보험

(1) 한편 보험이 공정하지 않다는 것은 보험료율 q가 화재가 발생할 확률 p보다 높게 설정된다는 것을 의미한다. p보다 낮게 설정될 경우 보험회사의 기대이윤이 음이 되어 보험회사가 시장에 남아 있을 수가 없다. 그러므로 보험이 공정하지 않을 경우 식 (23.33)으로부터

$$MU(w_b^*) > MU(w_g^*)$$

가 성립한다는 것을 알 수 있다. 그런데 위험회피자의 경우 재산이 증가할수록 한계효용은 체감한다. 그러므로 이 경우 위 식으로부터 $w_g^* > w_b^*$라는 사실을 알 수 있다. 이러한 결과는 보험금 B가 손실 L보다 적도록 보험을 구입한다는 것을 의미한다. 즉 **부분보험**을 구입한다는 것을 의미한다. 이것은 보험이 불공정할 때에는 위험회피자가 어느 정도 위험을 수용한다는 것을 의미한다. 이러한 결과는 각주 19에서처럼 예산선 기울기의 절대값과 $w_b = w_g$일 경우의 $MRS_{w_b w_g}$를 비교하는 방법을 통해 보여줄 수도 있다. 한편 $w_g^* > w_b^*$일 때 $B < L$이라는 사실은 문제 (23.30)의 두 식을 비교해 보아도 알 수 있다. 이러한 상황이 [그림23-16]에 E_1으로 나타나 있다.

(2) (i) 한편 이 결과는 보험이 공정할 경우와 비교하여 w_b의 상대가격이 높아져서 대체효과와 소득효과를 통해 그때보다 w_b의 수요량이 감소한 것으로 해석할 수 있다.[24] 대체효과는 E_0에서 E'로 이동함으로써 w_b가 감소한 것으로 나타나 있다. 소득효과는 예산집합이 작아져서 E'에서 E_1으로 이동함으로써 w_b가 감소한 것으로 나타나 있다. 소득효과를 볼 때 w_b는 정상재이다. (ii) 이 모형은 부존소득모형에서 w_b의 구매자에 해당하는데 7.1.7에서 정상재일 경우 구매자에게는 이처럼 대체효과와 소득효과가 같은 방향으로 나타난다고 했던 점을 상기하자. (iii) 물론 열등재일 경우에는 반대 방향으로 나타난다.

---

24 시각을 바꾸어 2개의 불공정한 보험을 비교할 경우 내기의 경우(각주 18 참조)와는 달리 w_b의 증감을 보고 보험금 B의 증감을 판단할 수 없다. $w_b = w_0 - L + (1-q)B$, 즉 $B = \dfrac{w_b - w_0 + L}{1-q}$ 이기 때문에 q가 커질 때 그로 인해 w_b가 감소하더라도 분모와 분자가 동시에 작아지므로 그것만으로는 B가 증가하는지 감소하는지 판단할 수 없다는 것이다. 물론 효용함수의 형태가 구체적으로 주어지면 각각의 값들을 모두 구해서 비교할 수 있다.

(3) 직관적으로 검토해 보자. 보험이 불공정할 경우 나쁜 상황이 발생할 때 보상을 받으려면 공정보험보다 보험료를 더 많이 내야 한다. 이 경우 보험이 공정할 때보다 보험 구입을 줄일 것이다. 즉 w_b의 구입을 줄일 것이다. 달리 말하면 w_b의 가격이 상승하여, 즉 위험을 피하는 데 드는 기회비용이 커져서 완전보험 대신 어느 정도의 위험을 감수한다는 것이다. 어느 정도의 위험을 감수한다는 측면에서(w_b 구입의 기회비용 측면에서도) 유리한 내기의 경우와 같은 상황이다.

(4) 물론 보험이 개인의 위험회피 성노에 비해 너무 불공정하면 위험회피시니도 보험을 아예 구입하지 않을 수도 있다. [그림 23 – 16]에서 예산선의 기울기가 더 급해져서 위험회피자가 w를 선택하는 경우가 이에 해당한다. 예산선과 무차별곡선을 그려서 확인해 보기 바란다. 현실에서 볼 때 자신이 위험회피자이지만 특정 보험의 보험료가 너무 비싸서 그 보험을 아예 구입하지 않겠다는 경우를 볼 수 있는데 이 경우가 그 예에 해당한다.

예제 23.6 **보험: 재산–효용평면분석과 상황조건부상품평면분석의 비교**

홍길동이 내기를 하고 있다. 이 내기에서 그가 이기면 150만원을 받고 지면 50만원을 받는다고 한다. 그런데 내기에서 그가 이길 확률과 질 확률은 각각 50%라고 한다. 한편 홍길동의 효용함수는 $U(w) = w^{\frac{1}{2}}$이라고 한다. 여기서 w는 재산을 나타낸다. 이때 홍길동이 내기에서 질 경우 100만원을 지급해 주는 보험을 구입하려고 한다.

a. 이 경우 공정한 보험료는 얼마인가?
b. 홍길동이 이 보험을 구입하기 위해 지불할 의향이 있는 최대 금액은 얼마인가?
c. 이때 얻은 결과를 상황조건부상품 평면에 그리고 설명하시오. 특히 위험프리미엄에 대해 설명하시오.

KEY 분석 결과를 재산–효용 평면에 나타낸 것과 상황조건부상품 평면에 나타낸 것을 비교해 보기로 하자.

풀이 [예제 23.2]와 구성이 같다. 여기서는 그때의 수식 번호를 이어쓴다. 그때 확실성 등가는 $w_c = 93.3$으로 구해지고 기대소득은 $E(X) = 100$으로 구해졌다. 그리고 위험프리미엄은 $R = 6.7$로 구해졌다.

a. 공정한 보험은 보험회사의 기대이윤이 0이 되는 보험이다. 보험료를 M이라고 하자. 이제 홍길동이 내기에 이길 경우 보험회사의 상황을 생각해 보자. 보험회사는 보험료 M을 받지만 보험금은 한푼도 지불해 줄 필요가 없다. 그러므로 이 경우 이윤은 $M - 0$이 된다. 홍길동이 내기에 질 경우에도 보험료는 받는다. 그러나 이 경우 보험료로 100을 지급해 주어야 한다. 그러므로 이윤은 $M - 100$이 된다. 그런데 홍길동이 내기에 이길 확률과 질 확률이 각각 50%이다. 그러므로 보험회사의 이윤을 π라고 하면 기대이윤은

$$E(\pi) = 0.5(M-0) + 0.5(M-100)$$

이 된다. 그런데 공정한 보험의 경우 이 값이 0이 되어야 한다. 즉 $E(\pi) = 0.5(M-0)$ $+ 0.5(M-100) = 0$이어야 한다. 그러므로 공정한 보험료는 $M = 50$이 된다.

b. 홍길동이 보험을 구입할 경우 그가 내기에 이기든 지든 보험료는 지불해야 한다. 그 대신 내기에 지면 50을 받지만 보험회사로부터 보험금 100을 받아 수중에는 150이 들어온다. 내기에 이기면 물론 150을 받지만 보험금은 받지 못한다. 결국 홍길동이 보험을 구입하면 내기에 이기든 지든 관계없이 150을 보장받는다. 그러므로 150에서 보험료(M)를 빼고 난 금액으로부터 얻는 효용인 $(\sqrt{150-\overline{M}})$이 보험을 구입하지 않았을 때의 기대효용인 $0.5\sqrt{150} + 0.5\sqrt{50}$과 같아지도록 만들어주는 보험료가 바로 그가 지불할 의향이 있는 최대 보험료가 된다. 따라서 최대 보험료를 $\overline{M}$이라고 하면

$$E[U(X)] = 0.5\sqrt{150} + 0.5\sqrt{50} = \sqrt{150-\overline{M}} \tag{7}$$

가 성립한다. 이로부터 $\overline{M}$를 구할 수 있다. 그런데 (4)와 (7)을 관찰해 보면 $\overline{M} = 150 - w_c$ (8)이 되는 것을 알 수 있다. 그러므로 $\overline{M} \approx 150 - 93.3 = 56.7$로 구해진다. 한편 이 값은 공정한 보험료 50에 위험프리미엄 6.7을 더한 값과 같다. 이 결과는 홍길동이 공정한 보험료보다 최대한 위험프리미엄에 해당하는 금액만큼을 더 지불하고 보험을 구입할 의향이 있다는 것을 말한다. 바꾸어 말하면 보험료가 공정한 보험료보다 위험프리미엄 이상 높지만 않다면 이 개인은 이러한 보험을 구입할 것임을 의미한다.

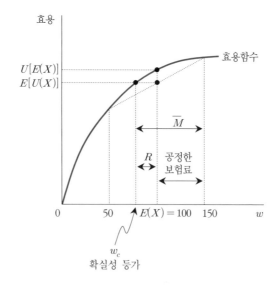

c. (ⅰ) 나쁜 상황에서의 재산을 w_b라고 하고 좋은 상황에서의 재산을 w_g라고 하자. 이때 상황조건부상품 평면에 그린 무차별곡선은 동일한 기대효용을 주는 상황조건부상품묶음들의 궤적을 나타낸다는 점에 주목하자. 한편 내기에서 이기면 150만원을 받고 내기에서 지면 50만원을 받는다고 하였다. 이러한 상황은 a점으로 나타난다. a점은 위험을 포함하고 있는데 이와 동일한 기대효용을 주면서 위험을 전혀 포함하고 있지 않은 점은 a점과 같은 무차별곡선상에 있으면서 확실성선상에 놓이는 b점으로 나타난다. 그러므로 b점에 대응하는 확실한 소득 w_r가 바로 확실성 등가이다.

(ⅱ) 이때 a점이 나타내는 기대치와 확실성 등가의 차가 바로 위험프리미엄이다. 그런데 a점과 c점은 같은 등기대치선상에 놓이므로 기대치가 같다(내기에서 이길 확률과 질 확률이 각각 50%라고 하였으므로 등기대치선의 기울기는 -1이 된다). 그러므로 위험프리미엄은 a점 대신 c점을 이용하여 말할 수도 있다. 다시 말하면 위험프리미엄은 c점이 나타내는 재산과 b점이 나타내는 재산의 차와 같다는 것이다.

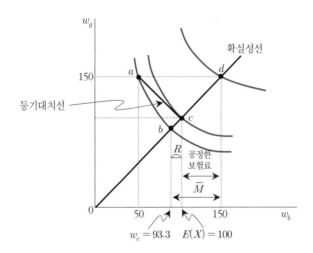

(ⅲ) 한편 내기에서 질 때 100만원을 지급해 주는 보험을 구입할 경우 그는 내기에서 이기든 지든 항상 150만원을 소유하게 된다. 그러므로 보험을 구입할 경우 상황조건부상품묶음은 d점으로 나타난다. 따라서 보험을 구입하기 위해 지불할 의향이 있는 최대금액은 보험을 구입했을 경우인 d점에 대응하는 소득과 보험을 구입하지 않았을 경우인 a점과 똑같은 기대효용을 주는 b점에 대응하는 소득의 차로 나타난다.

23.7 상황조건부상품시장의 불완전성과 시장실패

완전한 상황조건부상품시장이 존재하면 불확실성하에서도 경쟁시장균형은 파레토효율적이 된다. 이에 대해서는 23.1.3에서 살펴보았다. 그러나 문제는 현실적으로 상황조건부상품시장이 완전하지 못하다는 것이다. 그 결과 불확실성하에서는 경쟁시장균형이 효율적이지 못하다. 즉 시장이 실패하게 된다.

예를 들어 대표적인 상황조건부상품인 보험의 경우를 살펴보자. 보험시장은 각각의 상황에 맞는 상품을 공급한다. 예를 들어 화재보험의 경우 화재발생 여부나 그 정도에 따라 서로 다른 재산을 보장받을 수 있게 해 준다. 그러므로 보험시장은 상황조건부상품시장의 역할을 수행한다고 볼 수 있다. 그러나 보험시장은 완전한 상황조건부상품시장의 역할을 수행하지는 못한다. 그 이유를 살펴보자.

우선 보험시장이 완전하여 완전한 상황조건부상품시장의 역할을 수행하려면, 개인이 어떠한 보험도 구입할 수 있어야 한다. 그런데 현실은 그렇지 못하다. 예를 들어 사고가 발생할 경우 피해 금액 전체에 해당하는 금액을 보상해 주는 보험을 구입하려 한다고 하자. 그런데 일반적으로 보험회사들은 이러한 완전보험을 판매하지 않는다.

그렇다면 완전보험을 판매하지 않는 이유는 무엇일까? 그 이유는 이른바 **정보의 비대칭성** 때문이다. 말하자면 보험구입자가 보험회사보다 자신에 대한 정보를 더 많이 갖고 있기 때문이다. 예를 들어 화재를 예방하기 위해 얼마나 노력하는가에 대해서 보험회사보다는 보험구입자가 더 잘 알고 있기 때문이다. 이러한 상황에서 완전보험을 구입하면 화재가 발생하더라도 보험회사가 피해를 전액 보상해 주므로 완전보험 구입 후에는 보험구입자가 화재예방 노력을 게을리 하게 된다. 이러한 점 때문에 보험회사는 완전보험을 판매하지 않는다.

또 다른 문제가 있다. 보험회사는 보험구입자의 특성을 알지 못한다. 따라서 평균적인 화재확률에 근거해서 보험료율을 정할 경우, 자신의 화재확률이 평균화재확률보다 높은 사람들만 보험을 구입하려고 할 것이다. 이 경우 보험회사는 어려움에 봉착한다.

이러한 현상들은 바로 다음 장에서 배우게 될 **도덕적 해이**와 **역선택**에 해당된다. 비대칭 정보는 바로 이처럼 역선택이나 도덕적 해이라는 특수한 문제를 발생시킨다. 그 결과 시장이 실패한다.

결과적으로 볼 때 불확실성하에서도 상황조건부상품시장이 완전하면 시장이 실패하지 않는다. 그런데 현실적으로는 비대칭정보 때문에 완전한 상황조건부상품시장이 존재하지 않는다. 그 결과 시장이 실패한다. 이렇게 볼 때 불확실성으로 인해 시장이 실패하는 이유는 정보가 비대칭적이라는 사실과 밀접하게 연결되어 있다.

제24장

비대칭정보: 역선택·도덕적 해이

24.1 비대칭정보 | 24.2 역선택 | 24.3 신호발송: 역선택에 대한 대응 | 24.4 선별: 역선택에 대한 대응
24.5 도덕적 해이: 보험시장의 경우 | 24.6 본인–대리인문제 | 24.7 비대칭정보와 시장실패

MICROECONOMICS

　수입쇠고기인지 한우인지 반드시 원산지를 표시하게 하고 있다. 사고가 발생할 경우 피해액을 모두 보
상해 주는 보험은 판매하지 않는다. 기업에서는 보수나 승진 제도를 다양하게 마련하고 있다. 그 이유
가 무엇일까? 앞으로 알게 되겠지만 해답의 핵심은 정보가 비대칭적이라는 점에 있다. 즉 지금까지는
거래 당사자들이 지닌 정보의 양이 서로 같다는 것을 전제로 분석하였으나 이 질문에 답하려면 지금까
지와는 달리 거래 당사자들이 지닌 정보의 양이 다르다는 점을 고려해야 한다는 것이다.
　이번 장에서는 이와 관련하여 역선택과 도덕적 해이에 대해 분석할 것이다. 나아가서 역선택과 도덕적
해이에 대한 각 경제주체들의 대응책에 대해서도 분석한다. 이 과정에서 역선택과 도덕적 해이가 시장
실패를 유발하는 이유에 대해 검토한다. 이어서 본인–대리인문제와 관련하여 유인계약 고안 및 평가에
대해서 분석한다. 끝으로 비대칭정보가 시장실패를 유발한다는 점을 강조한다.
　불완전경쟁하의 자원배분의 비효율에 대해 알기 위해 완전경쟁의 결과와 비교하였다. 같은 원리로 비
대칭정보하의 자원배분의 비효율에 대해 알기 위해 완전정보의 결과와 비교할 것이다.

무엇을 공부할 것인가

1. 비대칭정보란 무엇인가? 비대칭정보 때문에 나타나는 경제현상과 그 대응은 어떠한가?

2. 역선택이란 무엇인가? 그 유형에는 어떠한 것들이 있는가?

3. 보험시장에서 나타나는 역선택은 어떠한가? 중고차시장에서 나타나는 역선택은 어떠한가?

4. 역선택이 시장실패를 유발하는 이유는 무엇인가? 이에 대한 정부의 대책은 어떠한가?

5. 역선택에 대한 대응으로서 신호발송의 기능은 어떠한가?

6. 역선택에 대한 대응으로서 선별의 기능은 어떠한가?

7. 선별기구가 만족시켜야 할 제약조건들은 무엇인가?

8. 도덕적 해이란 무엇인가? 시장이 실패하는 이유는 무엇인가? 그 대책은 어떠한가?

9. 본인-대리인문제란 무엇인가? 그 특성은 어떠한가?

10. 유인계약을 고안할 때 고려해야 할 사항은 무엇인가?

11. 유인제공과 위험분담이라는 측면에서 각종 유인제도들은 각각 어떻게 평가할 수 있는가?

12. 완전정보일 경우 최적위험분담은 어떠한가?

13. 최적유인계약은 수식과 그래프로는 어떻게 도출되는가?

14. 비대칭정보가 시장실패를 유발하는 이유는 무엇인가?

 **비대칭정보**

24.1.1 비대칭정보의 개념

정보와 관련한 중요한 특성 중의 하나는 거래 당사자들이 서로 다른 양의 정보를 가지고 있다는 점이다. 예컨대 일반적으로 보험회사보다는 보험구입자가 자신의 상황에 대해 더 잘 알고 있다. 상품의 품질은 소비자보다는 그 상품을 실제 만들어 파는 생산자가 더 잘 알고 있다. 또한 노동자가 최선을 다해 일하는지를 기업은 모르지만 노동자 자신은 알고 있다. 이와 관련하여 비대칭정보의 개념을 정립해 두자.

 비대칭정보(asymmetric information) 거래 당사자들 사이에 주어진 정보의 양이 다를 경우의 정보

24.1.2 비대칭정보의 유형

우리의 관심을 끄는 비대칭정보는 크게 두 가지 유형으로 분류할 수 있다.

(1) 감추어진 특성

자동차보험의 경우 보험회사는 운전자가 사고를 낼 가능성이 낮은 사람인지 높은 사람인지를 알 수 없다. 의료보험의 경우 보험회사가 보험구입자의 건강 상태를 자세히 알지 못한다. 이처럼 보험회사가 보험구입자의 특성에 대해 잘 알지 못하는 현상은 비단 이 보험들에만 국한되는 것이 아니다. 모든 보험에 공통적으로 나타나는 현상이다. 나아가서 이것은 비단 보험뿐만 아니라 거래 상대방의 특성이나 상품의 특성을 관찰할 수 없을 경우에는 어떤 경우에든 적용된다. 예를 들어 소비자가 상품의 품질이 좋은 것인지 아닌지를 자세히 알 수 없는 것도 여기에 포함된다.

 감추어진 특성(hidden characteristics) 관찰할 수 없는, 거래 상대방의 특성이나 상품의 특성

(2) 감추어진 행위

예컨대 화재보험을 구입한 사람은 화재가 발생하여 재산이 소실되더라도 보험회사로부터 보험금을 지급받는다. 그러므로 보험을 구입하기 이전보다는 화재예방에 주의를 덜 기울인다. 도난보험을 구입한 사람은 도난 방지에 최선을 다하지 않는다. 물론 이러한 현상도

화재보험이나 도난보험의 경우뿐만 아니라 의료보험, 자동차보험 등 모든 보험에 공통적으로 나타난다.

나아가서 이러한 현상은 비단 보험뿐만 아니라 거래 상대방의 행위를 관찰할 수 없을 경우에는 어떤 경우에든 나타날 수 있다. 예컨대 고용주는 근로자가 최선을 다해 일하는지를 알 수 없다. 이 경우 근로자는 열심히 일하는 척하면서 속으로는 딴전을 피울 수 있다.

> 🌱 **감추어진 행위**(hidden action) 관찰할 수 없는, 거래 상대방의 행위

24.1.3 정보의 비대칭성 때문에 나타나는 경제현상과 그 대응

이러한 정보의 비대칭성은 앞으로 논의할 **역선택**이나 **도덕적 해이** 등 여러 가지 특이한 경제현상을 유발한다. 구체적으로 볼 때 감추어진 특성은 역선택을 유발하며 감추어진 행위는 도덕적 해이를 유발한다. 이러한 경제현상들이 나타나는 이유는 정보를 가진 측이 정보를 가지고 있다는 우월적 지위를 활용하기 때문이다. 실제로 정보가 비대칭적으로 분포되어 있을 경우에는 정보를 가진 측의 선택이나 행위가 정보를 지니지 않은 측의 입장에서 볼 때에는 바람직하지 않게 나타난다. 또한 바로 이러한 사실이 자원을 비효율적으로 배분되게 한다. 앞으로 그 이유를 살펴볼 것이다.

아울러 우리는 실생활에서 이 같은 정보의 비대칭성 때문에 입을지도 모르는 피해를 방지하기 위해 나름대로 노력하는 광경도 목격한다.

(1) 감추어진 특성의 경우를 보자. 이 경우 (i) 품질이 우수한 상품을 판매하는 사람은 자신의 상품이 혹시나 나쁜 것으로 오해되어 제 값을 받지 못하게 될 것을 우려한다. 그리하여 광고나 기타 방법을 통해 자신의 상품이 우수하다는 것을 알리려고 애쓴다. 같은 이유로 노동자는 자신이 판매하려는 노동이 우수하다는 것을 알리려고 애쓴다. 이것은 뒤에 다루게 될 **신호발송** 행위로 나타난다. (ii) 반면에 정보를 지니지 않은 측은 정보를 지니지 않았다는 열등적 지위 때문에 피해를 보지 않기 위해 정보를 얻으려고 애쓴다. 이것은 뒤에 논의할 **선별** 행위로 나타난다.

(2) 감추어진 행위의 경우를 보자. 어떤 보험이든 사고가 발생할 경우 그 비용의 일부를 보험구입자가 부담하도록 하고 있다. 이것은 도덕적 해이를 막기 위한 것이다. 나아가서 보수를 고안할 때 상대방으로 하여금 내가 원하는 대로 행동해 주기를 바라는 마음에서 여러 가지 묘안을 짜내기도 한다. 이것은 뒤에 논의할 **유인보수**를 고안하는 것으로 나타난다.

24.2 역 선 택

24.2.1 역선택의 개념

역선택은 정보의 비대칭성 때문에 나타날 수 있는 특이한 경제현상 중의 하나이다.

 역선택(adverse selection) 정보를 지닌 측의 선택이 정보를 지니지 않은 측의 입장에서 볼 때에는 불리한 선택이 되는 현상

예를 들어 보험시장에서 **역선택**은 개인들은 자신의 위험을 알고 있지만 보험회사는 이를 알지 못하기 때문에 발생한다. 사고 위험이 높은 사람에게는 더 높은 보험료를 받아야하지만 보험회사로서는 어떤 개인이 사고 위험이 높은 사람인지 알지 못한다. 그리하여 누구에게나 똑같은 보험료를 부과할 경우 사고 위험이 높은 사람들만 보험을 구입하게 된다. 결국 보험회사 입장에서 볼 때에는 불리한 사람들만 보험을 구입하게 된다. 즉 역선택이 발생한다.

역선택은 이처럼 소비자의 특성이나 상품의 특성을 관찰할 수 없기 때문에 발생한다. 이러한 측면에서 역선택은 앞에서 배운 **감추어진 특성의 문제**라고 부른다. 여기서 특히 강조하고 싶은 것이 있다. 역선택이 발생하는 이유는 정보의 양이 많으냐 적으냐가 아니고 정보가 비대칭적으로 분포되어 있기 때문이라는 것이다.

24.2.2 역선택의 유형

(1) 수요자가 더 많은 정보를 가지고 있는 유형

보험시장에서는 구매자가 자신의 특성에 대해 판매자보다 더 잘 알고 있기 때문에 역선택이 발생한다. 그런데 이처럼 구매자가 자신의 특성에 대해 판매자보다 더 잘 알고 있을 경우에는 보험시장뿐만 아니라 다른 어느 시장에서도 역선택이 발생한다.

예를 들어 대출시장을 생각해 보자. 대출시장에 자금 사정이 좋은 사람들과 그렇지 않은 사람들이 섞여 있다고 하자. 이 경우 은행이 대출을 하려 할 때 직면하는 문제에 대해서 생각해 보자. 은행은 부도를 낼 위험이 높은 사람에게는 높은 이자율을 적용하고 싶을 것이다. 부도를 낼 경우 은행이 입게 될 손실을 감안하려는 것이다. 그러나 은행으로서는 누가 부도를 낼 위험이 높은 사람인지를 일일이 구분할 방법이 없다. 여기에 그 어려움이 있다. 이 때문에 모든 사람들에게 평균이자율을 적용할 수밖에 없게 된다. 이 경우 자금 사정이

좋은 사람은 이자율이 높다고 생각하여 대출을 받지 않는다. 반면에 자금 사정이 좋지 않아 어차피 이판사판인 사람을 생각해 보자. 그는 부도를 내는 한이 있더라도 대출을 받으려 한다. 결국 은행에는 자금 사정이 좋지 않아 부도를 낼 위험이 높은 사람만 몰려든다. 즉 역선택이 발생한다. 이 경우 손실을 고려하여 이자율을 높일 경우 사정은 점점 더 악화된다. 이때 은행은 이자율을 높이는 대신 대출에 상응하여 적절한 담보를 요구하거나, 신용 할당 등을 통해 역선택에 대처하게 된다.[1]

(2) 공급자가 더 많은 정보를 가지고 있는 유형

수요자보다 공급자가 정보를 더 많이 가지고 있을 경우에도 역선택이 발생한다. 한우쇠고기와 수입쇠고기, 국산김치와 수입김치 등 그 예도 수없이 많다. 공급자는 알고 있지만 수요자는 둘을 구분하기가 어렵다. 쇠고기를 예로 생각해 보자. 수요자는 한우쇠고기인지 수입쇠고기인지를 분간할 수 없으므로 그 둘의 평균가격을 지불하려고 할 것이다. 이 경우 판매자 입장에서는 한우를 팔아서는 수지를 맞추지 못한다. 그러므로 슬쩍 수입쇠고기를 한우로 둔갑시켜 팔려고 할 것이다. 이 경우 판매자의 선택이 소비자 입장에서 볼 때에는 불리한 선택이 되고 있다. 즉 역선택이 발생한 것이다.

또한 앞으로 보게 되듯이 중고자동차 시장에서도 이와 유사한 현상이 발생한다. 판매자들은 자신의 자동차에 대해 수요자들보다 더 잘 알고 있다. 이 때문에 역선택이 발생한다.

또 다른 예로서 노동시장을 검토해 보자. 노동시장에서는 노동 공급자가 자신이 공급하는 노동의 질에 대해 수요자인 기업보다 잘 알고 있다. 이 때문에 역선택이 발생할 수 있다. 이에 대해 살펴보자. 기업은 노동의 질을 알 수 없다. 그리하여 모든 사람들에게 노동의 질에 관계없이 똑같은 평균적인 임금을 지급한다고 하자. 이 경우 그 임금보다 생산성이 높은 노동자는 이 기업에 지원하지 않는다. 결과적으로 이 기업이 제시하는 평균임금보다 생산성이 낮은 노동자들만 모여들게 된다. 즉 역선택이 발생하는 것이다.

24.2.3 보험시장에서의 역선택[2]

역선택의 개념을 보다 명확히 이해하기 위해 자동차보험을 예로 들어 보험시장에서 역선택이 어떻게 발생하는가에 대해 살펴보자. 운전자들 중에 자동차 사고를 낼 위험이 높은

---

1 Stiglitz, J. and Weiss, A., "Credit rationing in Markets with Imperfect Information," *American Economic Review*, 1981.

2 앞으로의 내용은 23장에서의 보험에 대한 논의를 알고 있다는 전제하에 전개될 것이다.

사람들의 수와 낮은 사람들의 수가 서로 같다고 하자. 위험이 높은 사람이 사고를 낼 확률 p_H는 당연히 위험이 낮은 사람이 사고를 낼 확률 p_L보다 높다. 그러나 일단 사고가 발생하면 사고비용은 같다고 하자. 그리고 운전자들은 모두 위험회피자이며 자신들의 위험을 알고 있다고 하자.

(1) 이러한 상황에서 보험회사가 운전자들의 위험을 구분할 수 있어서 각자에게 공정한 보험을 판매한다면 운전자들이 위험회피자이므로 각자 완전보험을 구입할 것이다. 즉 [그림 24-1]에서 위험이 낮은 운전자는 R점을 선택하며 위험이 높은 운전자는 S점을 선택할 것이다.

(2) 그러나 현실적으로 보험회사는 어느 운전자가 사고를 낼 위험이 높은 운전자인지 어느 운전자가 사고를 낼 위험이 낮은 운전자인지를 구별해 낼 수가 없다. 그래서 보험회사는 시장의 평균사고율에 근거하여 보험료율을 정한 후 보험을 판매할 수밖에 없다고 하자. 이 경우의 예산선은 그림의 가운데에 있는 선분으로서 '평균확률에 근거한 예산선'으로 표시되어 있다. 그렇다면 어떠한 결과가 예상되는가? (i) 이때 사고를 낼 확률이 낮은 소비자들은 E_L이 보여주듯이 완전보험을 구입하지 않는다. 이들에게는 평균사고율에 근거한 보험료가 자신들의 기대사고비용보다 크기 때문이다. 즉 보험이 자신들에게는 불리할 것이기 때문이다.[3] (iii) 이와는 반대로 사고를 낼 위험이 높은 사람들은 E_H가 보여주듯이 완전보험을 구입한다.[4, 5] 보험이 자신들에게는 유리할 것이기 때문이다.

(3) 이처럼 보험료율이 평균사고율에 근거하여 정해질 경우 보험회사의 이윤에 대해 생각해 보자. 이 경우에는 앞에서 보았듯이 사고를 낼 위험이 높은 사람들은 완전보험을 구입한다. 그러나 사고를 낼 위험이 낮은 사람들은 부분보험을 구입한다. 이때 보험회사는 손실

---

3 사고를 낼 확률이 낮은 사람의 입장에서 볼 때 평균사고율에 근거한 보험이란 자신이 사고를 낼 확률에 근거한 보험에 비해 w_b의 가격이 높아진 것을 의미한다. 이때 운전자는 w_b의 구매자이므로 w_b가 정상재일 경우 대체효과와 소득효과가 모두 w_b의 수요량을 줄이는 방향으로 나타난다(7.1.7 참조). 즉 사고를 낼 확률이 낮은 사람은 w_b의 수요량을 줄인다. 즉 부분보험을 구입하게 된다.

4 사고를 낼 확률이 높은 사람의 입장에서 볼 때 평균사고율에 근거한 보험이란 자신이 사고를 낼 확률에 근거한 보험에 비해 w_b의 가격이 낮아진 것을 의미한다. 이때 운전자는 w_b의 구매자이므로 w_b가 정상재일 경우 대체효과와 소득효과가 모두 w_b의 수요량을 늘리는 방향으로 나타난다(7.1.7 참조). 즉 사고를 낼 확률이 높은 사람은 w_b의 수요량을 늘린다. 현실에서는 일반적으로 완전보험을 초과하는 수준의 보험은 판매되지 않는다. 그러나 만일 그러한 보험이 판매된다면 위험이 높은 사람은 [그림 24-1]의 E_H'가 보여주는 바와 같이 그러한 보험을 구입할 것이다.

5 이와 같이 위험이 낮은 사람과 높은 사람이 w_b와 w_g에 대해 동일한 교환 비율에 직면한다면, 위험이 높은 사람의 w_b에 대한 수요량이 더 크다는 것은 직관적으로도 당연하다. 즉 같은 예산선에 직면한다면 위험이 높은 사람이 더 많은 보험을 구입한다는 것은 당연하다는 것이다. 또한 무차별곡선의 모양과 관련하여 보면, 이러한 결과는 임의의 주어진 w_b의 값에서 평가해 볼 때 위험이 높은 사람의 한계대체율이 더 크다는 사실과 일맥상통한다. 다시 말해서 w_b 추가 한 단위를 더 얻기 위해 위험이 높은 사람이 위험이 낮은 사람보다 w_g를 더 많이 포기할 의향이 있다.

을 입게 된다. 그 이유를 살펴보자. 현재 우리는 보험료율이 평균사고율에 근거하여 정해진 경우를 생각하고 있다. 이 경우에는 위험이 낮은 사람이 보험을 구입하는 것은 보험회사에 게 이윤을 가져다 준다. 반면에 위험이 높은 사람이 보험을 구입하는 것은 보험회사에게 손 실을 입힌다. 그런데 현재 위험이 높은 사람이 규모가 더 큰 보험을 구입하고 있다. 바로 이 때문에 보험회사는 결국 손실을 입는다는 것이다.

(4) 이 경우 보험회사는 손실로 인한 파산을 면하기 위해서 보험료율을 인상한다. 그러 면 이러한 보험은 위험이 낮은 사람에게는 이전보다 더 매력이 없어진다. 따라서 그들은 보 험구입을 더 줄인다. 이것은 다시 보험회사의 기대이윤을 감소시키기 때문에 보험회사는 보험료율을 더 올릴 수밖에 없게 된다. 이러한 상황이 반복되면 마침내 위험이 가장 높은 사람들만 보험을 구입하게 된다. 결과적으로 보험회사 입장에서 볼 때에는 바람직하지 않 은 현상이 발생한 것이다. 즉 역선택 현상이 발생한 것이다. 자원배분 측면에서 본다면 위 험이 가장 높은 사람들만 보험을 구입하게 되어 결국 시장이 실패한 것이다.

한편 이러한 역선택이 발생하는 것을 막기 위해 보험회사는 보험구입자가 자기선택을 하도록 유도한다. 이에 대해서는 앞으로 검토할 것이다.[6]

그림 24-1 **역선택: 보험료율이 평균사고율에 근거할 경우**

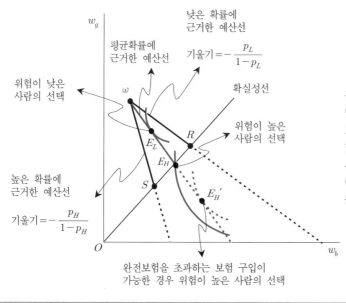

평균확률에 근거한 보험은 위험이 낮은 사람에게는 '불리한' 보험이 고 위험이 높은 사람에게는 '유리 한' 보험이다. 그 결과 위험이 낮은 사람은 부분보험을 구입하고 위험 이 높은 사람은 완전보험을 구입하 는 역선택 현상이 발생한다.

---

6 Rothschild, M. and Stiglitz, J., "Equilibrium in competitive insurance markets: An essay on the economics of imperfect information," *Quarterly Journal of Economics*, 1976.

24.2.4 중고차시장에서의 역선택

애컬로프(G. Akerlof)가 분석한 유명한 중고차 시장의 예에 대해 살펴보기로 하자.[7] 중고차 시장에는 겉으로는 멀쩡해 보여도 속으로 골병이 든 자동차도 있고 실제로 겉과 속이 모두 괜찮은 질이 좋은 자동차도 있다. 애컬로프의 논문에서는 전자를 레몬(a lemon), 후자를 좋은 차(a good car)라고 불렀다. 일상에서도 전자와 같이 겉 다르고 속 다른 품질 낮은 상품을 레몬이라고 부르는 경우가 많다. 이 경우 후자와 같은 알짜를 프럼(plum)이라고 한다. 여기서는 편의상 전자를 가짜라고 하고 후자를 진짜라고 부르자. 일반적으로 진짜를 팔려는 사람은 높은 가격을 받고 싶어하며 가짜를 팔려는 사람은 낮은 가격을 받아도 좋다고 생각할 것이다. 물론 중고차를 사려는 사람도 진짜에는 더 높은 가격을 지불할 의향이 있다. 그러나 어느 차가 진짜인지 어느 차가 가짜인지를 구별할 수 없다는 데에 문제가 있다. 이 경우 구매자가 직면하는 상황은 마치 보험료율을 정해야 하는 보험회사가 직면하는 상황과 흡사하다. 그리하여 결국 그가 자동차를 구입할 때에는 진짜의 가격과 가짜의 가격을 평균한 값을 지불하려고 할 것이다.

그런데 문제는 여기서 끝나지 않는다. 이러한 상황에서는 진짜를 팔려는 사람은 자신이 받으려는 가격보다 더 낮은 가격을 받을 수밖에 없다. 따라서 이 사람은 자동차를 팔려고 하지 않는다. 반면에 평균가격은 가짜를 팔려는 사람이 받고자 하는 금액보다 높다. 그러므로 가짜를 팔려고 하는 사람은 이 가격에 자신의 자동차를 팔려고 한다. 그런데 재미있는 사실은 자동차를 사려는 사람들도 이러한 사실을 알고 있다는 점이다. 즉 자동차를 사려는 사람은 자신이 사게 될 자동차가 나쁜 자동차일 것으로 생각하게 된다는 것이다. 그 결과 낮은 가격을 지불하려고 한다는 것이다. 그 결과 중고차 시장에는 모두 가짜만 나돌게 된다. 중고차 시장의 경우 진짜를 팔고 싶어하는 사람도 있고 사고 싶어하는 사람도 있다. 그렇지만 역선택 때문에 진짜에 대한 거래가 이루어지지 않는다. 이러한 측면에서 시장이 실패한다고 보는 것이다.

만일 정보가 대칭적이어서 진짜도 거래되었더라면 진짜를 거래한 당사자들이 함께 나아진다. 말하자면 현재보다 파레토개선이 이루어질 수 있는 여지가 있다. 그런데 정보비대칭으로 인해 파레토개선이 이루어지지 못하고 비효율이 발생한 것이다. 결국 정보비대칭 때문에 시장이 실패한 것이다.

---

7 Akerlof, G., "The Market for Lemons: Quality uncertainty and the market mechanism," *Quarterly Journal of Economics*, 1970.

예제 24.1 역선택: 중고자동차시장의 경우

위험에 대해 중립적인 사람들이 자동차를 사고 파는 중고자동차시장을 생각해 보자. 자동차를 사려는 사람은 품질이 좋은 자동차일 경우 H의 가격을 낼 의향이 있고, 품질이 나쁜 자동차일 경우 L의 가격을 낼 의향이 있다고 한다. 한편 좋은 자동차를 팔려는 사람은 h의 가격을 받으려고 하고, 나쁜 자동차를 팔려는 사람은 l의 가격을 받으려고 한다. 이때 $H > h$이고 $L > l$이라고 한다. 또한 $H > L$이고 $h > l$이다. 중고자동차시장에 있는 자동차들 중에서 품질이 좋은 자동차가 차지하는 비율은 β이고 나쁜 자동차가 차지하는 비율은 $1 - \beta$라고 한다. 그런데 이 비율은 구매자들과 판매자들에게 알려져 있다고 하자.

a. 모든 자동차가 거래될 조건을 말하시오.

b. 나쁜 자동차만 거래될 조건을 말하시오.

c. 어떤 자동차도 거래되지 않을 조건을 말하시오.

자동차를 판매할 때 판매자에게 c의 거래비용이 발생한다고 하자. 이 경우

d. 모든 자동차가 거래될 조건을 말하시오.

e. 나쁜 자동차만 거래될 조건을 말하시오.

f. 어떤 자동차도 거래되지 않을 조건을 말하시오.

KEY 정보가 비대칭적일 경우에는 역선택이 발생한다.

풀이 모두 위험중립적이므로 기대효용이 아니라 기대치에 근거하여 의사결정을 한다.

구매자는 자신이 구입하는 자동차가 좋은 자동차일 확률이 β인 것을 알고 있다. 그러므로 H와 L의 가중평균인

$$p = \beta H + (1 - \beta) L$$

의 가격을 지불하려고 한다. 이 값이 자동차를 팔려는 사람들이 받으려는 가격보다 높을 경우 해당 자동차는 거래된다.

a. (1) $p \geq h$일 경우: 좋은 자동차가 거래된다.

(2) $p \geq l$일 경우: 나쁜 자동차가 거래된다.

(1)과 (2)가 모두 성립할 경우 좋은 자동차와 나쁜 자동차가 모두 거래된다. 그런데 $p \geq h$일 경우 $p \geq l$일 것이므로 종합적으로 볼 때 $p \geq h$이면 모든 자동차가 거래된다.

b. (1) $p < h$일 경우: 좋은 자동차가 거래되지 않는다.

(2) $p \geq l$일 경우: 나쁜 자동차가 거래된다.

(1)과 (2)가 모두 성립할 경우 나쁜 자동차만 거래된다. 그러므로 $l \leq p < h$일 경우 나쁜 자동차만 거래된다. 여기서 p는 H와 L의 가중평균이므로 $p \geq L$이다. 그런데 문제에서 $L > l$이라고 주어졌다. 따라서 $p > l$이다. 그러므로 $p \geq l$은 항상 성립한다(따라서 나쁜 자동차는 항상 거래된다. 수학에서 기호 $\geq$는 $>$ 또는 $=$가 성립함을 의미한다는 점에 주목하자). 종합적으로 볼 때 $p < h$일 경우에는 좋은 자동차는 거래되지 않고 나쁜 자동차

만 거래된다. 즉 역선택 현상이 발생한다.

  c. (1) $p < h$일 경우: 좋은 자동차가 거래되지 않는다.

     (2) $p < l$일 경우: 나쁜 자동차가 거래되지 않는다.

     (1)과 (2)가 모두 성립할 경우 어떤 자동차도 거래되지 않는다. 그런데 문항 b.에서 보듯이 항상 $p \geq l$이 성립하므로 (2)가 성립할 수 없다. 그러므로 어떤 자동차도 거래되지 않을 조건은 존재하지 않는다.

  d. (1) $p \geq h + c$일 경우: 좋은 자동차가 거래된다.

     (2) $p \geq l + c$일 경우: 나쁜 자동차가 거래된다.

     (1)과 (2)가 모두 성립할 경우 좋은 자동차와 나쁜 자동차가 모두 거래된다. 그런데 $h > l$이므로 $p \geq h + c$이면 $p > l + c$이고 따라서 $p \geq l + c$가 성립한다(수학 기호 상기!). 종합적으로 볼 때 $p \geq h + c$이면 모든 자동차가 거래된다.

  e. (1) $p < h + c$일 경우: 좋은 자동차가 거래되지 않는다.

     (2) $p \geq l + c$일 경우: 나쁜 자동차가 거래된다.

     (1)과 (2)가 모두 성립할 경우 나쁜 자동차만 거래된다. 종합적으로 볼 때 $l + c \leq p < h + c$일 경우에는 좋은 자동차는 거래되지 않고 나쁜 자동차만 거래된다. 즉 역선택 현상이 발생한다.

  f. (1) $p < h + c$일 경우: 좋은 자동차가 거래되지 않는다.

     (2) $p < l + c$일 경우: 나쁜 자동차가 거래되지 않는다.

     (1)과 (2)가 모두 성립할 경우 어떤 자동차도 거래되지 않는다. 그런데 $p < l + c$일 경우에는 당연히 $p < h + c$가 성립한다. 종합적으로 볼 때 $p < l + c$일 경우 어떤 자동차도 거래되지 않는다.

     한편 문항 b의 풀이에서 보듯이 거래비용이 없을 경우에는 나쁜 자동차는 항상 거래된다. 그러나 거래비용 c가 존재하며 그 값이 $p < l + c$가 성립할 정도로 클 경우에는 나쁜 자동차도 거래되지 않는다는 점에 주목하자.

24.2.5 역선택과 시장실패

    정보가 비대칭적이어서 역선택이 발생할 경우에는 보험시장에서 위험이 높은 사람만 자신의 위험을 완전히 회피할 수 있다. 반면에 위험이 낮은 사람은 그렇지 못하다. 또한 중고자동차시장의 경우 오로지 나쁜 자동차만 거래된다.

    이제 이러한 결과들을 효율의 관점에서 평가해 보기로 하자. 이를 위해 지금까지와는 달리 정보가 완전하다고 하자. 이 경우 보험회사는 보험구입자들을 정확히 구분할 수 있으며 따라서 각 개인에게 그의 위험에 상응하는 보험료율을 적용하여 보험을 판매할 수 있다. 이때 보험이 공정할 경우 개인들은 완전보험을 구입하여 위험을 완전히 회피할 것이다. 또

한 정보가 완전하다면 자동차시장의 경우에도 나쁜 자동차뿐만 아니라 좋은 자동차도 거래
될 것이다. 이처럼 정보가 비대칭일 경우 이루어지지 못했던 거래들이 이루어지면 새로운
거래당사자들이 이전보다 모두 함께 더 나아진다. 즉 파레토개선이 이루어진다. 그러므로
파레토효율의 정의에 비추어 볼 때 정보비대칭 때문에 특정 상품들이 거래되지 못하는 상
태는 분명히 파레토비효율적이다. 요약해서 말하면 정보가 비대칭적일 경우 이처럼 역선택
이 발생하고 그 결과 경쟁시장균형이 비효율적이 된다. 즉 시장이 실패한다. 그런데 이러한
현상은 보험시장이나 중고자동차시장뿐만 아니라 금융시장, 노동시장, 상품시장 등 경제의
어느 분야에서든 나타날 수 있다.

24.2.6 역선택에 대한 정부의 대책

역선택을 제거하기 위해 법으로 강제하는 경우가 있다. 이 경우에는 역선택이 완전히
제거된다. 예를 들면 전 국민이 의료보험을 의무적으로 구입하도록 법으로 정하는 것이다.
그리하여 건강이 나쁜 사람만 의료보험을 구입하게 되는 경향을 막는 것이다. 또는 모든 운전
자로 하여금 상대에게 입힌 피해를 보상해 주는 책임보험을 구입하도록 법으로 강제하는 것
이다. 그리하여 사고를 낼 위험이 높은 사람만 자동차보험을 구입하는 경향을 막는 것이다.
그렇다고 해서 이러한 조치를 통해 파레토효율이 달성되는 것은 아니다. 완전정보였다면
각 개인이 구입했을 최적보험을 구입하게 된 상태가 아니기 때문이다.

한편 역선택은 소비자들이나 기업들이 생산물이나 생산요소에 대해 가지고 있는 정보가
불완전하기 때문에 발생한다고도 볼 수 있다. 그런데 정보는 어느 한 사람이 추가로 소비하
더라도 다른 사람들의 소비를 감소시키지 않는다. 그리고 **정보가** 일단 노출되면 그 소비로부
터 누구를 배제시키는 것이 어렵다. 이러한 측면에서 정보는 **공공재의** 성격을 지니고 있다.
그러므로 정보도 시장기능에 맡겨 두면 다른 공공재처럼 효율적인 양보다 적게 공급된다.
이 같은 측면에서 정보를 공급하는 데에는 정부가 개입할 여지가 있다. 예를 들어 식품이나
의약품 등에 그 성분이나 함량을 의무적으로 표시하도록 하는 것도 그 예이다. 또는 일정한
교육을 마친 사람들에게 학위나 졸업장을 수여하거나 자격증을 수여하는 제도도 그 예이다.

24.3 신호발송: 역선택에 대한 대응

역선택에 직면하여 자신의 상품이나 노동의 질이 우수하다고 생각하는 공급자는 광고,
보증, 또는 기타 다른 방법 등을 통해 그 우수성을 알리려고 애쓸 것이다. 이러한 행위는 신

호발송으로 나타난다. 이때 신호는 감추어진 특성을 알리려는 지표를 말한다.

> 🏭 **신호발송**(signaling) 비대칭정보 상황에서 자신의 상품이나 노동에 대해 그 특성이나 품질이 우수하다고 생각하는 측, 즉 정보가 있는 측에서 상대방에게 그 우수성을 알리려는 행위

24.3.1 신호의 특성

중고차 시장의 예에서, 중고차를 팔려는 사람은 그 자동차의 품질에 대해서 잘 알고 있다. 그러나 이 자동차를 사려는 사람은 그 품질을 잘 알지 못한다. 이처럼 정보가 비대칭적이라는 사실이 역선택을 유발하여, 진짜가 거래되지 않는 상황을 초래한 것이다. 이러한 상황에 직면하여 진짜를 팔려는 사람은 자신의 자동차가 진짜라는 사실을 구매자에게 알리려고 애쓸 것이다. 그래야만 그에 합당한 가격을 받을 수 있기 때문이다. 이때 보증을 통해 자신의 중고차가 진짜라는 신호(signal)를 보내는 방법을 생각해 볼 수 있다. 보증이 신호로서 효력을 발휘하려면 진짜를 팔려는 사람은 가짜를 팔려는 사람이 도저히 따라올 수 없을 정도의 보증을 해야 한다.

이러한 측면에서 일반적으로 신호는 다음과 같은 특성을 지닌다.

(1) 신호를 보내려면 비용이 든다.
(2) 똑같은 신호를 보내려면 열등한 측에서 비용이 더 많이 든다.
(3) 우수한 측에서는 열등한 측에서 따라 하지 못할 수준의 신호를 보내야 한다.

예제 24.2 신호발송 - 보증

중고자동차시장에 중고자동차를 사려는 사람도 많고 팔려는 사람도 많다고 하자. 그런데 중고자동차 중에는 성능이 좋은 것과 나쁜 것이 반반씩 섞여 있다고 하자. 성능이 좋은 자동차를 팔려는 사람은 400만원을 받으려 하고 성능이 나쁜 자동차를 팔려는 사람은 200만원을 받으려 한다. 한편 자동차를 사려는 사람은 성능이 좋은 자동차일 경우 480만원, 성능이 나쁜 자동차일 경우 240만을 내려고 한다. 이제 자신의 자동차를 팔려는 사람은 자신이 팔려는 자동차의 성능이 좋은지 나쁜지를 알지만, 자동차를 사려는 사람은 시장에 나와 있는 자동차들 중에서 어느 자동차의 성능이 좋고 어느 자동차의 성능이 나쁜지를 모른다고 가정하자.

이같은 상황에서 보증을 제공하는 문제에 대해서 생각해 보자. 성능이 좋은 차를 보증할 경우 한 달에 7만원의 비용이 든다고 하자. 이러한 보증은 구매자에게 5만원의 가치가 있다고 하자. 한편 성능이 나쁜 차를 보증할 경우 한 달에 45만원의 비용이 든다고 하자. 그런데 이 보증은 구매자에게 20만원의 가치가 있다고 하자. 이러한 상황에서 예상되는 결과를 말하시오.

KEY 좋은 자동차를 팔려는 사람은 나쁜 자동차를 팔려는 사람이 따라 하지 못할 정도의 기간을 보증기간으로 정해야 한다.

풀이 (1) 먼저 좋은 차를 가지고 있는 사람의 입장을 생각해 보자. 그는 3가지 중에서 하나를 선택할 수 있다. 즉 보증을 하지 않고 자동차를 파는 것, 자동차를 팔지 않는 것, 보증을 하고 자동차를 파는 것 등이다. 가장 이득이 되는 방법을 찾아보자. 보증 없이 자동차를 팔 경우 240만원을 제시받는다. 자동차를 팔지 않을 경우 그는 400만원의 가치로 여겨지는 자동차를 그대로 보유하게 된다. 이렇게 볼 때 그는 보증을 해서라도 400만원 이상을 얻을 수 있으면 보증을 해 주고 파는 것이 낫다. 그렇다면 문제는 몇 개월 보증을 할 것인가이다. 보증해 줄 개월 수를 x라고 하자. 보증을 할 경우 소비자는 좋은 차로 생각한다. 또한 보증이 지니는 가치를 더해서 지불할 의향이 있다. 그러므로 소비자는 $(480+5x)$를 지불할 것이다. 한편 보증에 드는 비용은 $7x$이다. 그러므로 좋은 자동차를 파는 사람의 이윤은 $(480+5x)-7x$이다. 이 값이 자동차를 팔지 않고 보유할 때 그 가치에 해당하는 400만원보다 커질 경우 그는 보증을 하고서라도 판매할 것이다. 즉 좋은 자동차를 판매하려는 사람이 x개월 보증을 하고 판매할 조건은

$$(480+5x)-7x > 400$$

이다. 즉 $x < 40$이다. 그런데 주목할 것이 있다. 보증 자체로는 수입보다 비용이 크므로 가능한 한 보증기간을 짧게 하는 것이 유리하다. 그 다음 나쁜 자동차를 판매하려는 사람이 따라 할 수 없을 정도의 보증기간을 설정해야 한다. 특히 이 점과 관련해서 본다면 좋은 자동차를 판매하려는 사람은 나쁜 자동차를 판매하려는 사람의 상황을 고려하여 보증기간을 결정해야 한다.

(2) 이러한 측면에서 나쁜 자동차를 팔려는 사람의 상황을 생각해 보자. 자동차를 팔지 않고 그대로 소유할 경우 200만원의 가치가 있다. 보증 없이 자동차를 팔 경우 240만원을 받는다. 그러므로 좋은 자동차를 팔려는 사람은 자신이 제시한 보증기간을 나쁜 자동차를 팔려는 사람이 그대로 따라서 제시할 경우 240만원보다도 적은 금액을 얻을 수밖에 없도록 보증기간을 정해야 한다. 즉 보증을 하고 파는 것이 보증 없이 파는 것보다 나빠질 정도로 보증기간을 정해야 한다.[8] 이렇게 되도록 하기 위한 조건을 살펴보자. 나쁜 자동차도 보증을 제공하면 좋은 자동차로 인식되어 좋은 자동차 값으로 팔릴 것이다. 다만 보증에 들어가는 비용이 다를 뿐이다. 그러므로 보증기간을 x개월이라고 할 때 나쁜 자동차를 팔 때 얻는 수입은 $(480+5x)$이다. 이때 보증에 드는 비용은 한 달에 45만원이므로 총 $45x$만원이 든다. 그리하여 남는 금액은 $(480+5x)-45x$만원이 된다. 그러므로 보증을 못 하도록 유도하려면 이 금액이 보증 없이 팔 때 얻는 금액인 240만원보다 적도록 정해야 한다. 즉

---

[8] 이것은 마치 앞으로 다룰 교육신호모형에서 고용주가, 능력 없는 사람은 비용 때문에 차라리 교육을 받지 않는 것이 더 나은 상태가 될 수 있을 정도의 기간을 교육기간으로 설정하는 것과 같다.

$$(480 + 5x) - 45x < 240$$

이 되도록 하여야 한다. 즉 $x > 6$이어야 한다.

(3) 한편 앞에서 $x < 40$을 얻었다. 그러므로 결국 $6 < x < 40$이 되도록 정해야 한다. 그런데 좋은 자동차를 파는 사람의 입장에서도 보증기간이 짧을수록 좋다. 그러므로 보증기간은 위 조건을 만족하는 x의 값들 중에서 가장 작은 값을 취하면 된다. 즉 7개월 동안 보증을 해 주면 된다.

(4) 한편 보증된 자동차는 소비자가 좋은 자동차로 판단할 것이다. 그리하여 보증된 자동차는 소비자가 자동차 가격 480만원에 7개월 보증가치 35(=5×7)만원을 합한 515만원에 구입하려고 할 것이다. 보증하는 데 49(=7×7)만원의 비용이 들기 때문에 판매자는 449만원을 받으려고 할 것이다. 균형가격은 이 두 값 사이에서 협상력에 따라 정해질 것이다. 반면에 보증 없는 자동차는 나쁜 자동차로 판단되어 균형가격이 200만원과 240만원 사이에서 결정될 것이다. 결과적으로 분리균형이 나타난다(나쁜 자동차는 보증 없이 팔게 되므로 나쁜 자동차에 대한 보증이 구매자에게 느껴지는 가치인 20만원이라는 수치는 문제 풀이에서 명시적으로 사용되지는 않는다). 보증으로 인해 역선택이 제거되어 좋은 자동차와 나쁜 자동차가 모두 거래되고 있다는 점에 주목하자.

24.3.2 신호로서의 교육[9]

(1) 신호발송균형

예를 들어 노동시장에 생산성이 높은 H유형과 생산성이 낮은 L유형의 지원자가 있다고 하자. 이때 고용주가 개인들의 유형을 구별할 수 있다면 그에 상응하는 임금을 주면 된다. 그러나 실제로는 문제가 이처럼 간단하지 않다. 일반적으로 고용주는 개인들의 유형을 구별해 낼 수 없기 때문이다. 이 경우 생각해 볼 수 있는 것은 생산성을 불문하고 누구에게나 똑같은 임금을 주는 것이다. 그리고 이때 임금으로는 모든 개인들의 한계생산물가치를 평균한 값에 해당하는 '평균임금'을 생각해 볼 수 있다. 그런데 평균임금을 지급할 경우 L유형만 모여드는 역선택 현상이 나타날 것이다.

이러한 상황에서 다음과 같은 핵심적인 가정을 하자. (i) L유형은 교육을 받을 때 H유형보다 비용이 많이 든다. 예컨대 L유형이 특정 자격증을 얻기 위해 교육을 받으려면 H유형보다 비용이 더 많이 든다. (ii) 교육은 오로지 신호로서의 역할만을 수행한다. 즉 교육은 생산성에는 영향을 주지 않는다.

---

9 Spence, M., *Job Market signaling*, Harvard U. Press, 1974.

한편 (1) L유형의 근로기간 동안 한계생산물가치는 m_L이고 H유형의 근로기간 동안 한계생산물가치는 m_H라고 하자. 물론 $m_H > m_L$이다. 고용주는 이러한 사실은 알고 있지만 누가 어떤 유형인지 구별하지 못한다. 물론 지원자는 자신이 어떤 유형인지 알고 있다. 이 때 L유형이 1년 교육받는 데 드는 비용은 c_L이고 H유형이 1년 교육받는 데 드는 비용은 c_H라고 하자. 가정에 의해 $c_L > c_H$이다.

(2) 이러한 상황에서 고용주가 교육년수를 기준으로 지원자를 선발한다고 하자. 고용주가 지원자를 H유형으로 판단할 경우 m_H의 임금을 시급하고 L유형으로 판단힐 경우 m_L의 임금을 지급한다고 하자. 이때 H유형의 입장을 생각해 보자. 그는 자신이 H유형이라는 사실을 고용주에게 알려 그에 합당한 높은 임금을 받으려고 애쓸 것으로 예상된다. 이때 H유형이 자신을 알리는 방법으로서 교육이라는 신호를 이용한다고 하자. 이때 그는 L유형이 따라 하지 못할 수준의 신호를 보내야 한다. 이런 측면에서 검토해 보자.

(i) H유형이 e년 동안 교육을 받을 조건은 임금의 차이가 그가 e년 동안 교육을 받는 데 드는 비용보다 큰 것이다. 즉

$$m_H - m_L > c_H e \tag{24.1}$$

가 성립하는 것이다. 이 조건이 성립하면 H유형은 교육을 받는 데 드는 비용을 감안하더라도 자신이 H유형이라는 사실을 알린 후 높은 임금을 받는 것이 유리하다.

(ii) 신호가 성공적으로 작동하려면 L유형은 e년 동안 교육을 받지 않아야 한다. 이렇게 될 조건은 그가 e년 동안 교육을 받는 데 드는 비용이 임금의 차이보다 큰 것이다. 즉

$$m_H - m_L < c_L e \tag{24.2}$$

가 성립하는 것이다. L유형도 교육만 받으면 자신을 H유형으로 보이게 할 수는 있다. 그러나 이 경우 H유형처럼 보이게 하기 위해 e년 동안 교육을 받으려면 너무 많은 비용이 들어서 더 높은 임금을 받더라도 오히려 손해이다.

(iii) 위 두 조건을 동시에 만족시키는 e값을 구해 보면

$$\frac{m_H - m_L}{c_L} < e < \frac{m_H - m_L}{c_H} \tag{24.3}$$

이 된다. 이 조건은 바로 H유형은 e년 동안 교육을 받고 L유형은 e년 동안 교육을 받지 않을 조건이다. 이제 어떤 사람이 위 구간에 놓이는 임의의 연수 e^*만큼 교육을 받았다고 하자. 이것은 자신이 H유형이라는 것을 보여주는 신호로 작용할 수 있다. 이때 e^*는 위 구

간에 속하기만 하면 되므로 신호로 작용할 수 있는 교육연수는 유일하지 않다.

여기서 중요한 사실이 있다.

(1) 이 모형에서 교육은 받는 이유는 오로지 신호를 보내기 위한 목적 때문이다. 즉 교육은 생산성을 전혀 증가시키지 않는다. 이 점을 감안하면 L유형의 입장에서는 어차피 H유형으로 보일 정도의 교육을 받지 못할 바에야 생산성을 증가시키지도 못하면서 비용을 들여가며 교육을 받는 것은 낭비이다. 그 결과 L유형은 교육을 아예 받지 않는다. 결과적으로 H유형은 $e = e^*$년 동안 교육을 받고 L유형은 교육을 전혀 받지 않는 $e = 0$인 상태에서 균형이 이루어진다. 이때 교육을 받았다는 사실이 H유형이라는 것을 알리는 신호역할을 하고 있다. 이러한 측면에서 이러한 균형을 **신호발송균형**(signaling equilibrium)이라고 한다.

(2) 이 경우 H유형과 L유형은 서로 다른 선택을 하게 된다. 그러므로 이때의 균형은 **분리균형**이다. 각종 회사의 입사시험에서 입사 후 별로 중요하게 작용하지도 않을 높은 토익 성적을 요구하는 것도 한편으로는 이러한 분리균형의 원리에 따른 것으로 볼 수 있다.

> 🌱 **분리균형**(separating equilibrium) 사람들이 자신과 다른 유형의 사람들과는 다른 선택을 할 때 이 루어지는 균형

(3) 식 (24.3)을 만족시키는 e^*는 L유형이 따라 하지 못할 수준의 신호이다.

(4) 분리균형이 존재하지 않고 **공동균형**(pooling equilibrium)이 존재할 수도 있다. 예를 들어 $m_H - m_L < c_H e$처럼 식 (24.1)의 부등호가 반대 방향으로 성립할 경우, 즉 $e > \dfrac{m_H - m_L}{c_H}$일 경우($c_L > c_H$이므로 이때 식 (24.2)는 저절로 성립한다)에는 아무도 교육을 받지 않는다. 즉 모든 지원자들이 동일한 신호를 보낸다. 이러한 균형이 바로 공동균형이다.

(2) 신호로서의 교육에 대한 비판

이상의 분석에서 교육은 생산성을 증가시키지는 못하고 오로지 신호역할만을 한다고 가정하고 있다(이 가정은 교육의 인적자본이론과 배치되고 있다). 이렇게 가정함으로써 H유형이 교육을 받는 데 비용이 들었음에도 불구하고 경제 전체의 산출량은 변하지 않는다고 간주한다. 이 경우 교육은 신호역할을 통해 높은 임금을 받게 해 주므로 개인에게는 편익을 주지만 사회적으로 볼 때에는 낭비라고 할 수 있다.[10] 결국 이 경우 신호발송 과정에서 비효율

---

10 한편 일단 급여를 동일하게 책정한 후 사후에 H유형으로 판명될 경우 급여를 올려 주고 그 반대일 경우에는 급여를 삭감한다는 조건부 계약이 허용될 경우에 대해 생각해 보자. 이 경우에는 H유형은 어차피 자신이 H유형으로 판명될 것으로 생각하므로 구태여 돈을 들여가며 교육을 받지는 않을 것이다. 이때의 균형은 신호발송균형보다 효율적일 수 있다.

이 유발되고 있다.

그러나 신호발송이 이처럼 항상 비효율만을 유발하는 것은 아니다. 앞서 말한 중고차 시장의 경우를 보자. 이 경우에는 보증이라는 신호 때문에 보증이 없었다면 거래되지 않았을 진짜도 거래가 이루어진다. 그 결과 진짜를 거래한 당사자들이 모두 거래 이전보다 나아진다. 그런데 자동차가 고장날 경우 소유자와는 관계없이 수리비가 들 것이므로 '사회적으로 볼 때' 보증 자체에 추가 비용이 드는 것은 아니다. 따라서 이 경우에는 사회적으로 볼 때 보증을 통한 신호발송균형이 비신호발송균형보다 효율적이다. 그러나 보증으로 인해 가격이 상승함으로써 거래량이 완전정보일 때의 거래량보다는 작아진다면 이때에도 비효율이 완전히 제거되지는 못한다.

📋 예제 24.3 신호발송-교육

노동시장에 능력 있는 사람들과 능력 없는 사람들이 반반씩 섞여 있다고 하자. 어떤 기업이 임금률을 한계생산가치만큼 책정한 후 10년 계약으로 사원을 모집하려고 한다. 능력 있는 사람들은 생산성이 높아서 그의 한계생산가치는 1년에 2,000만원이고 능력 없는 사람은 생산성이 낮아서 한계생산가치가 1,600만원이라고 하자. 능력 있는 사람이 1년 교육을 받는 데 드는 교육비는 500만원이고 능력 없는 사람이 1년 교육받는 데 드는 교육비는 1,000만원이라고 한다. 이러한 상황에서 기업이 근로자가 받은 교육년수를 신호로 사원을 선발하려면 교육년수를 몇 년으로 선택해야 하는가? 여기서 교육은 생산성에는 영향을 주지 않으며 오로지 신호기능만 한다고 가정하자.

KEY 교육년수를 신호로 사용하려면 그 기간만큼 교육을 받는 것이 능력 있는 사람에게는 이득이 되고 능력없는 사람에게는 손해가 되도록 기간을 정하면 된다.

풀이 누구에게나 똑같이 평균임금을 제시하면 능력 없는 사람만 모여드는 역선택 현상이 발생한다. 그러므로 교육을 신호로 삼기로 하자. 이때 능력 있는 사람에게는 교육받는 것이 이득이 되고 능력 없는 사람에게는 교육받는 것이 손해가 되도록 교육기간을 설정해야 한다.

근로자 입장에서 볼 때 교육을 받아 능력 있는 사람으로 인정받으면 10년간 총

$$(2,000 - 1,600) \times 10 = 4,000(만원)$$

의 임금을 더 받게 된다. 이제 능력 있는 사람이 e년 동안 교육을 받을 경우 교육비는 $500 \times e$만원이다. 이 교육비가 교육을 받았기 때문에 더 받게 되는 임금인 4,000만원보다 적으면 그는 교육을 받을 것이다. 따라서 그가 e년 동안 교육을 받을 조건은 $500e < 4,000$이다.

한편 능력 없는 사람도 e년 동안 교육을 받으면 능력 있는 사람으로 간주되어 4,000만원의 임금을 더 받는다. 그런데 교육비가 이러한 4,000만원을 넘으면 능력 없는 사람은 e년 동

안 교육을 받지 않을 것이다. 즉 그가 e년 동안 교육을 받지 않을 조건은 $1,000e > 4,000$ 이다. 따라서 이 두 부등식을 동시에 만족시키는 $4 < e < 8$에 해당하는 값들 중에서 하나를 선택한다. 그러면 이것이 신호발송균형이 된다. 이렇게 볼 때 신호발송균형은 유일하지 않다.

이때 예를 들어 위 구간에 속하는 값으로서 $e = 6$으로 정했다고 하자. 즉 6년 이상 교육받으면 2,000만원을 주고 6년보다 적은 교육을 받으면 1,600만원을 지급한다는 것이다. 그러면 능력 있는 사람은 6년의 교육을 받는다. 즉 신호를 발송한다. 반면에 능력 없는 사람은 교육을 받지 않는다. 그리하여 6년 교육받은 것이 능력 있는 사람이라는 사실을 나타내는 신호로 작용하게 된다.

그런데 이때 주목할 것이 있다. 첫째 능력 있는 사람은 6년을 초과해서 교육을 받지는 않는다는 것이다. 능력 있는 사람으로 인정받는 데에는 6년 교육이면 충분하다. 그런데 생산성을 증가시키지도 않는 교육을 비용을 들여가며 군이 더 받지는 않는다는 것이다. 둘째 능력 없는 사람은 6년이 아니라 교육을 아예 받지 않는다는 것이다. 교육 연수를 6년으로 정해 놓은 상태에서는 6년 이상 교육을 받지 않는다면 몇 년을 교육받더라도 능력 없는 사람으로 간주되기 때문이다. 예를 들어 6년에 미치지 못하는 1년의 교육을 받을 경우 교육비는 들지만 임금은 16,000만원 그대로이다. 그러므로 교육을 받는 데 드는 비용을 감안할 때 교육을 아예 받지 않는다는 것이다.

이러한 내용이 그림에 나타나 있다. 먼저 원점을 통과하는 두 개의 직선은 능력 있는 사람과 능력 없는 사람이 교육을 받을 때 각각 드는 비용을 나타내고 있다. 이때 예를 들어 $e = 6$으로 정했을 경우를 생각해 보자. 이 경우 e년 미만의 교육을 받으면 능력 없는 사람으로 간주되어 16,000만원을 받으며, e년 이상의 교육을 받으면 능력 있는 사람으로 간주되어 20,000만원의 임금을 받는다. 이와 관련하여 그림의 윗부분을 보자. 16,000만원에서 수평이다가 20,000만원에서 계단식으로 뛰어 오른 다음 다시 직선으로 그려진 것은 이러한 임금구조를 나타내고 있다.

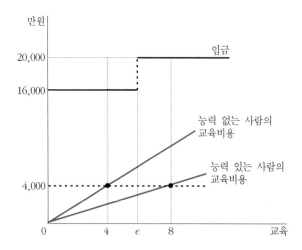

이제 6년 교육받았을 때 받는 임금 20,000만원에서 교육비용을 빼 주어 보자. 그러면 그림에서 알 수 있듯이 능력 없는 사람의 경우 교육비용을 빼고 난 금액이 16,000만원에 미치지 못한다. 그러므로 능력 없는 사람은 앞서 말한 것처럼 교육을 아예 받지 않는다.

한편 능력 있는 사람의 경우 임금 20,000만원에서 6년에 드는 교육비용을 빼 주더라도 16,000만원이 넘는다. 그러므로 능력 있는 사람은 6년의 교육을 받는다. 즉 신호발송을 통해 20,000만원을 받으려고 한다. 능력 있는 사람이라도 이보다 적은 교육을 받거나 교육을 아예 받지 않으면 16,000만원밖에 받지 못하기 때문이다. 물론 앞서 말했듯이 비용을 들여가며 6년을 초과하는 교육을 받지는 않는다. 교육을 더 받더라도 비용만 추가될 뿐 임금은 그대로이기 때문이다.

이와 같은 추론을 염두에 두고 그림의 아래 부분을 관찰해 보자. 능력 있는 사람으로 인정될 경우 더 받게 되는 임금이 4,000에서 가로축에 수평인 점선으로 나타나 있다. 교육비가 이 금액을 넘는지 아닌지가 중요하다. 이때 8년 이상의 구간에서는 교육비용을 나타내는 두 직선이 모두 이 점선 위에 놓이게 된다. 이것은 교육비용이 모두에게 4,000만원이 넘는다는 것을 의미한다. 그 결과 아무도 교육을 받지 않게 된다. 거꾸로 4년 이하의 구간에서는 교육비용을 나타내는 두 직선이 모두 이 점선 아래에 놓인다. 이것은 모두에게 교육비용이 4,000만원에 미치지 않는다는 것을 말한다. 이 경우 능력 있는 사람과 능력 없는 사람 모두 교육을 받게 된다. 결과적으로 볼 때 기업이 요구하는 교육기간이 4년 이하일 경우에는 누구나 교육을 받으며 8년 이상일 경우에는 아무도 교육을 받지 않는다. 그리하여 이들 경우에는 교육을 통해 능력 있는 사람과 능력 없는 사람을 구분해 낼 수 없다.

이와는 달리 4년에서 8년 사이에 해당하는 구간에서는 능력 있는 사람의 교육비용선은 점선 아래에 놓이고 능력 없는 사람의 교육비용선은 점선 위에 놓인다. 그러므로 이 구간에 놓이는 교육 연수는 능력 있는 사람과 능력 없는 사람을 구분하는 신호로서 작동할 수 있다.

선별: 역선택에 대한 대응

앞서 보았듯이 품질이 우수한 상품을 팔려는 사람이나 자신의 노동의 질이 우수하다고 생각하는 사람은 여러 방면으로 신호를 보내 그 우수성을 알리려고 애쓴다. 반면에 정보를 가지고 있지 않은 측은 불이익을 받지 않으려고 정보를 얻기 위해 노력한다. 이러한 노력이 이른바 **선별** 행위로 나타난다. 이러한 선별은 기업이 하는 경우도 있고 개인이 하는 경우도 있다.

24.4.1 기업측의 선별

역선택을 부분적으로나마 극복하기 위해 기업이 선별을 하는 경우가 있다.

> 🌱 **선별**(screening) 비대칭정보 상황에서 정보가 없는 측이 그로 인한 불이익을 받지 않기 위해 정보를 얻으려고 노력하는 행위

이때 선별의 원리는 14장에서 다룬 것과 같다. 선별에서 핵심적인 사항은 기업이 소비자들로 하여금 **자기선택**(self selection)을 하도록 유도한다는 것이다. 여기서 자기선택이란 소비자가 스스로 자신의 유형을 드러내고 스스로 자신의 유형에 맞는 선택을 하는 것을 말한다.

(1) 기업은 상품공급자로서 선별을 한다. 14장에서 배운 것처럼 자기선택을 유도하기 위해 소비자가 구입하는 상품의 수량에 따라 1단위당 가격을 서로 다르게 부과하는 것이다. 예를 들어 많이 구입하는 경우 1단위당 가격을 낮게 부과하는 것이다. 나아가서 상품의 품질의 차이를 서로 다르게 하여 소비자들로 하여금 자기선택을 하도록 유도하기도 한다. 이때 14장에서 배운 것처럼 자기선택을 유도하는 **선별기구**(screening mechanism)를 고안하기도 한다.

(2) 한편 다음에서 보듯이 기업은 상품의 공급자로서뿐만 아니라 생산요소의 수요자로서 선별을 하는 경우도 있다.

24.4.2 선별기구 수식표현 · 직관 · 비효율 발생 이유

(1) 선별기구에 대한 수식 표현

선별기구는 자기선택제약과 참가제약을 만족시키도록 고안되어야 한다고 하였다(14장 참조). 그 원리는 같지만 다시 한 번 강조하는 측면에서 생산요소 수요자로서의 기업의 예를 들어보자. 어떤 독점기업이 근로자를 고용하려고 한다. 노동시장에는 생산할 때 낮은 비용이 드는 유형 1과 높은 비용이 드는 유형 2가 있다고 하자. 이를테면 유형 1은 생산성이 높은 근로자이고 유형 2는 생산성이 낮은 근로자이다. 이때 유형 1에게는 $c_1(q)$의 비용이 들며, 유형 2에게는 $c_2(q)$의 비용이 든다고 한다. 기업은 이러한 사실은 알고 있지만 어느 근로자가 유형 1인지 어느 근로자가 유형 2인지 알지 못한다고 하자. 한편 산출물의 가격은 1이며 근로자들이 다른 곳에서 받을 수 있는 보수는 m이라고 하자. 이때 근로자를 선별하는 문제에 대해 생각해 보자.

독점기업은 근로자의 유형을 구분할 수는 없지만, 각 근로자가 생산한 수량은 관찰할 수 있다고 하자. 이러한 상황에서 누구에게나 똑같이 평균보수를 지급할 경우 생산성이 높

은 근로자는 많이 생산하면 비용이 많이 든다는 점을 고려할 때 자신이 생산성이 낮은 근로자처럼 가장하여 행동할 유인이 있다. 즉 기업 입장에서 볼 때 역선택이 발생한다. 그러므로 역선택을 방지하려면 각 근로자가 생산한 수량에 근거해서 보수를 지급해야 한다. 이때 **자기선택제약**과 **참가제약**을 만족시키도록 **보수메뉴**(pay menu)를 고안해야 한다. 즉 **계약메뉴**(contract menu)를 고안해야 한다. 여기서 자기선택제약이란 근로자 각자가 스스로 자신에게 맞는 유형을 선택하도록 하게 만드는 제약조건을 말한다.

자기선택제약(self selection constraint) 자신의 유형에 맞는 선택을 할 때 누리는 순보수가 다른 사람의 유형에 맞는 선택을 할 때 누리는 순보수보다 커지도록 보수메뉴를 고안해야 한다는 조건

참가제약(participation constraint) 자신의 유형에 맞는 선택을 할 때 누리는 순보수가 아예 참가하지 않을 경우에 누리는 순보수와 적어도 같아지도록 보수메뉴를 고안해야 한다는 조건

자기선택제약을 만족시키도록 하려면 유형 1이 유형 2처럼 행동하지 않도록 보수메뉴를 고안해야 한다. 즉 유형 1이 자신을 겨냥하여 제시된 수량만큼 생산할 때 얻는 순보수가 유형 2를 겨냥하여 제시된 수량을 생산할 때 얻는 순보수보다 커지도록 보수메뉴를 고안하는 것이다. 이같은 원리는 유형 2에게도 적용된다. 즉 유형 2도 유형 1인 것처럼 행동하지 않도록 보수메뉴를 고안해야 한다.

이 점을 반영하여 독점기업의 문제를 수식으로 나타내 보자. 14.5.4에서 다룬 것처럼 $\{(q_1, s_1), (q_2, s_2)\}$와 같은 보수메뉴를 제시한다고 하자. q_1은 유형 1을 겨냥하여 제시된 수량이고 s_1은 q_1이 관찰되었을 때의 보수를 나타낸다. 같은 방식으로 q_2는 유형 2를 겨냥하여 제시된 수량이고 s_2는 q_2가 관찰되었을 때의 보수를 나타낸다. 이때 q_1이 관찰될 확률이 p_1이고 q_2가 관찰될 확률이 p_2라고 하면, 독점기업의 기대이윤극대화 문제는 다음과 같이 쓸 수 있다.

$$\max_{q_1, q_2, s_1, s_2} E(\pi) = p_1(q_1 - s_1) + p_2(q_2 - s_2)$$

$$s.t. \quad s_1 - c_1(q_1) \geq s_2 - c_1(q_2) \qquad (1) \text{ 자기선택제약}$$
$$s_2 - c_2(q_2) \geq s_1 - c_2(q_1) \qquad (2) \text{ 자기선택제약}$$
$$s_1 - c_1(q_1) \geq m \qquad (3) \text{ 참가제약}$$
$$s_2 - c_2(q_2) \geq m \qquad (4) \text{ 참가제약}$$

첫째, (1)식의 의미를 생각해 보자. 이 식에 따르면 유형 1은 자신을 겨냥하여 제시된

수량 q_1을 생산할 때(좌변)에 유형 2를 겨냥하여 제시된 수량 q_2를 생산할 때(우변)보다 더 높거나 같은 순보수를 누린다. 이때 우변의 첫 항인 s_2는, 유형 1이 유형 2인 것처럼 행동하여 q_2를 생산할 경우(독점기업은 근로자의 유형을 알 수 없기 때문에 산출량을 보고 보수를 지급하므로) s_2의 보수를 받게 된다는 것을 말해 준다. 또한 우변의 둘째 항 $c_1(q_2)$는 유형 1이 q_2를 생산할 경우 그에게 드는 비용은 자신의 비용함수에 따라 정해진다는 것을 말하고 있다. (2)식도 같은 방법으로 해석할 수 있다.

둘째, (3)식과 (4)식은 적어도 근로자가 다른 곳에서 누리는 순보수를 누릴 만큼은 보수를 지급해 주어야 한다는 것을 말한다.

부록 24.1 낮은 비용 근로자의 자기선택제약과 높은 비용 근로자의 참가제약이 등식으로 성립한다.

1. (1)식은 등식, (3)식은 부등식으로 성립한다(식의 번호는 본문의 식의 번호를 지칭하며 이후로도 본문 식의 번호와 연결).

먼저 (1)식과 (3)식 중에서 (3)식이 부등식으로 성립하는 것을 귀류법으로 보여주자. 이를 위해 (3)식이 등식으로 성립한다고 가정하자. (3)식이 등식으로 성립하면 (1)식은

$$c_1(q_2) + m \geq s_2 \tag{5}$$

가 된다. 그런데 본문에서 $c_2(q) > c_1(q)$로 상정하고 있으므로

$$c_2(q_2) + m > c_1(q_2) + m \tag{6}$$

이다. (6)식을 (5)식에 적용하면

$$c_2(q_2) + m > c_1(q_2) + m \geq s_2 \tag{7}$$

가 성립한다. 그런데 이 식은 (4)식에 모순된다. 그러므로 (3)식은 부등식으로 성립해야 한다.

(3)식이 부등식으로 성립할 경우 (1)식은 등식으로 성립해야 한다. (1)식마저 부등식으로 만족한다면 s_1을 '조금' 줄일 경우 (1)식~(4)식 등의 제약조건식들과 목적함수를 관찰해 보면 여전히 이 제약조건식들이 모두 만족되면서 이윤은 증가한다. 그러므로 (1)식이 부등식으로 만족하는 것은 이윤이 극대화되는 상태가 아니다. 즉 (1)식은 등식으로 만족되어야 한다.

2. (2)식은 부등식, (4)식은 등식으로 성립한다.

먼저 (2)식이 부등식으로 성립한다는 사실을 귀류법으로 보여주기로 하자. 이를 위해 (2)식이 등식으로 성립한다고 가정하자. 그런 상태에서 (2)식을 정리하면

$$s_2 = s_1 + c_2(q_2) - c_2(q_1) \tag{2}'$$

이 된다. 그런데 1소절에서 (1)식이 등식으로 성립한다고 했으므로

$$s_1 = c_1(q_1) + [s_2 - c_1(q_2)]$$

이다. 이것을 (2)′식에 대입하면

$$s_2 = s_1 + c_2(q_2) - c_2(q_1) = c_1(q_1) + s_2 - c_1(q_2) + c_2(q_2) - c_2(q_1)$$

이 된다. 이것을 다시 정리하면

$$c_2(q_1) - c_1(q_1) = c_2(q_2) - c_1(q_2) \tag{2}''$$

을 얻는다. 이때 $c(q)$는 단조증가함수이고 $c_2(q) > c_1(q)$이므로 (2)″식으로부터 $q_1 = q_2$이다. 그런데 현재 선별이 이루어지려면 수량이 달라야 하므로 이것은 선별에 모순이다. 따라서 (2)식은 등식으로 성립할 수 없다. 즉 (2)식은 부등식으로 성립된다.

(2)식이 부등식으로 성립하는 상태에서는 (4)식이 등식으로 성립해야 한다. 만일 (4)식마저 부등식으로 성립한다면 s_2를 '조금' 줄일 경우 (1)식~(4)식 등의 제약조건식들과 목적함수를 관찰해 보면 여전히 이 제약조건식들이 모두 만족되면서 이윤이 증가한다. 그러므로 (4)식이 부등식으로 성립하는 것은 이윤이 극대화되는 상태가 아니다. 즉 이윤극대화를 위해서는 (4)식이 등식으로 성립해야 한다.

(2) 분석 결과에 대한 직관(그래프는 임봉욱 미시경제학연습 5판 [문제 18.5] 참조)

결과만 본다면 생산할 때 낮은 비용이 드는 근로자(즉 생산성이 높은 근로자)는 잉여를 누리지만 높은 비용이 드는 근로자(즉 생산성이 낮은 근로자)는 잉여를 누리지 못한다.

직관적으로 볼 때 낮은 비용의 근로자가 q_2를 생산할 경우 비용이 적게 들므로 이득을 취하기 위해 자신이 마치 높은 비용의 근로자인 것처럼 가장하여 행동할 유인이 있는데, 이렇게 행동하지 않고 자신의 유형에 맞는 선택을 하도록, 즉 자기선택을 하도록 유도하기 위해 잉여를 보장하는 것이다. 14장에서 말한 바와 같이 이러한 잉여는 **정보지대**(information rent)에 해당한다. 기업이 갖지 못한 정보를 근로자가 갖고 있는 비대칭정보 상황에서 정보를 가진 측(근로자)이 누리는 지대라는 측면에서 정보지대인 것이다. 한편 높은 비용의 근로자는 q_1를 생산할 경우 원하지 않는 많은 비용이 들므로 낮은 비용의 근로자인 것처럼 가장

할 유인이 없다.

> 이때 정보지대는 낮은 비용의 근로자가 높은 비용의 근로자인 것처럼 가장하여 행동할 경우 얻는 이득의 크기와 같아진다.

한편 높은 비용의 근로자가 없었다면 낮은 비용의 근로자가 이러한 정보지대를 누리지 못했을 것이다.

이러한 내용들이 수식적으로 어떻게 나타나는가도 14장에서 다룬 선별기구의 경우와 같다. 이해를 돕는 측면에서 다시 한 번 검토해 보자. 유형 1이 낮은 비용의 근로자이고 유형 2가 높은 비용의 근로자라는 점을 상기하자.

첫째, 비용이 낮은 유형 1이 잉여를 누린다는 것은 위 문제에서 (3)식이 부등식으로 성립한다는 것을 의미한다.

둘째, 비용이 높은 유형 2가 잉여를 누리지 못한다는 것은 (4)식이 등식으로 성립한다는 것을 의미한다.

셋째, 한편 낮은 비용의 근로자는 자신이 마치 높은 비용의 근로자인 것처럼 가장하여 행동할 유인이 있는데 그렇게 행동하지 않도록 유도하기 위해 (1)식이 필요하다. 즉 자기선택을 하도록 유도하기 위해 (1)식이 필요하다. 이때 자기선택을 유도하기 위해 보장해 주어야하는 잉여의 크기는 낮은 비용의 근로자가 높은 비용의 근로자인 것처럼 가장하여 행동할 경우 얻는 이득의 크기와 같다는 것은 (1)식이 등식으로 성립한다는 것을 의미한다(특히 이윤을 극대화하려면 그 이득을 초과하지 않는 바로 그만큼만 보장해 주어야 하기 때문에 등식으로 성립하는 것이다). 말하자면 (1)식의 좌변은 유형 1이 자신이 유형대로 행동할 때 누리는 잉여이고 우변은 유형 2로 가장하여 행동할 때 누리는 잉여이므로, (1)식이 등식으로 성립한다는 것은 자기선택을 유도하려면 유형 1이 유형 2로 가장하여 행동할 때 누리는 잉여만큼을 유형 1에게 보장해 주어야 한다는 것을 의미한다는 것이다. 즉 (1)식의 우변에 해당하는 **정보지대**를 보장해야 한다는 것이다.

넷째, 비용이 높은 유형 2는 자신의 유형대로 행동하는 것이 유형 1로 가장하여 행동하는 것보다 낫다. 그런데 이것은 (2)식이 부등식으로 성립한다는 것을 의미한다. 즉 (2)식의 좌변은 비용이 높은 유형 2가 자신의 유형대로 행동할 때 누리는 잉여이고 우변은 유형 1로 가장하여 행동할 때 누리는 잉여이므로, (2)식이 부등식으로 성립한다는 것은 비용이 높은 유형 2가 자신의 유형대로 행동할 때 누리는 잉여가 유형 1로 가장하여 행동할 때 누리는 잉여보다 크다는 것을 의미한다는 것이다.

한편 (4)식이 등식으로 성립한다고 했으므로 (4)식의 좌변은 m이 된다. 그런데 (2)식의 좌변은 (4)식의 좌변과 같다. 그러므로 (2)식의 좌변에 m을 대입해도 (2)식은 성립한다. 그런데 (2)식은 부등식으로 성립한다고 했다. 그러므로 (2)식은 결국 유형 2가 유형 1로 가장하여 행동할 경우에는 다른 곳에서 받을 수 있는 보수인 m보다 적은 보수를 받게 된다는 것을 의미한다.

(3) 비효율 발생 이유: 정보지대추출과 효율 사이의 상충관계

비효율 존재 여부를 알기 위해 완전정보일 때와 비교해 보자. 결과부터 말하면 높은 비용이 근로자가 완전정보일 때보다 적은 산출량을 생산하게 되어 비효율이 발생한다. 비용이 낮은 근로자는 완전정보일 때와 같은 산출량을 생산하게 된다. 즉 비대칭정보하의 최적선별일 때를 상첨자 $*$로 나타내고, 완전정보여서 최선(first best)일 때를 상첨자 F로 나타내면

$$q_2^* < q_2^F \text{ 비효율 발생}, \qquad q_1^* = q_1^F \text{ 효율}$$

이다. 그 이유를 검토해 보자.

(i) (4)식이 등식으로 성립한다. 그러므로 그것을 s_2에 대해 풀어서 정보지대인 (1)식의 우변에 대입해 보자. 그러면 정보지대는 q_2만의 함수라는 것을 알 수 있다.

(ii) 그렇게 한 다음 (1)식을 s_1에 대해 풀어서 목적함수에 대입해 보자. 이때 (4)식도 s_2에 대해 풀어서 목적함수에 대입한다. 그러면

$$E(\pi) = p_1[\{q_1 - c_1(q_1)\} - \{c_2(q_2) + m - c_1(q_2)\}] + p_2[q_2 - \{c_2(q_2) + m\}] \quad (24.4)$$

을 얻는다.

(iii) 목적함수를 볼 때 q_2가 커지면 둘째 항, 즉 높은 비용 근로자 측에서 이윤(효율)이 증가하지만 첫째 항에서 자기선택 유도를 위해 낮은 비용의 근로자에게 지불해야 하는 정보지대(정보비용)인 $\{c_2(q_2) + m - c_1(q_2)\}$가 커진다. q_2가 커지면 (즉 효율이 높아지면) 낮은 비용 근로자가 q_2를 선택할 유인이 생기는데 이 경우 q_1을 선택하도록 유도하기 위해 보장해 주어야 하는 정보지대(정보비용)가 커진다는 것이다. 즉 q_2 증가는 이윤을 증가시키는 요인도 되지만 정보지대를 통해 이윤을 감소시키는 요인도 된다. 이 때문에 q_2는 완전정보일 때보다는 작아진다.

q_2를 늘리려면 정보지대를 늘려야 한다. 바꾸어 말하면 정보지대를 줄이려면 q_2를 줄여야 하는데 이로 인해 비효율이 발생하는 것이다. 즉 정보지대추출(information rent extraction)과 효율 사이에 상충관계가 존재한다.

(iv) 수식을 통해 살펴보자. 목적함수에서 q_1과 관련된 항들만 모아 정리하면

$$E(\pi) = p_1\{q_1 - c_1(q_1)\} + [p_2\{q_2 - (c_2(q_2) + m)\} - p_1\{c_2(q_2) + m - c_1(q_2)\}] \quad (24.5)$$

로 다시 쓸 수 있다. 즉 q_1과 관련해서는 우변 첫째 항처럼 $p_1\{q_1 - c_1(q_1)\}$로서 완전정보일 경우와 달라지지 않는다. 그 결과 q_1은 완전정보일 때와 같아진다. 한편 우변 둘째 항의 정보지대 $\{c_2(q_2) + m - c_1(q_2)\}$의 존재 때문에 q_2는 q_2^F보다 작아진다. 이러한 사항들은 목적함수를 편미분해 부면 확실하게 드러난다([예제 24.4] 참조). 또한 기대이윤함수인 식 (24.5)를 관찰해 보면 추론할 수 있듯이 정보가 비대칭일 경우 정보지대 때문에 완전정보일 경우보다 독점기업의 기대이윤이 적어진다.

(4) 수량조정에 대한 직관

높은 비용의 근로자를 겨냥한 생산량을 더욱 적게 함으로써 수량의 차이를 확실히 크게 해 놓아야 한다. 낮은 비용의 근로자가 없다면 높은 비용의 근로자를 겨냥한 생산량이 그렇게 적어지지는 않는다.

(1) 수량 차이가 크게 나지 않을 경우, 근로자들이 독점기업의 의도와는 다르게 선택할 것이기 때문이다. 즉 수량 차이가 별로 나지 않는다면 낮은 비용의 근로자마저 적은 생산량을 선택할 우려가 있다는 것이다.

(2) 수량의 차이를 크게 해 놓음으로써 이윤을 증가시킬 수 있기 때문이다. 수량의 차이가 클 경우 적은 생산량은 낮은 비용의 근로자에게 더더욱 덜 매력적이 될 것이다. 따라서 낮은 비용의 근로자에게는 많은 생산량을 생산하려는 유인이 더더욱 커진다. 그러므로 이 경우 독점기업은 많은 생산량에 대한 보수를 수량의 차이를 작게 해 놓았을 경우에 책정할 수 있는 것보다 더더욱 낮게 책정함으로써 이윤을 증가시킬 수 있다. 즉 수량의 차이를 크게 하고 낮은 비용 근로자에게 지급하는 보수를 더더욱 낮게 책정함으로써 낮은 비용 근로자에게 보장하는 잉여(정보지대)를 줄여서 이윤을 증가시킬 수 있다.[11] 자기선택제약식인 (1)식에서 보더라도 정보지대인 우변의 크기를 작게 할수록 보수 s_1을 작게 하여 이윤을 크게 할 수 있다. 물론 이때 균형이 존재한다면 자기선택제약으로 인해 분리균형이 된다.

---

[11] 비대칭정보 아래에서 선별기구가 성공적으로 작동할 때 독점시장일 경우에는 기업이 양의 이윤을 누리지만 경쟁시장일 경우에는 기업의 이윤이 0이 된다. 한편 독점시장일 경우 낮은 비용의 근로자만 잉여를 누리지만 경쟁시장일 경우에는 두 유형 모두 잉여를 누린다. 경쟁적인 보험시장을 다루는 [예제 24.5]에서도 모든 유형의 소비자들이 잉여를 누리는 것(보험구입 이전보다 효용이 높아지는 것)으로 나타난다.

(5) 단일 선택권 메뉴 제시 조건

식 (24.5)를 보자. 우변의 둘째 항에서 $\{q_2 - (c_2(q_2) + m)\}$은 유형 2로부터의 이윤을 나타낸다. 기대정보지대인 $p_1\{c_2(q_2) + m - c_1(q_2)\}$가 유형 2로부터의 기대이윤인 $p_2\{q_2 - (c_2(q_2) + m)\}$보다 크면, 즉

$$p_1\{c_2(q_2) + m - c_1(q_2)\} > p_2\{q_2 - (c_2(q_2) + m)\} \tag{24.6}$$

이면 식 (24.5)의 우변의 둘째 항은 음이 되므로 독점기업은 비용이 낮은 유형 1만 고용한다. 이때 식 (24.6)에서 좌변에 주목하면서 추론할 수 있듯이 유형 1의 비용 c_1이 유형 2의 비용 c_2보다 충분히 작거나 p_1이 충분히 클 경우 이 부등식이 성립하며 따라서 비용이 낮은 유형 1만 고용한다. 이 경우 자기선택을 유도하기 위해 보장해야 하는 기대정보지대가 너무 크기 때문에 독점기업은 유형 1을 겨냥한 단일 보수조건만 있는 (q_1, s_1)의 보수메뉴를 제시한다. 이것도 물론 선별이다. 한편 두 유형 모두에게 똑같은 보수를 지급할 경우 역선택이 발생한다는 점을 다시 한 번 상기하자.

한편 이와는 다른 측면에서 근로자 유형의 가짓수보다 더 많은 선택권을 지닌 메뉴를 제시하더라도 독점기업의 기대이윤은 증가하지 않는다고 알려져 있다. 즉 여기서는 2가지 유형의 근로자들에게 2가지 선택권이 있는 메뉴를 제시하였지만 설사 3가지 선택권이 있는 메뉴를 제시하더라도 독점기업의 기대이윤은 증가하지 않는다.

예제 24.4 선별기구: 노동시장에서 독점인 기업의 경우

어떤 독점기업이 근로자를 고용하려고 한다. 시장에는 유형 1과 유형 2의 근로자들이 반반씩 있으며 유형 1은 $c_1(q_1) = \frac{1}{2} q_1^2$의 비용을 감수하며 유형 2는 $c_2(q_2) = q_2^2$의 비용을 감수한다고 한다. 기업들은 이러한 사실은 알고 있지만 어느 근로자가 유형 1인지 어느 근로자가 유형 2인지 알지 못한다고 하자. 한편 산출물의 가격은 1이며 근로자들이 다른 곳에서 받을 수 있는 보수는 0이라고 하자. 이때 독점기업이 총수입에서 보수로 지급한 금액을 뺀 값을 극대화한다고 하자.

a. 이러한 목표를 달성하게 하는 보수메뉴를 구하시오. 이때 정보지대는 얼마인가?

b. 이러한 보수메뉴를 평가하시오.

KEY 선별기구를 고안할 때에는 자기선택제약과 참가제약을 만족시켜야 한다. 이 문제를 풀려면 제약식들이 어떠한 관계를 가지고 성립하는지 파악해야 한다.

풀이 a. 평균수량에 근거하여 누구에게나 같은 보수를 지급할 경우 역선택이 발생한다. 그런데 기업은 개인의 유형을 구분할 수 없다. 그러므로 역선택을 방지하려면 산출량에 근거하여 보수를 지급해야 한다. 그래서 q_1이 관찰되었을 경우 s_1의 보수를 지급하며 q_2가 관찰되었을 경우 s_2의 보수를 지급한다고 하자.

이때 자기선택제약과 참가제약을 만족시켜야 한다. 자기선택제약은 다른 유형인 것처럼 행동하지 않도록 보수메뉴를 고안하는 것이다. 즉 (1)식처럼 유형 1이 자신을 겨냥하여 제시된 수량만큼 생산할 때 얻는 순보수(좌변)가 유형 2를 겨냥하여 제시된 수량을 생산할 때 얻는 순보수(우변)보다 커지도록 보수메뉴를 고안하는 것이다. 이 같은 원리는 (2)식처럼 유형 2에게도 적용된다. 즉 유형 2도 유형 1인 것처럼 행동하지 않도록 보수메뉴를 고안해야 한다. 한편 참가제약은 (3)식과 (4)식처럼 적어도 개인이 감수해야 하는 비용만큼은 보수를 지급해 주어야 한다는 것이다.

각 유형의 개인이 반반씩 있으므로 독점기업의 기대이윤극대화 문제는 다음과 같이 쓸 수 있다.

$$\underset{q_1, q_2, s_1, s_2}{Max} \quad E(\pi) = \frac{1}{2}(q_1 - s_1) + \frac{1}{2}(q_2 - s_2)$$

$$s.t. \quad s_1 - \frac{1}{2}q_1^2 \geq s_2 - \frac{1}{2}q_2^2 \quad (1), \ s_2 - q_2^2 \geq s_1 - q_1^2 \quad (2) : 자기선택제약$$

$$s_1 - \frac{1}{2}q_1^2 \geq 0 \qquad \quad (3), \ s_2 - q_2^2 \geq 0 \qquad (4) : 참가제약$$

한편 유형 1이 마치 유형 2인 것처럼 q_2를 생산할 경우 독점기업은 산출량을 보고 보수를 지급하므로 그의 보수는 s_2가 되며 그의 비용은 자신의 비용함수에 따라 정해진다. 이러한 사실이 (1)식의 우변에 반영되어 있다. (2)식의 우변에도 같은 원리가 적용되고 있다.

직관적으로 볼 때 낮은 비용을 감수하는 유형 1은 보수메뉴가 최적으로 고안되지 않을 경우 마치 자신이 생산성이 낮은 유형 2인 것처럼 행동할 유인이 있다. 따라서 유형 1이 그렇게 행동하지 않도록 유도하기 위해서는 그에 상응하는 잉여, 즉 정보지대를 보장해야 한다. 이때 보장해 주어야 하는 잉여의 크기는 유형 1이 유형 2인 것처럼 행동할 때 얻는 이득의 크기와 같아야 하는데 이 잉여가 바로 (1)식의 우변으로 나타나 있다. 한편 (1)식의 좌변은 유형 1이 자신의 유형대로 행동할 때 누리는 잉여이다. 그런데 그 크기가 유형 1이 유형 2인 것처럼 행동할 때 누리는 잉여(우변)의 크기와 같아야 하므로 (1)식이 등식으로 성립한다. 또한 유형 1은 잉여를 누리므로 (3)식이 부등식으로 성립한다.

한편 유형 2는 유형 1인 것처럼 행동하는 것보다 자신의 유형대로 행동하는 것이 나으며 따라서 유형 2는 잉여를 누리지 못한다. 잉여는 다른 유형인 것처럼 행동하지 않도록 유도하기 위해 보장해 주는 것이다. 그런데 유형 2는 유형 1인 것처럼 행동할 유인이 없으므로 독점기업이 잉여를 제공하지 않는 것이다. 잉여를 누리지 못하므로 (4)식이 등식으로 성립하며 따라서 (4)식의 좌변은 0이 된다.

(2)식을 보자. (2)식의 좌변은 유형 2가 자신의 유형대로 행동할 때 얻는 잉여를 나타낸다. (2)식의 우변은 유형 2가 유형 1인 것처럼 행동할 때를 나타낸다. 유형 2에게는 자신의 유형대로 행동하는 것(좌변)이 유형 1인 것처럼 행동하는 것(우변)보다 나으므로 좌변이 더 크다. 이때 (2)식의 좌변은 (4)식의 좌변과 같다는 사실에 주목하고 (4)식의 좌변이 0이라는 사실을 적용하면 (2)식의 좌변도 0이 된다. 결국 (2)식에서 좌변이 더 큰데 좌변이 0이므로 좌변보다 작은 우변은 음이 된다. 다시 말하면 유형 2가 유형 1인 것처럼 행동(우변)할 경우 그 잉여가 음이 된다는 것이다. 사실상 유형 1인 것처럼 행동할 경우 이득을 얻는 것이 아니라 손실을 입는다. 이처럼 유형 2에게는 유형 1인 것처럼 행동할 유인이 없으므로 그렇게 행동하지 않도록 유도하기 위해 지불해야 하는 잉여가 필요하지 않다.

결과적으로 볼 때 (1)식과 (4)식이 등식으로 성립하므로 $s_1 - \frac{1}{2}q_1^2 = s_2 - \frac{1}{2}q_2^2$ (5), 즉 $s_1 = \frac{1}{2}q_1^2 + (s_2 - \frac{1}{2}q_2^2)$ (6), $s_2 - q_2^2 = 0$ (7), 즉 $s_2 = q_2^2$ (8)을 얻는다. (6)식은 비용이 낮은 근로자는 참가제약을 초과한 보수, 즉 정보지대를 받는다는 것을 구체적으로 보여주고 있다. (6)식의 우변의 괄호로 묶은 항은 바로 정보지대는 그가 유형 2로 행동할 때 얻는 이득과 같다는 것을 보여주고 있다. 즉 그가 유형 2로 행동하지 않도록 유도하려면 바로 그만큼 추가로 더 지급해야 한다는 것이다.

(6)식과 (8)식을 각각 목적함수의 해당되는 곳에 대입하면

$$Max \ E(\pi) = \frac{1}{2}(q_1 - (\frac{1}{2}q_1^2 + (q_2^2 - \frac{1}{2}q_2^2))) + \frac{1}{2}(q_2 - q_2^2) \tag{9}$$

가 된다. 이윤극대화의 일차필요조건은

$$\frac{\partial E(\pi)}{\partial q_1} = \frac{1}{2}(1 - q_1) = 0 \tag{10}$$

$$\frac{\partial E(\pi)}{\partial q_2} = \frac{1}{2}(-(2q_2 - q_2)) + \frac{1}{2}(1 - 2q_2) = 0 \tag{11}$$

이다. 이로부터 $q_1 = 1$, $q_2 = \frac{1}{3}$을 얻는다. (11)식은 $\frac{1}{2}(1 - 2q_2) = \frac{1}{2}(2q_2 - q_2)$로 정리되는데 좌변은 q_2의 증가로 인한 이윤(효율) 증가를 나타내며 우변은 q_2의 증가로 인한 정보지대 증가를 나타낸다. 이러한 상충관계가 고려되어 이윤이 극대화된다. 그 결과 q_2는 완전정보일 때보다 작아진다. (10)식은 q_1은 완전정보일 경우와 같아진다는 것을 보여준다.

이때 (6)식과 (8)식으로부터 $s_1 = \frac{5}{9}$, $s_2 = \frac{1}{9}$을 얻는다. 즉 최적유인보수메뉴는 1단위를 생산하면 $\frac{5}{9}$의 보수를 지급하고 $\frac{1}{3}$단위를 생산하면 $\frac{1}{9}$의 보수를 지급하는 것이다. 이때 정보지대는 (6)식의 우변의 괄호로 묶은 항으로서 $s_2 - \frac{1}{2}q_2^2 = \frac{1}{18}$이다. 목적함수에 나타나 있듯이 정보지대는 독점기업의 기대이윤을 감소시킨다.

b. (i) 비대칭정보로 인해 비효율이 발생한다. 즉 유형 2는 완전정보일 때보다 적게 생산하여 그에 상응하는 비효율이 발생한다. 목적함수인 (9)식을 볼 때 q_2가 커지면(둘째 항, 즉 유형 2 측에서의 이윤(효율)이 증가하지만) 첫째 항에서 자기선택 유도를 위해 유형 1에게 지불해 주어야 하는 정보지대(정보비용)가 커지게 되는 영향 때문에 q_2가 완전정보일 때보다는 작아진 것이다. 정보지대를 줄이려면 q_2를 줄여야 하는데 이 때문에 비효율이 발생하는 것이다. 즉 정보지대추출과 효율 사이에 상충관계가 존재한다. 유형 1은 완전정보일 경우와 같은 수량을 생산한다. (ii) 비용이 낮은 유형 1은 정보지대를 누린다. 유형 2에게는 참가하는 것과 무차별할 만큼만의 보수가 지급되고 있다. (iii) 높은 비용의 근로자를 겨냥한 생산량을 더욱 적게 함으로써 수량의 차이를 확실히 크게 해 놓아야 한다. 수량 차이가 별로 나지 않는다면 낮은 비용의 근로자마저 적은 생산량을 선택할 우려가 있다. 또한 수량의 차이가 클 경우 적은 생산량은 유형 1에게 더더욱 덜 매력적이 되므로 유형 1에게는 많은 생산량을 생산하려는 유인이 더더욱 커질 것이기 때문에 수량의 차이를 크게 하고 유형 1에게 지급하는 보수를 더더욱 낮게 책정함으로써 유형 1에게 보장하는 잉여(정보지대)를 줄여서 이윤을 증가시킬 수 있다. 이렇게 볼 때 유형 1이 없다면 유형 2를 겨냥한 생산량이 그렇게 적어지지는 않을 것이다. (iv) 자기선택제약으로 인해 유형1과 유형2가 서로 다른 선택을 하게 되어 분리균형이 달성된다.

📋 예제 24.5 선별 - 경쟁적인 보험시장

사람들이 질병에 걸릴 경우 치료비가 C만큼 든다고 하자. 그런데 발병 확률이 높은 사람들(H유형)과 낮은 사람들(L유형)이 같은 인원으로 섞여 있다고 하자. 발병 확률이 높을 경우 그 확률이 p_H이고, 낮을 경우 p_L이라고 하자. 각 개인은 처음에 w_0만큼의 재산을 가지고 있으며 치료비는 누구에게나 같다고 하자. 나아가서 이들은 모두 위험회피자라고 한다. 이때 보험회사가 발병 확률에 대한 정보는 가지고 있지만 누가 발병 확률이 높은 사람인지를 분간할 수 없다고 하자.

a. 보험회사가 보험료율 q를 평균확률과 같도록 설정하여 보험을 판매한다고 하자. 그러나 한 종류의 보험만 판매한다고 하자. 이때 예상되는 결과를 말하시오.

b. 보험시장에서 균형이 달성되려면 보험을 어떻게 판매하여야 하는가?

KEY 공동균형(pooling equilibrium)은 존재하지 않는다. 균형이 존재하려면 자기선택제약과 참가제약과을 만족시켜야 한다. 이러한 상황에서 균형이 존재할 경우 그 균형은 분리균형(separating equilibrium)이 된다.

풀이 a. 보험료율을 평균확률과 같도록 설정한 그림의 M과 같은 보험을 판매한다고 하자. 이때 H유형과 L유형 모두에게(그림에 표현하지는 않았지만) Q점을 지나는 무차별곡선보다 M점을 지나는 무차별곡선이 원점에서 더 멀리 떨어져 있다는 점에 주목하자. 그러므로 이같은 상황에서는 H유형과 L유형 모두 M을 선택한다. 이때 보험회사의 이윤은 0이 된다. 그러나 M점은 최종적인 균형이 되지 못한다. 그 이유를 알아보자. 그 이유는 M에서는 H유형의 무차별곡선이 L유형의 것보다 더 가파르기 때문에 N점과 같은 점이 존재하기 때문이다.

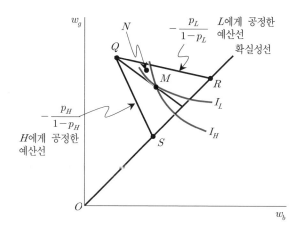

![참고]

H유형과 L유형의 MRS를 비교해 보자. H유형과 L유형의 효용함수는 같다. 그런데 $\frac{p_H}{1-p_H}$ $> \frac{p_L}{1-p_L}$이다. 그리고 $MRS = -\frac{\Delta w_g}{\Delta w_b} = \frac{pMU(w_b)}{(1-p)MU(w_g)}$이다. 그러므로 H유형과 L유형의 재산상태$(w_b, w_g)$가 같을 경우 이 두 식으로부터 $MRS_H > MRS_L$이 성립한다. 다시 말하면 H유형의 무차별곡선이 더 가파르다는 것이다. 이것은 MRS를 p에 대해 미분해 보아도 알 수 있다. 즉 p가 커질수록 MRS가 커진다는 것이다.

H유형의 MRS가 더 크다는 것은 w_b를 한 단위 더 얻기 위해 L유형보다 더 많은 w_g를 포기할 의향이 있다는 것을 말한다. H유형의 발병 확률이 더 높다는 점을 고려할 때 이것은 직관적으로도 당연하다.

한편 이처럼 H유형과 L유형의 MRS가 서로 다를 경우 H유형의 임의의 무차별곡선과 L유형의 임의의 무차별곡선은 단 한 번만 교차한다. 이것을 단일교차성질(single crossing property)이라고 한다.

예를 들어 다른 보험회사가 N점을 제시한다고 하자. 이때 N점은 H유형에게는 M점보다 낮은 효용을 준다. 그러나 L유형에게는 M점보다 더 높은 효용을 준다. 나아가서 N에서는 $q > p_L$이므로 L유형이 이러한 보험을 구입하는 것은 보험회사에게 유리하다. 그러므로 보험회사는 이러한 보험을 공급할 유인이 있다. 결국 H유형은 기존의 M점을 택하고 L유형은 N점을 택하는 결과가 된다. 그런데 M점에서는 $p_H > q$이기 때문에 이처럼 H유형만 M점을 택할 경우 M을 판매하는 보험회사의 기대이윤은 음이 된다. 이러한 결과는 M점은 균형이 될 수 없다는 것을 의미한다. 결국 M과 같은 공동균형(pooling equilibrium)은 존재할 수 없다는 것이다.

b. 균형이 성립되려면 H유형과 L유형이 서로 다른 보험을 구입하도록 만들어야 한다. 예를 들어 그림에서처럼 H유형을 겨냥하여 S를 판매하고 L유형을 겨냥하여 T를 판매하는 것이다. 이때 각 유형의 효용함수를 각각 U_H, U_L이라고 표현하면 S와 T는 다음과 같이 자기선택제약과 참가제약을 만족시켜야 한다.

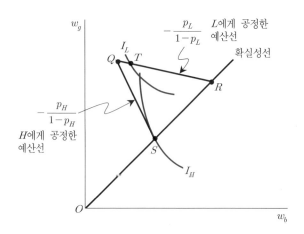

$$U_H(S) > U_H(T) \qquad (1) \qquad \text{자기선택제약}$$
$$U_L(T) > U_L(S) \qquad (2) \qquad \text{자기선택제약}$$
$$U_H(S) > U_H(Q) \qquad (3) \qquad \text{참가제약}$$
$$U_L(T) > U_L(Q) \qquad (4) \qquad \text{참가제약}$$

(1)식은 H유형이 T를 선택할 때보다 자신을 겨냥하여 판매되는 S를 선택할 때 효용이 더 높아야 한다는 것을 의미한다. H유형에게는 S를 지나는 무차별곡선이(그림에 그리지는 않았지만) T를 지나는 무차별곡선보다 위에 놓인다는 사실이 이것을 보장한다. (2)식도 같은 방법으로 해석된다. (3)식은 H유형이 S를 선택할 때가 보험을 아예 구입하지 않는 Q를 선택할 때보다 효용이 더 높아야 한다는 것을 말한다. H유형에게 S를 지나는 무차별곡선이 Q를 지나는 무차별곡선보다 위에 놓인다는 사실이 이것을 보장한다. (4)식도 같은 방법으로 해석된다.

첫째, 그림에 있는 T(의 위치)와는 달리 T(의 위치)를 잘못 설정할 경우 (1)식이 만족되지 않아서 H유형과 L유형이 모두 T를 선택하는 경우가 발생할 수도 있다. 이 경우에는 균형이 성립하지 않는다. 앞 문항에서 보았듯이 공동균형은 존재할 수 없기 때문이다.

둘째, S와 T는 보험회사의 기대이윤이 음이 되지 않도록 해야 한다. 나아가서 장기균형에서는 보험회사들의 경쟁 때문에 보험회사들의 기대이윤이 0이 되어야 한다. 이 점을 고려하면 S와 T는 모두 그림에서처럼 공정한 예산선상에 놓여야 한다.

셋째, 자기선택을 만족시켜야 한다는 측면에서 이때의 균형은 분리균형(separating equilibrium)이 된다. 그런데 이 결과의 해석에 주의해야 한다. 즉 균형이 존재한다면 분리균형이 된다는 것이지 균형이 반드시 존재한다는 것은 아니라는 점이다.

넷째, 균형에서 L유형은 부분보험을 구입하게 되어 위험을 완전히 회피하지는 못한다. 반면에 H유형은 완전보험을 구입하여 위험을 완전히 회피한다. 이처럼 일반적으로 H유형은 꼭 완전보험은 아니더라도 L유형보다는 더 많은 보험을 구입한다. 경쟁시장에서 이처럼 (보험구입으로부터 얻는 편익이 더 큰) H유형이 L유형보다 (더 많은 위험을 회피할 수 있다는 측면에서) 더 많이 나아지는 것은 독점시장에서 수요가 큰 소비자가 정보지대를 누리는 것과 유사하다. 한편 경쟁시장의 경우인 이 문제에서는 L유형도 나아지는데 이것은 독점시장에서 수요가 작은 소비자는 유보효용 이상의 잉여를 누리지 못하는 점과 대조된다.

다섯째, 이러한 분리균형은 완전정보일 경우에 얻은 균형보다 열등하다. 즉 정보가 비대칭일 경우 분리균형은 비효율적이다. 정보가 완전하여 보험회사가 각 유형들을 구분할 수 있다면 L유형은 H유형을 더 나쁘게 만들지 않으면서도 더 나아질 수 있기 때문이다.

여섯째, 각 유형 인원 수의 비율, 각 유형의 위험회피도의 차이, 발병 확률 크기의 차이 등에 따라 균형이 존재하지 않을 수도 있다.

여러 모델의 상품들이 거래되는 경우에도 넓은 의미에서 선별기구 원리가 작동되고 있다고 볼 수 있다. 예를 들어 현대자동차회사가 1가지 모델만 공급한다고 하자. 현대자동차가 독점기업이라면 이 모델에 만족하지 못하는 소비자들도 울며 겨자 먹기로 이 모델의 자동차를 구입할 것이다. 그러나 이러한 상황은 오래가지 못한다. 즉 **공동균형**은 유지되기 힘들다. 다른 자동차회사가 시장에 진입하여 다른 모델의 자동차를 출시함으로써 현대자동차의 유일한 모델에 만족하지 못하는 소비자들을 가로채 갈 것이기 때문이다. 이러한 이유 때문에 시장에는 소비자의 선호를 반영한 다양한 모델의 자동차들이 공급된다. 이때 소비자들은 각자 자신의 선호에 맞는 자동차를 선택하여 구입하게 된다. 즉 **자기선택**을 하게 된다. 결국 다양한 유형의 소비자들이 존재할 경우 동종 상품이라도 다양한 모델의 상품들이 거래된다. 즉 **분리균형**이 이루어진다.

24.4.3 개인측의 선별

(1) 개인은 상품의 수요자 입장에서 선별의 주체가 될 수도 있다. 예컨대 상품의 수요자는 품질 마크를 확인함으로써 품질에 대한 정보를 얻고 있다. 또한 약품이나 식품을 구입할 때 적격제품 여부를 확인하거나, 소비자단체에 문의하여 품질이나 안전성을 확인하는 경우도 이에 해당한다. 이 밖에 개인이 상품을 선택할 때 기업이나 상표의 명성을 보고 선택하는 경우도 이에 해당한다.

(2) 한편 생산요소 공급자로서의 개인을 보자. 개인은 자신이 일할 기업을 선택할 때 그 기업의 장래성이나 안정성 등을 여러 각도에서 판단해 본다. 예컨대 전문기관에 문의하든가 기업의 경영활동을 간결하게 보여주는 재무제표 등을 참조한다. 이것도 선별행위의 하나이다.

24.5 도덕적 해이: 보험시장의 경우

> 🌱 **도덕적 해이**(moral hazard) 정보를 지닌 측이 그렇지 않은 측에게 불리한 행동을 취하는 것

역선택은 개인이나 상품의 특성을 관찰할 수 없기 때문에 발생한다고 하였다. 이러한 측면에서 감추어진 특성의 문제라고 부른다고 하였다. 이에 반해 도덕적 해이는 개인의 행위를 관찰할 수 없기 때문에 발생한다. 이러한 측면에서 **감추어진 행위의 문제**라고 부른다. 도덕적 해이도 정보가 많거나 적기 때문이 아니라 비대칭적으로 분포하기 때문에 발생한다. 이 점은 역선택의 경우와 같다.

도덕적 해이는 상대방의 행위를 관찰할 수 없을 경우에는 경제의 어느 분야에서든 나타날 수 있다. 여기서는 보험과 관련한 도덕적 해이에 대해 검토하기로 하자. 보험과 관련하여 발생하는 도덕적 해이의 유형은 크게 두 가지로 나눌 수 있다. (1) 개인이 사건 발생 확률에 영향을 미치지 않으면서 유발하는 도덕적 해이이다. 이것을 **과다수요형**이라고 하자. (2) 사건이 발생할 확률에 영향을 미칠 때 발생하는 도덕적 해이이다. 이것을 **주의소홀형**이라고 하자.

24.5.1 과다수요형

의료보험을 구입하면 과잉진료를 원하는 경향이 있다. 이러한 과다수요형 도덕적 해이에 대해 검토해 보자. 어떤 사람이 건강할 때에는 의료서비스에 대한 수요는 없다. 병에 걸렸을 경우에는 의료서비스에 대한 수요곡선이 [그림 24-2]와 같다고 한다. 그런데 정보의 비대칭성 때문에 보험회사는 이 수요곡선뿐만 아니라 개인이 병에 걸릴 확률도 모른다. 한편 공급곡선을 수평선으로 그린 이유는 의료서비스 공급에 드는 한계비용은 일정하다고 가정했기 때문이다.

의료보험을 구입하지 않았을 경우를 생각해 보자. 이 경우 이 사람은 건강이 나빠지면 수요곡선과 공급곡선이 만나는 점에 대응하는 q^*를 구입할 것이다.[12]

이제 개인이 완전보험을 구입했다고 하자. 일단 완전보험을 구입하면 보험회사가 의료비 지출의 전액을 보험금으로 지급해 준다. 그러므로 이 경우 의료서비스를 소비할 때 드는 개인의 한계비용은 0이다. 여기에 문제의 핵심이 있다. 이 경우 이 사람은 '한계편익=한계비용'이라는 최적화의 원리에 따라 한계편익이 0이 되는 q'를 소비할 것이다. 즉 도덕적 해

---

12 이때 의료비 지출은 사각형의 면적 A로 표시되고, 병에 걸릴 확률을 p라고 하면 기대의료비 지출은 pA가 된다.

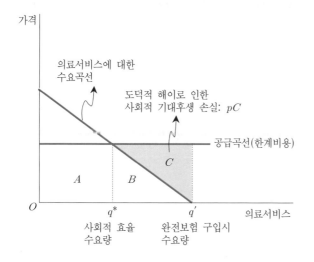

그림 24-2 | 도덕적 해이

보험회사가 의료서비스에 대한 수요곡선을 알 수 없는 비대칭정보 상황에서는 도덕적 해이가 발생한다. 이때 개인이 완전보험을 구입하며 의료서비스 소비의 한계비용이 0이 되기 때문에, 완전보험구입 후에는 의료서비스를 q'만큼 구입한다. 이때 (발병 확률 $\times C$)만큼의 기대후생손실이 발생한다.

이가 발생한다.

이때 효율수준을 초과한 부분에 대한 편익은 B로 측정된다. 그리고 이러한 초과 부분을 공급하는 데 드는 사회적 비용은 $(B+C)$가 된다. 그 결과 도덕적 해이에 따르는 사회적 기대후생손실은 C에 병에 걸릴 확률(p)을 곱한 pC가 된다. 이러한 비효율이 발생하는 이유는 보험을 구입한 경우, 의료서비스를 소비할 때 드는 개인의 한계비용이 사회적 한계비용과 달라지기 때문이다.

한편 보험시장이 완전한 상황조건부상품시장의 역할을 수행하여 자원이 효율적으로 배분되려면 보험시장이 어떠한 보험도 공급할 수 있어야 한다(23장 참조). 그런데 현실적으로는 위와 같은 도덕적 해이 때문에 완전보험이 공급되지 못한다.

24.5.2 주의소홀형

또 다른 유형의 도덕적 해이는 보험구입자가 사건이 발생할 확률에 영향을 줄 때 발생한다. 예컨대 자동차보험의 경우 운전자가 얼마나 주의 깊게 운전하는가에 따라 사고가 발생할 확률이 달라진다. 의료보험의 경우 개인이 얼마나 건강한 생활양식을 유지하려고 노력하는가에 따라 발병할 확률이 달라진다. 그리고 화재보험의 경우에는 화재를 예방하기 위해 얼마나 주의를 기울이는가에 따라 화재가 발생할 확률이 달라진다. 이러한 상황에서 효율적이 되려면 보험회사가 보험료를 산정할 때 구입자가 사건이 발생하지 않도록 하기 위해 얼마나 주의하는가를 고려해야 한다. 즉 얼마나 **자기보호**(self protection)를 하는가를 고려해야 한다. 그런데 보험회사는 이러한 행위들을 정확히 관찰할 수 없다. 이때 개인의 예방노력 수준과 관계없이 보험료를 정하면서 완전보험을 제공할 경우, 예방노력에 비용이 든다면 개인이 예방노력을 아예 하지 않는 도덕적 해이가 발생한다.

> 이렇게 볼 때 이러한 유형의 도덕적 해이는 [그림 24-2]에서의 발병확률, 즉 사고확률 p 와 관련된다. 즉 각 개인이 보험을 구입한 이후에는 그 개인의 행위가 사고확률에 영향을 미친다는 것이다. 반면에 역선택은 사고확률뿐만 아니라 보험료율과도 관련된다. 말하자면 보험료율 q의 보험을 판매할 경우 q보다 사고확률이 더 높은, 즉 더 위험한 개인들이 더 많은 보험을 구입하거나 나아가서는 그런 개인들만 보험을 구입한다는 것이다.

24.5.3 보험시장에서의 도덕적 해이와 시장실패

보험이 공정할 경우 위험회피자는 완전보험을 구입한다(23장 참조). 그러나 도덕적 해이 때문에 완전보험은 공급되지 않는다. 결과적으로 볼 때 위험회피자는 완전보험을 원하지만 도덕적 해이 때문에 완전보험이 공급되지 않는다. 그 결과 보험시장이 완전한 상황조건부 상품시장이 되지 못한다. 따라서 시장이 실패한다.

예를 들어보자.

(1) 과다수요형 도덕적 해이를 보자. 완전보험이 공급될 경우 의료서비스에 대한 수요량이 많아진다. 그 결과 사회적으로 비효율이 발생하며 시장이 실패한다. 이렇게 볼 때 완전보험이 공급되더라도 시장이 실패한다. 그런데 위에서 말했듯이 사실상 도덕적 해이 때문에 완전보험이 공급되지도 않는다. 물론 이 같은 도덕적 해이가 발생하는 이유는 보험회사가 개인의 건강상태를 관찰할 수 없는 정보비대칭성 때문이다. 그리하여 보험금을 건강상태에 근거하여 지급하는 것이 아니라 의료비 지출액에 근거하여 지급하기 때문이다.

(2) 주의소홀형 도덕적 해이의 경우를 보자. 보험이 포괄적일수록 소비자가 주의를 기울일 유인은 줄어든다. 극단적으로 완전보험의 경우에는 소비자가 주의를 전혀 기울이지 않는다. 이 때문에 완전보험은 공급되지 않는다. 그 결과 보험시장이 완전한 상황조건부상품시장이 되지 못한다. 따라서 시장이 실패한다.

24.5.4 보험시장에서의 도덕적 해이에 대한 대책

이상에서 살펴본 바와 같이 완전보험을 공급할 경우 어느 유형을 막론하고 도덕적 해이가 심각하다. 이러한 점을 고려하여 보험회사는 일반적으로 완전보험을 공급하지 않는다. 그 대신 구입자로 하여금 손실의 일부를 분담하도록 한다. 공동보험이 그 예가 될 수 있다.

공동보험을 실시하면 예를 들어 개인이 의료서비스를 소비할 때 그 한계비용이 0이 되지는 않는다. 그 결과 의료서비스에 대한 수요량이 감소한다. 즉 도덕적 해이가 일부 극복된다. 공동보험을 구입할 경우에도 효율적인 수준보다는 주의를 적게 기울인다. 그러나 완전보험을 구입할 경우 주의를 전혀 기울이지 않는 결과와는 대조된다. 즉 어느 정도 주의를 기울인다는 것이다. 그 결과 도덕적 해이가 일부나마 제거된다. 그 결과 사회적 비효율이 줄어든다.

그런데 한 가지 주목할 것이 있다. 역선택은 강제보험을 통하면 완전히 제거할 수 있다. 그러나 도덕적 해이는 완전히 제거할 수 없다는 것이다. 도덕적 해이를 완전히 제거하려면 공동보험에서 구입자의 부담률을 100%로 만들거나 공제금액이 손실액과 같게 만들어야 한다. 그런데 이 경우에는 구입자가 위험을 모두 감수하게 되므로 사실상 보험의 의미가 없어진다.

24.6 본인-대리인문제

도덕적 해이는 특히 본인-대리인관계에서 많이 발생한다. 본인과 대리인 사이의 계약시점을 기준으로 본다면 역선택 관련 특성은 계약 이전에 이미 존재하고 도덕적 해이 관련 행위는 계약 이후에 발생한다. 여기서는 본인-대리인관계에서 발생하는 문제와 그 해결책으로서 유인계약고안에 대해 살펴보기로 하자.

24.6.1 내용 및 특성

계약(contract)을 통해 다른 사람에게 자신의 일을 대신해 주도록 시키고 그 대가로 보수를 주는 경우 **본인-대리인관계**(principal agent relation)가 성립한다. 이때 일을 시키는 사람을 **본인**(principal)이라 하고 본인을 대신해서 일을 해 주는 사람을 **대리인**(agent)이라고 한다. 그런데 이때 본인-대리인문제가 발생한다.

> **본인-대리인문제**(principal-agent problem) 대리인이 본인보다는 자신에게 이득이 되도록 행동하기 때문에 발생하는 문제. **대리인문제**(agency problem)라고도 함.

다음과 같은 특성에 주목하자.

> (1) 본인은 대리인이 본인을 위해 일해 주기를 바란다.
> (2) 본인은 대리인의 행위를 직접 관찰할 수는 없으며 다만 결과로부터 대리인의 행위를 유추할 수 있을 뿐이다.
> (3) 대리인은 대리인대로 본인보다는 자신에게 이득이 되도록 행동할 유인을 갖고 있다.
> (4) 대리인의 행위는 본인의 이해관계에 영향을 미친다.

이러한 상황에서 본인의 관심은 **최적유인계약**을 구하는 것이다. 이와 관련하여 유인계약고안에 대해 알아보기 전에 문제의 특성을 보다 명확히 하기 위해 본인−대리인관계의 예를 들어 보자. 먼저 주주와 경영자의 관계를 들 수 있다. 여기서 주주는 본인으로서 대리인인 경영자가 자신의 이윤을 극대화하도록 일해 주기를 바란다. 그러나 경영자는 이를테면 사업을 빙자한 여행, 호화로운 접대, 자신의 위상 제고 등을 통해 자기 자신의 효용을 극대화하려 한다. 그런데 문제는 주주가 경영자의 이러한 행위를 일일이 관찰할 수 없다는 데에 있다.

이 밖에도 고용주와 피고용인, 환자와 의사, 소송의뢰인과 변호사, 국민과 관료, 심지어는 사회와 공해배출업소의 관계에 이르기까지 그 예는 무수히 많다. 이러한 예들에서 공통적으로 예상되는 점은 부탁받은 대리인은 자신에게 최선이 되는 행위를 할 것이라는 점이다. 그런데 이 행위가 본인에게 영향을 미치지만 본인에게 직접 관찰되지는 않는다.

24.6.2 유인계약고안

이제 이러한 특성을 지니는 본인−대리인관계에 직면하여 대리인으로 하여금 본인의 관점에서 볼 때 최선의 행동을 하도록 유도하는 방법에 대해 생각해 보자. 이러한 방법으로는 보수구조, 특별 상여금, 특별 승진, 각종 포상제도 등 여러 가지를 생각할 수 있다. 이것들은 모두 유인계약에 속한다고 볼 수 있다.

> 🌱 **유인계약**(incentive contract) 사업성과나 대리인의 노력 정도와 연계하여 보상함으로써 대리인에게 더 나은 성과를 내도록 유인을 제공하는 계약

유인계약과 관련된 내용은 주로 **계약이론**에서 연구되고 있다. 한편 올리버 하트(Oliver Hart) 교수와 벵트 홀름스트룀(Bengt Holmström) 교수가 계약이론 연구로 2016년 노벨경제학상을 받았다.

계약이론(contract theory) 비대칭정보하에서 경제 주체들이 어떻게 계약을 맺는가를 연구하는 것

계약이론은 당연히 **최적유인계약**(optimal incentive contract)이 어떠한가에 관심을 두고 있다. 이 책에서는 유인계약을 고안하는 **유인계약고안**(incentive contract deign) 중에서 **유인보수**(incentive pay)를 통한 경우를 분석한다.

(1) 제약조건

유인계약을 고안하려면 적어도 두 가지 제약조건을 만족시켜야 한다. 첫 번째 제약은 참가제약이다.

 참가제약(participation constraint) 대리인이 계약에 참여하도록 유도하려면 대리인에게 적어도 다른 곳에서 얻을 수 있는 만큼의 효용을 보장하여야 한다는 제약조건

그런데 이것은 **개인적 합리성 제약**(individual rationality constraint)이라고도 한다. 이때 보장되어야 하는 최소한의 효용을 **유보효용**(reservation utility)이라고 한다.

그 다음 제약은 유인양립성제약이다.

 유인양립성제약(incentive compatibility constraint) 대리인은 자기 자신의 효용을 극대화할 것이라는 제약조건

이 제약조건과 관련하여 볼 때 본인은 대리인의 행위를 직접 관찰할 수는 없다. 그러므로 본인은 대리인이 효용을 극대화하는 행위가 곧 본인 자신에게도 최적이 되도록 유인계약을 고안해야 한다.

한편 앞서 다룬 선별기구와 유인계약을 굳이 구별하자면, 선별기구는 서로 다른 유형의 개인들로 하여금 자기 유형에 맞는 선택을 하도록 유도하는 기구이고, 유인계약은 특정 대리인으로 하여금 본인의 관점에서 보았을 때 최선의 행동을 하도록 유도하는 장치이다. 또한 선별기구에 등장하는 자기선택제약은 유인계약에서의 유인양립성제약의 특별한 형태라고 볼 수 있다.

(2) 유인계약이 갖추어야 할 성격

유인계약을 고안할 때 무엇보다도 염두에 두어야 할 사항이 있다. 그것은 우선 정보가 비대칭적이라는 점이다. 그리하여 산출량과 대리인이 취하는 행동 사이의 결정적인 관계는 알

수 없는 것이 보통이다. 다만 산출량으로부터 대리인의 행위를 유추해 볼 수 있을 따름이다.

그런데 문제를 더욱 어렵게 만드는 것이 있다. 즉 현실에서는 이러한 비대칭정보의 문제뿐만 아니라 **불확실성**이 존재한다는 것이다. 이 때문에 실제 산출량이 적을 경우 본인은 그 이유를 알지 못한다. 말하자면 대리인이 최선을 다하지 않은 데에서 비롯된 것인지 기후나 작업환경 등 주위 여건이 나빠져서 그런 것인지를 알 수 없다는 것이다. 이러한 상황에서는 대리인 역시 산출량이 적어져 추궁을 받을 경우 그 원인을 주위의 여건 탓으로 돌릴 수도 있다. 즉 이러한 상황을 자신에게 유리하도록 이용한다는 것이다.

이러한 측면을 고려할 때 유인계약을 고안하려면 유인을 제공해 주는 것(개인의 노력을 반영해 주는 것)만으로는 불충분하다. 즉 (1) 유인을 제공해 주는 것 외에 (2) 위험도 본인과 적절히 분담할 수 있도록 고안해야 한다. 그런데 유인계약고안이 어려운 이유는 유인제공과 **위험분담**(risk sharing) 사이에 상충관계(trade off)가 존재하기 때문이다.

24.6.3 유인제공과 위험분담(보험제공) 사이의 상충관계

이번 소절에서는 본인은 위험중립적이고 대리인은 위험회피적이라고 가정하기로 하자. 이러한 가정 아래 상충관계에 대해 앞으로의 분석에서 핵심적으로 적용될 수 있는 내용에 대해 검토해 보자.

[핵심 1] 직관적으로 볼 때 상황조건부보수의 평균이 같을 때 분산(위험)을 크게 해 줄수록 유인이 커진다. 바꾸어 말하면 분산(위험)을 작게 해 줄수록 유인이 작아진다. 즉 본인이 위험을 더 많이 떠안아 줄수록 유인이 더 작아진다. 즉 (본인과의) 위험분담과 유인제공 사이에 상충관계가 존재한다. 이것은 위험에 대한 태도에 관계 없이 성립한다.

예를 들어 각각의 확률이 50%일 때 상황조건부보수 $A(0, 100)$ 또는 $B(50, 50)$를 제시받을 경우 대리인은 자신의 위험에 대한 태도에 관계없이 분산(위험)이 큰 A일 경우 100을 받을 수 있도록 열심히 일하고 분산이 0인 B일 경우 게으르게 일할 것이다.

[핵심 2] 대리인이 위험회피자라면 상황조건부보수의 분산이 작아질 경우 평균이 작아지는 것을 수용한다. 위험회피자의 무차별곡선이 원점에 대해 볼록하다는 것이 이러한 사실을 반영한다. [그림 23-9(A)]에서 상황조건부상품을 상황조건부보수라고 간주하고 생각해 보자. 그리고 가장 안쪽의 무차별곡선을 고정시키고 등기대치선을 안쪽으로 이동시켜 가면서 그때 확실성선의 왼쪽에 생겨나는 교점들을 비교해 보자. 이때 상황조건부보수의 분산이 작아지면서 평균(기대치)도 작아지는데 무차별하다는 것을 확인할 수 있다.

[핵심 3] 대리인이 위험회피자라면 본인 입장에서 볼 때 상황조건부보수의 분산을 줄여줄 경우 평균보수를 적게 지급해 주어도 되는 이득을 누릴 수 있는 반면 대리인의 유인감소

라는 기회비용을 감수해야 한다. 사실상 [핵심 1]과 [핵심 2]를 함께 적용한 결과이다.

[핵심 4] 본인은 위험중립자이고 대리인은 위험회피자일 경우 위험분담 측면만 고려한다면 모든 위험을 위험중립자인 본인이 부담하고 위험회피자인 대리인은 위험을 전혀 부담하지 않는 것이 효율적이다(증명은 부록 24.2의 3, 직관적 설명은 24.6.4의 (1)(i) 참조).

이러한 내용들을 바탕으로 2가지 극단적인 제도인 고정급과 임대제도 검토와 함께 상충관계의 존재 및 함축성에 대해 좀 더 설명해 보자.

부록 24.2 최적위험분담: 완전정보 불확실성하의 일반균형

불확실성하의 일반균형에 대해 분석하려고 한다. 불확실성이 있는 경우이므로 23장에서처럼 상황조건부상품을 이용하여 분석하고자 한다. 본인이 대리인의 행위를 관찰할 수 있는 **완전정보**(perfect information)를 가정하여 유인제공문제는 존재하지 않으며 오로지 위험분담문제만 존재한다고 하자.

완전정보는 비현실적이기는 하지만 거래 당사자들의 위험에 대한 태도에 따라 **최적위험분담**(optimal risk sharing)이 어떻게 달라지는가를 명쾌하게 보여준다. 이때 각 개인의 기대효용극대화로부터 얻는 파레토효율조건으로부터 최적위험분담에 대해 알게 된다. 파레토효율적 상황조건부상품의 배분이 파레토효율적 위험분담에 대응되기 때문이다. 설명 과정에서 상황조건부상품평면의 에지워드상자를 이용하기로 하자. 확실성하에서 상품평면의 에지워드상자를 이용할 수 있는 것과 그 원리가 같다.

1. 파레토효율조건

나쁜 상황 b가 발생할 경우 y_b를 제공하고 좋은 상황 g가 발생할 경우 y_g를 제공하는 사업이 있다고 하자. 이때 계약상으로 본인 B는 대리인 A에게 나쁜 상황이 발생할 경우 w_b를 지급하고 좋은 상황이 발생할 경우 w_g를 지급한다고 하자. 그러므로 본인 B는 나쁜 상황이 발생할 경우 나머지인 $y_b - w_b$를 갖게 되고 좋은 상황이 발생할 경우 나머지인 $y_g - w_g$를 갖게 된다. 이 경우 체결 가능한 계약에 따른 어떤 배분도 에지워드상자 내의 한 점으로 표시할 수 있다(그림 참조). 이제 나쁜 상황이 발생할 확률이 p_b이고 좋은 상황이 발생활 확률이 p_g라고 하자. 이 경우 기대효용극대화에 따른 파레토효율조건은

$$\left(\frac{p_b MU^A(w_b)}{p_g MU^A(w_g)}=\right)MRS^A_{w_b w_g} = MRS^B_{w_b w_g}\left(=\frac{p_b MU^B(y_b - w_b)}{p_g MU^B(y_g - w_g)}\right) \tag{1}$$

이 된다. 한계대체율 공식은 식 (23.20)을 참조하기 바란다. 이때 양변에서 확률은 서로 약분된다.

따라서

$$\frac{MU^A(w_b)}{MU^A(w_g)} = \frac{MU^B(y_b - w_b)}{MU^B(y_g - w_g)} \tag{2}$$

가 성립한다. 무차별곡선의 모양에 대한 원리는 23.4.6을 참조하자. 특히 위험중립자의 경우 무차별곡선은 $MRS_{w_b w_g} = \frac{p_b}{p_g}$가 성립되는 직선으로 나타난다는 점에 주목하자.

2. 이때 대리인 A가 위험회피자이고 본인 B가 위험중립자일 경우를 생각해 보자.

위험중립자일 경우 한계효용이 상수로서 일정하므로 우변은 1이 된다. 그러므로 좌변도 1이 된다. 즉 $\frac{MU^A(w_b)}{MU^A(w_g)} = 1$ (3)이다. 개인 A가 위험회피자이므로 그의 효용함수는 단조증가함수이다. 따라서 (3)식이 성립할 경우 $w_b = w_g$이다. 그러므로 계약곡선은 $w_g = w_b$, $(0 \le w_b \le y_b,\ 0 \le w_g \le y_g)$가 된다. 즉 위험회피자인 A의 확실성선이 계약곡선이 된다.

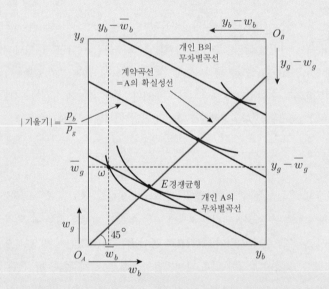

[그림] 대리인 A가 위험회피적이고 본인 B가 위험중립적일 경우의 최적위험분담

3. 파레토효율 상태의 성격

이로부터 파레토효율 상태에서는 다음 사항들이 성립한다는 것을 알 수 있다.

(1) 최적위험분담은 확률분포와는 관계없이 정해진다.

(2) 대리인 A가 위험회피자이고 본인 B가 위험중립자일 경우 대리인 A는 어떠한 상황이 발생하

든 항상 동일한 보수를 받는다. 즉 위험을 전혀 부담하지 않는다. 위험중립자인 본인 B가 위험을 모두 부담한다. 이것이 최적위험분담이다. 계약곡선이 B의 확실성선과 위험의 크기라고 할 수 있는 $(y_g - y_b)$만큼 떨어져 있다는 사실이 이를 말해 준다. O_B에서 출발하는 B의 확실성선을 그려서 확인해 보기 바란다.

(3) (2)식은

$$\frac{MU^A(w_b)}{MU^B(y_b - w_b)} = \frac{MU^A(w_g)}{MU^B(y_g - w_g)} \tag{4}$$

로 바꿔 쓸 수 있다. 이 결과는 최적보험계약에서는 모든 상황에 걸쳐 각 개인의 소득의 한계효용의 비율이 같다는 **보크법칙**(Borch rule)의 2인 2상황 버전이다.

4. 경쟁균형

일반화를 위해 각 상황이 발생할 때 A와 B의 부존량이 각각 $(\bar{w}_b^A, \bar{w}_g^A)$, $(\bar{w}_b^B, \bar{w}_g^B)$로 주어지고 $\bar{w}_b^A + \bar{w}_b^B = y_b$, $\bar{w}_g^A + \bar{w}_g^B = y_g$라고 하자. 다만 앞에서와 같은 표기를 사용하면서도 표기를 간결히 하기 위해 A와 B의 부존량을 각각 $(\bar{w}_b, \bar{w}_g)$, $(y_b - \bar{w}_b,\ y_g - \bar{w}_g)$로 표현하자. 대리인 A가 위험회피적이고 본인 B가 위험중립적일 경우

(1) ω와 E점을 비교해 볼 때 A는 교환 후 더 높은 무차별곡선으로 이동하고 B는 교환 이전과 같은 무차별곡선상에 머물렀다. 이처럼 경쟁균형에서는 위험회피자인 A가 교환의 이득을 모두 독차지한다. 한편 본문은 완전정보하의 경쟁균형이 아니라 비대칭정보로 인해 시장실패가 발생하는 경우를 다루고 있다.

(2) 경쟁균형상대가격을 $(\frac{q_b}{q_g})_{CE}$라 하면 $(\frac{q_b}{q_g})_{CE} = \frac{p_b}{p_g}$가 된다. 즉 확률의 비율로 나타난다. 23장에서처럼 q_b와 q_g는 각각 상황조건부상품의 가격을 나타낸다.

참고

위험에 대한 태도에 따라 결과가 어떻게 달라지는가 검토해 보자. 4항에서 수식 모형도 소개한다. 여기에서도 본인이 대리인의 행위를 관찰할 수 있는 완전정보를 가정하자. 그래서 유인제공문제는 없으며 오로지 위험분담문제만 존재한다고 하자. 표기는 앞에서 소개한 것을 사용한다.

1. 모두 위험 중립적일 경우

w_b, w_g의 크기에 관계 없이 A의 한계효용이 같은 상수로서 일정하므로 (2)식의 좌변이 1이 된다. w_b, w_g, y_b, y_g의 크기에 관계없이 B의 한계효용이 (또 다른) 같은 상수로서 일정하므로 (2)식의 우변이 1이 된다. 그러므로 w_b, w_g, y_b, y_g의 크기에 관계없이 (2)식이 성립한다. 이것은 어떠한

위험분담도 파레토효율적이라는 것을 말한다. 각자의 확실성선에서 멀어질수록 각자의 위험분담이 커진다는 점에 주목하기 바란다. 한편 이때 A와 B의 무차별곡선은 각각 기울기의 절대값이 $\frac{p_b}{p_g}$인 직선으로서 일치한다.

2. 모두 위험회피적일 경우

나쁜 상황이 발생할 경우가 좋은 상황이 발생할 경우보다 나을 수는 없으므로 $y_b \leq y_g$이고 $w_b \leq w_g$이다.

(1) $y_b = y_g$일 경우: 어떤 상황이 발생하든 같은 결과가 나오는 경우이므로 이 사업에 위험이 없는 경우이다. 개인적으로는 위험하더라도 상황조건부상품 거래를 통해 위험을 완전히 제거할 수 있다. 즉 아무도 위험을 부담하지 않는 것이 최적위험분담이다.

(i) 이 경우 (2)식이 성립하려면 $w_b = w_g$, $y_b - w_b = y_g - w_g$이어야 한다. 즉 아무도 위험을 부담하지 않는 상태가 파레토효율이다. $y_b = y_g$이므로 에지워드상자는 정사각형이다. 이때 A와 B의 공통의 확실성선인 대각선이 계약곡선이 된다. 즉 아무도 위험을 부담하지 않는 것이 최적위험분담이다.

(ii) 그런데 확실성선상에서는 $MRS_{w_b w_g} = \frac{p_b}{p_g}$가 성립하므로(23.4.6 참조) 경쟁균형상대가격을 $(\frac{q_b}{q_g})_{CE}$라 하면 $(\frac{q_b}{q_g})_{CE} = \frac{p_b}{p_g}$가 된다.

(2) $y_b < y_g$일 경우: 상황에 따라 다른 결과가 나오는 경우이므로 이 사업에 위험이 있는 경우이다. 위험의 크기는 $(y_g - y_b)$라고 할 수 있다. 두 개인 모두 위험을 부담하는 것이 최적위험분담이다.

(i) (2)식의 양변을 관찰해 볼 때 $y_b < y_g$일 경우 (2)식이 성립하려면 $w_b \neq w_g$이어야 한다. 즉 $w_b < w_g$이어야 한다. 이러한 상황에서 양변의 분모와 분자를 비교할 때 등식이 성립하려면 $y_b - w_b < y_g - w_g$이어야 한다. 이것은 파레토효율이 성립하려면 A와 B가 위험을 분담해야 한다는 것을 의미한다. 즉 최적위험분담은 어느 일방이 위험을 모두 부담하는 것이 아니고 서로 분담하는 것이다. 서로 각자의 확실성선에서 멀어지면서 위험에 해당하는 $(y_g - y_b)$에 대응하고 있다는 점에 주목하기 바란다.

(ii) 23.4.6의 넷째에서 말했듯이 위험에 대한 태도에 관계없이 확실성선상에서는 $MRS_{w_b w_g} = \frac{p_b}{p_g}$가 성립한다. 그런데 $MRS_{w_b w_g}$는 체감한다. 이 2가지 사실로부터 A와 B의 무차별곡선들은 A와 B의 확실성선 사이에서 접한다는 것을 추론할 수 있다. O_A와 O_B 각 점에서 출발하는 A와 B의 확실성선을 그린 후 원점에 대해 볼록한 A와 B의 무차별곡선을 그려서 확인해 보기 바란다.

(iii) A와 B가 모두 확실성선에서 벗어나 있으므로 A와 B가 위험을 분담하고 있는 상황이다. 확실성선에 가까울수록 위험이 작아진다는 점에 주목할 때 만일 A가 B보다 더 위험회피적일수록 경쟁균형은 점점 더 A의 확실성선 근처로 다가갈 것이다. 평균보수를 일부 포기하더라도 위험을 줄이려는 경향 측면에서 A가 B보다 강하기 때문이다. 극단적으로 A는 위험회피적이고 B는 위험중립

적이라면 경쟁균형은 [그림]과 같이 A의 확실성선상에서 달성된다.

(iv) 한편 (1)에서 보았듯이 $y_b = y_g$일 때에는 $(\frac{q_b}{q_g})_{CE} = \frac{p_b}{p_g}$였다. 그런데 $y_b < y_g$로서 y_g가 더 클 경우에는 $y_b = y_g$일 때에 비해 y_g의 공급량이 상대적으로 증가한 것으로 볼 수 있으며 따라서 y_g의 상대가격은 $y_b = y_g$일 때에 비해 하락한다. 그 결과 $(\frac{q_b}{q_g})_{CE} > \frac{p_b}{p_g}$가 된다.

3. 에지워드상자 활용

이상의 논의로부터 추론할 수 있듯이 에지워드상자를 이용한 분석은 활용 범위가 넓다. 일반적으로 2개인과 2가지 상품이 존재하고 소득이 부존상품으로 주어진 경우는 에지워드상자를 이용하여 일반균형모형을 통해 분석할 수 있다. 예를 들어 지금 분석한 것 같은 2개인과 2가지 상황하의 파레토효율적 위험분담, 이와 원리적으로는 같은 2개인과 2종류 주식 하의 상대가격과 파레토효율적 주식배분, 2개인과 현재소비 미래소비 하의 이자율과 파레토효율적 대출 및 차입 등에 대해 분석할 수 있다.

4. 수식 분석

에지워드상자를 이용하는 대신 수식을 통해 분석할 수도 있다. (i) 이때 각 개인의 MRS를 구한 다음 그로부터 계약곡선을 구하게 된다. (ii) 또한 각 개인이 자신의 예산제약하에 기대효용을 극대화하는 문제를 푼 다음 시장청산조건을 적용하여 경쟁균형을 구하게 된다. 즉 경쟁균형은

$$\underset{w_b^A,\ w_g^A}{\text{Max}}\ EU^A(w^A) = p_b U^A(w_b^A) + p_g U^A(w_g^A)$$

$$s.t.\quad q_b w_b^A + q_g w_g^A = q_b \overline{w}_b^A + q_g \overline{w}_g^A$$

$$\underset{w_b^B,\ w_g^B}{\text{Max}}\ EU^B(w^B) = p_b U^B(w_b^B) + p_g U^B(w_g^B)$$

$$s.t.\quad q_b w_b^B + q_g w_g^B = q_b \overline{w}_b^B + q_g \overline{w}_g^B$$

의 2문제를 각각 푼 다음 시장청산조건을 적용하게 된다. 지금까지처럼 이때 bar($-$)는 부존량, p는 확률, q는 상황조건부상품의 가격을 나타낸다. 23.1.3에서 말했듯이 분석 방법은 확실한 상황의 경우와 같다. 구체적인 풀이 방법은 [예제 19.4]를 참고하기 바란다.

(1) 고정급

어떤 상황이 발생하든지 본인이 대리인에게 항상 일정한 금액인 **고정급**을 주는 경우 어떤 상황이 발생하더라도 대리인은 항상 같은 금액을 받게 된다. 이 경우 어떤 상황이 발생했는지는 본인에게만 영향을 준다. 따라서 모든 위험을 본인이 감수하는 상태가 된다. 즉

대리인이 직면하는 모든 위험에 대해 본인이 **완전보험**을 제공해 주는 상태이다. 그런데 이처럼 본인이 완전보험을 제공해 주면 대리인은 어떤 결과가 나오든지 상관하지 않는다. 그결과 유인이 사라진다. 즉 유인제공 측면에서는 최악이다. 다시 말하면 도덕적 해이가 최대로 발생한다.

(2) 임대제도

임대료를 내고 건물을 빌려 쓰는 경우 건물을 빌려 쓰는 사람은 자신이 번 돈 중에서 임대료만 건물주에게 주고 나머지는 모두 자신이 갖는다. 이처럼 대리인이 본인에게 일정한 금액만을 주고 나머지를 모두 자신이 갖는 유형을 **임대제도**라고 하자. 대리인이 '본인'이 되어버린 상태이다. 이러한 임대제도 아래에서는 어떤 상황이 발생하더라도 본인은 같은 금액을 받는다. 어떤 상황이 발생했는지는 대리인에게만 영향을 준다. 따라서 모든 위험을 대리인이 감수하는 상태가 된다. 즉 본인이 대리인에게 보험을 전혀 제공하지 않은 상태이다. 그런데 이 제도 아래에서는 대리인 자신이 버는 것 중에서 일정한 금액만 빼고는 자신이 모두 가지기 때문에 대리인이 최선을 다할 유인이 있다. 즉 유인제공 측면에서 최고이다. 다시 말하면 도덕적 해이가 발생하지 않는다.

(3) 상충관계의 존재 및 함축성

결국 고정급처럼 본인이 대리인에게 완전보험을 제공하면 **유인제공** 측면에서 최악인 반면 임대제도처럼 본인이 대리인에게 보험을 전혀 제공하지 않으면 유인제공 측면에서 최고이다. 이것은 보수구조를 통해 대리인에게 보험을 제공해 주는 것과 유인을 제공해 주는 것 사이에 상충관계가 존재한다는 것을 함축한다. 사실상 앞의 [핵심 1]에서 말했듯이 일반적으로 보험을 더 많이 제공할수록, 바꾸어 말하면 본인이 위험을 더 많이 떠안아 줄수록, 즉 **위험분담**(risk sharing)을 더 많이 해 줄수록 대리인이 최선을 다할 유인이 더 작아진다.[13] 이른바 유인제공과 위험분담(보험제공) 사이의 상충관계가 존재한다.

---

13 일반적인 보험의 경우 구입한 보험이 완전보험에 가까울수록 보험구입자가 사건 발생 방지를 위해 최선을 다할 유인이 줄어든다(즉 도덕적 해이가 많이 발생한다). 유인제공과 위험분담 사이의 상충관계는 이러한 상황을 연상시킨다.

> 한편 본인이 보험을 제공해 주려는 이면에는 대리인이 받는 보수의 위험(분산)을 줄여줄 경
> 우 위험회피자인 대리인은 그에 상응해서 보수의 평균이 작아지는 것을 수용할 것이라는
> 사실([핵심 2] 참조)이 깔려 있다. 이 사실은 위험중립자인 본인 입장에서 볼 때 자신이 위험
> 을 떠안는 대신, 즉 보험을 제공하는 대신 평균보수를 낮출 수 있는 이득이 있다는 것을
> 말한다.

그런데 지급해 주는 평균보수를 낮추기 위해 본인이 위험을 더 많이 떠안으려 하면, 즉
보험을 더 많이 제공하려 하면 그에 상응해서 유인이 줄어드는 것이 문제이다. 즉 그에 상
응하여 도덕적 해이가 발생하는 것이 문제이다. 이런 측면에서 상충관계가 존재한다. [핵심
3]에서 말했듯이 본인 입장에서 볼 때 (보험제공을 통해) 평균보수 인하라는 이득을 누리려면
대리인의 유인감소라는 기회비용을 치러야 하는 셈이다. 즉 도덕적 해이 발생이라는 기회
비용을 치러야 하는 셈이다. 다른 각도에서 보면 상충관계는 유인을 더 많이 제공하려면,
즉 도덕적 해이를 더 많이 줄이려면 대리인에게 위험도 더 많이 부담시켜야 하며 그에 상응
하여 평균보수도 높여주어야 한다는 것을 의미한다.

유인제공과 위험분담 사이에 존재하는 상충관계의 특성은 [표 24-1]로 정리할 수 있다.

표 24-1	유인제공과 위험분담 사이의 상충관계에 대한 해석

| 본인의 위험분담 ↑ | ⇒ | 대리인의 유인 ↓ |
| 보험제공 ↑ | ⇒ | 대리인의 유인 ↓ |

대리인의 위험에 대한 태도와 관계 없이 본인이 위험을 많이 분담해 줄수록 대리인이 최선을 다할 유인이 감소한
다. 이때 위험분담은 보험을 제공해 주는 것으로 해석할 수도 있다.

24.6.4 위험에 대한 태도와 최적유인계약하에서의 자원배분

(1) 본인이 위험중립자이고 대리인이 위험회피자일 경우: 시장실패

(i) 본인이 위험중립자이고 대리인이 위험회피자일 경우 위험분담 측면에서 최적인 보
수구조를 생각해 보자. 대리인은 위험회피자이므로 위험을 회피하려 하지만 본인은 위험중
립자여서 기대치만 같다면 위험의 크기에는 신경 쓰지 않으므로 본인이 위험을 모두 전담
하는 **고정급**이 위험분담 측면에서는 최적이다. 본인이 위험을 전담하는 이유를 살펴보자.
먼저 지적할 점은 대리인의 위험에 대해 완전보험(고정급)을 제공하고 본인이 위험을 전담하
는 대신 대리인에게 지급하는 평균보수를 낮추는 것이 본인에게도 이득이라는 것이다. 이
때 대리인은 위험회피적이기 때문에 완전보험을 제공받는 대가로 평균보수가 낮아지는 것

을 받아들인다. 즉 고정급을 수용한다. 따라서 대리인에게 위험을 부담시키는 보수구조와 비교할 때 고정급은 대리인의 기대효용을 변화시키지 않으면서 본인은 나아지게 만들 수 있다. 다시 말하면 대리인에게 위험을 부담시키는 제도에서 고정급으로 이행하면 파레토개 선이 이루어진다. 즉 대리인에게 위험을 부담시키는 제도에서는 파레토개선의 여지가 있다. 그러므로 본인이 위험중립적일 경우에는 대리인에게 위험을 부담시키는 것은 파레토효율적 이지 않다.

> 일반적으로 본인이 위험중립자이고 대리인이 위험회피자일 경우에는 대리인에게 위험을 조금이라도 부담시키는 보수구조는 파레토효율적이지 않다. 즉 이 경우에는 본인이 위험 을 전담하는 것이 파레토효율적이다(24.6.3의 [핵심 4]와 부록 24.2 참조).

그런데 고정급은 유인제공에 문제가 있다. 대리인에게 위험을 전혀 부담시키지 않을 경우 유인을 전혀 제공하지 못하는 문제가 발생한다. 즉 도덕적 해이가 최대로 발생한다. 이때 도덕적 해이의 발생을 줄이려면 대리인에게 어느 정도 위험을 부담시키도록 보수구 조를 고안해야 한다. 결국 본인이 위험중립자이고 대리인이 위험회피자일 경우에는 본인 이 위험을 모두 부담하는 것이 파레토효율적이지만, 도덕적 해이 발생 우려 때문에 본인이 위험을 모두 부담하도록 보수구조를 고안할 수 없으며 그 결과 비효율이 발생한다. 이때의 비효율은 도덕적 해이 방지를 위해 감수하는 것이므로 결국 정보비대칭 때문에 발생한 것 이다.

　(ii) 본인이 위험중립자이고 대리인이 위험회피자일 경우 유인제공 측면에서 최적인 제 도를 생각해 보자. 즉 임대제도를 실시할 경우를 생각해 보자. 이때 임대제도는 유인제공 측 면에서는 최적이지만, 즉 도덕적 해이의 발생을 완전히 막을 수 있지만 위험회피자인 대리 인에게 모든 위험을 떠안게 하므로 위험분담에는 문제가 있다. 앞서 말했듯이 본인이 위험 중립자이고 대리인이 위험회피자일 경우에는 대리인에게 위험을 조금이라도 부담시키는 보 수구조는 파레토효율적이지 않기 때문이다. 여기에 초점을 맞추어 생각해 보자.

　본인이 위험중립자이고 대리인이 위험회피자일 경우에는 대리인이 받는 보수의 위험을 줄여주는 대신 보수의 평균을 낮춤으로써 본인이 자신의 기대이윤을 증가시킬 수 있는 여 지가 존재한다. 즉 대리인의 기대효용을 변화시키지 않으면서 본인은 나아지게 만들 수 있 는 여지가 존재한다. 다시 말하면 위험분담과 관련하여 파레토개선이 가능하다. 그러므로 본인이 위험중립자이고 대리인이 위험회피자일 경우에는 (대리인에게 유인을 최대로 제공할 목적 으로) 대리인에게 위험을 모두 떠안게 하는 임대제도는 위험분담 측면에서 효율적이지 않다. 대리인에게 위험을 모두 떠안게 하는 임대제도가 위험분담 측면에서 효율적이지 않다는 것 은 본인이 위험을 분담해 주어야 한다는 것을 의미한다. 그런데 본인이 위험을 분담해 줄 경우 그에 상응하여 도덕적 해이가 발생한다. 구체적으로 볼 때 이 경우 도덕적 해이가 발생한다는 것은, 본인의 기대이윤을 증가시키기 위해서는 보수의 평균을 낮추고 그 대신 대리인에게 지급하는 보수의 위험을 줄여주어야 하는데, 즉 본인이 위험을 분담해 주어야 하는데, 이때 그에 상응하여 대리인이 최선을 다할 유인이 줄어든다는 것을 의미한다. 이 경우에도 결국 정보비대칭으로 인해 비효율이 발생하는 것이다.

(iii) 종합해 볼 때 대리인이 위험회피자이고 본인이 위험중립자일 경우 최적유인보수를 고안할 때 위험의 최적분담과 관련하여 유인제공과 위험분담 사이의 상충관계가 문제되기 때문에 보수가 최적으로 고안되더라도 어느 정도의 도덕적 해이는 발생할 수밖에 없다.

> 이 같은 결과는 비대칭정보하에서 유인제공과 위험분담 사이의 상충관계가 문제될 경우 최적유인계약으로도 도덕적 해이의 발생을 완전히 막을 수는 없기 때문에 파레토효율이 달성될 수 없다는 사실을 함축한다. 즉 비대칭정보하에서 유인제공과 위험분담 사이의 상충관계가 문제될 경우 시장이 실패한다는 것이다.

그런데 이러한 시장실패, 즉 비효율의 근본 원인은 역선택의 경우나 도덕적 해이의 경우나 모두 정보비대칭이다. 그렇지만 그 대응책 후 비효율의 크기를 결정짓는 요인은 다르다. 선별기구하의 비효율의 크기는 자기선택을 유도하기 위한 정보지대의 크기와 관련되고 유인계약하의 비효율의 크기는 위험분담의 정도와 관계된다.

> (1) 본인과 대리인의 위험에 대한 태도에 관계 없이 유인제공과 위험분담 사이의 상충관계는 항상 존재한다(24.6.3 [핵심 1] 및 예제 24.10 풀이 b. (i) 참조). (2) 그런데 최적유인보수를 고안할 때 상충관계가 위에서처럼 문제 되는 경우도 있지만 그렇지 않은 경우도 있다. (3) 앞으로 보게 되겠지만 대리인이 위험중립적일 경우에는 상충관계가 문제 되지 않는다.

(2) 대리인이 위험중립적일 경우: 파레토효율 달성

대리인이 위험중립적일 경우에는 대리인이 위험의 크기에는 신경 쓰지 않으므로 위험분담 문제가 사라진다. 이 경우 최적유인보수를 고안할 때 유인제공과 위험분담 사이의 상충관계가 문제되지 않는다. 그 결과 유인을 가장 많이 제공할 수 있는 제도가 최적이 된다. 그 결과 대리인이 위험을 모두 떠안지만 유인제공 측면에서 최고인 임대제도가 최적이 된다. 그리고 이때 파레토효율이 달성된다. 이것은 본인이 위험중립적이든 위험회피적이든, 즉 본인의 위험에 대한 태도와 관계없이 성립한다.

(i) 대리인이 위험중립적인데 본인은 위험회피적이라면 본인이 위험을 회피하려던 차에 **임대제도**에서는 위험중립적인 대리인이 모든 위험을 떠안게 되므로 이때 임대제도가 위

험분담 측면에서도 최적이 된다.

(ii) 본인과 대리인이 모두 위험중립적일 경우에는 본인과 대리인 모두 위험분담에는 신경 쓰지 않는다. 그러므로 대리인이 모든 위험을 떠안는 임대제도가 위험분담 측면에서도 최적이 된다.

(iii) 특히 본인과 대리인이 모두 위험중립적일 경우에는 임대제도도 최적이 되지만 임대제도가 아닌 최적유인보수도 다수 존재한다. 사실상 최적유인보수가 무수히 많이 존재한다([예제 24.9] 참조).[14] 이때 대리인이 받는 각각의 최적유인보수는 상황에 따라 다른 보수가 지급되는(물론 임대제도도 상황에 따라 보수가 달라진다) '상황조건부보수'로서 그 기대치들이 같아지며 본인이 버는 '상황조건부이윤'의 기대치들도 같아진다. 물론 이때 대리인의 기대보수나 본인의 기대이윤이 임대제도의 경우와 같아지며 파레토효율이 달성된다.

(iv) 다시 한 번 강조하지만 대리인이 위험중립적일 경우 이처럼 파레토효율이 달성되는 이유는 위험분담 문제가 사라지기 때문이다. 이 경우 최적유인보수를 고안할 때 유인제공과 위험분담 사이의 상충관계 존재 자체가 더 이상 문제되지 않는다. 아울러 유인제공을 위해 대리인에게 위험을 부담하게 하더라도 그 때문에 평균보수를 높여줄 필요가 없다.

> 대리인이 위험중립적일 경우에는 위험분담 문제가 사라진다. 이 경우 최적유인보수를 고안할 때 본인이 위험중립적이든 위험회피적이든 사실상 유인제공과 위험분담 사이의 상충관계가 문제되지 않는다. 그 결과 파레토효율이 달성된다.

(3) 본인과 대리인이 모두 위험회피적일 경우: 시장실패

본인과 대리인이 모두 위험회피적일 경우에는 본인이 위험중립적이고 대리인이 위험회피적일 경우처럼 유인제공과 위험분담 사이의 상충관계가 문제된다. 그 결과 본인이 위험을 더 많이 떠안아 줄수록 대리인이 최선을 다할 유인이 더 많이 줄어든다. 이때 자원이 비효율적으로 배분된다.

이상의 내용들은 [표 24-2]로 정리할 수 있다.

---

14 이렇게 되는 이유는 직관적으로 볼 때 대리인의 경우 위험중립적이므로 기대보수를 극대화하며(위험중립적일 경우 기대효용함수가 선형이 되며 그 결과 기대효용을 극대화하는 선택과 기대보수를 극대화하는 선택은 같아진다) 본인의 경우에도 위험중립적이므로 기대이윤을 극대화하기 때문이다. 즉 각자 기대치를 극대화하기 때문이다. 그 결과 본인의 기대이윤함수와 대리인의 기대효용함수가 모두 선형이 되어 본인의 목적함수, 참가제약, 그리고 유인양립성제약이 모두 선형이 되기 때문이다. 결국 각자 기대치를 극대화하기 때문에 위험이 서로 다른 상황조건부보수들이 최적유인계약이 되는 것이다.

표 24-2	위험에 대한 태도와 최적유인계약하에서의 자원배분			
본인	대리인	유인제공과 위험분담 사이의 상충관계	최적유인계약하에서의 위험분담	최적유인계약하에서의 자원배분
위험중립적	위험중립적	문제되지 않음	대리인이 위험 전담 또는 본인과 대리인이 위험분담	파레토효율
위험중립적	위험회피적	문제됨	본인과 대리인이 위험분담	파레토비효율
위험회피적	위험중립적	문제되지 않음	대리인이 위험 전담	파레토효율
위험회피적	위험회피적	문제됨	본인과 대리인이 위험분담	파레토비효율

대리인이 위험중립적일 경우에는 본인이 위험중립적이든 위험회피적이든 관계없이 유인제공과 위험분담 사이의 상충관계가 문제되지 않으며 그 결과 파레토효율이 달성된다.

24.6.5 유인계약고안: 모형

본인은 위험중립적이고 대리인은 위험회피적일 경우 **유인계약고안**(incentive cntract design)에 대해 검토해 보자. 대리인은 a(태만) 또는 b(열심)의 행위를 취한다. 이때 대리인에게는 각각 c_a, $c_b(c_b > c_a)$의 비용이 발생하며 이 비용은 각 행위를 취할 때의 비효용으로 측정한다. 상황 1 또는 상황 2가 발생할 수 있는데 상황 1에서의 산출량을 y_1, 상황 2에서의 산출량을 y_2라고 하자. 이때 편의상 $y_2 > y_1$이라고 하자. 대리인이 행위 a를 취했을 때 산출량이 y_1이 될 확률은 p_{1a}이고, y_2가 될 확률은 p_{2a}이다. 대리인이 행위 b를 취했을 때 산출량이 y_1이 될 확률은 p_{1b}이고, y_2가 될 확률은 p_{2b}이다. 산출물의 가격은 1이다. 본인은 대리인의 행위를 관찰할 수 없어서 산출량에 근거하여 보수를 지급한다고 하자. 그리하여 산출량 y_1이 관찰되면 $s_1(y_1)$만큼의 보수를 지급하고 산출량 y_2가 관찰되면 $s_2(y_2)$만큼의 보수를 지급한다고 하자. 한편 대리인은 다른 곳에서 $\bar{u}$의 기대효용을 누린다고 하자.

본인은 위험중립자이고 대리인은 위험회피자라고 했다. 그러므로 이때 본인의 문제는, 대리인이 대리인 자신의 기대효용을 극대화한다는 사실을 염두에 두고, 본인 자신의 기대이윤 $E(\pi)$를 극대화하도록 유인보수함수 $s(y)$를 정하는 것이다. 즉 본인은 자신이 대리인으로부터 바라는 행위를 대리인이 스스로 선택하도록 유인보수를 고안해야 하는 것이다. 한편 대리인은 기대효용이 **유보기대효용** $\bar{u}$와 같을 경우에는 계약을 수용한다고 가정하자.

이러한 측면에서 볼 때 본인이 대리인으로부터 바라는 행위가 b일 경우 최적의 유인계약을 고안하는 문제는

$$\underset{s_1,\,s_2}{\text{Max}}\ E(\pi) = p_{1b}(y_1 - s_1) + p_{2b}(y_2 - s_2) \qquad\qquad \text{(1) 목적함수}$$

$$s.t.\quad p_{1b}(U(s_1) - c_b) + p_{2b}(U(s_2) - c_b) \geq \overline{u} \qquad\qquad \text{(2) 참가제약}$$

$$p_{1b}(U(s_1) - c_b) + p_{2b}(U(s_2) - c_b) \geq p_{1a}(U(s_1) - c_a) + p_{2a}(U(s_2) - c_a)$$

$$\text{(3) 유인양립성제약}$$

으로 쓸 수 있다. 여기서 (1)식은 산출량에서 보수를 빼 준 이윤에 대한 기대치이다. (2)식은 대리인이 직어도 유보기대효용 $\overline{u}$는 누려야 한다는 참가제약이다. (3)식은, 대리인의 입장에서 볼 때, 본인이 바라는 행위 b를 선택했을 때에 그렇지 않은 행위 a를 선택했을 때보다 대리인 자신의 기대효용도 더 커진다는 유인양립성제약이다. 발생할 확률을 더하면 1이 된다는 점을 이용하여 (3)식을 정리하면

$$(p_{2b} - p_{2a})[U(s_2) - U(s_1)] \geq c_b - c_a$$

가 된다. 이로부터 열심히 일했을 때와 태만하게 일했을 때 산출량이 y_2가 될 확률의 차이가 클수록, 보수의 차이에 따른 효용의 차이가 클수록, 대리인에게 발생하는 비용의 차이가 작을수록 유인양립성제약이 만족될 가능성이 높아진다는 사실을 추론할 수 있다.

24.6.6 유인계약고안과 최적유인계약의 성격: 대리인이 위험회피적일 경우

정보비대칭이 자원배분에 미치는 영향을 알아보는 방법은 완전정보일 경우와 비교해 보는 것이다. 독점의 비효율을 알아보기 위해 완전경쟁시장과 비교해 보는 것과 그 원리가 같다. 이를 위해 완전정보여서 대리인의 행위를 관찰할 수 있는 경우와 비대칭정보여서 관찰할 수 없는 경우를 비교해 보자. 이때 주목할 것이 있다.

(1) c_b가 c_a보다 상당히 클 경우 본인이 대리인에게 b를 선택하도록 유도하려면 높은 유인보수를 제공해야 한다. 이런 상황에서 대리인이 b를 택하거나 a를 택하거나 산출량에 큰 차이가 없거나 확률에도 큰 차이가 없다면 태만을 유도하는 것이 본인에게 나을 수도 있다. 그러므로 '열심 유도'와 '태만 유도' 2가지 경우를 모두 풀어서 결과를 비교한 후 최적유인보수를 정해야 한다.

(2) 또한 가능한 한 평균보수를 적게 줄수록 기업의 기대이윤이 증가하므로 어느 경우든 고려 대상이 되는 제약식은 모두 등호로 성립한다. 다만 비대칭정보에서 태만을 유도할 경우에는 유인양립성제약이 강부등호로 만족된다. 이것들을 엄밀하게 증명하려면 수리경제학에서 다루는 쿤-터커조건을 적용해야 한다.

(1) 완전정보의 경우 - 대리인의 행위 관찰가능: 최선이며 고정급

이 경우 유인제공문제는 사라진다.

행위가 관찰가능하므로 본인이 원하지 않는 대리인의 행위가 관찰될 경우 0의 보수를 지급한다는 조건을 계약에 추가함으로써 대리인에게 본인이 원하는 행위를 할 유인을 제공할 수 있기 때문이다. 이처럼 유인제공문제가 사라지면 위험분담만 고려하면 된다. 참가제약은 만족시켜야 한다. 이때 본인이 위험중립적이고 대리인이 위험회피적일 경우 24.6.3의 [핵심 4]에서 보았듯이 완전보험을 제공하는 것이 최적이다. 즉 고정급을 지급하는 것이 최적이다. 위험중립적인 본인이 위험을 떠안는 대신 평균보수를 낮출 수 있기 때문이다.

완전정보일 경우 **최선**(first best)이며 이처럼 고정급이 최적이 된다.

(i) **열심 유도**: 유인양립성제약을 고려할 필요가 없으므로 열심히 일할 경우의 참가제약만 고려하면 된다. 위험분담만 고려하면 되므로 앞서 말했듯이 직관적으로 볼 때 고정급이 최적이다. 이때의 고정급은 최선(first best)이며 열심(b)의 경우이므로 s_b^F라고 표기하면 $s_1 = s_2 = s_b^F$이다. 이것을 (2)식이 등호로 성립될 경우에 적용하여 풀면 $U(s_b^F) = \bar{u} + c_b$, 즉 $s_b^F = U^{-1}(\bar{u} + c_b)$로 구해진다. [그림 24-3]의 E점에 대응된다(그림 설명은 (2)(i) 참조). 이때 U^{-1}는 U의 역함수이다. 이 값을 목적함수에 대입하면 본인의 기대이윤을 얻는다.

제약조건이 있는 문제이므로 라그랑지함수(권말 부록 참조)를 구성하여 풀어도 같은 결과를 얻는다. 최적유인계약의 성격을 파악하려면 소절(2)처럼 그래프를 이용하는 것이 좋다.

(ii) **태만 유도**: 태만하게 일할 경우의 참가제약만 고려하면 된다. 목적함수의 확률이 p_b에서 p_a로 바뀌며 참가제약도 바뀐다. 그 결과 최적유인계약고안 문제는

$$\underset{s_1, s_2}{\text{Max}} \ E(\pi) = p_{1a}(y_1 - s_1) + p_{2a}(y_2 - s_2) \qquad \text{목적함수}$$

$$s.t. \ p_{1a}(U(s_1) - c_a) + p_{2a}(U(s_2) - c_a) \geq \bar{u} \qquad \text{참가제약}$$

가 된다. $p_{2b} > p_{2a}$이므로 그림에 나타나 있지는 않지만 이 경우 새로운 참가제약선은 기울기가 급해지고 Q점의 위치도 바뀐다. 그러나 새로운 참가제약선은 (2) (ii)에서 말하겠지만 반드시 P점을 지난다. 이때에도 위험분담만 고려하면 되므로 직관적으로 고정급이 최적이다. 이때 고정급은 최선이며 태만(a)의 경우이므로 s_a^F로 표기하자. 그리고 (i)과 같은 방법으로 참가제약이 등호로 성립될 경우에 적용하여 풀면 $s_a^F = U^{-1}(\bar{u} + c_a)$로 구해진다.

(iii) **최적유인계약**: 두 경우 중 본인의 기대이윤이 큰 쪽이 최적유인계약이다. 계약을 통해 열심을 유도하려면 열심(태만)이 관찰될 경우에는 $s_b^F(s_a^F)$의 보수를 지급하고 그렇지 않을 경우에는 0의 보수를 지급한다는 조건을 계약에 추가하면 된다. 대리인은 본인이 원하는 행동 i를 하면 s_i^F를 받고 $\overline{u} + c_i (i = a, b)$를 누리게 되므로 계약을 받아들인다. 계약 후 대리인이 본인이 원하지 않는 행동을 하면 보수 없이 비용만 발생하므로 그런 행동을 하지 않는다. 한편 '태만 유도'란 대리인의 참가는 필요하지만 성과 차이가 미미해 열심 유도가 본인에게 더 나쁜 경우인데 이때는 '무조건 s_a^F 지급'으로 계약해도 된다. 이때 대리인은 비용을 고려해 태만을 선택할 것이기 때문이다.

(2) 비대칭정보의 경우 - 대리인의 행위 관찰불가: 성과급 또는 고정급

(i) **열심 유도**: 이러한 문제를 풀려면 제약식들을 선형으로 바꿔주는 것이 좋다. 이를 위해 24.6.5의 (1)식, (2)식, (3)식에서 $U(s_1) = x_1$, $U(s_2) = x_2$로 치환해 주자. 그러면

$$\underset{x_1, x_2}{\text{Max}} \ E(\pi) = p_{1b}(y_1 - U^{-1}(x_1)) + p_{2b}(y_2 - U^{-1}(x_2)) \qquad (1') \ \text{목적함수}$$

$$s.t. \ p_{1b}(x_1 - c_b) + p_{2b}(x_2 - c_b) \geq \overline{u} \qquad\qquad (2') \ \text{참가제약}$$

$$p_{1b}(x_1 - c_b) + p_{2b}(x_2 - c_b) \geq p_{1a}(x_1 - c_a) + p_{2a}(x_2 - c_a) \ (3') \ \text{유인양립성제약}$$

가 된다. 최적유인계약의 성격을 잘 파악하려면 [그림 24-3]처럼 부등식의 영역을 활용하는 것이 좋다. 제약식이 등호로 성립할 경우 각각 참가제약선, 유인양립성제약선이라고 부르자.

이때 참가제약선은 사실상 대리인이 b의 행위를 했을 경우 그가 유보기대효용 $\overline{u}$를 얻게 되는 무차별곡선이다.

식 $(2')$를 만족시키는 영역은 참가제약선의 윗부분이다. 식 $(3')$는

$$x_2 \geq \frac{p_{1a} - p_{1b}}{p_{2b} - p_{2a}} x_1 + \frac{c_b - c_a}{p_{2b} - p_{2a}} = x_1 + \frac{c_b - c_a}{p_{2b} - p_{2a}}$$

로 정리된다. 이때 확률의 성질상 $p_{1a} + p_{2a} = p_{1b} + p_{2b} = 1$이라는 사실이 적용되어 x_1의 계수가 1이 된 것이다. 이 부등식을 만족시키는 영역은 유인양립성제약선의 윗부분이다. 식 $(2')$와 식 $(3')$를 모두 만족시키는 영역이 선택가능집합이다.

이때 유인양립성제약선의 기울기가 항상 1이 되는 점에 주목하자.

한편 기대이윤을 같게 만들어주는 계약들의 집합이 등기대이윤곡선인데 이 곡선이 원점에 가까워질수록 기대이윤이 커진다.[15] 직관적으로 보더라도 보수를 적게 줄수록, 즉 등이윤곡선상의 점 (x_1, x_2)가 원점에 가까울수록 기대이윤이 커진다. 따라서 이 곡선이 선택가능집합에 속하는 P점을 지날 때 기대이윤이 극대화된다.

이제 P점에 해당하는 보수를 구해보자. 앞서 말했듯이 평균보수를 적게 줄수록 기업의 기대이윤이 증가하므로 두 제약식이 모두 등호로 성립한다. 이 경우 $(2')$와 $(3')$은 2원1차 연립방정식이 된다. 그러므로 목적함수와 관계없이 최적값 (x_1^*, x_2^*)가 정해진다. 2원1차 연립방정식을 풀면 $x_1^* = \bar{u} + c_b - \dfrac{p_{2b}(c_b - c_a)}{p_{2b} - p_{2a}}$, $x_2^* = \bar{u} + c_b + \dfrac{(1 - p_{2b})(c_b - c_a)}{p_{2b} - p_{2a}}$를 얻는다.

그림 24-3 최적유인계약

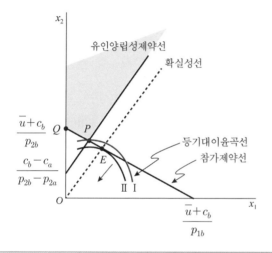

참가제약선과 유인양립성제약선이 만나는 P점에서 본인의 기대이윤이 극대화된다. 그 점에 대응해서 최적유인계약이 정해진다.

---

15 (i) 등기대이윤곡선의 오목성을 알아보자. 먼저 U가 오목한 증가함수($U' > 0$, $U'' < 0$)이므로 U^{-1}는 볼록한 증가함수($U^{-1'} > 0$, $U^{-1''} > 0$)라는 점을 염두에 두자. 등기대이윤곡선 $\overline{E(\pi)} = p_{1b}(y_1 - U^{-1}(x_1)) + p_{2b}(y_2 - U^{-1}(x_2))$의 접선의 기울기는 $\dfrac{dx_2}{dx_1} = -\dfrac{p_{1b} U^{-1'}(x_1)}{p_{2b} U^{-1'}(x_2)} < 0$인데 등기대이윤곡선을 따라 x_1이 커질수록 증가함수로서의 분자인 $U^{-1'}(x_1)$이 커지고, $\dfrac{dx_2}{dx_1} < 0$이므로 x_1이 커짐에 따라 x_2가 작아지는데 그에 따라 증가함수로서의 분모인 $U^{-1'}(x_2)$가 작아지므로 우변의 절대값이 커진다. 따라서 등기대이윤곡선은 그림처럼 원점에 대해 오목하게 그려진다. (ii) 한편 확실성선상에서는 E점처럼 항상 등기대이윤곡선과 열심히 일할 경우의 참가제약선이 접한다. 확실성선상에서는 $x_1 = x_2$가 성립되기 때문에 이 경우 앞서 구한 등기대이윤곡선의 접선의 기울기에서 분모 분자의 미분된 역함수 부분이 서로 약분되어 $\dfrac{dx_2}{dx_1} = -\dfrac{p_{1b}}{p_{2b}}$가 되는데, 이 값이 열심히 일할 경우의 참가제약선인 $p_{1b}(x_1 - c_b) + p_{2b}(x_2 - c_b) = \bar{u}$의 기울기와 같기 때문이다.

그런데 $U(s_i) = x_i$로 치환했으므로 이로부터 $s_1^* = U^{-1}(x_1^*)$, $s_2^* = U^{-1}(x_2^*)$로 구해진다. 즉 최적계약이 (s_1^*, s_2^*)로 구해진다. s_b^F와 비교해 볼 때 이런 보수는 성과를 반영해 주므로 성과급이라고 하자. 이 값을 목적함수 (1)에 대입하면 극대화된 기대이윤을 얻는다.

(ii) 태만 유도: 목적함수에서 확률이 p_b에서 p_a로 바뀌어야 한다. 참가제약이 태만하게 일할 경우로 바뀐다. 태만을 유도하려면 유인양립성제약식의 약부등호의 방향이 바뀌어야 한다. 그 결과

$$\text{Max}_{x_1, x_2} \ E(\pi) = p_{1a}(y_1 - U^{-1}(x_1)) + p_{2a}(y_2 - U^{-1}(x_2)) \qquad \text{목적함수}$$

$$s.t. \ p_{1a}(x_1 - c_a) + p_{2a}(x_2 - c_a) \geq \bar{u} \qquad \text{참가제약}$$

$$p_{1b}(x_1 - c_b) + p_{2b}(x_2 - c_b) \leq p_{1a}(x_1 - c_a) + p_{2a}(x_2 - c_a) \quad \text{유인양립성제약}$$

가 된다. 그림에 나타나 있지는 않지만 이때 (1)(ii)에서 말했듯이 새로운 참가제약선의 기울기가 급해지고 Q점의 위치도 바뀐다.

그러나 이 참가제약선도 P점을 지난다. $p_{1i}(x_1 - c_i) + p_{2i}(x_2 - c_i) = k$(상수), $i = a, b$는 각각 대리인의 무차별곡선인데 유인양립성제약선은 이 두 무차별곡선들의 교점(대리인에게 행위 a와 b의 기대효용이 같은 점)들의 집합이며 참가제약선은 $k = \bar{u}$인 경우이기 때문이다.

이때 유인양립성제약선 자체는 변하지 않는다. 결과적으로 '불변인' 유인양립성제약선의 아랫부분과 '새로운' 참가제약선의 윗부분의 교집합이 선택가능집합이 된다. 그림을 그려보면 알겠지만 이때 불변인 유인양립성제약선의 아랫부분은 확실성선을 포함한다. 이때 최적선택은 태만일 경우의 등기대이윤곡선과 참가제약선이 접하는 점이다.

그런데 (각주 15)에서 말했듯이 등기대이윤곡선과 참가제약선의 접점은 항상 확실성선인 직선 $x_2 = x_1$상에 놓인다. 이 결과는 열심일 경우에도 성립하지만 태만일 경우에도 성립한다.

그러므로 이때의 최적선택은 고정급이다. 이때의 결과는 완전정보에서 태만을 유도할 경우인 (1)(ii)의 경우와 같다. 치환만 했을 뿐 동일한 참가제약이므로 당연한 결과이다.

즉 이때의 고정급을 s로 표기하면 $s = s_a^F$이다. 직관적으로 볼 때 태만하게 일하도록 유도하려면 열심히 일하도록 유인을 제공할 필요가 없으므로 대리인의 행위 관찰가능 여부에 관계없이 태만하게 일할 경우의 참가제약을 만족시킬 정도의 고정급을 주면 되기 때문이다. 한편 이 경우 유인양립성제약은 강부등호로 성립한다.[16]

(iii) **최적유인계약**: 두 경우 중에서 본인의 기대이윤이 큰 쪽이 최적유인계약이다. 기대이윤이 큰 경우가 (i)일 경우 성과급 (s_1^*, s_2^*), (ii)일 경우 고정급 $s(=s_a^F)$를 통해 본인이 기대이윤을 극대화하게 된다.

(3) 최적유인계약의 성격

이제 최적유인계약의 성격에 대해 알아보자. 이때 가장 관심 있는 경우로서 완전정보이든 비대칭정보이든 열심을 유도할 때가 태만을 유도할 때보다 본인의 기대이윤이 더 큰 경우를 생각해 보자. 그런 측면에서 완전정보와 비대칭정보 각각에서 열심을 유도할 경우인 (1)(i)의 계약과 (2)(i)의 계약을 비교해 보자. 그러면 최적유인계약은

(i) $s_2^* > s_b^F > s_1^*$

(ii) $p_{1b}s_1^* + p_{2b}s_2^* > s_b^F$

(iii) $E(\pi)_b^F > E(\pi)^*$

(iv) 비대칭정보일 경우 비효율 존재

의 성격을 지닌다.

(1) 성격 (i)이 성립하는 이유는 U가 증가함수인데 $U(s_i) = x_i$로 치환한 상태에서 구한 앞의 결과들을 비교해 보면 $x_2^* > U(s_b^F) > x_1^*$이기 때문이다.

(2) 성격 (ii)는, U가 오목한 증가함수여서 U^{-1}가 볼록한 증가함수가 되므로, (i)에 [그림 23-4]의 원리(볼록함수의 특성)를 적용하면 얻을 수 있다.[17]

(3) 성격 (iii)은 그림의 등기대이윤곡선 I이 II보다 원점에서 더 먼 곳에 있는 것으로 나타나 있다. 비대칭정보일 경우 평균보수를 높여주어야 하기 때문에 나타나는 결과이다.

(4) 성격 (iv)는 점 E가 점 P보다 파레토우월하다는 것으로부터 알 수 있다. 점 E가 파레토우월한 이유는 두 점 모두 대리인의 무차별곡선인 참가제약선상에 놓이므로 대리인은 무차별하지만 점 E가 더 높은 등기대이윤곡선 II에 놓임으로써 본인에게는 더 좋기 때문이

---

16 최적유인보수가 열심을 유도하는 경우일 때에는 두 제약식이 모두 등식으로 만족되지만 태만을 유도하는 경우일 때에는 유인양립성제약은 '강부등식'으로 만족된다. [예제 24.7]의 문항 d. 참조

17 [그림 23-4]의 효용함수를 U^{-1}로 생각하자. 가로축에 x_1^*, $p_{1b}x_1^* + p_{2b}x_2^* = \bar{u}+c_b = U(s_b^F)$, x_2^*를 순서대로 나타내고 그에 대응하여 세로축에 $s_1^* = U^{-1}(x_1^*)$, $U^{-1}(p_{1b}x_1^* + p_{2b}x_2^*) = U^{-1}(\bar{u}+c_b) = s_b^F$, $s_2^* = U^{-1}(x_2^*)$를 순서대로 나타내 보면 성격 (ii)를 얻는다. 이때 $p_{1b}x_1^* + p_{2b}x_2^* = \bar{u}+c_b$는 (2')식으로부터 얻은 것이다. 직관적으로 볼 때 이 식은 참가제약선을 만족시키는 최적유인계약의 기대효용이 최선고정급 s_b^F의 효용인 $\bar{u}+c_b$와 같다는 것이다. 그림에서 볼 때에는 $x_1 = x_2 = \bar{u}+c_b = U(s_b^F)$가 성립되는 곳이 E점인데 E점과 P점이 모두 무차별곡선인 참가제약선상에 놓인다는 것이다.

다. 이때 성격 (ii)에서 보듯이 최선고정급(E점에 대응)이 성과급(P점에 대응)의 평균보다 작지만 위험이 없기 때문에 위험회피적인 대리인에게는 두 점이 무차별한 것이다.

직관적으로 볼 때

(i)은 유인제공을 위해 성과에 따라 보수를 다르게 하는 위험 있는 보수를 지급한다는 것이다(24.6.3의 [핵심 1] 참조). 즉 부분보험을 제공한다는 것이다. 즉 성과급을 제공한다는 것이다.

(ii)는 유인제공을 위해 위험한 보수를 지급하는 대신 평균보수를 고정급보다는 높여준다는 것이다([핵심 2] 참조). 이처럼 도덕적 해이를 막기 위해 드는 비용은 대리인비용(agency cost)에 포함된다.

> 🌱 **대리인비용**(agency cost) 본인과 대리인의 이해가 상충하는 상황에서 대리인이 본인을 대신해서 행동하기 때문에 발생하는 비용

(iii)은 이러한 대리인비용 때문에 기업의 기대이윤은 완전정보일 경우, 즉 최선보다 작아진다는 것이다.

(iv)는 본인이 위험중립적이고 대리인이 위험회피적이므로 완전보험을 제공하는 것이 파레토효율적인데 성격 (i)에서 보듯이 도덕적 해이를 막기 위해 대리인에게 부분보험을 제공함으로써 위험분담 측면에서 최적이 되지 않기 때문이다.

대리인이 위험중립적일 경우의 유인계약고안문제는 [예제 24.9]에서 다룬다. 유인계약고안 예제들을 다루기 전에 그 문제들과 본질적으로 같으면서도 본인-대리인문제의 특성이 간결하게 드러나 있는 예제를 다뤄보기로 하자.

📋 예제 24.6 본인-대리인문제와 유인보수

대한컴퓨터 주식회사의 주주들이 경영자에 대한 보수체계를 짜는 데 고심하고 있다. 그런데 이 회사의 수입은 경영자의 노력과 주위의 경제여건에 따라 달라진다고 한다. 편의상 경영자가 최선의 노력을 하는 경우와 도덕적 해이를 저지르는 두 가지 경우가 있다고 하자. 이때 경영자의 노력을 e로 표시하자. 그리고 그가 최대의 노력을 다하는 경우를 $e = 1$로 나타내고 노력을 하나도 하지 않는 경우를 $e = 0$으로 나타내자. 이때 임금을 지불하기 이전의 수입을 표로 정리하면 다음과 같다고 한다.

	좋은 여건(확률 50%)	나쁜 여건(확률 50%)
최대의 노력($e=1$)	4억	2억
최소의 노력($e=0$)	2억	1억

경영자는 자신이 기울이는 노력과 관련하여 $c = 0.5$억 $\times e$의 비용을 감수한다고 한다.

a. 수입과 관계없이 고정급으로 1억을 지급하는 경우 기업의 기대이윤은 얼마인가?

b. 관찰된 수입이 2억이거나 1억일 경우에는 낮은 임금을 지급하고 4억일 경우에는 아주 높은 임금을 지급한다고 하자. 이러한 보수체계의 장점과 단점은 무엇인가?

c. 수입 중 일정한 금액만을 기업에 남기고 나머지를 모두 경영자가 가진다고 하자. 이러한 보수체계의 문제점은 무엇인가?

d. 임금이 '임금=0.4×기대수입'의 공식에 따라 정해질 경우 회사의 기대이윤은 얼마인가? 이러한 제도의 장점은 무엇인가?

e. 계산을 해 보면 기대수입 중에서 30%만 임금으로 주는 경우 경영자는 최대의 노력을 기울이지 않는다는 것을 알 수 있다. 그렇다면 그 이유는 무엇인가?

KEY 최대의 노력을 기울이더라도 최소의 노력을 기울였을 때와 같은 결과가 나올 수도 있다는 점에 주목하자. 즉 불확실성이 있다는 것이다. 불확실성 때문에 주주는 경영자가 최대의 노력을 기울였는지 최소의 노력을 기울였는지 알 수 없는 경우가 있다. 이러한 비대칭정보 상황에서 유인보수를 고안할 때에는 유인제공과 위험분담 사이의 상충관계를 고려해야 한다.

풀이 a. 노력을 기울일 경우 노력에 따른 비용만 발생할 뿐 임금은 오르지 않으므로 노력을 하나도 하지 않는다. 기업의 기대이윤은

$$2 \times 0.5 + 1 \times 0.5 - 1 = 0.5$$

이다. 이 제도의 문제점은 유인을 전혀 제공하지 않는다는 점이다. 또한 사업의 성과에 관계없이 고정급을 지급해야 하므로 위험을 전적으로 기업이 감수하게 된다.

b. 장점: 경영자의 노력 수준을 임금에 반영해 준다는 점, 즉 유인을 제공한다는 것이다. 단점: 높은 임금을 바라고 경영자가 최대의 노력을 기울였는데 여건이 나빠 2억원의 수입이 발생할 수 있는 위험부담을 경영자가 지게 된다는 점, 즉 위험분담에 문제가 있다는 것이다.

c. 경영자가 모든 위험부담을 지게 된다. 임대제도의 경우에 해당한다. 예를 들어 월 100만원의 임대료를 내면서 사무실을 빌려쓴다고 하자. 사업이 잘 되든지 못 되든지 월 100만원의 월세는 반드시 내야 한다. 이러한 측면에서 임대제도는 대리인이 모든 위험을 감수하게 된다. 반면에 사업 성과가 좋을 경우 그만큼 대리인의 보수는 많아진다. 그러므로 유인제공 측면에서는 최고이다.

d. 경영자가 최대의 노력을 기울일 경우 자신의 순보수

= 기대임금 − 비용

$$= 0.4 \times (4 \times 0.5 + 2 \times 0.5) - (0.5 \times 1) = 0.7$$

경영자가 최소의 노력을 기울일 경우 자신의 순보수

= 기대임금 − 비용

$$= 0.4 \times (2 \times 0.5 + 1 \times 0.5) - (0.5 \times 0) = 0.6$$

즉 경영자가 최대의 노력을 기울일 경우 자신의 순보수가 더 커진다. 그러므로 경영자는 최대의 노력을 기울인다. 이때 기업의 기대이윤=기대수입−기대임금=$(4×0.5+2×0.5)$ $-0.4(4×0.5+2×0.5)=1.8$이 된다. 장점−경영자의 노력을 반영해 주면서 동시에 주주와 경영자가 위험을 분담한다. 즉 유인을 제공함과 동시에 위험을 분담하게 된다.

  e. 임금에 경영자의 노력이 덜 반영되기 때문에 도덕적 해이가 발생한다.

예제 풀이로부터 유인보수에 관해 개략적인 감을 잡았을 것으로 생각한다. 이제 본질적으로는 같지만 다소 복잡한 계산을 요구하는 유인계약고안문제를 풀어보기로 하자. 유인계약고안에 대해 보다 심층적으로 이해하려면 그래프를 보완적으로 활용하는 것이 좋다. 그런데 그래프를 이용하여 풀기 위해서는, 다음 예제에서처럼 비선형인 제약식을 선형으로 바꾸어 주고 선형인 목적함수를 비선형으로 바꾸어 주는 것이 좋다.

예제 24.7 최적유인계약고안

현재 다른 곳에서 하루에 120의 효용을 누리고 있는 노동자를 생각해 보자. 이 노동자를 스카우트하려고 한다. 스카우트된 후 그가 열심히 일할 때 그가 감수하는 비효용은 70에 해당한다. 반면에 태만하게 일할 경우 비효용은 30에 해당한다. 그가 열심히 일할 경우 기업이 5만원을 벌 확률이 80%이고 2만원을 벌 확률이 20%이다. 그가 태만하게 일할 경우 이 기업이 5만원을 벌 확률은 40%이고 2만원을 벌 확률은 60%가 된다. 노동자는 위험회피적이고 기업은 위험중립적이라고 하자. 한편 노동자의 효용함수는 $U(x)-c = x^{\frac{1}{2}} - c$라고 한다. 여기서 x는 금액이고 c는 일할 때의 비효용이다.

  a. 기업의 기대이윤을 극대화시키는 성과급을 구하시오.
  b. 기업의 기대이윤을 극대화시키는 고정급을 구하시오.
  c. 최적유인계약에 대해 말하고 평가하시오.
  d. 태만하게 일하도록 유도할 경우 선택가능집합의 변화를 말하시오. 최적유인보수에 대해 말하시오.

KEY 최적유인계약을 고안하려면 목적함수, 참가제약, 유인양립성제약을 정확하게 파악하는 것이 무엇보다 중요하다.

풀이 a. 기업은 위험중립적이므로 기대수입 또는 기대이윤을 극대화한다. 한편 노동자는 위험회피적이므로 기대효용을 극대화한다. 성과급으로서, 기업이 5만원을 벌게 될 때 지급하는 임금을 w_g라 하고 2만을 벌게 될 때 지급하는 임금을 w_b라고 하자. 그러면 노동자가 열심히 일했을 때 기업이 5만원을 벌 확률이 80%이고 2만을 벌 확률이 20%이므로 기업의 기대이윤은

$$E(\pi) = 0.8(50,000 - w_g) + 0.2(20,000 - w_b)$$

이다. 그러므로 열심히 일하도록 유도하려면 유인임금구조는

$$\underset{w_b,\ w_g}{\text{Max}}\ E(\pi) = 0.8(50,000 - w_g) + 0.2(20,000 - w_b)$$

$$0.8\left(w_g^{\frac{1}{2}} - 70\right) + 0.2\left(w_b^{\frac{1}{2}} - 70\right) \geq 120 \qquad\qquad\qquad\text{참가제약}$$

$$0.8\left(w_g^{\frac{1}{2}} - 70\right) + 0.2\left(w_b^{\frac{1}{2}} - 70\right) \geq 0.4\left(w_g^{\frac{1}{2}} - 30\right) + 0.6\left(w_b^{\frac{1}{2}} - 30\right)\quad\text{유인양립성제약}$$

을 만족시키도록 정해야 한다.

참가제약식에서 좌변의 첫 항을 보자. w_g를 받으려면 5만원을 벌어야 한다. 그런데 열심히 일할 경우 5만원을 벌 확률이 0.8이다. 그래서 앞에 0.8을 곱해 준 것이다. 둘째 항도 같은 방법으로 해석된다. 한편 참가제약은 열심히 일했을 때의 기대효용이 다른 곳에서 누리고 있는 효용보다 커야 한다는 것이다. 그 다음 유인양립성제약을 보자. 좌변은 열심히 일했을 때의 기대효용이다. 우변은 태만히 일했을 때의 기대효용이다. 그러므로 유인양립성제약은 열심히 일하도록 유도하려면 열심히 일했을 때의 기대효용이 태만히 일했을 때의 기대효용보다 커지도록 보수구조가 고안되어야 한다는 것을 말한다.

기업의 목적함수를 볼 때 평균보수를 적게 줄수록 기업의 기대이윤이 증가한다. 이 점을 고려할 때 기업의 기대이윤이 극대화되려면 참가제약과 유인양립성제약이 모두 등호로 성립해야 한다.

이 문제의 경우 제약식은 비선형이고 목적함수는 선형이다. 이러한 경우 그림을 이용하여 문제를 풀려면 제약식을 선형으로 바꾸어 주는 것이 좋다. 이를 위해 $w_g^{\frac{1}{2}} = x_g$, $w_b^{\frac{1}{2}} = x_b$ (1)이라고 놓자. 그러면 $w_g = x_g^2$, $w_b = x_b^2$ (2)가 성립한다. 이제 이러한 관계를 이용하여 앞의 문제를 다시 써 보면

$$\underset{x_b^2,\ x_g^2}{\text{Max}}\ \pi = 0.8(50,000 - x_g^2) + 0.2(20,000 - x_b^2)$$

$$s.t.\ \ 0.8(x_g - 70) + 0.2(x_b - 70) \geq 120 \qquad\qquad\qquad\text{참가제약}$$

$$0.8(x_g - 70) + 0.2(x_b - 70) \geq 0.4(x_g - 30) + 0.6(x_b - 30)\qquad\text{유인양립성제약}$$

이 된다. 참가제약으로부터 $x_g \geq -\dfrac{1}{4}x_b + 237.5$(등호일 경우 참가제약선) (3)을 얻는다. 유인양립성제약으로부터 $x_g \geq x_b + 100$(등호일 경우 유인양립성제약선) (4)를 얻는다. 구하는 성과급은 이러한 두 조건을 동시에 만족시키면서 기업의 이윤을 극대화하는 보수이다. 한편 (3)과 (4)를 동시에 만족시키는 영역이 그림에 음영부분으로 나타나 있다.

구하는 성과급을 찾기 위해 등기대이윤곡선의 식을 알아보자. 등기대이윤곡선의 식은 $0.8(50,000-x_g^2)+0.2(20,000-x_b^2)=\overline{E(\pi)}$이 된다. 이 식을 정리하면 $0.8x_g^2+0.2x_b^2=44,000-\overline{E(\pi)}$ (5)가 된다. 이 식을 (x_b, x_g) 평면에 그려보자. 그러면 그것은 그림에서 보듯이 부드러운 곡선으로 나타나면서 $\overline{E(\pi)}$의 값이 커질수록 원점을 향해 가까이 간다. 그 결과 참가제약선과 유인양립성제약선의 교점 P를 지날 때 기대이윤이 가장 커진다. 한편 P점은 (3)과 (4)로부터 $(x_b, x_g)=(110, 210)$으로 구해진다. 이것을 (2)식에 대입하면 구하는 성과급은

$$w_b = x_b^2 = (110)^2 = 12,100(원), \quad w_g = x_g^2 = (210)^2 = 44,100(원)$$

으로 구해진다. 이 값들을 목적함수에 대입하면 기업의 기대이윤은 6,300원으로 구해진다. 한편 기업의 목적함수를 볼 때 평균보수를 적게 줄수록 기업의 기대이윤이 증가한다. 이러한 사실은 참가제약과 유인양립성제약이 모두 등호로 성립할 때 기업의 기대이윤이 극대화되고 있다는 점에 반영되어 있다.

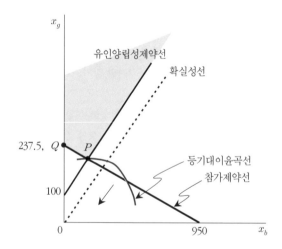

b. 구하는 고정급을 w라고 하면 열심히 일할 때의 효용 $=w^{\frac{1}{2}}-70 < w^{\frac{1}{2}}-30=$ 태만하게 일할 때의 효용이므로 노동자가 태만하게 일한다. 즉 고정급일 경우 노동자는 기업이 얼마를 벌든 결과에 관계없이 일정한 금액을 받으므로 굳이 더 많은 비효용을 감수하면서 열심히 일할 유인이 없다.

한편 고정급하에서도 노동자가 이 기업에서 일하도록 하려면 다른 곳에서 지급하는 보수인 120은 지급해야 하므로 $0.4(w^{\frac{1}{2}}-30)+0.6(w^{\frac{1}{2}}-30) \geq 120$을 만족시켜야 한다. 이로부터 $w \geq 22,500$을 얻는다. 기대이윤을 높이려면 보수를 가능한 한 적게 주어야 하므로 $w=22,500$이 된다.

이때 노동자가 태만하게 일할 것이므로 기업의 기대이윤은 $E(\pi) = 0.4(50,000 - 22,500)$ $+ 0.6(20,000 - 22,500) = 9,500$이 된다.

c. 고정급을 지급할 경우의 기대이윤인 9,500원은 성과급을 지급할 경우의 기대이윤인 6,300 원 보다 크다. 그러므로 기업은 고정급을 지급하며 이 경우 이것이 최적유인계약이 된다.

참고로 고정급은 노동자가 태만하게 일하도록 유도하기 위한 극대화문제를 푼 결과와 같 다(직관적으로 보더라도 태만하게 일하도록 유도하려면 고정급을 주면 되고 또한 이때 태만하게 일 할 경우의 참가제약을 만족시키는 수준의 고정급을 지급하면 기업의 기대이윤이 극대화된다). 따라 서 성과급일 경우 노동자에게 위험을 일부 부담시키는 대가로 고정급보다 평균보수를 높 여주기는 하지만 그럴더라도 고정급일 경우보다 기업의 이윤이 더 큰 것이 보통이다. 그런 데 이와는 달리 이 문제에서는 성과급일 경우 기업의 기대이윤이 더 작다. 그 이유는 열심 히 일할 때의 비효용이 태만히 일할 때의 비효용보다 너무 크기 때문이다. 그 결과 열심히 일하도록 유도하려면 태만히 일할 때에 비해 너무 많은 보수를 주어야 하기 때문이다. 또 한 그에 비해 열심과 태만의 경우 기업이 버는 금액들의 차이와 확률들의 차이가 크지 않 기 때문이다.

한편 열심히 일할 때의 비효용이 작아지면 참가제약선과 유인양립성제약선이 모두 아래 로 평행이동한다. 그 결과 선택가능집합이 커져서 열심히 일하도록 유도할 경우의 기업의 기대이윤이 이전보다 커진다. 열심히 일할 때의 비효용이 어느 수준 이하로 작아지면 그때 부터는 성과급일 경우의 기업의 기대이윤이 고정급일 경우의 기업의 기대이윤보다 커진다. 또한 열심과 태만의 경우 기업이 버는 금액들의 차이가 크거나 확률들의 차이가 커도 성과 급일 경우의 기업의 기대이윤이 고정급일 경우의 기업의 기대이윤보다 커질 수 있다.

d. 태만하게 일하도록 유도할 경우 목적함수에서 확률이 태만일 경우로 바뀌며 그림의 선택 가능집합에도 2가지 변화가 생긴다. (i) 참가제약선의 좌변 자리에 유인양립성제약의 우 변 것을 써야 한다. 그 결과 태만할 경우의 참가제약선은 세로절편이 375로 바뀌고 기울 기가 급해진다. 한편 태만일 경우의 참가제약선은 P점을 지난다. 열심일 경우의 참가제약 선과 태만일 경우의 참가제약선의 교점은 항상 유인양립성제약선상에 놓이기 때문이다. (ii) 태만하게 일하도록 유도하는 것이므로 유인양립성제약의 약부등호의 방향이 바뀐다. 그 결과 (4)식의 약부등호의 방향이 바뀐다. 결과적으로 그림의 '불변인 유인양립성제약 선'의 아랫부분과 새로운 참가제약선의 윗부분의 교집합이 선택가능집합이 된다. 한편 계 산을 해 보면 등기대이윤곡선과 참가제약선의 접점은 항상 45도선상에 놓인다. 그런데 이 점이 현재 선택가능집합내에 놓이므로 접점이 최적선택이 된다. 즉 고정급이 최적보수가 된다. 그러므로 문항 c.에서 말했듯이 고정급은 노동자가 태만하게 일하도록 유도하기 위 한 극대화문제를 푼 결과와 같다. 한편 이 경우 유인양립성제약은 강부등호로 성립한다.

이때의 결과는 완전정보에서 태만을 유도할 경우와 같다. 직관적으로 볼 때 태만하게 일하도록 유도하려면 열심히 일하도록 유인을 제공할 필요가 없으므로 대리인의 행위 관 찰가능 여부에 관계없이 태만하게 일할 경우의 참가제약을 만족시킬 정도의 고정급을 주 면 되기 때문이다.

📋 **예제 24.8** 최적계약고안: 유인문제가 없을 경우, 행위가 관찰가능한 경우

앞 문제(예제 24.7)의 제시문과 같은 상황을 상정하자. 다만 앞 문제에서와는 달리 노동자가 항상 열심히 일한다고 가정하자.

a. 기업의 기대이윤을 극대화시키는 보수구조를 구하시오.

b. 기업의 기대이윤과 노동자의 기대효용의 크기를 앞 문제의 문항 a.에서 구한 것과 비교하시오.

c. 유인제공과 위험분담 사이의 상충관계 측면에서 평가하시오.

d. 근로자가 항상 열심히 일한다는 가정 대신 근로자의 행위가 관찰 가능하다고 가정하자. 이 경우 최적유인보수를 구하시오.

KEY 유인문제가 없을 경우 완전보험을 제공하는 고정급이 최적이다.

풀이 a. 노동자가 항상 열심히 일하므로 유인문제가 없으며 따라서 참가제약만 만족시키면 된다. 그러므로 (앞 문제 풀이에서와 같은 표기들을 사용한 후 앞 문제의 풀이를 참고하면) 최적보수는

$$\underset{w_b, w_g}{Max} \ \pi = 0.8(50{,}000 - w_g) + 0.2(20{,}000 - w_b)$$
$$s.t. \quad 0.8\left(w_g^{\frac{1}{2}} - 70\right) + 0.2\left(w_b^{\frac{1}{2}} - 70\right) \geq 120 \qquad\qquad \text{참가제약}$$

을 만족시키도록 정해야 한다.

최적보수는 등기대이윤곡선이 참가제약선과 접하는 점에서 정해진다. 수식을 풀어보면 이 점은 $x_b = x_g$인 상태로서 그림에 확실성선과 참가제약선이 만나는 E점으로 나타난다. 즉 기업이 5만원을 벌든 2만원을 벌든 동일한 임금을 지급해 주는 상태이다. 다시 말하면 고정급이라는 것이다. 이때 고정급은 36,100원으로 구해진다. 직관적으로 볼 때 유인문제가 없으므로 위험분담문제만 고려하면 된다. 참가제약은 만족시켜야 한다. 그런데 본인이 위험중립적이고 대리인이 위험회피적이므로 본인이 위험을 모두 부담하는 것이 최적이다. 즉 고정급이 최적이다. 그러므로 고정급을 $w_b = w_g = w_F$라고 하면 고정급 w_F는 열심히 일할 때의 참가제약을 만족시키는 값으로 정해진다.

고정급은 노동자의 위험을 기업이 모두 떠맡아서 노동자에게 완전보험을 제공하는 셈이다. 이 결과는 유인문제가 없을 경우, 노동자는 위험회피적이고 기업은 위험중립적이므로 위험중립적인 기업이 모든 위험을 감수하는 것이 최적일 것이라는 우리의 직관과 일치한다.

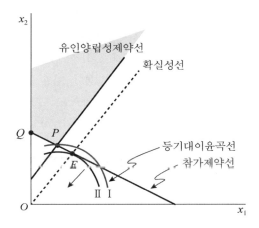

b. E점에 접하는 등기대이윤곡선은 P점을 지나는 등기대이윤곡선보다 원점에 더 가깝다. 이것은 고정급 지급 때 기업의 기대이윤이 더 크다는 것을 말한다. 실제 계산해 보면 기대이윤이 6,300원에서 7,900원으로 증가했음을 알 수 있다. 이때 이 고정급(E점에 대응)은 36,100원으로 구해졌는데 이 값은 앞서 구한 성과급(P점에 대응)의 평균($0.8 \times 44,100 + 0.2 \times 12,100 = 37,700$원)보다 작다. 이 결과는 완전보험(고정급)을 제공하는 대신 평균보수를 낮추면 기업의 기대이윤이 증가한다는 것을 의미한다. 기업의 목적함수를 보더라도 평균보수를 낮추면 기대이윤이 증가한다는 것을 알 수 있다.

한편 노동자의 경우에는 앞 문제에서 얻은 성과급(P점)을 받을 때와 고정급(E점)을 받을 때의 기대효용이 120으로서 같다. E점은 P점에 비해 평균은 낮지만 위험이 없기 때문이다.

c. 기업은 위험중립적이기 때문에 위험을 떠맡는 것이 문제되지 않는다. 그래서 유인문제가 없을 경우 기업에게는 이처럼 노동자의 위험에 대해 완전보험(고정급)을 제공하고 그 대신 평균보수를 낮추는 것이 이득이다. 이때 노동자는 위험회피적이기 때문에 완전보험을 제공받는 대가로 평균보수가 낮아지는 것을 받아들인다. 즉 고정급을 수용한다.

한편 노동자는 성과급(P점)을 받을 때와 고정급(E점)을 받을 때의 기대효용이 같다고 했다. 따라서 고정급과 성과급을 종합적으로 비교하면 노동자의 기대효용은 같으면서 고정급일 경우 기업은 나아진다. 그러므로 기업이 위험중립적일 경우에는 노동자에게 위험을 부담시키는 성과급은 파레토효율적이지 않다. 이 경우뿐만 아니라 일반적으로 노동자가 위험회피적이고 기업이 위험중립자일 경우에는 노동자에게 위험을 조금이라도 부담시키는 보수구조는 파레토효율적이지 않다. 이 결과를 윗 문항의 결과들과 함께 보면 본문 24.6.6의 문단(3)에서 말한 최적유인계약의 4가지 성격들이 모두 충족되고 있다는 것을 알 수 있다.

그런데 그림에서 보듯이 노동자에게 위험을 전혀 부담시키지 않는 고정급은 음영부분밖에 놓인다는 것이 문제이다. 즉 고정급은 유인양립성제약을 만족시키지 못한다. 다시 말하면 문제에서는 유인문제가 없다고 가정하였으나 현실적으로 볼 때 완전보험(고정급)은 열심히 일할 유인을 없애버리는 문제가 있다. 이것은 바로 유인제공과 위험분담(보험 제공) 사이에 상충관계가 존재한다는 것을 말한다. 한편 이러한 상충관계가 존재한다는 것은 정보가 비대칭일 경우 사실상 최적유인계약으로도 도덕적 해이의 발생을 완전히 막을 수는 없기 때문에 파레토효율이 달성될 수 없다는 사실을 함축한다.

d. 노동자가 열심히 일한다는 가정이 없으므로 열심 유도와 태만 유도의 결과를 비교해 보아야 한다. 그런데 노동자의 행위가 관찰 가능하므로 유인제공문제는 사라진다. 이 경우 위험분담만 문제되며 문항 a.에서 말했듯이 고정급이 최적이다. 고정급을 지급하되 참가제약을 만족시켜야 한다. (i) 열심유도의 경우는 문항 a.와 같다. (ii) 태만유도의 경우는 태만일 때의 참가제약을 등식으로 만족시키는 보수를 구하면 된다. 그 결과는 앞 문제의 문항 b.에서 구한 결과와 같다. 그때 고정급은 22,500원으로 구해졌다. 그때 기대이윤 9,500원은 앞 문제에서 성과급일 때의 6,300원보다 크고 유인제공문제는 없으나 열심유도에 해당하는 현재 문제 문항 a.의 7,900원보다도 크다. 그러므로 최적유인계약은 고정급 $w = 22,500$ 원을 지급하는 것이다.

이러한 결과가 나타난 이유는 열심히 일할 때의 비효용이 태만하게 일할 때의 비효용보다 너무 크기 때문이다. 그 결과 열심히 일하도록 유도하려면 태만하게 일할 때에 비해 너무 많은 보수를 주어야 하기 때문이다. 또한 그에 비해 열심과 태만의 경우 기업이 버는 금액들의 차이와 확률들의 차이가 크지 않기 때문이다.

이러한 결과를 얻는 방법은 '열심'이 관찰되면 0의 보수를 주고 태만이 관찰되면 22,500원을 주겠다는 계약을 맺는 것이다. 이러한 계약 아래서는 노동자가 열심히 일할 경우 그의 기대효용은 음이 되므로 열심히 일하지 않는다.

예제 24.9 최적유인계약: 본인과 대리인이 모두 위험중립적일 경우

[예제 24.7]의 상황에서 노동자의 효용함수가 $U(x) - c = x - c$로 바뀌었다고 하자.

a. 기업과 노동자가 위험을 분담하면서 노동자로 하여금 열심히 일하도록 유도하기 위한 보수구조를 구하시오.

b. 기업은 위험을 전혀 부담하지 않으면서 노동자로 하여금 열심히 일하도록 유도하기 위한 보수구조를 구하시오.

c. 노동자가 위험을 전혀 부담하지 않는 보수구조를 구하시오.

d. 위 문항들의 결과를 비교하시오.

e. 노동자의 효용함수가 바뀐 상태에서 확률과 비용이 [예제 24.7]과 다른 경우들을 생각해 보자. 이때 이들을 대상으로 최적유인계약을 구하려 할 경우 유의사항과 예상되는 계약의 성격에 대해 말하시오.

KEY 노동자가 위험중립적일 경우 위험분담을 고려할 필요가 없기 때문에 최적유인보수가 무수히 많이 존재한다. 임대제도도 최적이 된다. 파레토효율이 달성된다.

풀이 a. 성과급에 해당한다. 효용함수를 볼 때 노동자는 위험중립적이다. 그러므로 노동자는 기대임금을 극대화한다. 그 결과 최적유인임금구조는

$$\underset{w_b, w_g}{Max} \; E(\pi) = 0.8(50{,}000 - w_g) + 0.2(20{,}000 - w_b)$$

$$s.t. \quad 0.8(w_g - 70) + 0.2(w_b - 70) \geq 120 \qquad\qquad 참가제약$$

$$0.8(w_g - 70) + 0.2(w_b - 70) \geq 0.4(w_g - 30) + 0.6(w_b - 30) \quad 유인양립성제약$$

을 만족시키는 것으로 구해진다.

이때 등기대이윤곡선은 직선이 되며 참가제약선과 그 기울기가 같아진다([예제 24.7]과는 달리 목적함수와 제약식들이 모두 선형이므로 치환할 필요가 없다). 그 결과 최적유인보수를 구성하는 임금의 순서쌍이 무수히 많이 존재한다. 구체적으로 볼 때 [예제 24.7]의 풀이 그림에서 참가제약선과 유인양립성제약선이 만나는 P점을 포함하여 그 왼쪽 선분 부분인 $\overline{PQ}$에 속하는 어떤 점도 최적유인보수가 될 수 있다. 노동자가 위험중립적이어서 위험분담에 관심을 갖지 않기 때문에 성과가 나쁠 경우 심지어 0의 보수를 지급하는 Q점, 즉 $(w_b, w_g) = (0, 237.5)$도 최적유인보수가 될 수 있다.

수식으로 말하면 참가제약을 등식으로 만족시키면서 즉

$$0.8(w_g - 70) + 0.2(w_b - 70) = 120$$

을 만족시키면서 $\overline{PQ}$에 속하는 w_b와 w_g의 어떤 순서쌍들도 최적유인보수가 된다. 이때 노동자의 기대보수는 이 식으로부터 $0.8w_g + 0.2w_b = 190$이므로 190이 된다. 즉 노동자가 다른 곳에서 받을 수 있는 보수인 120과 열심히 일할 때의 비효용인 70을 합한 값인 190과 동일한 기대치를 주는 보수이기만 하면 $\overline{PQ}$에 속하는 w_b와 w_g의 어떤 순서쌍들도 최적유인보수가 될 수 있다. (음수까지 허용한다면 $\overline{PQ}$뿐만 아니라 이 선분을 Q점에서 왼쪽으로 연장시킨 직선상에 놓이는 어떤 순서쌍들도 최적유인보수가 될 수 있다. 그러한 보수체계에서는 기업이 2만원을 벌 경우 근로자는 기업으로부터 보수를 받는 것이 아니라 오히려 기업에게 돈을 지불해야 한다. 문항 b.에서 다루는 임대제도는 이러한 보수들 중의 하나이다. 다만 임대제도는 기업이 항상 일정한 금액을 갖게 된다는 점에서 이들과 구분된다.) 한편 노동자가 위험중립자이기 때문에 w_b와 w_g의 분포와 관계없이, 즉 노동자의 위험부담과 관계없이 그 기대치만 같으면 노동자의 기대효용은 동일하다는 사실에 주목하자.

이때 기업의 등기대이윤선은 P점, 즉 $(110, 210)$을 지나므로 기대이윤은

$$E(\pi) = 0.8(50,000 - 210) + 0.2(20,000 - 110) = 43,810$$

이 된다. 또는 참가제약이 등식으로 성립하는

$$0.8(w_g - 70) + 0.2(w_b - 70) = 120$$

을 정리하여 목적함수에 대입해도 같은 결과를 얻는다.

b. 임대제도에 해당한다. 이 경우 노동자가 모든 위험을 부담하게 된다. 노동자가 위험중립적이어서 노동자가 위험부담에 신경 쓰지 않으므로 노동자에게 위험을 모두 부담하게 함으로써 유인을 가장 많이 제공하는 임대제도가 최적이다.

'임대제도'의 원리에 따라 기업이 k만 갖고 나머지를 모두 노동자가 가질 경우 k는

$$0.8(50,000 - k - 70) + 0.2(20,000 - k - 70) \geq 120 \qquad \text{(1) 참가제약}$$

$$0.8(50,000 - k - 70) + 0.2(20,000 - k - 70) \geq 0.4(50,000 - k - 30) + 0.6(20,000 - k - 30)$$

$$\text{(2) 유인양립성제약}$$

을 만족시켜야 한다. 열심히 일할 때와 태만하게 일할 때의 비효용의 차이에 비해 기업이 버는 금액의 차이가 훨씬 크기 때문에 유인양립성제약은 임의의 k에 대해서 만족된다. 그러므로 참가제약이 만족될 조건으로부터 $k \leq 43,810$으로 구해진다. 따라서 기업의 극대 기대이윤은 $k = 43,810$이 된다. 물론 이 값은 앞서 문항 a.에서 구한 최적유인보수에서의 기업의 기대이윤과 같다.

이때 노동자의 보수는 기업의 수입이 5만원일 경우와 2만원일 경우 각각에서 이 값을 빼 준 값으로서 $w_b^0 = -23,810$, $w_g^0 = 6,190$으로 구해진다. (보수가 음수가 되는 경우의 예로는 택시사납금제도에서 택시기사의 운행수입이 사납금에도 못 미치는 경우 또는 월세를 내고 건물을 빌려서 장사를 하는데 월수입이 월세에도 못 미치는 경우 등을 들 수 있다.) 이때 노동자의 기대보수는 $0.8 \times 6,190 + 0.2 \times (-23,810) = 190$이다. 물론 이 값도 앞서 문항 a.에서 구한 값과 같다.

한편 (1)식에서 $50,000 - k$는 기업이 5만원을 벌 때 기업이 가지고 난 나머지이므로 기업이 5만원을 벌 때의 노동자의 보수이다. 이것을 w_g^0라고 하자. 같은 맥락에서 $20,000 - k$는 기업이 2만원을 벌 때의 노동자의 보수이다. 이것을 w_b^0라고 하자. 그러면 (1)식은 사실상

$$0.8(w_g^0 - 70) + 0.2(w_b^0 - 70) = 120, \quad \text{즉} \quad 0.8w_g^0 + 0.2w_b^0 = 190$$

이 된다. 물론 기업의 기대이윤은 이 값을 목적함수에 대입한 값과 같다.

성과급에서는 노동자뿐만 아니라 기업도 위험을 부담했지만, 임대제도의 경우 기업은 고정이윤을 보장받아 위험을 전혀 부담하지 않는 반면 노동자가 모든 위험을 부담하고 있다. 또한 성과급에서는 최적유인보수가 무수히 많았지만 임대제도의 경우는 최적유인보수

가 유일하다.

c. 고정급에 해당한다. 구하는 고정급을 w라고 하면

$$\text{열심히 일할 때의 효용} = w - 70 < w - 30 = \text{태만하게 일할 때의 효용}$$

이므로 노동자가 태만하게 일한다. 즉 고정급일 경우 노동자는 기업이 얼마를 벌든 결과에 관계없이 일정한 금액을 받으므로 굳이 더 많은 비효용을 감수하면서 열심히 일할 유인이 없다.

한편 고정급 하에서도 노동자가 이 기업에서 일하도록 하려면 다른 곳에서 지급하는 보수인 120을 지급해야 한다. 따라서 w는

$$0.4(w - 30) + 0.6(w - 30) \geq 120$$

을 만족시켜야 한다. 따라서 고정급은 $w = 150$으로 구해진다. 이때 기업의 기대이윤은

$$E(\pi) = 0.4 \times (50,000 - 150) + 0.6 \times (20,000 - 150) = 31,850$$

으로 구해진다.

d. 종합적으로 평가해 보자. 기업의 입장에서 볼 때 고정급을 지급할 경우보다 성과급을 지급하거나 임대제도를 시행할 경우 기대이윤이 더 크다. 그러므로 고정급은 최적유인계약이 될 수 없다. 특히 [예제 24.7]의 결과와는 달리 고정급보다 성과급을 지급할 경우 기대이윤이 더 커지는 이유는 노동자가 위험중립적일 경우에는 기대효용이 아닌 기대보수를 극대화하므로 위험을 부담하게 하더라도 그 때문에 평균보수를 높여줄 필요는 없기 때문이다. 이것은 노동자가 위험회피적일 경우 노동자에게 위험을 부담하게 하려면 평균보수를 높여주어야 하는 점과 대조된다. 한편 노동자가 위험중립적이므로 위험부담에 신경 쓰지 않기 때문에 유인을 가장 많이 제공할 수 있는 임대제도도 최적이 된다.

종합해 볼 때 노동자가 위험중립적일 경우 유인제공과 위험분담 사이의 상충관계가 문제되지 않으며 그 결과 파레토효율이 달성된다. 그림에서 보더라도 등기대이윤곡선이 직선이 되며 참가제약선과 그 기울기가 같아지기 때문에 보수구조가 최적으로 고안될 경우 파레토개선의 여지가 없다.

e. (i) 비대칭정보일 때 그 결과가 효율적인지를 알아보려면 최선(first best)과 비교해 보아야 한다. 최선은 대리인의 행위가 관찰가능한 완전정보를 가정함으로써 얻을 수 있다. 그런데 열심히 일할 경우 비용을 감안하여 기대보수가 높아야 한다는 점을 고려할 때 열심 여부에 따라 기업이 버는 금액의 차이가 크지 않거나 확률의 차이가 크지 않을 경우 태만을 유도하는 것이 나을 수도 있다. 그러므로 관찰가능한 경우이든 관찰불가의 경우이든 열심유도의 결과와 태만유도의 결과를 비교해서 결정해야 한다. (ii) 다만 대리인이 위험회피자일 경우와 다른 점은 비대칭정보일 경우라도 최선일 경우와 같은 결과를 얻는다는 것이다. 즉 대리인이 위험중립적일 경우 위험분담문제가 사라지기 때문에 정보비대칭 여부와 관계없이 그 결과가 파레토효율적이라는 것이다.

예제 24.10 위험에 대한 태도와 최적유인보수

대한주식회사는 근로자가 어느 만큼의 노력을 기울이는지를 모른다고 한다. 그리하여 상품의 산출량에 근거하여 보수를 지급하고자 한다. 그런데 산출량은 근로자의 노력뿐만 아니라 주위의 상황에 따라 달라진다고 한다. 그리하여 근로자가 기울이는 노력을 a라고 하고 산출량을 확률변수 X로 나타낼 때 $X = a + \epsilon$으로 나타난다. 이때 ϵ의 기대치는 0이고 분산은 σ^2라고 하자. 또한 상품의 가격은 1이라고 하자. 한편 근로자가 a의 노력을 기울일 경우 그는 $c(a)$의 비용을 감수한다고 한다. 또한 근로자가 이 기업이 아닌 다른 곳에서 일할 경우 $\bar{u}$를 받을 수 있다고 한다. 이러한 상황에서 이 기업은 보수체계를 잘 고안하여 기대이윤을 극대화하고자 한다. 한편 보수체계는 $s(X) = \alpha + \beta X$의 형태로 고안하려고 한다. 이 경우 근로자가 받는 보수의 기대치는 $\alpha + \beta a$이고 분산은 $\beta^2 \sigma^2$이다.

a. 근로자가 위험중립일 경우 근로자의 극대화 문제를 푼 다음 그 경제적 의미를 말하시오.
b. 근로자가 위험중립적일 경우 최적유인보수를 구하시오. 이 보수구조의 의미를 경제적으로 해석하시오.
c. 근로자가 위험회피자라면 최적유인보수의 특성이 어떻게 달라질 것으로 예상되는가? 더 이상의 계산을 하지 말고 답하시오.
d. 근로자가 위험회피자라고 하자. 그런데 불확실성이 없어졌다고 하자. 이 경우 최적유인보수를 구하시오.

KEY 본인-대리인문제에서 유인보수를 고안할 때에는 유인제공분만 아니라 위험분담도 함께 고려해야 한다. 그런데 대리인이 위험중립적일 경우에는 위험분담을 고려하지 않아도 된다. 그 결과 유인을 가장 많이 제공할 수 있는 제도가 최적이 된다.

풀이 a. 근로자가 위험중립적이면 기대수입을 극대화한다. 그러므로 그의 극대화 문제는

$$\underset{a}{\text{Max}}\ E(I_n) = E[s(X) - c(a)] = E[s(X)] - E[c(a)] = \alpha + \beta a - c(a)$$

가 된다. 이때 극대화의 일차필요조건은

$$\frac{dE(I_n)}{da} = \beta - c'(a) = 0, \ \text{즉} \ \beta = c'(a) \tag{1}$$

이다. β는 a가 추가로 1단위 증가할 때 보수가 추가로 얼마나 증가하는가를 나타낸다. 그러므로 한계보수라고 말할 수 있다. 그러므로 이 결과는 근로자는 자신의 노력에 대한 한계보수와 그 한계비용이 같아지는 만큼 노력을 한다는 것을 의미한다.

b. 이제 기업의 극대화문제는

$$\underset{\alpha,\ \beta,\ a}{\text{Max}}\ E(\pi) = E(X - s(X)) = E(X) - E[s(X)] = a - (\alpha + \beta a) \tag{2}$$

$$s.t. \quad \alpha + \beta a - c(a) \geq \overline{u} \tag{3}$$

$$\alpha + \beta a - c(a) \geq \alpha + \beta b - c(b), \text{ 모든 } b \text{에 대해} \tag{4}$$

가 된다. (3)은 참가제약이다. 즉 근로자가 적어도 다른 곳에서 받을 수 있는 정도의 보수는 지급되어야 한다. (4)는 유인양립성제약이다. 즉 기업이 기대이윤을 극대화할 때에는 근로자가 자신의 기대수입을 극대화하도록 노력 수준을 선택할 것이라는 점을 제약조건으로 해야한다. 그런데 기업의 목적함수를 볼 때 평균보수를 적게 줄수록 기업의 기대이윤이 증가한다. 이 점을 고려할 때 기업의 기대이윤이 극대화되려면 참가제약이 등호로 성립해야 한다.

따라서 이 문제를 풀기 위해 먼저 (3)이 등호로 성립한 식을 정리하여 (2)에 대입하면 $E(\pi) = a - c(a) - \overline{u}$가 된다. 이때 극대화의 일차필요조건은

$$\frac{dE(\pi)}{da} = 1 - c'(a) = 0, \text{ 즉 } c'(a) = 1 \tag{5}$$

이 된다.

한편 최적유인기구가 되려면 유인양립성제약인 (4)를 만족시켜야 하는데 그것은 근로자의 극대화조건을 만족시키는 것과 같다. 즉 (1)이 성립하는 것과 같다. 그러므로 (1)과 (5)로부터 $\beta^* = 1$이 된다. 이 결과는 우리의 직관과 일치한다. 즉 근로자가 위험중립적이므로 위험과는 관계없이 기대수입이 큰 것을 선호한다. 그러므로 기업은 위험분담 문제는 고려할 필요가 없다. 다만 유인을 가장 많이 제공할 수 있도록 유인보수를 고안하면 된다. 그것은 바로 β의 값을 1로 만들어 주는 것이다.

한편 이때 a^*는 (5)식으로부터 구해진다. 또한 α^*는 (3)을 등식으로 만족시키는 값으로 정해진다. 즉 $\alpha^* = \overline{u} + c(a^*) - a^*$로 정해진다. 그런데 이때 α^*의 값은 음이 된다. 이러한 사실은 (2)로부터 알 수 있다. 즉 $\beta = 1$일 경우 (2)에서 $E(\pi) = -\alpha$인데 이러한 기대이윤이 음이 되어서는 안 될 것이기 때문이다.

(i) 이처럼 α^*, β^*, a^*의 값이 정해지면 그에 따라 최적보수구조는 $s^*(X) = \alpha^* + \beta^* X^*$ $= \alpha^* + X^* = \alpha^* + a^* + \epsilon$이 된다. 한편 ϵ이 보수에 그대로 반영되어 있다는 것은 위험을 근로자가 모두 부담한다는 것을 의미한다. 근로자가 위험중립적이라는 점을 고려할 때 이것은 당연한 결과이다. 그 이유를 살펴보자. 기업의 입장에서 볼 때 근로자에게 유인을 더 많이 제공하려면 그와 동시에 근로자에게 위험도 더 많이 부담시킬 수밖에 없다(이러한 사실은 보수구조인 $s(X) = \alpha + \beta X = \alpha + \beta a + \beta \epsilon$에서 볼 때 β의 값이 커지면 βa의 값이 커지지만 $\beta \epsilon$의 값도 커지는 것으로부터 알 수 있다). 바꾸어 말하면 기업이 위험을 많이 떠안아 줄수록, 즉 위험분담을 많이 해 줄수록 근로자가 최선을 다할 유인이 많이 줄어든다. 즉 유인제공과 위험분담(보험제공) 사이에 상충관계가 존재한다. 그런데 근로자가 위험중립적이어서 위험에는 신경을 쓰지 않으므로 근로자로 하여금 위험을 모두 부담하게 하고서라도 유인제공을 가장 크게 하는 보수구

조를 택한다는 것이다.

이것은 위험이 없을 경우와 같은 결과이다. 즉 근로자와 기업이 모두 위험중립적이면 최적유인보수구조는 위험이 없을 때와 같아진다. 이때 위험분담문제는 존재하지 않고 유인제공문제만 존재한다.

(ii) 한편 이때 최적보수구조는 임대제도라는 것을 알 수 있다. 즉 근로자가 산출물 중에서 일정한 크기인 α^*만큼만 기업에게 주고 나머지를 모두 자신이 가지는 구조인 것이다. 이때 일정 금액을 제외한 나머지를 모두 근로자가 가지므로 유인제공이라는 측면에서 최고이다. 이때 불확실성에 따른 위험은 모두 근로자가 부담한다. 물론 기업은 어떠한 상황이 발생하든 일정한 금액만큼 가지게 되므로 위험을 전혀 분담하지 않는다. 사실상 이처럼 근로자가 위험중립적일 경우에는 위험분담문제가 존재하지 않기 때문에 유인을 가장 많이 제공하는 임대제도가 최선(first best)이며 이때 파레토효율이 달성된다.

(iii) 근로자에게 유인을 더 많이 제공하려면 위험도 더 많이 부담시킬 수밖에 없다고 하였다. 이와 관련하여 예를 들어보자. 근로자에게 최대의 유인을 제공하려면 임대제도($\beta = 1$)를 택해야 한다. 그러면 $s(X) = \alpha + a + \epsilon (= \alpha + X)$이 된다. 그런데 이 경우 유인은 최고이지만 근로자가 모든 위험을 부담하게 된다. 이와는 반대로 근로자에게 위험을 전혀 분담시키지 않으려면 $\beta = 0$으로 해야 한다. 그러면 $s(X) = \alpha$가 된다. 즉 고정급을 주어야 한다. 그런데 고정급의 경우 근로자가 아무리 노력을 기울이더라도 보수에는 변화가 없다. 그 결과 근로자에게 유인을 전혀 제공하지 못한다.

c. 근로자가 위험회피적이라면 이 근로자는 기대수입을 극대화하는 것이 아니라 기대효용을 극대화할 것이다. 즉 위험을 고려할 것이다. 그런데 기업은 위험중립적이므로 위험분담만 고려한다면 모든 위험을 기업이 떠맡는 것이 좋다. 즉 고정급이 좋다. 그런데 고정급은 유인을 전혀 제공하지 못한다. 결국 최적유인보수를 고안하려면 유인제공과 위험분담을 함께 고려해야 한다. 그런데 이때 근로자에게 유인을 제공하려면 그만큼 위험도 많이 부담시킬 수밖에 없게 된다. 즉 유인제공과 위험분담 사이에는 상충관계가 존재한다. 이러한 점을 고려할 때 근로자가 위험회피자일 경우에도 최적유인보수에서 β의 값은 여전히 0보다 클 것이다.

임대제도를 생각해 보자. 이 제도에서는 근로자가 위험을 전담한다. 그런데 기업은 위험중립적이므로 위험부담에 신경 쓰지 않는다. 그래서 근로자가 위험회피적이라면 근로자가 받는 보수의 위험을 줄여주는 대신 보수의 평균을 낮춤으로써 기업이 자신의 기대이윤을 증대시킬 수 있는 여지가 존재한다. 근로자는 위험회피적이기 때문에 임대제도보다 보수의 위험이 줄어드는 대가로 평균보수가 낮아지는 제안을 받아들인다. 그 결과 기업과 근로자가 위험을 분담하게 된다. 이에 따라 β의 값은 1보다 작아진다. 이러한 사실과 (1)식 및 극대화의 이차충분조건인 한계비용이 체증한다($c''(a) > 0$)는 사실을 함께 고려하면 근로자가 위험회피적일 경우 정해지는 a의 최적값은 위험중립적일 경우 얻은 a^*보다 작을 것이다. 그 결과 비효율이 발생할 것이다.

d. 이 문제에서는 불확실성이 있다는 사실이 비대칭정보의 원인이 되고 있다. 그러므로 불확

실성이 없을 경우에는 비대칭정보 문제가 사라진다. 나아가서 불확실성이 없으므로 위험 분담 문제도 사라진다. 다만 유인제공만 문제가 된다. 그리하여 $\beta = 1$이 된다. 이 결과는 불확실성이 없다는 측면에서 보면, 즉 $\epsilon = 0$이라는 측면에서 보면 당연한 결과이다. 구체적으로 검토해 보자. 위험회피자이므로 효용함수는 오목하다. 그렇더라도 효용함수는 단조증가함수이다. 그러므로 불확실성이 없을 경우, 효용을 극대화할 때의 선택은 수입을 극대화할 때의 선택과 같다. 그러므로 위 문항 b의 풀이 결과가 그대로 성립한다.

수식으로 검토해 보자. 효용극대화 문제는

$$\underset{a}{\text{Max}}\ U[s(X) - c(a)] = U(\alpha + \beta a - c(a))$$

이다. 이로부터 효용극대화의 일차조건은 $U' \cdot (\beta - c'(a)) = 0$, 즉 $\beta = c'(a)$로서 예상과 같이 위 문항 a와 같아진다. 그러므로 위 문항 b의 풀이 결과가 그대로 성립한다.

 비대칭정보와 시장실패

첫째, 완전경쟁시장에서는 자원이 효율적으로 배분된다는 점에 주목하여 13.1에서 말한 완전경쟁의 조건들을 상기해 보자. 그 중 하나는 모든 경제주체들이 모든 정보를 완전히 알고 있어야 한다는 것이다. 비대칭정보는 이 조건에 위배된다. 즉 시장실패의 요인이 된다.

둘째, 앞장의 마지막에서 말했듯이 불확실성으로 인한 시장실패도 정보비대칭으로 인한 시장실패와 서로 연관되어 있다.

셋째, 정보가 비대칭일 경우 시장이 불완전하게 되어 시장이 실패한다. (1) 구체적으로 볼 때 도덕적 해이로 인해 완전보험은 공급되지 않는다. 이것은 명시적인 보험시장뿐만 아니라 다른 시장들에도 적용된다. 예를 들어 노동시장에서 유인보수를 고안하는 경우를 생각해 보자. 본인이 위험중립적이고 대리인이 위험회피적일 경우 위험분담 측면에서는 본인이 위험을 모두 떠안는 완전보험(고정급)을 제공하는 것이 파레토효율적이다. 그러나 본인이 완전보험을 제공할 경우 대리인이 최선을 다할 유인이 줄어들기 때문에, 즉 도덕적 해이가 발생하기 때문에 완전보험을 제공하지 않는다. 결국 정보가 비대칭일 경우 도덕적 해이로 인해 시장이 불완전해진다. (2) 이 뿐만 아니라 역선택도 시장을 불완전하게 만드는 요인이 된다. 예를 들어 보험시장에서는 위험이 높은 사람만 보험을 구입하고 중고차시장에서는 품질이 나쁜 자동차만 거래된다. 역선택으로 인해 시장이 불완전해지는 것이다. 그런데 이러한 역선택은 보험시장이나 중고차시장뿐만 아니라 금융시장, 노동시장, 상품시장 등 경제의 전 분야에 걸쳐 나타나며 그로 인해 시장이 불완전해진다.

결국 정보가 비대칭일 경우 도덕적해이나 역선택으로 인해 시장이 불완전해져서 경쟁시장균형이 비효율적이 된다. 즉 시장이 실패한다.

권말 부록:
경제수학요약

경제수학요약

MICROECONOMICS

> 경제수학에서 이 책의 내용과 관련되는 주제들을 골라서 설명한 것이다. 본문을 읽다가 수학적 관련 내용이 등장하면 참고하기 바란다. 본문의 내용을 이해하는 데 필수적이지는 않지만 함께 읽으면 큰 도움이 될 것이다(본문 안의 부록들 일부나 예제 해설을 이해하려면 알아야 한다).

Ⅰ 미분

1. 도함수: 경제학 용어 '한계'의 개념

원함수를 $f(x)$라고 하자. 도함수(derivative)는 이러한 원함수를 미분하여(differentiate) 구한 함수를 말한다. 이때 미분하여 얻은 결과의 값은 x가 변화함에 따라 변화한다. 이 때문에 '함수'가 되는 것이다. 여기서 미분(differentiation)이라는 말은 도함수를 구하는 과정을 의미하고 있다. 그러나 우리말로는 똑같이 미분이라고 쓰더라도 미분이 수를 의미하는 경우가 있다. 이 경우 영어로는 differential이라고 쓰기 때문에 구분이 된다. 이에 대해서는 전미분(total differentiation)을 다룰 때 다시 논의하기로 한다.

도함수는 $\lim_{\triangle x \to 0} \dfrac{\triangle f(x)}{\triangle x} = \dfrac{df(x)}{dx} = f'(x)$와 같이 표현할 수 있다. 여기서 $\triangle$는 작은 변화, d는 아주 작은(infinitesimal) 변화, 즉 무한히 0에 가까울 만큼 작은 변화를 말한다. 그러므로 좌변이 의미하는 것은 x가 아주 조금 변할 때 함수의 값이 얼마나 변하는가 그 비율을 나타낸다. 그런데 그 비율은 x의 값이 얼마인가에 따라 달라진다. 즉 함수에서 x의 값이 얼마인 곳에서 변하는가에 따라 그 비율이 달라진다는 것이다. 따라서 x의 함수가 된다. 이것이 바로 도함수이다. 그래프 상에서는 x가 아주 조금 변할 때 함수의 값이 얼마나 변하는지 그 기울기를 나타낸다.

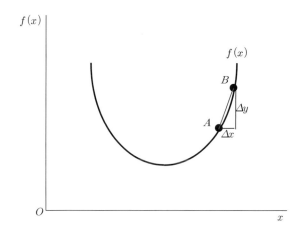

위 그림에서 $\dfrac{\triangle y}{\triangle x}$ 는 선분 AB의 기울기이다. 그런데 $\triangle x$ 가 아주 작다면 어떻게 될까? 바로 A점에서 곡선에 그은 접선의 기울기가 된다.

한편 중요한 미분공식을 소개하면 다음과 같다.

(1) $\dfrac{d}{dx}x^n = n\,x^{n-1}$, 예) $\dfrac{d}{dx}x^3 = 3\,x^{3-1} = 3x^2$

(2) $\dfrac{d}{dx}cx^n = c\,n\,x^{n-1}$, ($c$는 상수), 예) $\dfrac{d}{dx}4x^3 = 4\times 3\,x^{3-1} = 12x^2$

(3) $\dfrac{d}{dx}c = 0$, (c는 상수), 예) $\dfrac{d}{dx}5 = 0$

(4) $\dfrac{d}{dx}[f(x) \pm g(x)] = f'(x) \pm g'(x)$, (복호동순)

(5) $\dfrac{d}{dx}[f(x)g(x)] = f'(x)g(x) + f(x)g'(x)$ 또는 $f(x)g'(x) + g(x)f'(x)$

(6) $\dfrac{d}{dx}\left[\dfrac{f(x)}{g(x)}\right] = \dfrac{f'(x)g(x) - f(x)g'(x)}{g^2(x)}$

(7) $\dfrac{dz}{dx} = \dfrac{dz}{dy}\dfrac{dy}{dx}$ (연쇄법칙), 여기서 $z = z(y)$, $y = y(x)$

(8) $\dfrac{dx}{dy} = \dfrac{1}{\dfrac{dy}{dx}}$, 여기서 $y = f(x)$이고 단조함수

(9) $\dfrac{d}{dx}\ln x = \dfrac{1}{x}$ ($\ln$은 자연로그)

1.1 변수가 1개 있을 경우의 극대화조건

일차필요조건(first order necessary condition: F.O.C.): $\dfrac{df(x)}{dx}=f'(x)=0$

이차충분조건(second order sufficient condition: S.O.C): $\dfrac{d}{dx}f'(x)=f''(x)<0$. x 가 증가함에 따라 접선의 기울기가 감소한다는 의미이다.

두 조건을 만족시키는 x^* 에서 극대값(maximum)을 가진다. 이때 극대값은 x^* 를 함수에 대입하여 구한 $f(x^*)$ 이다.

그래프에서 볼 때

(i) x^* 에서 곡선에 그은 접선의 기울기가 0이 된다.

(ii) x 가 x^* 보다 작은 영역에서는 접선의 기울기가 양이고 x 가 x^* 보다 큰 영역에서는 접선의 기울기가 음이 된다.

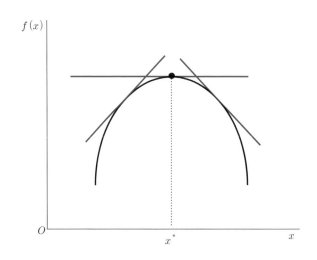

1.2 변수가 1개 있을 경우의 극소화조건

일차필요조건 : $\dfrac{df(x)}{dx}=f'(x)=0$. 극대값의 경우와 같다.

이차충분조건 : $\dfrac{d}{dx}f'(x)=f''(x)>0$. x 가 증가함에 따라 접선의 기울기가 증가한다는 의미이다.

두 조건을 만족시키는 x^* 에서 극소값(minimum)을 가진다. 이때 극소값은 x^* 를 함수에 대입하여 구한 $f(x^*)$ 이다.

그래프에서 볼 때

(i) x^* 에서 곡선에 그은 접선의 기울기가 0이 된다.

(ii) x 가 x^* 보다 작은 영역에서는 접선의 기울기가 음이고 x 가 x^* 보다 큰 영역에서는 접선의 기울기가 양이 된다.

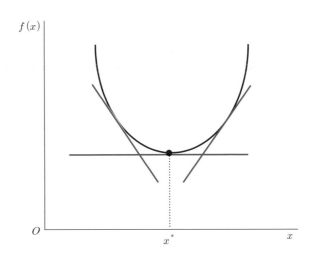

[예] 이윤극대화

$$\underset{Q}{Max}\ \pi = TR(Q) - TC(Q)$$

F.O.C. : $\dfrac{d\pi}{dQ} = MR(Q) - MC(Q) = 0$

S.O.C. : $\dfrac{d^2\pi}{dQ^2} = \dfrac{dMR(Q)}{dQ} - \dfrac{dMC(Q)}{dQ} < 0,\ \dfrac{dMR(Q)}{dQ} < \dfrac{dMC(Q)}{dQ},$

즉 'MR곡선의 기울기 $<\ MC$곡선의 기울기' 이다.

2. 편도함수(partial derivative): 경제학 용어 '한계'의 개념

다른 변수들은 변하지 않고 현재 주목하고 있는 변수만 변할 경우 함수값이 어떻게 변하는가를 변화율로 나타낸 함수를 말한다. 즉

$$\lim_{\triangle x \to 0} \frac{\triangle f(x,y)}{\triangle x}\ |_{\triangle y = 0} = \frac{df(x,y)}{dx}\ |_{dy = 0}$$

이다. 이것은 또한

$$\frac{\partial f(x,y)}{\partial x} = f_x(x,y)$$

로 나타낸다.

첫 번째 식에서 작은 세로 선분 옆의 $\triangle y = 0$과 $dy = 0$은 y는 변하지 않은 상태를 말한다. 편도함수는 그러한 상태에서 x가 아주 조금 변했을 때 그에 대해 함수값이 얼마나 변했는가 그 비율을 나타낸다. 편도함수는 위에서처럼 기호 ∂(partial로 읽는다)을 써서 나타내 든지 또는 아래 첨자를 사용하여 나타낸다. 한편 편도함수를 구하는 작업을 편미분한다 (partial differentiate)고 한다.

(적용법) 다른 변수들은 변하지 않는 상황을 가정하므로 다른 변수들은 편미분하는 과정에서 상수로 취급한다.

[예 1] $U(x,y) = x^{\frac{1}{2}}y^{\frac{1}{2}}$을 x에 대해서 편미분하시오.
이것 편미분하면

$$\frac{\partial U(x,y)}{\partial x} = \frac{1}{2}x^{-\frac{1}{2}}y^{\frac{1}{2}}$$

이 된다. x로 편미분할 때에는 y는 상수로 취급한다. 이 경우 편도함수는 Y재의 수요량을 변화시키지 않고 X재의 수요량만 아주 조금 변화시킬 경우 효용의 변화를 나타낸다. 이것이 바로 한계효용이다. 이러한 측면에서 한계효용은 다른 상품의 수요량이 변하지 않은 경우에 적용된다는 점이 중요하다.

2.1 변수가 2개 있을 경우의 극대화조건

극대화의 일차필요조건: $\dfrac{\partial f(x,y)}{\partial x} = 0$, $\dfrac{\partial f(x,y)}{\partial y} = 0$

극대화의 이차충분조건: $f_{xx} < 0$, $f_{yy} < 0$, $f_{xx}f_{yy} > f_{xy}^2 (= f_{xy}f_{yx})$, 단 f_{xx}, f_{yy}, f_{xy}, f_{yx}는 이차편도함수이며 영의 정리(Young's theorem)에 의해 $f_{xy} = f_{yx}$이다.

2.2 변수가 2개 있을 경우의 극소화조건

극소화의 일차필요조건: $\dfrac{\partial f(x,y)}{\partial x} = 0$, $\dfrac{\partial f(x,y)}{\partial y} = 0$

극소화의 이차충분조건: $f_{xx} > 0$, $f_{yy} > 0$, $f_{xx}f_{yy} > f_{xy}^2$

[예 2] $c = 10 + 50Q$, $p_1 = 60 - 5q_1$, $p_2 = 100 - q_2$일 경우 독점기업의 이윤을 극대화하시오.

한 개의 기업이 두 군데의 시장에 공급하는 것이므로 비용은 총산출량에 따라 정해진다. 그러므로 비용은 $c(q_1 + q_2)$가 된다. 그리하여 이윤극대화문제는

$$\underset{q_1, q_2}{Max} \ \pi = p_1(q_1)q_1 + p_2(q_2)q_2 - c(q_1 + q_2)$$

로 쓸 수 있다. 이윤극대화의 일차필요조건은

$$\frac{\partial \pi}{\partial q_1} = \frac{dp_1(q_1)}{dq_1}q_1 + p_1 - \frac{dc(Q)}{dQ}\frac{\partial Q}{\partial q_1} = 0, \left(\frac{\partial Q}{\partial q_1} = 1\right).$$

$$\frac{\partial \pi}{\partial q_2} = \frac{dp_2(q_2)}{dq_2}q_2 + p_2 - \frac{dc(Q)}{dQ}\frac{\partial Q}{\partial q_2} = 0, \left(\frac{\partial Q}{\partial q_2} = 1\right)$$

이다. 이로부터 $MR_1 = MC$, $MR_2 = MC$를 얻는다.

참고

$\frac{\partial \pi}{\partial q_1} = \frac{dp_1(q_1)}{dq_1}q_1 + p_1 - \frac{dc(Q)}{dQ}\frac{\partial Q}{\partial q_1} = 0$에서 비용함수를 편미분할 때 연쇄법칙이 사용되고 있다. 연쇄법칙은

$$\frac{df[g(x)]}{dx} = \frac{df[g(x)]}{dg(x)}\frac{dg(x)}{dx}$$

를 말한다. 이 문제에서는 q_1이 변할 때 비용이 얼마나 변하는가를 알아야 한다. 이를 위해 q_1이 변할 때 총산출량이 얼마나 변하는가를 먼저 알아보고 그것이 다시 비용을 얼마나 변화시키는가를 살펴보는 것이다. 한편 여기서

$$\frac{\partial Q}{\partial q_1} = \frac{\partial(q_1 + q_2)}{\partial q_1} = 1$$

이라는 사실에 주목하자. 편미분을 할 때 해당되는 변수 이외의 다른 변수는 상수로 취급된다는 점이 적용되고 있다.

실제 계산에서는 다음과 같이 간편하게 할 수 있다.

$$\underset{q_1, q_2}{Max} \ \pi = p_1(q_1)q_1 + p_2(q_2)q_2 - c(q_1 + q_2)$$

$$= (60 - 5q_1)q_1 + (100 - q_2)q_2 - [10 + 50(q_1 + q_2)]$$

$$= (60q_1 - 5q_1^2) + (100q_2 - q_2^2) - [10 + 50(q_1 + q_2)]$$

이다. 이로부터

$$\frac{\partial \pi}{\partial q_1} = (60 - 10q_1) - 50 = 0$$

을 얻는다(편미분할 때에는 q_2는 상수로 취급한다). 여기서 $60 - 10q_1 = 50$, 즉 $MR_1 = MC$ 이다. 또한

$$\frac{\partial \pi}{\partial q_2} = (100 - 2q_2) - 50 = 0$$

을 얻는다. 여기서 $100 - 2q_2 = 50$, 즉 $MR_2 = MC$이다. 이로부터 $q_1^* = 1$, $q_2^* = 25$, $p_1^*(q_1^*) = 55$, $p_2^*(q_2^*) = 75$, $\pi(q_1^*, q_2^*) = 620$을 얻는다.

3. 제약식이 있을 경우의 최적화

3.1 라그랑지함수

독립변수가 2개 이상 있는 함수를 극대화하는 과정에서 제약식이 있을 경우에는 라그랑지함수를 이용한다. 예를 들어 $y = f(x, y)$를 극대화하는데 제약조건이 $g(x, y) = c$ 라고 하자. 그러면 라그랑지함수는

$$Z = f(x, y) + \lambda(c - g(x, y))$$

로 구성된다. 이 함수를 극대화해 보자. 극대화 문제는

$$\underset{x, y, \lambda}{Max} \quad Z = f(x, y) + \lambda[c - g(x, y)]$$

로 쓸 수 있다.

3.2 극대화의 일차필요조건

$$\frac{\partial Z}{\partial x} = \frac{\partial f(x,y)}{\partial x} - \lambda\frac{\partial g(x,y)}{\partial x} = 0 \tag{1}$$

$$\frac{\partial Z}{\partial y} = \frac{\partial f(x,y)}{\partial y} - \lambda\frac{\partial g(x,y)}{\partial y} = 0 \tag{2}$$

$$\frac{\partial Z}{\partial \lambda} = c - g(x,y) = 0 \tag{3}$$

이다. 이 조건들을 음미해 보자. 특히 (3) 식에 주목하자. 극대화를 위해서는 이 식이 성립해야 한다. 그런데 이 식이 성립할 경우 목적함수에서 $\lambda[c - g(x,y)]$ 부분이 0이 된다. 그 결과 목적함수를 극대화한다는 것은 $c - g(x, y) = 0$이 성립한다는 조건 아래 $f(x, y)$를 극대화한다는 것을 의미하게 된다. 그런데 $c - g(x, y) = 0$은 $g(x, y) = c$로서 바로 제약조건식과 같다. 결과적으로 볼 때 라그랑지함수를 극대화시키는 것은 바로 제약조건식을 만족시키면서 $f(x, y)$를 극대화하는 것과 같다.

3.3 극대화의 이차충분조건: 더 높은 수학 지식을 요구하므로 생략한다.

[예 1] 효용극대화: 본문의 [부록 4.3]

포락선정리를 적용하면 $\dfrac{\partial V(p_x, p_y, M)}{\partial M} = \dfrac{\partial Z}{\partial M} = \lambda^*$이다. 여기서 *는 최적값, V는 간접효용함수, Z는 라그랑지함수, λ는 라그랑지 승수를 나타낸다. 그러므로 최적화된 상태에서 λ^*의 값은 소득이 추가로 1단위 증가할 때 효용이 추가로 얼마나 증가하는가를 보여준다. 그런 측면에서 최적화된 상태에서 λ^*의 값은 **소득의 한계효용**을 말한다.

[예 2] 효용극대화

효용함수가 $U(x,y) = xy$로 주어졌다고 하자. 이때 각 상품의 가격이 1이고 소득이 8일 경우 효용을 극대화하시오.

효용극대화 문제는

$$\begin{aligned} \underset{x,y,\lambda}{Max} \quad & Z = xy + \lambda[8 - (x+y)] \\ s.t. \quad & x + y = 8 \end{aligned}$$

이다. (a) 일차필요조건은

$$\frac{\partial Z}{\partial x} = y - \lambda = 0 \ \ (1), \quad \frac{\partial Z}{\partial y} = x - \lambda = 0 \ \ (2), \quad \frac{\partial Z}{\partial \lambda} = 8 - x - y = 0 \ \ (3)$$

으로 구해진다.

(1)식과 (2)식을 정리한 다음 대응되는 변끼리 나누어 주면 $\dfrac{y}{x} = 1$ (4)를 얻는다. 이것은 바로 '$MRS =$ 가격비율'이라는 조건이다. (4)식과 (3)식을 이용하면 $x^* = 4$, $y^* = 4$를 얻는다. 이 값들을 해당되는 곳에 대입하면 $\lambda^* = 4$, $U(x^*, y^*) = 4 \times 4 = 16$을 얻는다.

(b) 콥−더글라스 효용함수의 경우 무차별곡선이 원점에 대해 강볼록하므로 이차충분 조건을 충족한다.

4. 포락선정리

> 🏭 **포락선정리**(envelope theorem) 파라미터의 값이 변할 때 목적함수의 최적값의 변화율은 선택변수를 선택변수의 최적값에서 상수로 고정시킨 상태에서 목적함수를 파라미터로 직접 편미분한 결과와 같다는 것.

파라미터 c가 '아주 조금' 증가할 때 목적함수의 극대값이 얼마나 증가하는가는 목적함수의 극대값들을 구한 다음 일일이 비교하는 번거로움을 겪지 않아도 된다. 포락선정리 (envelope theorem)를 적용하면 간편하게 보일 수 있다. 예를 들어 3소절에서 목적함수를 극대화시키는 x와 y를 $x(c)$, $y(c)$라 하고 극대화된 함수를 $f(x(c), y(c)) = F(c)$라 표현할 경우 포락선정리를 적용하면 $\dfrac{dF(c)}{dc} = \dfrac{\partial Z(x, y, c)}{\partial c} \mid_{x = x(c), y = y(c)} = \lambda$가 된다는 사실로부터 목적함수의 극대값이 $\lambda \times dc$만큼 증가한다는 것을 알 수 있다. 모형은 다소 다르지만 예를 들어 $\lambda = 10$인데 소득이 0.6 증가했다면 효용이 $10 \times 0.6 = 6$ 증가한다는 의미이다. 수직으로 그은 선 옆의 표현은 편미분할 때 x와 y는 최적선택에서 고정된 것으로 취급한다는 의미이다. 원리를 알기 위해 제약식이 없는 경우부터 살펴보자.

4.1 제약식이 없을 경우의 포락선정리 $\dfrac{dF(a)}{da} = \dfrac{\partial f(x, a)}{\partial a} \mid_{x = x(a)}$ 증명

목적함수 $f(x, a)$를 x에 대해 극대화할 경우 최적선택에서 x는 파라미터 a의 함수 $x = x(a)$로 표현된다. 이것을 $f(x, a)$에 대입한 후 F로 놓으면 $F(a) = f(x(a), a)$가 된다. 즉 목적함수 $f(x, a)$의 극대화된 값은 최적선택 $x = x(a)$에서 평가한 함수값으로서 a의 함수가 된다. 양변을 미분하면

$$\frac{dF(a)}{da} = \frac{\partial f(x(a), a)}{\partial x} \frac{dx(a)}{da} + \frac{\partial f(x(a), a)}{\partial a}$$

이다. 그런데 $f(x,a)$를 x에 대해 극대화할 때 얻는 일차필요조건에 의해 우변 첫 항에서 $\dfrac{\partial f(x(a),a)}{\partial x}=0$이다. 이것을 식에 대입하면 $\dfrac{dF(a)}{da}=\dfrac{\partial f(x(a),a)}{\partial a}$이다. 즉

$$\frac{dF(a)}{da}=\frac{\partial f(x,a)}{\partial a}\,|\,_{x\,=\,x(a)}$$

이다. 이것은 파라미터 a가 변할 때 목적함수의 극대값이 얼마나 변하는가를 말해 준다.

[예] $f(x,a)=-x^2-2ax-2a$ 라고 하자. $\dfrac{\partial f(x,a)}{\partial x}=-2x-2a=0$, 즉 최적선택 $x=-a$에서 최적값을 갖는다. 최적값은 $f(x,a)\,|\,_{x\,=\,-a}=a^2-2a$이다. 이때 $f(x,a)\,|\,_{x\,=\,-a}=a^2-2a=F(a)$라고 하자. 그러면 $\dfrac{dF(a)}{da}=2a-2$이다. 그런데 이 결과는 함수 $f(x)$를 직접 a로 편미분한 결과를 최적선택 $x=x(a)$에서 평가한 결과와 같다. 즉 $\dfrac{\partial f(x,a)}{\partial a}=-2x-2$인데 이것을 $x=-a$에서 평가하면 $\dfrac{\partial f(x,a)}{\partial a}\,|\,_{x\,=\,-a}=2a-2$로서 $\dfrac{dF(a)}{da}=2a-2$와 같아진다. 참고로 만일 $a=5$일 때 a가 0.1 증가할 경우 굳이 $F(a)$를 구하지 않더라도 $\dfrac{\partial f(x,a)}{\partial a}\,|\,_{x\,=\,-a}=2a-2$에 $a=5$를 대입함으로써 8을 얻으므로 $f(x,a)$의 최적값이 개략 0.1의 8배인 0.1×8만큼 증가할 것임을 알 수 있다. 물론 정확하게는 $F(5.1)-F(5)=0.81$만큼 증가한다.

4.2 제약식이 있을 경우의 포락선정리 적용($\dfrac{dF}{dc}=\dfrac{\partial Z}{\partial c}=\lambda$) 증명
(소비자이론의 경우는 부록 6.1의 소절 1 참고)

3.1의 극대화 문제로 돌아가 보자. $F(c)\equiv f(x(c),y(c))$이다. c로 항등식의 양변을 미분하면 $\dfrac{dF}{dc}=\dfrac{\partial f}{\partial x}\dfrac{dx}{dc}+\dfrac{\partial f}{\partial y}\dfrac{dy}{dc}$이다. F.O.C. 중 (1)식과 (2)식을 정리하여 대입하면 $\dfrac{dF}{dc}=\lambda[\dfrac{\partial g}{\partial x}\dfrac{dx}{dc}+\dfrac{\partial g}{\partial y}\dfrac{dy}{dc}]$가 된다. 제약조건도 최적선택에서 항등적으로 만족되어야 하므로 $g(x(c),y(c))\equiv c$이다. 양변을 c로 미분하면 $\dfrac{\partial g}{\partial x}\dfrac{dx}{dc}+\dfrac{\partial g}{\partial y}\dfrac{dy}{dc}\equiv1$이다. 이것을 앞 식에 대입하면 $\dfrac{dF}{dc}=\lambda$이다. 그런데 $\dfrac{\partial Z}{\partial c}=\lambda$이므로 $\dfrac{dF}{dc}=\dfrac{\partial Z}{\partial c}=\lambda$이다. 즉, λ의 극값은 제약조건이 아주 조금 완화될 경우 목적함수의 극값이 얼마나 변하는가를 보여준다. 이런 측면에서 라그랑지승수의 극값은 **잠재가격**(shadow price)으로 볼 수 있다.

5. 전미분

단어에서 짐작할 수 있듯이 전미분은 모든 변수들이 함께 변했을 때 함수값이 얼마나 변하는가를 나타낸다. 예를 들어 독립변수가 2개인 경우를 생각해 보자. 이때 두 독립변수

가 모두 변했을 때 함수값이 얼마나 변하는가? 그것은 x 만 변했을 때 변화한 함수값에 y 만 변했을 때 변화한 함수값을 더하여 구한다. 구체적으로 구해 보자. 먼저 x 만 변했을 때 그에 대한 함수값의 변화율(편도함수)에 x 가 얼마나 변했는지 그 변화를 곱한다. 그러면 x 가 아주 조금 변했을 때 그로 인해 함수값이 얼마나 변했는가를 알 수 있다. 그 다음 y만 변했을 때 함수값이 얼마나 변했는가도 같은 방법으로 구할 수 있다.

이렇게 구한 두 값을 더하면

$$df(x,y) = \frac{\partial f(x,y)}{\partial x}dx + \frac{\partial f(x,y)}{\partial y}dy$$

와 같은 전미분(total differential)을 얻는다. 좌변은 전미분을 나타낸다. 우변의 첫 항에서 $\frac{\partial f(x,y)}{\partial x}$ 는 y는 변하지 않고 x만 변할 때 함수값이 얼마나 변하는가 그 변화율을 나타낸다. 이 변화율에 dx를 곱하면 x가 dx만큼 변했을 때 그로 인해 함수값이 얼마나 변하는가를 알 수 있다. $\frac{\partial f(x,y)}{\partial x}dx$ 가 그것을 나타낸다. 같은 방법으로 x는 변하지 않고 y만 변했을 때 변화한 함수값을 구할 수 있다. 이렇게 구한 두 값을 더하자. 그러면 x와 y가 모두 변했을 때 그로 인해 함수값이 얼마나 변하는지 그 크기를 구할 수 있다. 이것이 바로 전미분이다. 전미분은 위 식의 좌변과 같이 $df(x,y)$로 표시한다.

[예] MRS구하기

MRS는 주어진 무차별곡선의 임의의 한 점에서 무차별곡선에 그은 접선의 기울기이다. 이러한 MRS를 구해 보자. 이를 위해 '주어진 무차별곡선' 위에서는 효용이 일정하다는 사실에 주목하자. 그리고 그 일정한 효용의 크기를 상수 C라고 놓자. 즉 $U(x,y) = C$라고 하자. 그러면 이 조건을 만족시키는 순서쌍 (x, y)의 집합이 바로 무차별곡선을 나타낸다.

이러한 무차별곡선에서 접선의 기울기는 x가 아주 조금 증가했을 때 y가 얼마나 증가하는지 그 비율을 나타낸다. 즉 $\frac{dy}{dx}$ 를 나타낸다($\frac{\partial U(x,y)}{\partial x}$와 혼동하지 마시오). 여기에 $(-)$ 부호를 붙인 것이 바로 MRS_{xy}이다. MRS_{xy}를 구하기 위해 위의 식을 전미분해 보자. 그러면

$$\frac{\partial U(x,y)}{\partial x}dx + \frac{\partial U(x,y)}{\partial y}dy = 0$$

이 된다. 이 식의 의미를 살펴보자. 좌변의 첫 항에서 $\frac{\partial U(x,y)}{\partial x}$ 는 y는 변하지 않고 x가 아주 조금 변화하였을 때 그로 인해 효용이 얼마나 변화하는지 그 변화율(한계효용)을 나타낸다. 여기에 dx를 곱하면 x만 아주 조금 변화할 때 그로 인해 총효용이 얼마나 변하는가를 나타낸다. 같은 의미로 둘째 항은 y만 아주 조금 변할 때 그로 인해 총효용이 얼마나 변하

는가를 나타낸다. 이 두 항을 합한 것은 x, y 가 모두 아주 조금씩 변할 때 그로 인해 총효용이 얼마나 변하는가를 말해 준다. 그런데 무차별곡선 위에서는 효용이 변하지 않으므로 그 변화가 0이어야 한다. 위 식은 바로 이러한 사실을 말해주고 있다. 위 식에서

$$MRS = -\frac{dy}{dx} = \frac{\dfrac{\partial U(x,y)}{\partial x}}{\dfrac{\partial U(x,y)}{\partial y}} = \frac{U_x}{U_y}$$

로 구해진다.

참고

> 한편 도함수를 다루는 과정에서 dx, dy를 아주 작은 변화를 나타내는 수로 생각하자. 그러면 이들을 $\frac{dy}{dx}$와 같이 하나로 묶어서 생각할 필요가 없어진다. 또한 dx와 dy 사이에는 사칙 연산이 가능해진다. 한편 특별히 연산자(operator)로서의 개념을 강조하려면 $\frac{d}{dx}y$로 표기하는 것이 좋다. 이 경우 $\frac{d}{dx}$ 는 x에 대해서 미분하라는 연산자를 나타낸다.

6. 전도함수

전도함수(total derivative)를 구하려면 먼저 전미분을 구해야 한다. $z = f(x, y)$, $y = g(x)$ 라고 하자. 이러한 상황에서 z에 대한 전미분을 구하면 $dz = f_x dx + f_y dy$가 된다. 여기서 하첨자는 해당 변수로 편미분한 것을 나타낸다. 이 식의 양변을 dx로 나누어주면

$$\frac{dz}{dx} = f_x \frac{dx}{dx} + f_y \frac{dy}{dx} = f_x + f_y \times g'(x)$$

가 된다. 여기서 $\frac{dy}{dx} = g'(x)$라는 사실이 이용되고 있다는 점에 주목하자.

[예] 어떤 사람의 효용함수가 $U = \sqrt{xy}$로 주어졌다고 하자. 여기서 x는 햄버거이고 y 는 콜라라고 하자. 그런데 $y = 2x$라고 한다. 이때 햄버거의 소비가 효용에 미치는 영향을 구하시오.

그 영향은 $\dfrac{dU}{dx} = U_x \dfrac{dx}{dx} + U_y \dfrac{dy}{dx} = U_x + U_y \dfrac{dy}{dx} = \dfrac{1}{2} x^{-\frac{1}{2}} y^{\frac{1}{2}} + \dfrac{1}{2} x^{\frac{1}{2}} y^{-\frac{1}{2}} \times 2$

$= \dfrac{1}{2} x^{-\frac{1}{2}} y^{\frac{1}{2}} + x^{\frac{1}{2}} y^{-\frac{1}{2}}$으로 구해진다.

여기서 한 가지 주목할 것이 있다. $z = f(x,y)$에서 x, y 가 서로 독립적으로 변할 경우에는 전도함수를 구한다는 것이 의미가 없다는 것이다. 구체적으로 살펴보자. 먼저 전미분을 구해 보자.

$$dz = f_x dx + f_y dy$$

이다. 이제 전도함수를 구하기 위해 양변을 dx로 나누어 주자. 그러면

$$\frac{dz}{dx} = f_x \frac{dx}{dx} + f_y \frac{dy}{dx}$$

가 된다. 여기서 $\frac{dx}{dx} = 1$이다. 한편 x 와 y 가 서로 독립적으로 변할 경우 x 가 변한다고 해서 y 가 변하는 것이 아니다. 다시 말하면 x 와 y 가 서로 독립적으로 변할 경우에는 $\frac{dy}{dx} = 0$이 된다는 것이다. 그러므로 위 식에서 결국

$$\frac{dz}{dx} = f_x$$

가 된다. 이렇게 볼 때 x와 y가 서로 독립적으로 변화할 경우에는 '전'도함수를 구한다는 것이 의미가 없음을 알 수 있다.

 ## 적분

1. 부정적분

함수 $f(x)$가 있을 때 미분하여 $f(x)$가 되는 함수를 $f(x)$의 부정적분(indefinite integral) 또는 원시함수(primitive function)라고 한다. 즉 $F'(x) = f(x)$일 때 $F(x)$를 $f(x)$의 부정적분 또는 원시함수라고 하고 어떤 함수의 원시함수를 구하는 것을 적분한다(integrate)고 한다. 적분하는 것을 기호로는 $\int f(x)dx$로 나타낸다. 한편 상수는 미분하면 0이 되므로 부정적분은 무수히 많이 존재하며 이 때문에 부정적분에는 적분상수가 붙는다.

한편 중요한 적분공식을 소개하면 다음과 같다.

(1) $\int kdx = kx + c$, (k는 상수)

(2) $\int x^n dx = \frac{x^{n+1}}{n+1} + c$, $n \neq -1$

2. 정적분

함수 $f(x)$가 구간 $[a,b]$에서 연속일 때 $\lim\limits_{n\to\infty}\sum\limits_{k=1}^{n}f(x_k)\Delta x,\ (x_k = a+k\Delta x,\ \Delta x = \dfrac{b-a}{n})$ 를 함수 $f(x)$의 구간 $[a,b]$에서의 정적분이라고 하고 $\displaystyle\int_a^b f(x)dx$로 나타낸다. 정적분을 정의에 따라 계산하는 것은 복잡하다. 그래서 정적분(definite integral)은 미적분학의 제2기본정리를 이용하여 구하는 것이 편리하다.

(1) **미적분학의 제1기본정리**: $\dfrac{d}{dx}\displaystyle\int_a^x f(t)dt = f(x)$이다. 미지수인 x로 정적분한 것을 다시 미분하면 원함수가 된다는 것이다.

(2) **미적분학의 제2기본정리**: $f(x)$가 $[a,b]$에서 연속이면 $f(x)$의 정적분 $\displaystyle\int_a^b f(x)dx$와 부정적분 $F(x)$ 사이에는

$$\int_a^b f(x)dx = F(b) - F(a)$$

의 관계가 성립한다는 것이다. 위끝을 x로 바꾼 후 이를 이용해서 제1기본정리의 성립을 '약식'으로 보여주면

$$\frac{d}{dx}\int_a^x f(t)dt = \frac{d}{dx}[F(x) - F(a)] = F'(x) - 0 = f(x)$$

이다. 이때 양끝변의 관계가 제1정리에 해당한다.

(3) 한편 $[a,b]$ 구간에서 $f(x) \geq 0$일 경우 정적분 $\displaystyle\int_a^b f(x)dx$는 $f(x)$의 그래프에서 $[a,b]$ 구간에 해당하는 부분의 면적으로 나타난다.

적분의 개념을 그래프를 이용하여 설명해 보자. 다음 그림에서 잘게 나눈 각각의 직사각형은 그 밑변이 Δx이고 높이는 그 직사각형이 곡선과 만나는 곳에서의 $f(x)$의 값으로 나타난다. 이때 각 직사각형의 면적은 밑변과 높이를 곱해서 얻어지는데 이러한 직사각형들의 면적을 모두 합하면 $[0,x_0]$구간에 대응하는 곡선 아래 부분의 면적을 얻는다. 물론 그림에서 볼 때 직사각형들의 면적의 합과 곡선 아래 부분의 면적은 직사각형 위의 작은 삼각형들만큼의 오차를 보인다. 그러나 구간을 아주 잘게 나누어 직사각형의 밑변들이 무한히 0에 가까울 만큼 작아질 경우 오차는 사라진다.

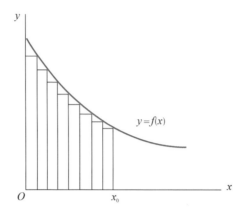

한편 중요한 정적분공식을 소개하면 다음과 같다.

(1) $\displaystyle\int_a^a f(x)dx = 0$

(2) $\displaystyle\int_a^b f(x)dx = -\int_b^a f(x)dx$

(3) $\displaystyle\int_a^b f(x)dx = \int_a^c f(x)dx + \int_c^b f(x)dx$

(4) $\displaystyle\int_a^b kf(x)dx = k\int_a^b f(x)dx$, ($k$는 상수)

(5) $\displaystyle\int_a^b [f(x)\pm g(x)]dx = \int_a^b f(x)dx \pm \int_a^b g(x)dx$, (복호동순)

[예 1] 한계편익과 총편익

역보상수요곡선은 한계편익곡선이다. 따라서 역보상수요곡선을 정적분하면 총편익곡선을 얻는다. 앞 그림의 곡선을 역보상수요곡선이라고 하고 $p = f(x)$라고 바꾸어 표시하자. 그리고 이때 x_0 단위를 소비한다고 하자. 이때 직사각형의 밑변을 1로 잡을 경우 첫 한 단위에서의 편익은 $1\times f(1)$, 둘째 단위에서의 편익은 $1\times f(2)$, …, x_0번째 단위에서의 편익은 $1\times f(x_0)$가 된다. 그 결과 x_0 단위를 소비할 경우 총편익은 $f(1)+f(2)+,\cdots,+f(x_0)$이 된다. 그리고 이 값은 바로 구간 $[0,x_0]$에서 역보상수요곡선 아래의 면적과 같다. 그런데 사실상 이같은 수치들을 사용하여 값을 구하면 오차가 생긴다. 그 이유는 실제 면적을 구할 때에는 그 단위가 아주 작아야 하는데 여기서는 1단위를 1로 잡았기 때문이다.

[예 2] 한계비용함수와 총가변비용함수

총비용함수를 $C(q) = C_V(Q) + F$ 라고 하자. 여기서 $C_V(Q)$는 총가변비용, F는 총고정비용이다. 이로부터 한계비용함수는

$$MC(Q) = \frac{dC(Q)}{dQ} = \frac{dC_V(Q)}{dQ} + 0$$

으로 구해진다(즉 한계비용함수는 한계가변비용함수와 같다는 것이다. 이제 한계비용곡선을 이용하여 총가변비용을 구해보자. 총가변비용함수는 한계가변비용함수를 정적분하여 구할 수 있다. 그런데 한계가변비용함수는 한계비용함수와 같다. 그러므로 한계가변비용함수를 정적분한다는 것은 한계비용함수를 정적분하는 것과 같다. 그러므로 한계비용함수를 정적분하면 총가변비용함수를 얻을 수 있다).

이러한 한계비용함수를 정적분하면 총가변비용함수를 얻을 수 있다. 이것을 수식으로 표현하면

$$\int_0^Q MC(x)dx = C(Q) - C(0) = C(Q) - F = C_V(Q)$$

가 된다. 여기서 $C(0) = F$ 라는 사실이 적용되고 있다. 즉 산출량이 0일 경우의 비용은 총고정비용이라는 것이다. 한편 정적분을 구한다는 것은 해당 도형과 관련하여 그 면적을 구한다는 것과 같다. 그러므로 여기서 한계비용함수를 정적분한다는 것은 한계비용곡선 아래의 면적을 구하는 것과 같다. 이렇게 볼 때 한계비용곡선 아래의 면적은 총가변비용과 같아진다.

 # 효용극대화, 지출극소화, 비용극소화, 이윤극대화

1. 효용극대화 — 보통수요함수와 간접효용함수를 얻는다. [부록 4.3] [부록 6.1]
2. 지출극소화 — 보상수요함수와 지출함수를 얻는다. [부록 6.1]
3. 비용극소화 — 조건부 생산요소수요함수와 장기총비용함수가 구해진다. [부록 10.1]
4. 이윤극대화
    4.1 생산물시장에서의 이윤극대화: 산출량 선택
        4.1.1 일반적인 경우: 독점 또는 불완전경쟁일 경우 [부록 14.1]
        4.1.2 생산물시장이 경쟁일 경우: 생산물의 공급곡선이 구해진다. 즉 $p = MC(q)$가 도출된다. [부록 11.1]

4.2 생산요소시장에서의 이윤극대화: 생산요소 선택

4.2.1 생산물시장과 생산요소시장이 모두 완전경쟁일 경우: 생산요소수요함수, 장기 공급함수, 이윤함수가 구해진다. [부록 17.3]

4.2.2 생산물시장이 불완전경쟁이고 생산요소시장이 완전경쟁일 경우 [부록 18.1]

4.2.3 생산물시장이 불완전경쟁이고 생산요소시장이 수요독점일 경우 [부록 18.2]

 ## 평균값과 한계값의 관계

(명제) 평균값이 증가할 때 한계값은 평균값보다 크다. 평균값이 감소할 때 한계값은 평균값보다 작다. 또한 평균값이 가장 크거나 작은 곳에서는 평균값과 한계값이 같아진다. 한편 이 결과는 한계곡선은 평균곡선의 최상점이나 최하점을 통과한다는 것을 의미한다.

(증명) $\dfrac{d}{dx}\dfrac{f(x)}{x} = \dfrac{f'(x)x - f(x) \times 1}{x^2} = \dfrac{1}{x}\left(f'(x) - \dfrac{f(x)}{x}\right)$ 이다.

이로부터 $\dfrac{d}{dx}\dfrac{f(x)}{x} \gtreqless 0 \Leftrightarrow f'(x) \gtreqless \dfrac{f(x)}{x}$ 가 성립한다.

 ## 생산자잉여와 이윤

생산자잉여(PS)는 TR에서 TVC을 빼 준 값이다. 그런데 TVC는 MC곡선을 정적분한 것과 같다. 따라서 다음과 같이 쓸 수 있다.

$$PS = TR - TVC = TR - (TVC + TFC) + TFC$$
$$= (TR - TC) + TFC = \pi(\text{이윤}) + TFC$$

수식으로 표현하면

$$PS = pQ - \int_0^Q MC(x)dx$$
$$= pQ - [(C(Q) - C(0)] = [pQ - C(Q)] + C(0) = \pi(Q) + F$$

이다. 이때 $C(0) = F$라는 사실이 적용되고 있다.

한계생산물과 한계비용

총고정비용을 F라고 하고 총가변비용을 $C_V(Q)$라고 하자. 그러면 총비용은 $C(Q) = C_V(Q) + F$가 된다. 이때 $C_V(Q) = wL(Q)$이다. 그러므로

$$MC(Q) = \frac{dC(Q)}{dQ} = \frac{d[C_V(Q) + F]}{dQ} = \frac{d[wL(Q)]}{dQ} + \frac{dF}{dQ}$$

$$= w\frac{dL(Q)}{dQ} = w\frac{1}{\dfrac{dQ}{dL(Q)}} = w\frac{1}{MP_L}$$

이 된다. 즉 한계비용과 한계생산물 사이에는 역의 관계가 성립한다. 그런데 이것은 생산함수와 비용함수가 쌍대성을 가지고 있다는 사실을 반영한다.

합, 기대치, 분산

1. 합: 연산자 Σ

$\Sigma(x_i \pm y_i) = \Sigma x_i \pm \Sigma y_i$(복호 동순)

$\Sigma c x_i = c\Sigma x_i$

$\Sigma c = nc$

2. 기대치: 연산자 E

$\mu_X = E(X) = \Sigma x_i p_i$, μ_X는 기대치, x_i는 확률변수 X가 취할 수 있는 값, p_i는 확률

$E(c) = c$

$E(X + c) = E(X) + c$

$E(cX) = cE(X)$

$E(X + Y) = E(X) + E(Y)$

$E(XY) = E(X)E(Y)$, X, Y가 서로 독립일 경우

3. 분산: 연산자 Var

$\sigma_X^2 = Var(X) = E[(X - \mu_X)^2] = \Sigma(x_i - \mu_X)^2 p_i,\ \sigma_X^2$ 는 분산

$Var(X) = E(X^2) - [E(X)]^2$

$E(X^2) = Var(X) + [E(X)]^2$

$Var(X + c) = Var(X)$

$Var(cX) = c^2 Var(X)$

$Var(X + Y) = Var(X) + Var(Y) + 2Cov(X, Y)$

$Cov(X, Y) = E(XY) - E(X)E(Y),\ Cov$ 는 공분산을 나타내는 연산자

$Cov(X, Y) = 0,\ X, Y$ 가 서로 독립일 경우

$Var(X + Y) = Var(X) + Var(Y),\ X, Y$ 가 서로 독립일 경우

찾아보기

ㄴ

기타

[저자 약력]

성균관대학교 경제학과(경제학 학사)
미국 University of Wisconsin – Madison 경제학과(경제학 석사)
미국 State University of New York at Buffalo 경제학과(경제학 박사)
미국 University of Michigan – Ann Arbor, Visiting Scholar 역임
대전대학교 경제학과 교수 역임
현재 대전대학교 명예교수
이메일: limbu@dju.kr

[저 서]
• 최적과세이론, 도서출판 지샘, 2005.
• 경제학에서 세상을 배우다, 도서출판 지샘, 2010.
• 빚과 금융, 신론사, 2013.
• 미시경제학연습(제5판), 율곡출판사, 2021
• 공공경제학(제6판), 율곡출판사, 2022

제 4 판
예제와 함께하는 미시경제학

초판발행	2009년 2월 10일
제 2 판 발행	2015년 1월 15일
제 3 판 발행	2019년 2월 18일
제 4 판 발행	2022년 9월 10일
지은이	임봉욱
펴낸이	안종만 · 안상준
편 집	전채린
기획 · 마케팅	정연환
표지디자인	이영경
제 작	고철민 · 조영환
펴낸곳	(주) 박영사
	서울특별시 금천구 가산디지털2로 53, 210호(가산동, 한라시그마밸리)
	등록 1959. 3. 11. 제300-1959-1호(倫)
전 화	02)733-6771
f a x	02)736-4818
e-mail	pys@pybook.co.kr
homepage	www.pybook.co.kr
ISBN	979-11-303-1450-1 93320

정 가   45,000원

4. 게임이론 : 우월전략균형, 내쉬균형, 완전균형
   – 용의자의 딜레마 : 담합의 생성, 유지, 붕괴 설명 가능

제4편 생산요소시장 : 생산요소의 가격과 소득분배 결정

이윤극대화를 생산요소시장 측면에서 분석 : 생산요소의 수요곡선 도출
개별 기업의 생산요소의 단기수요곡선은 한계생산물체감 때문에 우하향

1. 단기이윤극대화 → 생산요소의 단기수요함수 → 생산요소의 단기수요곡선
   – 생산요소의 단기수요함수 $L = L(p, w, \overline{K})$를 단기생산함수 $q = f(L, \overline{K})$에 대입하면 생산물의
     단기공급함수 $q = s(p, w, \overline{K})$를 얻음
   – 생산물시장의 단기이윤극대화조건 $p = SMC(q)$ 도출 가능
2. 장기이윤극대화 → 생산요소의 장기수요함수 → 생산요소의 장기수요곡선
   – 생산요소의 장기수요함수 $L = L(p, w, r)$, $K = K(p, w, r)$를 장기생산함수 $q = f(L, K)$에 대입
     하면 생산물의 장기공급함수 $q = S(p, w, r)$을 얻음
   – 생산물시장의 장기비용극소화조건 $\dfrac{MP_L}{MP_K} = \dfrac{w}{r}$과 장기이윤극대화조건 $p = LMC(q)$ 도출 가능
3. 단기, 장기: '조건부' 생산요소수요함수의 q에 이윤극대화로부터 얻은 공급함수를 대입하면 생산
   요소수요함수가 됨
4. 단기, 장기: 생산요소수요함수를 이윤극대화의 목적함수에 대입하면 이윤함수를 얻음

이윤극대화조건

1. 생산물시장 : $MR = MC$
   – 생산물시장이 경쟁이면 MR 대신 p 적용
2. 생산요소시장 : $MRP(= MR \times MP) = MFC$
   – 생산물시장이 경쟁이면 MRP 대신 VMP 적용
   – 생산요소시장이 경쟁이면 MFC 대신 w 적용

제5편 일반균형 및 후생경제학 : 가격기능, 효율과 공평

1. 일반균형모형은 부존소득모형에 해당
2. 파레토효율의 개념 : 파레토효율상태에서는 모두 함께 나아지지는 못함
3. 경쟁균형 : 경쟁균형 도달 과정에서 가격이 핵심적 역할
4. 왈라스법칙 : 어떤 가격에서도 초과수요의 총가치가 0이 된다는 것
5. 파레토효율조건
   $MRS_{xy}^A = MRS_{xy}^B$, $MRTS_{LK}^x = MRTS_{LK}^y$, $MRS_{xy} = MRT_{xy}$(부분균형의 $MB = MC$에 대응)
6. 후생경제학의 제1정리 : 경쟁균형 → 파레토효율
   후생경제학의 제2정리 : 파레토효율 → 경쟁균형
7. 사회후생극대화 : 효율과 공평의 상충관계
8. 시장실패요인
   (1) 불완전경쟁 : $MB(= p) > MC$
   (2) 공공재 : 시장에서 $\Sigma MRS = MRT$의 조건이 달성되지 않음

(3) 외부효과 : 시장균형에서 $SMB \neq SMC$

(4) 불확실성 : 상황조건부상품시장의 불완전성 때문에 시장실패

(5) 비대칭정보 : 역선택, 도덕적 해이 유발

제6편 공공재 및 외부효과 : 시장실패

1. 공공재 : 비배제성, 비경합성

(1) 공공재 공급의 효율 조건 : 사뮤엘슨조건 $\Sigma MRS = MRT$

(2) 시장실패 : 비배제성과 비경합성 때문에 시장에서 $\Sigma MRS = MRT$가 달성되지 않음

(3) 공공선택 : 정치과정을 통해 정부가 공급

2. 외부효과

(1) 효율조건 : $SMB = SMC$

(2) 시장실패 : $SMB \neq SMC$, 사회적 편익 또는 사회적 비용을 고려하지 않기 때문에 발생

(3) 사적 해결책 : 기업합병, 코즈정리

공적 해결책 : 피구조세, 배출권거래, 규제

제7편 불확실성 및 정보경제학 : 시장실패

1. 불확실성하의 선택 : 부존소득모형에 해당

(1) 기대효용극대화 : 기대효용은 각 상황에서의 효용의 가중평균

(2) 상황선호접근법 : 예산선과 무차별곡선 사용

 – 위험에 대한 태도와 무차별곡선의 모양, 확실성하의 문제를 푸는 방법과 동일

2. 비대칭정보

(1) 역선택

 – 신호발송 : 분리균형

 – 선별 : 분리균형, 정보지대추출과 효율 사이의 상충관계 존재

(2) 도덕적 해이

 – 본인대리인문제 : 최적유인계약 고안 문제 대두

 – 유인제공과 위험분담 사이의 상충관계 존재

 – 대리인이 위험중립적이면 파레토효율 달성 가능

위험에 대한 태도와 최적유인계약하에서의 자원배분

본인	대리인	유인제공과 위험분담 사이의 상충관계	최적유인계약하에서의 위험분담	최적유인계약하에서의 자원배분
위험중립적	위험중립적	문제되지 않음	대리인이 위험 전담 또는 본인과 대리인이 위험분담	파레토효율
위험중립적	위험회피적	문제됨	본인과 대리인이 위험 분담	파레토비효율
위험회피적	위험중립적	문제되지 않음	대리인이 위험 전담	파레토효율
위험회피적	위험회피적	문제됨	본인과 대리인이 위험 분담	파레토비효율